The
Complete Works
of
Yu Wujin

俞 吾 金 全 集

第 9 卷

外国哲学研究文集

（上）

俞吾金 著

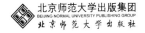

北京师范大学出版集团
BEIJING NORMAL UNIVERSITY PUBLISHING GROUP
北京师范大学出版社

俞吾金教授简介

————————

俞吾金教授是我国著名哲学家，1948年6月21日出生于浙江萧山，2014年10月31日因病去世。生前任复旦大学文科资深教授、哲学学院教授，兼任复旦大学学术委员会副主任暨人文学术委员会主任、复旦大学学位委员会副主席暨人文社科学部主席、复旦大学国外马克思主义与国外思潮研究中心（985国家级基地）主任、复旦大学当代国外马克思主义研究中心（教育部重点研究基地）主任、复旦大学现代哲学研究所所长；担任教育部社会科学委员会委员、教育部哲学教学指导委员会副主任、国务院哲学学科评议组成员、全国外国哲学史学会常务理事、全国现代外国哲学学会副理事长等职；曾任德国法兰克福大学和美国哈佛大学访问教授、美国 Fulbright 高级讲座教授。俞吾金教授是全国哲学界首位长江学者特聘教授、全国优秀教师和国家级教学名师。俞吾金教授是我国八十年代以来在哲学领域最具影响力的学者之一，生前和身后出版了包括《意识形态论》《从康德到马克思》《重新理解马克思》《问题域的转换》《实践与自由》《被遮蔽的马克思》等在内的30部著作（包括合著），发表了400余篇学术论文，在哲学基础理论、马克思主义哲学、外国哲学、国外马克思主义、当代中国哲学文化和美学等诸多领域都有精深研究，取得了令人瞩目的成就，为深入推进当代中国哲学研究做出了杰出和重要的贡献。

《俞吾金全集》主编

汪行福　吴　猛

《俞吾金全集》编委会（按姓名拼音排序）

柴　杰	陈利权	陈立旭	方　珏	葛欢欢
郝　鹏	胡云峰	江雪莲	蒋小杰	孔　慧
李革新	李　欣	李昕桐	李　元	梁卫霞
林　晖	刘　芳	刘　珂	鲁绍臣	马迎辉
潘非欧	阮　凯	史凯峰	汪俊昌	汪行福
汪秀丽	王凤才	文学平	吴　猛	奚颖瑞
徐英瑾	杨　威	郁建兴	岳泽民	曾德华
张　娜	张双利	张雪魁	张艳芬	张云凯
赵明哲	赵青云	钟　锦		

本卷编校组

李昕桐　马迎辉　梁卫霞

序　言

　　俞吾金教授是我国哲学界的著名学者，是我们这一代学人中的出类拔萃者。对我来说，他既是同学和同事，又是朋友和兄长。我们是恢复高考后首届考入复旦大学哲学系的，我们住同一个宿舍。在所有的同学中，俞吾金是一个好学深思的榜样，或者毋宁说，他在班上总是处在学与思的"先锋"位置上。他要求自己每天读150页的书，睡前一定要完成。一开始他还专注于向往已久的文学，一来是"文艺青年"的夙愿，一来是因为终于有机会沉浸到先前只是在梦中才能邂逅的书海中去了。每当他从图书馆背着书包最后回到宿舍时，大抵便是熄灯的前后，于是那摸黑夜谈的时光就几乎被文学占领了。先是莎士比亚和歌德，后来大多是巴尔扎克和狄更斯，最后便是托尔斯泰和陀斯妥耶夫斯基了。好在一屋子的室友都保留着不少的文学情怀，这情怀有了一个共鸣之地，以至于我们后来每天都很期待去分享这美好的时刻了。

　　但是不久以后，俞吾金便开始从文学转到哲学。我们的班主任老师，很欣赏俞吾金的才华，便找他谈了一次话，希望他在哲学上一展才华。不出所料，这个转向很快到来了。我们似乎突然发现他的言谈口吻开始颇有些智者派的风格了——这一步转得很合适也很顺畅，正如黑格尔所说，智者们就是教人熟悉思维，以代替"诗篇的知识"。还是在本科三年级，俞吾金就在《国内哲学动态》上发表了他的哲学论文《"蜡块说"小考》，这在班里乃至于系里都引起了不小的震动。不久以后，他便在同学中得了个"苏老师"（苏格拉底）的雅号。看来并非偶然，他在后来的研究中曾对智者派（特别是普罗泰戈拉）专门下过功夫，而且他的哲学作品中也长久地保持着敏锐的辩才与文学的冲动；同样并非偶然，后来复旦大学将"狮城舌战"（在新加坡举行的首届国际华语大专辩论赛）的总教练和领队的重任托付给他，结果是整个团队所向披靡并夺得了冠军奖杯。

本科毕业后我们一起考上了研究生，1984 年底又一起留校任教，成了同事。过了两年，又一起考上了在职博士生，师从胡曲园先生，于是成为同学兼同事，后来又坐同一架飞机去哈佛访学。总之，自 1978年进入复旦大学哲学系以来，我们是过从甚密的，这不仅是因为相处日久，更多的是由于志趣相投。这种相投并不是说在哲学上或文学上的意见完全一致，而是意味着时常有着共同的问题域，并能使有差别的观点在其中形成积极的和有意义的探索性对话。总的说来，他在学术思想上始终是一个生气勃勃地冲在前面的追问者和探索者；他又是一个犀利而有幽默感的人，所以同他的对话常能紧张而又愉悦地进行。

作为哲学学者，俞吾金主要在三个方面展开他长达 30 多年的研究工作，而他的学术贡献也集中地体现在这三个方面，即当代国外马克思主义、马克思哲学、西方哲学史。对他来说，这三个方面并不是彼此分离的三个领域，毋宁说倒是本质相关地联系起来的一个整体，并且共同服务于思想理论上的持续探索和不断深化。在我们刚进复旦时，还不知"西方马克思主义"为何物；而当我们攻读博士学位时，卢卡奇的《历史与阶级意识》已经是我们必须面对并有待消化的关键文本了。如果说，这部开端性的文本及其理论后承在很大程度上构成了与"梅林—普列汉诺夫正统"的对立，那么，系统地研究和探讨国外马克思主义的立场、观点和方法，就成为哲学研究(特别是马克思主义哲学研究)的一项重大任务了。俞吾金在这方面是走在前列的，他不仅系统地研究了卢卡奇、科尔施、葛兰西等人的重要哲学文献，而且很快又进入到法兰克福学派、存在主义的马克思主义、弗洛伊德主义的马克思主义、结构主义的马克思主义，等等。不久，哲学系组建了以俞吾金为首的当代国外马克思主义教研室，他和陈学明教授又共同主编了在国内哲学界影响深远的教材和文献系列，并有大量的论文、论著和译著问世，从而使复旦大学在这方面成为国内研究的重镇并处于领先地位。2000年，教育部在复旦建立国内唯一的"当代国外马克思主义研究中心"(人文社会科学重点研究基地)，俞吾金自此一直担任该基地的主任，直到2014年去世。他组织并领导了内容广泛的理论引进、不断深入的学术研究，以及愈益扩大和加深的国内外交流。如果说，40年前人们对当代国外马克思主义还几乎一无所知，而今天中国的学术界已经能够非常切近地追踪到其前沿了，那么，这固然取决于学术界同仁的共同努力，但俞吾金却当之无愧地属于其中的居功至伟者之一。

当俞吾金负责组建当代国外马克思主义学科时，他曾很热情地邀请我加入团队，我也非常愿意进入到这个当时颇受震撼而又所知不多的新领域。但我所在的马克思主义哲学史教研室却执意不让我离开。于是他便对我说：这样也好，"副本"和"原本"都需要研究，你我各在一处，时常可以探讨，岂不相得益彰？看来他对于"原本"——马克思哲学本身——是情有独钟的。他完全不能满足于仅仅对当代国外马克思主义的各种文本、观点和内容的引进介绍，而是试图在哲学理论的根基上去深入地理解它们，并对之开展出卓有成效的批判性发挥和对话。为了使这样的发挥和对话成为可能，他需要在马克思哲学基础理论的研究方面获得持续不断的推进与深化。因此，俞吾金对当代国外马克思主义的探索总是伴随着他对马克思哲学本身的研究，前者在广度上的拓展与后者在深度上的推进是步调一致、相辅相成的。

在马克思哲学基础理论的研究领域，俞吾金的研究成果突出地体现在以下几个方面。第一，他明确主张马克思哲学的本质特征必须从其本体论的基础上去加以深入的把握。以往的理解方案往往是从近代认识论的角度提出问题，而真正的关键恰恰在于从本体论的层面去理解、阐述和重建马克思哲学的理论体系。我是很赞同他的这一基本观点的。因为马克思对近代哲学立足点的批判，乃是对"意识"之存在特性的批判，因而是一种真正的本体论批判："意识在任何时候都只能是被意识到了的存在，而人们的存在就是他们的现实生活过程。"这非常确切地意味着马克思哲学立足于"存在"——人们的现实生活过程——的基础之上，而把意识、认识等等理解为这一存在过程在观念形态上的表现。

因此，第二，就这样一种本体论立场来说，马克思哲学乃是一种"广义的历史唯物主义"。俞吾金认为，在这样的意义上，马克思哲学的本体论基础应当被把握为"实践—社会关系本体论"。它不仅批判地超越了以往的本体论（包括旧唯物主义的本体论）立场，而且恰恰构成马克思全部学说的决定性根基。因此，只有将马克思哲学理解为广义的历史唯物主义，才能真正把握马克思哲学变革的实质。

第三，马克思"实践"概念的意义不可能局限在认识论的范围内得到充分的把握，毋宁说，它在广义的历史唯物主义中首先是作为本体论原则来起作用的。在俞吾金看来，将实践理解为马克思认识论的基础与核心，相对于近代西方认识论无疑是一大进步；但如果将实践概念限制在认识论层面，就会忽视其根本而首要的本体论意义。对于马克思来说，至为关键的是，只有在实践的本体论层面上，人们的现实生活才会作为决定性的存在进入到哲学的把握中，从而，人们的劳动和交往，乃至于人们的全部社会生活和整个历史性行程，才会从根本上进入到哲学理论的视域中。

因此，第四，如果说广义的历史唯物主义构成马克思哲学的实质，那么这一哲学同时就意味着"意识形态批判"。因为在一般意识形态把思想、意识、观念等等看作是决定性原则的地方，唯物史观恰恰相反，要求将思想、意识、观念等等的本质性导回到人们的现实生活过程之中。

在此意义上，俞吾金把意识形态批判称为"元批判"，并因而将立足于实践的历史唯物主义叫做"实践诠释学"。所谓"元批判"，就是对规约人们的思考方式和范围的意识形态本身进行前提批判，而作为"实践诠释学"的历史唯物主义，则是在"元批判"的导向下去除意识形态之蔽，从而揭示真正的现实生活过程。我认为，上述这些重要观点不仅在当时是先进的和极具启发性的，而且直到今天，对于马克思哲学之实质的理解来说，依然是关乎根本的和意义深远的。

俞吾金的博士论文以《意识形态论》为题，我则提交了《历史唯物主义的主体概念》和他一起参加答辩。答辩主席是华东师范大学的冯契先生。冯先生不仅高度肯定了俞吾金对马克思意识形态批判理论的出色研究，而且用"长袖善舞"一词来评价这篇论文的特点。学术上要做到长袖善舞，是非常不易的：不仅要求涉猎广泛，而且要能把握其枢机。俞吾金之所以能够臻此境地，是得益于他对哲学史的潜心研究；而在哲学史方面的长期探索，不仅极大地支持并深化了他的马克思哲学研究，而且使他成为著名的西方哲学史研究专家。

就与马哲相关的西哲研究而言，他专注于德国古典哲学，特别是康德、黑格尔哲学的研究。他很明确地主张：对马克思哲学的深入理解，一刻也离不开对德国观念论传统的积极把握；要完整地说明马克思的哲学革命及其重大意义，不仅要先行领会康德的"哥白尼式革命"，而且要深入把握由此而来并在黑格尔那里得到充分发展的历史性辩证法。他认为，作为康德哲学核心问题的因果性与自由的关系问题，在"按照自然律的因果性"和"由自由而来的因果性"的分析中，得到了积极的推进。黑格尔关于自由的理论可被视为对康德自由因果性概念的一种回应：为了使自由和自由因果性概念获得现实性，黑格尔试图引入辩证法以使自由因果性和自然因果性统一起来。在俞吾金看来，这里的关键在于"历史因果性"维度的引入——历史因果性是必然性的一个方面，也是必然性与自由相统一的关节点。因此，正是通过对黑格尔的精神现象学、法哲学和历史哲学等思想内容的批判性借鉴，马克思将目光转向人类社会发展中的历史因果性；但马克思又否定了黑格尔仅仅停留于单纯精神层面谈论自然因果性和历史因果性的哲学立场，要求将这两种因果性结合进现实的历史运动中，尤其是使之进入到对市民社会的解剖中。这个例子可以表明，对马克思哲学之不断深化的理解，需要在多大程度上深入到哲学史的领域之中。正如列宁曾经说过的那样：不读黑格尔的《逻辑学》，便无法真正理解马克思的《资本论》。

就西方哲学的整体研究而言，俞吾金的探讨可谓"细大不捐"，涉猎之广在当代中国学者中是罕见的。他不仅研究过古希腊哲学（特别是柏拉图和亚里士多德哲学），而且专题研究过智者派哲学、斯宾诺莎哲学和叔本华哲学等。除开非常集中地钻研德国古典哲学之外，他还更为宏观地考察了西方哲学在当代实现的"范式转换"。他将这一转换概括为"从传统知识论到实践生存论"的发展，并将其理解为西方哲学发展中的一条根本线索。为此他对海德格尔的哲学下了很大的功夫，不仅精详地考察了海德格尔的"存在论差异"和"世界"概念，而且深入地探讨了海德格尔的现代性批判及其意义。如果说，马克思的哲学变革乃是西方哲学范式转换中划时代的里程碑，那么，海德格尔的基础存在论便为说明这一转换提供了重要的思想材料。在这里，西方哲学史的研究再度与马克思哲学的研究贯通起来：俞吾金不仅以哲学的当代转向为基本视野考察整个西方哲学史，并在这一思想转向的框架中理解马克思的哲学变革，而且站在这一变革的立场上重新审视西方哲学，特别是德国古典哲学和当代西方哲学。就此而言，俞吾金在马哲和西哲的研究上可以说是齐头并进的，并且因此在这两个学术圈子中同时享有极高的声誉和地位。这样的一种研究方式固然可以看作是他本人的学术取向，但这种取向无疑深深地浸染着并且也成就着复旦大学哲学学术的独特氛围。在这样的氛围中，当代国外马克思主义的研究要立足于对马克思哲学本身的深入理解之上，而对马克思哲学理解的深化又有必要进入到哲学史研究的广大区域之中。

今年10月31日，是俞吾金离开我们10周年的纪念日。十年前我曾撰写的一则挽联是："哲人其萎乎，梁木倾颓；桃李方盛也，枝叶滋荣。"我们既痛惜一位学术大家的离去，更瞩望新一代学术星丛的冉冉升起。十年之后，《俞吾金全集》由北京师范大学出版社出版了——这是哲学学术界的一件大事，许多同仁和朋友付出了积极的努力和辛勤的劳动，我们对此怀着深深的感激之情。这样的感激之情不仅是因为这部全集的告竣，而且因为它还记录了我们这一代学者共同经历的学术探索道路。一代人有一代人的使命，俞吾金勤勉而又卓越地完成了他的使命：他将自己从事哲学的探索方式和研究风格贡献给了复旦哲学的学术共同体，使之成为这个共同体悠长传统的组成部分；他更将自己取得的学术成果作为思想、观点和理论播洒到广阔的研究领域，并因而成为进一步推进我国哲学学术的重要支点和不可能匆匆越过的必要环节。如果我们的读者不仅能够从中掌握理论观点和方法，而且能够在哲学与时代的关联中学到思想探索的勇气和路径，那么，这部全集的意义就更其深远了。

吴晓明

2024 年 6 月

主编的话

一

　　2014 年 7 月 16 日，俞吾金教授结束了一个学期的繁忙教学工作，暂时放下手头的著述，携夫人赴加拿大温哥华参加在弗雷泽大学举办的"法兰克福学派对资本主义的批判"的国际学术讨论会，并计划会议结束后自费在加拿大作短期旅游，放松心情。但在会议期间俞吾金教授突感不适，虽然他带病作完大会报告，但不幸的是，到医院检查后被告知脑部患了恶性肿瘤。于是，他不得不匆忙地结束行程，回国接受治疗。接下来三个月，虽然复旦大学华山医院组织了最强医疗团队精心救治，但病魔无情，回天无力。2014 年 10 月 31 日，在那个风雨交加的夜晚，俞吾金教授永远地离开了我们。

　　俞吾金教授的去世是复旦大学的巨大损失，也是中国哲学界的巨大损失。十年过去了，俞吾金教授从未被淡忘，他的著作和文章仍然被广泛阅读，他的谦谦君子之风、与人为善之举被亲朋好友广为谈论。但是，在今天这个急剧变化和危机重重的世界中，我们还是能够感到他的去世留下的思想空场。有时，面对社会的种种不合理现象和纷纭复杂的现实时，我们还是不禁会想：如果俞老师在世，他会做如何感想，又会做出什么样的批判和分析！

俞吾金教授的生命是短暂的，也是精彩的。与期颐天年的名家硕儒相比，他的学术生涯只有三十多年。但是，在这短短的三十多年中，他通过自己的勤奋和努力取得了耀眼的成就。

1983年6月，俞吾金与复旦大学哲学系的六个硕士、博士生同学一起参加在广西桂林举行的"现代科学技术和认识论"全国学术讨论会，他们在会上所做的"关于认识论的几点意见"（后简称"十条提纲"）的报告，勇敢地对苏联哲学教科书体系做了反思和批判，为乍暖还寒的思想解放和新莺初啼的马克思主义哲学新的探索做出了贡献。1993年，俞吾金教授作为教练和领队，带领复旦大学辩论队参加在新加坡举办的首届国际大专辩论赛并一举夺冠，在华人世界第一次展现了新时代中国大学生的风采。辩论赛的电视转播和他与王沪宁主编的《狮城舌战》《狮城舌战启示录》大大地推动了全国高校的辩论热，也让万千学子对复旦大学翘首以盼。1997年，俞吾金教授又受复旦大学校长之托，带领复旦大学学生参加在瑞士圣加仑举办的第27届国际经济管理研讨会，在该次会议中，复旦大学的学生也有优异的表现。会后，俞吾金又主编了《跨越边界》一书，嘉惠以后参加的学子。

俞吾金教授1995年开始担任复旦大学哲学系主任，当时是国内最年轻的哲学系主任，其间，复旦大学哲学系大胆地进行教学和课程体系改革，取得了重要的成果，荣获第五届全国高等学校优秀教学成果一等奖，由他领衔的"西方哲学史"课程被评为全国精品课程。在复旦大学，俞吾金教授是最受欢迎的老师之一，他的课一座难求。他多次被评为最受欢迎的老师和研究生导师。由于教书育人的杰出贡献，2009年他被评为上海市教学名师和全国优秀教师，2011年被评为全国教学名师。

俞吾金教授一生最为突出的贡献无疑是其学术研究成果及其影响。他在研究生毕业后不久就出版的《思考与超越——哲学对话录》已显示了卓越的才华。在该书中，他旁征博引，运用文学故事或名言警句，以对话体的形式生动活泼地阐发思想。该书妙趣横生，清新脱俗，甫一面世就广受欢迎，成为沪上第一理论畅销书，并在当年的全国图书评比中获"金钥匙奖"。俞吾金教授的博士论文《意识形态论》一脱当时国内博士论文的谨小慎微的匠气，气度恢宏，新见迭出，展现了长袖善舞、擅长宏大主题的才华。论文出版后，先后获得上海市哲学社会科学优秀成果一等奖和国家教委首届人文社会科学优秀成果一等奖，成为青年学子做博士论文的楷模。

俞吾金教授天生具有领军才能，在他的领导下，复旦大学当代国外马克思主义研究中心 2000 年被评为教育部人文社会科学重点研究基地，他本人也长期担任基地主任，主编《当代国外马克思主义评论》《国外马克思主义研究报告》《国外马克思主义与国外思潮译丛》等，为马克思主义的国际交流建立了重要的平台。他长期担任复旦大学哲学学院的外国哲学学科学术带头人，参与主编《西方哲学通史》和《杜威全集》等重大项目，为复旦大学成为外国哲学研究重镇做出了突出贡献。

俞吾金教授的学术研究不囿一隅，他把西方哲学和马克思哲学结合起来，提出了许多重要的概念和命题，如"马克思是我们同时代人""马克思哲学是广义的历史唯物主义""马克思哲学的认识论是意识形态批判""从康德到马克思""西方哲学史的三次转向""实践诠释学""被遮蔽的马克思""问题域的转换"等，出版了一系列有影响的著作和文集。由于俞吾金教授在学术上的杰出贡献和影响力，他获得各种奖励和荣誉称号，他是全国哲学界首位"长江学者奖励计划"特聘教授，在钱伟长主编的"20 世纪中国知名科学家"哲学卷中，他是改革开放以来培养的哲学家中的唯一入选者。俞吾金教授在学界还留下许多传奇，其中之一是，虽然他去世已经十年了，但至今仍保持着《中国社会科学》发文最多的记录。

显然，俞吾金教授是改革开放后新一代学人中最有才华、成果最为丰硕、影响最大的学者之一。他之所以取得令人瞩目的成就，不仅得益于他的卓越才华和几十年如一日的勤奋努力，更重要的是缘于他的独立思考的批判精神和"为天地立心、为生民立命"的济世情怀。塞涅卡说："我们不应该像羊一样跟随我们前面的羊群——不是去我们应该去的地方，而是去它去的地方。"俞吾金教授就是本着这样的精神从事学术的。在他的第一本著作即《思考与超越》的开篇中，他就把帕斯卡的名言作为题记："人显然是为了思想而生的；这就是他全部的尊严和他全部的优异；并且他全部的义务就是要像他所应该的那样去思想。"俞吾金教授的学术思考无愧于此。俞吾金教授以高度的社会责任感从事学术研究。复旦大学的一位教授在哀悼他去世的博文中曾写道："曾有几次较深之谈话，感到他是一位勤奋的读书人，温和的学者，善于思考社会与人生，关注现在，更虑及未来。记得 15 年前曾听他说，在大变动的社会，理论要为长远建立秩序，有些论著要立即发表，有些则可以暂存书箧，留给未来。"这段话很好地刻画了俞吾金教授的人文和道德情怀。

正是出于这一强烈担当的济世情怀，俞吾金教授出版和发表了许多有时代穿透力的针砭时弊的文章，对改革开放以来的思想解放和文化启蒙起到了推动作用，为新时期中国哲学的发展做出了重要贡献。但是，也正因为如此，他的生命中也留下了很多遗憾。去世前两年，俞吾金教授在"耳顺之年话人生"一文中说："从我踏进哲学殿堂至今，30 多个年头已经过去了。虽然我尽自己的努力做了一些力所能及的事情，但人生匆匆，转眼已过耳顺之年，还有许多筹划中的事情没有完成。比如对康德提出的许多哲学问题的系统研究，对贝克莱、叔本华在外国哲学史上的地位的重新反思，对中国哲学的中道精神的重新阐释和对新启蒙的张扬，对马克思哲学体系的重构等。此外，我还有一系列的教案有待整理和出版。"想不到这些未完成的计划两年后尽成了永远的遗憾！

二

俞吾金教授去世后，学界同行在不同场合都表达了希望我们编辑和出版他的全集的殷切希望。其实，俞吾金教授去世后，应出版社之邀，我们再版了他的一些著作和出版了他的一些遗著。2016 年北京师范大学出版社出版了他的《哲学遐思录》《哲学随感录》《哲学随想录》三部随笔集，2017 年北京师范大学出版社出版了《从康德到马克思——千年之交的哲学沉思》新版，2018 年商务印书馆出版了他的遗作《新十批判书》未完成稿。但相对俞吾金教授发表和未发表的文献，这些只是挂一漏万，远不能满足人们的期望。我们之所以在俞吾金教授去世十年才出版他的全集，主要有两个方面的原因。一是俞吾金教授从没有完全离开我们，学界仍然像他健在时一样阅读他的文章和著作，吸收和借鉴他的观点，思考他提出的问题，因而无须赶着出版他的全集让他重新回到我们中间；二是想找个有纪念意义的时间出版他的全集。俞吾金教授去世后，我们一直在为出版他的全集做准备。我们一边收集资料，一边考虑体例框架。时间到了 2020 年，是时候正式开启这项工作了。我们于 2020 年 10 月成立了《俞吾金全集》编委会，组织了由他的学生组成的编辑和校对团队。经过数年努力，现已完成了《俞吾金全集》二十卷的编纂，即将在俞吾金教授逝世十周年之际出版。

俞吾金教授一生辛勤耕耘，留下 650 余万字的中文作品和十余万字的外文作品。《俞吾金全集》将俞吾金教授的全部作品分为三个部分：(1)生前出版的著作；(2)生前发表的中文文章；(3)外文文章和遗作。

俞吾金教授生前和身后出版的著作(包含合著)共三十部，大部分为文集。《俞吾金全集》保留了这些著作中体系较为完整的 7 本，包括《思考与超越——哲学对话录》《问题域外的问题——现代西方哲学方法论探要》《生存的困惑——西方哲学文化精神探要》《意识形态论》《毛泽东智慧》《邓小平：在历史的天平上》《问题域的转换——对马克思和黑格尔关系的当代解读》。其余著作则基于材料的属性全部还原为单篇文章，收入《俞吾金全集》的《马克思主义哲学研究文集(上、下)》《外国哲学研究文集(上、下)》以及《国外马克思主义研究文集(上、下)》等各卷中。这样的处理方式难免会留下许多遗憾，特别是俞吾金教授的一些被视为当代学术名著的文集(如《重新理解马克思》《从康德到马克思》《被遮蔽的马克思》《实践诠释学》《实践与自由》等)未能按原书形式收入到《俞吾金全集》之中。为了解决全集编纂上的逻辑自洽性以及避免不同卷次的文献交叠问题(这些交叠往往是由于原作根据的不同主题选择和组织材料而导致的)，我们不得不忍痛割爱，将这些著作打散处理。

俞吾金教授生前发表了各类学术文章 400 余篇，我们根据主题将这些文章分别收入《马克思主义哲学研究文集(上、下)》《国外马克思主义哲学研究文集》《外国哲学研究文集(上、下)》《马克思主义中国化研究文集》《中国思想与文化研究》《哲学观与哲学教育论集》《散论集》(包括《读书治学》《社会时评》和《生活哲思》三卷)。在这些卷次的编纂过程中，我们除了使用知网、俞吾金教授生前结集出版的作品和在他的电脑中保存的材料外，还利用了图书馆和网络等渠道，查找那些散见于他人著作中的序言、论文集、刊物、报纸以及网页中的文章，尽量做到应收尽收。对于收集到的文献，如果内容基本重合，收入最早发表的文本；如主要内容和表达形式略有差异，则收入内容和形式上最完备者。在文集和散论集中，对发表的论文和文章，我们则按照时间顺序进行编排，以便更好地了解俞吾金教授的思想发展和心路历程。

除了已发表的中文著作和论文之外，俞吾金教授还留下了多篇已发表或未发表的外文文章，以及一系列未发表的讲课稿(有完整的目录，已完成的部分很成熟，完全是为未来出版准备的，可惜没有写完)。我们将这些外文论文收集在《外文文集》卷中，把未发表的讲稿收集在《遗作集》卷中。

三

《俞吾金全集》的编纂和出版受到了多方面的支持。俞吾金教授去世后不久，北京师范大学出版社就表达了想出版《俞吾金全集》的愿望，饶涛副总编辑专门来上海洽谈此事，承诺以最优惠的条件和最强的编辑团队完成这一工作，这一慷慨之举和拳拳之心让人感佩。为了高质量地完成全集的出版，出版社与我们多次沟通，付出了很多努力。对北京师范大学出版社饶涛副总编辑、祁传华主任和诸分卷的责编为《俞吾金全集》的辛勤付出，我们深表谢意。《俞吾金全集》的顺利出版，我们也要感谢俞吾金教授的学生赵青云，他多年前曾捐赠了一笔经费，用于支持俞吾金教授所在机构的学术活动。经同意，俞吾金教授去世后，这笔经费被转用于全集的材料收集和日常办公支出。《俞吾金全集》的出版也受到复旦大学和哲学学院的支持。俞吾金教授的同学和同事吴晓明教授一直关心全集的出版，并为全集写了充满感情和睿智的序言。复旦大学哲学学院原院长孙向晨也为全集的出版提供了支持。在此我们表示深深的感谢。

《俞吾金全集》的具体编辑工作是由俞吾金教授的许多学生承担的。编辑团队的成员都是在不同时期受教于俞吾金教授的学者，他们分散于全国各地高校，其中许多已是所在单位的教学和科研骨干，有自己的繁重任务要完成。但他们都自告奋勇地参与这项工作，把它视为自己的责任和荣誉，不计得失，任劳任怨，为这项工作的顺利完成付出自己的心血。

作为《俞吾金全集》的主编，我们深感责任重大，因而始终抱着敬畏之心和感恩之情来做这项工作。但限于水平和能力，《俞吾金全集》一定有许多不完善之处，在此敬请学界同仁批评指正。

汪行福　吴　猛
2024 年 6 月

目　录

1980年

"蜡块说"小考[①]

　　传统的见解认为，亚里士多德是欧洲哲学史上第一个从认识论角度提出灵魂好比"蜡块"的著名比喻的哲学家。目前我国出版的《欧洲哲学史简编》《简明欧洲哲学史》《欧洲哲学史》和《西欧哲学史讲话》均执此见。其实，最先提出这个著名比喻的并不是亚里士多德，而是柏拉图。

　　在柏拉图的《泰阿泰德》中就有这样一段话："假定人人心里有一块性质优劣不等的腊版；这是司记忆之神——诸穆萨之母——所赐予的。感觉知觉，欲记之于心，则在此版上留迹，如打印一般。在此版上留迹者，其迹尚存，便忆之知之；其迹磨灭或留而不完者，则不忆不知。"[②]柏拉图不仅提出了这个比喻，而且还对它的来源和内容做了详尽的解释和发挥："希腊文'心'（κηρ）字读如恺尔、'腊'（κηρós）字读如恺尔洛斯，荷马因此二字音相近，赋诗以腊版比心地。我则效颦以谓心中腊版平坦宽厚，则铭迹清晰耐久、不致混淆。心被茅塞，如彼全智诗人之所比兴，亦

　　① 原载《国内哲学动态》1980 年第 9 期。收录于俞吾金：《俞吾金集》，黑龙江教育出版社 1995 年版，第 227—230 页；《生活与思考》，复旦大学出版社 2011 年版，第 13—16 页。——编者注
　　② ［古希腊］柏拉图：《泰阿泰德·智术之师》，严群译，商务印书馆 1963 年版，第 19 页。

似腊版不净不淳、过坚过脆，铭迹便相应而混淆、且不能久留。于不淳与过坚者，铭迹并皆模棱，于过坚者尤甚，因其不能深入；于过脆者，铭迹极易消灭。心地猥屑，有如腊版狭窄，则铭迹拥挤重叠，愈益模棱。"①

柏拉图这里说的"腊""腊版"和亚里士多德说的"蜡块"都是同一个希腊字（κηρós）的不同译法。这样，我们完全有理由说，最先把"蜡块"作为认识论的一个比喻提出来的是柏拉图。当然，要使人们接受这个看法，还得把下面一些问题解释清楚。

第一，亚里士多德谈到"蜡块说"的《论灵魂》第三卷会不会写在《泰阿泰德》之前？亚里士多德有没有可能在未受柏拉图影响的情况下独立地提出此说？我认为是不可能的，罗素告诉我们："亚里士多德大约是十八岁的时候来到雅典做柏拉图的学生；他在学园里一直居留了接近二十年，直到公元前348—347年柏拉图逝世为止。"②柏拉图死后，亚里士多德"离开学园到小亚细亚地区的爱索斯讲学，并且开始对柏拉图的客观唯心主义进行批判"③。同时开始著述活动。因此，《论灵魂》的写作不可能先于《泰阿泰德》。根据黑格尔的看法，亚里士多德比柏拉图小43岁，从青年时期起就和柏拉图相处在一起，"他因此有机会完全确切地认识柏拉图的哲学；这样，如果有人说他不了解柏拉图的哲学，这种说法，单就显然的事实来说，就显出是任意的毫无根据的假定了"④。（着重号是引者加的）既然亚里士多德"完全确切地认识柏拉图的哲学"，当然不可能不知道柏拉图在《泰阿泰德》中提出的"腊版说"。所以，他的"蜡块说"是受到柏拉图的影响提出的，是后于柏拉图的。

① ［古希腊］柏拉图：《泰阿泰德·智术之师》，严群译，商务印书馆1963年版，第20—21页。
② ［英］罗素：《西方哲学史》上卷，何兆武、李约瑟译，商务印书馆1963年版，第209页。
③ 北京大学《欧洲哲学史》编写组：《欧洲哲学史》，商务印书馆1977年版，第92页。
④ ［德］黑格尔：《哲学史讲演录》第2卷，贺麟、王太庆译，商务印书馆1960年版，第271页。

第二，柏拉图从理念出发，在认识论上主张唯心主义的"回忆说"，而"蜡块说"则是唯物主义的反映论，这"二说"怎么可能在柏拉图的思想中并存呢？其实，只要消除我们对柏拉图认识论的传统的、片面的理解，这个矛盾是不难解决的。我们先看黑格尔是如何理解柏拉图"回忆说"的。黑格尔认为回忆的含义有二：一是"有把在别的时间内已经获得的观念重新提出的意思"，二是"一种从字根衍出的意义，即内在化，深入自身的意义。……那在外在方式下最初呈现给我们的东西，一定是杂多的，我们把这些杂多的材料加以内在化，因而形成普通的概念，这样我们就深入自身，把潜伏在我们内部的东西提到意识前面"①。如果从第二义来理解回忆，"腊版说"和"回忆说"岂不是统一的吗？或许有人会说，这样理解是黑格尔对柏拉图的一种庇护。其实，黑格尔并没有庇护柏拉图，他说了上面这段话后，紧接着指出："不容否认，在柏拉图那里，记忆这一名字常常具有上面所述的第一种经验的意义。"②可见，柏拉图"回忆说"中包含的唯心主义成分是无法否定的，但问题在于我们不应该一叶障目，轻易地抹杀他认识论中的合理因素，把婴儿和洗澡水一起倒掉。

柏拉图在《泰阿泰德》中还打过另一个比方："前以腊版，兹以鸟笼，比方心地。幼时此笼尚空，随后纳鸟其中。以鸟可喻各种各类的知识——或成群、或独栖而随处飞跃。"③这里非但没有先验论的味道，相反，柏拉图把知识看作后天才有的。他还进一步指出："仅知觉无以达存在，故不能得真理，因此，知觉无有于知识，倘其如此，知识不是知觉，然则知，识为何？心灵本身有事于存在，谓之运思，是否可说，知

---

① ［德］黑格尔：《哲学史讲演录》第2卷，贺麟、王太庆译，商务印书馆1960年版，第183—184页。

② 同上书，第198页。

③ ［古希腊］柏拉图：《泰阿泰德·智术之师》，严群译，商务印书馆1963年版，第21页。

识是真实的思议或论断?"①柏拉图甚至还提出了"知觉与知识相吻合"②的要求。在他看来，光凭感觉是不能认识真理的，只有通过"运思"即抽象思维才能达于"真实的思议或论断"即真理。这里的"运思"不正是黑格尔说的"回忆"的另一种意义吗? 还有，在柏拉图的晚期著作《理想国》中也可以读到关于两种"目力"认识(感性认识)和两种"智力"认识(理性认识)及它们的相互关系的论述。③ 黑格尔对柏拉图这段话的看法是："柏拉图把感性的意识，特别是感性的表象、意见，直接的知识都包括在'意见'(δοεα)这一名词之内。介于意见和真正科学中间的是抽象理智的认识、推论的反思、反思的认识，这种认识作用从感性认识中构成普遍的规律、确定的类。最高的认识是自在自为的思维，这种思维以最高的(理念)为对象。这种区分是柏拉图(认识论)主要的基础。"④这样，如果我们把拉柏图神秘的、唯心主义的最高知识——理念撇开的话，他认识论中的合理部分就可以表述如下：人的心灵犹如"蜡块"，感觉是存留在"蜡块"上的印痕，感觉不是知识，只是一种"意见"，只有通过"推论的反思"，才能从感性认识中构成普遍的规律、确定的类从而达到真理性的认识。

因此，把"蜡块说"作为柏拉图认识论的一个组成部分来看待，不仅是合乎历史事实的，而且有助于我们进一步发掘柏拉图哲学思想中的合理东西。

多年来这个问题为什么从未引起过学术界的注意? 我认为主要原因是传统见解的束缚。黑格尔在《哲学史讲演录》中谈到柏拉图的著作时，没有一个字提及《泰阿泰德》，而认为是亚里士多德最先提出"蜡块说"

① [古希腊]柏拉图:《泰阿泰德·智术之师》，严群译，商务印书馆 1963 年版，第18 页。
② 同上书，第 19 页。
③ [古希腊]柏拉图:《理想国》，吴献书译，商务印书馆 1957 年版，第 116—118 页。
④ [德]黑格尔:《哲学史讲演录》第 2 卷，贺麟、王太庆译，商务印书馆 1960 年版，第 198 页。

的。列宁接受了黑格尔的看法，还在《哲学笔记》中对这一比喻做了评语。① 后来，敦尼克等人主编的《哲学史》则沿用了列宁《哲学笔记》中的提法。而我们又基本上照搬了敦尼克一书的结论。

---

① 列宁：《哲学笔记》，中共中央马克思恩格斯列宁斯大林著作编译局译，人民出版社 1974 年版，第 319—320 页。

1981年

克拉底鲁是智者派哲学家吗^①

　　古希腊哲学家的灿烂星群中，赫拉克利特的学生克拉底鲁尽管并不令人瞩目，但人们对他的评价却迥然各异。《欧洲哲学史》(商务印书馆1977年版)把克拉底鲁划入智者派哲学家的行列，称他为"智者派的末流"。这一看法，近来似乎已为学术界所默认。而《辞海》(上海辞书出版社1979年版)却认为克拉底鲁应是爱菲斯学派哲学家。二说并存，孰是孰非，有加以辨明的必要。

　　首先，我认为，要判断一个哲学家属于同时代的哪一个哲学学派，先要找出这个哲学家和他所归属的哲学学派之间的纽带。众所周知，赫拉克利特是主张万物流变的。这一思想最形象不过地体现在他的"人不能两次踏进同一条河流"的著名命题中。克拉底鲁把他老师的辩证法弄成了诡辩，认为人一次也不能踏进同一条河流。诚然，克拉底鲁是个诡辩论者，但他丝毫没有怀疑过物质世界的存在，在对哲学基本问题的解答上，他和赫拉克利特是完全一致的；区别仅仅在于他过分强调了物质运动的相对性，从而陷入了诡辩。

---

　　① 原载《复旦学报(社会科学版)》1981年第1期。收录于俞吾金：《文化密码破译》，上海远东出版社1995年版，第220—222页。——编者注

智者派的诡辩是建立在主观唯心主义基础之上的。如高尔吉亚提出的第一个命题就是"无物存在"，普罗泰戈拉（又译为普鲁塔哥拉）虽然有时也承认物质世界的存在，但他从"人是万物的尺度"的命题出发，必然夸大感觉的相对性，从而导致对客观世界的否定。诚如亚里士多德所指出的："假如没有人的感觉，就没有冷，没有暖，没有甜，而一切可感觉的事物也就全都没有；持有这观念的人将皈依到普鲁塔哥拉的教义。"①可见我们不能因为克拉底鲁是个诡辩论者，就不加分析地把他列入智者派哲学家的行列。

其次，任何哲学学派都有一个相对固定的学术活动中心，这在交通不发达的古代尤其如此。智者学派是以传授思维和辩论术为业的，他们的活动范围虽然遍及希腊各城，但其活动中心在雅典，而克拉底鲁作为赫拉克利特的学生，他的学术活动主要是在小亚细亚的爱菲斯进行的。爱菲斯和雅典中间隔着爱琴海，虽然当时商业的繁荣和航海的发展，使两地在学术思想上有所交流，但智者学派和爱菲斯学派毕竟是两个独立的、各有一定学术宗旨和活动中心的哲学学派，硬把克拉底鲁划入爱琴海彼岸的智者学派是没有道理的。

最后，要判断一个哲学家属于哪个学派，应以近证为据。柏拉图在《克拉底鲁》一书中记载了赫拉克利特派（爱菲斯学派）是不言而喻的。亚里士多德在谈到柏拉图时指出："在青年期，他最初与克拉底鲁相熟识，因此娴习了赫拉克利特诸教义。"②把克拉底鲁看作赫拉克利特思想的当然继承人。亚里士多德谈到爱菲斯学派的"动变"思想时又指出，"如那个闻名已久的赫拉克利特学派克拉底鲁所执持的学说，可算其中最极端的代表"③。这明确告诉我们克拉底鲁是爱菲斯学派的哲学家。事实上，在柏拉图、亚里士多德和古希腊其他哲学家论及的智者学派哲学家中，从来没有克拉底鲁的名字。

---

① ［古希腊］亚里士多德：《形而上学》，吴寿彭译，商务印书馆 1959 年版，第 174 页。
② 同上书，第 16 页。
③ 同上书，第 74 页。

根据上述理由，我认为，《欧洲哲学史》把克拉底鲁划入智者学派是不妥当的，而《辞海》关于克拉底鲁属于爱菲斯学派哲学家的意见则是正确的。

亚里士多德的"蜡块说"辨^①

亚里士多德关于蜡块的比喻出现在他的《论灵魂》一书中，该书第二卷第十二章谈了这个比喻，"the impress of a signet-ring"这一句，我认为不应译成"金戒的图纹"，而应译成"图章戒指的印痕"。"without the matter"不应译作"不感受物质"^②，而应译作"不接纳事物的质料"。因为"质料"较"物质"更为具体，是特定形态的物质，且和同句中的"形式"（the form）相呼应。这样，关于亚里士多德"蜡块说"的主要内容，应该是："感觉具有接纳事物的可觉察的形式而不接纳事物质料的机能，正如蜡块上留下的只是图章戒指的印痕而不是铁或金本身一样。"

对这段话的基本倾向的问题，学术界历来有不同的看法。而我国出版的欧洲哲学史方面的著作，一般认为亚里士多德的"蜡块说"仅仅在把灵魂比作蜡块这一点上，是坚持唯物主义反映论的，但他关于"蜡块上留下的只是图章戒指的印痕而不是铁或金本身"的说法，却表现出他割裂形式和质料的关系，否认感觉可以反映物质的唯

① 原载《社会科学》1981年第3期。收录于俞吾金：《文化密码破译》，上海远东出版社1995年版，第223—224页。——编者注
② 北京大学《欧洲哲学史》编写组：《欧洲哲学史》，商务印书馆1977年版，第105页。

心主义倾向。

我认为，亚里士多德的"蜡块说"，并没有割裂形式和质料的关系，它强调的只是：感觉印象和被感觉的物体之间是可以分离的。他只是告诉我们：图章戒指的图纹留在人脑中的印痕即感觉印象和图章戒指本身是可以分离的。用哲学的语言表达，也就是说，物和人们关于物的感觉是可以分离的。因此，亚里士多德的"蜡块说"不但不应当在这一点上遭到指责，恰恰相反，正在这一点上坚持了唯物主义反映论的观点。这样说，也并不否认他在某些场合下有"纯粹质料""纯粹形式"之说，但在使用"蜡块"这个比喻时，他并没有割裂形式和质料的关系。而他的整个哲学体系的基础和出发点，也是坚持形式和质料的统一的。

亚里士多德认识论探讨[①]

长期以来，亚里士多德的认识论一直没有得到全面的评价。我国目前关于欧洲哲学史方面的一些著作几乎都认为：(1)他的认识论是摇摆于唯物主义和唯心主义之间的；(2)他的认识论尽管看到了感性认识和理性认识的某种关系，但最后还是被形而上学地割裂了。本文通过对亚里士多德主要哲学著作的探讨，得出了两个不同的结论：(1)他的认识论的基本倾向是唯物主义的。(2)他的认识论包含着丰富的辩证法思想。亚里士多德不但没有割裂感性认识和理性认识之间的关系，而且还对两者关系做了认真的探索。

一

要判定亚里士多德认识论的基本倾向，首先要明白，他的认识论是怎样形成的。

亚里士多德生于希腊北方色雷斯的斯塔基拉城，他 17 岁时，来到当时的文化中心雅典，留在柏拉图学园里达 20 年之久。以后，又应马其顿王腓力普二世的聘请，担任了王子亚历山大的

---

① 原载《复旦学报(社会科学版)》1981 年第 3 期。——编者注

教师。这使他有条件广泛涉猎各方面的典籍，并对自然现象和人们的社会生活做出精深的研究。在亚里士多德的富于开创性的学术活动中，我们要特别注意以下两个方面。

第一，对自然科学的研究。公元前4世纪，自然科学虽然还远未作为独立的科学出现，但这并不妨碍人们对它的个别真理的认识。继泰勒斯预见日食、毕达哥拉斯发现几何学原理之后，希波克拉底又对疾病和治疗术进行了认真的研究。这时候，人们在天文学、数学、医学及动物学、生理学、气象学等方面都积累了一定的经验，从而为亚里士多德的研究工作奠定了客观条件。亚里士多德在《物理学》《论天》《动物志》等著作中对纷繁复杂的自然现象进行了全面的研究。"这些著作形成一个相当完整的系统，包括自然哲学的内容（整个范围）。"[①]亚里士多德对大量经验事实的卓有成效的研究，使他的认识论自然而然地建立在"自然科学的唯物主义"的"磐石"之上。正如列宁在谈到德国科学家福尔克曼时所指出的："福尔克曼是一位物理学家，写过许多有关认识论问题的著作。他也象极大多数自然科学家一样，倾向于唯物主义——虽然是一种不彻底的、懦怯的、含糊的唯物主义。"[②]不用说，亚里士多德是属于列宁上面提到的"极大多数自然科学家"的行列之内的，事实上列宁曾以同样的口吻评价过亚里士多德，说他"在自然哲学中就比较经常地＝唯物主义"[③]。当然，我们并不否认，自然科学的唯物主义是"不彻底的、懦怯的、含糊的"，它实际上是一种自发的、朴素的实在论，"即一切不考虑自己及环境、外部世界是否存在的人们所主张的普通的非哲学的素朴的观点"[④]。这和认识论上的自觉的唯物主义观点是有一定区别的。但亚里士多德从研究自然科学出发，走向唯物主义认识论的这种趋向却是

---

① ［德］黑格尔：《哲学史讲演录》第2卷，贺麟、王太庆译，商务印书馆1960年版，第305页。
② 《列宁选集》第2卷，人民出版社1972年版，第167页。
③ 列宁：《哲学笔记》，中共中央马克思恩格斯列宁斯大林著作编译局译，人民出版社1974年版，第313页。
④ 《列宁选集》第2卷，人民出版社1972年版，第63页。

无可否认的。第二，亚里士多德批判地总结了当时希腊流行的各个哲学学派的思想成果。上述两个方面同他们认识论的形成有着最密切的关系。这里，我们着重谈谈第二方面的情况。

（1）对唯物主义学派的研究和批判。众所周知，米利都学派是古希腊最早的唯物主义学派。亚里士多德首先分析了这个学派的创始人泰勒斯的思想，肯定了他关于"水是万物之源"的说法，但又批评他和阿那克西美尼等哲学家没有解决"生灭何由而起，其故何在"的问题。之后，原子唯物主义的先驱恩培多克勒和阿那克萨戈拉虽然分别以"爱与斗"和"理性"（"奴斯"）作为万物生灭变化的原因，但都是从事物之外输入的动力。况且，亚里士多德认为，就连这种"阴晦而不透彻"的理论，在这两位哲学家那里也只是偶尔出现并充满"牴牾"的。至于原子唯物主义者留基伯和德谟克利特，虽然把动变看作原子本身的属性，并力图用原子在形状、排列、位置上的差异去说明其运动的原因，但是，对"事物从何而生动变？如何以成动变？"的问题，"他们也和其他的人一样，疏懒地略去了"①。

从亚里士多德对唯物主义学派的批判中可以看出，他非难的并不是这些哲学家的唯物主义倾向，而是他们不深入探究事物生灭变化原因的肤浅的认识方法。正如恩格斯指出的："关于所有这些人，亚里士多德说得很正确：他们没有说明运动的起源。"②

（2）对唯心主义学派的研究和批判。首先，亚里士多德分析了毕达哥拉斯"数乃万物之源"的命题。他认为，数学和物理学在研究对象上虽然是有区别的，但"数学对象显然不能离事物而独立存在；如果独在，则实体之中就见不到它们的属性了"。毕达哥拉斯把从客观事物中抽象出来的数倒过来作为万物的本源显然是错误的。其次，亚里士多德又对柏拉图唯心主义的"意式"（或译"通式""理念"）论进行了深刻的批判。亚

---

① ［古希腊］亚里士多德：《形而上学》，吴寿彭译，商务印书馆 1959 年版，第 9、11、12 页。
② 《马克思恩格斯全集》第 20 卷，人民出版社 1971 年版，第 527 页。

里士多德指出："若无普遍性则事物必莫得而认取，世上亦无以积累其知识，关于意式只在它脱离事物这一点上，引起驳议。"在亚里士多德看来，"普遍性"即"意式"对于人们认识客观事物来说是绝对必要的，柏拉图的错误并不在于他提出了"意式"，而在于他割裂了"意式"和个别事物的关系，把"意式"看作独立存在的东西。亚里士多德明确地指出："意式""它们倘不存在于所参与的个别事物中，它们对这些事物的存在也就无可为助。""一般而论，通式诸论点，为了意式的存在消失了事物，实际上我们更应关心那些事物的存在。"①亚里士多德还举了"个别房屋"之外不存在着"一般房屋"的著名的例子，对柏拉图进行了驳斥。另外，柏拉图从唯心主义的"意式论"出发，把世界分为可见世界（事物世界）和可知世界（"意式"世界），认为从前者只能得出"意见"，只有从后者才能得到知识或真理。亚里士多德对这种割裂感性认识和理性认识关系的形而上学观点也进行了抨击。他从一般存在于个别之中，一般和个别不可分离的思想出发，认为反映事物共性的"意式"和反映个别事物的感觉亦即柏拉图的"意见"同样是不可分割的。"谁不感觉，谁就什么也不认识，什么也不理解。"②

从亚里士多德对唯心主义学派的批判中可以看出，他不是站在更彻底的唯心主义立场上批判唯心主义的。恰恰相反，他对毕达哥拉斯学派，特别是对柏拉图学派的批判，是"破坏唯心主义基础"③的批判。同时，通过对柏拉图"意式论"的批判，亚里士多德力图把感性认识和理性认识统一起来。

（3）对不可知主义倾向的批判。恩格斯和列宁都把不可知主义看作摇摆于唯物主义和唯心主义之间，企图调和二者的哲学学说。亚里士多

---

① ［古希腊］亚里士多德：《形而上学》，吴寿彭译，商务印书馆 1959 年版，第 296、286、25、24 页。

② 列宁：《哲学笔记》，中共中央马克思恩格斯列宁斯大林著作编译局译，人民出版社 1974 年版，第 322 页。

③ 《列宁全集》第 38 卷，人民出版社 1959 年版，第 313 页。

德在批判唯物主义学派和唯心主义学派的同时，也对爱菲斯学派和智者学派的不可知主义倾向进行了剖析和批判。我们把爱菲斯学派和智者学派放在一起，完全是出于历史的原因。柏拉图把赫拉克利特和普罗泰戈拉相提并论①，认为他们都是主张万物流变的。亚里士多德也经常把赫拉克利特、克拉底鲁、普罗泰戈拉等人作为同一思想营垒的哲学家看待。亚里士多德对不可知主义倾向的批判，主要是从两个方面进行的。第一，对相对主义的批判。亚里士多德认为，克拉底鲁关于人一次也不能踏进同一条河流的看法过分夸大了事物的动变性，因而他称克拉底鲁为相对主义的"最极端的代表"②。同时，他对普罗泰戈拉关于"一切都只有相对的真理"③的理论也进行了尖锐的批判："假如对任何事物可以任意肯定或否定，同一事物将是一艘楼船，一堵墙与一个人。"亚里士多德既反对"一切皆在动变"的思想，也反对"一切皆在静定"的思想，他主张物质的相对"静定"，甚至提出用下定义的方法来确定事物的界限。④他认为只有这样，事物才有可能被认识。第二，对感觉主义的批判。我们知道，不可知主义的实质是不超出感觉。智者派提出"知识就是感觉"⑤，"现象就是真理"⑥，特别是普罗泰戈拉关于"人是万物的尺度"的命题，都是感觉主义的典型表现，都是以否定理性认识为基本特征的。亚里士多德认为，从个人的感觉出发，把个人的感觉作为万物的尺度，必然导致对客观世界的否定："假如没有人的感觉，就没有冷，没有暖，没有甜，而一切可感觉的事物也就全部没有；持有这种观念的人将皈依

---

① 北京大学哲学系外国哲学史教研室：《古希腊罗马哲学》，商务印书馆1961年版，第134页。

② ［古希腊］亚里士多德：《形而上学》，吴寿彭译，商务印书馆1959年版，第74页。

③ ［德］黑格尔：《哲学史讲演录》第2卷，贺麟、王太庆译，商务印书馆1960年版，第29页。

④ ［古希腊］亚里士多德：《形而上学》，吴寿彭译，商务印书馆1959年版，第67页。

⑤ 北京大学哲学系外国哲学史教研室：《古希腊罗马哲学》，商务印书馆1961年版，第133页。

⑥ ［德］黑格尔：《哲学史讲演录》第2卷，贺麟、王太庆译，商务印书馆1960年版，第31页。

到普罗泰戈拉的教义。"①亚里士多德还针锋相对地指出："科学知识""与智者关于这事物的那种非本质的认识是绝不相同的"②，这充分肯定了理性认识的重要作用。从亚里士多德对不可知主义的两大表现——相对主义和感觉主义的批判看来，他在认识论上完全是以可知论的姿态出现的。

综观亚里士多德对自然科学与古希腊各派哲学的研究，不难发现，他的认识论形成的基本趋向是唯物的、可知的；同时，他坚决反对割裂感性认识和理性认识关系的任何企图，他认为两者应是统一的、密切相关的。这就是亚里士多德认识论的基本轮廓。

二

要断定亚里士多德认识论的基本倾向是唯物的，还是唯心的，抑或是摇摆于唯物主义和唯心主义之间的，并不是抓住他的只言片语或某个比喻的含糊之处就可以奏效的，必须深入地分析他认识论中最基本的内容——"四论"。

(1)实体论(或译本体论)。亚里士多德强调说："于认识而论，我们对每一事物之充分认识必自本体始"，把实体作为他全部认识论的基础。对于"实体"这一概念，亚里士多德是这样解释的："本体有三类。——可感觉本体支分为二，其一为永恒，其二为可灭坏；……另一为不动变本体。""永恒"实体有时也被他称为宇宙的"原动者"，或干脆称为"鬼神"③；"可灭坏"实体指个别事物；"不动变本体"则是指"意式"即概念，

---

① ［古希腊］亚里士多德：《形而上学》，吴寿彭译，商务印书馆1959年版，第80页。

② 北京大学哲学系外国哲学史教研室：《古希腊罗马哲学》，商务印书馆1961年版，第292—293页。

③ ［古希腊］亚里士多德：《形而上学》，吴寿彭译，商务印书馆1959年版，第174、126、237页。

也包含数理对象。这样，粗看起来，亚里士多德的"实体"概念完全是一个大杂烩，有人正是抓住这一点来否定他认识论的唯物主义倾向的。我认为这种结论值得商榷。

首先，"原动者"或"鬼神"的概念在亚里士多德的著作中是极少出现的。他只有在探索事物动变的终极原因，而又苦于无法解决时，才使用这样的概念。我们知道，晚于亚里士多德2000多年的牛顿在同样的问题上也犯过同样的错误。况且，承认鬼神的存在，一般地说来，是古希腊哲学家的时代局限性。正如马克思指出的："哲学最初在意识的宗教形式中形成，从而一方面它消灭宗教本身，另一方面从它的积极内容说来，它自己还只在这个理想化的、化为思想的宗教领域内活动。"[①]

其次，我们还要看到，亚里士多德虽然把"意式"引入了实体论，但他从来就没有把个别事物和"意式"相提并论过。亚里士多德把个别事物称为"第一实体"，把"意式"称为"第二实体"，并指出："除第一性实体之外，任何其他的东西或者是被用来述说第一性实体，或者是存在于第一性实体里面，因而如果没有第一性实体存在，就不可能有其他的东西存在。"[②]这明确地说明了个别事物和"意式"之间的决定和被决定的关系。他还进一步解释了他的"实体"概念："实体，就其真正的、第一性的、最确切的意义而言，乃是那不可以用来述说一个主体、又不存在于一个主体里面的东西，例如某一个别的人或某匹马。"[③]

由此可见，在亚里士多德的实体论中，个别事物是最根本、最主要的东西，无论是"意式"也好，还是他偶尔提到的"鬼神"也好，相对于个别事物来说，都只具有从属的意义，都只是用来表述个别事物或

①　《马克思恩格斯全集》第26卷第一册，人民出版社1972年版，第26页。
②　[古希腊]亚里士多德：《范畴篇　解释篇》，方书春译，商务印书馆1959年版，第13页，有改动。
③　北京大学哲学系外国哲学史教研室：《古希腊罗马哲学》，商务印书馆1961年版，第309页。

存在于个别事物中的东西。廓清迷雾，亚里士多德实体论的唯物主义倾向是显而易见的。建立在这样基础上的认识论当然具有唯物主义的性质。

（2）感觉论。如果在实体问题上，亚里士多德还说过一些费解的话，那么，在感觉问题上，他的论述则是直截了当的："要感觉，就必须有被感觉的东西。"列宁评价道："这里的关键是'外在'——在人之外，不以人为转移。这就是唯物主义。"①但人们常常抓住他在《论灵魂》中说的一段话："在感觉中我们只对形式发生关系，把它采纳过来而不要物质，正如腊块只把带印的金戒指的印记接纳到自己身上，不取黄金本身，而只纯粹取其形式"②，认为这就是亚里士多德在感觉论上滑向唯心主义的证据。③ 其实，这是对亚里士多德的曲解。我们不妨看看他在同书中的另一段话："每一个感觉器官采纳了感觉对象而抛弃其质料。因此，如果感觉对象被移去了，感觉和表象还是在器官里面。"④这就是说，亚里士多德并没有割裂质料和形式的关系，他强调的只是：感觉的对象和感觉印象两者是可以分离的。我看见了一只金戒指，当这只金戒指从我眼前移去后，它的"形式"即感觉印象仍可继续存留在我的脑袋里。这就是亚里士多德所说的一切。在这里，亚里士多德不但没有陷入唯心主义，相反，他坚持了唯物主义的观点。

（3）真理论。亚里士多德循着唯物主义的实体论的路线出发，明确指出："每一事物之真理与各事物之实是必相符合。"⑤也就是说，人们对客观事物的认识如果是符合实际情况的，就是真理，如果不符合，就

---

① 列宁：《哲学笔记》，中共中央马克思恩格斯列宁斯大林著作编译局译，人民出版社 1974 年版，第 318 页。

② ［德］黑格尔：《哲学史讲演录》第 2 卷，贺麟、王太庆译，商务印书馆 1960 年版，第 344 页。

③ 朱德生、李真：《简明欧洲哲学史》，人民出版社 1979 年版，第 35 页。

④ ［德］黑格尔：《哲学史讲演录》第 2 卷，贺麟、王太庆译，商务印书馆 1960 年版，第 346 页。

⑤ ［古希腊］亚里士多德：《形而上学》，吴寿彭译，商务印书馆 1959 年版，第 82 页。

是虚妄。这一观点，完全是唯物主义的。正如列宁在评价他的思想时说的："理性（理智）、思想、意识，如果撇开自然界，不适应自然界，就是虚妄。＝唯物主义！"①还须指出的是，亚里士多德把唯物主义的真理观贯彻到各门科学之中。他认为，哲学"起于对自然万物的惊异"；"数学对象不能离事物而独立存在"；他在谈到自然科学时指出："我们必须先研究自然是什么，再进而考察自然科学所讨论的是什么。"②由此可见，亚里士多德唯物主义的真理观不是偶尔出现的。

（4）实践论。亚里士多德关于实践的观点往往被人们所忽略。其实，了解他的实践观对于判定他认识论的基本倾向是极有帮助的，他给实践下过这么一个定义："实践是包括了完成目的在内的活动。"③这和列宁关于实践是"合目的性的活动"④的提法基本吻合。所不同的是，亚里士多德认为，如果人们在实际活动中还没有完成自己的目的，那就不能算实践。这未免有些奇特。对此，我们暂且撇开不论，还是先探索亚里士多德是如何处理实践和认识的关系的。他认为，"谁最精习于某一科属的事物，谁就必然能够陈明有关这一门的最确实原理，所以最精习于现存事物〈现是〉者也必然能够陈述一切事物的最确实的原理"。为了具体地说明这个道理，他举例说："没有建筑过的人不可能成为建筑师，从未弹琴的人不可能成为琴师；因为能弹琴的人是由于常常弹琴而练成的，其它学艺亦复如此。"⑤在他看来，人们的各种知识并不是头脑里固有的，而是在长期的实践中获得的，实践越深入，知识就越丰富。这就是说，他把实践放到认识论的首要的地位上。在亚里士多德那里，实践

---

① 列宁：《哲学笔记》，中共中央马克思恩格斯列宁斯大林著作编译局译，人民出版社1974年版，第317页。

② ［古希腊］亚里士多德：《形而上学》，吴寿彭译，商务印书馆1959年版，第95、37、5页。

③ 同上书，第222页。

④ 列宁：《哲学笔记》，中共中央马克思恩格斯列宁斯大林著作编译局译，人民出版社1974年版，第203页。

⑤ ［古希腊］亚里士多德：《形而上学》，吴寿彭译，商务印书馆1959年版，第36、178页。

有时也作为检验真理的标准出现。例如，在《论灵魂》中他曾经说过："离开了行动，真理和谬误与善和恶就是同类的东西了。"①因此，亚里士多德在实践观上的唯物主义立场同样是无懈可击的。

从亚里士多德对上述四个基本问题的解决中可以清楚地看出，他的认识论是以"第一实体"为基础的、比较彻底的唯物主义认识论。只要我们不故意抓住他的某些表述不清的地方，而着眼于他的基本论述的话，这个结论是不难得出的。有人也许会提出，列宁不是批评亚里士多德经常摇摆于唯物主义和唯心主义之间吗？是的，我们丝毫都不否认这一点。但这只是列宁对亚里士多德某些表述不清的地方所下的断语。如果全面领会列宁的思想，就会发现，他对亚里士多德在解决认识论基本问题上的唯物主义立场是完全肯定的。列宁在评价亚里士多德认识论时写道："对于认识的客观性没有怀疑。对于理性的力量，对于认识的力量、能力和客观真理性抱着天真的信仰。"列宁反复强调亚里士多德关于感觉之外有存在的思想是唯物主义的；尖锐地批评黑格尔"用废话来捣毁唯物主义的这个基础、根基、实质"；批评黑格尔"把亚里士多德伪造成一个18—19世纪的唯心主义者"的种种企图。②

三

确定了亚里士多德认识论的唯物主义倾向以后，我们有必要深入探索他认识论中包含的丰富的辩证法思想。有一种流行的观点认为，亚里士多德的辩证法思想只表现在本体论中对形式与质料、潜能与现实及运动的分类等问题的论述上，至于他的认识论，似乎与辩证法是绝缘的。

---

① ［德］黑格尔：《哲学史讲演录》第2卷，贺麟、王太庆译，商务印书馆1960年版，第357页。

② 列宁：《哲学笔记》，中共中央马克思恩格斯列宁斯大林著作编译局译，人民出版社1974年版，第416、318、322页。

这显然是片面的。恩格斯认为，"辩证法直到现在还只被亚里士多德和黑格尔这两个思想家比较精密地研究过"①。列宁在谈到《形而上学》一书时，曾指出该书"最典型的特征就是处处、到处都显露出辩证法的活的萌芽和探索"②。应该公正地说，亚里士多德的辩证法思想是散见于各方面的著作之中的。在认识论中，特别在处理感性认识和理性认识的辩证关系问题上，他做出了极为可贵的探索。对这些辩证法思想，我们应该尽力加以发掘。

首先，对于感性认识，亚里士多德在《形而上学》中开宗明义地指出："求知是人类的本性。我们乐于使用我们的感觉就是一个说明。"③他认为感觉的最基本特征就是它的"被动性"。"因为感觉时必须有被感觉的东西存在才成。"④如前所述，这是纯粹唯物主义的观点。他还进一步认为，人们的记忆是从感觉中产生的，记忆的积累则形成经验。感觉、记忆、经验，这就是他理解的感性认识的全部内容。至于理性认识，在他那里有各种称谓，如"技术""理论""理智""智慧""知识""学术"等等。他认为，理性认识是人类特有的，"动物凭现象与记忆而生活着，很少有相关联的经验；但人类还凭技术与理智而生活"。理性认识是通过思维实现的，思维的对象则是概念。"若字（即概念——引者）无命意，人们也无从相互理解，这样，理智就被取消掉了。"⑤他还认为理性和感性不同，兼有主动和被动的特征，因而把理性分为"主动理性"和"被动理性"。所谓"被动理性"也就是说理性总是受感觉制约的，理性只能思索感觉到的东西，"理智中没有什么东西不是先已在感觉中"。所谓"主

① 《马克思恩格斯全集》第 20 卷，人民出版社 1971 年版，第 383 页。
② 列宁：《哲学笔记》，中共中央马克思恩格斯列宁斯大林著作编译局译，人民出版社 1974 年版，第 416 页。
③ 〔古希腊〕亚里士多德：《形而上学》，吴寿彭译，商务印书馆 1959 年版，第 62 页。
④ 〔德〕黑格尔：《哲学史讲演录》第 2 卷，贺麟、王太庆译，商务印书馆 1960 年版，第 342 页。
⑤ 〔古希腊〕亚里士多德：《形而上学》，吴寿彭译，商务印书馆 1959 年版，第 181—182 页。

动理性"，根据亚里士多德自己的解释，"就是活动性"，"正像光线一样；因为，在某种意义下，是光线把那些按可能性而存在的颜色变为实在的颜色"①。人们常常抓住亚里士多德的"主动理性"，认为这就是他认识论中唯心主义的典型表现。有的在论述亚里士多德认识论的文章时甚至这样写道："一当他由感觉的领域踏进思维的领域，他就急转直下，成了一个接近于柏拉图路线的唯心主义者。"②这是一种误解。"主动理性"在亚里士多德那里，指的是理性在感觉基础上的能动性，即想象力和创造力。自然界中并不存在狮身人面的斯芬克斯，但人们的想象力却创造了它。同样，自然界中只存在红、黄、绿等各种颜色的事物，人们在提取颜料后却可以配制出远比各种事物丰富的颜色，使那些在自然界中仅仅可能存在的颜色在理性的创造性面前成为现实。正是在这个意义上，列宁说过："人的意识不仅反映客观世界，而且创造客观世界。"③因此，当亚里士多德在"被动理性"的基础上强调"主动理性"作用的时候，他不但没有陷入唯心主义的先验论，相反，他坚持了辩证法，坚持了理性认识的能动作用。

其次，在感性认识和理性认识的辩证关系上，应该说，亚里士多德是十分重视感性认识的作用的："在业务上看，似乎经验并不低于技术，甚至于有经验的人较之有理论而无经验的人更为成功。"但是，他又不主张人们的认识停留在感性范围内，主张"由经验得到知识与技术"。因为"与经验相比较，技术才是真知识；技术家能教人，只凭经验的人则不能"④。那么，人的知识如何从感性认识上升到理性认识呢？亚里士多德从四个不同的方面对这一辩证发展的过程进行了具体的描述。

---

① ［德］黑格尔：《哲学史讲演录》第2卷，贺麟、王太庆译，商务印书馆1960年版，第350页。

② 刘放桐：《亚里士多德的认识论》，《光明日报》1960年1月。

③ 列宁：《哲学笔记》，中共中央马克思恩格斯列宁斯大林著作编译局译，人民出版社1974年版，第228页。

④ ［古希腊］亚里士多德：《形而上学》，吴寿彭译，商务印书馆1959年版，第1、64、2、3页。

（1）从现象到本质。亚里士多德认为，从感性认识发展到理性认识的过程，也是人们对客观事物的认识由现象深入本质的过程。他认为，感觉是反映现象的，不同的人对同一现象产生的感觉又常常发生差异："事物之呈现于各人，所得现象原不一致，即便呈现于同一人时，前后也不一致，甚至常常同时发生相反的现象。"另外，现象中又包含着假象，亚里士多德通常称其为"假事物"。他认为"假事物造成假印象"①，从而使人的认识包含错觉。要克服错觉，正确地掌握客观事物的本质，就一定要把感性认识提高到理性认识。亚里士多德深刻地批判了智者派关于"现象就是真理"②的观点，指出"科学知识""与智者关于这事物的那种非本质的认识是绝不相同的"③。他强调指出，只有理性认识才能真正抓住事物的本质。

（2）从结果到原因。亚里士多德还认为，从感性认识发展到理性认识的过程，也是人们对客观事物的认识由结果深入原因的过程。他指出，人们凭感官只能接受客观事物运动变化的结果，而不能探知其原因："感官总不能告诉我们任何事物所以然之故——例如，火何为而热，他们只说火是热的。"同样，人们通过记忆的积累有了经验时，仍不能掌握事物运动变化的原因："凭经验的，知事物所然而不知其所以然。"这就明确告诉我们，如果人们对客观事物的认识停留在感性的阶段，是不可能明了事物运动变化的原因，从而顺利地驾驭客观事物的。人们要深入探索事物运动变化的原因，就必须把感性认识提高到理性认识，亚里士多德甚至把"智慧"即理性认识称为"有关某些原理与原因的知识"，并强调指出，"哲学旨在寻求可见事物的原因"。他集以往一切哲学家思想之大成，提出了著名的"四因说"，用以解释世界万物的生灭变化，显露

---

① ［古希腊］亚里士多德：《形而上学》，吴寿彭译，商务印书馆 1959 年版，第 78、116 页。

② ［德］黑格尔：《哲学史讲演录》第 2 卷，贺麟、王太庆译，商务印书馆 1960 年版，第 353 页。

③ 北京大学哲学系外国哲学史教研室：《古希腊罗马哲学》，商务印书馆 1961 年版，第 292—293 页。

出物质自身运动的辩证法思想。如前所述，尽管他把事物运动变化的终极原因归结为自身不动的"第一动因"①，但这仅仅是他作为一个勇敢的探索者的一次迷路罢了。

（3）从偶然到必然。亚里士多德认为，从感性认识发展到理性认识的过程，也是从认识事物的偶然属性进入认识事物的必然属性的过程。什么是"偶然"？他说，"凡属偶然就可有时而不然"。"例如有人为植树而挖土，寻得了窖金，'寻得窖金'，对于'这位挖土的人'是一个'属性'，〈偶然〉，因为寻得窖金不是必需植树，植树也不是必然寻得窖金；而且植树的人也不是常常寻得窖金的。"那么，什么是必然呢？"所谓必然就不能又是这样又是那样"。比如，"可灭坏性当其见于一切事物就成为一个必然禀赋"。亚里士多德认为，必然性是事物的根本属性，是事物发展过程中必定要起作用的。偶然性则是有时出现有时不出现的，但"偶然必定是存在的"。他还认为，人们凭感觉印象即感性认识，只能知晓一些偶然的东西，只有理性认识才能深入事物的内部，抓住规律性、必然性的东西。因此，"一切学术都只研究那些经常的或是大多数如此的事物，研究'偶然'这一门学术是明显地没有的"②。

（4）从个别到一般。亚里士多德还认为，从感性认识发展到理性认识的过程，也是从对个别事物的认识发展到对事物共性的认识过程。他指出："感觉的活动总是指向个别事物的，相反地，知识活动则是指向共相的"③；"脱离个别，事物就没什么可以存在，而个别事物则为数无尽，那么又怎能于无尽数的个别事物获得认识？实际上总是因为事物有某些相同而普遍的性质，我们才得以认识一切事物"。因此，人们要认识事物的共性，就一定要把感性认识提高到理性认识，"经由个别的感

---

① ［古希腊］亚里士多德：《形而上学》，吴寿彭译，商务印书馆1959年版，第3、2、3页。

② 同上书，第28、46、207、117、76、207、122页。

③ ［德］黑格尔：《哲学史讲演录》第2卷，贺麟、王太庆译，商务印书馆1960年版，第342页。

觉经验所易识的小节向在本性上难知的通理"①前进，当然，诚如列宁所说，亚里士多德在论述一般与个别的关系时，有时也"陷入稚气的混乱状态，陷入毫无办法的困窘的混乱状态"②。但纵观他在这个问题上的全部论述，应该说他基本上还是正确地解决了个别和一般的辩证关系的。

由上可知，亚里士多德的认识论不但没有割裂感性认识和理性认识的关系，相反，对两者的辩证关系还进行过具体的描述。

最后，我们不妨再看看亚里士多德是如何论述理性认识的作用的。他把理性认识分为"理论知识"和"实用知识"，认为"理论知识的目的在于真理，实用知识的目的则在其功用，从事于实用之学的人，总只在当前的问题以及与之相关的事物上寻思，务以致其实用"③。亚里士多德关于"实用知识""务以致其实用"的思想实际上肯定了理论知识对实践的指导作用。当然，亚里士多德远未用这样清晰的语言表达出自己的思想。同时，他认为"理论知识"的目的在于真理，似乎"理论知识"就可以不讲"实用"，这个看法也是片面的。但无论如何，他的认识论中包含极为丰富的辩证法思想，却是不容否认的。

综上所述，本文认为，对于亚里士多德认识论的真实内容和其中包含的辩证法思想乃至对于亚里士多德的整个哲学思想，我们都应该本着实事求是的精神深入加以研究，以便恢复这个"古代世界的黑格尔"④的真实面目。

---

① ［古希腊］亚里士多德：《形而上学》，吴寿彭译，商务印书馆1959年版，第46、128页。

② 列宁：《哲学笔记》，中共中央马克思恩格斯列宁斯大林著作编译局译，人民出版社1974年版，第416页。

③ ［古希腊］亚里士多德：《形而上学》，吴寿彭译，商务印书馆1959年版，第33页。

④ 恩格斯：《反杜林论》，中共中央马克思恩格斯列宁斯大林著作编译局译，人民出版社1970年版，第17页。

对"一切规定都是否定"命题的一点理解①

　　"一切规定都是否定"（Omnis determi-natio est negatio）这个命题，是 17 世纪荷兰的唯物主义哲学家斯宾诺莎在写给约翰·胡德的信中提出的，是前者用来论证实体的无限性的著名命题。黑格尔非常重视这个命题，在《精神现象学》《逻辑学》《哲学史讲演录》中一再提到它，把它誉为"一个伟大的命题"②，认为它"有无限重要的意义"③。恩格斯和列宁也分别在《反杜林论》《哲学笔记》中提到它，并做了高度的评价。

　　对这样一个重要的哲学命题，我国理论界却没有给予应有的重视。目前国内出版的欧洲哲学史著作，在介绍斯宾诺莎的哲学思想时，很少提到这个命题。出现这种情况，和人们对这个命题的不正确的理解是分不开的。

　　我认为，对这个命题应当从辩证逻辑的意义

---

　　① 原载《哲学研究》1981 年第 5 期；转载于《社会科学》1983 年第 3 期，题为"'规定就是否定'小考"。收录于俞吾金：《文化密码破译》，上海远东出版社 1995 年版，第 225—226 页，题为"'规定就是否定'小考"；《生活与思考》，复旦大学出版社 2011 年版，第 21—23 页，题为"对'一切规定都是否定'命题的一点理解"；《哲学随想录》，北京师范大学出版社 2016 年版，第 47—51 页，题为"'一切规定都是否定'新解"。——编者注
　　② ［德］黑格尔：《哲学史讲演录》第 4 卷，贺麟、王太庆译，商务印书馆 1978 年版，第 100 页。
　　③ 转引自《列宁全集》第 38 卷，人民出版社 1959 年版，第 109 页。

上加以理解。

首先，这个命题包含着事物自身运动的辩证法。"一切规定都是否定"，也就是说，否定不是外在的，而是内在的，是事物规定性本身引起的。斯宾诺莎认为，这个命题"只意谓着那个被认为是规定的性质之缺少存在"①。斯宾诺莎的这句话不该被理解为：当我们说这朵花具有红的规定性的时候，也就是说它是"缺少"黄、白、绿等其他规定性的。这样理解，必然会停留在形式逻辑的同一律的范围内，把否定看作规定之外的否定。这句话应该理解成：这朵花既具有红的规定性，又"缺少"红的规定性，因为它不可能把红色永远保持下去。它本身在发展过程中不过是存在和非存在、肯定和否定的统一，在周围事物的作用下，它会渐渐枯萎，红颜色也会渐渐消失。这样一来，事物就通过内在的、自身的否定过渡为他物了。因此，只有把否定理解为规定性自身引起的否定，才算真正地掌握了这个命题的实质。当然，斯宾诺莎关于事物自身运动的思想并不是彻底的。他只承认在个别事物即"样态"中包含着否定，却不承认实体内部也包含着否定。他认为，"绝对无限者的本质则具有一切表现一种本质而不包含任何否定的东西"②。尽管他肯定实体是自因的，从而排斥了超自然的神的意志的干涉，但由于他没有把否定的思想贯彻到实体中，所以，在他那里，实体仍然是一种僵死的、没有生命力的东西。黑格尔批评了斯宾诺莎的不彻底的否定观，指出，"一切问题的关键在于：不仅把真实的东西或真理理解和表述为实体，而且同样理解和表述为主体"③。强调实体的能动性即自身运动，确实是黑格尔比斯宾诺莎高明的地方，但与此同时，斯宾诺莎的实体也被彻底地唯心主义化了。

---

① 转引自[德]黑格尔：《逻辑学》上卷，杨一之译，商务印书馆1974年版，第106页译注。

② 转引自[德]黑格尔：《哲学史讲演录》第4卷，贺麟、王太庆译，商务印书馆1978年版，第106页。

③ [德]黑格尔：《精神现象学》上卷，贺麟、王玖兴译，商务印书馆1979年版，第10页。

其次，这个命题还包含着事物通过内在否定这一联系环节，不断向前发展的辩证思想。这一点，从命题本身就可以看出来。既然"一切规定都是否定"，那也就是说，一切否定都是规定，否定并不是虚无主义、怀疑主义，而是保留肯定内容的，因而是作为联系环节、发展环节的否定。黑格尔甚至认为，斯宾诺莎的命题的实质就在于："规定性是肯定地建立起来的否定。"①他明确地告诉我们，斯宾诺莎的否定是包含肯定内容的否定，从而划清了它与形而上学的否定的原则界限。恩格斯进一步肯定了斯宾诺莎的这一合理思想："在辩证法中，否定不是简单地说不，或宣布某一事物不存在，或用任何一种方法把它消灭。斯宾诺莎早已说过：Omnis determinatio est negatio，即任何的限制或规定同时就是否定。"②显然，在恩格斯看来，否定是发展的、联系的环节的思想，是斯宾诺莎最早提出的，是他对辩证法思想的一个重要贡献。当然，必须指出的是，斯宾诺莎并没有自觉地意识到自己的命题包含着这一辩证思想，他也没有进一步深入地探讨否定的具体形式，这是他的理论的不足之处。

最后，这个命题还包含着有限与无限关系的辩证法。如前所述，斯宾诺莎提出这个命题，目的是论证实体的无限性，但与此同时，他也深刻地阐述了无限与有限之间的辩证关系。他给有限下了这样一个定义："凡是可以为同性质的另一事物所限制的东西，就叫做自类有限。"③在他那里，有限也就是指事物的规定性，即一事物区别于他事物的界限。既然一切规定都是否定，那也就是说，有限不可能永远保住自己，在发展中，它会被规定性内部的否定打破，从而过渡为无限。那么，什么是事物的无限呢？斯宾诺莎指出：某物的无限"就是绝对地肯定某种性质

---

① ［德］黑格尔：《逻辑学》上卷，杨一之译，商务印书馆 1974 年版，第 105 页。
② 恩格斯：《反杜林论》，中共中央马克思恩格斯列宁斯大林著作编译局译，人民出版社 1970 年版，第 139 页。
③ ［荷兰］斯宾诺莎：《伦理学》，贺麟译，商务印书馆 1958 年版，第 1 页。

的存在"①。他举了两个相互重叠但不同心的圆来说明这个道理：夹在两个圆中间的那部分空间是无法用数字精确地表示出来的，因而是无限的。但同时，那部分空间又可以用现实的图形表示出来，因而又是有限的、肯定的。斯宾诺莎没有停留在"如此以至无穷"的恶的无限性中，而是进一步把握了思维的无限性，即无限是肯定的、现实的东西。黑格尔认为，斯宾诺莎的这一思想"完全正确"②。但是，应该指出的是，斯宾诺莎在这个问题上同样是有局限性的。如前所述，他只承认有限中包含着否定，不承认无限中也包含着否定，他不懂得，无限是肯定的，就是通过内部的否定达到的。另外，黑格尔认为，斯宾诺莎把"无限者称为绝对的肯定"固然正确，不过把它表述成"否定的否定"可以更好些。③

综上所述，尽管在当时历史条件的限制下，斯宾诺莎的世界观总的说来是形而上学的，从而决定了他不可能自觉地对"一切规定都是否定"这一命题中包含的辩证法思想进行全面阐述，但是，这个命题的辩证属性是无可怀疑的，它不仅是斯宾诺莎建立自己的特殊的实体理论的基本方法，也是欧洲辩证法思想发展史上的重要契机。我们应该打破传统的偏见，本着实事求是的精神，重新对它进行研究，以取得比较一致的意见。

---

① ［荷兰］斯宾诺莎：《伦理学》，贺麟译，商务印书馆1958年版，第7页。
② ［德］黑格尔：《哲学史讲演录》第4卷，贺麟、王太庆译，商务印书馆1978年版，第107页。
③ 同上书，第107页。

黑格尔哲学史思想
——系统方法探要[①]

　　许多年来，我们对黑格尔的哲学史思想进行了深入的研究，取得了可喜的进展，但是作为黑格尔哲学史思想的重要成果——系统方法却没有引起我们的重视。

　　从历史上看，黑格尔是运用系统方法研究哲学史的第一个哲学家，并且值得注意的是，他是把系统方法作为哲学史研究的总体方法提出来的。尽管他的系统方法作为他的唯心主义辩证法的具体化，有一定的局限性，但是，这一方法的提出，却在哲学史研究领域实现了一场革命，也为现代系统方法的创立和完善化提供了重要的理论基础。

　　本文就黑格尔这方面的思想做初步的探讨。

一

　　黑格尔为什么要把系统方法作为哲学史研究

　　① 原载《学术月刊》1981 年第 11 期。收录于俞吾金：《从康德到马克思——千年之交的哲学沉思》，北京师范大学出版社 2017 年版，第 210—223 页，题目为《黑格尔哲学史方法——系统方法探要》，内容稍有改动。——编者注

的总体方法提出来？这是有深刻的历史原因的。

在黑格尔之前，有许多学者，如英国的斯丹雷，德国的布鲁克尔、邓尼曼等都热衷于哲学史的研究。但是，由于他们的研究方法带着17—18世纪所特有的形而上学的印记，因此都不能从整体上把握哲学史而科学地揭示其发展的内在规律。黑格尔的系统方法正是通过对这一形而上学的哲学史观和方法论的批判才逐步形成的。

首先，黑格尔批判了那种只见哲学系统的分歧性、不见哲学系统的统一性的错误观点。黑格尔以前的哲学史家迷惑于各种哲学系统的分歧性、多样性，常常把哲学史描绘成"迷途骑士漫游事迹之聚集"①。黑格尔辛辣地嘲讽说："这样的哲学史家有点象某些动物，它们听见了音乐中一切的音调，但这些音调的一致性与谐和性，却没有透进它们的头脑。"②黑格尔认为，各种哲学系统的分歧性、多样性不仅对哲学史本身没有妨碍，而且哲学史唯有通过这样分歧的形态才能存在，正如水果唯有通过樱桃、李子、葡萄等具体形态才能存在一样。黑格尔坚决反对哲学史的研究停留在分歧性的外观上，他主张深入进去，从整体上认识和把握哲学史。黑格尔指出，只有把哲学史看作"一个有机的进展的全体"即一个包含各种分歧的哲学系统在内的大系统，"哲学史才会达到科学的尊严"③。

其次，黑格尔批判了只讲主观意见、不求客观规律的错误观点。黑格尔以前的哲学史家常常把各种哲学系统看作哲学家思想的自由创造物，从而把哲学史描绘成一个各式各样的主观意见的展览。黑格尔批判了这种肤浅的观点，指出，哲学是不包含偶然的意见的，它是关于真理之必然性的科学。哲学史"也不是在这里异想天开地想出一个东西，在那里又主观任性地想出另一个东西，而是在思维精神的运动里有本质上

---

① ［德］黑格尔：《哲学史讲演录》第1卷，贺麟、王太庆译，商务印书馆1959年版，第24页。
② 同上书，第5页。
③ 同上书，第12页。

的联系的"①。在黑格尔看来，哲学史是一个有机的有进展的全体，而每个哲学系统都和这个全体保持着本质的联系，都是这个全体中的一个环节。因此，它们的出现绝不是偶然的、任意的，而是必然的，服从于哲学史这一大系统发展的内在规律的。黑格尔告诉我们，只有从整体上把握哲学史，才可能客观地说明每一哲学系统在哲学史上的地位和作用，才可能科学地揭示出哲学史发展的内在规律。

最后，黑格尔批判了只注意各种哲学系统的互相斗争，不注意各种哲学系统的互相联系的错误观点。黑格尔以前的哲学史家常常从各种哲学系统"互相反对、互相矛盾、互相推翻"的直观出发，把哲学史描绘成一个"死人的王国"："这王国不仅仅充满着肉体死亡了的个人，而且充满着已经推翻了的和精神上死亡了的系统，在这里面，每一个杀死了另一个，并且埋葬了另一个。"②黑格尔批判了这种虚无主义的观点，指出，各种哲学系统不仅是互相反对的，而且是互相联系的，并且正是由于它们互相之间的"系统结合"③，才形成了哲学史这个"有机的系统"④。"因此没有任何哲学曾消灭了，而所有各派哲学作为全体的诸环节都肯定地保存在哲学里。"⑤在黑格尔看来，不能从整体上把握哲学史，就根本不可能理解各个哲学系统之间的互相联系。

基于上述批判，黑格尔明确地提出必须运用系统方法研究哲学史，提出："哲学是在发展中的系统，哲学史也是在发展中的系统，这就是哲学史的研究所须阐明的主要之点或基本概念。"⑥

马克思主义的经典作家在评价黑格尔的哲学史思想时，虽然没有直接提到"系统方法"这个词，但实际上却对这一方法做了高度评价。马克

---

① ［德］黑格尔：《哲学史讲演录》第 1 卷，贺麟、王太庆译，商务印书馆 1959 年版，第 24 页。

② 同上书，第 21 页。

③ 同上书，第 22 页。

④ 同上书，第 33 页。

⑤ 同上书，第 32 页。

⑥ 同上书，第 40 页。

思说，黑格尔是一个"最早了解全部哲学史的人"①；恩格斯把《哲学史讲演录》称为"最天才的著作之一"②；列宁在认真研读《哲学史讲演录》的基础上，把哲学史简略地规定为人类的认识史，进而又把人类的认识史比喻成一棵"活生生的树"，把各种哲学系统比作树上的花果。③ 这就等于告诉我们：哲学史是一个发展着的有机的大系统，每一种哲学系统都不过是这个大系统中的一个环节、一个要素。列宁的这一思想是直接和黑格尔接近的。

二

现在我们对黑格尔的系统方法本身进行考察。众所周知，黑格尔并没有写过系统方法的专著，但是熟悉他哲学史思想的人都会发现，他对一般系统方法的原则做过全面的论述，主要包括以下三个原则。

1. 具体性原则

要了解这个原则，必须先懂得黑格尔常常使用的"具体"概念的内涵。黑格尔写道："我们可以举出一些感性事物为例，对于'具体'这概念作一较详的说明。花虽说具有多样的属性，如香味、形状、颜色等，但它却是一个整体。"④这就告诉我们，"具体"也就是指多样属性构成的有机的整体。简言之，"具体"就是"整体"，"而整体就是具体的"。⑤ 感性事物是如此，"哲学的具体概念"⑥也是如此。可见，黑格尔系统方法的具体性原则也就是整体性原则。

---

① 《马克思恩格斯全集》第29卷，人民出版社1972年版，第529页。
② 《马克思恩格斯全集》第38卷，人民出版社1972年版，第203页。
③ 《列宁全集》第38卷，人民出版社1959年版，第412页。
④ [德]黑格尔：《哲学史讲演录》第1卷，贺麟、王太庆译，商务印书馆1959年版，第30页。
⑤ 同上书，第29页。
⑥ 同上书，第38页。

正是基于这一原则，黑格尔把哲学史描绘成包含三阶层次在内的立体网络系统。这三阶层次，用他的术语来表示，就是"单独的圆圈""较大的圆圈"和"大圆圈"。①

首先，看最低的层次——"单独的圆圈"，亦即黑格尔常常说的"哲学系统"。黑格尔认为，哲学史，从内容上看，就是"思想自己发现自己的历史"，而这一历史发展的产物，"就是各种哲学系统"。② 他还给"哲学系统"下了一个经典性的定义："当整个世界观皆据此唯一原则来解释时，——这就叫做哲学系统。"③这里说的"原则"，指的是贯穿整个哲学家思想体系的基本范畴。如古希腊的唯物主义哲学家德谟克利特的哲学系统是以"原子"为唯一原则的，而唯心主义哲学家柏拉图的哲学系统则是以"理念"为唯一原则的。根据黑格尔的看法，每一个多多少少推进了人类认识发展史的哲学家的思想都有一定的系统性，都是一个有机的整体，这在近代尤其如此。黑格尔坚决反对把哲学家的思想看作一堆命题的简单凑合或任意夸大其中一部分思想，抹杀另一部分思想的错误做法。列宁充分肯定了黑格尔的这一思想，他在批判马赫主义时，就把马克思主义哲学比作"由一整块钢铁铸成的"有机的系统，去掉其中的任何一个基本前提或重要部分都是不行的。④

其次，看中间的层次——"较大的圆圈"。在《逻辑学》一书中，黑格尔写道："任何一种哲学原理的片面性通常都是跟相反的片面性对立起来，并且二者往往形成为一个整体，至少是形成为一种散漫的完整性。"⑤这是什么意思呢？在黑格尔看来，哲学史上常常有这样的情形：哲学系统 A 出现后，在同时或稍后会出现哲学系统 B 与之对立。A 与 B 各执一个片面，因而构成"一种散漫的完整性"，而这种"散漫的完整性"

---

① ［德］黑格尔：《小逻辑》，贺麟译，商务印书馆 1980 年版，第 56 页。

② ［德］黑格尔：《哲学史讲演录》第 1 卷，贺麟、王太庆译，商务印书馆 1959 年版，第 10 页。

③ 同上书，第 41 页。

④ 《列宁选集》第 2 卷，人民出版社 1972 年版，第 332 页。

⑤ 《列宁全集》第 38 卷，人民出版社 1959 年版，第 164 页。

又常常在更晚出的哲学系统 C 中融合起来，形成一个比较严谨的、全面的哲学系统。于是，A、B、C 这三个哲学系统就组成了一个"较大的圆圈"、一个相对独立的整体。比如，伊壁鸠鲁派的哲学系统和斯多葛派的哲学系统在思想上相互对立，各执一个片面，但这一对立却通过否定的方式统一在怀疑论中。它们的全体才构成真理，构成哲学史上的一个阶段。① 列宁在《谈谈辩证法问题》一文中解释并发挥了黑格尔的上述思想：

> 哲学上的"圆圈"：［是否一定要以人物的年代先后为顺序呢？不！］
> 古代：从德谟克利特到柏拉图以及赫拉克利特的辩证法。
> 文艺复兴时代：笛卡儿对 Gassendi（Spinoza?）
> 近代：霍尔巴哈——黑格尔（经过贝克莱、休谟、康德）。
> 黑格尔—费尔巴哈—马克思。②

重视对哲学史中"较大的圆圈"的研究，不仅有助于我们了解各个"单独的圆圈"之间的内在联系，也有助于我们把握整个哲学史"大圆圈"发展的基本线索。无疑，这一思想是黑格尔系统方法中的重要一环。

最后，看最高的层次——"大圆圈"，亦即整个哲学发展史。黑格尔认为，哲学史既不是意见的展览，也不是思想的游戏，而是"一个有机的系统，一个全体"，③ 而每个哲学系统，由于只贯穿一个原则，它相对于哲学史大系统来说，必然是片面的。"系统"一词的法文 Système 就

---

① ［德］黑格尔：《哲学史讲演录》第 3 卷，贺麟、王太庆译，商务印书馆 1959 年版，第 133、149 页。

② 《列宁全集》第 38 卷，人民出版社 1959 年版，第 411 页。

③ ［德］黑格尔：《哲学史讲演录》第 1 卷，贺麟、王太庆译，商务印书馆 1959 年版，第 32 页。

具有"片面"的意思。① 因此，黑格尔写道："每一个哲学系统即是一个范畴，但它并不因此就与别的范畴互相排斥（或译'互相外在'——译者）。这些范畴有不可逃避的命运，这就是它们必然要被结合在一起，并被降为一个整体中的诸环节。"②黑格尔把哲学史这个"大圆圈"看作各个"单独的圆圈"和"较大的圆圈"有机结合的产物，这一思想是非常深刻的。列宁称赞道："一个非常深刻而确切的比喻！！ 每一种思想＝整个人类思想发展的大圆圈（螺旋）上的一个圆圈。"③

2. 有序性发展原则

黑格尔写道："具体的理念既已经达到了；于是这个理念就在对立中自行发展，自行完成。"④在黑格尔看来，承认哲学理念是具体的，是多样性差别的统一，也就必然承认它是发展的。

正是基于这样的思想，黑格尔指出，哲学史并不是一个静态的系统，一尊不动的石像，而是一个动态的系统，一道生命洋溢的洪流。它的本质不是静止，而是活动。黑格尔甚至强调说："只有能够掌握理念系统发展的那一种哲学史，才够得上科学的名称（也只有因为这样，我才愿意从事哲学史的演讲）。"⑤黑格尔还进一步指出，哲学史的发展是有序的，即有内在规律。哲学史这一"具体理念"的发展并不是形式的活动，而是内容自身的活动，是"自在"到"自为"的发展。这里说的"自在"也就是潜在的东西，"自为"也就是现实的东西。而现实的东西并不是凭空产生的，而是潜在东西的发挥和实现。现实性在其展开过程中表现为必然性。黑格尔认为，"全部哲学史是一个必然性的、有次序的进

① ［德］黑格尔：《哲学史讲演录》第 2 卷，贺麟、王太庆译，商务印书馆 1960 年版，第 385 页。

② ［德］黑格尔：《哲学史讲演录》第 1 卷，贺麟、王太庆译，商务印书馆 1959 年版，第 38 页。

③ 《列宁全集》第 38 卷，人民出版社 1959 年版，第 271 页。

④ ［德］黑格尔：《哲学史讲演录》第 1 卷，贺麟、王太庆译，商务印书馆 1959 年版，第 171 页。

⑤ 同上书，第 35 页。

程。这进程本身是合理性的，为理念所规定的"①。

3. 相互联系的原则

黑格尔写道："关于理念或绝对的科学本质上应是一个系统，因为真理既是具体的，必是自身发挥其自身，而且必是联系的谐和的统一体。"②具体性原则是黑格尔全部系统方法的基础，也正是从这一基础出发，黑格尔要求人们从相互联系中去把握哲学史，把哲学史看作一个处在多层次关系中的谐和的统一体。

如前所述，黑格尔不仅详尽地论述了哲学史内部三阶层次之间的相互联系，而且也充分注意到哲学史这一大系统和其他大系统，如政治、宗教、法律、艺术等意识形态之间的相互联系。他认为，在"时代精神"这一更大的系统中，哲学和其他意识形态本身又被降为一个环节，因此，"政治史、国家的法制、艺术、宗教对于哲学的关系，并不在于它们是哲学的原因，也不在于相反地哲学是它们存在的根据。毋宁应该这样说，它们有一个共同的根源——时代精神"③。黑格尔没有把哲学史看作一个孤立的、自身封闭的闭环系统，而是把它看作一个和周围的环境(这里主要指其他意识形态)处在相互联系中的开环系统，并且竭力主张深入"时代精神"去探索这种联系的根源，这无疑是一大进步。但由于黑格尔的历史观本质上是唯心的，因而他不可能从经济基础决定意识形态这一最根本的关系中去探求哲学史和其他意识形态之间的相互联系，这正是黑格尔系统方法的局限性所在。

---

① [德]黑格尔：《哲学史讲演录》第1卷，贺麟、王太庆译，商务印书馆1959年版，第40页。

② [德]黑格尔：《小逻辑》，贺麟译，商务印书馆1980年版，第67页。

③ [德]黑格尔：《哲学史讲演录》第1卷，贺麟、王太庆译，商务印书馆1959年版，第56页。

三

在对黑格尔系统方法的基本原则做了概观之后，现在我们来说明系统方法在整个哲学史方法论中的地位和作用。换言之，即来说明系统方法和我们目前使用得最多的矛盾分析、批判继承、逻辑与历史一致这三大方法之间的关系。从历史上看，这三大方法也都是黑格尔最先提出的，后经马克思主义的经典作家所改造，才为我们所用。

首先，看系统方法和矛盾分析方法的关系。所谓矛盾分析方法，也就是把哲学史理解为自身运动的矛盾发展过程。可以说，这一方法是直接从系统方法的具体性原则中引申出来的。如前所述，黑格尔所说的"具体"乃是多样性差别的统一，而多样性差别的统一本身就是矛盾。黑格尔指出，"理念乃是具体的，乃是相异者的统一"①，又说："具体的东西，这种内在的矛盾本身，就是促进事物发展的推动力。"②在黑格尔看来，任何具体的东西（当然也包含哲学史这一"具体理念"在内）都必然地包含着矛盾，并且正是这一内在矛盾本身推动它向前发展。黑格尔还认为，系统方法的具体性原则不仅是矛盾分析方法的理论前提，而且也是这一方法的最后归宿，因为具体性原则不单要求人们看到对象内部的相异者，而且更要看到相异者的统一，要求人们从整体上去把握对象。这就是说，使用矛盾分析方法的目的不光是揭示出各种哲学系统之间的互相对立、互相区别，更重要的是"在对立或区别里和从对立或区别里去认识统一"③。比如说，黑格尔以前的哲学史家习惯于把古希腊哲学

---

① ［德］黑格尔：《哲学史讲演录》第1卷，贺麟、王太庆译，商务印书馆1959年版，第36页。

② 同上书，第32页。

③ ［德］黑格尔：《哲学史讲演录》第4卷，贺麟、王太庆译，商务印书馆1978年版，第138页。

的发展过程描绘成互相排斥、互相对立的泰勒斯派和毕达哥拉斯派各自独立发展的过程。黑格尔批判了这种形而上学的观点，指出："事实上没有任何一派是这样孤立进行的（甚至也没有只具有连续关系和师徒相承之外在联系的派别）……这些派系不仅在精神方面互相渗入，而且在确定内容方面也是互相渗入的。"①在评价斯宾诺莎的普遍性"实体"原则和莱布尼茨的个体性"单子"原则的对立时，黑格尔也强调指出："这些相互对立的原则是背道而驰的，却又是相辅相成的。"②

黑格尔要求我们在使用矛盾分析方法时尽力去把握对立的哲学系统之间的统一，这绝不意味着提倡调和。事实上，黑格尔既反对谢林的绝对的同一，即"死的同一性"③，也反对那种"无一贯原则地从这种哲学里取一点，从那种哲学里取一点，拼拼凑凑"④的"折中主义"的统一，黑格尔提倡的是"对立的具体统一"⑤。从这些论述可以看出，只有坚持系统方法的具体性原则，方能准确理解和使用矛盾分析方法。

其次，看系统方法和批判继承方法的关系。所谓批判继承方法，也就是要求人们对历史上出现的各种哲学系统进行具体的分析，批判和剔除其糟粕，继承和发展其合理的东西。这一方法也可以说是直接从系统方法的相互联系的原则中引申出来的。如前所述，黑格尔坚决反对把哲学史描绘成毫无内在联系的意见的展览，在他看来，历史上出现的各种哲学系统都处在不可割裂的相互联系中："我们的哲学只有在本质上与前此的哲学有了联系，才能够有其存在，并且必然地从前此的哲学中产

---

① ［德］黑格尔：《哲学史讲演录》第 1 卷，贺麟、王太庆译，商务印书馆 1959 年版，第 175 页。

② 同上书，第 164 页。

③ ［德］黑格尔：《哲学史讲演录》第 2 卷，贺麟、王太庆译，商务印书馆 1960 年版，第 300 页。

④ ［德］黑格尔：《哲学史讲演录》第 3 卷，贺麟、王太庆译，商务印书馆 1959 年版，第 174 页。

⑤ ［德］黑格尔：《哲学史讲演录》第 4 卷，贺麟、王太庆译，商务印书馆 1978 年版，第 11 页。

生出来。"①在这个意义上，也可以说哲学史是"一条神圣的链子"②，正是基于系统方法的相互联系的原则，黑格尔合乎逻辑地得出了结论："因此我们对于哲学的态度，必包含一个肯定的和一个否定的方面。"③这里说的肯定和否定并重的态度，也就是扬弃和批判继承的态度。在以往的哲学史研究中，我们之所以对历史上的唯心主义哲学系统普遍评价偏低，从方法论的根源来看，就是因为没有真正理解和掌握系统方法的相互联系的原则。

最后，看系统方法和逻辑与历史一致方法的关系。所谓逻辑与历史一致的方法，黑格尔是这样表述的："我认为：历史上的那些哲学系统的次序，与理念里的那些概念规定的逻辑推演的次序是相同的。我认为：如果我们能够对哲学史里面出现的各个系统的基本概念，完全剥掉它们的外在形态和特殊应用，我们就可以得到理念发展的各个不同阶段的逻辑概念了。反之，如果掌握了逻辑的进程，我们亦可从它里面的各主要环节得到历史现象的进程。"④在黑格尔那里，这一方法是通过颠倒的方式表达出来的，即不是使逻辑范畴去符合历史事实的发展，而是使历史事实去符合逻辑范畴的推演。如果我们把它顺过来加以运用的话，就会发现，这一方法是直接从系统方法的有序性发展原则中引申出来的。如前所述，既然哲学史是一个发展着的、有序的大系统，那么，在历史上每个时代出现的哲学系统都有自己特定的内容。这样，如果去掉这些哲学系统的外在形态，把贯穿其中的主要范畴剥取出来的话，这些范畴必然构成一个"思想的逻辑系统"⑤。用黑格尔的话来说，就是在历史发展中出现的"一系列的哲学"成了哲学"自身的系统化"⑥。那么，历

---

① ［德］黑格尔：《哲学史讲演录》第 1 卷，贺麟、王太庆译，商务印书馆 1959 年版，第 9 页。
② 同上书，第 8 页。
③ 同上书，第 41 页。
④ 同上书，第 34 页。
⑤ 同上书，第 48 页。
⑥ 同上书，第 43 页。

史和逻辑究竟是按照怎样的次序向前发展的呢？黑格尔认为，它们是按照从抽象到具体的次序向前发展的。从历史上看，最先出现的哲学"只是一种萌芽"，因而是"最贫乏最抽象的哲学"，而那些时间上最晚出现的哲学则总结了前此一切哲学的成就，因而必是"最丰富最概括最具体的哲学系统"①。同样，与历史对应的逻辑范畴的发展也是遵循从抽象到具体的次序的，黑格尔的全部逻辑学说都说明了这一点。不懂得系统方法的有序性发展原则，也就不懂得历史与逻辑一致的方法的全部意义，也就常常会用现在的哲学思想去评论历史上的哲学家。黑格尔就批判过那些"拿我们的思想方式去改铸古代哲学家"②的哲学史家。列宁也以同样的口吻批判过拉萨尔，指责他在《爱非斯的晦涩哲人赫拉克利特的哲学》一书中"竟把赫拉克利特淹没在黑格尔那里"③。由此可见，只有坚持系统方法的有序性发展原则，才可能准确地理解和使用逻辑与历史一致的方法。

矛盾分析、批判继承、逻辑与历史一致这三大方法只有从属于系统方法，成为系统方法的有机组成部分，才能真正获得完整的意义。换言之，只有把系统方法作为哲学史研究的总体方法，才能最后打破这一领域中的形而上学壁垒，使哲学史真正成为科学。"哲学若没有系统，绝不能成为科学。"④这就是黑格尔的哲学史思想留给我们的最重要的珍宝。

---

① [德]黑格尔：《哲学史讲演录》第 1 卷，贺麟、王太庆译，商务印书馆 1959 年版，第 44—54 页。

② 同上书，第 46 页。

③ 《列宁全集》第 38 卷，人民出版社 1959 年版，第 390 页。

④ [德]黑格尔：《小逻辑》，贺麟译，商务印书馆 1980 年版，第 68 页。

1982年

试论柏拉图哲学的基本特征^①

柏拉图是西方哲学史上最主要、最有影响的人物之一，他留下的 30 余篇对话，为我们了解他的思想提供了丰富的资料。应当承认，我们对这份宝贵遗产的研究是不够的，也缺乏实事求是的评价。本文试图运用矛盾的、发展的观点，从论述柏拉图哲学的基本特征着手，重新评价其哲学体系。

一、柏拉图哲学之批判性

传统的见解认为，柏拉图的哲学是在毕达哥拉斯、巴门尼德、苏格拉底等唯心主义哲学家的影响下形成的。这种观点虽然包含着合理的因素，但并不全面。它没有用矛盾的观点去观察、分析整个古希腊哲学发展史，特别是忽视了或者至少说是低估了柏拉图批判智者哲学这一对其哲学形成有着决定性意义的事实。需要说明的是，本文中使用的"智者"概念是一个历史的、广义的

① 原载《复旦学报(社会科学版)》1982 年第 2 期。收录于俞吾金：《俞吾金集》，黑龙江教育出版社 1995 年版，第 231—250 页。——编者注

概念，它也包括赫拉克利特在内。① 尽管列宁是不赞成把唯物主义者赫拉克利特和主观唯心主义者普罗泰戈拉等人混同在一起的②，但考虑到他们在思想上的某些共同点和深刻的内在联系，也为了叙述方便，我们还是沿用了柏拉图的提法。可以毫不夸张地说，柏拉图的哲学主要是在批判智者哲学的基础上形成的。考察这一批判，是我们了解他的整个哲学体系的钥匙。

柏拉图生活在智者哲学流行的时期。正如黑格尔指出的，"智者们的文化"是"当时的一般哲学文化"。③ 在柏拉图的全部对话中，《普罗泰戈拉篇》《高尔吉亚篇》《泰阿泰德》《智者》《克拉底鲁篇》都是集中分析、批判智者哲学的，这一批判也散见于其他对话中。所以，黑格尔有充分理由指出："柏拉图的著作是我们研究智者们的主要史料来源。"④

柏拉图从相对主义、感觉主义和不可知主义三个主要方面对智者哲学所做的批判，构成了其哲学体系内部变与不变、个别与一般、神与理性三条基本的矛盾线索。

1. 对相对主义的批判

众所周知，爱菲斯的晦涩哲人赫拉克利特是主张万物流变的。普罗泰戈拉也"崇奉著名的万物相对之说"，并以此作为他全部感觉主义理论的"前提"⑤。比如，他认为，同一阵风对于一个人来说是寒的，对于另一个人来说是不寒的，因此风本身无所谓寒不寒的问题，完全是相对于人而言的，又比如，六颗骰子，多于四颗，少于十二颗，因此可以说是又多又少，多少只是相对的规定。总之，在智者看来，"一切都只有相

---

① ［古希腊］柏拉图：《泰阿泰德·智术之师》，严群译，商务印书馆1963年版，第38页。

② 列宁：《哲学笔记》，中共中央马克思恩格斯列宁斯大林著作编译局译，人民出版社1974年版，第400页。

③ ［德］黑格尔：《哲学史讲演录》第2卷，贺麟、王太庆译，商务印书馆1960年版，第40页。

④ 同上书，第25页。有改动。

⑤ ［古希腊］柏拉图：《泰阿泰德·智术之师》，严群译，商务印书馆1963年版，第6、76页。

对的真理"①。

柏拉图对这种以"变"为中心的相对主义理论进行了激烈的批判。他认为，承认万物流变、一切相对，无异于说关于任何一物所做的一切结论都同等正确。我们可以说某物如此，也可以说某物非如此，甚至连"如此""非如此"这样的概念也不能用。一使用这样的概念，物便不在流动中，便不是相对的了。因此，"须为立此说者另创语言，现有语言无适当字眼以达其旨，除非'恍惚'二字，此二字表示无定，也许对它们最合用"②。应该看到，柏拉图的批判，特别是对赫拉克利特思想的批判并不是完全实事求是的。罗素就认为，"普遍流变的学说是经柏拉图所歪曲过的，我们很难想象曾有任何别人主张过柏拉图所赋给它的那种极端的形式"③。但对于柏拉图来说，这一批判却是至关重要的。亚里士多德曾敏锐地觉察到："意式论的拥护者是因追求事物的真实而引到意式上的，他们接受了赫拉克利特的教义，将一切可感觉事物描写为'永在消逝之中'，于是认识或思想若须要有一对象，这唯有求之于可感觉事物以外的其它永恒实是。"④这就告诉我们：一方面，柏拉图正是基于对这种相对主义的批判，才去寻求绝对的、不变的"意式"即理念的；另一方面，柏拉图对相对主义的批判尽管措辞激烈，却并不彻底，他仅仅在理念世界中排斥了赫拉克利特的"变"的思想，在现实世界中，却默认和"接受"了这一思想。这样，变与不变就成了推动柏拉图哲学发展、演变的基本矛盾线索之一。

2. 对感觉主义的批判

从变动不居的物质世界出发，智者们认为，唯有人的知觉能够即时、直接地接触客观事物，知觉始终是真实的。泰阿泰德提出了"知识

---

① ［德］黑格尔：《哲学史讲演录》第 2 卷，贺麟、王太庆译，商务印书馆 1960 年版，第 29 页。

② ［古希腊］柏拉图：《泰阿泰德·智术之师》，严群译，商务印书馆 1963 年版，第 76 页。

③ ［英］罗素：《西方哲学史》上卷，何兆武、李约瑟译，商务印书馆 1963 年版，第 207 页。

④ ［古希腊］亚里士多德：《形而上学》，吴寿彭译，商务印书馆 1959 年版，第 266 页。

是知觉"的著名命题。因为知觉是因人而异的，所以普罗泰戈拉又提出了"人是万物的尺度"这一更为著名的命题。

对于"知识是知觉"的命题，柏拉图指出，知觉在许多场合下都是不可靠的，"如关于梦呓与病痛，其他尤其关于疯狂，并关于引起错闻错见与种种错觉者"①。例如，放在水中的木条看起来是弯曲的，就是一种错觉。② 把这种错觉当作知识岂不荒谬？他还问道：如果只有知觉才是知识，那么，人们通过闭目回忆即思考得到的是不是知识呢？③

对于"人是万物的尺度"的命题，柏拉图首先指出："倘凡感觉恒真、人智莫相上下、个个自作判断、所断无不真切，复何需乎普鲁氏魏魏皋比之上而为之师？人人既是一切事物的权衡，何以见得吾辈知鲜于彼而须踵门求教？"④其次，他认为，不同的人对同一事物的知觉在正确性上是有很大差别的。医生对于疾病、乐工对于乐谱、酒翁对于酿酒、庖丁对于烹调，比别人有更多的发言权。因此，"必须承认有人智过他人，智过他人者才是权衡"⑤。

柏拉图对感觉主义的批判是切中要害的，也正是这一批判本身使柏拉图深深地认识到，智者所信赖的感官知识提供给我们的只是偶然的、个别的东西，那不是真知识，而仅仅是一种虚幻的"意见"，只有理念知识才揭示事物中一般的、必然的东西，因而是真知识。柏拉图虽然主张哲学的目的在于认识一般的东西即理念，但他并没有完全否认感觉及其对个别事物的反映。正如英国哲学家康福特所指出的："在通向理念世界之前，知识的真实的对象被发现了。在《泰阿泰德》中，柏拉图注意到

---

① ［古希腊］亚里士多德：《形而上学》，吴寿彭译，商务印书馆1959年版，第45页。
② ［古希腊］柏拉图：《理想国》，吴献书译，商务印书馆1957年版，第60页。
③ ［古希腊］柏拉图：《泰阿泰德·智术之师》，严群译，商务印书馆1963年版，第10页。
④ 同上书，第9页。
⑤ 同上书，第71页。

感觉所显示的是瞬息万变的、模糊的现象世界。"①这样，个别与一般、感觉与理念就成了推动柏拉图哲学发展、演变的另一条基本的矛盾线索。

3. 对不可知主义的批判

列宁曾经指出："把相对主义作为认识论的基础，就必然使自己不是陷入绝对怀疑论、不可知论和诡辩，就是陷入主观主义。"②智者哲学正是循着这一路线走向不可知主义的。普罗泰戈拉说："有许多东西是我们认识不了的，问题是晦涩的，人生是短暂的。"③高尔吉亚则走得更远，他不仅否定了人类理性的作用，而且也否定了整个客观世界的存在。

柏拉图猛烈地抨击了这种不可知主义的倾向，指出："一切既在流动中，说见无以异于说不见，说有某种知觉无以异于说无某种知觉。"④在柏拉图看来，如果把智者的理论贯彻到底的话，人们不可能得到任何确定不移的知识。但他又主张把世界分为可知世界（理念世界）和可见世界（现实世界）。这个划分本身就足以使柏拉图陷入困境：他只承认理念世界是可知的，至于现实世界则是瞬息万变、不可认识的，人们对它至多只能达到一种模糊的"意见"。这样，他就不得不诉诸信仰，求助于神来安排现实世界。在《蒂迈欧篇》中，他写道："只要稍有一点头脑的人，在每一件事情开始的时候，不管这件事情是大是小，总是要求助于神的。""神对于无论大大小小的事情都是关心的"⑤，于是，神与理性、迷

---

① *Plato's Theory of Knowledge* 绪言，第 12 页（Francis MacDonald Cornford, *Plato's Theory of Knowledge : The Theatetus and the Sophist of Plato Translated with a Running Commentary*, London: Harcourt, Brace & Company, 1935, p. 12. ——编者注）

② 《列宁选集》第 2 卷，人民出版社 1972 年，第 136 页。

③ 北京大学哲学系外国哲学史教研室：《古希腊罗马哲学》，生活·读书·新知三联书店 1957 年版，第 138 页。

④ ［古希腊］柏拉图：《泰阿泰德·智术之师》，严群译，商务印书馆 1963 年版，第 75 页。

⑤ 北京大学哲学系外国哲学史教研室：《古希腊罗马哲学》，生活·读书·新知三联书店 1957 年版，第 207、215 页。

信与科学就成了推动柏拉图哲学发展、演变的第三条基本的矛盾线索。

通过上面的考察，我们不难发现，柏拉图的唯心主义的理念论主要是在批判智者哲学的基础上逐步形成的。但因为这一批判是有保留的，所以其哲学内部又隐藏着矛盾，从而决定了他的哲学必然具有两重性。下面，我们将详细地讨论这个问题。

二、柏拉图哲学之两重性

人们通常认为，柏拉图哲学是彻底的客观唯心主义的一元论。比如，海涅就指出："柏拉图是一个彻底的唯心主义者，他只承认天赋的或者可以说是与生俱来的诸观念。"[①]只有梯利独树一帜："柏拉图的哲学认为关于宇宙的唯理的知识是可能的，知识起源于理性而不是感官，从这一点上看，它是唯理主义的。不过，经验是激发先验观念的手段。它肯定实在世界的存在，从这个意义上说，它是实在主义的，它认为这个世界是理想或精神世界，从这个意义上来说，它是唯心主义或唯灵主义的，它说感官世界是真实世界的一个表象或现象的世界，从这个意义上说，它是现象主义的。……它根据精神和物质两个要素来进行解释，因而它是二元论的。"[②]说柏拉图哲学是二元论，未免有言过其实之嫌，但梯利的这一见解却能够启发我们去探究柏拉图哲学的深刻的内在矛盾及由此产生的两重性，从而真正从本质上去把握他的整个体系。

柏拉图哲学的两重性，主要表现在以下三个问题上。

1. 理念

理念论是柏拉图哲学的核心。理念世界和现实世界的关系怎样，这是柏拉图毕生为之探索的最重要的问题。对此，柏拉图做过不同的甚至

---

① ［德］亨利希·海涅：《论德国宗教和哲学的历史》，海安译，商务印书馆 1974 年版，第 62 页。

② ［美］梯利：《西方哲学史》上卷，葛力译，商务印书馆 1975 年版，第 87—88 页。

截然相反的论述。

在《理想国》中，他把不变的理念看作唯一真实的原本，把变化的事物看作理念的摹本和消极的产物。为了说明这一观点，他提出了两个著名的比喻。一个是床的比喻。他认为理念的床是唯一的、真正的床，工匠制造的床只是理念的床的摹本，而艺术家画出来的床则是摹本的摹本。另一个是洞穴之喻。他把人们在现实世界中的生活比作在阴暗洞穴里的居留。洞穴中的人们戴着镣铐，背向出口，只能勉强看到被火光投射在洞壁上的东西的模糊的影子。在柏拉图看来，感性实物只不过是变幻不定的影子，人们只有摆脱这些影子，走出洞穴，"以思想力求真理，不赖官能之辅助，日求进益，则终有一日得见永久不变之真理"[1]。这两个比喻告诉我们，"永久不变"的理念是第一性的，生灭变化的事物则是第二性的。不用说，这是典型的客观唯心主义的理论。

有趣的是，在《泰阿泰德》中，柏拉图对理念的来源问题做了完全不同的论述。他也提出了两个著名的比喻。一个是腊块之喻。柏拉图写道："假定人人心里有一块性质优劣不等的腊版，这是司记忆之神——诸穆萨之母——所赐予的。感觉知觉，欲记之于心，则在此版上留迹，如打印一般。"[2]把心灵比作腊块，把感觉比作腊块上的印痕，这无疑是唯物主义的。另一个是鸟笼之喻。柏拉图写道："前以腊版，兹以鸟笼，比方心地。幼时此笼尚空，随后纳鸟其中。以鸟可喻各种各类的知识：或成群，或独栖而随处飞跃。"[3]这个比喻也充分肯定知识不是先验的，而是后天才有的。值得注意的是，柏拉图还在一般的哲学意义上发挥过这方面的思想。在谈到知觉的来源时，他直截了当地说："我成知觉者，必是对某物的知觉者，因知觉不能对无物而起。"他还把物称为"施者"，把人称为"受者"，指出："物与我，施者与受者，无论存在或变为，必

---

① ［古希腊]柏拉图：《理想国》，吴献书译，商务印书馆 1957 年版，第 33 页。

② ［古希腊]柏拉图：《泰阿泰德·智术之师》，严群译，商务印书馆 1963 年版，第 19 页。

③ 同上书，第 21 页。

是彼此相对相关。"①他强调说，人们从现实世界获得知觉后，还必须通过心灵对知觉的"统摄"作用，才能把握"一切物之共性"，即理念。② 即使在《理想国》中，柏拉图也表达过同样的但常常被人忽视的思想。他把人的认识分为两部分：一部分是"目力"认识，即感性认识，它又可分为"实在之物"和"物之肖像"两个小部分；另一部分是"智力"认识，即理性认识，它也可分为"假定"与"真理"两个小部分。柏拉图认为，人们的整个认识过程是从"实在之物"→"物之肖像"→"假定"（数学）→"真理"，即"由见解而进真理"的过程。③ 事实上，柏拉图在一系列对话中讨论美、正义、知识、美德等问题时，都采取了这一条由个别到一般、由感性到理性的唯物主义的认识路线。从这一路线出发，又必然得出现实世界第一性，理念世界第二性的结论。朱光潜先生在谈到柏拉图的艺术摹仿思想时敏锐地指出：柏拉图对艺术摹仿的看法之所以自相矛盾，就是"由于在认识论方面柏拉图有这两种互相矛盾的看法，一种以为理性世界是感性世界的根据，超感性世界独立，另一种以为要认识理性世界，却必须根据感性世界而进行概括化"④。可见，柏拉图理念论所包含的深刻的内在矛盾，是不容忽视的。

2. 灵魂

灵魂的本质是什么？它和肉体的关系究竟如何？柏拉图的论述同样具有两重性。

一方面，柏拉图赋予灵魂以人格化的神的意义。在《斐德罗篇》（又名《斐德若篇》）中，他把灵魂分为神的灵魂和人的灵魂，认为无论何者都是不朽的、自动的，"这种自动性就是灵魂的本质和定义"⑤。如果灵

---

① ［古希腊］柏拉图：《泰阿泰德·智术之师》，严群译，商务印书馆 1963 年版，第 48、49 页。

② 同上书，第 79 页。

③ ［古希腊］柏拉图：《理想国》，吴献书译，商务印书馆 1957 年版，第 115—118 页，第 13 页。

④ 朱光潜：《西方美学史》上卷，人民出版社 1979 年版，第 46 页。

⑤ 《柏拉图文艺对话集》，朱光潜译，人民文学出版社 1959 年版，第 112 页。

魂是完善的、羽毛丰满的，它就飞行上界，主宰全宇宙。如果它失去了羽翼，就向下落，直到附上一个尘世的肉体，成为动物或人。成为人的，可分为爱智慧者、守法的君主、政治家等。每个灵魂不经过一万年的轮回，就不能恢复它的羽翼。仅有爱智慧者是例外，如果他们的灵魂连续三次都维持这样的生活不变，到了千年运行一度的第三度，就可以恢复羽翼，高飞而去。① 在《理想国》中，柏拉图甚至花了近 10 页的篇幅来描绘灵魂受审和轮回的情况。这些论述显露出强烈的宗教神通色彩，是柏拉图灵魂论中的糟粕。

另一方面，他又赋予灵魂以理性的实质。在《斐德罗篇》中，他继承了毕达哥拉斯的观点②，把灵魂分成御车人（象征理性）、良马（象征意志）、劣马（象征欲望）三部分。柏拉图认为，灵魂的意志及欲望部分和肉体是不可分离的。这就告诉我们，灵魂不朽，实质上就是理性不朽。正如黑格尔指出的："柏拉图所讲的灵魂不死和我们宗教观念里的灵魂不死，意义不同。柏拉图所谓灵魂不死是和思维的本性、思维的内在自由密切联系着的。"③梯利也认为，柏拉图的理想是要培养理性即灵魂不死的一面。④ 柏拉图进一步把灵魂的本质认作共相。⑤ 他所谓的灵魂（理性、共相）不死，用现代的语言来表达，也就是说，概念具有一定的相对独立性。在它赖以存在的个别事物灭亡之后，它还能继续保持下去。罗素曾举了"猫"的例子来说明柏拉图的这一思想："这种猫性既不随个体的猫出生而出生，而当个体的猫死去的时候，它也并不随之而死去。事实上，它在空间和时间中是没有定位的，它是'永恒的'。"⑥当然，必

---

① 《柏拉图文艺对话集》，朱光潜译，人民文学出版社 1959 年版，第 113、116 页。

② 北京大学哲学系外国哲学史教研室：《古希腊罗马哲学》，生活・读书・新知三联书店 1957 年版，第 36 页。

③ ［德］黑格尔：《哲学史讲演录》第 2 卷，贺麟、王太庆译，商务印书馆 1960 年版，第 187 页。

④ ［美］梯利：《西方哲学史》上卷，葛力译，商务印书馆 1975 年版，第 84 页。

⑤ ［德］黑格尔：《哲学史讲演录》第 2 卷，贺麟、王太庆译，商务印书馆 1960 年版，第 193 页。

⑥ ［英］罗素：《西方哲学史》上卷，何兆武、李约瑟译，商务印书馆 1963 年版，第 163 页。

须看到，柏拉图也常常把概念的这种相对独立性绝对化，从而暴露出他的唯心主义哲学的局限性。柏拉图灵魂论的另一个合理因素是强调人们在进行理性思维时，必须尽可能地摆脱肉体的干扰。这一思想也常常遭到人们的误解。其实，这一思想是在批判智者哲学时阐发出来的。按照智者的理论，"知识就是感觉，感觉的差异则出于身体的差异，一切出现于我们感觉中的事物必然是真实的"①。柏拉图坚决反对这种用身体的差异去解释人的认识的差异的做法。正是在这个特定的意义上，他认为肉体是灵魂的障碍，灵魂即理性要认识真理，就必须摆脱肉体的干扰。正如梯利指出的，在柏拉图看来，"灵魂要把握纯粹的真理，必须不受肉体的干扰"②。列宁也明确地肯定了柏拉图的这一合理思想："'因为感性的直观不能为我们纯粹地照原样地揭明某个东西'（Phaedo）……所以，肉体是灵魂的一种障碍。"③

从上面的分析可以看出，柏拉图的灵魂论充满着理性和神学的尖锐冲突。他关于灵魂的合理思想，不仅是通过极端粗糙的方式表达出来的，而且披着厚厚的宗教神话的外衣。从人类认识发展史看，这是毫不足怪的。正如列宁在评价毕达哥拉斯的灵魂观时所指出的："注意：科学思维的萌芽是同宗教、神话之类的幻想的一种联系。而今天呢！同样，还是有那种联系，只是科学和神话间的比例却不同了。"④因此，我们一定要看到柏拉图灵魂论的两重性，以便从神秘主义的外衣下剥离出合理的东西。

3. 回忆

人们通常认为，柏拉图的回忆说是"典型的唯心论的先验论"⑤。其实，这种看法是片面的。回忆说并非铁板一块，也具有两重性。

一方面，回忆确实具有先验主义的味道。柏拉图认为，人的灵魂在

---

① [古希腊]亚里士多德：《形而上学》，吴寿彭译，商务印书馆1959年版，第72页。
② [美]梯利：《西方哲学史》上卷，葛力译，商务印书馆1975年版，第82页。
③ 列宁：《哲学笔记》，中共中央马克思恩格斯列宁斯大林著作编译局译，人民出版社1974年版，第309页。
④ 同上书，第275页。
⑤ 汪子嵩、张世英、任华等：《欧洲哲学史简编》，人民出版社1972年版，第17页。

进入肉体之前就具有理念知识，因此，认识的过程也就是回忆这种先验的知识的过程。《美诺篇》记载了苏格拉底和一个小奴隶的对话。这个小奴隶虽然从未学过数学，但通过启发，他能够解答问题。柏拉图由此得出结论说，数学知识是先验地存在于他的灵魂中的。回忆说中的这种先验主义的倾向，其认识论根源在于夸大了数学的抽象性和独立性。回忆说的另一个荒谬之处在于：他把回忆看作"只有少数人"才具有的"本领"①，从而给回忆涂上了一层浓厚的神秘主义的色彩。

但从另一方面看，回忆也有反省、类比、联想、思考的含义。在《斐德罗篇》中，柏拉图把回忆看作一种"反省作用"，即"从杂多的感觉出发，借思维反省，把它们统摄成为整一的道理"②。在《斐多篇》中，他通过苏格拉底和西米阿的对话，也解释了回忆的含义。苏格拉底对西米阿举例说，如果你发现你的爱人是常常用七弦琴的，那么，当你在其他场合下单独地看到七弦琴的时候，就会联想起你的爱人。这种联想就是回忆。柏拉图还认为，回忆是"通过我们的感觉"的刺激获得的。③ 在这里，回忆并没有什么先验主义的味道。黑格尔对此看得非常清楚："在某一意义下，回忆是一个笨拙的名词。这里面包含有把在别的时间内已经获得的观念重新提出的意思。不过回忆也还有另外一种意义，一种从字根衍出的意义，即内在化、深入自身的意义。这是这个词的深刻的有思想性的意义。在这意义下我们可以说，对共相的认识不是别的，只是一种回忆、一种深入自身，那在外在方式下最初呈现给我们的东西，一定是杂多的，我们把这些杂多的材料加以内在化，因而形成普遍的概念，这样我们就深入自身，把潜伏在我们内部的东西提到意识前面。"④回忆说的这一合理内容，是柏拉图在批判智者的反理性倾向时阐

---

① 《柏拉图文艺对话集》，朱光潜译，人民文学出版社 1959 年版，第 118 页。
② 同上书，第 117 页。
③ 北京大学哲学系外国哲学史教研室：《古希腊罗马哲学》，生活·读书·新知三联书店 1957 年版，第 188 页。
④ ［德］黑格尔：《哲学史讲演录》第 2 卷，贺麟、王太庆译，商务印书馆 1960 年版，第 183—184 页。

述出来的。因为在智者看来，感觉就是一切，对一个事物如果已经知觉，就没有必要研究，如果不知觉就无法研究。这就完全抹杀了理性的能动作用。为了反对这一观点，柏拉图才提出了上述思想。

然而，正如黑格尔指出的那样，回忆毕竟是"一个笨拙的名词"，"回忆属于表象，不是思想"①，用这种概念来表达逻辑思维是不妥当的，也容易造成误解。但列宁说过："'无限的进步'，即'思维形式'的'摆脱'素材(Von dem Stoffe)、表象、愿望等等，即一般性的东西的提炼(柏拉图，亚里士多德)，就是认识……的开端。"②因此，我们得承认，"回忆"概念的提出终究是一种进步。

柏拉图在理念、灵魂、回忆问题上的两重性是有深刻的内在联系的。一方面，他把理念看作现实世界的摹本、永恒不变的实体，并且由此推论说："如果这些实体存在，则我们的灵魂也存在于我们出生之前。"③而从灵魂存在于出生之前这点出发，又必然进一步推出认识就是回忆的先验主义结论。与此相反的另一方面是，柏拉图又把理念看作感性世界的抽象物即共相。从这一点出发，他必然把灵魂认作理性，并进一步把人们的认识过程理解为理性的回忆，即反省、类比、联想和思考。

上述两个方面表明，柏拉图哲学就主要倾向来看，是唯心主义、神秘主义的；同时，又包含着不少唯物主义和科学的因素。这些因素通过内在的、本质的联系融合起来，与柏拉图的主要思想倾向形成尖锐的矛盾，而不变的理念世界和可变的现实世界之间，亦即一般与个别的矛盾，则是其突出表现。柏拉图的整个哲学都在这一深刻的内在矛盾中徘徊、演变和发展，直到他把赫拉克利特的"变"的思想纳入理念(一般)之中，才使矛盾得到了某种程度上的协调和解决。当然，这并没有改变柏

---

① [德]黑格尔：《哲学史讲演录》第2卷，贺麟、王太庆译，商务印书馆1960年版，第184页。

② 列宁：《哲学笔记》，中共中央马克思恩格斯列宁斯大林著作编译局译，人民出版社1974年版，第86页。

③ 北京大学哲学系外国哲学史教研室：《古希腊罗马哲学》，生活·读书·新知三联书店1957年版，第189页。

拉图在解决这一根本矛盾上的基本的唯心主义的倾向。在《巴门尼德篇》中，柏拉图对自己前期的、以不变为主要特征的理念论进行了比较彻底的清算和批判，这一批判的重要成果，就是辉煌的但又几乎被时间和偏见的尘埃所埋没的概念辩证法。

三、柏拉图哲学之辩证性

人们常常把柏拉图的辩证法理解为一种生动的谈话工具。这显然是远远不够的。黑格尔在《哲学史讲演录》中提到，关于柏拉图，据说第欧根尼·拉尔修曾经说过：柏拉图是辩证法，即第三哲学的创始者（犹如泰勒斯是自然哲学的创始者，苏格拉底是道德哲学的创始者一样），可是那些特别高嚷柏拉图的功绩的人们却极少考虑到这个功绩。列宁对黑格尔这段话的评价是："柏拉图和辩证法。"①

辩证法是柏拉图哲学思想的重要组成部分，它具有非常深刻、非常丰富的内容。其特点如下。

1. 辩证法和认识论的紧密结合

在柏拉图的对话中，诸如美、知识、美德等许多问题的讨论，都是循着从个别到一般的途径进行的，体现了辩证法和认识论的紧密结合。试以早期的《大希庇阿斯》为例。这篇对话的主题是讨论美。希庇阿斯的第一个答案是："美就是一位年轻漂亮的小姐。"苏格拉底驳斥说，一匹母马、一个汤罐不也是很美的吗？于是，希庇阿斯又提出了第二个答案："黄金是使事物成其为美的。"苏格拉底又驳斥说，为什么人们不用黄金而用象牙去雕刻女神的面目、用石头去雕刻女神的身子呢？希庇阿斯所提出的第三个答案"恰当就是美的"也同样遭到了驳斥。他穷于应

---

① 列宁：《哲学笔记》，中共中央马克思恩格斯列宁斯大林著作编译局译，人民出版社 1974 年版，第 240 页。

付，正想溜走时，苏格拉底留住了他。讨论改变了方式，由苏格拉底相继提出美的三个可能的定义：美就是有用的，美就是有益的，美就是视觉和听觉所生的快感。尽管这场讨论最后没有做出结论，但从整个过程看，是从个别美的事物逐步进入美的概念的。《会饮篇》谈到美感教育时，也使用了同样的方法。因此，朱光潜先生完全有理由做出评价："从这个进程看，人们的认识毕竟以客观现实世界中个别感性事物为基础，从许多个别感性事物中找出共同的概念，从局部事物的概念上升到全体事物的总的概念。……在这里柏拉图思想中具有辩证的因素。"[①]当然，在柏拉图那里，这种由个别到一般的辩证的认识方法是有一定局限性的。一方面，他不懂得人的认识由个别达到一般后，还要再回到个别去。他停留在一般、抽象的理念上不再前进；另一方面，正如黑格尔指出的："为了消解特殊的东西以形成共相，这种辩证法还不是真正的辩证法，还不是辩证法的真形式。"[②]因为这种辩证法从个别中提取出来的还只是一个个孤立的概念。如前所述，直到柏拉图把"变"的思想引进理念，才在《巴门尼德篇》《智者》《非丽布篇》等晚期对话中建立了概念之间的辩证联系。

2. 概念辩证法是柏拉图辩证法的最重要之点

黑格尔认为，"思辨的辩证法"（概念的辩证法）是"柏拉图哲学中最重要之点"[③]。从古希腊辩证法发展的历史形态来看，他的这一看法是极有道理的。

我们知道，赫拉克利特是辩证法的奠基人之一。他的辩证法是事物运动变化的辩证法，是"客观辩证法"[④]。智者（这里专指普罗泰戈拉、高尔吉亚等人）把赫拉克利特的"变"的思想引入现象世界（表象世界），

---

① 朱光潜：《西方美学史》上卷，人民出版社 1979 年版，第 45 页。
② ［德］黑格尔：《哲学史讲演录》第 2 卷，贺麟、王太庆译，商务印书馆 1960 年版，第 202 页。
③ 同上书，第 203 页。
④ 同上书，第 204 页。

从而创立了现象辩证法。智者，从某种意义上说，也就是现象世界的赫拉克利特。他们关于风寒与不寒、酒甜与苦、骰子多与少的论述，就是这种辩证法的具体表现。现象辩证法比起赫拉克利特的客观辩证法来，尽管有了某种程度的抽象，但仍然停留在感性直观的范围内，正如黑格尔指出的："智者只观看现象（在意见中坚执着现象），——这种对现象的意见也是思想，不过不是纯粹思想，不是自在自为的思想。"①柏拉图没有停留在现象世界的范围内，而是把赫拉克利特的"变"的思想进一步抽象化，引入理念世界。在他后期的思想中，他的辩证法已"不是把观念弄混乱的那种智者派的辩证法，而是在纯概念中运动的辩证法，——是逻辑理念的运动"②。因此，在某种意义上，我们也可以称柏拉图是概念世界中的赫拉克利特。

柏拉图创立概念辩证法经历了一个过程。特别在《巴门尼德篇》中，他抛弃了以前在大部分对话中采用的从具体事物出发去寻求一般概念的做法，而是直接地"阐述了纯粹思想的辩证法"。黑格尔指出，"柏拉图真正的思辨的伟大性之所在，他在哲学史上、亦即一般地在世界史上划时代的贡献，是他对于理念的明确规定"③。陈康先生曾把柏拉图在《巴门尼德篇》中规定并论述过的范畴整理成一张"范畴表"，共列出了十三类、四十三个范畴。④ 这是一件有意义的工作。当然，"范畴表"也有疏漏之处，如有限和无限这对范畴就没有列入。另外，在《智者》中，柏拉图还集中地论述了存在与非存在这对范畴。仔细读一读这些著作，我们还会发现，柏拉图力图把这些范畴联系和统一起来。这显然是开创性的、艰难的思维劳作。亚里士多德在《范畴篇》《形而上学》等著作中进一步推进了这一工作。最后，如我们所知道的，黑格尔的《逻辑学》才达到

---

① ［德］黑格尔：《哲学史讲演录》第 2 卷，贺麟、王太庆译，商务印书馆 1960 年版，第 205 页。

② 同上书，第 199 页。

③ 同上书，第 206、203 页。

④ ［古希腊］柏拉图：《巴曼尼得斯篇》，陈康译注，商务印书馆 1982 年版，第 125 页。《巴曼尼得斯篇》又译为《巴门尼德篇》。

了近乎完善的程度。

应当看到，限于历史条件，柏拉图的概念辩证法远不是成熟的。一方面，它还常常和一些表象的东西、神话混杂在一起，这说明"在柏拉图那里，对于辩证法的这种性质的完全的意识，我们诚然还找不到"。另一方面，柏拉图还不可能用逻辑与历史一致的方法，客观地揭示出诸多范畴之间的内在联系，正如黑格尔指出的："理念的这种自我产生的能动性在柏拉图那里还没有被发展出来，他常常陷于外在的目的性。"①

3. 概念辩证法的实质是对立统一

列宁说过："概念的全面的、普遍的灵活性，达到了对立面同一的灵活性，——这就是实质所在。"②概念辩证法的实质就是在对立统一中把握概念，而柏拉图是达到这一点的。黑格尔甚至认为："两个互相否定的对立面的结合"是"柏拉图所特有的辩证法。"③柏拉图运用对立统一观点着重阐述了以下三对范畴的辩证关系。

(1)存在与非存在(有与非有)。存在与非存在统一的思想是赫拉克利特最先提出的。爱利亚派哲学家巴门尼德坚决反对这一思想："'不存在'存在的话绝不可听；躲开这条路，你的穷理的心。"④同样，普罗泰戈拉等人从感觉主义出发，认为凡是感觉到的东西都是真实的、存在的，因此"'非存在'丝毫不与有'存在'"⑤。柏拉图激烈地驳斥了他们把存在和非存在割裂开来的观点，认为非存在应该是存在的基本属性："我们不但指出不存的东西存在，还阐明了'非存在'的型。我们证明，'异'的性质存在，分布于一切'存在'的彼此相对上，我们还大胆说，

---

　　① ［德］黑格尔：《哲学史讲演录》第2卷，贺麟、王太庆译，商务印书馆1960年版，第200、204页。

　　② 列宁：《哲学笔记》，中共中央马克思恩格斯列宁斯大林著作编译局译，人民出版社1974年版，第112页。

　　③ ［德］黑格尔：《哲学史讲演录》第2卷，贺麟、王太庆译，商务印书馆1960年版，第203页。

　　④ 转引自［古希腊］柏拉图：《泰阿泰德·智术之师》，严群译，商务印书馆1963年版，第161页。

　　⑤ 同上书，第202页。

'异'的性质和'存在'对立的每一部分本身就是以'非存在'的资格存在着。"①必须指出的是，柏拉图比赫拉克利特高明的地方在于，他不仅承认存在和非存在统一于任何个别事物上，而且也统一于任何具体的概念中："一切事物，不论是普遍的或是个别的，都是在不同的方式下存在，也在不同的方式下不存在。"②这里的"普遍"的"事物"也就是指概念，在另一处，柏拉图直截了当地指出："一切理念既存在又不存在。"③这样，他就把存在和非存在这对矛盾，即把"变"、否定的思想引入了理念世界。我们甚至可以这样说，柏拉图对其他范畴辩证关系的阐述都是建立在这一基础之上的。也正因为如此，黑格尔对柏拉图的这一思想做了高度的评价："柏拉图的最高形式是'有'与'非有'的同一：真实的东西是存在的，但存在的东西并不是没有否定性的。"④

（2）整体与部分（一与多）。在《泰阿泰德》中，柏拉图小心地区别了两种整体：一种是数或由数构成的整体，这种整体等于各部分的总和。比如，六等于四加二，也等于三加二加一。其他如军队中的人数，乃至一切由数构成的物，"其物之内的总数等于其物诸部分集成的全体"⑤。另一种是非集合性的整体，柏拉图称为"复合物"。例如，一个音段是由一组字母按某种确定的方式组成的，它并不等同于每个字母的简单的、杂乱的集合，"音段非其所有的诸字母，乃是成于字母、异于字母、而自具其特质的一物"⑥。在关于"复合物"的论述上，柏拉图的思想充满着深刻的辩证法。他认为，"复合物"是一个不可分割的有机的统一体（"一"），它并不等于各部分的机械的总和（"多"）。从这个意义上来说，

---

① ［古希腊］柏拉图：《泰阿泰德·智术之师》，严群译，商务印书馆 1963 年版，第199—200 页。

② 转引自［德］黑格尔：《哲学史讲录》第 2 卷，贺麟、王太庆译，商务印书馆 1960年版，第 211 页。

③ 同上书，第 218 页。

④ 同上书，第 221 页。

⑤ ［古希腊］柏拉图：《泰阿泰德·智术之师》，严群译，商务印书馆 1963 年版，第108 页。

⑥ 同上书，第 107 页。

"全体不是由部分构成的"①，或者说，在"复合物"中不可能存在独立的部分，部分只有在和整体的不可分割的联系中，即只有作为整体的部分才可能存在。在《巴门尼德篇》中，他不厌其烦地说明这个道理："整个的是一个整个的，部分是整个的部分，每部分——它永是整个的部分——是整个的一部分。"②整体与部分的关系如果用抽象的一与多的关系来表达，就是：一本身既是一，又是多，因为它不是单一的，它是"复合物"，同时，多本身既是多，又是一，因为多中的每一部分都不是相互外在的，而是有机地统一在一个整体中的。在黑格尔看来，柏拉图关于一与多、有与非有等对立统一关系的论述，乃是他的哲学"最内在的实质和真正伟大的所在"③。

（3）有限与无限。柏拉图关于有限与无限的辩证关系是直接从整体与部分即一与多的辩证关系中引申出来的。在他看来，一个复合的整体是由许多部分有机地组成的，当这些部分多到不可计数的时候，整体和部分、一和多的关系就转变成有限和无限的关系。柏拉图指出："一如若是，它既是一又是多，既是整个的又是部分，既是有限的又是数量方面无限的。"④这就是说，有限和无限作为相反的性质并不是互相分离的，而是紧密地统一于存在物中的。他嘲讽那些停留在无限中的人"像几何学上所说的那条线（无理数的对角线——引者）那样不合理"⑤。当然，柏拉图这里说的无限指的是在数量上无限可分的无限，还停留在黑格尔所说的"恶无限性"的范围之内。在《菲丽布篇》中，柏拉图赋予无限以广阔得多的含义。他称无限为不确定的东西，有限则作为一种确定的

---

① ［古希腊］柏拉图：《泰阿泰德·智术之师》，严群译，商务印书馆1963年版，第109页。

② 《柏拉图巴曼尼得斯篇》，陈康译注，商务印书馆1946年版，第237页。

③ ［德］黑格尔：《哲学史讲演录》第2卷，贺麟、王太庆译，商务印书馆1960年版，第219、214页。

④ 《柏拉图巴曼尼得斯篇》，陈康译注，商务印书馆1946年版，第148页。

⑤ 北京大学哲学系外国哲学史教研室：《古希腊罗马哲学》，生活·读书·新知三联书店1957年版，第206页。

限度与无限对立。他认为，正是有限和无限的对立统一才产生了诸如健康、热、冷、燥、湿，以及音乐中音调的高低、运动的徐疾等谐和，并把心灵(奴斯)作为这些谐和的最后原因。据此，柏拉图曾提出了四种规定：无限者、有限者、有限与无限的混合体、原因①。柏拉图把心灵作为有限和无限统一的最后原因的说法尽管是唯心主义的、神秘主义的，但他在这里已初步阐述了"真无限性"的观点，黑格尔为此把有限与无限这对范畴列为柏拉图概念辩证法的主要内容之一。②

除了上面提到的这三对范畴之外，柏拉图还运用对立统一的观点阐述了同与异、动与静、等与不等、大于与小于等范畴的辩证关系，这是柏拉图对辩证法思想的卓越贡献。列宁指出，"黑格尔发展了柏拉图的辩证法('他和柏拉图都承认对立面的并存是必然的'……)"③。但也应该看到，在柏拉图那里，如黑格尔所说："一般讲来对立的统一是出现在每个意识前面的，但在理性尚未在其中达到自觉的通常意识里，它总是会把相反的东西割裂开。"④

本文在对柏拉图哲学的基本特征做了粗略的考察以后认为，尝试用矛盾的、发展的观点去探讨柏拉图的整个哲学，对于寻求科学地、实事求是地评价这一哲学的途径，可能是新的迷误，也可能是新的起点。现在把这个问题提出来，既为了抛砖引玉，又为了投石问路。

---

① [德]黑格尔：《哲学史讲演录》第 2 卷，贺麟、王太庆译，商务印书馆 1960 年版，第 215—216 页。

② 同上书，第 204 页。

③ 列宁：《哲学笔记》，中共中央马克思恩格斯列宁斯大林著作编译局译，人民出版社 1974 年版，第 363 页。

④ [德]黑格尔：《哲学史讲演录》第 2 卷，贺麟、王太庆译，商务印书馆 1960 年版，第 209 页。

"发生认识论"的启示[①]

　　《发生认识论原理》的中译本最近（1981 年版）已由商务印书馆出版。这本九万字的小册子悄然无声地来到读者的手里，犹如一个刚诞生的、赢弱的婴儿，并没有引起人们热情的关注。其实，只要认真地读一读这本小册子，就会发现，它的价值和它的篇幅是成反比例的，甚至可以毫不夸张地说，它简练、明快的语言后面，正孕育着认识论领域中的一场重大变革。

　　这本书的作者让·皮亚杰是瑞士著名的心理学家和哲学家。自 1955 年起，他担任日内瓦"发生认识论国家研究中心"主任，后来逐步形成了以他为中心的"日内瓦学派"。几十年来，这个学派发表了大量的实验资料和文献，光皮亚杰一人出版的著作就近五十种，在国际上引起了广泛的重视。《发生认识论原理》出版于 1970 年。这本书的好处在于它集中地、系统地阐述了皮亚杰的认识论思想。作为哲学领域中出现的一种新思潮，发生认识论提供了许多有益的启示，值得我们加以借鉴和利用。

　　首先，发生认识论主张从儿童智力的发生、发展过程中去研究认识的发生和发展。其实，这

---

① 原载《书林》1982 年第 4 期。——编者注

种研究方法列宁早就给我们指明了。列宁告诉我们，全部认识领域应该包括各门科学史、儿童智力发展史、动物智力发展史、语言史、心理学及感觉器官的生理学等学科。可是，列宁的这一重要的论述却一直没有引起我国哲学界的充分重视，我们现在的哲学教科书谈的认识，都是指成年人的、高级水平的认识。诚然，考察这类认识是必要的，但是光停留在认识已经达到的这一结果上是远远不够的。因为作为个体的人来说，并不是一生下来就具有高级水平的认识的，从婴儿期的无意识状态到成年期的高级水平的认识要经过一个漫长的发生、发展的过程。这个过程的规律是什么？人的认识结构究竟是如何发展变化的？这些问题正是发生认识论所要探讨、所要解决的。皮亚杰强调指出："发生认识论的目的就在于研究各种认识的起源，从最低级形式的认识开始，并追踪这种认识向以后各个水平的发展情况，一直追踪到科学思维并包括科学思维。"在他看来，只有运用实验方法，深入探讨儿童智力的发生、发展的过程，才可能最终打破认识论研究中的静止的、非发展的观点，从而科学地揭示出认识起源和发展的真正秘密。发生认识论的这一基本思想包含着深刻的辩证法思想，在某种意义上可以说，他开辟了认识论研究的新途径、新方向。

其次，发生认识论强调从心理学、生物学的角度去探讨人的认识能力的变化，如上所述，这也是列宁所主张、所提倡的。我们现在的哲学教科书一般都比较重视对认识的社会根源和阶级根源的分析，这当然是无可非议的，因为社会性正是人的认识的最本质特征。但如果我们忽视了对认识发生、发展的心理机制和生理机制的研究，那么就既不可能对认识的起源和本质问题做出科学的表述，也不可能对形形色色的唯心主义派别，尤其是近代、现代的唯心主义派别做出彻底的批判。如著名的生态学家洛伦兹认为，人的认识如同马的蹄和鱼的翅那样是作为遗传程序设计的结果而在胚胎发生中发展起来的。皮亚杰猛烈地抨击了这种荒谬的唯心主义观点，他通过对大量实验资料的研究，指出：认识"不牵涉任何先行的遗传程序设计"，认识是后天才有的，是儿童在和外界的接触中逐步由本能过渡到智力的结果。皮亚杰认为，从心理学上看，人的认识有一个逐步"建构"的过程，即在和客观世界的相互作用中不断改变自己的结构，提高自己的逻辑思维能力的过程；从生物学上看，人具有"自我调节"的功能，并且正是这种奇特的功能协调着人和环境之间的关系，为认识的发生和发展提供了生物学的前提。分析和借鉴发生认识论的这些思想，有利于我们克服认识论研究中的片面化倾向。

最后，发生认识论强调认识起源于活动。这里说的活动，既包括有意识、有目的的活动，也包括无意识、无目的的活动。皮亚杰通过实验证明了婴幼儿（从出生到 2 岁左右）的认识是萌芽于无意识的活动的。这一见解对于当前我们正在讨论的认识源泉问题的解决具有很大的启发作用。我们一般认为，认识的唯一源泉是实践，同时，又把实践定义为有目的、有意识的活动。实际上，这样的实践定义只能解释成人是如何获得认识的，却不能解释儿童，尤其是婴幼儿的认识是如何发生的。如果用这一定义去解释婴幼儿认识的发生，那么就势必得出婴幼儿一生下来就有意识、有目的的荒谬结论。因此，传统的实践定义必须在新的科学事实的基础上不断地得到修正、补充和发展。

总之，《发生认识论原理》一书触及认识论中的一系列带根本性的问题，并且提供了解决这些问题的独创性的见解，值得引起我们的重视。当然，这本书也有它的不足之处，比如，它对认识的社会性几乎就没有什么论述，同样，对认识主体的社会属性也缺乏探讨和说明，这些都是我们在借鉴中应该予以注意的地方。

发生认识论初探^①

瑞士著名的心理学家、哲学家让·皮亚杰创立的发生认识论已经在国际上引起越来越多的关注。近几年来，我国也陆续翻译出版了皮亚杰的一些著作，并且也发表了一些介绍发生认识论思潮的文章。但总的看来，我们对这一思潮的重视与研究是不够的。其实，发生认识论的许多研究成果和基本观点都支持、证实并丰富了马克思主义的认识理论；它的出现，可以说是当代哲学思潮向辩证思维复归的一种先兆。因此，无论从理论上看还是从实践上看，研究这一思潮都是有积极意义的。

一、发生认识论的思想渊源

发生认识论创立于 20 世纪 60 年代初，它是皮亚杰长期从事多学科研究，对以往人类的思想成果进行批判性思考的结果。

皮亚杰早年就对心理学怀有浓厚的兴趣。1921 年，他在巴黎一所小学的实验室里，开始

---

① 原载《复旦学报(社会科学版)》1982 年第 5 期。收录于俞吾金：《俞吾金集》，黑龙江教育出版社 1995 年版，第 251—264 页。——编者注

了儿童心理学的研究，不久回到瑞士，在日内瓦大学任教，继续长期从事这项研究，并发表了一系列的专著，如《儿童的语言与思维》(1924)、《儿童的判断与推理》(1924)、《儿童的世界概念》(1926)等等。通过对儿童心理的研究，皮亚杰所获得的许多新的见解，成了他对其他学科进行批判性思考的出发点，并推动他创立了哲学意义上的一般认识论——发生认识论。

首先，皮亚杰用批判的眼光审查了科学史。1929—1939年，他坚持研究数学、物理学等学科的主要概念的形成史，发现科学史上某些概念的形成和发展与儿童智力的形成和发展常常是相互对应的。比如，在数学发展史上，康托尔作为基础用以建立集合论的那种一一对应的关系，在儿童身上也可以详细地观察到，布尔巴基的三个"矩阵结构"的初级形式也可以在儿童智力发展的一定阶段上被发现。① 物理学发展史上，也存在着类似的情况。皮亚杰还发现，科学史上"那些最有抗变能力的概念，同时也就是那些从心理发生甚至生物发生的观点来看最为根深蒂固的概念"②。运用儿童心理发展的规律可以合理地解释科学史上出现的许多现象，甚至还能弥补所有的科学史都存在着的共同缺陷。这是因为，任何一门科学史记载的都只是人类有文字以来的历史，但是关于史前人类认识功能的历史却由于资料的匮乏而无法加以阐述。皮亚杰认为，既然科学史的发展和儿童心理的发展存在着某种对应关系，那么，这种缺陷就可以通过对儿童心理的研究而加以弥补。他指出，"摆在我们面前的唯一出路，是向生物学家学习，他们求教于胚胎发生学以补充其贫乏的种族发生学知识的不足，在心理学方面，这就意味着去研究每一年儿童心理的个体发生情况"③。

其次，皮亚杰运用批判的眼光考察了生物学。他在对软体动物的多

---

① ［瑞士］皮亚杰：《发生认识论原理》，王宪钿等译，商务印书馆 1981 年版，第 77—78 页。

② 同上书，第 86 页。

③ 同上书，第 13 页。

年研究中发现，遗传结构和环境的关系问题始终是生物学争论的中心问题，长期存在着两种截然相反的见解。一是洛伦兹的天赋论认为，认识的范畴如同马的蹄和鱼的翅那样是作为遗传程序设计的结果而在胚胎中发展起来的。而皮亚杰则认为，认识的结构"不牵涉任何先行的遗传程序设计"①，这就有力地驳斥了天赋论。二是拉马克的经验论认为，有机体(包括人在内)对客观刺激只具有消极的反应能力。皮亚杰同样运用儿童心理研究的成果驳斥了这种观点，指出，有机体并不是消极地反映环境，而是和环境处在复杂的交互作用中，"拉马克学说主要缺乏的是关于变异和重新组合的内在能力的概念，以及关于自我调节的主动能力的概念"②。皮亚杰认为，只有把儿童心理学的研究成果贯彻到生物学的研究中去，才可能对遗传结构和环境的关系问题做出合理的说明，反之，也只有准确地解决了这一问题，才可能为儿童心理的发展提供坚实的生物学前提。

通过对科学史和生物学的考察，皮亚杰发现，儿童心理学与各门学科都有着紧密的联系，从而它必然同贯穿于这些学科中的哲学意义上的认识论紧密相关。这就促使他把批判的矛头对准第三个主要对象——哲学。这一批判可以说是发生认识论产生的最贴近的前提。皮亚杰把传统的认识论划分为三种主要的类型。

第一种是以康德为代表的先验论。这种理论把时空、因果、偶然性等概念统统看作人脑里固有的东西。皮亚杰激烈地批判了这种观点。他通过大量实验证明了，儿童刚生下来的时候根本就不具有这些概念，这些概念是在儿童智力发展的一定阶段上产生出来的。正如梅斯指出的："对皮亚杰来说，概念性知识并不是先验地存在儿童的心灵中，而是通过发生学的发展而产生的。"③

第二种是以洛克、斯宾塞为代表的经验论。这种理论的一个基本出

---

① ［瑞士］皮亚杰：《发生认识论原理》，王宪钿等译，商务印书馆1981年版，第63页。
② 同上书，第60页。
③ 同上书，第9页。

发点是："智慧思维的概念仅仅来源于知觉的抽象和概括。"①皮亚杰批判这些哲学家说："在他们看来好象心理生活中除了感觉和理智以外，别无他物——他们竟忘记了动作。"②皮亚杰告诉我们，即使儿童的每一个动作都能引起他自己的感官的知觉，但这些动作的"图式"（或译格局，即动作的结构）却是无法被知觉到的。事实是，正是这些动作的图式在儿童智力，特别是婴幼儿智力的发生中起着比知觉更为重要、更为基础的作用。它们随着儿童动作的复杂化逐步协调起来，并逐步内化为逻辑数理结构，从而对概念的产生、理性认识的形成，起着决定性的作用："不管这些概念如何为儿童所必需，但是如果没有一种超出知觉范围的逻辑数理结构，那就不可能精确地形成这些概念。"③当然，皮亚杰也告诉我们，"从活动到思维或从感知格局到概念的过渡不是一下子就完成的"④，它表现为一个缓慢的发展过程，但无论如何，动作或活动在概念形成中的重要作用是不容忽视的。

第三种是逻辑实证主义者的认识论。这种理论在英美十分流行，它的基本特点是试图通过语言分析和逻辑分析来解决认识论中出现的一切带根本性的问题，甚至把语言活动和逻辑思维看作全部认识的起点。皮亚杰认为，语言和逻辑在认识论形成和发展中的巨大作用是无可非议的，但这种作用不应当被过分地夸大，儿童心理的发展过程表明，"智力是先于语言而存在的"，因此，认识"建构的起点并不是语言"⑤，同样，"逻辑的根源必须从动作（包括言语行为）的一般协调中去探求"⑥。

通过上述批判性思考，皮亚杰发觉，离开儿童心理的研究，既不可

① ［瑞士］J. 皮亚杰、B. 英海尔德：《儿童心理学》，吴福元译，商务印书馆1981年版，第39页。

② 同上书，第24页。

③ 同上书，第39—40页。

④ ［瑞士］皮亚杰：《发生认识论原理》，王宪钿等译，商务印书馆1981年版，第31页。

⑤ 同上书，第74、69页。

⑥ ［瑞士］J. 皮亚杰、B. 英海尔德：《儿童心理学》，吴福元译，商务印书馆1981年版，第69页。

能对哲学的认识论做出彻底的解决，也不可能对各门具体科学的发展史做出科学的表述。这样，他就必然要在科学史、逻辑学、数学、语言学、生物学等多学科研究的基础上，去寻求一条把认识论和儿童心理学紧密结合起来的研究途径，这也就是发生认识论的途径。其实，这一途径列宁早就给我们指明了。在《拉萨尔〈爱非斯的晦涩哲人赫拉克利特的哲学〉一书摘要》中，列宁写道：

全部认识领域

各门科学的历史
儿童智力发展的历史
动物智力发展的历史   这就是那些应当构成
语言的历史，注意：   认识论和辩证法的
    ＋心理学   知识领域①
    ＋感觉器官的
     生理学

可贵的是，皮亚杰在完全不知道列宁上述思想的情况下，走了这一条卓有成效的道路。② 因此，我们完全没有必要对发生认识论采取回避的态度，在某种意义上，研究这一学说也就是研究列宁的思想。

二、发生认识论的基本原理

在《发生认识论原理》一书中，皮亚杰总结了他几十年来的研究成

---

① 列宁：《哲学笔记》，中共中央马克思恩格斯列宁斯大林著作编译局译，人民出版社 1974 年版，第 399 页。

② ［苏联］B. M. 凯德洛夫：《同让·皮亚杰的五次会见》，《自然科学哲学问题丛刊》1982 年第 2 期。

果，集中地、系统地论述了发生认识论的基本原理。他在该书的引言中声明说，发生认识论的目的是通过对儿童心理的分析，研究各种认识的起源，从最低形式的认识开始，并追踪这种认识向以后各个阶段的发展情况，一直到科学思维并包含科学思维。为避免研究步入歧途，皮亚杰强调指出，发生认识论并不准备去追溯认识的所谓"绝对的开端"，它探讨的"中心问题"是"新认识的建构"问题①，亦即认识结构的形成和发展的问题。

认识结构包括图式、同化、顺应、平衡这四个概念。图式指可变的动作的结构，婴幼儿最初的图式是一些分散的本能的动作，这些动作是通过遗传获得的，故可称为"原始图式"，如吸吮反射、抓握反射等。以后，在接触客体的过程中，儿童的图式不断地发生变化，变得越来越复杂，并逐步内化为抽象的逻辑数理结构。在认识过程中，同化指主体把客体纳入自己的图式之中，从而引起了图式的量的变化，顺应指主体的图式不能同化客体，因而引起图式的质的变化，去适应客体。正如皮亚杰所说："刺激输入的过滤或改变，称为同化；内部图式的改变，以适应现实，称为顺应。"②平衡则是指同化和顺应这两种机能的协调。儿童每遇到新事物，在认识过程中总是力图用原有的图式去同化它，如获得成功，原有的图式便得到巩固和加强，认识达到平衡；如失败，便做出顺应，调整或创立新的图式去适应现实，直至达到认识上的新的平衡。这种不断发展着的平衡，就是皮亚杰所说的认识结构的建构过程。他用动态的建构概念来补充结构概念的静态性，从而描述出认识的发生、发展的有序性和阶段性。正如他自己强调指出的："认识的获得必须用一个将结构主义和建构主义紧密地联结起来的理论来说明，也就是说，每一个结构都是心理发生的结果，而心理发生就是从一个较初级的阶段过

---

① ［瑞士］皮亚杰：《发生认识论原理》，王宪钿等译，商务印书馆 1981 年版，第96页。

② ［瑞士］J. 皮亚杰、B. 英海尔德：《儿童心理学》，吴福元译，商务印书馆 1981 年版，第 7 页。

渡到一个不那么初级的(或较复杂的)阶段。"①

那么,儿童认识的建构过程具体表现为哪些阶段呢?皮亚杰把它们划分为四大阶段。

(1)感知运动阶段(从出生到 2 岁左右)。在儿童智慧的萌芽阶段,知觉起着重要的作用,但正如我们在前面已指出过的,活动起着更为重要的作用。这时儿童的认识图式是"以儿童自己的动作为中心的认识图式"②。随着这些动作的扩大化和丰富化,随着知觉机能的发展,婴幼儿的自我中心状态遭到了破坏,主体的身体开始被看作处于一个空间中的诸多客体中的一个,皮亚杰称此为"哥白尼式的革命"。在这场革命中,婴幼儿开始在知觉的帮助下,一方面通过归类、排列等活动,把主体的各个分散的图式逐步统一和协调起来;另一方面则通过使客体发生位移(如推动一个苹果)等活动,把主体和客体的关系逐步协调起来。第一类的协调在以后的发展阶段上渐渐内化并发展成逻辑数理结构,第二类的协调则在以后的阶段中渐渐抽象化并发展成因果观念、时空概念等等。

(2)前运演阶段(2 岁左右到六七岁)。在发生认识论中,运演是一个十分重要的概念,作为动作图式的内化,它指的是逻辑思维活动。它具有以下三个特征:可逆性,守恒性,整体性。皮亚杰之所以把这个阶段称为前运演阶段,因为它是儿童的认识由感知运动形式发展为以后的真正的逻辑思维形式的过渡阶段。这一阶段的主要特征是信号功能的出现,即语言、心理表象、象征性姿态的出现。皮亚杰指出:"信号性功能同感知—运动的动作和知觉大不相同,两者对比:信号性功能使思维成为可能,因为它给思维提供了无限广阔的应用领域;而知觉—运动的

---

① [瑞士]皮亚杰:《发生认识论原理》,王宪钿等译,商务印书馆 1981 年版,第 15 页。

② [瑞士]J. 皮亚杰、B. 英海尔德:《儿童心理学》,吴福元译,商务印书馆 1981 年版,第 18 页。

动作和知觉活动则局限于极狭窄的范围。"①但这时儿童的思维还不具有可逆性和守恒性，还停留在"表象思维"的水平上，其活动方式也主要表现为根据表象和记忆，对先前的动作进行模仿。

（3）具体运演阶段（六七岁到十一二岁），这是儿童智力发展过程中的飞跃阶段。在这个阶段中，动作经由表象进一步内化为运演，抽象的逻辑思维开始出现并起作用了。一系列概念，如守恒、可逆、分类、序列、数量、时空、因果性等逐步形成，随着儿童社会生活的丰富化，儿童的认知结构也日趋复杂，但这时儿童的思维活动还不能脱离具体事物，正如皮亚杰指出的，"具体运演是直接与客体有关的"②，它只能一步步地进行。

（4）形式运演阶段（十一二岁到十四五岁）。在这个阶段，儿童的思维已经"无需具体事物作为中介了"，"它们已有能力处理假设而不只是单纯地处理客体"③。另外，它能够"借助于一个组合系统（命题运算系统——引者注）而使认识可以达到一个范围无限的可能性，而运演就不再像具体运演那样限于一步一步地建构了"④。这阶段的儿童已可能有科学创见和理论创新，其抽象思维水平已达到成年人的准备阶段。

皮亚杰强调指出，认识建构过程是阶段性和连续性相统一的发展过程。在这一发展过程中，"每一整体结构渊源于前阶段的整体结构，把前阶段的整体结构整合为一个附属结构，作为本阶段的整体结构的准备，而这整体结构本身又继续向前发展，或迟或早地整合成为次一阶段的结构"⑤。

如前所述，认识结构的变化和发展是通过同化和顺应的不断平衡来

---

① ［瑞士］J. 皮亚杰、B. 英海尔德：《儿童心理学》，吴福元译，商务印书馆 1981 年版，第 69 页。

② ［瑞士］皮亚杰：《发生认识论原理》，王宪钿等译，商务印书馆 1981 年版，第 45 页。

③ 同上书，第 52 页。

④ 同上书，第 53 页。

⑤ ［瑞士］J. 皮亚杰、B. 英海尔德：《儿童心理学》，吴福元译，商务印书馆 1981 年版，第 114—115 页。

实现的。如果我们进一步问，为什么人的心理结构具有这些特殊的功能？为什么逻辑数理结构和经验的因果联系之间存在着惊人的一致？这又该怎么回答呢？皮亚杰认为，"心理发生只有在它的机体根源被揭露以后才能为人所理解"①。那么，认识发生、发展的生物学根源究竟是什么呢？皮亚杰借用控制论的术语，提出了自我调节这一重要概念。这一概念既不同于机械学上力的平衡，也不同于热力学上熵的增加，它的含义是："主体以一系列的主动补偿作用来反映外部的干扰，而且主体以一种既是逆向动作的(回路系统或反馈)又是预见性的适应，来构成一个永久性的补偿系统。"②自我调节是生命组织的最基本的特征，它存在于有机体功能作用的各个水平上，从染色体组起，直到行为领域本身为止。正是这种自我调节作用，主动地、不断地协调着有机体和环境之间的关系，从而为认识结构中同化、顺应、平衡诸机能提供了生物学前提，也使认识的发生和不断的建构成为可能。

三、发生认识论的重要启示

从上面的分析可以看出，发生认识论是从微观上，即从个体的心理结构上来探讨认识的起源和发展的。这种探讨角度恰好和马克思主义认识论的探讨角度——从宏观上，即从社会总体上来探讨认识的起源和发展——相反，但由于皮亚杰自发地运用了辩证法的观点，这使他得出了一系列和马克思主义的认识论十分接近的结论，正如 B. M. 凯德洛夫所说："皮亚杰和他的发生认识论学派所依据的对比方法和发展原则，使他们的观点和他们的研究，同辩证法自发地接近起来，虽然皮亚杰本人

---

① ［瑞士］皮亚杰：《发生认识论原理》，王宪钿等译，商务印书馆 1981 年版，第 55 页。

② ［瑞士］J. 皮亚杰、B. 英海尔德：《儿童心理学》，吴福元译，商务印书馆 1981 年版，第 118 页。

并不愿意承认这一点。"①下面，我们将具体考察发生认识论的一些主要观点，并尽可能地把这些观点和马克思主义认识论的一般结论加以比较，以便说明发生认识论在丰富、发展马克思主义认识论方面究竟提供了哪些重要启示。

（1）关于主客体关系问题。在揭示认识发生、发展的根源时，皮亚杰反复强调，认识既不起因于主体内部的所谓先验的结构，也不起因于客体加给主体的单纯的"烙印"，而是起因于主客体之间的相互作用。这个观点可以说是贯穿于皮亚杰整个认识理论中的一个基本观点，正如有些心理学家指出的："皮亚杰学说的核心就在于他坚持主张人的心理的发展（或认识的发展）是婴儿和他的物质世界相互作用的必然结果。"②然而，光看到这一点是远远不够的。他的新贡献主要表现在以下三个方面。一是揭示了主体和客体的起源。婴儿刚出生的时候，主体和客体完全是混沌一体的，或者说，根本就没有什么主体和客体可言。婴儿只是凭借着身体的活动和外界发生关系，并在这一过程中，逐步达到主客体之间的分化，从而在分化的基础上建立起主客体之间的相互作用。在这里，皮亚杰把个体的活动看作"在以后将分化为主体和客体的东西之间唯一一个可能的联结点"③。如果把皮亚杰的这一发现和早期人类的认识情况对应起来的话，就会发现，它直接证实了恩格斯关于"劳动创造了人本身"的光辉结论。正是通过这种最基本的社会活动，人类才最终脱离了动物界，实现了主体和客体的分化，并在分化的基础上建立起不可分割的交互关系。二是揭示了客体的无限性和主体认识的无限性。皮亚杰告诉我们，"客体是不依赖我们而存在的""一个极限"④，尽管主体可以通过活动、知觉或概念作为中介逐步去接近它，但却永远不可能完

① ［苏联］B. M. 凯德洛夫：《同让·皮亚杰的五次会见》，《自然科学哲学问题丛刊》1982 年第 2 期。

② ［美］克雷奇等：《心理学纲要》上册，周先庚等译，文化教育出版社 1980 年版，第117 页。

③ ［瑞士］皮亚杰：《发生认识论原理》，王宪钿等译，商务印书馆 1981 年版，第 23 页。

④ 同上书，第 19 页。

全地达到它、穷尽它。既然客体是无限的，主体对客体的认识也就必然是无限的，任何认识都不会是不可逾越的终极真理。所以，皮亚杰得出了结论："任何一门科学都总还是不超善的，经常处于建构的过程之中。因此，很清楚，认识论的分析必然迟早会获得一种历史的或历史批判的高度和广度。"①这一思想丰富了马克思主义关于物质世界是无限的，人们的认识只能接近它而永远不能穷尽它的思想。三是揭示了主体的能动性及其生物学根源。皮亚杰十分肯定地说："客体首先只是通过主体的活动才被认识的，因此客体本身一定是被主体建构成的。"②这就好像哥伦布在航海时发现美洲一样。美洲在被哥伦布发现之前虽然早已存在着，但那还不是和认识主体——人类相对应的客体。作为客体，它是被人类命名并建构起来的。皮亚杰关于主体建构客体的思想充分表达了主体的能动作用。如前所述，他还引进了自我调节的概念，他指出："生物自我调节系统并不是预先就包含着所有那些建构物，而仅仅是这些建构物的起点。"③正是自我调节作用使主体建构客体成为可能。这就科学地揭示出认识能动性的生物学基础。这些论述也都在一定程度上补充、丰富了马克思主义的认识论。

（2）关于认识不断建构的问题。在皮亚杰之前，一般的认识论都把成年人的高级的认识作为自己考察的对象，忽略了对儿童的低级认识的考察。实际上，低级形式的认识和高级形式的认识之间的差别比人们设想的要大得多。忽视这一差别，也就不可能对认识中的一系列带根本性的问题做出彻底的解决。马克思主义尽管主张通过研究科学史和哲学史的方法来研究认识由低级形式向高级形式的发展，但无论是科学史还是哲学史都显得不够完整，"科学史是对科学作哲学理解的不可缺少的工具。问题是历史是否包含了一个史前史"④。这就告诉我们，在认识论

---

① ［瑞士］皮亚杰：《发生认识论原理》，王宪钿等译，商务印书馆1981年版，第13页。
② 同上书，第93页。
③ 同上书，第15页。
④ 同上书，第13页。

的领域中，要最后打破形而上学的壁垒，把辩证法彻底贯彻下去，光研究科学史和哲学史还不行，还必须从发生认识论的角度，研究儿童认识的整个建构过程。尤其值得注意的是，皮亚杰把主体认识的建构过程看作一个完全开放的过程，看作阶段性和连续性的统一，并认为认识的建构走着一条螺旋状的上升路线，"结构的系统不能正确地比喻为建立在其台基上的静止的金字塔，而只能比作其高度在不断地增加的螺旋体"①。这些论述包含着丰富的辩证法思想，和列宁把认识看作"一串圆圈"，看作"螺旋的曲线"②的见解是非常接近的。事实上，皮亚杰在了解到列宁有这样的思想时，也表现出惊奇和兴趣。③ 当然，这里也有一定的区别：列宁是侧重从认识内容的发展上来描述这一特征的，皮亚杰则是侧重从认识结构的发展上来描述这一特征的，这正是皮亚杰的思想比其他结构主义者高明的地方。

(3)关于活动的问题。皮亚杰非常重视主体的活动在认识发生、发展过程中的重要作用，他强调指出，"主体只是通过自己的活动(不仅仅是通过知觉)来认识现实的"④。不仅如此，皮亚杰的研究结果还告诉我们，活动并不都是有意识的，婴幼儿在感知运动阶段的活动，特别是刚生下来时的活动是在无意识的状态中进行的，而正是这些无意识的活动，却奠定了知觉、概念和作为个体的人今后的全部认识活动的基础。皮亚杰关于无意识活动的论述具有特别重要的启发作用。根据马克思主义的看法，人类有意识、有目的的实践活动，是人类全部认识形成和发展的基础与源泉，把目的性(意识)作为人类实践活动的一个必不可少的要素，这显然从宏观上大体概括了人类活动的最本质的特征，但也必须看到，并不是所有的活动都是有意识、有目的的。如上所述，皮亚杰用

----

① [瑞士]皮亚杰：《发生认识论原理》，王宪钿等译，商务印书馆1981年版，第76页。

② 列宁：《哲学笔记》，中共中央马克思恩格斯列宁斯大林著作编译局译，人民出版社1974年版，第411页。

③ [苏联]B. M. 凯德洛夫：《同让·皮亚杰的五次会见》，《自然科学哲学问题丛刊》1982年第2期。

④ [瑞士]皮亚杰：《发生认识论原理》，王宪钿等译，商务印书馆1981年版，第92页。

实验证明刚出生的婴儿完全是无意识的，却进行着诸如吸奶、抓握等一系列活动。如果这些活动是有目的、有意识的实践活动，那么就必然得出婴儿一生下来就有意识的错误结论；反之，如果这些活动不是实践活动，那么又如何解释，正是这种活动是个体的人的全部认识活动的基础和源泉？不但如此，如果我们进一步进行观察的话，还会发现，无意识的活动并不只是婴幼儿所独具的，甚至成年人的活动也并非在一切场合下都是有意识、有目的的。比如，某些成年人在精神上受到刺激或沉思的时候，常常会进行一系列潜意识的活动。这种活动尽管在人类的整个实践活动中占着很小的比例，但它究竟起着怎样的作用，特别在人类刚起源的时候，它作用又如何，都是值得深入地加以探讨的。另外，皮亚杰关于活动图式在儿童智力的发展中逐步内化为逻辑数理结构和概念的思想也是十分重要的。它实际上进一步证实并丰富了列宁关于逻辑范畴和人的实践活动关系的论述。列宁这样写道："人的实践活动必须亿万次地使人的意识去重复各种不同的逻辑的格，以便这些格能够获得公理的意义。"[①]对此，以往我们往往理解为：逻辑范畴的内容来源于实践活动的内容。其实，列宁的这段论述不仅包含着这层意思，还更多地包含着逻辑范畴的格即结构来源于实践活动的结构（即皮亚杰说的动作图式）的意思。重视列宁和皮亚杰这方面的思想，不仅应从内容上来研究逻辑概念的起源，也应从结构上即从动作图式内化的角度上来研究概念的起源，从而全面地说明实践活动在人类整个认识过程中的地位和作用。

发生认识论对各种具体的科学具有普遍的启发意义。美国心理学学会甚至认为，皮亚杰"使认识论成为一门与哲学分开、与所有人类科学都有关系的科学"[②]。皮亚杰之所以能在认识论上做出重大的创新，这和他所生活的整个时期的科学所取得的辉煌成果和突飞猛进的发展是分

① 列宁：《哲学笔记》，中共中央马克思恩格斯列宁斯大林著作编译局译，人民出版社 1974 年版，第 203 页。

② ［瑞士］皮亚杰：《发生认识论原理》，王宪钿等译，商务印书馆 1981 年版，第 17 页。

不开的。没有这样的历史条件，发生认识论的产生是不可能的。当然，我们也应该看到，发生认识论具有一定的局限性。一方面，皮亚杰对认识主体的社会属性的分析不够。尽管在 1967 年出版的《儿童心理学》一书中，他对主体的社会性做了较多的论述，并强调指出，"'社会性'这一名词切不可仅从狭义的教育、文化或道德的交往来理解，而应同时包括认知、情感和道德各方面的人与人之间的社会化过程"[①]。但在《发生认识论原理》一书中，他几乎完全略去了这方面的论述，而单纯从心理上、生理上来考察个体认识的发生和发展。诚然，儿童的社会联系没有成人那么丰富，但忽略了个体的社会属性，是不可能对认识论问题做出彻底的解决的。另一方面，皮亚杰虽然看到了活动在主体认识发生过程中的重要作用，但他说的活动本身毕竟只是个体的动作和行为，至于它和整个人类社会的实践活动的关系如何，他并没有加以深究。这样，正如李泽厚同志批评的，皮亚杰必然最终地把活动生物化，归结为单纯的生物机制，从而走向迷途。[②] 这些不足之处，也是我们在分析、借鉴发生认识论时应该加以注意的。

---

① ［瑞士］J. 皮亚杰、B. 英海尔德：《儿童心理学》，吴福元译，商务印书馆 1981 年版，第 72 页。

② 李泽厚：《批判哲学的批判——康德述评》，人民出版社 1979 年版，第 81 页。

简评皮亚杰的《发生认识论原理》①

王宪钿等同志翻译的《发生认识论原理》一书最近已由商务印书馆出版发行。这本书的作者让·皮亚杰是瑞士著名的心理学家和哲学家。1955 年起，他担任日内瓦"发生认识论研究中心"主任，和英海尔德、辛克莱、伦堡希等人组成了"日内瓦学派"。数十年来，这个学派出版了大量的实验资料和文献，光皮亚杰一人就出版了近 50 种著作，在国际上享有一定的声誉。

《发生认识论原理》出版于 1970 年。这本书系统地介绍了作为他多年来研究成果的发生认识论的基本观点。全书共三章：第一章阐述了认识形成、发展的心理结构及新知识形成的机制；第二章分析了认识主体和环境的相互关系，揭示了认识发生的生物学前提；第三章批判地考察了古典认识论，强调认识是一种连续不断的"建构"（construction）。作为哲学认识论方面出现的一种新思潮、新见解，发生认识论包含着许多有价值的思想。下面，就《发生认识论原理》这本书，简要介绍一下这一新思潮的基本特征和意义。

---

① 原载《社会科学》1982 年第 6 期。收录于俞吾金：《寻找新的价值坐标——世纪之交的哲学文化反思》，复旦大学出版社 1995 年版，第 470—474 页。——编者注

发生认识论的第一个特征，是以大量的实验资料为立论的基础，从而开创了一条研究认识的有效途径。皮亚杰十分重视实验的作用，认为只有在大量的、严格的实验基础上，才可能科学地揭示认识形成、发展的秘密。皮亚杰的实验对象主要是儿童，在实验方法上总结了前人使用过的观察、询问、测验等方法，创造出独特的临床法，他在《从儿童期到青年期逻辑思维的发展》一书中记述了受试儿童达 1500 人；同样，《发生认识论原理》一书，也运用了大量的实验资料，因而能摆脱传统认识论的直观性或思辨性的缺陷，从而具有严密的科学性。把哲学认识论的研究奠定在严格的科学实验的基础上，这不能不说是皮亚杰的重要理论贡献之一，是值得我们借鉴的。

发生认识论的第二个特征是强调从儿童智力的发生、发展过程来解释认识的起源。皮亚杰认为，传统的认识只研究高级水平的认识，只顾到认识已经达到的某些最后的结果，而未对初级水平的、幼稚的认识及这种认识向高级水平的、成熟的认识的过渡进行研究，这实际上是一种静止的、非发展的观点，而"发生认识论的目的就在于研究各种认识的起源，从最低级形式的认识开始，并追踪这种认识向以后各个水平的发展情况，一直追踪到科学思维并包括科学思维"①。在皮亚杰看来，从刚生下来的无意识的婴儿到具有一定抽象思维能力的十多岁的儿童的个体认识发生和发展的过程，实际上重演了人类的认识史。这样，当人们缺乏关于史前人类认识功能的充分材料时，采用这个补救的方法，即像生物学家求助于胚胎发生学一样，通过儿童智力的发生来研究认识的发生。皮亚杰关于认识发生的研究主要是从两个方面入手的。

一是认识的心理发生。与皮亚杰同时的许多哲学家都从语言分析和逻辑分析出发来探讨认识论问题，但他们的理论都不可能是彻底的，一个明显的理由是，婴幼儿在学会语言之前已具有一定的智力。因此，皮亚杰指出，只有紧紧地抓住发生和发展的心理机制，才能科学地回答认

----

① ［瑞士］皮亚杰：《发生认识论原理》，王宪钿等译，商务印书馆 1981 年版，第 17 页。

识的起源问题。皮亚杰把儿童心理的发展划分为四大阶段。(1)感知运动阶段(从出生到 2 岁左右)。这是认识的萌芽阶段，婴幼儿能运用从遗传中获得的原始的"格局"(Scheme 指活动的内在结构)来对待外部客体，并开始协调感知和动作间的活动，但其智慧不具有"运强"(Operatieon 指逻辑思维)的性质。(2)前运演阶段(两岁左右到六七岁)。这一阶段的主要特征是，随着语言功能的出现，儿童的思维大部分开始依赖表象的心理活动，但在活动中和外界不合时，仍用直觉而不用运演来进行调整。(3)具体运演阶段(六七岁到十一二岁)。这时，外在的动作已内化为运演，儿童已能联系具体事物进行逻辑运演，但这种运演的抽象程度还比较低，还不具有可逆性和守恒性。(4)形式运演阶段(十一二岁到十四五岁)。在这一阶段中，思维的抽象力已大大提高，已能超出事物的具体内容和感知的事实进行假设、判断、推理，这时的思维能力已达到成人的准备阶段。通过对儿童认识发展四阶段的分析，皮亚杰得出了结论：认识既不起因于主体的所谓先验的结构，也不起因于主体对客体的单纯的反应，而是"起因于主客体之间的相互作用"[1]。

二是认识的生物发生。根据拉马克的经验主义，认识的发生被概括为"刺激(S)"→"感受(R)"公式。这一公式只肯定环境对机体的作用，却忽视了机体对环境的反作用，忽视了机体的"内源因素"[2]。皮亚杰认为，至少把上述公式修改为 S⇌R。与拉马克的经验主义相反的是，生态学家洛伦兹提出了天赋论，主张认识的范畴作为一切经验的先行条件而生物学地预先形成了。如同马的蹄和鱼的翅一样是作为遗传程序设计的结果在胚胎中发生、发展起来的。皮亚杰认为，这种理论同样是荒谬的，人们通过遗传得到的只是本能，即原始的格局，而从本能到智力的过渡必须通过主体的活动，即主体和客体的接触才能完成。在批判上述两种错误倾向的基础上，皮亚杰提出了"自我调节"这一重要概念。所谓

---

① ［瑞士］皮亚杰：《发生认识论原理》，王宪钿等译，商务印书馆 1981 年版，第 21 页。

② 同上书，第 64 页。

自我调节，也就是认识结构中的"同化"（指机体对输入刺激的过滤或改变）和"适应"（指机体改变内部格局以适应现实）两种机能之间的动态平衡。皮亚杰认为，自我调节是机体的最基本的特征，它存在于有机体功能作用的各个水平上，从染色体组起直到行为领域本身为止。正是这种自我调节作用导致了认识的生物发生，并促使认识结构在机体和环境的相互作用中不断从低级向高级发展。

通过对认识的心理发生和生物发生的分析，皮亚杰把认识的发生、发展描述为主体在和客体的相互作用中的"连续不断的建构"①，并进而把这一建构过程描述为连续性和非连续性统一的"螺旋体"②。这一思想不仅说明了认识的起源和发展，而且具有重要的方法论意义，对于我们目前正在讨论源泉问题及主客体的关系问题等是有启发作用的。

发生认识论的第三个特征是它的跨学科、跨专业的性质。皮亚杰认为，随着科学的发展，科学的整体化趋势日益加强。在这种情况下，仅仅从哲学这门学科出发，根本不可能对认识论做出彻底的探讨，也根本不可能对先验论或古典经验论做出透彻的批判。发生认识论实际上是心理学家、科学史家、逻辑学家、数学家、控制论专家、语言学家等集体研究的产物。皮亚杰强调说："集体合作的方法已经是我们这个研究中心——日内瓦国际发生认识论中心所遵循的一种方法。"③其实，只要认真地读一读列宁的《哲学笔记》的话，就会发现，认识论研究的这种跨学科的性质，列宁早就指出了：

---

① ［瑞士］皮亚杰：《发生认识论原理》，王宪钿等译，商务印书馆 1981 年版，第 20 页。

② 同上书，第 76 页。

③ 同上书，第 18 页。

$$\boxed{\text{全部认识领域}}$$

各门科学的历史
儿童智力发展的历史 ⎫
动物智力发展的历史 ⎪　这就是那些应当构成
语言的历史，注意： ⎬　认识论和辩证法的
　　　　＋心理学 ⎪　知识领域①
　　　　＋感觉器官的生理学 ⎭

这就启示我们，认识论的研究要真正有所推进，就必须从经院式的烦琐争论中解放出来，使认识论的研究和科学实验结合起来成立跨学科性质的研究机构，探索认识的发生、发展和思维的本质，在研究中不断丰富和发展马克思主义的认识论思想。

当然《发生认识论原理》一书有它的局限性。由于作者单从心理学和生物学的角度去分析认识的发生和发展，忽略对认识的社会特征及主体的社会属性的分析和考察，就不可能得出认识发生的全面正确的结论，也不可能对先验论和经验论做出系统的、彻底的批判。

---

① 列宁：《哲学笔记》，中共中央马克思恩格斯列宁斯大林著作编译局译，人民出版社 1974 年版，第 399 页。

纠正一个理论错误[①]

——德谟克利特和伊壁鸠鲁的原子论不应混同

艾思奇同志主编的《辩证唯物主义 历史唯物主义》（人民出版社 1978 年版）一书在绪言部分论及哲学史上的两军对战时，写道："希腊古代唯物主义发展的最高形式，是德谟克利特的原子论学说。他认为，万物都是由微小不可分的原子构成的，不同形状和不同重量的原子构成不同的事物。"[②]

这段论述包含着一个十分明显的错误，那就是把德谟克利特的原子论和伊壁鸠鲁的原子论简单地混同起来了。实际上，德谟克利特认为，原子只有大小和形状的差别，至于原子在重量上的差别，是伊壁鸠鲁才开始提出的。艾修斯曾经非常清楚地区分了这一点，他写道："德谟克利特说（原子）有两种（属性）：大小和形状；而伊壁鸠鲁则加了第三种：重量。因为他说，物体在重量

---

① 原载《学术月刊》1982 年第 9 期，笔名"宇文"。收录于俞吾金：《文化密码破译》，上海远东出版社 1995 年版，第 232—233 页，题目为"纠正一个理论错误"；《生活与思考》，复旦大学出版 2011 年版，第 24—25 页；《哲学随想录》，北京师范大学出版社 2016 年版，第 45—46 页，题目为"两种原子论不应混同"。——编者注

② 艾思奇：《辩证唯物主义 历史唯物主义》，人民出版社 1978 年版，第 9 页。

的作用下运动，这是一种必然性。"①

我们知道，马克思在他的《博士论文》(《德谟克里特的自然哲学和伊壁鸠鲁的自然哲学的差别》)中非常详尽地考察了德谟克里特的原子论和伊壁鸠鲁的原子论的差别，马克思指出，"德谟克里特并没有提出把重量当作原子的本质特性"，相反，"极其重要的是伊壁鸠鲁提出了重量作为第三种质"②。我们还可以举出恩格斯批判凯库勒的例子作为一个佐证。凯库勒认为，原子在重量上不同的观点是道尔顿最先提出的，恩格斯驳斥道："可是我们在第欧根尼·拉尔修(第 10 卷第 43—44 和 61 节)那里就可以读到：伊壁鸠鲁已经认为各种原子不仅在大小上和形态上各不相同，而且在重量上也各不相同，就是说，他已经按照自己的方式知道原子量和原子体积了。"③强调原子有重量并且在重量上有差别，这不仅是伊壁鸠鲁对德谟克利特原子学说的重大发展，而且可以这样说，伊壁鸠鲁的全部原子理论都是建立在这个基点上的。在伊壁鸠鲁看来，正因为原子有重量，才做直线下降运动，而在下降过程中，有的原子由于内部的原因而发生偏离，这就使原子相互碰撞而形成万物。④ 如果忽视伊壁鸠鲁这一重要的理论贡献，那就会像历史上许多哲学家一样，把伊壁鸠鲁的原子理论看作德谟克利特的原子理论的简单抄袭。

最后，顺便提一下，谁如果认为指出上述理论错误只是小题大作，谁就应该认真地读一读马克思的《博士论文》，看看马克思在这个问题上是如何卓越地坚持历史主义的原则的。

---

① 北京大学哲学系外国哲学史教研室：《古希腊罗马哲学》，生活·读书·新知三联书店 1957 年版，第 99 页。

② 马克思：《博士论文》，贺麟译，人民出版社 1961 年版，第 27、29 页。德谟克利特又译为德谟克里特。

③ 恩格斯：《自然辩证法》，中共中央马克思恩格斯列宁斯大林著作编译局译，人民出版社 1971 年版，第 28—29 页。

④ 北京大学《欧洲哲学史》编写组：《欧洲哲学史》，商务印书馆 1977 年版，第 112 页。

1983年

要重视对"发生认识论"的研究^①

发生认识论有一个极其重要的思想——它反对人们去追溯认识产生的绝对的起点，而始终坚持在主体和客体的相互作用中去揭示认识发生、发展的规律。正是从这一思想出发，皮亚杰对主客体的辩证关系做出了深刻的论述。

首先，皮亚杰认为，客体是客观存在的：可以肯定，在被发现之前，客体就存在着，客观的结构本身也存在着。但客体作为主体的认识和活动的对象，又不能脱离主体而存在。它和主体是相对相关的，它把自身显示给主体，而主体也按照这种显示来认识客体，并对客体进行建构。在这里，皮亚杰和传统的旧唯物主义反映论的相同之处在于，他也承认客体具有不以人的意志为转移的客观性，而不同之处则在于，他同时又强调了客体和主体的相关性。正是从这种相关性出发，皮亚杰对主体在认识过程中的能动性做了充分的肯定，这使他关于主客体关系问题的论述和马克思主义自发地接近起来。

其次，皮亚杰告诉我们，主体建构客体的过

---

① 本文原是李继宗、周义澄、李河、程伟礼、俞吾金、刘金泉、安延明、吴晓明合著，此处摘取了俞吾金教授写作的部分，《复旦学报(社会科学版)》1983 年第 1 期。——编者注

要重视对"发生认识论"的研究 · 0 95

程，也就是主体逐渐解除自身中心化的过程。他指出："主体的解除自我中心化和客体的建构是同一个整合活动的两个方面。"他举例说，天文学的历史就是作为认识主体的人们不断摆脱自身中心化的历史。人们起先以为太阳是围绕地球转动的，习惯于把地球作为整个宇宙的中心，这种想法正是自身中心化的典型表现。以后，哥白尼提出了"日心说"，使人类摆脱了"地心说"的偏见，但当时人们并没有从这种自身中心状态中彻底解放出来，还是习惯于用地球上使用的时钟和量杆去测度并解释整个宇宙。在皮亚杰看来，主体只有在和客体的接触中不断深化对客体的认识，才能逐步摆脱自身中心状态，正确认识客体的内在结构及其规律。他的这一论述也从理论上丰富了马克思主义的认识论。马克思主义的认识论坚决反对主观唯心主义，主张从实际出发去认识事物，这也蕴含着摆脱自我中心化的思想。

最后，正是从主体和客体之间的交互作用出发，皮亚杰指出，客体具有不可穷尽的极限性质。比如，当主体以因果关系去解释客体之间的相互关系时，主体认识中的因果结构和客体的内在结构虽然可以具有某种"同构性"，但这两者的结构毕竟是有区别的，前者只能不断地接近后者，但却不能穷尽后者，"所以客体只是由不断的接近而被达到，也就是说，客体代表着一个其本身永远不会被达到的极限"。必须指出，皮亚杰视客体为极限的思想和康德关于自在之物的思想是有本质区别的。在康德看来，自在之物是完全无法认识的；在皮亚杰看来，客体则是可以认识的。全部问题在于，他反对把主体的认识绝对化，反对独断的、终极的真理。皮亚杰的这一观点也为我们提供了可资借鉴的思想材料，值得深入研究。

论智者哲学的历史地位①

　　智者哲学是希腊早期哲学向以柏拉图、亚里士多德为代表的繁荣期哲学转变的枢纽，在整个西方哲学史上占有独特的地位。但是，由于柏拉图、色诺芬和亚里士多德的充满敌意的批评，也由于智者运动的某些思想家，尤其是晚期思想家的玩弄诡辩的倾向，智者哲学的历史地位一直没有得到公正的评价。自从黑格尔和格罗特（英国历史学家）试图比较公允地评价这些哲学家以来，这种局面才有所改变。但我国哲学史界的不少学者对智者哲学的历史意义认识还是不够的，有的欧洲哲学史专著甚至根本不提智者哲学，似乎它从来就没有存在过。② 实际上，撇开智者哲学，也就根本不可能对古希腊哲学发展史做出科学的、完整的描述。本文尝试对以普罗泰戈拉、高尔吉亚为主要代表的智者哲学做初步探讨，力图如黑格尔所期待的，"从它的积极的方面，严格地说，即是从科学的方面，来考察智者们在希腊究竟占据什么地位"③。

---

　　① 原载《江淮论坛》1983 年第 1 期。收录于俞吾金：《俞吾金集》，学林出版社 1998 年版，第 163—175 页。——编者注

　　② 毅耘：《欧洲哲学简史》，河北人民出版社 1980 年版。

　　③ ［德］黑格尔：《哲学史讲演录》第 2 卷，贺麟、王太庆译，商务印书馆 1983 年版，第 17 页。

一、新思想的开拓者

要了解智者哲学，必须先了解智者们生活的那个时代。希波战争（公元前 499—前 449 年）以后，雅典成了海上霸主。当时的执政者——奴隶主民主派的著名代表伯利克里在梭伦改革和克利斯提尼改革的基础上，采取了一系列措施，进一步巩固并推进了民主制度，从而使雅典的民主政治达到了鼎盛时期。在伯利克里的改革措施中，特别值得一提的是陪审法庭的建立。它比起我们较多注意的公民大会来，影响远为广泛，远为深刻。格罗特甚至认为，它是智者哲学产生的最重要、最直接的历史原因。在陪审法庭上，振振有词的论辩常常获得胜诉。这样一来，与论辩内容直接有关的政治、法律、道德、宗教等问题就引起了人们的普遍关注，而与论辩形式有关的文法、修辞、演说术也随之兴起。与此同时，以传授上述知识为职业的智者应运而生，并受到了前所未有的重视。正如柏拉图描绘的："他们的智慧大受爱戴，所以门徒们几乎要把他（指普罗泰戈拉——引者）高举到头上游行。"[1]

智者并不构成统一的学派，他们以雅典为中心而周游，教学。其著名代表是普罗泰戈拉、高尔吉亚、普鲁第科、克里底亚、史拉西马科斯等。这些人尽管政治主张不尽一致，但在同传统的、权威的思想的斗争中，却代表了同一种新的革命的精神。这种新精神主要表现在三个方面。

1. 包括人类学萌芽的宗教观

一提到智者的宗教观，人们都喜欢援引普罗泰戈拉在《论神》中的那段话："至于神，我既不知道他们是否存在，也不知道他们像什么东

---

[1] 《柏拉图文艺对话集》，朱光潜译，人民文学出版社 1980 年版，第 76 页。

西。"①其实，光停留在这段话上，并没有真正把握智者宗教观的实质。事实上，智者们对神并不只限于单纯的怀疑和否定，他们还积极地提出了以人的权威来与神的权威对抗，提出了人类学的观点来与传统的宗教观念对抗。这首先表现在普罗泰戈拉提出的"人是万物的尺度"的著名命题中。当时的希腊，无论是国家还是个人，办任何重要的事情前，都得求诸神谕②，这也就等于说，神是万物的尺度。但现在智者却公然要求用人的尺度来取代神的尺度，这种要求反映出理性的普遍觉醒。正如黑格尔指出的："人们要求通过思想来决定种种关系，而不再仅仅通过神谕，或通过习俗、热忱和一时的感情，——这种反思的要求在希腊似乎觉醒了。"③不仅如此，智者还力图用人类学的观点来解释神的起源。比如，普鲁第科说过："古代人通常都认为，太阳、月亮、河流、泉水以及一切有益于人民生活的东西都是神，因为从它们那里可以得到益处。"④这就是说，神并不是神圣的东西，它不过是人们出于对自然恩惠的感激而创造出来的虚假的东西。在当时提出这种人创造神的观点是十分大胆的，它有力地冲击了传统的宗教观念，起到了解放思想的作用。

2. 以约定论为中心的法律观

如前所述，智者和法庭有着特殊的关系，这也可以从下面两件逸事中看出来。一件是：普罗泰戈拉和伯利克里曾经花了整整一天的时间来辩论，究竟是标枪，还是掷标枪的人，抑或是主持竞技的人要对一个被标枪刺死的人负法律责任。另一件是：普罗泰戈拉和他的学生关于教学费用的诉讼。从这两件逸事中不仅可以看出智者与法庭的密切关系，而

① 北京大学哲学系外国哲学史教研室：《古希腊罗马哲学》，生活·读书·新知三联书店 1957 年版，第 138 页。

② G. Lowes Dickinson：《希腊的生活观》，彭基相译，商务印书馆 1934 年版，第 22 页。

③ [德]黑格尔：《哲学史讲演录》第 2 卷，贺麟、王太庆译，商务印书馆 1983 年版，第 9 页。

④ J. Barnes, *The Presocratic Philosophers*, Volume 2, London：Routledge，1979，p. 154.

且表明，在智者充满怀疑的目光中，法律的神圣灵光已经消失，人们"不再满足于把法律当作权威和外在的必然性来服从了"①，而是要运用自己的理性对法律的实质和起源做出合理的解释。史拉西马科斯认为，所谓法律的公道实际上是强者利益的一种体现。他说："公道者，即强者与治人者得利益，而弱者与被统治者失利益之谓。"②他还进一步指出，各种政府所制定的法律，不管是"共和之法""专制之法"还是"贵族之法"都具有同样的实质。③ 这就在一定程度上揭示了法的实质，即法是由统治者决定的，是为统治者利益服务的一种工具。那么，法律又是怎样起源的呢？普罗泰戈拉认为，法律是人们为避免相互残杀、避免趋于灭亡的一种"维系"力量。④ 这种观点已包含着约定论的意思，后经其他智者，特别是吕科弗隆的发挥，就显得更为明确了。亚里士多德在《政治学》中说道："法律只是一种约定，正如智者吕科弗隆所说的那样，只是'一种互相保证正义的约定'，并没有使公民善良和正义的实在力量。"⑤这种约定论的观点和奴隶主贵族派思想家主张的"自然论"（即认为奴隶主贵族的政治制度因自然而来，是永远合理的）形成尖锐的对立。在当时的历史条件下，它反映了奴隶主民主派的利益和要求，具有明显的进步倾向。智者这种以约定论为中心的法律观，在伊壁鸠鲁那里发展成著名的契约说，对以后资产阶级的启蒙思想家产生了重大影响。

3. 以平等、快乐为宗旨的伦理观

智者伦理观的中心命题是：美德可教。这个命题是针对传统的伦理观念，即认为美德由神赋予、美德不可教授的思想而发的，因而具有积

---

① ［德］黑格尔：《哲学史讲演录》第 2 卷，贺麟、王太庆译，商务印书馆 1983 年版，第 10 页。

② ［古希腊］柏拉图：《理想国》，吴献书译，商务印书馆 1957 年版，第 1 章第35 页。

③ 同上书，第 1 章第25 页。

④ ［古希腊］柏拉图：《柏拉图对话集六种》，张师竹初译，张东荪改译，商务印书馆 1933 年版，第 233 页。

⑤ 北京大学哲学系外国哲学史教研室：《古希腊罗马哲学》，生活·读书·新知三联书店 1957 年版，第 133 页。

极意义。在智者看来，美德的主要内容是政治方面的。普罗泰戈拉指出，美德就其政治含义说来，其主旨在于"公正与谨敕"，即应当允许每个人都以平等的身份参与政事，比如，在公民大会上，"应允许人人建议"①。这种平等的要求正是奴隶主民主政治的反映。就次要含义而言，美德又被智者们理解为对快乐的追求。他们认为趋乐避恶是美德的一个必不可缺少的组成部分②，而快乐生活的实现、个人利益的获得则是学习美德的应得的报酬。智者这种以快乐为行为准则的伦理观，后被昔勒尼学派发挥成快乐说，从而对伊壁鸠鲁的伦理观产生了重大影响。

新的宗教观、法律观、伦理观的出现和传播，大大加速了希腊旧文化的崩溃，促进了新文化的形成和发展。在智者的言行中，人的作用受到重视，"法律、宗教观念只是当我通过我的思维加以承认的时候才有效准"③。正是这种强调主体（个人）思维的原则，使智者不仅在普及希腊文化上立下了汗马功劳，而且在哲学史上也留下了深刻的痕迹。

二、认识论的改造者

在智者之前，许多哲学家，如泰勒斯、赫拉克利特、巴门尼德等，都认为凭借理性就可以认识真理，洞察自然的底蕴。他们对于自然本质所做的结论都不相同。比如，关于世界本原，有的主张是水，有的主张是气或火等，谁都说服不了谁。这说明人的主观因素在整个认识过程中起着不可忽视的作用。智者主张对这种作用本身、对主体本身首先必须进行一番考察。这一主张导致了哲学认识论的重大转折。正如朗格指出

---

① ［古希腊］柏拉图：《柏拉图对话集六种》，张师竹初译，张东荪改译，商务印书馆1933年版，第234页。

② 同上书，第285页。

③ ［德］黑格尔：《哲学史讲演录》第2卷，贺麟、王太庆译，商务印书馆1983年版，第18页。

的：“普鲁塔哥拉在希腊哲学史上，印出了一个大的断然的转折点。不从客体即外部的自然界出发，而从主体即人间精神的本质出发，他是最初的一人，在这点，他无疑是苏格拉底的先驱。"①智者在认识论上的主要贡献如下。

1. 强调认识主体——人的能动作用

这充分表现在普罗泰戈拉提出的"人是万物的尺度，是存在的事物存在的尺度，也是不存在的事物不存在的尺度"②的著名命题上。黑格尔非常重视这个命题，把它称为"一个伟大的命题"，并认为它最重要的作用在于强调了"主体是能动的，是规定者，产生内容"③。确实，这个命题和以前哲学家的直观的、被动的反映论观点相比，是大大前进了一步。它表明，主观思维本质上是主动的，对客观起着规定作用。比如，当一阵风吹来时，有的人感到热，有的人感到冷，这说明热和冷只是相对于主体而言的，只是主体对客观性质的一种规定。这可以说是在哲学史上第一次用非常明确的语言提出了认识主体在整个认识过程中的重要作用的问题。但这个命题也有它的局限性。普罗泰戈拉所说的"人"仅仅是作为感觉的主体而出现的。换言之，他仅仅是在感觉的范围内肯定了主体的能动性。人是万物的尺度，实际上也就是说，每个人的感觉是万物的尺度。在普罗泰戈拉看来，理性思维是抽象的，因而是不真实的，靠不住的；相反，感觉总是具体的，总是即时地和客体联系在一起的，因而是真实的，可靠的。这样一来，个人的感觉便取代了一切，客观真理也就被取消了。在这一点上，柏拉图正确地批判了普罗泰戈拉。他指出："仅知觉无以达存在，故不能得真理。"④事实上，也正是由于普罗泰

---

① 《朗格唯物论史》，李石岑、郭大力译，中华书局 1936 年版，第 32 页。

② 北京大学哲学系外国哲学史教研室：《古希腊罗马哲学》，生活·读书·新知三联书店 1957 年版，第 138 页。

③ ［德］黑格尔：《哲学史讲演录》第 2 卷，贺麟、王太庆译，商务印书馆 1983 年版，第 28 页。

④ ［古希腊］柏拉图：《泰阿泰德·智术之师》，严群译，商务印书馆 1963 年版，第 18 页。

戈拉在强调主体作用时的这种不彻底性，使他最后得出了"有许多东西我们是认识不了的，问题是晦涩的，人生是短促的"不可知主义的结论。①

2. 扩大了认识对象的范围

早期希腊哲学主要是以自然界作为自己的研究对象的。自然的本质是什么？自然界的事物是不是变化的、发展的？这是哲学家们思考的主要问题。当时，哲学的认识对象还局限在非常狭窄的范围内，是智者首先打破了这种局面。他们不仅主张研究自然，而且主张研究社会生活和思维规律，并提出应把后两者作为研究的重点。这就使认识对象的范围大大扩展了。

但是，哲学史界对于这个问题仍然有一些不正确的见解。第一种见解认为，智者只研究社会生活和思维规律，而把自然界完全撇在一边。比如，斯塔斯说过，智者"从来也没有问过自然的起源和终极的实在之本质一类的问题"②。这种说法显然是缺乏根据的。色诺芬在《回忆录》中曾经提到："苏格拉底并没有像智者那样研究自然。"③在他看来，智者们研究自然是不言而喻的。柏拉图在《普罗泰戈拉篇》中描绘智者派哲学家的阵容时，特别提到许多信徒围坐在智者希比亚的周围，"彼等似环叩于希比亚关于自然现象天体现象等天文上之问题。彼高踞椅上，一一应答，俨然为之讲解"④。总之，说智者出于实践的目的，把认识重点放在社会生活和思维规律上，这是合情合理的；但说智者从来不关心自然，却是不符合事实的。《哲学百科全书》的作者们甚至认为，"主要的智者对自然科学都保持着巨大的兴趣"⑤。第二种见解认为，智者只

---

① 北京大学哲学系外国哲学史教研室：《古希腊罗马哲学》，生活·读书·新知三联书店 1957 年版，第 138 页。

② ［美］斯塔斯：《批评的希腊哲学史》，庆泽彭译，商务印书馆 1931 年版，第 88 页。

③ ［德］黑格尔：《哲学史讲演录》第 2 卷，贺麟、王太庆译，商务印书馆 1983 年版，第 93 页。

④ ［古希腊］柏拉图：《柏拉图对话集六种》，张师竹初译，张东荪改译，商务印书馆 1933 年版，第 224 页。

⑤ *The Encyclopedia of philosophy*，*Volumes 7 and 8*，New York：MacMillan，1972，p. 495.

把认识对象从自然界扩展到社会生活。① 这种见解忽视了智者对思维规律的研究。其实，智者通过对演说术、修辞学、论辩术的研究，对范畴及思维规律也进行了深入的探讨。比如，普罗泰戈拉认为，六颗骰子小于十二颗是少，大于四颗则表现为多，故多少这对范畴的内容完全是相对的。黑格尔在提到亚里士多德对范畴的研究时，特别指出："但是最先从事于这些范畴的认识的，却是智者们。"②梯利也认为，正是通过智者对辩论术的研究，才使正确思维的规律成为必要，从而加速了逻辑的产生。③ 可见，智者在这方面做出的贡献是重大的，应当引起充分注意。第三种见解认为，认识重点的转移和认识范围的扩大并不是智者的功绩，而是苏格拉底的功绩。诚然，苏格拉底在这方面起了一定的作用，但主要的贡献应当归功于智者，特别是普罗泰戈拉。根据柏拉图的记载，苏格拉底在会见普罗泰戈拉时，还是翩翩少年，而后者已俨然老翁。作为普鲁第科的学生，苏格拉底的思想在很大程度上受到智者的影响。在这个问题上，斯塔斯的见解倒是比较中肯的。他指出："由他们（指智者——引者）的努力，文化才始普及于希腊各处，引起了普遍的深沉的对于伦理观念的研究。苏格拉底的思想由是遂而产生。"④总而言之，智者在这方面的功绩是不容抹杀的。我们完全有理由说，正是智者对认识领域的开拓，才使德谟克利特、柏拉图、亚里士多德的百科全书式的哲学体系的出现成为可能。

3. 提出了实践在认识论中的作用问题

智者对认识论的又一个重要贡献在于：最早提出了实践的概念，并充分肯定了实践在认识过程中的作用。在普罗泰戈拉的著作残篇中，有这么一段话："要想成为有教养的人，就应当应用自然的禀赋和实践。"

---

① 北京大学《欧洲哲学史》编写组：《欧洲哲学史》，商务印书馆1977年版，第63页。

② ［德］黑格尔：《哲学史讲演录》第2卷，贺麟、王太庆译，商务印书馆1983年版，第11页。

③ ［美］梯利：《西方哲学史》上册，葛力译，商务印书馆1975年版，第60页。

④ ［美］斯塔斯：《批评的希腊哲学史》，庆泽彭译，商务印书馆1931年版，第88页。

（着重号由引者所加）。① 智者提出实践概念绝不是偶然的。如前所述，整个智者运动主要是适应陪审法庭的论辩实践的需要而产生的。智者们自己也都非常重视实践。他们周游各地，在教学实践中不断提高自己的认识；同时，他们的教学内容也都是为当时的社会实践服务的。比如，他们教授政治技术，就是给予政治家一种预备教育，以便使他们在希腊从事一般性的职业的政治活动；他们教授修辞术，目的是教人在法庭和集会的辩论中取得胜利。在智者看来，实践既是获得认识的必要途径，又是认识的最后归宿。正如黑格尔指出的，智者"存在着最普遍的实践目的"②，"实践生活的观点"也就是"智者的方式"③。柏纳特也认为，智者"首要的目的在于实践"④。这种把实践和认识紧密结合起来的务实精神，对以后的哲学家产生了深刻的影响。当然，也应当看到，智者的实践观是有其局限性的。智者所讲的实践实际上只是个人的一种行为，在理解上也是很肤浅的。

通过上述分析，不难看出，智者在认识论上确实开辟出一条全新的途径。可是，他们过分地夸大了主体感觉的作用，使之在认识论上并不能得出积极的可知的结论。如果说，在实践的领域内，智者还是生机勃勃的话，那么，一跨入玄思的领域，一旦试图用理性去探讨存在之迷的时候，他们的弱点就暴露出来了。但与此同时，我们还必须看到，智者哲学在这种可贵的探索中所包含着的丰富的辩证法思想。

三、辩证法的探宝者

一提到智者的思维方式，人们总爱一言以蔽之：诡辩。其实，这

---

① 北京大学哲学系外国哲学史教研室：《古希腊罗马哲学》，生活·读书·新知三联书店 1957 年版，第 138 页。

② ［德］黑格尔：《哲学史讲演录》第 2 卷，贺麟、王太庆译，商务印书馆 1983 年版，第 10 页。

③ 同上书，第 21 页。

④ J. Burnet，*Greek Philosophy*，*Part* 1，London：MacMillan，1924，p. 109.

种看法并不是历史主义的，黑格尔就反对这样做。他认为："一说到诡辩我们总以为这只是一种歪曲正义和真理，从一种谬妄的观点去表述事物的思想方式。但这并不是诡辩的直接的倾向。诡辩派原来的观点不是别的，只是一种'合理化论辩'的观点。"①因此，如果我们从积极的方面，即从合理化论辩的角度来看问题的话，就会发现，智者的思维方式包含着深刻的辩证法思想，甚至可以说，他们是辩证法的特殊的探宝者。

智者对辩证思维的贡献集中地表现在他们的矛盾观上。第欧根尼·拉尔修甚至认为："普鲁塔哥拉第一个主张每一个问题都有两个互相对立的方面，甚至用这种方式进行论证。"②当然，具有这种矛盾思维方式的并不只是普罗泰戈拉，其他智者，特别是高尔吉亚也做过深入的探讨。智者的辩证思维主要表现在对以下三大关系的解决和思考中。

（1）主体和客体。在论及这一关系时，我们还是要重新回到普罗泰戈拉关于"人是万物的尺度"的著名命题上去。这个命题不仅有着重要的认识论意义，而且还有着重要的方法论意义。在哲学发展史上，它第一次揭示了"人"（主体）和"万物"（客体）之间的辩证关系。普罗泰戈拉曾指出："凡显现于各个人者于彼为存在。"③也就是说，凡是主体感觉到的东西相对于主体而言都是存在的。普罗泰戈拉还进一步把客体比作"施者"（显现者），把主体比作"受者"（感觉者），认为"物与我，施者与受者，无论存在或变为，必是彼此相对相关""即时即境彼此相束相羁"。④从这些论述中可以看出，普罗泰戈拉特别强调主客体之间的不可分割的内在联系。黑格尔非常推崇智者这方面的思想，他这样评价道："人是万物的尺度——因而人是一般的主体；因而，存在物不是单独地存在

---

① ［德］黑格尔：《小逻辑》，贺麟译，商务印书馆1980年版，第263页。
② 北京大学哲学系外国哲学史教研室：《古希腊罗马哲学》，生活·读书·新知三联书店1957年版，第125页。
③ ［古希腊］柏拉图：《泰阿泰德·智术之师》，严群译，商务印书馆1963年版，第12页。
④ 同上书，第49页。

着，而是对我的知识来说存在着。"①最早由智者开始的关于主客体关系问题的论述，对整个哲学发展史产生了重大的影响。黑格尔曾把普罗泰戈拉和康德进行比较，认为康德关于凡是对我们表现为客观、实在的东西只应当从它与意识的关系中来考察的思想正是普罗泰戈拉关于主客体辩证关系的进一步的发挥。当然，由于智者把主体的作用无限地夸大了，而把客体仅仅看作依附于主体的消极的存在物，最终势必否定客观世界的存在，因而陷入主观唯心主义。正如亚里士多德所批评的："假如没有人的感觉，就没有冷，没有暖，没有甜，而一切可感觉的事物也就全部没有；持有这种观念的人将皈依到普鲁塔哥拉的教义。"②

（2）思维和存在。与普罗泰戈拉强调主客体之间的相互联系的做法相反，智者学派的另一个著名代表高尔吉亚则侧重于强调思维和存在之间的差别，即相矛盾、相冲突的一面。他认为，如果思维和存在是一致的话，那么我们所思想的一切都应当是真实存在的。但人们可以思想到许多实际上并不存在的东西，如飞行的人、吐火怪兽、六首十二足的女妖等。这说明思维和存在是有矛盾的，是不完全一致的。高尔吉亚还认为，思维是用语言及概念来表达的，而存在则表现为一个个的事物，故思维与存在的关系，也就是概念与事物、一般与个别之间的关系。在高尔吉亚看来，概念与事物之间也是有很大差别的，"因为我们告诉别人时用的信号是语言，而语言并不是给予的东西和存在的东西，所以我们告诉别人的并不是存在的东西，而是语言，语言是异于给予的东西的，"③从而得出了思维不能认识存在、语言不能概括事物的不可知主义的结论。这一结论虽然是消极的、错误的，但高尔吉亚毕竟深刻地揭示了思维和存在、概念与事实、个别与一般之间的差别和矛盾。这就为这

---

① 列宁：《哲学笔记》，中共中央马克思恩格斯列宁斯大林著作编译局译，人民出版社 1974 年版，第 299 页。

② ［古希腊］亚里士多德：《形而上学》，吴寿彭译，商务印书馆 1959 年版，第 174 页。

③ 北京大学哲学系外国哲学史教研室：《古希腊罗马哲学》，生活·读书·新知三联书店 1957 年版，第 142 页。

些关系的解决，特别是思维与存在关系问题的解决，提供了重要的思想材料。

（3）存在和非存在。对思维和存在关系问题的解决，又牵涉到对存在与非存在关系问题的解决。在爱利亚学派思想家巴门尼德看来，存在是唯一的、不变的、无限的，非存在是根本不存在的。这种看法实际上把存在与非存在之间的关系形而上学地割裂开来了。高尔吉亚不同意这种观点，他运用归谬的方法，对此进行了深刻的批判。他论证道：存在如果是存在的话，那么它就或者是非派生的，或者是派生的，或者同时既是派生又是非派生的。高尔吉亚证明，在这三种情况下，存在都是不可能存在的，而既然巴门尼德认为非存在是不存在的，那么，存在和非存在就成了同一个东西。"然而，虽然存在与非存在是同一的，它却不能是这一个和那一个；因为如果它是这一个和那一个，它便不是同一的了，如果它是同一的，它就不会是两个东西，由此可知无物存在。"[1]在这里，高尔吉亚虽然得出了极端虚无主义的结论，但他却从否定的方面论证了存在和非存在之间的对立统一关系。他告诉我们，乍看起来，存在和非存在是极端不相容的，其实却是不可分割地联系在一起的。它们并不是两个东西，而是一个东西的两个方面。正是在这种辩证的、有差别的统一中，存在和非存在相互否定、相互消灭，构成了消逝着的环节。列宁对这一思想做了高度的评价："'消逝着的环节'＝存在和非存在。这是辩证法的极好的规定！！"[2]在这里，高尔吉亚的思辨比起巴门尼德来，确实是更深刻、更全面的。他消解了巴门尼德在存在和非存在关系上设置起来的形而上学的壁垒，揭露了思维本身包含着的内在矛盾，从而对辩证法做出了卓越的贡献。

上面，我们对智者哲学做了一个简略的考察。这一考察表明，智者

---

[1] 北京大学哲学系外国哲学史教研室：《古希腊罗马哲学》，生活·读书·新知三联书店 1957 年版，第 141 页。

[2] 列宁：《哲学笔记》，中共中央马克思恩格斯列宁斯大林著作编译局译，人民出版社 1974 年版，第 301 页。

哲学在古希腊哲学史，乃至整个西方哲学史上占有重要的地位。从消极方面看，智者是作为破坏者、作为诡辩家而出现的；相反，从积极方面看，他们是作为新文化的开拓者和传播者，作为哲学认识论和方法论的改造者和探索者而出现的。以上就是我们从积极方面对智者哲学所做的评价。

黑格尔、海涅、费尔巴哈与
哲学基本问题的理论①

众所周知，哲学基本问题的理论是恩格斯在《路德维希·费尔巴哈和德国古典哲学的终结》（以下简称《终结》）一书中最先明确地提出的。但在这一理论的形成中，黑格尔、海涅、费尔巴哈都做出了自己的贡献。

黑格尔的重要贡献主要是：

第一，哲学基本问题贯穿于历史上的每一个哲学体系，但哲学家们能否自觉地意识到它，并把它作为重大的、基本的理论问题提出来，则完全是另一回事。在这方面首先做出建树的是黑格尔。他在《小逻辑》一书中谈到真理时，指出："现时哲学观点的主要兴趣，均在于说明思想与客观对立的性质和效用，而且关于真理的问题，以及关于认识真理是否可能的问题，也都围绕着思想与客观的对立问题而旋转。"②所谓"思想与客观的对立问题"即思维与存在的关系问题，这里，黑格尔既看到了这一问题是近代哲学面临的中心问题，又告诉我们，它实际上包含着两个方

---

① 原载《社联通讯》1983 年第 7 期。——编者注
② ［德］黑格尔：《小逻辑》，贺麟译，商务印书馆 1980 年版，第 93 页。

面：一是思维和存在对立的性质和效用问题，即何者为基础、为本原的问题；二是认识真理是否可能的问题，即思想对客观、思维对存在是否具有同一性的问题。这就是说，黑格尔从客观唯心主义的立场出发，以自己特有的方式，已经意识到了哲学基本问题的两个方面。之后，在《哲学史讲演录》一书中，他对这个问题做了更为明确、更为详尽的论述。他写道："近代哲学并不是淳朴的，也就是说，它意识到了思维和存在的对立。必须通过思维去克服这一对立，这就意味着把握住统一。"[①]在这里，黑格尔又强调了哲学基本问题的两个方面：一方面，思维和存在是对立的、有差别的，有一个何者居先的问题；另一方面，它们又是统一的，即思维是可以认识、把握存在的。黑格尔还进一步指出，近代哲学在解决思维和存在的关系问题上分成两派：一派是唯物主义的实在论（经验论）哲学，另一派是唯心主义的唯理论哲学。这两派哲学的对立表现为"两条路线"的抽象对立。[②] 值得注意的是，黑格尔还结合当时的历史特点，分析了思维与存在对立的四大表现：神与存在的对立、善与恶的对立、自由与必然的对立、人的自由与自然必然性的对立。他指出，这些对立及其相互关系"乃是注意的中心"。[③] 黑格尔要求我们看到思维与存在关系问题的重要作用和意义，但又反对我们抽象地谈论这一问题，或用这一问题去取代历史上各种哲学系统所包含的丰富内容。他认为，全部问题在于，要具体地探索思维与存在的关系在各方面的表现，从而使这一关系获得丰富的、有血有肉的内容。无疑，这些思想具有重要的理论价值。

第二，黑格尔认为，思维与存在的关系问题并不是理智的自由创造物，而是在哲学史发展过程中必然要被意识到并被提出来的重大的问题。古希腊的哲学，尤其是柏拉图的哲学，已经朦胧地感觉到这一问

---

① ［德］黑格尔：《哲学史讲演录》第 4 卷，贺麟、王太庆译，商务印书馆 1978 年版，第 7 页。

② 同上书，第 60 页。

③ 同上书，第 192 页。

题，并用非常朴素的语言表达了它。正如黑格尔指出的："柏拉图把理念了解为联系、界限和无限者，了解为一和多，了解为单纯者和殊异者，却没有把它了解成思维和存在。"①中世纪的哲学进一步探讨了"思想中的东西"（即思维）与"实存的宇宙"（即存在）之间的差异，却未能从差异中去把握统一。而"近代哲学则把这个差异发展成为对立，并且以清除这一对立为自己的任务"②。黑格尔认为，近代哲学之所以必然把思维和存在的关系问题作为哲学探讨的中心问题提出来，是因为，从笛卡尔开始的近代哲学已经摆脱了作为"神学的婢女"的中世纪哲学所处的可悲的地位，走上了独立思维的道路："独立的思维在这里与进行哲学论证的神学分开了，把它放到另外的一边去了。思维是一个新的基础。"③正是在这样的历史条件下，思维与存在的关系问题成了"近代哲学兴趣的转折点"④。我们知道，恩格斯在《终结》中发挥了黑格尔的上述思想，指出：哲学基本问题"只是在欧洲人从基督教中世纪的长期冬眠中觉醒以后，才被十分清楚地提了出来，才获得了它的完全的意义"⑤。

第三，黑格尔特别强调说，近代哲学的全部兴趣就在于把握思维与存在这一最抽象的两极之间的和解："这种最高的分裂，就是思维与存在的对立，一种最抽象的对立；要掌握的就是思维与存在的和解。"⑥这里的"和解"，既不是指排斥一切差别的抽象的同一，也不是指机械的、折中的调和，而是指具体的同一，即对立面的统一。正是从思维和存在的具体的同一出发，黑格尔要求我们以同样的原则去看待在解决这一最高的对立中必然分裂出来的两大学说，即唯物主义的学说和唯心主义的

---

① ［德］黑格尔：《哲学史讲演录》第 4 卷，贺麟、王太庆译，商务印书馆 1978 年版，第 7 页。

② 同上书，第 5 页。

③ 同上书，第 63 页。

④ ［德］黑格尔：《小逻辑》，贺麟译，商务印书馆 1980 年版，第 77 页。

⑤ 《马克思恩格斯选集》第 4 卷，人民出版社 1995 年版，第 220 页。

⑥ ［德］黑格尔：《哲学史讲演录》第 4 卷，贺麟、王太庆译，商务印书馆 1978 年版，第 6 页。

学说，认为不光要看到这两大学说的对立和区别，更重要的是，要"在对立或区别里和从对立或区别里去认识统一"①。比如，黑格尔以前的哲学史家常常把古希腊哲学的发展过程看作相互对立、相互排斥的毕达哥拉斯派和泰勒斯派各自独立发展的过程。黑格尔批判了这种形而上学的观点，指出："事实上没有任何一派是这样孤立进行的(甚至也没有只具有连续关系和师徒相承之外在联系的派别)……这些派系不仅在精神方面互相渗入，而且在确定的内容方面也是互相渗入的。"②在评价斯宾诺莎的普遍性"实体"原则和莱布尼茨的个体性"单子"原则的关系时，黑格尔强调说："这些相互对立的原则是背道而驰的，却又是相辅相成的。"③

黑格尔最早觉察到思维与存在的关系问题在近代哲学中的地位和作用，并且就此做了系统的、深入的探讨，但是囿于他的客观唯心主义的立场，他不可能对这一问题做出科学的、明确的表述。在他看来，"存在就是直接性，直接性也就是思维"④。故思维和存在的统一也就成了思维自身的统一。这样，也就等于把思维和存在的关系问题取消了，这正是黑格尔思想的局限性。

黑格尔的哲学见解在富于思辨的德国理论界产生了巨大影响。当时德国资产阶级激进民主派的著名代表海涅和费尔巴哈也受到了黑格尔思想的熏陶，并站在与黑格尔完全不同的唯物主义的立场上，对黑格尔哲学中涉及的许多问题，特别是思维与存在的关系问题做出了崭新的论述。他们在这一问题上的主要贡献是：

第一，比较明确地论述了思维与存在关系问题的第一方面，并就此划分出唯物主义和唯心主义两大派别。海涅在1833年出版的《论德国宗

---

① ［德］黑格尔：《哲学史讲演录》第4卷，贺麟、王太庆译，商务印书馆1978年版，第138页。

② ［德］黑格尔：《哲学史讲演录》第1卷，贺麟、王太庆译，商务印书馆1983年版，第175页。

③ ［德］黑格尔：《哲学史讲演录》第4卷，贺麟、王太庆译，商务印书馆1978年版，第164页。

④ 同上书，第73页。

教和哲学的历史》一书中，根据哲学家们对思维起源问题的不同解释，明确地提出，"自古以来，关于人类思维的性质，亦即关于精神的认识底最后根源，关于观念的发生，就存在着两种相反的见解"①。海涅不主张用感觉主义、经验主义或唯灵主义、唯理主义这样意义不甚明确的名称来表示这两种不用的见解，他强调说："我宁可把唯心主义和唯物主义这两个名称给予有关人类认识性质的哲学见解。对于把观念说成是与生俱来的、观念先于经验的学说，我把它叫作唯心主义。对于通过经验、通过感官才产生精神认识、观念后于经验的学说我把它叫作唯物主义。"②18年后，费尔巴哈在《宗教本质讲演录》中，以其卓越的洞察力，用不同的语言，提出了同样的问题："神是否创造世界，即神对世界的关系如何，这个问题其实就是关于精神对感性、一般或抽象对实在、类对个体的关系如何的问题；……这个问题是属于人类认识和哲学之最重要又最困难的问题之一，整个哲学史其实只在这个问题周围绕圈子。"③列宁认为，费尔巴哈在这里论述的，实际上正是恩格斯以后在《终结》中提出的哲学基本问题。④ 不用说，海涅和费尔巴哈的上述见解对恩格斯产生了不可忽视的、积极的影响。

第二，海涅强调了唯心主义哲学，尤其是德国的唯心主义哲学在历史上的进步作用。海涅看到，法国革命是以唯物主义哲学作为自己的"刑斧"的，但德国革命是否也照此办理呢？他的回答是否定的。在他看来，德国与法国是两个气质不同的民族。法国人富于激情，埋头于世俗的事务，德国人则富于思辨，即使在憎恨的时候也是一个唯心主义者，故德国的政治革命必然以唯心主义哲学作为自己的"刑斧"。海涅逐个分析了康德、费希特、谢林、黑格尔的哲学对德国资产阶级革命所起的启

---

① ［德］亨利希·海涅：《论德国宗教和哲学的历史》，海安译，商务印书馆1974年版，第57页。

② 同上书，第58页。

③ 《费尔巴哈哲学著作选集》下卷，荣振华等译，商务印书馆1984年版，第622页。

④ 列宁：《哲学笔记》，中共中央马克思恩格斯列宁斯大林著作编译局译，人民出版社1993年版，第63页。

蒙作用，他满怀激情地写道："德国的革命决不因康德的批判，费希特的先验唯心主义，以至于自然哲学发生在先，就会开始得更温和些。革命力量是通过这些学说发展起来的，它只期待那日子的到来，那时，它要爆发出来，使全世界震惊。"①海涅还特别提到了黑格尔的"凡是现实的都是合理的，凡是合理的都是现实的"著名命题，大胆地显示出隐藏在这一迂腐晦涩的哲学命题背后的革命火花。

更为可贵的是，海涅还提出了一个至今仍未引起人们充分珍视的重要思想。他在叙述康德、费希特等哲学家对宗教的批判后，总结道："唯心主义通过一切可能的抽象，长期地就这样过滤着神性，直到最后它什么也不剩为止。"②以为唯心主义哲学可以彻底地过滤掉神性，这显然是偏颇之词，它夸大了两者之间的差异而抹杀了它们之间的本质联系。但海涅反对在唯心主义哲学和宗教神学间画等号，并肯定某些唯心主义学派对宗教革命的过滤作用，这一思想却是合理的，是反映历史的真实的。事实上，德国的唯心主义哲学在把理性神化的同时，也把神学理性化了，康德提倡的理性宗教便是一例。我国目前出版的哲学史方面的著作，往往只看到德国唯心主义哲学向宗教妥协，为信仰开拓地盘这一面，却不适当地忽视了德国唯心主义哲学和宗教做斗争、用理性过滤神性的另一面，这同样是偏谬的。批判地继承海涅的上述思想，有利于我们对唯心主义哲学体系做出实事求是的评价，从而使哲学基本问题的理论得到正确的贯彻。

第三，与海涅不同，费尔巴哈对哲学基本问题理论的另一个重要贡献是，深刻地揭示了唯心主义学说的认识论根源。他认为，历史上出现的许多哲学家之所以会在解决思维和存在关系这一基本问题时陷入唯心主义的泥坑，是因为他们在认识过程中犯下了同样的错误：他们先从个别事物中抽象出类和共性，然后又把它们作为先于个别事物而存在的独

---

① ［德］亨利希·海涅：《论德国宗教和哲学的历史》，海安译，商务印书馆 1974 年版，第 149 页。

② 同上书，第 131 页。

立实体来看待。在费尔巴哈看来，循着这样的认识路线出发，必然导致唯心主义的谬见，而宗教神话也是这样产生出来的："宗教从人身上抽出人的力量、属性、本质规定，把它们当作独立的实体崇拜。"[①]正是在这个意义上，费尔巴哈一针见血地指出，上帝的本质就是人的本质的异化，故近代哲学的任务就是将上帝现实化和人化，将神学溶解为人体学。费尔巴哈的人本主义哲学正是通过上述的批判性见解而建立起来的。费尔巴哈对唯心主义的认识论根源的揭露，不仅为我们了解他的整个哲学体系提供了一把钥匙，而且也深化、丰富了哲学基本问题的内容，为我们披露唯心主义哲学的失足之谜提供了重要的借鉴。正如列宁指出的："原始的唯心主义认为：一般（概念、观念）是单个的存在物。这看来是野蛮的、骇人听闻的（确切些说：幼稚的）、荒谬的。可是现代的唯心主义，康德、黑格尔以及神的观念难道不正是这样的（完全是这样的）吗？"[②]由上可知，海涅和费尔巴哈从唯物主义的立场上觉察到了思维和存在的关系问题在整个哲学发展史上的中心地位和作用，并且着重探讨了唯心主义哲学的历史作用及其局限性，从而把黑格尔的思想进一步推进并明朗化了，但与此同时，也把它片面化了。尽管他们两人都是可知论者，但在思维与存在关系问题的第二方面却缺乏深入的、辩证的探索，当然也就更谈不上在第一方面和第二方面之间建立内在联系了。另外，无论是海涅还是费尔巴哈，他们的唯物主义立场都不是彻底的，这也妨碍他们对哲学基本问题做出科学的、系统的表述，而只能为这种表述的产生提供思想材料和理论基础。

---

① 转引自北京大学哲学系外国哲学史教研室：《十八世纪末—十九世纪初德国哲学》，商务印书馆 1975 年版，第 546 页脚注。

② 列宁：《哲学笔记》，中共中央马克思恩格斯列宁斯大林著作编译局译，人民出版社 1993 年版，第 420—421 页。

1984年

运用系统方法研究现代西方哲学[①]

——兼与陶济同志商榷

系统方法不仅是科学研究的重要方法，也是哲学和哲学史研究的重要方法。在西方哲学史上，黑格尔是全面地运用系统方法研究哲学和哲学史的第一个哲学家。在《哲学史讲演录》的"导言"中，黑格尔明确宣称"哲学是在发展中的系统，哲学史也是在发展中的系统；这就是哲学史的研究所须阐明的主要之点或基本概念"[②]。列宁虽然反对黑格尔的唯心主义立场，但充分肯定了他的系统思想。[③] 正是这样，我们主张运用系统方法来研究现代的西方哲学。

陶济同志在《现代西方哲学研究的几个方法论问题》[④]一文中，主张运用历史与逻辑一致的方法探求现代西方哲学发展的内在规律。但由于他夸大了哲学这一具体的意识形式的相对独立

---

① 本文为俞吾金与欧阳光伟合著，原载《学术月刊》1984年第3期，第29—35页；《中国社会科学》1984年第4期转载。收录于俞吾金：《寻找新的价值坐标——世纪之交的哲学文化反思》，复旦大学出版社1995年版，第334—347页。——编者注

② [德]黑格尔：《哲学史讲演录》第1卷，贺麟、王太庆译，商务印书馆1983年版，第33页。

③ 《列宁全集》第38卷，人民出版社1959年版，第271页，列宁对黑格尔哲学史观的评论。

④ 陶济：《现代西方哲学研究的几个方法论问题——与刘放桐同志商榷》，《学术月刊》1983年第4期；以下简称陶文，凡引此文，不另作注。

性，把历史与逻辑的一致单纯地理解为思想史或哲学史和逻辑范畴发展之间的一致，从而既忽视了现代西方哲学和社会现实、和其他意识形式之间的相互关系，也忽视了对现代西方哲学中各层次关系的具体分析，得出了一系列片面的、难以令人信服的结论。

下面，我们试从马克思主义的唯物主义立场出发，运用系统方法的基本原则，对现代西方哲学做一些具体的分析。不确之处，诚望陶济同志和其他同志赐教。

一

根据系统方法的相互联系的原则，任何一个现实的系统，归根结底都和外在的物质环境保持着一定的联系。不考察这种联系，也就不可能对该系统的起源、发展以及该系统的功能做出合理的说明。现代西方哲学作为现代西方意识形态的一个组成部分，虽然远离社会物质条件，处在最高的、最抽象的层次上，但它和社会物质条件的"这一联系是存在着的"①。我们这里说的社会物质条件主要包含以下三个层次：第一，生产方式；第二，阶级冲突，国家政治制度等；第三，在不同的地理环境的基础上形成的民族的传统习俗，人们的性格、气质等。现在从它们同现代西方哲学的联系，加以分析。

第一层次：生产方式（即生产力和生产关系的对立统一体）。现代西方资本主义生产方式对现代西方哲学所起的制约作用并不是直接的、简单的，而是通过多种渠道，间接地、错综复杂地发生作用的。主要渠道有以下三条。

第一，现代西方资本主义生产方式的内在矛盾运动，归根结底制约着现代西方哲学的产生和发展。

①《马克思恩格斯全集》第21卷，人民出版社1965年版，第348页。

例如，存在主义之所以产生在德国，是有深刻的社会历史原因的。第一次世界大战后，德国作为战败国损失惨重，不仅失去了所有的殖民地，而且连年赔偿巨款，在政治上、经济上、军事上受到极大的限制。1929 年爆发的世界经济危机，又使德国刚开始复苏的经济遭到了严重的打击。在这一时期，德国各阶层对民族的生存、人的尊严所遭到的破坏表现出普遍的忧虑和伤感。对前途的悲观、对死亡的恐惧和对现实的烦恼时时折磨着人们的心灵。正是在这样的历史背景下，以雅斯贝尔斯、海德格尔为代表的存在主义应运而生了。以后，存在主义流传到法国，并成为那里的时髦哲学，也具有类似的历史条件。存在主义思潮的产生和流传深刻地反映着西方资本主义生产方式内部的矛盾和冲突。撇开这一基本矛盾，就不可能理解存在主义乃至整个现代西方哲学的本质。

第二，现代西方资本主义生产关系造成的普遍的异化现象。在以私人占有为特征的西方资本主义生产关系下，异化现象非常普遍、非常严重。它渗透于社会生活的各个领域，表现在人与人之间、人与社会之间的一切关系中："西方人已变成了三重（与自然界、与其他人、与自己）异化的人。集团的文明同现代技术一道使我们生活在一种缺乏真实性的存在中。个人变成了完全失去人性的东西，他丧失了自己的统一性，被他的社会经济职能所吞没。"[1]这种现实的、普遍存在的异化现象，对现代西方哲学产生了深刻的影响。卢卡奇、马尔库塞等许多西方马克思主义者都把异化作为一个中心课题加以探讨。海德格尔、萨特等人也十分重视对异化理论的研究，海德格尔甚至还赞扬了马克思的异化理论。[2]

第三，作为生产力标志的生产工具。乍看起来，生产工具与哲学思想风马牛不相及，其实，通过一些中介环节，两者是密切相关的。比

---

① 巴雷特和杨凯洛维奇：《自我和本能》，1971 年英文版，第 464 页。

② 张金言：《异化的过去和未来》，见中国现代外国哲学学会：《现代外国哲学论集》，生活·读书·新知三联书店 1982 年版，第 282 页。

如，在现代西方国家，电子计算机不仅成了一种普通的生产工具，而且几乎渗透到人们生活的一切领域。它不仅导致了人工智能这一新学科的崛起，从而丰富了哲学认识论的内容，还对现代重要的科学方法论——信息论、控制论、系统论的产生和发展起了重大的推进作用。而这些方法论又对现代西方哲学产生了重大的影响。皮亚杰的发生认识论就吸取了控制论中的不少思想，他学说中的一个基本概念"自我调节"就是在控制论的"反馈"概念的基础上提出的。这体现了现代生产工具对现代西方哲学产生的间接的、然而是不可忽视的影响。

第二层次：阶级冲突、国家政治制度等。根据马克思主义的观点，在生产发展的一定阶段上，生产方式内部的冲突必然表现为阶级冲突，而阶级冲突在现代西方资本主义国家内具有更典型、更集中的表现，它以及在它基础上形成的一定的国家政治制度等必然对现代西方哲学发生深刻的影响。这种影响主要表现为：某一哲学思潮的兴衰总是和统治阶级的需要密切相关。

比如，存在主义的先驱克尔凯郭尔，早在100多年前就提出了关于个体存在的一整套理论，但由于当时的丹麦是一个依附于普鲁士的落后的农业国，他的学说在当时的气氛中并没有激起什么波澜。可是，自20世纪以来，特别是第二次世界大战以来，西方突然出现了"克尔凯郭尔热"，克尔凯郭尔的著作被译成各种文字，他的名字也被列入了19世纪最伟大的哲学家的行列。[①] 道理很简单，因为克尔凯郭尔所表露的那种阴郁、悲观的思想情调符合当时的大陆国家的统治阶级，尤其是德国资产阶级的心理状态。同样，实用主义之所以被公认为美国的官方哲学，因为它的一整套理论适合美国资产阶级的需要。这样的例子是不胜枚举的，它表明了现代西方国家的资产阶级不仅是占统治地位的物质力量，还是占统治地位的精神力量，"作为思想的生产者而进行统治，他们调

---

① Henry D. Aiken：《思想体系的时代》，1956 年英文版，第 225 页。（Henry D. Aiken, *The Age of Ideology*, New York：Signet, 1956, p. 225. ——编者注）

节着自己时代的思想的生产和分配"①。看不到这一点，就不能从总体上把握现代西方哲学的思想倾向。

除此之外，阶级冲突还对哲学家个人的思想倾向及理论探讨的内容等发生一定的影响。所以我们认为，阶级分析仍不失为现代西方哲学研究中的一个基本的方法。当然，阶级斗争和现代西方哲学之间的联系是错综复杂的，强调阶级分析方法的必要性，绝不意味着把它作为现代西方哲学研究的唯一方法；也绝不意味着用阶级斗争的理论直接地去分析哲学的范畴和原理；更不意味着从哲学家的阶级性去推出他哲学的阶级性，并进而推出他的哲学在社会阶级斗争中的作用。为此，我们赞同刘放桐同志的意见②，即阶级分析方法必须坚持，但以往在运用这一方法时出现的简单化的倾向应该杜绝。

第三层次：在不同的地理环境的基础上形成的民族传统习俗，人们的性格、气质等。这一层次对现代西方哲学产生的影响也是不容忽视的。比如，在英国，经验主义的传统是根深蒂固的，富于思辨性的新黑格尔主义在英国仅流传了 40 年左右便一蹶不振了。当时，罗素和摩尔对新黑格尔主义者布拉德雷、麦克泰加等人的学说采取了排斥的态度，其目的是"为了恢复经验主义的老传统"③。事实上，即使是英国新黑格尔主义者的学说，也或多或少地带着经验主义的气息；在美国，实用主义的势力是很大的，逻辑实证主义流传到美国后，就逐步演化为逻辑实用主义；在德国，思辨哲学经久不衰，雅斯贝尔斯、海德格尔的思想尽管有非理性主义的倾向，但仍具有艰深的思辨性，被称为"思辨的存在主义"，近年来，德国对黑格尔思辨哲学的研究又出现了复兴的趋势。在一定的意义上，可以说不同民族的传统习俗以及人们的性格和气质造

---

① 《马克思恩格斯全集》第 3 卷，人民出版社 1960 年版，第 52 页。

② 刘放桐：《关于对现代西方哲学的评价问题》，《江西社会科学》1982 年第 3 期。

③ ［美］R. 布勃纳：《当代德国哲学》，1981 年英文版，序言第 Ⅸ 页。(Rüdiger Bubner，*The Contemporary German Philosophy*，London：Cambridge University Press，1981，Perface，p. Ⅸ.——编者注)

成了现代西方哲学中风格迥异的各流派及其支脉。①

上面，我们分析了社会物质条件的三大层次对现代西方哲学的影响。其实，这三大层次并不是各自孤立地起作用的，它们本身也密切相关，构成了一个以生产方式为基础的巨系统。这个巨系统的发展变化归根结底决定着现代西方哲学的发展变化，当然，现代西方哲学并不是消极的精神存在物，它也通过各种中介环节反作用于社会物质条件，形成了跌宕起伏的矛盾运动。

陶济同志由于在总体方法上缺乏系统思想，因而忽略了哲学和现实的联系，夸大了哲学作为意识形态的相对独立性。比如，他认为，"马克思主义哲学和现代西方哲学的对立统一关系是现代哲学辩证发展的根本原因和基本规律"。（着重号为引者所加）进而，陶文又认为，研究现代西方哲学，只要研究其自身发展的内在规律就行了。陶文的这一片面的结论甚至违背了黑格尔的初衷。黑格尔指出，研究哲学史当然要研究其自身发展的规律，但同时"必须详细考察一种哲学与它的历史环境有什么样的关系"②。从上述结论出发，陶文又进而主张把历史与逻辑一致的方法作为研究现代西方哲学的根本方法。但由于他把历史单纯地理解为思想史、哲学史，因而始终只是在逻辑范畴构成的思辨范围内兜圈子，而丝毫未触及真正的历史真实。其实，历史与逻辑的一致，首先是指逻辑与现实历史的一致，只有在这个一致的基础上，才谈得上逻辑与思想史的一致。马克思在批判蒲鲁东用经济范畴的抽象运动去取代对现实的经济关系的研究的唯心主义观点时，曾经这样写道："他没有看到：经济范畴只是这些现实关系的抽象，它们仅仅在这些关系存在的时候才是真实的。"③哲学范畴虽然比经济范畴更抽象，但归根结底也表现为对

---

① 詹姆士甚至认为："哲学史在极大程度上是人类几种气质冲突的历史。"（[美]威廉·詹姆士：《实用主义》，陈羽纶、孙瑞禾译，商务印书馆1979年版，第7页）这显然过分夸大了气质的作用，但能引起我们对气质的重视和研究。

② [德]黑格尔：《哲学史讲演录》第1卷，贺麟、王太庆译，商务印书馆1983年版，第52页。

③ 《马克思恩格斯全集》第27卷，人民出版社1972年版，第482页。

现实关系的抽象。只有看到这一点，才能正确地理解和运用历史与逻辑一致的方法。

总之，我们认为，只有在唯物史观的指导下，从系统方法的高度深入探究现代西方哲学和社会物质条件的关系，才能真正揭示现代西方哲学发展的内在规律。

二

运用系统方法的相互联系的原则探讨现代西方哲学，还要全面地分析现代西方哲学和社会意识条件之下的关系。社会意识条件主要包括以下三个层次。

第一层次：现代西方哲学和现代西方科学、伦理、政治、宗教等其他意识形式的关系。在这些关系中，哲学与科学的关系尤为密切，因而也是我们重点考察的对象。

现代西方科学对现代西方哲学的影响特别集中地表现在两门学科上。一是生物学。达尔文的《物种起源》在1859年出版后，震动了整个西方哲学界。如实证主义的代表人物斯宾塞把达尔文的进化学说引入了社会历史领域，用自然选择、生存斗争这类生物学概念来解释社会中人与人之间、民族与民族之间的关系。又如实用主义者杜威，从进化论中得出了这样的结论：人类和其他生物一样，要为生存而斗争。知识存在的必要性在于生存斗争的需要；知识的性质和功能在于它是生存斗争的工具，知识的真理在于它对生存斗争有用，有效。二是物理学。20世纪初以来，相对论和量子力学的创立使牛顿的经典力学受到了极大的冲击，人们日常使用的时间、空间、物质等许多概念都被动摇了。物理学的这一重大革命对现代分析哲学中的各支派产生了决定性的影响。如逻辑实证主义的核心理论——意义理论和证实理论正是在这样的背景下提出来的。在逻辑实证主义者看来，一种理论，如果无法通过观察和经验科学证实其意义，那就应当被看作形而上学的问题而加以拒斥。从 20 世纪 50 年代起，随着空间技术、遗传工程、电子计算机的兴起，现代西方科学获得了更迅猛的发展。许多新的理论问题产生了，分析哲学面临着一系列的困难：科学在分化基础上的高度统一和整体化趋向要求分析和综合的统一，光谈逻辑分析、语言分析已经不够了；科学的普遍的否定性发展使其本身的历史感更加突出了，光谈归纳基础上的量的发展已经不适应了；科学研究中想象力的作用越来越引起科学家和哲学家的重视，光靠严格的逻辑证明，光靠把科学符号偶像化的形式主义也行不通了。正是适应当时科学发展的需要，又产生了以波普尔、库恩、拉卡托斯、费耶阿本德等人为代表的科学哲学思潮。这一思潮的特征是从历史主义的角度来解释科学、强调科学发展的否定性，主张在科学家的收敛式思维和发散式思维中建立必要的张力等。这些例子表明，真正推动哲学家前进的，并不是纯粹思想的力量，而"主要是自然科学和工业的强大而且日益迅速的进步"[①]。

除了科学之外，其他意识形式也对现代西方哲学的产生和发展起了重要的作用。如新康德主义者比较注重伦理，建立了所谓伦理学社会主义；新托马斯主义者则直接把宗教和哲学熔为一炉；新黑格尔主义者则特别关注政治理论和国家理论，意大利的新黑格尔主义者金蒂莱甚至为法西斯国家提供了一套凌驾于立法机关之上的政治理论。这种交融渗透的情形表明，现代西方哲学已从以往高度思辨的抽象层次下降到较为具体的、但又高于具体科学的抽象层次上。不研究现代西方哲学和现代西方科学、伦理、宗教等其他意识形式的关系，也就无法把握它的特征和做出正确的评价。

第二层次：现代西方哲学和非欧美区域意识形态的关系。从目前西方出版的大量比较哲学方面的文献可以看出，现代西方学者对印度、中国、伊斯兰的文明怀有浓厚的兴趣。唯意志主义者叔本华的哲学体系可

---

① 《马克思恩格斯全集》第 21 卷，人民出版社 1965 年版，第 318 页。

以说是东西方哲学杂交的产物。事实上，他自己也承认，他的哲学有三个来源：康德、柏拉图和印度的《奥义书》；雅斯贝尔斯对印度哲学的研究也比较深入，他的名著《论历史的起源与目标》（1949）、《大哲学家》（1957）都显露出这方面的影响；海德格尔则在晚年和台湾学者萧师毅一起译读老子的《道德经》……近几十年来，东西方比较哲学方兴未艾，美国的夏威夷是比较哲学研究中心，许多西方哲学家都热衷于研究中国的儒、佛、道各教及老庄、宋明理学等思想。可以预言，东西方文明的融合必然对现代西方哲学的发展产生深刻的影响。忽略这方面的联系，同样不能对现代西方哲学做出全面的评价。

第三层次：现代西方哲学和马克思主义哲学的关系。从现象上、局部上看，现代西方哲学和马克思主义哲学有两种不同的关系：一是反对关系，如西方马克思学、新黑格尔主义基本上对马克思主义哲学持攻击、反对的态度；二是融合关系，如西方马克思主义的一些代表人物力图用某一种资产阶级流派的思想去"补充"和"革新"马克思主义，由此形成了马克思主义同形形色色的资产阶级哲学流派的结合物，如"存在主义的马克思主义""结构主义的马克思主义""弗洛伊德主义的马克思主义"等。从总体上、本质上看，现代西方哲学和马克思主义哲学的关系可以表达为对立统一关系，但我们不同意陶文把人类主体性问题作为这一对立的集中表现。

陶文是单纯从主体能动性的意义上来理解人类主体性的，但根据马克思的观点，人类作为认识、实践的主体，不仅是能动的，而且是受动的。撇开受动性来谈能动性，也就必然撇开客观历史规律的基础来谈人类的主体性，因而也就必然夸大主体的知、情、意心理结构的作用，陷入唯意志论。"我所强调的人性主体性，恰好不是这种唯意志论，而是建立在客观历史规律基础上的。"[1]

---

① 李泽厚：《康德哲学与建立主体性论纲》，见中国社会科学院哲学研究所：《论康德黑格尔哲学》，上海人民出版社 1981 年版，第 8 页。

我们认为，现代西方哲学和马克思主义哲学的对立统一表现在哲学基础理论的各个方面，而特别集中地表现在是否承认有客观规律这个问题上。这一问题的焦点又集中在社会历史领域，具体表现为是否承认马克思所揭示的社会发展规律。我们这样看是有充分理由的。

首先，从马克思的历史贡献来看。众所周知，唯物史观和剩余价值理论是马克思的两个最伟大的贡献，这两大贡献都旨在揭示人类社会，尤其是资本主义社会的运动规律。

其次，从马克思本人思想发展的进程来看。马克思从事哲学研究的最初阶段，受黑格尔思辨唯心主义的影响，到扬弃费尔巴哈的人本主义，在《关于费尔巴哈的提纲》《德意志意识形态》等著作中达到了这样的结论：为了研究人，必须研究现实的社会关系，为了理解人的自由和能动性，必须研究这种自由和能动性的基础——社会历史发展规律。正是在这样的思想的驱迫下，马克思潜心研究政治经济学，历经 40 年之久而完成了《资本论》这一不朽的巨著。从这里可以看出，社会历史发展规律是比人类主体性更深层的问题，不搞清前者，也就不能真正理解后者。

最后，从现代西方哲学的状况来看。人本主义和唯科学主义这两大思潮虽然在许多问题上有着不同的甚至对立的见解，但在不承认社会发展规律，特别是不承认马克思所揭示的社会发展规律这一点上，却表现出惊人的一致。对于唯科学主义思潮的哲学家来说，社会和自然是两个完全不同的领域，他们至多只承认在自然界中有规律性或齐一性，但不承认社会历史的发展是有规律的。比如，波普尔就激烈地反对马克思的历史决定论，他认为，一切社会现象都是"人为的"，即都有人的思想活动的参与，都具有不可重复的特点，因此人类社会发展只有随意性、偶然性而无规律性。对于人本主义思潮的哲学家说来，同样如此。如雅斯贝尔斯把历史看作"一团乌七八糟的偶然事件"①。他不仅否认社会历史发展有规律性，而且还给历史涂上了一层悲观主义的色彩。

由此可见，只有紧紧抓住社会历史发展规律这一问题，才能正确理解马克思主义哲学和现代西方哲学对立统一的实质。

我们上面分析的社会意识条件的三个层次虽然在相互关系上不如社会物质条件中的三个层次那么紧密，但也有着不可分割的关系，相对于现代西方哲学来说，它们也构成一个并列的大系统，与之发生错综复杂的关系。我们认为，陶文不光片面地理解了现代西方哲学与马克思主义哲学的关系，而且完全忽略了社会意识条件中的另两个层次。显然，置这些重要关系于不顾，而只探讨哲学自身发展规律的想法是行不通的。

三

运用系统方法研究现代西方哲学，除了上面所做的工作外，还必须在哲学基本问题理论的基础上，从系统的整体性和有序性发展原则出发，对现代西方哲学这一大系统本身所包含的多层次关系做出具体的分析。我们认为，现代西方哲学可以看作由以下三个层次构成的立体网络系统：第一层次（大系统）是现代西方哲学总体发展史；第二层次（子系统）是现代西方哲学中各流派的发展史；第三层次（分支系统）是现代西方哲学中各流派主要代表人物的思想发展史。

首先，关于现代西方哲学本身的形成和发展史。主要通过考察现代西方哲学和以前哲学发展的各阶段，尤其是和近代阶段的关系，从思想继承关系上来考察现代西方哲学。知识是什么？人是什么？对这两大问题的思考和解答，形成了近代哲学中唯理论和经验论之争，也影响到现

---

① 田汝康、金重远：《现代西方史学流派文选》，上海人民出版社 1982 年版，第 37 页。

代西方哲学中唯科学主义和人本主义这两大思潮的形成和发展。就现代唯科学主义思潮而言，一直可以追溯到英国近代经验主义学派，特别是休谟。休谟关于感觉之外一切都不可知，关于因果关系不过是心理的习惯联想等唯心主义观点对实证主义流派产生了重大影响。从实证主义的第一代约翰·穆勒、孔德等人，到第二代马赫、阿芬那留斯等人，一直到第三代的逻辑实证主义者都把休谟视为先驱。科学哲学家也大都怀着这样的信念，如亨普尔就说过：科学哲学这个学派的基本观点可以追溯到休谟。

这表明，只有把现代西方哲学和此前的哲学发展阶段联系起来进行考察，才能从总体上更深刻地理解它，洞察它的历史使命。这是因为，从系统方法的有序性发展原则看来，"我们的哲学只有在本质上与前此的哲学有了联系，才能够有其存在，并且必然地从前此的哲学产生出来"①。

其次，关于现代西方哲学中各流派的发展史。根据系统的观点，现代西方哲学中每一个流派都有一定的相对独立性，都是自成系统的，不过相对于现代西方哲学这一大系统而言，它们是子系统，处在低一级的层次上。这些子系统不仅自身发展着，而且还相互渗透，混合生长，构成了现代西方哲学发展的丰富多彩的画面。我们可以从以下两个方面来考察这些流派的发展和演化。

一是具体考察某一流派的来龙去脉。试以逻辑实证主义为例。这一流派由罗素和维特根斯坦创立，至今已有六七十年的历史了。向上可溯至马赫主义、实证主义，向下则经历了曲折的发展和演变。这个流派创立以后，经过许多学派（如维也纳学派、柏林学派等）的共同努力，形成了一个完整的理论体系，到了 20 世纪 50 年代，逻辑实证主义的发展出现了鼎盛的局面。但就在这时，科学哲学家对其核心理论——两种真理

---

① ［德］黑格尔：《哲学史讲演录》第 1 卷，贺麟、王太庆译，商务印书馆 1983 年版，第 9 页。

论、证实理论等提出了诘难。面临这样的危机，奎因提出了"必须抛弃这两个教条而转向实用主义"的著名口号，他以一整套新理论来改革逻辑实证主义。这表明，逻辑实证主义已演化为逻辑实用主义。由此可见，如果不运用系统方法具体地分析每一哲学流派的发展史，就不可能从总体上把握它们。

二是具体考察各流派之间的交叉渗透和混合生长。如存在主义就是在吸取柏格森的直觉主义、克尔凯郭尔的非理性主义和胡塞尔的现象学方法的基础上形成的，以个人的存在为本体的学说。海德格尔学说的中心概念是"在"（Sein）。据他本人解释，"在"的特征是运动、变化、显现、生存，是一个包含可能性并不断地把这种可能性转变为现实性的动态的过程。这个概念非常明显地体现了柏格森关于生命之流、胡塞尔关于意向性活动的思想。还有萨特的理论也受到胡塞尔现象学的很大影响。他本人也承认，如果没有胡塞尔，他的哲学可能完全是另一个样子。

哲学流派的混合生长，不仅出现在内容比较接近的流派中，也出现在研究内容截然不同的对立的流派中。例如，由于分析哲学拒斥形而上学，也就必然忽视对社会问题、价值问题、异化现象等理论问题的研究。为此，有些存在主义者批评分析哲学是一种冷冰冰的哲学，是与人类无关的抽象的符号哲学。正是在这样的责难下，卡尔纳普提出了"语言两种职能说"，认为语言应有两种职能：一种是表述逻辑命题、经验科学命题的职能，另一种是表述形而上学问题的职能。后一种职能虽然达不到科学的命题，但有价值，有实际用处。这就在一定程度上吸取了存在主义的思想。西方近几十年来出现的释义学、哲学人类学等，都是一些流派混合生长的产物。只有具体地分析这些流派之间的关系，才能深刻地认识现代西方哲学这个总体，而不流于空泛的议论。

最后，关于现代西方哲学中各流派主要代表人物的思想发展史。比如，罗素思想的发展就经历了新黑格尔主义、新实在论（把柏拉图的理念论同马赫的所谓中立一元论混合起来）、逻辑原子主义这三个主要的阶段。乍看起来，这三个阶段的内容大相径庭，无章可循。但细加分析，就会发现他第三阶段的理论中仍保留着经过改造的第一、第二阶段的内容。由此可见，如果不把哲学家的思想作为一个有机地发展着的系统来加以研究，只抓住其中一个阶段或几部著作进行探讨的话，就一定会得出片面的、武断的结论。

略论黑格尔哲学体系的范围^①

在关于黑格尔哲学体系的范围这个问题上，哲学界存在着两种不同的见解。一种见解是，黑格尔的《哲学全书》(包括《逻辑学》《自然哲学》《精神哲学》)便是黑格尔的哲学体系。这在国内或国外都比较流行。其理由是：黑格尔既然把它命名为《哲学全书》，当然就是体系无疑。另一种见解是，黑格尔的哲学体系除《哲学全书》外，还应包括早期的《精神现象学》、后期的《法哲学原理》和由他的学生整理出版的一系列讲演录(《历史哲学》《美学》《宗教哲学》《哲学史讲演录》等)，并主张把黑格尔的哲学体系分为三大部分：一是《精神现象学》，为全体系的导言；二是《逻辑学》，为全体系的中坚和核心，三是包括《自然哲学》《精神哲学》及由《精神哲学》发挥出来的《法哲学原理》和全部讲演录。其主要理由是：(1)黑格尔在 1807 年出版的《精神现象学》第一版的封面上，用大字标出了"科学体系，第一部分，精神现象学"的字样；(2)黑格尔在 1812 年出版的《大逻辑》的第一版序言中，已表明有把《逻辑学》作为《精神现象学》的"第一篇续"，再加上《自然哲学》

---

① 原载《复旦学报(社会科学版)》1984 年第 4 期。收录于俞吾金：《俞吾金集》，学林出版社 1998 年版，第 130—138 页。——编者注

和《精神哲学》来构成上述三分体系的意图；(3)恩格斯在《路德维希·费尔巴哈和德国古典哲学的终结》一书中有一段论述表明《精神现象学》是包括在黑格尔哲学体系中的。

我认为上述两种见解都有一定的片面性，未能客观地确定黑格尔哲学体系的范围。

第一种见解的不当之处是对黑格尔的哲学体系做了过分狭隘的理解。具体地说，就是忽略了黑格尔后来从《精神哲学》中发挥出来的《法哲学原理》和一系列讲演录。这种狭隘的理解导源于对《哲学全书》书名的误解。其实，黑格尔于1817年出版的这套书的书名不应该叫《哲学全书》，因为当时的书名是：*Encyklopädie der philosophischen Wissenschaften im Grundrisse* ①。它可直译为《哲学科学的百科全书的纲要》，但读起来很别扭，因此，意译为《哲学全书纲要》较好。以后的许多哲学家嫌这个书名太拖沓，又把它简化为 *Encyklopädie der Philosoph. Wissenschaften*，即《哲学科学全书》或《哲学全书》，有的干脆称它为 *Enzyklopädie*，即《全书》。②

有些同志也许认为，把这套书称为《哲学全书》或《哲学全书纲要》是无关宏旨的。其实，这里的差别正和我们对黑格尔哲学体系的范围的理解密切相关。黑格尔在1817年5月为这套书写的第一版序言中说过这样一段非常重要的话："《哲学全书纲要》这个书名意在一方面表示全体系的轮廓，一方面表示关于个别节目的发挥，尚须留待口头讲述。"③特别需要指出的是，黑格尔把《哲学全书纲要》仅仅看作"全体系的轮廓"，正表明这套书还不等于就是他的哲学体系。它当然不能和体系简单地等同起来，但却可以和书名中的"纲要"一致起来。所谓"个别节目"，我认为主要是指《精神哲学》中有关法哲学、历史哲学、美学、宗教、哲学史

① *The Encyclopedia of Philosophy*, *Volume 3*, London：MacMillan，1972，p. 435. 其中 Encyklopädie 为 Enzyklopädie 之笔误。

② *Brockhaus Enzyklopädie*, *Band 8*，Mannheim：Brockhaus，1969，S. 286.

③ ［德］黑格尔：《小逻辑》，贺麟译，商务印书馆1980年版，第1页。

等部分。正是这些部分后来通过"口头讲述"，被发挥和扩展为《法哲学原理》及一系列讲演录。从黑格尔这段重要的说明可以看出，书名问题绝不是铢锱小事。如果把它简化为《哲学全书》，就很容易混同于黑格尔的哲学体系，从而使其狭隘化、封闭化。反之，如果把它称为《哲学全书纲要》，那就必然会把它看作体系的轮廓而不是体系的全部，从而必然会把《法哲学原理》和一系列讲演录看作黑格尔哲学体系的一部分内容。

第二种见解的不当之处在于不恰当地把《精神现象学》放进了黑格尔的哲学体系。这是不符合黑格尔的本意的，特别是不符合黑格尔后期的思想的。诚然，黑格尔在 1807 年出版《精神现象学》时，确有把它称为科学体系的第一部分的想法，但我们必须搞清楚，黑格尔这个想法的真实含义是什么？他后来是放弃还是坚持了这个想法？在搞清楚这些问题之前，我们首先得弄明白，黑格尔所说的"科学体系"这一用语中的"科学"究竟是什么意思？在《精神现象学》中，他非常明确地告诉我们："当精神达到概念时，它就在其生命的这种以太中展开它的定在和运动，而这就是科学。在科学中，精神运动的各个环节不再表现为各种特定的意识形态，而是由于精神的差别已经返回到了自我，它的各个环节就表现为各种特定的概念及这些概念的有机的、以自身为根据的运动。如果说在精神现象学中每一环节都是知识与真理之间的差别和差别得到自身扬弃的运动，那末，相反地，科学并不包含这种差别及其扬弃，而是由于每个环节具有概念的形式，它［概念］就把真理的对象性形式和认识着的自我的对象性形式结合为直接的统一体。"[1]从这段论述中，我们可以得出两个结论：(1)科学以概念为对象，科学就是概念的运动；(2)《精神现象学》不属于科学的范围，因为在该书中意识一直要发展到最后的"绝对知识"的阶段时，才出现概念。黑格尔的这一思想可以说是一以贯之

---

[1]　［德］黑格尔：《精神现象学》下册，贺麟、王玖兴译，商务印书馆 1981 年版，第272 页。

的。在《大逻辑》的第一版序言中，他也谈到，意识作为《精神现象学》研究的对象，它本身还是具体的而又被拘束于外在的知的精神，即它还不是概念性的认识。"意识，作为显现着的精神，它自己在途程中解脱了它的直接性和外在具体性之后，就变成了纯知，这种纯知即以那些自在自为的纯粹本质自身为对象。它们就是纯思维，即思维其本质的精神。它们的自身运动就是它们的精神生活，科学就是通过这种精神生活而构成的，并且科学也就是这种精神生活的陈述。"①黑格尔在这里说的"纯知"是指纯概念。这就是说，科学是以纯知的运动即纯概念的运动为研究对象的。在这个意义上，《精神现象学》当然不属于科学的范围之内。在以后的《小逻辑》中，黑格尔又明确指出："科学是概念的自身发展。"②由上可知，黑格尔所说的"科学体系"实际上也就是哲学体系。根据他关于科学的定义，《精神现象学》不可能属于科学的范围之内。这样，问题就产生了：在《精神现象学》初版时，黑格尔为什么又把它作为科学体系的第一部分呢？

这个谜已经在《小逻辑》第 25 节的"说明"中解开了。黑格尔这样写道："在我的《精神现象学》一书里，我是采取这样的进程，从最初、最简单的精神现象——直接意识开始，进而从直接意识的辩证进展（Diale-ktik）逐步发展以达到哲学的观点，完全从意识辩证进展的过程去指出达到哲学观点的必然性（也就因为这个缘故，在那本书出版的时候，我把它当作科学体系的第一部分）。"从这段话中，我们可以引申出两点：（1）黑格尔仅仅是在《精神现象学》为意识"达到哲学的观点"提供了思想准备或阶梯的意义上，把它看作科学体系的第一部分的，也仅仅是在这个意义上，黑格尔称《精神现象学》为"哲学体系的导言"。既然如此，那么，在本来的或严格的意义上，当然不应当把它划入黑格尔的"科学体系"或哲学体系的范围之内。（2）黑格尔说："也就因为这个缘故，在那

---

① ［德］黑格尔：《逻辑学》，杨一之译，商务印书馆 1982 年版，第 5 页。
② ［德］黑格尔：《小逻辑》，贺麟译，商务印书馆 1980 年版，第 18 页。

本书出版的时候，我把它当作科学体系的第一部分。"这表明他已感觉到把作为达到哲学观点的阶梯的《精神现象学》划入"科学体系"即哲学体系之内是不妥当的，这样做只会混淆科学或哲学的界限。在前引《小逻辑》第一版序言中的那段重要的说明中，当黑格尔谈到作为"全体系的轮廓"的《哲学全书纲要》时，根本就没有提到《精神现象学》。这也表明在写作《小逻辑》时，黑格尔已完全抛开了把《精神现象学》作为科学体系的第一部分的念头。也可以这么说，根据黑格尔关于"科学"的论述，他从来就没有把《精神现象学》真正划入自己的哲学体系之内过，因为《精神现象学》仅仅在"绝对知识"这最后一部分中才达到科学或哲学的认识。他的这些观点，我们还可以从其他著作中得到印证。

在先于《小逻辑》五年出版的《大逻辑》第一版序言的一段话中，黑格尔确实把《逻辑学》称为"《精神现象学》的第一续篇"①，但这并不能证明黑格尔在当时就有把《精神现象学》列入其哲学体系的意图。因为《逻辑学》第一版序言中的这段话只表明黑格尔原来有这样的设想，即把《精神现象学》作为科学体系的第一部分，把《逻辑学》及《自然哲学》和《精神哲学》作为科学体系的第二部分，这样一来，整个科学体系也就完备了。他在这段话中使用了"原定"这样的用语，这也表明他在写《大逻辑》第一版序言的时候已放弃了原有的想法。而"续篇"的说法仅仅只能表明《大逻辑》是在《精神现象学》之后发表的、在内容上有一定联系的著作，但不能说明黑格尔有把《精神现象学》包括在其哲学体系内的意图。退一步说，即使黑格尔有这样的意图，那他在《大逻辑》出版之后，就应该紧跟着出《自然哲学》和《精神哲学》，以便把它们作为《精神现象学》的第二续篇。但事实上，黑格尔并没有这样做，相反，他在《大逻辑》与这两部实在科学之间插入了《小逻辑》，并撇开《精神现象学》，把《小逻辑》与《自然哲学》和《精神哲学》合在一起，以《哲学全书纲要》的方式单独出版，这不正说明黑格尔已经完全抛弃了原来的设想了吗？

----

① ［德］黑格尔：《逻辑学》上卷，杨一之译，商务印书馆1982年版，第5—6页。

值得注意的是，黑格尔对《大逻辑》第一版序言中所说的那段话中的"科学体系"一词专门加了一个注。它是在 1831 年再版《大逻辑》时加上去的，其内容如下："这个名称（即'科学体系'——引者）于下次复活节出版的第 2 版中，将不再附上去。——下文提到的计划第二部分，包括全部其他哲学科学，我从那时以后，就改用《哲学全书》之名问世，去年已出至第三版。"①也就是说，在下个复活节再版的《精神现象学》的封面上，他将去掉"科学体系"的名称。这表明不把《精神现象学》列入"科学体系"或哲学体系，正是黑格尔的本意。况且这个注是黑格尔在去世之前加的，当然最能体现他在这个问题上的决定性的或结论性的见解。

黑格尔为什么不赞成把《精神现象学》作为自己的哲学体系的组成部分呢？根据我的分析，除了《精神现象学》本身还没有达到哲学的观点，还没有达到概念性的认识这个决定性的原因之外，还由于《精神哲学》在相当的程度上重复了《精神现象学》的内容。《精神现象学》是在耶拿战争的炮声中匆忙地完成的，以后，黑格尔越来越意识到，它作为《逻辑学》的导言是过于庞大了，其中的许多内容应该移到作为应用逻辑学的《精神哲学》中去。因此，在《精神哲学》中，黑格尔以严格的三段式的结构方式和简练的笔调复述了《精神现象学》中的大部分基本观点。这样一来，再把《精神现象学》列入哲学体系就没有什么必要了。

有的同志或许会提出，既然如此，《法哲学原理》和一系列讲演录也部分地重复并发挥了《精神哲学》的内容，岂非同样可以不列入黑格尔哲学体系吗？我认为，这两种重复有本质的不同。《精神现象学》发表于《精神哲学》之前，黑格尔在起草这部著作时，他对整个哲学体系的构想还没有成熟。而《法哲学原理》和一系列讲演录则发表在《精神哲学》之后，即在黑格尔已经制定了整个体系的轮廓之后，这种重复的意图在于使 1817 年出版的《哲学全书纲要》真正被扩充为《哲学全书》。

上面我们阐述了黑格尔本人在其哲学体系范围问题上的观点。现

---

① ［德］黑格尔：《逻辑学》上卷，杨一之译，商务印书馆 1982 年版，第 5 页注②。

在，我们再来看看马克思主义经典作家又是如何看待这个问题的。

恩格斯在《路德维希·费尔巴哈和德国古典哲学的终结》一书中说，"但是这一切并没有妨碍黑格尔的体系包括了以前的任何体系所不可比拟的巨大领域，而且没有妨碍它在这一领域中发展了现在还令人惊奇的丰富思想。精神现象学……逻辑学、自然哲学、精神哲学，而精神哲学又分成各个历史部门来研究，如历史哲学、法哲学、宗教哲学、哲学史、美学等等"①。在这里，恩格斯把《精神现象学》和《逻辑学》等并列起来，是否表明他把前者作为黑格尔体系的一个组成部分呢？这还很难断定。一方面，提到"黑格尔的体系"这段话和后面提到《精神现象学》的另一段话之间是用句号分开的；另一方面，从恩格斯的上下行文可以看出，他之所以在这里提到《精神现象学》，仅仅是为了说明黑格尔研究的领域很广泛。事实上，在严格的理论意义上加以论述时，马克思主义经典作家并不认为《精神现象学》应包括在黑格尔的哲学体系之中。如恩格斯在《大陆上社会改革运动的进展》一文中这样写道："黑格尔完成了新的体系。从人们有思维以来，还从未有过像黑格尔体系那样包罗万象的哲学体系。逻辑学、形而上学、自然哲学、精神哲学、法哲学、宗教哲学、历史哲学，——这一切都结合成为一个体系，归纳成为一个基本原则。"②在这里，恩格斯是以非常严格的、直接的方式来解释黑格尔的哲学体系的。他没有提到《精神现象学》，但却提到了《法哲学》和一系列讲演录。这个说法是完全合乎黑格尔的本意的。又如，马克思在 1844 年的巴黎手稿（即《1844 年经济学哲学手稿》）中说："试看一看黑格尔的体系。我们必须从黑格尔的'精神现象学'开始，'精神现象学'是黑格尔哲学的真正诞生地和秘密。"③马克思的这段论述也明确告诉我们，《精神现象学》是在黑格尔哲学体系之外的。

---

① 《马克思恩格斯全集》第 21 卷，人民出版社 1965 年版，第 310 页。
② 《马克思恩格斯全集》第 1 卷，人民出版社 1956 年版，第 588—589 页。
③ 马克思：《黑格尔辩证法和哲学一般的批判》，贺麟译，人民出版社 1955 年版，第 9—10 页。

综上所述，无论从黑格尔本人的意图来看，还是从马克思主义经典作家的评论来看，黑格尔哲学体系的真正范围应当包括：《逻辑学》《自然哲学》《精神哲学》，以及从《精神哲学》中发挥并扩展出来的《法哲学原理》和一系列讲演录——《历史哲学》《宗教哲学》《美学》《哲学史》等。这就是本文提出的既不同于第一种见解，又不同于第二种见解的第三种见解。

需要补充说明的是，不把《精神现象学》列入黑格尔哲学体系的范围并不意味着我们不重视它。事实上，不了解这一"诞生地和秘密"，也就不可能懂得他的哲学体系。由于本文的主旨仅在于客观地阐明黑格尔哲学体系的范围，其他问题只能另作探讨了。

黑格尔建立包罗万象的
哲学体系的积极意义[①]

　　我国哲学界有这样的一种观点，即黑格尔的哲学体系是消极的、保守的，其束缚乃至最终窒息了黑格尔哲学的丰富内容，尤其是黑格尔的辩证方法。

　　诚然，这一评价反映了黑格尔哲学体系的基本特征和倾向，但仅仅看到这一点是不够的。如果我们全面理解马克思主义的经典作家对黑格尔哲学体系所做的评价，那就应该还要看到黑格尔哲学体系的另一面——它的积极意义。本文拟着重谈谈这后一方面。笔者认为，只有在全面了解并把握黑格尔哲学体系的两个方面的基础上，才谈得上对它做出客观的、科学的评价。

　　黑格尔建立包罗万象的哲学体系的积极意义主要表现在以下四个方面。

　　第一，黑格尔的哲学体系并不仅仅是他的哲学的外在形式或框架，并不是可以和他的哲学的内容相分离的、可有可无的东西，而是他的哲学所固有的、根本的存在方式。

　　黑格尔在《逻辑学》中多次谈到亚里士多德举

---

① 　原载《社联通讯》1984 年第 5 期。——编者注

过的那个例子，即脱离了身体的手只是名义上的手，身体的各部分只有在其联系中，只有在整体中才具有生命力。他指出："哲学若没有体系（亦可译为'系统'——引者注），就不能成为科学。""哲学的内容，只有作为全体中的有机环节，才能得到正确的证明，否则便只能是无根据的假设或个人主观的确信而已。""真正的哲学是以包括一切特殊原则于自身之内为原则。"①在黑格尔看来，哲学要摆脱主观任意性或偶然性，要真正成为一门科学，就必须具有那种包罗万象的体系性或系统性。黑格尔还揭示了体系或系统的多层次性，他把哲学的每一部分都看作"一个自身完整的圆圈"，把哲学看作"许多圆圈构成的大圆圈"②。正是从这样的观点出发，黑格尔的《逻辑学》《自然哲学》《精神哲学》都是自成系统的。尤其是《精神哲学》，把人类学、现象学、心理学、法哲学、历史哲学、美学、宗教哲学、哲学史熔为一炉，内容极为丰富而又秩序井然。同时，《逻辑学》《自然哲学》《精神哲学》又结合为整个哲学的大体系或大系统。

从上述分析可知，体系化或系统化正是黑格尔哲学的一个根本特征。黑格尔的哲学体系绝不能被简单化为由"肯定——否定——否定之否定"这样无数的三段式构成的一个强制性的外在结构，而应当被看作他的哲学得以存在、得以实现的根本前提。没有黑格尔哲学体系这一"骨骼"，就根本谈不上黑格尔哲学内容的"血肉"。离开了这种体系性或系统性，机械地从黑格尔的哲学中抽出一些条条，加以编排，并声称这就是黑格尔的哲学，这种做法本身就是不理解黑格尔哲学的表现，就是用形而上学的方法去研究并阐述黑格尔的辩证法。

黑格尔关于体系化或系统化的思想对马克思主义的经典作家产生了重大的影响。马克思的《资本论》就借鉴了《逻辑学》的体系方式，以致列宁告诫我们，不读黑格尔《逻辑学》就根本不会懂得马克思的《资本论》。

----

① ［德]黑格尔：《小逻辑》，贺麟译，商务印书馆 1980 年版，第 56 页。
② 同上书，第 56 页。

总之，黑格尔的哲学思想，尤其是辩证方法只有在其包罗万象的、宏大的体系之内，才能得到完整的、系统的表述。这正是黑格尔建立其庞大的哲学体系的积极意义之一。如果撇开系统性或体系性去理解他的哲学，那就根本不可能从整体上去把握它，并借鉴它的合理思想。

第二，黑格尔为了建立包罗万象的、统一的哲学体系，必然要致力寻求一种能当此重任的方法。这种方法应当具有怎样的特征呢？首先，它必须承认一切事物都是普遍联系的，相互转化的。如果不承认这一点，就根本不可能把各种不同的学科，如自然哲学、法哲学、美学、宗教等结合成一个有机的整体；其次，它必须承认一切事物都处在发展变化中，而这种发展变化的动力则在这个无所不包的整体之内。因为黑格尔从来不脱离历史来研究各门学科。他提出的历史与逻辑一致的思想就是力图把史和论结合起来。如在宗教中讲宗教史，在美学中讲美学史，在哲学中讲哲学史。发展变化对于他的学说来说，是须臾不可分离的。

一是普遍联系和转化，二是自身力量推动下的发展变化（即矛盾运动），这正是辩证法的基本内容。可见，黑格尔的辩证法并不是凭空产生的，它并不是体系的绝对的对立物；它本身不过是体系的一种体现，是体系的客观需要的产物。正如恩格斯指出的："这种近代德国哲学在黑格尔的体系中达到了顶峰，在这个体系中，黑格尔第一次——这是他的巨大功绩——把整个自然的、历史的和精神的世界描写为一个过程，即把它描写为处在不断的运动、变化、转变和发展中，并企图揭示这种运动和发展的内在联系。"[1]

第三，黑格尔建立包罗万象的哲学体系的尝试使他的哲学暗含着经验主义和唯物主义的成分，从而和客观世界保持着密切的联系。黑格尔哲学的根本倾向是客观唯心主义，这是我们首先必须看到的。但问题的另一方面也同样不可忽视，即黑格尔所说的客观思想或客观概念从来就不是抽象的普遍，而是具体的普遍。

---

[1] 《马克思恩格斯全集》第 20 卷，人民出版社 1971 年版，第 26 页。

事实上，黑格尔从来就不是一个把自己禁锢在书斋中的学究，他始终是一个现实主义者。他对社会现实及法律、道德、宗教、自然科学的大量研究，使他不可避免地要受到现实的、客观世界的影响。如他在《精神现象学》中谈到的"主奴关系"，在《法哲学原理》中谈到的"凡是合理的都是现实的，凡是现实的都是合理的"命题都和现实密切相关。正是在这个意义上，恩格斯说过，随着自然科学和工业的日益强大而迅速的发展，"唯心主义体系也愈来愈加进了唯物主义的内容，力图用泛神论的观点来调和精神和物质的对立；因此，归根结底，黑格尔的体系只是一种就方法和内容来说唯心主义地倒置过来的唯物主义"①。列宁也一再肯定黑格尔哲学"唯物主义近在咫尺"②，已经有历史唯物主义的萌芽。

黑格尔哲学之所以暗含着经验主义和唯物主义的成分，这和他建立包罗万象的哲学体系的尝试是密切相关的。正是这种尝试迫使黑格尔去研究现实，去接触大量的经验材料。如果黑格尔不做这样的尝试，不深入地探讨各门具体的科学，而只停留在抽象的思辨中的话，他的学说是不可能和现实保持平行的。正是黑格尔哲学体系中包含的大量经验主义和唯物主义的成分，才使马克思主义经典作家对其哲学所做的"头足倒置"的改造成为可能，才使唯物史观的诞生具备了一定的理论前提。

第四，黑格尔建立包罗万象的哲学体系的过程，并不只是把具体科学的思想概括为哲学原则的单向的、上升的过程，同时也是用哲学思想去统率、指导各门具体科学研究的下降过程。

在《路德维希·费尔巴哈和德国古典哲学的终结》一书中，恩格斯虽然批判了黑格尔哲学体系的保守的、消极的一面，但也充分肯定了他建立体系的尝试的积极意义。恩格斯特别指出，在历史哲学、法哲学、宗教哲学、哲学史、美学等所有这些不同的历史领域中，黑格尔力求找出并指出贯穿于这些领域中的发展线索，"所以他在每一个领域中都起了

---

① 《马克思恩格斯全集》第 21 卷，人民出版社 1965 年版，第 318 页。
② 列宁：《哲学笔记》，中共中央马克思恩格斯列宁斯大林著作编译局译，人民出版社 1960 年版，第 252 页。

划时代的作用"①。比如，在《自然哲学》中，黑格尔批判了康德时空观中的主观唯心主义成分和牛顿时空观中的形而上学的倾向，提出了时空和运动着的物质不可分离的思想。黑格尔通过思辨哲学所猜测的时空模式和后来爱因斯坦用曲面几何学解释引力运动时所依据的那种时空模式都包含有类似的辩证法的因素；又如，黑格尔批判了形而上学的"热质说"，提出了热来源于物体内部振动的思想，有些哲学家认为，黑格尔的这一思想预示了热力学第二定律的诞生；又如，黑格尔既批评了光的波动说，又批判了光的粒子说，主张光的传播应是连续性和间断性的统一，这种猜测也可以说是 20 世纪物理学家提出的光的波粒二象性的思辨预见。在《历史哲学》中，黑格尔关于历史发展有内在规律的论述，关于时代和伟人关系的论述，关于理性和热情关系的论述，关于实践、工具、需要之间的关系的论述，都具有重大的理论意义。正是在建立起庞大的哲学体系的过程中，黑格尔涉猎了各个领域，并提出了许多宝贵的、对各门学科的研究有重大推进作用的思想。也正是在这个意义上，恩格斯说："总之，哲学在黑格尔那里终结了：一方面，因为他在自己的体系中以最宏伟的形式概括了哲学的全部发展；另一方面，因为他（虽然是不自觉地）给我们指出了一条走出这个体系的迷宫而达到真正地切实地认识世界的道路。"②

综上所述，我们认为黑格尔哲学体系具有两重性。既有保守的、落后的一面，又有积极的、进取的方面。尽管黑格尔哲学体系的主导方面是保守的、神秘主义的，但黑格尔哲学体系的另一个方面也不可忽视。

---

① 《马克思恩格斯全集》第 21 卷，人民出版社 1965 年版，第 310 页。
② 同上书，第 311 页。

我国的黑格尔研究评述①

　　在西方哲学史上，黑格尔哲学的影响是无与伦比的。马克思主义经典作家历来重视对它的研究。19世纪六七十年代，当整个德国思想界把黑格尔看作"一条死狗"而乱轰乱打的时候，马克思却公开宣布自己是这位大思想家的学生，恩格斯把黑格尔的哲学比作一个隐藏着无数珍宝的"大厦"，列宁则主张成立"黑格尔辩证法唯物主义之友协会"来推动、促进黑格尔哲学的研究。

　　马克思主义经典作家对黑格尔思想遗产的高度重视，成了我国黑格尔研究的重要推动力。从宏观上看，我国黑格尔研究大致可以划分为两个阶段：第一阶段，从新中国成立到"文化大革命"前，我们姑且称为"黑格尔研究的过去"；第二阶段，从1976年到目前（1984年），可称为"黑格尔研究的现在"。如果行将出现第三阶段的话，那就只能称为"黑格尔研究的未来"了。

---

　　① 原载《复旦学报（社会科学版）》1984年第5期。收录于俞吾金：《俞吾金集》，黑龙江教育出版社1995年版，第328—338页。——编者注

一、黑格尔研究的过去

记得马克思曾经说过，已经发育的身体是比细胞更容易研究的。在这个意义上，可以说描述黑格尔研究的过去反而是一件困难的事情，因为当时的研究还刚刚起步。

黑格尔哲学早在 20 世纪初就传入了中国。但在旧中国，研究者寥若晨星，直到 1949 年后，这种局面才有了根本的改变。

到"文化大革命"前，研究者做了大量的翻译、介绍工作：出版了贺麟、杨一之先生等翻译的《小逻辑》《逻辑学》上卷、《精神现象学》上卷等九部著作，有五部研究专著和五十多篇研究论文问世，着重介绍黑格尔的基本思想，并对其主要著作如《精神现象学》《逻辑学》《自然哲学》《法哲学原理》《哲学史讲演录》《美学》等做出述评。其中，张世英先生的《论黑格尔的哲学》(1956)和《黑格尔〈精神现象学〉述评》(1962)这两本著作是国内读者了解黑格尔哲学的重要启蒙读物。在介绍黑格尔基本哲学思想的基础上，这个时期主要围绕着逻辑学中的辩证法、认识论中的真理和实践，以及主要体现本体论意义的思维与存在同一性问题进行了比较深入的研究和讨论。

在逻辑学中辩证法的问题上，主要探讨了黑格尔关于对立统一规律、质量互变规律、否定之否定规律(包括圆圈式的发展)、范畴关系等基本论述，探讨了黑格尔对诡辩、形式逻辑的批判性论述，他的辩证法和体系之间的关系，及其辩证法的历史地位问题。正如马克思主义的创始人早就指出的那样，黑格尔的辩证法归根结底表现为概念的辩证法、范畴的辩证法。范畴的特征、关系、变化构成了黑格尔逻辑学的中心课题。姜丕之和汝信先生合著的《黑格尔范畴论批判》一书非常敏锐地抓住了这个中心课题，对黑格尔《逻辑学》中的辩证法进行了比较深入的、系统的思考和研究。该书认为，在古希腊哲学家中，亚里士多德对范畴做了最系统、最深刻的研究，他第一次对范畴进行了分类并列举出了实体、数量、性质等十大范畴，但亚氏的范畴理论总的说来是以形式逻辑为基础的，范畴之间缺乏内在的联系。康德建立了先验唯心论的范畴体系，发现了理性在运用知性范畴去认识超验的本体时所必然陷入的矛盾，这是他对范畴理论的重大发展和贡献。但是，康德的范畴是列举而不是推演出来的，是主观而不是客观的，它还没有越出形式逻辑的窠臼。黑格尔批判地总结了前人的思想成果，以客观唯心主义为前提，创立了辩证的范畴理论。他认为，范畴不光是主观的，也是客观的，是客观事物的核心和本质，范畴并不处在僵硬的、非此即彼的对立中，而是相互转化，处在普遍的联系中。黑格尔把这样的范畴称作"客观概念"或"具体概念"，并把它的发展和认识史的发展统一起来，从而建立了历史上最大的客观唯心主义的范畴体系。通过历史的考察，该书为我们理解黑格尔哲学提供了一把钥匙。

对于黑格尔认识论中的真理和实践问题，主要探讨了实践概念中目的、手段、主体、客体诸要素之间的关系，以及实践和认识、真理之间的关系问题。正如范畴是黑格尔《逻辑学》中的中心课题一样，实践则是黑格尔认识论中的中心课题。在康德那里，认识和实践是分离的，费希特力图把两者统一起来，他的"自我"不仅是认识的主体，也是实践和行动的主体，在这个意义上，他把自己的哲学称为"实践哲学"，谢林也主张把"理论活动"和"实践活动"统一起来，但这个统一的产物——绝对——却是一种无差别的、抽象的东西。而黑格尔把真理或绝对理念理解为一个发展的过程，在这个过程中，实践是一个不可或缺的环节。在《逻辑学》中，实践这一概念正出现在"认识的理念"向"绝对理念"的过渡中。为此，黑格尔把"绝对理念"规定为"理论观念和实践观念的统一"。他的实践观既揭示了认识和实践之间的辩证统一，又猜测到了实践是检验真理的标准，从而彻底扬弃了康德的不可知论。当然，黑格尔把活生生的人类实践活动曲解为抽象思辨的逻辑范畴的推演和狭隘的"善"，这正是他的实践观的局限性。

对于思维和存在的同一性问题，争论比较激烈。一种意见认为，黑格尔的思维与存在同一的学说虽然是唯心的，但包含着重要的认识论意义和方法论意义，它在批判康德的不可知论中起着进步的作用。另一种意见则单纯从本体论意义上来理解黑格尔的思维与存在同一的学说，认为它是无任何积极意义的唯心主义的神秘主义的东西。贺麟、张世英、姜丕之、汝信先生等代表了第一种意见。这里特别要提到的是贺麟先生的论文《批判黑格尔论思维与存在的统一》(1960)。该文深入地剖析了黑格尔与近代唯物主义、与贝克莱，尤其是与康德的关系，令人信服地指出，黑格尔的思维和存在同一学说的积极意义和历史贡献在于：一方面，他通过有限与无限、现象和本质、特殊和普遍等范畴的关系使思维和存在达到了辩证的统一，从而扬弃并超越了康德的消极的理性矛盾说；另一方面，黑格尔引进实践概念作为思维和存在统一的中介物，这就彻底地破除了康德的二元论。该文的意义在于，它实际上是把第一阶段探讨的三大问题紧密地联系起来了，从而也就对第一阶段的黑格尔研究做了某种程度上的总结。

应当指出，马克思主义经典作家对黑格尔的社会政治思想也是比较重视的，但由于苏联学术界在这方面所持的片面的乃至错误的观点，对我们产生了不良影响。这种影响主要表现为：(1)把哲学史简单地理解为唯物主义和唯心主义、进步阶级和反动阶级的斗争史；(2)由此出发，又把整个德国古典哲学，尤其是黑格尔哲学错误地理解为德国贵族对法国资产阶级革命的反动。这样一来，对黑格尔社会政治思想的研究实际上成了国内的一个限制区。

总之，在这个阶段中，研究黑格尔的面还是比较窄的，同时，讨论基本上是"静态"的，即未考察黑格尔哲学思想本身的发展和演变，因而在深度上是不够的。

二、黑格尔研究的现在

在第二阶段中，除一些早期著作及中期、晚期的《精神哲学》和《宗教哲学》外，黑格尔的主要著作都已翻译出版，总数达十七部之多。在短短8年中，已出版（包括修订后再版）专著十部，研究论文一百五十多篇。近几年来，贺麟先生主持的"黑格尔全集编译委员会"已着手进行工作，张世英先生主编的《黑格尔辞典》已开始发表部分试写条目，姜丕之、汝信先生主编的专刊《黑格尔研究》也即将问世（即已问世的《康德黑格尔研究》）。实际情况表明，我国的黑格尔研究在深度上有了明显的进步。第一阶段提出的一系列课题得到了系统的、深入的研究，同时，在广度上也有了较大的发展，除了第一阶段所着重讨论的三大问题外，第二阶段又开拓出许多新的课题，如黑格尔的异化观、政治观、历史观、宗教观及黑格尔哲学形成和发展的广阔的义化背景等，对黑格尔的学说不仅从横断面上静态地加以考察，而且开始做纵向的、动态的考察，特别是黑格尔的早期思想越来越引起人们的重视。归纳起来看，这个阶段的黑格尔研究主要探讨了以下四大问题。

1. 关于逻辑学、本体论、认识论及其内在联系问题的研究

它主要是围绕《逻辑学》而展开的，但和第一阶段比较，无论总体上还是局部上都大大地深化了。从总体上看，姜丕之先生的《黑格尔〈小逻辑〉浅释》《黑格尔〈大逻辑〉选释》分析透彻，解释周详，对读者把握《逻辑学》的基本精神具有指导作用。张世英先生的《黑格尔〈小逻辑〉译注》取材宏富，注释精到，体现了逻辑学研究的新的深度；特别是他修订后再版的《论黑格尔的逻辑学》一书，不仅总结了作者近30年来黑格尔研究的心得，而且对1949年以来的逻辑学研究进行了较为系统的总结。该书从《小逻辑》中黑格尔对哲学史上思维和存在关系的三种态度（形而上学、经验主义和批判主义、直接知识论）的批评出发，完整地阐述了

黑格尔关于思维与存在同一的学说，认为黑格尔的这一学说主要有三层意思：(1)存在即思维；(2)思维是主，存在是从，两者可以相互转化；(3)思维存在同一是一个矛盾发展过程。该书还从分析"具体概念"着手，对黑格尔在逻辑学中阐述的矛盾规律、质量互变规律、否定之否定规律、范畴的辩证关系、真理的具体性等做了科学的总结。尤其重要的是，该书对黑格尔逻辑学中逻辑、认识、本体论三者一致思想的探讨，不仅一般地接触到了三者的内在关系问题，而且实际上触及了黑格尔哲学的最核心、最根本的问题；没有这三者的统一，黑格尔的唯心主义的、辩证的思维与存在的同一说根本无从产生。关于探讨这个问题的意义，我们在下面还要论及。

从局部上看，对逻辑学、本体论、认识论的探讨也取得了许多新的进展，如对黑格尔的"世界精神""绝对概念"的意义、系统思想及中介、反思等概念的探讨，对黑格尔的实践观的发展线索及辩证逻辑的探讨等。特别需要提到的是，关于黑格尔辩证法与其哲学体系的关系问题的讨论是循着两条不同的线索逐步发展并深化的：一是黑格尔的方法和体系之间的关系是完全对立的，还是基本一致的，抑或是既相一致又相对立的？二是黑格尔哲学体系的范围究竟是什么？它是否就是《哲学全书纲要》抑或包含着更多的著作？还有，黑格尔的哲学体系到底是不是封闭的，是不是终结了历史的发展？在这方面，必须提到薛华先生的专著《黑格尔对历史终点的理解》。该书特别通过对《哲学全书纲要》最后几节内容的分析，得出了黑格尔的体系既是封闭的又是开放的，黑格尔并不承认历史发展有终点的结论。

2. 关于黑格尔早期思想的研究

这主要是围绕以下三个课题展开的。一是青年黑格尔的劳动和"异化"的观点。汝信先生在《青年黑格尔关于劳动和异化的思想》(1978)一文中认为，"异化"作为一个哲学问题首先是在黑格尔的哲学中得到深入探讨的，特别是在《精神现象学》中，"异化"是作为最重要的哲学范畴而出现的。但在该书出版以前，青年黑格尔已经提出了劳动和"异化"的思想，它是在黑格尔研究经济学问题时逐步形成的，在早期著作《伦理体系》和《实在哲学》中得到了比较集中的阐发。该文认为，黑格尔关于劳动和工具关系的论述、关于劳动在人的形成过程中的决定性作用的论述、关于劳动两重性的论述、关于随着劳动和分工的发展所产生的"异化"现象的分析，是其早期著作中最精彩的篇章之一，它表明青年黑格尔以唯心的、歪曲的形式猜测到了资本主义生产所特有的深刻的矛盾。二是青年黑格尔的宗教观。汝信先生在《青年黑格尔对神学的批判》(1978)一文中，对诺尔整理编成的《黑格尔早期神学著作》一书进行了全面的评述。该文认为，青年黑格尔对实证化了的基督教神学进行了激烈的批判，控诉了基督教剥夺人的道德自主性，践踏人的尊严，蔑视人的理性能力的种种罪行，并精心地塑造了一个具有浓厚的康德伦理观色彩的、推崇理性的"耶稣"来抒发自己的启蒙思想，抒发自己对自由的追求。当然，作为一个唯心主义者，青年黑格尔没有也不可能达到战斗的无神论的水平。薛华先生的专著《青年黑格尔对基督教的批判》(1980)着重剖析了基督教的"实定性"（或译实证性），即它的法定性、强制性、奴役性和压迫性，认为青年黑格尔的杰出贡献在于，他对基督教的批判达到了相当的深度。三是青年黑格尔的政治观。汝信先生在《青年黑格尔的社会政治思想》(1978)一文中系统地考察了青年黑格尔从斯图加特中学、图宾根神学院到《精神现象学》出版前那段时间的政治观点的发展，着重剖析了法德启蒙思潮、法国大革命对他的重大影响，从而显示出青年黑格尔的政治思想具有鲜明的、激进的革命倾向。对青年黑格尔的研究，大大开阔了人们从总体上把握其哲学的实质和阶级倾向的思路。

3. 关于黑格尔和其他哲学家或思想家的关系的研究

人们通过他同康德、歌德、席勒、莱辛、费希特、谢林、荷尔德林、费尔巴哈、马克思等人之间关系的考察，力图从广阔的、错综复杂的、历史地发展着的文化背景中去揭示黑格尔哲学的实质。这种发散式的研究是完全必要的。

4. 关于成熟期的黑格尔的政治、伦理、历史、宗教等学说的研究

这主要是围绕以下四大观点而展开的：

(1)政治学说中的革命观。研究者着重探讨了黑格尔和法国大革命的关系。贺麟先生的论文《黑格尔的时代》(1978)在这方面做了精辟的分析。该文认为，黑格尔对法国大革命及法国大革命原则的传播者——拿破仑始终抱同情的态度，但其根本的政治主张是"人民与贵族阶级的联合"，这表明黑格尔的革命观是不彻底的，反映了那个时代的德国资产阶级所特有的软弱性。

(2)法哲学中的国家观。研究者主要探讨了黑格尔关于国家实质、国家与市民社会的关系等问题，认为黑格尔国家观的主要倾向是反封建的、进步的，但也不可忽视其与封建主义妥协的、反民主的另一面。

(3)历史哲学中的自由观。自由是黑格尔历史哲学中的一个中心概念，黑格尔对不同历史时期的划分就是根据自由意识的不同程度来进行的，其杰出之处在于，他继承了维科关于历史发展有规律的思想，把自由理解为对历史必然性的意识。这一观点集中地显露出历史唯物主义的萌芽。

(4)宗教哲学中的上帝观。宗教哲学历来是黑格尔研究中的薄弱环节。有的同志撰文认为，应当研究黑格尔宗教哲学中的积极内容，指出对他所说的"上帝"历来误解甚多。其实，他的"上帝"是精神性的东西，是对象化了的人的理性、自我意识。黑格尔哲学既有调和理性与宗教的一面，又有用理性过滤宗教的另一面，对后者我们应当有充分的评价。

除了上述主要课题之外，这个阶段的黑格尔研究还广泛涉及黑格尔的自然哲学、哲学史及美学中的人物性格、悲剧、情致等问题，甚至涉及黑格尔和中国哲学的关系问题，显示出我国当前的黑格尔研究的繁荣和兴盛。

三、黑格尔研究的未来

我国未来的黑格尔研究将会朝什么方向发展呢？要回答这个问题，首先就要从总体上对我国 35 年(1949—1984)来的黑格尔研究的得失做出中肯的评价。而要做到这一点，绝非轻而易举之事，有待于研究者们的共同探讨。

在这里，笔者就此提出以下粗浅的看法："得"主要表现在我们自始至终紧紧抓住了黑格尔哲学的灵魂和核心——逻辑学，抓住了黑格尔哲学的"合理内核"——辩证法，这样，我们就不会在黑格尔的浩如烟海的著作中迷失方向；"失"则主要表现为：(1)忽视了对黑格尔的早期著作及晚期的《精神哲学》《宗教哲学》的研究，这和翻译工作的落后密切相关，更和我们对黑格尔社会政治思想不够重视有关；(2)忽视了对黑格尔和当前西方哲学思潮的关系的研究，广而言之，忽视了后黑格尔的研究；(3)忽视了对新材料(如新发现的黑格尔的日记、著作、讲课笔记等)的研究，信息趋于老化。为了克服上述不足之处，我认为今后的黑格尔研究似应做到以下四个面向。

1. 面向当代

当代西方的各种哲学思潮几乎都是从反黑格尔起步的，这在西方被称作"非黑格尔化"(dehegelization)。比如，怀特认为："几乎二十世纪的每一种重要的哲学运动都是以攻击那位思想庞杂而声名赫赫的十九世纪的德国教授的观点开始的，这实际上就是对他加以特别显著的颂扬。我心里指的是黑格尔。"[①]这是需要我们加以深思的问题。对黑格尔和当代关系的研究有两个重点。一是新黑格尔主义。应当深入研究格林、布

---

① [美]M. 怀特：《分析的时代——二十世纪的哲学家》，杜任之主译，商务印书馆1981 年版，第 7 页。

拉德雷、罗伊斯、克罗齐、克罗纳、格洛克纳等新黑格尔主义的著名代表人物的思想，也应当熟悉当代黑格尔研究专家如芬德莱、考夫曼、伊波利特等人的思想。二是"西方马克思主义"。不少"西方马克思主义"者都十分重视对黑格尔哲学的研究，如卢卡奇的《青年黑格尔》、马尔库塞的《理性与革命》、科莱蒂的《马克思主义和黑格尔》等。显然，不了解黑格尔对当代的影响，不熟悉国外当代人士对黑格尔哲学的评价，必然会妨碍我们研究的深入。

2. 面向新材料

近几十年来，随着黑格尔手稿和听课笔记的不断发现，人们对他的哲学观点，尤其是社会政治观、历史观的看法和评价正在改变。对这些新材料，我们应组织力量尽快地翻译出来，以利于研究者进行比较研究。

3. 面向薄弱环节

从著作上看，要加强对黑格尔的早期著作和中晚期的《精神哲学》《宗教哲学》的研究；从观点上看，要加强对黑格尔的经济、心理、语言、社会、伦理、宗教、政法等思想的研究。在这些方面，国外的学者已出版了不少专著，但他们对黑格尔这些思想的研究往往又带有某种片面性。如卢卡奇的《青年黑格尔》就过分夸大了黑格尔经济思想的合理性，这就需要我们运用马克思主义的观点加以分析、澄清。但也要看到，他们研究问题的角度对我们还是有启发的。我们应当扩大视野，不断开拓未知领域。

4. 继续面向逻辑学

在马克思主义看来，逻辑学是黑格尔哲学的灵魂和核心，也是黑格尔最富于独创性的一部著作。以前，西方研究黑格尔的学者一般都比较轻视逻辑学，但近年来这种局面正在改变。这再次提醒我们，对逻辑学这个研究重点是不能轻易放弃的。在这项研究中，不但要在细节上下功夫，搞清楚黑格尔基本论述的确切含义，而且更要在宏观上下功夫，以便把握住逻辑学乃至黑格尔整个哲学的总的精神。要达到后一点，就必须深入研究黑格尔关于逻辑、认识、本体论相一致的思想，把它看作黑格尔建立自己庞大的客观唯心主义体系的根本原则。近年来，有些同志认为黑格尔哲学的重心是认识论，未免失之偏颇。其实，正是有赖于上述三者的统一，黑格尔才可能达到思维和存在的唯心的，然而辩证的，以实践为中介的统一，从而超越康德的不可知论、费希德的主观唯心主义和谢林的直觉主义，建立起自己独特的哲学体系。如果进一步深入思考下去的话，还会发现，这三者统一的基础或共体是黑格尔在逻辑学中提出的"客观概念"或"具体概念"。因为他经常使用的"绝对精神""理念""绝对理性""普遍的自我"等，最后都可以还原为"具体概念"。"具体概念"既是万物的本质和核心，又是逻辑学研究的对象和目标，更是认识的最高能力——"肯定的理性"的不可或缺的工具。沿着"三者统一"——"具体概念"的方向深入研究下去，将有可能使我们从宏观上揭示逻辑学的本质乃至黑格尔哲学的整体结构及各部分之间的内在联系。这正是姜丕之、汝信先生合著的《黑格尔范畴论批判》和张世英先生的《论黑格尔的逻辑学》为我们提供的一个重要启示。

可以预期，以马克思主义为武器的中国学者在"双百"方针的推动下，定会把黑格尔研究提高到一个崭新的水平！

皮亚杰的主体—客体观及其认识论意义[①]

　　主体—客体理论是当代认识论的中心课题。这一课题的解决直接关系到认识的起源、认识发展的规律、认识和实践的关系等问题的解决。瑞士心理学家、哲学家皮亚杰对此提供了一系列富有独创性的见解。运用马克思主义的观点分析皮亚杰的理论，借鉴和吸取其合理的思想，批判其偏颇之处，对于认识论研究的深化是有一定价值的。

一、主体的主动性

　　皮亚杰所考察的主体和传统认识论所考察的主体有一个明显的区别。后者一般指具有成熟的逻辑思维能力的成年人，前者则主要指从出生到十五六岁的儿童，其出发点则是儿童期的主体在心理特征、生理特征和认知机能方面与成年人之间存在着的重大差别。光从皮亚杰所研究的主体的年龄特征就可以看出，他的理论直接弥补了传统认识论研究的空白。

　　皮亚杰认为，主体最本质的特征是主动性，

[①]　原载《江海学刊》1984 年第 5 期。——编者注

主动性是主体的全部活动及活动的相互协调的根本前提："任何两种活动取得协调的前提是主动性，这种主动性超越于外界客体与主体自身之间的那种直接的、行为上的相互作用之上。"①皮亚杰所说的主体的主动性和马克思主义认识论强调的主观能动性在意义上是十分接近的，他的新贡献在于运用实证科学提供的成果，引进一整套崭新的规范，具体地论述了主动性在主体的心理机制、生理机制和社会化过程中的表现和作用。这就使我们对主体这一根本属性的理解大大地深化了。

首先，主动性在主体心理机制中的表现和作用。以休谟为代表的经验主义心理学派和以后的行为主义者、反射论者都把"联想"看作主体心理机制的最本质的表现。按照这种见解，认识被归结为对外部刺激的机械的反应和简单的摹写，这实际上把主体心理机制的主动性完全取消了。皮亚杰不同意这一看法，他认为主体的主要心理机制"不是联想而是同化"②。联想和同化这两个概念是有重大区别的："联想这个概念只是指被联系起来的东西之间的外在联结，而同化概念则是指把给定的东西整合到一个早先就存在的结构之中，或者甚至是按照基本格局形成一个新结构。"③主体的心理机制包括格局、同化、顺应、平衡四大机能。在这些机能中，皮亚杰特别重视同化，认为它是主体心理机制主动性的集中表现。在他看来，经验主义者所说的纯粹经验是根本不存在的，事实只有被主体同化了的时候才能为主体所掌握。也正是在这个意义上，皮亚杰指出："知识主要是一种动作的和运算的同化作用。"④

皮亚杰还小心地区别开两种不同的同化形式。一种是感知运动阶段的同化形式。这种形式又可细分为"再生性同化"（在同一场合下对同一客体重复同一动作）、"再认性同化"（在同一场合下对不同的客体重复同

---

① ［瑞士］皮亚杰：《发生认识论原理》，王宪钿译，商务印书馆 1981 年版，第 24 页。

② ［瑞士］J. 皮亚杰、B. 英海尔德：《儿童心理学》，吴福元译，商务印书馆 1980 年版，第 6 页。

③ ［瑞士］皮亚杰：《发生认识论原理》，王宪钿译，商务印书馆 1981 年版，第 25 页。

④ ［瑞士］J. 皮亚杰、B. 英海尔德：《儿童心理学》，吴福元译，商务印书馆 1980 年版，第 24 页。

一动作)和"概括性同化"(在不同的场合下对不同的客体重复同一动作)。"概括性同化"已蕴含着非常简单的、初步的抽象作用,但总的说来,这一阶段同化的特点是主体完全不能脱离客体而活动,这表明主体心理机制的主动性最初只发挥着极有限的作用。另一种是儿童进入具体运演阶段,尤其是形式运演阶段后逐步建立起来的概念的同化。这种同化形式"促使主体摆脱对当前情境的依赖性,使主体有能力以大得多的灵活性和自由对客体进化分类、排列、排定序列、建立对应关系等等"①。这就告诉我们,即使对同一主体来说,他的心理机制的主动性或主观能动性也不能笼统地加以谈论,而必须区别开不同的年龄时期,分析其不同的特点和作用。只有这样,才能对主体在行动和认识中的能动性做出明确的说明。

其次,主动性在主体生物学机制上的表现和作用。拉马克的经验主义认为,主体(有机体)对环境只起着消极的刺激——反应作用。根据这种观点,主体在生物学机制方面的主动性就完全被取消了,成了环境的单纯的附属品。皮亚杰尖锐地批判了这种观点:"拉马克学说主要缺乏的是关于变异和重新组合的内在能力的概念,以及关于自我调节的主动能力的概念。"②在皮亚杰看来,主动性在主体生物学机制上的集中表现就是自我调节。自我调节是皮亚杰在控制论的启发下提出的一个重要概念,它是主体机制的重要的内源因素,也是生命组织的最基本的特征。它存在于有机体功能作用的各个水平上,从染色体组起,直到行为领域为止。正是这种自我调节作用,主动地、不断地协调着机体和环境之间的关系,从而为主体的同化、顺应、平衡等诸心理机制提供了生物学基础。通过自我调节这一概念,皮亚杰充分强调了主体作为机体的主动性,但他坚决反对把自我调节看作天生的东西。他认为,自我调节虽然左右着遗传特征的传递,但其本身并不遗传下去。它是在主体和环境的

---

① ［瑞士］皮亚杰:《发生认识论原理》,王宪钿译,商务印书馆 1981 年版,第 32 页。
② 同上书,第 60 页。

交互作用中逐步发展并成熟起来的，它本身的强弱和机体的生长、发育，特别是神经系统和内分泌系统的成熟有着直接的关系。因此，应当结合个人的生长史，被历史地、具体地加以考察。

皮亚杰对主体生物学机制方面的主动性的论述是有重要意义的。实际上，也只有在理解机体活动的奥秘的基础上，才能对主体在认识和行为中表现出来的主动性、对主体和客体之间的关系做出合理的说明。正如列宁指出的，"如果要研究逻辑中主体对客体的关系，那就应当注意具体的主体(＝人的生命)在客观环境中存在的一般前提"①。

最后，主动性在主体社会化过程中的表现和作用。旧唯物主义的认识论尽管在一定程度上注意到了主体的社会属性，但通常把主体的社会化看作社会生活对主体的认识和活动所产生的单方向的影响。马克思主义的认识论克服了这一缺陷，看到了社会环境的改变和人的活动的一致性。皮亚杰在这方面也得出了与马克思主义的认识论相接近的结论。他认为："个体对社会化所作出的贡献正如他从社会化所得到的同样多……即使在主体似乎非常被动的社会传递例如学校教育的情况下，如果缺少儿童主动的同化作用，这种社会化作用仍将无效。"②皮亚杰在这方面是有贡献的，有的学者甚至认为："皮亚杰体系的重要方面，在于强调社会相互作用是认知发展的一个必要条件。"③

根据皮亚杰的看法，儿童对他周围的社会世界所施加的这种主动的作用是通过主体的活动(主要是游戏)来进行的，而他活动的动机并非是适应现实，恰恰相反，是"通过同化作用来改变现实，以满足他自己的需要"④。正如列宁所说："世界不会满足人，人决心以自己的行动来改

---

① 列宁：《哲学笔记》，中共中央马克思恩格斯列宁斯大林著作编译局译，人民出版社 1974 年版，第 217 页。

② ［瑞士］J. 皮亚杰、B. 英海尔德：《儿童心理学》，吴福元译，商务印书馆 1980 年版，第 117 页。

③ 陈孝禅等：《皮亚杰学说及其发展》，湖南教育出版社 1983 年版，第 95 页。

④ ［瑞士］J. 皮亚杰、B. 英海尔德：《儿童心理学》，吴福元译，商务印书馆 1980 年版，第 46 页。

变世界。"①作为认识和活动主体的人（不管是成年人，还是儿童）不仅生活在社会中，受社会的制约，更重要的是，主动地改变着社会，改变着周围的现实。这充分体现了主体在社会化过程中的主动性。也正是在这一思想的基础上，皮亚杰坚决反对由社会到人的单方向信息传递的旧的教育方法。他深刻地指出："传统教育方法与新的教育方法的对立乃是被动性与主动性的对立。"②为此，皮亚杰主张让儿童多做实验，多进行主动的操作，以便充分发挥他们在社会化过程中的能动性，使智力得到迅速的发展。

总之，皮亚杰充分强调了主体的主动性，但又力图避免得出唯心论的结论，这就使他的立场自发地和马克思主义认识论的立场接近起来。如果说，皮亚杰是通过对个体的人的考察来阐明主体的能动性的，那么马克思主义的经典作家则是从宏观上、从社会总体上来阐明主体的能动性的。因此，在马克思主义的学说中，主体的能动性有着更为深刻、更为丰富的内容（它首先表现为无产阶级改造旧社会的群体性的革命活动），这显然是皮亚杰的主体理论所无法与之比拟的。

二、客体的相关性

皮亚杰不但认为，客体作为人的认识和行为的对象，是不依赖于我们而存在的，而且强调了客体的相关性，即客体始终是和主体相对相关，不可分割地联系在一起的。客体的相关性主要表现在以下三个方面。

（1）客体是被主体建构成的。皮亚杰十分肯定地说："客体首先只是

---

① 列宁：《哲学笔记》，中共中央马克思恩格斯列宁斯大林著作编译局译，人民出版社 1956 年版，第 229 页。

② ［瑞士］让·皮亚杰：《教育科学与儿童心理学》，傅统先译，文化教育出版社 1981 年版，第 138 页。

通过主体的活动才被认识的，因此客体本身一定是被主体建构成的。"①
这就好像哥伦布在航海时发现美洲一样。美洲在被哥伦布发现之前虽然
早已存在着，但那时它还不是和认识主体——人类(实际上指欧洲人)相
对应的客体。作为客体，它是被人类命名并建构起来的。建构是皮亚杰
认识理论的一个中心概念，也是他和其他结构主义者不同的地方。在皮
亚杰看来，光讲结构还不行，因为结构是静态的，而建构则具有动态的
含义。把建构和结构结合起来，就更突出了主体的主动性及主客体之间
的相关性。所谓客体被主体建构，就是主体把"运演结构应用到客体身
上，并把运演结构作为我们能达到客体的那种同化过程的构架"②。客
体被主体建构的过程，也就是客体被主体同化并被纳入其先有的格局的
过程。总之，没有主体的干预和建构，客体是不可想象的，客体始终是
作为主体的相关物而被认识的。

（2）客体具有不可穷尽的极限性。客体的这一属性正是它的相关性
的突出表现，而这一属性也正是在客体被主体建构而成这一根本属性的
基础上产生出来的。如前所述，主体是通过逻辑数理结构(早期是感知
运动格局)的中介来发现客体，达到客体的内在结构的，而主体的逻辑
数理结构和客体的内在结构并不是同一个东西，它们可以相互接近，相
互对应，但永远不会完全重合，"所以客体只是由于不断的接近而被达
到，也就是说，客体代表着一个其本身永远不会被达到的极限"③。皮
亚杰关于客体只能被接近而不能完全被达到的思想，正是他自发地运用
辩证法，深入地考察客体的相关性的结果。这一结果证实并丰富了马克
思主义的认识论，正如列宁早已告诉我们的："人不能完全把握＝反映
＝描绘全部自然界、它的'直接的整体'，人在创立抽象、概念、规律、

---

① ［瑞士］皮亚杰：《发生认识论原理》，王宪钿译，商务印书馆1981年版，第93页。
② 同上书，第103页。
③ 同上书，第103页。

科学的世界图画等等时，只能永远地接近于这一点。"①

（3）客体的层次化趋向。皮亚杰认为，随着主体认识能力和反身抽象能力的不断提高，客体作为主体认识的对象也必然越来越抽象化，从而表现出丰富的层次性。客体的这种层次化趋向也是在客体被主体建构而成这一根本属性的基础上产生并形成起来的，它深刻地反映了客体和主体之间始终不可分离的那种相对相关性。

客体的层次化趋向在数学的发展中尤为明显。比如，人们最先从客体（周围的客观世界）中抽象出一些简单的数量关系，并由此构成了相应的、简单的公理（如古代的欧几里得几何学）。但随着人们抽象思维能力的提高和发展，简单公理的弱点便暴露出来了，因而它本身也成了主体认识、思考的对象。通过这种越来越抽象的考察，客体也越来越远离客观世界并转变为越来越抽象的公理系统。这种现象曾迷惑过不少数学家和哲学家，使他们把数学看作一种纯粹天赋的东西。其实，这种现象是很容易被解释的，正如皮亚杰说的："当数学实体从一个水平转移到另一个水平时，它们的功能会不断地改变，对这类'实体'进行的运演，反过来，又成为理论研究的对象，这个过程在一直重复下去，……因此，任何东西都能按照它的水平而变成'实体'。"②

传统的认识论通常是从客观世界本身的无限性（宏观上和微观上）来说明客体的无限性的，这对于我们认识客体的本质说来，无疑是有重要意义的，但皮亚杰却从另一个角度，即从客体的相关性上揭示了客体的另一种无限性——层次上的无限性："就是这个对运演进行运演的能力使得认识超越了现实，并且借助于一个组合系统而使认识可以达到一个范围无限的可能性。"③这种客体无限层次化趋向的理论大大丰富了主体—客体理论，也为马克思主义经典作家所反复强调的人的认识能力在

①　列宁：《哲学笔记》，中共中央马克思恩格斯列宁斯大林著作编译局译，人民出版社 1956 年版，第 194 页。
②　[瑞士]皮亚杰：《发生认识论原理》，王宪钿译，商务印书馆 1981 年版，第 79 页。
③　同上书，第 52—53 页。

总体上的无限性提供了新的理论依据。

三、主客体关联的中介性

现在我们对皮亚杰的主体—客体理论做综合的考察。不少学者认为，皮亚杰的主体—客体理论的最重要的特点在于强调了主客体之间的相互关系。我认为：皮亚杰主体—客体学说的最本质特征是强调了主客体相互作用过程中的中介性。皮亚杰特别注重从个体心理的发展过程中，从主客体所由联结的中介物的变化上来考察主客体间的关系，主张根据中介物的不同，把儿童心理发展过程划分为三个大阶段。

(1)感知运动阶段（从出生到两岁左右）。在这个阶段中，婴幼儿还处在自我中心化的状态中，主客体混沌一起，丝毫没有分离开来。在这种情况下，要使主体和客体分化开来，"头一个问题就将是关于这些中介物的建构问题"，但"一开始起中介作用的并不是知觉，……而是可塑性要大得多的活动本身"[①]。这就是说，主体只有作用于对象并改变它时，才可能逐步认知它。[②] 事实上，正是通过活动的中介，主体才开始意识到自己不过是周围诸多客体中的一个，从而逐步解除自我中心状态，使主体和客体分化开来。皮亚杰称此过程为"哥白尼式的革命"。在这场革命中，作为中介物的活动起着双重作用：一方面，婴幼儿通过归类、排列等活动，把主体的各个分散的格局逐步协调起来，为在以后的发展阶段上把动作逐步内化为逻辑数理结构奠定了基础；另一方面，婴幼儿通过使客体发生位移等活动，使客体之间逐步协调起来，为以后因果观念、时空观念的产生准备了条件。

[①] ［瑞士］皮亚杰：《发生认识论原理》，王宪钿译，商务印书馆 1981 年版，第 22 页。

[②] ［瑞士］皮亚杰：《儿童心理的发展》，1969 年英文版，第 151—152 页。（Jean Piaget，*The Psychology of The Child*，New York：Basic Books，1969，pp. 151-152.——编者注）

（2）前运演阶段（两岁到六七岁）。在这一阶段中，语言、象征性游戏、意象等信号功能（皮亚杰也称为"前概念""前关系"）出现了，并成了"主客体之间唯一存在的中介物"①。相对于以前的动作或活动而言，信号功能使主客体间的相互关系发生了重要的变化，它大大扩大了主体的接触范围，但这时儿童的思维仍然停留在低级的"表象思维"的水平上。

（3）具体运演阶段（六七岁到十一二岁）和形式运演阶段（十一二岁到十五六岁）。这两个阶段的共同特征是逻辑运演（抽象思维活动）和概念（如守恒、可逆、因果等）已逐渐形成，并成了主客体间的最重要的中介物。这时主体的有些认识已可远离动作而得以产生。② 尤其在形式运演阶段，儿童已能进行预测和创新，其逻辑思维能力已接近成年人的水平。

皮亚杰对主客体关系中所独具的中介性问题的探讨，深刻地启示我们，光从成年人的角度出发，直接地说明主客体之间的关系是不行的。只有沿着儿童心理发展的自然过程，根据不同发展阶段主客体之间的不同中介物的特点来历史地、具体地说明主客体之间的关系（包括最初的混沌未分的状态），才可能对这种关系做出科学的描述。

四、主体—客体理论的认识论意义

皮亚杰主体—客体理论的认识论意义是深远的，它主要表现在以下三个方面。

首先，它使认识的起源问题得到了合理的解释。传统的认识论通常单从主体或单从客体上去寻找认识的起源。皮亚杰则认为认识的起源应当到主客体之间的相互关系中去寻找。如前所述，主客体的最初中介物

---

① ［瑞士］皮亚杰：《发生认识论原理》，王宪钿译，商务印书馆 1981 年版，第 32 页。
② ［瑞士］皮亚杰：《智慧和生物学适应》，见中国现代外国哲学学会：《现代外国哲学》第 4 辑，人民出版社 1983 年版，第 349 页。

既然是动作(或活动),那就必然得出结论说,认识起源于动作,或者说,"感知运动的活动乃是相应的概念或知觉的共同来源"①。不少学者对皮亚杰的这一思想做了高度的评价,有的学者甚至认为:"儿童从作用于环境的活动中建构知识或许是皮亚杰理论中最重要、最富于革命性的内容。"②

皮亚杰关于认识起源于动作的观点恰好和经典作家提出的认识起源于实践的观点不谋而合。当然,必须看到,皮亚杰的"动作"和马克思主义的"实践"是有一定区别的。这种区别不仅表现在微观(个体)和宏观(社会总体)的不同角度上,而且特别需要加以注意的是,马克思主义所说的实践始终是有意识、有目的的,也正是在这个意义上,列宁把实践称为合目的性的活动。但是皮亚杰所说的活动却包含无意识的活动,他认为,婴幼儿最早的活动"基本上是无意识的"③。正是在最初开始的无意识或很少有意识的活动中,主体建成了以后所有认识的基础。皮亚杰在这里提出的无意识活动对认识源泉问题的深入解决提供了重要的启发。事实上,只有引进无意识活动的概念,或者说使我们现行的实践概念扩大并包含无意识的活动在内,才能使认识的起源问题得到透彻的说明,否则必然会陷入一种无休止的循环中。我们可以说实践是认识的源泉,但同样也可以说认识是实践的源泉,因为既然任何实践都包含着目的,包含着一定的认识和主观的成分,那么当然也可以说,没有这种目的或认识,也就没有实践。只有婴幼儿的无意识活动能克服这种循环,给认识的起源一个确定不移的起点。

其次,它使认识发展的规律获得了新的、全面的解释。正是从主体的主动性和客体的相关性出发,皮亚杰提出了建构这个认识发生、发展

---

① [瑞士]让·皮亚杰:《教育科学与儿童心理学》,傅统先译,文化教育出版社1981年版,第37页。

② Barry J. Wadsworth, *Piaget's Theory of Cognitive Development*, New York: Longman, 1989, p.135.

③ [瑞士]皮亚杰:《发生认识论原理》,王宪钿译,商务印书馆1981年版,第23页。

的中心课题。众所周知，马克思主义的认识论侧重于从认识内容深化的角度上来揭示认识发展的规律，这无疑是重要的，但主体认识结构在认识发展过程中的变化规律同样是不可忽视的。皮亚杰甚至认为："如果没有这些结构，关于客体的知识仍然是不可能的。"①20 世纪以来，随着数学、逻辑学及电子计算机技术和控制论、信息论、系统论的发展，随着逻辑实证主义和结构主义等学派的兴起和发展，人们的认识变得愈益抽象化、符号化了，这就必然使认识的结构和建构问题显得越来越突出。人才学、教育学所讨论的知识结构问题也与此直接有关。总之，只有不仅从认识的内容上，而且从主体认识的结构上来全面总结、阐发认识发展的规律，才能把对主体能动性的理解提高到一个新的高度，才能充分估计实践在认识发展中的地位和作用。

最后，它提出了两种经验的重要思想。皮亚杰认为，正是从主客体关系的最初中介物——活动开始，主体沿着外化协调和内化协调这两条途径进行认识的双重性建构，从而形成了两种不同的经验："经验具有两种不同的形式：物理经验和逻辑—数理经验。"②皮亚杰还认为，这两种经验虽然分别向外和向内平行地发展，但却存在着惊人的一致，而这种在主体的自我调节机能的基础上产生并发展起来的一致性正是"客观结构同我们的结构之间的同构性的证据"。

皮亚杰关于两种经验提法的意义在于：第一，它突出了逻辑数理知识在主体认识中的重要作用，并揭示了这种知识在个体心理中的发生和发展，从而使人们对逻辑和数学这两门学科的起源和作用问题获得新的认识；第二，它促使人们把主体认识水平的提高不再单纯地理解为认识内容的增多或深化，而理解为主体反身抽象能力的提高；第三，它加深了人们对认识论中最根本的问题——思维和存在是否同一性的理解。在

---

① ［瑞士］皮亚杰：《心理学是什么?》，见赵璧如：《现代心理学发展中的几个基本理论问题》，中国社会科学出版社 1982 年版，第 5 页。

② ［瑞士］让·皮亚杰：《教育科学与儿童心理学》，傅统先译，文化教育出版社 1981 年版，第 40 页。

皮亚杰看来，两种经验的一致正是"思维和宇宙这一类似荒谬的符合一致的基础"。从这一基础出发，也就能从认识论的角度上对不可知论做出深刻的批判。

综上所述，皮亚杰的主体—客体观为推进、深化认识论的研究提供了许多有价值、有启发的思想，但由于它夸大了主体生物学机制的作用，加之有些实验又缺乏严格性，因而具有一定的局限性，这也是我们必须看到的事实。

"名言"探源①

　　德国诗人海涅在 1833 年出版的《论德国宗教和哲学的历史》一书中，曾经提到费希特的趣事。当赖因霍尔德和他具有同样的见解时，他说：没有人比赖因霍尔德更理解他；但当赖因霍尔德和他意见相左的时候，他又说：赖因霍尔德从来就没有理解过他。据说，费希特也以同样的态度对待康德。海涅对费希特做了一些评论，随即笔锋一转，写道："我在这里触及了我国哲学家的一个滑稽的侧面。他们经常埋怨不为人理解。黑格尔临死时曾说：'只有一个人理解我'；但他立即烦恼地加了一句：'就连这个人也不理解我。'"②自从海涅讲了黑格尔临终时的这个故事后，黑格尔的遗言便成了广为流传的、经典性的"名言"。

　　众所周知，黑格尔逝世于 1831 年，而海涅的著作则出版于 1833 年，这里存在着一个时间差。从海涅上面的叙述可以看出，他并没有强调自己亲耳听到了黑格尔说的话。因此，极有可能，他听到的也不过是流传中的黑格尔的故事和遗言。然而，有趣的是，海涅在这里是以十分肯

----

① 原载《解放新论(未定文稿)》1984 年 7 月 25 日，题为"对黑格尔一句'名言'的质疑"。收录于俞吾金：《哲学遐思录》，北京师范大学出版社 2016 年版，第 277—280 页。——编者注

② 《海涅选集》，张玉书选编，人民文学出版社 1983 年版，第 307 页。

定的口吻提到黑格尔的这句"名言"的，但实际上，黑格尔究竟有没有说过这句"名言"呢？我们不得而知；假如他说过的话，他所指的"这个人"又是谁呢？我们也不得而知。事实上，在德国哲学界，这句"名言"究竟出于哪个人之口，它提到的"这个人"又究竟是哪个人，一直是有争议的。

有人认为，这句"名言"应当出于黑格尔之口，而它所指称的"这个人"则是指黑格尔的学生罗森克朗茨。我们知道，罗森克朗茨后来成为著名的黑格尔的传记作家。他曾经误解过黑格尔的政治思想，认为黑格尔满足于柏林的舒适生活，以致把立宪的理想都丢到九霄云外去了。[①]此说虽然不无道理，但罗森克朗茨并不是黑格尔的主要学生。他于1824年进入柏林大学，而当时吸引他的并不是黑格尔，倒是黑格尔的对头施莱尔马赫。据说，他当时只听过黑格尔的一次演讲，而且并没有留下什么印象。几年后，在倾向于黑格尔哲学的卡尔·道布的影响下，他才逐步转向黑格尔哲学。后来，虽然他和黑格尔有一定的交往，并参加了黑格尔61岁的生日庆祝典礼，但并没有进入黑格尔学生的最核心的圈子里。[②] 由此可见，此说的可能性是不大的。

我们注意到，恩格斯在1841年12月的《德意志电讯》第207—208期上发表的《谢林论黑格尔》一文却在这个问题上另辟蹊径，提出了自己的见解，值得引起我们的高度重视。我们知道，谢林于1841年应弗里德里希·威廉四世的邀请到柏林大学讲学，目的是反击黑格尔哲学及青年黑格尔派的激进思想。恩格斯当时以旁听生的资格听了谢林的演讲。在听了谢林的演讲后，恩格斯感到，谢林演讲的中心思想是对黑格尔的哲学成就加以否定，所以他气愤地写道："如果把谢林对黑格尔体系所宣布的死刑判决的官腔去掉，那么就可以得出以下结论：其实黑格尔根本就没有自己的体系，他只不过是从我的思想中拾取残羹剩饭以勉强维

---

① 薛华：《黑格尔和普鲁士王国的关系》，《哲学研究》1979年第7期。

② 《哲学百科全书》第七卷，1967年英文版，第211页。(Edwards Paul, *The Encyclopedia of Philosophy*, Volume 7, New York：Macmillan, 1967, p.211. ——编者注)

持其生存而已。在我研究高尚的部分即实证哲学的时候，他却沉湎于不高尚的部分即否定哲学；由于我无暇顾及，他便承担起完成和整理否定哲学的工作，并且因为我竟托付他做这件事而感到无限荣幸。"①在恩格斯看来，谢林对黑格尔的批评完全是无稽之谈。事实上，我们只需要指出一点就够了，那就是黑格尔对谢林的同一哲学的批判态度。在黑格尔的早期著作《精神现象学》中，他甚至已把谢林的同一哲学讽刺为"黑夜看牛"。②

有趣的是，正是通过对谢林的演讲的反思，恩格斯引申出如下的结论："流传着一句名言，通常认为这是黑格尔说的，但是，从上面援引的谢林的话来看，无疑源出于谢林。这句名言是：'我的学生中只有一个人理解我，遗憾的是，连他对我的理解也是不正确的。'"③也就是说，在恩格斯看来，这句"名言"应该是谢林说的，而它所指的对象应该是黑格尔。

应当看到，恩格斯的上述见解为我们深入地思索这句"名言"的内涵和出处提供了一条新的路径。但恩格斯的见解能否作为这一问题探索的最后结论呢？显然不能。我们的理由有二。其一，虽然谢林要比黑格尔更早地在德国哲学界崭露头角，虽然黑格尔在 1795 年 8 月 30 日写给谢林的信中也写过这样的话："您等不着我对您的著作的评论了。在这方面我还是个小学生，我在努力研究费希特的《原理》。"④但作为图宾根神学院的同学，毕竟不能把黑格尔理解为谢林的学生。即使是谢林本人在演讲中也把青年黑格尔称为自己的"知音和密友"⑤，而不敢说黑格尔是自己的学生，更不可能以"我的学生中只有一个人"这样的方式去称呼黑格尔。其二，恩格斯断定这句"名言"出于谢林之口，与其说是理论上的

---

① 《马克思恩格斯全集》第 41 卷，人民出版社 1982 年版，第 201 页。
② ［德］黑格尔：《精神现象学》上卷，贺麟、王玖兴译，商务印书馆 1981 年版，第 10 页。
③ 《马克思恩格斯全集》第 41 卷，人民出版社 1982 年版，第 201 页。
④ 苗力田：《黑格尔通信百封》，上海人民出版社 1981 年版，第 51 页。
⑤ 《马克思恩格斯全集》第 41 卷，人民出版社 1982 年版，第 199 页。

严密的推论，不如说是一种情绪化的猜测。因为在《谢林论黑格尔》一文中，恩格斯也留下了这样的论述："说实在的，我们这些得益于黑格尔要比黑格尔得益于谢林更多的人，难道能够容忍，在死者的墓碑上刻写这种侮辱性的话而不向他的敌人——不管这个敌人多么咄咄逼人——提出挑战以维护他的荣誉吗？无论谢林怎么说，他对黑格尔的评价是一种侮辱，尽管其形式仿佛是科学的。"[1]这一切表明，对于这句"名言"的内涵和出处还不能轻易下结论，还需要收集更多的资料，深入地进行探索。

---

[1]　《马克思恩格斯全集》第41卷，人民出版社1982年版，第202页。

哲学革命的"纲要"①

——读康德《导论》有感

　　如果把哲学史上浩瀚的著作比作一个群星起落的苍穹，那么康德的《导论》（即《任何一种能够作为科学出现的未来形而上学导论》）就是其中一颗长久引人注目的星星。《导论》虽为阐释《纯粹理性批判》的基本观点而作，但其意义却远不止此。在《导论》中，作者不仅出色地批判和总结了前人的思想成果，而且扼要地阐述并发挥了自己的哲学见解，正如作者本人所宣称的，《导论》是哲学革命的"纲要"。

　　康德的著作和思想素以艰深晦涩著称，但读者一旦掌握了《导论》这把钥匙，就可以自由地出入康德哲学的"迷宫"，大大地领略一番"哥白尼式革命"的风云雷电。

一、独断论的"迷梦"

　　康德生活的时代是独断论的形而上学占绝对

---

　　① 原载《读书》1984 年第 7 期，笔名"于文"。收录于俞吾金：《寻找新的价值坐标——世纪之交的哲学文化反思》，复旦大学出版社 1995 年版，第 436—446 页；收录于俞吾金：《生活与思考》，复旦大学出版社 2011 年版，第 36—43 页。——编者注

统治地位的时代。莱布尼茨的哲学，作为 17 世纪德国市民阶级的思想结晶，虽然包含着许多积极的因素，但仍然披着厚厚的僧侣主义的袈裟。沃尔夫力图使他老师的哲学系统化，但结果却形成了一个只有骨骼而无血肉的独断论形而上学的体系。犹如维苏威火山的岩浆覆盖了整个庞贝城一样，莱布尼茨——沃尔夫的独断论形而上学的体系支配着当时整个德国的思想界。起初，康德沉溺于莱布尼茨——沃尔夫的思辨网络中而沾沾自喜，但从海峡彼岸传来的隐隐雷声——休谟怀疑主义的雷声，惊醒了他的独断论的"迷梦"。康德当时这样描绘自己的心情："我坦率地承认，就是休谟的提示在多年以前首先打破了我独断主义的迷梦，并且在我对思辨哲学的研究上给我指出了一个完全不同的方向。"

康德的信仰动摇了，他开始问自己：如果独断论形而上学的结论真实可靠，为什么一种形而上学的主张和另一种形而上学的主张总是相互冲突？柏拉图与德谟克利特、笛卡尔与洛克、贝克莱与狄德罗，这样的争论难道还少吗？是的，在哲学史的漫漫长河中，有许多天才的哲学家穷其毕生精力为形而上学的破衣加上新的补丁，或为瘸了腿的证明提供新的拐杖，但结果都失败了，他们没有使形而上学获得哪怕是"一指宽的推进"。这又是为什么呢？天性沉静的哲学家坐在书斋里，苦苦地思索着这些难题。终于，他敏锐地捕捉住了独断论形而上学的致命弱点。如果说，阿基里斯的弱点在他的脚踵，那么独断论形而上学的弱点则在它的心中。这个弱点就是人们对认识形式，尤其是理性的无节制、无批判的滥用。正是这个任何旧哲学家都无法规避的弱点，使"形而上学本身就摧毁了它被持久承认的资格"。

康德以如椽之笔，深刻地剖析了独断论形而上学的这一根本弊病。他认为，这一弊病的主要表现是：人们在认识中总是把经验的东西和超验的东西不加区别地混淆起来。

一方面，形而上学的独断论者总是把知性与理性、知性范畴和理性概念（即理念）无区别地加以混用，他们不懂得，知性和理性虽然都是人的认识形式，但它们之间却有着重大的差别。知性所思考的是人们的感官所提供的，经过先天直观的纯形式（时空）初步整理而成的感性知识，其目的是运用十二个先天的知性范畴来进一步整理感性知识。例如，"太阳晒石头"和"石头热了"这两个事件在感性知识中是各自独立、缺乏联系的，但经知性因果范畴整理后，它就成了"太阳晒热了石头"这样一个具有普遍必然性的经验判断了，也就是说，成了知性知识了。康德告诫说，知性和知性范畴只能在经验的范围内加以使用，绝不能越雷池一步！相反，理性则完全不同，它力图在更高的层次上寻求知性认识的统一性，即全部可能经验的绝对整体。然而，这一整体是超出任何既定经验的范围之外的，因此，理性所运用的理念（灵魂、肉体、上帝）也必然是超验的，它们的对象是不可能在任何经验中找到的。

总之，理性所探究的一切都是超验的，而形而上学正是关于纯粹理性和理念的知识，所以它的全部结论既不源于经验，也不可能为经验所证实或推翻。独断论形而上学的错误恰恰在于把只适合于经验的知性范畴作超验的使用，这正如康德所批评的："纯粹理智概念一旦离开了经验的对象而涉及自在之物（本体）时，就毫无意义。"

另一方面，形而上学的独断论者又常常把现象和物自体混同起来。他们把现象看作客观事物本来就有的表现，认为认识了现象也就把握了物自体。康德坚决反对这种观点，否定现象是客观自在的东西，他把现象定义为被人们的感官打上时空烙印的感性对象。他主张现象始终在时空之内，在经验之内，相反，物自体则完全在时空之外，经验之外，因而完全是超验的。如果把现象和物自体等同起来，就必然会像狄德罗所称为"发疯的钢琴"的贝克莱哲学一样，得出"存在即是被感知"的荒诞离奇的结论来。

康德对独断论形而上学的批判，在当时的历史条件下称得上是一场革命，正如海涅对法国人说的那样，"在打倒旧教条主义（即独断论，德文原文均为 Der Dogmatismus——引者注）的时候我们激昂得像你们冲击巴士底狱一样"。康德对独断论形而上学的批判具有普遍的理论意义，这里说的"普遍"有两方面的含义。一方面，康德批判的锋芒不单指向莱布尼茨—沃尔夫哲学，而且指向从古希腊以来的整个旧形而上学的营垒，这是一场真正富有历史意义的思想大搏斗，其结果是，哥尼斯堡的瘦小的老人竟把整个旧哲学都摔倒了，他以平静的口吻宣读了旧哲学的死刑判决书。另一方面，康德的批判还具有他自己所未曾料到的、更为深远的意义，那就是，他倡导了一种普遍的、积极进取的批判精神，而这种精神远远地越出了哲学的视野之外。正如海涅所敏锐地觉察到的那样："康德引起这次巨大的精神运动，与其说是通过他的著作的内容，倒不如说是通过在他著作中的那种批判精神，那种现在已经渗入于一切科学之中的批判精神。"这种批判精神不仅对于康德的时代来说是必需的，而且对于康德以后的时代来说，也有着不容低估的意义。在康德之后，黑格尔完成了德国唯心主义哲学的巨大的圆圈运动。与康德的批判哲学相比，黑格尔更倾心于旧形而上学，他建立了包罗万象的哲学体系，并把它视作不可逾越的、终极的"绝对真理"，这表明他和旧形而上学的哲学家一样，染上了"独断论"的痼疾。

在黑格尔的哲学中，尽管有着一个广博的辩证法的纲要，但这一切都被他的"独断论"式的体系所窒息了。正是在这个意义上，恩格斯号召我们把黑格尔的"绝对真理"撇在一边，"而沿着实证科学和利用辩证思维对这些科学成果进行概括的途径去追求可以达到的相对真理"。在某种意义上，康德的批判精神为我们提供了抵御黑格尔哲学中的某种独断主义成分的解毒剂。从我国哲学界的状况来看，人们往往重视黑格尔而轻视康德。近年来，有不少学者提出要加强对康德哲学的研究，要赋予康德哲学以合理的地位，这一呼声是值得重视的。诚然，黑格尔在许多方面都推进并超越了康德哲学，但他并没有也不可能解决康德提出的全部问题。重视对康德哲学的研究，是我们全面地继承德国古典哲学遗产的一个重要方面。总之，对于我们来说，鱼和熊掌不仅应该而且能够兼而得之！

康德在抨击独断论形而上学时，曾经非常形象地把它比作漂浮在水面上的泡沫。这个泡沫一掬取出来就破灭了，但在水面上又会冒出一个新的泡沫来，许多人热衷于掬取泡沫，却从不去深究这种现象的根源。在这方面，只有休谟独具慧眼，他通过对理性本身的批判性考察，发现了旧形而上学弊病的真正根源，从而敲响了独断论形而上学的丧钟。

二、怀疑论的"火星"

犹如任何一种哲学思潮或理论一样，怀疑论也有它的摇篮。如果智慧的雅典娜是从宙斯的脑袋里长出来的，那么同样富有智慧的怀疑论则是从独断论形而上学的腐物堆上萌发出来的。正如康德所说："怀疑论本来是导源于形而上学的。"

休谟怀疑主义的解剖刀首先对准了因果概念。在他看来，理性把因果概念看作客观的、必然的联系是毫无道理的。因为我们所感知的一切都是完全分散而独立的，一个事件随一个事件而来，可我们永远无法透视其间的内在联系。他大声疾呼：理性在因果概念上完全弄错了，它错把这一概念看作自己的儿子，而实际上，这个孩子不过是想象力的私生子。想象力由经验受孕后，把某些表象放在联想律下面，并把由此而产生的主观必然性（即习惯）当作来自观察的客观必然性。休谟无情地揭示了这一不可回避的事实：在独断论的形而上学那里，理性把只适合于经验范围的、只是作为心理联想而起作用的因果概念做了超验的使用。由此可以推断出，以往全部形而上学的知识不过是一些打上错误烙印的普通经验罢了，而"这就等于说没有，也不可能有形而上学这样的东西"。

休谟对独断论形而上学的批判是击中要害的，但这位见地不凡的人在打出了第一颗火星后，却踌躇满志地止步了。康德不无遗憾地说："如果这颗火星遇到一个易燃的火捻，而这个星星之火又得到小心翼翼的护养并且让它着起来的话，从这个火星是能得到光明的。"

康德心甘情愿地担当起休谟所未竟的工作。

一方面，他继续扩大休谟怀疑主义的战果。休谟把对理性的批判局限在因果概念上，而康德主张对理性全面开火。在他看来，纯粹理性本身是一个浑然一体，牵一发而动全身的领域。对这样一个领域，必须进行全面的而不是局部的清算，康德对十二个知性范畴的探讨正说明了他这方面的决心。康德扩大了休谟怀疑主义的成果，但他完全不赞成休谟对自然科学所采取的虚无主义的态度。休谟把知性概念（如因果概念）看作导源于经验的心理联系，否认它具有任何普遍必然性，这实际上等于把这些概念都取消了，从而也把整个自然科学给取消了。康德在《导论》中提出的"纯粹自然科学是怎么可能的"这一问题，正是对此而发的。康德采取了休谟从来没有想到过的、完全颠倒的解决方法。他主张，知性概念不但不源于经验，相反，它是先天的，先于经验的，经验只是赖于它才得以形成的。而知性概念和感性材料的结合则形成了自然科学所赖以构成的具有普遍必然性的经验判断。但康德强调，这种普遍必然性并不是客观事物本身所具有的，它仅仅存在于经验范围之内。这样一来，康德不仅避免落入独断论形而上学的窠臼，解决了休谟提出的"因果"难题，而且为自然科学的存在争得了一席之地。

至此，我们不由得想起人们对康德哲学常常抱有的那种误解。人们每每指责康德是不可知论者，似乎他否定了一切科学知识。事实上，康德认为不可知的，不过是超验的物自体，如上帝、灵魂等。强调这些东西不可知，也就等于宣布，旧形而上学、经院哲学和宗教信仰统统都是毫无意义的妄说。从这里可以看出深深地隐藏于康德哲学内部的那种革命性和批判性。在这个意义上去理解康德的不可知论，就会发觉，它不但不否认科学知识，恰恰相反，它的提出是为了维护科学知识，是为科学知识的成长和发展铺平了道路。

另一方面，康德批判了休谟对形而上学所取的单纯否定的态度。休谟清除了独断论形而上学的地基，但并不打算在这块地基上建造什么高楼大厦。正如康德形象地说明的那样，休谟把形而上学的船从水里拉到岸上，目的并不是修理它、更新它，而是要让它躺在那里腐烂下去。康德认为，这是一种消极的、因噎废食的方法，应该把形而上学看作一门不可或缺的学问，但它只有经过批判哲学的"炼狱"才能得以新生，才能真正成为科学。正是康德，把被休谟搁置在岸上的形而上学之船修复了，重又把它推入了水中，并且给了它一个驾驶员、一张航海图和一个罗盘针。

三、先验论的"革命"

康德是哲学史上的一个巨大的转折点。他综合了前人的理论成果，开启了以后世代的思想潮流，不愧为近代哲学的巨擘。他通过对人类认识能力，尤其是纯粹理性的全面而深刻的审查，以哥白尼革命的方式，创立了先验唯心论的庞大体系。这个体系不仅庞大，而且谨严，它很容易使人想起哥尼斯堡城上的坚固的花岗石，以致以后的哲学家在阅读他的著作时，大都怀着一种深深敬畏的心情。

康德以前的哲学家们虽然也思考过人类认识的起源问题，但却很少去探索我们认识能力的范围和界限。康德把后一个问题作为自己研究工作的主要课题。他把思想放在自己的面前，解剖它，并把它条分缕析，加以解剖，他的《纯粹理性批判》犹如一个精神解剖学的课堂，而他本人则始终保持冷静，就像一个真正的外科医生那样无动于衷。康德发现，从感性到理性的一整套认识形式并不是从经验中诞生的，它们是先于经验而存在的，没有它们作为前提，任何经验都是不可能的。在康德看来，说人的认识随外界而旋转，不过是重复了托勒密式的幻觉。事实应该倒过来，不是人的认识随外界而旋转，而是外界随人的先验意识而旋转。正是基于这样的思想，康德提出了理性为自然界立法的著名口号。他还认为，不可避免地要陷入先验幻相的理性的本性决定了物自体不可能成为认识的对象，而只能成为实践的对象、信仰的对象。康德就此构筑了他的伦理学，随后又以美学来沟通两者的关系，从而使他的整个先验唯心论体系达到了真、善、美的统一。

这就是康德唯心主义先验论的基本内容，或者说，这就是哥白尼式革命的巨大成果。康德的哲学尽管在出发点上是唯心的、荒谬的，但它作为哲学发展史上的一个巨大的转折点，作为德国古典哲学的第一个里程碑，毕竟占有不容忽视的历史地位。

首先，康德是近代思想革命、哲学革命真正的肇始人。近代哲学发端于培根和笛卡尔，通过洛克的中介，在法国启蒙运动中出现了某种鼎盛的局面，但这一发展在真正哲学的意义上还没有啄破旧世界观的蛋壳。时代在等待着思想巨人的出现，他便是康德。康德同情法国的启蒙运动，从中汲取了反神学、争自由的乳汁，但他并不满足于那些肤浅的、慷慨激昂的言辞，他谋划着的是一场彻底推翻旧世界观的惊心动魄的革命。人们怎么也不会想到，当这个瘦小的哲学家穿着灰色外套，挂着藤手杖在哥尼斯堡的林荫道上漫步时，他的脑海里正孕育着风暴。

在当时的历史条件下，康德的哲学具有重大的进步意义。马克思把它誉为"法国革命的德国理论"，恩格斯则认为，德国的哲学革命始于康德，康德与歌德、席勒等人一样，"每一部著作都浸透了叛逆的精神"。

康德哲学的革命精神和叛逆精神，特别鲜明地表现在他对宗教神学的批判中。在《实践理性批判》中，康德通过"至善"来论证上帝的存在和灵魂的不死，人们常常把康德的这种举动视为对信仰主义的屈从和膜拜。应该指出，这是一种莫大的误解！确实，康德对上帝颁发了大赦令，但这个仪式是在他执行了上帝的死刑之后才举行的，正如海涅非常形象地比喻的那样："他（指康德——引者注）做得几乎像住在威斯特伐利亚的我的一位朋友那样聪明，这人打碎了葛廷根城格隆德街上所有的路灯，并站在黑暗里，向我们举行了一次有关路灯实标必要性的长篇演说，他说，他在理论上打碎这些路灯只是为了向我们指明，如果没有这些路灯，我们便什么也看不见。"这里的道理非常简单，对于中世纪神学来说，哲学和伦理学不过是低贱的仆从，但在康德那里，一切都倒过来了，神学成了哲学和伦理学的仆从，全知全能的上帝被降低为人们达到至善境界的一个道德的假设，一种虚无缥缈的想象物。黑格尔把康德的这种做法比作儿童们的游戏：他们任意制成了一个稻草人，然后彼此相约要对它表示畏惧。康德对上帝存在的本体论证明的批判，实际上完全否定了上帝的存在，正如海涅所描绘的，他袭击了天国，杀死了天国全体守备部队，使上帝倒卧于血泊之中。

康德哲学的进步意义是显而易见的，他的不可知论不过是他拒斥宗教神学的宣言书罢了。在评价康德哲学的思想倾向时，我们不应片面地夸大他贬损知识、为信仰开拓地盘的这一方面，而首先要看到他用理性过滤神性、用哲学反对宗教神学的主导方面。总之，对康德学说的评价只有立足于其进步的方面，才合乎当时的历史事实。

其次，康德哲学具有划时代的理论意义。一方面，康德非常突出地提出了人类的主体性问题。他认为，人的认识从感觉开始就有一整套主观因素在起作用，在这些因素中，统觉起着特别重要的作用，它是作为认识主体的人的主观能动性的集中表现，康德为此把它称作整个人类认识范围内的最高原理。在伦理学中，康德提出了"人是目的"的著名口号，认为人作为理性的存在物，在其行动中应当确立一种担负全人类存在和发展的责任感，正是这种崇高的责任感，才使人类远远地超出畜类的本性之上。在美学中，康德考察了人类主体的多种心理因素，力图凭借美来贯通自由与必然、感性与理性、个体与人类的关系，从而使人的本质得到最完美的展现。康德的这些思想，尽管带着他那个阶级和时代所特有的局限性，但它们削弱了神的权威，伸张了人类理性的力量，确立了人在自然界和社会生活中的主宰地位，从而显示了震撼人心的启蒙力量。总之，自从康德出现后，只知道东嗅西闻，回旋于事物周围的旧哲学便一蹶不振了。康德扭转了哲学发展的方向，开辟了一个崭新的时代。另一方面，康德也为未来形而上学锻造了新的武器。康德的学说包含着丰富的辩证法思想。如果说"星云假设"在形而上学上打开了第一个缺口，那么"二律背反"则预示了黑格尔辩证法体系的诞生！康德尽管把矛盾视作"污点"，尽管对世界抱着温情主义的态度，但他毕竟洞见了事物的底蕴，以"二律背反"的尖锐形式，暴露了形而上学独断论的片面性，并提出了理性矛盾不可避免这一重大的理论问题。光是这个问题的提出，就足以使他以前和同时代的许多哲学家黯然失色。

最后，康德哲学的重要性和历史地位还表现在他对近现代哲学的经久不衰的、巨大的影响中。在康德还活着的时候，他的哲学就几乎成了德国唯一的话题，当时第一流的哲学书刊上，充斥着他的名字，康德的《纯粹理性批判》甚至成了贵妇人化妆室中最时髦的摆设品，以致海涅以惯有的诙谐的口吻说："幸而康德哲学还没有混入烹饪术中去。"康德去世之后，他的哲学对费希特、谢林、黑格尔等人都产生了巨大的影响，这种影响一直延伸到当代哲学中。

康德哲学是以二元论为特征的哲学，但是人们往往只看到二元论所具有的折中、调和的一面，却忽略了它富于包孕性的一面，忽略了它常常在哲学史上起到的承上启下的重要作用。纵观哲学史，可以看到一个耐人寻味的事实，亚里士多德、笛卡尔、康德这三位带有二元论特征的哲学家的名字，几乎构成了整个欧洲哲学史。二元论哲学所包含的丰富内容，以后的哲学家往往要花上几个世纪的时间才能真正消化掉。康德哲学之所以具有深远影响，也许与这一事实不无关联。

读完《导论》，掩卷沉思，深感康德研究的现状应当有所改变。我们应该在马克思主义思想的指导之下，繁荣康德研究，活跃学术气氛，这或许是学术界的共同心声吧！

1985年

略论新黑格尔主义的非理性化倾向^①

黑格尔是西方哲学史上最大的理性主义者。黑格尔去世之后，他的理性主义成了众矢之的，各种非理性主义的思潮应运而生。在非理性主义思潮的泛滥中，新黑格尔主义者扮演了一个重要的角色。他们不约而同地把他们老师的学说神秘化、非理性化。可以说，新黑格尔主义是当代非理性主义思潮的一面镜子。

本文主要通过对新黑格尔主义的著名代表布拉德雷、鲁一士、克罗纳的哲学观点的剖析，揭示整个新黑格尔主义运动的非理性化的根本倾向和特征，以便从一个侧面加深对当代西方哲学发展规律的认识。

一、布拉德雷哲学中的非理性化倾向

布拉德雷的主要代表作是《现象与实在》。在这部著名的著作中，布拉德雷告诉我们："实在（reality）是满足我们的整个存在的。我们的主要

---

① 原载《江淮论坛》1985 年第 3 期。——编者注

需要——追求真理和生活，追求美和善——必定全部都得到满足。我们已经看到，这个完备的东西必定是经验的，而且必定是单一的。宇宙的每一成分，感觉、情感、思想和意志，必定都包含在唯一的、无所不包的知觉（sentience）中。"①布拉德雷也常把"实在"称作"存在"（Being）或"绝对"（the Absolute）。但这里的"绝对"和黑格尔所说的"绝对"是根本不同的。在黑格尔那里，"绝对"也就是绝对精神、绝对理性，"而理性是不容许感情在它自己的特异性中得到温暖的"②。这就是说，它归根结底是一种合乎理性的东西。与此不同的是，布拉德雷的"绝对"或"实在"是包含情感、感觉、意志、思想在内的单一的知觉经验："简言之，存在和实在与知觉是一回事；它们是不能对立起来的，归根结底是不能与知觉区别开来的。"③在这个包罗万象的知觉经验中，思想（thought）或理性不过是一个微不足道的因素。总之，布拉德雷的"实在"既杂有经验主义的东西，又杂有唯意志主义的东西，它本身已蕴含着认识、理性无法从总体上去加以把握的意思在内了。

布拉德雷还进一步指出，"实在"或"绝对"是无矛盾的、和谐的统一体："绝对把所有可能的内容都约束在一个任何矛盾都不可能存在的单一的经验中。"④这个统一体显现为"现象"（appearance）。"现象"就是指各种观念（ideas），如"第一性质"（primary quality）、"实体"（substance）、"时空"（time and space）、"运动"（motion）等等。

人们也许会感到奇怪，为什么布拉德雷把观念作为"现象"，反倒把知觉经验称为"实在"呢？这牵涉到他对思想（理性认识或概念认识）本性的独特的理解。布拉德雷认为，思想就是下判断，下判断就是用一种普遍的属性作为谓词去规定个别的事物，其结果是把个别的事物形式化、

---

① 《现象与实在》，1925 年英文版，第 159 页。（Francis Herbert Bradley，*Appearance and Reality*，London：Cambridge University Press，1925，p. 159. ——编者注）

② ［德］黑格尔：《法哲学原理》，范扬、张企泰译，商务印书馆 1961 年版，第 7 页。

③ 《现象与实在》，1925 年英文版，第 146 页。（Francis Herbert Bradley，*Appearance and Reality*，London：Cambridge University Press，1925，p. 146. ——编者注）

④ 同上书，第 147 页。

一般化了，这样就走到了事情的反面：思想、判断的意图是想把个别事物和某种普遍的属性联系起来，但其实际后果却把个别事物的丰富内容牺牲掉了，或者说，使个别事物不成其为个别事物了。正是在这个意义上，他说："在每个判断中，真正的主词是实在，实在超出谓词之外，谓词只是它的一个形容词。我竭力主张，思想如果要超出这种区别，其目的就是自杀（suicide）。"①

这就告诉我们，思想、判断只涉及一般的、形式的东西，即只涉及观念，只有知觉经验才能保持个别事物的原状和内容，因为它并没有把个别事物普遍化、形式化。正是基于这样的理解，布拉德雷称前者为"现象"，后者为"实在"。按照这样的划分，思想或理性认识永远只能停留在"现象"之中了。他的观点充分显示了康德哲学的影响。

布拉德雷还强调，观念之间是无法联系和协调起来的，因为"事实总是个别的，而观念则是普遍性；一个事实总是一个实在的东西，而一个观念则只能当形容词来用，事实是自己存在着的，而观念却属于符号性质。如此，观念不能像事实那样联系起来，岂不是极其明白了吗"②。根据这样的观点，上面提到的"第一性质""实体""时空"等观念不过是一些抽象的符号。这些符号是矛盾的，不一贯的，各自分离的。思想运用这样的观念当然根本不可能把握具有丰富内容的"实在""绝对"或知觉经验。

那么，"实在"应当靠什么去把握呢？显然只能靠非思想、非理性的东西去把握。这究竟是什么呢？布拉德雷说是"本能"（instinct）。因为在他看来，哲学就是"能够被称作我们本性的神秘方面的一种满足"③，至于形而上学，就是"寻找一些坏的理由来为我们本能所信仰的东西作辩

---

① 《现象与实在》，1925 年英文版，第 147 页。（Francis Herbert Bradley, *Appearance and Reality*, London：Cambridge University Press，1925，p. 147.——编者注）
② ［英］布拉德雷：《逻辑原理》上册，庆泽彭译，商务印书馆 1959 年版，第 47 页。
③ 《现象与实在》，1925 年英文版，第 6 页。（Francis Herbert Bradley, *Appearance and Reality*, London：Cambridge University Press，1925，p. 6.——编者注）

护，而寻找这些理由也仍然是一种本能的活动"①。

这样，布拉德雷就完全站到和黑格尔的理性主义相反的立场上去了。这种非理性化的倾向主要是由两方面的因素促成的：（1）布拉德雷没有像黑格尔那样把"实在"或"绝对"理解为包含着矛盾的理性总体，而是把它看作一种不包含任何矛盾的、理性所无法达到的知觉经验；（2）布拉德雷不懂得一般与个别、形式与内容的辩证关系，相反把它们割裂开来，对立起来，认为思想只停留在排斥特殊的抽象的、形式的普遍性中。这实际上否定了黑格尔关于具体的共相的思想，否定了科学的抽象正是更正确、更深刻地反映着个别事物的真理。上述割裂还使布拉德雷把观念、语言看作单纯的符号，无意义的东西。沿着这思路走下去，必然导致非理性主义，正如黑格尔早就说过的：个别事物，即"不可表达的东西真正是非理性的，理性的东西只是作为语言而存在的"②。

二、鲁一士哲学中的非理性化倾向

鲁一士主要代表作是《近代哲学的精神》和《世界与个体》。与布拉德雷不同，鲁一士提出了"绝对自我"（the Absolute self）的概念。他这样写道："我发现绝对自我是一个真正的自我，是唯一的自我。"③这个"绝对自我"是一个无所不包的精神性的东西："每一个唯心主义者都认为，根本不存在死的物质，所有的一切都是精神的表现。"④

---

① 《现象与实在》，1925 年英文版，第 14 页。（Francis Herbert Bradley, *Appearance and Reality*, London：Cambridge University Press，1925，p. 14. ——编者注）

② 《哲学史讲演录》第 1 卷，1955 年英文版，第 457 页。（Georg Wilhelm Friedrich Hegel, *Lectures On The History Of Philosophy*, vol. 1，translated by Elizabeth Sanderson Haldane, London：Routledge & Kegan Paul Ltd. ，1955，p. 457. ——编者注）

③ 洪谦：《西方现代资产阶级哲学论著选辑》，商务印书馆 1982 年版，第 118 页。

④ ［美］鲁一士：《世界与个体》第 2 册，1904 年英文版，第 245—246 页。（Josiah Royce, *The World and the Individual*, vol. 2，New York：Macmillan Company，1904，pp. 245—246. ——编者注）

那么，鲁一士的"绝对自我"是否就等同于黑格尔的绝对或绝对精神呢？答案是否定的。因为鲁一士的"绝对自我"也常常被称作"绝对意志"（the Asbolute Will）①。在鲁一士看来，人们所有的知识都是关于经验的，经验又是什么呢？它"总是我们自己的、被事实激起来的意志"②。正是在这个意义上，也可以说："我们的知识总是牵涉到行为（deeds）。"③

可见，鲁一士所理解的"精神"和黑格尔的精神不同，在前者中起主导作用的是意志、经验、行动。这就是说鲁一士把唯意志主义和实用主义的某些成分糅合到"精神"中，使"绝对自我"成了包括意志、欲望、企图和行动目的在内的混合物。正是在这个意义上，鲁一士称自己的学说为"绝对意志主义"（absolute voluntiarism）或"绝对实用主义"（absolute pragmatism）。

鲁一士把无所不包的"绝对自我"，即总体的精神世界划分为两个世界：一个是"描述的世界"（the World of Description），一个是"体验的世界"（the World of Appreciation）。"描述的世界"涉及的是自然规律，这些规律无疑是可以认识的，但作为这一世界的观察者却"不能认识作为自由意志的单纯结果的自我的行为"④。因而"描述的世界""绝不是完全的真理，它必须根据体验的世界得到说明"⑤。"体验的世界"有时也被称作"生活的世界"（the World of Life）或"意志的世界"（the World of Will）。在这个世界中，是见不到自然法则的，它关涉到的只是作为个体的人的意志、生活、选择、情感等。

在鲁一士看来，"体验的世界"远比"描述的世界"重要，因为"宇宙

---

① ［美］鲁一士：《世界与个体》第 2 册，1904 年英文版，第 303 页。（Josiah Royce, *The World and the Individual*, vol. 2, New York: Macmillan Company, 1904, p. 303. ——编者注）

② 同上书，第 30 页。

③ 同上书，第 25 页。

④ 同上书，第 324 页。

⑤ 同上书，第 156 页。

的真正的事实是生活的事实"①。鲁一士认为，"绝对自我"作为"体验的世界"是转瞬即逝的、捉摸不定的。它是只可意会不可言传的，或者说是只可体验、不可认识的："自我是无限的，无涯的，浪漫的，神圣的。只有诗人和其他的各种天才能在梦想中把握到它。"②这样，他就等于宣布，这个"绝对自由"（就"体验的世界"部分而言）是理性所完全不能把握的。

那么，作为个体的人如何才能与"绝对自我"沟通呢？这就牵涉到鲁一士的个体的人的理解。鲁一士把个体的人称为"个体的自我"（individual self）："从狭义上看，自我正是你自己现在不完全地被表达出来的意义和意图的冲动——奋斗、爱、恨、希望、畏惧、探索、瞬间意志的内在讲话、思想、行为、敬望——简言之，被作为内在意义的观念。"③

从这段话中可以看出，在"个体的自我"中虽然也包含"思想"，但起主导作用的却是"冲动""意志"和"欲望"。鲁一士的"绝对自我"也是包括意志、欲望等主导因素在内的精神性的东西。这样，"个体的自我"与"绝对的自我"之间就达到了某种对应式和谐："所有个体的生活、计划和经验都在上帝中获得了统一，而按照这样的方式，真正存在着的是一个绝对的最终的和综合的自我，即绝对的自我。"④

问题在于这种和谐究竟是通过什么途径达到的？鲁一士提出了"忠"（loyalty）的道德原则。这个原则既不同于康德的"绝对命令"，又不同于穆勒的功利主义。"忠"，就是忠于最高的善或上帝。正是由于实施了这样的道德原则，"个体的自我"才能融汇到"绝对的自我"中去，才能获得

---

① ［美］鲁一士：《世界与个体》第 2 册，1904 年英文版，第 46 页。（Josiah Royce, *The World and the Individual*, vol. 2, New York：Macmillan Company, 1904，p. 46. ——编者注）

② 洪谦：《西方现代资产阶级哲学论著选辑》，商务印书馆 1982 年版，第 110 页。

③ ［美］鲁一士：《世界与个体》第 2 册，1904 年英文版，第 272 页。（Josiah Royce, *The World and the Individual*, vol. 2, New York：Macmillan Company, 1904，p. 272. ——编者注）

④ 同上书，第 289 页。

自己的真正归宿。

这样，鲁一士的哲学最终也滑向神秘主义、非理性主义。但鲁一士哲学中的非理性化倾向和布拉德雷有一定的区别。前者认为"实在"或"绝对"是完全不能认识的，后者则认为，"绝对自我"作为"描述的世界"是可以认识的，但作为"体验的世界"却是不可认识的。这实际上是用形而上学的术语表达了下述思想：自然界是有规律的、可认识的，人类社会则是无规律的、不可认识的。

鲁一士的上述结论显然抛弃了黑格尔理性主义学说中最有价值的一个观点——人类社会的发展是受理性法则的支配的，是完全可以把握和认识的。正如黑格尔早就批评过的那样："世界上最有价值的东西都是理性中生出来的，因此相信理性只在自然里，不在精神（即黑格尔所理解的人类社会——引者注）里，是很不适当的。"①

三、克罗纳哲学中的非理性化倾向

克罗纳的哲学受到生命哲学的创始人之一——狄尔泰很大的影响。狄尔泰夸大了黑格尔早期著作中的神秘主义成分，从而把黑格尔塑造成一个神秘主义者和非理性主义者。狄尔泰开了这样的先例之后，克罗纳在《从康德到黑格尔》这部著作中紧紧跟上，进一步推进并发挥了狄尔泰的思想，因而卢卡奇把这部著作看作"一本对新黑格尔主义的后期发展有决定性意义的书"②。

在这部著作中，克罗纳把黑格尔的精神或思维理解为一种活生生的生命，把他的辩证法理解为一种"生命的冲动"（unruhe des Lebens），理

---

① ［德］黑格尔：《哲学史讲演录》第 1 卷，贺麟、王太庆译，商务印书馆 1983 年版，第 39 页。

② ［匈］卢卡奇：《青年黑格尔》，1976 年英文版，第 18 页。（Georg Lukacs：*The Young Hegel*，Boston：MIT Press，1977，p. 18.——编者注）

解为一种神秘的、非理性的东西。克罗纳这样写道："作为辩证的、思辨的思维本身就是非理性的，亦即超理智的，因为它是活生生的：它是自身思维着的生命(das sich denkende leben)。"①这样一来，黑格尔的绝对精神或思维就被歪曲为一种神秘的、理性所无法把握的东西，以致克罗纳公然宣布："毫无疑问，黑格尔是哲学史上所知道的最大的非理性主义者(der große irrationlist)②，并把黑格尔的哲学称为"理性的神秘主义"(rationelle Mystik)③。

在克罗纳后期的主要著作《信仰的首要地位》中，克罗纳进一步滑向神秘主义。他认为人只有两种能力：一是理性，即思想或概念性的思维，它可以把握自然科学范围内的东西，但不能把握最高的统一体；二是信仰，信仰高于理性，是把握最高统一体的唯一的能力。

克罗纳哲学中的非理性化倾向，和他对黑格尔辩证法的误解密切相关。在他看来，黑格尔之所以是一个非理性主义者，是因为他的辩证思维是一种神秘主义的东西，是理性的—非理性的思维(rational irrationales Denkcn)。④ 在黑格尔那里，思辨理性体现为理性与辩证法的紧密结合，但根据克罗纳的看法，"矛盾破坏了法则的合理性"⑤。因而以矛盾为核心的辩证法必然是非理性的东西。这样一来，他就把辩证法和理性尖锐地对立起来了。实际上，从黑格尔的无数论述中我们发现，只有抽象的、非此即彼的知性和辩证法才真正是对立的。这就告诉我们：克罗纳所理解的理性，实质上就是黑格尔所批评的知性，即以形式逻辑的同一律作为基本原则的思维方式。

克罗纳把打破知性抽象同一性的思辨理性理解为神秘的、非理性的

---

① ［德］克罗纳：《从康德到黑格尔》第 2 卷，1924 年德文版，第 282 页。(Richard Korner, *Von Kant bis Hegel*, Vol. 2: *Von der Naturphilosophie zur Philosophie des Geistes*, Hrsg. Fritz Medicus, 1924, S. 282.——编者注)

② 同上书，第 271 页。

③ 同上书，第 272 页。

④ 同上书，第 272 页。

⑤ 同上书，第 285 页。

东西。这就完全曲解了黑格尔学说的原意。黑格尔说过："理性的思辨真理即在于把对立的双方包含在自身之内，作为两个观念性的环节，因此一切理性的真理均可以同时称为神秘的，但这只是说，这种真理是超出知性范围的，但这绝不是说，理性真理完全非思维所能接近和掌握。"①有人也许会问，黑格尔在这里不也是把理性的东西称作为神秘的东西吗？他不是等于变相承认自己是另一个非理性主义者吗？其实，黑格尔所说的"神秘"和克罗纳所说的"神秘"有重大的差别：(1)黑格尔的"神秘"是"思辨"的同义语，它是就思辨理性由于包含矛盾而超出知性思维的非此即彼的僵硬性而言的，克罗纳主张的"神秘"则是排斥矛盾思维的；(2)黑格尔的"神秘"肯定思维完全能接近和把握最高的统一体，即理性真理，克罗纳的"神秘"则主张只有信仰才能接近和把握最高统一体；(3)黑格尔的"神秘"是合乎理性的："神秘作为思辨的内容，就它的性质说来，只是对于理智是不可知的秘密，而不是对于理性；从思辨的意义看来，神秘的正是那合理性的。"②而克罗纳则把"神秘"理解为"非理性"的同义语。

总之，克罗纳是站在知性思维的立场上来理解黑格尔的，因而他既不能理解黑格尔的理性主义，也不能理解他的辩证法。这样，他除了指责黑格尔哲学是非理性主义之外再也没有其他的选择了。

综上所述，布拉德雷、鲁一士、克罗纳的学说，在不同的程度上都包含着非理性主义的倾向。这种倾向显然是在唯意志论、生命哲学、实用主义等流派的影响下产生并发展起来的，是对黑格尔的理性主义的一种反冲。不能否认，这种对黑格尔理性主义的冲击有其合理的、合乎思想史发展逻辑的一面，因为黑格尔的理性观不但具有明显的唯心主义性质，而且被过分地泛化了，但也应该看到，这种冲击导致了另一个极端和片面，从而也暴露出一系列的问题。

---

① ［德］黑格尔：《小逻辑》，贺麟译，商务印书馆1980年版，第184页。
② ［德］黑格尔：《哲学史讲演录》第1卷，贺麟、王太庆译，商务印书馆1983年版，第79页。

近几十年来，在人本主义和科学主义这两大思潮的演进中，重又产生了对理性问题的兴趣。在第十六届世界哲学会议上，有三分之一的论文都是探讨理性问题的。这充分表明，人类思想史的发展是按螺旋状的方式进行的。马克思主义是德国理性主义传统的真正的批判的继承者，创立了辩证唯物主义的理性观。这一科学的划时代的理性观在非理性主义泛滥的当代哲学中显示出强大的生命力。

黑格尔辩证法主要思想简介[①]

　　格奥尔格·威廉·弗里德里希·黑格尔是德国古典唯心主义哲学的集大成者，也是西方哲学史上最有影响力的哲学家之一。他的辩证法思想是马克思主义哲学的一个重要理论来源。

　　黑格尔的辩证法思想是十分丰富的。其主要内容有四点。(1)他把整个自然、人类社会和精神的发展描绘成一个处在不断的运动、变化和发展中的过程，并力图揭示出这一过程的内在联系。黑格尔哲学是以矛盾学说为基础的。矛盾是万物运动变化的动力和源泉，在矛盾的伟力面前，任何东西都是不能持久的。正是在这个意义上，他说过，永世长存的山岭并不比转瞬即逝的玫瑰更高贵。矛盾学说构成了黑格尔辩证法的精髓和灵魂。马克思高度评价了黑格尔这方面的思想，指出，哲学家之不能漠视矛盾原则，如同天文学家不能漠视开普勒定律和牛顿的发现一样。(2)他通过对量变、质变现象的考察，提出了飞跃是渐进过程的中断的思想。在黑格尔之前，不少哲学家认为，自然界是由单纯的量变构成的，从来就不存在什么飞跃。黑格尔认为，自然界存在着大量的质变和飞跃的现象。这种现象正是在

[①]　原载《政治教育》1985 年第 4 期。——编者注

缓慢的量变的基础上产生的。如火山暴发、地震、雪崩、泥石流等。在日常生活中，也充满着量变引起质变和飞跃这类实例。比如，一个长满头发的人，不会因拔去几根头发就变成秃头，但一根接一根地、不断地拔下去，他就成了秃头。黑格尔关于质变和飞跃的思想为马克思主义的社会革命理论提供了重要的理论基础。（3）他通过对肯定、否定关系的探讨，提出了"扬弃"这一重要的概念。在黑格尔之前，有不少怀疑论哲学家也讲否定，但他们说的否定，是抛弃一切的否定，是纯粹的虚无主义。黑格尔第一个全面地阐述了否定和肯定之间的辩证关系，强调否定是包含肯定的否定，是承上启下的否定。黑格尔把这样的否定称为"扬弃"。"扬弃"这一术语在德语中兼有结束、保留的含义。正是通过这一重要的术语，黑格尔揭示了事物之间的连贯的发展，揭示了人类认识由抽象到具体的逐步深化、逐步丰富化的历史过程。（4）他突出了思维的能动性。黑格尔的整个哲学体系就是绝对精神由思维到存在，再由存在回复到思维的辩证发展的过程。在黑格尔那里，思维不仅被客观化、独立化为实体，而且也是自我运动、自我发展的主体。总之，思维是无限的力量，客观世界不过是思维外化的一个产物。黑格尔关于思维能动性的思想沉重地打击了机械唯物主义，显示出辩证法的巨大威力。

黑格尔辩证法思想的提出并不是偶然的，而是他所生活的那个时代的自然科学的长足发展和社会生活的急剧变动的一种折光。纵观整个西方哲学史，黑格尔的辩证法占有重要的历史地位。恩格斯曾经把古希腊的直观的、朴素的辩证法称作第一形态的辩证法，把从康德到黑格尔的唯心主义的辩证法称作第二形态的辩证法，并特别强调黑格尔是第一个有意识地叙述了辩证法的一般运动形态的哲学家。马克思主义的辩证法，即第三形态的辩证法主要是在批判地改造黑格尔辩证法的基础上形成的。

当然，黑格尔的辩证法是唯心主义的、头足倒置的辩证法。这种辩证法在其原有的形态上是无用的、神秘的。黑格尔只是猜测到了客观事物的辩证法，为了迎合体系的需要，他的辩证法不得不背叛自己。黑格尔关于矛盾双方可以调和的思想、关于思维和历史发展有终点的思想，都显示出很大的局限性。也正是从唯心的、不彻底的辩证法出发，黑格尔得出了建立资产阶级君主立宪国家的极其温和的政治结论。

朝着太阳奋进①

——从库诺·菲舍尔的笔底看青年黑格尔

朋友们，朝着太阳奋进吧，

为的是使人类的幸福早日成熟！

遮蔽太阳的树叶能够怎样？

树枝又能怎样？

穿过它们，

冲向太阳，……

这是青年黑格尔最喜爱的一首诗，它虽然出自诗人提奥多尔·哥特罗布·封·希坡尔（Theodor Cottlob von Hippel），但早已化为青年哲学家的心声和血肉。这震撼人心的诗句显示了青年黑格尔锐意进取的革命激情和宽广、深邃的胸臆。

张世英先生翻译的库诺·菲舍尔（Kuno Fischer）的著作《青年黑格尔的哲学思想》②也处处洋溢着青年黑格尔"朝着太阳奋进"的革命激情。这本兼有传记色彩的小册子叙事生动、细腻，议论

① 原载《读书》1985 年第 9 期，笔名"于文"。收录于俞吾金：《寻找新的价值坐标——世纪之交的哲学文化反思》，复旦大学出版社 1995 年版，第 447—455 页；收录于俞吾金：《生活与思考》，复旦大学出版社 2011 年版，第 44—50 页。——编者注

② ［德］库诺·菲舍尔：《青年黑格尔的哲学思想》，张世英译，吉林人民出版社 1983 年版。

深刻、诙谐，读来令人感奋，也为我们研究黑格尔青年时期的经历与思想，提供了丰富、生动的资料。如果说黑格尔后来在柏林大学的讲坛前把哲学比作黄昏到来时才起飞的密涅瓦的猫头鹰，那么这种迟暮之气在青年黑格尔的身上却丝毫不存在。在库诺·菲舍尔的笔下，青年黑格尔的性格是乐观的、奔放的，他的哲学思想也显示出青春的活力和强烈的进取心。

一、天赋与平庸

在人们的想象中，天才与平庸，智慧与愚拙总是水火不相容的。可是，在有些伟人的身上，却同时可以见到这两者，它们水乳交融，相互映衬，犹如不同的音调构成的和声。在黑格尔的身上就存在着这种现象。

还在少年时期，黑格尔就显露出极高的天赋和资质。他的论文、日记和演讲常常显示出成年人般的深思熟虑，以致库诺·菲舍尔干脆写道："他在学生时期就已经是一个思想家了。"[①]黑格尔的天赋和才华是令人瞩目的，有趣的是，黑格尔的天赋注定要由某些方面的平庸来补充。当他在斯图亚特求学的时期，德国文学的发展正揭开序幕。莱辛的《智者纳旦》，歌德的《爱米丽雅·伽洛蒂》《铁手葛兹·封·白利欣根》《少年维特之烦恼》，席勒的《强盗》《阴谋与爱情》等先后问世。奇怪的是，所有这些具有不朽意义和永恒魅力的艺术珍品都未引起这位斯图亚特中学生的注意。但他却对一部描写一个少女冒险行为和命运的贫乏无聊的小说——《索菲从默墨尔到萨克森的旅行记》爱不释手，以致当叔本华在罗森克朗茨写的黑格尔传记中读到这段记载时，以不容置疑的高傲

---

① ［德］库诺·菲舍尔：《青年黑格尔的哲学思想》，张世英译，吉林人民出版社1983年版，第6页。

态度写道：我最心爱的作品是荷马，而黑格尔最心爱的作品却是《索菲从默墨尔到萨克森的旅行记》。库诺·菲舍尔在谈到青年黑格尔的这件逸事时，也感叹道："当时谁也没有预料到，这个沉醉于如此贫乏无聊小说的平庸青年，竟能一变而为深刻的思想家，竟能有朝一日成为当代最伟大的哲学家。"①

谈到黑格尔的这件逸事，不禁使人联想到威廉·狄尔泰提出的"双重焦点的原则"（the double-focus principle）。根据这个原则，在研究哲学家的思想时，既要注意他和他所生活的那个时代的关系，又要注意他本人的行动，包括他生活中的逸事。我国的哲学史研究往往注重前者而轻视后者。其实，忽视对后者的研究，是不可能全面地揭示出一个哲学家的思想实质的。

二、理想与现实

黑格尔十八岁那年，考入了图宾根神学院。这里的生活方式枯燥、刻板，然而，图宾根神学院的高高的围墙并没有束缚住这个青年学生的心。入学的第二年，法国大革命爆发了。7 月 14 日的炮声不仅攻溃了巴士底狱这个封建统治的支柱和堡垒，也攻溃了这个青年学生的美好理想。青年黑格尔原先向往已久的牧师的职位突然在他眼前褪色了，失去感召力了，他的目光开始投向现实，投向宗教势力千方百计加以压抑的理性、自由、人权。黑格尔不仅和谢林等同窗好友一起种植了自由树，表达了对法国革命充满向往的感情，他不仅在日记本上写下了卢梭的名句："如果天使有个政府，那么这个政府也会实行民主管理的"，而且踊跃地参加了当地的政治俱乐部的活动，阅读法国报纸，与别人交流有关

---

① ［德］库诺·菲舍尔：《青年黑格尔的哲学思想》，张世英译，吉林人民出版社 1983 年版，第 8 页。

法国革命的新闻，谈论德国的现实和命运。黑格尔在俱乐部的演说受到了朋友们的喝彩。

法国大革命对黑格尔的影响是巨大的，但正如有的学者所指出的，不能把它作为解释黑格尔全部思想的"点金术"（touchstone）。[①] 我觉得，法国大革命对黑格尔的最大触动，并不像一般教科书或有些论文所认为的，是理性、自由这些口号，而是一种巨大的现实感、实践感。它使黑格尔确立了这样一个信念：脱离现实的理论是毫无意义的，理论必须面对现实，关心现实，并在实践中转化为现实。法国大革命是理论、思想转化为现实、行动的典范。思想走在行动之前，犹如闪电走在雷鸣之前一样。正是在这个意义上，海涅把罗伯斯庇尔称作"卢梭的手"。黑格尔早在海涅之前就意识到了这一点，他明确地写道："每一个勤恳努力的人都被赋予去尝试和探讨现实和当代问题的责任"[②]，并确立了"为塑造我们的时代尽自己最大的力量"[③]的新的理想和目标。

正是这种新的理想驱使黑格尔以后去研究政治经济学，探讨德国的政治现状和法制，也正是这种新的理想使黑格尔以后建立的庞大的唯心主义哲学体系包含着深刻的现实内容。这样也就不难理解马克思主义经典作家为什么称他的学说为"倒置的唯物主义"了。

三、热情与冷漠

1793 年秋，黑格尔从图宾根神学院毕业了。他没有选择牧师的道路，而是和康德、费希特一样，开始了家庭教师的生涯。不久，黑格尔

---

① ［美］S. 罗森：《黑格尔：智慧科学的导论》，1974 年英文版，第 4 页。（Stanley Rosen, *G. W. F. Hegel: An Introduction to the Science of Wisdom*, New Haven: Yale University Press, 1974, p. 4. ——编者注）

② 苗力田：《黑格尔通信百封》，上海人民出版社 1981 年版，第 199 页。

③ 同上书，第 52 页。

来到了瑞士的伯尔尼，给当地有名望的贵族卡尔·弗里德里希·施泰格尔家的孩子当教师。施泰格尔家有大量的藏书可随意选读，黑格尔没有白白地放过这个机会。在教学之余，他开始潜心研究宗教和哲学，尤其是康德这方面的思想。尽管伯尔尼的环境是幽雅而宁静的，然而，法国革命的影响使黑格尔再也不可能成为在书斋里安然度日的学者了，黑格尔以极大的热情关注着18世纪沸腾的政治生活和精神生活，这特别表现在他对伯尔尼的政治现状的调查和思考中。

伯尔尼建于1191年，到十七八世纪形成了贵族专制制度。这种专制寡头政府不仅残酷地镇压反贵族统治的起义，而且把整个司法制度视作手中的玩物，这充分体现了封建暴政的野蛮和黑暗。黑格尔到伯尔尼后，深入考察了当地的风俗习惯、礼节制度，研究了当地的政治、经济、文化现状，甚至连公路税这样的问题也没有放过。黑格尔特别感兴趣的是伯尔尼的司法制度。伯尔尼的司法制度还同许多野蛮的习惯法连在一起，那里的贵族不仅有种种不合理的特权，而且他们有一种特别的嗜好，判刑爱判死刑，并且采取极端野蛮的行刑方式。反理性、反人道的暴行已经达到登峰造极的地步。

黑格尔在深入了解伯尔尼政治现状的基础上，通过给揭露伯尔尼黑暗政治的卡特密信翻译和注释的方式，猛烈地抨击了这种封建专制的政治。这部书于1798年匿名出版于法兰克福。伯尔尼的黑暗政治使黑格尔进一步认识到法国革命的必要性，认识到近代哲学提出的自由、理性、人权的重要性。当时，黑格尔在致谢林的信中满怀激情地写道："为甚么，到这样晚的时候，人的尊严才受到尊重？为甚么，到这样晚的时候，人的自由禀赋才得到承认？……哲学家们论证了这种尊严，人们学会感到这种尊严，并且把他们被践踏的权利夺回来，不是去祈求，而是把它牢牢地夺到自己手里。"[1]

黑格尔对政治生活怀着极大的热情和兴趣，相反，对瑞士美丽壮观

---

[1] 苗力田：《黑格尔通信百封》，上海人民出版社1981年版，第43页。

的自然景色却异乎寻常地冷漠。1796年7月，他和三个萨克森的家庭教师一起，以大部分徒步的方式游览了阿尔卑斯山。在谈到格林德瓦冰河时，他这样写道："凝视这些，兴致索然。我们只能把它叫做雪的新种，但它全然没有经过精神的进一步加工制作。"[①]

黑格尔对自然美的漠视奠定了他的美学思想的基本格调。在这个意义上可以说，阿尔卑斯山的旅行印象是他整个美学体系的"导论"。黑格尔的美学实际上是艺术理论，美作为理念的感性显现只注目于灿烂的精神峰巅。亚历山大·冯·洪堡有一次提到黑格尔的一件逸事，说他曾断言，最平庸的柏林人的才智作为精神产品也胜过太阳，这使听者无不相顾愕然。其实，这并不值得奇怪，黑格尔的美学思想不过是他的客观唯心主义的逻辑结果罢了。

四、思索与顿悟

1797年年初，黑格尔在他的同窗好友荷尔德林的帮助下，从伯尔尼迁居到法兰克福，在商人戈格尔家任家庭教师。当时的谢林已是如日中天的明星，而黑格尔依然默默无闻，继续磨着他的精神之剑。这时，黑格尔思索的最多的是宗教问题。黑格尔对宗教的研究早在图宾根就起步了，在伯尔尼时他继续探讨这个问题，到法兰克福时，他的书桌上已放着三部手稿：《民众宗教和基督教》《耶稣传》和《基督教的实证性》。

当时，黑格尔的宗教观总的说来还处在康德伦理和宗教思想的影响下，特别是《耶稣传》，几乎把耶稣基督描绘成康德伦理思想的说教者，但黑格尔对宗教的探索一开始就具有自己的特点。在康德那里，宗教不过是伦理的一种扩张或变形。他是从个人出发来阐述伦理思想的，因而

---

① ［德］库诺·菲舍尔：《青年黑格尔的哲学思想》，张世英译，吉林人民出版社1983年版，第23页。

他的宗教、伦理学说在很大程度上是流于幻想的，直到 1797 年出版的《道德形而上学》中，他才认识到应把个人放在一定的社会、法的背景下来考察，但这个认识仍然是不够清楚的。相反，黑格尔一开头就注重从社会和历史发展的高度来探索宗教的本质，因而他的出发点高于康德。尤其是通过对基督教的实证性的批判，黑格尔揭示了宗教的反理性、反自由、反人道的立场。黑格尔的收获还不止于此，法兰克福时期的深入思考使他终于摆脱了康德伦理、宗教思想的影响。这一长期思索的结晶就是《基督教精神及其命运》。在这部著作中，黑格尔顿悟了。康德的伦理和宗教学说可以概括为 Sollen（应当）这个词，而这个词本身就表明，康德的全部主张都停留在幻想的、无法实现的云雾中。黑格尔主张用 Sein（存在）来取代 Sollen，那就是说，必须从客观存在的现实出发来阐述伦理、宗教学说。正是基于这样的思想，黑格尔在以后进一步从哲学上扬弃了康德的二元论，达到了以思维和存在的和解为基础的客观唯心主义。

《基督教精神及其命运》是黑格尔思想发展中的一个重要转折点，但我国哲学界对这部著作还未引起足够的重视，即使是专门论述青年黑格尔神学思想的论文也很少提到它。这表明，青年黑格尔的思想，特别是他的伦理、宗教思想仍然是一块未经开垦的处女地，有待研究者们进一步开发和耕耘。

五、攀登与失足

经过长达 7 年的漫游、思索和潜心的研究之后，黑格尔于 1801 年年初到达了耶拿。这个知识渊博、思想深刻的青年人急不可待地摘下了面罩，拔出了利剑，投入了耶拿的学术角逐。实际上，他的挑战书在法兰克福时期就已经宣读了，他在当时致谢林的信中这样写道："我不能满足于开始于人类低级需要的科学教育，我必须攀登科学的高峰。我必须把青年时期的理想转变为反思的形式，也就是化为一个体系。"①

黑格尔的攀登是沿着两条道路进行的。一方面，他和谢林一起创办了《哲学评论杂志》，撰写了一系列文章来清算他同时代的哲学，尤其是康德和费希特的哲学；另一方面，他写下了一系列讲稿，系统地阐发了自己的见解。如果说，路德让圣经说了德语，约翰·海因里希·沃斯使荷马史诗说了德语，那么黑格尔的雄心就是使哲学说德语。

上述两方面努力的结果是《精神现象学》。单是《精神现象学》这个书名就已蕴含着对康德二元论的超越。在康德那里，现象和本体之间横着一道不可逾越的鸿沟，而黑格尔的现象学正是把现象导向本体的阶梯或桥梁。《精神现象学》也是对谢林的无差别论和非理性主义的超越。总之，这部可以和《浮士德》媲美的巨著廓清了周围的迷雾，使黑格尔成了德国哲学界的一个中心人物。正如海涅说的："这人是谢林的一个学生，这个学生在哲学领域中逐渐掌握了老师的权力，野心勃勃地超过了老师，并终于把老师推入黑暗之中。"②

然而，任何一个徽章都有它的反面。黑格尔在耶拿开始其学术生涯的时候，已埋下了迷误和失足的钉子。在用拉丁文写的《论行星轨道》(1801)一文中，黑格尔提出，火星与木星之间是找不到任何行星的。然而具有讽刺意义的是，皮亚齐已在火星和木星之间发现了谷神星。尽管黑格尔的主张是以假说的方式提出来的，但这毕竟是一个失误。它预示了黑格尔哲学中包含着的某种武断的、反科学的成分。在以后的《自然哲学》中，黑格尔虽然提出了许多天才的思想，但也杂有一些荒诞离奇的东西。这使他遭受了同时代以及以后的自然科学家们的无穷无尽的责难，这也许是他终生未能成为普鲁士科学院院士的一个原因。

"人非圣贤，孰能无过"，其原意是强调错误的不可避免，但同时又蕴含着相反的一层意思，即圣贤是不会犯错误的。其实，凡是人，都会

---

① 苗力田：《黑格尔通信百封》，上海人民出版社1981年版，第58页。
② 《海涅选集》，张玉书编选，人民文学出版社1983年版，第332页。

犯错误，无论是圣贤也好，伟人也好，都不能例外。我们应当本着这样的精神去理解黑格尔。回到本文的标题，那么，黑格尔所追求的"太阳"究竟是什么？其实，这个问题黑格尔本人已做了回答。在历史哲学中，他把法国革命称为"一次灿烂光辉的日出"。这就告诉我们，黑格尔心目中的"太阳"就是资产阶级革命。恩格斯在评价黑格尔的法哲学时，就认为它预言了德国资产阶级夺取政权的时刻的到来。在这个意义上也可以说，黑格尔的哲学并不是太阳西落后才起飞的密涅瓦的猫头鹰，而是预言革命，搏击风暴的雄鹰，正如雪莱在一首题为《大鹰》的诗中所写的：

> 雄伟的鹰！你翩翩飞翔，
> 在那迷雾笼罩的山间森林之上，
> 你疾驰在朝暾的光芒里，
> 像一朵祥云飘飞，
> 当夜幕降临，暴风雨快来到，
> 你傲然蔑视那乌云的警告！

1986年

试论斯宾诺莎哲学的深层结构①
——范畴辩证法体系

斯宾诺莎在世的时候，他的学说曾遭到误解和非难。他去世 300 多年来，种种误解仍然或隐或现地笼罩在他的身上。大部分研究者都把目光停留在斯宾诺莎哲学的表层结构上，即停留在实体—属性—样态的关系上，停留在为论证这一表层结构而运用的一大堆界说、公则、证明、附释上。

要正确理解斯宾诺莎，就必须回到马克思早已竖起的警语牌之前。马克思说："在那些赋予自己的著作以系统的形式的哲学家如斯宾诺莎那里，他的体系的实际的内部结构同他自觉地提出体系所采用的形式是完全不同的。"②马克思虽然未阐明斯宾诺莎哲学的"实际的内部结构"究竟是什么，但他启发我们看到了斯宾诺莎哲学的内部结构与表层结构及论证形式之间的差异。他暗示我们，停留在斯宾诺莎哲学的脚手架之前是何等肤浅。

笔者在研读斯宾诺莎的主要著作的基础上认

① 原载《上海社会科学院学术季刊》1986 年第 4 期。收录于俞吾金：《俞吾金集》，黑龙江教育出版社 1995 年版，第 339—353 页。——编者注

② ［苏联］索考罗夫：《斯宾诺莎的世界观》，彭健华译，商务印书馆 1959 年版，第 9 页。

定，在斯宾诺莎哲学的内部，不是像大多数研究者坚持的那样，仅仅包含着某些辩证法因素①，而是现实地存在着一个内容极为丰富的范畴辩证法体系。这才是他的学说的真正藏宝处。

一、斯宾诺莎范畴辩证法体系的数学基础

要揭示斯宾诺莎哲学的深层结构——范畴辩证法体系的起源，首先必须消除人们对他的数学方法所抱有的那种传统的、偏执的理解。

在斯宾诺莎生活的时代，数学方法享有极高的声誉。斯宾诺莎的好友路德维希·梅耶尔（Ludwig Meyel）就称它为"发现和传授真理最好的和最可靠的方法"②，而我们现在习惯于不分情由地贬抑这种方法。诚然，我们也承认，运用数学方法来阐述哲学思想是有局限性的，但问题在于，我们不能单纯地从形式上去看待斯宾诺莎的数学方法，即停留在由一大堆界说、公则、证明和附释构成的框架群上。重要的是深入这一框架群的内部，探究一下，斯宾诺莎究竟对什么数学问题感兴趣，这一问题对他的哲学思想的形成起了什么样的作用。

在说明这一问题之前，有必要对当时数学发展的整个背景做一简略的回顾。从古代世界留下的欧几里得几何学，到中世纪阿拉伯人发明的十进位制，一直到近代，数学获得了长足的发展。特别令人注目的是，笛卡尔创立了解析几何，率先把变量引入了数学。这一重大的进步，正如恩格斯所评价的："数学本身由于研究变数而进入辩证法的领域，

---

① ［苏联］罗森塔尔、尤金：《简明哲学辞典》，生活·读书·新知三联书店 1973 年版，第 531 页；［苏联］敦尼克等：《哲学史（欧洲哲学史部分）》，生活·读书·新知三联书店 1972 年版，第 261 页；至于中国出版的西方哲学史专著，几乎无例外地持"因素论"的见解。

② ［荷兰］斯宾诺莎：《笛卡尔哲学原理》，王荫庭、洪汉鼎译，商务印书馆 1980 年版，第 35 页。

而且很明显，正是辩证哲学家笛卡儿使数学有了这种进步。"①斯宾诺莎对笛卡尔的数学思想是非常精通的。他注目于对数学中无限性问题的研究，从而从一个新的侧面推进了笛卡尔的数学思想，扩大并加强了辩证法在数学中的地盘。

众所周知，笛卡尔是不主张研究数学中的无限性问题的。他明确表示："以我们这种有限的生物，来决定无限，那是荒谬的。"②与此相反，斯宾诺莎却认为，对数学中无限性问题的研究具有重要的理论意义。事实上，也正是这一研究及通过这一研究所达到的结论，为斯宾诺莎的整个范畴辩证法体系奠定了基础。

在致梅耶尔的第十二号书信中，斯宾诺莎专门论述了无限性的本质问题。他提出了两种无限性：一种是抽象的、无穷追溯的无限性（以下简称想象的无限性）；另一种是只凭借理智的非想象的无限性（以下简称理智的无限性）。对于前一种无限性，他举例说，如果有人抽象地看待"持续性"（Duratiou），把它划分为无穷个部分，那就永远无法理解一个小时是怎么通过的。因为一个小时如果要通过的话，就得先通过半个小时，而半个小时要通过的话，又得先通过半个小时中的一半的时间……如果凭借想象朝前追溯的话，这一个小时是永远无法通过的。在他看来，想象的无限性是荒谬的，持有这种见解的人"并不懂得事物的真正的本质，他们实际上否定了无限性的存在"③。因为对于他们来说，无限性是永远达不到的彼岸的东西。对于后一种无限性，即理智的无限性，斯宾诺莎则持充分肯定的态度。理智的无限性或辩证的无限性的观点在斯宾诺莎那里绝不是偶然出现的，而是贯穿于他的主要哲学著作中的一个基本思想。下面，我们不妨看看斯宾诺莎所举的一些例子。

---

① 恩格斯：《反杜林论》，中共中央马克思恩格斯列宁斯大林著作编译局译，人民出版社 1970 年版，第 119 页。

② ［法］笛卡尔：《哲学原理》，关文运译，商务印书馆 1958 年版，第 11、15 页。

③ ［英］A. 沃尔夫：《斯宾诺莎通信集》，1928 年英文版，第 120 页。（Abraham Wolf edit.，*The Correspondence of Spinoza*，London：G. Allen & Unwin Ltd.，1928，p. 120.——编者注）

第一个例子。假设图 1 中的两个圆不是同心的，那么，夹在两个圆中间的空间 ABCD 也一定是到处不等的，这种不等和小圆在大圆中移动（始终不同心）时产生的变化都是无限的、无法用精确数字来表达的，但它们却现实地存在于这一有限的图形之中。①

第二个例子。假设图 2 中的半圆 C 和半圆 D 各以不同的一点为圆心，那么这两个半圆之间一定存在着无限多的不相等的空间。这种无限的不等，同样是不可测量的，一加测度，就会陷入无穷的系列中，但它们却实实在在地存在于这一有限的图形之中。②

第三个例子。假设图 3 中直线 D 和 E 相交形成直角，如果我们在图中做无限条垂直相交的直线，就会形成无限个相等的直角。但是，"其中任何一个直角的观念，除了包括在圆形的观念之内，也不能称为实在"③。这里同样显露出无限蕴含于有限之中，无限现实地存在着的思想。

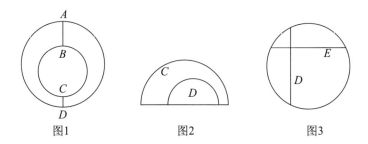

图1　　　　　　图2　　　　　　图3

斯宾诺莎上面举的三个例子都是圆。圆，作为一个现实的、已经画出来的图形，无疑是一个有限的存在物，但就它的面积无法用精确的数字来表达而言，它又蕴含着无限性或不可穷尽性。可见，圆本身就体现

① ［英］A. 沃尔夫：《斯宾诺莎通信集》，1928 年英文版，第 120 页。（Abraham Wolf edit. , *The Correspondence of Spinoza*, London：G. Allen & Unwin Ltd. , 1928, p. 120.——编者注）

② ［荷兰］斯宾诺莎：《笛卡尔哲学原理》，王荫庭、洪汉鼎译，商务印书馆 1980 年版，第 99 页。

③ ［荷兰］斯宾诺莎：《伦理学》，贺麟译，商务印书馆 1958 年版，第 47 页。

了理智的无限性，体现了有限与无限的辩证关系。正如黑格尔所指出的：在斯宾诺莎看来，"一个圆包含着完备的、现实的无限性"①。也正是在斯宾诺莎的影响下，黑格尔在《逻辑学》中把真无限比作一个自足的圆圈，把恶无限比作一条无穷延伸的直线。黑格尔还特别有兴趣地谈到斯宾诺莎所举的第二个例子："他说有两个圆，互相重叠，但是并不同心。这两个圆之间的面积是无法确定的，不能用一种确定的比例来表示的，是不可通约的；如果我要确定它，我就必须一直走到无穷，——这是一个无穷系列。这是往外跑的做法，始终是有缺点的，带着否定的；可是这种恶劣的无限者也是有限制的，——即肯定的，现实存在于这块面积中的。"②

　　与同时代的一些哲学家相比，斯宾诺莎的卓越之处正在于，他没有停留在那种使抽象的量永远向前进展的空洞的想象的无限性中，而是致力于使这种无限性采取"完全辩证的形式"的工作。③ 换言之，他用理智的无限性的观点解决了使许多数学家为之困惑的无限性问题。这是他的数学方法中最重要、最有价值的内容。斯宾诺莎的伟大功绩还在于把理智的无限性观点导入哲学，他说："有许多事物，如实体、永恒性（Eternity）及其他一些东西，我们不能用想象去把握，而只能用理智去把握。"④假如撇开一些次要的原因，如布鲁诺、笛卡尔的某些辩证法思想对斯宾诺莎的影响等，完全可以说，斯宾诺莎的范畴辩证法体系导源于他对数学中无限性问题的研究，说得确切些，导源于他所达到的理智的无限性观点。

---

　　① ［德］黑格尔：《哲学史讲演录》第 4 卷，贺麟、王太庆译，商务印书馆 1978 年版，第 111 页。

　　② 同上书，第 107 页。有改动。

　　③ 恩格斯：《自然辩证法》，中共中央马克思恩格斯列宁斯大林著作编译局译，人民出版社 1971 年版，第 181 页。

　　④ ［英］A. 沃尔夫：《斯宾诺莎通信集》，1928 年英文版，第 119 页。（Abraham Wolf edit.，*The Correspondence of Spinoza*，London：G. Allen & Unwin Ltd.，1928，p. 119.——编者注）

二、斯宾诺莎范畴辩证法体系的基本结构

斯宾诺莎之所以把理智的无限性观点即有限与无限关系的辩证观点引入哲学，目的是构筑以"实体—属性—样态"为中心骨架的哲学体系，但在论证、建立这一体系的过程中，特别是在论证实体的无限性、圆满性和唯一性，论证样态即具体事物的有限性、否定性和众多性的过程中，他也论述

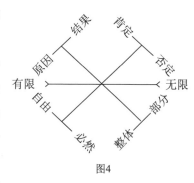

图4

了无限与有限、原因与结果、肯定与否定、自由与必然、整体与部分这五对范畴的辩证关系，并以第一对范畴为中心，把其余范畴连接成一个有机的范畴辩证法体系。

从图 4 中可以看出，斯宾诺莎的范畴辩证法体系的基本结构是放射性的，即以理智的无限性（有限与无限的辩证关系）为红线，贯穿到所有其他范畴的解释之中，由此把各对范畴联结为一个不可分割的整体。

1. 原因与结果

在斯宾诺莎之前，由于哲学家们习惯于用想象的无限性的观点来看待因果关系，因和果一直处于抽象的、无法沟通的对立中。不少哲学家在无法解释因果关系时，常常引入目的或神的意志来加以证明。[①] 斯宾诺莎举例说：如果有一块石头忽然从高处落下，恰好砸在从下面走过的一个人的头上，把他打死了。人们就会论证说，这块石头落下的目的就

---

① 在致亨利·奥尔登伯格的第二号书信中，斯宾诺莎认为笛卡尔和培根的最大谬误在第一因和事物起源的问题上。见［英］A. 沃尔夫：《斯宾诺莎通讯集》，1928 年英文版，第 76 页。（Abraham Wolf edit.，*The Correspondence of Spinoza*，London：G. Allen & Unwin Ltd.，1928，p.76.——编者注）。

是打死人，这是神的意志使然的。如果我们申辩说，这件事情的发生是刮大风的缘故。他们就会追问，若不是天神作主，那天怎么会刮起大风？又怎么会这样凑巧，偏偏把那个人砸死？"似此辗转追诘，以求因中之因，一直把你穷追到不能不托庇天意以自圆其说为止——天意便是无知的避难所。"①

斯宾诺莎认为，这种对因果关系的无限追溯完全是想象力的创造物。现实生活并不如此，它完全可以凭借自身的力量，使"无限的因果关系"②得以实现。他举了炼铁的例子形象地说明了这一点："因为要想炼铁，就必须有铁锤，而铁锤也必须经过制造才有。但是制造铁锤又必须用别的铁锤或别的工具，而制造这种工具又必须用别的工具，如此递推，以致无穷。因此如果有人想要根据这种方式以证明人没有力量可以炼铁，这当然是徒劳的。"③

为了彻底击破因果关系上这种想象的无限性，斯宾诺莎提出了著名的"自因"概念。在《伦理学》中，他开宗明义地说：自因"的本质即包含存在，或者它的本性只能设想为存在着"④。在他看来，实体是唯一的、无限的，它的本质包含着它的全部存在，在它之外不可能有任何别的东西存在，因而它必然是自因的、自我满足的，人们无须到它之外去寻求原因。无限的、因果关系在实体自身内，或按马克思的说法，在形而上学地改了装的自然内，可以得到完全的解决，正如人们不托庇天意就能炼出铁来一样。

根据这种自因的观点，由果及因的直线式的进展转化为因与果之间的圆圈式的相互作用和联系。正如斯宾诺莎强调的："自然万物没有不是互相关联的"，人们的观念和事物一样，"也都具有同样的关联"⑤。

---

① ［荷兰］斯宾诺莎：《伦理学》，贺麟译，商务印书馆 1958 年版，第 37—38 页。
② 同上书，第 226 页。
③ ［荷兰］斯宾诺莎：《知性改进论》，贺麟译，商务印书馆 1960 年版，第 28 页。
④ ［荷兰］斯宾诺莎：《伦理学》，贺麟译，商务印书馆 1958 年版，第 3 页。
⑤ ［荷兰］斯宾诺莎：《知性改进论》，贺麟译，商务印书馆 1960 年版，第 32 页。

这样一来，笼罩在因果关系，尤其是"第一因"上的迷雾被驱散了，一个无须神意干预的、充满相互作用的自然界袒露在人们的眼前。与此同时，因果关系的辩证本性第一次被牢固地建立起来了。

斯宾诺莎对因果关系特别是自因概念的深刻阐述，正是通过理智的无限性的楔入达到的。黑格尔明察道："自因这个概念就是真正的无限。"①如果撇开斯宾诺莎的理智的无限性的观点，也就不可能真正懂得自因概念及其中包含的辩证法思想。

2. 肯定与否定

在斯宾诺莎之前，哲学家们习惯于从想象的无限性的角度来看待肯定和否定的关系。他们通常把无限的东西看作虚幻的、否定的，把有限的东西看作存在的、肯定的。中世纪的神学家伊里杰纳试图冲破这种传统的观念②，初步显露出无限者(上帝)是肯定的、存在的，有限者是否定的、易消逝的思想。

斯宾诺莎大大推进并发挥了伊里杰纳的思想。他坚决反对想象的无限性，他从理智的无限性的立场出发，提出了"规定就是否定"的著名命题。③ 在他看来，"说任何一物是有限的，其实就是部分地否定它的某种性质的存在，而说它是无限的，也就是绝对地肯定某种性质的存在"④。由此可见，正是通过有限与无限的辩证关系的渗入，斯宾诺莎建立了肯定与否定之间的辩证关系。尤其是无限即肯定的思想，集中体现了理智无限性的作用。黑格尔对这一思想做了高度的评价："哲学上的无限性，即现实的无限性，是对自身的肯定；斯宾诺莎把理智的无限

---

① ［德］黑格尔：《哲学史讲演录》第 4 卷，贺麟、王太庆译，商务印书馆 1978 年版，第 108 页。

② ［美］梯利：《西方哲学史》上册，葛力译，商务印书馆 1975 年版，第 189 页。

③ 这一命题最早出现于斯宾诺莎致约翰·胡德(John Hadde)的第 36 号书信中，见《斯宾诺莎通信集》，1928 年英文版，第 223 页。(Abraham Wolf edit., *The Correspondence of Spinoza*, London: G. Allen & Unwin Ltd., 1928, p. 223.——编者注)；并参见［德］黑格尔：《逻辑学》上卷，杨一之译，商务印书馆 1982 年版，第 106 页注。

④ ［荷兰］斯宾诺莎：《伦理学》，贺麟译，商务印书馆 1958 年版，第 7 页。

者称为绝对的肯定，完全正确！"①当斯宾诺莎通过"规定就是否定"这一命题，分别把有限和否定、无限和肯定对应起来时，他就成了西方哲学史上第一个辩证地理解肯定与否定关系的哲学家。而这正是在理智的无限性的催化下形成起来的。

3. 自由与必然

斯宾诺莎以前和同时代的许多哲学家都把自由和必然看作绝对排斥的、不相容的东西。斯宾诺莎激烈地抨击了来自对立两端的观点，他写道："对我说来，断言必然的和自由的是（相互排斥的）对立，是很荒谬的和违背理性的。"②他尤其反对笛卡尔关于神和人的意志是无限自由的完全不受客观必然性制约的观点。

笛卡尔认为："在某种意义下，意志可以说是无限的，因为我们看到，任何人的意志的对象，甚至是上帝的无限意志的对象，都可以成为我们意志的对象。"③在这里起作用的仍然是想象的无限性。换言之，人的意志被想象为无限自由的。斯宾诺莎驳斥了这种在任意的、想象的无限性基础上形成的自由观，力图把他的自由观奠立在理智的无限性基地上。从理智的无限性的观点看来，仅仅在想象中，在可能性上，无限才是无穷尽的，不可企及的和任意的，在现实中，无限总是蕴含于有限之中，总是客观地存在着，总是受制于某种必然的力量约束的。斯宾诺莎写道："无论怎样理解意志，有限的也好，无限的也好，都有原因以决定它的存在与动作，所以意志不能说是自由因，只能说是必然的或被迫的。"④

斯宾诺莎虽然承认神的意志是自由的，但他坚决反对把他的自由理解为随心所欲地去创造无限多的奇迹。他尖锐地指出："奇迹若是指

① ［德］黑格尔：《哲学史讲演录》第 4 卷，贺麟、王太庆译，商务印书馆 1978 年版，第 104 页。
② 《斯宾诺莎选集》第 2 卷俄文版，第 584 页。
③ ［法］笛卡尔：《哲学原理》，关文运译，商务印书馆 1958 年版，第 13 页。
④ ［荷兰］斯宾诺莎：《伦理学》，贺麟译，商务印书馆 1958 年版，第 29 页。

一些反乎自然规律的事物，不但不能证明上帝的存在，反使我们怀疑上帝的存在。"说得透彻一点，"上帝的命令，因而以及天意，不过是自然界的条理"①。这就是说，上帝创造违反自然的奇迹，不过是想象的无限性的一种表现，从理智无限性的目光看来，上帝"不过是自然界的条理"。

同样，人的意志也仅仅是在想象中才是无限的，在现实中则是有限的，它必须根据客观必然性做出自己的选择和决断。自由绝不是任性或任意，自由是对必然的理解或意识。可见，正是通过理智无限性的参与，斯宾诺莎建立了自由与必然的辩证关系。在《法哲学原理》中，黑格尔进一步发挥了斯宾诺莎的见解，他批评了那种认为"在意志方面人是无限的"观点，指出："不作什么决定的意志不是现实的意志；无性格的人从来不作出决定。"②真正现实的意志永远体现为理智的无限性。

4. 整体与部分

在斯宾诺莎之前，古希腊哲学家柏拉图和亚里士多德已经对部分与整体的辩证关系进行了初步的探讨。在他们之后的很长时间内，这个问题都未引起哲学家们的重视。在斯宾诺莎生活的时期，许多人都习惯于从想象的无限性的观点来看待整体和部分的关系。因而不可能对这一关系做出合理的说明。

比如，当斯宾诺莎提出无限的实体具有广延的属性时，他们立即做出了如下的驳斥：如果无限的实体是有广延的，那么就可以划分为部分。假如将实体分为两个部分，那么它的每一部分不是有限的，就是无限的。如果是有限的，那么整体（无限）乃是两个有限构成的，这是说不通的，如果是无限的，那么整体（无限）将是由两个无限构成的，这同样是说不通的。由此，他们得出结论说，无限的实体是不可能有广延的，

① ［荷兰］斯宾诺莎：《神学政治论》，温锡增译，商务印书馆 1963 年版，第 93、97 页。

② ［德］黑格尔：《法哲学原理》第 4 卷，范扬、张企泰译，商务印书馆 1979 年版，第 24 页。

或者说，有广延的实体只能是有限的。①

斯宾诺莎运用理智的无限性的观点驳斥了这种见解："我们对于量有两种，一是抽象的或表面的量，乃是我们想象的产物；一是作为实体的量，是仅仅从理智中产生的。"②就想象之量而言，它是有限的、可分的，是由部分叠加或累积而成的；就理智之量而言，量是无限的、唯一的和不可分的。③斯宾诺莎明确地区分两种整体，一种是由截然可分的部分集合而成的整体，它对应于想象的无限性；另一种是由不可分割的部分组成的有机的整体，它对应于理智的无限性。人们的思维习惯是，常常把想象的无限性加到对有机的整体，如实体的分析中。这样一来，也就再见不到整体与部分的辩证关系了。在斯宾诺莎看来，建基于理智的无限性之上的实体是不可分的，或者换一种说法，它是可分的，但所有的部分都不能离开实体而独立，一旦独立出来，它就失去了整体赋予它的生命力。同时，整体由于丧失了部分，它本身也就不复存在了。

总之，根据斯宾诺莎的看法，在有机整体中，部分永远只是作为整体的部分而存在的。在斯宾诺莎那里，一切个别事物都是互为前提的。这一个没有那一个就不能被思维到；也就是说，它们合起来构成一个不可分割的整体；它们是在一个绝对不可分的、无限的东西里，而且不以任何别的方式共同存在在那里。显然，撇开理智无限性的观点，同样无法理解他关于整体与部分关系的辩证的论述。

上面，我们简略地分析了斯宾诺莎哲学的深层结构——范畴辩证法体系的形成。尽管斯宾诺莎没有进一步去建立原因与结果、肯定与否定、自由与必然、整体与部分诸对范畴之间的横向联系，但这一以理智的无限性为轴心的放射性范畴体系的形成，已使斯宾诺莎在范畴辩证法发展史上拥有不朽的地位。

———————————

①　[荷兰]斯宾诺莎：《伦理学》，贺麟译，商务印书馆1958年版，第15页。

②　同上书，第17页。

③　同上书，第17页。

三、斯宾诺莎范畴辩证法体系的历史贡献

以往的大部分研究者没有发现深藏于斯宾诺莎哲学内部的范畴辩证法体系，他们所能看到的通常只是某些辩证法因素，如自因说、自由观等等。这种"因素论"的见解，不仅低估了斯宾诺莎辩证法的丰富内容和价值，同时也使西方范畴史的发展变得难以理解、难以描述。在亚里士多德的范畴论与康德、黑格尔的范畴论之间横着一条鸿沟。事实上，只有揭示出斯宾诺莎的范畴辩证法体系，这条鸿沟才能得到弥合。

要理解斯宾诺莎范畴辩证法体系的历史贡献，必须先了解他所生活的时代的理论需要，在欧洲中世纪，思维和存在之间的对立是异常尖锐的，这一对立在范畴论上表现为各对范畴内部的尖锐对立。近代哲学的一个重要使命是在这些尖锐地对立着的范畴之间架设桥梁。在这方面，斯宾诺莎起了特别关键的作用。正如黑格尔所说的："他的哲学在欧洲说出了这种深刻的同一性"①，其主要表现如下。

第一，斯宾诺莎主张把思维和广延作为实体的两个基本属性，从而在一定程度上克服了笛卡尔的心物平行二元论。这种同一意向在"实体—属性—样态"表层结构中可以窥见。

第二，斯宾诺莎强调了有限与无限、原因与结果、肯定与否定、自由与必然、整体与部分等各对范畴之间的统一和联系。尽管他的论述包含着种种局限性，比如，他提出了自因的概念，但仍未赋予实体以自我活动的能动性。他肯定了自由要以必然为基础，但又贬低了偶然性的作用；他看到了否定的力量和作用，但并未进一步达到否定之否定的高度等。然而，他在对立的范畴中竭力建立和解的尝试却具有开创性的作

---

① ［德］黑格尔：《哲学史讲演录》第 4 卷，贺麟、王太庆译，商务印书馆 1978 年版，第 120 页。

用，其影响一直延伸到当代哲学，特别是马克思主义的范畴理论之中。

第三，在斯宾诺莎所做的统一工作中，最重要但也最难窥见的就是深藏于他的哲学内部的范畴辩证法体系。如黑格尔指出："斯宾诺莎把想象的无限者与思维的无限者分开。大多数人只看到前者。"①因此，不能揭示出斯宾诺莎建基于理智的无限性基础上的深层结构——范畴辩证法体系。其实，斯宾诺莎对西方范畴发展史的最重要的贡献和影响正系于此。

现在，我们就来考察他的范畴辩证法体系在整个西方范畴发展史上的地位和作用。众所周知，古希腊的伟大哲学家亚里士多德最初创立了范畴论。在著名的《范畴论》中，他提出了以下十种范畴，即实体、数量、性质、关系、地点、时间、姿态、状况、活动、遭受。由于他是对范畴进行分类，因此很少注意范畴之间的内在联系和统一性。他的工作主要是分析的，而不是综合的。在亚氏之后，对范畴论做出重大贡献的首先要数斯宾诺莎。如前所述，他的最突出的贡献是用理智的无限性综合了其他四对范畴，形成了一个放射性的范畴体系。

在斯宾诺莎之后，康德对范畴理论做了重大的推进。康德不仅提出了十二个知性范畴，而且在理性理念的二律背反中更深刻地涉及范畴之间的关系。(1)世界在时间空间上是有限的，世界在时间空间上是无限的。这里实际上提出了有限与无限的关系问题。(2)世界上任何复杂的实体都是由单一的部分构成的。世界上任何复杂的事物不是由单一的部分构成的。这里实际上提出了部分与整体的关系。(3)世界上存在着自由；世界没有自由，一切都是必然的。这里实际上提出了自由与必然的关系。(4)存在着世界的最初原因；没有世界的最初原因。这里提出了原因与结果的关系。

由上可知，斯宾诺莎范畴辩证法体系中提到的十大范畴(肯定与否

---

① [德]黑格尔：《哲学史讲演录》第4卷，贺麟、王太庆译，商务印书馆1978年版，第95页。

定的关系主要体现在知性范畴中），全都在康德那里出现了。与斯宾诺莎相比，康德前进了一步，因为他的范畴体系是自觉地建立起来的，尤其是他把二律背反看作人类理性在其本性的驱使下必然陷入的结果；但同时他又后退了一步，他在斯宾诺莎已初步建立起来的各对范畴之间又划出了鸿沟，在某种意义上，又退回到斯宾诺莎以前的立场上去了。

在康德之后，对范畴理论做出最大贡献的，无疑是黑格尔。黑格尔不仅从康德那里汲取了巨大的灵感，而且从斯宾诺莎那里接过了康德并不特别重视的"伟大命题"——"规定就是否定。"换句话说，接受了肯定与否定关系的辩证法。无疑，肯定与否定这对范畴比起斯宾诺莎的有限与无限（即理智的无限性）来，具有更广泛的建构能力。另外，黑格尔不是按放射性的方式，而是按历史与逻辑一致（从抽象到具体）的方式来建立范畴辩证法体系的。这使他比斯宾诺莎和康德站得更高，洞察得更细微，真正把诸多范畴联合为一个相互转化的严谨体系。

以上的分析表明，斯宾诺莎是西方范畴发展史上承上启下的转折点。撇开他的范畴辩证法体系，整个范畴史的发展便难以贯通。S. 汉普夏森说过："要完整地理解那些伟大的哲学家，就必须从总体上去阅读他们的著作。这尤其适合斯宾诺莎这样的哲学家。"①对斯宾诺莎的哲学，尤其是他的辩证法思想，只有从总体上，而不是从这一点、那一点，不是从"因素论"上去把握，才能对其历史地位做出真正的评价。

---

① ［英］S. 汉普夏森：《理性的时代》，1956 年英文版，第 5 页。（Stuart Hampshire, *The Age of Reason：The 17th Century Philosophers*, New York：New American Library, 1956, p. 5. ——编者注）

弗洛伊德学说述略[①]

西格蒙德·弗洛伊德（Sigmund Freud）是奥地利著名的精神病学家和心理学家，是 20 世纪初以来风靡西方世界的精神分析学派的奠基人。

对弗洛伊德的学说，赞誉者有之，毁谤者也有之，但不管如何，西方学者几乎都认为，他是近 100 年来的历史上，对人类文明的发展产生划时代影响的三个伟大的犹太人学者中的一个。众所周知，另两个是马克思和爱因斯坦。美国著名心理学家 E. G. 波林说过："谁想在今后三个世纪内写出一部心理学史，而不提弗洛伊德的姓名，那就不可能自诩是一部心理学通史了。"[②]

事实上，弗洛伊德所开创的精神分析运动已经远远地超出了心理学的范围，渗透到哲学、宗教、道德、历史、美学等众多领域中，并在每一领域中造就了自己的信奉者和追随者。弗洛伊德的著作被译成各种文字，他提出的许多概念成了西方国家中妇孺皆知的常识。

弗洛伊德是个多产的著作家，他的思想十分丰富，本文只能择其要点，做些介绍。

[①] 见复旦大学哲学系现代哲学研究所：《现代西方哲学概说》，复旦大学出版社 1986 年版，笔名"字文"，第 152—166 页。——编者注

[②] ［美］E. G. 波林：《实验心理学史》下册，高觉敷译，商务印书馆 1982 年版，第 814 页。

弗洛伊德学说述略 · 223

一、弗洛伊德的生平和著作

1856 年，弗洛伊德出生于奥地利弗赖堡一个犹太商人的家中。1860 年，弗洛伊德四岁那年，举家迁到了维也纳。1865 年，他进入了维也纳的一所中学，接受了严格的古典文化教育，他学习勤奋，在班里成绩始终名列前茅。1873 年，弗洛伊德以突出的成绩考入了维也纳大学的医学院，1876 年开始在著名生理学家布吕克（E. Brücke）的研究所中工作，从事低等动物神经结构与功能的研究。1881 年毕业，获医学院博士学位，1882—1885 年，他进入维也纳全科医院工作，深入研究脑解剖和精神病理学，并先后在外科、内科、小儿科、皮肤科等服务，获得了广泛的临床经验。1885 年 10 月，弗洛伊德赴巴黎留学。当时的巴黎是世界精神病研究的中心。弗洛伊德在著名精神病学家夏尔科（J. M. Charcot）的指导下学习、工作。夏尔科在大量医疗实践的基础上提出，精神病不是由生理上的原因而是由心理上的原因引起的。这对弗洛伊德一生的研究方向发生了决定性的影响。

1886 年 2 月回到维也纳后，弗洛伊德结了婚，并以自己的名义开了私人诊所。尔后，又和维也纳著名的精神病学家和心理学家布鲁尔（J. Breur）合作研究并治疗歇斯底里。1895 年，两人合作发表了《歇斯底里研究》一书。后来，由于见解不合而分道扬镳。

弗洛伊德一度陷入了孤立，但他继续自己的研究，相继发表了《梦的解析》(1900)、《日常生活心理病理学》(1904)、《性学三论》(1905)。这些著作奠定了精神分析心理学的基础。1902 年，弗洛伊德和他的学生阿德勒（A. Adler）等一起创立了"心理学周三学会"。1908 年，第一届国际精神分析学会在萨尔斯堡举行成立大会，"周三学会"更名为维也纳精神分析学会。弗洛伊德在世时，国际精神分析学会共举行了十四次大会。

1909 年，弗洛伊德和他的另一个学生荣格（C. G. Jung）应邀赴美国讲学。尔后，他又发表了《精神分析引论》（1916）、《论精神分析运动史》（1914）、《文明及其不满》（1920）、《自我与本我》（1923）等著作。这时，弗洛伊德学说的影响已遍及世界，并已渗透到道德、宗教、艺术等众多的领域之中。

1933 年，希特勒在德国上台，不久，柏林宣布弗洛伊德的著作为禁书。同年 5 月 10 日，在四万名柏林人的围观下，五千名佩戴纳粹标志的学生在柏林歌剧院前焚毁了两千本著作，其中有爱因斯坦和弗洛伊德的著作。1938 年，法西斯军队入侵奥地利，弗洛伊德和他的家眷在玛丽·波拿巴公主的帮助下流亡到伦敦，第二年，弗洛伊德在伦敦去世，结束了他为揭示人性的秘密而不屈不挠地奋斗的一生。

二、弗洛伊德学说的理论渊源

弗洛伊德的学说并不是凭空产生的，它是弗洛伊德对他所生活的那个时代的科学文化知识的主观选择的结果。这样的选择和他的整个学术生涯是紧密联系在一起的。

（1）对变态心理学的选择。弗洛伊德刚进大学的时候，研究的是动物神经系统的结构和功能，后来，他开始研究人的神经系统的结构和功能，并进而研究精神病理学，力图揭示这种疾病的奥秘。十八九世纪，在医学研究中占统治地位的乃是机械唯物论的观点。人们习惯于用生理机制上的障碍来解释精神失常，解释歇斯底里。

然而，医学研究中的无数临床经验表明，不少患精神病的人神经系统是完好无损的。这就启示人们，应当在心理方面去寻找精神病的根源。于是，变态心理学的研究应运而生。在这方面，对弗洛伊德影响最大的是布鲁尔和夏尔科，尤其是夏尔科，不仅一般地研究了精神病和心理机制之间的关系，而且在对心理机制的探索中触及其中的无意识层次，甚至更深地触及无意识层次中的性欲问题。有一次，夏尔科在讲到精神病和性欲的关系时，激昂地说："这经常同性感区有关——经常如此，经常如此，经常如此！"①这对弗洛伊德的触动非常大，以致他感到非常奇怪，夏尔科为什么没有沿着这个方向研究下去。弗洛伊德后来对无意识和性欲的研究，表明他试图完成夏尔科未竟的工作。

(2)对唯意志主义哲学的选择。弗洛伊德从青年时期起就对哲学怀有浓厚的兴趣。在维也纳大学医学院学习期间，他去听过布伦塔诺(F. Brentano)的哲学课，还翻译过柏拉图和穆勒的著作。弗洛伊德自称受到康德学说较大的影响，实际上对他产生更大影响的是片面地发挥了康德意志学说的叔本华、尼采等哲学家，正如朱光潜先生所说："弗洛伊德是德国意志哲学的继承者，所以偏重本能和情感。"②事实上，在当时讲德语的国家中，唯意志主义哲学正盛极一时，这一派哲学对本能、情感、意志、欲望的倚重极大地启发了弗洛伊德的灵感，使他坚持了对无意识问题的研究。

(3)对自然科学中能量学说的选择。19世纪物理学研究的一个重要课题是能量问题。这一研究导致的一个伟大发现是能量守恒定律。弗洛伊德采纳了这一学说，他把能量这一概念引入了心理学的研究中，并特别把他和性本能结合起来，提出了"力比多"(Libido)的概念。"力比多"是性欲所具有的心理能量，即性力。弗洛伊德还根据能量守恒学说提出了"力比多"的压抑、转移和释放的问题。实际上，"力比多"已成了弗洛伊德学说中的一个核心概念，由此足见能量学说对弗洛伊德的重大影响。正如G. E. 波林指出的："我们很自然地要问，弗洛伊德从哪里获得了他的观念呢？这些观念已存在于文化里，就等着他来采取了。说也

① ［美］加德纳·墨菲、约瑟夫·柯瓦奇：《近代心理学历史导引》，商务印书馆1982年版，第379页。

② 《朱光潜美学文集》第1卷，上海文艺出版社1982年版，第348页。

奇怪，其有一个重要观念就是能量守恒说。"①

主要是上述三方面的选择，形成了弗洛伊德独特的知识结构，从而也形成了他的独特理论。

三、弗洛伊德学说的基本内容

在思想史的研究中，人们习惯于按照思想家本人出版著作的次序来理解并介绍他的学说，这种单纯历史的方法常常会把理解引入迷津。笔者认为，应当把逻辑的方法和历史的方法结合起来，且以逻辑方法为主导，即重点揭示一种学说的内在逻辑联系，在此基础上兼顾到历史的先后次序。这样似乎更有利于理解。下面对弗洛伊德学说的分析正是这一设想的尝试。

(一)心理结构、人格理论和力比多的压抑

1. 心理结构

在弗洛伊德的前期著作中，他把人的心理结构分为三个层次：意识（consciousness）、前意识（fore-consciousness）和无意识（unconsciousness）。意识是人的心理状态中的最高形式，是诸心理因素的统帅者，它支配和协调着人的各项心物理活动，使之达到连贯性、统一性和和谐性。前意识是存储在记忆中的东西，它一度属于意识，因与目前的实际情况关系不大，因而被逐出意识之外，居留在意识的近处。意识活动的时候，前意识常常会溜出来，参加意识的活动。无意识是心理状态中最下层的东西，它最不安分守己，表现为种种为法律、伦理、宗教所不允许的原始的、野蛮的动物般的本能和欲望。在一般情况下，人们很少注意无意识的问题，这是因为：第一，人作为社会存在物，总是千方百计

———————

① ［美］E. G. 波林：《实验心理学史》下册，高觉敷译，商务印书馆1982年版，第815页。

地掩饰自己心灵中的动物般的本能；第二，人们通常交往的是心理机能健全的人，很少和精神病患者打交道。而在精神病人的身上，无意识的现象非常典型地表现出来。弗洛伊德这样写道："显然，精神病的症状使人们确信存在着一种无意识的心理学。"①弗洛伊德还通过对失语症及日常心理的研究，指出无意识现象也存在于健康人的心理中。总之，如同海面下的冰山是整座冰山的一个组成部分一样，无意识是整个人类心理结构中的特殊组成部分，它有自己独特的表现方式和机制。

弗洛伊德认为，每一种心理过程最初都处在无意识的状态下，但并不是说无意识中的每个欲望和冲动都能进入意识之中。尽管种种本能和冲动力图乔装成前意识的模样偷偷地溜到意识中去，但常常得不到成功，因为在无意识与前意识、意识之间站着一个"检察官"(censor)，他的工作就是把这些"不法分子"重新遣送回去。整个无意识层都处在压抑之中，这是弗洛伊德学说的一个基本点。

2. 人格理论

在后期的著作中，弗洛伊德融合了哲学、宗教、伦理学等方面的研究成果，提出了一整套人格理论，他把人格分为三个层次：原我(Id 音译为伊德，也即本我)、自我(ego)和超我(superego)。

伊德，大致对应于心理结构中的无意识部分，它是由一系列本能和欲望的冲动构成的，是人格中最原始的部分。它不懂道德、宗教、法律为何物，只受"快乐原则"(The principle of pleasure)的驱使，一味盲目地追求满足。

自我是从伊德中分化出来的，它是人格中受到教化的那个部分。它主要根据"现实原则"(The principle of reality)办事，它并不盲目地追求满足，而是又要得到满足，又要避免痛苦。自我和伊德的关系，如同骑者和马的关系。马提供运动的力量，骑者则决定运动的方向，骑者驾驭

---

① ［奥地利］S. 弗洛伊德：《精神分析引论》，1920 年英文版，第 240 页。(S. Freud，*A General Introduction to Psychoanalysis*，New York：Garden City，1920，p. 240.——编者注)

马，并部分地满足马的欲望。

超我是从自我中分化出来的，是人格中最后形成的最文明的部分。超我即道德化的自我或良心，它是根据父母的形象而建立起来的内化的权威和力量，它反映着儿童从中成长起来的那个社会的道德要求和行为标准，它对伊德始终起压抑作用。

这三者的关系是，自我在超我的指导下，监督和控制伊德的活动。当这三部分协调时，人格才是健全的，即不失为一个正常的人。

3. 力比多压抑

心理结构和人格理论有一定的区别。前者主要从心理学的角度来剖析人的心灵，后者则主要从哲学的高度来剖析人的心灵。共同点是，两者都强调本能和欲望所充斥的那个部分（无意识或伊德），并进一步肯定，在所有的本能和欲望中，最根本最核心的是性本能。与无意识这一概念比较，伊德似乎更能反映性本能的主导地位，伊德是力比多的真正根源。

简言之，弗洛伊德把一切心理问题归结为无意识的问题，又把无意识的问题进一步归结为性的问题。同时，弗洛伊德又告诉我们，人的本能和欲望，特别是性欲总是处在压抑之下的，换言之，力比多总是受压抑的。

在前期著作中，对力比多起压抑作用的是"检察官"。在后期著作中，特别是在《自我和本我》中提出了超我的概念后，"检察官"这一概念才弃而不用了。

不管弗洛伊德的压抑理论如何变化，它始终揭示了人的心灵中的这一根本的内在冲突，即以性欲为中心的本能、欲望和由道德、宗教、法律等力量内化而成的良心的压抑之间的冲突。

这就是说，要进一步了解弗洛伊德，必须认识他的性欲理论。

(二)性欲理论和被压抑的力比多的释放与转移

人们通常称弗洛伊德的学说为"泛性欲主义"（pansexualism），这表明了性欲理论在他学说中的重要地位。与其他性欲理论不同，弗洛伊德的标新立异之处在于提出了婴儿性欲的观点，并把它置于性欲理论的基础和核心的层次上。

根据弗洛伊德的观点，性欲是与生俱来的，它的对象和表现形式随年龄的增长而变化。在达到青春的生殖期性欲之前，儿童性欲的发展要经过以下四个阶段。

1. 前生殖阶段

婴儿刚出世时，最先的生理需要是吸乳。通过吸乳，婴儿的口腔获得了一种性感，弗洛伊德称之为性欲的雏形。吸吮之外，儿童最感兴趣的是排泄，排泄时肛门获得的快感同样是婴儿性欲的最初表现。

2. 自恋阶段

儿童年龄稍大时，性欲由口腔、肛门逐渐转移到身体的各个部分，特别是生殖器上。儿童在触摸自己的皮肤时，会产生一种明显的快感，弗洛伊德把这一阶段儿童的性欲称作"自恋"（narcissism），这一术语借自古希腊神话中的一个故事：一个名叫纳西司的美少年整天从河水中欣赏自己的美貌，后来掉到水中，变成了水仙花。在自恋阶段，儿童的性欲是指向自己的。

3. 乱伦阶段

前两个阶段发生在儿童从出生到三岁左右的时间里。从三岁到六岁左右，儿童的性欲进入了乱伦期。在这个阶段中，男童的性欲对象指向母亲，对父亲却取嫉恨的态度，弗洛伊德借用古希腊神话中一个名叫俄狄浦斯的王子无意中杀父娶母的故事，称上述情形为"俄狄浦斯情结"（oedipus complex）。同样，弗洛伊德又借用古希腊神话中一个名叫厄勒克特拉的公主怂恿兄弟杀死了谋害父亲的母亲的故事，把女童爱父嫌母的情形称为"厄勒克特拉情结"（electra complex）。这两个情结是弗洛伊德性欲理论中的最重要的内容。

4. 潜伏阶段

这个阶段从六岁左右一直继续到十五六岁。在六岁之前，儿童只受"快乐原则"的支配，不受任何道德意识的束缚。六岁以后，知识渐开，

"现实原则"开始起作用了。儿童开始视前面三个阶段中的性欲表现为羞耻，并尽量避免性的表现。这是力比多受到的最初的压抑。

潜伏阶段结束后，儿童已变成具有现实的生殖能力的青年人。这样，受压抑的力比多就有一个释放和转移的问题。其主要途径如下。

（1）常态的发展。通过正常的恋爱去追求异性，把力比多倾注到异性对象上去。

（2）性变态。受压抑的力比多或停留在婴儿期（0—3岁）的某一阶段上不再朝前发展，或虽然向前发展了，但遇到阻滞后又倒流回儿童期的某一阶段上。如同性恋就是自恋的一种变形。性变态常常导致精神病。

（3）日常生活中的变态心理。如笔误、口误、误谈、遗忘、疏忽等都是受压抑的欲望，特别是受压抑的力比多在无意识中发挥作用所造成的。

（4）升华。把剩余的受压抑的力比多释放和转移到社会的伦理、宗教、法律所许可的范围中去，如文学艺术创作、宗教信仰等。

最后一条途径是梦。不管是正常的或变态心理的人都会做梦。梦既是受压抑的力比多释放的根本途径，又构成弗洛伊德学说中的一个基本内容。

（三）梦

弗洛伊德的《梦的解析》被称为精神分析运动的"圣经"，在这部著作中，弗洛伊德把物理学中的决定论搬到心理学中，认为在精神世界中，和在物质世界中一样，任何现象，不管如何荒诞，都可以找到它赖以发生的原因。从这样的理论出发，他阐述了梦的学说。

（1）梦是欲望的满足，通过对大量梦的分析，弗洛伊德发现，梦无例外地是做梦者的欲望的达成。如一个成亲不久的妇女，一天晚上梦见自己的衣服上沾满了乳汁。这个梦表明她想尽快有一个小孩的欲望。

但有人提出，对噩梦又怎么解释呢？难道噩梦也是人的欲望的满足吗？弗洛伊德认为这个问题是容易回答的。因为在梦中，"检察官"仍在起作用，它迫使梦的表现发生歪曲①。所以通过对噩梦的情形的分析，可以发现它的隐义始终是受压抑的欲望经过乔装后的某种满足。

（2）梦所满足的欲望中最根本的是性欲。但在一般情况下性欲并不是直接在梦中显露出来的，它是通过各种象征表现出来的。在《梦的解析》中，弗洛伊德花了不少篇幅阐述男性生殖器、女性生殖器和两性交合的种种象征。通过对这些象征物的分析，做梦者的被压抑的性欲便被揭露出来了。不少学者对弗洛伊德的象征说持批评态度。维特根斯坦提出，"他（指弗洛伊德——笔者注）对这些象征的历史的说明是荒谬的。"②

（3）梦常常把做梦者带回到古代。一是个人的古代，即儿童期；二是种族的古代，即原始社会。③ 弗洛伊德的这一观点后来被他的学生荣格大力发挥，提出了"原始意象说"的著名理论。这一观点也极大地启发了皮亚杰，使他重视对儿童心理的研究。

弗洛伊德关于梦的分析的方法是他整个精神分析方法中的有机组成部分。要认识梦的分析在他整个学说中的地位和作用，就必须对整个精神分析方法做一概览。

(四)精神分析法

精神分析法的创立是精神病理学和心理学发展史上的一个重大变革。

（1）精神分析法的由来和实质。在精神病治疗中，最原始、最野蛮的方法是拷打法，即认为病人身体上附着一个恶魔，必须通过拷打把它赶出来。这种极端野蛮的方法后来被18世纪的奥地利人麦西默（F. A. Mesmer）创立的通磁术所取代。麦西默主张，人体上有一种类似

---

① ［奥地利］弗洛伊德：《梦的解析》，1913年英文版，第121页。（S. Freud, *The Interpretation of Dreams*, London: Oxford University Press, 1913, p. 121.——编者注）

② ［英］R. 沃海姆、J. 霍普金斯：《关于弗洛伊德的哲学论文》，1982年英文版，第2页。（R. Wolheim, J. Hopkins, *A Philosophical Treatise on Fred*, London: Cambridge University Press, 1982, p. 2.——编者注）

③ ［奥地利］弗洛伊德：《精神分析引论》，1920年英文版，第167页。（S. Freud, *A General Introduction to Psychoanalysis*, New York: Garden City, 1920, p. 167.——编者注）

磁气的液体，一旦分布不平衡，即引起精神病。通磁术就是通过用手按摩或铁棍接触病人身体中某一部分的方法来恢复人体中磁液的平衡，从而使之痊愈。由于病人接受暗示，这种治疗方法也有一定效果，但它终究是迷信而不是科学。

取代通磁术的是催眠术，即通过催眠的方式使病人处在无意识的状态中，然后进行暗示治疗。但催眠术的局限是：通过这种疗法痊愈的病人常常复发，另外，在治疗中会发生病人爱上医生的移情现象。弗洛伊德在医疗实践中起先也用过催眠术，后来，抛弃了这种方法，和布鲁尔一起创立了谈疗法(通过交谈摸清病情)。

和布鲁尔决裂后，他独自创立了自由联想法，即启发病人抛开任何羞耻感和批判意识，爱说什么就说什么，由此摸清病人的致病原因和经过。自由联想法是精神分析法的实质和核心，它的确立也就是精神分析法的确立。

(2)精神分析的对象。它主要有三大类：梦、日常心理变态和自由联想的产物。

(3)精神分析法的目的。在弗洛伊德看来，精神病的原因就是受压抑的力比多淤积起来，找不到宣泄和释放的渠道。精神分析的目的就是通过对病人的无意识的窥探和剖析，发现致病原因，把淤积的力比多释放出来，使之循着正确的道路转移出去，以达到治疗的目的。

在弗洛伊德那里，精神分析法起先只被用于对精神病的治疗中，后来，却成了一种普通的、具有哲学意义的方法被用到各个领域中，从而产生了巨大的影响。

(五)精神分析法和哲学、历史、道德、宗教、艺术的关系

(1)无意识与哲学认识论。弗洛伊德在谈到精神分析法时写道："揭露精神生活内的无意识的东西就是它所要达到的全部意图。"[1]无意识是

---

[1] ［奥地利］弗洛伊德：《精神分析引论》，1920年英文版，第337页。(S. Freud, *A General Introduction to Psychoanalysis*, New York: Garden City, 1920, p. 337.——编者注)

精神分析法的基础。用精神分析法看待认识论，也就是把无意识的领域引入认识论的研究中。传统的认识论也在意识的范围内打转，不懂得人们在认识中获得的许多知识并不单纯是通过意识对外界的观察和感觉达到的，而是从无意识的深度投射到对象上去的，是主体受压抑的愿望的一种自我扩张和实现。这样，认识论的研究在主体内源因素的发掘方面获得了一个新的深度。拉康的心理结构主义正表明了这一研究方向。

（2）本能与社会历史。如前所述，无意识是由一系列本能和欲望构成的。本能，正是精神分析的一个主要对象。运用精神分析方法解释社会历史，也就是用个体本能的冲突去说明社会历史的发展。

在前期著作中，弗洛伊德认为人有两种本能：一是个体自我保存的本能，如遭遇危险时的自卫；二是保存种族繁衍的本能，即性本能。经历了第一次世界大战所造成的重大破坏后，弗洛伊德在后期的著作中修改了他的本能学说，把前两种本能合称为"生之本能"，另外增加了一种"死之本能"。在个人身上，充满了这两种本能的斗争，扩而言之，整个人类社会的历史也正是这两种本能冲突的结果。在"死之本能"占统治地位的时候，人类社会就陷入战乱和破坏之中。这种看法尽管偏颇，但却为史学研究提供了一个新的视角。

（3）俄狄浦斯情结与道德、宗教的起源。在 1913 年的《图腾与禁忌》中，弗洛伊德提出了俄狄浦斯情结是道德和宗教的最终根源的著名观点。原始部落中，统治全部落的最高权威——父亲把所有的妇女都据为己有。他的儿子们在俄狄浦斯情结的驱使下去追求部落里的妇女，遭到了父亲的驱逐。于是，儿子们联合起来杀死了父亲，并把他吃了。对父亲的妒恨的感觉一旦得到了满足，对他的爱和景仰重又产生了，这样心中就产生了一种犯罪感，这种犯罪感就是道德的雏形。为了表示悔恨，他们找到了一种图腾，把它作为父亲的化身进行膜拜，由此而萌发了宗教。

许多学者都不同意弗洛伊德的这种解释，指责它为"科学的神话"。

（4）升华与文学艺术。文学艺术是塑造生活中美的东西的。美又是什么呢? 弗洛伊德认为,"'美'和'吸引力'本质上是对性欲对象的态度"①。这就是说,文学艺术不过是受压抑的力比多升华的结果。艺术家、作家和常人的区别在于,他们能够把剩余的力比多释放到幻想的生活中去,从而达到感情上的升华。整个人类文明都是由一系列的升华组成的。这就是说,力比多是文学艺术得以产生的一种内驱力。正是在这样的意义上,弗洛伊德把诗人称作"白日梦者"。

用精神分析法分析文学艺术作品,就要紧紧抓住受压抑的力比多得到升华这条线索去进行。比如,哈姆莱特的性格为什么那样抑郁,那样犹豫呢? 因为在弑兄娶嫂的叔父的身上,他观照到自己心中的俄狄浦斯情结(忌父娶母)的阴影,在这一发现前,他的灵魂颤抖了,于是形成了他的特殊性格。

运用精神分析的方法剖析、评价文学艺术作品,这在西方早已成了批评家和鉴赏家们的一种时髦。

四、对弗洛伊德学说的评价及其修正

弗洛伊德学说的特点在于,它不是单纯的心理学理论,而是在精神病学基础上形成的独特的心理学理论,是一种深入分析心理现象本质的深度心理学。

弗洛伊德学说的主要贡献有两点。一方面,他在人类心灵中开拓出无意识这个新的、未知的地带,他把人的一切活动看作无意识心理底层的一种投射。总而言之,"他是使我们知道我们内部的根深蒂固的内驱力的科学家"②。另一方面,他创立的精神分析法几乎全部为精神病治

---

① [奥地利]弗洛伊德:《文明及其不满》,纽约1961年英文版,第32页。(S. Freud, *Civilization and Its Discontents*, New York: W. W. Norton, 1961, p. 32.——编者注)

② [美]L. J. 宾克莱:《理想的冲突——西方社会中变化着的价值观念》,马元德等译,商务印书馆1983年版,第132页。

疗所采用，并在文化批评方面获得了广泛的社会意义。

弗洛伊德学说的局限性同样是明显的。一是它的泛性欲主义倾向；二是它片面地强调了人作为生物所具有的本能和欲望，忽视了社会因素对人的作用。

主要由于上述两大局限性，弗洛伊德还在世的时候，他创立的精神分析学派已出现分裂，他的两个高足——阿德勒与荣格分别在 1911 年和 1913 年与弗洛伊德决裂。阿德勒创立了"个体心理学"，他融合了尼采的权力意志的思想，以自尊（superiority）和权力（power）取代弗洛伊德的力比多，主张对自卑的补偿是人的心理中的主要内驱力。荣格同样反对弗洛伊德对性欲的过分倚重。他汲取了柏格森的"生命的冲动"的思想，不同意把力比多看作一种单纯的性力，主张把它看作一种生活力或心力，总之，"他扩大了力比多一词的意义，以致此词几乎完全失去了性的含义"①。

弗洛伊德去世后，西方又出现了以弗洛姆（E. Fromm）和霍妮（K. Horney）为主要代表的新弗洛伊德主义。他们着重批判了弗洛伊德学说的后一局限性，反对用单纯生物学的观点来看待人格，主张更多地考察社会因素对精神病和人格形成的影响和作用。

弗洛伊德学说在今天的遭遇又是如何呢？让我们引证 R. S. 斯蒂尔在《弗洛伊德与荣格：解释的冲突》中的一段话来结束本文："在大陆上，精神分析由于在拉康（Lacan）、拉普拉奇（La Planche）和利科（Ricour）的著作中提出的'回到弗洛伊德去'的口号而得到了复兴，并在伽达默尔（Gadamer）、哈贝马斯（Habermas）和拉特尼茨基（Radnitzky）的著作中获得了新的生机。在美国，精神分析尽管复兴了，但并不令人过分乐观。"②

---

① ［美］E. G. 波林：《实验心理学史》下册，高觉敷译，商务印书馆 1982 年版，第 815 页。

② ［英］R. S. 斯蒂尔：《弗洛伊德与荣格：解释的冲突》，1982 年英文版，第 2 页。(Robert S. Steele, *Freud and Jung: Conflicts of Interpretation*, Boston: Routledge & K. Paul, 1982, p. 2.——编者注）

皮亚杰的发生认识论[①]

在形形色色的当代西方思潮中，瑞士心理学家、哲学家让·皮亚杰创立的发生认识论堪称异军突起。发生认识论融儿童心理学和哲学认识论的研究于一体，在认识论的研究中开拓出一个新的领域和新的方向，尤其是发生认识论所倡导的历史的发生的方法对心理学、教育学、语言学、伦理学、哲学等众多学科的研究产生了重大影响，以至于在西方国家中出现了"皮亚杰热"。

近年来，我国哲学界、心理学界和教育界也开始重视对皮亚杰学说的研究。皮亚杰的一些重要著作，如《儿童的语言与思维》《儿童的道德判断》《教育科学与儿童心理学》《儿童心理学》《发生认识论原理》等已陆续翻译出版，这为人们深入地了解和探索他的思想提供了有利的条件。

皮亚杰一生勤于著述，其著作不下五十种，论文、演讲、实验报告更是多得不可计数。据不完全统计，到 1964 年年底，他出版的论文和专著已达 20000 页。在长达半个多世纪的学术生涯中，他涉猎过动物学、心理学、逻辑学、语言

[①] 见复旦大学哲学系现代哲学研究所：《现代西方哲学概说》，复旦大学出版社 1986 年版，第 215—229 页。——编者注

学、科学史、宗教、伦理、哲学等诸多学科，在这个意义上可以说，他的发生认识论是 20 世纪科学文化思潮的一个缩影。

下面，分三个问题来介绍他的学说。

一、皮亚杰的道路和发生认识论的形成

皮亚杰曾经说过，"生命的本质就是不断地超越自身"①。这句话也可以用来概括、说明皮亚杰不断进取的一生。

皮亚杰于 1896 年出生于瑞士的纳沙特尔，他的父亲是研究中世纪文献的历史学家，母亲是一个富于智慧而又笃信宗教的妇女。皮亚杰从小就显示出对自然界的强烈兴趣，他喜欢观察鸟、鱼、虫的生活习性，在学校里的所有课程中，他最迷恋的是动物学。

他十岁那年，在一家杂志上发表了第一篇文章，写的是他在公园里见到的患白化病的麻雀（albinosparrow）的情形。以后，他又帮助当地的自然历史博物馆进行动物标本的分类。15—18 岁，他发表了一系列关于水生软体动物的文章，由此获得了担任日内瓦自然历史博物馆软体动物标本收藏馆管理员的机会。对于皮亚杰来说，这是一个渴望已久的工作，但他立志很高，为了进一步学习和深造，他毅然决然地放弃了这一机会。

当时，青年皮亚杰的求知欲和热情几乎全部倾注在对动物学的研究中。在一次外出度假中，他的教父，一个瑞士学者的谆谆教诲使他的治学方向发生了重大的变化。教父认为，皮亚杰把自己的知识局限在动物学范围内是不明智的，他引导皮亚杰去学习哲学，特别是柏格森的哲学。于是，皮亚杰开始广泛地涉足宗教、逻辑、哲学等领域，他的视野大大地开阔了，他开始从哲学认识论的高度上来思考下列问题：什么是

---

① ［英］J. M. 加拉各尔、D. K. 里德：《学习皮亚杰和英海尔德的理论》，1981 年英文版，第 11 页。

知识？它是如何获得的？一个人如何获得对外部世界的正确的理解？这表明，发生认识论的创立绝不是偶然的。

1918 年，皮亚杰从纳沙特尔大学获得了科学博士学位。第二年，他到巴黎学习心理学、逻辑、哲学等学科，1921 年获法国国家博士学位，并在心理学家西蒙(T. Simon)的指导下研究儿童心理。同年回到瑞士，任日内瓦大学卢梭学院的研究主任。

从 20 世纪 20 年代初到 30 年代初，他出版了《儿童的语言与思维》《儿童的判断与推理》等五部儿童心理学方面的著作，这使他声名鹊起，成了国际心理学界瞩目的人物。有趣的是，虽然他从未进行过心理学方面的考试，但他却突然成了这方面的权威。[①]

从 20 世纪 30 年代初到 50 年代，他继续运用实验方法研究儿童心理学，1950 年出版了三卷本的《发生认识论》。1955 年起，在日内瓦创立"发生认识论国际研究中心"，这标志着以他为首的日内瓦学派的形成。

皮亚杰于 1971 年从卢梭学院退休，1980 年去世。从 1973 年起，皮亚杰的同事英海尔德在日内瓦建立了"皮亚杰档案馆"，搜集有关他的各种资料。皮亚杰的名字将永远载入人类的认识史。

从生物学到儿童心理学，再到哲学认识论，这就是皮亚杰走过的理论道路。这一道路的最后产物和结晶是发生认识论。

下面，我们先来看看，皮亚杰的发生认识论是如何形成的。对皮亚杰的学说产生重大影响的，主要是下面三大学科群。

1. 心理学学派群

皮亚杰对他以前的形形色色的心理学学派都做了批判性的思考，对他影响特别大的是以下三派。

（1）格式塔心理学。这派心理学的一个根本观点是，强调整体大于部分，强调原初的、整体的知觉不可还原为感觉因素。皮亚杰从中汲取

---

① ［英］H. 金斯柏洛、S. 奥珀：《皮亚杰的智慧发展理论》，1979 年英文版，第 6 页。

了有价值的东西：一方面，他主张，经验的基本单位是知觉而不是感觉，人们对事物的感知总是直接知觉到其整体，而不是各种感觉因素的机械的总和，为此，他把婴儿最初的认识阶段称为"感知—运动阶段"；另一方面，他把人的认识看作和知觉一样的整体性的东西。

但皮亚杰认为，格式塔派心理学对知觉结构强调得过分了，其实，逻辑运算是不可能从知觉体系中产生的，因为知觉是不可逆的，而运算是可逆的，知觉结构大于感觉因素的总和，而运算则是严格地相加的，如 $2+2=4$。①

(2)弗洛伊德心理学。皮亚杰读过弗洛伊德的著作，听过荣格的课，因而深受此派心理学的影响，这尤其表现在下面两点上：一是，弗洛伊德认为梦这种心理现象一直可以追溯到婴儿时期的记忆和性欲，因此非常重视对儿童心理的研究；二是，弗洛伊德发现了儿童早期的自我中心化倾向，认为"一个哺乳期的婴儿还不能把自我从作为赋予他感觉的来源的外部世界区分开"②。

但皮亚杰并未全盘接受弗洛伊德的学说，认为他过分夸大了婴儿性欲的作用，"事实上，在情感发展中社会因素的作用(包括社会和文化传递这两方面)尤为重要"③。

(3)行为主义心理学。皮亚杰接受了此派心理学注重人的行为的重要思想，但不主张把人的活动看作从刺激到反应的单向的关系，而主张一种主客体相互作用的双向的关系。

2. 自然科学学科群

对皮亚杰的学说产生较大影响的是两个学科。

(1)生物学。多年来，皮亚杰一直从事生物学的研究，他发现，遗

---

① ［瑞士］J. 皮亚杰、B. 英海尔德：《儿童心理学》，吴福元译，商务印书馆1980年版，第40页。

② ［奥地利］弗洛伊德：《文明及其不满》，1961年英文版，第32页。(S. Freud, *Civilization and Its Discontents*, New York：W. W. Norton, 1961, p.14.——编者注)

③ ［瑞士］J. 皮亚杰、B. 英海尔德：《儿童心理学》，吴福元译，商务印书馆1980年版，第112页。

传结构和环境的关系问题始终是生物学争论的中心课题，也是心理学和认识论中的基本问题。因而他的发生认识论特别注重从主客体关系中去寻求认识产生的根源，正如有的学者所评价的："儿童从作用于环境的活动中建构知识或许是皮亚杰理论中最重要、最富于革命性的内容。"①

（2）物理学史和数学史。皮亚杰花了许多时间研究了物理学和数学中主要概念的形成史，发现它们和儿童智力的发展存在着一一对应的关系。如古代的万物有灵论和儿童的物活论观点；古代的托勒密地心说和儿童的自我中心化；布尔巴基的矩阵结构的初级形式在儿童发展阶段上的出现等。这对皮亚杰发生学方法的形成有重大启发。

3. 哲学学派群

皮亚杰对哲学史和当代哲学进行了深刻的反思，对他影响尤大的有三科。

（1）康德。皮亚杰最感兴趣的是康德的范畴论。他说过："我把康德范畴的全部问题加以重新考察，从而形成了一门新学科，即发生认识论。"②皮亚杰学说中的"图式"（schema）也源于康德。但皮亚杰并不赞成康德的先验主义立场。

（2）逻辑、语言方面的理论。皮亚杰肯定了逻辑实证主义对逻辑作用的重视，但认为逻辑并不是认识中最原初的东西，逻辑的根源必须到动作的协调中去寻找。他也肯定了语言理论（如乔姆斯基的理论）的重大意义，但又指出，"建构的起点并不是语言"③，儿童在学会语言之前已有智慧。

（3）操作主义。此派学说认为一切概念都以经验为基础，经验由人的活动构成，而活动则表现为一系列的操作。皮亚杰提出的"运算"

---

① ［美］B. J. 沃兹沃斯：《皮亚杰的认识发展理论》，1979 年英文版，第 135 页。（Barry J. Wadsworth, *Piaget's Theory of Cognitive Development*；*An Introduction for Students of Psychology and Education*，New York：Longman，1979，p. 135. ——编者注）

② 美国哲学百科全书 1972 年英文版中皮亚杰的条目。

③ ［瑞士］皮亚杰：《发生认识论原理》，王宪钿等译，商务印书馆 1981 年版，第 69 页。

（operation）和"操作"是同一个词。这表明了这派学说对他的重大影响。

皮亚杰的发生认识论主要是通过对上述三大学科群的批判性思考而形成的，总而言之，对皮亚杰影响最大的是康德、弗洛伊德和生物学。

二、发生认识论的基本原理和主要特征

发生认识论和一般认识论的区别在于，它研究的不是认识已达到的状态，而是认识发生、发展的过程。它的基本原理可从以下五个方面去理解。

1. 心理发展的四个因素

在考察儿童的心理和认识的过程中，必须注意以下四个因素。

第一个因素是成熟。人作为有机体在其生长发育的整个过程中，他的神经系统和内分泌系统是逐步成熟起来的，这一成熟过程和儿童智慧或认识的发展是同步的，息息相关的。比如，儿童的智力在学会语言之前已出现的结构化倾向就是以神经的成熟为前提的。[①] 忽略人的神经系统和内分泌系统逐步成熟的过程，就不可能正确地揭示儿童认识发生、发展的过程。

第二个因素是个体的练习和经验。个体在练习中或活动中，不断地和外界接触，不断地协调自己的动作，从而获得并积累了经验。个体如果没有大量的练习和活动，就不可能获得经验。

第三个因素是社会经验。指社会环境中人与人之间的关系和社会文化的传递。婴儿的智慧和认识绝对不可能单独地获得发展，只有在接触他人的过程中，在社会化的过程中，儿童的心理和认识才可能获得发展。因而，笼统地批评皮亚杰的学说忽视对社会因素的研究是没有理由的。

第四个因素是自我调节。这是从控制论中引进来的一个术语。皮亚杰认为，人作为有生命的认识主体并不是一个消极的接受器。相反，人

---

① ［瑞士］皮亚杰：《发生认识论原理》，王宪钿等译，商务印书馆 1981 年版，第62页。

对环境有一种控制的作用、自我调节的作用。自我调节是生命体的最根本的特征之一，它不断地协调着上述三大心理因素，从而使认识的发生和发展成为可能。

在以往的认识论研究中，人们比较重视的是第二、第三个因素，而忽视了第一、第四个因素，这样就很难对认识论做出全面的论述。当然，皮亚杰的四因素说还是分散的，表层的东西，深入的考察有待触及认识本身的内在结构。

2. 认识结构

在皮亚杰看来，认知结构包括图式（schema）、同化（assimilation）、顺应（accommodation）、平衡（equilibration）这四个概念，其中最主要的是图式这个概念。

在皮亚杰那里，图式是指可变的动作的结构，是婴儿全部认识活动的基础。婴儿最初的图式是一些分散的本能的动作，这些动作是通过遗传而获得的，故可称为原始图式，如吸吮反射、抓握反射等。以后，在接触客体的过程中，儿童的图式不断地复杂化，逐步内化为数学逻辑结构。皮亚杰所说的图式和康德所说的图式是有一定的区别的：在康德那里，图式指的是时间，是介于感性和知性中间的东西；在皮亚杰那里，图式指的是动作的结构，是感知范围内的东西。康德认为，图式是先天的、不变的；皮亚杰则认为，图式（除原始图式外）是发生的、可变的，它和认识的丰富化、复杂化是同步向前发展的。

同化是指主体把客体纳入自己的图式之中，从而引起图式的量的变化。顺应是指主体的图式由于不能同化客体，因而引起图式的质的变化去适应客体。正如皮亚杰说的："刺激输入的过滤或改变，称为同化；内部图式的变化，以适应现实，称为顺应。"①平衡则是指同化和顺应这两种机能的协调，是一种不断发展着的动态的平衡。

---

① ［瑞士］J. 皮亚杰、B. 英海尔德：《儿童心理学》，吴福元译，商务印书馆 1980 年版，第 7 页。

在儿童智慧的发展过程中，认识结构也处在不断的发展变化中，它由平衡到不平衡，由不平衡过渡到新的平衡，这也正是皮亚杰所说的认识的建构过程，它构成了发生认识论的核心课题。

3. 活动与运算

在认识的建构过程中，活动与运算是两个最重要的概念。要了解这一过程，必须先搞清楚这两个概念。

皮亚杰所说的活动（action），从广义上看，既包括实物性的动作（如婴儿推动一个玩具），又包括逻辑思维活动；从狭义上讲，专指实物性的动作。我们这里说的活动正是狭义上的活动。运算（operation），在皮亚杰那里指的是逻辑思维活动。运算有三个特点：整体性、守恒性和可逆性。在皮亚杰看来，运算或人的抽象思维并不是凭空产生的，而是活动图式逐步内化的结果。由此足见，活动在皮亚杰的学说中起着特别重要的作用。皮亚杰在1972年的题为"创造力"的演讲中，曾经说过："在我的学说中，主体的活动是智慧发展的中心。"①

皮亚杰关于运算、认识起源于活动的观点恰好和马克思主义经典作家提出的认识起源于实践的观点不谋而合。当然，必须看到，皮亚杰的"活动"和马克思主义的"实践"是有一定区别的。这种区别不仅表现在微观（个体）和宏观（社会总体）的不同角度上，而且特别需要加以注意的是，马克思主义所说的实践始终是有意识、有目的的，也正是在这个意义上，列宁把实践称为合目的性的活动。但是皮亚杰所说的活动却包括无意识的活动。他主张，婴儿最初的活动"基本上是无意识的"②。正是在最初开始的无意识或很少有意识的活动中，主体建成了以后所有认识的基础。

皮亚杰这里提出的无意识活动对认识源泉问题的深入解决提供了重要的启发。事实上，只有引进无意识活动的概念，或者说使我们现行的

---

① ［英］J. M. 加拉各尔、D. K. 里德：《学习皮亚杰和英海尔德的理论》，1981年英文版，第222页。

② ［瑞士］皮亚杰：《发生认识论原理》，王宪钿等译，商务印书馆1981年版，第23页。

实践概念扩大并包含无意识的活动在内，才能使认识的起源问题得到透彻的说明；否则必然会陷入一种无休止的循环中。我们可以说实践是认识的源泉，同样也可以说认识是实践的源泉，因为既然任何实践都包含着目的，包含着一定的认识和主观的成分，那么当然也可以说，没有这种目的或认识，也就没有实践。只有婴儿的无意识活动能克服这种循环，给认识的起源一个确定不移的起点。

4. 儿童认识建构的发展阶段

皮亚杰在大量实验的基础上指出，儿童认识的建构过程可以划分为四个阶段。

(1)感知—运动阶段(从出生到两岁左右)。在这个儿童智慧的萌芽阶段，知觉起着重要作用，但正如我们在前面已经指出的，活动起着更为重要的作用。这时儿童的认识图式是"以儿童自己的动作为中心的认识图式"①。随着这些动作的丰富化和复杂化，随着知觉机能的发展，婴儿的自我中心状态遭到破坏，主体开始把自己看作空间中诸多客体中的一个，皮亚杰称此为"哥白尼式的革命"。在这场"革命"中，作为认识建构的最初中介物的活动起着双重作用：一方面，婴儿通过归类、排列等活动，把主体的各个分散的图式逐步协调起来，为在以后的发展阶段上把活动逐步内化为数学逻辑结构奠定了基础；另一方面，婴儿通过使客体发生位移等活动，使客体之间逐步协调起来，为以后时空观念、因果观念的产生提供了条件。

(2)前运算阶段(两岁左右到六七岁)。在这个从感知运动形式发展为以后的真正的逻辑思维形式的过渡阶段中，语言、象征性游戏、意象等信号功能(皮亚杰也称之为"前概念""前关系")出现了，"信号性功能同感知—运动的动作和知觉大不相同，两者对比：信号性功能使思维成为可能，因为它给思维提供了无限广阔的应用领域；而知觉—运动的动

---

① ［瑞士］J. 皮亚杰、B. 英海尔德：《儿童心理学》，吴福元译，商务印书馆 1980 年版，第 18 页。

作和知觉活动则局限于极狭窄的范围"①。但这时儿童的思维还不具有可逆性和守恒性，还停留在表象思维的水平上，其活动的方式也主要表现为模仿。

（3）具体运算阶段（六七岁到十一二岁）。在这个动作经由表象进一步内化为运算的重要阶段中，抽象的逻辑思维开始出现并起作用了。一系列概念，如守恒、可逆、分类、序列、数量、时空、因果观等逐步形成，但儿童的思维还没有形式化，它只能结合具体事物一步步地进行。

（4）形式运算阶段（十一二岁到十四五岁）。在这个阶段中，儿童的思维已经从内容中解放出来，已经无须按事实一步步进行，而是可以处理各种可能性和假设，进行创新性的逻辑思维。儿童可以按照"⊃"（蕴涵）、"∨"（析取）"∧"（合取）、"—"（否定）等运算符号，对命题之间可能的关系做出各种各样的变换，这种命题运算系统的产生表明儿童的思维已接近并达到成年人的水平。

这四个阶段的发展真实地描绘了逻辑思维活动，即运算是实物性动作逐步内化、逐步抽象的结果。

5. 两种经验

皮亚杰认为，正是从主客体关系的最初中介物活动开始，主体沿着外化协调和内化协调这两条途径开始进行认识的双重性建构，从而形成了两种不同的经验："经验具有两种不同的形式，即物理经验和逻辑—数理经验。"②皮亚杰认为，以往的哲学家只注意到对物理经验的研究是片面的。事实上，近代西方的许多哲学家，如莱布尼茨、休谟、康德等都把数学、逻辑知识看作一种非经验的、先天性的知识。在这个意义上，可以说，皮亚杰提出的"逻辑—数学经验"（logico-mathematical experience）这个概念就是对这一传统见解的挑战。皮亚杰认为逻辑—数学

---

① ［瑞士］J. 皮亚杰、B. 英海尔德：《儿童心理学》，吴福元译，商务印书馆1980年版，第69页。
② ［瑞士］让·皮亚杰：《教育科学与儿童心理学》，傅统先译，文化教育出版社1981年版，第40页。有改动。

经验是后天的，它根源于人的活动，这和马克思主义经典作家关于逻辑、数学起源的看法是完全一致的。

皮亚杰还提出了一个极为重要的思想，即物理经验（physical experience）不可能脱离逻辑—数学经验而构成。比如，知觉中的大小常性就是在视觉和触觉协调，即在感知运动图式的基础上形成的。[①] 不把握这两种经验的关系，是不可能科学地说明物理经验的形成的。

下面我们再来看发生认识论的主要特征。

发生认识论的主要特征在于，它不是把认识的结果作为自己的研究对象，而是把认识发生、发展的过程作为自己研究的对象，它不是把人类的认识史作为自己研究的对象，而是把个体认识的发生史作为自己研究的对象，正如英海尔德指出的："皮亚杰的认识论不是静止的，而是在结构过程不断发展中获得的。"[②]这就使发生认识论获得一种历史的、批判的眼光，这也正是皮亚杰和其他结构主义者不同的地方。

皮亚杰学说的这一根本特征是和他的独特的研究方法分不开的。皮亚杰的研究方法主要有以下三个特征。

（1）运用实验的方法研究认识论。在皮亚杰之前，传统认识论或多或少地带有思辨性、随意性或猜测的成分。洛克、休谟、康德、黑格尔在写下他们的认识论著作之前，虽然借鉴了当时科学研究的成果，但谁也没有直接地去进行这方面的实验。皮亚杰创立了自己独特的临床法，对儿童智慧的发展进行定量、定性的分析。这种实证的研究方法使认识论获得了一个严密的科学基础。

（2）强调对儿童智力发展的研究。众所周知，传统认识论只研究成年人的认识，或者说，只研究高水平的认识，这实际上是一种静止的观点。发生认识论恰恰研究了传统认识论留下的那块"飞地"——从婴儿出生到十四五岁阶段的认识。

---

① ［瑞士］J. 皮亚杰、B. 英海尔德：《儿童心理学》，吴福元译，商务印书馆 1980 年版，第 27 页。

② 陈孝禅等：《皮亚杰学说及其发展》，湖南教育出版社 1983 年版，第 78 页。

发生认识论的一个重要出发点是，儿童的思维方式和成人的思维方式存在着重大差别。只有摸清儿童认识发生、发展的规律，并追踪其达到成年人思维的发展轨迹，才能科学地、完整地揭示出认识的本质和起源。

（3）跨学科、跨专业的研究方法。传统的认识论研究是单纯哲学意义上的研究。皮亚杰认为，在单纯哲学的范围内是不可能真正解决认识论问题的，也不可能对旧的唯理论和经验论做出透彻的、有说服力的批判。20世纪的认识论研究应当从其先进的文化背景中吸取更多的养料。

皮亚杰创立发生认识论研究中心的目的，就是要集中各个学科的专家共同来研究认识论。正如他自己所说："集体合作的方法已经是我们这个研究中心——日内瓦国际发生认识论中心所遵循的一种方法。"①在这个意义上可以说，发生认识论是心理学家、科学史家、逻辑学家、语言学家、控制论专家等共同研究的产物。

总之，发生认识论告诉我们，认识论的研究再也不能停留在旧的、经院式的烦琐争论中了，它必须获得新的方法，必须开辟新的领地。

三、发生认识论的得失及其启示

皮亚杰的发生认识论刚提出时，整个西方学术界都瞠目结舌，几乎来不及做出相应的反应。人们冷静下来之后发现，他的学说在整个人类认识发展史上占有独特的地位。它的最大的历史贡献是，使认识论成了一门独立的学科，或者说，他把认识论从思辨的云层中拉下来，使它和每门具体的学科一起，联结成一个独立的学科群。近来有的学者所说的思维科学或认识科学即源于此，其实这个设想的雏形，列宁早在《哲学笔记》中已经提出。在这个意义上可以说，皮亚杰是列宁遗嘱的不自觉

---

① ［瑞士］皮亚杰：《发生认识论原理》，王宪钿等译，商务印书馆1981年版，第18页。

的执行者。

皮亚杰学说的局限性是什么呢？显然，笼统地指责他忽视社会因素对主体的作用是讲不通的。比如，皮亚杰在分析儿童道德意识的起源时，就认为儿童的社会游戏起着极为重要的作用。① 问题在于，皮亚杰对社会因素的分析和理解停留在较表面的层次上，没有像马克思主义经典作家那样，深入经济领域去寻找它的本质。当然，由于研究的领域不同，我们也不能以此来苛求皮亚杰。

发生认识论所提供的启示是多种多样的，下面择其要者而言之。

1. 在主客体问题上提供了新的见解

不少学术论文在探讨主客体关系时，都把主体和客体看作古已有之的东西，没有进一步去探求它们的起源。皮亚杰则告诉我们，首先，婴儿刚出生时，主体、客体完全是混沌一片的，或者说，根本没有什么主体和客体可言。只是在一系列的活动或操作中，主体、客体才渐渐分离开来。其次，对主体、客体关系的认识必须引入第三者，即中介物，根据皮亚杰的观点，中介物是可变的。在感知运动阶段，主体、客体的主要中介物是活动；在前运算阶段，主体、客体的主要中介物是"前概念"或"前关系"，即言语，象征性游戏、意象等信号功能；在具体运算和形式运算阶段，主要中介物是概念。从活动到前概念，再到概念，正表明了主体、客体关系的重大发展和变化。

2. 两种经验的提出使认识发展的规律获得了全面的解释

马克思主义的认识论侧重于从认识内容深化的角度上，即从物理经验深化的角度上来揭示认识发展的规律，这无疑是重要的，但主体认识结构在认识发展过程中的变化，即反身抽象能力的提高和逻辑—数学经验的深化同样是不可忽视的。皮亚杰甚至认为："如果没有这样结构，

---

① ［瑞士］皮亚杰：《儿童的道德判断》，傅统先、陆有铨译，山东教育出版社1984年版，第1页。

关于客体的知识就仍然是不可能的。"①

20世纪初以来，特别是50年代以来，随着一系列新学科的兴起，随着数学、逻辑、电子计算机技术和控制论、信息论、系统论的发展，人们的认识变得越来越抽象化、符号化、数学化，逻辑—数学经验在整个认识论的研究中占有越来越重要的地位。因此，只有同时重视对两种经验的研究，才能跟上时代的步伐，全面地、深刻地总结认识发展的规律。

3. 发生学的观点对各门科学的研究提供了新的、有价值的方法

英海尔德认为："发生学的理论开辟了许多新的研究方向。"②特别是历史的、发生的方法不光对认识论的研究，而且对许多其他的学科都有普遍的意义。如用发生学的方法来研究道德、宗教、语言、逻辑等学科，就能揭示出新的规律性的东西。

特别有意义的是，我们可以用发生学的方法来研究哲学史。实际上，从宏观上看，整个哲学的发生，整个原始思维（哲学史的史前史）还很少有人研究，从微观上看，哲学史上的一些主要学派或个人哲学的发生史还很少有人去触及。实际上，可以建立相应的宏观哲学发生学和微观哲学发生学来探讨这些专题。③

总之，皮亚杰的发生认识论是值得了解和研究的。当然，我们也没有必要把他偶像化，事实上，他的学说从刚产生时起就是有争议的。我们的目的是从中汲取和借鉴有价值的东西，来丰富、推进马克思主义认识论的发展。

---

① ［瑞士］皮亚杰：《心理学是什么？》，见赵璧如：《现代心理学发展中的几个基本理论问题》，中国社会科学出版社1982年版，第5页。

② ［英］J. M. 加拉各尔、D. K. 里德：《学习皮亚杰和英海尔德的理论》，1981年英文版，第196页。

③ 参见拙作：《开创哲学发生学的研究》，《学术月刊》1985年第4期。

1987年

野蛮人的心理冲突[①]

——弗洛伊德的《图腾与禁忌》

犹如成年人常常追忆童年时代的轶闻趣事一样，文明人对野蛮人的生活情景也怀着极大的兴趣。当代著名的心理学家西格蒙德·弗洛伊德通过对文明人中存在的精神病患者的研究，创立了精神分析的方法后，立即把它应用到对野蛮人心理的分析和审视中。弗氏这方面的研究成果集中表现在《图腾与禁忌》一书中。在这部著作中，弗氏通过对野蛮人的禁忌和图腾的剖析，揭示出为众多人类学家所忽视的、深藏在野蛮人心中的原始冲突，显示出卓然独步的探索精神。弗氏的见解，虽多偏颇过激之辞，但仍不失为原始文化研究中最精彩的篇章之一。

弗氏对野蛮人心理的解剖，是从原始部落中普遍存在的禁忌（Taboo）现象入手的。那么，什么是禁忌呢？弗氏写道："'禁忌'这一术语意指某种神秘属性的传导者或来源，这种传导者或来源可以是一个人或一个地方，也可以是一样东西

① 原载《书林》1987 年第 7 期，笔名"于文"。收录于俞吾金：《寻找新的价值坐标——世纪之交的哲学文化反思》，复旦大学出版社 1995 年版，第 465—469 页；《文化密码破译》，上海远东出版社 1995 年版，第 214—219 页；收录于俞吾金：《生活与思考》，复旦大学出版社 2011 年版，第 71—75 页。——编者注

或一种暂时性的情况。它也可以指从神秘性质中产生出来的种种禁制。最后，这一术语在内涵上包括了'神圣的'和'超出寻常的'及'危险的'，'不洁的'和'怪诞的'含义。"①禁忌的一个显著特征是传导性（Vehicle），当一个人触犯禁忌中的任何一条时，他本身也成了禁忌，如同危险的电荷传导到他的身上。这种神秘而危险的力量特别附着在一些"特殊"人物的身上，如酋长、祭司、初生婴儿、病人、死人、月经期及生产期的妇女等。在野蛮人的部落中，一旦发生违反禁忌的现象，就会受到严厉的惩处，其目的是切断这种现象的传导和蔓延。

野蛮人从不对禁忌置疑，从不去探求其中的原委，他们屈从于种种禁制，似乎这一切都是理所当然的，违背了就会自取惩处。弗氏认为，野蛮人的禁忌集中表现在以下三个方面。

(1)对敌人的处置。在文明人的目光中，原始社会中的杀人现象是很随便的。殊不知，野蛮人在杀害敌人时，会受到种种禁忌仪式的约束。这些禁忌仪式有两个基本目的：一是要求被杀的敌人息怒，例如，砂拉越族的野蛮人在猎人头的远征中带着敌人的头颅回来后，采用种种仪式祈求人头息怒，他们用最宠爱的名字称呼它，把最美味的食物塞进它的嘴里，并恳求它去憎恨从前的朋友；二是杀人者必须进行赎罪和净化的活动。比如，在帝汶岛上，当远征军的领袖归来后，被禁止立即回到他自己的家里去，他被安置在一个特设的小茅屋中，从事两个月的肉体和心灵上的净化仪式。在此期间，他不准接触妻子，甚至不准动手自己吃东西。

(2) 对统治者的种种禁忌。野蛮人对自己的统治者，如酋长、祭司等抱着一种矛盾的态度，即既要保护他们，又要监视和控制他们。野蛮人设置了种种繁多的禁忌来约束首领。比如，下几内亚的首领只能独居在森林中，人们禁止他离开房间或接触妇女；又如，古罗马的太阳神祭

---

① 《弗洛伊德心理学著作标准版全集》第 13 卷，1955 年英文版，第 22 页。（*The Standard Edition of The Complete Psychological Works of Sigmund Freud*，Vol. 13, London：Vintage，1955，p. 22. ——编者注）

司，被禁止接触马匹，不准戴戒指，不准在外衣上打结饰等，以致弗氏感慨地说："有些加于野蛮人首领的禁忌常常使人想起加之于谋杀犯的种种约束。"①弗氏还告诉我们，在原始社会中，统治者的权威并不是令人羡慕的象征，那些被拥戴为首领的人常常想尽办法进行逃避。

（3）对死人的种种忌讳。在不少野蛮人的部落中都有这样的现象，即在居丧期间，禁止呼叫死者的名字。这是一种非常严厉的禁忌。在南美洲的有些部落中，当着亲戚的面提起死者的名字被认为是对未亡人的最大侮辱，处罚方式就像对待谋杀犯一样。在野蛮人那里，名字并不是空洞的东西，而被视为人格的一部分和个人的重要所有物。此外，死者的家属也受到严厉的禁忌的约束。如在不列颠哥伦比亚省的一个原始部落中，禁止人们和正在居丧的寡妇或鳏夫接触，甚至禁止人们使用他们用过的茶杯和炊具。

在野蛮人的社会中，禁忌现象是如此普遍，如此有力，它究竟是如何引起的，它的本质又是什么呢？弗氏通过深入的研究告诉我们："禁忌的基础是一种被禁制的行为，这种行为表现为潜意识中存在的一种强烈的倾向。"②也就是说，在每个野蛮人的潜意识中，都有着种种原始的冲动和欲望，禁忌所要加以压抑的，正是这些冲动和欲望。那么，在这些冲动和欲望中，哪一种冲动和欲望起着最根本的作用呢？

弗氏认为，要揭开这个哑谜，必须深入考察野蛮人的图腾（Toten）制度。为什么呢？因为禁忌所要加以压抑的野蛮人的心理冲动最典型地表现在图腾的现象上。正如弗氏所说的："最古老的和最重要的禁制是图腾观的两个基本的法则——禁止杀害图腾动物和禁止图腾部落内的成员发生两性关系。"③那么，图腾又是什么呢？弗氏认定，它多半是一种

---

① 《弗洛伊德心理学著作标准版全集》第 13 卷，1955 年英文版，第 45 页。（*The Standard Edition of The Complete Psychological Works of Sigmund Freud*，Vol. 13，London：Vintage，1955，p. 45. ——编者注）

② 同上书，第 32 页。

③ 同上书，第 31—32 页。

动物，在少数情况下也可能是一种植物或自然力量（如雨、水等）。它与整个部落有某种特殊的关系，一般说来，图腾总是部落的祖先，同时也是其守护神，因而同一部落的人都具有不得杀害或破坏其图腾的神圣义务。

那么，图腾究竟是如何起源的呢？弗氏认为，图腾的秘密和本质必须到大部分人类学家都忽视的一个现象中去发掘。这个现象就是"图腾餐"（atotem meal），即野蛮人总是周期性地屠杀图腾，食用其血、肉来庆祝盛典，仪式结束后，人们就开始哀悼被屠杀的图腾，哀悼结束后即为狂欢，任何一种本能和满足都被允许。如何解释这种充满矛盾的现象呢？弗氏写道："心理分析已经表明，图腾实际上是父亲的一种取代物；它与下述矛盾的事实是一致的，即虽然屠杀图腾动物是一种禁规，可是在屠杀它时却又变成了一种庆典——图腾被杀害了，却又接受了哀悼。这种情感上的矛盾，也就是现在存在于小孩身上，而又常常存留在成年人身上的父亲情结（The father Complex）。"①弗氏又进一步推论说，如果图腾动物是父亲的替代物这一假设能够成立的话，那么，图腾观的两个基本的禁忌——禁止屠杀图腾和禁止与相同图腾的妇女发生性关系——正好与俄狄浦斯的两个罪恶（杀父娶母）遥遥对应。于是，弗氏引申出如下的结论："图腾制度是俄狄浦斯情结（Oedipus Complex）的产物。"②

根据这样的假说，弗氏以自己的丰富的想象力复制出图腾在野蛮人中起源的景观：在远古时候的一个原始部落中，一个充满暴力和嫉妒的父亲将所有的女性都据为己有，然后，驱逐已长大的儿子们，不让他们接近部落中的女性。有一天，那些被父亲驱逐的兄弟们联合起来，杀害并吞食了他们的父亲。无疑地，那位残暴的父亲是儿子们畏惧和仰慕的对象。因此，他们借分食他的肉来加强与父亲之间的认同感，同时，分

---

① 《弗洛伊德心理学著作标准版全集》第 13 卷，1955 年英文版，第 141 页。（*The Standard Edition of The Complete Psychological Works of Sigmund Freud*，Vol. 13, London：Vintage，1955，p. 141. ——编者注）

② 同上书，第 132 页。

得他的一部分能力。在摆脱掉父亲后，一方面，心理上的憎恨感逐渐消失，爱和仰慕重新上升，于是，产生了罪恶感；另一方面，如果不加以约束，兄弟之间也会重起争端。心理上的这种微妙的变化自然而然地产生出作为父亲代替物的图腾动物，并随之产生出图腾的两条最重要的禁忌：禁止屠杀图腾（体现对父亲的悔罪感）和禁止同图腾通婚（消除兄弟间之争端）。而周期性地出现的"图腾餐"（屠杀—哀悼—狂欢三部曲）则集中体现出野蛮人心理深处的矛盾冲突。在意识层次上，是种种严厉的禁忌，在潜意识层次上，是种种原始的冲动，特别是性欲的冲动，正如弗氏所说："在原始人中，思想的过程在很大程度上仍然是性欲化的（Sexualized）。"①

弗氏从潜意识的层次，特别是性欲的角度，揭示出野蛮人的心理秘密和冲突，从而对图腾与禁忌的现象做出了独特的说明。弗氏还进一步把自己的发现运用到对原始文化的种种形式的起源和发展的解释中。他强调说："宗教、道德、社会和艺术的起源都植根于俄狄浦斯情结。"②宗教起源于儿子们杀死父亲后所产生的那种罪恶感，基督教的原罪说集中体现了宗教和原始图腾的亲缘关系。区别在于，图腾把父亲变形为动物，而宗教则重新恢复了父亲的人形；道德起源于图腾的两个禁忌，特别是后一个禁忌——对乱伦的禁忌，构成人类道德发展的基本线索之一；法律起源于野蛮人对违反禁忌的人们的种种惩处。弗氏还强调，父权制的社会结构乃至国家，在相当的程度上都导源于俄狄浦斯情结，都可以在野蛮人的图腾与禁忌中找到遗迹。

由于弗氏夸大了性欲的作用，他的上述见解被某些西方学者讥为"科学的神话"，然而，平心而论，弗氏的见解仍有不少可借鉴的东西。如弗氏对野蛮人庆典的剖析，惟妙惟肖地披露出野蛮人心理上的矛盾冲

---

① 《弗洛伊德心理学著作标准版全集》第 13 卷，1955 年英文版，第 89 页。（*The Standard Edition of The Complete Psychological Works of Sigmund Freud*，Vol. 13, London：Vintage，1955，p. 89. ——编者注）

② 同上书，第 156 页。

突。平时是严厉的禁忌，在庆典中，则由集体共同破坏禁忌，使潜意识中受压抑的欲望得以宣泄。这种深刻的心理矛盾也表现在文明人的庆典中，如西方的狂欢节、化装舞会等。尼采的哲学可以说是这种心理矛盾的最突出的表现。尼采所要发扬的酒神狄奥尼索斯的精神，和原始人在庆典中所表现出来的精神完全是一脉相承的。弗氏的精神分析方法在野蛮人和文明人的心理上架起了一座桥梁。又如，弗氏在文明人和野蛮人之间进行的比较研究也是有启发性的，野蛮人对图腾动物的崇拜和文明人小孩对动物的喜爱确实有某种相通之处；犯有强迫性心理症的文明人和野蛮人的某些心理也有相似之处。总之，我们应当用历史唯物主义的理论来分析和借鉴弗氏的学说。

1988年

现代西方哲学中的非理性主义思潮[①]

在当代西方文化中，非理性主义是一股有重大影响力的思潮。它不仅渗透到小说、绘画、戏剧、诗歌、音乐、雕塑等领域中，成为现代派文学和艺术的重要思想基础之一，而且也体现在存在主义、新托马斯主义、人格主义等诸多哲学流派中。

所谓"非理性主义"（irrationalism）的概念，国内学人多有误解，以为就是不讲理性、反对理性的意思，其实，它反对的是把理性的作用无限夸大的倾向，如黑格尔的"泛理性主义"（pan-rationalism），它强调的是理性以外的各种因素，如欲求、情感、意志、直觉等在人的现实生活和思想活动中所起的重要作用。从比较严格的意义上来看，非理性主义的思潮可以追溯到德国哲学家谢林。谢林在其后期的天启哲学中，非常强调非理性的神秘的直觉作用，这对现代西方哲学中非理性倾向的形成产生了重要影响。丹麦哲学家和神学家克尔凯郭尔大大推进了谢林的思想，强调理性、知识无法改变或消除个人所面临的种种烦恼、痛苦和不安，生活中充满了非此即彼的选择，这些选择不是在理性而是在激情的支配下进

---

① 原载《文汇之友》1988 年第 2 期。——编者注

行的。德国哲学家叔本华则把康德的意志理论发挥到极致，提出了意志就是世界本质的理论，意志和欲求是第一性的，人的理性和认识则是第二性的，是服务于意志的。由于人的欲求是无穷无尽的，因此人生不可能有真正的欢乐与满足。人生是一场悲剧。

比叔本华和克尔凯郭尔晚出生的俄国文学家陀思妥耶夫斯基在《罪与罚》《卡拉马佐夫兄弟》等一系列辉煌的著作中，深入地探究了人性中非理性的、神秘的方面，如变态心理、犯罪心理等。他的小说对20世纪初的非理性主义思潮产生了巨大的影响。然而，从哲学上看，在叔本华之后最引人注目的人物是德国哲学家尼采。人们常指责尼采的学说是反理性的，其实并非如此。他反对的是苏格拉底、柏拉图以来的理性主义传统对生命的压抑和束缚，而实施这种压抑和束缚的最有力的工具则是基督教道德。所以，他主张"重估一切价值"，以便把生命从理性、道德、概念和语词的化石中解救出来。尼采对酒神与超人的赞颂，也正是对生命与强者的肯定。他的哲学中所包含的积极进取的精神与叔本华的悲观主义形成了鲜明的对照。

叔本华与尼采的思想对19世纪末20世纪初在法、德等国家流行起来的生命哲学产生了直接的影响。法国哲学家伯格森从生机论的观点出发，把实在理解为绵延或生命之流，这种连绵不断的东西是不能通过理智或理性的分割和固定化去加以认识的，只能通过直觉，即神秘的内心体验去加以把握。在人的全部认识活动中，我们并不能完全否定直觉所起的作用，但伯格森把直觉置于理性之上，这就明显地贬抑了理性的作用。受尼采思想鼓舞的还有奥地利著名的文学家卡夫卡。他在《审判》《城堡》等作品中，以冷峻的笔调，刻画了资本主义制度下人的种种复杂心理，这些心理现象，从理性的目光看来，只能视为荒诞。

上面我们提到的所有人物，特别是叔本华、克尔凯郭尔、陀思妥耶夫斯基和尼采的思想哺育了20世纪以来的一个最大的人本主义哲学流派——存在主义。正如卢卡奇所指出的，整个存在主义的思潮都披着非理性主义的外衣。在现象学本体论的还原主义方法的帮助下，德国著名的存在主义哲学家海德格尔和雅思贝尔斯都主张像古代的斯多葛派哲学家一样，把探索的目光从外部世界中抽回来，留驻于人的内心的种种精神情态中，如烦恼、畏惧、痛苦、死亡等等。他们虽然不否定科学与理性，但却认定科学与理性不能改变这些情状，只能诉诸内心的体验，诉诸与上帝的交流。

如果说德国的存在主义者带有严重的悲观主义的色调的话，那么法国的存在主义者则带着某种积极进取的特征。这或许可以说是法国人在当时德国人占领下的一种特殊的心态，这种心态尤其表现在萨特的自由观中。萨特认为，存在先于本质，存在本身是荒诞的，没有任何理由可言的，当然也是无法用理性加以解释的，而人的存在的本质特征是自由。这种自由并不是被某人赐予的，相反，人是被判处为自由的，人必须对他的全部行为负有不可推卸的道德责任。萨特的自由观虽然是庸俗的经济决定论的一个反题，但他把自由抽象化(脱离社会现实)并夸张到极端的地步，却暗含着对理性的贬抑。非理性主义思潮也体现在新黑格尔主义、精神分析主义、新托马斯主义、人格主义和某些科学哲学家身上。

现代西方哲学中非理性主义思潮的兴起并不是偶然的，它反映了资本主义社会异化现象的加剧。随着科学技术和分工的高度发展，人被剥夺了全面发展的可能性，并被降为机器的简单附庸。战争、犯罪、法西斯主义和集权主义等现象又加深了人们的精神危机，人们觉得理性所创造的外部世界是冷漠的、荒诞的，是与自己格格不入的，因而渴望躲避外部世界和社会团体，退回到自己的内心深处，陶醉于种种非理性的体验中。在这个意义上，非理性主义正是精神上的苦闷和虚无化的一种理论表现。尽管这一思潮揭示了西方的理性主义传统所忽视的种种问题，并提出了一系列有价值的创见，但它并未为人的真正解放和人性的全面发展指出一条科学的道路。

1989年

超越知识论①
——论西方哲学主导精神的根本转向

2000 多年来，西方文化一直在知识论哲学的旧靴子中打转。知识论哲学规约着人们的伦理观念，影响着人们的审美情趣，把整个文化生活湮没在抽象的概念之中。主要是借助于 19 世纪和 20 世纪的少数伟大的思想家的卓越的洞察力和批判力，西方文化才得以从知识论哲学的空白中超拔出来，进入一个崭新的世界，即寻求意义的世界。

从 19 世纪下半叶以来，随着西方科学和文化知识的东渐，知识论哲学也进入了中国并在学术界占据了重要地位。有一种流行的见解认为，哲学就是认识论，哲学史就是认识史。这种见解正是知识论哲学的典型表现，它对当代中国文化的发展产生了不可低估的影响。要摆脱这种影响，必须对西方知识论哲学的产生、发展及其陨落做出深刻的反思和检视。

---

① 原载《复旦学报(社会科学版)》1989 年第 4 期。收录于俞吾金：《寻找新的价值坐标——世纪之交的哲学文化反思》，复旦大学出版社 1995 年版，第 220—241 页。——编者注

一

　　西方的哲学史家通常把泰勒斯看作自然哲学的创始人，把苏格拉底看作伦理哲学的创始人。其实，苏格拉底并不是伦理哲学的创始人，而是知识论哲学的创始人。诚然，他关心的不是自然界的草、木、石，而是人的活动和种种事务，他经常与别人一起讨论伦理问题，但归根结底他关注的是知识，是概念性的知识，而不是伦理问题。即使他与别人讨论伦理问题，也始终是在知识论哲学的基础上讨论的。这充分体现在他关于"美德就是知识"的著名论断中。既然美德可以还原为知识，这也就是说，他真正倡导的是一种知识论的哲学。

　　在苏格拉底以前以及他所生活的时代，智者派哲学盛极一时。这些哲学家把赫拉克利特关于客观世界"一切皆流"的思想导入人的主观感觉，普罗泰戈说："事物对于你就是它向你呈现的那样，对于我就是它向我呈现的那样。"[1]在这种相对主义的激流中，一切确定性，一切被人们称为真理的东西都消失得无影无踪了。苏格拉底的哲学，作为对智者派哲学的一种反动，寻求的正是确定的东西，也就是概念知识。在与美诺讨论美德问题时，苏格拉底立即把问题引导到对美德概念的讨论中。他说："我将设法来接近这种概念，要是我能够的话，因为你知道一切事物都有一个共同的概念。"[2]苏格拉底所奠定的知识论哲学的主旨正在于寻求一种确定的概念知识。

　　柏拉图继承了他老师的学说，他强调真正的知识必须是真实的、可靠的，既不容许有模糊和矛盾之处存在，也不允许有相对的、变化的因

---

　①　北京大学哲学系外国哲学史教研室：《西方哲学原著选读》上卷，商务印书馆1981年版，第55页。

　②　北京大学哲学系外国哲学史教研室：《古希腊罗马哲学》，生活·读书·新知三联书店1957年版，第156页。

素存在。不用说，这样的知识指的正是概念的知识。其对象正是柏拉图所说的"理念世界"。至于感官所接触的"可见世界"（即现实世界），则处在不断的变动之中，人们对于这个世界不可能获得真正的知识，而只能获得某种不确定的"意见"。总之，在柏拉图那里，知识世界也就是概念世界或理念世界。柏拉图把人的认识分为四个等级：最低等级的是"幻觉"（对应于想象），稍高的是"常识"（对应于信念），这两个等级都属于"意见"的范围。更高的是"数学和科学"（对应于知性），最高的等级是"辩证法"（对应于理性），这两个等级都属于知识的范围。柏拉图还强调，在作为知识对象的理念世界中，善的理念居于最高的位置之上。在这里，我们又看到了善与知识的统一。这一见解不过是苏格拉底的"美德就是知识"的观点的更为精致的表述罢了。

在柏拉图那里，知识论哲学获得了系统的理论表现。柏拉图不仅试图在地面上建立一个理想国，而且努力在人们的思想中建立一个知识的理想国。如果说，他的前一个尝试是失败了的话，那么，他的后一个尝试则获得了前所未有的成功。柏拉图的哲学犹如一种普照的光，整个西方哲学几乎都沐浴在它的光芒下，经过 2000 多年的反思和抗争，哲人们才敢于正视这种光芒，并试图从它的充满诱惑的影响中摆脱出来。

亚里士多德批评了他的老师的理念论，他比较重视感觉经验在人们获得知识的过程中的作用，因而有的西方哲学史家把他们两人的思想差异说成是唯理主义与经验主义的对立。然而，这一对立并未突破知识论哲学的外壳。不但没有突破，亚里士多德还为知识论哲学提供了坚实的逻辑基础。他的范畴理论和形式逻辑理论（尤其是三段论的学说）实际上是从语言和逻辑的角度为概念知识立法，从而最终为知识论哲学立法的。

正如罗素所指出的："亚里士多德的影响在许多不同的领域里都非常之大，但以在逻辑学方面为最大。"①他的逻辑学说从语言和逻辑的角

---

① ［英］罗素：《西方哲学史》上卷，何兆武、李约瑟译，商务印书馆 1981 年版，第 252 页。

度上最终遏制并消除了诡辩主义的影响，从而为人们追求确定的概念知识扫清了地基。我们知道，在任何种类的文化传统中，语言和逻辑都起着血液的作用。由于亚里士多德的努力，苏格拉底所开创的知识论哲学终于渗到西方文化的血液中去了。

然而，知识论哲学要想在西方传统文化中取得经久不衰的领导权，还需要一个更普遍的、更世俗化的精神支柱。它寻找着这个精神支柱，终于找到了。这就是基督教。基督教是新柏拉图主义、斯多葛主义和犹太教的神秘主义的混合物。如果说，教父哲学家奥古斯丁是基督教世界的柏拉图的话，那么，经院哲学家托马斯·阿奎那则是基督教世界的亚里士多德。奥古斯丁的"上帝之城"不过是柏拉图的理念世界的变奏曲，而托马斯·阿奎纳心目中的上帝则令我们忆起亚里士多德的"第一推动者"。由此可见，知识论哲学与基督教文明之间的亲缘关系。

基督教刚产生时，人们具有一定的反抗情绪，但在公元 4 世纪成为罗马的官方宗教后，反抗意识渐渐被磨去了，代之而起的是一整套崇尚善良、服从、宽恕、谦和、同情等所谓"美德"的基督教道德。正是后者成了知识论哲学的精神支柱和世俗基础。反过来，知识论哲学也成了基督教文明的保护神。这种知识与道德联盟的意向早就体现在苏格拉底关于"美德就是知识"的著名论断中。

始于 14 世纪的人文主义思潮有力地冲击了基督教的信仰主义和禁欲主义。这种冲击主要是通过复兴希腊文化的方式来进行的。反对信仰主义需要强调理性的权威，反对禁欲主义则需要强调感性和情欲的正当性。如果说，光辉灿烂的希腊艺术突出的是人的感性的话，那么，丰富深刻的希腊哲学强调的则是人的理性。在人文主义者的眼光中，感性与理性是和谐地统一在一起的，两者都成了他们反对基督教压抑人性的有力武器。然而，他们显然忽略了，理性与感性并不总是和谐地相处在一起的。柏拉图不仅把艺术贬斥为模仿的产物，而且力主把诗人从"理想国"中赶出去。在这里，我们发现了理性原则与感性原则的尖锐对立。正如鲍桑葵所说："柏拉图从道德上的考虑出发，进而对差不多全部古典美的世界，都采取了公开的敌视态度。从历史上说，这必须看作是间接地证明了他自己的谬误。"①事实上，正是在古希腊的知识论哲学中，潜伏下了轻视人的感性和情欲的根子。基督教的道德正是在知识论哲学的沃土中生长起来的。

人文主义者的批判目光是肤浅的。他们在向基督教神学宣战时，不但没有注意到隐藏在其背后的知识论哲学传统，反而通过对理性的弘扬，不知不觉地夸大了知识论哲学与基督教之间的对立，从而实际上进一步提高了知识论哲学在西方传统文化中的地位。除了极个别的人物以外，十七八世纪的法国启蒙学者的眼光同样是近视的。他们把理性作为判别一切是非的最高尺度，尤其是把理性、科学、知识与信仰、盲从、神秘主义相对立。然而，他们与人文主义者一样，忽视了问题的另一方面，即理性与基督教道德之间的联盟和理性与感性之间的可能的对立。

启蒙学者的弱点，早在他们思想的主要源头之一——笛卡尔学说中已经显露出来。笛卡尔所倡导的普遍怀疑主义的精神尽管指向基督教神学和经院哲学，但他提出的"我思故我在"的著名命题仍然落在知识论哲学的传统之内。所不同的是，古希腊的知识论哲学注重的是本体论，即关于客观世界本质的知识，而笛卡尔的知识论哲学所注重的则是认识论和方法论，即关于知识如何产生、知识与主体之间的关系等理论。笛卡尔对基督教道德、上帝最终采取了妥协的态度，因而他不但不可能成为反知识论哲学传统的斗士，反而成了这一传统的最坚决的卫道士。因为他为知识论哲学提供了更为广阔的生存领域，即认识论和方法论。如果说，笛卡尔的唯理主义倾向影响了斯宾诺莎、莱布尼茨和一大批法国启蒙学者的话，那么，培根的经验主义，他的"知识就是力量"的著名口号则大致规定了霍布斯、洛克、贝克莱、休谟的思考方向。唯理论和经验论之间的对立和冲突，犹如亚里士多德与柏拉图的对立一样，充其量不过是知识论哲学母腹中的一阵躁动罢了。

---

① ［英］鲍桑葵：《美学史》，张今译，商务印书馆 1985 年版，第 32 页。

最先起来遏制知识论哲学泛滥的是法国伟大的启蒙学者卢梭。在《论科学与艺术》这部成名作中，卢梭以惊人的洞察力和特有的敏感性，提出了石破天惊的新见解："我们的灵魂正是随着我们的科学和我们的艺术之臻于完善而越发腐败的。"①理性、知识、科学和艺术的发展，不但不会使人们的道德同步地提高，反而使人们在道德和品行上更加腐化和堕落。卢梭虽然没有明确地从理论上发起对知识论哲学的批判，但他的上述见解实际上给苏格拉底的"美德就是知识"的观念以致命的一击，从而动摇了知识论哲学与基督教道德之间的秘密联盟。

卢梭的发现在康德那里获得了前所未有的理论意义。康德在纯粹理性与实践理性之间，在知识（科学和旧形而上学）与信仰（道德和宗教）之间划出了严格的界限。康德限制了知识论哲学的界限，以干净利落的方式斩断了知识与道德之间的纽带。他对理性和知识论哲学的批判是异常深刻的，事实上，他也走到了否定知识论哲学的世俗基础——基督教道德的边缘，但他突然止步不前了。事实上，当他把意志称作实践理性时，他已迈出了与基督教道德妥协的步伐，康德关于"善良意志""绝对命令"等的说教表明，归根结底，他是"一位隐蔽的基督徒"②，他的道德学说不过是基督教道德的诗意的补充罢了。

康德真正重视的是实践理性，然而，他的三个重要的继承者推崇的则是纯粹理性，他们仍然从知识论哲学的传统出发来批评和发扬康德的学说。费希特的主要哲学著作是《全部知识学的基础》。在该书中，他开宗明义地指出："我们必须找出人类一切知识的绝对第一的、无条件的原理。"③这句话表明了费希特哲学的整个研究方向。一言以蔽之，知识学就是研究知识得以形成的先决条件、基本因素和发生过程的。尽管费

———————————

① ［法］卢梭：《论科学与艺术》，何兆武译，商务印书馆1963年版，第11页。

② ［德］尼采：《偶像的黄昏》，1968年英文版，第39页。（Friedrich Nietzsche, *The Twilight of the Idols and The Anti-Christ: or How to Philosophize with a Hammer*, London: Penguin Classics, 1968, p. 39.——编者注）

③ ［德］费希特：《全部知识学的基础》，王玖兴译，商务印书馆1986年版，第6页。

希特的哲学也很重视行动和伦理的问题，从而对当代的存在主义思潮产生了一定的影响，但知识或认识问题依然是他的学说所面临的第一个问题。

谢林沿着费希特的方向继续向前走去。他最关注的仍然是知识问题。他认为，知识活动是主观的东西与客观的东西的一致，并进而发挥说，"如果一切知识都以这两者的一致为基础，那么说明此种一致的课题就无疑是一切知识的最高课题，而且像一般公认的那样，如果哲学是一切科学中至高无上的科学，那么这个课题无疑便是哲学的首要课题"①。

黑格尔是德国古典哲学的集大成者，他以深邃的批判目光审视了前人的学说，他的许多真知灼见，如关于异化、主奴关系、劳动、情欲在历史中的作用等论述都超出了知识论哲学的视界，然而，遗憾的是，他不但没有摆脱这一传统的束缚，反倒成了这一传统最后的也是最大的代表。犹如歌德的《浮士德》一样，黑格尔的《精神现象学》显示了世界历史的壮丽画卷，可是，他却把精神运动的最后一个阶段称为"绝对知识"。他写道："绝对知识是在精神形态中认识着它自己的精神，换言之，是[精神对精神自身的]概念式的知识。"②又说："推动精神关于自己的知识的形式向前开展的运动，就是精神所完成的作为现实的历史的工作。"③这样一来，现实的历史运动也就消解在概念知识的辩证运动中了。黑格尔的《逻辑学》全然成了概念知识的王国，一切现实的东西都被放逐到注释中去了，阴影取代了事物，纸币取代了真金，抽象的概念知识取代了人的活生生的存在。

黑格尔对知识论哲学传统的维护，尤其体现在他对柏拉图的概念辩

---

① ［德］谢林：《先验唯心论体系》，梁志学、石泉译，商务印书馆1976年版，第8页。

② ［德］黑格尔：《精神现象学》下册，贺麟、王玖兴译，商务印书馆1979年版，第266页。

③ 同上书，第269页。

证法学说的恢复中。黑格尔说："柏拉图的研究完全集中在纯粹思想里，对纯粹思想本身的考察他就叫辩证法。"①黑格尔融合了柏拉图、赫拉克利特等人的辩证法思想，形成了一种特殊的逻辑，也就是人们称为辩证逻辑的那种东西。同时，他抨击了形式逻辑的三大规律所蕴含的抽象的同一性。这表明，他力图为知识论哲学提供一种新的逻辑基础。

然而，支配西方文化传统达 20 多个世纪之久的知识论哲学的颓势已经无可挽回地来临了。现代西方哲学的主要流派几乎在不同程度上批判了知识论哲学传统，并且我们一再发现，最初的沉重打击通常都是落在黑格尔的身上的。这反过来表明，黑格尔已被公认为知识论哲学的宙斯。在冲击知识论哲学传统的狂飙怒潮中，特别引人注目而又产生了深远影响的是叔本华肇始的唯意志主义、孔德开创的实证主义和马克思创立的实践唯物主义。下面，我们对这些思潮逐一进行论述。

二

西方学者公认，叔本华的学说改变了传统哲学研究的整个方向。与苏格拉底、柏拉图以来的知识论哲学不同，叔本华倡导的是一种人生哲学。他激烈地抨击并否定了费希特、谢林和黑格尔的哲学，反复重申自己的学说是直接从康德出发的，是直接衔接在康德学说之上的。

如前所述，康德把意志理解为实践理性，主张理性为意志立法。叔本华并不同意这样的见解，他指出："这显然是伸手便可碰到的矛盾，既说意志是自由的又要为意志立法，说意志应该按法则而欲求：'应该欲求呀！'这就（等于）木头的铁！"②在他看来，意志也就是生命的种种欲

---

① ［德］黑格尔：《哲学史讲演录》第 2 卷，贺麟、王太庆译，商务印书馆 1983 年版，第 204 页。

② ［德］叔本华：《作为意志和表象的世界》，石冲白译，商务印书馆 1982 年版，第 373 页。

求，所以他说的意志也就是生命意志。意志是绝对自由的，是完全自主自决的。意志就是自在之物，就是世界的本质。叔本华强调意志是世界的本质，也就是强调它的无处不在。意志不光是人生存的基础，也是各种动物、植物乃至无机物存在的基础。那么，在人这种高等动物的身上，为什么意志反倒蔽而不显了呢？那是因为人被包扎在知识之中，他已经忘了或故意把存在问题掩蔽起来了。在知识论哲学的视野中，人首先是作为认识着的东西而存在的，人的第一个使命就是向他之外的客观世界索取种种知识，然后用以指导人的意志与欲求。质言之，认识是第一性的，意志和欲求是第二性的。

叔本华把知识论哲学的这一如此深入人心的基本见解彻底翻转过来了。他宣布："意志是第一性的、最原始的；认识只是后来附加的，是作为意志现象的工具而隶属于意志现象的。因此，每一个人都是由于他的意志而是他，而他的性格也是最原始的，因为欲求是他的本质的基地。"①在无机界和有机界，生命意志是盲目的，处在一片黑暗之中。当人出现之后，理性和认识也随之而出现了，于是，生命意志处在认识之光的照耀下，它不再是盲目的了。这种情况造成了一种普遍的幻觉，即认识是第一性的，意志是第二性的，意志是按认识的要求来行动的。康德关于理性为意志立法的说教是这种幻觉的最典型的表现。叔本华则强调，生命意志始终是原始的、第一性的东西，而认识始终是为意志服务的："照例认识总是服服帖帖为意志服务的，认识也是为这种服务而产生的；认识是为意志而长出来的，有如头部是为躯干而长出来的一样。"②在知识论哲学看来，人只要有一个会思考的头部就行了；在叔本华看来，人不光要有头部，而且要有躯干，头部是为躯干而生长出来的，认识是由于意志的需要而产生并发展起来的。叔本华哲学的根本转向正体现在对认识和意志关系的重新理解中。

---

① ［德］叔本华：《作为意志和表象的世界》，石冲白译，商务印书馆1982年版，第401页。

② 同上书，第248页。

如果说，对宗教神学持激烈的批判态度的康德归根结底是一个隐蔽的基督徒的话，那么，我们也可以说，对康德的实践理性学说持严厉的批评态度的叔本华最终仍然是一个隐蔽的康德主义者，从而归根结底也是一个隐蔽的基督徒。如前所述，压抑人性、摧残人的生命意志的基督教道德正是知识论哲学的世俗基础。叔本华虽然对知识论哲学进行了破坏性的批判，然而，他却成了基督教道德的俘虏。他说："实际上原罪（意志的肯定）的解脱（意志的否定）之说就是构成基督教的内核的巨大真理，而其他的一切大半只是［这内核的］包皮和外壳或附件。"①既然叔本华赞成基督教道德的前提——原罪说和解脱说，自然他也就接受了全部基督教的道德观念及它的主旋律——禁欲主义。由于生命意志的追求是无穷无尽的，人的欲望是永远不可能满足的，所以人生也就是痛苦、悲剧的，只在细节上才有喜剧的味道。在叔本华看来，要从这种无止境的痛苦中摆脱出来，唯一的途径就是像真正的基督徒和印度的圣者一样，寂灭自己身上的一切欲望："一个这样的人，在和他自己的本性作过许多艰苦的斗争之后终于完全胜利了，他所剩下的就只是·个纯认识着的东西了，就只是反映这世界的一面镜子了。再没有什么能使他恐惧，能激动他了；因为他已把'欲求'的千百条捆索，亦即将我们紧缚在人世间的捆索，作为贪心、恐惧、嫉妒、盛怒，在不断的痛苦中来回拨弄我们的捆索，通通都剪断了。他现在是宁静地微笑着在回顾这世间的幻影。"②

　　叔本华对这种禁欲主义的、出世的生活方式的推重，不仅如他自己所说的，使认识摆脱了对意志的服役，而且实际上使认识成了意志的真正主宰。这样，我们终于发现，叔本华反对知识论哲学的伟大革命理论竟然湮没在基督教的禁欲主义道德中。大山分娩，生出来的却是一只老鼠。这不能不是叔本华哲学的悲剧。在叔本华关于禁欲主义的陈腐说教中，我们难道不能窥视出他所批判过的康德关于理性为意志立法的思想

----

　　① ［德］叔本华：《作为意志和表象的世界》，石冲白译，商务印书馆 1982 年版，第556 页。

　　② 同上书，第535 页。

及基督教的全部道德观念的阴影吗?！然而，在叔本华的洪水泛滥之后，西方的精神世界毕竟发生了根本性的变化。

尼采是从叔本华出发的，但他又摆脱了叔本华身上所散发出来的那股陈腐的气息。与叔本华一样，尼采所理解的哲学也不是知识论的哲学，而是人生哲学，尼采也把意志看作世界的本质，然而，他对意志的内涵及意义的理解却与叔本华有很大的差异。叔本华把意志的无穷无尽的追求理解为一种恶的东西，从而得出了人生充满痛苦的结论。尼采则把意志的这种追求理解为生命的健康的积极表现，从而讴歌酒神精神，讴歌生活中的快乐。在肯定生命意志的基础上，尼采又进一步把它理解为权力意志。他说："生命就是权力意志。"①生命意志的特点就是寻求扩张，寻求对别人的支配，因而"目标并不是'人类'，而是超人"②。恺撒、拿破仑就是超人的典范。

也正是从酒神和超人的标尺出发，尼采提出了"打倒一切偶像""重估一切价值"的口号。在尼采所要打倒的"偶像"中，最重要的是知识论哲学与基督教道德。在尼采那里，酒神狄奥尼索斯的形象不仅是对生命、本能、欲望和快乐的肯定，而且也是对苏格拉底、柏拉图以来的知识论哲学家群像的否定。尼采把那些一味追求知识的学者称为颓废者，他说："当一个人的力量正充沛而方兴未艾的时候，在早晨黎明的时候读书——这简直是罪恶!"③尼采对知识论哲学的批判主要表现在以下两个方面。一方面，他抨击了知识论哲学的核心观点——主观与实在符合的真理观。"有各式各样的眼睛。司芬克斯也有眼睛：所以有各式各样的'真理'，所以根本没有真理。"④另一方面，他强调，理性和认识不过是权力意志的工具："认识是被当作权力的工具使用的。所以很明显，

---

① ［德］尼采：《权力意志》，1924 年英文版，第 213 页。[Friedrich Wilhelm Nie-tzsche, *The Will to Power*（*The Complete Works of Friedrich Nietzsche*, *Volume* 14），London：G. Allen；New York：Macmillan，1924，p. 213.——编者注]

② 洪谦：《西方现代资产阶级哲学论著选辑》，商务印书馆 1982 年版，第 23 页。

③ ［德］尼采：《瞧! 这个人》，刘崎译，中国和平出版社 1986 年版，第 33 页。

④ 洪谦：《西方现代资产阶级哲学论著选辑》，商务印书馆 1982 年版，第 17 页。

认识是随着权力的增长而增长的。"①在他看来，人之为人正是权力意志使然。个人主义不过是一种羞答答的、尚未上升为自觉意识的权力意志。人总是抓住实在不放，为的是宰制实在，役使实在。知识论哲学把认识和理性变成了一个独立的目的王国，其实，它们不过是供权力意志使用的工具而已。

尼采比叔本华更为深沉的地方在于，他不仅把批判的矛头指向了知识论哲学，而且指向了这一哲学的世俗支撑物——基督教道德。从酒神与超人的眼光看去，基督教道德所鼓吹的善良、服从、宽恕、怜悯、同情等美德都只是弱者的道德，只是生命苍白、衰弱的表现。这种道德是压抑生命和个性，反对欢乐和进取，阻挡强者向前迈进的。尼采在《疲惫者的判断》一诗中愤怒地喊道：

> 太阳咒骂一切衰弱的人，
> 对他们，树木的价值乃是阴影！②

尼采发现了知识论哲学（理性对感性的压抑）和基督教道德（弱者对强者的束缚）之间的内在联系，他同时掀掉了西方传统文化中的这两个最大的宴席。结果是：一方面，一切旧有的偶像都被打碎了，西方社会出现了价值真空；另一方面，尼采在精神上为整个社会所放逐，以致疯狂成了他最后的避难所。

尼采对西方哲学与文化的影响是如此巨大，以致在他死后，不仅知识论哲学从此一蹶不振，而且一股新的、远比历史上的人文主义和启蒙主义思潮深刻的人本主义思潮——存在主义开始酝酿起来。这一思潮的代表人物是德国哲学家海德格尔。

在讨论海德格尔的学说之前，我们还有必要提一下在 20 世纪获得

---

① 洪谦：《西方现代资产阶级哲学论著选辑》，商务印书馆 1982 年版，第 16 页。
② 《尼采诗选》，钱春绮译，漓江出版社 1986 年版，第 100 页。

巨大哀荣的另一位丹麦的哲学家——克尔凯郭尔。克尔凯郭尔对知识论哲学的批判主要是以黑格尔为靶子的。他认为，黑格尔的哲学，尤其是《逻辑学》，把人给吞没了，因而他反其道而行之，把"孤独的个人"作为他全部哲学研究的起点。"孤独的个人"的生存状态则是畏惧、烦恼、忧郁、绝望。人的生存是第一性的，是知识和理性所无法改变的，正是从"孤独的个人"出发，克尔凯郭尔把知识论哲学家，尤其是苏格拉底所信奉的"认识你自己"（know yourself）的口号变成了另一个口号——"选择你自己"（choose yourself）。① 这一口号的转变是整个知识论哲学陨落、新的人本主义哲学兴起的一个象征。

海德格尔的学说不单受到叔本华、尼采、克尔凯郭尔的影响，也受到现象学创始人胡塞尔的影响。人们通常认为，在现代西方人本主义哲学的这一总的思潮中，尼采主要是破坏性的，海德格尔则主要是建设性的。这一见解大致上是说得通的，但却容易忽略海德格尔的学说中所包含的同样巨大的破坏力。除了知识论哲学本身之外，尼采的破坏主要旁及它的世俗基础——基督教道德，而海德格尔的破坏则主要旁及它的语言和逻辑基础。他在批判知识论哲学时，敏锐地抓住了下列现象："形而上学在西方的'逻辑'和'文法'的形态中过早地霸占了语言的解释。"② 在希腊哲学中，"逻各斯"这一概念是经常出现的，它的基本含义是理性或语言。海德格尔认为，在前苏格拉底的哲学家那里，这一概念的原始本质包含着对"在"（Sein）的思考，但在苏格拉底和柏拉图那里，特别是在形式逻辑的创始人亚里士多德那里，这种原始本质被埋没了："人们用不断地称引逻辑的东西来唤起一种印象，似乎人们恰恰在深入思，而实际上人们都与思绝缘了。"③"逻辑"一词来源于"逻各斯"，但却把"逻

---

① ［英］华特尔·劳里：《克尔凯郭尔》，1938 年英文版，第 244 页。（Walter Lowrie, *A Short Life of Kierkegaard*, Oxford: Oxford University Press, 1938, p. 244. ——编者注）

② 中国科学院哲学研究所西方哲学史组：《存在主义哲学》，商务印书馆 1963 年版，第 88 页。

③ 同上书，第 119 页。

各斯"的原始本质吞没了。所以，知识论哲学不但没有打开通向"在"的道路，反而用逻辑把思"在"的任何途径都堵塞起来了："知识产生了，思却消失了。"①

在知识论哲学的框架中，与逻辑不可分割地联系在一起的语言起着同样的堵塞作用，以致海德格尔强调，全部传统哲学的概念都要重新加以审查。海德格尔不仅从词源上重新考证了在、本质、思、逻各斯等概念的原初含义及后来的变化，而且对传统科学意义上的"人道主义"概念也进行了否定。在知识论哲学的影响下，传统的人道主义只关心人的本性或本质的问题，却忽略了对"在"的意义的追问："人道主义在规定人的本性的时候不仅不追问在对人的本质的关系，甚至还阻止这种追问，因为人道主义由于源出形而上学，既不知道这个问题也不了解这个问题。"②在海德格尔看来，知识论哲学的语言已经把"在"的真理严严实实地掩盖起来了，因此尼采最先说出了无家可归的感觉，而无家可归正是忘"在"的标志。现代人要摆脱这种无家可归的感觉，就不能不从语言的层面上把知识论哲学驱逐出去，使语言真正成为"在"的寓所："语言是在的语言正如云是天上的云一样。这个思正以它的说把不显眼的沟犁到语言中去。这些沟比农夫用缓慢的步子犁在地里的那些沟还更不显眼。"③

众所周知，逻辑和语言是精神的最基本的载体，海德格尔的批判力和破坏力一旦透入逻辑和语言的层面，也就从根本上摧毁了知识论哲学的基础。海德格尔所说的"思在之思"也就是他创立的以"此在"（Dasein）为出发点的基本本体论。他之所以把自己的学说称为基本本体论，目的是为传统哲学中的全部本体论，尤其是知识论哲学的本体论提供更深层的基础。

从叔本华、克尔凯郭尔、尼采到海德格尔，知识论哲学传统遭到了

---

① 中国科学院哲学研究所西方哲学史组：《存在主义哲学》，商务印书馆 1963 年版，第 124 页。

② 同上书，第 94—95 页。有改动。

③ 同上书，第 133—134 页。

彻底的否弃，一个探究人生和生存意义的新的世界观呈现在西方人的眼前。

三

与叔本华同时代的法国哲学家孔德开辟了另一个反对知识论哲学传统的战场。孔德创立的实证主义并不一般地反对知识论哲学，它真正反对的是康德以前的以追问世界的始因或目的因为己任的知识论形而上学，主张像康德那样，把知识限制在现象的范围之内。这样一来，他实际上把知识论哲学改装成了实证哲学："实证哲学的基本性质，就是把一切现象看成服从一些不变的自然规律；精确地发现这些规律，并把它们的数目压缩到最低限度，乃是我们一切努力的目标，因为我们认为，探索那些所谓始因或目的因，对于我们来说，乃是绝对办不到的，也是毫无意义的。"①

在《实证哲学教程》中，孔德把数学、天文学、物理、化学、生物学和社会学列为实证科学，强调实证科学的根本任务是研究这些科学之间的内在联系。孔德虽然开创了社会学的研究，但他常常把社会学称作"社会物理学"，并进而把它划分为"社会静力学"和"社会动力学"，这就开了现代科学主义思潮的先河。也就是说，在反对知识论形而上学的过程中，孔德滑向了另一个极端，他不仅否定了哲学作为"科学的科学"的传统地位，而且把全部哲学和人文科学都湮没在科学规律、科学方法和科学见解的以太中。这一科学主义思潮对西方文化，包括马克思主义的传播和发展在内，产生了不可低估的影响。

孔德看到的似乎只是康德的《纯粹理性批判》，而没有看到他的《实践理性批判》。孔德用实证哲学来取代知识论哲学，从一方面看，是对

---

① 洪谦：《西方现代资产阶级哲学论著选辑》，商务印书馆 1982 年版，第 30 页。

知识论形而上学的彻底否弃；从另一方面看，又是对知识论哲学的基本精神的保留。哲学应该追求知识，而知识必须保持在现象的范围内，这就是孔德哲学的基本要求。

在第二代实证主义——马赫主义那里，对知识论形而上学的排斥获得了更彻底的形式。马赫说："一切形而上学的东西必须排除掉，它们是多余的，并且会破坏科学的经济性。"①马赫的思维经济原则是一把比"奥卡姆剃刀"和"贝克莱剃刀"更锋利的剃刀。他把物质、精神、物体和自我统统都还原为感觉或要素，其目的不过是保持科学的经济性。在马赫的著作里，我们同样能体会到强烈的科学主义情绪。

在第三代实证主义——维也纳的逻辑实证主义那里，对知识论形而上学的拒斥达到了极端。卡尔纳普甚至写道："在没有理论意义的形而上学的学说中，我也提到了实证主义，虽然维也纳学派有时被称为实证主义的。"②传统的实证主义仍然关心实在问题，从而最终未脱离知识论形而上学的窠臼，逻辑实证主义则纯粹是一种逻辑的学说，而与实在问题的争论无关。

如果说，维也纳学派对经验知识的倚重主要是受到孔德以来的实证主义传统的影响的话，那么，它对逻辑的倚重则主要受到弗雷格、罗素所创立的符号逻辑的影响。这一影响的媒介物则是维特根斯坦的早期著作《逻辑哲学论》。《逻辑哲学论》把符号逻辑的研究成果直接导入哲学中，从而得出了石破天惊的新结论："关于哲学问题的大多数命题和问题不是虚假的，而是无意义的。因此我们根本不能回答这一类的问题，而只能说它们是无意义的。哲学家们的大多数问题和命题是出于不理解我们语言的逻辑而引起的。"③这样一来，全部知识论形而上学都萎缩掉

---

① ［奥］马赫：《感觉的分析》，洪谦、唐钺、梁志学译，商务印书馆1986年版，第3页。
② ［德］鲁道夫·卡尔纳普：《哲学和逻辑句法》，傅季重译，上海人民出版社1962年版，第9页。
③ ［奥］维特根斯坦：《逻辑哲学论》，1961年德英对照版4，003。（Ludwig Wittgenstein, *Tractatus logico-philosophicus*, London：Routledge & K. Paul, 1961，4，003.——编者注）

282 • 外国哲学研究文集（上）

了，孔德提出的实证哲学实际上也是不存在的。因为在维特根斯坦看来，所有真命题的总和构成自然科学。而哲学并不是自然科学的一种。也就是说，只有实证科学而没有实证哲学。哲学所从事的不过是语言的批判工作，它的全部目的不过是使思想在逻辑上明晰起来。

《逻辑哲学论》不仅否弃了知识论哲学的传统，把哲学知识仅仅归结为语言批判的知识，而且显示出任何知识（包括语言和逻辑知识）都无法描述的神秘的世界："确实有不可表述的东西。这种东西显示自己；它就是神秘的东西。"①比如，逻辑形式、美学、伦理学、生命的意义、作为整体的世界等都是神秘的，是任何知识所无法企及的。所以，维特根斯坦说，《逻辑哲学论》的目的只是为思维，从而也为知识划出一条界线，即凡能够说的东西都能够说清楚，凡不能说的东西就应当保持缄默。遗憾的是，以卡尔纳普、石里克为代表的逻辑实证主义者只看到维特根斯坦的逻辑哲学，而未注意到他的神秘主义的思想。其实，正是后一方面蕴含着对知识论哲学的完全的超越，这显然与维特根斯坦接触克尔凯郭尔、陀思妥耶夫斯基和托尔斯泰等人的思想有关。

后期的维特根斯坦的目光转向日常语言，从新的角度强调了对知识论哲学传统的批判，强调了哲学对形而上学语言的治疗作用。然后在晚期代表作《哲学研究》中，维特根斯坦对知识论哲学的批判更重要地体现在他所提出的"家族类似"的见解中。众所周知，苏格拉底、柏拉图创立的知识论哲学的一个基本特征是渴望普遍性，即努力在个别的事物、事例中寻找普遍的、本质的东西。这一特征几乎为整个西方哲学传统所沿袭，甚至连《逻辑哲学论》也不能例外。然而，后期的维特根斯坦已意识到，这种对普遍的、本质的东西的追求必然造成对个别情形、对具体事物的忽视。"家族类似"就在于强调事例（如各种游戏）之间的类似性，犹如强调家族成员之间的类似性一样，于是，个别事例的特殊性和丰富性

---

① ［奥］维特根斯坦：《逻辑哲学论》，1961 年德英对照版 6，522。（Ludwig Wittgen-stein, *Tractatus logico-philosophicus*, London：Routledge & K. Paul, 1961，6，522.——编者注）

就保留下来了。尽管"家族类似"的见解不能从理论上彻底驳倒本质论，但却是对知识论哲学追求普遍的概念知识的基本倾向的一个有力的冲击。

如前所述，分析哲学对知识论形而上学的拒斥在逻辑实证主义那里臻于极点，但美国哲学家蒯因却引入了实用主义的思想，巧妙地用符号逻辑的规则导出了"本体论承诺"的观点，于是，把被拒斥的知识论形而上学重新迎回哲学的怀抱。与此相呼应的是，科学哲学家科恩的范式理论、费耶阿本德的无政府主义的方法论都重新认可了旧形而上学的地位。孔德所开创的实证主义思潮在其发展中仿佛又重新退回到原来的出发点之前。然而，事情毕竟起了重大的变化，一种以语言与逻辑为中心的新的知识论哲学已经兴起了，与传统的知识论哲学比较，它具有自己独特的视域。

四

马克思所创立的实践唯物主义则是从一个全新的角度来反叛知识论哲学的。费尔巴哈的《基督教的本质》对青年马克思产生了巨大影响。可是，由于切入了政治经济学的研究，所以他的目光一开始就比费尔巴哈来得深邃。他在批判黑格尔的知识论哲学时写道："因为黑格尔的《哲学全书》以逻辑学，以纯粹的思辨的思想开始，而以绝对知识，以自我意识的、理解自身的、哲学的或绝对的即超人的抽象精神结束，所以整整一部《哲学全书》不过是哲学精神的展开的本质，是哲学精神的自我对象化；而哲学精神不过是在它的自我异化内部通过思维理解即抽象地理解自身的、异化的宇宙精神。"[1]乍看起来，黑格尔的哲学似乎批判了一切，但深究下去就会发现，他的全部批判仅仅停留在知识上，停留在精

---

① 马克思：《1844 年经济学哲学手稿》，人民出版社 2000 年版，第 98 页。

神世界的范围之内。这恰恰证明了，静观的知识论哲学的外壳是无法容纳对现实生活的真正的革命性的批判的。在写于 1845 年春的《关于费尔巴哈的提纲》中，马克思转而对费尔巴哈进行批判。马克思认为，费尔巴哈虽然对黑格尔的知识论哲学进行了机智而激烈的批判，但他最终仍未摆脱知识论哲学中唯物主义传统的那种直观地认识客观事物的方法。费尔巴哈不满意抽象的思维而诉诸感性的直观，但他并没有把感性看作人类的实践活动。马克思指出："哲学家们只是用不同的方式解释世界，而问题在于改变世界。"①这句话从根本上划清了马克思的实践唯物主义与全部旧哲学，尤其是知识论哲学的界线。

　　马克思的实践唯物主义也就是历史唯物主义。正如恩格斯在马克思墓前的演说中所指出的："正像达尔文发现有机界的发展规律一样，马克思发现了人类历史的发展规律，即历来为繁茂芜杂的意识形态所掩盖着的一个简单事实：人们首先必须吃、喝、住、穿，然后才能从事政治、科学、艺术、宗教等等；所以，直接的物质的生活资料的生产，因而一个民族或一个时代的一定的经济发展阶段，便构成为基础，人们的国家制度、法的观点、艺术以至宗教观念，就是从这个基础上发展起来的，因而，也必须由这个基础来解释，而不是像过去那样做得相反。"②这段话蕴含着对知识论哲学的彻底的批判。知识论哲学认为，人与动物的根本区别在于人能思维，因而人首先是作为一个认识者、一个知识的索取者而存在。这就把全部问题弄颠倒了，哲学家们记住的只是人的大脑，而忘记了人的躯干，忘记了人首先要生存，然后才能从事各种精神活动。这种颠倒为历代的统治阶级的意识形态所强化，因而内化为人们心中不可动摇的常识。于是，哲学被归结为知识论或知识学，在近代，则进一步被归结为知识论哲学的一个重要分支——认识论。历史唯物主义把这一切又重新颠倒过来了，它强调，人首先要解决吃、喝、住、穿

---

① 《马克思恩格斯全集》第 3 卷，人民出版社 1960 年版，第 6 页。
② 《马克思恩格斯全集》第 19 卷，人民出版社 1963 年版，第 374—375 页。

等生存问题，然后才能从事科学、艺术、宗教等方面的精神活动。也就是说，从根本的意义上看，哲学应是本体论而不是认识论。当然，这里说的本体并不是从属于旧知识论哲学的物质本体或精神本体，而是社会存在本体。从逻辑上看，它是人的实践活动，尤其是劳动的前提。人的全部认识或知识都须在社会存在本体的基础上加以说明，否则便成了无源之水、无本之木。历史唯物主义就是社会存在本体论，这正是晚年的卢卡奇告诉我们的真理。

然而，无论是现代苏联的哲学家，还是现代中国的哲学家都过多地注意了马克思与黑格尔的《逻辑学》的关系，却忽略了马克思与黑格尔的《精神现象学》的关系，从而把马克思的哲学理解为认识论，即使谈到实践，所肯定的也不过是实践在认识论框架中的地位和作用，没有从本体论的角度来理解实践的重要性。从而归根结底仍然落入知识论哲学的怀抱。于是，马克思主义哲学的真精神掩蔽起来了，它被变形为一种学院化的、纯粹知识型的哲学。要恢复马克思主义哲学的真精神，首先要领会的正是它与旧知识论哲学的彻底决裂这个基本点。

上面，我们简略地回顾了西方知识论哲学的兴起、发展和陨落。在19世纪崛起的现代西方哲学和知识论哲学传统之间，有一种明显的范式转换的现象。孔德所开创的实证主义思潮尽管仍然把哲学理解为一种知识型的探讨，但与追问世界的初始因和目的因的知识论哲学的范式比较起来，已相去甚远了。在20世纪崛起的分析哲学浪潮的冲击下，传统意义上的哲学知识都萎缩掉了，剩下来的只是语言和逻辑的知识。叔本华和尼采创立的唯意志主义，引导人们看到自己身上比理性和认识更根本的东西——意志和欲望。对于知识论哲学来说，人是认识者、求知者；对于尼采来说，人是欲求者、评价者。人不是生活在概念木乃伊和语词化石中，相反，人生活在现实的世界中，对于人来说，世界充满了意义，因而需要重估价值，需要寻求新的价值。唯意志主义哲学的新范式对生命哲学、新康德主义、新黑格尔主义及20世纪出现的种种人本主义哲学思潮产生了巨大的影响。然而，叔本华的悲观主义和尼采的超人学说，都不可能为一种新的、正确的人本主义哲学提供坚实的理论基础，即使是海德格尔的基本本体论，由于承继了克尔凯郭尔的传统，把"此在"即个人的在作为基础，仍然不能揭示出人生存中所包孕的丰富的社会历史内涵。只有马克思的实践唯物主义或历史唯物主义才为新的、科学的人本主义哲学的建构提供了坚实的理论基础。可是，必须声明，我们这里说的历史唯物主义并不是从辩证唯物主义那里推演出来，因而被知识论化了的历史唯物主义。我们说的历史唯物主义是一种最初始的、最基本的社会存在本体论，哲学的所有的认识应该从这一基本本体论中引申出来。

超越知识论，并不意味着不要哲学知识，不要认识论，而是意味着：第一，要看到比知识论（尤其是认识论）更根本的东西，即社会存在本体论；全部知识论的内容必须在这个新的基础上得到新的说明；第二，人的社会存在不能归结为认识，人生活在一个意义的世界中，一个价值的世界中。即使人获得的某些知识，如自然科学的知识是排斥人的情感因素和价值因素的，但人们对自然科学知识的解释和运用仍然不可避免地会受到一定的价值取向的影响。归根结底，人类生活在一个意义的世界中。

从知识世界迈向意义世界，这是现代乃至当代哲学中出现的一个重大转折。承认这一转折也就等于承认，现代哲学本质上不是认识论或知识学，而是价值论或评价学。

我们有幸看到，一条新的地平线已经展现在我们的眼前了。

1992年

迈向意义的世界①

——本世纪西方哲学发展的一个基本倾向

一

如果说，《超越知识论》②主要从否定方面考察了在西方哲学中占主导地位的知识论哲学陨落的整个过程的话，那么，本文则主要从肯定方面来论述 20 世纪哲学的一个基本走向，即迈向意义的世界。

正是在 19 世纪的大哲学家叔本华、孔德、克尔凯郭尔、马克思、尼采的思想的冲击下，以柏拉图和黑格尔为代表的传统知识哲学的大厦被摧毁了。在一片苍凉的精神废墟上，人们深切地感受到尼采在批判知识论哲学时说出的那种"无家可归"（homeless）的感觉。然而，尼采并没有停留在叔本华式的"消极的虚无主义"（passive Nihilism）的立场上，他倡导的是生命和精神不断向外扩张的"积极的虚无主义"（active Nihilism）。在

---

① 原载《天津社会科学》1992 年第 2 期。收录于俞吾金：《寻找新的价值坐标——世纪之交的哲学文化反思》，复旦大学出版社 1995 年版，第 242—255 页。——编者注
② 俞吾金：《超越知识论——论西方哲学主导精神的根本转向》，《复旦学报（社会科学版）》1989 年第 4 期。

《查拉图斯特拉如是说》中，尼采大声疾呼道："不要再把头颅埋进天界事物的沙碛中，要自由地昂起这颗人间的头颅，它为大地创造了意义!"①尼采力图把哲学家们的注意力从传统的知识论哲学所片面寻求的真假关系中引开，导到一个新的更重要、更丰富的世界中。这个世界就是意义的世界。

尼采的期待没有落空。20世纪初以来，对意义的寻求成了西方哲学的一个中心课题。意义问题之所以凸显出来，主要基于下述原因。一方面，随着语言学和逻辑学的长足发展，特别是符号逻辑的创立，一些哲学家感到有必要也有可能从语言批判的角度，重新审视哲学史上沿袭下来的种种观念，弄清楚其意义之所在。另一方面，与科学技术的迅速发展相对应的人的生存危机(如世界大战、环境污染、犯罪、吸毒、精神病等现象)又使另一部分哲学家越来越注重对生活意义的思考和探究。正如施太格缪勒所指出的："知识和信仰已不再能满足生存的需要和生活的必需了。形而上学的欲望和怀疑的基本态度之间的对立，是今天人们精神生活中的一种巨大的分裂，第二种分裂就是，一方面生活不安定和不知道生活的最终意义，另一方面又必须作出明确的实际决定之间的矛盾。"②

20世纪初以来，从哲学上对意义问题做出比较系统、比较深入思考的主要有以下四部分人：一是某些实用主义哲学家和所有的分析哲学家；二是存在主义哲学家和释义学家；三是精神分析学家；四是符号学家。下面，我们逐一考察这四部分人的意义理论。

---

① 《尼采全集》第4卷第1部第4节，1988年德文版。(Friedrich Nietzsch, *Friedrich Nietzsche Gesammelte Werke*, *Band* 4, Munchen: Musarion Verlag, 1988, in The fourth section of The first chapter. ——编者注)

② ［联邦德国］施太格缪勒：《当代哲学主流》上卷，王炳文等译，商务印书馆1986年版，第25页。

二

穆尼茨告诉我们:"所有分析哲学家和某些实用主义哲学家有一个共同的特征,那就是他们都十分注意作为思想交流媒介的语言的使用,十分注意确保语言的有效交流的各种条件和方法。与此相关的是,意义问题也受到了特别的关注。"①他所说的实用主义哲学家主要是指对分析哲学的形成和发展产生重要影响的皮尔士。

皮尔士认为,人们的任何行为都是受一定的信念支配的,而信念又是由一系列观念组成的。一个民族,经过许多代人的努力后,常常会形成过多的语言财富,产生种种糊涂而混乱的观念:"可怕的是,我们发现,潜伏在青年人头脑中的一个不清楚的观念,一条没有意义的准则,有时竟会像动脉中的惰性物质那样起阻碍作用,妨碍大脑的营养供给,并使它的受害者在精力充沛、思想丰富的时刻枯萎下去。许多人多年来有珍藏某些糊涂、混沌观念的嗜好。实际上这些观念太没有意义了,甚至我们不能说它们是绝对的假的。"②皮尔士强调,哲学的根本使命是把观念弄清楚,而观念又是由语言来表达的。这样一来,语言的意义问题就成了一个突出的问题。皮尔士的上述见解为当代分析哲学家指明了研究方向。于是,研究语言在思维和实践中的作用,尤其是研究语言如何在使用中识别意义、获得意义或确保意义的存在,成了分析哲学传统中的一个经久不衰的主题。

分析哲学运动的奠基人弗雷格,把"绝不孤立地询问一个词的意义,而只在一个命题的前后关系中询问词的意义"③的格言作为自己进行逻

---

① [美]M. K. 穆尼茨:《当代分析哲学》,1981年英文版,第9页。(Milton Karl Munitz, *Contemporary Analytical Philosophy*, New York: Macmillan USA, 1981, p. 9.——编者注)

② 同上书,第49页。

③ 同上书,第75页。

辑分析的一条基本原则。他认为语言运用的基本单位是句子，亦即命题。所以，单个词的意义与整个句子的真值情况密切相关。在一种逻辑明晰的语言中，任何真值情况不能精确地加以确定的句子都属于清除之列。这样一来，日常语言中的相当一部分的表达式，如双关语，表达情绪的语言，诗、小说、戏剧等文学作品中的语言，都由于缺乏明确的、单一的意义而遭到排斥。

罗素作为逻辑原子主义者，像弗雷格一样批评日常语言的含混，主张在一种理想化的语言中，每一原子命题都与一原子事实相对应，在原子命题的基础上构成各种复合命题，从而在逻辑上确保这些命题对外在世界做出有意义的描述。为了彻底地贯彻逻辑原子主义的学说，罗素提出了两个重要理论。一为"摹状词理论"（Theory of descriptions）。其依据是，名称的意义就是它所指的对象，如果一个命题中包含的名称没有指称的对象，这个命题就是虚假的。其方法是改写那些出现确定的摹状词（如"这个现在法国的国王""这位瓦弗利的作者"等）的句子，使之在改写后不再出现，从而揭示出句子的真实逻辑形式，以确定其是否有意义。二为"类型理论"（Theory of types）。其主旨是解决"类"（Class）的问题上形成的悖论，比如，克里特人恩披美尼德说的，"所有克利特人都是说谎者"就属于这样的悖论，如果他在说谎，他讲的又是真话；如果他不在说谎，他分明又声称自己在说谎。为了解决这样的悖论，罗素主张将"类"划分为不同等级的类型。由个别事物构成的类是第一类型的类，第一类型的类是更高的第二类型的类的分子，第二类型的类又是更高的第三类型的类的分子等，实际上是为每一类型的类划定一个有效的"意义域"（range of significance），以防不同层次的类混淆起来。当恩披美尼德说"所有克利特人都是说谎者"时，他的陈述涉及的是第一类型命题的全体，因而本身是属于第二类型的。如果把这两个类型区分开来，上述悖论也就自行消失了。罗素的上述理论为意义问题的探究做出了重要贡献。

在当代分析哲学中对意义理论做出最深入思考的是维特根斯坦。在其前期代表作《逻辑哲学论》中，他与罗素一样，坚持逻辑原子主义的世界观，主张建立一种逻辑上完善的理想语言。在这种语言中名称表示对象，对象则是名称的意义，名称的意义要实现出来，就必须处在命题的前后关系中。命题的意义在于它是事态的图像，最简单的命题是基本命题，它对应于最简单的事态。复合命题不过是基本命题的真值函项，所有真命题的总和就是整个自然科学，它对世界做出了有意义的描述。传统哲学由于不懂语言的逻辑，总是纠缠在一些无意义的问题上，因而被导入了理论上的死胡同，哲学的真正出路必须通过语言批判开辟出来。

维特根斯坦的前期思想，特别是他的"图像"（Bild）理论对维也纳学派产生了重大影响。石里克认为，哲学研究的中心任务是澄清并确定各种命题的意义，而"命题的意义仅在于它表达了某种确定的事态。因而要给出一个命题的意义，就必须指出这种事态"①。基于这样的见解，维也纳学派提出了判别命题有无意义的"意义标准"（the criterion of meaningfulness）。这一标准也就是著名的"证实原则"（the principle of verification），即只有经验证实的方法能够确定其真假的命题才是有意义的，否则就是无意义的命题。维也纳学派提出的"意义标准"对当代分析哲学的发展产生了深远影响，然而，这一理论从提出之日起就面临种种困难和挑战。

第一方面的挑战来自最先倡导这一理论的维特根斯坦。在其后期思想的代表作《哲学研究》中，他抛弃了《逻辑哲学论》中的意义观——图像理论，批评它是把哲学思考引入歧路的一种错误见解。他说："当人们询问一个名称的意义时，传统的回答是：名称同它的对象相关联，而如此关联着的那个对象就是这个名称的意义。因此，就一个人的名称来说，它的意义就是所指的那个人；名称的意义等同于名称的载体。但是，这种意义观存在着根本的困难。假定一个名称的载体死了，按照上

　　① ［美］M. K. 穆尼茨：《当代分析哲学》，1981 年英文版，第 244 页。（Milton Karl Munitz, *Contemporary Analytical Philosophy*, New York: Macmillan USA, 1981, p. 244.——编者注）

述观点，就会认为这个名称不再有意义了。"①后期维特根斯坦强调，在生活中真正有用的不是理想语言，而是日常语言。抽象地看，日常语言具有歧义性和不确定性，但在每一个具体的场合下，它又具有确定的意义。语言并不是一种抽象的、僵死的东西，语言是处在不断使用中的活生生的东西。语言就是语言游戏。因而语词的意义也就是它的实际使用。这一见解的重要性在于，维特根斯坦把语言意义问题的探讨重新引回到实际生活中，引回到对日常语言的分析中。

第二方面的挑战来自美国分析哲学家蒯因。20 世纪 50 年代初，蒯因撰文批判了维也纳学派的两个基本教条。一个教条是把以经验事实为依据的综合命题与不依赖于经验事实的分析命题完全对立起来。蒯因认为，这种绝对的区分实际上是站不住脚的，对分析命题如果深入地探究下去，最终也会发现它们与经验事实的某种联系。另一个教条也就是意义标准或证实原则，即一个命题只有能被经验事实证实才是有意义的。蒯因驳斥说，这种对单个命题的证实或检验在实际生活中是行不通的。他强调："经验的意义单位是科学的整体。"②单个命题从来不是孤立的，它是从属于科学理论这一整体的，因而需要研究的主要不是单个命题与经验事实的关系，而是整个科学理论体系与经验事实的关系。蒯因对意义理论的贡献不仅在于把分析哲学导向实用主义，从而把语言意义问题与经验生活紧密联系起来，而且在于强调了意义的整体性，即单个命题的意义主要取决于它在整个理论体系中的地位和作用。这一见解对于哲学评价学的建立是极端重要的，我们在后面还要进行更深入的讨论。

第三方面的挑战主要来自英籍科学哲学家波普尔。波普尔提出以"可证伪性"（falsifiability）的新理论来取代维也纳学派的证实原则。根据这一理论，人们绝不能用归纳的方法完全证实一个全称命题，但却可以

---

① ［英］维特根斯坦：《哲学研究》，1963 年德英对照版，第 40 页。（Ludwig Wittgenstein, *Philosophical Investigations/Philosophische Untersuchungen*, London：Macmillan，1963，p. 40.——编者注）

② 洪谦：《逻辑经验主义》下卷，商务印书馆 1984 年版，第 693 页。

用演绎的方法一次性地证伪它。比如，对于"一切天鹅都是白的"这个全称命题来说，人们即使发现一亿只天鹅是白的，仍然不能完全地证实这个命题，因为在"一亿"这个有限数和"一切"这个无限数之间隔着无法逾越的鸿沟。反之，人们只要发现有一只天鹅不是白色的，也就一劳永逸地把这个全称命题推翻了。波普尔的证伪主义摧垮了维也纳学派的证实主义，从而从根本上动摇了其意义理论。可是，波普尔并没有把可证伪性确立为新的意义标准。他强调说："我个人对所谓意义问题从来不感兴趣，相反，我觉得它是个语词问题，是典型的假问题。我感兴趣的只是分界问题，即为理论的科学性寻找一个标准。"①波普尔之所以认为维也纳学派的意义标准本身是无意义的，这是因为在实际生活中，不仅自然科学的问题是有意义的，而且形而上学的命题也是有意义的。波普尔之后，科恩、费耶阿本德等人都从实际生活出发，表明形而上学的命题仍是有意义的。

我们发现，整个实证主义思潮和分析哲学的前期代表人物几乎都把形而上学的命题斥为无意义的命题。可是，他们没有进一步思索下去，即为什么他们认为无意义的东西竟延续了几千年，且在人们的实际生活（包括科学研究）中占有不可或缺的地位。这恰恰表明，他们认为无意义的东西仍然是有意义的。分析哲学的后期代表人物和科学哲学家之所以认可了形而上学命题的意义，是因为他们不再脱离日常语言和实际生活来孤立地讨论语言（包括命题）的意义问题。这就告诉我们，语言的意义问题归根结底是人的生活意义问题。

三

如果说，分析哲学家把实用主义者提出的意义问题狭隘化为语词或

---

① ［英］卡尔·波普尔：《猜想与反驳》，沈恩明缩编，浙江人民出版社1989年版，第136页。

命题的意义的话，那么，存在主义者则直接把人的生存意义问题作为哲学研究的中心问题。存在主义哲学家对人的生存意义的思考，最深刻地体现在海德格尔的学说中。

海德格尔说："思作为思须在思一切之前先思在的真理。"①所谓"在的真理"也就是"在的意义"(der Sinn des Seins)问题。也就是说，哲学的基本使命是追问在的意义。那么，"在的意义"究竟是指什么呢？在海德格尔看来，"在的意义"也就是人的生存意义问题。所以他说，人是在的澄明或人是在的邻居。传统的形而上学总是把目光盯在物质实体或精神实体，亦即现存的"在者"身上，用"在者"(Seiendes)去取代"在"(Sein)，这就使"在"的原始意义失落了。在这种情况下如何把哲学引回到探求生存意义的道路上来呢？海德格尔认为关键在于选择好通向在的意义入口。这个入口应该是作为特殊的"在者"的"此在"(Dasein)。"此在"之所以能担负询问在的意义的重任，一方面是因为它在本体论上是优先的，"此在"即"人的在"，只有人才能赋予周围世界以意义，撇开人，世界本身是无意义的；另一方面，"此在"与其他"在者"不同，它不是现成的、已然存在的东西，它是作为可能性而存在的。"此在"的在是充分敞开的，它谋划着、选择着在的方式，从而也创造着在的意义。所以，"此在"对在的意义的询问也就表现为"此在"的在的方式，即"此在"对自己意义的领会。"此在"本质上是"在世之在"(das In-der-Welt-sein)。"此在"在世，也就必然要进到"烦"(Sorge)、"畏"(Angst)、"死"(Tod)的状态中。

在海德格尔看来，"死"(Tod)是"此在"的最本己的可能性。人在世迟早会撞到一堵墙上，这堵墙就是死，死是人无法超越的。在不可逃避的死之极点之前，"此在"怎么办呢？海德格尔说："只有自由的为死而在才给此在以绝对目标并将此在推入其有限性中。"②这究竟是什么意思

① 中国科学院哲学研究所西方哲学史组：《存在主义哲学》，商务印书馆1963年版，第129页。

② 同上书，第82页。

呢？就是说，在的意义只有在死中才能最清楚地呈现出来，"此在"只有先行到死中去领会自己，才能使自己的在的意义澄明起来，从而使自己在生活中获得明确的目标而不陷于沉沦，不陷于模棱两可的徘徊之中。由于有了明确的目标，"此在"在世就变得自由了，就敢于大胆地进行决断了，而这些决断则构成了"此在"的真正命运。不决断的人是无命运可言的，也是不可能真正领悟在的意义的。

海德格尔进一步指出，"此在"对在的意义的询问，也就是"此在"对"在"的理解。对于他来说，理解并不是"此在"即人的思维技巧或认识方式，而是"此在"在世的根本方式。正是基于这样的思考，海德格尔提出了"此在的释义学"（die Hermeneutik des Daseins）的新概念，从而对 20 世纪释义学的发展产生了重大影响。作为海德格尔学生的伽达默尔接受了他的老师把理解和解释视为本体论现象的重要思想，从而创立了以探讨生存的意义为根本目的的哲学释义学，亦即本体论释义学。

在古典释义学派那里，作为理解对象的"文本"（Text）被视为释义过程中的轴心。后世的理解者为了把握文本的意义，必须抛弃自己的历史性而去迁就文本的历史性。伽达默尔的本体论释义学则强调，作为当今理解者的历史性才是真正的轴心。为了创造性地把握文本的意义，不但不应当抛弃理解者的历史性，反而要尽力去适应这种历史性。伽达默尔说："必须把理解看作意义生成过程的一部分。"①文本的意义只能存在于理解者的理解过程中，如果撇开所有的理解者，文本也就无意义可言了。这是问题的一方面。问题的另一方面是，在不同的理解者的理解过程中，文本的意义并不是固定不变的，因为生活在不同的历史时期从而具有不同的历史性的理解者，总是从不同的角度去发现和开掘文本的意义，从而使意义的发现变成了一个无限的过程。

伽达默尔的本体论释义学提出后，遭到了当代另一些学者的批评，

---

① ［德］伽达默尔：《真理与方法》，1982 年英文版，第 146 页。（H. G. Gadamer, *Truth And Method*, New York: Crossroad Publishing Company, 1982, p. 146. ——编者注）

其焦点集中在意义理论上。当代法国哲学家利科认为，释义学的本体论转折是重要的，但不能因此而否定古典释义学派所强调的理解的认识功能和方法论功能。理解不能一下子达到本体论层面上，只有借助于正确的认识方法才可能实现这一目标。利科强调的释义过程中的根本方法是语义学的方法。他认为，文本的意义归根到底躲藏在语言中，因而只有通过对语义的深入分析，才可能真正把握文本的意义。这尤其表现在宗教、神话、诗的文本中。这些文本中的语词不光有字面上的意义，还有更深层的象征意义。只有借助于语义学的方法，把文本的两重或多重意义揭示出来，理解和释义的过程才不会流于形式。

美国著名文论家小赫施批评伽达默尔过分强调了理解者的历史性参与，从而使文本本身丧失了客观的、确定的意义，这有陷入相对主义的危险。小赫施强调：(1)文本的意义是固定的、不变的，否则任何理解和解释就失去了客观依据；(2)文本的意义存在于作者的意向中，理解者应该按照作者的意向来理解并把握文本的意义。小赫施的理论有一定的意义，但他把文本的意义固定化又有可能导致释义的独断化和僵化。

哈贝马斯也从不同的角度批评了伽达默尔的释义学理论。一方面，他批评伽达默尔在强调理解者的历史性时，过分肯定了理解者与传统的认同，这里潜藏着一种保守主义的倾向；另一方面，他批评伽达默尔的释义学过分倚重对文本的分析，而忽略了对文本意义的深层基础——意识形态的分析和批评。哈贝马斯试图从社会批判理论出发来重建释义学体系。

从上面的论述可以看出，对生存意义的探讨构成存在主义和释义学思潮发展的中心环节。

四

以弗洛伊德为奠基人的精神分析学派一开始就十分重视对心理现象

的实际意义的探索。弗洛伊德认为，精神分析的根本宗旨之一就是要发现种种常态的或非常态的心理现象的实际意义。比如，在弗洛伊德之前，许多学者把梦看作荒诞的、无意义的现象，弗洛伊德的划时代的巨著《梦的解析》从根本上推翻了这一偏见，肯定了梦本身所包含的丰富意义。弗洛伊德同样表明了，日常生活中出现的种种现象，如口误、笔误、遗忘及宗教、神话、艺术作品中出现的种种情节和细节都是有特定意义的。弗洛伊德的意义理论被他的两个弟子——阿德勒和荣格所进一步发展并修正。

1932年，阿德勒出版了《自卑超越》这部重要著作。这部著作的原名是《生活对你应有的意义》，它的第一部分专门讨论"生活的意义"问题。阿德勒开宗明义地说："人类生活于'意义'的领域之中，我们所经验到的，并不是单纯的环境，而是环境对人类的重要性。"①又说："人活动，在他的活动中即有意义存在。"②这就是说，人们始终生活在意义的世界中，从对意义的分析入手，乃是我们理解个性的一切心理现象的基本出发点。

与阿德勒的个性心理学不同，荣格的分析心理学由于受到柏拉图的影响，更注重对潜伏在人的心理和日常生活背后的精神与观念的分析。他说："人总是相信，是他塑造了观念，可是事实上，是观念塑造了人，并且使他成为毫无思考力的代言人。"③在人类精神和观念的根基部分则潜藏着"原始意象"（primordial image），如上帝、魔鬼、父亲、母亲等意象。"这些意象早在史前史以前就已深植于人类心中，自始至终都存于斯，度过了好几代，至今仍然是人类心灵的基础东西。只有当我们能和这些象征物达成协调时，我们才能过最有意义的生活；回到这些象征物才是明智之举。"④荣格认为，现代文明人的目光是短视的，因为他们只

---

① [奥]A. 阿德勒：《自卑超越》，黄光国译，作家出版社1986年版，第7页。
② 同上书，第27页。
③ [瑞士]荣格：《现代灵魂的自我拯救》，黄奇铭译，工人出版社1987年版，第75页。
④ 同上书，第175—176页。

在科学技术中寻求生活的意义。而实际上，像《神曲》《浮士德》这样的作品之所以具有经久不衰的魅力，因为它们写到了魔鬼、神祇、幽灵这些原始意象，从而通过幻觉的方式触动了读者心中的原始经验。诗人写诗之所以经常取材于神话和宗教故事，正表明了文明人与原始人在精神上的密切联系。而生活的全部意义正体现在这种联系中。荣格告诉我们，生活的意义不可能在纯粹光明（科学与理性）中得到完满的实现，只有在光明与黑暗（宗教、神话）的协调中才能充分展现出来。精神分析学派对意义问题的思考对当代马克思主义、结构主义、符号学等思潮的发展都产生了一定的影响，深入无意识的心理层面去剖析各种文化现象的意义，成了当代哲学研究的一种时髦。

五

最后，我们来探索一下符号学对意义问题的研究。对于符号学来说，意义理论并不是边缘理论，而是核心理论。正如池上嘉彦所说："凡是人类所承认的'有意义'的事物均成为符号，从这里产生出了符号现象。……现代符号学关心的是人类的'给予意义'的活动结构和意义，即这个活动如何产生了人类的文化，维持并改变了它的结构。"①

在符号学的形成和发展中，德国哲学家卡西尔是一个开创性的人物。在1921年发表的《爱因斯坦的相对论》一文中，他最早使用了"符号形式"（Symbolic Form）的概念，后来又出版了《符号形式的哲学》（1923—1929），形成了独特的文化哲学体系。在他看来，人生活在由宗教、艺术、科学、语言、神话等各种符号组成的符号世界中。人创造文化也就是创造符号，人本质上是符号动物。所有符号都有意义，文化哲学的一

---

① ［日］池上嘉彦：《符号学入门》，张晓云译，国际文化出版公司1985年版，第3页。

个根本使命是揭示各种符号的真正意义。所以他说："如果神话在所有图像和符号之下隐匿起了这种意义，那么把这种意义揭示出来就成了哲学的任务。"①

美国著名的女哲学家和美学家苏珊·朗格受到卡西尔的符号哲学思想的影响，也充分注意到了美国哲学家米德在这方面的研究成果，她着重从艺术和美学的角度开拓了符号学的新领地。她强调说："艺术使用的符号是一种暗喻，一种包含着公开的或隐蔽的真实意义的形象；而艺术符号却是一种终极的意象——一种非理性的和不可用言语表达的意象，一种诉诸直接的知觉的意象，一种充满了情感、生命和富有个性的意象，一种诉诸感受的活的东西。"②苏珊·朗格的美学理论揭示了艺术符号的独特的意义和表达方式，表明了符号世界的无限多样性。

法国著名哲学家罗兰·巴特，由于受到索绪尔以来的结构主义语言学派的影响，因而更多地注意对语言这种基本的文化符号的研究。他强调，语言"既是一种社会习惯，又是一种意义系统"③。个人一旦接受了这个意义系统，就很难从中超拔出来。诗的创作的重大意义就在于通过对日常语言的超越，冲破语言的牢笼，打开一个新的价值世界。同样，批评的任务也正在于创造出一个新的意义视域。

从上面的论述可知，20世纪初以来，西方的一些重要哲学流派都十分关注意义问题。尽管它们各自从不同的角度来思考意义问题，并赋予它以不同的含义，但有一点却是共通的，即随着人的生存危机在一个强大的、异己的技术世界中的加剧，随着人的文化创造能力的提高，尤其是语言学的发展，人们正以坚定的步伐迈向一个新的世界。在这个世界里，人们面对的不是与自己的活动无关的一大堆索然无味的东西，而

① ［德］恩斯特·卡西尔：《人论》，甘阳译，上海译文出版社1985年版，第94页。有改动。

② ［美］苏珊·朗格：《艺术问题》，滕守尧译，中国社会科学出版社1983年版，第134页。

③ ［法］罗兰·巴特：《符号学美学》，董学文、王葵译，辽宁人民出版社1987年版，第7页。

是充满意义的东西。一言以蔽之，这是一个意义的世界。

20世纪以来西方哲学家对意义问题的普遍重视表明，以寻求真知为出发点的知识论哲学已为以寻求意义为出发点的价值哲学所取代。哲学已不知不觉地站在新的起跑线上。也就是说，意义问题是理解20世纪西方哲学的一把钥匙。

精神现象学：哲学对常识的扬弃^①

在以往对黑格尔的研究中，学者们很少注意到他关于常识（Gemeinsinn）与哲学关系问题的论述。其实，这是黑格尔哲学遗产中最有价值的珍宝之一。在《精神现象学》中，尽管黑格尔没有花很多笔墨来论述这个问题，但这部著作的基本题旨是显而易见的，那就是以哲学扬弃常识，以科学扬弃意识。从常识与哲学的关系出发来审视《精神现象学》，将使我们获得一个新的视角，从而对黑格尔的哲学和哲学史观做出新的评估。

一

在黑格尔的哲学还没有登上德国思想界的王座之前，他常常抱怨充斥于当时整个哲学界的浅薄、空疏和任性的作风。人们往往视哲学为一种形式的、空无内容的东西，似乎每个人都能直接进行哲学思维，并对哲学做出判断。在《精神现象学》序言中，黑格尔这样写道："至于在真正的哲学方面，我们看到，神的直接启示和既没通过

---

① 原载《复旦学报（社会科学版）》1992 年第 6 期。收录于俞吾金：《俞吾金集》，黑龙江教育出版社 1995 年版，第 354—370 页。——编者注

别的知识也没通过真正哲学思维而得到锻炼和陶冶的那种普通人的常识，认为它们自己简直就完全等于或至少可以很好地代替漫长的文化陶冶道路以及精神借以求得知识的那种既丰富又深刻的发展运动，这就如同苦荬之自誉为可以代替咖啡一样。"①乍看上去，黑格尔在这里提到了"神的直接启示"和"普通人的常识"这两种倾向，实际上，前者与后者一样，是以直接呈现于意识中的对象或事实作为基本原则的。黑格尔在《小逻辑》中谈到耶柯比的信仰时说："耶柯比这里所谓信仰或直接知识，其实也就与别处叫做灵感，内心的启示，天赋予人的真理，特别更与所谓人们的健康理智、常识、普通意见是同样的东西。"②可见，在 19 世纪初期，德国哲学界的基本倾向是把哲学庸俗化，使之变成普通的识见，即常识。特别是在康德哲学的影响下，科学③与常识携手合作，导致了形而上学的崩溃。在这样的历史条件下，常识思维之跋扈于哲学界，就变得不难理解了。

面对着这种哲学被常识化的颓势，黑格尔试图挽狂澜于既倒，把哲学从常识中拯救出来，使之真正具有科学④的形态。他在 1807 年出版《精神现象学》时，之所以把它的副标题定为"科学体系的第一部分"，其正是为了说明，他的哲学体系与当时流行于哲学界的常识是判然有别的。一言以蔽之，《精神现象学》的根本宗旨是以哲学扬弃常识，把形而上学之神重新迎回到德国思想界的殿堂之中。

那么，黑格尔在《精神现象学》中力图加以扬弃的常识究竟是怎样的东西呢？在前面的引文中，他已暗示我们，常识是一种未经锻炼和陶冶的见识，在下面这段话中，他进一步阐明了常识的根本局限性："现在有

---

① ［德］黑格尔：《精神现象学》上卷，贺麟、王玖兴译，商务印书馆 1979 年版，第 46 页。

② ［德］黑格尔：《小逻辑》，贺麟译，商务印书馆 1980 年版，第 156 页。

③ 这里的科学指自然科学，在康德那里属于知性认识，参见［德］黑格尔：《小逻辑》，贺麟译，商务印书馆 1980 年版，第 2—3 页。

④ ［德］黑格尔：《精神现象学》上卷，贺麟、王玖兴译，商务印书馆 1979 年版，第 47 页。

一种自然的哲学思维，自认为不屑于使用概念，而由于缺乏概念，就自称是一种直观的和诗意的思维，给市场上带来的货色，可以说是一些由思维搅乱了的想象力所做出的任意拼凑——一些既不是鱼又不是肉，既不是诗又不是哲学的虚构。可是反过来说，流驶于常识的平静河床上的这种自然的哲学思维，却最能就平凡的真理创造出一些优美的词令。"①在黑格尔看来，常识是一种未经提炼的自然的、初始的思维，是直观、表象、想象、本能、经验、欲望等的混合物。在外观上，它常常用富有诗意的、优美的辞令来装饰自己，但这不过是为了掩饰它缺乏概念，缺乏真正的、深邃的哲学洞见的一种手段。要言之，从哲学上而不是从修辞上看，常识是一种朴素的、未经雕凿的思维方式，是"感觉与理智相混的意识"。黑格尔对常识并不取全盘否定的态度，他视常识为一种自然的未经开采的思维矿藏，常识具有两重性。一方面，它包含着一些朴实无华的真理，这些真理既是达到科学的哲学思维的基础和前提，又是那些显然谬误的、停留在空洞的形式推理中的哲学思维的解毒剂。黑格尔写道："如果有人想知道一条通往科学的康庄大道，那么最简便的捷径莫过于这样的一条道路了：信赖常识。"②在《法哲学原理》一书中，黑格尔在驳斥一种可笑的见解——要求制定一部完备的法典，如果法典不完备，就应加以取消——时，援引了常识中的一句格言："好的最大的敌人是最好"，然后指出，"这正是真实的健全的常识对抗虚无推论和抽象反思的表现"③。在这里，"好的最大的敌人是最好"这句格言正是从常识导向科学的辩证哲学思维的准备和条件。同样，黑格尔在批判老是停留在想象中、停留在观念与存在的区别中的康德的二元论时，以不无讽刺的口吻写道："健康常识所走的方向却正与此相反，每一个普通常识都超出了这种看法，每一个行为都要扬弃一个观念（主观的东西）而把它转变成为客

---

① ［德］黑格尔：《精神现象学》上卷，贺麟、王玖兴译，商务印书馆1979年版，第48页。

② 同上书，第46页。

③ ［德］黑格尔：《法哲学原理》，范扬、张企泰译，商务印书馆1961年版，第226页。

观的东西。没有人会愚蠢到像康德哲学那样。当他感到饥饿时，他不会去想象食物，而是去使自己吃饱。"①在批判那种没有想象、没有内容、光满足于抽象讨论的经院哲学时，黑格尔比任何时候都更强调健康常识的不可或缺性。他强调说："人们的健康常识是一种基础和准则，可以代替抽象的理智规定。"②这很容易使我们联想起特别推崇健康常识的歌德。歌德说过："常识是人类独有的天赋。"③不论是歌德，还是黑格尔，都善于用常识中包含的合理的、有价值的东西来抵御坏的、抽象的哲学思维。所不同的是，黑格尔更注重把这些有价值的东西陶冶并提升为哲学。

另一方面，常识又具有"那种常见的不确定性和贫乏性"④。常识总是为它所不自觉的思想范畴所支配。作为一个时代的思想方式，常识包含着这个时代的一切偏见。如果从价值的负面来看常识，就会发现它是混杂的、不透明的、惰性的，它常常束缚人们的思想和创造力。比如，在黑格尔的时代，康德的自谦理性不能认识物自体的批判哲学的见解，在许多人心目中都成了常识。这种常识，这种空疏的见解阻碍着哲学研讨的深入。所以，黑格尔在《精神现象学》中大声疾呼："重新把哲学思想视为一种严肃的任务，乃是特别必要的。"⑤

上述两方面的考察告诉我们，常识归根结底是一种粗糙的、贫乏的、缺乏系统的知识形态的东西，"所谓健全的常识并不是哲学，——常常是很不健全的"⑥。既然常识不同于哲学，哲学就有必要从常识中

---

① ［德］黑格尔：《哲学史讲演录》第 4 卷，贺麟、王太庆译，商务印书馆 1978 年版，第 284 页。

② ［德］黑格尔：《哲学史讲演录》第 3 卷，贺麟、王太庆译，商务印书馆 1959 年版，第 33 页。

③ 《歌德的格言和感想集》，程代熙、张惠民译，中国社会科学出版社 1982 年版，第 11 页。

④ ［德］黑格尔：《精神现象学》上卷，贺麟、王玖兴译，商务印书馆 1979 年版，第 48 页。

⑤ 同上书，第 46 页。

⑥ ［德］黑格尔：《哲学史讲演录》第 2 卷，贺麟、王太庆译，商务印书馆 1960 年版，第 33 页。

超拔出来，就有一个出乎常识而又扬弃常识的重要使命。

问题是，在黑格尔那里，自诩为科学形态的哲学究竟是什么样的哲学呢？在《精神现象学》中，黑格尔反复重申，科学赖以存在的基础是概念的内在节奏或概念的自身运动，"真正的思想和科学的洞见，只有通过概念所作的劳动才能获得"①。从《逻辑学》导论和《小逻辑》第二十五节中黑格尔关于《精神现象学》一书的宗旨的论述中可以窥见，黑格尔心目中真正科学形态的哲学就是漂浮在纯粹概念的以太中的逻辑学。在《精神现象学》中，哲学扬弃常识、超越常识的漫长发展进程的终点是"绝对知识"，而绝对知识正是逻辑学的入口。在这个意义上我们可以说，《精神现象学》就是哲学扬弃常识的整个过程。

二

在《精神现象学》中，哲学究竟是如何扬弃常识的呢？要回答这个问题，就有必要对常识的特征做更深入的检视。如前所述，常识是一种自然的、未经陶冶的、缺乏概念的意识，这是它的根本标志。如果具体言之，它有三个基本特征，即表象性、情感性和坚执性。哲学对常识的扬弃，也就是对这些特性的超越。下面逐一进行分析。

1. 哲学对常识的表象性的扬弃

常识作为一种初始的、未经整理的思想，充斥着种种表象和直观。信赖常识的人常常不可避免地停留在表象思维的水平上。哲学对常识的表象性的扬弃，也就是要从偶然的、物质的思维中摆脱出来，从沉浸于材料中的感性确定性中摆脱出来，真正达到抽象的、普遍的、概念的思维水平上。

---

① ［德］黑格尔：《精神现象学》上卷，贺麟、王玖兴译，商务印书馆 1979 年版，第48 页。

在《精神现象学》中，这种对表象思维的扬弃，特别明显地表现在"意识"一节中。"意识"的最初阶段是"感性确定性"。"感性确定性"所意识到的东西就是"这一个"。"这一个"是具体的，作为一种直观、一种表象，它只可意会，不可言传。黑格尔是主张表达主义的，他认为，只有表达出来的东西才是真实的，"凡是被称为不可言说的东西，不是别的，只不过是不真实的、无理性的、仅仅意谓着的东西"①。

那些满足于常识的表象思维的人，欢喜停留在这种不可名状的表象和直观中。在耶柯比的直接知识论和谢林的手枪发射式的绝对同一性中，都可以窥见这种表象思维的痕迹。黑格尔坚持说，哲学之所以是一门难懂的学问，一个重要原因是"由于求知者没有耐心，亟欲将意识中的思想和概念用表象的方式表达出来"，他们不明白，"哲学是以思想、范畴，或更确切地说，是以概念去代替表象"②。因此，哲学必须越过"这一个"而向前推进。

黑格尔认为，感性的"这一个"是只可意会的，然而，一用语言表达，"这一个"就从物质材料的特殊性和具体性中挣脱出来了，就成了一般的、普遍的东西，因为"我所说出的，永远仅仅是一般的东西或共相"。这样一来，"意识"的发展就进入了"知觉"阶段。"知觉便把对它存在着的东西认作是普遍的东西"③。在"知觉"中，特殊性和普遍性结合起来了，人们能够把直观到的、表象的东西说出来了，但新的矛盾又产生了，那是物的属性的多样性与物本身的单一性所引发的。常识中的表象思想又在这种多样性的外观上止步了，而寻求哲学思维的冲动则进一步引导"知觉"进入"知性"阶段，"知性"试图通过力的交互作用的媒介，深入杂多表象的背后，探究深蕴于事物内部的规律性的东西。知性思想

---

① ［德］黑格尔：《精神现象学》上卷，贺麟、王玖兴译，商务印书馆1979年版，第72页。

② ［德］黑格尔：《小逻辑》，贺麟译，商务印书馆1980年版，第40—41页。

③ ［德］黑格尔：《精神现象学》上卷，贺麟、王玖兴译，商务印书馆1979年版，第73—74页。

虽然高于表象的思想，但由于缺乏对概念本性的认识，它仍然屈居于常识的母腹之中。因而整个"意识"要向新的环节过渡。

除"意识"一节外，哲学对常识的表象性的扬弃也彰明较著地表现在"理性""宗教""绝对知识"乃至整个《精神现象学》中。精神现象的最高阶段"绝对知识"所达到的对纯粹概念的认识，也就是对常识的表象性和直观性的彻底扬弃。

2. 哲学对常识的情感性的扬弃

常识作为自然的、日常的意识，同样混杂着各种各样的情感和欲望。在黑格尔看来，人性与动物性的根本区别在于，动物性只以情感为限，满足于情感上的彼此交往，而人类的本性则在于追求和别人意见的一致，因而人性只存在于思维的共同性里面。常识以情感为依据，而情感是因人而异的，是特殊的、偶然的，它阻碍人们去认识世界的本质、人的本质，从而把人性降低到动物性的水平，由于这样的原因，哲学必须扬弃常识中的情感性，以达到纯思维、纯概念的活动。

在《精神现象学》中，哲学对常识的情感性的扬弃，最清楚不过地表现在"自我意识"一节中。"意识"的对象是事物，"自我意识"的对象则是人，是自我。"自我意识"的不息的冲动是寻求自己与对象的一致："自我意识必须以这种统一为本质，这就是说，自我意识就是欲望一般。"①在初民的社会里，这种欲望和情感表现为杀俘，借此来达到自己与对象的统一。但既然对象本身已不复存在，这种统一也就徒具其表了。"自我意识"在发展中扬弃了这种作为初民常识的粗野的情感特征，于是，由"欲望"阶段进入"主奴关系"阶段。

在"主奴关系"中，奴隶为了达到独立的意识，达到对普遍人性的认识，除了在劳动中陶冶事物，提高自己的素养之外，还必须经受并扬弃每时每刻都威胁着他的对死亡的恐惧，这种恐惧是奴隶常识中的最本质

---

① ［德］黑格尔：《精神现象学》上卷，贺麟、王玖兴译，商务印书馆 1979 年版，第116—117 页。

的内容之一："这种奴隶的意识并不是在这一或那一瞬间害怕这个或那个灾难，而是对于他的整个存在怀着恐惧，因为他曾经感受过死的恐惧，对绝对主人的恐惧。死的恐惧在他的经验中曾经浸透进他的内在灵魂，曾经震撼过他整个躯体，并且一切固定规章命令都使得他发抖。"①在对死亡的恐惧这一最强烈的情感面前，奴隶不再理会那些琐碎的、细枝末节的情感，他洞察到了自己的整个活生生的存在，于是，超越常识而进入了哲学的沉思。黑格尔关于死亡的恐惧的论述很容易使我们联想起后来的存在主义思想家雅斯贝尔斯关于"边缘状态"的理论。人在面临巨大的痛苦时，最容易脱离常识而升华到哲学的沉思之中。

这样一来，"自我意识"就进入了"斯多葛主义"的阶段。"斯多葛主义"的意识对主人和奴隶都取消极的态度："不论在宝座上或在枷锁中，在它们个体生活的一切交接往来的依赖关系之中，它都是自由的、超脱的，它都要保持一种没有生命的宁静，这种没有生命的宁静使它经常脱离生存的运动、脱离影响他人与接受影响的活动而退回到单纯的思想实在性之中。"②"斯多葛主义"试图通过漠视情感的方式来超越常识，达到哲学的思考。然而，情感作为特殊的东西和思维(作为普遍的东西)是紧密联系在一起的。漠视并否弃特殊性的哲学思维本质上是一种形式的抽象的理智活动，还没有真正摆脱常识的窠臼。常识的情感性是只能扬弃而不能抛弃的。但是，之后的"怀疑主义"走得更远，它不仅否定了情感和欲望，而且连客观世界也一起否定了。结果是把二元性导入意识内部。于是，在随之而来的"苦恼意识"中，出现了此岸世界和彼岸世界的对立。毋庸讳言，这一对立同样未超出常识的知性思维方式。

在"自我意识"发展的过程中，先是听凭欲望和情感的肆虐，后又趋于另一极端，一味地否弃、抹杀情感和欲望。这两个极端都不能把常识的思维升华为哲学的思维。只有扬弃情感与欲望的特异性，即把这种特

---

① ［德］黑格尔：《精神现象学》上卷，贺麟、王玖兴译，商务印书馆 1979 年版，第129—130 页。

② 同上书，第134 页。

异性内蕴于概念的普遍性之中，达到特殊和普遍的统一，才能真正获致哲学的辩证思维。

3. 哲学对常识的坚执性的扬弃

如前所述，常识是感觉和理智的混合物。在常识的整个结构中，表象、情感居于较低的层次上，而理智则处于最高的层次上，但理智本身的坚执性使它缺乏流动的、辩证的特征，从而把整个常识凝固化、惰性化了。正如黑格尔指出的，"健康的理智剥夺了抽象观念自身结合起来的辩证法"，当理智在非此即彼的抽象观念中寻找真理时，它证明了自己的非真理性。由于理智的这种坚执性，常识就把辩证理性和哲学视为诡辩："诡辩乃是常识反对有训练的理性所用的一个口号，不懂哲学的人直截了当地认为哲学就是诡辩，就是想入非非。"①其实，这种被曲解为"诡辩"的辩证精神或概念的辩证法正是常识所特别匮乏的。哲学之所以要扬弃这种理智的坚执性，正是为了把常识的自然的思维提高为哲学的辩证的思维。在《现象学》中，到处都搏动着辩证法的灵魂，不管我们称它为异化、否定的辩证法，还是树立对立面的活动，反正意思都一样。这种扬弃常识的坚执性的辩证的思维方式，特别典型地表现在"精神"一节中。

"精神"发展的第一阶段是"伦理"。"伦理"指的是一种融洽无间的、不计较利害得失的自然精神，这种精神维系着人与人之间的关系。黑格尔认为，希腊的城邦共和国就是这样的社会。从常识的观点看，伦理社会是一个自我满足的社会，黑格尔却不同意这样的见解，认为伦理实体的内部蕴含着"神的规律"和"人的规律"的冲突。这一冲突的加剧导致伦理实体的解体和个人人格的崛起。于是，"精神"过渡到第二阶段"教化"中。"教化"是一种自身异化了的精神。在社会生活中，异化结晶为权力和财富。这一主体异化的产物反过来成了主体的统治者。于是，产生了

① ［德］黑格尔：《精神现象学》上卷，贺麟、王玖兴译，商务印书馆 1979 年版，第47 页。

"高贵的意识"和"卑贱的意识"、"分裂的意识"与"诚实的意识"之间的冲突。启蒙运动开了扬弃异化的先河，但与这一运动相伴随的自然科学意识和功利主义精神仍停留在常识的理智的层次上。这种非此即彼的坚执的知性思维，在法国革命中演变成绝对自由与恐怖。在黑格尔看来，扬弃异化，同时要扬弃常识的坚执性。

这样一来，"精神"的发展进入了第三个阶段"道德"。"道德"作为对其自身具有确定性的精神，又返回到主体之中，向内进行探求。于是，又出现了"品评的意识"和"坏的意识"的冲突。这两种意识都把道德和行为、个人和社会分离开来，因而仍未冲破常识中的知性思维的樊篱。黑格尔试图在自己的哲学中扬弃这种常识的坚执性，从而也扬弃异化；达到个人和社会的辩证统一。归根结底，黑格尔对现实的异化的扬弃是在头脑中、思维中进行的，因而马克思完全有理由把他的概念辩证法讥为诸神之战。

综上所述，在《精神现象学》中，通过对常识的表象性、情感性和坚执性的扬弃，常识中真正有价值的东西被陶冶为概念的思维，即具体的、辩证的概念思维，从而常识本身也被改造、提高为哲学。如果说，《精神现象学》是常识通向哲学的阶梯的话，《逻辑学》就是黑格尔心目中真正的哲学殿堂。

三

哲学与常识的关系问题不仅是《精神现象学》的中心议题，也是黑格尔以后其他著作中经常论及的重要课题之一。了解并把握黑格尔在这个问题上的基本见解，不光深化了我们对《精神现象学》的主导思想的理解，而且也深化了我们对他的哲学观和哲学史观的理解。下面，我们对这一重要问题的理论意义做一简略的剖视。

首先，黑格尔昭示了这样的思想，即哲学是高于常识、超拔于常识之上的。换言之，哲学并不和日常意识混杂在一起，哲学提倡的是一种超常规的思维。人们常常说，哲学是崇尚思维的。其实，这句话远未道出哲学的真谛。哲学的真谛在于，它倡导一种超常识的思维。常识对自己所熟知的一切都取信仰的、遵从的态度。哲学则相反，它的解剖刀首先对准熟知的东西，诚如黑格尔在《精神现象学》中所指明的："一般说来，熟知的东西所以不是真正知道了的东西，正因为它是熟知的。有一种最习以为常的自欺欺人的事情，就是在认识的时候先假定某种东西是已经熟知了的，因而就这样地不去管它了。这样的知识，既不知道它是怎么来的，因而无论怎样说来说去，都不能离开原地而前进一步。"①比如，康德的批判哲学是从这样一个前提出发的，即在认识之前，先对认识能力本身进行考察。在康德之后，人们把这一见解奉为常识，从不加以怀疑。而黑格尔对康德哲学的批判却正是从这个人所共知的前提开始的。通常总是把熟知的东西、合乎常识的东西认作合理的东西，而哲学的超常的、卓然独立的思考则首先对这些东西存疑。

马克思主义的经典作家充分肯定了黑格尔这一见解的深刻性。马克思在《资本论》中谈到地租问题时，曾经指出："黑格尔关于某些数学公式所说的话，在这里也是适用的。他说，普通常识认为不合理的东西，其实是合理的，而普通常识认为合理的东西，其实是不合理的。"②恩格斯也接受了黑格尔的这一见解，并在自己的研究中做了新的发挥："常识在它自己的日常活动范围内虽然是极可尊敬的东西，但它一跨入广阔的研究领域，就会遇到最惊人的变故。"③列宁肯定了常识所具有的偏见性，从而也肯定了哲学扬弃、超越常识的某种必要性，但列宁又批评黑格尔在与常识不一致的借口下导向唯心主义的错误倾向。④ 这就告诉我

---

① ［德］黑格尔：《精神现象学》上卷，贺麟、王玖兴译，商务印书馆1979年版，第20页。
② 马克思：《资本论》第3卷，人民出版社1975年版，第878页。
③ 《马克思恩格斯全集》第20卷，人民出版社1971年版，第24页。
④ 列宁：《哲学笔记》，中共中央马克思恩格斯列宁斯大林著作编译局译，人民出版社1974年版，第301、323页。

们，哲学扬弃常识，超拔于常识之上是无可非议的。问题是，这一过程必须建立在历史唯物主义的基础之上。

其次，黑格尔告诉我们，哲学对常识的扬弃归根结底依凭的是否定的力量。正是这种不息的否定性推动"意识"发展到"绝对知识"，也依赖于它，常识的表象性、情感性和坚执性才得以扬弃，真正的哲学思维才可能出现。黑格尔在《精神现象学》序言中写道："实体作为主体是纯粹的简单的否定性，唯其如此，它是单一的东西的分裂为二的过程或树立对立面的双重化过程，而这种过程又是这种漠不相关的区别及其对立的否定。"①黑格尔辩证法的奥秘之处正在于在常识视为肯定的东西背后发现否定的东西，思维的普遍性是对表象和情感的特殊性的否定，理性的具体概念是对知性的坚执性的否定等。如黑格尔在《精神现象学》中所反复重申的，他说的否定并不是虚无主义的否定，而是在否定同时的肯定。"扬弃"这一概念就内蕴着这样的否定精神。扬弃和怀疑不同，怀疑停留在单纯否定的阴影中，扬弃则既有否定，又有保存。

全盘肯定常识的哲学是肤浅的，全盘否定常识的哲学是荒诞的。唯有这种辩证的否定才是常识升华为哲学的真正阶梯。

最后，从常识与哲学的关系出发，黑格尔为我们提供了一个透视哲学史的新的角度。常识—哲学—常识—哲学—常识……这就是哲学史发展的永恒进程，尽管常识和哲学本身都在不断地丰富化，但这一循环的景观却是无法打破的。

试以西方哲学史为例。在古希腊的前苏格拉底时期，各种学说基本上停留在常识的水平上。偶尔也有少数哲学家的学说，如高尔吉亚的辩证法"大大地超过了健全的常识"②，然而，总的说来，当时的思想还是朴素的，以常识的思维为主导特征的。从苏格拉底到亚里士多德，哲学

---

① ［德］黑格尔：《精神现象学》上卷，贺麟、王玖兴译，商务印书馆1979年版，第11页。
② ［德］黑格尔：《哲学史讲演录》第2卷，贺麟、王太庆译，商务印书馆1960年版，第33页。

扬弃了常识。在柏拉图看来，常识不过是靠不住的"意见"，而哲学应当诉诸真理，诉诸理念。

在亚里士多德之后，随着希腊城邦制度的陨落，希腊哲学也陨落了。一部分哲人厌倦了哲学的抽象思维，重又回到生活中、常识中来寻找安慰，这在伊壁鸠鲁的学说中表现得尤为明显。然而，也有另一些思想家(如斐洛)，在哲学玄思的躯体上又披上了神秘的外衣，从而把哲学推入宗教的怀抱之中。中世纪的经院哲学用禁欲主义取代了伊壁鸠鲁的享乐主义，用抽象的、显然荒诞的争论取代了健康的常识。在中世纪的漫长黑夜之后，人文主义、人道主义、经验主义的思潮相继崛起。这些思潮坚持的原则也就是常识的原则、生活的原则。正如黑格尔指出的："如果我们要寻找一些正好与经院哲学和神学以及经院式的认识相对立的最容易找到的东西，我们可以说，那就是健康的常识、经验(外在和内在的)、自然观察、人性、人道主义。"①无论是法国哲学家，还是苏格兰的常识派哲学家都祭起了常识的旗帜，力图把哲学从抽象的云层中拉回到地面上来。苏格兰派的代表人物之一詹姆斯·柏阿蒂说："人类朴素理智的常识是一切伦理、一切宗教和一切确定性的源泉，有了外部感官的见证还必须辅之以常识的确证。"②然而，哲人们是不会长久地停留于常识的思维方式之中的。在德国，如果说像门德尔松、莱辛等启蒙思想家仍然"关心着那些颇能为健全的常识所理解的真理"③的话，那么康德则力图创立批判哲学来扬弃常识，扬弃那些流行的、未经批判地反思过的见解。康德提出了许多深刻的思想，如知性和理性的区别、现象从属于经验等，这些想法都是超越常识的④，然而，由于康德否定理

---

① [德]黑格尔：《哲学史讲演录》第 4 卷，贺麟、王太庆译，商务印书馆 1978 年版，第 212 页。
② [德]黑格尔：《哲学史讲演录》第 3 卷，贺麟、王太庆译，商务印书馆 1959 年版，第 329 页。
③ [德]黑格尔：《哲学史讲演录》第 4 卷，贺麟、王太庆译，商务印书馆 1978 年版，第 235 页。
④ [德]黑格尔：《小逻辑》，贺麟译，商务印书馆 1980 年版，第 127 页。

性，他的哲学本质上是一种知性哲学，从而他并没有真正地扬弃常识。康德哲学的弱点在黑格尔时代演变成了常识。黑格尔以包罗万象的哲学体系，特别是用逻辑阴影的王国扬弃了这种常识。然而，人们在抽象的哲学思辨中也不可能长久地停留下去。黑格尔去世以后，常识重又在思想界复辟了。当罗素刚从黑格尔哲学的"主观监狱"中逃脱出来时，他一下子成了一个朴素的实在论者，认为草真是绿的。[1] 摩尔则公开宣称了自己的常识哲学的原则。[2] 但正如《周易》说的："盈不可久也。"在 20 世纪分析哲学家蒯因那里，常识又让位于形而上学了。

纵观整个哲学史，哲人们的思维都在常识与哲学的两极中摆动着。常识好比飞机场，哲学好比飞机，哲学从常识中起飞，不管想象力把它带得多远，飞得多久，它总得折回到常识中来，重新在常识中获得信心与力量。然后再度起飞，再度降落……哲学超越常识，常识哺育并校正哲学，这就是常识与哲学的辩证关系。

尊重常识而又不迷信常识，向往哲学而又不封闭哲学，这就是黑格尔关于常识与哲学关系问题所给予我们的启示。

---

① [英]伯特兰·罗素：《我的哲学的发展》，温锡增译，商务印书馆 1982 年版，第 54 页。
② [美]M. 怀特：《分析的时代——二十世纪的哲学家》，杜任之主译，商务印书馆 1981 年版，第 24—36 页。

1993年

哲学研究中约定主义的兴起①

　　我们正处在世纪更替的转折点上，哲学研究向何处去，精神运动向何处去，正是每一个有识之士都十分关注的问题。笔者通过对整个西方思想发展史的反思，发现约定主义的兴起乃是哲学在未来发展中的一个基本的、重要的向度。在论述这一问题时，笔者不打算预先给"约定主义"下一个精确的定义，而是通过对西方思想史的简略回顾，使它的含义自然而然地澄明起来。

　　在古希腊的哲学家中，最早提出"约定"思想的是原子论者德谟克利特。据塞克斯都·恩披里柯的记载，德谟克利特认为："甜是从俗约定的，苦是从俗约定的，热是从俗约定的，颜色是从俗约定的；实际上只有原子和虚空。"②在德谟克利特看来，唯有原子和虚空才是真实的，才是哲学所要探讨的真理，至于感觉范围内的东西都是从俗约定的、表面的，只属于"意见"范围。也就是说，他虽然最早提出了约定论的思想，但对感觉所约定的东西却取否定的态度。许多治西哲史的

---

① 原载《社会科学战线》1993 年第 1 期。收录于俞吾金：《俞吾金集》，黑龙江教育出版社 1995 年版，第 130—134 页；《寻找新的价值坐标——世纪之交的哲学文化反思》，复旦大学出版社 1995 年版，第 256—260 页。——编者注

② 北京大学哲学系外国哲学史教研室：《古希腊罗马哲学》，生活·读书·新知三联书店 1957 年版，第 101 页。

学者常常夸大德谟克利特和柏拉图的对立，却忽视了他们在崇尚理性主义、排斥感觉主义方面的一致性。伊壁鸠鲁在肯定感觉主义的基础上继承并发展了德谟克利特的原子说。他不仅强调人们在感觉经验方面相互约定的必要性，而且进一步把约定的思想推广到政治、道德、法律等领域。他说："公正没有独立的存在，而是由相互约定而来，在任何地点，任何时间，只要有一个防范彼此伤害的相互约定，公正就成立了。"①伊壁鸠鲁的约定论思想的影响是巨大的，正如马克思指出的："国家起源于人们相互间的契约，起源于……〔社会契约〕，这一观点就是伊壁鸠鲁最先提出来的。"②近代哲学家霍布斯、格老秀斯、洛克和卢梭等提出的"社会契约"论虽然互有差异，但都源于伊壁鸠鲁。

与近代政治思想领域中的约定论学说的长足发展同步的是哲学领域里的约定论学说的新的演化。众所周知，洛克提出了"两种性质"的学说：第一性质指广延、形相、运动、静止、数目等，是与物体本身完全不分离的；第二性质指颜色、声音、滋味等，它们关系到的只是物体的外在属性和人们的主观感觉，因而像德谟克利特说的那样，具有从俗约定的特征。贝克莱进一步把洛克的这一学说推向极端，不仅强调第二性质是主观约定的、靠不住的；而且第一性质也是主观的、靠不住的，存在物不过是感觉的复合而已。贝克莱思想的进一步极端化形成了休谟的怀疑论。根据这种理论，在人的感觉之外，什么都不存在，易言之，我们认为客观地存在着的一切都不过是由感觉经验约定它们存在的。比如，我们认为具有普遍必然性的因果律不过是人们心理上的联想和习惯而已。休谟把这一切彻底怀疑论的思想引向宗教领域，从哲学上否定了上帝的存在，认为上帝仅仅是就人们的信仰而言的。也就是说，上帝是人们约定的。康德继承了休谟这方面的思想，在《纯粹理性批判》中驳斥了中世纪神学家安瑟尔谟关于上帝存在的本体论证明，把上帝从理论理

---

① 北京大学哲学系外国哲学史教研室：《古希腊罗马哲学》，生活·读书·新知三联书店 1957 年版，第 347 页。

② 《马克思恩格斯全集》第 3 卷，人民出版社 1960 年版，第 147 页。

性的领域中驱逐到实践理性的、信仰的领域中，从而也间接地认可了人们对上帝的存在所取的约定论的态度。

在马克思看来，这种约定不仅在信仰中是可能的，在理论理性中也是可能的，因此，康德对上帝存在的本体论证明的驳斥是无效的，也是无意义。马克思写道："本体论的证明无非是：'凡是我真实地（实在地）表象的东西，对于我就是真实的表象'，也就是说，对我是起作用的，就这种意义讲来，一切神，无论异教的还是基督教的神，都具有一种真实的存在。古代的摩洛赫不是曾经主宰一切吗？德尔斐的阿波罗不是曾经是希腊人生活中的一种真正力量吗？在这里康德的批判也无济于事。如果有人想象他有一百个塔勒，如果这个表象对他来说不是任意的、主观的，如果他相信这个表象，那么对他来说这一百个想象出来的塔勒就与一百个真正的塔勒具有同等价值。"①上帝对于基督教徒、佛陀对于佛教徒、真主对于伊斯兰教徒说来，都是真实的存在，换言之，这些存在物各自具有约定的性质。比如，对于佛教徒来说，上帝和真主是不存在的；同样，对于基督教徒来说，佛陀和真主则是不存在的。这里的每一种存在物都不能越出自己的范围。正是在这个意义上，马克思认为，上帝、佛陀、真主实际上是不存在的，存在的只是自我意识，因为它们都是自我意识创造出来的。在撰写博士论文时，马克思还是一个黑格尔主义者，当马克思成为马克思主义者时，他认识到，自我意识不但不能任意地创造各种存在物，就是自我意识本身，也不过是在生产劳动的基础上产生并发展起来的。马克思不仅从本体论的角度上揭示了社会生活中普遍存在的约定的倾向，而且揭示了这类倾向的现实基础。

20世纪初以来，美国的实用主义思潮在哲学研究中进一步贯彻了约定主义的思想。詹姆士在《实用主义》一书中这样论述他的真理观："事实上，真理基本上是靠一种信用制度生存下去的。我们的思想和信念只要没有遭到什么反对就可以让它们成立；正好像银行钞票一样，只

---

① 《马克思恩格斯全集》第40卷，人民出版社1982年版，第84页。

要没有谁拒绝接受它们，它们就可以流通。"①不难发现，詹姆士关心的不是真理的"真"的方面，而是它的"效用"的方面，即人们相互约定、共同承诺的方面。与此相反，差不多与实用主义同时出现的分析哲学的思潮则坚定逻辑分析上的真值原则，对传统的形而上学，尤其是本体论取拒斥的、否定的态度。分析哲学忽视了这一重要的事实，即人们的日常生活是处在各种约定和承诺之中的，从逻辑上看最无意义的东西并不等于在生活中也是无意义的。由于不明白这一点，分析哲学一直局限在学院的范围内，很少对实际生活产生什么影响，直到蒯因在分析哲学中植入实用主义的思想，约定主义才开始在分析哲学中兴起，并把这一思潮与实际生活紧密地联系起来。众所周知，蒯因提出了著名的"本体论承诺"（Ontological Commitments）的口号，这里的 Commitments 也可译为"约定"，所以"本体论承诺"也就是"本体论约定"。在蒯因看来，每一种哲学学说（包括那些拒斥本体论的学说）都自觉地或不自觉地约定某一或某些东西（精神的、物质的或精神与物质交织在一起的东西）的存在，哲学家们至多只能否定某些形式的本体论，却不可能从根本上拒斥本体论，因为任何一种哲学学说要确立起来，都不得不作"本体论承诺"。蒯因不光从实际生活出发改变了分析哲学的发展方向，而且揭示了哲学的最核心部分——本体论的约定主义的特征，从而对 20 世纪哲学的发展产生了重大影响。

哲学研究中约定主义倾向的兴起并不是偶然的，人类社会越发展，自然关系在人身上的作用就越淡化，人就越来越成为社会存在物。马克思在分析资本主义关系中的个人时指出："个人只有作为交换价值的生产者才能存在，而这种情况就已经包含着对个人的自然存在的完全否定，因而个人完全是由社会所决定的。"②社会与自然之间的一个重大差异是，社会生活的范导性原则，如宗教、法律、政治、伦理、语言等都

---

① ［美］詹姆士：《实用主义》，1963 年英文版，第 91 页。(William James, *Pragmatism, A New Name for Some Old Ways of Thinking*, New York: Longmans, 1963, p. 91. ——编者注)

② 《马克思恩格斯全集》第 46 卷上，人民出版社 1979 年版，第 200 页。

是约定性的,犹如游戏规则一样。在不同的社会生活和文化圈内,人们做出了不同的约定,因而他们的游戏规则也是不同的。人的社会关系越复杂化,他就越是受到各种社会约定的影响,从而约定主义的倾向必然在哲学中反映出来,并上升为当代哲学研究的重大课题。

今天,人类文明的发展已达到了惊人的成果,与此同时,人类也发现,自己的生存正处在一场综合性的危机中。全球协调发展已作为人类生存的重大课题提了出来。显然,如果听任无政府主义的发展状态继续下去,人类的毁灭就不再只是一个遥远的阴影了。因而,人与人之间的各种约定或承诺,不光体现在各自的国家和民族中,而越来越多地体现在国际关系中。可以预言,到 21 世纪,约定主义的思潮必然发展为哲学、政治学、社会学、法学等领域中的重大的、基本的思潮。

记得古希腊德尔菲神庙的箴言是:"认识你自己。"而当今世界的箴言则是:"认识你和他人所作出的约定或承诺。"对于当今的哲学来说,再也不应当只拘执于"真"与"假"之间的抽象对立了,重要的是从人们的实际生活出发,揭示出"真"与"假"的约定主义的基础。虽然人们还在沿用"哲学"这一古代延续下来的概念,但哲学的精神已经改弦更辙,处在新的发展起点上。

1995年

论黑格尔的理性观^①

　　纵观整个西方哲学史，黑格尔堪称最大的理性主义者^②。如果把古希腊以来，尤其是康德以来的理性主义传统比作一泻千里的江河，那么，黑格尔的理性观就是一望无垠的大海。黑格尔的理性观既博采众长，熔铸百家，又高瞻远瞩，自成一体。尽管它建立在唯心主义的基础上，又杂有一定的神秘主义的成分，但它绝不是"一个纯粹的形而上学的观念"^③，绝不是一具无血肉的骨骼，相反，它是历史风云的缩影，是时代精神的焦点，它在整个人类认识史上占有极为重要的历史地位。

　　The Early Bird Gets the Worm。^④ 黑格尔的理性观早就有人厕足了，关于这方面的内容散见

---

　　① 此文系硕士学位论文，已分成三个部分发表：《黑格尔：一个再思考》，《复旦学报（社会科学版）》1985 年第 3 期；《论黑格尔理性观的发展》，见《康德黑格尔研究》第 2 辑，上海人民出版社 1986 年版；《黑格尔论理性》，见《外国哲学》第 10 辑，商务印书馆 1989 年版。完整论文收录于《俞吾金集》，黑龙江教育出版社 1995 年版，第 265—327 页。采用《俞吾金集》中的完整版本。——编者注

　　② M. 曼德尔鲍姆认为，黑格尔通常被认作是"一个最大的理性主义者"（an archrationalist）。[美]M. 曼德尔鲍姆：《历史、人和理性：十九世纪思想研究》，1971 年英文版，第 293 页。（Maurice Mandelbaum, *History, Man, & Reason: A Study in Nineteenth Century Though*, London: The John Hopkins University Press, 1971, p. 293. ——编者注）

　　③ [美]马尔库塞：《理性和革命》，1977 年英文版，第 5 页。（H. Marcuse, *Reason and Revolution, Hegel and the Rise of Social Theory*. London and Henley: Routledge and Kegan Paul, 1977, p. 5. ——编者注）

　　④ 意即"捷足者先登"。

于评述黑格尔哲学的每一部著作中，但大都缺乏系统性、完整性。即使有些专著，如马尔库塞的《理性和革命》、G. D. 奥布赖恩的《黑格尔论理性和历史》等，也都偏于一隅，未脱此窠臼。本文力图从总体上对黑格尔理性观的来龙去脉、基本含义、发展演变及历史地位做一系统的考察，以弥补上述研究中存在的不足之处。

探讨黑格尔理性观的意义是不言而喻的。黑格尔本人就曾把哲学定义为"以思维的方式加以把握的理性"①。黑格尔的理性观之所以特别重要，不仅因为它是黑格尔哲学的中心概念，也不仅因为它是黑格尔扬弃并超越康德、费希特、谢林哲学的主要标志，更重要的是因为，它是整个西方哲学从近代过渡到当代的根本性的转折点。

几乎可以说，当代西方哲学中大多数重要的哲学思潮都是从攻击黑格尔哲学起步的。② 如果说当代人本主义思潮的著名先驱柏格森、克尔凯郭尔、叔本华、尼采等抬出生命、恐惧、意志、本能等概念来取代黑格尔的理性③，那么当代唯科学主义思潮的主要代表罗素、维特根斯坦、卡尔纳普、石里克等则注重经验而蔑视黑格尔的思辨理性。前者公开宣称自己是非理性主义，后者尽管比较温和，但蔑视理性的逻辑结果却是费耶阿本德的著名格言：Anything Goes。④ 这样，科学与宗教、占星术走到一起来了。A. F. 查尔默斯把这一观点称作"一种非理性的后退"⑤。

① ［德]黑格尔：《哲学史导论》，1966 年德文版，第 123—124 页。

② 考夫曼认为："黑格尔死后，大多数比较重要的哲学思潮都反对他的唯心主义，不掌握他的哲学，就不能充分理解这些哲学思潮。"见《从莎士比亚到存在主义》，1959 年英文版，第 88 页。（Walter Kaufmann, *From Shakespeare to Existentialism*：*Studies in Poetry, Religion and Philosophy*，Boston：Beacon Press, 1959, p. 88.——编者注）

③ 比如，罗素认为，柏格森的非理性主义就是"对理性反抗的一个极好的实例"。见［英]罗素：《西方哲学史》下卷，马元德译，商务印书馆 1976 年版，第 346 页。

④ "什么都行"。［英]W. H. 斯密斯：《科学的合理性》，1981 年英文版，第 126 页。（W. H. Smith, *The Rationality of Science*，Boston：Routledge & Kegan Paul, 1981, p. 126.——编者注）

⑤ ［英]A. F. 查尔默斯：《科学究竟是什么?》，查汝强、江枫、邱仁宗译，商务印书馆 1982 年版，第 7 页。

不能否认，这种对黑格尔理性主义的冲击有其合理的、合乎思想史发展逻辑的一面，因为黑格尔的理性观不但具有明显的唯心主义的性质，而且被过分地泛化了，以致不少哲学家称黑格尔的学说为"泛理性主义"（pan-rationalism）。但也应该看到，这种冲击导致了另一个片面和极端，从而也暴露出一系列的问题。这就促使哲学家们重新回到黑格尔那里。R. 布勃纳在《当代德国哲学》一书中专门辟出一节来谈黑格尔研究的复兴①，V. 德科布把黑格尔哲学在法国的复兴称作"浪子回到黑格尔主义的炉边"②，在欧美国家中，重又掀起了一股"使黑格尔讲英语"③的热潮。

黑格尔研究复兴的一个焦点是理性问题。在第 16 届世界哲学会议上，有三分之一的论文都是探讨理性问题的，以致苏联哲学家 T. N. 奥伊则尔曼干脆宣布："理性问题可以看作这届会议总题目的意图的表现。"④其实，近几十年来，在人本主义和唯科学主义两大思潮的演进中，对理性的兴趣已见端倪。法兰克福学派的一些成员，特别是马尔库塞走在最前面，《理性和革命》是他重新估价理性作用的代表作；维特根斯坦在其后期的著作中对知性的经验知识公开表示不满，甚至宣称："哲学是反对以我们的语言为工具的知性的迷惑（die verhexung）的一种战斗"。⑤ J. N. 芬德莱把这段话和黑格尔所说的"理性的斗争在于克服知

---

① ［美］R. 布勃纳：《当代德国哲学》，1981 年英文版，第 157—160 页。（Rüdiger Bubner，*Modern German Philosophy*，New York：Cambridge University Press，1981，pp. 157—160. ——编者注）

② ［法］V. 德科布：《当代法国哲学》，1979 年英文版，第 12 页。

③ ［荷兰］大卫·拉姆：《黑格尔——从基础到体系》，1980 年英文版，导言第 xi 页；也见［美］S. 罗森：《黑格尔：智慧科学的导论》，1974 年英文版，序言第 13 页。（David Lamb，*Hegel-From Foundation to System*，The Hague：Martinus Nijhoff，1980，p. xi；Also see Stanley Rosen，*Hegel：An Introduction to the Science of Wisdom*，New Haven：Yale University Press，1974，p. xiii. ——编者注）

④ 中国社会科学院情报研究所三室、哲学研究所自然辩证法室：《当代苏联哲学论文选——在第十六届世界哲学会议上》，天津人民出版社 1980 年版，第 256 页。

⑤ ［奥］维特根斯坦：《哲学研究》，1963 年德英对照版，第 47 页。（Ludwig Wittgenstein，*Philosophical Investigations/Philosophische Untersuchungen*，London：Macmillan，1963，p. 47. ——编者注）

性所坚持的僵硬性"进行了比较①。当代著名语言学家乔姆斯基由于把语言能力和语言运用加以区分，也显露出"从经验主义演化到理性主义的征兆"②。尽管他所信奉的笛卡尔、莱布尼茨式的理性主义和黑格尔的理性主义有明显的区别③，但这多少预示了威廉·詹姆士在《实用主义》一书中所描绘的经验主义的绝对统治地位的动摇和理性主义的复苏。④ 这样，回过头来重新探讨黑格尔的理性观，恢复其应有的历史地位，几乎可以说是刻不容缓的了。本文的主旨和动因正系于此。

一、黑格尔理性观之构成因素

黑格尔的理性观是如何构成的？要回答这个问题，必须着眼于他所生活的那个时代。正如恩格斯所说："黑格尔本身也是受自己这句名言支配的：任何哲学只不过是在思想上反映出来的时代内容。"⑤因而只有把黑格尔的理性观放在一个更广阔的历史文化背景卜来加以考察，才能真正揭示它的起源，阐明它的独特性和深刻性。⑥

---

① J. N. Findlay, *Hegel*, *A Re-examination*, London：George Allen and Unwin Ltd, 1958, p. 27.

② [英]约翰·莱昂斯：《乔姆斯基评传》，陆锦林等译，华东师范大学出版社 1981年版，第 30 页。

③ "罗森认为笛卡尔把'理性'(ratio)定义为'整理和测量'(ordo et mensura)，这是在推论分析的思维意义上的'知性'的最接近的原型。"见[美]S．罗森：《黑格尔：智慧科学的导论》，1974 年英文版，第 17 页。(Stanley Rosen, *Hegel*：*An Introduction to the Science of Wisdom*, New Haven：Yale University Press, 1974, p. 17. ——编者注)

④ [美]威廉·詹姆士：《实用主义》，陈羽纶、孙瑞禾译，商务印书馆 1979 年版，第 11 页："世界上从来没有像现在有这么多倾向经验主义的人。"

⑤ 《马克思恩格斯全集》第 41 卷，人民出版社 1982 年版，第 211 页。

⑥ [美]M. 曼德尔鲍姆：《历史、人和理性：十九世纪思想研究》，1971 年英文版，第 182 页："在所有主要的哲学家中，黑格尔是第一个人，他的思想在很大程度上是依靠对文化史的研究而形成的。"(Maurice Mandelbaum, *History*, *Man*, & *Reason*：*A Study in Nineteenth Century Though*, London：The John Hopkins University Press, 1971, p. 182. ——编者注)

1. 黑格尔理性观之现实因素

黑格尔生活在一个动荡不安、急剧变化的时代中，犹如席勒在《威廉·退尔》中所描绘的："旧的正在崩溃，时代正在嬗递，废墟上正茁茁地迸出新的生命。"

这种骚动不安，德国人也都深切地感受到了。当时的德国，经济上贫穷落后，政治上分崩离析，简直成了不屑一顾的"粪堆"①。黑格尔生活在德国的土地上，痛彻地感悟到这种落后衰败的现象。他在《德国法制》一文中，一开头就大声疾呼："德国已不再是一个国家。"②

与这种封建主义的腐败现实相对垒的是资产阶级的先进文化意识。1750 年左右，德国的伟大思想家——诗人歌德和席勒，哲学家康德和费希特都诞生了，这个时代的每一部杰作都渗透了反抗当时整个德国社会的叛逆精神。黑格尔从小受到德、法启蒙思潮的影响，而对他影响最大的则是法国革命。③ 法国革命实质上是法国启蒙运动在实践上的继续，海涅就说过："马克西米安·罗伯斯庇尔不过是卢梭的手而已，一只从时代的母胎中取出一个躯体的血手，但这个躯体的灵魂却是卢梭创造的。"④

法、德启蒙运动和法国革命所共有的一个基本原则是理性。如果说启蒙主义者把理性视作"唯一的法庭"（the unique court of appeal）⑤，那么革命者则把它誉为"最高存在"（être suprême）⑥。区别在于，启蒙主义

---

① 恩格斯："德国只不过是一个粪堆。"见《马克思恩格斯全集》第 2 卷，人民出版社 1957 年版，第 633 页。

② 《黑格尔政治著作选》，薛华译，商务印书馆 1981 年版，第 19 页。

③ J. E. 托依斯认为："对黑格尔一代人的理智发展说来，法国革命有一个决定性的影响。"见《黑格尔主义：通向辩证人道主义的道路》，1980 年英文版，第 31 页。（See John Toews, *Hegelianism*: *The Path Toward Dialectical Humanism*, London: Cambridge University Press, 1980, p. 31.——编者注）

④ 《海涅选集》，张玉书编选，人民文学出版社 1983 年版，第 291 页。

⑤ ［德］康德：《单纯理性范围内的宗教》，1934 年英译版，译者导言第 ix 页。（Immanuel Kant, *Religion within the Limits of Reason Alone*, trans. Theodore M. Greene and Hoyt H. Hudson, Chicago: The open court publishing Company, 1934, p. 9.——编者注）

⑥ ［美］马尔库塞：《理性和革命》，1977 年英文版，第 5 页。（H. Marcuse, *Reason and Revolution*, *Hegel and the Rise of Social Theory*, London and Henley: Routledge and Kegan Paul, 1977, p. 5.——编者注）

者的理性还停留在意识中，而革命者的理性已经化为存在。在革命中，理性不单是一个口号，更重要的是现实的创造者、支配者。这正是黑格尔从法国革命中获得的一个最重要的启示。

黑格尔在谈到法国革命时说："自从太阳站在天空，行星围绕着它运动，人们还没有发现，人类把自己放在他的头脑、放在他的思想上，而且依照思想建筑现实。"①依照思想，依照理性去建筑现实，这就是黑格尔对法国革命的理论总结。正如查尔斯·泰勒指出的："黑格尔把法国革命看作是在世界中实现人类理性统治的最高尝试。"②正是这一结论、这一信念使黑格尔的整个学说，尤其是他的理性观获得了一种深刻的现实因素。一方面，黑格尔认识到，理性不应翱翔在虚幻的太空中，它必须面对现实，关心现实，思索并解答现实中提出的重大问题；另一方面，只要能够创立一种合乎理性的学说，它就必定会转化为现实。正是这一坚定的信念促使黑格尔以极大的热情关注整个时代，尤其是德国的现实问题。黑格尔在致沃斯的信中表示："每一个勤恳努力的人都被赋予去尝试和探讨现实和当代问题的责任"，并和谢林共勉："为塑造我们的时代尽自己最大的力量。"③黑格尔还利用编辑《班堡报》的工作，直接干预了现实，因为他确信："只要观念世界先起了变革，现实就站不住，就非变不可。"④

与众不同的是，黑格尔对现实的关注特别表现在他对政治经济学的

---

① ［德］黑格尔：《历史哲学讲演录》，1976 年德文版，第 926 页。（G. W. F. Hegel, *Vorlesungen über die Philosophie der Weltgeschichte*, Bd 2-4, Auf Grund der Nachschriften hrsg, V. G. Lasson, Hamburg：Felix Meiner Verlag, 1976, S. 926. ——编者注）［德］黑格尔：《历史哲学》，王造时译，生活·读书·新知三联书店 1956 年版，第 493 页，译文有更动。

② ［加拿大］查尔斯·泰勒：《黑格尔与当代社会》，1979 年英文版，第 103 页。（Charles Taylor, *Hegel and Modern Society*, London：Cambridge University Press, 1979, p. 103. ——编者注）

③ 苗力田：《黑格尔通信百封》，上海人民出版社 1981 年版，第 199、52 页。

④ ［德］黑格尔：《书信集》第 1 卷，1952 年德文版，第 53 页。（G. W. F. Hegel, *Briefe von und an Hegel*, Band 1：1785-1812, Hamburg：Felix Meiner Verlag, 1952, S. 53. ——编者注）

潜心研究中。W. H. 沃尔什认为："黑格尔依靠研究政治经济学深化了关于他自己时代的知识。"①为此，有哲人主张"把黑格尔的政治经济学放在注意的中心"②。卢卡奇甚至把黑格尔看作"在古典英国经济学问题与哲学的辩证法问题之间建立联系的唯一的人"③。黑格尔对政治经济学的研究始于法兰克福时期，他深入地研读了斯图亚特、斯密等人的著作，考察了社会生活的最基本的事实：需要、劳动、工具、贫富、异化等。对这些重大现实问题的思索，使黑格尔的理性观乃至整个哲学思想与耽于小市民幻想的康德不同，始终深深地扎根于现实生活的土壤之中。正是在这个意义上，马克思主义经典作家把黑格尔的学说称作倒置过来的唯物主义，并主张用唯物主义的观点去读黑格尔的著作。

这一切都表明，黑格尔的理性尽管披着玄思的外衣，但却包含着深刻的现实因素，也正是这些在法国革命的触媒下，特别是在政治经济学的研究中逐步形成起来的现实因素，决定了黑格尔理性观的基调：理性和现实是一致的，在它们之间并不存在不可逾越的鸿沟；理性可以改变现实，创造现实。这一基调既蕴含着黑格尔对康德理性观的必然的超越，也预示了黑格尔以后提出的"合乎理性的东西是现实的，而现实的东西是合乎理性的"④著名命题。总之，不了解黑格尔理性观的现实因

---

① ［英］W. H. 沃尔什：《黑格尔的伦理学》，1969 年英文版，第 3 页。（W. H. Walsh, *Hegelian ethics*, London：Palgrave, 1969, p. 3.——编者注）

② ［美］D. P. 维尔纳：《黑格尔的社会和政治思想》（论文集），1980 年英文版，第 59 页。（Donald Phillip Verene, *Hegel's Social and Political Thought：The Philosophy of Objective Spirit*, New Jersey：Humanities Press, 1980, p. 59.——编者注）

③ ［匈］卢卡奇：《青年黑格尔》，1976 年英文版，导言第 XXVI 页。（Georg Lukács, *The Young Hegel*, trans. R. Livingstone, Boston：The MIT Press, 1976, p. XXVI.——编者注）

④ ［德］黑格尔：《法哲学原理》，1955 年德文版，序言第 4 页。（G. W. F. Hegel, *Grundlinien der Philosophie des Rechts*, Herausgegeben von J. Hoffmeister, Hamburg：Felix Meiner Verlag, 1955, S. 4.——编者注）对照中文本序言第 11 页，译文有改动。中文译为："凡是合乎性理性的东西都是现实的，凡是现实的东西都是合乎理性的。"这里的"都是"无形中把德语动词 Sein 译为复数，而原句中是单数 ist：

Was vernünftig ist，das ist wirklich；

und was wirklich ist，das ist vernünftig.

素，也就根本不能把握其精神实质。

2. 黑格尔理性观的理论因素

从理论渊源上看，黑格尔的理性观主要是在批判他的同时代人——康德、费希特、谢林哲学的基础上形成的。正如恩格斯指出的："德国哲学从康德到黑格尔的发展是连贯的，合乎逻辑的，必然的。"①

我们先看康德。根据黑格尔的观点，康德哲学不管受到什么样的非难，它的功绩都不会因此而稍减，"它总是构成近代德国哲学的基础和出发点"(die Grundlage und den Ausgangspunkt)②。

康德的批判哲学主要是在休谟怀疑论的触发下产生的，以至于摩西·门德尔松把康德称为"普鲁士的休谟"③。在休谟之前，无论是以洛克为代表的经验主义模式的形而上学，还是以笛卡尔为肇始人的唯理主义模式的形而上学，都是理性在运用普遍必然的范畴(如因果范畴)的基础上建立起来的。休谟抓住了"因果"这个旧形而上学运用得最多，也最为关键的范畴，从彻底经验主义的立场出发，把它还原为知觉的联想或心理的习惯，从而完全否定了它的普遍性和必然性。④ 这个行动的直接结果是取消了理性的生存权，因为理性的全部工作就是运用这些范畴，或者说，把理性降低为知觉的变形，间接结果是宣判了以这样的理性为前提的旧形而上学的死刑："这就等于说没有，也不可能有形而上学这样的东西。"⑤

---

① 《马克思恩格斯全集》第 1 卷，人民出版社 1956 年版，第 589 页。

② ［德］黑格尔：《逻辑学》第 1 卷，1975 年德文版，序言第 44 页注。(G. W. F. Hegel, *Wissenschaft der Logik*, band 1, edited by G. Lasson, Hamburg：Felix Meiner Verlag, 1975, S. 44.——编者注)

③ ［苏联］阿尔森·古留加：《康德传》，贾泽林、侯鸿勋、王炳文译，商务印书馆 1981 年版，第 135 页。

④ 值得注意的是，在早于休谟的《人类理智研究》(1748) 44 年的《人类理智新论》(1704)中，莱布尼茨已阐述了这一观点："印证一个一般真理的全部例子，不管数目怎样多，也不足以建立这个真理的普遍必然性。"见［德］莱布尼茨：《人类理智新论》上卷，陈修斋译，商务印书馆 1982 年版，第 4 页。

⑤ ［德］康德：《任何一种能够作为科学出现的未来形而上学导论》，庞景仁译，商务印书馆 1982 年版，第 7 页。

康德总结了休谟的思想，发现怀疑论正是从对理性的向往得不到满足而感到灰心这一点上产生出来的，这就促使哲学从独断主义的迷梦中惊醒过来，"去从事一种艰难的事业：对理性本身进行批判"①。于是，康德决定建立一个以理性批判为中心课题的哲学，以便对旧形而上学以及在其基础上形成的伦理、宗教、法律等进行全面清算。②

这样一来，理解康德的理性观成了把握他的整个哲学的关键。在康德那里，理性并不像叔本华所指责的那样，在意义上完全是模糊的，任意的③，应该说其基本含义是清楚的，可以按以下三个层次去理解。第一层次：康德所说的理性，都是指纯粹理性。所谓纯粹理性，就是指先天的、与任何经验无关的理性，它是相对于"受经验所限制的理性"④而言的，休谟批判的正是后一种理性。康德把理性纯粹化，就是要使它完全和经验绝缘，以便使它免遭休谟怀疑主义的荼毒。康德的理性是纯粹理性，这是其整个理性观的基调和根本特征。第二层次：从范围上分，康德的理性又有广义、狭义的区别。理性在狭义上是指有别于感性（Sinnlichkeit）、知性（Verstand）的理性（Vernunft），是一种统一知性的杂多认识的最高认识形式；理性在广义上有不同的理解，有的哲学家认为，应指包括感性、知性和狭义的理性在内的整个先验认识的形式⑤，也有的哲学家认为，广义的理性只包括知性和狭义的理性在内，不应把感性划入这个范围⑥。第三层次：从种类上看，康德的理性又可分为理论理

---

① ［德］康德：《任何一种能够作为科学出现的未来形而上学导论》，庞景仁译，商务印书馆 1982 年版，第 119 页。

② ［德］康德：《纯粹理性批判》，1929 年英文版，AXⅡ页。（Immanuel Kant, *Critique of Pure Reason*, trans. Norman Kemp Smith, London: Macmillan and Co, Limited, 1929, AXⅡ. ——编者注）参见［德］康德：《纯粹理性批判》，蓝公武译，商务印书馆 1960 年版，第 3 页。

③ 叔本华最为触目的是康德对理性也从没作过一次正式的充分的规定，而只是相机地看每次〔上下〕关联的需要而作出一些不完备的、不正确的说明。参见［德］叔本华：《作为意志和表象的世界》，石冲白译，商务印书馆 1982 年版，第 588 页。

④ ［德］康德：《实践理性批判》，关文运译，商务印书馆 1960 年版，第 13 页。

⑤ ［英］F. 科普勒斯顿：《哲学史》第 6 卷，1964 年英文版，第 230 页。

⑥ ［德］鲁道夫·埃斯勒：《康德辞典》，1930 年德文版，第 572 页："广义的理性（等于整个较高的认识能力）包括知性和狭义的理性。"

性和实践理性。前者是指认识论意义上的理性，后者是指法、道德、宗教等领域内的理性，亦即合乎理性的意志。①

康德的学说可以归结为以下三组对立：（1）理性与理念的对立（即理性与本体或物自体的对立）②；（2）知性与理性的对立；（3）理论理性与实践理性的对立。其中第一组对立是最根本的，制约并规定着另两组对立，但在康德那里，这三组对立都是无法解决的。在《判断力批判》中，康德力图通过目的概念来调和上述对立，但一来，他的目的概念未超出知性的范围；二来，这种和解只实现于艺术中，而不是哲学中，因而他的整个学说具有明显的二元论的倾向。

在黑格尔看来，康德理性观的主要功绩是：明确地区分了知性和理性，尖锐地提出了理性矛盾的学说。但在康德那里，理性是没有本领把握自在之物的，因而它实质上只是一种虚设的东西，一种从灵魂的口袋中随意摸出的东西。正是基于这方面的情况，黑格尔指出，康德哲学"完全是摈弃理性的知性哲学"③。康德自己也承认，他的批判哲学的效果"仅仅是消极的"④，其宗旨是告诫人们不要对理性作超验的运用。康德理性观的这一根本的局限归根结底导源于他的二元论。

在康德之后，出现了费希特。他力图克服康德的二元论，以达到理性和理念（本体、物自体）的统一。他从以下三个方面来着手这一工作。

---

① ［德］康德：《道德形而上学探本》，唐钺重译，商务印书馆 1957 年版，第 28 页："意志只是实践理性。"

② 严格说来，康德的"物自体"（ein Ding an sich）和"本体"（noumena）是有区别的，前者指先验的对象，后者指超验的对象，但有时也混用。参见 T. N. 奥伊则尔曼：《康德的"自在之物"和本体》，《哲学译丛》1981 年第 5 期，第 1—5 页。

③ ［德］黑格尔：《哲学史讲演录》第 3 卷，1955 年英文版，第 476 页。（G. W. F. Hegel, *Lectures on The History of Philosophy*, volume 3, trans. E. S. Haldane, London：Routledge and Kegan Paul Ltd，1955，p. 476.——编者注）

④ ［德］康德：《纯粹理性批判》，1929 年英文版，BXXiv 页。（Immanuel Kant, *Critique of Pure Reason*, trans. Norman Kemp Smith, London：Macmillan and Co，Limited，1929，BXXiv.——编者注）［德］康德：《纯粹理性批判》，蓝公武译，商务印书馆 1960 年版，第 16 页。

首先，他从本体论上改造了康德的物自体。他认为，康德所说的物自体不过是"一个纯粹的虚构"，是"对理性的最大的歪曲"①。那么，真正的物自体是什么呢？费希特说："理性是唯一的物自体"，"理性是绝对独立的，它仅仅为它自己而存在"②。正是在这样理解的基础上，费希特把人类文明的发展分为五个时代：①理性无条件地受本能支配的时代；②理性的本能变成外在的权威的时代；③从理性本能和理性权威中解放出来的时代；④理性科学的时代；⑤理性艺术的时代。③

其次，他从认识论上改造了康德的先验的自我意识（即统觉），把它和理性直接等同起来。他在《伦理科学》一书中谈到自己哲学的出发点时，明确指出："这个点就是自我，理智，理性或可能被命名的任何东西。"④费希特激烈地抨击了康德理性矛盾说的软弱无力，强调说，"没有一个有理性的人会同意，理性能够提出一个绝对不能解决的任务"⑤，充分肯定了理性的能动性。

最后，他改变了康德的理论理性和实践理性的关系。在康德那里，这两者是尖锐地对立着的，这种对立导源于人的本质的分裂。费希特则认为，人是绝对的统一体，人不仅是认识的主体，也是行动的主体。费希特不仅主张把理论理性和实践理性统一起来，而且强调"实践理性是

---

① ［德］费希特：《知识学》，1982 年英文版，第 10、45 页。（J. G. Fichte, *Science of Knowledge*, edited and translate by Peter Heath and John Lachs, London: Cambridge University Press, 1982, p. 10, p. 45.——编者注）

② 同上书，第 48、75 页。

③ ［德］黑格尔：《精神现象学》，1952 年德文版，编者序第 XXVII 页。（G. W. F. Hegel, *Phanomenologie Des Geistes*, Herausgegeben von J. Hoffmeister, Hamburg: Felix Meiner Verlag, 1952, S. XXVII.——编者注）参见［德］黑格尔：《精神现象学》上卷，贺麟、王玖兴译，商务印书馆 1962 年版，译者导言第 18—19 页。

④ ［德］费希特：《伦理科学》，1907 年英文版，第 1 页。（Johann Gottlieb Fichte, *The Science of Ethics as Based on the Science of Knowledge*, translated by A. E. Kroeger, London: K. Paul, Trench, Trübner & Co., Ltd., 1907, p. 1.——编者注）

⑤ ［德］费希特：《知识学》，1982 年英文版，第 27 页。（J. G. Fichte, *Science of Knowledge*, edited and translate by Peter Heath and John Lachs, London: Cambridge University Press, 1982, p. 27.——编者注）

一切理性的根基"①。但他把实践理性理解为"理性命令我们去生活"②，因而仍然停留在康德的软弱的绝对命令或义务的范围内。正如黑格尔所批判的，"冷冰冰的义务（chill duty）是天启给予理性的胃肠中最后的未消化的硬块"③。

费希特虽然没有克服康德的二元论，但他对实践的重视，对理性能动性的强调，都对黑格尔理性观的形成产生了重大的影响。

紧跟着费希特崛起的是谢林。谢林最初是费希特的热烈的崇拜者，但他通过接近斯宾诺莎思想和对自然哲学的研究，发现了他的老师哲学的片面性。为了克服这种片面性，他把费希特的主观的、否定自然的自我扩张为客观的、统摄自然的绝对自我，即绝对，由此而创立了同一哲学。同一哲学包括自然哲学和先验唯心论两大部分，先验唯心论相当于费希特的知识学。这样，谢林把费希特哲学降低为自己哲学中的一个环节。

谢林站在同一哲学的立场上，从两个方面阐述了他的理性观。从本体论方面看，他把主客观同一的绝对称作理性："我所谓的理性，是绝对的理性，或者说，绝对被认作是主观和客观的东西的完全的统一体。"④谢林视绝对为理性，蕴含着一个思想，即他和费希特一样，抛弃

---

① ［德］费希特：《人的使命》，梁志学、沈真译，商务印书馆 1982 年版，第 92 页。正如卢卡奇指出的：费希特"把实践、行动、活动放在他的统一的哲学体系的中心。"见《历史与阶级意识》，1971 年英文版，第 123 页。（Georg Lukács, *History and Class Consciousness*, trans. Rodney Livingstone, Cambridge, Boston：The MIT Press, 1971, p. 123.——编者注）

② 同上书，第 104 页。

③ ［德］黑格尔：《哲学史讲演录》第 3 卷，1955 年英文版，第 461 页。（G. W. F. Hegel, *Lectures on The History of Philosophy*, volume 3, trans. E. S. Haldane, London：Routledge and Kegan Paul Ltd, 1955, p. 461.——编者注）

④ ［德］黑格尔：《柏林现象学》，1981 年英文版，"导言"第 LXⅧ 页。（G. W. F. Hegel, edited and translated with an introduction and explanatory notes by M. J. Petry, *The Berlin Phenomenology*, London：D. Reidel, 1981, p. LXⅧ Introduction.——编者注）参见［德］黑格尔：《哲学史讲演录》第 3 卷，1955 年英文版，第 529 页。（G. W. F. Hegel, *Lectures on The History of Philosophy*, volume 3, trans. E. S. Haldane, London：Routledge and Kegan Paul Ltd, 1955, p. 529.——编者注）说到谢林的观点："理性是主体与客体的绝对无别。"

了康德的抽象的物自体，肯定绝对是可以把握的；从认识论方面看，他对理性的理解已经起变化了，实际上已把它看作从费希特那里接受过来的重要概念——"理智直觉"（intellectual intuition）的代名词。事实上，在《先验唯心论体系》一书中，谢林明确告诉我们，通常称为理论理性的东西"无非是为自由服务的想象力"①，亦即理智直觉。他还强调说："绝对单纯、绝对同一的东西是不能用描述的方法来理解或言传的，是绝不能用概念来理解或言传的。这个东西只能加以直观。这样的一种直观就是一切哲学的官能。"②谢林把认识论意义上的理性转换为理智直觉，这和康德、莱布尼茨的影响是分不开的。如果说斯宾诺莎哲学、莱布尼茨的先定和谐说和康德的目的论把谢林导向同一哲学，导向对艺术直觉的膜拜，那么，莱布尼茨的单子级次（Potenz）说则把谢林的后期思想导向反理性主义的天启哲学。正如恩格斯所指出的，谢林"公开声明同理性一刀两断。自从有经院哲学以来，谢林是决心迈出这一步的第一人"③。卢卡奇在《理性的毁灭》中追溯了德国非理性主义思潮的起源，认为"谢林的理智直觉是非理性主义的最初表现"④。

在黑格尔看来，谢林的同一哲学克服了康德、费希特的二元论，使康德提出的中心课题——理性（认识论意义上的理性）和理念（康德把它视作不可企及的本体、物自体，费希特和谢林则把它理解为本体论意义上的理性）的对立得到了和解，这是他的重要贡献。但由于他把这一和解理解为手枪发射般的突兀的过程，理解为直觉和顿悟，因而明显地缺乏一种揭示认识发展的历史感。黑格尔的理性观要超越谢林，必须先克

---

① ［德］谢林：《先验唯心论体系》，梁志学、石泉译，商务印书馆 1976 年版，第 212 页。

② 同上书，第274 页。

③ 《马克思恩格斯全集》第 41 卷，人民出版社 1979 年版，第 240 页。费尔巴哈在与恩格斯的《谢林与天启》(1842)同年写的《关于哲学改造的临时纲要》(1842)中也指出："谢林的理性主义只是表面的，他的反理性主义才是真实的。"见《费尔巴哈哲学著作选集》上卷，荣震华等译，生活·读书·新知三联书店 1959 年版，第 113 页。

④ ［匈］卢卡奇：《理性的毁灭》，1980 年英文版，第 129 页。（Georg Lukács, *The Destruction of Reason*，London：Merlin Press，1980，p. 129.——编者注）

服这一弱点。

3. 黑格尔理性观的历史因素

要了解黑格尔理性观的历史因素，必须追溯到古希腊。① 从古希腊开始，理性这个概念就是循着两条平行的线索朝前发展的。

一条是本体论的线索，这是主要的线索，即把理性理解为世界的实体、基础、本质和规律。这条线索的肇始人是赫拉克利特，他最早提出了"逻各斯"的概念，这个概念按希腊文的本义就是理性。根据他的看法，理性是万物运动的规律或"命运"。② 以后，阿那克萨戈拉又提出了"奴斯"的概念，希腊文也可解释为理性或心灵。奴斯不仅兼有逻各斯的含义，而且还是构成宇宙万物的基础、本原和动力。③ 以后，柏拉图、亚里士多德又进一步把奴斯"理解为类或理念"（genus or Idea）。④ 斯多葛派、新柏拉图主义者走得更远，把逻各斯和奴斯抬到了和神一样的高度⑤，以致在早期基督教神学中，逻各斯被写进了《约翰福音》⑥，它和上帝的关系成了当时神学家争论不休的主题⑦。从此，本体论意义上

---

① 黑格尔研究者十分重视黑格尔和希腊哲学的关系，G. R. G. 穆尔认为："最根本的是要搞清楚黑格尔和希腊哲学的关系。"见［英］G. R. G. 穆尔：《黑格尔导论》，1940 年英文版，序言第 xi 页。（G. R. G. Mure, *An Introduction to Hegel*, Oxford：Clarendon Press, 1940, p. xi.——编者注）W. T. 斯塔斯认为："黑格尔的基本原则就是希腊人和康德的基本原则。"见［英］W. T. 斯塔斯：《黑格尔哲学》，1955 年英文版，第 3 页。（W. T. Stace, *The Philosophy of Hegel*, Dover Publications, Inc, 1955, p. 3.——编者注）

② 北京大学哲学系外国哲学史教研室：《古希腊罗马哲学》，商务印书馆 1982 年版，第 17、18、26、29 页。

③ 同上书，第 65、67 页。

④ ［德］黑格尔：《哲学史讲演录》第 1 卷，1955 年英文版，第 350 页。（G. W. F. Hegel, *Lectures on the History of Philosophy*, *volume* 1, trans. E. S. Haldane, London：Routledge and Kegan Paul Ltd, 1955, p. 350.——编者注）

⑤ ［德］黑格尔：《哲学史讲演录》第 2 卷，1955 年英文版，第 244 页。（G. W. F. Hegel, *Lectures on the History of Philosophy*, *volume* 2, trans. E. S. Haldane, London：Routledge and Kegan Paul Ltd, 1955, p. 244.——编者注）

⑥ 黑格尔认为，《约翰福音》没有讲清楚上帝和逻各斯的关系，实际上"两者是一个东西（both are one）"。见［德］黑格尔：《早期神学著作》，1948 年英文版，第 255—256 页。（G. W. F. Hegel, *Early Theological Writings*, trans. T. M. Knox, The University of Chicago Press, 1948, pp. 255-256.——编者注）

⑦ ［美］梯利：《西方哲学史》上册，葛力译，商务印书馆 1975 年版，第 166—168 页。

的理性被蒙上了一层神秘的色彩，这种状况一直延续到康德那里。在黑格尔看来，康德的本体或物自体不过是逻各斯或奴斯的神秘化的漫画而已。

另一条是认识论的线索，即把理性理解为人的一种认识能力，德谟克利特、柏拉图、亚里士多德都把理性看作认识的最高能力，亚里士多德在哲学史上首先把人定义为 rational animal（理性动物）[①]，认为人们凭着理性就可以认识一切。在亚里士多德之后，认识论意义上的理性逐步衰落，特别是经过怀疑主义、伊壁鸠鲁的感觉主义和新柏拉图主义的中介，在中世纪成了信仰的真正的婢女。正如 E. 吉尔森指出的，中世纪的神学家们用启示"取代了所有其他知识，包括科学、伦理和形而上学"[②]。其间，斐洛、普罗提诺、埃克哈特、库萨的尼古拉等许多思想家虽然都肯定人有理性认识能力，但认为它的作用是非常有限的，只有神秘的直觉或出神状态，才能把握最高统一体，即神或逻各斯。

随着文艺复兴，宗教改革[③]时期的到来，认识的理性重又觉醒了："理性独立了。"[④]自笛卡尔以降，尤其是自康德以降，重点探索的都是认识论意义上的理性。费希特和谢林虽然试图通过对物自体的扬弃，揭示出本体论意义上的理性，但这并不是他们思考的重心。

通过对上述三大构成因素的分析，黑格尔理性观的大致轮廓已宛然

[①] ［美］R. 沙赫特：《黑格尔及黑格尔之后》，1975 年英文版，第 243 页。（Schacht Richard, *Hegel and After: Studies in Continental Philosophy between Kant and Sartre*, Pittsburgh: University of Pittsburgh Press, 1975, p. 243. ——编者注）

[②] ［美］E. 吉尔森：《中世纪的启示与理性》，1966 年英文版，第 5 页。（Etienne Gilson, *Reason and Revelation in the Middle Ages*, New York: Charles Scribner's Sons, 1966, p. 5. ——编者注）

[③] 宗教改革对理性的解放有重大意义，但倡导这次改革的路德本人对理性却是敌视的："不管是谁，必须闭上他的理性的眼睛才可能成为一个具有健全信仰的基督徒。"参见［美］K. 尼尔森：《理性与实践：哲学之当代导论》，1971 年英文版，第 218 页。（Kai Nielsen, *Reason and Practice: A Modern Introduction to Philosophy*, New York: Harper & Row, 1971, p. 218. ——编者注）

[④] ［德］黑格尔：《哲学史讲演录》第 3 卷，1955 年英文版，第 142 页。（G. W. F. Hegel, *Lectures on the History of Philosophy*, *volume* 3, trans. E. S. Haldane, London: Routledge and Kegan Paul Ltd, 1955, p. 142. ——编者注）

可见，那就是从客观唯心主义的立场出发，在现实的基础上，把古希腊哲学家所注重的本体论意义上的理性和近代哲学家，特别是康德、费希特、谢林所倚重的认识论意义上的理性统一起来。当然，这里的统一并不是简单的、机械的凑合，而是人类思想史上的一场真正的变革。

二、黑格尔理性观之基本内容

黑格尔的理性观包含着极为丰富的内容，加上黑格尔行文的晦涩和某些模糊之处，更增加了理解上的困难。但是根据他整个哲学体系的格局和一系列有关的、重要的论述，我们认为，黑格尔理性观的主要精神完全是可以把握的。

黑格尔的理性概念主要有以下三种含义：

①绝对理性，与绝对、绝对精神、理念或上帝同义；

②客观理性，宇宙万物的本质、规律和目的；

③主观理性，人的最高认识能力或逻辑思维能力。

这三种理性的关系是，绝对理性是客观理性和主观理性的统一者。在这个意义上可以说，黑格尔理性的根本含义只有一个，即绝对理性。至于黑格尔在《精神现象学》和《精神哲学》中提到的，作为意识和自我意识的统一者的理性，只是绝对理性在形成、发展过程中的投影罢了。这方面的含义，我们将在下一部分中论及。

在这部分中，我们将挨次论述客观理性、主观理性、绝对理性的具体内容及相互关系。

(一)黑格尔论客观理性

客观理性，黑格尔有时也称为现实理性或世界理性，实际上就是我们前面论及的本体论意义上的理性，这种理性的实质是"客观思想"或"客观概念"。在康德那里，思想或范畴是不能把握物自体的，正是并且仅仅是在这个意义上，黑格尔称康德哲学为主观唯心论。① 黑格尔认为，思想的真正客观性应该是：思想不仅是我们的思想，同时又是事物或对象的本质。这种客观化的思想，也就是客观概念，或者说，就是概念。在《精神现象学》中，黑格尔明确指出：Die Vernunft，wesentlich der Begriff②，在《哲学史讲演录》中，他又强调："理性只有在共相中知道如何获得自己，发现自己。"③

黑格尔认为，理性作为概念，是宇宙万物的本质、发展法则和目的。

1. 理性是宇宙万物的实体或本质

黑格尔在批评人们对理性概念的种种误解时指出，理性不仅仅是一种抽象的语词，而是客观存在着的实体："理性既是外在的东西和自然的东西的实体基础，又是意识的实体基础。"④黑格尔这里说的"意识"也就是指人类社会。说理性是宇宙万物的实体，这究竟是什么意思呢？黑格尔解释道："理性是实体，就是说，由于理性和在理性中，一切现实才有存在和生存。"⑤这充分体现了黑格尔的客观唯心主义的立场。

黑格尔所说的"实体"，也就是"本质"。在德语中，Substanz 既可解释为实体，又可解释为本质，这一直可以追溯到拉丁文 Substantia，也兼具这两种含义。黑格尔吸取了古希腊哲学家关于奴斯和逻各斯的思

---

① 这里必须澄清一种学术界经常可以见到的误解，即把黑格尔这里说的主观唯心论和马克思主义者所批评的主观唯心论混为一谈，从而误解了康德哲学的性质。黑格尔在批判康德时提到的主观唯心论只是不可知论的别称，即思想只停留在主观中，把握不了客观世界。

② "理性本质上也即概念。"见［德］黑格尔：《精神现象学》，1952 年德文版，第 254 页。（G. W. F. Hegel，*Phanomenologie Des Geistes*，Herausgegeben von J. Hoffmeister，Hamburg：Felix Meiner Verlag，1952，S. 254. ——编者注）

③ ［德］黑格尔：《哲学史讲演录》第 3 卷，1955 年英文版，第 148 页。（G. W. F. Hegel，*Lectures on the History of Philosophy*，*volume 3*，trans. E. S. Haldane，London：Routledge and Kegan Paul Ltd，1955，p. 148. ——编者注）

④ ［德］黑格尔：《历史哲学讲演录》，1976 年德文版，第 914 页。（G. W. F. Hegel，*Vorlesungen über die Philosophie der Weltgeschichte*，Bd 2-4，Auf Grund der Nachschriften hrsg. v. G. Lasson，Hamburg：Felix Meiner Verlag，1976，S. 914. ——编者注）

⑤ ［德］黑格尔：《世界历史哲学讲演录导论》，1982 年英文版，第 27 页。（G. W. F. Hegel，*Lectures on the Philosophy of World History*，*Introduction*，trans. H. B. Nisbet，London：Cambridge University Press，1982，p. 27. ——编者注）

想，把理性看作宇宙万物的本质。黑格尔在《小逻辑》中谈到客观思想时指出，"这里所说的思想和思想范畴的意义，可以较确切地用古代哲学家所谓'Nous（理性）统治这世界'一语来表示。——或者用我们的说法，理性是在世界中，我们所了解的意思是说，理性是世界的灵魂，理性居住在世界中，理性构成世界的内在的、固有的、深邃的本性，或者说，理性是世界的共性"①。正是从这样的唯心主义的前提出发，黑格尔把整个宇宙称为"理性总体"②。黑格尔生怕别人误解他的这种立场，所以特别强调，存在于万物中的理性并不是人们的主观意识从外面带给它们的，而是对象本身所固有的，或者说，对象本身就是合乎理性的。因此，"科学的唯一任务是把事物的理性的这种独特工作带给意识"③。

黑格尔把理性看作宇宙万物的实体或本质，这充分体现了古希腊哲学对他产生的重大影响。正如 G. H. 伽达默尔所说："黑格尔教导说，理性在万物之中，甚至在历史之中，他是古希腊的逻各斯哲学的最后和最博大的代表。"④

2. 理性是宇宙万物的发展规律或法则

在黑格尔看来，"规律就是概念"⑤。正是基于这样的思想，他认为，理性作为概念，也是宇宙万物的发展规律或法则。

黑格尔告诉我们，das Gesetz die vernunft der Sache ist。⑥ 哲学或科

---

① ［德］黑格尔：《小逻辑》，贺麟译，商务印书馆1980年版，第80页。

② ［德］黑格尔：《自然哲学》，梁志学等译，商务印书馆1980年版，第16页。

③ ［德］黑格尔：《法哲学原理》，1955年德文版，第47页。(Georg Wilhelm Friedrich Hegel, *Grundlinien der Philosophie des Rechts*, Hamburg：Hofemeister, 1955, S. 47.——编者注)

④ ［德］G. H. 伽达默尔：《真理与方法》，1982年英文版，第195页。(H. G. Gadamer, *Truth and Method*, New York：Crossroad Publishing Company, 1982, p. 195.——编者注)并参见 Hans-Georg Gadamer, *Hegel's Dialectic*, New Haven and London：Yale University Press, 1976, p. 78.

⑤ ［德］黑格尔：《精神现象学》，1952年德文版，第193页。(G. W. F. Hegel, *Phanomenologie Des Geistes*, Herausgegeben Von J. Hoffmeister, Hamburg：Felix Meiner Verlag, 1952, S. 193.——编者注)

⑥ "规律是事物的理性"，见《法哲学原理》，1955年德文版，第10页。(Georg Wilhelm Friedrich Hegel, *Grundlinien der Philosophie des Rechts*, Hamburg：Hofemeister, 1955, S. 10.——编者注)

学的任务就在于撇开各种偶然性，把握自然界的内在规律，即现实理性。比如，开普勒的第三定律就以"单纯与直接的方式表达了事物的理性"①。

理性不仅是自然界运动发展的规律或法则，也是人类社会发展的规律或法则。黑格尔继承了维科和法国启蒙主义者的思想，认为历史并不是一连串偶然事故的堆积，历史的发展是有规律的，这种规律就是理性："理性统治世界，因而世界历史是一个合理的过程。"②黑格尔还强调，人类历史的发展，不管是在平缓前进的时期，还是在激烈变动的、革命的时期，都处在理性的支配之下："世界历史是永恒理性的一个产物，理性决定了它所有的伟大革命。"③在黑格尔看来，理性绝不是虚悬于现实之外的、毫无作为的东西，相反，它是宇宙的无限权力，是万物的无限真理和内容。G. H. 伽达默尔认为，黑格尔的一个重要的贡献是："理性的纯粹科学的范围被扩展到历史的知识。"④

3. 理性是宇宙万物运动变化的目的或目标

黑格尔给"目的"下了这么一个定义："目的是由于否定了直接的客观性而达到自由实存的自在自为存在着的概念。"⑤黑格尔甚至认为，"目的"这个范畴是多余的，它实质上就是概念。正是基于这样的思想，黑格尔得出了理性是宇宙万物的目的或目标的结论。

在《哲学史讲演录》中，黑格尔明确宣布：Reason is the end of

---

① ［德］黑格尔：《自然哲学》，梁志学等译，商务印书馆 1980 年版，第 94 页。

② ［德］黑格尔：《世界历史哲学讲演录导论》，1982 年英文版，第 27 页。(G. W. F. Hegel, *Lectures on the Philosophy of World History*, *Introduction*, trans. H. B. Nisbet, London: Cambridge University Press, 1982, p. 27.——编者注)

③ ［德］黑格尔：《历史中的理性》，1955 年德文版，第 46 页。

④ ［德］G. H. 伽达默尔：《真理与方法》，1982 年英文版，第 194 页。(H. G. Gadamer, *Truth and Method*, New York: Crossroad Publishing Company, 1982, p. 194.——编者注)

⑤ ［德］黑格尔：《哲学全书纲要》，1920 年德文版，第 184 页。(G. W. F. Hegel, *Enyzklopädie der philosophischen Wissenschaften im Grundrisse*, Herausgegeben von G. Lasson, Leipzig: Felix Meiner Verlag, 1920, S. 184.——编者注)［德］黑格尔：《小逻辑》，贺麟译，商务印书馆 1980 年版，第 387 页。

all things①。说理性是目的，究竟是怎样一种目的呢？根据黑格尔的论述，目的有两个根本特征：(1)它不是指个别人的目的，而是指客观的、普遍的目的。"理性的目的，作为普遍的、无所不包的目的，并不小于整个世界；作为一个终极目的，它超出了个别行为的内容，因而从根本上被设置于一切现实行为之上。"②黑格尔的这一观点受到费希特的影响。费希特在《知识学》中说过："理性是目的，个人是工具；后者仅仅是表现理性的一种特殊的方式，人必须逐渐地沉入理性的一般形式。"③这一思想对黑格尔的"理性的机巧"观点的提出也产生了一定的影响。(2)它不是指沃尔夫式的浅薄的外在目的论，而是亚里士多德、康德所主张的内在目的论(die innere Zweckmäßigkeit)。④ 这种内在目的并不是外在的力量强加给事物的，而是事物本身所固有的。

那么，理性作为自然界和人类社会的普遍的、终极的目的，又是如何实现自己的呢？黑格尔认为，它是利用工具来实现自己的，这个工具就是客观事物或人的热情(Passion)："理性驱使热情为它服务，以致这些使理性得以实现的行动者必然遭受惩罚和损失，这就是我们能够称为理性的机巧的东西。"⑤总之，理性总是躲在幕后的，它使客观事物或人

---

① ［德］黑格尔：《哲学史讲演录》第 1 卷，1955 年英文版，第 374 页。译为"理性是万物的目的"。(G. W. F. Hegel, *Lectures on the History of Philosophy*, vol. 1, trans. E. S. Haldane, London: Routledge and Kegan Paul Ltd., 1955, p. 374.——编者注）

② ［德］黑格尔：《精神现象学》，1952 年德文版，第 436 页。(G. W. F. Hegel, *Phanomenologie Des Geistes*, Herausgegeben von J. Hoffmeister, Hamburg: Felix Meiner Verlag, 1952, S. 436.——编者注)［德］黑格尔：《精神现象学》下卷，贺麟、王玖兴译，商务印书馆 1979 年版，第 138 页，译文略有更动。

③ ［德］费希特：《知识学》，1982 年英文版，第 75 页。(J. G. Fichte, *Science of Knowledge*, edited and translate by Peter Heath and John Lachs, London: Cambridge University Press, 1982, p. 75.——编者注)

④ ［德］黑格尔：《哲学全书纲要》，1920 年德文版，第 186 页。(G. W. F. Hegel, *Enyzklopädie der philosophischen Wissenschaften im Grundrisse*, Herausgegeben von G. Lasson, Leipzig: Felix Meiner Verlag, 1920, S. 186.——编者注)

⑤ ［德］黑格尔：《世界历史哲学讲演录导论》，1982 年英文版，第 89 页。(G. W. F. Hegel, *Lectures on the Philosophy of World History*, *Introduction*, trans. H. B. Nisbet, London: Cambridge University Press, 1982, p. 89.——编者注)［德］黑格尔：《逻辑学》第 1 卷，1975 年德文版，第 398 页。(G. W. F. Hegel, *Wissenschaft der Logik*, band 1, edited by G. Lasson, Hamburg: Felix Meiner Verlag, 1975, S. 398.——编者注)

互相冲突，互相消耗。正是在这种利用工具的活动中，理性"正好实现了它自己的目的"①。

在黑格尔那里，理性的机巧（die List der vernunft）主要有以下三层意思②：

(i)理性与物。理性总是在冥冥中操纵着客观事物的运动和变化。比如，当事物发生量的变化时，最初似乎完全是无足轻重的，但最后却导致了质的变化。这种变化就是事物背后的理性起作用的结果。黑格尔称此为"机巧"或"概念的机巧"（die List des Begriff）③。

(ii)人与物。在人和自然的关系中，不管自然界展示出什么力量——严寒、猛兽、洪水、大火来反对人，人总有办法从自然界中取得某些手段来对付自然本身："人的理性的机巧使他能用其他自然事物抵御自然力量，让这些事物去承受那些力量的磋磨，在这些事物背后维护和保存自己。"④在这里，"人的理性的机巧"实际上只是存在于万物中的客观理性的一个媒介，因为人的理性只有合乎事物本身的理性，才能成功地在实践中改造自然。

(iii)理性与人。如前所述，黑格尔把整个人类社会的发展看作一个合理的、合目的的过程。在人类历史中，理性正是通过追求自己私欲的人们之间的互相冲突和斗争，使自己免受侵犯和骚扰，并达到自己的目的的。在黑格尔看来，人都是理性目的的工具，即使是历史上的伟大人物，也不能躲避这种命运。正是在这个意义上，他称拿破仑为"马背上

---

① ［德］黑格尔：《哲学全书纲要》，1920 年德文版，第 188 页。（G. W. F. Hegel, *Encyclopadie Der Philoso-phischen Wissenschaften Im Grundrisse*，Herausgegeben von G. Lasson，Leipzig：Felix Meiner Verlag，1920，S. 188.——编者注）

② 实际上还有第四层意思，那就是黑格尔说的认识活动方面的"机巧"，见［德］黑格尔：《哲学全书纲要》，1920 年德文版，第 64 页。（G. W. F. Hegel, *Enyzklopädie der philosophischen Wissenschaften im Grundrisse*，Herausgegeben von G. Lasson，Leipzig：Felix Meiner Verlag，1920，S. 64.——编者注）及［德］黑格尔：《精神现象学》下卷，贺麟、王玖兴译，商务印书馆 1979 年版，第 52 页。

③ ［德］黑格尔：《小逻辑》，贺麟译，商务印书馆 1980 年版，第 236 页。

④ ［德］黑格尔：《自然哲学》，梁志学等译，商务印书馆 1980 年版，第 7 页。

的世界精神"。

黑格尔关于理性的机巧的思想虽然披着唯心主义的玄思的外衣，但却深刻地揭示了历史发展的规律，从而对马克思主义经典作家产生了积极的影响。① 卡尔·波普尔从攻击黑格尔的所谓极权主义的立场出发，认为黑格尔的理性的机巧实际上必然成为"反理性的机巧"（cunning of the revolt against reason）②，显然是缺乏说服力的。

综上所述，黑格尔的客观理性，作为本体论意义上的理性，是宇宙万物的本质、发展法则和目的，但事物本身并不能意识到这种法则。"太阳系的运动依着不变的法则，这些法则便是理性，但是太阳和依着这些法则绕太阳转动的行星，却没有意识到这些法则。"③同样，人类社会发展的规律人们也不是一下子就认识到的，这种认识经历了一个漫长的过程，直到启蒙时期，它才被普遍地意识到，因为"启蒙的原则是'理性'的统治，是对所有权威的摈弃"④。启蒙的任务就是认识这些法则的合理性。这就告诉我们，客观理性在未被人们认识之前，只是一种按自己的必然性盲目起作用的力量。要使这种力量变成自觉的力量，必须借助于人的主观理性。

（二）黑格尔论主观理性

黑格尔曾经说过：Die Vernunft der Welt ist nicht subjektive Vernun-

① 马克思：《资本论》第 1 卷，人民出版社 1975 年版，第 203 页；列宁：《哲学笔记》，中共中央马克思恩格斯列宁斯大林著作编译局译，人民出版社 1974 年版，第 344 页。黑格尔研究专家查尔斯·泰勒也认为，"理性机巧"完全不同于黑格尔另一些不可理解的、神秘的观念，它"对于任何需要给无意识的意图一个规则的历史理论说来，是必不可少的。"见［加拿大］查尔斯·泰勒：《黑格尔与当代社会》，1979 年英文版，第 100 页。（Charles Taylor, *Hegel and Modern Society*，London：Cambridge University Press，1979，p. 100.——编者注）

② ［英］卡尔·波普尔：《开放社会及其敌人》第 2 卷，1971 年英文版，第 74 页。（Karl R. Popper, *The Open Society and Its Enemies*，vol. 2，Princeton：Princeton University Press，1971，p. 74.——编者注）

③ ［德］黑格尔：《历史中的理性》，1955 年德文版，第 37 页。（G. W. F. Hegel, *Die Vernunft in der Geschichte*，Hamburg：Felix Meiner，1955，S. 37. ——编者注）

④ ［德］黑格尔：《历史哲学讲演录》，1976 年德文版，第 915 页。（G. W. F. Hegel, *Vorlesungen über die Philosophie der Weltgeschichte*，Bd 2-4，Auf Grund der Nachschriften hrsg. v. G. Lasson，Hamburg：Felix Meiner Verlag，1976，S. 915. ——编者注）

ft.（世界理性并不是主观理性）。① 前者即客观理性是本体论意义上的理性，后者则仅仅是认识论意义上的理性。主观理性，黑格尔有时也称为思维理性，自觉的理性或认识的理性。

作为认识能力，主观理性有广义、狭义之别。在广义上，主观理性有多种不同的称呼或含义。（ⅰ）"健全理性"②。这种理性是每个健康的人所共有的，但都是未经深入训练的、朴素的、自然的理性。这种理性虽然在生活、实践和认识中有一定的作用，但实际上，它"并不是我们所理解的理性，而应当称为知性"③。所以，黑格尔也常把它称为"健全理智"或"常识"。（ⅱ）"直观的理性"，也就是想象力。④（ⅲ）"自在的理性"和"自为的理性"。根据黑格尔的见解，人的本性是具有理性的，甚至在娘胎里，人就具有理性，但这种理性只是可能性上的理性，简直和无理性没有什么差别。这样的理性，黑格尔称为"自在的理性"或"潜在的理性"。但当人长大并真正具有了理性的意识时，他就成了"自为的理性"⑤。在狭义上，即在严格的哲学意义上，主观的理性指的是认识的最高能力。我们下面论述的正是后者。

黑格尔把人的认识方式分为三种：第一种叫"经验"（die Erfahrung）；第二种叫"反思"（die Reflexion），亦即知性；第三种叫"哲学的认识"（philosophische Erkennen），亦即理性。经验相当于我们现在说的感性认识，知性和理性相当于我们现在说的理性认识。很明显，在这三种认识方式中，理性居于最高的层次上。它本身又被进一步细分为辩证的或

① ［德］黑格尔：《历史中的理性》，1955 年德文版，第 121 页。（G. W. F. Hegel, *Die Vernunft in der Geschichte*，Hamburg：Felix Meiner，1955，S. 121. ——编者注）

② 有时也译为"健康的理性"，德文为 die gesunde Vernunft。

③ ［德］黑格尔：《哲学史讲演录》第 3 卷，1955 年英文版，第 386 页。（G. W. F. Hegel, *Lectures on the History of Philosophy*，*volume* 3，trans. E. S. Haldane，London：Routledge and Kegan Paul Ltd，1955，p. 386.——编者注）

④ ［德］黑格尔：《自然哲学》，梁志学等译，商务印书馆 1980 年版，第 11 页。

⑤ ［德］黑格尔：《哲学史讲演录》第 1 卷，1955 年英文版，第 20 页。（G. W. F. Hegel, *Lectures on the History of Philosophy*，*volume* 1，trans. E. S. Haldane，London：Routledge and Kegan Paul Ltd，1955，p. 20. ——编者注）

否定的理性（die dialektische oder negativ vernünftige）和思辨的或肯定的理性（die spekulative oder positiv vernünftige）。要了解黑格尔的主观理性的基本内容，实际上就是要了解以下三方面的关系。

1. 知性和理性的关系：有限和无限

黑格尔给知性下了一个严格的定义："那只能产生有限规定，并且只能在有限规定中活动的思维，便叫作知性（就知性二字的严格的意思而言）。"①知性的根本特征是有限性，这种有限性有两层意思：（1）思维规定只是主观的，永远有一个不可企及的物自体与它对峙着；（2）思维规定之间处于非此即彼的分离和对立之中。黑格尔把这种在知性思维中活动的哲学称为 Verstandsmetaphysik（知性形而上学）或 Verstandsphilosophie（知性哲学）。② 与知性不同，"理性是认识无条件的事物的能力"③，理性的根本特征是无限性。这样，知性和理性的关系就被归结为有限和无限的关系。正如 W. 瓦拉士指出的，对于黑格尔说来，"理性是无限的，是同作为有限思维的知性相对立的"④。特别需要注意的是，黑格尔在这里说的无限是真正的无限，这种无限并不是有限的抽象的对立物，它不仅仅超越有限，而且包含有限并扬弃有限于自身之内，因而理性的概念是建立在真无限基础上的具体的概念。正如黑格尔所强调的："只有无条件者与有条件者的结合才是理性的具体概念。"⑤

---

① ［德］黑格尔：《哲学全书纲要》，1920 年德文版，第 58 页。（G. W. F. Hegel, *Enyzklopädie der philosophischen Wissenschaften im Grundrisse*，Herausgegeben von G. Lasson，Leipzing：Felix Meiner Verlag，1920，S. 58. ——编者注）

② ［德］H. 格洛克纳：《黑格尔辞典》，1957 年德文版，第 2613 页。（Glockner Hermann, *Hegel Lexikon*，Stuttgart：Frommanns Verlag，1957，S. 2613. ——编者注）

③ ［德］黑格尔：《哲学全书纲要》，1920 年德文版，第 70 页。（G. W. F. Hegel, *Enyzklopädie der philosophischen Wissenschaften im Grundrisse*，Herausgegeben von G. Lasson，Leipzig：Felix Meiner Verlag，1920，S. 70. ——编者注）

④ ［英］W. 瓦拉士：《黑格尔哲学研究导论》，1894 年英文版，第 276 页。（Wallace William, *Prolegomena to the Study of Hegel's Philosophy and Especially of His Logic*，London：Oxford University Press，1894，p. 276. ——编者注）

⑤ ［德］黑格尔：《哲学史讲演录》第 1 卷，1955 年英文版，第 445 页。（G. W. F. Hegel, *Lectures on the History of Philosophy*，*volume* 1，trans. E. S. Haldane，London：Routledge and Kegan Paul Ltd，1955，p. 445. ——编者注）

其实，康德之所以把知性与理性割裂开来，一个重要的原因在于他从方法上把有限与无限割裂开来了，而黑格尔正是通过建立有限与无限的辩证关系的途径，把知性和理性既区别开来又统一起来的。黑格尔关于知性、理性关系的论述，体现了他的辩证法思想的巨大成就。①

2. 辩证的或否定的理性和思辨的或肯定的理性的关系：否定和肯定

如上所述，知性规定停留在非此即彼的对立和分离中。否定的理性的作用就是"把知性的规定消融化（Nichts）"②，即打破知性规定的僵硬的对立，使范畴达到流动和转化。显然，否定的理性的作用是不可或缺的，但顾名思义，它总是停留在单纯的否定的阴影中，它把知性的确定性全盘加以否弃，必然导致怀疑主义。肯定的理性作为认识真理的最高阶段，既扬弃了知性的确定性，又扬弃了否定的理性的否定性，从而达到了包含否定在内的肯定。"思辨的阶段或肯定理性的阶段在对立的规定中认识到它们的统一，或在对立双方的分解和过渡中，认识到它们所包含的肯定。"③黑格尔正是通过否定和肯定的辩证统一，超越了"只是停留在辩证法的抽象——否定方面"④的康德哲学，达到了自己的独特的思辨哲学。

如果从黑格尔的逻辑与历史一致的思想上来分析，就会发现，他所说的知性主要对应于康德以前的，以笛卡尔、斯宾诺莎、洛克为代表的整个旧形而上学的认识论，辩证的、否定的理性主要对应于康德的认识

---

① ［苏联］捷·伊·奥伊则尔曼：《辩证法史——德国古典哲学》，徐若木、冯文光译，人民出版社 1982 年版，第 244 页。

② ［德］黑格尔：《逻辑学》第 1 卷，1975 年德文版，第 6 页。（G. W. F. Hegel, *Wissenschaft der Logik*, Band 1, edited by G. Lasson, Hamburg：Felix Meiner Verlag, 1975, S. 6.——编者注）

③ ［德］黑格尔：《哲学全书纲要》，1920 年德文版，第 105—106 页。（G. W. F. Hegel, *Enyzklopädie der philosophischen Wissenschaften im Grundrisse*, Herausgegeben von G. Lasson, Leipzig：Felix Meiner Verlag, 1920，S. 105-106.——编者注）

④ ［德］黑格尔：《逻辑学》第 1 卷，1975 年德文版，第 38 页。（G. W. F. Hegel, *Wissenschaft der Logik*, Band 1, edited by G. Lasson, Hamburg：Felix Meiner Verlag, 1975，S. 38.——编者注）

论黑格尔的理性观 · 353

论，特别是他的理性矛盾说；思辨的、肯定的理性则对应于黑格尔本人的认识论。因此，在某种意义上可以说，这三个概念是全部人类认识史的一个缩影。

3. 知性逻辑与思辨理性逻辑的关系：形式和内容

康德的先验逻辑包括先验分析论和先验辩证论。前者主要论述知性，后者主要论述理性。由于在康德那里理性只是一种虚设的东西①，因而先验逻辑的主干是知性逻辑。康德这样写道："正如在先验感性论中我们把感性孤立起来一样，在先验逻辑中我们把知性孤立起来，并把我们知识中仅仅来自知性的那个要素突出出来。"②康德的先验逻辑虽然力图克服形式逻辑思维的单纯的形式性，把思维形式和知识对象结合起来，但由于它的主要工作是向自我意识索取范畴，因而仍然停留在主观性的抽象的形式中，未真正越出形式逻辑的窠臼。③ 这也正是作为先验逻辑的主干的知性逻辑的致命弱点。

黑格尔的思辨理性逻辑所竭力反对的正是这一点。黑格尔从客观思想、客观概念的基本前提出发，认为逻辑范畴并不是抽象的思维形式，它是蕴含着万物内容的具体的东西。正是基于这样的考虑，黑格尔把思辨的理性逻辑的对象称作"具体概念"或"具体的普遍"。也正是通过内容和形式的辩证统一，黑格尔超越了康德的知性逻辑，把它作为一个环节包含在思辨逻辑之内。④ 列宁非常敏锐地指出了黑格尔思辨理性逻辑的这

---

① J. E. 托依斯在《黑格尔主义：通向辩证人道主义的道路》第 53 页指出：黑格尔认为，"在康德和费希特的著作中，理性仅仅被归结为知性。"

② ［德］康德：《纯粹理性批判》，1929 年英文版，A62—B87 页。（Immanuel Kant, *Critique of Pure Reason*, trans. Norman Kemp Smith, London: Macmillan and Co, Limited, 1929, A62-B87.——编者注）［德］康德：《纯粹理性批判》，蓝公武译，商务印书馆 1960 年版，第 76 页。

③ 康德在《道德形而上学探本》一开头就强调，逻辑只是"形式的哲学"，在《纯粹理性批判》中则强调亚里士多德的逻辑学是不可超越的。

④ ［德］黑格尔：《哲学全书纲要》，1920 年德文版，第 105—106 页。（G. W. F. Hegel, *Enyzklopädie der philosophischen Wissenschaften im Grundrisse*, Herausgegeben von G. Lasson, Leipzig: Felix Meiner Verlag, 1920, S. 105-106.——编者注）

一根本特征："黑格尔则要求这样的逻辑：其中形式是具有内容的形式，是活生生的实在的内容的形式，是和内容不可分离地联系着的形式。"①

综上所述，黑格尔的主观理性的最大功绩在于提出了思辨的、肯定的理性的概念。这一概念的提出，显示了辩证法和认识论的辉煌的结合。黑格尔对下面这点是充满希望的：那就是在思辨理性的伟力之前，那种困惑于思维的矛盾本性的"理性恨"（Misologie）一定会宛然冰释。②在真理面前，一切意见都褪色了！

(三)黑格尔论绝对理性

正如我们在前面已经指出过的，黑格尔的绝对理性也就是指绝对、绝对精神、理念或上帝。黑格尔说过，"精神和理性是同一个东西"③，也说过，"理性的基本内容是神圣的理念，它的本质是上帝的计划"。④许多黑格尔研究专家都认为，上述概念在黑格尔的著作中都是相通的，并没有什么严格的区别。比如，库诺·菲舍尔认为，早在法兰克福时期，在黑格尔体系的最初轮廓中，下面这些概念就已具有同样的意义：绝对的存在＝绝对的东西＝上帝＝绝对精神＝理性（绝对理性）＝自我认识（自我区分）＝绝对的东西的自我二重化。⑤ H. 格洛克纳在《黑格尔辞

---

① 列宁：《哲学笔记》，中共中央马克思恩格斯列宁斯大林著作编译局译，人民出版社 1974 年版，第 89 页。

② ［德］黑格尔：《哲学全书纲要》，1920 年德文版，第 43 页。（G. W. F. Hegel, *Enyzklopädie der philosophischen Wissenschaften im Grundrisse*，Herausgegeben von G. Lasson，Leipzig：Felix Meiner Verlag，1920，S. 43.——编者注）并参见［美］E. 汉密尔顿、H. 凯恩斯：《柏拉图对话选》，1961 年英文版，第 71 页上的有关论述。（E. Hamilton and H. Cairns eds.，*The Collected Dialogues of Plato*，*Including the Letters*，New York：Pantheon Books，1961，p. 71.——编者注）

③ ［德］黑格尔：《历史中的理性》，1955 年德文版，第 175 页。（G. W. F. Hegel, Die Vernunft in der Geschichte，Hamburg：Felix Meiner，1955，S. 175. ——编者注）

④ ［德］黑格尔：《世界历史哲学讲演录导论》，1982 年英文版，第 67 页。（G. W. F. Hegel, *Lectures on the Philosophy of World History*，*Introduction*，trans. H. B. Nisbet，London：Cambridge University Press，1982，p. 67.——编者注）

⑤ ［德］库诺·菲舍尔：《黑格尔的生平、著作和学说》，1911 年德文版，第 54 页。（Kuno Fischer, *Hegels Leben*，*Werke und Lehre*，Heidelberg：Winter，1911，S. 54.——编者注）［德］库诺·菲舍尔：《青年黑格尔的哲学思想》，张世英译，吉林人民出版社 1983 年版，第 61 页。

典》一书中，把绝对（Absolutes）、精神（Geist）、上帝（Gott）、理念（Idee）、理性（Vernunft）等看作同等意义的词。①

在这一系列概念中，最容易引起误解的是上帝这个概念。黑格尔为什么要把绝对理性和上帝等同起来呢？要阐明这一点，先得扼要地介绍一下黑格尔的宗教观。在黑格尔看来，宗教和理性完全是一致的：die Religon als solche Vernunft im Gemüt und Herzenist。② 黑格尔还认为，宗教意识只有凭借理性才能超拔有限，进入无限之中，因而"理性是一个领域，在这个领域中，只有宗教能够是自在的"③。这就告诉我们，黑格尔所理解的宗教已不是原来意义上的宗教，而是经过理性净化或过滤的宗教。这种倾向在黑格尔关于宗教哲学对象的论述中十分明显地表现出来："在宗教哲学中，上帝、理性实际上是主要的对象，因为上帝本质上是理性的，即是作为自在自为的精神的合理性。"④在《历史哲学讲演录》的导论中，黑格尔直接把理性称作"神意"（Providence）或"神圣的智慧"（the divine Wisdom）⑤，甚至认为，"善和理性的最具体表现就是上帝"⑥。这一切都表明，黑格尔的上帝并不是一般意义上的上帝，它不过是穿着神学外套的理性或精神罢了。

---

① ［德］H. 格洛克纳：《黑格尔辞典》，1957 年德文版，第 7 页。(Glockner Hermann, *Hegel Lexikon*, Stuttgart：Frommanns Verlag，1957，S. 7. ——编者注)

② "宗教是情感和心灵中的理性"，见［德］黑格尔：《历史哲学讲演录》，1976 年德文版，第 748 页。(G. W. F. Hegel, Vorlesungen über die Philosophie der Weltgeschichte, Bd 2-4, Auf Grund der Nachschriften hrsg. v. G. Lasson, Hamburg：Felix Meiner Verlag, 1976, S. 748. ——编者注)参照中文本第 380 页，译文有改动。

③ ［德］黑格尔：《宗教哲学讲演录》第 1 卷，1962 年英文版，第 204 页。(G. W. F. Hegel, *Lectures on the Philosophy of Religion*, *Vol 1*, trans. E. B. Speies and J. B. Sanderson, NewYork：The Humanities Press Inc, 1962, p. 204. ——编者注)

④ 同上书，第 53 页。参见［德］H. 格洛克纳：《黑格尔辞典》，1957 年德文版，第 2593 页："理性作为宗教哲学的对象。"(Glockner Hermann, *Hegel Lexikon*, Stuttgart：Frommanns Verlag, 1957, S. 2593. ——编者注)

⑤ ［德］黑格尔：《世界历史哲学讲演录导论》，1982 年英文版，第 35、38 页。(G. W. F. Hegel, *Lectures on the Philosophy of World History*, *Introduction*, trans. H. B. Nisbet, London：Cambridge University Press, 1982, p. 35, p. 38. ——编者注)

⑥ ［德］黑格尔：《历史中的理性》，1955 年德文版，第 77 页。(G. W. F. Hegel, Die Vernunft in der Geschichte, Hamburg：Felix Meiner, 1955, S. 77. ——编者注)

在比较深入地了解了黑格尔绝对理性的基本含义之后，现在我们有条件来探讨它和主观理性、客观理性之间的关系了。黑格尔关于主观理性和客观理性的区分，不少学者都注意到了①，但关于两者的关系却没有深入地加以思考。比如，斯塔斯主张，主观理性主要是从主体、从知（Knowing）的方面来看的，客观理性主要是从客体、从存在（being）方面来看的，并认为两者是统一的。但他又把后者和绝对等同起来，这样就产生了一个问题，主观理性和作为绝对的客观理性究竟如何统一呢？如果主观理性在客观理性（斯塔斯所理解的绝对）之外，那绝对就不再是包罗万象的了，如果主观理性包含于客观理性（斯塔斯所理解的绝对）之内，那客观理性就不成其为客观理性了。这个矛盾如何解决呢？

　　应当承认，黑格尔在有些场合下并未讲清这个问题。比如，在《小逻辑》中，黑格尔强调哲学的最高目的是"达到自觉的理性与存在于事物中的理性的和解，亦即达到理性与现实的和解"②。这里说的"自觉的理性"亦即主观的理性，"存在于事物中的理性"亦即客观理性。黑格尔谈到了两种理性的"和解"，但和解后的产物又是什么呢？这里并没有告诉我们。

　　其实，解除这一困惑的关键在于如何理解绝对这个概念。绝对并不是一种单纯客观的东西，从谢林创立同一哲学起，它就被认作是主体与客体的统一物，黑格尔对谢林的观点虽然有不少保留，但并不否定这一点，在《哲学史讲演录》中，黑格尔明确告诉我们："存在和思维的对立

　　① 如 W. T. 斯塔斯把这两种理性表述为 the subjective reason 和 the objective world reason，见《黑格尔哲学》，1955 年英文版，第 103 页。（W. T. Stace, *The Philosophy of Hegel*, Dover Publications. Inc, 1955, p. 103. ——编者注）又如 G. D. 奥布赖恩则直接称这两种理性为 the subjective reason 和 the objective reason，见《黑格尔论理性与历史》，1975 年英文版，第 36、47、70 页。（George Dennis O'Brien, *Hegel on Reason and History*, Chicago: University of Chicago Press, 1975, pp. 36, 47, 70. ——编者注）
　　② ［德］黑格尔：《哲学全书纲要》，1920 年德文版，第 36 页。（G. W. F. Hegel, *Enyzklopädie der philosophischen Wissenschaften im Grundrisse*, Herausgegeben von G. Lasson, Leipzig: Felix Meiner Verlag, 1920, S. 36. ——编者注）

是哲学的起点，包含对立的两面于自身之内的就是绝对。"①在《法哲学原理》中，黑格尔更明确地阐述了这一观点："形式就是作为概念认识的那种理性，而内容是作为伦理现实和自然现实的实体性的本质的那种理性，两者的自觉的同一就是哲学理念。"②如上所述，绝对、理念就是绝对理性，因而结论是不言而喻的：绝对理性是主观理性和客观理性的统一物。正如 J. 伊波利特指出的：对于黑格尔说来，Cette identité de la Pensée et de l'Être se nomme Raison(Vernunft)（思维和存在的同一叫理性）。③

那么，究竟是什么力量促使自觉的主观理性和盲目的客观理性统一于绝对的理性呢？黑格尔指出："自然界不能使它所蕴含的理性(Nous)得到意识，只有人才具有双重的性能，是一个能意识到普遍者的普遍者。"④正是人这种能思维的、理性的存在物成了包罗万象的绝对理性的真正缔造者。这或许是黑格尔无意中流露出来的秘密。

总结本部分的论述，黑格尔的理性归根结底只有一种解释，即它是一个自己运动发展着的、自己认识自己的绝对理性，是无所不包的精神性的东西。正是在这个意义上，黑格尔宣布："除了理性外没有什么现实的东西，理性是绝对的力量(the absolute power)。"⑤

---

① ［德］黑格尔：《哲学史讲演录》第 3 卷，1955 年英文版，第 292 页。(G. W. F. Hegel, *Lectures on the History of Philosophy*, volume 3, trans. E. S. Haldane, London: Routledge and Kegan Paul Ltd, 1955, p. 292. ——编者注)

② ［德］黑格尔：《法哲学原理》，1955 年德文版，第 16—17 页。(G. W. F. Hegel, *Grundlinien der Philosophie des Richts*, Herausgegeben von J. Hoffmeister, Hamburg: Felix Meiner Verlag, 1955, pp. 16-17. ——编者注)见［德］黑格尔：《哲学史讲演录》第 3 卷，1955 年英文版，第 545 页。(G. W. F. Hegel, *Lectures on the History of Philosophy*, volume 3, trans. E. S. Haldane, London: Routledge and Kegan Paul Ltd, 1955, p. 545. ——编者注)黑格尔写道："作为现实的自然而存在着的东西，乃是神圣理性的一个肖像。自觉的理性的形式，也就是自然的形式。"

③ ［法］J. 伊波利特：《黑格尔精神现象学的创生与结构》，1946 年法文版，第 211 页。(Jean Hyppolite, *Genese et Structure de La Phenomenologie de l'Esprit de Hegel*, Paris: Aubier Édition Montaigne, 1946, p. 211. ——编者注)

④ ［德］黑格尔：《小逻辑》，贺麟译，商务印书馆 1980 年版，第 81 页。

⑤ ［德］黑格尔：《哲学史讲演录》第 3 卷，1955 年英文版，第 464 页。(G. W. F. Hegel, *Lectures on the History of Philosophy*, volume 3, trans. E. S. Haldane, London: Routledge and Kegan Paul Ltd, 1955, p. 464. ——编者注)

三、黑格尔理性观之发展演变

理性，作为黑格尔哲学的中心概念，其发展演变大致经历了探索、形成、成熟并贯彻三大阶段。这三大阶段也可以看作整个黑格尔哲学发展演变的一个缩影。下面，我们依次进行论述。

1. 1788—1800：图宾根、伯尔尼、法兰克福时期的理性观（探索阶段）

在这个时期内，黑格尔主要研究了宗教和伦理问题，先后写下了《民众宗教和基督教》（1792—1795）、《耶稣传》（1795）、《基督教的实证性》（1795—1796）、《基督教的精神及其命运》（1799）等一系列著作。在这些著作中，黑格尔通过对基督教以及后来对康德伦理观和宗教观的批判性考察，阐述了自己的理性观。

正如 R. C. 索洛蒙公正地指出的那样："像康德一样，黑格尔并不首先关心认识论问题，而是首先关心宗教和道德。"[1]在图宾根神学院学习期间，黑格尔最感兴趣的著作是卢梭的《爱弥儿》《社会契约论》等。虽然在进院的第二年他就读了康德的《纯粹理性批判》，但并没有多大的兴趣。[2] 以后，在伯尔尼当家庭教师的期间（1793—1796），他开始静下心来研究康德的伦理著作和宗教著作，特别是康德的《单纯理性范围内的宗教》成了他哲学思考的真正出发点[3]。在这部著作中，康德主张真

---

① ［美］R. C. 索洛蒙：《从理性主义到存在主义》，1972 年英文版，第 39 页。（Robert C. Solomon, *From Rationalism to Existentialism：The Existentialists and Their Nineteenth Century Backgrounds*，New York：Harper & Row，1972，p. 39.——编者注）

② G. E. 米勒指出："黑格尔在图宾根研究康德的纯粹理性批判。在他的最初作品中，康德的影响还是很难发现的。"见［德］G. E. 米勒：《黑格尔》，1959 年德文版，第 54 页。（G. E. Müller, *Hegel*, Bern：Francke，1959，S. 54.——编者注）

③ W. 考夫曼认为，黑格尔的"出发点是康德的《单纯理性范围内的宗教》及伦理学"。见《发现精神：歌德、康德、黑格尔》，1980 年英文版，第 205 页。（Walter Kaufmann, *Discovering the Mind*，New York：Transaction Publishers，1980，p. 205.——编者注）

正的宗教不应奠立在自然的基础上，而仅仅只能奠立在实践理性或道德的基础上。这种宗教不依赖于任何教义、仪式或奇迹，它是以每个人的理性为真正出发点的。正如康德所宣布的：宗教"从现在起能够在理性的基础上维持自己了"。康德还主张以理性和德行为纽带，建立伦理共同体，在这样的共同体中只需要"不可见的教会"。① 这些反基督教权威的、崇仰理性的大胆思想，对青年黑格尔产生了重大的影响。黑格尔在1795年致谢林的信中宣称："理性和自由永是我们的口号，无形的教会是把我们联系在一起的目标。"②他愤怒地谴责了宗教和专制制度狼狈为奸的丑行，决心以康德的理性为武器，向基督教发起进攻。

首先，黑格尔通过对基督教"实证性"的批判，控诉了它对人的理性的漠视。在黑格尔看来，一种宗教如果奠立在强制性、权威性的基础上，那就是实证宗教。基督教的实证性并不是一开头就有的，而是经过漫长的历史发展逐步形成的。③ 黑格尔发现，实证宗教的最有害的做法是把教义强加于人，要求人们无条件地顺从它，"这样做的结果使理性成了一个纯粹的接受的器官，而不是立法的器官"④。这种强制性的教义甚至被推广到对儿童的教育中，使他们从小就屈从于信仰，以致理性和智慧不能得到自然的发展。⑤ 黑格尔尖锐地指出："一旦教会组织忽视理性，它就只可能是一个忽视人的组织了。"⑥这充分表明了黑格尔对

---

① ［德］康德：《单纯理性范围内的宗教》，1934年英文版，第79、86、92页。（Immanuel Kant，*Religion within the Limits of Reason Alone*，trans. Theodore M. Greene and Hoyt H. Hudson，Chicago：The Open Court Publishing Company，1934，pp. 79，86，92.——编者注）

② 苗力田：《黑格尔通信百封》，上海人民出版社1981年版，第31页。

③ ［德］黑格尔：《早期神学著作》，1948年英文版，第71、167页。（G. W. F. Hegel，*Early Theological Writings*，trans. T. M. Knox，The University of Chicago Press，1948，p. 71，p. 167.——编者注）

④ 同上书，第85页。

⑤ 同上书，第115页。

⑥ 同上书，第143页。

理性和人的尊重。其次，黑格尔故意把耶稣描绘成康德伦理学的说教者和理性的推崇者、启蒙者。《耶稣传》一开头就宣布："那打破一切限制的纯粹理性就是上帝本身。世界的规划一般说来是按理性制定的；理性教人认识他的使命和生活的无条件的目的。"①黑格尔笔下的耶稣是不讲信仰的，他只要求人们为理性和美德服务。最后，在批判基督教的实证性的过程中，黑格尔还力图表明自己对理性的看法。他认为，理性和信仰是完全对立的，理性无疑是高于信仰的："理性的立法作用是不复依赖任何别的东西。对于理性，无论在地上或天上都没有另外一个权威能够现成地提出另外一个裁判的标准。"②

上述论述表明，黑格尔的理性观还处在康德的影响下，甚至连语句都是康德式的。但是在法兰克福期间（1797—1800）写的《基督教的精神及其命运》一书中，黑格尔却开始转而清算康德的伦理、宗教思想，以致 W. 考夫曼认为，这部著作是"他发展中的第一个重要的转折点"③。其实，这种倾向在他 1795 年致谢林的信中已见端倪。那时他已断定康德关于上帝存在的本体论证明是站不住脚的，是"理性的冒险"④。在《基督教的精神及其命运》中，黑格尔已意识到，康德在伦理学或宗教中讲的理性立法或道德命令，不过是一种普遍的东西，是概念（concept），它只对于理解它的人说来才是有意义的。⑤ 更何况，即使对于理解它的人说来，理性的普遍立法和个人的欲望、爱好之间的冲突也是不可避免的。因而"一个命令只能表示一个应该或一个必须（an ought or a shall），

---

① ［英］H. S. 哈里斯：《黑格尔的发展》，1972 年英文版，第 198 页。（H. S. Harris, *Hegel's Development*，Oxford：The Clarendon Press，1972，p. 198.——编者注）

② 诺尔：《青年黑格尔神学著作》，图宾根 1907 年德文版，第 85 页。

③ 见《从莎士比亚到存在主义》，1959 年英文版，第 142—143 页。（Walter Kaufmann, *From Shakespeare to Existentialism*：*Studies in Poetry*，*Religion and Philosophy*，Boston：Beacon Press，1959，pp. 142-143.——编者注）

④ 苗力田：《黑格尔通信百封》，上海人民出版社 1981 年版，第 49 页。

⑤ ［德］黑格尔：《早期神学著作》，1948 年英文版，第 213 页。（G. W. F. Hegel, *Early Theological Writings*，trans. T. M. Knox，The University of Chicago Press，1948，p. 213.——编者注）

因为它是普遍的，它并不表示一个'存在'（an'is'）"①。

　　康德的学说把理性的普遍立法和个人的特殊爱好尖锐地对立起来，实际上夺去了个人的自由，从而和基督教一样，成了实证的权威。换言之，使自己的爱好和欲望无条件地隶属于康德式理性的人，无形中成了自己的奴隶。② 在《实证性》一书中，黑格尔还指责宗教不应把热情、行动视作神圣的东西，因为"理性证明了它们的偶然性"。但在《基督教的精神及其命运》中，他却竭力主张把理性和爱好、普遍和特殊、概念和实在、灵魂和肉体结合起来，这种结合物黑格尔称为"生命"（life）或"爱"（Love）。③ 黑格尔的著名研究者狄尔泰把生命或爱和理性对立起来，显然是不符黑格尔的原意的。H. S. 哈里斯就反对这种看法，认为在黑格尔那里爱和理性并不是对立的，相反，"爱本身就是作为活生生的量的理性的最重要的表现"。④

　　正是通过"生命"和"爱"这样的概念，黑格尔把"应当"（Sollen）推进到"存在"（Sein），把康德的耽于幻想的"道德"（moralitat）推进到以客观存在的社会生活为前提的"伦理"（Sittlichkeit）中。⑤ 绝不要小看这一步，这是黑格尔形成的自己独特的理性观，从而为在哲学上达到思维和存在的同一性而迈出的具有决定性意义的一步。

---

　　① ［德］黑格尔：《早期神学著作》，1948 年英文版，第 215 页。（G. W. F. Hegel, *Early Theological Writings*, trans. T. M. Knox, The University of Chicago Press, 1948, p. 215.——编者注）

　　② 同上书，第 171 页。

　　③ 同上书，第 215 页。

　　④ ［英］H. S. 哈里斯：《黑格尔的发展》，1972 年英文版，第 326 页。（H. S. Harris, *Hegel's Development*, Oxford: The Clarendon Press, 1972, p. 326.——编者注）G. E. 米勒也持同样见解："爱是理性在生命中的感性。理性在不断变化的世界中发现并实现自己的统一性。"见［德］G. E. 米勒：《黑格尔》，1959 年德文版，第 122 页。（G. E. Müller, *Hegel*, Bern: Francke, 1959, S. 122.——编者注）

　　⑤ ［加拿大］查尔斯·泰勒：《黑格尔与当代社会》，1979 年英文版，第 83—84 页。（Charles Taylor, *Hegel and Modern Society*, London: Cambridge University Press, 1979, pp. 83-84.——编者注）；［美］W. 考夫曼：《黑格尔》，1965 年英文版，第 144 页。（W. Kaufmann, *Hegel: A Reinterpretation*, *Texts and Commentary*, New York: Doubleday and Company. Inc, 1965, p. 144.——编者注）

2. 1801—1807：耶拿时期的理性观（形成阶段）

在这个时期中，黑格尔的理性观是循着两个平行的方向朝前发展的。一方面，他发表了《费希特与谢林哲学体系的差别》（1801，简称《差别》），并在与谢林一起创办的哲学评论杂志上发表了《知识与信仰》（1802）、《论自然法》（1802）等文章，从哲学上深入地批判了康德、费希特的理性观；另一方面，在 1801—1806 年，黑格尔除了为在耶拿大学取得编外讲师的资格而写的《论行星轨道》（1801）一文以外，还撰写了一系列的讲稿，主要包括《耶拿体系：逻辑学和形而上学》《耶拿实在哲学》《伦理体系》等，他在这些讲稿中初步阐述了自己的理性观。这两方面的工作糅合在一起，就构成了《精神现象学》（1807 班堡）。《精神现象学》是黑格尔整个耶拿时期的研究工作，特别是他关于理性问题的深入思考的总结和结晶。

下面先看黑格尔耶拿学术生活的第一个方面，即对康德、费希特理性观的批判。在《差别》一文中，黑格尔发现，精神与物质、灵魂与肉体、信仰与知识、自由与必然这些对立（Die Gegensätze）①都根源于康德对理性的理解，尤其是他的理性矛盾说。在康德看来，理性矛盾是荒谬的。要使上述对立得到解决，就必须重新解释理性的概念。正如马尔库塞敏锐地觉察到的那样："理性的概念是黑格尔进行辩证地再解释的第一个概念。"②

黑格尔认为，康德、费希特的哲学实际上都停留在知性的水平上，因而无法解决这些对立。按照黑格尔的看法，对于哲学来说："最高的

---

① 克罗奇认为，黑格尔对对立统一问题的思考和解决主要是在美学中的一与多、调和与不调和等矛盾的启发下开始的（参见［意］克罗齐：《黑格尔哲学中的活东西和死东西》，王衍孔译，商务印书馆 1959 年版，第 11 页）。这一观点显然是偏颇的，黑格尔的对立统一观更多的是在对自然科学、人类社会发展、宗教、伦理等问题的思考中逐步形成的。

② ［美］马尔库塞：《理性和革命》，1977 年英文版，第 43 页。（H. Marcuse, *Reason and Revolution*, *Hegel and the Rise of Social Theory*. London and Henley: Routledge and Kegan Paul, 1977, p. 43. ——编者注）

原理不是知性，而是理性。"①理性的任务是反对知性所设定的那种绝对固定的对立："理性的唯一兴趣就是扬弃这些变得固定的对立。"②正是在这个意义上，黑格尔强调："仅仅只有理性能达到绝对，它走出各种各样的局部的存在（Teilwesen）而进入绝对。"③在《知识与信仰》中，黑格尔追溯了理性（知识）与信仰关系的发展史，指出，在过去的时代里，人们常把理性称作是 eine Magd und Glaubens④，理性和信仰尖锐地对立着。但现在情况已经起变化了，信仰已渗透到哲学中，并在哲学中占了上风。这种状况正是由于康德哲学贬抑理性而促成的。在康德那里，"理性作为一个纯粹的否定性是一个绝对的彼岸的东西（ein absolutes Jenseits）"⑤。黑格尔确信，理性要战胜信仰，把握现实，就一定要达到对立的统一。在《论自然法》中，黑格尔进一步批判了康德、费希特的实践理性思想，指出：康德把特定的、有条件的道德规则提高为绝对的、普遍的东西，把理性虚悬在那里，必然导致信仰的产生。⑥ 如果说康德在道德和宗教中主张强制，那么，费希特则在法上主张强制，主张单纯的处罚。黑格尔批评说："把处罚看作强制，那它就只能是没有理性指导的规定性和某种单纯有限的东西。"⑦

---

① ［德］黑格尔：《费希特与谢林哲学体系的差别》，1981 年德文版，第 37 页。(Hegel, *Differenz des Fichteschen und Schellingschen Systems der Philosophie*, Leipzig: Reclam, 1981, S. 37.——编者注)

② 同上书，第 25 页。查尔斯·泰勒在谈到《差别》一文时说："对于黑格尔说来，哲学的任务可以被表达为克服对立的任务。"见《黑格尔》，1975 年英文版，第 76 页。(Charles Taylor, *Hegel*, London: Cambridge University Press, 1975, p. 76.——编者注)

③ 同上书，第 24 页。

④ "信仰的女仆"，见《黑格尔全集》第 2 卷，1970 年德文版，第 287 页。(G. W. F Hegel, *Werke*, Band 2, Frankfurt: Suhrkamp, 1970, S. 287.——编者注)

⑤ 《黑格尔全集》第 2 卷，1970 年德文版，第 332 页。(G. W. F Hegel, *Werke*, Band 2, Frankfurt: Suhrkamp, 1970, S. 332.——编者注)

⑥ 同上书，第 405—406 页。

⑦ ［德］库诺·菲舍尔：《黑格尔的生平、著作和学说》，1911 年德文版，第 279 页。(Kuno Fischer, *Hegels Leben, Werke Und Lehre*, Heidelberg: Winter, 1911, S. 279.——编者注)［德］库诺·菲舍尔：《青年黑格尔的哲学思想》，张世英译，吉林人民出版社 1983 年版，第 134 页。

通过这方面的批评和思索，黑格尔不仅把辩证法引入了理性概念，而且也意识到了理论理性和实践理性、知性与理性的对立统一关系。他写道："没有知性的理性是虚无（nichts），而没有理性的知性是某物（etwas）。知性不能够被抛弃。"①

现在我们来看黑格尔耶拿学术生活的另一个侧面。在《论行星轨道》一文中，黑格尔虽然由于错误地预言在火星与木星之间找不到任何行星而受到了以后的哲学家或科学家的不断的奚落②，但这篇论文却显露出黑格尔理性观发展的一个重要方向。一来，黑格尔坚持行星轨道是受理性支配的，理性与自然界是一致的③；二来，在关于该文的第一条提纲中明确地提出了矛盾的原则：contradictio est regula veri，non contradictio falsi。④ 这些思想预示了以后的思辨理性说的提出。在耶拿逻辑手稿中，黑格尔进一步打破了知性范畴的非此即彼性⑤，代之以流动着的辩证的理性范畴；在实在哲学手稿中，黑格尔把劳动看作理性在世界上实现自己的手段⑥；在伦理生活和第二精神哲学的手稿中，黑格尔把理性

---

① 《黑格尔全集》第 2 卷，1970 年德文版，第 551 页。（G. W. F Hegel，*Werke*，*Band 2*，Frankfurt：Suhrkamp，1970，S. 551.——编者注）

② ［英］卡尔·波普尔：《开放社会及其敌人》第 2 卷，1971 年英文版，第 27 页。（Karl R. Popper，*The Open Society and Its Enemies*，Vol. 2，Princeton：Princeton University Press，1971，p. 27.——编者注）

③ ［美］W. 考夫曼：《黑格尔》，1965 年英文版，第 77 页。（W. Kaufmann，*Hegel*：*A Reinterpretation*，*Texts and Commentary*，New York：Doubleday and Company. Inc，1965，p. 77.——编者注）

④ "凡是真正的东西，其规律是有矛盾，凡是假的东西，其规律是无矛盾。"见《黑格尔全集》第 2 卷，1970 年德文版，第 533 页。（G. W. F Hegel，*Werke*，*Band 2*，Frankfurt：Suhrkamp，1970，S. 533.——编者注）

⑤ 黑格尔指出："对立的任何一方都不是自为存在着的，它仅仅存在于与它相对的对立面中。"见［德］黑格尔：《耶拿草稿Ⅰ：逻辑学、形而上学、自然哲学》，1982 年德文版，第 32 页。（G. W. F. Hegel，*Jenaer Systementwurfe 1*，*Logik*，*Metaphysik*，*Naturphilosophie*，Neu herausgegeben von Rolf-Pater Horstmann，Hamburg：Felix Meiner Verlag，1982，S. 32.——编者注）

⑥ 黑格尔指出："理性首先仅仅只能存在于它的劳动中，仅仅只能在它的产品中得到实现。"见［英］S. 阿维纳里：《黑格尔的当代国家理论》，1972 年英文版，第 90 页。（S. Avineri，*Hegel's Theory of the Modern State*，London：Cambridge University Press，1972，p. 90.——编者注）

比作 an invisible hand（一只不可见的手），认为它总是在冥冥中起作用，控制和支配一切，在它的伟力之前，人不过是工具而已。[①] 这可视为黑格尔后来提出的"理性的机巧"思想的萌芽。更为重要的是，黑格尔已意识到："精神的进化本身是一个朝着逻辑或绝对认识的不断的运动。……意识的存在本身是一合理的进化过程，因为它是理性为自己而不是外于自己的实现。"[②]在这里，黑格尔已把理性看作意识或精神发展的本质与归宿，换言之，已经预告了《精神现象学》的主题。

通过上述两方面的努力，黑格尔的理性观逐步形成，并在《精神现象学》中首次得到了比较系统的表述。在《精神现象学》中，黑格尔公开宣布和谢林的非理性主义决裂，正如卢卡奇指出的："在精神现象学中，黑格尔正确地摒弃了一种主客体同一的、非理性的实现的概念，即谢林的'理智直觉'，主张从哲学上合乎理性地解决这个问题。"[③]这一决裂表明黑格尔已开始形成自己的独特的理性观。

在阐述《精神现象学》中的理性观之前，有必要重新探讨一下它的结构。卢卡奇主张根据《精神哲学》中关于主观精神、客观精神、绝对精神的三分法来理解和安排《精神现象学》的结构。[④] 这样的结构虽然有助于理解，但《精神哲学》毕竟晚《精神现象学》十年出版，用后来的成熟的思想去规范当时的想法，显然不符合黑格尔当时思想发展的实际进程。[⑤]

---

① ［德］黑格尔：《伦理生活体系和第一精神哲学》，1979 年英文版，第 69、29、32 页。(G. W. F. Hegel, *System of Ethics Life and First Philosophy of Spirit*, edited and trans. H. S. Harris and T. M. Knox, State University of New York Press，1979，pp. 69，29，32. ——编者注)

② ［德］黑格尔：《伦理生活体系和第一精神哲学》，1979 年英文版，第 197 页。(G. W. F. Hegel, *System of Ethics Life and First Philosophy of Spirit*, edited and trans. H. S. Harris and T. M. Knox, State University of New York Press，1979，p. 197. ——编者注)

③ ［匈］卢卡奇：《历史与阶级意识》，1971 年英文版，第 23 页。(Georg Lukács, *History and Class Consciousness*, trans Rodney Livingstone Cambridge, Boston：The MIT Press，1971，p. 23. ——编者注)

④ ［匈］卢卡奇：《青年黑格尔》，1976 年英文版，第 472 页。(Georg Lukács, *The Young Hegel*, trans. R. Livingstone, Boston：The MIT Press, 1976, p. 472. ——编者注) 这一见解在我国学术界也比较流行。

⑤ 参见［苏联］米·费·奥甫相尼科夫：《黑格尔哲学》，侯鸿勋、李金山译，生活·读书·新知三联书店 1979 年版，第 66 页。作者虽然赞同卢卡奇式的划分方法，但也承认，"这种划分法并不与黑格尔的划分法相符"。

根据荷夫麦斯特(J. Hoffmeister)的版本,《精神现象学》的实际结构如下：

(A)意识(Bewußtsein)

(B)自我意识(Selbstbewußtsein)

(C)(AA)理性(Vernunft)

(BB)精神(Der Geist)

(CC)宗教(Die Religion)

(DD)绝对知识(Das absolute Wissen)

这种划分方法在相当程度上保留了黑格尔的原意。它表明,《精神现象学》只有意识、自我意识、理性三大阶段。至于精神、宗教、绝对知识都是从属于理性阶段的,它们可分别被理解为"作为精神的理性""作为宗教的理性""作为绝对知识的理性"。① 许多著名的黑格尔研究专家都主张以这样的划分法来理解《精神现象学》的结构。② 根据柏格勒的考证,黑格尔1808年在纽伦堡当文科中学校长时,曾给学生讲过《精神现象学》,但考虑到学生的理解力,他只讲了意识、自我意识、理性就结束了,略去了后面这些部分。③ 这也印证了上述见解的可靠性。

按照上述结构,理性不仅成了《精神现象学》的中心,而且成了统一

---

① [德]黑格尔:《精神现象学》上卷,贺麟、王玖兴译,商务印书馆1962年版,译者序第23页注。

② [英]J. N. 芬德莱:《黑格尔:一个再考察》,1958年英文版,第355—356页;(J. N. Findlay, *Hegel, A Re-examination*, London: George Allen and Unwin Ltd, 1958, pp. 355-356.——编者注)[英]科普尔斯顿:《哲学史》第3卷,1963年英文版,第181页;(Frederick Copleston, *A History of Philosophy*, Vol. 3, London: Burns and Oates Limited, 1963, p. 181.——编者注)
[法]J. 伊波利特:《黑格尔精神现象学的创生与结构》,1946年法文版,第67页(Jean Hyppolite, *Genese et Structure de La Phenomenologie de l'Esprit de Hegel*, Paris: Aubier Édition Montaigne, 1946, p. 67.——编者注);S. 罗森在《黑格尔:智慧科学的导论》,1974年英文版,第152、184页上以直截了当的口吻指出,现象学共分三大部分,最后部分包括理性、精神、宗教和绝对知识。

③ [美]W. 考夫曼:《发现精神:歌德、康德、黑格尔》,1980年英文版,第245页。(Walter Kaufmann, *Discovering the Mind*, New York: Transaction Publishers, 1980, p. 245.——编者注)

意识和自我意识的最高阶段。黑格尔认为，意识的特点是强调对象的独立性，反之，自我意识的特点是强调自我的独立性，与外物处在对峙的、分裂的状态中。① 意识和自我意识是彼此对立的，理性的使命就是把它们统一起来，这一使命决定了它的根本原则："理性就是确知自己即一切实在这个确定性。"②这就是说，理性不但确知自己不和外物对立，而且意识到自己就是外物。理性即实在，实在即理性。而要达到这样的境界，理性必须经过一系列的发展，直到使自己成为纯粹的概念知识："在概念中理性才是一切事物性，或者说，只有这种概念才是理性的真理性。"③黑格尔把理性由本能④到概念的发展看作理性本身→精神→宗教→绝对知识的一系列的过程。

先看理性本身的发展。它又可以分为以下三个小阶段。（ⅰ）"观察的理性"，其使命是通过对外物和自身的观察，把外物转化为概念："它认识事物，这就是把事物的感性（Sinnlichkeit）转变为概念。"⑤到达这一步后，它就转而对概念、思维本身进行观察，以寻求规律。但由于采取了面相学和头盖骨相学的非概念的方法⑥，因而未达到目的。于是过渡

---

① ［德］K. 希尔舍：《理性和先验的统一性》，汉堡 1981 年德文版，第 55 页。

② ［德］黑格尔：《精神现象学》，1952 年德文版，第 176 页。（G. W. F. Hegel, *Phanomenologie Des Geistes*，Herausgegeben von J. Hoffmeister, Hamburg：Felix Meiner Verlag, 1952, S. 176.——编者注）参见［德］黑格尔：《精神现象学》上卷，贺麟、王玖兴译，商务印书馆 1962 年版，第 157 页。

③ 同上书，第 283 页。参见［德］黑格尔：《精神现象学》上卷，贺麟、王玖兴译，商务印书馆 1962 年版，第 260 页。

④ 黑格尔常使用"理性本能"的概念。德文 der Vern-unftinstinkt，意即停留在情感中的理性。参见［德］黑格尔：《精神现象学》，1952 年德文版，第 189 页。（G. W. F. Hegel, *Phanomenologie Des Geistes*，Herausgegeben von J. Hoffmeister, Hamburg：Felix Meiner Verlag, 1952, S. 189.——编者注）

⑤ ［德］黑格尔：《精神现象学》，1952 年德文版，第 184 页。（G. W. F. Hegel, *Phanomenologie Des Geistes*，Herausgegeben von J. Hoffmeister, Hamburg：Felix Meiner Verlag, 1952, S. 184.——编者注）参见［德］黑格尔：《精神现象学》上卷，贺麟、王玖兴译，商务印书馆 1962 年版，第 162 页。

⑥ 即理性本能的方法。M. 韦斯特法尔认为，在黑格尔那里，"观察的理性被反复描述为单纯的理性的本能"。见《黑格尔现象学中的历史和真理》（论文集），新泽西 1979 年英文版，第 97 页。

到（ii）"行动的理性"，其使命是通过活动来寻求外物的本质或规律，亦即寻求概念，以期实现自己。它先后经历了享乐主义、自大狂和道德家的说教活动，都因偏执于个体方面而未完成其使命。这样就过渡到（iii），作为"自在自为的个体性"的理性。在这里，理性自在自为地确知到自己的实在，"它现在是以范畴本身为它的意识对象了"①。它又经历了精神动物的王国、立法的理性和审核法律的理性，才初步达到了和实在的一致，但它还带有某种主观的确信，要使它上升为客观的真理，就必须过渡到社会意识中。

接着，理性又经过了精神、宗教，最后发展到了它的最高阶段——绝对知识。在这里，理性"已获得了它的特定存在的纯粹要素，即概念"。② 这样，经过漫长的历程之后，理性终于达到了和实在的一致。换言之，终于实现了"理性即实在，实在即理性"的根本原则。这一上升到概念知识的理性成了以后逻辑学的真正入口。

在耶拿时期的著作，特别是《精神现象学》中，黑格尔比较系统地阐述了理性的形成和发展，这表明他的理性观已初步形成并已以独立的姿态出现。但严格说来，它还没有完全成熟，更没有系统地贯彻到各门具体的科学中去。

3. 1808—1831：纽伦堡、海德堡、柏林时期的理性观（成熟并贯彻阶段）

在这个时期中，黑格尔出版了《逻辑学》（1812—1810 纽伦堡）、《哲学全书纲要》（1817 海德堡）、《法哲学原理》（1821 柏林），并在一系列讲演录中详尽阐发了《哲学全书纲要》的观点。在他死后，这些讲演由他的学生整理出版。在这些著作中，黑格尔的理性观完全成熟了，并在各

---

① ［德］黑格尔：《精神现象学》，1952 年德文版，第 283 页。（G. W. F. Hegel, *Phanomenologie Des Geistes*, Herausgegeben von J. Hoffmeister, Hamburg：Felix Meiner Verlag, 1952，S. 283.——编者注）参见［德］黑格尔：《精神现象学》上卷，贺麟、王玖兴译，商务印书馆 1962 年版，第 260 页。

② 同上书，第 561—562 页。参见［德］黑格尔：《精神现象学》下卷，贺麟、王玖兴译，商务印书馆 1979 年版，第 272 页。

门具体科学中得到了辉煌的贯彻。正如阿尔森·古留加指出的，在黑格尔晚年的著作中，理性"占据着最高的位置"①。

《精神现象学》问世后，黑格尔又经过多年潜心的研究和思考，终于认识到要真正超越康德的理性观及他所开创的批判的时代，必须改造康德全部哲学理论的基础——先验逻辑。这样，改造逻辑就成了黑格尔当时的中心任务。黑格尔从两个方面来着手这一工作。

一方面，把逻辑和形而上学统一起来。在康德那里，这两者是分离的："纯粹哲学，如其只是形式的，就是逻辑，如其是限于知性的某些一定对象，就是形而上学。"②这一分离实际上正是思维（理性）和存在分离的逻辑前提。黑格尔起先一直受到这一传统思想的束缚，这从早期的法兰克福体系草稿和耶拿逻辑手稿中可以看出来。在《哲学全书纲要》中，黑格尔完全突破了这一旧观念的桎梏，他明确宣布：Die Logik fällt daher mit der Metaphysik zusammen（逻辑学与形而上学合流了）。③ 这样一来，逻辑学所研究的思想范畴同时成了客观世界的内容和本质，康德的虚幻的物自体在黑格尔那里成了真正的 das Vernünftige（理性之物）。④

另一方面，把逻辑和认识论统一起来。在康德那里，逻辑范畴是列举而不是推演出来的，因为他完全脱离认识过程来考察范畴。费希特做了范畴推演的最初尝试，但他既然未超出康德知性思维的范围，当然也不可能把认识和逻辑真正统一起来。黑格尔把逻辑思想的形式分为知

---

① ［苏］阿尔森·古留加：《黑格尔小传》，卞伊始等译，商务印书馆 1978 年版，第20 页。

② ［德］康德：《道德形而上学探本》，唐钺重译，商务印书馆 1957 年版，第 2 页。

③ ［德］黑格尔：《哲学全书纲要》，1920 年德文版，第 57—58 页。（G. W. F. Hegel, *Enyzklopädie der philosophischen Wissenschaften im Grundrisse*, Herausgegeben von G. Lasson, Leipzig: Felix Meiner Verlag, 1920, S. 57-58.——编者注）为此，K. L. 施米茨称黑格尔的逻辑为 onto-Logic(本体逻辑)，见《对话》杂志，1971 年英文版，第 699 页。

④ ［德］黑格尔：《逻辑学》第 1 卷，1975 年德文版，第 47 页。（G. W. F. Hegel, *Wissenschaft der Logik*, band 1, edited by G. Lasson, Hamburg: Felix Meiner Verlag, 1975, S. 47.——编者注）

性、辩证的或否定的理性、思辨的或肯定的理性这三个方面，并把它们看作每一逻辑真实体（Logisch-Reellen）的不可或缺的环节。这样一来，黑格尔把否定的辩证法引入了逻辑范畴，从而使它们的推演获得了永恒不息的动力。同时，黑格尔又使逻辑范畴的推演按抽象到具体的认识过程排列起来，从而达到了逻辑和认识（包括认识史）的唯心的然而是辩证的统一。

通过上述两方面的努力，黑格尔建立了一门崭新的逻辑学——辩证逻辑或思辨逻辑。新逻辑为黑格尔的理性观提供了坚实的基础，反之，黑格尔的理性也成了逻辑学的中心概念和真正的标志。正是在这样的意义上，黑格尔把逻辑称为："理性的科学（the Science of reason）。"[1]在《逻辑学》和《哲学全书纲要》中，黑格尔的理性观完全成熟了。接下去的工作就是把这种新的、成熟的理性观贯彻到各门实在的科学中去。

在《自然哲学》中，黑格尔开宗明义地指出：我们在这里所从事的，不是想象力的事情，而是理性的事情，"自然自在地就是理性"[2]。自然在其发展过程中出现了人，正是通过人的意识或精神，理性经过自然而达到了实存。[3] 这样，就过渡到了《精神哲学》。

在阐述《精神哲学》中的理性观时，我们将把有关的讲演录与之对应起来。为便于理解起见，根据拉松（G. Lasson）版本的《哲学全书纲要》，将《精神哲学》的基本构架图示如下（见图5）。

---

① ［德］黑格尔：《哲学史讲演录》第 3 卷，1955 年英文版，第 224 页。(G. W. F. Hegel, *Lectures on the History of Philosophy*, *volume* 3, trans. E. S. Haldane, London: Routledge and Kegan Paul Ltd, 1955, p. 224.——编者注) 参见［德］黑格尔：《法哲学原理》，1955 年德文版，序言第 1 页。(G. W. F. Hegel, *Grundlinien der Philosophie des Richts*, Herausgegeben von J. Hoffmeister, Hamburg: Felix Meiner Verlag, 1955, S. 1.——编者注) 黑格尔指出："所谓理性学（Vernunftlehre），即逻辑。"有些黑格尔研究者，如 Q. 劳尔就直呼黑格尔的逻辑为"理性逻辑"（the logic of reason），见《黑格尔的哲学观》，1971 年英文版，第 24 页。

② ［德］黑格尔：《自然哲学》，梁志学等译，商务印书馆 1980 年版，第 618 页。

③ 同上书，第 19 页。

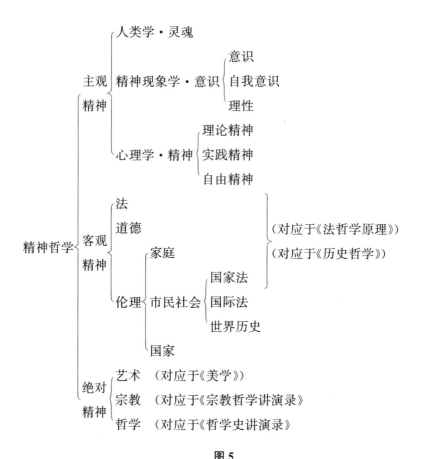

图 5

先看主观精神。在精神现象学所考察的意识之前，黑格尔又增添了一个新的、更为基本的阶段——灵魂，把它作为人类学研究的对象。黑格尔把灵魂称作"亚里士多德的被动的奴斯"（der passive Nus des Aristoteles）。① 这表明在灵魂阶段，理性（Nus）还完全处在潜在的、被动的感觉状态下。或者用另一种方式说："出现在精神的意识

<hr />

① ［德］黑格尔：《哲学全书纲要》，1920 年德文版，第 340 页。（G. W. F. Hegel, *Enyzklopädie der philosophischen Wissenschaften im Grundrisse*，Herausgegeben von G. Lasson, Leipzig：Felix Meiner Verlag, 1920, S. 340. ——编者注）参见 W. 瓦拉士英译本，牛津 1984 年版，第 12 页。

和理性中的每一样东西，都起源于感觉。"①黑格尔虽然是唯心主义者，但在这里却比较客观地说明了理性和感觉的关系。在意识阶段，理性和《精神现象学》一样是作为意识和自我意识的统一者而出现的。② 所不同的是，《精神哲学》中的"理性"一节，篇幅不到半页。原来在《精神现象学》的"理性"一章中叙述的内容，在《精神哲学》中被大大浓缩后移到作为心理学的研究对象的"精神"一节中。为什么黑格尔要做这样的改变呢？一方面，因为他既已把理性作为整个哲学的中心环节，在《精神哲学》中就没有必要再花许多笔墨专门去论述它了；另一方面，黑格尔对心理学的态度也经历了一个变化。在写《精神现象学》时，他对心理学取排斥态度，扬言现象学就是"要取代对知识基础的心理学解释"③。在《精神哲学》中，黑格尔把经过他的思辨理性改造的心理学容纳进来了。在精神阶段，黑格尔反复强调一定要把心理学的知识奠立在确定理性的基础上。黑格尔认为，直觉、想象中都渗透着理性④，至于思维，不过是"能动的理性"⑤。

再看客观精神。我们先叙述法哲学中的理性观。在《法哲学原理》中

---

① ［德］黑格尔：《哲学全书纲要》，1920 年德文版，第 347 页。（G. W. F. Hegel, *Enyzklopädie der philosophischen Wissenschaften im Grundrisse*, Herausgegeben von G. Lasson，Leipzig：Felix Meiner Verlag，1920，S. 347.——编者注）参照 W. 瓦拉士英译本，牛津 1984 年版，第 21 页。

② 黑格尔说："在意识和自我意识的统一中，精神直觉到作为它的自我的一般的对象和作为自在自为地被规定了的它自己的内容：理性，即精神的概念。"见［德］黑格尔：《柏林现象学》，M. J. 佩特利编注德英对照本，伦敦 1981 年版，第 26 页；参见 W. 瓦拉士英译本，牛津 1984 年版，第 46 页。

③ ［美］W. 考夫曼：《发现精神：歌德、康德、黑格尔》，1980 年英文版，第 241 页。（Walter Kaufmann, *Discovering the Mind*, New York：Transaction Publishers，1980，p. 241.——编者注）

④ ［德］黑格尔：《哲学全书纲要》，1920 年德文版，第 387 页。（G. W. F. Hegel, *Enyzklopädie der philosophischen Wissenschaften im Grundrisse*, Herausgegeben von G. Lasson，Leipzig：Felix Meiner Verlag，1920，S. 387.——编者注）参见 W. 瓦拉士英译本，牛津 1984 年版，第 67 页。

⑤ ［德］黑格尔：《哲学全书纲要》，1920 年德文版，第 405 页。（G. W. F. Hegel, *Enyzklopädie der philosophischen Wissenschaften im Grundrisse*, Herausgegeben von G. Lasson，Leipzig：Felix Meiner Verlag，1920，S. 405.——编者注）参照 W. 瓦拉士英译本，牛津 1984 年版，第 88 页。

的"抽象法"和"道德"部分，黑格尔着重阐述了理性和意志的关系，他认为理性是无限的，而意志则是有限的。① 人在理性和思维中是无限自由的，但在意志的驱使下一投入行动，就变成有限的了。在"伦理"部分，他主要阐述了理性和自由的关系："自由之成为现实乃是理性的绝对目的。"②在《历史哲学》中，黑格尔把世界历史看作理性或精神追求自由的历史，并主张以自由意识的不同程度来划分世界历史的不同时期。正如 Q. 劳尔所指出的，对于黑格尔来说，"理性的进程是成为自由的进程"③。

最后看绝对精神。在《美学》中，黑格尔探讨了理性和感性的关系，主张"美就是理性与感性的统一"④。在《宗教哲学讲演录》中，他把上帝即理性作为研究对象，并强调："宗教是理性自身启示的作品，是理性最高的形式。"⑤在《哲学史讲演录》中，黑格尔开宗明义地指出：哲学史所昭示给我们的正是"理性知识的珍宝"⑥。

综上所述，黑格尔理性观的发展经历了一个由具体科学上升到哲学和逻辑，然后又重返具体科学的圆圈式的过程。这一过程充分显示了黑格尔哲学所包含的巨大的历史感和丰富的内容。

四、黑格尔理性观之历史地位

马克思和恩格斯曾经说过："一切划时代的体系的真正内容都是由

---

① ［德］黑格尔：《法哲学原理》，1955 年德文版，第 37 页。（G. W. F. Hegel, *Grundlinien der Philosophie des Richts*, Herausgegeben von J. Hoffmeister, Hamburg：Felix Meiner Verlag, 1955, S. 37. ——编者注）

② ［德］黑格尔：《法哲学原理》，范扬、张企泰译，商务印书馆 1982 年版，第258 页。

③ ［美］Q. 劳尔：《黑格尔的哲学观》，纽约 1971 年英文版，第 30 页。

④ ［德］黑格尔：《美学》第 1 卷，朱光潜译，商务印书馆 1979 年版，第 78 页。

⑤ ［德］黑格尔：《宗教哲学讲演录》第 1 卷，1962 年英文版，第 62 页。（G. W. F. Hegel, *Lectures on the Philosophy of Religion*, Volume 1, trans. E. S. Haldane, London：Routledge and Kegan Paul Ltd, 1955, p. 62. ——编者注）

⑥ ［德］黑格尔：《哲学史讲演录》第 1 卷，1955 年英文版，第 1 页。（G. W. F. Hegel, *Lectures on the History of Philosophy*, Volume 1, trans. E. S. Haldane, London：Routledge and Kegan Paul Ltd, 1955, p. 1. ——编者注），第 1 页。

于产生这些体系的那个时期的需要而形成起来的。"①在评价黑格尔理性观的历史地位时，我们必须着眼于黑格尔所生活的那个时代的理论需要和实践需要。只有这样做，才能真正揭示出黑格尔理性观的底蕴，使之得到客观的、公正的评价。

(一)黑格尔理性观之理论意义

要了解黑格尔理性观的理论意义，必须先搞明白，在当时的理论背景下，哲学的中心课题是什么？这个课题和理性究竟有怎样的关系？

根据黑格尔的看法，自近代哲学发端以来，"思维与存在的统一是一开头就立即提出来了(本质是普遍的，是思维)；这个统一永远是最重要的中心"②。从这个中心课题中又辐射出一系列比较具体的对立，即(1)神的存在与神的概念的对立；(2)善与恶的对立；(3)人的自由与必然性的对立：(ⅰ)人的自由和神是唯一的绝对的决定者的对立，(ⅱ)人的自由与自然的必然性的对立；(4)灵魂与肉体的对立。③

这些对立织成了一张巨大的思想之网，笼罩着哲学、神学、伦理学、历史学、自然科学等领域。近代的哲学家无一不在这张巨大的思想之网中挣扎。从近代哲学的创始人、二元论者笛卡尔开始，唯理论和经验论这两大阵营遥遥相对，最后在康德那里综合起来了。有趣的是，康德和笛卡尔一样是一个二元论者。④ 他把这些对立统统吸收到自己的哲

---

① 《马克思恩格斯全集》第3卷，人民出版社1960年版，第544页。

② ［德］黑格尔：《哲学史讲演录》第3卷，1955年英文版，第258页。(G. W. F. Hegel, *Lectures on the History of Philosophy*, Volume 3, trans. E. S. Haldane, London: Routledge and Kegan Paul Ltd, 1955, p. 258. ——编者注)

③ 同上书，第164—165页。

④ 正如浮士德所诵吟的：
"在我的心中啊，盘踞着两种精神，
这一个想和那一个离分！
一个沉溺在强烈的爱欲当中，
以固执的官能贴紧凡尘，
一个则强要脱离尘世，
飞向崇高的先人的灵境。"
见［德］歌德：《浮士德》，董问樵译，复旦大学出版社1982年版，第58页。

学中，却又没有力量去解决它们。在康德那里，思维和存在的对立集中表现为理性和本体（理念）的对立。这一对立在伦理学中显现为自由意志和追求幸福的欲望之间的冲突，在神学中显现为对上帝存在的本体论证明的驳斥［即上帝的概念不等于上帝的存在，想象中的一百塔勒不等于口袋中所实有的一百塔勒（塔勒是一种货币单位）］。

　　费希特扬弃了康德的物自体，试图从自我出发来沟通思维和存在的关系，但由于他的自我始终受制于非我或外来刺激的束缚，因而未能达到这个预想的目的。于是，他把伦理学作为自己哲学的归宿。但在这个领域里，他仍然屈居于康德形式主义道德理论的卵翼之下。在这个意义上，可以说费希特就是康德的《实践理性批判》。谢林以同一哲学超出了费希特，但他强调直觉式的、无中介的同一。这种同一实际上只发生在艺术中，发生在康德早已开拓出来的目的论的领地中。在这个意义上，可以说谢林就是康德的《判断力批断》。在真正严格的哲学意义上，费希特和谢林都没有超出康德，超出他全部学说的真正底蕴和基础——《纯粹理性批判》。①

　　当黑格尔开始其学术生涯的时候，影响最大的仍然是康德哲学，换言之，时代仍然是批判哲学的时代。和黑格尔同辈的舒尔茨（G. E. Schulze）、弗里斯（J. F. Fries）就是公开打着批判主义的招牌出现的。这就是说，当时的哲学依然在思维和存在的对立中煎熬。黑格尔是逐步意识到这个时代的中心课题的。他早年厕身伦理、宗教、历史、自然科学等领域时，处处都碰到不可解决的对立。经过深入的思考，他终于意识到，这些对立全都导源于思维和存在这一最高的对立。这就驱使黑格尔走向哲学。②

----

　　① A. 塞思在《从康德到黑格尔的发展》（纽约，1924 年英文版）第 54 页上说："如果说在哲学思考中费希特是从《实践理性批判》的结果出发的，那么谢林是以《判断力批判》作为他的出发点。"参见［英］科普尔斯顿：《哲学史》第 7 卷，1963 年英文版，第 5—6 页（Frederick Copleston, *A History of Philosophy*, Vol. 3, London: Burns And Oates Limited, 1963, pp. 5-6.——编者注）中类似的论述。

　　② H. S. 哈里斯认为："当黑格尔写体系残篇时，他已经决定，如果可能的话，就成为一个职业的哲学家。"见［英］H. S. 哈里斯：《黑格尔的发展》，1972 年英文版，第 xxxii 页。（H. S. Harris, *Hegel's Development*, Oxford: The Clarendon Press, 1972, p. xxxii.——编者注）

在整个耶拿时期，他从哲学上批判了康德，清算了费希特、谢林、舒尔茨等人的思想。在把一切思想的枝蔓清理干净之后，他发现《纯粹理性批判》的巍峨大厦仍然屹立在眼前。这个大厦还有一个更为坚实的基础——先验逻辑，这种逻辑又以亚里士多德开创的形式逻辑为依托。只要黑格尔还在形式逻辑和先验逻辑的基地上思维，他的哲学仍然只是康德母腹中的一个胎儿。耶拿时期逻辑学和形而上学的分离表明，黑格尔还没有真正超越康德。① 在《精神现象学》后，黑格尔潜心研究逻辑学，终于通过辩证逻辑的创立，超越了《纯粹理性批判》，超越了形式逻辑和先验逻辑，从而也超越了康德所开创的批判时代，达到了思维和存在的真正的和解。②

"思维和存在统一"这个时代的中心课题和理性有着最为密切的联系。因为理性正是思维的本质和核心，正是思维的象征和标志。康德的批判哲学分裂了思维和存在，从而在认识论上不可避免地导致了理性的衰落，使整个时代"走到对于理性的绝望"③。在《逻辑学》中黑格尔深有感触地写道："在我们这里流行最广的哲学思考，也并未超出下列结果之外，即理性不能认识到真的内涵，至于绝对的真理，就须付之信仰……这样，康德哲学为思维懒惰提供了可以用来靠着休息的靠垫（ein Polster），因为一切都已经证明了，完结了。"④

---

① A. B. 科林斯认为，"黑格尔依靠向康德批判的前提的挑战开创了精神现象学"。参见［美］M. 韦斯特法尔：《黑格尔现象学中的方法和思辨》（论文集），1981年英文版，第1页。如把这里说的"前提"理解为先验逻辑，那么黑格尔在现象学中并未专门触及。

② S. 罗森写道："我斗胆主张，不掌握黑格尔逻辑学的主旨，他的任何著作或演讲都是不可能以正确的方式加以阅读的。"见［美］S. 罗森：《黑格尔：智慧科学的导论》，1974年英文版，第 xiv 页。(See S. Rosen, *G. W. F. Hegel: An Introduction to The Science of Wisdom*, New Haven: Yale University Press, 1974, p. xiv.——编者注)

③ ［德］黑格尔：《小逻辑》，贺麟译，商务印书馆1980年版，第34页。

④ ［德］黑格尔：《逻辑学》第1卷，1975年德文版，第44页。(G. W. F. Hegel, *Wissenschaft der Logik*, Band 1, edited by G. Lasson, Hamburg: Felix Meiner Verlag, 1975, S. 44.——编者注)海涅在谈到康德哲学时说："以前理性像太阳一样围绕着现象世界旋转并试图去照耀它，但康德却让理性这个太阳静止下来，让现象世界围绕着理性旋转，并使现象世界每次进入这个太阳的范围内，就受到照耀。"他的意思只是强调康德把理性作为哲学探讨的中心，而并不意味着康德是崇尚认识意义上的理性的。

黑格尔抓住了理性概念，也就等于抓住了时代的中心课题。从理论上看，黑格尔的理性具有以下三个根本的特征。这些特征既是他解决思维和存在对立的主要措施，也是他的理性观的划时代的贡献和重大的理论意义。

1. 理性是逻辑、认识论、本体论三者一致的中介者

在黑格尔之前，逻辑、认识论、本体论这三者是各自分离的，这在康德哲学中表现得尤为明显。黑格尔是哲学史上第一个在唯心主义基础上把这三者统一起来的哲学家。在黑格尔的哲学中，理性观和这三者的一致是互为前提的。没有这三者的一致，就不可能有黑格尔的辩证逻辑，从而也就不可能有他这样的理性观；反之，没有黑格尔的独特的理性观，这三者的统一也是不可能实现的。前一层意思我们已有所涉及，这里主要论述后一层意思，即理性在三者统一中的作用。

通常认为，逻辑、认识论、本体论的统一有两方面的含义：一是逻辑与本体论的统一，二是逻辑和认识论的统一。黑格尔是如何达到前一个统一的呢？他主要融合并发挥了古希腊哲学家关于逻各斯和奴斯是宇宙万物的灵魂和本质的思想。当然，黑格尔是站在唯心主义的立场上，站在他所理解的柏拉图和亚里士多德的立场上来发挥上述思想的。他在《逻辑学》中谈到概念时这样写道："它只是思维的对象、产物和内容，是自在自为的事情，是 Logos，是存在着的东西的理性，是带着事物之名的东西的真理。"① 由此可见，没有逻各斯、奴斯或理性，逻辑和本体论的合流是不可能的。那么，黑格尔又是如何达到后一个统一的呢？后一个统一的关键正在于对认识论中的核心概念——理性的理解。黑格尔提出了思辨理性的概念，并把它作为每一逻辑真实体的最高环节。正是由于这个环节，逻辑范畴从抽象到具体的发展才成为可能，从而逻辑和认识论的一致才得以成立。不难看出，理性在逻辑、认识论、本体论三

---

① ［德］黑格尔：《逻辑学》第 1 卷，1975 年德文版，第 18—19 页。（G. W. F. Hegel, *Wissenschaft der Logik*, Band 1, edited by G. Lasson, Hamburg: Felix Meiner Verlag，1975，S. 18-19. ——编者注）

者的统一中起着不可或缺的中介作用。

上述两种统一还必然蕴含着第三种统一，即认识论和本体论的统一。这种统一，用黑格尔的语言来表示，就是主观理性和客观理性的统一，或理性和理性对象的统一①，用明白易懂的哲学语言来表示，就是思维和存在的统一。

由此可见，逻辑、认识论、本体论三者的统一必然蕴含着思维和存在的统一，正如黑格尔在《精神现象学》中所宣布的：das Denken ist Dingheit，oder Dingheit ist Denken。② 其实，在黑格尔那里，逻辑、认识论、本体论分别对应于绝对理性、主观理性、客观理性。认识论和本体论在逻辑学中的统一，也就是主观理性和客观理性在绝对理性中的统一。这充分表明，逻辑、认识论、本体论三者的统一正是以理性为纽带而建立起来的，理性是黑格尔哲学的真正主题。③

必须强调指出的是，黑格尔以理性为中介建立起来的逻辑、认识论、本体论三者的一致绝不仅仅是其哲学中的一个合理的因素，而是其整个哲学体系得以构成的根本方法和途径。不少黑格尔的研究者都比较注重他的认识论，这固然有可取的地方，但光凭这方面的研究是解不开黑格尔之谜的。事实上，如果黑格尔光着眼于认识论方面的思索，他是不可能超越康德的。正是凭借着这三者的一致，黑格尔建立了庞大的客观唯心主义的体系，从而把康德开创的整个批判的时代远远地抛在

----

① 黑格尔认为："理性产生合理的东西，理性就是它自己的对象。"见［德］黑格尔：《哲学史讲演录》第 3 卷，1955 年英文版，第 21 页。（G. W. F. Hegel, *Lectures on the History of Philosophy*，Volume 3，trans. E. S. Haldane，London：Routledge and Kegan Paul Ltd，1955，p. 21.——编者注）

② "思维就是物性，或者说，物性就是思维。"见［德］黑格尔：《精神现象学》，1952 年德文版，第 410 页。（G. W. F. Hegel, *Phanomenologie Des Geistes*，Herausgegeben von J. Hoffmeister，Hamburg：Felix Meiner Verlag，1952，S. 410.——编者注）

③ R. 海斯认为，在黑格尔那里，对理性的信仰达到了最高点。见《黑格尔、克尔凯郭尔、马克思：三个改变文明进程的伟大思想家》，1975 年英文版，第 191 页。（R. Heiss，translated by E. B. Garside，*Hegel，Kierkegaard，Marx；Three Great Philosophers Whose Ideas Changed the Course of Civilization*，New York：Delacorte Press/S. Lawrence，1975，p. 191.——编者注）

后面。

2. 理性是意识和自我意识的统一者

在《精神现象学》和《精神哲学》中，黑格尔把理性视作意识和自我意识的统一者。黑格尔为什么要这样做呢？要了解其底蕴，必须对近代哲学做一简略的回顾。

笛卡尔作为近代哲学的肇始者，提出了"我思故我在"（Cogito，ergo sum）的著名命题，并由此而推演出上帝和物质世界的存在。他把"我"（思维之我）作为绝对的出发点，从而使近代哲学一下子转入了主观性的领域。笛卡尔的"我思"显示出已觉醒的思维的能动性和力量。康德驳斥了笛卡尔的不以经验对象为前提的"我思"的空洞性，同时又继承并推进了它所蕴含着的思维的能动性。康德提出的"自我意识"（即统觉的原始综合统一）的概念，把它作为"整个人类认识范围内的最高原理"[1]。在黑格尔看来，康德的自我俨如一洪炉、一烈火，吞并销融一切散漫杂多的感觉材料，把它们归结为统一体，"纯粹统觉被康德看作是自我化（Vermeinigen）[外物]的能动性"。[2] 然而，在康德那里，自我意识的统一只是主观的，它实际上并不归属于知识以外的对象本身。费希特进一步把自我意识提高为自己整个哲学的出发点，费希特的"自我"不仅是思维的主体，而且也是行动和实践的主体。正如 T. 罗克莫尔所说，对于费希特说来，自我和行动是同义的术语。[3] 但费希特的自我归根结底仍是主观的，缺乏客观化自己的力量，而且，费希特和笛卡尔一样把"自我"作为起点，这是不符合人类认识的实际进程的。

---

① ［德］康德：《纯粹理性批判》，1929 年英文版，B135 页。（Immanuel Kant, *Critique of Pure Reason*, trans. Norman Kemp Smith, London: Macmillan and Co, Limited, 1929, B135.——编者注）参见［德］康德：《纯粹理性批判》，蓝公武译，商务印书馆 1960 年版，第 102 页。

② ［德］黑格尔：《小逻辑》，贺麟译，商务印书馆 1980 年版，第 122 页。

③ ［美］T. 罗克莫尔：《费希特、马克思和德国的哲学传统》，1980 年英文版，第 13 页。（T. Rockmore, *Fichte, Marx, and German Philosophical Tradition*, Carbondale and Edwardsville: Southern lllinois University Press, 1980, p. 13. ——编者注）

黑格尔按照意识、自我意识、理性这样严格的秩序来排列这三个概念，其目的有二：一是把意识而不是自我意识作为认识的起点，这就约束了笛卡尔、费希特的"自我"的过分要求，把近代哲学的整个潮流朝客观化的方向推进了；二是保留并扩大了在康德那里还显得苍白无力的自我意识的能动性，这样一来，意识就不仅仅是实体而同时是主体了。作为意识和自我意识的统一者的理性成了能动的普遍或普遍的自我。由于包含着这种客观化的巨大的能动性，黑格尔的理性才成了支配世界的绝对的力量。①

更重要的是，在黑格尔那里，理性的能动性不仅表现在思维中，而且表现在实践中。这是黑格尔从歌德②、费希特那里继承过来的最为重要的思想之一。黑格尔对实践的能动性的倚重，不仅体现在《精神现象学》中的"行动的理性"、《逻辑学》中的"善"或"意志"、《精神哲学》中的"实践的精神"的论述中，而且体现在他的全部哲学思想中。③ 正如黑格尔所宣布的：die Vernunft das Zweckmäßige Tun ist（理性乃是有目的的行动）。④ 正因为黑格尔的理性有实践的力量，它才能统一思维和存在，而康德缺乏的正是这一点。黑格尔认为，理论理性和事物的彼此外在是康德哲学的最后观点，而"动物并不是老停留在这个观点上，它通过实

---

① W. 瓦拉士认为，黑格尔哲学是对"奠基并构成世界全部错综复杂的运动的理性的有机发展的一个说明"。见 W. 瓦拉士：《黑格尔哲学研究导论》，1894 年英文版，第 2 页。（Wallace William, *Prolegomena to the Study of Hegel's Philosophy and Especially of his Logic*，London：Oxford University Press，1894，p. 2.——编者注）

② W. 考夫曼认为，歌德在发现精神中的一个重大贡献是，提出了"人就是他的行为"的思想。这一思想对黑格尔产生了很大的影响。见［美］W. 考夫曼：《发现精神：歌德、康德、黑格尔》，1980 年英文版，第 22 页。（Walter Kaufmann, *Discovering the Mind*，New York：Transaction Publishers，1980，p. 22.——编者注）

③ W. R. 柏耶尔认为："所有黑格尔的思维三步过程，都含有一个实践的环节。"见中国社会科学院哲学研究所西方哲学史研究室：《国外黑格尔哲学新论》，中国社会科学出版社 1982 年版，第 270 页。

④ ［德］黑格尔：《精神现象学》，1952 年德文版，第 22 页。（G. W. F. Hegel, *Phanomenologie Des Geistes*，Herausgegeben von J. Hoffmeister，Hamburg：Felix Meiner Verlag，1952，S. 22.——编者注）

践达到了两者的统一"①。

3. 理性是辩证法的承受者

康德的理性矛盾说是最有影响的哲学遗产之一。② 根据康德的观点，理性矛盾是建基于理性的本性之上的，因而是必然的，不可避免的。但康德只承认思维着的理性有矛盾，不承认客观世界本身有矛盾，充分显露出他对世界事物所采取的温情主义的态度。在康德之后，谢林也比较重视矛盾，认为绝对（即理性）活动的"唯一决定性的原因就是它本身内的一种持续不断的矛盾"③。但谢林的矛盾观同样是不彻底的，因为他把绝对看作一个无差别的统一体，既然无差别，又怎么可能产生矛盾及矛盾运动呢？显然，在康德和谢林那里，理性都不是以矛盾学说为核心的辩证法的真正的、积极的承受者。

黑格尔从两方面着手来改造康德的理性矛盾说：一是量的改造，把康德的四组矛盾扩大到一切现实之物发展的始终；二是质的改造，主要引进了斯宾诺莎"规定就是否定"（Limitation is negation）④的思想，从而在辩证的、否定的理性上设置了思辨的、肯定的理性。在做了这样的改造之后，理性就不再停留在怀疑主义的单纯否定的阴影中，而是成了辩证法的真正承受者。总之，黑格尔的思辨理性说取代了康德的理性矛

---

① ［德］黑格尔：《哲学史讲演录》第 3 卷，1955 年英文版，第 454—455 页。（G. W. F. Hegel, *Lectures on the History of Philosophy*, *volume 3*, trans. E. S. Haldane, London: Routledge and Kegan Paul Ltd, 1955, pp. 454-455. ——编者注）

② 克罗纳甚至认为："没有康德纯粹理性批判中的先验的辩证法，黑格尔完全不可能发现辩证方法。"见［德］黑格尔：《早期神学著作》，1948 年英文版，第 5 页。（G. W. F. Hegel, *Early Theological Writings*, trans. T. M. Knox, The University of Chicago Press, 1948, p. 5. ——编者注）

③ ［德］谢林：《先验唯心论体系》，梁志学、石泉译，商务印书馆 1976 年版，第 57 页。

④ ［美］A. 沃尔夫：《斯宾诺莎通信集》，1928 年英文版，第 270 页。（Spinoza, *The Correspondence of Spinoza*, edited and trans. A. Wolf, New York: Russell & Russell, p. 270. ——编者注）这个命题通过热衷于斯宾诺莎哲学的歌德在《浮士德》中创造的靡非斯陀的著名格言"我是否定的精神"（I am the spirit that negates）对德国思想界产生了普遍的影响。在黑格尔之前，谢林也提到这个命题，参见［德］谢林：《先验唯心论体系》，梁志学、石泉译，商务印书馆 1976 年版，第 105 页。

盾说。正是从思辨理性说出发，黑格尔把思维和存在的同一描绘成一个矛盾发展的过程，从而彻底扬弃了谢林的"理智直觉说"，使人们对同一的认识真正成为可能。

更为重要的是，黑格尔把理性辩证法的思想引入了历史领域①，特别是通过对异化问题的探讨，黑格尔从唯心主义的立场上，深刻地揭露了人类社会，尤其是资本主义社会发展演进中的某种深层的、带规律性的东西。正是借助于辩证法的力量，黑格尔的思维方式获得了巨大的历史感，这使他的思想的发展与世界历史的发展紧紧保持平行。正如恩格斯所指出的："这个划时代的历史观是新的唯物主义观点的直接的理论前提。"②

正因为黑格尔的理性观具有上述根本特征，他才得以运用它来解决思维和存在关系这个时代的中心课题，反之，这个中心课题的解决，又使黑格尔重振了理性的权威。马克思主义经典作家在批判地继承黑格尔哲学的合理内核和费尔巴哈哲学的基本内核的基础上，改造了黑格尔的理性观，从而形成了辩证唯物主义的理性观。这一科学的、划时代的理性观在非理性主义泛滥的当代哲学思潮中显示出强大的生命力。

(二)黑格尔理性观的现实意义

黑格尔的理性观虽然有着思辨的、形而上学的外观，但却从骨子里卷入了现实生活和现实斗争中。它有权和唐·吉诃德一样自豪地宣布："我的服装是甲胄，我的休息是斗争。"黑格尔理性观的现实意义特别明显地表现在他对理性与人，理性与革命，理性与自由、国家关系的论述中。

1. 理性与人

如果说原始的努尔人用击碎自己牙齿的方法来显示人和动物的区别③，那么黑格尔则把理性作为人区别于动物的根本标志。在《逻辑学》

---

① 捷·伊·奥伊则尔曼指出黑格尔注意的中心始终是人类历史的辩证法。见[苏联]捷·伊·奥伊则尔曼：《辩证法史——德国古典哲学》，徐若木、冯文光译，人民出版社1982年版，第222页。
② 《马克思恩格斯全集》第13卷，人民出版社1962年版，第531页。
③ [德]利普斯：《事物的起源》，汪宁生译，四川民族出版社1982年版，第55页。

中，他给人下了一个形而上学的定义："人的规定性是思维的理性。"①
理性是黑格尔哲学的中心概念，正是通过这个概念，黑格尔确立了人的崇高地位。在柏林大学开讲词中，当谈到理性的振兴时，他满怀信心地说："人应尊敬他自己，并应自视能配得上最高尚的东西。"②在《自然哲学》中，当他谈到人以理性的机巧来征服自然时，援引了索福克勒斯《安提戈涅》中的两行著名的诗："世上没有什么比人更能干，他做什么都不会束手无策。"③黑格尔对人的重视不仅表现在他的一系列重要的论述中，而且也表现在他整个哲学体系的布局中。在《哲学全书纲要》中，黑格尔把精神哲学(关于人的学问)置于最高点，充分表明了人在他哲学中的至高无上的地位。

不少黑格尔的研究者都看到了这一点。克罗纳认为，《精神现象学》"是作为上帝的形象的人的自传"④，K. J. H 温迪希曼把黑格尔的著作看作"人的解放的启蒙读本"⑤，Q. 劳尔主张，黑格尔哲学"本质上完全是一种人的哲学"，他甚至称黑格尔是"人道主义者"⑥。

黑格尔关于人的观点经常遭到两方面的曲解。一种曲解是：黑格尔追随柏拉图，信奉"国家是一切，而个人是虚无(nothing)"⑦的极权主义

① ［德］黑格尔：《逻辑学》第 1 卷，1975 年德文版，第 110 页。(G. W. F. Hegel，*Wissenschaft der Logik*，band 1，edited by G. Lasson，Hamburg：Felix Meiner Verlag，1975, S. 110. ——编者注)黑格尔也说："人本质上是理性"。见［美］黑格尔：《哲学史导论》，1966 年德文版，第 104 页。(Hegel, *Einleitung in die Geschichte der Philosophie*，Hrsg. von Johannes Hoffmeister, Hamburg：Meiner, 1966, S. 104. ——编者注)

② ［德］黑格尔：《小逻辑》，贺麟译，商务印书馆 1980 年版，第 122 页。

③ ［德］黑格尔：《自然哲学》，梁志学等译，商务印书馆 1980 年版，第 7 页。

④ ［德］黑格尔：《早期神学著作》，1948 年英文版，第 47 页。(G. W. F. Hegel，*Early Theological Writings*，trans. T. M. Knox, The University of Chicago Press, 1948, p. 47. ——编者注)

⑤ 苗力田：《黑格尔通信百封》，上海人民出版社 1981 年版，第 213 页。

⑥ ［美］Q. 劳尔：《黑格尔的哲学观》，1971 年英文版，第 15、55 页。(Q. Lauer，*Hegel's Idea of Philosophy*，New York：Fordham University Press, 1971, pp. 15, 55. ——编者注)J. 伯比奇称黑格尔的学说为"历史人道主义"。见《哲学和现象学研究》，布朗大学出版(季刊)，1981 年第 xLii 卷，第 183 页。(*Philosophy and Phenomenological Research* 42. 2(1981)，p. 183. ——编者注)

⑦ ［英］波普尔：《开放社会及其敌人》第 2 卷，1971 年英文版，第 31 页。(Karl R. Popper, *The Open Society and Its Enemies*，Vol. 2，Princeton：Princeton University Press，1971，p. 31. ——编者注)

学说。这种看法显然是没有根据的，黑格尔在法哲学中就批评过柏拉图，认为他的"理想国"忽视了个人的权利。在黑格尔看来，个人利益与国家权益的结合，特殊性与普遍性的结合，才是他所主张的君主立宪的资产阶级国家的根本前提。另一种曲解是：在黑格尔的整个学说中，个人是完全没有地位的。① 按照这种理解，费尔巴哈的人本主义似乎完全是在反黑格尔学说的基础上产生的。② 其实，费尔巴哈对黑格尔的人的学说也有继承的一面。黑格尔把宗教的发展看作人和神（上帝）逐渐合而为一的过程。在历史哲学讲演录中，他引证了席勒的两句诗：Da die Götter menschlicher noch waren，waren Menschen göttlicher③，认为在宗教发展的最高阶段——天启宗教中，人和神通过基督这个人物完全合而为一。④ 如果把黑格尔的这一思想和《精神现象学》中关于异化的观点结合起来，那就很容易看出费尔巴哈人本主义的核心观点——上帝是人的本质的异化——和黑格尔学说的某种亲缘关系。

理性和人，正是黑格尔毕生关注的焦点。⑤

2. 理性与革命

黑格尔从不把理性与革命对立起来，相反，他强调："世界历史是

---

① 科普尔斯顿认为："按照克尔凯郭尔的观点，黑格尔主义是没有现存的个体的地位的：它仅仅只能使他以一种幻想的方式普遍化。"见［英］科普尔斯顿：《哲学史》第 3 卷，1963 年英文版，第 336 页。（Frederick Copleston, *A History of Philosophy*，Vol 3，London：Burns And Oates Limited，1963，p. 336.——编者注）

② 事实上，费尔巴哈本人也宣称，自己的任务是瓦解黑格尔的思辨神学，以便"将神学还原于人本学"。《费尔巴哈哲学著作选集》下卷，荣震华等译，生活·读书·新知三联书店 1962 年版，第 23 页。

③ "神愈近人，人愈近神"。见［德］黑格尔：《历史哲学讲演录》，1976 年德文版，第 579 页。（G. W. F. Hegel, Vorlesungen über die Philosophie der Weltgeschichte, Bd 2-4，Auf Grund der Nachschriften hrsg. v. G. Lasson，Hamburg：Felix Meiner Verlag，1976，S. 579.——编者注）

④ A. 柯杰弗由此而认为，"对黑格尔说来，宗教思想的真正对象是人本身"。见《读黑格尔导论》，1980 年英文版，第 71 页。（A. Kojève, *Introduction to the Reading of Hegel*，New York：Cornell University Press，1980，p. 71.——编者注）

⑤ H. S. 哈里斯认为："确切地说，黑格尔一生研究的真正焦点是人。"见［英］H. S. 哈里斯：《黑格尔的发展》，1972 年英文版，第 30 页。（H. S. Harris, *Hegel's Development*，Oxford：The Clarendon Press，1972，p. 30.——编者注）

永恒理性的产物，正是理性决定了它所有伟大的革命。"①黑格尔关于"合乎理性的东西是现实的，现实的东西是合乎理性的"命题正是对法国革命的理论概括。恩格斯在《路德维希·费尔巴哈和德国古典哲学的终结》一文中评述黑格尔哲学时，就非常敏锐地抓住了这个命题，但不少资产阶级学者却单纯从哲学上或语词的意义上来理解这个命题，因而不能把握它的革命实质。② 其实，这个命题的革命倾向是不言而喻的：从否定方面看，它告诉我们，凡是现存的、丧失必然性的东西，都应当灭亡；从肯定方面看，它告诉我们，凡是合乎理性、概念、理念的东西注定会成为现实，在一份新发现的黑格尔学生的听课笔记中，黑格尔甚至这样解释这个命题："合乎理性的东西是必然会发生的。"③字里行间，迸发出革命的火花。

当然，黑格尔并不是资产阶级激进派的代表，尤其到晚年时，他的思想渐趋调和、保守，人民与贵族阶级的联合成了他根本的政治主张。这时他要求人们"在现在的十字架中去认识作为蔷薇的理性，并对现在感到乐观，这种理性的洞察，会使我们跟现实调和（Versöhnung）"④。

3. 理性与自由、国家

黑格尔认为："所有的人都是有理性的，由于具有理性，所以就形

---

① ［德］黑格尔：《世界历史哲学讲演录导论》，1982 年英文版，第 41 页。(G. W. F. Hegel, *Lectures on the Philosophy of World History*, *Introduction*, trans. H. B. Nisbet, London：Cambridge University Press，1982，p. 41.——编者注)

② 波普尔认为，黑格尔这个命题不过是柏拉图和康德思想结合的产物。在柏拉图那里，Idea(理念)＝real(现实的)，因为柏拉图仅仅把不变的理念看作现实的。在康德那里，蕴含着 Idea＝Reason(理性)的思想，因为在先验辩证论中，康德谈到了"纯粹理性的概念"。黑格尔把上述两个等式结合起来了，于是产生了这个命题：Real＝Reason。见［英］波普尔：《开放社会及其敌人》第 2 卷，1971 年英文版，第 41 页。(Karl R. Popper, *The Open Society and Its Enemies*, Vol 2, Princeton：Princeton University Press，1971，p. 41.——编者注)诚然，黑格尔的思想受到柏拉图和康德较大的影响，但以这样的方式解释这个命题，却难免有文字游戏之嫌。在 S. 胡克看来，黑格尔既然把"理性"和"现实"看作同义的概念，那么这个命题就是"最赤裸裸的同义反复"(the barest tautology)，见《从黑格尔到马克思》，伦敦 1936 年英文版，第 20 页。

③ ［瑞士］J. 布劳恩：《理性的威力》，孙汇琪译，《哲学译丛》1983 年第 2 期。

④ ［德］黑格尔：《法哲学原理》，1955 年德文版，第 16 页。(G. W. F. Hegel, *Grundlinien der Philosophie des Richts*, Herausgegeben von J. Hoffmeister, Hamburg：Felix Meiner Verlag，1955，S. 16.——编者注)

式方面说，人是自由的，自由是人的本性。"①康德、费希特的学说表明了自近代以来人的自由意识的普遍觉醒，但他们的自由还是耽于幻想的，难以实现的。② 在黑格尔看来，"自由只是在通过法律把一个民族结合成一个国家时才是可能的"。③ 黑格尔这里说的"国家"并不是任何意义上的国家，而是指君主立宪的资产阶级国家。

在黑格尔看来，只有这样的国家，才是"永恒理性的图像"④，才是自由意识的归宿，黑格尔的理性观在现实方面寻求的最高目标正是这样的国家。"当黑格尔在他的"法哲学"一书中宣称君主立宪是最高的、最完善的政体时，德国哲学这个表明德国思想发展的最复杂但也最准确的指标，也站到资产阶级方面去了。换句话说，黑格尔宣布了德国资产阶级取得政权的时刻即将到来。"⑤

(三) 黑格尔理性观之局限性

如同任何一个徽章都有它的反面一样，黑格尔的理性观也有它的局限性。这些局限性主要表现在以下三个方面。

1. 黑格尔的理性观是唯心的

在黑格尔那里，绝对理性是宇宙万物的创造者，而个人、特殊的理

---

① ［德］黑格尔：《哲学史讲演录》第 1 卷，1955 年英文版，第 21 页。(G. W. F. Hegel, *Lectures on the History of Philosophy*，Volume 1，trans. E. S. Haldane, London：Routledge and Kegan Paul Ltd，1955，p. 21.——编者注)H. S. 哈里斯认为："黑格尔所理解的理性是自由和法则的综合。"见［英］H. S. 哈里斯：《黑格尔的发展》，1972 年英文版，第 xxiv 页。(H. S. Harris, *Hegel's Development*，Oxford：The Clarendon Press，1972，p. xxiv.——编者注)

② G. 罗斯指出："康德和费希特不是具体地想象自由，因为对于他们说来，自由依赖于必然性领域(理论理性)和自由的领域(实践理性)之间的绝对差别。"见［英］G. 罗斯：《黑格尔反社会学》，剑桥大学出版社 1981 年英文版，第 55 页。

③ ［德］黑格尔：《黑格尔政治著作选》，薛华译，商务印书馆 1981 年版，第 93 页。B. 鲍桑葵认为："把国家理解为自由的实现是黑格尔法哲学的目的。"见［英］B. 鲍桑葵：《国家的哲学理论》，伦敦 1970 年英文版，第 228—229 页。

④ ［德］黑格尔：《法哲学原理》，1955 年德文版，第 235 页。(G. W. F. Hegel, *Grundlinien der Philosophie des Rechts*，Herausgegeben von J. Hoffmeister, Hamburg：Felix Meiner Verlag，1955，S. 235.——编者注)

⑤ 《马克思恩格斯全集》第 8 卷，人民出版社 1961 年版，第 16 页。

性不过是绝对理性的一种表现。费尔巴哈尖锐地批判了黑格尔的唯心主义的理性观，指出："实在，理性的主体只是人。是人在思想，并不是我在思想，并不是理性在思想。"①马克思站在更高的立场上批判了黑格尔理性观的唯心主义倾向，指出黑格尔的理性实质上是一种纯粹的、永恒的、无人身的理性，"纯理性的运动又是怎么回事呢？就是它安置自己，把自己跟自己对置，自相结合，就是它把自己规定为正题、反题、合题，或者就是它自我肯定、自我否定和否定自我否定"②。马克思强调指出，理性、观念、范畴并不是独立的、永恒的东西，它是人按照自己的社会关系创造出来的，是历史的暂时的产物。③ 这就告诉我们，黑格尔的理性观在其原有的、唯心主义状态下是荒谬的。

2. 黑格尔的理性观包含着某种神秘主义的成分

黑格尔的哲学不仅一般地突出了理性的作用，而且把它过分地神化了，以致费尔巴哈干脆把黑格尔的逻辑学称作"理性化和现代化了的神学"④。马克思虽然高度评价了黑格尔理性观中包含的丰富的辩证法思想，但也坚决反对黑格尔故弄玄虚地把一切现实问题都转变为思辨问题的唯心主义的神秘做法。正是在这个特定的意义上，马克思称黑格尔的学说为"逻辑的泛神论的神秘主义"⑤。

3. 黑格尔的理性观有不少牵强附会之处

Style is the mirror of mind. ⑥ 当黑格尔从唯心主义的立场出发来阐

---

① 《费尔巴哈哲学著作选集》上卷，荣震华等译，生活·读书·新知三联书店1959年版，第180页。

② 《马克思恩格斯全集》第4卷，人民出版社1958年版，第142页。

③ 同上书，第144页。卓越的马克思主义者普列汉诺夫也认为："人的理性不能是历史的动力，因为它本身是历史的产物。"见[俄]普列汉诺夫：《论一元论历史观之发展》，博古译，生活·读书·新知三联书店1973年版，第198页。

④ 《费尔巴哈哲学著作选集》下卷，荣震华等译，生活·读书·新知三联书店1962年版，第103页。

⑤ 《马克思恩格斯全集》第1卷，人民出版社1956年版，第250页。

⑥ "风格是思想的镜子。"见[美]W. 考夫曼：《发现精神：歌德、康德、黑格尔》，1980年英文版，第166页。（Walter Kaufmann, *Discovering the Mind*, New York：Transaction Publishers，1980，p. 166.——编者注）

述自己的理性观时，有时也按照自己的需要来改铸、附会前人的思想。如阿那克萨戈拉的奴斯实际上指的是一种物质性的东西，而黑格尔却和历史上的许多唯心主义者一样，把它理解为精神性的东西。又如亚里士多德在《论灵魂》一书中提出了"被动的理性"（intellectus passivus）和"主动的理性"（intellectus agens）的概念。① 在亚里士多德那里，这两种理性都是灵魂所具有的能力，前者像一张白纸，是灵魂接受事物概念的一种潜在的能力②，后者则从事物中抽绎出概念，使之从潜在的可理解性变成现实的可理解性。③ 黑格尔曲解了亚里士多德的意思，在《哲学史讲演录》中把"被动的理性"解释为自然，从而把理性和自然的关系转换成两种理性的关系。列宁称此为"一个唯心主义者唯心的牵强附会之说的典型例子"④。

黑格尔理性观的局限性是有深刻的历史根源的。从马克思主义的观点看来，黑格尔的绝对理性不过是德国资产阶级要求的思辨的表达。黑格尔从唯心主义立场出发，把一切都理性化、精神化了，包括人们改造世界的实践活动。这样一来，他仅仅是以思想上的革命伴随了法国的政治革命。黑格尔的唯心主义的理性观归根结底是德国资产阶级的软弱性的一种折光。

黑格尔唯心主义理性观还有其思想认识方面的根源。马克思在《神圣家族》一书中非常透彻地揭示了这一点："思辨的理性在苹果和梨中看出了共同的东西，在梨和扁桃中看出了共同的东西，这就是'果实'。具有不同特点的现实的果实从此就只是虚幻的果实，而它们的真正的本质则是'果实'这个'实体'。"⑤列宁在《哲学笔记》中进一步从认识史的角度

---

① 罗斯英译为 passive reason 和 active reason。见《亚里士多德》，1930 年英文版（第2版），第148—153页。（W. D. Ross, *Aristotle*, London: Methuen & Co., Ltd., 1930, pp. 148-153. ——编者注）

② 被动的理性"像一张还没有任何词写在上面的纸，但许多词能够被写上去"。［意］托马斯·阿奎纳：《亚里士多德的论灵魂》，1954 年英文版，第423页。

③ ［意］托马斯·阿奎纳：《亚里士多德的论灵魂》，1954 年英文版，第428页。

④ 列宁：《哲学笔记》，中共中央马克思恩格斯列宁斯大林著作编译局译，人民出版社1974年版，第322页。

⑤ 《马克思恩格斯全集》第2卷，人民出版社1957年版，第72页。

阐发了马克思的上述观点，指出当原始唯心主义把一般（概念、观念）看作单个存在物的时候，已以萌芽状态预示了黑格尔的唯心主义学说。①

概而言之，黑格尔的理性观尽管有一定的局限性，但其历史地位是不容忽视的，正如 W. 考夫曼在评价黑格尔的哲学时所说的那样：Distinction and danger are twins②。

五、结束语

160 余年前，黑格尔在柏林大学的讲坛前，以慷慨激昂的神情宣布了理性和科学的权威。他告诉听众：那隐蔽着的宇宙本质是没有力量阻遏人类理性的进军的，对于勇毅的求知者，它只能揭开自己的秘密，把财富公之于众。

黑格尔逝世之后，理性也随之而式微了。各种非理性主义的思潮应运而生，夺取了思想界的王座。在非理性主义思潮的泛滥中，新黑格尔主义扮演了一个重要角色。特别是狄尔泰在 1906 年出版了《青年时期的黑格尔》这部著作之后，新黑格尔主义的非理性主义倾向日趋明朗，以致克罗纳公然宣布："毫无疑问，黑格尔是哲学史上所知道的最大的非理性主义者（der größte irrationalist）。"③如果黑格尔还活着的话，他一定会像恺撒一样感叹道：恺撒自己并不是恺撒派。

与非理性主义的泛滥相对峙的是马克思主义，马克思主义的创始人是德国古典哲学的理性主义传统的当然继承者。正如恩格斯指出的：我

---

① 列宁：《哲学笔记》，中共中央马克思恩格斯列宁斯大林著作编译局译，人民出版社 1974 年版，第 421 页。

② "卓越与贻害是双生子"。见《从莎士比亚到存在主义》，1959 年英文版，第 155 页。（Walter Kaufmann, *From Shakespeare to Existentialism*: *Studies in Poetry*, *Religion and Philosophy*, Boston: Beacon Press, 1959, p. 155. ——编者注）

③ ［德］克罗纳：《从康德到黑格尔》，1924 年德文版，第 271 页。（R. Kroner, *Von Kant bis Hegel*, Tübingen: J. C. B. Mohr, 1924, S. 271. ——编者注）

们德国的社会主义者"以我们不仅继承了圣西门、傅立叶和欧文，而且继承了康德、费希特和黑格尔而感到骄傲"①。

历史在演进，时代在发展。一个多世纪过去了，理性和信仰、科学和迷信的斗争仍然在继续着，其激烈程度有增无减。在这样的情况下，立足于当代实践的需要，以严肃批判的进取精神，重温这位理性主义大师的学说，将更坚定我们对理性、对科学的信念。

马克思说过："哲学则求助于理性。"②遵循着马克思主义的道路前进，理性和科学必将兴盛，信仰和迷信必将陨落，正如浮士德所说：

> 浮光只徒炫耀一时，
> 真品才能传诸后世。③

---

① 《马克思恩格斯全集》第 38 卷，人民出版社 1972 年版，第 577 页。
② 《马克思恩格斯全集》第 1 卷，人民出版社 1956 年版，第 123 页。
③ ［德］歌德：《浮士德》，董问樵译，复旦大学出版社 1982 年版，第 5 页。

现代西方哲学方法多棱镜十二篇[①]

一、思想史上的多米诺效应
——克罗纳的哲学史研究方法

人类思想史是一个巨大的宝库。在这个宝库里，有浩如烟海的著作和论文，也有汗牛充栋的手稿和札记。无论是有志于深入这个宝库去觅宝的人，还是偶尔涉足去游览的人，面对着这一巨大的库藏，都会感到深深的困惑和迷茫：怎么去把握思想史发展的线索呢？换言之，怎么使一大堆零碎的、杂乱的思想资料获得一种内在的、有机的生命力呢？

让我们先从多米诺骨牌说起。多米诺是西方国家常见的一种长方形的骨牌。如果把许多骨牌排成一行，推倒第一张后，其余所有的骨牌都会依次倒下。这常常被西方人称为"多米诺效应"。那么，在人类思想史上，在一个个依次排列的哲学家的著作中，是否

---

① 原载《书林》1986 年第 1—12 期。收录于俞吾金：《文化密码破译》，上海远东出版社 1995 年版，第 138—201 页。——编者注

也存在着某种类似的"多米诺效应"呢？如果存在，第一张骨牌又是什么呢？

带着这样的问题去读德国著名的新黑格尔主义者克罗纳的巨著《从康德到黑格尔》，我们一定会得到不少启发。

在《从康德到黑格尔》的序言中，克罗纳提出了三种研究并撰写哲学史的方法。第一种方法他称为"文化史的方法"，那就是把哲学史上所有哲学家的学说放在他所生活的那个时代的广阔的文化背景（一定的政治、宗教、科学、艺术等意识形态构成的特殊的氛围）中来考察。说得形象一点，就是把演员和舞台一起加以审视。这种方法气势宏大，时代感强，如同我们在读列夫·托尔斯泰的《战争与和平》时一样，为绚丽多彩的历史画面所深深地激动。问题是，这种"文化史的方法"所昭示的历史与时代的画面是过分宽广、过分宏大了，这是使研究者们却步的一个根本原因。另外，由于这种方法过多地着眼于横向的联系，着眼于哲学以外的联系，因此很难简要地揭示出整个思想史发展的脉络和线索。

第二种方法叫"传记的方法"，就是紧紧围绕历史上哲学家的个人的生活经历、人格与气质去透视他们思想的发展和演变，去描述整个哲学史前进的脚步。这种研究方法有点类似于显微镜下的考察，着眼点小，牵涉面窄。运用这种方法研究哲学史，研究者如同置身于小巧玲珑的苏州园林中，小桥流水，曲廊雕栏，也别有一番引人入胜之处。但由于其视野过于狭窄，很难窥见思想史演化的底蕴，倒很可能在"小园香径独徘徊"的过程中迷了路，误解了诸哲学家的思想真谛。故这种方法也很少为研究者们所取法。

那么，我们所要寻求的"多米诺效应"究竟在何处呢？也许，克罗纳提出的第三种方法，即"问题史的方法"，会给我们一个比较满意的回答。这种方法既撇开哲学和其他文化形式的联系，又撇开有关哲学家私人的一切传闻和逸事，而专注于思想史发展的内在逻辑或内在必然性。那么，引导哲学家不断去思索、引导整个思想史不断向前进展的因素又是什么呢？在克罗纳看来，正是问题。

用这种方法去检视整个思想史，就会发现，一个个哲学家的肖像都悄然隐去了，杂乱的、汗牛充栋的著作和手稿也悄然隐去了，剩下来的只是一连串问题。所谓思想史或哲学史，也就是问题史，就是由一连串问题构成的神圣的链条，克罗纳所推崇的正是这种方法。《从康德到黑格尔》一书也正是用这种方法写成的。它力图使读者沿着这样的思路去思考：康德提出了哪些哲学问题？其中哪些被他解决了，哪些则遗留下来了？费希特又是怎样去解决康德所没有解决的问题的？他又留下了哪些未解决的问题？接着谢林又是怎样去解决费希特留下的问题的？而黑格尔又是如何去解决谢林留下的问题的？等等。通过这一方法，整个德国古典哲学发展史宛然呈现在读者的眼前，这也正是这部两卷本的巨著受人重视的地方。

　　克罗纳的哲学史研究方法——"问题史的方法"较充分地显示了"多米诺效应"。哲学史上的全部问题在这里不过是一列依次相接的多米诺骨牌。那么，在这秩序井然的无数块骨牌中，哪一块骨牌是引起"多米诺效应"的第一块骨牌呢？如果以发展线索比较清楚的西方哲学史为考察对象，我们就会发现，第一块骨牌就是米利都学派的泰勒斯提出的世界本原是什么的问题。人类思想史的整个伟大行程正是从这个最简单的问题开始的，它虽然只是涓涓细流，但经 2000 多年的流程之后，却汇成了烟波浩渺的思想海洋。

　　从哲学史上看，克罗纳既不是重视问题的第一个哲学家，也不是最后一个哲学家。亚里士多德在《形而上学》中就已告诉我们，哲学起源于惊奇，发端于哲人对各种问题的思考。拉斐尔在他的传世之作《雅典学院》中，以极为丰富的想象力，把一大批不同时代、不同地域、不同学派的思想家汇聚在一个大厅中。这些思想家或坐或站，或三五成群或独自冥思，他们在讨论、思索的是什么呢？无非是问题。当我们以克罗纳的"问题史的方法"去审视、鉴赏这幅杰作的时候，我们发现，画面上的人物全都消匿不见了，剩下来的已是一个巨大的问号。于是，我们会和狄尔泰在《梦》的报告中一样得出如下的结论："永不熄灭的形而上学的动力是想解决世界和生活之谜。"在现代西方哲学中，无论是新康德主义者文德尔班，还是科学哲学的著名代表波普尔；无论是分析哲学还是释义学，都十分注重问题的价值和意义。

写到这里，我突然觉得，不管是人类的思想史，还是科学史、艺术史、伦理史等无非都是问与答之间的无休止的、永远开放的对话。撇开一切偶然的无关紧要的因素，发现问题，抓住问题，从问题入手，就是我们进入科学和哲学大厦的一条捷径。

二、"一切历史都是当代史"
——克罗齐的史学研究方法

一提起历史，人们自然而然地会联想起地下墓室中干枯的尸骨和珍贵的文物，想起档案馆里尘封的资料和虫蛀的史籍。历史就是过去，过去就是历史。但克罗齐说，"一切历史都是当代史"，这岂不是把历史抛入硫酸池了吗？且慢下结论。

让我们先从克罗齐的思想特征说起。贝奈戴托·克罗齐是意大利著名的新黑格尔主义者，尽管他竭力否认这一点，但他学说的唯心主义倾向，却证实了这个事实。在克罗齐看来，精神、思想是先于一切、涵盖一切的。在他史学观的代表作——《历史学的理论和实际》一书中，他宣称："我们在'存在'的海洋中不论航行多么远，我们决离不开界限分明的思想海洋。"从这一思想基点出发，克罗齐把历史分为两种。一种是编年史，即按年月日的顺序记叙历史事件。乍看上去，编年史有一种科学的外貌和博学的尊严，其实，它缺少精神的关照和思想的滋养，它不过是一组空洞的、无意义的名词的组合。在它那里，"活生生的东西被扼杀了，那是一种把已割下来的头颅重新安放到肩头上去获得生命的无益的企图"。有时候，克罗齐也把编年史称为"华美的无知"。另一种是真正的历史。在这种历史的撰写中，精神不再枯坐在包厢中，而是活跃在舞台中心，把史学家当前"生动的体验"和"想象性的重建"融到乏味的历史事件中，融到木乃伊的僵硬的躯体中。在克罗齐的视野里，历史是活的编年史，编年史则是死的历史；历史是当前的历史，编年史则是过去的历史；历史主要是一种思想活动，而编年史则主要是一种意志的活动。在谈到编年史和真正的历史的关系时，克罗齐也一反先有编年史后有历史的传统见解，坚决主张："先有活人，后有死尸；把历史看作编年史的孩子等于认为活人应由死尸去诞生；死尸是生命的残余，犹之编年史是历史的残余一样。"

在克罗齐看来，一切历史的写作都和史学家当前的心境、体验、思想和好恶分不开的，这就是说，史学家总是把自己当前的精神活动和意向像袈裟一样覆盖到历史事件的躯体上。写到这里，每个读者自己不也可以导出"一切历史都是当代史"的结论了吗？克罗齐问我们，为什么希腊史、罗马史、基督教史、宗教改革史、法国革命史以及其他历史一再被重写，并且每次都写得不一样呢？这是因为历史本质上只能是一种当代史，它的意义只能存在于当代人对它的解释中。所谓纯客观的历史只能是天真的幻觉。

那么，史学家当前的思想和体验，好恶和灵感又是从哪里来的呢？克罗齐告诉我们，是从生活中来的："显而易见，只有现在生活中的兴趣方能使人去研究过去的事实。因此，这种过去的事实只要和现在生活的一种兴趣打成一片，它就不是针对一种过去的兴趣而是针对一种现在的兴趣的。"看起来，过去的历史事实早已死去，甚至和古人的肉体一起腐烂了，但一旦当前生活的发展需要它们时，死历史就会复活，过去史就会变成当代史，"罗马人和希腊人躺在墓室中，直到文艺复兴时期欧洲人的精神有了新出现的成熟，才把它们唤醒"。于是，我们又回到了"历史是生活的教师"这句古老的格言面前。历史教诲生活，生活选择历史，这就是克罗齐所倡导的新的史学研究方法。

对"一切历史都是当代史"这一命题所蕴含的新的史学精神和方法表示高尚的愤慨，痛斥它的唯心主义倾向，这是最轻松不过的了。但这并不是思想的工作，而是情感的滥用。重要的是揭示出这个命题真正有价值的方面，以便为我们当前的史学研究提供灵感和契机。

首先，克罗齐的史学研究方法启示我们，为历史而研究历史不过是一种学究式的幻觉。对历史题材的选择和评价永远受到当前生活中的某种需要和兴趣的左右。我们常说的"古为今用"或"六经注我"就包含着这层意思。当然，把历史研究和现实生活融合起来，这并不等于实用主义，并不等于把历史看作任人打扮涂抹的小姑娘。事实上，克罗齐也坚决反对把历史当作政治权术或娱人耳目的工具。研究历史是为了获得真理，以指导现实生活。

其次，这个命题在史学研究中倡导了一种类似哥白尼的革命精神和方法。在以往的历史研究中，过去是轴心，现在围绕过去而旋转。自从克罗齐说出这个命题之后，一切都改观了，现在成了轴心，过去则围绕现在而旋转。在方法论上自觉地认识到这一点是非常重要的。在我国当前的改革中，我们对其他一切领域的现代化都有了迫切的感受，却唯独把历史给撇开了。仿佛历史就是凝固的过去，和现在隔着不可逾越的鸿沟似的。其实，史学研究中同样存在着现代化的问题，不光是研究手段上的现代化，而且在研究方向和课题上都应该深深地打上现代生活和思想的烙印。

最后，克罗齐的史学方法在处理人与历史的关系中，强调了人的作用。在克罗齐的眼光中，历史并不锁在博物学家和考古学家的档案柜中，"历史存在我们每一个人身上，它的资料就在我们自己的胸中"。如果忽视史学家在历史研究中的作用，那么他们就成了拉美特利笔下的机器了。

总之，历史是活的，历史是面向今天的，历史是人所理解和表述出来的，这就是克罗齐的"一切历史都是当代史"的著名命题给予我们的启示。

三、潜意识的投射
——弗洛伊德的精神分析方法

假如你在乘船时突然发现前方海面上出现了一座冰山，这时候，你是否会联想到，在海平面的下面，还有你的目光所无法见到的更为巨大的下半截冰山？同样，当你在社会生活中，在和形形色色的人的接触中，当你看到人们总是彬彬有礼地在谈吐，总是非常理智地在思考或行动时，你是否会想到，在人们心灵的底层，还有一个巨大的潜意识（又译无意识）领域？这个领域如同海面下的冰山部分一样很少引起人们的注意，但它却无时无刻不起着重要的作用。

这就是奥地利著名的心理学家西格蒙特·弗洛伊德所创立的精神分析的方法所要向人们揭示的主要东西。弗洛伊德宣称："我可以向你们担保，只要承认潜意识的过程，你们就已经为世界和科学的一个决定性的新倾向铺平了道路。"如果说哥伦布发现了新大陆的话，那么弗洛伊德则发现了人类心灵中的新大陆。弗洛伊德的学说刚诞生时，有的人把它讥为"厕所里的俏皮话"，但不久，人们不约而同地感受到他的学说所引起的巨大震动，以致有人干脆提出把整个西方文明划分为"前弗洛伊德期"和"后弗洛伊德期"。弗洛伊德的学说所引起的巨大震动特别表现在他所倡导的精神分析的方法中，而这一方法的实质就是潜意识的投射。

要了解潜意识的投射是怎么一回事，就先得搞清楚潜意识究竟是什么东西。根据弗洛伊德的观点，人的心理是由意识、前意识和潜意识三部分构成的。意识是人的心理结构中最高的最明智的部分，作为诸心理因素的统治者，它支配和协调着人的各项精神活动，使之达到连贯性、和谐性与一致性。前意识是指记忆中的东西，它停留在意识的近处，随时可以进入意识之中。潜意识是心理中最下层的东西，它表现为种种人类社会的法律、伦理、宗教所不能允许的原始的动物般的本能和欲望：

这些本能和欲望(其中最重要的是性欲即"力比多"),时时刻刻扰动着并试图闯入人的意识之中,而意识则努力把这些冲动压抑下去。这种冲动和反冲动、压抑和反压抑的冲突构成了人的精神生活和人格的真正内容。人并不是单纯理智的构成物,人来到这个世界上,并不只是为了去认识这个世界:去获得关于这个世界的知识,人同时要生活,要追求享乐。总之,人是灵与肉的统一体。有欲望在,有本能在,也就有潜意识在。有潜意识在,它就一定要宣泄出来,不管意识如何压抑它,它总是努力表现自己,顽强地把自己投射到人的一切活动中。

梦是人类生活中最常见的现象。在弗洛伊德之前,梦的解释披着厚厚的宗教迷信的袈裟。弗洛伊德告诉我们,梦就是受压抑的潜意识在意识中的投射,是经过乔装的人的欲望的一种满足和完成。一个白天因干渴而喝不到水的人,晚上会梦见自己在喝水,这就是潜意识中的欲望的一种投射。梦不是一种荒诞的、无意义的东西,它是人的内在精神世界的自我展现。

人的认识活动呢?同样也是潜意识的投射。狄德罗早就说过,人的理智并不是一束干燥的光,它总是和人的情感、欲望混合在一起的。在弗洛伊德看来,人的认识过程同时也是人把自己的欲望、本能和情感连同思维本身一起投射到客观世界去的过程。投射和反映不同。反映是把外部的事物反映到主体中来,是一种被动的感知,投射则是把主体深层的东西释放并扩张到外界的事物上去;反映是摹写,而投射则是创造;反映着眼于外在信息的输入,投射则着眼于内在信息的输出。弗洛伊德在深入研究了日常生活中的心理变态以后,得出了这样的结论:人在认识中(包括在日常生活中)的错误(包括笔误、口误、疏忽、遗忘等)也是潜意识投射的结果。举例来说,一个会议主席在会议开幕式上致辞时,本打算说"宣布开会",却说成"宣布闭会"。这里的口误是怎么产生的呢?经了解才知道,当时这位会议主席非常疲劳,他内心有一种欲望:最好这个会不要开。因此,当他无意识地说出"宣布闭会"的时候,他也不自觉地说出了他潜意识中的这一强烈的欲望,这就是说,错误并不总是与社会因素或与客观情况有关的，它常常是主体潜意识中某种欲望向外投射、向外扩张的结果。

弗洛伊德还用潜意识投射的方法去审视、评价文学艺术作品。在他的视野里，艺术作品和梦是同类的东西。区别在于，在梦中，人的潜意识是自然地投射出来的；在艺术作品中，艺术家或创作家则把内心的欲望升华后投射到艺术形象或其他表现形式上。试以歌德的《少年维特之烦恼》为例。歌德年轻时攻读法律，经常去法官布扶家做客，爱上了布扶的女儿夏洛蒂。当他获悉她已和另一个青年男子格斯特订婚后，痛不欲生。正在这时，歌德的一位好友因爱上上司的太太而又无法实现这样的爱情开枪自杀了。他自杀的手枪正是向格斯特借的。正是这两个事件的刺激，激发了歌德的灵感，他把自己内心深深的爱欲升华到文学作品中，其产物就是《少年维特之烦恼》，其潜意识投射的对象则是维特这个文学形象。弗洛伊德告诉我们，文学艺术作品不仅是理智的产物，而且是情感和欲望的产物。

弗洛伊德把同样的目光投向历史。在经历了1914—1918年的第一次世界大战后，他形成了自己晚期的本能学说。他主张人有两种本能：一为生之本能，即自卫、保存自己和繁殖、保持种族；二为死之本能，即破坏的本能。历史就是两种本能的投射及相互冲突的结果。当生之本能占上风时，人类历史就表现出一片升平气象；反之，当死之本能占上风时，人类历史就陷入疯狂的战争、灾难和破坏之中。这种把人类历史的发展归于本能的实现与冲突的做法尽管是唯心的，但也为观察、评论历史提供了一个新的透视点。

弗洛伊德还用潜意识投射的方法去解释道德、宗教的起源，解释美的本质，从而对众多意识形式的研究产生了重大影响。

潜意识投射的学说尽管包含着某些偏颇之处，但它具有重要的哲学意义。一方面，它高扬了主体的能动性和创造性，发现并揭示了人类心灵中的内驱力，从而深化了始于苏格拉底的对人的问题的研究和思考。另一方面，它提供了一种新的观察方法、思考方法和理解方法，从而使人类文明史获得了新的解释。在这个意义上或许我们可以说，"偏见比无知离真理更远"这句格言本身就是一种偏见。

四、存在先于本质
——萨特前期的人学研究方法

假如有一家工厂生产裁纸刀，那么，在设计人员的脑子里，就得先有一个裁纸刀的概念。换言之，对裁纸刀的特征和性能先得有一个设想，然后才能画成图纸，并把它们成批成批地生产出来。在法国存在主义哲学家让-保罗·萨特看来，传统的哲学家之研究人，犹如工厂之生产裁纸刀，满足先入为主地把关于人的本质的一大堆概念、原则、公式套用到现实的人身上。结果，活生生的人被图解了，剩下来的只是一堆无生命的东西。就像贺德雷对雨果说的那样："你看！你好好地看看！雨果，你爱的不是人，你爱的只不过是一些原则。"萨特把这样的研究方法称为"本质先于存在"①。

萨特激烈地反对这种研究方法，在1945年一篇题为《存在主义和人道主义》的演讲中，他针锋相对地提出了"存在先于本质"的著名命题。这一命题既是他的存在主义学说的基本原理，也是他前期进行人学研究的根本方法。本文主要着眼于从后一方面来考察这个命题。

在萨特那里，"存在先于本质"究竟是什么意思呢？萨特回答道："我们的意思是，人首先在世界上存在着，经受遭遇和冲突，然后才确定自己。在存在主义者看来，人之所以不可规定，这是因为他一开始是空无所有的。他不是任何东西，直到后来，他才成为他自己造成的那个样子。"②也就是说，人并不先验地具有某种本质，人被抛入世界以后，

① 《萨特戏剧集》上，人民文学出版社1985年版，第388页。
② ［法］萨特：《存在主义和人道主义》，伦敦1978年英文版，第28页。

是在自己的一系列活动和选择中确定自己的本质的。世界对人完全是敞开的，人可以自由选择，按照自己的意向和计划去努力，去创造。这样一来，就个人而言，由于他的本质是通过他的一系列行为来确定的，因此，"人要对他所成为的那个样子负责"，他无权把这种责任推诿给别人或社会。就哲学家而言，当他用"存在先于本质"的方法去审视人，研究人时，这个人就不再是解剖刀下的人了，而成了一个有血有肉的、时刻都在活动着、变化着的人。

萨特的"存在先于本质"的研究方法是怎么提出来的呢？要回答这个问题，必须追溯到19世纪丹麦的哲学家和神学家克尔凯郭尔。克尔凯郭尔是黑格尔哲学的激烈抨击者。他为什么要这样做呢？一个重要的原因是，黑格尔完全是从知识论的角度来建立他的包罗万象的哲学体系的，他的学说是一种地地道道的"主知主义"学说。这种把哲学锚在知识论范围内的研究方法会产生什么结果呢？一方面，在哲学家的眼光中，知识是什么呢？知识无非是对世界万物（包括人在内）的本质的探讨。哲学如果只知道追求知识，追索世界万物的本质，必然会把现实地生活着的人遗忘掉，即使在研究人时，由于本质、原则、概念在先，人也会变得形销骨立，完全失去其真实性。另一方面，人和世界的关系并不仅仅是知识关系。人还有自己的需要、烦恼、痛苦、情欲等等，这些东西是知识无法改变的。正如萨特指出的："在克尔凯郭尔看来，知识并不能克服个人意识的苦难。"萨特还进一步发挥说，"各派存在哲学也许只有一点是一致的，这就是存在不能归结为认识"①。正是基于这样的思考和批判，克尔凯郭尔主张把研究抽象本质的知识哲学转变为研究个人存在的哲学。

萨特不仅继承了克尔凯郭尔的思想路线，而且通过"存在先于本质"这一命题对传统哲学的"本质先于存在"原则实现哥白尼式的倒转，空前

---

① ［法］萨特：《对方法论的探索》，1963年英文版，第12页。(J. P. Sartre, *Search for a Method*, New York：Vintage Books，1963，p. 12. ——编者注)

地发挥并推进了他老师的学说。

首先，在克尔凯郭尔那里，"孤独的个人"可以和上帝直接交流，萨特则声称上帝是不存在的，他称自己为"无神论的存在主义"的代表。为什么呢？在萨特看来，承认上帝存在也必然会承认人是上帝创造出来的，这样，你仍然在"本质先于存在"的旧靴子中打转。萨特写道："在上帝思想中的人的概念可以与工艺家思想中的裁纸刀的概念相比较，上帝按照一个程序和一个概念来创造人，完全同工艺家根据一个定义和一个公式制造裁纸刀一样。"① 为了彻底打破上帝对人的存在的干预，萨特从海德格尔那里借用了"遗弃"这个概念，说明人不是被上帝创造的，而是被遗弃在这个世界上的，人无法依托上帝，只能依靠自己来确定自己的本质："'遗弃'意味着我们自己决定我们的存在。"②

其次，萨特批判的触角比克尔凯郭尔伸得更远，更深。在无神论的哲学中，他认为普遍地存在着"本质先于存在"的现象。比如，18世纪法国的无神论哲学家都大谈特谈人的本质，他们的思想并没有跳出"本质先于存在"的窠臼。康德走得更远，以致在他的笔下，原始森林的野蛮人和文明社会的资产者有同样的定义和本质。萨特尤其不赞成康德关于"人是目的"的说法，既然人存在之初只是空无的东西，他怎么能成为目的呢？"一个存在主义者从来不会把人作为目的，因为人还有待于被确定。"③萨特还发现，人们常常把自己的存在依附于一种给定的东西。这种东西按世俗的叫法，被称为"命运"，按哲学的叫法，被称为"决定论"，即有一种在冥冥中起作用的力量在支配人的存在。萨特批判了这种观点："如果存在确实先于本质，一个人将永远不可能用一种给定的和特有的人的本质去说明他的行为；换言之，没有决定论，人是自由的，人就是自由。"④

---

①　[法]萨特：《存在主义和人道主义》，伦敦1978年英文版，第27页。
②　同上书，第39页。
③　同上书，第55页。
④　同上书，第34页。

最后，萨特还把人的存在从一定的伦理学说的影响下分离出来。萨特有个学生，他的父亲倾向于跟敌人合作，和他的母亲发生了争执，他的哥哥被德国人杀害了。于是，他和他母亲单独地生活在一起，他的母亲不能没有他。这样，他就面临着一个选择：或者到英国去参加自由法国军队，替哥哥报仇，或者留在母亲身边，陪伴她。康德的伦理思想——人是目的而不是工具——能帮助他做出选择吗？根本不能。如果他把他的母亲作为目的，那么他就把正在同德国人战斗的人们当作工具了；反之，他如果去参加战斗，就把他的母亲当工具了。这个苦恼透顶的学生来问萨特。萨特回答说："没有一种普遍的道德规则能够指示你应该做什么，世间也没有预兆会向你显示。"萨特仍然叫他的学生自由地去选择。

萨特像一个冷静的外科医生，把人从一层层给定的外在的约束即关于人的本质的种种神学、哲学和伦理学的概念和公式中剥离出来。于是，人被遗弃在这个世界上，既无任何帮助，也无任何借口，"人仅仅存在着"①。人是被宣判为自由的，他必须完全依靠自己进行活动和选择，并在这一过程中确定自己的本质。正如《禁闭》中的伊内丝对加尔散说的："你的生活就是你自己。"②也正如《苍蝇》中的俄瑞斯忒斯说的："每个人都应该开创自己的路。"③萨特还认为，人在自由选择的时候，不仅是为了自己，同时是为了整个人类，这是人不可逃避的一种责任感。这就是萨特前期的人学研究方法的基本内容。

萨特的"存在先于本质"方法的积极意义有三点。第一，它高扬了人的能动性，力图把人从种种命定论和机械决定论的束缚中解放出来。萨特对能动性的理解不是停留在意识的平面上，而是深到行动之中："除了在行动中就没有现实。"第二，强调"存在先于本质"，人就不再是一个过去就悬挂在那里的原则，而是一个活生生的存在，是向世界敞开的充

---

① ［法］萨特：《存在主义和人道主义》，伦敦 1978 年英文版，第 28 页。
② 《萨特戏剧集》上，人民文学出版社 1985 年版，第 150 页。
③ 同上书，第 94 页。

满了各种可能性的人："人是人的未来。"①用这种方法研究人，就不会光着眼于人的过去，不会把人看死，而会着眼于人的未来，从而使人学研究本身也变得丰富充实起来。第三，有利于进一步打开哲学研究的视界，使它超越单纯知识论的限界，向丰富多彩、千姿百态的人的生活世界敞开。

萨特的这一人学研究方法的消极因素是：他过分夸大了人的能动性和自由度，以致实际上造成了一种关于自由的宿命论思想。同时，他完全把人的存在和本质分离开来也是不现实的。人在行动中不可能不受关于人的本质的某种学说或见解的约束。当萨特强调个人心中应有一种为全人类选择的道德责任感时，这不是也等于把一种特殊的伦理见解置于人的行动之前了吗？在萨特后期提出的"前进与逆溯"的方法中，他自己也曾力图克服前期人学研究方法的这些弱点。

在哲学中，重要的是提出问题。萨特迈出了这一步，尽管是摇摇晃晃的，然而毕竟是难能可贵的。这对我们坚持从实际出发，克服理论界在一定程度上尚存在的"原则先于世界""概念先于事实""观念先于生活"等违反马克思主义学说的教条主义的研究方法是有一定启发的。

五、前进与逆溯
——萨特后期的人学研究方法

前进与逆溯是生活中常见的现象。一艘汽船从上游某地出发，驶到下游某地，又从那里返回到出发点。这一往返的过程也就是前进与逆溯的过程。

把这种明白易懂的现象移植到哲学中，并用一系列抽象的概念来描述它时，它就变得扑朔迷离了。法国存在主义哲学家让-保罗·萨特后

---

① ［法］萨特：《存在主义和人道主义》，伦敦 1978 年英文版，第 34 页。

期提出的"前进与逆溯"的方法，是一种分析社会现象的方法，而既然一切社会现象的主体都是人，它实际上就是一种人学研究方法。

那么，在萨特那里，"前进"与"逆溯"的含义究竟是什么呢？所谓"前进"，就是从一定时代的生产力和生产关系的矛盾出发，从经济状况、阶级斗争和意识形态领域中的冲突（特别是唯物主义与唯心主义的冲突）出发，去分析并说明某个具体的历史人物。所谓"逆溯"，就是反过来从某个具体的历史人物出发，再现他和周围环境之间的一切复杂的关系，并进一步从这些关系回溯到该时代的经济状况，特别是生产力和生产关系的矛盾中去。

萨特认为，"偷懒的马克思主义者"在分析历史人物时，仅仅使用"前进"的方法。他们习惯于用"时代背景""生产力与生产关系的矛盾""阶级斗争""唯物主义者或唯心主义者"这样的大字眼去剖析历史人物，以为只要在历史人物的名字前加上"资产阶级政治家""现实主义文学家""唯心主义哲学家"等诸如此类的定语之后，就万事大吉了，就可以像马伏里奥一样宣称："哈哈，一切都符合，一点儿没有疑惑，一点儿没有障碍，一点儿没有不放心的地方！"[①]

萨特指出，片面地运用"前进"的方法是违背马克思的初衷的。马克思在他的杰作《路易·波拿巴的雾月十八日》中说，"试图从细节上和全体上重新表演出这场悲剧"[②]。马克思致力于从总体上去分析历史事件和人物，他并不满足于那些抽象的理论条目。这是那些肤浅的后继者无法与之相比较的。萨特还认为，"偷懒的马克思主义者"所运用的这种"前进"的方法，实际上已经把马克思主义变为"僵硬的""封闭的""知识统一体"。尽管他们口口声声宣称，要从现实的人和新鲜的经验出发，从具体的历史事件出发，但所有这一切实际上都在他们的视野之外。他

---

① 马伏里奥是莎士比亚戏剧《第十二夜》中的人物，奥利维娅的管家。见《莎士比亚全集》第 4 卷，朱生豪等译，人民文学出版社 1978 年版，第 64 页。
② ［法］萨特尔：《辩证理性批判·第一分册：方法问题》，徐懋庸译，商务印书馆 1963 年版，第 22 页。萨特尔，又译为萨特。

们真正关心的是：如何把头脑里的一套僵化的理论模式投射出来。乍看起来，他们的认识途径是从个别到一般，实质上则是从一般到个别。当这套理论模式投射到历史事实上时，历史事实就被概念化了；投射到历史人物上时，历史人物就变得形销骨立，甚至干脆被推入硫酸池，消失得无影无踪了。正如席勒所诵吟的：

> 她不是降生在山谷里，
>
> 谁都不知道她来自何方，
>
> 她匆匆地辞别而去，
>
> 连踪影也随之消失。①

为什么单纯"前进"的方法会淹没，甚至消解历史人物呢？萨特认为原因有二。其一，这种方法完全忽视了人的能动性和创造性，把历史人物贬低为时代和阶级的消极的附属物。其实，"问题不在这里，问题在于要确定人在什么程度上能够决定现实"。② 其二，简单地用物质条件，特别是生产力与生产关系的矛盾这种"最抽象的条件"去分析历史人物，必然会把历史人物的性格气质，以及他身上各方面的活生生的东西视作偶然的因素加以抛弃。这样一来，这个历史人物，如拿破仑，就成了"一个剥空了的豌豆荚"，③ 剩下来的只是拿破仑这个抽象的名词，而不是这一个具体的有血有肉的拿破仑。你可以下结论说，拿破仑是军事独裁者，但军事独裁者并不一定就是这一个拿破仑。萨特强调，"我们所要指出的就是：这一个拿破仑是必然的"④。也就是说，历史人物是具

---

① 引自席勒的《来自异乡的少女》。

② ［法］萨特尔：《辩证理性批判·第一分册：方法问题》，徐懋庸译，商务印书馆1963年版，第96页。

③ 引自莎士比亚戏剧《李尔王》中弄人对李尔王的嘲讽，见《莎士比亚全集》第9卷，朱生豪译，人民文学出版社1978年版，第175页。

④ ［法］萨特尔：《辩证理性批判·第一分册：方法问题》，徐懋庸译，商务印书馆1963年版，第63页。

体的，绝不应该把它变成一个抽象的幽灵。

萨特之所以把自己的研究方法称作人学研究方法，就是因为他发现，在"偷懒的马克思主义者"的哲学中心"有一块具体的人学的空场"①，在他们那里，人被吞没在观念中，而存在主义"则在凡是人所在的地方——在他的劳动中，在他的家里，在马路上，到处去寻找人"②。

那么，怎样才能找到具体的活生生的人呢？怎样才能把这一个历史人物真实地再现出来呢？萨特并不完全否定"前进"的方法，而是主张把它和"逆溯"的方法汇合起来："我们把存在主义的研究方法规定为一种逆溯—前进和分析—综合的方法；同时这也是在对象（它包含着作为有许多层意义的整个时代）和时代（它在其总汇中包含着对象）之间的不断丰富的'一往一来'。"③

这一人学研究方法的关键在"逆溯"上。那么，"逆溯"方法的特点和具体表现是什么呢？下面我们就来考察这一问题。

如果说，"前进"的方法是演绎的、封闭的，那么"逆溯"的方法则是探索的、开放。"我这莽撞的艇，尽管小得可怜，也向你茫茫的海心大胆行驶。"④"逆溯"的方法之所以是探索的、开放的，因为它从具体的历史人物出发，从围绕着这一历史人物的种种生活的事实出发。尽管研究者也会不可避免地带有某种理论上的先入之见，但在"逆溯"的方法中，理论上的见解只起"调节器"的作用，它随时为事实敞开，并为事实所修正。"逆溯"方法的具体表现有三点。

A. 再现历史人物的"实际生活的奥秘"。比如，在研究罗伯斯庇尔时，不能停留在指出他的阶级属性和政治倾向上，而要深入地探究他的实际生活方式：作为一个富于爱国心的房东，他的淡泊、节俭，他的住

---

① ［法］萨特尔：《辩证理性批判·第一分册：方法问题》，徐懋庸译，商务印书馆1963年版，第63页。

② 同上书，第23—24页。

③ 同上书，第109页。

④ 《莎士比亚全集》第11卷，朱生豪译，人民文学出版社1978年版，第238页。

所简陋；他的衣服，他的梳妆；他的不爱"你我相称"，他的"廉洁"。要研究这些具体因素与他的政治主张之间的某种联系，就要从实际生活的总汇中去理解他的思想和活动。

B. 揭示历史人物的实际生活和他的活动产物之间的"空隙"。萨特说过："在作品与生活之间，存在着一个空隙。"①比如，福楼拜写过《包法利夫人》这部名著，他还说过，"包法利夫人就是我"，但无论如何，福楼拜与他所创造的艺术形象包法利夫人不会重合起来。这里总有一个"空隙"。如何填补这个"空隙"呢？一方面，要用作品来说明历史人物的实际生活；另一方面，要用历史人物的实际生活来说明他的作品。《包法利夫人》暴露了福楼拜的自恋症、手淫症，他的幻想性、孤独性、服从性和女性化。反之，福楼拜的实际生活，即他作为一个领取息票的地产所有者，他的特殊的家庭环境、特殊的童年、特殊的性格和气质又会以种种曲折的方式投射在他的作品上。这就是说，研究一个历史人物，一定要把传记研究和作品研究结合起来，完整地恢复他的真实的历史形象。

C. 显露出历史人物的"微分"或"变数"。萨特写道："我们的研究的方向，在这里，应当像梅洛-庞蒂所说那样，是'微分'的。"②所谓"微分"或"变数"也就是这个历史人物所具有的特殊性，换句话说，就是他与其他历史人物之间的某种差异性。要发现这些"微分"，我们就不能光着眼于历史人物的大的方面，而要着眼于他身上许多隐蔽的、偶然的、转瞬即逝的特征。在精神分析学说的影响下，萨特还竭力主张深入家庭关系去追溯历史人物的童年。萨特批评说："今天的马克思主义者只想到成人。读了他们的作品，我们便会相信我们是在我们挣到第一次工资那一年出生的。"③比如，在福楼拜成长起来的家庭中，他的父亲拥有绝对的权威，因此他的特点固定在他父亲的身上。反之，波德莱尔则固定在母亲的身上。

---

① ［法］萨特尔：《辩证理性批判·第一分册：方法问题》，徐懋庸译，商务印书馆1963年版，第105页。

② 同上书，第101页。

③ 同上书，第46页。

总之，萨特力图把"逆溯"的方法与"前进"的方法结合起来，从而把这一历史人物完整无遗地揭示出来。"这种'一往一来'能够使历史的一切奥秘的对象丰富起来，它在历史的总汇之中，规定了对象的本来还是一片空白的基地。"①正如莎士比亚笔下的安所歌唱的："去，去，往东的向东，往西的向西，等到钟鸣一下，可不要忘了，我们还要围着赫思橡树舞蹈。"②

萨特的"前进与逆溯"的方法是在反对"偷懒的马克思主义者"的简单抽象的研究方法基础上提出来的，因而具有积极的历史意义。其实，恩格斯在谈到唯物史观时，早就说过："如果有人在这里加以歪曲，说经济因素是唯一决定性的因素，那末他就是把这个命题变成毫无内容的、抽象的、荒诞无稽的空话。"③"前进与逆溯"的方法尽管夸大了历史人物的主观因素，因而有一定的局限性，但它对于我们的文学评论、哲学研究，乃至整个文化研究都有一定的借鉴意义。它使我们看到时代和历史人物之间的丰富的矛盾关系，看到历史人物的多样性、能动性和创造性。它启迪我们，不要满足于抽象的贫乏的说教，而要透过历史人物的真实生活，完整地再现出他的人格和他的风采："就像是从夜晚的云间露出的月亮，她皎洁的清辉使一切的星辰黯淡无光。"④

六、"根据症候阅读"
——阿尔都塞释读经典著作的方法

怎样阅读理论著作，尤其是马克思主义经典作家的著作，这里面确

---

① ［法］萨特尔：《辩证理性批判·第一分册：方法问题》，徐懋庸译，商务印书馆1963年版，第108页。
② 《莎士比亚全集》第1卷，朱生豪译，人民文学出版社1978年版，第274—275页。
③ 《马克思恩格斯全集》第37卷，人民出版社1971年版，第460页。
④ 《尼伯龙根之歌》，钱春绮译，人民文学出版社1959年版，第62页。

实有一个重大方法论的问题。在 1965 年出版的名著《读〈资本论〉》中，法国结构主义的马克思主义者阿尔都塞提出了"根据症候阅读"（symptomatic reading，又译为症候式阅读、症候阅读）的方法。

这一方法是相对于"直接的阅读"（immediate reading）而言的。所谓"直接的阅读"就是局限于从经典著作的字面行文上来把握其精神实质。这种方法既表面，又肤浅，不但不能从总体上把握原著的灵魂，还常常会发生误解，从而贬损了经典著作的内在价值。所谓"根据症候阅读"，不仅要注意原著的引文，而且要窥探出原著中未讲出来的、埋藏在深处的东西。这些东西并不是不可捉摸的，它通过一系列的"症候"表现出来。"症候"这一术语是阿尔都塞从弗洛伊德学派那里借用过来的，阅读中的"症候"，主要指原著中的"沉默"（silence）、"缺乏"（lacunae）、"空白"（blank）和"严格性上的疏忽"（failures of rigour）等。阿尔都塞认为，在释读经典作家的作品，特别是早期的作品时，只有沿着这样的"症候"追索下去，才能发掘出原著深处真正隐藏着的东西。这和中国的典籍《周易》"系辞"中讲的"书不尽言，言不尽意"，"圣人立象以尽意，设卦以尽情伪"，和王弼在解《易》中阐发的"得象忘言""得意忘象"有某种相似之处，都是追求"言"所未发挥出来的更深的东西。当然，阿尔都塞作为当代人，他融合了结构主义和精神分析的学说，建立了一套比较精致的理论作为其释读经典著作的方法——"根据症候阅读"的基础。下面，让我们深入探究一下，这一方法究竟是如何提出来的，以及它究竟要从经典著作的深处揭示出什么东西。

第二次世界大战后，人道主义和存在主义思潮在法国拥有很大的影响，其著名代表萨特力图用存在主义补充马克思主义。阿尔都塞认为，这种倾向的出现是出于对马克思早期著作的误解。而这种误解正是"直接的阅读"的结果。人们在释读经典作家的早期著作，尤其是《巴黎手稿》时，只是抓住其中出现的"人道主义""异化"等字眼大做文章。这样的阅读方法必然导致对原作的精神实质的误解。

阿尔都塞主张把马克思的全部著作分为三个阶段。第一阶段

（1840—1844）：青年时期的著作（包括《巴黎手稿》）；第二阶段（1845）：断裂时期的著作（《关于费尔巴哈的提纲》和《德意志意识形态》）；第三阶段（1846—1883）：成长和成熟时期的著作。为什么阿尔都塞把第二阶段的著作称为"断裂时期的著作"呢？因为他认为，马克思第一阶段的著作仍然是"意识形态"的，即前科学的，第三阶段的著作才是"科学"的。在第一阶段和第三阶段的著作之间横着一个过渡的或跳跃的阶段。他把这种过渡或跳跃称作"认识论断裂"（epistemological break）。于是，这一时期的著作也就成了"断裂时期的著作"了。阿尔都塞认定，如果人们不懂得这三大阶段的划分，必然会错误地释读马克思的早期著作。

人们也许会问，阿尔都塞有什么理由肯定马克思在 1845 年的著作中出现了"认识论断裂"的现象呢？他说的"断裂"又是以什么为标志的呢？为了解答这个问题，他又引进了一个新概念——"总问题"（problematic）。阿尔都塞强调说："正是总问题的概念在思想内部揭示了由该思想的各个论题组成的一个客观的内在联系体系，也就是决定该思想对问题作何答复的问题体系。"①也就是说，"总问题"就是一个问题体系或问题框架群。在一定历史条件的一定文化背景中，总有一个独特的"总问题"在冥冥中支配着人们，甚至思想家们的思想。思想家们在写著作时，常常意识不到它的存在，但总是受到它的支配。因为任何人一生下来，就处于以一定的"总问题"为主导的意识形态的"襁褓"中，而"总问题并不是一目了然的，它隐藏在思想的深处，在思想的深处起作用，往往需要不顾思想的否认和反抗，才能把总问题从思想深处挖掘出来"②。用什么东西去发掘它呢？就是用"根据症候阅读"的方法。

"根据症候阅读"的方法要求人们在释读经典著作时，要努力发掘出埋藏在著作深处的"总问题"。然后把这部著作中包含的"总问题"与它写作时的社会文化背景或意识形态中的"总问题"进行比较。如这两个"总

---

① ［法］路易·阿尔都塞：《保卫马克思》，顾良译，商务印书馆 1984 年版，第47页。
② 同上书，第50页。

问题"是相同的或非常接近的，这表明经典作家的思想仍然处在意识形态的或前科学的状态中。比如，在《巴黎手稿》中，马克思虽然提出了"异化劳动"的重大课题，但他关于"异化"和"人道主义"的论述仍然受到隐藏在《巴黎手稿》深处的"总问题"——人本学的支配。也就是说，马克思《巴黎手稿》中的"总问题"和当时德国意识形态中费尔巴哈人本学这一"总问题"总的说来是一致的。据此，阿尔都塞把《巴黎手稿》看作马克思的前科学的著作，反对萨特等人把《巴黎手稿》与马克思后期的科学著作混为一谈。反之，当一部经典著作，如《关于费尔巴哈的提纲》，提出的"总问题"与当时意识形态中的"总问题"有根本区别时，这就表明经典作家与旧的意识形态做出了"认识论的断裂"。

一言以蔽之，"根据症候阅读"，就是要发现经典著作内部问题的结构，从而从总体上把握它的倾向和精神。在阿尔都塞看来，这并不是轻而易举的。"根据症候阅读"首先要克服阅读者特别容易感染的"分析目的论"的倾向。所谓"分析目的论"，就是把马克思成熟时期的著作中的观点套用到他早期的著作上去，在早期著作中寻找晚期著作的萌芽。这样做必然会肢解早期著作，正如阿尔都塞指出的："成熟时期马克思主义的法庭，目的论的法庭，对马克思的早期著作作出判决，决定把这些著作肢解为成分，只能破坏它们的整体性。"[1]要克服这种黑格尔式的"分析目的论"，就必须在"根据症候阅读"时，先来一个"后退"，退到当时的历史条件中去，即通过大量的阅读来了解当时意识形态中的"总问题"，从而从总体上揭示出经典著作的精神实质。

阿尔都塞还告诉我们，运用"根据症候阅读"的方法释读"断裂"时的经典著作时，特别要注意概念的真实含义，不能望文生义，因为"只要新的词还没有被找到，往往就由旧的词担负起决裂的使命"[2]。在这种情况下，就要善于把经典作家新创立的概念和从前人中借来的旧概

---

① ［法］路易·阿尔都塞：《保卫马克思》，顾良译，商务印书馆1984年版，第37页。
② 同上书，第17页。

念区别开来，把借用概念的旧含义和经典作家赋予它们的新含义区别开来。

阿尔都塞"根据症候阅读"的方法对于我们完整地释读马克思主义经典作家的著作来说，是有一定启发的，他对"直接的阅读"和"分析目的论"的批评也是有现实意义的。但在他的方法论中，也夹杂着一些消极的东西，比如，他的反历史主义的立场就是与马克思主义的方法论相悖的。总之，我们对这种方法的借鉴应当是有分析、有批判的。

七、非此即彼
——克尔凯郭尔的存在的辩证法

一个拄着手杖的瘦瘦的青年人，沿着并不十分喧哗的哥本哈根街道，慢慢地踱着步。他神情忧郁，眼睛里却闪耀着睿智的光芒，似乎在沉思着什么问题。突然，街道两旁涌出一大群小孩，跟在他的后面高声叫喊起来："非此即彼！非此即彼!"引得许多行人停下来观看。

这个青年人就是丹麦的神学家、哲学家兼文学家、《非此即彼》(1843)一书的作者索伦·克尔凯郭尔。

有的读者也许会感到奇怪，克尔凯郭尔为什么要把"非此即彼"作为他的存在辩证法的标志呢？"非此即彼"不正是辩证法大师黑格尔所反复批判的机械的形而上学的思想方法吗？在哲学中，最困惑的现象莫过于人们赋予同一术语以完全不同的意义。要明白克尔凯郭尔所主张的"非此即彼"的具体含义，必须先搞清楚他的存在辩证法与黑格尔的思辨辩证法有哪些根本区别。

首先，在黑格尔那里，辩证法是逻辑范畴的运动，而这一运动又是与现实生活的运动相一致的，黑格尔称此为逻辑与历史的一致。克尔凯郭尔认为，黑格尔的范畴辩证法不可能与生活保持一致。一方面，生活本身并不完全是合乎理性、合乎逻辑的，相反，在生活中存在着大量荒诞的现象，它们是逻辑范畴或规律无法按某种必然性揭示并概括出来的。也就是说，真正的生活在思辨的逻辑范畴之外。真正的辩证法应该反映这种丰富多彩的生活。所以，克尔凯郭尔的存在辩证法与黑格尔的辩证法完全不同，它是一种生活的辩证法。

其次，黑格尔辩证法的主体是客观的，超脱于每个人之外的绝对精神，在绝对精神的重压下，活生生的个人消失了，主观性给吞没了。而克尔凯郭尔辩证法的主体则是活生生的孤独的个人，它是个人对生活的种种体验和选择，是与个体紧密相连的主观辩证法。

最后，黑格尔的辩证法是知识论意义上的辩证法，是人们认识世界、把握世界的工具。但克尔凯郭尔的存在辩证法却是神秘的、导向信仰的辩证法，它是孤独的个人与上帝(撇开任何宗教团体)之间的单独的对话。我们绝不能从通常的意义上来理解克尔凯郭尔的辩证法。

那么，克尔凯郭尔为什么要提出"非此即彼"的口号来呢？这得从他对"矛盾"概念的解释开始：在黑格尔的辩证法中，矛盾或对立面的统一是核心。对立面是怎样统一的呢？是通过正题——反题——合题的方式来统一的。黑格尔认为，他可以用这一公式解决世界上的任何矛盾冲突。克尔凯郭尔反驳说：不对，在实际生活中，尤其在宗教生活中，常见的情形是，正题，反题，没有合题。黑格尔的三段式远不能解决生活中存在的各种冲突。所以，为了把生活中存在的这些荒诞的现象概括进去，他用"悖论"这一概念取代了"矛盾"的概念。所谓"悖论"，就是无法解决的两个对立面的冲突。因此，这一概念的运用，已蕴含着"非此即彼"的意思在内：没有合题，只有正题或反题之间的选择。

克尔凯郭尔认为，生活中充满种种"悖论"。"永恒的真理出现在时间中，这就是悖论。"这是什么意思呢？那就是说，道德、宗教以永恒的无限真理诉之于人，但人的生命却是短暂的，是充满错误甚至罪恶的。这种永恒和短暂、有限和无限的冲突，就是生活中全部"悖论"的来源。

这在基督教中表现得尤为典型。耶稣本身就是一个"悖论"。作为神，耶稣是无限的，永恒的，但他又化身为人，和其他人一样生活、谈话和观察事物。这就等于说，永恒的超时间的东西成了短暂的时间中的东西。这不是"悖论"又是什么呢？同样，宗教教义告诉我们，上帝是仁爱的，而他创造的世界是充满罪恶的，这不也是"悖论"吗？

面对生活中的"悖论"，人们怎么办呢？克尔凯郭尔认定，人们无法用综合的方法（即对立统一或寻找合题）去解决这些荒诞的现象，只能诉诸"非此即彼"的选择。在《非此即彼》一书中，克尔凯郭尔以规劝的口吻说："我经常对你说的，我现在又一次说的，或者说，我对你叫喊的是'非此即彼'！"①

克尔凯郭尔郑重其事地把"非此即彼"作为一个口号、一种方法提出来，根本目的是要打破人们对必然性的依附和盲从，以激起人们主动地选择生活的热情。他这样写道："我的非此即彼，首先不是指明善与恶之间的选择，而是指明要在善与恶的选择和拒斥这样的选择之间作出选择。"②

克尔凯郭尔把个人的存在划分为三个阶段，即美学阶段（追求肉欲的享受，如唐璜），伦理的阶段（追求无限的道德原则，如苏格拉底）和宗教的阶段（追求对上帝的虔诚与信仰，如亚伯拉罕）。在每一阶段中，个人都面临着"非此即彼"的选择。这种选择特别表现在亚伯拉罕的例子中，据《旧约》的记载，上帝为了考验亚伯拉罕是否忠诚，指示他杀死自己的亲生儿子以撒，作为至高无上的神的祭品。这就把亚伯拉罕置于一个非常窘迫的"悖论"中。如果亚伯拉罕杀死了以撒，那他在道德上就会遭到严厉的谴责；如果不杀，他又在宗教上违反了上帝的旨意。于是，他做出了"非此即彼"的选择，决定杀死自己的亲生儿子。后来，由于上帝将一只羊羔送到树丛中作为祭品，以撒才幸免于难。

在克尔凯郭尔看来，"非此即彼"的选择绝不是轻松的，而是充满痛

① ［美］沃尔特·劳里：《克尔凯郭尔》，1938 年英文版，第 79 页。（Walter Lowrie, *A Short Life of Kierkegaard*, Oxford: Oxford University Press, 1938, p. 79. ——编者注）

② 同上书，第 86 页。

苦的。当人们在平静的生活的河床上滑动的时候，是体验不到这种选择的必要性的。只有当生活把他们置于绝望之中，人们才会去选择："当任何个人陷于绝望时，他接着就选择了。"①人们对生活的选择，归根结底是对自我行动方向的选择，即对自我存在的选择。克尔凯郭尔还进一步称自己的辩证法为"质的辩证法"，因为他把"非此即彼"的选择理解为一种神秘的、突如其来的跳跃。正因为它是一种跳跃，所以它也是一种冒险。换言之，个体没有足够的勇气和冒险精神是不可能对生活做出主动的选择的。克尔凯郭尔还告诉我们："没有冒险，就没有信仰。"②

那么，当孤独的个人在生活中，特别是在绝望中进行"非此即彼"的选择时，究竟有什么东西在指导他呢？克尔凯郭尔认为是"激情"。既然生活中存在着许多背理的（即违背理性的）现象，那么，人们对生活的选择也不可能完全在理性的指导下进行，而要靠一种本能的、非理性的激情来进行。在这里，克尔凯郭尔的存在辩证法完全隐到神秘主义的迷雾中去了。

我们不能不看到，克尔凯郭尔的辩证法，尤其是他的"非此即彼"的选择方法有着巨大的局限性。不但他说的孤独的个人实际上是不存在的，而且他夸大了选择中的非理性的因素。然而，克尔凯郭尔所倡导的在生活中主动进行选择的方法，是有一定意义的。

实践告诉我们，个人乃至整个民族的经历都是由一连串"非此即彼"的选择构成的。阿尔温·托夫勒说过："一切变革、战争、进步，所有历史上的成败，无非都是由人（包括普通的人在内）决定和选择造成的。"凡是负有严正的历史责任感和道德责任感的人，都将对生活做出积极的、主动的选择。托庇于"命运"，永远是弱者的做法。让我们勇敢地去选择生活吧！

---

① ［美］沃尔特·劳里：《克尔凯郭尔》，1938 年英文版，第 90 页。（Walter Lowrie, *A Short Life of Kierkegaard*, Oxford：Oxford University Press，1938，p. 90.——编者注）

② 同上书，第 318 页。

八、朝着视界的溶合
——伽达默尔的哲学释义学方法

如果把人类的文化史比作一个永远敞开着的陈列馆，那么象征人类智慧发展的历代典籍就是其中最惹人注目的珍品。然而，由于年代的漫长久远和文字的古奥多义，后人对前人典籍的理解和解释常常是见仁见智，甚至是迥然不同的。

究竟如何准确地理解各种各样的典籍，特别是《圣经》的经文呢？在西方，一种新的学问——释义学应运而生。这一门学问在当代德国哲学家汉斯-格奥尔格·伽达默尔那里得到了新的、系统的表述。在伽达默尔的哲学释义学中，"视界溶合"(the fusion of the horizons)是一个中心概念。这一概念为人们释读各种典籍提供了独特的、有价值的方法。

要明白"视界溶合"是怎么一回事，就得先了解"视界"这一概念的含义。在《真理与方法》(1960)这部巨著中，伽达默尔告诉我们："视界是视力的范围，这一范围包括从一个独特的观点所能见到的一切东西。"①这一概念本身表明，试图进行理解的人必须具有宽广的、居高临下的洞察力。从哲学史上看，这一概念最早是由尼采和胡塞尔引入哲学的。它表现为一种方式，在这种方式中，思考关系到它的有限的范围，关系到洞察力不断扩张的法则。值得注意的是，伽达默尔在这里说的"视界"是哲学释义学意义上的视界。这种视界并不是人人都有的。他强调说，一个没有视界的人是不可能看得足够远的，因此他总会过高地估计他现有的一孔之见。反之，视界所造成的限制并不是绝对的，在积极的理解过程中，它会不断地扩张并超越自己。总之，有一个视界的人必须懂得，

---

① ［德］伽达默尔：《真理与方法》，1982 年英文版，第 269 页。（H. G. Gadamer, *Truth and Method*, New York：Crossroad Publishing Company，1982，p. 269. ——编者注）

在这个视界内，每样东西只具有相对的重要性，因为视界处在不断的发展和变化中。

视界的一个基本特征是，它是敞开的，而不是封闭的："人类生活的历史运动从来不会完全地限制在任何一个观点上，因此从来不会有一个真正的封闭的视界。"①视界的另一个基本特征是，它不是凝固不变的东西，而是不断地向前运动和发展着的，"一个视界并不是一个僵硬的界限，而是同人一起运动，并吁求一个人不断向前的东西"②。没有这样的特征，视界溶合是不可想象的。

伽达默尔认定，任何典籍，或者用更抽象的释义学术语来表示，任何文本（text）都蕴含着作者的一定的视界。他把这种视界称为"初始的视界"（the original horizon）。这一视界反映了作者思考问题的独特范围和角度，它是由当时的历史情景所赋予的。一个试图去理解前人的典籍或文本的后人，也有在他现今的历史情景中形成起来的独特的视界，伽达默尔称之为"现在的视界"（the horizon of the present）。显而易见，蕴含于典籍中的原作者的"初始的视界"与作为理解者的今人的"现在的视界"之间存在着很大的差距。伽达默尔主张，在理解的过程中，应该把这两种不同的视界溶合起来，从而超越它们，达到一个更高的、更优越的视界。伽达默尔把这种新获得的视界称为"历史的视界"（historical horizon）。

为什么伽达默尔要提出"视界溶合"的概念来呢？这得从他以前的古典释义学派的方法论说起。以德国哲学家施莱尔马赫和狄尔泰为代表的古典释义学派强调原作者和理解者之间的时间差距，由于这种差距的存在，后人在理解前人的作品时，往往带有某种主观的偏见和误解。为了准确理解前人的作品，他们主张理解者必须摆脱自己的成见，完全客观地复制出原作者所生活的历史情景，从而"设身处地"地去理解作品。伽达默尔的"视界溶合"正是在反对古典释义学派的客观主义理解方法的基

---

① ［德］伽达默尔：《真理与方法》，1982 年英文版，第 271 页。（H. G. Gadamer, *Truth and Method*，New York：Crossroad Publishing Company，1982，p. 271.——编者注）

② 同上书，第 217 页。

础上提出来的。在海德格尔学说的影响下，伽达默尔把理解看作人在世上、人参与历史的一种方式。这就是说，一个理解者不可能从自己所处的历史情景中剥离出来，去所谓完全客观地适应原作者的历史情景。用普通的话来说，完全客观的"设身处地"只存在于想象中，而不是在现实中。所以，在理解中，人们不是千方百计地去消除自己的历史性，而是要充分地意识到并适应这种历史性，从而达到不同视界的溶合："如果我们以某种方式抛弃了我们自己，我们就没有历史的视界。"①

在阐述视界溶合的含义时，伽达默尔又提出了"放置我们自己"(placing ourselves)这一新术语。他强调说，当我们（理解者）把我们自己放置到另一种情景，即典籍作者的情景中时，我们绝不同时抛弃自己的情景和见解："在进入其他的情景时，我们也必须带着我们自己。只有这样才实现了'放置自己'的意义。"②换言之，绝对的客观主义不过是幻想，从释义学的眼光来看，真正可能的是视界溶合。伽达默尔毫不含糊地写道："理解总是我们想象为孤立地存在着的这些视界的溶合。"③

伽达默尔又进一步指出，任何典籍，任何文本，实际上都是对一个真正的问题的解答，所以，"理解一个文本意味着理解这个问题"④。在这个意义上可以说，任何视界本质上都是"问题的视界"(the horizon of question)。理解者和解释者的真正动机是探索文本的初衷，即它力图加以解答的问题。在理解中实现的"视界溶合"表明，理解者不可能停留在本文的初始的视界内，不是单纯地去找出初始的问题，而是在溶入"现在的视界"后，对本文重新进行提问并提供出新的解答。这就是说，理解实际上是本文与理解者之间的一场对话："正是在一个对话中，我们发现了他人的视界，他的见解才变得可以理解。"⑤伽达默尔特别推崇柏

---

① ［德］伽达默尔：《真理与方法》，1982 年英文版，第 272 页。(H. G. Gadamer, *Truth and Method*, New York：Crossroad Publishing Company，1982，p. 272.——编者注)

② 同上书，第 271 页。

③ 同上书，第 273 页。

④ 同上书，第 333 页。

⑤ 同上书，第 270 页。

拉图的对话录，把它视作"释义学过程"的范例，因为它使理解者在理解的过程中不断超越自身的视界。

伽达默尔把他的理论和方法进一步引申下去。他告诉我们，所有的文本都是用一定的语言写成的。同样，理解者也是通过对语言的理解达到对文本的理解的。整个理解过程乃至理解者和被理解者双方都漂浮在语言中。海德格尔说，语言是存在的寓所。伽达默尔以同样的口吻告诉我们，人永远以语言的方式拥有世界，理解的界限也就是语言的界限。没有语言，也就没有视界，没有视界的溶合。"发生在理解中的视界溶合正是语言的特有成就。"①总之，按照伽达默尔的哲学释义学的观点，语言绝不是一种工具，它是人和世界的关系，是人在世的独特方式。因而，在他的目光中，语言是最神秘的、最令人困惑的现象。

上面，我们粗略地介绍了伽达默尔关于"视界溶合"的思想。这一思想在方法论上究竟有哪些启示呢？

首先，它告诉我们，理解和解释不是封闭的，而是一个永远敞开着的、永远开放的过程。用释义学的语言来讲，理解者的视界永远是开放的，永远处在生成的过程中。理解本身永远是一场对话。不仅柏拉图的著作是一种对话体，而且就其实质而言，每一位哲学家的著作都是一种对话体，都是对问题的解答，对意义的新探求。无论是老子的《道德经》，还是亚里士多德的《形而上学》，今后各个世代的人都能继续以不同的方式与它们进行对话。这样的对话是永远开放的，是永远延续下去的。同样，文本或典籍对不同的理解者永远是敞开的。它如同一个精神的"黑洞"，无穷无尽地吞食着理解者赋予它的新意，并且像《复乐园》中的神子一样，对理解者喊道："我要用更好的思想来充饥。""视界溶合"告诉我们，把任何理解绝对化、凝固化都是无意义的，满足于一孔之见的人是不会有出息的。

---

① ［德］伽达默尔：《真理与方法》，1982 年英文版，第 340 页。（H. G. Gadamer, *Truth and Method*, New York: Crossroad Publishing Company，1982，p. 340. ——编者注）

其次，它启示我们，理解本身是一种制造。理解不是消极地复制出文本，不是原封不动地提出初始的问题，理解是一种"生产性的"努力，是对历史的一种参与，是对自己现在的视界的一种超越。在这个意义上可以说，文艺复兴绝不是单纯地复制出古希腊文化的景观，而是借用古人的服装来演出世界历史的新剧目，是创造性的视界大溶合。用这样的见解来剖视新康德主义者的口号——"回到康德那里去！"，就会发现它是一个不恰当的口号，因为单纯的回复是没有创造性的。只有在理解中积极地进行视界溶合，才能在前人的基础上，创造性地提出自己的新见解。

最后，"视界溶合"所达到的，不光是理解者和理解对象在视界上的溶合，而且也打破了传统和现实、过去和现在之间的壁垒，把它们溶合于理解的过程中，溶合于释义学的经验之流中。"理解不应被想象为人们主观性的一个行动，理解是将自己置于传统的过程中，在这一过程中，过去和现在不断地溶合起来。"①传统并不是一个外在的、异己的过去，而是一种积极的向今天延伸的东西，是我们理解的前提。在理解中，当我们把过去和现在、传统和现实溶合起来时，我们就创造了未来。总之，从"视界溶合"的观点出发，不应当无休止地去指责传统，而应当像伏尔泰笔下的天真汉对高尔同说的那样："要没有你，我在这里就陷入一片虚无了。"

九、对界限的超越
——雅斯贝尔斯的生存哲学的方法

在生活中，人们对界限是非常敏感的。国家之间，私人的财产之间

---

① ［德］伽达默尔：《真理与方法》，1982 年英文版，第 258 页。（H. G. Gadamer, *Truth and Method*, New York: Crossroad Publishing Company，1982，p. 258.——编者注）

都有明确的界限。不但如此，有的人还有一种强烈的扩张意识，竭力超越自己的界限，侵入他人的领地。然而，有趣的是，在思维中，在精神活动中，人们往往缺乏界限的意识，即使有了这样的意识，也宁可固守在界限中而不思超越。

当代德国著名的哲学家雅斯贝尔斯深入地探讨了界限和超越的问题。他告诉世人，思维、知识、科学都有其界限，而"从事于哲学即从事于超越"[①]。哲学的全部目的就在于以超越为方法，跳出已然封闭的、黑暗的知识的界限，跃到顿悟人的存在的澄明的境界。

雅斯贝尔斯认为，超越的根据深藏于人性之中。人和动物的根本区别在于，动物仅仅是适应环境的被动的存在物，而人则是自觉的、精神性的存在，人能够自由地进行选择。人性中潜藏着超越的可能性，但超越却不是在任何时候、在任何人身上都会发生的。

超越是一种飞跃、一种跨越，它总是针对界限和障碍而言的。当人们沿着生活的平静河床向前行走时，他们心中就会缺乏超越的灵感。然而，生活本身并不总是一条平坦地向前延伸的路，它有种种障碍，它无例外地把每个人抛到"界限状况"（Grenzsituationen）中。所谓"界限状况"就是指死亡、苦难、斗争和罪过。尤其是死亡，犹如一堵墙一样横在每个人的前面，人们迟早要撞到这个界限上。一触到这样的界限，一虑及这类问题，人们就会受到巨大的、强烈的震动，于是，从内心升起一种超越的渴求。基督教的"救赎"就是超越的一种形式。当然，雅斯贝尔斯说的超越主要是哲学意义上的超越。

雅斯贝尔斯指出，以往的哲学都把存在理解为某种规定，如物质、精神、生命、能力等，这就把存在封闭在一个固定的、供认知的界限之内。雅斯贝尔斯主张，真正的存在是永远不封闭的、永远没有尽头的，它把我们引向无限的可能性的空间。他称这样的存在为"大全"（Umgrei-

---

① 中国科学院哲学研究所西方哲学史组：《存在主义哲学》，商务印书馆 1963 年版，第 147 页。

fende)。"大全"是不可认知、不可名状的，它通过三大样式透露出来。这三大样式是"世界"(Welt)、"生存"(Existenz)和"超越存在"(Transzendenz)。雅斯贝尔斯说的超越，就是要先后突破世界和生存的界限，上升到大全的最高样式——超越存在中，从而真正领悟大全的意义。

先看哲学对世界的超越。所谓超越世界，并不是要摆脱这个世界，而是要使哲学超越关于这个世界的根深蒂固的识见，即单纯的科学知识的识见。人所共知，科学是以世界为认识对象的，科学追求的是普遍有效的知识。雅斯贝尔斯认定，传统哲学(包括康德、黑格尔在内)的最严重的病症是科学主义："哲学，从它产生之日起，就是以科学的身份，以唯一绝对的科学的身份而出现的。它以追求最崇高和最确定的知识为目标。凡是从事哲学研究的人，都是受了这个目标的鼓舞。"①尽管旧哲学常以"科学的科学"自诩，但骨子里始终是科学的附庸。从柏拉图到黑格尔，哲学之锚都抛在科学的锚地里，哲人们尾随着科学家去探索世界的奥秘，去索取知识的贡品。然而，随着近代科学，特别是现代科学的巨大发展和日益独立化，哲学突然变得无家可归了。

然而，哲学并没有必要悲观失望，这正是摆脱其科学主义顽症的一大转机。历史上的哲学家，为了探索整体世界的知识，建立了无数个哲学体系。然而，在雅斯贝尔斯看来，这都是哲人们在科学主义引导下做出的无益的尝试，犹如席勒笔下的公爵夫人所说的："哦，我的丈夫！你总是在营造营造，已经高出了云表，依然在想更高更高，全不念到这狭隘的地基不能支持那眩目飘摇的营造。"②雅斯贝尔斯认定，哲学本身并没有陨落，陨落的只是科学主义的哲学，知识论的哲学。哲学要复兴自己，就要辨明科学的界限，并使自己从这一界限中超越出来，另立门户。为此，他提出了"定位"(Orientierung)的概念，认为科学的世界定位是追求经验的知识，哲学的世界定位则是追求非知识，即自我

---

① 中国科学院哲学研究所西方哲学史组：《存在主义哲学》，商务印书馆1963年版，第135页。

② ［德］席勒：《华伦斯坦》，郭沫若译，人民文学出版社1955年版，第317页。

的存在。这种存在只能体验、领悟而不能认知："任何被认知的存在都不是存在。作为被我认知了的我，我绝不是我自身。作为被我认知了的存在，这种存在绝不是存在自身。"①特别是当人的存在跌入"界限状况"时，人就会强烈地意识到作为知识论的哲学之无助，从而返回到自我中来，寻求一种可依托的信仰。哲学应该提供这样的信仰："哲学是人的与生俱来而需要无限地使之明亮起来的那种信仰所作的思维。"②

值得注意的是，雅斯贝尔斯尽管主张哲学要超越科学主义的视界，但他并不对科学取敌视的态度。他坚持，哲学的思维建基于科学知识之上，谁轻视科学，谁在哲学上就会寸步难行。体验和信仰并不与认识相抵触，相反，它们正是认识撞到界限上时才出现的，是认识的一种升华和补充。

一旦哲学超越了科学的认知主义的界限，它也就超越了科学的研究对象——世界，进入了自我存在即生存之中。

下面，我们再看哲学如何超越生存而跃到超越存在之中。如前所述，哲学是在"界限状况"的撞击下，由世界跃入自我存在之中的。在哲学史上，最早探讨自我存在的是斯多葛派。在人生的苦难中，斯多葛派哲学家们把目光从世界上收回来，寻求自己心灵的安宁。在现代世界中，随着科学技术的高度发展，人处于机械化的巨大的压抑下，人的存在被卷入急剧的变动和混乱中。与过去比较，现代人日益深切地感受到"界限状况"的压力。人虽然生活在各种各样的团体中，但其孤独并不因此而缓解。由于我们对自我存在的体验和信仰是各不相同的，"我们经常在某些地方发现一种'界限'，在这种界限之外，似乎只有毫无'统一'希望的斗争"，③ 其结果是无休止的相互攻击和纷争，从而使人陷入更深

① 中国科学院哲学研究所西方哲学史组：《存在主义哲学》，商务印书馆 1963 年版，第 170 页。

② 同上书，第 148 页。

③ ［德］雅斯贝尔斯：《智慧之路》，志文出版社 1981 年版，第 22 页。

的绝望和孤独之中。"当人们在一个日益沉沦的世界里，就像在一个由忘我的群众形成的泛滥为患的洪水里那样，逃生于这种独立性中，仿佛就是逃生于诺亚的方舟之中。"①当人与人之间失去交流，个人陷于极度孤独和绝望之中时，自我存在又面临着新的界限，哲学的探索又面临着新的超越。然而，这里的超越有两种可能性："或许我在我自己的实质之丧失中体会到虚无，或许我在我之被赠与性（Mitgeschenktwerden）中体会到大全的充实"②。这究竟是什么意思呢？就是说，当自我存在触到孤独和绝望的界限时，它面临着两种抉择。一是把自己完全封闭在自我之中，试图把自己抛出这个世界之外，对世界取虚无主义的态度。这就是人们通常说的"看破红尘"，这是一种消极遁世的做法。这种做法在把世界推入虚无的同时，也把自我推入了虚无之中。"事实上，'我'惟有在与'他'相关时才能够'存在'，单独的话，我便成为'虚无'了。"③这也就是雅斯贝尔斯在《新人道主义的条件与可能》一文中说的"人显然是在走向虚无"④的意思。二是不把自己封闭在自我之中，抛出世界之外，而是积极地参与到世界事务中去，领悟到我是大全所赠予的，我不应像斯多葛派哲学家一样满足于自我的空虚性，而应当在人与人之间的交流中断之后，建立人与神之间的交流。

雅斯贝尔斯所说的"神"也就是超越存在。"超越存在就是我借以成为我自己的那个势力：我之所以是自由的，恰恰就是由于它的缘故。"⑤当个人与神交流时，他就超越了自我存在或生存，跃到超越存在中，他不仅充实了自己，而且真正地处在自由之火炬的照耀之下。雅斯贝尔斯把这种超越称为"解读密码"（Lesender Chiffreschrift）。密码是超越存在

①　中国科学院哲学研究所西方哲学史组：《存在主义哲学》，商务印书馆1963年版，第249页。

②　同上书，第175页。

③　［德］雅斯贝尔斯：《智慧之路》，志文出版社1981年版，第22页。

④　中国科学院哲学研究所西方哲学史组：《存在主义哲学》，商务印书馆1963年版，第227页。

⑤　同上书，第191页。

即神在世界里的形象，人与神的交流正是在解读密码的过程中实现的。在这一过程中，个人不再是空虚的存在，而是在神交的自由中找回了自己曾失落过的本质，因而成了真正的人。这样一来，哲学超越的使命也就完成了。

雅斯贝尔斯的超越的哲学方法究竟提供了哪些有益的启示呢？

首先，他在知识（科学）与哲学之间做了严格的划分："这是两种不同的东西：一是考察社会历史因果连锁的认知活动，一是提醒我们去意识我们的真正愿望和我们的日常负责行为的思维活动。"①如果剔除雅斯贝尔斯哲学观中的神秘主义成分，我们发现，这一区分是有重大意义的。也可以说，它是整个人本主义的思潮，尤其是从克尔凯郭尔开始的存在主义思潮的基本出发点。这一思潮呼吁人们去关心单纯的知识所无法解决的问题，如痛苦、畏惧、烦恼、人的尊严、人的自由等等。在我国，哲学的探索仍然停留在知识论、认识论的窠臼内，仍然屈居于科学主义的权威之下。哲学工作者们一味地追索着整体世界的知识（世界观），却往往疏略了对人的状况的研究。要彻底改变这种情况，就不能不对这一课题做出批判性的思考，就不能不使哲学从单纯的科学主义的倾向中超越出来。

其次，他提出了反对封闭，向一切可能性敞开的重要思想。雅斯贝尔斯说："如果我把一个人封闭在我对他所认识到的东西里，那么无论我自以为了解他也好，或者非人道地曲解他也好，我总是在我的计划中支配着他。反之，如果我让他在他得之于起源的那些可能性中敞开着，那么他作为他自己，对我来说，就始终是完全不受我支配的了。"②所谓超越，就是要突破界限，使人的精神向一切可能性敞开。雅斯贝尔斯认为，大全就是一个无限可能性的空间，它是无边无际的、始终敞开着的。如果堵塞可能性的渠道，把人的存在封闭在一种已认知的现实之

---

① 中国科学院哲学研究所西方哲学史组：《存在主义哲学》，商务印书馆 1963 年版，第 216 页。

② 同上书，第 230 页。

中，把它凝结起来、封闭起来，那么人的形象就落入了黑暗之中，只有把始终向可能性开放的超越精神赋予人，人的形象才会明亮起来。雅斯贝尔斯的这些见解尽管包含着一些偏谬的成分，但对我们进一步克服机械论的倾向，充分重视人的自由精神和创造力量说来，是不无裨益的。

最后，雅斯贝尔斯的"超越"并不是消极的遁世主义，他主张，哲学信仰"要求首先在世界里以一切力量去做当时有意义的工作"，[①] 而雅斯贝尔斯关于新人道主义的宣传，他对法西斯主义的抗议，表明了他的超越的方法蕴含着一定的积极成分，然而，超越之路毕竟带着很大的空幻的性质，它并不是人类解放的真正道路。

十、"渴望总体性"
——卢卡奇的哲学研究方法

在世界各国的童话故事中，常常可以找到这样的情节：一个中了妖魔符咒的人突然变成了石像。后来，有人设法破除了符咒，于是，石像重又变成了活生生的人。如果把人变成石像的现象借喻为资本主义社会中普遍存在的"物化"现象的话，那么卢卡奇的"总体性"的方法就是力图把石像复原为有血有肉的、富于创造性的人。童话与现实的差别在于，童话所要复原的不过是一个或数个"石像"，而在现实中，卢卡奇所要复原的则是被物化现象所扭曲、所窒息了的整个无产阶级的阶级意识和生机勃勃的创造力。

卢卡奇是匈牙利著名的哲学家和文学家，是西方马克思主义的最卓越的奠基人。在其早期著作《历史与阶级意识》中，卢卡奇提出了"渴望总

---

① 中国科学院哲学研究所西方哲学史组：《存在主义哲学》，商务印书馆 1963 年版，第 191 页。

体性"(an aspiration towards totality)这一口号。它不仅是卢卡奇哲学方法的集中体现，也是其全部哲学思想的中心环节和根本宗旨。

在剖视资本主义社会的现实时，卢卡奇极其敏锐地抓住了"物化"(reification)这一现象。他告诉我们："物化是生活在资本主义社会中的每个人的必然的、直接的现实。"①尤其是当劳动力在市场上被出卖，并被投入生产过程时，劳动者的机能与他的人格分离了，它"变成了一个物，一种商品"。

"物化"所导致的严重后果是：它使人们局限于狭隘的分工范围内，留恋于周围发生的局部的事件上，从而只见树木，不见森林，失去了对整个资本主义社会的理解力和批判力，它使现实本身僵硬化、无生命化了。过去支配现在，死的统治活的，目光短浅的人们失去了未来；它使无产阶级客体化、对象化了，从而疏略了自己的主体性和创造力："当世界变得机械化的时候，它的主体，人也必然地被机械化了。"②

在大量的"物化"现象的基础上产生了"物化意识"(reified consciousness)。这种"物化意识"的根本表现是：人的意识对物的无限崇拜(马克思称之为"商品拜物教")，人成了客观法则的消极的旁观者。物与法则犹如罗马皇帝提贝里乌斯一样，他每次离开元老院时，总是习惯于用希腊语说："多么适于做奴才的人们啊！"③这种"物化意识"在第二国际的社会主义者那里成了"经济宿命论"(Economic fatalism)，极大地束缚了无产阶级的创造性。

如何冲破"物化意识"的羁绊，从而唤起无产阶级创造历史的巨大热情呢？卢卡奇认定，在思维方法上必须有一个根本性的转折，那就是回到被人们一再地疏略的马克思的方法上去。这一方法的实质就是"总体性"(totality)。卢卡奇写道："总体性的范畴，整体对于部分的普遍的优越

---

① ［匈］卢卡奇：《历史与阶级意识》，1971 年英文版，第 197 页。(G. Lukács, *History and Class Consciousness*, London: The Merlin Press Ltd, 1971, p. 197. ——编者注)

② 同上书，第 38 页。

③ 《塔西佗〈编年史〉》上册，王以铸、崔妙因译，商务印书馆 1981 年版，第 186 页。

性，是马克思从黑格尔那里接受过来，而又卓越地把它转变成为一个全新的科学基础的方法论的实质。"①根据卢卡奇的理解，总体就是指现实的、具体的社会，即资本主义社会。

卢卡奇的"总体"范畴只用来指称社会现实，因为他认为，辩证法只与人的思维和行为有关，自然辩证法是不存在的："认识到方法在这里仅限于历史和社会的领域是最为重要的。"②所以，我们不能在社会历史发展的进程之外去索解卢卡奇的总体性的方法。

下面，我们结合卢卡奇对资本主义社会现实的分析，来审视他的总体方法的基本含义。

首先，卢卡奇强调，总体不等于部分的简单总和，总体包含着部分所没有的东西。用总体的方法去透视社会，就会发现，被"物化意识"扭曲了的、看上去各自孤立的事件获得了有机的联系："仅仅只有把社会生活的孤立的事实看作历史过程的各个方面，并把它们综合进一个总体的时候，事实的知识才可能希望成为现实的知识。"③简言之，没有总体的方法，人们永远只能停留在"物化意识"的哈哈镜前，而不能洞见社会的真正现实。举例来说，分工把人们的经济活动分裂为许多部分，但用总体的方法加以分析，就会发现，全部经济活动，如生产、消费、分配、流通都是有机地统一于整个社会发展进程的。只有把对部分的理解置于对总体的理解的前提之下，部分才真正是可能理解的。

其次，总体并不是静止的、僵死的，它处在不断的变化发展中，它本身表现为一个过程，一个辩证地发展着的过程。用这样的方法去审视资本主义社会，就发现它并不是被"物化意识"所变形了的、冻结的现实，而是一个活生生的向前发展着的历史过程。正如卢卡奇说的："只有总体

---

① ［匈］卢卡奇：《历史与阶级意识》，1971 年英文版，第 27 页。（G. Lukács, *History and Class Consciousness*, London: The Merlin Press Ltd, 1971, p. 27. ——编者注）
② 同上书，第 24 页。
③ 同上书，第 8 页。

的辩证的观念能够使我们把现实理解为一个社会过程。"①而当人们把整个社会理解为向前运动的过程时,他们就会面向未来,向未来敞开,而不是去成为过去的殉葬品,成为物的奴隶。

最后,总体之所以表现为一个生生不息的发展过程,因为它所描述的社会历史运动始终是和人的实践活动、和人的行为联系在一起的。如果除去人的实践活动,那社会和历史也就不复存在了。社会历史过程并不在我们之外,恰恰相反,它正是由我们的行动构成的。正如卢卡奇所说的:"历史过程必须在我们的行为中并通过我们的行为获得成果。"②卢卡奇汲取了黑格尔关于实体即主体的见解的合理因素,强调社会历史和法则并不是物一样的凝结的存在,而是充斥着人的意识及其行为的创造性的动态过程。总之,人并不是被物化的"石像",并不是历史法则的消极的旁观者,人不但无时无刻不在参与历史,而且他本身就是历史。如前所述,卢卡奇的"总体"方法是只描述社会和历史,而在社会历史过程的"总体"中,人的意识,尤其是人的实践活动的巨大创造性必须凸显出来。这正是卢卡奇的"总体"方法所要告诉我们的最根本的东西。

在明白了社会历史进程是一个有机的总体这一点之后,卢卡奇又进一步追问道:谁才有资格来充分地领悟这一总体呢?他回答道:"现实仅仅作为一个总体时才能被理解和领悟,而仅仅只有一个本身是总体的主体才有能力加以领悟。"③这是不是说,存在着两个总体呢?其实并不,这是一而二、二而一的事情。作为社会历史进程的总体是唯一的,但从黑格尔的实体即主体的见解可知,它同时又是主体,它能自己认识自己,自己领悟自己。从被认识的角度去看社会,社会就是一个"被认识的总体"(the totality to be known);从它能自己认识自己的角度去看,社会又可以说是一个"能认识的总体"(the knowable totality)。现在的问题是,在

---

① [匈]卢卡奇:《历史与阶级意识》,1971 年英文版,第 13 页。(G. Lukács, *History and Class Consciousness*, London: The Merlin Press Ltd, 1971, p. 13.——编者注)

② 同上书,第 43 页。

③ 同上书,第 39 页。

社会历史进程这一总体内部，究竟由哪一个因子来充当大脑的作用，从而使总体获得对自己的认识和自我意识呢？这个因子是不是生活在社会中的"个人"呢？显然不是。卢卡奇说："从个人通往总体的道路是没有的。"①那些强调个人的主体性的人只能退回到康德那里去。那么，这个有资格领悟总体的因子又是谁呢？卢卡奇认为，"只有阶级才能积极地领悟社会现实并整个儿地把它加以转变"②。卢卡奇这里说的"阶级"，显而易见，指的是无产阶级："无产阶级是总的社会现实的自觉的主体。"

卢卡奇告诉我们，无产阶级的自发的意识处在"物化意识"的重压下，是不可能领悟总体的，只有阶级意识才能领悟总体。具备无产阶级的阶级意识也就是具备无产阶级的世界观，其根本标志就是"渴望总体性"。

无产阶级要从总体上认识资本主义社会的基本矛盾及其社会结构，从而获得一种清醒的批判意识，这一意识的核心是对资产阶级领导权的认识："资产阶级领导权确实包括了社会总体，它力图按自己的利益来组织整个社会。"③领导权概念是社会历史总体性的确证。在这个意义上可以说，渴望总体性，也就是渴望领导权。

渴望总体性，从另一个角度看，"也就是说：在客观上，行动要朝着总体转变"。这就告诉我们，无产阶级不但要从总体上意识到资本主义社会的现实，而且要努力在实践中改变它，使自己的任何行动都从属于一个目标：转变总体，即从根本上改造资本主义社会。

当无产阶级具备了这样的阶级意识之后，它就不再是一尊被物化的石像了，相反，它成了历史过程中的主体客体的统一体，成了创造现代社会历史的真正的主人。无产阶级的额头上应该写上罗马统帅恺撒的名言："我来，我看见，我征服。"④

---

① ［匈］卢卡奇：《历史与阶级意识》，1971 年英文版，第 28 页。（G. Lukács, *History and Class Consciousness*, London：The Merlin Press Ltd, 1971, p. 28. ——编者注）

② 同上书，第 39 页。

③ 同上书，第 65 页。

④ 《莎士比亚全集》第 3 卷，朱生豪译，人民文学出版社 1978 年版，第 187 页。

十一、追问"在"的意义
——海德格尔的基本本体论方法

从柏拉图、亚里士多德以来的西方哲学在其发展中获得了辉煌的成果。当承继这一传统的当代哲学正仪行于道时，一个声音突然宣称，2000多年来哲人们不过是在黑暗中打转。他们高谈世界的本质和万物的玄理，却忘记了一个根本的问题——在的意义问题。在的意义不澄明，哲学只能是无根的浮萍。这个石破天惊的声音正是当代德国著名的存在主义哲学家海德格尔发出来的。

海德格尔说，"希腊本体论通过形形色色的流派与歪曲直到今天还规定着哲学的概念思维"①。这种本体论的基本意向根深蒂固地侵入语言、逻辑、概念、时间观、真理观等观念之中，从各方面堵塞了通向在的道路。"如果要为在的问题本身而把这个问题自己的历史透视清楚，那么就需要把硬化了的传统弄松一些，需要把由传统作成的一切掩蔽都打破。"②海德格尔主张回到哲学形成以前的原初的赤贫状态中去，回到还未被传统的形而上学所污染的语言中去，把哲学的一些基本用语的原始含义揭示出来，从而超越柏拉图以来的传统本体论的视界，拉着哲学之缰踏上追问在的意义道路。

要明白海德格尔说的"在的意义"究竟是什么，必须从他使用的一些基本术语说起。在某种意义上，了解一个哲学家，也就是了解他使用的术语。在海德格尔那里，"在者"(Seiende)是指已然存在的东西，指精神实体或物质实体。"在"(Sein)从希腊语的词源上来分析，其基本含义应

---

① 中国科学院哲学研究所西方哲学史组：《存在主义哲学》，商务印书馆1963年版，第10页。

② 同上书，第11页。

是在场或显现，"在"表现为一个动态的过程，因而处在时间的地平线上。柏拉图以来的传统本体论的一个根本失误是拘执于"在者"，用"在者"去替换、吞没"在"，从而造成了对"在"的遗忘。尽管在诸"在者"中也包含着人，但把人作为已然存在的东西与其他"在者"平列起来，就把人与其他"在者"不同的特殊性磨平了，于是人被"变成单纯的材料以及变成对象化的功能"，① 换言之，人淹没在物或物化的意识中了。因此，笛卡尔虽然说出了"我思故我在"的著名命题，但他对这个命题中的"在"的意义仍然是蔽而不明的。于是，人们在柏拉图以来的哲学传统中体验到一种无家可归的感觉。这种感觉特别强烈地从尼采的哲学中显露出来。在苦闷之余，尼采试图借虚无主义的伟力，推倒这种窒息人的传统，以便从中摆脱出来。海德格尔说，"无家可归是忘在的标志"②。这种无家可归的体验的产生，正是传统哲学拘执于"在者"的必然结果。

那么，海德格尔所要追问的"在"的意义究竟是什么呢？他说："严格说来，意义是指在之领会的原始谋划之所指。"③"在"的意义，亦即"在"的原初含义——在场或显现。追问"在"的意义，就是要使"在"的原初含义澄明起来，不至于被哲学传统所掩蔽。根据海德格尔的看法，"在"存在于一切"在者"之中，一切"在者"只有在"在"中才能得到领悟，因而他追问"在"的意义的本体论被宣布为基本本体论，它成了其他一切本体论的基础与前提。

在明白了"在"的意义之后，我们还要进一步追问："在"的意义究竟是通过何种"在者"显现出来的？海德格尔说，"人是在的澄明"④。这就是说，唯有人才是"在"的意义的显现者和领悟者。海德格尔把这样的人称作"亲在"（Dasein）。"亲在"与传统哲学中讲的人是根本不同的。一方

---

① 洪谦：《西方现代资产阶级哲学论著选辑》，商务印书馆 1964 年版，第 380 页。
② 中国科学院哲学研究所西方哲学史组：《存在主义哲学》，商务印书馆 1963 年版，第 111 页。
③ 同上书，第 73 页。
④ 同上书，第 98 页。

面，传统哲学中的人是一个族类概念，指的是人的共性、人的本质，而"亲在"不虚言人的本质，它只表明人存在着，以本体论的方式存在着，人的本质只能基于这种存在；另一方面，传统哲学中的人是已然存在的，现成的对象，他被下降到其他"在者"的水平上。旧哲学常用 existentia(存在)这个词表示人的现实性，而"亲在"并不是现成的东西，"亲在"总是作为它的可能性来在。① "亲在"的"在"是充分敞开的，它谋划着，选择着"在"的方式。海德格尔采用另一个术语 existenz(存在或生存)来描述"亲在"，以表示"亲在"与现成的样态之别。

海德格尔强调说："亲在的在的意义不是一个飘荡无定的他物，不是在它本身'之外'，而乃是领会自身的亲在本身。"②这样一来，对"在"的意义的追问就转变为"亲在"对自身的领会。"亲在"一旦领会了自身，"在"的意义自然而然会澄明起来。如前所述，既然"人的本质基于存在"③，那么"亲在"对自己的领会就该深入自己的存在(existenz)中去。在"亲在"的存在中，在世是基本的规定。所谓在世，并不是说人作为主体进入客观的、已然存在的世界中，而是强调人和世界的浑然一体。从基本本体论的角度看来，世界并不在人之外，世界本身不过是人的一个属性。

那么，"亲在"如何在世呢？海德格尔认为，在世就是把人抛入"烦"的状态。"烦"的基本含义是担忧、焦虑。对于"亲在"来说，"烦"并不是可有可无的，"烦"是"一种存在状态的本体论的基本现象"。④ "烦"把"亲在"推入普通人的生活方式，在这种生活方式中，普通人实现了真正的独裁。普通人怎样享乐，我们就怎样享乐；普通人对文艺怎样阅读、判断，我们也就怎样阅读、判断。"亲在"陷入普通人中间去的时候，它

<hr>

① 中国科学院哲学研究所西方哲学史组：《存在主义哲学》，商务印书馆 1963 年版，第 18 页。
② 同上书，第 73 页。
③ 同上书，第 116 页。
④ 同上书，第 62 页。

就沉沦了。沉沦也就是拘执于"在者"，在"在者"的充塞中，"亲在"只考虑要在世，要逃避到普通人中间去，忘记了对自己的"在"的意义的追索。

然而，在沉沦中，"畏"又冒出来了。其实，"畏"和"烦"一样，深藏于"亲在"的在世状态中。海德格尔说："原始的畏任何时刻都可以在亲在中苏醒。"①"畏"与"烦"不同。"烦"使"亲在"沉陷到周围世界中去，迷失在普通人中，"畏"却使"亲在"从周围世界、从普通人中超拔出来，返回到自身之中。用海德格尔的话来说，就是"畏将亲在从其消散于'世界'的沉沦中抽回来了"。② 为什么"畏"有这么大的力量呢？因为"畏"的本质特征是虚无化："亲在凭借隐而不显的畏嵌入'无'中的境界就是越过在者整体的境界——超越境界。"③"畏"把周围世界，把诸"在者"推入虚无之中。"亲在"在"畏"所造成的虚无中感到茫然失据，于是，不再向外逃避，而重新返回到自身中。这颇有点像佛教说的"看破红尘"。总之，"烦"使"亲在"向外向下，"畏"则使"亲在"向内向上。海德格尔还强调说，在沉沦于大众意见占主导地位的地方，本真的"畏"是罕见的。"畏"还有生理学方面的更深层的条件。说得明白一点，"畏"归根结底是畏死："为死而在，在基本上就是畏。"④同样，"烦就是为死而在"⑤。"死"也是人们焦虑、担忧的最深层的基础。

在海德格尔看来，"死"是"亲在"的最本己的可能性。人迟早会撞到一堵墙上，这堵墙就是死亡，死亡是人无法超越的。在不可逃避的"死"的极点之前，"亲在"怎么办呢？海德格尔说，"只有自由的为死而在才

---

① 洪谦：《西方现代资产阶级哲学论著选辑》，商务印书馆 1964 年版，第 355 页。

② 中国科学院哲学研究所西方哲学史组：《存在主义哲学》，商务印书馆 1963 年版，第 53 页。

③ 洪谦：《西方现代资产阶级哲学论著选辑》，商务印书馆 1964 年版，第 356 页。有改动。

④ 中国科学院哲学研究所西方哲学史组：《存在主义哲学》，商务印书馆 1963 年版，第 70 页。

⑤ 同上书，第 79 页。

给亲在以绝对目标并将存在推入其有限性中"①。这是什么意思呢？这是说，"亲在"只有先行到"死"中去领会自身，使"在"的意义澄明起来，它才有了明确的目标，才不会在生活中陷于沉沦，不会在模棱两可中徘徊。由于有了明确的目标，"亲在"在世就变得自由了，它就敢于大胆地进行决断了，而这些决断则构成了"亲在"的真正命运。不决断的人是无命运可言的。海德格尔说的"将存在推入其有限性中"，也就是指大胆地投入决断与选择之中。

当"亲在"先行到"死"中领会了自身并在其存在中积极进行决断的时候，它就达到了"出窍"的状态。在这种状态中，在的意义自然而然地澄明起来。海德格尔强调，这种状态不能用通常的均匀流逝的无限的时间来度量，而必须用原初的有限的时间来度量。在这种原初的时间中，将来是先行的，"原始而本真的时间性之主要现象就是将来"②。由将来经过过去而达到现在。只有在这种独特的时间地平线上，"亲在"先行到将来的"死"中去领会自身，然后在其现在的存在中投入决断的过程才会真正地显现出来，也只有在这种时间的地平线上，在的意义才充分地显露出来。

海德格尔还强调："语言是在的语言，正如云是天上的云一样。"③传统哲学的语言使在的意义蔽而不显，要使语言真正成为"在"的寓所，就要对一些基本概念重新释义，从而把"在"的真理犁入语言中。

毋庸讳言，海德格尔的哲学思想有其偏谬之处，但其哲学研究的方法却不无借鉴之处。

首先，海德格尔的方法蕴含着对传统的深厚的批判力。抓住传统中的一两个具体的问题，发一通新议论，这虽然也是批判力的一种表现，但这种批判力的幅度是非常小的。海德格尔的批判力则深入旧哲学的心

---

① 中国科学院哲学研究所西方哲学史组：《存在主义哲学》，商务印书馆 1963 年版，第 82 页。

② 同上书，第 78 页。

③ 同上书，第 134 页。

脏——本体论之中，其伟力透入传统的语言和逻辑之中。比如，在谈到传统逻辑时，他不无讥讽地说："人们用不断称引逻辑的东西来唤起一种印象，似乎人们恰恰在深入思，而实际人们却已与思绝缘了。"[1]其实，亚里士多德从创造逻辑的时候起，就已经把"逻各斯"的原始本质（思"在"）给埋没了。只要停留在传统逻辑的思路之内，"在"的意义就不可能被思捕捉到。同样，海德格尔的时间观、真理观、语言观等都显示出对传统的巨大批判力。没有这种深厚的寻根刨底的批判力，是不可能产生第一流的哲学的。

其次，海德格尔把哲学研究和语言学研究紧密地结合起来。他认为，"形而上学在西方的'逻辑'和'文法'的形态中过早地霸占了语言的解释"[2]。谁如果想超越旧的形而上学而又无批判地使用其原有的语言，那就只能在旧地基上打滚。海德格尔之所以从希腊语的词源上对一些基本概念进行追溯，把其原初的有价值的含义重新阐发出来，正是为了从根本上对旧哲学进行改造。这并不是无聊的考据，而是改造旧哲学、创造新哲学的根本前提。

最后，海德格尔的基本本体论方法看起来是玄思的，晦涩难懂的，其实却是紧贴生活，直接为生活呼吁的。他说："当在隐藏在长期的被遗忘状态中并在当今世界历史时刻通过一切在者的震动而透露出消息之后，难道思还能使自己免除思在的责任吗？"[3]正是当今世界中的战争、骚动、异化、苦闷等现象把"在"的意义问题凸显出来了，而海德格尔敏锐地把这个问题导入了哲学。这就告诉我们，在海德格尔那里，方法不是一个技巧的问题，从根本上看，是一个对生活的立场和态度的问题。在这个意义上可以说，思考生活，敏锐地把生活中的重大问题概括为一定的理论形式导入哲学中，才是哲学研究的根本方法。

---

① 中国科学院哲学研究所西方哲学史组：《存在主义哲学》，商务印书馆 1963 年版，第 119 页。

② 同上书，第 88 页。

③ 同上书，第 124 页。

十二、寻找认识上的阿基米德点
——胡塞尔的现象学方法

古代科学家阿基米德曾经说过，如果给他一个支点的话，他可以用杠杆把整个地球撬起来。这是物理学史上最著名的趣谈之一。阿基米德点，意谓一个确定的、坚不可摧的支点。在哲学思维的海洋中，少数思想深邃的大师都孜孜不倦地寻找着阿基米德点，以便把自己的学说安顿在一片坚实的陆地上。在这些大师中，埃德蒙德·胡塞尔的名字应当引起我们特别的重视。

胡塞尔把人们的思维态度分为两种：一种是自然的思维态度，另一种是严格意义上的哲学的思维态度。所谓自然的思维态度，即是说，我们面对各种各样的事物，我们感觉到它们的存在并探索着它们运动发展的规律。我们从不怀疑这个世界的实在性，并认为这一切都是自明的，无可置疑的。在自然的思维态度的基础上，自然科学筑起了宏伟的大厦，其严格性和精确性令人咋舌，其辉煌成果令人眩目。然而，自然科学只是一味地向前冲刺，从不反躬自省，从不去思考并探索自己的基础的可靠性和稳定性。在自然思维的地基上，还出现了逻辑大厦。胡塞尔认定，现代的发展理论使逻辑规律性的实体含义日益变得可疑。人是在生存斗争中通过自然选择发展起来的，与此同时，人的智力也发展起来，智力的形式——逻辑也自然地发展起来。然而，逻辑作为人种偶然的特征，它能契合事物本身吗？当我们从不怀疑传统逻辑的时候，我们也从不会离开自然思维的基地。

自然思维造就了自然科学和传统逻辑，而自然科学和传统逻辑又造就了传统哲学，因而传统哲学，尤其是其认识论，仍然在自然思维的圈子内打转。传统的哲学认识论把认识的起源问题视作认识论的中心问题，可是，胡塞尔却认为，由于它们从不反思认识的基本问题，即认识的可能性的问题，它们实际上根本没有触及认识的起源问题。严格意义上的哲学认识论必须回答这样的问题：认识如何能够确定它与被认识的对象相一致，它如何能够超越自身去契合它的客体？面对自然科学，尤其是牛顿的经典物理学取得的辉煌成果，康德提出了认识如何可能的问题。在他看来，科学的成就表明认识实际上已是可能的了，而他的基本任务是论证这种可能性。康德的思考是深入的，他还力图用先验哲学来阐明自然科学的性质，然而，由于他未从根本上摆脱心理主义的影响，他的学说仍然带有自然思维的残余。

胡塞尔认为，严格意义上的哲学思维的态度应当在自然科学与哲学之间做出区分，应当防止哲学向自然科学做任何借贷，尤其是方法论上的借贷。哲学虽然在本质上与科学有联系，"但哲学却处于一种全新的维度中，它需要全新的出发点以及一种全新的方法，它们使它与任何'自然的'科学从原则上区别开来"①。这种典型哲学的态度和典型哲学的方法就是现象学。

胡塞尔的现象学方法就是通过还原，对认识本身进行批判性的思考，以便找到一个确定的阿基米德点，然后，在这个新的支点上，重新阐发出全部哲学理论。在胡塞尔看来，现象学方法是人类认识史上的一场彻底的革命。那么，他究竟是如何运用这一方法的呢？

首先，胡塞尔要求在认识批判之前，把自然思维及在其基础上产生的自然科学的现象、传统的哲学观念统统悬置起来。他借用数学的术语，把这种做法称为"加括号"，意即把所有的认识都放到括号内，存而不论。他强调说，"只要认识批判开始进行，对它来说，任何认识就不能再作为被给予的认识。因而它不能从任何前科学的认识领域中接受任何东西，任何认识都具有可疑性的标记。"②在这种普遍的怀疑中，我们能不能找到一个确定的支点呢？这种愿望把我们导向笛卡尔哲学。笛卡

_____

① ［德］埃德蒙德·胡塞尔：《现象学的观念》，倪梁康译，上海译文出版社1986年版，第25页。

② 同上书，第32页。

尔方法论的基础是怀疑一切。在怀疑一切的旋风中,一切都飘忽起来,都变得难以令人置信,但是,这里仍然有一块坚实的陆地:一切都是怀疑对象,然而,我对我在怀疑这一点却无法置疑。正如胡塞尔所说:"在任何一个怀疑的情况中,确定无疑的是,我在这样怀疑着。"①这就是说,在最初的认识批判中,我们找到了一个阿基米德点,即我在感觉、我在体验、我在怀疑、我在思考,这是我们无法存疑的、自明的、被给予的东西。

到这儿为止,胡塞尔和笛卡尔还是一致的,接下去就分道扬镳了。笛卡尔提出了"我思故我在"的命题,并在这一命题的基础上推出了物质世界和上帝的存在。胡塞尔则认为,不管我知觉什么、怀疑什么、思考什么,归根结底都是我这个知觉主体的主观的、心理上的体验。认识者从来没有,也永远不会超出他的体验的联系之外。说得明白一点,外部世界是否真实地存在着,我不知道,我所知道的只是我体验到的种种现象。通过这样的还原,胡塞尔把认识主体之外存在着的整个世界推入主观体验的现象之河。

在现象汇成的赫拉克利特之河中,胡塞尔小心翼翼地踏上了"我在体验"(或我在知觉、我在思考等)这一块陆地上。然而,他的脚下突然又飘浮起来,动荡起来。原来,这个支点并不可靠。为什么呢?因为"我在体验"虽然是明晰的,无可置疑的,然而它仍然是一个心理学的事实,仍然未最终摆脱自然思维态度的约束。只要体验或思考从属于某个心理上的主体,在哲学上就无法导出普遍有效的结论来。胡塞尔说,"在这里我们需要还原,为的是使思维的在的明证性不至于和我的思维是存在的那种明证性、我思维地存在着的那种明证性等等相混淆。必须防止把现象学意义上的纯粹现象与心理学现象,即自然科学心理学的客

① [德]埃德蒙德·胡塞尔:《现象学的观念》,倪梁康译,上海译文出版社 1986 年版,第 29 页。

体相混淆"①。

通过进一步的还原，心理的、经验的主体——"我"又被排除了，胡塞尔达到了一个新的真正可靠的阿基米德点——先验自我。先验自我不是指人这个生命有机体或属于经验范围的心理学的自我，而是指完全与经验、心理绝缘的纯粹自我，我自身。先验自我的根本特征是本质直观。胡塞尔说，直观是无法论证的；一个想看见东西的盲人不会通过科学论证来使自己看到什么；物理学和生理学的颜色理论不会产生像一个明眼人所具有的那种对颜色意义的直观的明晰性。② 显而易见，胡塞尔之所以提出直观的方法，强调直观之无法论证，其目的是摆脱在自然思维基础上形成的传统逻辑。如果先验自我依然向传统逻辑借贷推论方法的话，它就不可能最终超出自然思维的态度。

必须注意，胡塞尔这里说的直观不是感性的直观，而是理智的直观、本质的直观。那么，先验自我进行本质直观的对象究竟是什么呢？就是我们前面提到的现象的赫拉克利特之河。在这条永恒流动的知觉体验之河中，一切都是个别的、转瞬即逝的。先验自我的直观就是要从个别中发现一般，从现象中发现本质。比如，通过对不同红色的事物的直观，我们得到的不再是个别之物，而是一般的红，即红这一本质。胡塞尔认为，这里谈的根本不是心理学主体中的抽象的行为，"这里谈的是红的总本质或红的意义以及在总的直观中红的被给予性"③。先验自我进行本质直观的同时，现象也就实现了本质上的还原，成了脱离种种心理和经验条件的纯粹的先验的现象。本质的客观性、必然性正是先验自我所保证的。于是，在意识的意向性原则（即意识活动总是指向某个对象，不存在空洞的、赤裸裸的意识）的导引下，先验自我通过本质直观，在现象中构造出完整的知识体系。一言以蔽之，在先验自我这个阿基米

---

① ［德］埃德蒙德·胡塞尔：《现象学的观念》，倪梁康译，上海译文出版社 1986 年版，第 40 页。

② 同上书，第 10 页。

③ 同上书，第 50 页。

德点上，胡塞尔营造起自己的现象学大厦。

人们常常批评胡塞尔的现象学是主观主义，是唯我论，如果这里说的"我"是一个经验的、心理上的我的话，那恰恰是批评错了，因为纯粹现象学要排除的正是经验的、心理上的我。先验自我实际上是一种无我的纯粹的思维。现象学的真正弱点在于它对经验主义、心理主义和科学主义的绝对拒斥是否真正有效。胡塞尔在其晚期哲学中引入了"生活世界"的概念，正是出于对经验世界的眷恋。正如马克思在批评黑格尔的唯心主义时所指出的："驱使哲学家从抽象思维进入直观，那就是厌烦，就是对内容的渴望。"[1]

胡塞尔的现象学方法有其"阿喀琉斯之踵"，但仍不失为有巨大创造性的学说。一方面，他一反哲学研究的心理化和科学主义化的传统，开辟了哲学探讨的新方向，力图使哲学摆脱自然思维的影响，成为真正严格的哲学科学；另一方面，他通过把世界归结为现象的还原方法，通过对象在意识中构成的基本思想，极大地突出了人的意识，归根结底是人的创造作用。这正是现象学在当今国际思潮中拥有一席之地并产生重大影响的原因。写到这里，我不禁想起了莎士比亚笔下的玛利娅的一句名言："思想是无拘无束的。"[2]

---

[1] 《马克思恩格斯全集》第 42 卷，人民出版社 1979 年版，第 178 页。
[2] 《莎士比亚全集》第 4 卷，朱生豪译，人民文学出版社 1978 年版，第 11 页。

1996年

铸造新的时代精神[①]
——米兰·昆德拉的话语世界

　　捷克作家米兰·昆德拉的作品掀起的旋风已经席卷全球。近年来，他的作品，如《玩笑》《生活在远方》《为了告别的聚会》《笑忘录》《生命中不能承受之轻》《不朽》《小说的艺术》《被背叛的遗嘱》等不断地被译介进来，引起了我国读者的广泛的兴趣。这些作品出版于 20 世纪 60—90 年代，多侧面地展示出米兰·昆德拉所感受的那个独特的生活世界。当然，米兰·昆德拉不仅是他被抛入的那个生活世界的感受者，而且是一个独立不倚的思想者。他首先从哲学的高度批判地反思了那个时代，领悟并超越了那个时代的精神状况。他的小说充满了哲理，但又不使人感到枯燥，因为继承了拉伯雷、塞万提斯、哈谢克的传统，借鉴了现代小说艺术（尤其是卡夫卡的）表现手法，幽默地再现出那个时代的人生百态和种种社会冲突。总之，米兰·昆德拉的小说是一面特殊的镜子，透过它，我们既看清了那个时代，又超越了那个时代。

---

　　① 原载《复旦学报(社会科学版)》1996 年第 3 期。收录于俞吾金：《俞吾金集》，学林出版社 1998 年版，第 451—467 页；收录于俞吾金：《生活与思考》，复旦大学出版社 2011 年版，第 150—162 页，题为"米兰·昆德拉的话语世界"，收录于李凤亮等编：《对话的灵光：米兰·昆德拉研究资料辑要(1986—1996)》，中国友谊出版社 1999 年版。——编者注

一、昆德拉其人及其时代

米兰·昆德拉(Milan Kundera)于 1929 年出生于捷克，少年时期就经历了第二次世界大战。他在回忆这个时期时，曾经提到一个小小的插曲。当昆德拉十三四岁的时候，父亲要他到一位犹太作曲家(他父亲的朋友)那里去上音乐作曲课。当时犹太人的处境很困难，但那位作曲家献身于艺术的伟大精神深深地感动了他。有一次，上完课后，作曲家对他说："贝多芬有许多让人惊讶的差的乐段。但正是这些差的段使他的强的段得以显现价值。好比一片草坪，没有它我们不可能在长在它上面的一棵美丽的树下享受快乐。"①这段话所蕴含的深刻哲理对昆德拉的一生产生了重大影响。

1948 年，捷克开始在苏联的意识形态的引导下从事共产主义的革命。1968 年前后，昆德拉做过大学生、工人、爵士乐手，也担任过布拉格电影学院的教授。作为知识分子，他从现实中深深地感受到，在当时的文化氛围和精神生活中，占主导地位的是"抒情的狂热"，而正是它引发了昆德拉的逆反心理："永远地，我被注射了抵抗一切抒情企图的疫苗。那时候我唯一深深地、贪婪地欲求的东西，就是一道清醒的、看破世事的目光。我终于在小说艺术中找到了它。这也是为什么对于我，作为小说家，不仅是实践'一种文学'形式；它是一种态度，一种智慧，一种立场；一种排斥于任何政治、宗教、意识形态、道德和集体相认同的立场；一种有清醒觉悟的、不屈不挠的、满腔愤怒的非认同化(non-identification)，它的构成不是作为逃避或被动，而是作为抵抗，

---

① ［法]米兰·昆德拉：《被背叛的遗嘱》，孟湄译，上海人民出版社 1995 年版，第 165 页。

挑战、反抗。"①这就告诉我们，在昆德拉那里，小说创作绝不是一种无聊的游戏，而是他维护自己思想的独立性、对抗抒情化世界的一种方式。

昆德拉认为，小说与回忆录、传记、自传等作品不同，"一部小说的价值在于揭示存在作为本来的直到那时被遮掩的可能性；换言之，小说发现我们每个人身上的东西"②。但是，昆德拉对小说的理解已经融入他从青年时期起就已十分热爱的现代艺术的因素，这使他与传统文学的求实主义的风格始终保持着距离。昆德拉在回忆现代艺术对自己的影响时说："这也许说明为什么我尤其过敏的是使德彪西害怕的、听勃拉姆斯或柴可夫斯基的交响乐时的那种烦恼，对勤劳的蜘蛛的悉悉声过敏；这也许说明为什么我长久时间对巴尔扎克的艺术充耳不闻，为什么我特别喜爱的小说家是拉伯雷。"③正是在现代艺术的熏陶下，昆德拉的小说话语自觉地推进了一种文体革命：一方面，他尽量避免给小说中的人物确定姓氏，如《生活在别处》中的主人公只有一个名，他的母亲只是用"妈妈"一词来称呼，他的女朋友用"红头发"来表示，而"红头发"的情人则是"四十来岁的人"，这里体现的正是对巴尔扎克式的小说模式的超越；另一方面，他的小说常把"肖邦的战略"（即小结构的战略）与"贝多芬的变调战略"结合起来，这样，就使同一小说主题在多侧面的生活事件中得以展现。《笑忘录》是这方面的典型，它把七篇小故事，即七个小结构串连在一起，但却没有给读者留下支离破碎的感觉，相反，读者所感受到的一个深刻主题是：笑与忘将把一切（历史、性、悲剧）化为烟雾。

昆德拉的小说所要维护的乃是一种个人主义，而这种个人主义的一个基本内容就是强调个人的私生活不应受干扰和侵犯，这是作为自由生

---

① ［法］米兰·昆德拉：《被背叛的遗嘱》，孟湄译，上海人民出版社 1995 年版，第145 页。

② 同上书，第 244 页。

③ 同上书，第 147 页。

活的必要条件。但是，对私生活的干预、对"透明的美"的追求正是他置身于其中时代的一个根本特征。1975 年，他从"布满麦克风的捷克斯洛伐克"到法国，从杂志上看到一幅照片：比利时演唱家布莱尔患了癌症，摄影记者追逐到医院门口，摄下了一张他用手遮住脸的照片。昆德拉说，"突然间，我感到碰到了同样的恶，使我脱离自己国家的正是这个恶……我想，透露他人的隐私一旦成为习惯与规则，便使我们进入了一个时代，它的最大的赌注：个人或脱生或消失"①。昆德拉的小说自觉地充当了私生活世界的守护者，而幽默和轻松正是他的小说的力量之所在。

与同时代的著名小说家，如萨特、加缪等人比较起来，昆德拉的小说不仅展示出东欧生活世界的一条独特的风景线，而且以诙谐幽默的笔调为处在异化重压下的当代人指出了一条生存之道。正如阿拉贡在谈到昆德拉的小说时所说的："他的作品使我坚信人类一定会生存下去，世界一定会生存下去，我全心全意在这个世界上所信仰、寻求和热望的一切都将恢复其人性的面貌。"②

二、哲学与小说

哲学是以追求真理为目的的，但哲学家们用概念编织起来的观念世界是否就一定是真实的生活世界的再现呢？相反，小说作为文学艺术的一种形式，在内容上是虚构的，但小说艺术的这一特点是否就决定了它本质上不能真实地反映生活世界呢？昆德拉的回答是否定的。在他看来，哲学是崇尚真理的，但哲学常常陷入虚构之中；小说是虚构的，但

---

① ［法］米兰·昆德拉：《被背叛的遗嘱》，孟湄译，上海人民出版社 1995 年版，第 242 页。

② ［捷］米兰·昆德拉：《玩笑》，蔡若明译，中国社会科学出版社 1993 年版，第 6 页。

小说家常常能说出真理。而在当代精神生活中，哲学与小说之间的距离正在拉近，它们之间的界限正在消失。但由于传统观念的束缚，人们更偏重的仍然是哲学与概念思维，所以昆德拉更倾向于强调小说艺术的伟大力量和作用。

昆德拉认为，以莱布尼茨、黑格尔为代表的近代理性主义哲学有两个根本缺点。一是对理性的绝对崇拜。他们认为，凡物都是可以计算和解释的，生活总是由理性的因果链构成的，人要生存得有价值，就得弃绝一切没有理性的行为。二是对体系的崇拜。在谈到黑格尔《美学》关于艺术具有鹰一般的居高临下的眼光时，昆德拉又指出："'为要充实自己的体系'，黑格尔描写了其中的每一个细节，一个格子一个格子，一公分一公分，以至于他的《美学》给人一种印象：它是鹰和数百个蜘蛛共同合作的作品，蜘蛛们编织网络去覆盖所有的角落。"①

昆德拉认为，除了当代以海德格尔为代表的存在主义哲学家参与了对传统哲学的理性崇拜倾向的解构外，从历史上看，小说艺术早就在从事这方面的工作了。比如，在18世纪的小说中，劳伦斯·斯特恩的作品《项狄传》就是一部奇特的小说。小说一开头描述主人公开始在母体里骚动的那一夜，但作者突然笔锋一转，在随后上百页篇幅中叙述起另一个故事来，那个未出世的小主人公居然被遗忘了。乍看起来，这种写作技巧似乎显得漫无头绪，但作者所要破坏的，正是读者在阅读小说时所期待的理性的因果链。昆德拉写道："看斯特恩的小说，人的存在及其真意要到离题万里的枝节上去寻找。这些东西都是无法计算的，毫无道理可言，与莱布尼茨大异其趣。"②在19世纪的小说中，福楼拜也是这个方面的一位伟大代表。他超越了在当时占主导地位的理性主义传统。昆德拉指出："十九世纪蒸汽机车问世时，黑格尔坚信他已经掌握了世界

---

① [法]米兰·昆德拉：《被背叛的遗嘱》，孟湄译，上海人民出版社1995年版，第139页。

② [捷]米兰·昆德拉：《生命中不能承受之轻》，韩少功、韩刚译，作家出版社1992年版，第342页。

历史的精神。但是福楼拜却在大谈人类的愚昧。我认为那是十九世纪思想界最伟大的创见。"①在福楼拜看来，随着科学技术的发展和社会的进步，愚昧不但没有被消灭，反而会随之而增长。但现代意义上的愚昧不是无知，而是对各种思潮的生吞活剥。昆德拉认为，当代的各种思潮正借助于电脑和大众传媒洪水般地泛滥着，其势力足以窒息欧洲文明，而小说所要揭示的正是当代生活世界的奇观——理性与愚昧共在。

在昆德拉看来，对传统哲学的体系崇拜倾向做出最有力的冲击的是尼采的哲学，"尼采对体系化思想的拒绝是另一种结果：一个巨大的主题开阔。阻碍人看到真实世界全部广阔性的各种哲学学科之间的隔板倒掉了，从此所有人类的事物都可以成为一个哲学家思考的对象。这也使哲学与小说相接近：哲学第一次不仅对认识论、美学、伦理学、精神现象学、理性批判等进行思考，而且对有关人类的一切进行思索"。尼采的思想是一种实验性的思想，他破坏了体系和种种固定不变的东西。实际上，从拉伯雷以来的真正小说式的思想也正是实验性的、非系统化的，"他将所有包围我们思想体系冲出缺口，它研究（尤其通过人物）反思的所有的道路，努力走到它们每一条的尽头"②。所以，昆德拉主张，一个小说家应当自觉地将自己的思想非系统化，朝他在自己的周围筑起的街垒踢上几脚。

正是基于对理性主义传统的上述批判，昆德拉引申出如下的结论："如果说欧洲哲学没有善于思索人的生活，思索它的'具体的形而上学'，那么，命中注定最终要去占领这块空旷土地的便是小说，在那里它是不可替代的（这已被有关存在的哲学以一个相反的证明所确认，因为对存在的分析不能成为体系，存在是不可能被体系化的，而海德格尔作为诗的爱好者犯了对小说历史无动于衷的错误，正是在小说的历史中有着关

---

① ［捷］米兰·昆德拉：《生命中不能承受之轻》，韩少功、韩刚译，作家出版社1992年版，第342页。

② ［法］米兰·昆德拉：《被背叛的遗嘱》，孟湄译，上海人民出版社1995年版，第16页。

于存在的智慧的最大的宝藏）。"①在昆德拉看来，小说是个人发挥想象的乐园，在那里没有人拥有的真理，但人人都有被理解的权利。几乎可以说，每部小说都有意无意地要回答下面的问题：人的存在究竟是什么？其真意何在？所以，要深切地理解存在，把握生活世界，超越时代精神，就不能仅仅停留在哲学的概念世界中，而是要诉诸小说艺术，诉诸小说的独特的表现手法。

通过对欧洲小说史的回顾，昆德拉认为，特别需要弘扬的是拉伯雷的传统。拉伯雷在其名著《巨人传》中虽然像笛卡尔一样喜欢旁征博引，但"小说的智慧跟哲学的智慧截然不同。小说的母亲不是穷理尽性，而是幽默"②。所以这门受上帝笑声的启发而诞生的艺术并不负有宣传、推理的使命，恰恰相反，它每晚都把神学家、哲学家精心编织的花毯折断线条。在昆德拉看来，幽默并不是古已有之的，而是现代精神的伟大发明，幽默体现的乃是人类生存的活力，它犹如天神之光，把世界展示在道德的模棱两可中，把人们暴露在判断他人时所陷入的深深的无能中，把严肃和僵硬溶解在轻松的笑声中。所以昆德拉喜欢说："人们一思索，上帝就发笑。"正是通过对欧洲小说的拉伯雷、塞万提斯所倡导的幽默传统的重新发现，昆德拉既超越了理性主义的哲学传统，又超越了当代存在主义哲学家的悲观情怀，把欧洲文明和当代人的生存活动提高到一个新的精神层面上。

三、审判与媚俗

在对欧洲小说史的叙述中，昆德拉对卡夫卡的小说《审判》做了高度

---

① ［法］米兰·昆德拉：《被背叛的遗嘱》，孟湄译，上海人民出版社 1995 年版，第162 页。

② ［捷］米兰·昆德拉：《生命中不能承受之轻》，韩少功、韩刚译，作家出版社 1992年版，第 340 页。

的评价。在这部小说中，主人翁 K 无缘无故地受到审判，最后又莫名其妙地被判处极刑。卡夫卡叙述的似乎是一个荒诞的故事，可是昆德拉却认为，它展示出当代生活世界中的一个主导性的事实：法庭和审判。在他看来，被卡夫卡赋予意义的法庭不是指用以惩罚违反国家法律的罪犯的司法机构，而是指不可见的法庭，指看上去不可见而实际上无处不在的力量。这种力量无时无刻不在判决着，无时无刻不在支配着人的命运。在这个意义上，审判构成当今时代精神的核心。

昆德拉强调，这种来自无形的法庭的审判是绝对的。这里的"绝对"有几层意思。第一，审判所涉及的不是一个孤立的行为、一个确指的罪行，而是被告的全部人格（包括他的隐私在内）。在这个意义上可以说，"审判把被告的生平缩减为犯罪录"①。比如，维克托·法里亚斯的著作《海德格尔与纳粹主义》就是一部罪犯录的经典样本，因为作者在海德格尔的青年时期就已找到了他的纳粹主义的根源，而对于他的天才的萌芽却不屑一顾。第二，审判的对象不光是现在的，而且也可以是过去的："审判的精神不承认任何时效性，遥远的过去与一个今天的事件同样是活生生的。即使死去，你也逃不掉：在墓地里有暗探。"②比如，有的人在肉体上死去后，还必须在精神上第二次死去，即他们的建筑物被拆去，他们的书被烧毁，他们的名字从教科书上被除去，以他们的名字命名的街道被改名等。第三，在普遍的审判活动中，受害者与迫害者之间的界限消失了。在《为了告别的聚会》中，雅库布对奥尔加说，"我要告诉你我一生最悲哀的发现：那些受害者并不比他们的迫害者更好。我很容易想象他们的角色调换一下的样子"③。雅库布还对另一点感到伤心，即在任何审判过程中，旁观者总是不假思索地站在审判者一边，仿佛审

---

① ［法］米兰·昆德拉：《被背叛的遗嘱》，孟湄译，上海人民出版社 1995 年版，第153 页。

② 同上书，第 211 页。

③ ［捷］米兰·昆德拉：《为了告别的聚会》，景凯旋、徐乃健译，作家出版社 1987年版，第 69 页。

判不是为了伸张正义，而是为了消灭被告。

昆德拉认为，这种普遍的审判精神还具有三个特征。其一，它在日常生活中转化为无所不在的窥视。在《不朽》中，阿格尼丝感受到："我们每天都被成千上万的目光刺中，但这还不够；最后总有一道目光一刻不停地盯着我们，跟我们上街，到树林里，看医生，上手术台，上床；关于我们生活的实照，直到最后一个细节，将被存档备用，随叫随到，供法庭调查，或供公众消遣。"①阿格尼丝感到，外人的目光是将她压至地面的重荷，是吸吮她力气的吻，是在她脸上镂刻皱纹的钢针，所以她最大的愿望是摆脱一切人的目光，独处在房间中。其二，它永远是求全责备的。昆德拉认为，任何时代的人都是处在雾中的人，但后人在评论、审判前人时，通常会看不见包围着前人的雾，而习惯于从今人的高度去苛求古人。事实上，人们对海德格尔、马雅可夫斯基、高尔基等人的评判都带有求全责备的倾向。所以，昆德拉说："看不见马雅可夫斯基道路上的雾，就是忘记了什么是人，忘记了我们自己是什么。"②其三，它总是带着虚假的历史光环，仿佛审判构成人类的全部历史活动，不参与审判的人便失去了历史之根，他的生活就算不上真正的生活。而昆德拉则告诉我们，真正的日常生活恰恰是在虚假的历史光环之外。

作为一个现代小说家，昆德拉的过人之处不仅在于他洞见了他生活于其中的那个时代的主导精神——审判的精神，而且他揭示了这一精神的共生物——媚俗（kitsch）。他告诉我们："kitsch 这个字源于 19 世纪中叶的德国。它描述不择手段地去讨好大多数人的心态和做法。既然想要讨好，当然是确认大家喜欢听什么。然后再把自己放到这个既定的模式思潮之中。kitsch 就是把这种有既定模式的愚昧，用美丽的语言和感情

---

① ［捷］米兰·昆德拉：《不朽》，宁敏译，作家出版社 1993 年版，第 28 页。
② ［法］米兰·昆德拉：《被背叛的遗嘱》，孟湄译，上海人民出版社 1995 年版，第222 页。

把它乔装打扮，甚至自己都会为这种平庸的思想和感情洒泪。"①媚俗起源于对审判的畏惧，起源于无条件的生命认同，即把自己生命的存在视为最高的价值。在昆德拉看来，我们中间没有一个超人强大得足以完全逃避媚俗，"无论我们如何鄙视它，媚俗都是人类境况的一个组成部分"。② 媚俗在政治领域中表现得尤为突出，在某种意义上可以说，它是所有政客的美学理想。昆德拉认为，在各种政治倾向并存的社会里，人们还可以或多或少地逃避媚俗，特别是艺术家，可以保留自己的个性，创造出不凡的作品。但是，一旦某个政治运动垄断了权力，一旦审判成为一种经常性的群众活动，媚俗就会迅速地蔓延开来。

在《生命中不能承受之轻》这部小说中，昆德拉特别嘲讽了那种苏联式的媚俗："在媚俗作态的极权统治王国里，所有答案都是预先给定的，对任何问题都有效。因此媚俗极权统治的真正死敌就是爱提问题的人。一个问题就像一把刀，会划破舞台上的景幕，让我们看到藏在后面的东西。"③媚俗不仅禁锢了人们的思想，而且也使艺术失去了个性和原创性。这部小说中的萨宾娜就试图不顾一切地逃离人们强加于她的生活中的媚俗，她从现实世界逃到艺术世界，但仍然无法完全摆脱媚俗的阴影。昆德拉认为，现代主义曾与媚俗的潮流抗争过，但现在却逐渐被种种媚俗的思潮所淹没，唯有以幽默为特征的小说艺术才能冲破媚俗的浊流："我觉得今天欧洲文明内外交困。欧洲文明的珍贵遗产——独立思想、个人创见和神圣的隐私生活都受到威胁。对我来说，个人主义这一欧洲文明的精髓，只能珍藏在小说历史的宝盒里。"④

在这里，昆德拉的贡献不在于他所倡导的以个人主义来对抗媚俗的思潮有多少新意，而在于他深刻地意识到并揭示出他生活于其中的那个

---

① ［捷］米兰·昆德拉：《生命中不能承受之轻》，韩少功、韩刚译，作家出版社1992年版，第343页。
② 同上书，第273页。
③ 同上书，第270页。
④ 同上书，第344—345页。

时代的精神主流——审判与媚俗，并力图以他独特的小说艺术超越这种时代精神，重新引发人们对生活世界的独立、创造性的思考。

四、悲剧意识与喜剧意识

昆德拉小说的深刻的思想性还体现在他对置身于其中的时代所弥漫的悲剧意识的反思和超越中。在《不朽》这部小说中，昆德拉通过保罗之口说出了这番话："请好好理解我所说的话：崇敬悲剧比孩子气的废话危险得多。您知道悲剧的永恒不变的前提么？就是所谓比人的生命还要宝贵的理想。为什么会有战争？也是因为这个。它逼你去死，因为存在比生命更重要的东西。战争只在悲剧世界中存在；有史以来人就只认识这个悲剧世界，一步也跨不出这个世界。要结束这个悲剧时代，唯有与轻浮彻底决裂。今天，人们已不再从音乐会上听到贝多芬的第九交响乐，而是每天从芭蕾香水广告的四句'欢乐颂'唱词中得知。我对此丝毫不感到奇怪。悲剧将会像年老色衰的优伶，心惊胆颤，声音嘶哑，最终被赶下世界舞台。轻松愉快才是减轻体重的最佳食谱。事物将失去它们百分之九十的意义，变得轻飘飘的。在这种没有重荷的环境里，盲从狂热将会消失，战争将不可能发生。"①这段关于悲剧的论述启示我们：第一，悲剧的根本特征乃是假定一个目标、一种理想的存在，而这个目标、这种理想比人的生命更重要；第二，悲剧必然导致盲从与狂热，这种盲从与狂热的最突出的表现——战争只存在于悲剧世界之中；第三，有史以来悲剧意识一直支配着人们的思想，但在当今时代，悲剧已失去了存在的理由，它将被赶下世界舞台。为什么在当今时代里，悲剧和悲剧意识会失去其存在的理由呢？因为人们在生活实践中发现，原来作为崇高的目标和理想加以追求的东西突然变得毫无意义了。由于目标和理

---

① ［捷］米兰·昆德拉：《不朽》，宁敏译，作家出版社1993年版，第119页。

想失去了实体性,被夸大的历史责任感也就黯然失色了。于是,沉重与严肃让位于轻松与幽默。喜剧和喜剧意识开始从精神世界的边缘移向中心。昆德拉的小说以下面四组对立生动地叙述了在当今生活世界中悲剧意识的陨落和喜剧意识的兴起。

1. 重与轻

在小说《生命中不能承受之轻》的开头,昆德拉这样写道:"如果我们生命的每一秒钟都有无数次的重复,我们不会像耶稣钉于十字架,被钉死在永恒上。这个前景是可怕的。在那永劫回归的世界里,无法承受的责任重荷,沉沉地压着我们的每一个行动,这就是尼采说的永劫回归观是最沉重的负担的原因吧。……相反,完全没有负担,人变得比大气还轻,会高高地飞起,离别大地亦即离别真实的生活。他将变得似真非真,运动自由而毫无意义。那么我们将选择什么呢?沉重还是轻松?"①古希腊哲学家巴门尼德把"重"理解为消极的东西,把"轻"理解为积极的东西,这种理解是否正确呢?昆德拉让读者自己去得出结论。在这部小说中,医生托马斯和妻子特丽莎是"重"的化身,托马斯觉得自己总是在"非如此不可"的观念的驱迫下生活,"他怀有一种深切的欲望,去追寻巴门尼德的精神,要把重变成轻"②。至于特丽莎,看待事物总是太严肃,把一切都弄成悲剧,她觉得自己已成了托马斯的负担,"她多么希望能学会轻松!"③与托马斯夫妇相反,萨宾娜自由地生活在国外,"她的人生剧不是沉重的,而是轻盈的。大量降临于她的不是重负,而是生命中不可承受之轻"④。后来她远离故土,迁到了美国。有一天,她写下一份遗嘱,请求在死后把她的尸体火化,骨灰撒入空中。"特丽莎与托马斯的死显示着重,她想用自己的死来表明轻,她将比大气还轻。正如巴门尼德指出的,消极会变成积极。"⑤在这部小说中,昆德拉以"重"

---

① [捷]米兰·昆德拉:《生命中不能承受之轻》,韩少功、韩刚译,作家出版社1992年版,第3页。
② 同上书,第205页。
③ 同上书,第148页。
④ 同上书,第129页。
⑤ 同上书,第289页。

与"轻"两个词深刻地展示了悲剧意识与喜剧之间的冲突。

2. 严肃与滑稽

昆德拉小说的一个重要使命是揭示出隐藏在严肃背后的滑稽。在这方面,《玩笑》可以说是经典之作。在这部作品中,昆德拉先点明了主人公路德维克生活的那个时代。那是一个由无数的会议、政治运动和群众的盲从狂热构成的、以严肃为主旋律的时代。可是,路德维克的性格与那个时代格格不入,他是一个爱笑爱闹、爱开玩笑的人。他在给女朋友的信中写道:"乐观主义是人类的鸦片! 健康思想是冒傻气。托洛茨基万岁!"[①]但在那个使生活中的每个细节都变得十分严肃的时代中,这个玩笑付出了极为惨重的代价。从此,路德维克成了政治上的异己分子,落入了无休止的审查、惩罚和歧视中,无法把这个自己用玩笑铸成的十字架卸给任何人。他认识到,从明信片的玩笑开场,自己一生的历史已经被确定了,而且是以错误的方式被确定的,而由错误诞生出来的事物同样是实实在在的。路德维克终于明白了:"当年我是不可能不开这个玩笑的,因为我就是我,我的生活是被囊括在一个极大的(我无法跳出的)玩笑之中,而且丝毫不能逆转。"[②]尽管路德维克仍然生活在由他的玩笑造成的实实在在的困境之中,但由于他认识到,那个时代的严肃本质上不过是滑稽,或者换一种说法,细节上的严肃是以总体的玩笑作为基础的,这样一来,精神上的痛苦也就在一定程度上被缓解了,历史的庄严性也在一定程度上被解构了。"历史也是可怕的,它经常给幼稚提供演习的场地,它是小尼禄、小波拿巴的演习场地,它也为一群群如醉如痴的孩子提供演习场地,于是他们从别人那里模仿来的狂热就变成一种实实在在的灾难。"[③]昆德拉的小说启示我们,既然严肃的本质是滑稽,那么,喜剧意识对悲剧意识的取代也就是不可避免的了。

---

① [捷]米兰·昆德拉:《玩笑》,景黎明等译,中国社会科学出版社 1993 年版,第 30 页。
② 同上书,第 393 页。
③ 同上书,第 94 页。

3. 不朽与死亡

悲剧意识的潜在冲动是追求不朽，但每个人的生命都是有限的，死亡是无法超越的，于是就形成了不朽与死亡的两难困境。昆德拉以诙谐的口气说："死亡与不朽是不可分割的一对，比马克思与恩格斯、罗密欧与朱丽叶、劳瑞尔与哈代的关系还密切。"①他在这里谈论的不朽不是相信灵魂不死的宗教信仰意义上的不朽，而是指世俗生活中的不朽，即死后仍然活在同时代人和后人的记忆中。在这个意义上可以说，人人都能获得程度不等、延续时间长短不一的不朽。但如果仅仅停留在这个意义上，不朽就失去了它的意义。昆德拉主张划分两种不朽："一种是所谓一般的不朽，熟人之间对一个人的怀念（村镇父母官向往的那种不朽）；另一种是伟大的不朽，即一个人活在从来不认识他的人的心目中。生活中有一些途径，可以从一开始就让人面对这种伟大的不朽，当然，并不一定十拿九稳，但毫无疑问有这样的可能：它们就是艺术家和政治活动家的道路。"②在昆德拉看来，差不多每个人都渴望进入不朽者的行列。他借用歌德的例子来说明这个问题。当歌德接到邀请去会见拿破仑时，他还差一岁就是 60 岁了，死亡正向他逼近。他当时正埋首著述，接到邀请，立即前往，因为他意识到，他去谒见的是一位不朽者，所以这次会见也必然会进入历史，成为不朽。歌德之所以欣然前往，因为在他的心中，有一种比普通人更强烈的追求不朽的愿望。歌德与贝蒂娜的故事也是在同样的主题下展开的。歌德在 23 岁时爱上年轻姑娘玛克西米利安娜，但后者嫁给了一个意大利商人。玛克西米利安娜的一个女儿叫贝蒂娜，她在 20 多岁时也对当时已 60 多岁并正在向不朽的名人殿堂迈进的歌德产生了好感。她力图以爱情的方式千方百计地去接近歌德，但实际上她真正的目的是通过与不朽者歌德的接近而使自己成为不朽者。歌德死后，她不惜改动了她写给歌德的信和歌德写给她的信，并编

---

① ［捷］米兰·昆德拉：《不朽》，宁敏译，作家出版社 1993 年版，第 52 页。
② 同上书，第 48 页。

成《歌德与一个孩子的通信》一书公开出版。直到 1920 年，歌德和贝蒂娜的原始信件才被发现，并且被公之于世。在叙述这个故事时，昆德拉问：贝蒂娜为什么没有将这些原始信件烧毁？她应该是有这种意向的，但由于日复一日的推延，她的死亡终于使她的意向成为泡影："人通常考虑不朽，却忘了考虑死亡。"①与此相应的是，在与贝蒂娜的接触中，歌德始终是十分谨慎的、警惕的，最后他完全把贝蒂娜拒之门外，并称她为"讨厌的牛虻"。歌德为什么要这样做呢？因为他的目的是维护自己的不朽，而不朽是永恒的审判，他不愿意在这样的审判中陷入窘境。

在昆德拉的笔下，海明威与歌德完全不同，他代表了一种新的时代精神。他不但不追求不朽，反而对死后的不朽感到恐惧："人能够把握自己的生命，他却不能掌握自己身后的不朽。你一旦被不朽拖上船，就甭想下去了，即使你开枪自杀，你死后还得待在甲板上……我死后躺在甲板上，只见我的四个妻子蹲在四周，写她们所知道的一切，她们身后是我的儿子，也在那里书写，还有那位老太太葛特露德·斯坦因，也在那里不断地写，还有我所有的朋友，他们都在披露过去听说的我的不检点的往事或对我的诋毁诽谤；在他们的身后，上百个手持麦克风的新闻记者在那里滔滔不绝，还有全美国的大学教授们，忙着分类呀，分析呀，并把点滴所得塞进他们的文章和专著。"②通过海明威的这番话，昆德拉显示出不朽的可怕：不朽使不朽者的全部隐私都暴露在光天化日之下，当人们不再追求不朽时，他们必然会抛弃过去常常保持的那种紧张和执着，使自己的个性得到自由的展现。于是，喜剧意识便超越了悲剧意识，成了新时代的主旋律。

4. 抒情态度与现实态度

在《生活在别处》这部小说的序言中，昆德拉开宗明义地说："抒情时代就是青春。我的小说是一部青春的叙事诗，也是对我所称为'抒情

---

① ［捷］米兰·昆德拉：《不朽》，宁敏译，作家出版社 1993 年版，第 73 页。
② 同上书，第 80 页。

态度'的分析。抒情态度是每一个人潜在的态势；它是人类生存的基本范畴之一。作为一种文学类型，抒情诗已经存在了许多世纪，因为千百年来人类就具有抒情的能力，诗人就是它的化身。"这部小说写的正是一个名叫雅罗米尔的抒情诗人从诞生到夭折（青年时期）的经历。雅罗米尔从小就在母亲爱抚的目光下生活，他试图从这种目光中逃遁出来，但始终没有成功。于是，"他就构成了一个人工的、替代的诗歌世界。让他的诗绕着他运行，像行星绕着太阳一样。他成为一个小小宇宙的中心，在那里没有不相容的东西，在那里他感到像在母腹里的婴儿一样自由自在，因为一切都是由他心灵里的熟悉材料建构出来的"①。这种排除一切经验的抒情态度本质上从属于悲剧意识，因为它总想把诗人心中的美好理想表现出来，而这种表现出来的理想必然与现实世界格格不入，从而引发尖锐的冲突。在与雅罗米尔约会时，红头发的姑娘迟到了，她撒谎说，她是由于劝阻她的弟弟不要偷渡出国而迟到的。可是，完全不懂现实生活的雅罗米尔却信以为真，竟到警察局里去告发了她兄弟。当警察公然表示"我们得把那些病菌放在放大镜下面"时，他才意识到："由于他那个决定性的行为，他已经步入了悲剧的领域。"②果然，红头发的姑娘为自己虚构的故事在监狱里被关了整整 3 年。而在告发的事件发生后不久，雅罗米尔就在痛苦和疾病的双重折磨下去世了。通过对这个抒情诗人的短暂一生的描绘，昆德拉显示出全部抒情态度的荒谬性和无意义性，从而宣告了悲剧精神的崩溃，而从抒情态度走向现实态度，把虚假的理想悬置起来，人们就进入了喜剧的境界。

　　昆德拉的话语世界是充满魅力的，这种魅力不仅来自他幽默的语言、他对人物的内心世界的生动的描绘、从现代主义那里借鉴过来的高超的艺术表现手法，而且也来自他对人性、生活、历史、时代的深刻的领悟。叔本华从其悲观主义哲学的立场出发，认为人生从总体上看是悲

---

　　① ［捷］米兰·昆德拉：《生活在别处》，景凯旋、景黎明译，作家出版社 1993 年版，第 207 页。
　　② 同上书，第 252 页。

剧性的，只有在细节上才是喜剧性的。这表明他的哲学思想还未从根本上摆脱苏格拉底、柏拉图以来的理性主义传统的影响。尼采虽然声称自己的哲学超越了叔本华，但他对西方悲剧精神传统的特别关注、对"超人"的寄予厚望，都显示出他的思想的界限，显示出他试图加以摧毁的传统的巨大力量。昆德拉不是站在哲学家们通常从属的埃斯库罗斯和索福克勒斯的悲剧精神的立场上来看问题的，相反，他自觉地加以继承的是拉伯雷所从属的阿里斯托芬的喜剧精神的传统。这就表明，他并没有跟在哲学家们后面亦步亦趋，而以小说家特有的敏感观察并理解了生活于其中的时代，并力图为将来的时代铸造出新的时代精神——喜剧精神。然而，作为小说家，昆德拉的思考还是零星的，他的小说还缺乏巨大而持久的感染力，移居法国使他的小说更易于获得世界声誉，但也使他失去了更深入地感受捷克生活世界的机会。在我看来，要想真正地超越悲剧精神，就应当把叔本华的名言颠倒过来，即人生从总体上看是喜剧性的，只有在细节上才具有悲剧的意味。领悟到这一点，整个生活世界将以新的面貌呈现在我们面前，而整个美学研究也将改弦易辙。

哲学史：绝对主义与
相对主义互动的历史①

众所周知，哲学是通过哲学史而展示出来的。正是在这个意义上，黑格尔提出："我们的哲学，只有在本质上与前此的哲学有了联系，才能够有其存在，而且必然地从此前的哲学产生出来。"②研究哲学史是极其重要的，然而，哲学史的矿藏是否充分地向我们显示出来，却取决于我们检视它的方式。不用说，存在着检视哲学史的各种不同的方式，而我们的哲学史研究成果之所以千篇一律，是因为我们自觉地或不自觉地运用了同一种检视方式，那就是把哲学史理解为唯物主义和唯心主义两军对垒的历史。无疑，这种检视方式有其合理之处，但也存在着不足的地方。本文试图提出一种新的检视方式，那就是把哲学史理解为绝对主义与相对主义互动的历史。当我们以这种新的方式考察哲学史时，哲学史就以新的面貌呈现在我们的面前。

---

① 原载《复旦学报(社会科学版)》1996 年第 5 期。《新华文摘》1997 年第 3 期全文转载。收录于俞吾金：《俞吾金集》，学林出版社 1998 年版，第 97—108 页。——编者注
② [德]黑格尔：《哲学史讲演录》第 1 卷，贺麟、王太庆译，商务印书馆 1983 年版，第 9 页。

一

在叙述这种新的检视方式之前，有必要对我们已十分习惯地加以使用的唯物主义和唯心主义两分的方式进行一番深入的反思。恩格斯在谈到思维对存在、精神对自然界的关系时，对这种两分法进行了经典性的论述："哲学家依据他们如何回答这个问题而分成了两大阵营。凡是断定精神对自然界说来是本原的，从而归根到底以某种方式承认创世说的人（在哲学家那里，例如在黑格尔那里，创世说往往采取了比在基督教那里还要混乱而荒唐的形式），组成唯心主义阵营。凡是认为自然界是本原的，则属于唯物主义的各种学派。除此之外，唯心主义和唯物主义这两个用语本来没有任何别的意思，它们在这里也不能在别的意义上被使用。"①这种两分法不失为哲学史研究的基本方式之一。其特点有二。一是以思维与存在、精神与自然的关系为坐标，对哲学史上的各种学说和流派进行梳理和定位；二是这种研究方式在探讨历史上的唯物主义和唯心主义的学说时，比较注重把这些哲学学说与当时的社会现实联系起来进行考察，从而使整个哲学史研究具体化，展示出不同时代的各种哲学思潮和丰富的社会历史内涵。然而，这种两分法也存在着不足之处，因为它的着眼点是传统的本体论，即宇宙起源论，它询问的根本问题是："世界或自然的本原是什么？"这里的"自然"仍然带着传统哲学中的与人的活动相分离的、抽象的特征，而在马克思看来，只有"在人类历史中即在人类社会的产生过程中形成的自然界是人的现实的自然界"②。由于这方面的不足，加上马克思和恩格斯学说的某些解释者在理解上的失误，这种两分法被简单化了，具体表现如下。

---

① 《马克思恩格斯全集》第 21 卷，人民出版社 1965 年版，第 316 页。
② 《马克思恩格斯全集》第 42 卷，人民出版社 1979 年版，第 128 页。

第一，忽略了马克思的唯物主义与传统的唯物主义之间存在的本质差异。现行的哲学教科书把"世界统一于物质"理解为马克思主义哲学的初始问题，这种理解方式的出发点仍然是传统哲学的，因为它把以直观的方式提出的世界本原问题理解为马克思主义哲学所面临的第一个问题。实际上，马克思早就说明了自己的唯物主义与一切旧唯物主义的根本差异："从前的一切唯物主义——包括费尔巴哈的唯物主义——的主要缺点是：对事物、现实、感性，只是从客体的或者直观的形式去理解，而不是把它们当作人的感性活动，当作实践去理解，不是从主观方面去理解。"①所以，马克思的唯物主义不是传统的、直观的唯物主义，而是以人的实践活动为媒介的实践唯物主义或历史唯物主义。

第二，把唯物主义与历史上代表进步趋向的阶级、唯心主义与历史上代表反动趋向的阶级简单地等同起来，并把这样的公式套用到不同历史时期的哲学家身上，这就使整个哲学史研究肤浅化了。

第三，由于把研究的注意力放在唯物主义与唯心主义的两分上，这样既忽略了历史上唯物主义学说的某些不足之处，又忽略了历史上唯心主义学说的种种有价值的思想，也忽略了这两种学说之间的相互渗透，从而把整个哲学史发展的错综复杂的画面简单化了。

实际上，马克思主义的经典作家既肯定了划分唯物主义和唯心主义界限的必要性，又强调了两者之间关系的灵活性。马克思在《关于费尔巴哈的提纲》一文中这样写道："和唯物主义相反，能动的方面却被唯心主义发展了，但只是抽象地发展了，因为唯心主义当然是不知道真正现实的、感性的活动的。"②列宁在读黑格尔的《哲学史讲演录》时指出："聪明的唯心主义比愚蠢的唯物主义更接近于聪明的唯物主义。聪明的唯心主义这个词可以用辩证的唯心主义这个词来代替；愚蠢的这个词可以

---

① 《马克思恩格斯全集》第 3 卷，人民出版社 1960 年版，第 3 页。
② 同上书，第 3 页。

用形而上学的、不发展的、僵死的、粗糙的、不动的这些词来代替。"①按照列宁的看法，辩证的唯心主义比形而上学的唯物主义更接近于辩证的唯物主义。这就告诉我们，不能简单地对唯物主义或唯心主义下价值判断，一种哲学学说的价值是不能简单地以唯物或唯心加以论定的。

更为重要的是，马克思主义的经典作家从历史唯物主义的基本立场出发，阐明了唯物主义和唯心主义两分方式的运用界限。在《德意志意识形态》一书中，马克思写道："当费尔巴哈是一个唯物主义者的时候，历史在他的视野之外；当他去探讨历史的时候，他决不是一个唯物主义者。在他那里，唯物主义和历史是彼此完全脱离的。"②这就是说，在马克思的哲学，即历史唯物主义诞生之前，所有的旧哲学，不管是唯心主义学说，还是唯物主义学说，在历史领域里，都无例外的是唯心主义者。这样一来，当我们站在历史唯物主义的基点上来讨论问题时，传统的唯物主义与唯心主义的对立突然消解了。为什么马克思以前的唯物主义在考察历史领域时必然会陷入唯心主义呢？因为这种唯物主义本质上是直观的唯物主义，而"直观的唯物主义，即不是把感性理解为实践活动的唯物主义，至多也只能做到对'市民社会'的单个人的直观"③。

通过上面的分析，我们发现，在运用唯物主义与唯心主义两分的方式时，我们必定会陷入一种两难困境：由于唯物主义和唯心主义只是通过思维与存在（自然存在）、精神与自然的关系来界定的，所以，当我们运用这种方式时，必然会撇开历史，站在一般唯物主义的立场上来探讨哲学史，从而降低马克思的划时代的哲学创造——历史唯物主义的作用和意义；反之，当我们自觉地站在历史唯物主义的立场上来检讨整个哲学史时，由于马克思以前的唯物主义学说和唯心主义学说在历史领域里本质上都是唯心的，所以它们之间的对立突然被解构了，取而代之的则

① 列宁：《哲学笔记》，中共中央马克思恩格斯列宁斯大林著作编译局译，人民出版社 1956 年版，第 305 页。
② 《马克思恩格斯全集》第 3 卷，人民出版社 1960 年版，第 51 页。
③ 同上书，第 5 页。

是马克思的历史唯物主义学说与全部旧哲学在历史观上的对立。如果我们注重这种对立的话，那么对唯物主义和唯心主义这两个概念的内涵必须做出新的说明。

二

认识到唯物主义与唯心主义两分的检视方式的历史作用和界限之后，我们在哲学史研究方面的整个思路也就随之向其他各种检视方式开放了。而在其他检视方式中，最引人注目的是以绝对主义与相对主义的互动作为基本线索来考察哲学史。

在运用这种检视方式分析哲学史之前，我们先要弄清楚绝对主义与相对主义这两个概念的基本含义。绝对主义（absolutism）是在思维上肯定并追求确定性的哲学学说，它或多或少地包含某种决定论（determinism）的倾向，即肯定某一或某些因素在生活世界中起着前提性的作用，但又不同于独断论（dogmatism）。独断论更多的是从方法论的角度去界定的，黑格尔说过："独断论坚执着严格的非此即彼的方式。譬如说，世界不是有限的，则必是无限的，两者之中，只有一种说法是真的。殊不知，具体的玄思的真理恰好不是这样，恰好没有这种片面的坚执，因此也非片面的规定所能穷尽。"[①]在黑格尔看来，独断论坚持的乃是一种非辩证的思维方式。与此不同，绝对主义则主要是从本体论的角度去界定的，坚持绝对主义学说的哲学家在方法论上可能是辩证的，也可能是非辩证的，所以不能把绝对主义与独断论简单地等同起来。相对主义（relativism）是在思维上否定并消解确定性和坚执性的哲学学说，它也是从本体论的角度上被界定的。一般说来，本体论上的相对主义蕴含着认识论上的怀疑主义（scepticism），正如列宁指出的："把相对主义作为认

---

① 《黑格尔的小逻辑》，贺麟译，商务印书馆1950年版，第101页。

识论的基础，就必然使自己不是陷入绝对怀疑论、不可知论和诡辩，就是陷入主观主义。"①同样，相对主义也蕴含着方法论上的辩证法因素，但我们既不能说相对主义就是辩证法，也不能说辩证法就是相对主义。列宁说："辩证法，正如黑格尔早已说明的那样，包含着相对主义、否定、怀疑论的因素，可是它并不归结为相对主义。"②也就是说，相对主义在一定的范围内是合理的，一旦超越这个范围，停留在无限的单纯否定的阴影中，即取消所有的界限和差异，实际上也就把世界推入硫酸池中，使之虚无化了。

绝对主义和相对主义学说的形成都有其心理上的原因。前者源于人类心理对稳定性的渴求。如谢林等哲学家坚持的"绝对"概念，在詹姆士看来，不过是"一个精神上的休假日"："如果'绝对'的意义是这样，而且只是这样，谁能否认它的真实性呢？去否认它，等于坚持人永远不应休息，永远没有休假日了。"③人类心理无法长期忍受飘荡无定的状态，它总会去寻求一种确定的东西，或者把它作为思维的起点，或者把它作为思维的归宿。这种对确定性的追究有时是自觉的，有时则是不自觉的，当它处于不自觉的，即潜意识的状态下时，研究者们通常要通过精神分析的方法把它提升到意识的层面上，以揭示其真实的存在。后者则源于人类心理对已确定的、凝固化的东西的不满和抗衡，希望消解这些东西，使精神置身于新的自由的天地中。哲学家不是落入前一种主导心理中，就是落入后一种主导心理中。20世纪初以来，胡塞尔曾因倡导"反心理主义"而闻名遐迩，这种"反心理主义"的倾向在他创立的先验现象学中得到了充分的体现。然而，坚持这种倾向并不表示他的哲学思想是不受任何心理因素的影响的。相反，他对心理主义的拒斥和对哲学的严格的科学性的追求正表明，他在心理上努力追求某种确定不移的东

---

① 《列宁全集》第14卷，人民出版社1957年版，第136页。
② 同上书，第136页。
③ ［美］威廉·詹姆士：《实用主义》，陈羽纶、孙瑞禾译，商务印书馆1981版，第41页。

西，以便为人类的全部思考澄明前提。正是绝对主义和相对主义在心理上的相反的渴求构成了哲学史向前发展的重要的精神动力之一。

试以西方哲学史为例。在西方哲学的开端处，绝对主义乃是一种主导性的哲学学说，当时的哲学兴趣主要是以宇宙起源论的方式表现出来的，而这样的兴趣又是沿着两个不同的方向发展的：一是以泰勒斯、阿那克西曼德和阿那克西美尼为代表的伊奥尼亚的自然哲学家，他们把水、无限者或气作为宇宙万物的本原；二是以毕达哥拉斯为代表的毕达哥拉斯学派，他们在对自然万物的观察中注意的更多的是事物的形式、关系、秩序等，从而把数作为宇宙万物的本原。这两种形式的绝对主义学说后来在巴门尼德、恩培多克勒、阿那克萨戈拉、德谟克利特等哲学家那里获得了更精致的表现形式。但实际上，在哲学的发展刚涉及运动和变化问题时，绝对主义就受到相对主义的挑战。相对主义的最初的代表人物是赫拉克利特，他认为一切皆流，无物常驻，他的名言是："我们不能两次踏进同一条河。"而他的学生克拉底鲁则强调，人们甚至连一次踏进同一条河也是不可能的。这种本休论上的相对主义通过智者哲学，以认识论上的怀疑主义、主观主义和否定主义的方式表现出来。正如梯利在叙述智者时代时所指出的那样："否定的精神到处流行。"[①]智者哲学的代表人物普罗泰戈拉以人的感觉作为万物的尺度，而感觉是因人而异的，因此人们对任何东西的认识都是相对的。在高尔吉亚那里，这种主观主义和怀疑主义被推向极端，他建立了以下三个原则："第一个是：无物存在；第二个是：如果有某物存在，这个东西也是人无法认识的；第三个是：即令这个东西可以被认识，也无法把它说出来告诉别人。"[②]正是这种相对主义思潮的巨大冲击，使初始意义上的绝对主义学说受到严重挑战，于是形成了以苏格拉底、柏拉图和亚里士多德为代表的新的绝对主义学说，柏拉图提出了"两个世界"的理论：一是"可见的

---

① ［美］梯利：《西方哲学史》上卷，葛力译，商务印书馆 1975 年版，第 54 页。
② 北京大学哲学系外国哲学史教研室：《古希腊罗马哲学》，生活·读书·新知三联书店 1957 年版，第 138 页。

世界"，是赫拉克利特所描绘的变动不居的世界，关于这个世界，人们只能达到普鲁泰戈拉式的主观的"意见"，这是一个虚幻的、不真实的世界；另一个是"可知的世界"，即概念构成的静止的理念世界，这才是真实的世界。柏拉图通过把相对主义埋葬在"可见的世界"中的方式力图抹去这个话题，而亚里士多德创立的形式逻辑又为理念世界提供了秩序。从此，这种以理念和逻辑为核心的绝对主义学说获得了支配性的地位。但相对主义并没有被击垮，它通过希腊化时期和罗马时期的怀疑主义，获得了新的生命力。如怀疑论者梅特罗多洛说："我们谁都不知道任何事物，甚至于不知道'我们究竟是知道某物还是什么都不知道'。我们也不知道是否有东西存在。"①而皮浪则主张，"最高的善就是不作任何判断"②。这种相对主义和怀疑主义比起智者哲学来显得更为彻底。

在这种相对主义思潮和其他思潮的冲击下，绝对主义又获得了新的形式，那就是经院哲学，其主旨是为天主教的教义做论证，所以通常被称为"神学的女仆"。尽管在经院哲学的内部有唯名论和唯实论之争，但在承认上帝存在这一点上却是共同的。后来，经院哲学的衰落不仅是由于天主教内部的异端使然，而且新的相对主义、怀疑主义思潮的兴起也起了推波助澜的作用。蒙台涅的怀疑主义，尤其是笛卡尔提出的"普遍怀疑"的原理在当时的影响也是十分巨大的。笛卡尔说："要想追求真理，我们必须在一生中尽可能地把所有的事物都来怀疑一次。"③

在西方哲学史上，笛卡尔作为一个承上启下的人物，不仅从相对主义、怀疑主义的立场出发，动摇了经院哲学视为确定无疑的那些教义，而且从"我思故我在"的命题出发，形成了与近代社会相适应的新的绝对主义学说——唯理论，这种理论在斯宾诺莎、莱布尼茨、沃尔夫等哲学家那里获得了长足的发展。与这种绝对主义并行的是另一种绝对主义，

---

① 北京大学哲学系外国哲学史教研室：《古希腊罗马哲学》，生活·读书·新知三联书店 1957 年版，第 341 页。

② 同上书，第 342 页。

③ ［法］笛卡尔：《哲学原理》，关文运译，商务印书馆 1959 年版，第 1 页。

即以培根为肇始人的经验论，这种理论后来又为霍布斯、洛克等哲学家所推进。然而，近代哲学的这两种绝对主义的形式却在凯歌行进中遭到了经验论的大军——贝克莱、休谟的相对主义和怀疑主义的毁灭性的攻击，尤其是休谟把传统的绝对主义认为确定不移的、自明的东西全部还原为主观的感觉印象和心理习惯，这就从根本上破坏了传统的形而上学的大厦。

康德是与笛卡尔一样具有两面性的哲学家。一方面，他推进了休谟的怀疑主义，把理性的运用限制在严格的范围之内；另一方面，他又创立了绝对主义的新的形式——先验唯心论。这种唯心论经过费希特、谢林和黑格尔的改造，在黑格尔那里形成了包罗万象的绝对唯心主义体系。但很快地，相对主义、怀疑主义的思潮通过孔德、克尔凯郭尔、叔本华、尼采和柏格森等哲学家奔涌而来，冲垮了黑格尔绝对唯心主义的堤坝。

在相对主义的催生下，哲学发展的钟摆又开始摆向新的绝对主义。在 20 世纪，胡塞尔与海德格尔是两个十分重要而奇特的人物。一方面，他们的哲学中包含着深厚的相对主义和怀疑主义的酵素；另一方面，他们又为绝对主义设计了新的形式——先验现象学和存在主义学说。这些学说进一步为他们的后继者，如萨特、伽达默尔、梅洛-庞蒂等哲学家所发展。然而，以晚年维特根斯坦的反本质主义、德里达的解构主义、罗蒂的新实用主义和利奥塔尔的后现代主义为代表的新的相对主义和怀疑主义思潮又凶猛地席卷而来。

从上面的论述可以看出，哲学史在某种意义上就是绝对主义与相对主义互动的历史。没有绝对主义，哲学史便一片荒芜，没有任何果实可以留存下来；反之，没有相对主义，哲学的发展便失去了活力，蜕化为一堆教条。

三

把哲学史看作绝对主义与相对主义互动的历史将使我们对哲学和哲学史的性质获得新的理解。

其一，它使我们加深了对哲学的两大功能——结构功能（对应于绝对主义）和解构功能（对应于相对主义）的认识。哲学作为人类文化的最核心的部分拥有巨大的精神力量：一方面，通过对某种确定性的追求，哲学能构建成严谨的思想体系，对人类的精神生活产生巨大的影响；另一方面，哲学又能通过批判、怀疑和反思的方式，使以前建构起来的、已经统治人类思想很久的哲学体系乃至整个文化传统处于解体之中。记得雅斯贝尔斯说过，任何伟大的哲学家都通向哲学本身。我们也可以说，任何伟大的哲学家的思想都显示出深厚的结构功能或解构功能，更难得的是两种功能兼具。在西方哲学史研究中，就这两种功能兼具的哲学家来说，我们特别要提到的是亚里士多德、笛卡尔、康德、黑格尔、尼采、胡塞尔、海德格尔和维特根斯坦。就当前的哲学研究说来，我们更应该关注的是哲学的解构功能，因为我们正处在一个急剧转型的社会中，需要对传统的哲学观念和以走马灯的方式涌进来的形形色色的哲学思潮进行认真的反思、批评和清理。不做好这方面的工作，当代中国哲学的建设就是一句空话。

其二，它使我们加深了对哲学史发展规律的认识。在哲学史上，我们发现，一旦一个哲学家确立了某种哲学原则，并以这种原则为核心建立了相应的绝对主义的哲学体系，在他或他的后继者那里，这种原则就会不断地扩张，以追求绝对的解释权。而这样做的结果几乎可以说是清一色的悲剧性的，因为这种绝对的解释权实际上是不存在的。它必然使这种原则所幻化出来的体系凝固化、教条化，从而失去生存下去的活力。当绝对主义学说被凝固化、教条化的时候，相对主义、怀疑主义的学说就会应运而生。相对主义、怀疑主义的批判矛头是指向先前的绝对主义学说的，实际上它批判的并不是先前的哲学原则，而是这种原则的无限制的运用以及运用结果——哲学体系。但当它着手这样做的时候，它也常常会越出自己的界限，使一切都处于飘荡无定的状态中，而这种状态又会激起后来的哲学家的不满，从而导致对绝对主义的新形态的追求。而新形成的哲学原则又会不断地扩张，形成凝固化的哲学体系。于是，解构这种绝对主义哲学的相对主义学说又会活跃起来。由此而形成哲学史跌宕起伏的发展态势。事实上，只要人类的哲学思考在延续，那么绝对主义与相对主义的互动就是一条永恒的规律。在《小逻辑》一书中，黑格尔曾从逻辑思想形式的三分入手，对哲学史的发展规律做出了深刻的总结。他指出："逻辑思想就形式而论有三方面：(a)抽象的或知性'理智'的方面，(b)辩证的或否定的理性的方面，(c)思辨的或肯定理性的方面。"①实际上，这里的(a)和(c)指的就是绝对主义，而(b)指的就是相对主义。黑格尔试图把(c)作为(a)和(b)的合题，实际上这个合题是不存在的。黑格尔自己的哲学十分崇尚辩证法，但其哲学体系最后却陷入了一种他经常批判的、非辩证的、凝固的状态中。事实上，黑格尔也根本不可能终结哲学，他的后人很快就超越了他的思想。所以，撇开黑格尔式的合题，把哲学史理解为绝对主义与相对主义互动的历史，才能充分展示哲学的开放性和流动性。

总之，从绝对主义与相对主义互动的关系中来理解哲学史，为哲学史研究提供了一个新的视角。

---

① 《黑格尔的小逻辑》，贺麟译，商务印书馆 1950 年版，第 172 页。

从美国新实用主义看
后现代主义思潮的约定论特征①

在我国哲学界，"后现代主义"已成了一个时髦的名词，但从迄今为止已发表的论著来看，似乎还没有一个人对这个名词所指称的后现代主义思潮做出令人信服的描述和说明。在某种意义上可以说，人们在描绘这一思潮的肖像时，更多的不是思考和理解，而是想象与猜测。就我本人来说，我对后现代主义思潮没有做过系统的研究，所以我在这里并不想对这一思潮及其一般特征提出全面的看法，况且，对这一思潮的一般特征做出全面概括的论著已是汗牛充栋了。我只是想从从属于这一思潮的美国新实用主义的某些代表人物的见解来谈谈后现代主义思潮所蕴含的约定论特征，而这一特征却为一般的研究者所忽视。

在考察美国新实用主义的某些代表人物的见解之前，我们先得了解一下"约定论"这个词的含义是什么。在英文中，conventionalism 这个词既可译为"约定论"，又可译为"约定主义"。它源自convention，而 convention 有两方面的含义：一

---

① 原载《天津社会科学》1996 年第 5 期。收录于俞吾金：《俞吾金集》，学林出版社1998 年版，第 229—233 页。——编者注

是 contract，即契约或合同，指个人或团体之间共同承诺的条文；二是 custom，即惯例或习俗，指在一定的人类群体中自然而然地形成起来的、不成文的但大家都共同遵守的习惯或风俗。这两方面的含义都反映在约定论这一术语中。从约定俗成的角度去解释一些哲学问题，如认识论中的感觉、观念等，这在古代哲学中已见端倪，但自觉地从哲学上提出约定论思想的则是法国科学家和哲学家彭加勒。他认为，几何公理既不是先天的判断，也不是后天的真理，而只是一种约定，这种约定受到的唯一限制是不要自相矛盾。在实用主义的思想体系中，约定论起着极为重要的作用，詹姆士就说过："事实上，真理基本上是靠一种信用制度存在下去的。我们的思想和信念只要没有遭到什么反对就可以让它们成立；正好像银行钞票一样，只要没有谁拒绝接受它们，它们就可以流通。"①

这种约定论的思想在新实用主义的代表人物那里获得了长足的发展。在以维也纳学派为代表的逻辑实证主义者看来，形而上学讨论的都是假问题，应予拒斥，而以存在问题作为思索对象的本体论是从属于形而上学的，因而也应该从哲学研究中排除出去。这种见解在蒯因那里遭到了批判。美国新实用主义的代表人物之一蒯因认为，维也纳学派在考察本体论时，没有把下面两种情况区分开来：一是传统本体论坚持的何物实际存在的问题，比如柏拉图主义的本体论认为共相是实际存在的；二是当代分析哲学从语言和逻辑的层次上约定何物存在的问题。蒯因并不赞成传统的、柏拉图意义上的本体论，但他认为，在语言和逻辑的层次上蕴含的本体论问题是无法回避的，即使我们完全拒绝讨论本体论问题，这个问题仍然不可避免地蕴含在我们的讨论中。所以，蒯因提出了"本体论约定"（ontological commitments）的口号。commitment 这个词既可译为"约定"，又可译为"许诺"，显然，在这里译为"约定"更能透显出

---

① ［美］詹姆士：《实用主义》，1963 年英文版，第 91 页。（William James, *Pragmatism and Other Essays*, New York: Washington Square Press, 1963, p. 91. ——编者注）

蒯因哲学的约定论倾向。那么，对于一个陈述来说，它的"本体论约定"究竟约定哪些东西存在呢？蒯因又提出了一个著名的口号，即"存在就是成为一个变项的值"(to be is to the value of a variable)。比如，"有些狗是白的"这一陈述可以改写为：至少存在着一些对象 x，x 是狗并且是白的。在这里，"是狗"和"是白的"均为谓词，它们与存在量词"有些"一起，指示出一个明确的值域，约束变项 x 只能在这个值域中取值。也只有在这个值域中，x 的值才是存在的。蒯因强调，"在本体论方面，我们注意约束变项不是为了知道什么东西存在，而是为了知道我们的或别人的某个陈述或学说说什么东西存在；这几乎完全是同语言有关的问题。而关于什么东西存在的问题则是另一个问题"①。这样一来，本体论的研究就从对实际存在物的考察转变为对语言的考察，而真假本体论之争就被取消了，每一种本体论都获得了自己的存在权利，所不同的是，它们约定的存在物是不同的。蒯因的"本体论约定"的思想不仅在本体论讨论中提出了新的见解，而且把传统的实用主义的见解推进到一个更彻底的立场上。

美国新实用主义的另一位代表人物罗蒂也从约定论出发，对实用主义，特别是其真理观做出了更激进的解释："信念是行为的习惯而不是表象实在的努力。根据这种信念观，一个信念之真，是其使持此信念的人能够应付环境的功用问题，而不是其摹写实在的本身的存在方式的问题。根据这种真理观，关于主体与客体、现象与实在的认识论问题可以由政治问题，即关于为哪些团体目的、为何种需要而从事研究的问题，取而代之。"②传统哲学认为，真理与人类的需要和目的无关，哲学家们是以静观的、不偏不倚的态度去思索一切哲学问题的，而在罗蒂看来，正是实用主义者改变了这种传统的思路，他们认为，根本就没有离开人

---

① ［美］威拉德·蒯因：《从逻辑的观点看》，江天骥等译，上海译文出版社 1987 年版，第 15 页。

② ［美］理查德·罗蒂：《后哲学文化》，黄勇编译，上海译文出版社 1992 年版，第 1 页。

的目的的实在，所谓"真理"实际上是人们在应付环境的一套信念。人们在接受一种见解时关心的并不是这种见解的真假，而是它与人们已接受的其他见解之间是否一致。从这样的观念出发，传统意义上的抽象的认识论也就被解构了，认识论也就转化为政治学，即转化为与某个团体认同的问题：信徒还是无神论者，农民还是地主，工人还是资本家，男人还是妇女，审美家还是商人。每个团体都有自己的目的，关键是理解这种目的，并使自己进入这种目的的约定和束缚之中。罗蒂把那种"想超越我们时空的有限性、走出人生'纯粹约定'和偶然方面的柏拉图主义"①式的哲学称为"大写的哲学"，而把一定的信念约定为基础的哲学称为"小写的哲学"，认为"小写的哲学"的兴起正是人类进入"后哲学文化"的一个标志。

美国新实用主义的约定论倾向显示出后现代主义思潮的一个本质特征。这一特征给我们两点启示。第一，后现代主义思潮对传统哲学具有强烈的解构倾向。在传统哲学中，"实在""真理"都是核心概念，后现代主义把这些概念都解构了，从而把不同的哲学观念还原为对各种不同的信念的认同和约定。从一方面看，传统哲学的绝对性和抽象性被扬弃了，但从另一方面看，哲学作为一个研究领域也被破碎化了，它完全被下降为日常语言，或者换一种说法，消失在日常语言中了。第二，后现代主义思潮以多元的价值取向对抗传统和现代化所蕴含的一体化价值趋向。从一方面看，这为当代各种哲学文化观点的自由发展提供了广阔的空间，但从另一方面看，哲学文化的批评机制也处于解体之中。既然一切信念系统都有自己存在的价值，那么批评本身也就变得多余了。由此看来，相对主义乃是后现代主义思潮蕴含的一个结果。

约定论的出现并不是偶然的。随着科学技术的突破性发展和人类交往关系的重大变化，人类越来越多地生活在各种社会约定之中。在某种

---

① ［美］理查德·罗蒂：《后哲学文化》，黄勇编译，上海译文出版社 1992 年版，第 9—10 页。

意义上，人已经成了一种约定性的动物，现代人常说的"返回精神家园"实际上就是要返回到自己所熟悉的种种约定中去。重视对约定论的探讨，并由此而反观整个哲学研究，我们一定会引申出一些新的想法，至少能部分地消解我们在哲学研究上常常持有的抽象化的态度。

研究西方哲学史必读的十本书^①

(1)《理想国》(柏拉图著，郭和斌、张竹明译，商务印书馆 1986 年版)，论述了柏氏的基本哲学思想，尤其是理念论的思想，而且讨论了政治、道德、教育、文艺、宗教、家庭、婚姻等诸多问题，为西方知识界必读的古典著作之一。

(2)《形而上学》(亚里士多德著，吴寿彭译，商务印书馆 1983 年版)，不仅对亚氏前的古希腊哲学史做了系统的、批判性的总结，而且全面地阐述了亚氏自己的哲学见解，如第一哲学、实体、理念、四因、辩证法、实践等。

(3)《忏悔录》(奥古斯丁著，周士良译，商务印书馆 1982 年版)，作者通过对自己青年时代的思想和行为的忏悔，深入地探讨了自我、心灵、真理、时间、善恶、美丑等问题，思想深刻，文笔生动，是古代基督教哲学的最有影响的代表作之一。

(4)《哲学原理》(笛卡尔著，关文运译，商务印书馆 1959 年版)，笛氏晚年撰写的总结性的哲学著作，系统地阐述了笛卡尔的哲学见解，如普遍怀疑、我思故我在、上帝存在、实体、观念、物质、运动等等。

---

① 原载《福州晚报》1996 年 10 月 20 日。——编者注

(5)《伦理学》(斯宾诺莎著，贺麟译，商务印书馆1983年版)，斯氏积10多年的时间完成的最重要的哲学著作，全书采用几何学的分析和叙述方式，对自因、实体、属性、样式、神、观念、理智、情感、善恶等问题进行了深入的讨论。

(6)《人性论》(休谟著，关文运译，商务印书馆1980年版)，休氏的第一部哲学著作，全书系统地论述了当时哲学界关注的观念、印象、知识、信念、情感、道德诸问题，是西方哲学史上最重要的哲学著作之一。

(7)《社会契约论》(卢梭著，何光武译，商务印书馆1980年版)，法国启蒙运动最重要的文献之一，肯定人是生而自由与平等的，国家是人民自由协议的产物等。本书对美国的《独立宣言》、法国的《人权宣言》都有很大的影响。

(8)《纯粹理性批判》(康德著，蓝公武译，商务印书馆1982年版)，是康氏最重要的哲学著作之一，也是西方哲学史上最重要的哲学著作。全书分先验原理论和先验方法论两大部分，系统地阐述了先验唯心论思想体系。

(9)《精神现象学》(黑格尔著，贺麟、王玖兴译，商务印书馆1987年版)，黑氏最重要的早期著作。全书包括意识、自我意识、理性、精神、宗教和绝对知识六个部分，内容丰富，思想精深，马克思称之为黑氏哲学的"真正诞生地和秘密"。

(10)《基督教的本质》(费尔巴哈著，荣震华译，商务印书馆1984年版)，费氏最重要的宗教哲学著作，提出了神学的本质是人本学、上帝是人的本质的异化和对象化等著名的见解，对当时德国思想界产生了重大的影响。

1998年

20世纪哲学的特征及其未来走向①

不管我们如何看待 20 世纪，是热情的赞扬，还是无情的诅咒，是痛苦的怀恋，还是幽默的调侃，反正 20 世纪已经逝去了；也不管我们如何看待 20 世纪的哲学，是盲目的崇拜，还是理性的寻思，是无法消除的困惑，还是难以叙述的晦涩，有一点是可以肯定的，即 20 世纪的生活有多么丰富，它的哲学思想也就有多么丰富。

一、外在现象的观察

当我们从外观上考察整个 20 世纪的哲学所显露出来的种种现象时，发现它具有如下三个特征。

一是流派纷呈，迥然各异。表现之一是：多元的思想发展动力取代了单一的思想发展线索。在传统哲学思想的演化中，发展线索常常是单一的。如英国经验论哲学沿着培根、霍布斯、洛

---

① 原载《光明日报》1998 年 9 月 25 日第 5 版。收录于俞吾金：《实践诠释学——重新解读马克思哲学与一般哲学理论》，云南人民出版社 2001 年版，第 221—227 页；《生活与思考》，复旦大学出版社 2011 年版，第 173—178 页，题为"20 世纪哲学的特征及未来走向"，内容稍有修改；《哲学随想录》，北京师范大学出版社 2016 年版，第 31—37 页，题为"20 世纪哲学的回顾与展望"。——编者注

克、贝克莱、休谟的思想线索展开；唯理论哲学沿着笛卡尔、马勒伯朗士、斯宾诺莎、莱布尼茨、沃尔夫的思想线索展开；而德国古典哲学则沿着康德、费希特、谢林、黑格尔、费尔巴哈的思想线索展开等。但在20世纪西方哲学的演化中，思想动力呈现出多元化的状态。如果我们撇开20世纪的生活背景不说，单是主要思想动力就有马克思主义、尼采的权力意志理论、胡塞尔的现象学、克尔凯郭尔的宗教哲学、爱因斯坦的相对论、孔德的实证主义、索绪尔的语言学、弗洛伊德的精神分析学说、弗雷格和罗素肇始的分析哲学等等。这不光使20世纪的西方哲学展现为丰富多彩的哲学流派，甚至同一个哲学家也受到多重思想的影响。表现之二是：在学理上分解为迥然各异的哲学思潮。如20世纪的西方哲学，就其核心部分而言，主要是由以下三大思潮组成的：其一是以分析哲学和科学哲学为主线的当代知识论哲学，其二是以现象学、存在主义和诠释学为主线的欧陆人本主义哲学，其三是以马克思主义与其他哲学流派的结合为主线的西方马克思主义。如果说，西方马克思主义者关注的是蕴含在西方社会和文化生活中的现实问题的话，那么，分析哲学孜孜不倦地加以考察的则是像"奶酪放在桌子上"和"扫帚放在墙角里"这样的陈述是否具有正当性；至于存在主义者，虽然注重对"存在的意义"的探究，但像海德格尔这样的哲学家一度又是纳粹运动的参与者。这些迥然各异的哲学兴趣显示出20世纪西方哲学在内涵上的巨大振幅。正如叔本华早就指出过的那样，哲学是一个长着许多脑袋的怪物，每个脑袋都说着一种不同的语言。表现之三是：同一思想与诸多不同的哲学流派逐一结合，形成了新的派别。这种倾向在西方马克思主义中表现得尤为突出。如黑格尔主义的马克思主义、韦伯主义的马克思主义、结构主义的马克思主义、存在主义的马克思主义、现象学的马克思主义、新实证主义的马克思主义、弗洛伊德主义的马克思主义、解构主义的马克思主义等等，既显示出马克思主义的强大生命力，又展露出当代西方哲学发展的新趋向。

二是此消彼长，演化迅速。表现之一是：一种哲学思潮流行的时间不长就被另一种哲学思潮所取代。20世纪法国哲学的演进就是一个典型的例子。在20世纪40年代，法国风行的是存在主义哲学；从50年代中期到60年代，结构主义执法国哲学界的牛耳；从60年代末起，后结构主义又渐渐占据了哲学舞台的中心。表现之二是：同一种哲学思潮由于不断地与新的观念碰撞，从而经常改变自己的存在形式。在20世纪中国哲学的演化中，当代新儒学就是一个典型的例子。在20—40年代，当代新儒学的第一代学人梁漱溟、熊十力等力图把儒学与柏格森的生命哲学贯通起来；在50—60年代，当代新儒学的第二代学人牟宗三等，试图把儒学与康德哲学融合起来；而在70—90年代，当代新儒学的第三代学人杜维明等则强调儒学与存在主义、诠释学、马克思主义和弗洛伊德主义之间的对话，由此形成了三代学人在理解和发挥儒学学说上的重大差异。表现之三是：一种新的哲学思想产生后，同时代人或后人发挥其中的一个侧面，很快又形成一种新的学说。如胡塞尔在20世纪初创立了现象学；他的学生海德格尔随即运用现象学方法，在20年代创立了存在主义学说；此后，海德格尔的学生伽达默尔又从他老师的"此在诠释学"，即通常所谓"诠释学的本体论转折"出发，在60年代创立了哲学诠释学。

三是融会贯通，取长补短。表现之一是：欧洲哲学内部的交融。试以德国和奥地利哲学对法国哲学的渗透为例。拉康哲学被称为法国的弗洛伊德主义，阿尔都塞哲学被称为法国的马克思主义，福柯哲学被称为法国的尼采主义，德里达哲学被称为法国的海德格尔主义等。表现之二是：欧陆哲学与英美哲学之间的交融。在传统哲学研究的视野里，人们通常认为，英美哲学注重经验，大陆哲学注重理性，从而表现为两种不同的研究思路，甚至表现为"两种不同的文化"。然而，在20世纪哲学的演进中，这两种不同类型的哲学之间的相互渗透也日见频繁。比如，在19世纪末和20世纪初，在一向排斥大陆哲学的英美率先产生了以布拉德雷、罗伊斯为代表的新黑格尔主义思潮；第二次世界大战期间，德国法兰克福学派移居美国，对美国哲学文化的发展形成了重要影响；美国哲学家皮尔士、乔姆斯基和罗尔斯等人的思想深受德国哲学家康德的影响，而以保尔·德曼为代表的"耶鲁四人帮"又深受法国哲学家德里达的影响。反之，英美的分析哲学对维也纳学派产生了重大影响；美国的实用主义对德国哲学家哈贝马斯产生了不可忽视的影响等。表现之三：西方哲学思潮与发展中国家的哲学思想的融合。比如，20世纪中国的著名哲学家王国维、梁启超、胡适、冯友兰、金岳霖、熊十力、贺麟、洪谦等，无一不接受了西方哲学中的一种或数种学说，并与自己信奉的中国本位哲学相结合，从而提出了自己的哲学理论。

二、内在脉络的梳理

如果我们对20世纪的哲学进行更深入的反思，就会发现，在其发展的内在脉络上具有三个特征。

一是从近代哲学对认识论、方法论的倚重转向当代哲学对本体论的倚重。众所周知，在近代哲学的著名代表人物，如笛卡尔、休谟、康德那里，思考的中心始终是认识的前提、起源、能力、方法和界限等问题。近代哲学家大多不重视本体论问题，或者对传统的本体论采取非批判的、自然认同的态度，或者干脆把本体论问题弃置一边而不加理会。与此不同的是，当代哲学家则自觉地把自己的主要注意力转向本体论研究，从而出现了形形色色的本体论学说。如海德格尔的基础本体论、萨特的现象学本体论、卢卡奇的社会存在本体论、哈特曼的层次性本体论、英伽登的艺术本体论、蒯因的本体论承诺等。对本体论问题的重视实际上也就是对重建思想基础的重视。实际上，近代哲学思想经过19世纪的重要思想家克尔凯郭尔、马克思、叔本华、尼采等人的冲击，其基础已经动摇，20世纪现实生活中出现的一系列新的、重大的问题，也亟须哲学家们从新的思想基础出发，重新进行思考。正是这些情况造成了本体论研究在20世纪哲学研究中的复兴。

二是从近代的"心物二元论"转向当代的一元论哲学。众所周知，笛卡尔的"心物二元论"在近代哲学的发展中始终占据着支配性地位。这种理论既使哲学显得支离破碎，无法统一在严格的体系中，也使一些"心""物"交融的现象得不到合理的解释。有趣的是，仿佛当代哲学家们之间签订了某种秘密协定似的，这种"二元论"在当代哲学中受到了普遍的挑战。当代哲学家们提出了许多新概念，如胡塞尔的"现象"概念、柏格森的"生命"概念、詹姆士的"经验"概念、海德格尔的"存在"概念、怀特海的"过程"概念等等，都旨在扬弃这种"二元论"，为建立一以贯之的、严密的哲学体系提供新的出发点。这种对哲学的阿基米德点和统一性的追寻，大大地提高了当代哲学的研究水平。

三是从近代哲学对意识的倚重转向当代哲学对语言和符号的重视。人所共知，近代哲学在探讨意识现象时，总是习惯于把人的意识活动与语言表达分离开来，没有深入探究语言、符号在哲学思维中的基础性作用。如培根提出的"四偶像说"（又名"四假象说"）和洛克的《人类理解论》虽然注意到了语言的某些重要特征，但他们的论述并未引起同时代的或以后世代的哲学家们的充分重视。与近代哲学不同，当代哲学则把研究的重心转移到语言和符号上。卡西尔的《符号形式的哲学》显示出符号，尤其是语言符号在哲学研究中的极端重要性。英美哲学家们，特别是分析哲学家们把许多传统的哲学问题归结为语言的误用。一旦语言的误用被纠正了，哲学上的许多假问题也就随之消失了。晚年维特根斯坦主张，语词的意义是在语言游戏的上下文中被确定的，奥斯汀的言语行为理论揭示出语言功能的新的维度，而乔姆斯基的转换生成语法则力图展示出语言的结构层次特征。与此相应的是，大陆哲学家们也是20世纪"语言学转折"的积极推进者。海德格尔把语言看作存在的寓所，并强调不是我们"说语言"，而是语言通过我们进行"道说"；哈贝马斯通过对普通语用学的探索，建立了商谈伦理学，阐明了交往理性的重要性；福柯把尼采的权力意志理论与知识、话语联系起来，积极倡导对"话语霸权"的批判和反思；德里达则以其符号学、语言学和解构主义的理论深化了胡塞尔现象学的重要论题。所有这些都大大地超越了近代意识哲学的视域，把哲学思考的深度推到一个新的层面上。

三、未来世纪的展望

在大致考察了 20 世纪哲学外观上和内在思想发展线索上的基本特征以后，还有必要探索一下它在 21 世纪的发展趋向。毋庸讳言，21 世纪哲学的发展同样是多元性的、富于活力的，各种潜伏着的可能性都会展示出来。而在这些可能性中，我们认为，以下三种可能性具有某种优先性。

一是康德十分重视的"实践理性"，即政治哲学、法哲学、道德哲学和宗教哲学将上升为 21 世纪哲学研究的核心课题。这一发展趋向在当代美国哲学的发展中已见端倪。罗尔斯、麦金太尔、诺齐克、桑德尔、德沃金等人的政治哲学、法哲学和道德哲学著作引起国际学术界的广泛反响，正是这种趋势使然。因为西方社会的发展已经进入后工业时代，在这一背景下产生的许多问题都是启蒙时代以来的"实践理性"的规范所无法解决的，这就必然使批评启蒙时期的思想、建立"实践理性"的当代规范成为 21 世纪哲学研究中的重要生长点。对于发展中国家，尤其是处于经济转型期的中国来说，这方面的研究也必然趋热，因为无论从政治体制的改革、民主和法制的建设和宗教文化的发展来看，"实践理性"都是一个绕不过去的主题。

二是科学技术哲学的研究将上升为 21 世纪哲学研究的焦点。由于科学技术的迅猛发展，一系列重大的问题，如人工智能、电脑网络、知识经济、试管婴儿、信息处理、可持续发展等等，无不涉及人类生活的价值取向和终极关怀，它们都将进入科学技术哲学研究的范围之中。毋庸讳言，这方面的研究也必然会引起哲学家们对科学精神与人文精神关系的新的思索，而这一思索将成为 21 世纪人类精神发展的主旋律。

三是随着全球化趋向的加强和人类面临的共同生存问题的凸显，以全世界的生存状况和全人类的生存意义为研究对象的世界哲学将应运而生，成为人类选择并纠正自己的生存模式的重要指导思想。当然，与这种发展的大趋势互相补充的是，哲学文化发展的区域化特征也会显现出来。正是在全球化和区域化相互摩荡的过程中，哲学研究将呈现出多元化的形态。然而，无论如何，人类在生存中共同面临的重大问题和人类必须坚持的价值必将上升为 21 世纪哲学中的基本问题。总之，21 世纪将为哲学思考展示一个更宽广、更多变和更多元的视域。

谈谈非理性领域在本体论上的先在性[①]

在哲学上，"非理性"是相对于"理性"而言的。一般说来，"理性"指的是人的逻辑思维能力（在英文中，reason 作为名字解释"理性"，作为动词则解释"推理"，足见理性与逻辑之间的亲缘联系），而"非理性"则主要是指人的其他能力——本能、意志、情绪等等。

在以苏格拉底、柏拉图和亚里士多德为代表的西方知识论哲学的传统中，理性和逻辑始终是作为主导性课题出现的，非理性领域所蕴含的诸多问题虽然偶尔也进入某些哲学家的视野，但在整体上并未引起哲学家们的真正重视。为什么会出现这种情况呢？因为知识论哲学的主要使命是求知，而哲学家们普遍认为，在求知的过程中，必须而且完全可能撇开种种非理性因素的干扰，以获取真理。17 世纪以来，随着数学和自然科学的兴起与发展，科学主义的思维方式渗到知识论哲学中，非理性领域进一步被遮掩起来了。直到 19 世纪，在近代西方哲学向现代西方哲学的转变过程中，那种认为理性主宰一切、人们可以完全撇开整个非理性领域来从事认识活动的知识论哲学的神话才宣告破产，非理性领域不但被发

---

① 收录于俞吾金：《俞吾金集》，学林出版社 1998 年版，第 58—62 页。——编者注

现了，而且引起了哲学家们的高度重视，这种重视尤其表现在哲学家们对非理性领域的本体论上的先在性论述上。下面，我们不妨对这一过程做一些具体的考察。

就其发端而言，在考察非理性问题时，我们必须返回到康德。康德在使用方式上把理性区分为理论理性和实践理性。理论理性是求知的，在广义上它包含感性、知性和理性，人们通常说的"理性"大致对应于康德说的"知性"；在狭义上仅仅包含理性，即用知性范畴去认识最高的统一体——理念；实践理性涉及的是人的行为，实际上，正如康德自己屡屡说明的那样，实践理性也就是意志。康德认为，人是理性的存在物，而只有理性的存在物才具有意志，所以他说："意志被认为是一种按照对一定规律的表象(Vorstellung)自身规定行为的能力，只有在有理性的东西中才能够找到这种能力。"①在康德看来，意志是自由的，但这一自由的前提却服从理性的立法。这既显示出康德哲学的"泛理性主义"(panrationalism)倾向，因为意志是属于非理性领域的，康德力图把意志理性化，实际上也就等于把非理性领域掩蔽起来了；也显示出康德哲学的内在矛盾，即它既意识到意志的重要性，又竭力把意志溶解在理性之中。

叔本华敏锐地注意到了康德在论述意志问题时所暴露出来的矛盾，他写道："这显然是伸手便可碰到的矛盾，既说意志是自由的又要为意志而立法，说意志应该按法则而欲求：'应该欲求呀！'这就(等于)木头的铁！可是根据我们整个的看法，意志不但是自由的，而且甚至是万能的。"②叔本华无情地抨击了西方哲学中占主导地位的理性主义传统，把意志作为非理性从理性中分离出来，并把意志与认识(理性)的关系颠倒过来了。在传统的理性主义哲学看来，人本质上是一个认识着的东西、

---

① [德]康德：《道德形而上学原理》，苗力田译，上海人民出版社 1986 年版，第79 页。

② [德]叔本华：《作为意志和表象的世界》，石冲白译，商务印书馆 1982 年版，第79 页。

一个抽象地思维着的东西，然后才是一个欲求着的东西。对于人来说，认识（理性）是第一性的，意志则是第二性的。叔本华认为，这种见解把实际关系都颠倒了，他主张："意志是第一性的，最原始的，认识只是后来附加的，是作为意志现象的工具而隶属于意志现象的。……在旧说，人是要他所认识的（东西）；依我说，人是认识他所要的（东西）。"①在叔本华看来，意志不是理性的工具，相反，理性倒是意志的工具，"意志是任何现象的本体"②。这样一来，以意志为核心的非理性领域不但被发现出来了，而且它在本体论上的先在性被确定下来了。后来，尼采进一步修正并发展了叔本华的意志主义学说，使其产生了重大影响。

与叔本华、尼采对意志的关注不同，弗洛伊德更重视的是无意识领域中的本能问题。他创立的心理分析方法基于这样一个前提，即理性活动于其中的意识只是人类心理中的一个很小的、表层的领域，巨大得多的、基础性的领域则是种种非理性的本能活动于其中的无意识，而无意识域通常处在被压抑的状态下，人类的文化就是被压抑的本能升华的产物："在我看来，人类所面临的严峻的问题是，是否和在什么程度上人类的文化发展将会成功地控制由侵犯和自我破坏的本能所引起的对他们共同生活的扰乱。"③弗洛伊德揭示出人类文化或文明包含的一个深刻内在矛盾：一方面，文化或文明是在本能的基础上形成和发展起来的；另一方面，文化或文明又负有压抑和控制本能的使命。这一矛盾也从一个侧面反映出人类理性领域与非理性领域之间的潜在对立。深受弗洛伊德影响的马尔库塞不仅感受到这一对立，而且进一步引申出如下的结论：即使每个人都以理性的方式行事，"然而，这个社会作为总体却是非理

———————

① ［德］叔本华：《作为意志和表象的世界》，石冲白译，商务印书馆 1982 年版，第 401—402 页。

② 同上书，第 513 页。

③ ［奥］弗洛伊德：《文明及其不满》，1963 年英文版，第 104 页。（S. Freud, *Civilization and its Discontents*, New York：W. W. Norton, 1961，p. 104.——编者注）

性的"①。这样一来，非理性不仅成了理性的基础，而且似乎又成了理性的归宿。

在非理性领域里，对情绪问题更为关注的是海德格尔。但他认为，情绪，愿望，甚至意志，都是在心理学和生理学意义上谈论的问题，他探讨的则是这些现象的生存论本体论的根基——烦（Sorge），他这样写道："此在的存在显露为烦。要从本体论上把这种生存论上的基本现象清理出来，必须同那些，开始就很易同烦混在一起的现象——意志、愿望、嗜好和追求分离开来。烦不能从这些现象中派生出来，因为这些现象本身就植根于烦中。"②在海德格尔看来，此在的存在就是烦，烦具有生存论本体论上的先在性，而生存论的本体论则是其他一切本体论的基础。作为存在主义的代表，海德格尔比前人更深刻地阐明了非理性领域在本体论上的先在性。

从上面的论述可以看出，当我们从哲学上思考非理性的问题时，如果停留在传统的知识论哲学，尤其是近代西方哲学的抽象认识论的框架中，非理性问题一定会逸出我们的视野之外。这是因为知识论哲学把人的存在仅仅理解为人的大脑的存在，仿佛人存在着就是为了认识外部世界，这就把人的全部认识活动抽象化了，它忘记了，人不光有大脑，还有躯体，人并不是一个抽象的认识容器，而是一个活生生的存在物，人身上的一切器官都蕴含着需要，而最基本的需要是：他首先必须生存在这个世界上。正是这种最基本的需要（与人的本能、意志、情绪等非理性因素关联在一起）构成了他的全部认识活动的前提。所以，在哲学上，只有借助于本体论，非理性领域才会对我们展示出来，但这里说的本体论不是传统哲学意义上的宇宙起源论，也不是物质本体论或精神本体论，而是指生存论的本体论，按照海德格尔的语言，就是把此在在世的

① ［美］赫伯特·马尔库塞：《单向度的人——发达工业社会意识形态研究》，刘继译，上海译文出版社 1989 年版，第 1 页。

② ［德］海德格尔：《存在与时间》，1986 年德文版，第 182 页。（M. Heidegger, *Sein und Zeit*，Tübingen：Max Niemeyer Verlag, 1986，S. 182.——编者注）

先天的结构作为考察其他一切现象的出发点。正是从这种本体论出发，整个非理性领域在本体论上的先在性才得到了充分的展示；同时，传统的知识论哲学所蕴含的抽象认识论的态度也从根本上被解构了，代之而起的是本体论的诠释学，这种诠释学关注的中心课题应该是：非理性领域是怎样为人类的整个认识提供前提的。

1999年

工艺理性批判^①

人作为理性动物，理应对理性概念做出系统的、批评性的反思。可是正如俗话所说的，台风中心往往是没有风的。在当代哲学中，除了马克斯·韦伯、海德格尔、霍克海默、哈贝马斯等思想家，很少有人对这个问题表示出深切的关注。在当代人看来，理性似乎是一个自明的概念，或者换一种说法，在历史上的许多哲学家研究过这个概念之后，它的内涵和本质仿佛已经被穷尽了，再没有必要回到这个几乎完全是透明的概念上去了。事实果真如此吗？我们的回答是否定的。实际上，理性概念的某些方面还没有得到批判性的检查，工艺理性就是一块迄今为止还没有完整地被触及的领地。对工艺理性的全面的、批评性的反思，不但有利于人们对理性概念乃至整个人类文明获得新的认识，也有利于当代人从一个新的角度出发来认识自己的思想和行为的深层动源，从而对自己的思想和行为做出合理的约束。

① 原载《学术中国》，江西教育出版社 1999 年版。收录于《实践诠释学——重新解读马克思哲学与一般哲学理论》，云南人民出版社 2001 年版，第 306—366 页。——编者注

一、理性批判的类型分析

从西方哲学史上看，对理性的真正严格的反思滥觞于近代哲学家。如果做一个类型学的分析的话，下面几种类型尤其值得引起我们的重视。

一是以笛卡尔为代表的大陆唯理论哲学家。笛卡尔以"普遍怀疑"的方式抨击了经院哲学家对理性的误用。对于经院哲学家来说，理性乃是论证上帝存在的工具，换言之，乃是神学的女仆。有感于数学，特别是几何学方法的明晰性，笛卡尔力图把这种方法引入理性的全部活动中，以确保它准确地进行推理或论证。当笛卡尔把"我思故我在"作为哲学研究的第一原理提出来时，实际上也就等于把这种用几何学方法清洗过的新理性抬到了王座上。这种新理性对 17—18 世纪欧洲的启蒙哲学家产生了深远的影响，以至于他们兴高采烈地举起了"理性的法庭"（the court of reason）的旗帜，对一切社会现实和传统的观念进行了猛烈的批判。在这一批判的狂飙怒涛中，只夹杂着从倚重情感的卢梭那里传来的轻微的不和谐音。

二是以休谟为代表的英国经验论哲学家。在《人类理解研究》这部名作中，休谟把理性知识分为两种。一种是"观念的关系"，几何、代数、三角诸学科涉及的就是这种关系。这方面的知识是可以脱离经验来研究的，因而通过论证而获得的真理具有恒久的确实性和明白性。另一种是"实际的事实"，由于这方面的知识是建立在因果关系上的，而"原因和结果不是被理性（reason）发现的，而是被经验（experience）发现的"①。这样一来，因果关系就从唯理论者建立的理性王国的贵族行列中被驱逐

---

① D. Hume, *An Inquiry Concerning Human Understanding*, New York: The Bobbs-Merrill Company, INC., 1955, p. 42.

出来了，成了经验世界的一个成员。在唯理论者看来是如此明白清晰并具有普遍必然性的因果关系，在休谟那里仅仅是知觉经验或心理上的或然性的、习惯的联想。于是，不管唯理论者如何用几何学的方法去清洗这方面的知识，"实际的事实"总是不确定的、或然的。于是，在因果关系和"实际的事实"的基础上建筑起来的整个理性形而上学的大厦倒塌了，理性概念面临着严重的挑战。休谟的怀疑主义为现当代的实证主义、分析哲学和科学哲学提供了重要的思想基础。从孔德到马赫再到逻辑实证主义者，从维特根斯坦的早期著作对理想语言的追求到其晚期著作的反本质主义倾向，从波普尔的反归纳主义到费耶阿本德的无政府主义方法，都在某种程度上不断地演绎着休谟的思想主题，形成了理性批判的一条独特的风景线。

三是以康德为代表的批判哲学家。康德最初沉溺于莱布尼茨—沃尔夫的理性形而上学的迷梦中，正是休谟的怀疑主义使他突然惊醒过来，对理性进行系统的、批判性的思考。康德对理论理性的批判是哲学认识史上划时代的重大事件之一，但这一批判的巨大作用却应当从消极的方面，即限制理论理性超经验的运用方面去加以理解。正如康德在《纯粹理性批判》的第二版序言中所指出的，"凡粗略地了解现在这部著作的人，不难发现其效果仅仅是消极的，它只是警告我们，不要让思辨理性越出经验的界限。这就是这部著作的主要效用之所在"①。康德限制了理性在理论思维上的自由自决的能力，却把这种能力转移到主要与人的道德实践行为相关联的实践理性的领域中去。但他一旦把实践理性，即意志无条件地置于理性的"绝对命令"的统率下，生命意志自身所具有的自由便被理性掏空了。正如后人黑格尔和叔本华所批评的，康德所倡导的道德哲学必然流于形式。尽管康德的实践理性批判具有形式化的倾向，但他在这一批判中提出的"人是目的"的伟大口号却对他和他以后的时代精神发展起着巨大的鼓舞作用。当代新自由主义的代表、美国哲学

---

① I. Kant，*Kritik der reinen Vernunft*，Frankfurt：Suhrkamp Verlag，1988，S. 24.

家罗尔斯的《正义论》就沿袭了康德的这一思路。

四是以黑格尔、马克思为代表的批判理性主义哲学。黑格尔以唐·吉诃德式的勇气批判了康德哲学中的主观主义倾向，把无坚不摧的辩证法作为自己的"洛西南特"，并契入了深远的历史意识，从而恢复了理论理性的自由自决的能力，并提出了"绝对理性"（absolute Vernunft）的概念，但这一概念的提出并不如某些批评家所认为的那样，是退回去追恋传统的或前康德式的形而上学的"肉锅"。在黑格尔那里，尽管理性概念穿着一套神秘的、思辨的外衣，但它在本质上是一个历史的、辩证的概念。马克思在现实的人的历史活动的基础上批判地继承了这种辩证的理性。但在恩格斯、普列汉诺夫、列宁和斯大林那里，现实的人的历史活动却为抽象的物质所取代，无怪乎萨特要抱怨马克思主义哲学出现了"人学的空场"，而他的《辩证理性批判》则表明了他在这方面做出的新思考，但就其要旨而言，它并没有离开黑格尔和马克思的思想轨道。

在对理性进行反思的过程中，黑格尔的另一个重要贡献是提出了"理性的机巧"（die List der Vernunft）的概念。在《小逻辑》一书中，他这样写道："这种理性是有机巧的，同时也是有威力的。一般说来，这种机巧表现在一种利用工具的活动中。这种活动让对象按它们自己的本性相互影响、相互削弱，而它自己并不直接地干预其过程，同时却正好实现了它自己的目的。"①黑格尔把理性与人的工具—目的（Mittel-Zweck）活动联系起来进行考察，源于他对英国经济学的深入探讨和对人的劳动的认真研究②，因为任何劳动都有一定的目的，并且必须借助于工具和技艺。这样一来，黑格尔就自觉地或不自觉地恢复了古希腊哲学家亚里士多德在《形而上学》《尼各马可伦理学》等著作中经常谈论的一个主题，

---

① G. W. F. Hegel, *Enyzklopädie der philosophischen Wissenschaften*（*Erster Teil*），Frankfurt: Suhrkamp Verlag, 1986, S. 365.

② 在从康德、费希特、谢林、黑格尔到费尔巴哈的德国古典哲学的发展中，黑格尔是唯一对英国古典经济学的著作进行过深入研究的哲学家。所以，虽然他的思辨哲学在形式上是神秘的、抽象的，但在内容上却与现实生活有着紧密的联系。卢卡奇的《青年黑格尔》一书充分发掘了黑格尔这方面的思想资源。

那就是关于生产或制造（production）、技艺或技术（art）等，而正是通过对人的生产活动和技艺的考察，亚氏才提出了著名的"四因"（质料因、形式因、动力因和目的因）及"潜能和现实"的学说。与亚氏相同，黑格尔也正是通过对生产劳动的考察，才注意到理性与工具—目的活动之间的重要联系，而"理性的机巧"概念体现的正是他在这方面的深入思考。这方面的关注必然引申出一个全新的领域，那就是对工具—目的理性的探讨，而对工具的考察又必然会关联到对技术或工艺、对技术史或工艺史的研究；对目的性的关注也必然会引申出对目的性与因果性关系的关注。

马克思深化了这方面的批判性思考。在《资本论》第 1 卷中，他在讨论机器和大工业的问题时这样写道："假如有一部批判的工艺史（Eine kritische Geschichte der Technologie），就能证明，18 世纪的任何发明，很少是属于单个人的。然而，迄今为止还没有这样的著作。达尔文有兴趣的是自然工艺史，即对动植物生活中作为生产工具的动植物器官有兴趣。难道社会人的生产器官的形成史，即每一个特殊社会组织的物质基础的形成史不同样值得加以注意吗？而且这样一部历史不是更容易写出来吗？因为，正如维柯所说的，人类史与自然史的区别在于，人类史是我们自己创造的，而自然史不是我们自己创造的。工艺学（Technologie）揭示出人对自然的能动关系、人的生活的直接生产过程以及人的社会生活条件和由此产生的精神观念的直接生产过程。……那种排除历史过程的、抽象的自然科学的唯物主义的缺点，每当它的代表越出专业范围时，就在它们抽象的、意识形态的观念中立即显露出来。"①在马克思看来，只要人们不采取"那种排除历史过程的、抽象的自然科学的唯物主义"的研究态度，那么就一定会把人类史（特别是人类精神和理性的发展史）的研究与工艺史或技术史的研究紧密地结合起来，因为工艺或技术发展的历史从根本上制约着人类精神和理性的发展。在分析、批判资本

① Marx-Engels, *Werke*, *Band* 23, Berlin: Dietz Verlag, 1973, S. 392-393.

主义生产方式时，马克思既高瞻远瞩地指出了科学技术的发展在现代社会中所起的革命性作用，也深刻地揭示出异化劳动这一在资本主义生产方式中普遍存在的社会现象，特别是揭示出机器对劳动者的统治和分工对劳动者发展的影响，但他还没有对工艺理性和工具—目的理性做出专门的、系统的分析。

作为西方马克思主义的奠基人，卢卡奇继续马克思在《资本论》中的思考，在其早期著作《历史与阶级意识》中，他对分工和机器大工业发展所造成的"物化"现象和"物化意识"进行了透彻的批判；在其晚期著作《社会存在本体论》中，他深入地思考了生产劳动过程中目的性与因果性的关系，但限于当时的认识，他也未对工艺理性和工具理性做出批判性的回应。①

五是以叔本华和尼采为代表的意志主义哲学家。意志主义哲学家并不否认人的理性，但却大大地弱化了理性的地位和作用。叔本华在其代表作《作为意志和表象的世界》中主张，人的意志是第一性的，人的理性是第二性的，理性不过是意志的工具。而尼采进一步把叔本华的生存意志转变为权力意志，从而用意志形而上学取代了理性形而上学。② 这种意志形而上学揭示出理性活动的深层动源。它启示我们，理性并不是自由自觉的，理性是受制于强大的非理性因素——意志和欲望的约束的。

---

① 李泽厚先生在其代表作《批判哲学的批判》中十分重视工艺与人的社会实践和人类主体性的关系。他写道："人类主体性的'自我'由这两个方面（工艺—社会结构和文化—心理结构）组成。而工艺、社会物质生产一方面是基础，是第一性的根本的方面。"（李泽厚：《批判哲学的批判——康德述评》，人民出版社 1984 年版，第 209 页。）李泽厚注意到了工艺对人类主体的文化—心理结构的重大影响，但他未提出工艺理性的问题，当然也不可能对这一问题做出系统的、批判性的思考。

② 在《关于工艺问题》一书中，海德格尔指出："在尼采的充分发展的哲学中，'权力意志'这个名称是一个基本的术语，因此这种哲学能够被称为权力意志的形而上学（the metaphysics of the will to power）。"见 M. Heidegger, *The Question Concerning Technology*, New York: Harper & Row Publishers Inc., 1977, p. 76. 也如冈特·绍伊博尔德所说的："把新时代的形而上学解释为意志形而上学——从莱布尼茨的单子的'强烈欲望'直到尼采的'权力意志'——经过思想的各个不同的阶段，这是属于海德格尔的最大的要求。"见［德］冈特·绍伊博尔德：《海德格尔分析新时代的科技》，宋祖良译，中国社会科学出版社 1993 年版，第 66 页。

在某种意义上，理性不过是意志和欲望之手放出来的一架竹制的风筝而已。叔本华的思想通过哈特曼的《无意识哲学》影响了弗洛伊德。弗洛伊德进一步揭示出潜意识中的欲望，特别是性欲对人的意识和理性的深层制约作用。于是，心理分析成了对理性和精神活动进行批判性反思的一个重要话题。这一理性批判的特殊话题也对当代哲学文化产生了巨大的影响。马尔库塞、弗洛姆、拉康、福柯等当代哲学家的著作都对这个话题做出了热烈的回应。然而，滑铁卢既是惠灵顿的，又是拿破仑的。对意志和欲望重要性的过度夸张反而导致了这个话题的衰微。

六是以马克斯·韦伯和哈贝马斯为代表的社会哲学家。马克斯·韦伯从社会学的视角出发，对合理性的问题进行了深入的研究。他认为，存在着两种不同的合理性：一种是"工具的合理性"（instrumentelle Rationalität），是人们在解决工艺任务和构思有效手段时遵循的合理性；另一种是"价值的合理性"（Werytationlität），是人们在道德实践生活中遵循的合理性，这种合理性实际上是一种规范上的合理性。在韦伯看来，随着科学技术和现代工业的发展，工具的合理性将会渗透到现代社会生活的各个角落，从总体上推动现代社会的合理化。但工具合理性的发展也会造成物对人的统治、官僚化等消极因素，从而给现代社会合理化的过程投下阴影。价值的合理性涉及行为的规范问题，由于人们信奉着不同的价值体系，所以不存在一套对全社会都有效的价值体系。虽然韦伯把价值的合理性与工具的合理性对立起来，但他对价值的合理性抱着怀疑主义的态度，所以实际上并没有找到另一种形式的合理性来对抗工具的合理性的无限制的蔓延。

霍克海默和阿多诺在《启蒙辩证法》《工具理性批判》《否定的辩证法》等著作中继续了韦伯和卢卡奇对工具理性和物化意识的批判，但他们的批判停留在单纯否定的、悲观主义的阴影中，他们像韦伯一样，也没有找到一条真正可以与工具理性的蔓延相抗衡的道路。而哈贝马斯认为自己已经找到这条道路，那就是以交往的合理性来抗衡工具的合理性。正如他在《交往行为理论》第 1 卷中谈到重建合理性概念时所指出的："探索的焦点要从认识的工具的合理性（Kognitiv-instrumenteilen）转到交往的合理性（Kommunikativen Rationalität）上。"①交往的合理性虽然也涉及行为规范的问题，但在哈贝马斯看来，它不同于韦伯的价值合理性，它具有可操作性。交往是至少在两个主体之间进行的、以语言为媒介、以理解为目的、以社会规范（特别是道德和法律方面的规范）和言语的有效性为基础的行为。尽管哈贝马斯的交往的合理性被同时代的不少思想家作为不可实现的幻想加以嘲笑，但他毕竟为理性概念的发展提供了重要的思想资源。

哈贝马斯的另一个贡献是注意到了工艺理性批判的重要性。这或许是因为他受到了马尔库塞的影响。马尔库塞在其名噪一时的著作《单向度的人》中沿着马克斯·韦伯的思路警告人们，"工艺的合理性"（technological rationality）正在转化为"工艺的拜物教"（technological fetishism）并给当代资本主义社会的意识形态打上鲜明的烙印。② 哈贝马斯对马尔库塞的批判做出了积极的回应。在《作为"意识形态"的技术与科学》一书中，他这样写道："马尔库塞对马克斯·韦伯的批判引申出这样的结论：'工艺理性'（technischen Vernunft）的概念本身也许就是意识形态。不仅是工艺理性，而且工艺本身就是（对自然和人的）统治，这是一种方法上的、科学的、已经筹划好的和正在筹划着的统治。这种统治的确定目的和利益并不是后来补充上去的，也不是工艺从外面强加上去的，它们早已进入工艺设备的设计中。"③显然，哈贝马斯对马尔库塞的观点是赞同的，但他与马尔库塞一样，主要是从现代工艺的角度来界定工艺理性的内涵的，这就在一定程度上窄化了这种理性对人类文明和社会生活的深刻影响。此外，他们虽然都看到了工艺理性在总体上被意识形态化的过

---

① J. Habermas，*Theorie des Kommunikativen Handelns*（*Eister Band*），Frankfurt：Suhrkamp Verlag，1988，S. 525.

② H. Marcuse，*One Dimensional Man*，New York：Beacon Press，1966，p. 235.

③ J. Habermas，*Teclinik und Wissenschaft als Ideologie*，Frankfurt：Suhrkamp Verlag，1970，S. 49-50.

程，但却没有对这种理性在社会生活和人们行为中的种种表现做出具体的分析。

七是以海德格尔为代表的存在主义哲学家。海德格尔对工艺问题的思考是比较深入的，在《关于工艺问题》一书中，他提出了下面的重要思想。第一，工艺不是中性的东西。他写道："如果我们把工艺看作某种中性的东西，那么我们就以最坏的可能性被交付给工艺了。因为今天人们特别愿意接受的这种观点使我们对于工艺的本质完全处在茫然无知的状态下。"①工艺不是中性的东西又是什么呢？海德格尔虽然没有直截了当地说工艺就是恶的东西，但文中已经暗示我们，工艺至少是一种具有负面价值的、危险的东西。第二，工艺是一种解蔽的方式。这一点，无论是对古代手工工艺，还是对现代工艺来说都是适用的。海德格尔说："工艺不仅仅是工具。工艺是一种解蔽的方式（a way of revealing）。只要我们注意到这一点，就会有另一个完全不同的、与工艺的本质相适应的领域向我们开放。这是一个解蔽的领域、真理的领域。"②在这里，"解蔽"的含义是在制作的过程中把质料、形式、动力和目的贯通起来，把原来隐蔽着的自然之物聚集在一起，变成人们需用之物。第三，虽然现代工艺也是一种解蔽，但却是一种特殊形式的解蔽，带有向自然挑战的、逼迫的方式。在这种解蔽方式中，农业成了机械化的食品工业，空气成了获取氮这种质料的源泉，土地成了获取矿石的仓库，而矿石又成了铀之类材料的来源，而铀又成了原子能的来源，并通过毁灭或和平利用的目的而被释放出来。海德格尔认为，我们可以以"座架"（德文 Ges-tell，英文 enframing）来命名这种特殊的、强制性的解蔽方式，并明确地指出："现代工艺的本质显现于我们称为座架的东西中。"③第四，现代工艺对人的生存构成了威胁。海德格尔不无忧虑地写道："座架在哪里

① M. Heidegger, *The Question Concerning Technology*, New York: Harper & Row Publishers, Inc., 1977, p. 5.

② Ibid., p. 12.

③ Ibid., p. 23.

占统治地位，哪里就存在着最高意义的危险。"①当然，消除这种危险的可能性是存在着的，但要消除这种危险首先要认识这种危险。海德格尔对工艺的分析为我们理解工艺理性的本质提供了重要的启示，但也仅此而已，因为他并没有直接考察工艺理性，当然也不可能全面揭示工艺理性的丰富内涵。

通过对上面七种不同的理性批判模式的类型分析，我们了解到，在古代已有哲学家，如亚里士多德，对工艺问题进行了研究。但直到现当代哲学中，工艺理性的概念才被直截了当地提了出来，并引起了一些哲学家的重视。当然，这个概念还被包裹在各种各样的误解中。误解之一是：工艺理性无非就是工具理性或工具的合理性。其实，在我们上面引用的海德格尔的论述中，就已经指明工艺理性不仅仅是工具理性，它包含着远为丰富的内容。误解之二是：工艺理性只是指生产过程中的理性。在生产过程之外，这种理性又有什么作用呢？事实是，工艺理性早已超出了单纯的生产范围，对人类的全部活动和整个文明产生了深刻的影响。误解之三是：工艺理性仅仅在科学和工艺高度发展的当代社会才有一定的研究价值。对以前的社会形态来说，这个问题并不具有普遍的意义。显然，这一误解建基于对工艺理性概念的窄化。实际上，工艺理性伴随着人类诞生以来的整个发展过程。问题是，只有在当代社会中，当人们感受到工艺的巨大力量及它对人的生存状况的巨大影响时，才开始关注工艺理性。但绝不能把这种感受的短暂性理解为工艺理性历史的短暂性。

通过对工艺理性的基本特征的全面反思，在人类文明和社会生活中出现的、长期以来困扰着我们的许多现象也就获得了合理的解释。下面，我们就着手来做这方面的工作。

---

① M. Heidegger, *The Question Concerning Technology*, New York: Harper & Row Publishers, Inc., 1977, p. 28.

二、工艺理性的含义及其基本特征

如果我们稍稍留意一下的话，就会发现，英文中的 technology、德文中的 Technologie 和法文中的 technique 在中文中都有两个相应的、主导性的解释："工艺"和"技术"。人们通常把西文中的这些对应词译为"技术"，如海德格尔的译文集 *Question Concerning Technology* 就被译为《技术的追问》，这当然是无可厚非的。但是在普通人的意识中，"技术"这个词的含义已经不自觉地被当代化了，从而也不自觉地被窄化了。这种当代化的眼光切断了"技术"这个词所指称的东西的历史渊源，使这个东西成了突然跃入眼帘的、不可理喻的东西。所以，用"技术"这个流行的术语来译西文中的对应词，不但使我们的理论视野极易受到局限，而且也极易遮蔽我们本来欲加以揭示的东西。所以，我们主张用"工艺"这个术语去译西文中的那些对应词，理由有二。第一，"工艺"这个词不仅包含着我们常用的"现代技术"这个名称所指称的对象，而且包含着我们常用的"古代技艺"或"手工技艺"所指称的对象。换言之，它在内容上涵盖了从古代手工业到中古时期的工场手工业再到近代的机器大工业，最后到当代技术的整个领域。第二，"工艺"这个词包含了我们通常用"艺术"这个术语所指称的对象。

事实上，"艺术"与"技艺""工艺"在字源上就是密切相关的。英文中的 art、德文中的 Kunst 和法文中的 art 都可译为"艺术""技艺"或"工艺"。在汉语中，也存在着类似的现象。《说文·工部》："工，巧饰也。"《广雅·释古》："工，巧也。"一个"工"字既可解释为"技巧""工夫""工程""手工劳动"等，也可解释为"工匠""工人""乐官"等。这里的"乐官"自然是与艺术息息相关了。事实上，原始宗教中的"巫"也是从"工"引申出来的。这里已经暗示出"工"的意识如何渗透到艺术和宗教中去。关于这方面的现象，我们将在后面加以论述。"艺"在《说文》中具有"种植"的含义，也可引申为"才能""技艺"。《辞源》释"艺术"为"各种技术技能"就表明，当代人意识中"艺术"与"技术"的分离在古代社会中尚未出现。当然，《辞源》释"工艺"为"手工技艺"，虽然把"工艺"概念的基本内涵表达出来了，但这里的"手工技艺"的概念似乎既未包含现代技术的内容，又未包含与技艺同源的艺术的内容，因而就显得比较单薄了。

如上所述，我们主张"工艺"概念既包含从古代技艺到当代技术的整个技能性的领域，又包含所有的艺术在内。这就使工艺这个概念所指称的对象涵盖了人类社会生活中的一个基础性的、十分广泛的领域。而且从人类发展史上看，从原始人开始制作第一件石器或骨器的时候起，工艺这种现象就已经存在了，工艺理性也开始萌发了，虽然当时的理性还包裹在神秘的集体无意识之中。随着人类历史的发展，特别是当手工业从传统的农业中分离出来成为一个独立行业的时候起，工艺活动已经扩展为社会生活中的一个基础性的领域，成熟起来的工艺理性也逐渐渗透到人的行为和社会生活的各个方面，并在人类文明的各个领域中展示出自己的巨大力量。因此，要认识工艺理性的丰富内涵及其本质，就不能仅仅停留在对当代工艺（或技术）的反思和对其所引起的异化结果的批判上，而要对工艺理性所蕴含的基本观念进行全面的、批判性的反思。我们认为，工艺理性主要蕴含着以下三个方面的观念。

1. 关于创造、生产的观念

创造（create、make）或生产（produce）的观念乃是工艺理性所蕴含的最基本的观念。

我们先来考察"创造"这一观念。工艺活动，就其本质而言，乃是一种创造性的活动。这种创造性的活动在工艺理性中的表现就是"创造"观念。如果我们仅仅停留在工艺活动的范围内来讨论创造的观念，那么这里的创造就只具有与复制或模仿相区别的特殊意义。但是，这种创造的观念一旦超越了单纯工艺活动的领域，就立即获得了极为丰富的内容。

我们先来看神话的领域。原始人把创造的观念作为基本的观念用到了神话中。也许是出于人类对自己的诞生状态的无知，人类在各种各样的神话中谦卑地把自己的祖先看作受造物，而把他们所崇敬的神祇看作了创造主。举例来说，在希腊神话中，人类祖先的被创造有三种不同的说法。第一种说法是：人类是由被宙斯放逐的神祇的后裔普洛米修斯所创造的。普洛米修斯知道天神的种子隐藏在泥土里，所以他撮起一些泥土，按照神祇的形象，捏出一些泥块。为了给这些泥块以生命，他又从各种动物的心中取出善和恶，放进人的胸膛里。智慧女神雅典娜惊异于这些创造物，又把灵魂和神圣的呼吸吹送给他们。于是，最初的人类就被创造出来了。据说，最初的人类是什么也不懂的，正是普洛米修斯这个人类的创造者，教会他们观察星辰的起落，教会他们制造车、船和驾驭牲畜，教会他们解释梦和异象等。在《伊索寓言》中，普洛米修斯创造人类得到了更形象的叙述：

> 普洛米修斯和人
> 普洛米修斯奉宙斯之命造人和野兽。宙斯见野兽太多了，就命令普洛米修斯毁掉一些，改作成人。普洛米修斯执行了命令。结果，这样造出来的人却是人面兽心。……
> 两只口袋
> 普洛米修斯造人，给每个人挂上两只口袋，一只装别人的恶行，另一只装自己的。他把那只装有别人恶行的口袋挂在前面，把另一只挂在后面。因此人们老远就看见了别人的恶行，自己的却瞧不见。①

第二种说法是：人类是由神祇，特别是众神之王宙斯创造的。神祇创造的第一纪的人类是黄金的人类，他们的生活十分幸福。神祇创造的第二纪人类是白银的人类，他们粗野而傲慢，不再对神祇表示敬意。宙斯恼怒于第二纪人类对神祇的不敬而消灭了他们。接着，宙斯创造了第三纪

---

① 《伊索寓言》，罗念生等译，人民文学出版社 1981 年版，第 106—107 页。

的人类，即青铜的人类。他们性格残忍而嗜好战争，在相互残杀中灭亡了。于是，宙斯又创造了第四纪的人类，他们也在战争和灾祸中结束了自己的生存。宙斯创造的第五纪人类是黑铁的人类，他们都是充满罪恶的。[①] 第三种说法虽然说的不是整个人类的被创造，但同样充满着隐喻的意义。欧罗巴受到宙斯的引诱而出走，他的哥哥卡德摩斯寻找她未果，杀死了毒龙。按照雅典娜的命令，他在地上种下了龙牙。于是，地上长出了成队的武装战士，他们相互残杀，最后只剩下了五个人。雅典娜命令他们放下武器，他们就此而成了忒拜人的祖先。[②]

我们注意到，在这三种不同的神话传说中，有一个共同的主题——神祇创造人类。这一主题很容易使我们联想起马克思在批评那些把神话的幻想谱系视为真实的庸人时所写下的那句名言："由于血族联系（尤其是专偶婚制发生后）已经湮远，而过去的现实看来是反映在神话的幻想中，于是老实的庸人们便作出了而且还在继续作着一种结论，即幻想的系谱创造了现实的氏族！"[③]还需指出的是，把工艺活动领域中创造的观念转移到神话的领域，这个观念本身已经发生了重大的变化。在工艺领域中，人是创造的主体，物品是创造的对象；而在神话的领域中，神是创造的主体，而人则成了创造的对象。如果我们把这两个领域中的不同创造活动做一个类比的话，就会发现，在神创造人的神话中，人被物化了。英文名词 creature 和 creator 都是从动词 create 那里衍生出来的。creature 解释"创造物"，既可指称生物、动物乃至万物，也可以指人类，因为人类也是神的创造物。在这个名词中，人与人以外的存在物之间的差异被磨平了。creator 解释"创造者"，而当它被大写并加上定冠词的时候——the Creator 就解释"造物主"或"上帝"。同样，maker 也可解释为"创造者"或"制造者"，而当它被大写并加上定冠词的时候——the Maker——也

---

① ［德］斯威布：《希腊的神话和传说》上，楚图南译，人民文学出版社 1982 年版，第 17—18 页。

② 同上书，第 45—46 页。

③ 《马克思恩格斯全集》第 45 卷，人民出版社 1985 年版，第 504 页。

同样可以被解释为"上帝"。在讨论这些术语的时候，我们实际上已穿过原始神话的多神世界而进入宗教世界，尤其是进入了基督教的一神世界。

　　下面我们就进一步来考察，从工艺活动和神话世界中借用过来的创造观念如何在基督教中发挥重大作用。众所周知，《旧约》的第一部分就是"创世纪"，而"创世纪"中的第一句话就是："一开初，上帝创造了天地"（In the beginning God created the heaven and the earth[①]），又创造了光，从而把白天和晚上分开了；接着上帝又造出了空气和水，并称旱地为地，称水的聚处为海，又使地上长出了青草、果树和蔬菜；然后，上帝造出了太阳、月亮和众星，以分昼夜、以定节令，又造出了各种有生命的动物。最后，"上帝按照他自己的形象创造了人，即创造了男人和女人"（So God created man in his own image，in the image of God created he him；male and female created he them[②]）。在这里，我们看到了人和万物被创造的更加理性化的过程，而上帝的这一创造活动又是全部《圣经》内容演绎的基础。正如没有创造的观念就不会有神话一样，没有创造的观念也不会有基督教。然而，这里的创造活动像在神话中一样，仍然是单向度的。或许可以说，正是儿童的天真摧毁了这种单向度的创造观念。常常会发生这样的情况：当父母给小孩讲上帝创造世界和人类的故事时，小孩会提出一个十分天真而又非常深奥的问题：上帝又是什么东西创造的呢？正是这个天真的问题引导着基督教走向衰落。在《基督教的本质》这部名著中，费尔巴哈指出，在上帝创造人之前，人必须先把上帝创造出来。人把自己身上的优点集中起来，使之对象化，这个对象化了的东西也就是全智全能的上帝："人使他自己的本质对象化，然后又使自己成为这个对象化了的、转化成为主体、人格的本质的对象。这就是宗教之秘密。"[③]在费尔巴哈看来，神学的秘密就是人类学。也就是说，归根到底不是上帝创造了人，而是人创造了上帝。意识到这一

---

　　① Holly Bible，p. 1.

　　② Holly Bible，p. 1.

　　③ ［德］费尔巴哈：《基督教的本质》，荣震华译，商务印书馆 1995 年版，第 63 页。

点，上帝也就死去了，而人又回复到自己。

最后，我们再来考察一下创造观念在哲学家、科学家和人们日常生活中的作用。在哲学家和科学家中，存在着两种人。一种人肯定人作为主体的创造作用和创造性认识的作用。如法国哲学家笛卡尔就说过："给我广延和运动，我将造出这个世界。"①据说法国科学家拉普拉斯在完成了他的巨著《天体力学》以后，曾把它赠送给拿破仑。当时有人告诉拿破仑，那本书没有提到上帝的名字。拿破仑于是问拉普拉斯："拉普拉斯先生，有人告诉我，你写了这部讨论宇宙体系的大著作，但从不提到它的创造者。"拉普拉斯回答说："我用不着这样的假设。"②在拉普拉斯看来，并不存在着超宇宙的造物主。这一回答既肯定了宇宙的自我运动，又肯定了人在认识这一运动中的无限的创造力。另一种人则肯定，人作为主体，其创造作用和创造性的认识都是有限的。英国哲学家休谟认为，"我们的思想似乎拥有无限的自由，可是在对它加以严密的考察以后，我们就发现，人心所具有的所有的创造力（all this creative power of the mind）都限于很狭窄的范围，它不过是把感官和经验提供给我们的材料加以混合、转换、增加或减少罢了"③。比如说，黄金山似乎是人心创造出来的一个对象，但在休谟看来，它不过是我们把两个观念——黄金和山叠加在一起罢了，并没有什么新的创造。而德国哲学家康德则把自己的理性批判的作用比喻为警察的作用，即防止人们以超经验的方式来运用理性的创造性。如果说，哲学家和科学家对创造观念的运用是比较谨慎的话，那么，在日常生活中，人们对这个概念的使用是极不严肃的。人们几乎把每一种毫无创意的思想和活动都称为"创造"，以致这个概念竟成了没有创造能力的最好的确证。只有在人们不经意的表达

---

① ［英］亚·沃尔夫：《十六、十七世纪科学、技术和哲学史》，周昌忠等译，商务印书馆 1991 年版，第 724 页。

② ［英］W. C. 丹皮尔：《科学史——及其与哲学和宗教的关系》，李珩译，商务印书馆 1975 年版，第 259 页。

③ D. Hume, *An Inquiry Concerning Human Understanding*，New York：The Bobbs-Merrill Company, INC.，1955，p. 27.

中，这种创造观念的真谛才会突然显现出来。比如"情人眼里出西施"，这里的"出"就是创造的意思。这句谚语显示了爱情所具有的无限创造力；当我们批评一个人"矫揉造作"时，实际上是批评他的行为的"创造性"太过分了；当我们指责某些人"炒作新闻"时，实际上也是指责他们滥用了自己的创造性。在英语中，词组 make up 之所以解释"化妆"，就表明"化妆"具有再创造的含义，而构成词 epoch-making 通常被人们解释为"划时代的"，实际上也就是"创造新时代的"含义。

下面，我们再来考察"生产"这一观念。毋庸讳言，工艺活动由于是创造性的活动，所以同时表现为生产活动。工艺活动如何普遍，生产活动也就如何普遍；工艺理性心血来潮涌上哪个领域，生产观念也就扩展到哪个领域。比较起来，古代的生产活动更多地依赖于手工劳动，而现当代的生产活动则更多地依赖于机器和设备。如前所述，古代哲学家亚里士多德在《形而上学》《尼各马可伦理学》等著作中已经注意到了生产这种现象，并已看到了它在人类社会生活中的重要作用。然而，在他那里，有关生产问题的论述仍然是零星的、不系统的。直到马克思那里，这个问题才引起充分的重视。在《1844 年经济学哲学手稿》中，马克思这样写道："这种物质的、直接感性的私有财产，是异化了的、人的生命物质的、感性的表现。私有财产的运动——生产（produktion）和消费——是以往全部生产运动的感性表现。也就是说，是人的实现或现实。宗教、家庭、国家、法律、道德、科学、艺术等，都不过是生产的一些特殊方式，并且受生产的普遍规律的支配。"[1]在这里，马克思已经以生产活动的观念去解释全部社会生活，甚至于把宗教、法律、道德、科学、艺术、家庭、国家等的存在和发展都理解为生产的特殊方式。有时，他也用下面的简洁语言来表明自己的思想："正像社会本身生产作为人的人一样，人也生产社会"（wie die Gesellschaft selbst den Menschen als Menschen

---

[1]　K. Marx, *Pariser Manuskripte*, WestBerlin：Verlag das europäische Buch，1987，S. 83.

produziert, so ist sie durch ihn produziert).① 这些论述表明，马克思已决定通过社会生活的生产和再生产去解释一切问题。也就是说，在他那里，生产不仅是一个工艺学或经济学的概念，而且是一个基本的哲学概念。

在《德意志意识形态》一书中，马克思以更成熟的语言表述了作为他的哲学基础和核心的生产理论。马克思提出了"四种生产"的理论。第一种生产是"物质生活的生产"（die Produktion des materiellen Lebens）。马克思在谈到初民的时候说："使这些个人与动物区别开来的第一个历史性的行动不是在于他们有思想，而是在于他们开始生产自己所必需的生活资料。"②这就是说，人类生存活动的本质就是物质资料的生产。没有这种生产，人类的生存活动就无法延续下去。第二种生产是"人的生产"（die Produktion des Menschen）。马克思认为，一开始就纳入人的生存的历史状态的另一种基本活动是人的生产："每日都在重新生产自己生活的人们开始生产另一些人，即增殖。"③显然，没有人的生产，人类的生存也不可能延续下去。换言之，人类是通过不断繁衍的方式来扬弃死亡对每一生存着的个体的威胁的。第三种生产是"社会关系的生产"（die Produktion des sozialen Verhältnisses）。不管人们是从事物质资料的生产，还是从事人的生产，都得结成一定的社会关系。所以，在马克思看来，社会关系的生产必然构成人类全部生产活动的一个基本的、不可或缺的部分。事实上，氏族、部落、家庭、村落、公社、国家等都是人与人之间的社会关系的结晶物。也正是在这样的基础上，马克思把人的本质理解为一切社会关系的总和。第四种生产是"意识的生产"（die Produktion des Bewusstseins）或"精神的生产"（die geistge Produktion）。如果说，"意识的生产"偏重的是人们日常思维、观念和表象的生产，那么"精神的生产"偏重的则是政治、法律、道德、宗教、艺术、哲学等精

---

① K. Marx, *Pariser Manuskripte*，WestBerlin：Verlag das europäische Buch，1987，S. 83.

② Mane Engels, *Werke*，*Band* 3，Berlin：Dietz Verlag，1969，S. 20.

③ Ibid.，S. 29.

神形式的生产。马克思不仅强调了意识的生产或精神的生产在人类全部生产活动中的必要地位，而且特别探讨了它与物质资料生产之间的关系："支配着物质生产资料的阶级，同时也支配着精神生产的资料，因此，那些没有精神生产资料的人的思想，一般地是受统治阶级支配的。"而统治者不但作为一个阶级进行统治，而且"他们还作为思维着的人，作为思想的生产者而进行统治，他们调节着自己时代的思想的生产和分配"①。马克思的这一论述使我们看到了表面上无限自由的思想生产实际上并不是自由的，而是受制于物质资料生产的支配权的。

马克思认为，在上面四种生产中，最基本的还是物质资料的生产："这种活动、这种连续不断的感性劳动和创造、这种生产，是整个现存的感性世界的基础，只要它哪怕停顿一年，费尔巴哈就会看到，不仅自然界将发生巨大的变化，而且整个人类世界及他自己的直观能力，甚至他本人的生存也会很快地消失。"②长期以来被研究者们忽视的一个事实是：马克思的哲学本质上是一种广义的生产哲学。他从工艺活动中抽取生产这一基本行为，用它来解释全部社会生活。与此同时，生产这一观念也从工艺理性的范围扩展到整个社会生活乃至全部精神活动。这一特殊的解释路线对同时代的和以后的学者发生了重大影响。③

---

① Mane Engels, *Werke*, *Band* 3, Berlin: Dietz Verlag, 1969, S. 46.

② Ibid., S. 44.

③ 马克斯·韦伯和哈贝马斯都把马克思的生产劳动观念解释成工具—目的的理性，并各自提出"价值理性"和"交往理性"的概念与之对立起来。但他们对马克思的生产劳动概念存在着误解。实际上，在马克思那里，生产劳动概念具有两种不同的含义：一是作为谋生手段的生产劳动，属于此岸世界；二是作为自觉自愿的创造性活动，属于彼岸世界。后一种含义上的生产劳动体现出来的正是对人的自由和全面发展的价值追求。这正是一种批判性的价值理性。海德格尔在《关于人道主义的书信》一文中曾对马克思哲学的这一深层含义做过高度的评价。德国学者本雅明、当代法国学者鲍德里亚等在马克思的影响下，也把工艺理性中的"生产""消费"等观念引入对大众文化和大众传媒的批判中。尽管他们与马克思的见解不尽相同，但却继续了马克思在这方面的思考。特别有趣的是，法国哲学家萨特把生产的观念带进了对基督教的上帝创造人的思想的批判之中。他这样写道："在上帝心目中的人的概念可以与一个工艺家心目中的裁纸刀（paper-knife）相比较。上帝按照一个程序和一个观念来创造人，完全像工艺家按照一个定义和一个公式来生产裁纸刀一样。"J. P. Sartre, *Existentialism and Humanism*, London: Eyre Methuen LTD, 1978, p. 27.

2. 工具—目的观念和目的—设计观念

众所周知，人是理性的、有目的的存在物。也就是说，人的每个行动都要经过他的大脑。同样地，人的各种工艺活动也都体现着人的目的性，而人为了在工艺活动中达到一定的目的，又不得不借助于一定的工具。于是，"工具"(means or instrument)、"目的"(goal or end)"工具—目的"(means-goal)和"目的—设计"(goal-design)等观念也成了工艺理性中的基本观念，并迅速地在人类的文化生活和日常生活中扩散开来。

我们先来看工具—目的观念在哲学理论与日常生活中的种种表现。

在《尼各马可伦理学》中，亚里士多德指出，每一种技艺都有自己的目的："医术的目的是健康，造船术的目的是船舶，战略的目的是取胜，理财术的目的是财富。"①而在各种各样的技艺中，政治活动作为一种技艺的目的起着主导性的作用，其他技艺的目的都不得不从属于它。在这里，亚氏在说出目的观念的同时，实际上也已经把工具观念说出来了。既然政治技艺的目的是一种主导性的目的，那么相对于这种目的来说，其他目的也就成了工具。在亚氏看来，如果人们超出技艺的范围来思考目的问题，那么最后的目的就是最高的善："既然存在着多种多样的目的，其中有些目的(如财富、长笛，一般说来是工具 instruments)我们之所以加以选取是出于其他原因，显然，并不是所有目的都是最后的目的；但是最高的善很明显地是某种最后的目的(the final end)。"②在这里，亚氏强调的是目的与工具的相对性，但并未对两者的关系进行详尽的讨论。

康德在《道德形而上学原理》一书中讨论到人的问题时指出，人在任何情况下都是目的而不是手段："我要说的是：人，一般说来，任何有理性的存在物，都自在地作为目的而存在着，他绝不是这个或那个意志随意使用的一个工具(a means)。在他的一切行为中，不论这些行为关

---

① Aristotle，*The Basic Works of Aristotle*，New York：Randon House，1941，p. 935.

② Ibid.，p. 941.

涉到自己，还是关涉到其他理性存在物，每个这样的存在物必须同时被认作是一个目的（an end）。"①康德批评了那些为了逃避一时的困难而试图自杀的人，认为他们这样做就无异于把自己看作一个维持生命到终结的工具。然而，人并不是物件，并不是一个作为工具而使用的东西，人在任何时候都是目的，所以人无权毁灭自己。另外，当一个人在对别人做不准备兑现的诺言时，他就是把别人当作工具而没有当作目的。康德希望每个理性的存在物都把自己和他人看作目的，并在此基础上形成理想的目的王国："目的论把自然看作一个目的王国；伦理学则把可能的目的王国（a possible kingdom of ends）当作自然王国。在第一种情况下，目的王国是用来说明现实情况的理论观念。在后一种情况下，自然王国则是一个实践观念，要通过我们的行动，把尚未存在的东西实现出来，使之与实践观念相符合。"②在这里，康德进一步强调了伦理学意义上的目的概念与运用目的论的观念去解释自然这两者之间的差异。

黑格尔肯定了康德提出工具—目的问题的重要意义，并进一步阐述了自己的新见解。他这样写道："一提到目的（Zweck），在一般人的眼中总认为是指外在的目的性（äußerer Zweckmässigkeit）而言。按照这种观察方式，事物不具有自身的使命，只是被使用或被利用来作为工具（Mittel），以实现一个自身以外的目的。"③黑格尔认为，这是一种实用的观点，不足以达到对事物本身的真切的认识，有些人用这种外在的目

---

① *Great Books of The Western World*，Chicago：Encyclopaedia Britannica，INC，p. 271.

② *Great Books of The Western World*，Chicago：Encyclopaedia Britannica，INC，p. 275. 顺便说明一下，运用目的论观念去解释自然界的现象，在 18 世纪上半叶的自然科学家中仍然是一种时尚。正如恩格斯所说的："这一时期自然科学所达到的最高普遍思想，是关于自然界安排的目的性（der Zweckmässigkeit der Natureinrichtungen）的思想，是浅薄的沃尔夫式的目的论（die flache Wolffsche Telelogie）。按照这一理论，猫被创造出来是为了吃老鼠，老鼠创造出来是为了被猫吃，而整个自然界被创造出来是为了证明造物主的智慧。"F. Engels，*Dialektik Der Natur*，Berlin：Dietz Verlag，1952，S. 13。

③ G. W. F. Hegel，*Enyzklopädie der philosophischen Wissenschaften（erster Teil）*，Frankfurt：Suhrkamp Verlag，1986，S. 362.

的论来论证上帝和上帝智慧的存在，也是十分浅薄的。他强调康德的贡献是提出了"内在的目的性"（innerer Zweckmässigkeit）的学说，从而唤醒了人们对生命理念的新的认识。但黑格尔并不同意康德在以伦理学的眼光考察人的行为时把目的与手段抽象地对立起来。他认为，在现实的社会生活中，人在追求自己的目的时，同时也满足了他人的需要，因此，同一个行为从一个角度看是目的，从另一个角度看则是手段，目的和手段并不是截然可分的："我既从别人那里取得满足的手段（die Mittel），我就得接受别人的意见，同时也不得不生产满足别人的手段。"①正如我们在前面已经提到过的，黑格尔在考察自然界与人类社会的变化时，认为存在着一种"理性的机巧"，即理性躲在暗处，利用工具使事物之间相互削弱，它虽然不直接进行干预，却正好实现了自己的目的。在这个意义上，伟大的历史人物也不过是世界精神的工具或代理人。

这个工具与目的关系的难题在萨特的著作中也涉及了。萨特有个学生，他的哥哥被德国人杀害了。于是，他与他的母亲生活在一起，他的母亲不能没有他的照顾。这样，他就面临着一个选择：或者到英国去参加自由法国军队，替哥哥和其他被害者报仇；或者留在母亲身边陪伴她。康德的伦理思想——人是目的而不是工具——能帮助他做出选择吗？根本不能。如果他把他的母亲作为目的，那么他就把正在同德国人作战的人们统统当作工具了；反之，他如果去参加战斗，就把他的母亲当工具了。这个苦恼透顶的学生去请教萨特，萨特告诉他，没有一种普遍的伦理原则能够指示他应该做什么，他必须自己进行选择。②

正如我们在前面已经指出的，马克斯·韦伯、霍克海默和哈贝马斯曾经演绎过对工具理性的批判。或许可以说，这一批判启发了美国新自由主义代表人物罗尔斯。罗尔斯批评了以边沁和密尔为代表的功利主义学说，指出这一学说把最大多数人的最大幸福作为目的，必然会把少数

---

① G. W. F. Hegel, *Grundlinien der Philosophie des Rechts*, Frankfurt: Suhrkamp Verlag, 1989, S. 349.

② J. P. Sartre, *Exitentialism and Humanism*, New York: Haskell House, pp. 35-36.

人的权利和幸福视为工具而加以忽视。罗尔斯认为，个人的权利本身就是目的，它优先于善，是不可让渡的，更是不可抹掉的。所有其他问题的探讨都应当在这一基础上展开。罗尔斯实际上恢复了康德在道德哲学和法哲学上倡导的基本观点。当代社团主义者批判了新自由主义者提出的这种权利优先论，特别是社团主义者的代表人物麦金太尔强调了善和美德在社会生活中的优先性。这样一来，这场讨论又被引回到亚里士多德的《尼各马可伦理学》。这一从工艺理性中抽引出来的工具—目的观念成了哲学史发展中的一个屡屡涉及的重大课题。

在日常生活中，这种工具—目的观念也通过各种方式自觉地或不自觉地表现出来。在 20 世纪 50 年代的中国，流行着一种所谓"驯服工具论"。这种理论包含着两方面的内容：一是把人物化为一种毫无自由意志可言的、单纯的器械①；二是强调服从，不允许个人诉诸自己的独立理性。既然把个人假定为"驯服工具"，那么个人就自然应当为个人之外的任何目的去牺牲自己了。"工具论"主要有四种表现方式。第一种表现方式是所谓"理解的要执行，不理解的也要执行"。众所周知，理解是理性的功能。如果理解与不理解是等同的话，那么实际上人的理性已经被抹掉了。抽掉理性的人自然只能是工具。第二种表现方式是倡导所谓"大公无私"。这里的"私"实际上也就是指个人应有的权利。显然，如果把个人应有的权利都抽掉了，留下来的只是个人的义务或责任，那也同时把个人降为物或工具了。第三种表现是认为哲学、文学艺术等学科没有任何独立性，也不需要遵循任何学术规范和学术发展的规律，它们的全部存在就是充当工具。第四种表现是所谓"活学活用""古为今用"等说法。根据这样的说法，"古""今"都不过是被使用的工具而已，使用者可

---

① 这也容易使我们联想起哲学史上的一件趣事。莱布尼茨认为，如果指北针是有意识的，它一定会认为自己固定地指向北方是自由的一种表现。黑格尔不同意他的意见，黑格尔认为，如果指北针具有意识的话，它一定会认为，只限定它的指针指向北方是对它的自由的一种限制。今天或许我们可以从康德的立场出发提出第三种看法：如果指北针具有自我意识的话，它就会认识到，成为工具是自己的一种耻辱，自己应该成为目的。

以出于任何目的，爱怎么使用就怎么使用，完全不顾被使用者的完整性、真实性。从上面列举的四种表现方式就可以看出，这种工具意识是如何严重地束缚着人们的观念的。

在日常生活中，有一种更隐蔽地潜伏在意识深处的工具观念。例如，人们对婴儿的最高赞词通常是"真好玩"。这个词道出了称赞者心中的秘密，即婴儿不过是一个玩具，而人所共知，玩具只不过是一种特殊的工具，即用于消遣的工具。在英文中，表示无生命物体的代词 it 也常可用来指称有生命的 baby（婴儿），这也印证了日常意识中把婴儿物化、工具化的自然倾向。有趣的是，当人们指责一个人的时候，常常说："某某人真不是个东西。"这里说的"东西"也就是物。这句话体现出来的是人对物的崇拜，从而也暗含着把人物化、工具化的自然倾向。其实，就其本质而言，这句话不是指责性的，倒是赞扬性的。为什么呢？因为人本来就是有生命的存在者，不是物或东西。所以，真正指责性的话倒应该是："某某人真是个东西。"可是中国人在日常语言中从来不会做这样的调整。值得注意的是，同样的自然倾向也存在于西方人的观念中。西方人在赞扬一个人时常说："He is something（他真是个人物）。"实际上，这里的 something 指"某物"，用"某物"来取代"人物"，也体现了西方人对物的崇拜以及自然而然地流露出来的工具意识。①

下面我们对目的—设计观念进行考察。工艺活动既然是一种有目的的活动，当然包含着设计的观念。马克思就说过："蜜蜂建筑蜂房的本领使人间的建筑师感到惭愧。但是，最蹩脚的建筑师从一开始就比最灵

---

① 由此，很自然地联想到古希腊哲学家普罗泰戈拉的名言："人是万物的尺度（der Mensch ist das Mass aller Dinge）。"这句话通常被哲学史家们解释为对人的主体性的重视，但人们却忽视了这句话中的一个重要的词 Mass。Mass 的意思是"标尺""尺度"等，它恰恰又是人们使用的工具。这就是说，普氏的这句话在提高人的地位的同时，又暗含着另一个思想，即把人理解为工具。扩而言之，这种思想的矛盾蕴含在整个希腊哲学中。所以，希腊精神最后消融在基督教的精神中，在希腊哲学和文化中大放异彩的人在基督教精神中则成了上帝的创造物。特别是当上帝用亚当的肋骨造出夏娃时，亚当很明显地成了上帝的工具。

巧的蜜蜂高明的地方，是他在用蜂蜡建筑蜂房以前，已经在自己的头脑中把它建成了。劳动过程结束时得到的结果，在这个过程开始时就已经在劳动者的表象中存在着，即已经观念地存在着。"[1]劳动者在劳动开始时脑中已有的关于对象的表象正是劳动者自己设计出来的。在这个意义上可以说，没有预先的设计，任何具体的劳动过程乃至整个工艺活动的过程都是不可能的。正如设计活动是工艺过程中不可或缺的环节一样，设计观念也是工艺理性中不可或缺的一个环节。事实上，这一观念早已超越了工艺活动的范围，对人类思想的各个领域发生了重要影响。我们在这里特别要加以考察的是宗教领域和日常生活的领域。

莱布尼茨在《单子论》中提出了一个著名的思想，即在上帝的观念中存在着无数个可能的世界，但实际上只允许一个世界存在，所以上帝必定要进行选择。而上帝一定会选择可能世界中最好的世界，"其所以选择最好的世界存在，原因是上帝的智慧和善使上帝选择它，上帝的权力使上帝产生它"[2]。在这里，不光有上帝对可能世界中的最好世界的选择问题，而且先有一个设计的问题。除非我们假定在上帝之外另有一个造物主，他向上帝提供了可能世界的蓝图，然后由上帝进行选择。事实上这是不可能的，所以上帝在选择之前，先得把这些可能世界的蓝图设计出来。其实，莱氏强调单子没有窗户，只能借助于"先定的和谐"（prm-established harmony）进行沟通，这"先定的和谐"也正是莱氏为上帝设计出来的。实际上，这种宇宙设计论（the hypothesis of design in the universe）的观念在当时的欧洲有深远的影响，所以休谟在他死后才出版的《自然宗教对话录》中，对这种理论进行了系统的驳斥。在这篇"对话"中，一个名叫克里安提斯的学者对宇宙设计论的观点进行了全面的论述："审视一下这个世界的整体和它的第一个部分，你将发现，世界只是一架可以进一步划分为许多小机器的巨大的机器。这些小机器又可以

---

① Mane Engels, *Werke*, Band 23, Berlin: Dietz Verlag, 1973, S. 193.

② Leibniz, *Monadology and Other Philosophical Essays*, New York: Bobbs-Merrill Educational Publishing, 1977, p. 156.

再分，直到人类的感觉到达无法描述和说明的程度。所有这些机器，直到它们的最细微的部分，都彼此精确地相互适应。凡是考察过这种情况的人们，都会对这种准确的程度引起惊叹。这种贯通于整个自然中的手段对目的的奇妙适应，远远超过人类的机巧、人类的设计、思想、智慧和理智的产物，即与它们精确地相似。"①显而易见，克里安提斯是用类比推理进行思考的。在他看来，既然机器的存在可以证明作为设计者的人的存在，那么类似于一架大机器的宇宙也必定有一个设计者。这个设计者就是上帝。休谟如何在"对话"中对这种宇宙设计论的观念做出透彻的批判，我们在这里就不展开论述了，因为这似乎离题太远了。我们只是限于指出，休谟既然写这么一本书来专门驳斥这一理论，就可见当时这一理论对欧洲人思想的重大影响。

毋庸讳言，在日常生活中，这种目的—设计的观念也拥有广泛的影响。从服装设计、建筑设计到房屋装潢设计，从舞台设计、形象设计到政治设计，从军事策划、计划经济到计算机软件设计，从城市设计、庭院设计到自我设计，凡此种种，无不贯穿着目的—设计的观念。我们在日常生活中使用的一些语词，如"筹划""打算""设想""阴谋""诱饵""故布疑阵""声东击西""欲擒故纵"等，也都以潜在的方式包含着目的—设计的观念。

3. 表现观念和控制观念

如前所述，工艺活动作为目的性的活动，必然也是主观见之于客观的活动。如果从主观方面进行检讨，主体通常怀着两种不同的动机：一是自我表现，二是对外部世界进行控制。这两种不同的动机在工艺理性中就成了表现（expression）的观念和控制（control）的观念。当然，在人们的行为中，这两种观念并不是截然可分的，它们常常是交织在一起的：有时候表现的观念占了主导地位，有时候控制的观念占了主导地

---

① D. Hume，*Dialogues Concerning Natural Religion*，Indianapolis and Cambridge：Hackett Publishing Company，1984，p. 15.

位。所以，我们下面把这两种观念分开来进行论述，只具有相对的意义，仅仅是为了叙述的方便。

先来看表现的观念。工艺理性蕴含表现的观念特别可以从中国人常用的"技痒"这个词得到生动的观照。《辞源》对这个词的解释是："擅长某种技艺，急欲有所表现。喻怀才思逞。"这种自我表现的倾向在工艺活动的另一个侧面——文学艺术活动中也得到了有力的印证。在戏剧，特别是悲剧中，剧中人常常用言词来表现或宣泄自己内心的痛苦。索福克勒斯笔下的安提戈涅因为违反禁葬令而被克瑞翁下令关进拱形坟墓。在走向坟墓的路上，安提戈涅以如下的台词表达了内心的痛苦和孤独："没有哀乐，没有朋友，没有婚歌，我将不幸地走上眼前的道路。我再也看不见太阳的神圣光辉，我的命运没有人哀悼，也没有朋友怜惜。"[①]在莎士比亚的悲剧《雅典的泰门》中，泰门在自己不幸遭遇的基础上，对伪善的雅典人做出了猛烈的控诉："除了这赤裸裸的一身以外，我什么也不带走，你这可憎的城市！我给你的只有无穷的诅咒！泰门要到树林里去，和最凶恶的野兽做伴侣，比起无情的人类来，它们是要善良得多了。天上一切神明，听着我，把那城墙内外的雅典人一起毁灭了吧！求你们让泰门把他的仇恨扩展到全体人类，不分贵贱高低！"[②]这种内心情感的表现或外化也通过其他各种文学艺术的形式，如小说、抒情诗、散文、音乐、绘画等表现出来，以至于在当代艺术的发展中出现了"表现主义"（expressionism）的思潮。梵·高、蒙克等人的作品都被看作表现主义的经典之作。德国作家卡斯米尔·埃德施米特作为文学运动中的表现主义的代表人物，在 1918 年所做的一次演说中，曾对表现主义做了如下的说明："表现主义艺术家的整个用武之地就在幻象之中。他并不看，他观察；他不描写，他经历；他不再现，他塑造；他不拾取，他去

---

① ［古希腊］索福克勒斯：《悲剧二种》，罗念生译，人民文学出版社 1961 年版，第 32 页。

② 《莎士比亚全集》第 8 卷，朱生豪译，人民文学出版社 1978 年版，第 173 页。

探寻。"①这种表现或表现主义的自然倾向在人类活动的一切领域里都可以探寻到，但人们在对它们的理解上却存在着不同的见解。

人们常常从心理和生理上对这种表现和表现主义的自然倾向的缘起做出解释。法国思想家帕斯卡尔坚持，虚荣心是表现观念的基础，他甚至认为，"好奇心只不过是虚荣。最常见的是，人们之想要认识只不过是为了要谈论它。不然的话，要是为了绝口不谈，要是为了单纯的观赏之乐而并不希望向人讲述，那我们就不会去做一次海上旅行了。"②尽管我们不能同意帕斯卡尔把任何好奇心都还原为虚荣心，但我们还是得承认，他的解释包含着对世俗生活的深刻洞见。奥地利心理学家弗洛伊德主张，人的本能和欲望，特别是人的性欲是人的一切表现观念的真正基础，而美国心理学家马斯洛则强调，在人的心理需要中，自我表现和自我实现正是最基本的组成部分之一。毋庸讳言，这些见解都有其存在的理由，但仅仅依靠这些见解并不能对表现观念的形成做出完整的说明。

诚然，表现观念在人的心理和生理需要上有其深层的动源，但这种动源只有借助于人的基本生存活动——工艺活动才得以充分地展示出来。《庄子·外篇·达生》讲到孔子和弟子在楚国的树林中见到一个驼背老人用长竹竿粘取蝉翼，百试百中，甚为惊奇。孔子请教老人，那老人说："我有道也。五六月累丸二而不坠，则失者锱铢；累三而不坠，则失者十一；累五而不坠，犹掇之也。吾处身也，若厥株拘；吾执臂也，若槁木之枝。虽天地之大，万物之多，而惟蜩翼之知。吾不反不侧，不以万物易蜩之翼，何为而不得。"③老人捕蝉的技艺之所以达到了炉火纯青的地步，是与其平时的艰苦练习和捕蝉时的专心致志分不开的。孔子之所以对老人的表现表示赞赏，因为他的表现是以其精湛的技艺为基础的。《庄子·内篇·养生主》讲的庖丁解牛的故事也具有相近的含义。人在日常生活中说的"艺高人胆大"这句谚语也反映出表现欲望和表现观念

---

① 伍蠡甫：《现代西方文论选》，朱光潜译，上海译文出版社1983年版，第152页。
② ［法］帕斯卡尔：《思想录》，何兆武译，商务印书馆1985年版，第76页。
③ 王先谦：《庄子集解》，中华书局1987年版，第158页。

的工艺基础。反之，像"雕虫小技"或"雕虫小艺"这样的批评也是指向以工艺活动和工艺理性为基础的表现观念的。黑格尔在他的著作中就提到过这样一件轶事：亚历山大大帝麾下有一个士兵，他有一种特殊的技艺——能把豆子准确无误地扔进一个小孔中。当他被引荐到亚历山大面前做表演时，亚历山大虽然赞扬了他的技艺，但或许觉得这不过是雕虫小技而已，所以只奖给他一斗豆子。

我们之所以强调表现观念的工艺活动和工艺理性的基础，因为工艺活动是从人类诞生的时候起就一直伴随着人类的，工艺活动作为人类的有目的的活动，必然蕴含着某种表现的欲望，而这种欲望也必然会在工艺理性中升华为表现观念。事实上，也只有揭示出表现观念的这一维的基础，我们才能深刻地理解这一观念以及由它而引申出来的整个表现主义的运动和思潮。

再来看控制的观念。原始人类在自然面前感到自己的渺小，所以他们的观念本质上是一种自然崇拜的观念。然而，在原始人类的最初的工艺活动中，就已经蕴含着支配、控制和统治自然的意向。随着自然科学的诞生、发展和工艺的改进与提高，人类与自然的关系发生了微妙的变化，自然不但不再成为崇拜的对象，反是成了被取用、被征服的对象。于是，控制的观念也日益成为工艺理性中的重要观念，并渗透到人类全部日常生活和文化生活中。

在中国哲学文化的发展中，虽然天人合一的思想始终占据着主导性的地位，但认为人类应当控制、支配自然界的观念也不断地流露出来。先秦时期的哲学家荀子在《天论》中就说过："大天而思之，孰与物畜而制之；从天而颂之，孰与制天命而用之；望时而待之，孰与应时而使之；因物而多之，孰与骋能而化之；思物而物之，孰与理物而勿失之也。愿与物之所以生，孰与有物之所以成。故错人而思天，则失万物之情。"[1]这段话的中心思想是：对自然不能取盲目崇拜、消极等待的态

---

[1] 《二十二子》，上海古籍出版社1986年版，第328页。

度，而应取积极进取的态度，在尊重自然规律的基础上，"制天命而用之"，使自然造福于人类。这里的"制天命而用之"明显地带有控制自然的意向在内。宋代哲学家张载提出的"为天地立心，为生民立命，为往圣继绝学，为万世开太平"，陆九渊提出的"宇宙便是吾心，吾心即是宇宙"等都暗示出人对自然界乃至整个宇宙的支配意识。当我们翻开中国近现代发展史时，就会发现毛泽东的诗词特别强烈地反映出人对外部世界的变革和支配的意识。青年毛泽东在 1925 年秋写下的《沁园春·长沙》中有这样的句子：

独立寒秋，
湘江北去，
橘子洲头。
看万山红遍，
层林尽染；
漫江碧透，
百舸争流。
鹰击长空，
鱼翔浅底，
万类霜天竞自由。
怅寥廓，
问苍茫大地，
谁主沉浮？

这里的"万类霜天竞自由"恐怕不仅是对自然界的写真，也是对人类社会的隐喻，而这上半阕的"问苍茫大地，谁主沉浮？"与下半阕的"指点江山，激扬文字，粪土当年万户侯"一起，既反映出作者努力实现自我抱负的强烈意识，也反映出作者试图变革、控制外部世界的坚定志向。中年时期的毛泽东在写于 1936 年的《沁园春·雪》中更强烈地抒发出这方面的情怀：

> 江山如此多娇，
>
> 引无数英雄竞折腰。
>
> 惜秦皇汉武，
>
> 略输文采；
>
> 唐宗宋祖，
>
> 稍逊风骚。
>
> 一代天骄，
>
> 成吉思汗，
>
> 只识弯弓射大雕。
>
> 俱往矣，
>
> 数风流人物，
>
> 还看今朝。

　　这里短短几句，把中国历史上最著名的五位君主一笔带过，而"俱往矣，数风流人物，还看今朝"则把全词引向高潮，显示出毛泽东意欲驾驭、支配外部世界和人类历史的浓烈意向。

　　比较起来可以说，西方人关于对外部世界进行支配和控制的观念显得更为强烈。早在古希腊的著名悲剧《安提戈涅》中，人对自然的支配和征服已成了歌颂的对象。该剧的第一合唱歌是这样来歌颂人的："他用多网眼的网兜捕那快乐的飞鸟、凶猛的走兽和海里的游鱼——人真是聪明无比；他用技巧制服了居住在旷野的猛兽，驯服了鬃毛蓬松的马，使它们引颈受轭，他还把不知疲倦的山牛也养驯了。他学会了怎样运用语言和像风一般快的思想，怎样养成社会生活的习性，怎样在不利于露宿的时候躲避霜箭和雨箭；什么事他都有办法，对未来的事也样样有办法，甚至难以医治的疾病他都能设法避免，只是无法免于死亡。"①那时候，人在工艺和技巧方面还是很原始的，但人已拥有强烈的控制自然界的意识。随着西方社会的发展，这种意识可以说是与日俱增的。西方近代哲学的肇始人之一、英国哲学家培根在《新工具》一书中指出："人类知识和人类权力归于一；因为凡不能知原因时即不能产生结果。要支配自然就必须服从自然。"②就在这里，我们不难发现"服从自然"只是手段，而"支配自然"才是目的。另外，培根把"人类知识"理解为"人类权力"的代名词，也充分体现出控制自然界的思想意向。

如果说培根是近代经验论形而上学的开启者的话，那么笛卡尔则是近代理性形而上学的奠基人。这两种不同的形而上学的类型本质上都属于主体形而上学，即都肯定主体在哲学中的作用。所不同的是，前者倚重的是主体的经验作用，后者看重的则是主体的理性作用。然而，休谟的怀疑论展示出经验论形而上学必然会达到的死胡同。与此相似的是，康德对纯粹理性的批判则表明了理性形而上学的荒谬性。在对纯粹理性进行批判的时候，康德仿佛是为了解决信仰的问题，不经意地留下了实践理性的领域，即意志的领域。独具慧眼的叔本华马上意识到意志领域的重要性，从而为主体形而上学开辟出第三种类型——意志形而上学。叔本华把生命意志作为宇宙的本体，然而由于他未能超越传统的，特别是基督教的道德观念，所以他的哲学的最终目的不是要肯定生命意志，而是要解除生命意志。于是，我们看到的一个奇怪现象是：当他把意志形而上学接生出来后，马上又把它扼杀在摇篮里。正是尼采，用权力意志的概念取代了叔本华的生命意志，从而使意志形而上学迅速地扩张开来。尼采这样写道："人类的发展。A. 获得支配自然的权力，为此还要获得支配自身的权力（为了使人坚持同自然和'野兽'斗争，道德是必要的）。B. 假如获得了支配自然的权力，那么人就可以利用它使自身自由

① ［古希腊］索福克勒斯：《悲剧二种》，罗念生译，人民文学出版社 1961 年版，第16 页。

② ［英］培根：《新工具》，许宝骙译，商务印书馆 1984 年版，第 8 页。

地向前发展了。因为,权力意志就是自我提高和自我强化。"①在这段话中,尼采表达了三层不同的意思。第一,人类应当支配和控制自然。第二,在人类的发展中,随着人类支配自然的权力的增长,一部分人支配另一部分人的权力也会同步地增长。第三,人类对自然的支配乃是其自身自由的前提,尼采甚至认为,"真理的标准在于权力感的提高"②。

人们通常把尼采说的权力意志误解为单纯地来自生命本能的一种内驱力。其实,仅仅从这一角度去理解权力意志,权力意志还只是可能意义上的意志。只有通过工艺活动的媒介,这种意志才可能化为现实。毋庸讳言,尼采在这里谈到的"支配自然的权力"正包含着科学和工艺的力量。问题在于,虽然尼采看到了人类发展中这种力量的增长,但他并不主张用科学和工艺所蕴含的计算、测量等机械的方法去解释世界。他这样写道:"一个本质上机械的世界也是一个本质上无意义的世界!"③假如人们以这种方法去评价一首乐章,那就绝对无法理解真正的音乐。尽管尼采敏锐地洞见到工艺理性包含着负面因素,但对工艺理性的批判,特别是对工艺理性所蕴含的控制意识的负面因素的反思在他那里并没有上升为一个根本性的课题。

在当代哲学家海德格尔那里,尤其是在他的后期作品中,我们发现,对工艺理性的控制意识的反省成了一个十分重大的理论问题。在《世界图像的时代》一文中,海德格尔不无忧虑地指出:"在以工艺方式被人组织起来的全球性的帝国主义(the planetary imperialism)中,人的主观主义达到了登峰造极的地步,但也正是从这个顶点上,人开始降落到被组织起来的千篇一律状态的层面上,并在这个层面上牢固地确立了自身。这种千篇一律状态成了从总体上,即从工艺上统治地球的最可靠

---

① [德]弗里德里希·尼采:《权力意志——重估一切价值的尝试》,张念东、凌素心译,商务印书馆 1991 年版,第 628 页。

② 同上书,第 702 页。

③ F. Nietzsche, *Sämtliche Werke*, München: Deutacher Taschenbuch Verlag, 1988, S. 626.

的工具。现代的主体性自由完全消解于与主体性相应的客体性中间了。"①但在这段重要的论述中，海德格尔一方面肯定了人通过工艺对整个世界的控制，以致这种控制可以被称为"全球性的帝国主义"；另一方面，他又言明了人在达到这种境界后自己的蜕变，即人蜕变成了纯粹的材料和客体性。人失去了自己的个性，成了一种千篇一律的东西。如果说在马克思的《巴黎手稿》中，这种现象被称为"异化"的表现形式之一的话，那么正如我们在前面已经指出过的，海德格尔则用"座架"的概念揭示了人类在工艺高度发展的情景下的控制意识以及这种意识所蕴含的真正危险。在海德格尔看来，虽然人类不能轻易地改变在工艺高度发展的情况下所面临的命运，也不能用一个绝对命令来中断这种命运，但事先认识到工艺理性中的这种无处不在的控制意识的严重性，总会对自己的生存活动有所帮助。晚年海德格尔在这方面做的一项重要工作是消解作为人类中心主义基础的主体形而上学。他主张把"世界"（die Welt）理解为与"天"（der Himmel）、"地"（die Erde）、"神"（die Göttliche）、"有朽者"（die Sterbliche，亦即人）共舞的一个整体。在这样的共舞中，人在一定程度上被边缘化了。② 海德格尔试图用这样的方式来限制人对自然的无限膨胀的控制意识和征服意识。

实际上，海德格尔的这种担忧早就被捷克作家卡莱尔·恰佩克在其著名的剧本《罗素姆万能机器人》（1920）中道出来了。罗素姆万能机器人制造厂已经制造了不少的机器人。制造厂的总经理和工程师起先都很乐观，认为机器人将取代人的全部工作，今后人只要做自己喜欢做的事情就可以了。但出乎他们意料的是，机器人开始起来造反了，他们杀死了制造厂的总经理和工程师，消灭了整个人类，并宣布："全世界的机器人！我们推翻了人的政权。我们由于占领了工厂，掌握了一切，人类阶

---

① M. Heidegge, *The Question Concerning Technology*, New York: Harper & Row Publishers Inc., pp. 153-154.

② 参见拙作：《哲学的'世界'概念》，见《俞吾金集》，学林出版社 1998 年版，第 43—51 页。

段已被征服。新世界开始了！机器人政权开始了！"①恰佩克的剧本和海德格尔的著作一样，给人类的主体意识，特别是人对自然的无限制控制意识敲响了警钟。事实上，在批判工艺理性的时候，我们是无法绕过这个主题的。

4. 完美的观念与乌托邦的观念

工艺活动作为人类有目的的活动，与自然本身的自发运动的最大差别在于：它总是千方百计地追求产品的完美性（perfection）。这种追求和期望完美性的观念是如此之根深蒂固，以致它很快地突破了工艺活动的范围，蔓延到社会生活和文化生活的各个方面。当这种完美观念渗透到政治领域时，就转化为乌托邦（utopia）观念。这种观念乃是人类对未来的完美社会形态的期待。这两种观念在工艺理性中占据着极为重要的地位，下面我们逐一进行论述。

先来看完美的观念。蕴含在工艺理性中的完善观念在宗教，特别是基督教中得到了最典型的表现。如果说，在工艺活动中，人们常常从产品的美妙去揣想工匠技艺的完善的话，那么，在宗教信仰中，人们常常从自然界的美妙去推测作为造物主的上帝的完美。正如梅叶指出的："什么东西迫使我们迷信的信徒认为至少有一位全能的，无限善良、无限明智、无限完善的上帝存在呢？自然界多么美妙！它经常创造着这样伟大、美好、惊人的事物。因此他们就想象，只有一位无限善良、无限明智、无限完善的存在物，即他们名之为上帝的存在物的全能，才能把这些伟大、美好和惊人的事物创造出来，建立起来，并把它们安置在现有的秩序和部署中。"②在这里，值得注意的是，不光在上帝的完美性与工匠技艺的完美性之间存在着某种类比，而且上帝的完美性本身就是由包括工匠技艺的完美性在内的人的完美性集合而成的。伽森狄很好地说明了这一点："我们习惯于加到上帝身上的所有这些高尚的完满性似乎

---

① 袁可嘉、董衡巽、郑克鲁：《外国现代派作品选》第一册下，上海文艺出版社1983年版，第671页。

② ［法］让·梅叶：《遗书》第2卷，何清新译，商务印书馆1985年版，第163页。

都是从我们平常用以称赞我们自己的一些东西里抽出来的，比如持续、能力、善、幸福等等，我们把这些都尽可能地加以扩大之后，说上帝是永恒的、全能的、全知的、至善的、完全幸福的等等。"①费尔巴哈在《基督教的本质》一书中对这一见解做了更为系统的发挥，从而告诉我们，宗教和神学的本质是人类学。在某种意义上可以说，歌颂上帝的完美性的秘密也就是歌颂人的完美性。

在这里，存在着一种有趣的循环论证。一方面，被创造物的美妙印证了作为造物主的上帝的完美；另一方面，上帝的完美也倒过来印证了被创造物的完美。正如笛卡尔所说："工匠越是精巧熟练，从他的手里做出来的活计就越是完满无缺的这件事如果是真的，那么我们可以想象由一切事物的至高无上的创造者所产生的东西，有哪一种在其各个部分上不是完满、完全精巧的呢？"②当然，神学家们并没有兴趣去肯定普通人身上的某种完美性，他们有兴趣并力图加以论证的是上帝在人世间的首席代表——教皇的完美性。但论证的结果——"教皇无谬误"——却是以否定的方式来表述的。据说在 1870 年，天主教教皇庇护九世在罗马召开了由全世界的天主教主教和神学家参加的梵蒂冈第二十次大公会议，会上通过了"教皇无谬误"的决议。这里的"无谬误"把它翻译出来也就是完美的意思。

如果我们仔细检视文学艺术作品的话，就会发现，不仅仅是神学家受到工艺理性的完美观念的影响，文学家和艺术家也常常犯同样的错误，只不过表现方式略有不同罢了。如果说神学家把完美性给了上帝，那么文学家和艺术家则把完美性给了他们所塑造的理想人物或英雄人物。当代心理学家马斯洛就批评了这种倾向："小说家、诗人和随笔作家们常犯的错误，是把一个好人写得过分好以致把他漫画化了，结果是使大家都不愿意做这种人。人们把自己对完美的希望，以及对自己缺点

————————

① [法]伽森狄：《对笛卡尔〈沉思〉的诘难》，庞景仁译，商务印书馆 1963 年版，第 32 页。

② [法]笛卡尔：《第一哲学沉思集》，庞景仁译，商务印书馆 1986 年版，第 57 页。

的罪恶和羞愧，投射在各种各样的人身上，对于这些人，普通人对他们要求的远比自己给出的更多。"①有趣的是，当文学家和艺术家在他们的作品中试图塑造出完美无缺的人物形象时，结果总是与他们的愿望开玩笑，这些人物形象反而会变得苍白、虚假和令人生厌，从而使他们的作品完全失去感染力。

人们不愿意成为文学家和艺术家笔下的完美人物，但这并不等于他们不喜欢完美。实际上，在日常生活中，在普通人的行为中，始终存在着追求完美的顽强意向，不过他们自己感觉不到或意识不到罢了。我们不妨对日常生活和人们行为中不断发生着的一些现象做一个分析：现象之一是广告词。众所周知，几乎所有的广告词都把它要宣传的产品表述为完美的、没有任何缺陷的产品。现象之二是推荐词。推荐词既有以口头方式表达的，也有以书面方式表达的。一般说来，它总是把自己所要推荐的对象说成是完美无缺的。现象之三是恭维词。也有口头的或书面的两种不同的表达方式。在通常情况下，恭维词总是把所要恭维的对象塑造成十全十美的，否则也就达不到恭维的目的。现象之四是追悼词。差不多所有的追悼词都把已逝世的人物说成是完美无缺的人物。现象之五是类似于"要允许人犯错误"这样的提法。乍看起来，"要允许人犯错误"这样的提法是很宽宏大量的，因而是不应该受到指责的，但仔细一想，这个提法所要表达的意思正好与我们通常的理解相反。"要允许人犯错误"这一提法的真正的含义是：如果我不允许，你就不能犯错误。换言之，你应该像教皇一样，是完美的、无谬误的。事实上，允许也好，不允许也好，人总是要犯错误的。所以，"要允许人犯错误"这样的提法无非是向人索取完美性。现象之六是在文化讨论中不断出现的一种倾向，即要把中国传统文化的优点和西方文化的优点结合起来，塑造一种新的文化。这里虽然没有明言新的文化是完美无缺的，但潜在的意向正是要塑造一种新的、完美无缺的文化。实际上，我们既不可能"只"接

---

① ［美］A. H. 马斯洛：《动机与人格》，许金声等译，华夏出版社1987年版，第205页。

受中国传统文化的"优点"，而完全抛弃它的缺点；也不可能"只"接受西方文化的"优点"，而避免它的消极因素。这种"优点"＋"优点"＝"完美"的想法本身就是工艺理性的完美观念的一种反映。事实上，只要文化还在发展，这种完美性就是不可能达到的。马克思说过："一切发展中的事物都是不完善的。发展只有在死亡时才结束。"①所以，向一切正在发展的事物索取完美性，实际上也就是变相地要取消它的生命。现象之七是在人们的意识中如此顽强地表现出来的、对真善美的境界的追求。谁都不会否认，在不同的民族和人民中间，存在着不同的宗教。然而，人们往往忽视了下面这种远为重要的现象，即几乎所有民族和人民都崇拜并追求真善美的境界，以致在某种程度上，真善美成了全世界各民族和人民的共同宗教，一种没有神的宗教。其实，这种对真善美境界的追求正是工艺理性的完美观念使然。初看起来，追求真善美是为了使人类上升到一种最好的、最完善的境界。实际上，正是这种盲目的追求一次次把人类引向悬崖。黑格尔早就告诉我们："好的最大的敌人是最好。……我们对最好、最高、最美的，还可以设想出更好、更高、更美的。然而，一棵高大的古树并不因为它长出了越来越多的枝叶而成为一棵新树；如果因为一棵树会长出新的枝叶而不愿意种植它，岂不是很愚蠢吗？"②在某种意义上，人类追求真善美的统一也就是追求发展的中止。换言之，也就是追求死亡。在这里，我们看到，通常被我们认为最有智慧的东西转化为最愚蠢的东西。尼采甚至认为，完美性连愚蠢都不如。他在《狄奥尼索斯颂歌外篇》中这样写道：

> 我对世人感到最难以忍受的
>
> 不是他们的罪孽和大愚，

---

① Marx-Engels, *Werke*, *Band 1*, Berlin: Dietz Verlag, 1970, S. 49.

② G. W. F. Hegel, *Grundlinien der Philosophie des Rechts*, Frankfurt: Suhrkamp Verlag, 1986, S. 369-370.

而是他们的完美无瑕。①

特别是当人们对完美性的追求在政治领域中表现出来的时候，这种蕴含在完美性追求中的危险就具有更紧迫的特点。

下面我们就来探讨完美观念在政治领域中的表现——人类的永不熄灭的乌托邦情结。在中国历史上，从《礼记·礼运》描绘的"大道之行也，天下为公"的"大同"境界和老子憧憬的"鸡犬之声相闻""老死不相往来"的"小国寡民"的社会到陶渊明叙述的"怡然自乐"的"桃花源"，再到康有为向往的"去苦求乐"的"大同之世"，无不贯穿着这种乌托邦情结。在西方历史上，这种情结似乎显得更为强烈。从柏拉图的《理想国》到莫尔的《乌托邦》、康帕内拉的《太阳城》；从培根的《新大西岛》到哈林顿的《大洋国》、莫里斯的《乌有乡消息》；从梅叶的《遗书》到摩莱里的《自然法典》、卡贝的《伊加利亚旅行记》，无不散发着强烈的乌托邦情绪。当然，更不要说圣西门、傅立叶、欧文等人的著作了。

毋庸讳言，这种永不熄灭的乌托邦热情首先表现出作者们对他们所处的时代的批判性思考。显然，看不到这一点并把作者们对未来社会的憧憬理解为纯粹浪漫主义的幻想是荒谬的。然而，仅仅停留在这些见解所蕴含的批判意识上也是不够的。问题在于，我们必须看到，这种对未来的完美社会形态的设想本质上是一种工艺理性，是对完美性的一种渴求。必须指出，这种乌托邦情结具有如下三个特征。

第一，乌托邦设想者对乌托邦的设想总是打着设想者所处的历史情景的限制。比如，《太阳城》的作者曾以如下语言描绘完美社会中完美的性生活："男女在性交之前，要在两个分开的小房间内独寝。性交时辰一到，就有一位女领导人从外面把两扇门打开。性交的时刻要由星相家和医生努力抓住以下的时刻来决定：金星和水星处于太阳以东的吉室中，木星处于良好的方位，土星和火星也要处于良好的方位或处于它们

---

① 《尼采诗选》，钱春绮译，漓江出版社 1986 年版，第 193 页。

的方位以外。"①这样的叙述，从今天读起来，几乎可以说是痴人说梦，但在当时的历史条件下却是作为一种完美的状态被设想的。由此可见，既然"完美"这个词总是处在历史中的人来使用的，而人的眼光又总是受具体的社会历史条件制约的，所以，如果我们借用康德语言的话，它实际上是一个"无对象的概念"。换言之，它所指称的现象根本上是不存在的。

第二，乌托邦的蓝图一旦化为现实，就会成为讽刺画。比如，18世纪的法国哲学家们总是热情洋溢地诉诸理性，要求建立理性的国家、理性的社会，要求无条件地铲除一切与理性相冲突的东西，然而，当法国革命把这个理想的王国加以实现的时候，人们发现，这一"由'理性的胜利'(triumph of reason)建立起来的社会制度和政治制度竟是一幅令人极度失望的讽刺画"②。在这个意义上或许可以说，乌托邦只能停留在理论状态上，一旦整体上加以实现，必然蜕化为一幅讽刺画。

第三，完美的社会和完美的国家只存在于幻想中。正如恩格斯所指出的："历史同认识一样，不会把人类的某种完美的理想状态看作完美的结局；完美的社会、完美的'国家'只能是在幻想中存在的东西；与此相反，一切依次更替的历史状态只是人类社会从低级到高级的无限发展进程中的一些短暂的阶段而已。"③人类文明史一再告诉我们，乌托邦观念的产生有它的历史原因，但我们在考察这一观念时，却不能忽视工艺理性的作用。

上面，我们对工艺理性的本质特征做了一个粗略的探讨。这一探讨旨在表明，随着人类工艺活动的发展，工艺理性也扩展到人的行为、人们的日常生活和人类文明的各个领域中，并形成了巨大的影响。了解工

---

① [意]康帕内拉：《太阳城》，陈大维等译，商务印书馆1980年版，第19页。

② Engels, *Anti-Dühring*, Moscow: Foreign Language Publishing House, 1954, S. 354.

③ Marx-Engels, *Ausgewählte Werke*, Band 6, Berlin: Dietz Verlag, 1990, S. 267-268.

艺理性的本质特征和影响，将有助于我们对它的作用范围做出批判性的思考。

三、工艺理性的界限

如前所述，工艺理性是随着人类的诞生一起诞生的，而人类对工艺理性获得自觉的反省意识还是近两个世纪以来的事，特别是 20 世纪的事，因为只有当科学和工艺获得高度的发展并且在某些方面已经危及人类生存时，这种反省才会凸显出来，并为人们所普遍地接受。在对工艺理性的考察中，我们至少可以引申出以下的结论。

第一，工艺理性是随着人类工艺活动的不断发展而发展起来的。正如工艺活动的发展过程是从简单、粗糙到复杂、精细一样，工艺理性的发展也显示出类似的过程。工艺理性的存在和发展不是偶然的，既然人类的生存离不开工艺活动，那么人类的思维要摆脱在工艺活动中自然而然地形成起来的工艺理性也是不可能的。毋庸讳言，工艺活动作为有目的的活动总是受理性指导的，在这个意义上可以说，没有相应的工艺理性，任何工艺活动都是不可能的。工艺理性并不是工艺活动分泌出来的某种消极的东西，相反，它是工艺活动的一个不可或缺的环节，工艺活动正是在工艺理性的积极筹划中展开的。所以，我们在这里使用工艺活动和工艺理性这两个概念纯粹是出于叙述的需要，绝不能在理解上把这两个概念所指称的现象割裂开来并对立起来。

第二，工艺理性有一种自然的倾向，即它必然会越出工艺活动的范围而渗透到人类生活的各个方面。试图通过个人的意志去阻止工艺理性的渗透是不可能的。正如工艺活动是人类全部实践活动的一个基本方面一样，工艺理性也是人类理性的一个基本方面。既然工艺活动已经渗透到人类实践活动的各个方面，那么工艺理性向整个理性和思维领域的渗透也是不可避免的。在人类理性的结构中，要把工艺理性的部分与非工艺理性的部分界限分明地区分开来是不可能的，这是一种弥散型的，你中有我、我中有你的胶着状态。

第三，我们不能笼统地对工艺理性做出褒贬。正如任何一个徽章都有两个方面一样，工艺理性也有两个方面，即积极的方面和消极的方面。就积极的方面而言，我们在前面已经指出，没有工艺理性，也就没有工艺活动。一般说来，在工艺活动的范围内，工艺理性是积极的，生气勃勃的。就消极的方面而言，我们在前面的两部分都已经有所论列。一般说来，当人们把工艺理性运用到工艺活动以外的领域时，就常常会产生消极的结果。

那么，究竟如何减少工艺理性在向其他领域渗透中所产生的消极因素和消极结果呢？[①] 人们通常提出其他理性的概念来限制工艺理性。正如我们在前面已经指出过的，马克斯·韦伯试图用"价值的合理性"，或者通常说的"价值理性"来抗衡"工具理性"，哈贝马斯则把"交往理性"与"工具理性"对立起来。但在这里，一方面，工具理性并不等于工艺理性，所以不足以概括乃至代表工艺理性。本文第二部分的论述已经表明，工具—目的意识不过是工艺理性的表现方式之一。另一方面，无论是价值理性还是交往理性，不但它们本身的含义很难界定，而且一旦以外在的方式把它们与工艺理性对立起来，原来十分复杂的问题就被简单化了。事实上，价值理性和交往理性的概念一经提出，本身也成了争论不休的对象，更不用说它们与工艺理性的关系了。所以，这种看起来十分积极的解决问题的方式反倒显得被动了。这样看来，我们倒不如采用

---

① 请注意我们在这里的提问方式。读者或许能够明白，我们之所以在这个提问中用"减少"这个词，而没有用"避免"这个词，正是为了自觉地抵制工艺理性的完美观念对我们的批判意识的渗透。如果我们把上述提问改为"究竟如何避免工艺理性在向其他领域渗透中产生的消极因素和消极结果呢"？那么我们实际上就在寻求把工艺理性完美化的理想目标。而不带消极因素的工艺理性在任何时候都是不可能存在的。扩而言之，在日常生活和文化生活中，"避免"这个术语之所以被广泛地使用，就是工艺理性中的完美观念普遍地占据着人们的潜意识的一个明证。

康德在《纯粹理性批判》中使用的消极方式①来减少工艺理性的消极因素。下面，我们尝试着做一些具体的论述。

首先，我们来分析工艺理性中的生产观念。随着当代科学和工艺的发展，生产越来越摆脱其原始的含义而被人们理解为一种数量化的、无限复制、无限增多的活动，甚至把这种活动理解为目的本身。所以，当当代人运用生产的观念时，亟须划清下列界限：一是在对生产活动进行哲学反思时，究竟视生产本身为目的，还是视人为目的。或许有人以为我们提出这个问题是多此一举，从哲学上看，生产活动中的人当然是目的，这还用得着提出来讨论吗？我们认为，这种讨论不但是必要的，而且还具有紧迫的意义。在工厂里，我们经常能见到这样的标语——"安全为了生产"。明眼人很容易看出，在这个标语中，人的安全成了手段而生产本身则成了目的。也就是说，人维护生命不是为了实现自己的价值，而仅仅是为了完成生产任务。难怪法国哲学家萨特在参观波兰时，见到华沙墙上贴着的标语——"结核病妨碍生产"，大发了一通感慨。仿佛结核病的存在首先不是对人的生命有威胁，而是对生产有妨碍，这里不也同样把人视为手段，把生产视为目的了吗？记得马克思说过，"根据古代的观点，人，不管是处在怎样狭隘的民族的、宗教的、政治的规定上，毕竟始终表现为生产的目的，在现代世界，生产表现为人的目的，而财富则表现为生产的目的。"②所以，作为当代人，我们更有必要清醒地认识到以人为目的和以生产为目的之间的界限。二是生产的发展是无限的，还是有限度的。当代人类在能源、环境、人口、资源、生态等方面面临的综合危机表明，生产行为并不无条件的是积极的。三是生

---

① 这种消极的方式，也就是"不"的方式，即康德不允许理论理性进行超经验的运用。冯友兰先生把这种"不"的方式称为"负的方法"。这种消极的方式、"不"的方式或"负的方法"在这里的意义是：阐明工艺理性运用的界限。正如我们在前面已经指出过的，既然工艺理性向其他领域的渗透是不可避免的，那么这里说的界限并不是指工艺活动与非工艺活动之间的界限。这里说的界限主要是指工艺理性在越出工艺活动的范围，进行具体运用中内涵上的某些本质性的界限。

② 《马克思恩格斯全集》第46卷上，人民出版社1979年版，第486页。

产仅仅是量上的增多，还是质和量的统一。人们在夸奖一个作家时，常常使用"多产的"（productive）这个形容词。这个词是从动词 product 的基础上引申出来的。一般说来，productive 这个词撇开了质的关系，它表达的仅仅是一种数量的关系。所以，当人们把这个词按其原意运用到文化活动时，与其说它是一个褒义词，不如说它是一个贬义词。在我们看来，必须从质和量的结合上去理解生产观念。

其次，我们来分析工艺理性中的工具—目的观念。在当代中国，随着市场经济的发展和人们对财富的认识与追求，工具—目的观念的泛滥达到了前所未有的程度。一些人为了达到追逐财富的目的，可以把其他一切，如他人、朋友、亲属、生命、价值、名誉、尊严、人格、爱情等都视为手段。在这里，不但把财富，即物的东西作为目的是错误的，而且手段也是错误的。这种工具—目的观念特别集中地表现在假冒伪劣和欺诈现象的盛行上。以致有人开玩笑说："除了假头发是真的，其他都是假的。"也有人开玩笑说："除了骗子是真的，其他都是假的。"更有人开玩笑说："除了字典上的'假'字是真的，其他都是假的。"谁都不会否认，这些开玩笑的说法具有明显的夸张意义，但它们却表明了问题的严重性：某些人为了追逐财富，可以把其他人统统视为手段。从哲学上看，这种只把自己视为目的，而把他人都视为手段的观念的蔓延必然导致任何目的的瓦解。因为人格并不是相对于个人来说的，而是相对于主体间性来说的。一个不尊重他人，把他人视为工具的人，也必然被他人视为工具。于是，人格、尊严和目的就在这种普遍的、相互的否定中共同趋于瓦解。所以，我们应当回到黑格尔的古训那里去："成为一个人，并尊敬他人为人。"①在当代中国社会中，遏制工具—目的观念在人们行为、日常生活和文化生活中的蔓延具有十分重要的意义。

最后，我们再来分析工艺理性中的控制观念。正如我们在前面已经

---

① G. W. F. Hegel，*Grundlinien der Philosophie des Rechts*，Frankfurt：Suhrkamp Verlag，1986，S. 95.

指出过的，这种控制的意识（不仅仅表现在维纳等人所创立的控制论上，我们这里说的控制意识具有远为丰富的历史内涵）特别被近代以来流行的主体形而上学，尤其是意志形而上学所强化。所以，只有深入地反省并批判这种形而上学，淡化人类中心主义的情结，才能有效地遏制控制观念的蔓延。正如海德格尔所希望的，人类不应当成为自然的征服者，而应当成为自然的守护者。无数事实已经表明，当人类自以为成了自然的战胜者的时候，实际上却成了最悲惨的失败者，因为自然总是不断地用报复来回敬人类对它的征服。要弱化这种不断地被工艺的发展所激发起来的控制意识，或许我们应该记住老子的教诲："人生之柔弱，其死坚强。万物草木生之柔脆，其死枯槁。故坚强者死之徒，柔弱者生之徒。是以兵强则不胜，木强则共。坚强处下，柔弱处上。"[①]《周易》说的"谦谦君子，用涉大川"也是同样的意思。事实上，人类只有与自然和睦地相处，才能使自己的生命价值充分地展现出来。

第四，我们来分析工艺理性中的完美观念。毋庸讳言，这一观念对人类行为、思维方式和文化生活的影响也是十分巨大的，特别是关于真善美的理想境界从来没有成为人们批判性反思的对象。事实上，批判地超越这一境界，乃是我们超越工艺理性的根本标志。应该让完美性退回到人类对工艺产品（包括艺术作品）的有限追求上，不能让它无限制地扩展到其他各个领域中。老子说："保此道者，不欲盈。"[②]这应该成为我们遏制工艺理性的完美观念泛滥的巨大精神力量。

总之，工艺理性批判是人类深化对自己的认识的重要阶梯。

---

① 朱谦之：《老子校释》，中华书局1984年版，第294—297页。
② 同上书，第62页。

2000年

美学研究新论①

乍看起来，在美学研究上要提出一些新的想法几乎是不可能的了，因为人们不仅面对着从国外译介进来的浩如烟海的美学典籍，也面对着国内不同的美学流派和汗牛充栋的美学论著。美学研究范围内的每一个细节差不多都穷尽了，仿佛人们除了拾人余唾或袖手旁观以外，再也没有其他事情可做了。

美学研究真的已达到这种完善的境界了吗？我们的回答是否定的。与这种外观上的繁荣相对待的是，美学在内涵上显露出来的空前的贫乏。表现之一是美学理论的肤浅与趋同。在文本中触目可见的只是一些外来的新名词，仿佛引证新的东西就是创造新的东西，而对任何一种美学理论的哲学基础都缺乏深入的、批评性的反思。研究者们争辩着，维护着各自的美学观念，认为在他们之间存在着不同的学派。实际上，他们都在同一个哲学基地上用略显不同的术语表达着同样的主题。表现之二是审美趣味的普遍下降，以致审美主体不能把自己的趣味转向那些真正具有审美价值的对象，却在一些平庸的作品上流连忘返。

① 原载《学术月刊》2000 年第 1 期。收录于俞吾金：《实践诠释学——重新解读马克思哲学与一般哲学理论》，云南人民出版社 2001 年版，第 366—391 页。——编者注

表现之三是审美鉴赏力的普遍丧失,在批判缺席的鉴赏方式中,生活中的美与丑经常被颠倒过来。于是,丑学取代了美学,模仿取代了创造,恭维取代了批评。美学什么都有了,就是没有生命、激情和灵魂。

我们就美学研究提出的新想法既不是面面俱到的,也不是细节上的,而是就最根本之点对美学研究的现状进行批评,目的是使它脱离那些无聊的语言游戏,重新返回到生命的轨道上来。

一、对美学研究的哲学基础的反思

在美学理论的研究中,通常存在着一种自然思维的习惯,即人们总是直接扑向自己所要研究的对象,如美、美的本质、美感、审美心理结构等,而不先行反思,自己是把什么样的哲学观念带入美学研究,这种观念究竟是不是正确的。在美学研究工作中带入的哲学观念并非天生就是合理的。当然,也有人预先就言明是在某种哲学观念(如马克思的哲学观念)的指导下从事美学理论研究的,但实际上是否真是马克思的哲学观念,这又是另一回事了。总之,这种自然思维的习惯不对自己的美学观念的哲学基础进行批判性的反思,这正应了维特根斯坦的那句俏皮话:"有根基的信念的基础是没有基础的信念。"①

如果我们略去细节问题和那些被想象力所夸大了的差异不论,就会发现,国内的所谓不同的美学学派实际上都有着相同的哲学基础②,那就是苏格拉底、柏拉图肇始的知识论哲学。什么是知识论哲学?知识论哲学是哲学中的一种类型,其基本特征是把求知理解为人类的最根本特征,并从这一特征出发去解释作为认识主体的人和外部世界的关系。这样一来,认识论就成了知识论哲学关注的核心,思维与存在的关系就成

---

① Wittgenstein, *Über Gewissheit*, Berlin: Suhrkamp Verlag, 1984, S. 170.

② 这种情形不禁使我们联想起马克思对当时的青年黑格尔主义者的批判。参见《马克思恩格斯全集》第3卷,人民出版社1960年版,第21页。

了知识论哲学的基本问题。知识论哲学还把美德理解为知识，进而把求知与道德上、政治上的教化紧密地结合起来。最后，知识论哲学强调从求知中蕴含的"真"出发去追求真善美三者的统一。从苏格拉底、柏拉图到黑格尔，知识论哲学一直是西方哲学传统中的主导性观念，直到克尔凯郭尔、叔本华、马克思、尼采等哲学家起来对这一传统进行挑战，它才陷入窘境之中。问题还没有结束，这种窘境由于 20 世纪哲学家海德格尔对知识论哲学的批判而进一步被加剧了。①

尽管现当代西方哲学家已对知识论哲学传统进行了批判性的反思，尽管他们使用的术语也出现在国内的各种学术刊物上，但这一批判性反思的实质未被国内学术界所领悟，特别是，这种思想的闪电还远未照亮美学研究的园地。② 事实上，当前中国的美学研究仍然在知识论哲学的地基上打转，而不离开这一地基，美学理论的创新几乎是不可能的。美学研究领域中的知识论哲学的倾向主要表现如下。

一是把美学认识论化。这种倾向在美学的创始人鲍姆嘉通（又译为鲍姆加登）那里已见端倪。他在《美学》一书中说："美学的对象就是感性认识的完善（单就它本身来看），这就是美；与此相反的就是感性认识的不完善，这就是丑。正确，指教导怎样以正确的方式去思维，是作为研究高级认识方式的科学，即作为高级认识论的逻辑学的任务；美，指教导怎样以美的方式去思维，是作为研究低级认识方式的科学，即作为低级认识论的美学的任务。美学是以美的方式去思维的艺术，是美的艺术的理论。"③在这段著名的论述中，鲍姆嘉通不但把美学视为认识论，而且把它视为"低级认识论"，置于作为"高级认识论"的逻辑学以

① 俞吾金：《超越知识论——论西方哲学主导精神的根本转向》，《复旦学报（社会科学版）》1989 年第 4 期。

② 有人也许会抗议说，现当代西方哲学和美学的许多思潮不是已经介绍进来了吗？对这一点，我并不否认，但我关注的并不是外观上的问题，而是实质性的问题，即不论人们口头上或文本中如何谈论这些思潮，但蕴含在这些思潮中的真理还远未被他们所认识，在美学研究的领域里尤其如此。

③ 转引自朱光潜：《西方美学史》上卷，人民文学出版社 1979 年版，第 297 页。

下。这充分表明，知识论哲学的传统对这位美学的创始人有着多么大的影响。

康德起初并不赞成鲍姆嘉通把 Aesthetik 这个源自希腊语的词（它在希腊语中的原意是感觉和情感）移过去称作美学，他在《纯粹理性批判》一书中仍然坚持把这个词理解为"感性论"，并在"先验感性论"开头的一个注中批评了鲍姆嘉通。① 在康德看来，美学虽然也涉及感性，但显然与认识论意义上的感性存在着重大的差异。在后来写作《判断力批判》时，康德已不得不接受 Aesthetik 这个词，但他用得更多的不是这个词，而是它的形容词 aesthetisch（审美的）。然而，在康德思想的发展中有一点始终没有变，即他主张把美学与认识论区别开来。在《判断力批判》一书中，康德开宗明义地指出："为了判断某物是否美，我们不是通过知性把表象联系到对象上以求得知识，而是通过想象力（或者是想象力和知性的联合）联系到主体和它的快感或不快感。鉴赏判断因此不是知识判断，从而不是逻辑的，而是审美的。至于审美的规定根据，只能被理解为主观的。但是，所有表象间的关系、感觉间的关系，却可能是客观存在的（在这种情况下，这种关系就意味着一个经验表象的实在物）。"②康德强调，美学中的审美判断与认识论中的逻辑判断存在着根本性的区别。为了加深读者对这一区别的认识，康德进一步指出："用自己的认识能力去把握一座合乎法则和目的性的建筑物（不管它在表象的形态中是清晰的还是模糊的），和以愉快的感觉去意识这个对象是完全不同的。"③康德认为，认识是通过感觉（Empfindung）达到对对象的"客观的普遍有效性"，而审美则是通过情感（Gefühl）达到主体方面的"主观的普遍有效性"。

按理说，康德已把认识论和美学之间的根本差异说得非常清楚了，但遗憾的是，在我国理论界，由于知识论哲学传统的深远影响，人们仍

---

① Kant, *Kritik der reinen Vernunft*, Berlin: Suhrkamp Verlag, 1986, S. 70.
② Kant, *Kritik der Urteilskraft*, Berlin: Suhrkamp Verlag, 1989, S. 115.
③ Ibid., S. 115.

然习惯于以"前康德的"方式来理解美学，并把美学理解为认识论中的一个分支。比如，朱光潜先生认为，"美学实际上是一种认识论，所以它历来是哲学或神学的附庸"①。又如，蔡仪先生指出："如果说哲学的重大的基本问题是思维和存在的关系问题，根本上是对世界的认识问题，那么，美学的根本问题也就是对客观的美的认识问题。所以我认为美学现在虽然是独立学科，但在根本性质上和哲学是一致的，还可以说是哲学的一个分支。"②这里可以看出，蔡仪先生完全没有注意到康德在认识论意义上的"客观的普遍有效性"和审美意义上的"主观的普遍有效性"之间做出的区分。在当代中国的美学家中，高尔泰也许可以被看作一个"他者"，但是就连他的美学观念也是从属于知识论哲学的。他写道："对真的需要可以表述为认识世界和认识自己的需要。……人的需要本身就离不开这种认识，离不开人对具体情况，即他得到满足的可能性的认识。这种认识是人的一切精神需要和肉体需要相统一的基础。"③在题为《美论》的论文中，他谈到可以从认识论、本体论等不同的角度去探讨美学问题，而他愿意"就这个问题，从认识论的角度，提出自己的一些看法"④。其实，试图从认识论的角度来探讨美学问题，这已经是一种"前康德的"态度。

这种把美学认识论化的倾向，在当代美学的研究中无不处处表现出来。比如，认识论研究关注的根本问题是：世界是什么？世界的本质是什么？把这种关注转移到美学研究中，就成了如下问题：什么是美？什么是美的本质？又如，认识论研究关注的另一个重要的问题是真理，即

---

① 文艺美学丛书编委会：《美学向导》，北京大学出版社 1982 年版，第 18 页。
② 同上书，第 1 页。蔡仪在《新美学》（改写本第 2 卷）中直截了当地指出："美感论的理论基础就是认识论。"（见蔡仪：《新美学》（改写本第 2 卷），中国社会科学出版社 1991 年版，第 44 页以下。）王朝闻先生也认为："美学的基本问题——美的本质、审美意识与审美对象的关系问题是哲学基本问题在美学中的具体表现。"（见王朝闻：《美学概论》，人民出版社 1981 年版，第 2 页。）
③ 高尔泰：《美是自由的象征》，人民文学出版社 1986 年版，第 23 页。
④ 同上书，第 319 页。

认识的客观性问题，而这个问题也被转移到美学研究中，成了对所谓"主观的美"的批判和对"客观的美"的倡导。① 再如，认识论研究关注的又一个重要课题是认知结构问题，把这个问题转移到美学研究领域中，就成了"美的认知结构"的问题。② 随着美学研究的认识论化，独立的美学实际上已经消失了，在最好的情况下，它也只能是认识论的一个分支。

二是把美学伦理化。正如我们在前面已经暗示的，在知识论哲学的框架内，认识论与道德学总是携手并进。如果说，康德力图把审美活动与认识活动分离开来，从而在这一点上超越了知识论哲学的话，那么，在伦理学与美学的关系上，他仍然没有摆脱知识论哲学的束缚。在《判断力批判》一书中，康德提出了著名的"美是伦理的象征"(Schönheit als Symbol der Sittlichkeit)的口号。在他看来，审美判断具有主观的普遍有效性，也就是说对每个人都有效，但不能通过概念来认识，而伦理的客观原理也是普遍的，对所有的主体和每一个主体的所有行为都应该有效，在它们之间存在着一种类比的关系："我们常常用一些名词来称呼自然的或艺术的对象，而这些名词是把伦理的评判放在基础之上的。我们称建筑物或树木为庄严的和华丽的，或者称田野为欢笑的和愉快的，甚至称色彩为整洁的、谦和的、柔顺的，因为它们所引起的感觉和道德判断所引起的心境有类似之处。鉴赏使感性刺激直接过渡为道德兴趣，而不需要一个强有力的跳跃。"③康德的"三批判"追求的是真善美统一的境界，他虽然强调真与美不同，但始终把真之追求作为整个哲学的奠基石，他把主要精力放在《纯粹理性批判》的构思和写作上，便是

---

① 蔡仪：《新美学》(改写本第 1 卷)，中国社会科学出版社 1985 年版，第 193 页以下。

② 许明：《美的认知结构》，花山文艺出版社 1993 年版，第 1、2 页。作者在该书中开宗明义地指出："从审美思维方面展开美的认知结构的研究，这是一个有较高理论意义和现实意义的角度。"作者认为还存在着"美的认知的元逻辑"，这就几乎在术语上把整个美学研究认识论化了。

③ Kant, *Kritik der Urteilskraft*(1)，Berlin：Suhrkamp Verlag，1989，S. 298.

一个明证。与真之追求的基础地位不同，善之追求则是他最高的哲学境界（这很容易使我们联想起柏拉图）。虽然他把美作为连结真与善的桥梁，但在道德判断和审美判断的类比中，审美判断始终处在从属的状态下。

康德使审美从属于伦理学这一见解的提出，并不是偶然的。在西方传统中可以上溯到贺拉斯在《诗艺》中提出的"寓教于乐"的观点，更可以上溯到柏拉图在《理想国》中提出的"艺术教育"的思想。[①] 在近代西方美学史的发展中，康德的这一见解具有深远的影响。俄国学者高尔基就说过，"美学是未来的伦理学"，又说，"新的社会主义的伦理学应该产生——这是我早就感到的。从这种伦理学里产生美学是不言而喻的"[②]。这些话或许可以看作对康德这方面观点的最好注解。

在中国，类似的见解也古已有之。"《诗》三百，一言以蔽之，曰：'思无邪'。"（《论语·为政》）由此可见，他的伦理思想与他的美学观念之间存在着密切的联系。这样的见解在当代中国美学家中间也是普遍认同的。比如，王朝闻先生认为，"美与善有着内在的联系，这决定了美学与伦理学的密切关系。……在社会主义条件下，现实生活中美与善的高度统一，艺术的道德教育作用的加强，使美学与伦理学的联系日益密切"[③]。虽然他也强调美学与伦理学在内容和研究对象上的差异，但最后的结论是："美以善为前提，并且归根到底应符合和服从善。"[④]这种把美学伦理学化的倾向，在当代中国美学的研究中无处不显露出来，特别是在讨论美育问题时更是如此。这样一来，美学不但成了认识论的分

---

① 朱光潜先生说："遵循从柏拉图到托尔斯泰悠久的哲学传统的人，则同样坚决地肯定艺术完全依附于生活和道德。艺术应该像美德一样，完全是一种'善'，有人甚至走得更远，视艺术为道德的奴仆。"（朱光潜：《悲剧心理学》，张隆溪译，人民文学出版社1983年版，第4页。）

② 转引自［苏联］列·斯托洛维奇：《审美价值的本质》，凌继尧译，中国社会科学出版社1984年版，第99页。

③ 王朝闻：《美学概论》，人民出版社1981年版，第3页。

④ 同上书，第33页。

支，也成了伦理学的附庸。美学家只能在与一个社会的主导性伦理观念不发生冲突的情况下去探讨美的问题。美学的处境真是太可怜了。这种视美学为伦理学附庸的流行观念，根本不能理解美学本身的独立性以及它对伦理观念的校正作用。

三是把美学意识形态化。① 马克思在其名著《德意志意识形态》一书中，对意识形态的本质进行了深入的批判："几乎整个意识形态不是曲解人类史，就是完全撇开人类史。"②意识形态的这种扭曲和掩蔽的作用总是通过各种方式表现出来。法国哲学家阿尔都塞在《保卫马克思》一书中进一步发挥了马克思的观点，他认为："在戏剧世界或更广泛地在美学世界中，意识形态本质上始终是个战场，它隐蔽地或赤裸裸地反映着人类的政治斗争和社会斗争。"③而一个社会或一个时代的意识形态无非是该社会或该时代的自我意识，只要人们满足于在这种自我意识中寻找美学的题材，那么这种美学本质上就是"意识形态美学"（ideology's aesthetics）。④ 阿尔都塞还指出："一个没有真正自我批判的时代（这个时代在政治、道德和宗教等方面没有建立一种真正理论的手段和需要）必然倾向于通过非批判的戏剧（这种戏剧的意识形态素材要求具有自我意识的美学的明确条件）来表现自己和承认自己。"⑤当美学不知不觉地置身于意识形态话语中的时候，会失去自己作为一门学科的独立性，丧失自己的鉴赏能力和批判能力。

在我国美学界，美学的意识形态化主要是通过把阶级意识、世界观，特别是哲学对思维与存在何者第一性的回答引入美学研究领域的方

---

① 按照马克思主义经典作家和哲学教科书的说法，艺术和美学都是社会意识的组成部分。我们对这一点并无异议。这里讨论的所谓"意识形态化"主要强调意识形态扭曲、掩蔽现实生活的根本特征，这种特征一旦渗透到美学中，美学就失去了它的本来面貌，成了一种准政治学，甚至连美与丑也无法加以分辨了。

② 《马克思恩格斯全集》第3卷，人民出版社1960年版，第20页。

③ ［法］路易·阿尔都塞：《保卫马克思》，顾良译，商务印书馆1984年版，第125页注①。

④ 同上书，第120页。

⑤ 同上书，第120页。

式来完成的。于是，进步与反动、唯物主义与唯心主义、主观的美与客观的美这样的话语就成了美学研究领域中的主导性话语。

从上面的论述可以看出，当美学还处在知识论哲学的框架中时，它必然成为认识论、伦理学乃至意识形态的附庸。美学要获得自己的尊严，就必须重新反思自己的哲学基础，并做出新的选择。我们认为，用以取代知识论哲学的新的哲学基础，应该是生存论的本体论。按照这种哲学理论，人作为"在世之在"，首先生存着。在生存中，人对周围世界的关系不是一种抽象的求知的关系，而首先是一种意义关系，即人只关注与自己的生存息息相关的东西。审美作为人生存的一种表现方式，其秘密也只能从生存论的本体论的角度加以破解。所以，从这样的哲学前提出发，美学研究的整个问题域都会发生转变。它的第一个问题不再是"什么是美"，而应该是："为什么人类在生存活动中需要美？"换言之，重要的不是关于美的抽象知识，而是美的意义。海德格尔对这一点做了经典性的说明："真理是存在者作为存在者的无蔽状态。真理是存在之真理。美与真理并非比肩而立的。当真理自行设置入作品，它便显现出来。这种显现——作为在作品中的真理的这一存在并且作为作品——就是美。因此，美属于真理的自行发生。美不仅仅与趣味相关，不只是趣味的对象。美依据于形式，而这无非是因为，形式一度从作为存在者之存在状态的存在那里获得了照亮。"[1]在这里，海德格尔强调，美并不像人们皮相地认为的那样，只是一种偶然与"趣味"相关的东西，它是对存在的真理的泄露、对生存的意义的"照亮"。也正是在这个意义上，海德格尔指出："美是作为无蔽的真理的一种现身方式。"[2]我们一旦选择了生存论的本体论作为哲学的基础，美学也就从抽象的认识论、伦理学和意识形态的说教中解放出来，重新获得了自己的生命和问题意识。

---

[1] 孙周兴：《海德格尔选集》上卷，上海三联书店 1996 年版，第 302 页。

[2] 同上书，第 276 页。

二、审美研究面对的新的问题域

如前所述，Ästhetik（德文）这个词从字源上看，关系到人的感觉和情感即人的主观方面，所以，中文应当译为"审美学"。① 其实，中江肇民先生之所以把这个词译为"美学"，表明他已先行地接受了柏拉图的思想，即把"美"视为一种独立的理念，也就是说，他已不知不觉地进入了知识论哲学的话语框架。从字源所显示的初始含义上把这个词译为"审美学"，绝不是出于一种肤浅的崇古心理，而是从知识论哲学重新返回到生存论本体论的立场上。因为从"审美学"的视野出发，美不可能成为一种独立存在的理念，相反，它是与生存着的人不可分离地关联在一起的，美是在主体的审视活动中显示出来的。也就是说，只有返回到人的生存状态中去，美的秘密才会被揭示出来。尼采就说过，"'自在之美'不是一个概念，而是一句空话。在美中，人把自己确立为一个完美的尺度……人相信世界本身充满了美，——他忘了自己正是美的原因。……'美'的判断是他的族类虚荣心（Gattungs-Eitelkeit）"。② 由于"美学"这个词已为人们广泛地接受，所以改换译名已变得非常困难。关键在于我们

---

① 李泽厚先生在《美学四讲》中指出："中文的'美学'一词二十世纪初来自日本（中江肇民译），是西文 Aesthetics 的翻译。西文此词始用于十八世纪鲍姆嘉通，他把这个本来指感觉的希腊字用于指感性认识的学科。"参见李泽厚：《美学三书》，安徽文艺出版社 1999年版，第 442—443 页。李泽厚先生主张把 Aesthetics（英文）这个词译为"审美学"，但又由于"美学"这一译法已为人们所广泛接受，所以不得不继续沿用下去，这是我和李泽厚先生意见一致的地方，但我们之间也有分歧。一是 Aesthetics 这个词在希腊语中不光涉及"感觉"，而且也涉及"情感"。比如，黑格尔就说过，"'伊斯特惕克'的比较精确的意义是研究感觉（Sinn）和情感（Empfinden）的科学"。Hegel, *Vorlesungen Über die Ästhetik* (1), Berlin: Suhrkamp Verlag, 1986, S. 13. 事实上，感觉关涉到认识论，而情感则关涉到美学。二是李先生认为审美学是"指研究人们认识美、感知美的学科"。这一方面表示他仍然深受认识论传统的影响，另一方面表明他没有真正意识到"美学"这一译法与"审美学"这一译法之间的本质差异。

② F. Nietsche, *Sämtliche* (*KSA* 6), München: Deutscher Taschenbuch Verlag, 1988, S. 123.

必须从生存论的本体论立场出发，从审美的视角出发，来研究美的问题。正如维特根斯坦所说的，"一旦新的思维方式建立起来，旧的问题也就消失了"①。在审美的视野中，我们首先面对的是下面三个重要的问题。

一是审美与生命。生存论的本体论既然把审美视为人的生存方式之一，所以已经蕴含着这样的结论，即生命是美的。人们判断美与丑的一个根本标准是：审美对象是肯定生命、张扬生命的，还是否定生命、扼杀生命的。尼采下面这段话很好地表达了这一见解："没有什么东西是美的，只有人是美的：全部美学都建筑在这个简单的事实上，它是美学的第一真理。我们马上补上美学的第二真理：没有什么东西比衰退的人更丑了，——审美判断的领域就这样被限定了。"②这一限定使审美获得了一个基础性的批判维度。

在这里我们要运用一个研究中国美学史的人并不重视的思想资源，那就是清代学者龚自珍的著名短文《病梅馆记》。在这篇短文中，龚氏指出："或曰：'梅以曲为美，直则无姿；以欹为美，正则无景；以疏为美，密则无态。'固也。"③这种审美观念正是在当时文人画士中占主导地位的审美观念。在龚氏看来，病梅实际上反映出文人画士的病态的审美心理，而真正美的梅树应该是健康成长的、充满生气的。在这里，"病梅"实际上是一种隐喻，从中可以引出一系列思考：养在鱼缸里的、生命力衰退的金鱼是美的吗？由各种怪石组成的、千疮百孔的假山是美的吗？被人驯养出来的、失去野性和活力的、媚态的宠物是美的吗？在社会生活中也存在着同样的问题，三寸金莲是美的吗？用妇女的生命浇铸而成的贞节牌坊是美的吗？龚氏所批评的这种病态的审美心理和观念在

① L. Wittgenstein, *Culture and Value*, Chicago：The University of Chicago Press，1984，p. 48.

② F. Nietsche, *Sämtliche Werke*（KSA 6），München：Deutscher Taschenbuch Verlag，1988，S. 124.

③ 《龚自珍全集》，上海人民出版社 1975 年版，第 186 页。

今天仍然拥有广泛的影响。当代人之所以常常抱着病态的心理进行审美，因为知识论哲学使他们遗忘了生命，遗忘了审美的根本使命之一就是肯定生命、张扬生命。

二是审美与自由。毋庸讳言，自由是生存的最高价值，而审美活动正是这种最高价值的体现。席勒指出："事物的被我们称为美的那种特性与自由在现象上是同一的。"①黑格尔也指出："审美带有解放人的特征，它使对象保持它的自由和无限，不把它作为有利于有限需要和意图的工具而起占有欲和加以利用。所以美的对象既不显得受我们人的压抑和逼迫，又不显得受其他外在事物的侵袭和征服。"②一方面，人在审美中摆脱了物质欲望的束缚，任凭想象力自由地驰骋，达到了一种游戏般自由的境界；另一方面，无论审美的对象是人还是物，在审美中都处在自由自在的状态下。我们甚至可以说，美的本质就是自由，而审美就是对这种自由状态的追求。所以撇开自由或把自由边缘化而去探讨美的问题，不论你把审美心理剖析得如何细致，把审美对象描绘得如何惟妙惟肖，把美学体系搭建得如何严密，都不过是无聊的语言游戏。

从总体上看，在当代中国的美学研究中，审美与自由的关系是一个边缘性的课题。或许可以说，高尔泰是当代中国美学家的一个例外。他在《美是自由的象征》一书中这样写道："美的形式是自由的信息，是自由的符号信号，或者符号信号的符号信号，即所谓象征。美是自由的象征，所以一切对于自由的描述，或者定义，都一概同样适用于美。"③这里既有对于美与自由关系的肯定，又包含着对这一关系的误解，因为并

① ［德］席勒：《美育书简》，徐恒醇译，中国文联出版公司 1984 年版，第 155 页。

② Hegel, *Vorlesungen Über die Ästhetik* (1), Berlin: Suhrkamp Verlag, 1986, S. 155-156.

③ 高尔泰：《美是自由的象征》，人民文学出版社 1986 年版，第 46 页。李泽厚也有着类似的看法："自由是什么？从主体性实践哲学看，自由是由于对必然的支配，使人具有普遍形式(规律)的力量，因此，主体面对任何对象，便是自由的。"参见李泽厚：《美学三书》，安徽文艺出版社 1999 年版，第 482 页。

不是一切对自由的描述或定义都是适用于美的。事实上，高尔泰和其他美学家都是这样来理解自由的，即"自由是认识和把握了的必然性"①，这种自由实际上是认识论意义上的自由。把这种自由观引入美学，表明当代中国美学的研究始终在认识论的靴子内打转。应该看到，存在着另一种更根本的自由，那就是生存论本体论意义上的自由。这种自由与自然界的必然性无关，它涉及生存者作为社会存在物在社会生活中的信念、趣味、权利和责任。在最核心的意义上，这种自由体现为政治上的自由。审美的自由正是生存论本体论意义上的自由的一个重要维度。席勒曾经写道："我们为了在经验中解决政治问题，就必须通过审美教育的途径，因为正是通过美，人们才可以达到自由。"②这样我们就能理解，法国的巴士底狱作为著名的建筑物在外形和线条上也许是美的，但为什么没有一个美学家称它为美的，因为它作为专制王权的象征和自由的敌人只能是丑陋的；我们也能理解，为什么被世俗智慧称为西湖十景之一的"雷峰夕照"，在鲁迅先生看来却是"并不见佳"的，因为他从小就听到过许仙和白蛇娘娘的故事，知道后来法海和尚把白蛇娘娘压在雷峰塔下。所以在他的心目中，雷峰塔是压制自由、扼杀自由的象征，根本不可能是美的。这些范例说明，只有当我们从生存论本体论意义上的自由出发去从事审美活动的时候，审美才不会迷失方向，才不会把生活中美的对象与丑的对象颠倒过来，才能体悟到，我们每一次审美的同时，也应该是对自由的一种追求。

三是审美与差异。在传统美学的视野中，审美"共通感"是一个核心问题。康德说过："只有在这个前提下，即给出了一个共通感（它不是通过外在的感觉，而是我们认识的诸能力自由游戏的结果），我认为，只

① 高尔泰：《美是自由的象征》，人民文学出版社 1986 年版，第 44 页。李泽厚也有着类似的看法："自由是什么？从主体性实践哲学看，自由是由于对必然的支配，使人具有普遍形式（规律）的力量，因此，主体面对任何对象，便是自由的。"参见李泽厚：《美学三书》，安徽文艺出版社 1999 年版，第 482 页。

② ［德］席勒：《美育书简》，徐恒醇译，中国文联出版公司 1984 年版，第 39 页。

有在这样的共通感的前提下，才能做鉴赏判断。"①共通感假定了人们在审美中的情感的普遍传达性和有效性，确实是十分重要的，没有它，人们的审美就会停留在纯粹的个体的主观性的领域内而无法进行任何交流，鉴赏判断也会由此而失去存在的理由。

然而，我们发现，审美研究光停留在对共通感的探讨上是不够的，因为共通感虽然可以体现出主体间性在审美上的关系，也可以在大体上划出一个被主体间性所认可的审美对象领域，然而，它却掩蔽了主体在美感上的个别性和差异性，也掩蔽了审美对象的异质性和差异性。这种在审美中单纯地探索共通感的倾向，归根到底仍然显露出认识论传统的影响，因为认识论的根本任务就是在经验事物的个别性中寻找普遍的东西，这也正是概念思维的特征。然而，正如康德所指出的："美被把握为一种必然愉快的对象，它不依赖于概念。"②意识到这一点，我们就不会仅仅停留在对审美共通感的探讨上。康德之所以不重视对差异的思考，是因为他的哲学并没有预设一个生存论的本体论的立场。③按照生存论的本体论观点，在生存中，差异是比共通感更始源的东西，审美研究如果不触及这种差异，它本质上仍然停留在知识论哲学的地基上。

审美中的差异是客观存在的。马克思就说过："如果我向一个裁缝定做的是巴黎式的燕尾服，而他却给我送来一件罗马式的长袍，因为他认为这种长袍更符合美的永恒规律，那该怎么办呵！"④在我看来，审美中的差异主要表现在四个方面。一是不同的审美个体在同一审美对象上表现出来的美感上的差异。比如，一个命运坎坷的中年人与一个稚气未

---

① Kant, *Kritik der Urteilskraft*(1), Berlin: Suhrkamp Verlag, 1989, S. 157.

② Ibid., S. 160.

③ 正如海德格尔所指出的："康德耽搁了一件实质性的大事；此在本体论，而这是由于他接受了笛卡尔的本体论立场才造成的。"参见［德］海德格尔：《存在与时间》，1986年德文版，第 24 页。（M. Heidegger, *Sein Und Zeit*, Tübingen: Max Niemeyer Verlag, 1986, p. 24. ——编者注）海德格尔在这里说的"此在本体论"和我们上面提到的"生存论的本体论"是同一个意思。

④ 《马克思恩格斯全集》第 1 卷，人民出版社 1956 年版，第 87 页。

脱的青年人在一起谛听贝多芬的第五交响乐，他们在美感上一定会存在巨大的差异。二是同一审美个体面对不同的审美对象时，其美感也会产生明显的差异。比如，一个人参观了一个艺术展览馆，假如他对某几件展品留下了特别深刻的印象，那就表明，他的美感并不是以均衡的方式分布在所有的展品上的。对于不同的展品来说，他的美感存在着巨大的差异。三是同一审美主体在不同的情景和审美心理中，对同一审美对象的美感也会产生重大差异。比如，同一审美主体在这一情景下或在那一情景下，在愉快的心情中或在忧郁的心情中，会对同一审美对象（如同一个戏剧）产生不同的感受。四是归属于同一文化体的集体人（通常是一个民族）在感受不同的审美对象时也会产生美感上的巨大差异。比如，一个民族总会逐渐产生出自己的艺术史，而这种艺术史的形成正是以对不同艺术品的美感的差异为条件的。有差异才会有甄别、评价和判断，这是任何历史得以形成的条件。

在这里，我们更注重的是第四种差异，即归属于同一文化体的集体人在审美中的差异。当这个集体人自觉地反思自己生存的历史处境，从而领悟肯定生命和追求自由①在这一历史处境中的可能实现方式时，差异性就会在它（集体人）的审美活动中自行展现出来。就审美对象而言，在第一层次上，能激起最强烈的美感的，应是那些以向往并追求自由为主题的对象，如米开朗琪罗的雕塑《垂死的奴隶》和《被缚的奴隶》、德拉克洛瓦的油画《自由引导人民》等；在第二层次上，即能激起强烈的美感的应是那些以肯定生命、颂扬生命为主题的对象，如亚历山德罗斯的《米洛的阿芙罗狄德》、达·芬奇的《蒙娜丽莎》、拉斐尔的《圣母子》、提香的《天上的爱与人间的爱》、籍里柯的《梅杜萨之筏》等；在第三层次上，能激起一定的美感的应是那些以人类的生存和生活为主题的对象，如梵·高的《农鞋》（海德格尔曾对它做了经典性的分析）、高更的《塔希

①　肯定生命和追求自由在总体上是一致的，但在具体的场合下却并不一定如此。有的时候，人们必须以牺牲生命的代价去追求和实现自由这一最高价值。但反过来说，追求和实现自由正是为了肯定和维护更多的生命价值。

提妇女》、夏尔丹的《午餐前的祈祷》、列宾的《伏尔加河上的纤夫》等；在第四层次上，能激起相对弱的美感的应是那些以与人的关系比较疏远的物为主题的对象，如自然风光、静物、花卉等。这样一来，审美差异的光谱也就形成了。当然，在对具体的审美对象的分析中，情况会复杂得多，在这个意义上，我们上面的论述就显得过于简要了。但重要的是提出问题，认识到在美感和美上存在着重大差异。

通过上面三大关系的探讨，我们力图使美学研究彻底摆脱知识论哲学的樊篱，重新返回到生活世界中来，以便焕发出生命的活力。

三、喜剧精神和喜剧美学的兴起

从生存论本体论的立场看来，仅仅认识到审美是对生命的肯定、对自由的追求和对差异的探索还是不够的，更重要的是，审美主体要通过对自己的历史性的反思和对流行时尚的批评，领悟时代精神的真正脉搏，达到自觉的审美批评的境界。如果说，在希腊人那里，悲剧还是神话故事和帝王生活的演绎的话，那么，叔本华的巨大贡献是把悲剧理解为普通人的日常生活。在他看来，由于人的欲望是无限的，而在日常生活中能达到的只是有限的结果，所以人生总体上就是悲剧，只在细节上才具有喜剧的味道。尼采认为，主要以狄奥尼索斯为象征的悲剧精神在古希腊悲剧诗人埃斯库罗斯和索福克勒斯那里达到了光辉的顶点，但一旦欧里庇德斯把苏格拉底的精神引入悲剧中，悲剧和悲剧精神也就在与苏格拉底精神的冲突中自行消亡了。叔本华在当代复兴了悲剧和悲剧精神，但由于他的悲观主义吹出的阴冷之气，这种悲剧和悲剧精神正面临着夭折的危险。与叔本华相反，尼采对生命的痛苦做出了高度的评价，强调审美的最高喜悦正体现在悲剧中。他这样写道："我期待着一个悲剧的时代：当人们具备这样一种意识，即进行最艰苦的、但必要的战斗，并且不以此为痛苦，悲剧作为肯定生命的最高的艺术就将再一次诞生。"①在尼采生活的时代里，苏格拉底以来的知识论哲学已通过黑格尔哲学达到了光辉的顶点。然而，在这种把知识中心化、把生命边缘化的哲学中，尼采感受到了无家可归的悲哀。他对艺术，特别是悲剧和象征生命的原始冲动的狄奥尼索斯精神的弘扬，正是为了冲破这种沉闷的空气，使哲学和美学重新获得其生命力。

在尼采逝世后，差不多一个世纪过去了。在经历了两次世界大战后，尼采所倡导的悲剧精神是否也面临着一个挑战呢？我们的回答是肯定的。任何悲剧都是理念（目标）与生命（个性、性格）之间的冲突。尼采肯定的是悲剧的一个要素，即生命的冲动，但他忽视了悲剧的另一个要素——理念。历史和实践一再告诉我们，存在着两种不同的理念：一种是合理的、具有某种历史必然性的理念，另一种是不合理的、被想象力无限夸大的理念。由此也存在着两种不同的悲剧：一种是建基于合理理念的健康悲剧，另一种是建基于不合理理念的变质悲剧。合理的理念在人类的生活中永远是需要的，因此健康的悲剧在人类的生活中总会保留一席之地。与此不同的是，变质的悲剧虽然还保留着悲剧的外观，但实际上，它已经蜕化为闹剧。由于把无限夸大的、完全不切实际的理念作为实体性的东西加以追求，严肃已转化为滑稽。希特勒的纳粹主义就属于变质的悲剧。这类悲剧的盛行必然导致悲剧精神的陨落。

捷克作家米兰·昆德拉敏锐地感受到了这一点。他写道："请好好理解我所说的话：崇敬悲剧比孩子气的废话危险得多。你知道悲剧的永恒不变的前提么？就是比人的生命还要宝贵的理想。为什么会有战争，也是因为这个，它逼你去死，因为存在着比生命更重要的东西。战争只在悲剧世界中存在；有史以来，人就只认识这个悲剧世界，一步也跨不出这个世界。要结束这个悲剧时代，唯有与轻浮决裂。……悲剧将会像

---

① F. Nietsche, *Sämtliche Werke* (*KSA*6)，Berlin：Walter de Gruyter，1999，S. 313.

年老色衰的优伶，心惊胆颤，声音嘶哑，最终被赶下世界舞台。轻松愉快才是减轻体重的最佳食谱。事物将失去它们百分之九十的意义，变得轻飘飘的。在这种没有重荷的环境里，盲从狂热将会消失，战争将不可能发生。"①悲剧艺术本来应该是肯定生命、张扬生命的，但当理念被无限地夸大并受到普遍的崇拜时，它就转而压抑生命了。米兰·昆德拉敏锐地看到了这种变质的悲剧的危险性，但他由此出发引申出来的否定一切悲剧的结论却是我们不敢苟同的。在我们看来，只要人是目的性的动物，只要理念和目标存在着，悲剧就会继续存在下去；应该终结的仅仅只是变质的悲剧。

然而，我们必须看到，随着变质的悲剧的陨落，时代精神正在发生急剧的变化。这一变化的核心点就是喜剧和喜剧精神的兴起。什么是喜剧和喜剧性呢？黑格尔指出："我们已经说过，喜剧性（komisch）一般是主体使自己的行为发生矛盾，又把矛盾解决掉，从而使自己保持宁静和自信。所以，喜剧（Komödie）用作基础和起点的正是悲剧的终点：也就是说，它的起点是一种达到绝对和解的爽朗心情，即使这心情通过自己的方式挫败了自己的意志，导致了和自己本来的目的正相反对的事情，对自己造成了损害，仍然很愉快。但是另一方面，主体的安然无事的心情之所以是可能的，因为他追求的目的本来就没有什么实体性，或者即使有一点实体性，在本质上却与他的性格是对立的，所以作为他的目的，也就丧失了它的实体性，因此遭到毁灭的只是空虚的、无足轻重的东西，主体本身仍未遭到损害，他仍然安宁如前。"②按照黑格尔的见解，喜剧和喜剧性是以理念或目的的非实体性作为前提的。一旦观众把理念看作无足轻重的东西，悲剧就被喜剧所取代了。然而剧中人物仍然把理念作为实体性来追求，但他实际上又是心不在焉的，即使遭受挫折也无所谓。这样，在有喜剧和喜剧性的地方，也就有笑，有滑稽，有轻

---

① ［捷］米兰·昆德拉：《不朽》，宁敏译，作家出版社 1993 年版，第 118 页。
② Hegel, *Vorlesungen über die Ästhetik*（III），Berlin：SuhrKamp Verlag，1986，S. 552.

松、有幽默。滑稽、轻松和幽默构成了喜剧精神的重要内容。

　　人们常常对喜剧有所误解，认为它是不着边际的、不严肃的。实际上，喜剧的滑稽和不严肃是表面的，它骨子里却是严肃的。它运用讽刺的手法对现实进行了无情的批判，因此它恰恰是最贴近生活的。正如柏格森所说，"喜剧越是高级，与生活融合一致的倾向便越明显；现实生活中有一些场面和高级喜剧是如此接近，简直可以一字不改地搬上舞台"①。与崇拜理念的悲剧精神比较起来，崇尚幽默的喜剧精神由于解构了理念的实体性而更加显得充满活力。正如柏格森所强调的："滑稽味正是一种生命活力，是在社会土壤的硗薄之处苗壮成长的一种奇异的植物，它等待着人们去培养，以便和艺术的最精美的产物争妍。"②按照我的看法，在当代中国，虽然健康的悲剧和悲剧精神仍然拥有自己的地位，但从主导方面看，悲剧和悲剧精神已经被超越了，取而代之的则是喜剧、喜剧性和喜剧精神。滑稽将取代严肃，轻松将取代沉重，幽默将取代矫揉造作。如果说，王朔的作品是对达到登峰造极地步的虚假理念的一种解构，从而为喜剧精神的兴起铺平了道路的话，那么，"《围城》热"作为一种象征，直接宣告了喜剧精神的兴起。与喜剧精神的兴起相伴随的则是喜剧美学的兴起。重要的是领悟这种时代精神的转折，以便在美学研究上做出富于原创性的新探索。至于喜剧美学的研究对象和主要内容，限于篇幅，我们只能另外撰文论及了。

---

　　①　[法]柏格森：《笑——论滑稽的意义》，徐继曾译，中国戏剧出版社 1980 年版，第 83 页。

　　②　同上书，第 40 页。

从教化的观点看①

　　数千年来，人、人性、善、恶、教化等问题一直是各文明系统的思想家们探讨的一个主题。这个主题引起了无数次争论，尽管几乎所有参与争论的思想家都以确定无疑的方式提出自己的见解，但争论的无休止的延伸本身就是对这种确定性的无情的解构。只要稍稍认真地加以研究，就会发现，这些思想家们的学说和他们之间的争论始终是在原地踏步。不幸的是，当我们检视特别关注人的问题的西方基督教学说和中国的儒学时，仍然无法消除这样的看法。

　　笔者之所以尝试在本文中对这一历久弥新的问题进行探索，不仅因为这个问题具有极端的重要性，它几乎制约着我们对一切其他问题的回答，而且因为通过艰苦的反思，笔者获得了对这个问题的新的透视角度。也许这一新的角度有利于超越历史上留下来的纷争，使我们的注意力转向一些更有价值的问题。

---

　　① 原载《复旦学报(社会科学版)》2000 年第 3 期。收录于许志伟、赵敦华：《冲突与互补：基督教哲学在中国》，社会科学文献出版社 2000 年版，第 260—276 页；俞吾金：《实践诠释学——重新解读马克思哲学与一般哲学理论》，云南人民出版社 2001 年版，第 391—410 页。——编者注

一、关于人性善恶的讨论的历史回顾

在哲学研究中，不仅问题意识的萌发是重要的，而且可以说，问题的提法也是十分重要的。一个问题，只有当它被准确地提出时，对它的解答才是可能的；如果它在表述上就是错误的，其结果不但不能解决这个问题，反而会把关于它的讨论引导到完全错误的道路上。当古代思想家们提出"人性究竟是善的，还是恶的"这样的问题时，他们实际上已经踏上了错误的思想之路。这一点，甚至连我们素来敬重的大思想家也无法幸免。

奥古斯丁在《忏悔录》中这样写道："人们的罪恶真可恨！而当一个人这样说时，你就会怜悯他，因为你创造了他，但并没有创造他身上的罪恶。谁愿意告诉我幼时的罪恶？因为在你的面前，没有一个人是纯洁无罪的，即使是出生一天的婴儿。"①在另一处，他又写道："我是谁？我是怎样一个人？什么样的坏事我没有做过？即使没有做过，至少说过；即使没人说过，至少想过。"②这两段话告诉我们：第一，人从出生起就是有罪的，也就是说，人性是恶的；第二，上帝创造人时，并没有创造他身上的罪恶。那么，人身上最初的罪恶又是怎么产生的呢？奥古斯丁对这个问题并没有做出明确答复。

英国哲学家霍布斯认为，当人们还处在自然状态时，他们已生活在一种战争状态中，"这是每一个人反对每一个人的战争"（such a warre, as is of every man against every man）③。为什么在初民那里就会出现这样一种可怕的状态呢？在霍布斯看来，因为人的本性中存在着引起争执

---

① *The Confessions of St. Augustine*, New York: Bantam Doubleday Dell Publishing Group, Inc., 1960, p. 49.

② Ibid., p. 205.

③ Hobbes, *Leviathan*, New York: Penguin Books, 1968, p. 185.

的三种原因——竞争、猜疑和对荣誉的追求。他明确地告诉我们,人性本来就是恶的,正是这种恶驱使人类处在永无休止的争端和战争之中,甚至可以把人与人之间的关系视为狼与狼之间的关系。

法国哲学家卢梭认为,"我们不能像霍布斯那样做出结论说人天生是恶的,因为他没有善的观念;人是邪恶的,因为他不知道美德是什么东西;人总是拒绝为自己的同类服务,因为他不认为自己负有这样的义务"①。卢梭批评霍布斯的性恶论,是不是像许多人所认为的那样,他自己坚持的是性善论呢?其实并不,他这样写道:"最初,在自然状态中,人们彼此之间似乎既没有任何道德关系,也没有任何义务,所以他们既不可能是善的,也不可能是恶的,既无所谓邪恶,也无所谓美德。"②在他看来,除非人们从生理意义上来理解这些词,把个人身上所有的、妨碍自我保存的特征叫邪恶,帮助自我保存的特征叫美德。而这样的理解与文明人赋予这些词的含义实在相差太大,因此没有什么意义。从这些论述可以看出,卢梭实际上信奉的是人性无善无恶说。

德国哲学家康德虽然受到卢梭思想的重大影响,但在对人性善恶问题的看法上,却抱着与卢梭不同的见解。他在《实用人类学》一书中写道:"这里的问题是:或者人性本善,或者人性本恶,或者人在本性上对善恶都同样容易接受。"③康德列出了人性的三种可能性,即本善、本恶或无善无恶。他认为,第三种可能性是不大的,因为无善无恶似乎使人类本身成了没有特征的存在物,而人作为具有实践理性和自由意志的存在物,他关于公正或不公正即使有着最模糊的意识,也已是良知的初步表现了,"就此而言,人在出生的时候(即在本性上)就是善的。但经验也显示出:在人身上有一种强烈地追求被禁事物的倾向,尽管他知道这是

---

① Rousseau, *The First And Second Discourse and Essay on The Origin of Languages*, New York: Harper&Row, Publishers, 1990, p. 159.

② Ibid., p. 159.

③ Kant, *Schriften zur Anthropologie*, Frankfurt: Suhrkamp Verlag, 1982, S. 677.

被禁止的，即导向邪恶的，这种倾向是如此之不可避免，且产生得如此之早，以致当人一开始运用他的自由时已经存在，所以也可以看作与生俱来的。因此，从人的敏感特征就可以看出，他（在本性上）是恶的，而这从人的类特征的角度来看并不是自相矛盾的；因为人们能够这样理解，即人类的自然规定性正在于持续不断地向更完善的方向进步。"①从这些主张中不难看出，康德实际上认为人性是有善有恶的，但比较起来，人性善的倾向似乎比人性恶的倾向更有力。他还认为，只有当人处在市民社会的状态中时，人性善的方面才能够得到更好的发挥。

与康德不同，德国哲学家黑格尔却认为人性本恶，而这也正是基督教学说中蕴含的基本真理。黑格尔说："人性本恶这一基督教的学说，比起另一种学说，即人性本善的学说来说，是更高明的。"②有趣的是，黑格尔在这里关注的不是哪种人性理论具有更多的真理性，而是哪种人性理论具有更多的解释权。在他看来，既然基督教的"原罪说"蕴含着人性本恶的思想，所以作为一种宗教，它是更容易为人所接受的。当然，黑格尔对基督教人性说和原罪说的解释也遭到了一些学者，特别是基督教神学家的反对。正如奥古斯丁在前面所指出的，上帝虽然创造了人，但并没有创造人的罪恶。按照这种说法，人在被上帝创造出来，后来在伊甸园里因偷尝禁果而堕落之前，他的本性就像一块白板，既无恶，也无善。所谓"原罪"并不是与生俱来的，而是在偷尝禁果时才开始的。这种见解和我们在前面提到过的、卢梭对自然状态中的人性看法颇有类似之处。当然，在黑格尔看来，《圣经》中的偷尝禁果的故事不过是一个隐喻，而这个隐喻所要传达的全部意思就是：人性本恶。黑格尔认为，在人们看待这个问题时，重要的不是拘执在隐喻本身上，而是要看到隐喻所暗示的实质性的意义。

从上面的简略考察中我们发现，西方哲学史上的这些伟大思想家虽

① Kant，*Schriften zur Anthropologie*，Frankfurt：Suhrkamp Verlag，1982，S. 677-678.

② ［德］黑格尔：《法哲学原理》，荷夫麦斯特本，1955 年汉堡德文版，第 69 页。

然都触及这一问题，但都没有专门地、深入地反思过这个问题的正当性，即便是在读英国哲学家休谟的《人性论》时，我们也找不到他对人性问题的专门检讨，这正应了"台风中心没有风"这一民间智慧向我们显示的真理。

那么，在中国哲学家中情形又如何呢？如果我们仅把人性问题与善恶联系起来，不使自己的注意力旁及一些更具体的细节问题，我们就会发现，主要存在着四种不同的人性理论：一是以告子为代表的性无善无恶论，二是以孟子为代表的性善论，三是以荀子为代表的性恶论，四是以世硕为代表的性有善有恶论。其中孟子的性善论和荀子的性恶论拥有的影响最大。

大多数学者在研究孟子的人性理论时，由于抱着那种类似于新儒家的"同情的理解"的态度，居然看不出其理论所包含的内在矛盾。矛盾之一：孟子说，"人性之善也，犹水之就下也"（《孟子·告子上》）。我们知道，水向低处流是水的自然倾向，孟子运用这个比喻显然是想告诉我们，人的本性和他的行为按其自然本性而言应当是善的或向善的。这里蕴含的另一层意思是：人性之恶或者人作恶才是违反自然倾向的。也就是说，作恶是人不情愿的、十分艰苦的事情。这种倾向与我们在前面提到的康德关于作恶是人的自然倾向的见解正好构成明显的对立。[①] 当然，我们这里的目的并不是考察这种对立，而是指出孟子学说中的内在矛盾。既然向善是合乎自然的，作恶是反自然的，那么只要像道家所主张的那样，"道法自然"，让人自由自在去生活就行了，又何必那么重视"教"（即教化）的作用呢？矛盾之二：孟子说，"人之所以异于禽兽者几希"（《孟子·离娄下》）。在另一处，他指出："人之有道也，饱食、暖

---

① 这很容易使我们联想起法国哲学家萨特在《魔鬼与上帝》的戏剧中塑造的一个有趣的人物格茨。格茨说："我知道行善比作恶要苦难得多。恶只不过是我个人的事，而善却关系到大家。但是我并不害怕。必须照暖这大地，我将照暖它。"（《萨特戏剧集》下，人民文学出版社 1985 年版，第 500 页。）格茨行善的结果竟比作恶还要坏，他不得不又回到了作恶的轨道上。

衣、逸居而无教，则近于禽兽。"(《孟子·滕文公上》)把这两种说法综合起来，就产生了矛盾。假如人性本善，那么禽兽和人的差异"几希"，禽兽的本性就应当也是善的；假如人无教则近于禽兽，则禽兽的本性就应该是恶的，而人与禽兽的差异"几希"，那就应当推论出人性本恶。所以孟子是无法自圆其说的。矛盾之三：一方面，孟子强调，"恻隐之心，人皆有之；羞恶之心，人皆有之；恭敬之心，人皆有之；是非之心，人皆有之"(《孟子·告子上》)；另一方面，孟子又说，"无恻隐之心，非人也；无羞恶之心，非人也；无辞让之心，非人也；无是非之心，非人也"(《孟子·公孙丑上》)。既然"四心"是"人皆有之"，那就不可能存在"四心"匮乏的"非人"；反之，如果存在着"四心"匮乏的"非人"，那"四心"就绝不可能"人皆有之"。

荀子主张，"人之性恶，其善者伪也"(《荀子·性恶》)。这也有矛盾：如果人性本来(即先天)就是恶的，那么在这种纯恶的状态中，最初的善又是怎么产生的呢？退一万步讲，即使存在着这种"善"，它至多只是对各种无法消除的恶的倾向的暂时的、偶然的制约或平衡。在这种情况下，"伪"，即教化归根到底是没有意义的，善成了真正的"伪善"(注意，这里的"伪"是虚假的意思)，因为人的善永远只是表面上的，而作恶则是其无法抛弃的本性，所以教化所要实现的无非是社会的普遍虚伪。

上面极简要的考察表明，中西思想家，特别是信奉基督教或儒学的思想家在表述他们的人性理论时，都急于在人性是善还是恶的问题上表态，而没有使自己的思想进入元批判的层面，即没有对"人性究竟是善的，还是恶的？"这种提法的正当性提出质疑。在我们看来，人性善或人性恶或人性有善有恶这样的提法就是不正当的。告子说，"食色，性也"(《孟子·告子上》)。也就是说，人性是指人与生俱来的(即先天的)、自然的属性，而善恶则是后天的、社会文化的概念。后天的、文化的概念怎么能用到先天的、自然的人性上去呢？数千年来思想家们对这个问题的探索实际上都是在误用语言的基础上展开的。

为了正确地理解这个问题，我们主张，在"人性"（human nature）之外，引入人的本质（human essence）的新概念。人性就是人的自然属性，是人先天地具有的本能和欲望，"食色"（即"饮食男女"），是人的自然属性在日常用语中的形象表达。人的本质则是指人的社会属性，是人后天形成起来的社会特性。在日常生活中，人们通常把"财富、地位、权力、声誉"理解为人的社会属性的具体表现。事实上，人的社会属性具有更丰富的内涵。马克思就说过："人的本质（das menschliche Wesen）并不是单个人的固有的抽象物，在其现实性上，它是一切社会关系（das En-semble der gesellschaftlichen Verhältnisse）的总和。"①

许多人认为，人性，即人的自然属性，就是人之为人的根本特征。其实，这个说法是错误的。人之为人的根本特征应是人的本质，即人的社会属性，而不是人性。人性应是人的动物性，即人与其他动物在自然倾向上的共性和差异性。这里所谓的"共性"主要指人和其他动物一样，都具有各种自然的欲望，并在追求这些自然欲望的实现时，有一种自我保护的本能；所谓"差异性"主要指人能直立行走，能制造工具，人具有理性思维等。达尔文的进化论已经表明了人和其他动物之间的亲缘关系。事实上，思想家们不管如何给人下定义，如"人是政治动物"，"人是社会动物"，"人是制造工具的动物"，"人是形而上学的动物"，"人是符号动物"，"人是意识形态的动物"等，我们都无法离开"动物"这个种概念来认识人。

有人也许会提出这样的反驳：如果人性是指人的动物性，即人与其他动物之间的共性与差异性，那人岂不被贬低了吗？我们的回答是：这不但不是贬低，反倒是科学地理解人的本性所必须遵循的思想之路。基督教认为人和世界都是上帝创造出来的，这种"创世说"虽然提高了人的地位，但却把人的起源和本性掩盖起来了。易言之，不应该把"上帝创造人"理解为上帝对人的生命和自然属性的创造，而应该理解为上帝对

---

① Karl Marx, Friedrich Engels, *Werke*, *Band* 3, Berlin: Dietz Verlag, 1969, S. 6.

人的社会属性的创造。关于这方面的想法我们将在下一部分中展开。人必须正视自己不过是高等动物这一严酷的事实。如果离开或掩饰这一点来讨论人的问题，那么除了把这一问题推到黑暗中去以外不可能会有什么结果。

对于人来说，自然属性和社会属性都是不可或缺的，而这两种属性之间也是相互关联的。人的自然属性既制约着人的社会活动的时间和空间，从而制约着人的社会属性的内容和界限，但也为人的社会活动提供了源源不断的内驱力。反之，人的社会属性也总是越来越广泛地覆盖到人的自然属性上。虽然它不能取消人的自然属性，但它却能改变人的自然属性的表现方式，并给自然属性以正确的或错误的指导。如果弄清了这种关系，我们就会明白，善恶概念不能用到人性上去，而应用到人的社会属性对自然属性的指导方式上去，所以善恶概念只与人的社会属性有关，而与人的自然属性无关。这样一来，"人性究竟是善的，还是恶的？"这一问题就被取消了，取而代之的则是人的本质与善恶的关系问题。

二、人的本质与教化的观念

如上所述，人的本质，即人的社会属性是指后天的、社会文化特征，而善恶也是后天的、具有社会文化性质的概念，所以人的本质是可以言善恶的。问题在于：说人的本质是善的或说人的本质是恶的——这样的说法究竟有没有意义呢？在考察这个问题之前，我们有必要先对善恶的概念做一个批判性的检视。

从《忏悔录》可以看出，善恶问题是最困扰奥古斯丁的问题之一。比如，他认为善（good）是最容易朽坏的东西。事实上，任何东西如果没有好的因素，也就没有朽坏的可能。只有至善（supremely good）才是无法朽坏的。① 至于恶(evil)的问题，尤其是恶的来源问题是更令人感到困惑的。既然天主创造的一切都是善的，那么恶又是从哪里来的呢？是否天主在创造时用了坏的质料呢？如果是这样的话，他为什么要这样做呢？② 在奥古斯丁看来，善恶的概念都是不明确的，他有时甚至把善理解为恶的匮乏。这个说法看起来提供了重要信息，实际上也是不明确的。正如在美与丑之间存在着一个非美非丑的广大领域一样，在善与恶之间，也存在着一个非善非恶的广大领域。也就是说，恶的匮乏并不一定就是善。记得恩格斯也说过："善恶的观念从一个民族到另一个民族、从一个时代到另一个时代变化是如此之大，以致它们经常是直接地相矛盾的。"③在他看来，善恶作为历史文化概念，只能结合具体的历史条件和人文地理环境加以考察，抽象地、脱离一切具体的情景对善恶作出评断都是无意义的。

此外，善恶这对概念，如同上与下之间的关系一样，总是相互界定其内容，并不可分离地联系在一起的。如果承认这一点，我们就会发现，既不存在纯恶或绝对的恶，也不存在纯善或绝对的善(即"至善")。奥古斯丁和康德所说的"至善"与中国儒家讲的"大学之道，在明明德，在亲民，在止于至善"④用中的"至善"有异曲同工之妙。所不同的是，奥古斯丁把至善理解为在上帝那里才有的境界，康德把至善理解为德性以及与德性相匹配的幸福的综合，而儒家则把它理解为一种至高无上的道德境界。然而，不管这样的理想境界有多么诱人，它都是不可能存在的。因为善永远只能与恶相比较而存在，相矛盾而发展。也许正是在这样的意义上，黑格尔说过："好的最大的敌人是最好。"(Le plus grand

---

① *The Confessions of St. Augustine*, New York: Bantam Doubleday Dell Publishing Group, Inc., 1960, p. 172.

② Ibid., p. 162.

③ Engels, *Anti-Dühring*, Moscow: Foreign Language Publishing House, 1954, S. 131.

④ (宋)朱熹：《四书章句集注》，中华书局 1983 年版，第 3 页。

ennemi du bien c'est le mieux)①叔本华也说过："绝对善是一个矛盾：最高的善、至善都意味着同样的矛盾，就是意志的最后的、真正的满足，以后再也没有新的欲求出现了；它也意味着这是意志的最后一个动机，实现了这一动机后意志就有了一种不再破灭的满足。"②在他看来，犹如时间没有起止一样，意志也不可能由于任何满足而停顿下来。"它是戴纳伊德的水桶：对于它来说，没有最高的善，没有绝对的善，而仅仅只有一时的善。"(Er ist das Fass der Danaiden：es gibt kein höchstes Gut, kein absolutes Gut für ihn；sondern stets nur ein Einstweiliges.)③

在我们看来，善恶作为后天的、文化的概念，其含义是很难泛泛地、抽象地加以讨论的，必须把它们置于确定的文化类型和确定的时代中来讨论。实际上，具体的善恶观念都是按照确定的宗教、法律、道德和政治所制定的行为规范来划分的。在这个意义上可以说，善就是适度性，就是人使自己的行为自觉地遵守这些规范，而恶则是对这些行为规范的蔑视和背弃。当某个人因欲望无限地膨胀而犯罪的时候，他的恶不应当归咎于他的自然属性，即人性，而应当归咎于他的社会属性，即他的社会属性对自然属性的错误引导。所以，"上帝创造人"的实质是：人们应当通过对上帝的信奉，自觉地遵守各种宗教和道德的规范，从而对自己的自然属性(即自己的自然欲望)做出合理的制约。也正是在这个意义上，上帝创造人这一说法才获得真正的理论意义。

在对善恶的问题做了一个简要的检讨以后，现在我们有条件来反思人的本质与善恶之间的关系问题了。正如我们在前面已经指出过的，人的本质是可以言善恶的，但问题在于：抽象地、泛泛地谈论人的本质的善恶是否有意义？我们认为，也是没有意义的。如果笼统地断言人的本

---

① Hegel, *Grundinien der Philosophie des Rechts*，Frankfurt：Suhrkamp Verlag，1986，S. 369.

② Schopenhauer, *Sämtliche Werke*，*Band* 1，Berlin：Suhrkamp Verlag，1986，S. 493-494.

③ Ibid.，S. 494.

质是善的，那就无法解释人类社会中存在的种种丑恶的现象最初是如何发生的；如果笼统地断言人的本质是恶的，那就会导致一种普遍的反社会的倾向，因为人的本质乃是一种社会属性，如果社会生活只能使人堕落，那就没有存在的必要；如果笼统地断言一部分人的本质是善的，另一部分人的本质是恶的，那就等于什么也没有说。由此可见，总体人类的本质是不能简单地加以论定的，即使有人欢喜做这样的论定，那也不过是无聊的语言游戏罢了。

只要我们认真地进行观察的话，就会发现，人们更热衷于谈论的是某某人或某某社团的本质上的善恶。比起从总体上对人的本质做出论断来说，对某某人或某某社团的本质的善恶的谈论是更易为人们所接受的。但这样的谈论仍然包含着某种抽象的、不确定的成分。因为某人或某社团的本质是通过其一系列的行为或活动而展示出来的。所以，判断某某人或某社团的本质究竟是善的还是恶的，其根据不可能是他或它自己的宣言，而只可能是他或它的实际行为或实际活动。

哲学家们也正是这么看的。康德在《实践理性批判》一书中说过："善或恶在根本上是与行为，而不是与个人的感受相关联的。如果某种东西应该是，或者被明确地（和在所有方面无条件地）理解为是善的或是恶的，那么它只是行为的方式，即意志的准则和作为善人或恶人的行为者本身，而不是任何一种可以被称为善的或恶的事物（eine Sache）。"①既然善或恶只是与人的经验性的行为相关联的，那么，康德从纯粹实践理性的眼光出发，认为不是善恶观念，而是由纯粹实践理性颁发的先天道德法则才是真正的道德学说的出发点。叔本华也主张，"当一个人在没有外力阻挠的情况下，总是做出非义之举时，我们就称他是恶的"②。显而易见，叔本华也主张从一个人的行为出发去判断他的善或恶的倾向。存在主义哲学家则把这方面的观点发挥到极致。如萨特就告诉我

①　Kant, *Kritik der Praktischen Vernunft*, Berlin: Suhrkamp Verlag, 1989, S. 177.
②　Schopenhauer, *Sämtliche Werke*, *Band 1*, Berlin: Suhrkamp Verlag, S. 495.

们，人首先存在着、行动着，然后才有其本质。

还需强调指出的是，与人性的不变性相对峙的是人的本质的可变性。我们这里说的"人性的不变性"是指人所固有的自然倾向或本能是不会消失的，正如杜威所说："有些倾向是人的本性的不可分割的部分；如果这些倾向改变了，本性便不再成其为本性了。这些倾向通常叫本能。"①至于人的本能的具体表现方式当然是可以变化的。我们这里说的"人的本质的可变性"指的是具体的人的本质是会变化的，这种变化甚至于发生在善与恶的相互转化上。当然，要确定某人或某社团的本质是否有重大的变化，也不是依据他或它自己的宣言或申辩词，而是依据他或它的实际行为或活动。只要其行为或活动还没有终止，我们对其本质做出论断终须有一定的保留。即使其行为或活动已经终止了，如某个人死了，某社团解散了，我们在对其本质做论断时仍需有一定的保留，因为我们并不知道，我们是否已经把他或它的全部行为或活动都对象化了。这里所谓的"对象化"是指我们对对象的全部行为或活动是否都已有了正确无误的了解。事实上，要做到这一点是十分困难的。所以，中国人说的"盖棺论定"也只具有相对的意义。不要说盖棺不能论定，就是人的尸骨和棺材都已荡然无存了，有时要论定一个人的本质也不是一件容易的事情。这也就是人们不断地为历史人物做翻案文章的原因。

从上面的论述出发，我们可以初步引申出三点结论。第一，谈论人性的善恶乃是语词的误用，是人类的理性误入歧途的经典性表现。第二，从理论上看，谈论人的本质的善恶是可能的，但实际上，要对总体人类的本质做出一个笼统的判断又是无法做到的。换言之，谈论总体人类的本质的善恶实际上也是没有意义的。第三，无论是在理论上，还是在实践上，真正有意义的是谈论某人或某社团的行为或活动的善恶，并由此而论断他或它的本质的善恶。但由于他或它的行为或活动是完全开

---

① ［美］约翰·杜威：《人的问题》，傅统先、丘椿译，上海人民出版社 1965 年版，第 150 页。

放的，而这些行为或活动又不可能是完全透明的或极易被对象化的，而与这些行为或活动密切相关的他或它的本质又是可以变化的，这样，我们在做善恶判断的时候就需十分谨慎。

三、信念与教化

众所周知，无论是个人，还是社团，都是有目的的存在物。也就是说，个人或社团的行为或活动无例外的是受一定目的的支配的，而目的又总是通过观念而表达出来的。存在着两种截然不同的观念：一种观念可以称作"虚饰的观念"，即它的真正作用是掩蔽个人或社团的实际目的；另一种是"真实的观念"，即个人或社团在行动时实际上遵循的目的。我们可以把这种真实的观念称作"信念"（belief），当信念从属于一定的宗教世界观的时候，我们称它为"信仰"（faith）。人们常常不恰当地夸大信念与信仰之间的差别，其实，信仰不过是一种特殊的信念。正如维特根斯坦所说的："有牢靠基础的信念的基础是没有基础的信念。"（Am Grunde des begründeten Glaubens liegt der unbegründete Glaube.）①在这个意义上可以说，只要我们不拘执于外在的差别，我们就会发现，所有的信念本质上都是信仰，即有一定信念的个人或社团不管如何夸大理性在形成他或它的信念中所起的作用，归根到底，任何信念总有其未被证明的前提，所以，信念和信仰乃是同质的概念。

从上面的论述可以知道，撇开各种虚饰的因素，个人或社团总是根据信念而行动或活动的。所以，要认识个人或社团的行为和本质的善恶，而又撇开他或它所拥有的信念是不可能的。那么，信念究竟是如何获得的呢？在这里，讨论的出发点乃是生活在一定社会形式中的个人。众所周知，任何社团都是由个人构成的。在这个意义上，我们考察个人

---

① Wittgenstein, *Über Gewißheit*, Berlin: Suhrkamp Verlag, 1984, p. 170.

信念的形成，实际上也就间接地揭示了社团信念的起源。

我们知道，一个人生下来不过是一个自然的存在物。他要进入社会就不得不与社会认同，而要与社会认同，他又不得不接受教化（edification）。个人或社团的信念正是在接受教化的过程中形成并发展起来的。这样一来，对个人及由个人组成的社团的行为或活动的善恶问题的探讨也就过渡到教化这个决定性的、个人所无法逃避的环节上。

教化的形式上的主体是家庭、学校、社会，其实质上的主体则是由统治团体确立起来的意识形态。意识形态并不撇开传统文化，但它总是从一定历史时期的统治团体的根本利益出发对传统文化的思想资源做出自己的选择。历史之所以被不同世代的人不断地改写，其源盖出于不同历史时期的意识形态对历史资源的有差异的选择。我们不妨把意识形态理解为一个政治单位（通常是一个国家）的总体性的信念系统。国家或作为国家代表机构的政府不可能通过教化把这一总体的信念系统完全内化为个人或社团的信念，但它总是宣称，凡是与这一总体的信念系统发生冲突的任何其他信念系统都是不合法的，甚至是危险的。换言之，教化的本质是要受教化者在进入社会时，能够无条件地认同现有的社会生活秩序和精神生活秩序。在这里，特别要引起思考的是：意识形态究竟是如何形成自己的善恶观念，并通过教化把它贯彻下去的？一般说来，意识形态总是认为，只要行为者遵守它通过道德、法律、宗教、政治等具体的意识形式所强调的行为规范，那就是善的。反之，则是恶的。也就是说，意识形态的善恶观念是以行为者是否触犯统治团体的根本利益作为判断根据的。在这里起作用的并不是纯粹的理性或价值上的中立性，而是统治团体的根本利益、意志和权力。一旦洞察到这一点，我们也就发现，善恶本质上不是理论理性的问题，而是实践理性的问题。

从幼儿最初学习语言的时候起，教化就以潜移默化的方式开始了。人们通常把语言或语言的具体表现方式——一次情景对话、一个语词构成的文本（如一篇适合于幼儿教育的寓言故事）理解为纯粹工具性的、中性的东西。实际上，在教化的背景中，它们绝不是一堆空的胡桃壳，它们总是负载着各种信念的系统。在这个意义上，学会一种语言，也就是学着接受在一种意识形态的框架内可能存在的各种信念系统。教化的理想或外观上的宣言是培养受教化者的独立人格和独立思维能力，但蕴含在教化中的意识形态因素的目标却是摧毁受教化者的独立人格和独立思维能力。这就使任何教化在起步的时候就已经蕴含着内在悖论。比如，在幼儿教化中就存在着三种悖论。其一，一方面，家长希望幼儿长大后成为一个具有独立思考能力的人；但另一方面，他们又把"听话"（即取消幼儿可能具有的任何独立思考的倾向）作为一个模范儿童的最高行为规范。其二，一方面，家长希望幼儿长大后在现实生活中具有较强的竞争能力；但另一方面，家长经常给儿童讲的道德故事的主题是"同情弱者"（比如，那些演绎森林故事的寓言通常给幼儿造成这样的印象，即强大的动物都是恶的，都是应当加以敌视的对象，而弱小的动物都是善的，都是我们必须寄予同情的对象）。其三，一方面，家长希望幼儿长大后能够热爱生命，维护生命，尊重他人，善于与他人友好地相处；但另一方面，由社会生产出来并提供给幼儿的大量玩具都是武器，这些武器恰恰又是对生命和他人的否定。类似于这样的悖论还有不少，它们显示出教化的表面动机与深层动机之间的尖锐冲突。

教化的悖论不光存在于幼儿的教育中，而且也存在于任何形式的教化中。所以，最普泛的教化悖论有三点。第一，教化者总认为自己是教化的主体，但实际上不过是教化的客体。因为教化者在能够成为教化者之前也一定是受教化的。只要教化者对自己在受教化的过程中获得的东西及这些东西的意识形态基础缺乏批评性的反思，他的主体性就只具有形式化的特征，而教化的真正主体始终是意识形态。当人们以为自己站在意识形态之外时，他们实际上始终生活在意识形态之内；反之，当他们意识到自己生活在意识形态之中，并开始以批判的方式反思它时，他们才可能真正地超越某种意识形态的视野。第二，教化追求的根本目的是要人们去恶从善，但既然善恶是相反相成的，那么在现实生活中作恶不但常常获利，而且常常不受惩罚，所以上述根本目的是不可能实现的。第三，教化的依据是纯粹的合理性，但实际上教化所能达到的只是合法性范围内的合理性。换言之，教化只认可与合法性不矛盾的合理性。如果理性是合理性的基础，那么意志则是合法性的基础，因为法律不过是统治团体的意志的客观化。这样，我们突然发现，理性的基础原来就是非理性。也就是说，教化以为自己是依赖于理性的，但归根到底依赖的却是非理性。这里的错觉在于，人们认为自己完全是受理性支配的，但实际上，他们始终是受自己的意志所驱使的。这就告诉我们，理性归根到底是在意志，即非理性的基础上活动的。充分地认识这一点，也就揭开了人类生活和思维中的一个历久不散的幻觉。

综上所述，善恶归根到底属于实践理性的范围，因此，有意义的不是纠缠于对善恶概念的抽象考察，而是着力于对信念、教化、意识形态的批判性检讨。只有深入地思考教化中蕴含的内在悖论，深入地反思不同国家在其不同的历史时期的意识形态中赋予善恶概念的不同历史内涵，我们才能对道德、宗教的观念获得更切实的知识。这样一来，基督教与儒学关于人性善恶的抽象无谓的争论被超越了，展现在我们面前的是一个新的问题域，其主导性问题是：其一，什么是人的本质，它与人性的关系究竟如何？其二，在确定类型的文化的确定的历史发展阶段中，宗教、政治、法律和道德为区分善恶而制定的行为规范是否合理？其三，如何认识意识形态、传统文化、教化和个人的信念之间的关系？其四，个人的善恶观是如何现实地形成、发展乃至发生变化的？其五，人类对所谓"真善美统一"的完善状态的追求究竟是不是人类在思维、情感和行为上的最大错误？①

---

① 在思索这个问题时，我们特别有必要倾听一下叔本华下面的见解。他在谈到真善美三个字的时候这样写道："谁要是熟悉当今的文献，就不得不千百次地看到，每一个没有思维能力的人是如何确信，只用一张嘴和一副热情的山羊面孔说出那三个字，仿佛已经说出什么伟大的智慧了。"Schopenhauer, *Sämtliche Werke*, Band 1, S. 491。

自由概念两题议①

　　近来，学术界关于自由问题有许多讨论。也许是这些讨论太多地贯注在细节扩张上的缘故，一些重大的、基本的问题反倒逸出了人们的视野。本文着重讨论自由理论中的两个基本问题，以求正于学界同人。

一、谁最先提出了"两种自由"的概念

　　我们这里说的"两种自由"的概念，指的是"肯定的自由"（positive freedom）与"否定的自由"（negative freedom）的概念。② 在关于自由问题的讨论中，"两种自由"的概念不断地被提及，而且学术界普遍认为，"两种自由"的概念是伯林（Isaiah Berlin）于 1958 年 10 月 3 日在牛津大学的一次题为《自由的两个概念》（Two Concepts Of Liber-

　　① 原载《开放时代》2000 年第 7 期。收录于俞吾金：《实践诠释学——重新解读马克思哲学与一般哲学理论》，云南人民出版社 2001 年版，第 295—306 页，第四章第四部分"对自由概念的新反思"，内容稍有改动。——编者注
　　② 在英语中，positive 这个词既可译为"积极的"，也可译为"肯定的"，本文取后面的译法；同样，negative 这个词既可译为"消极的"，也可译为"否定的"，本文这里取后面的译法。

ty，又译为《两种自由概念》)的演讲中率先提出来的。这一见解几乎已成定论，但从我们接触到的资料看来，似乎还有很大的探讨余地。

在《自由的两个概念》这篇演讲中，伯林明确表示，他赋予 freedom 和 liberty 这两个词以同样的含义，他以 negative freedom 表示否定的自由，而以 positive freedom 表示肯定的自由，并指出："否定的自由涉及对下面这一问题的回答，即在什么样的限度内，某个主体(一个人或由人组成的一个团体)可以或者应该被允许做他所能做的事或成为他所希望成为的角色，而不受到其他人的干涉；而肯定的自由则涉及对下面这个问题的解答，即什么东西或什么人有权进行控制或干预，从而决定某人应该去做这件事，成为这种人，而不应该去做另一件事，成为另一个人。"①我们这里无意对伯林的"两种自由"理论的内容进行深入的评论，只限于陈述这一事实。

大部分学者对学术界流行的这一见解采取了认同的态度，只有个别人提出了疑义，认为在伯林之前，格林(T. H. Green)实际上已在 19 世纪下半叶提出了"肯定的自由"的概念。②但格林只是谈到自由是"积极的权力或能力"，并没有明确地使用"肯定的自由"的概念。况且，即使他强调了自由的肯定性特征，但他究竟是不是第一个做这样思考的人呢？众所周知，格林是英国著名的新黑格尔主义者，他的思想，包括他的自由理论自然会受到黑格尔的影响。那么，他对自由特征的强调，是不是受黑格尔的影响呢？我们且慢下结论。

在考察黑格尔之前，我们有必要先对对"意志自由"问题有着特别关注的叔本华进行一番考察。我们发现，叔本华在写于 1839 年的有奖征文《论意志自由》一书中已经涉及这个问题。在该书中，他对"什么是自

---

① Isaiah Berlin, *Four Essays on Liberty*，Oxford：Oxford University Press，1969，pp. 121-122.

② 李强在《自由主义》一书中(中国社会科学出版社 1998 年版)第 107—108 页上引证了格林下面这段论述："我们言及自由指的是一种积极的(positive)权力或能力，从而可以做成享受某种值得做或享受的事，而这些事也是我们和其他人共同做或享受的事。"

由?"的问题做了下面的回答："自由这一概念乃是一个否定的（negative）概念。通过它，我们想到的只是一切障碍的消除，而与此相反，当一切障碍表现为力量的时候，它们必定是一种肯定的（positives）东西。"①对应于一切障碍可能具有的性质，叔本华把自由区分为三种不同的类型。一是"自然的自由"'（physische Freiheit），表明各种物质的障碍不存在。如人们说"自由的空气""自由的田野"等；二是"理智的自由"（intellektuelle Freiheit），当一个人的思维处在健康的、非强制状态下时，他的理智就是自由的；三是"道德的自由"（moralische Freiheit），他实际上指的是自由意志所做的决定。叔本华虽然没有明确提出"肯定的自由"或"否定的自由"的概念，但已从"肯定的""否定的"的角度来思考自由问题，这一点是无可怀疑的。

当我们撇开叔本华和格林，进一步向前追溯的时候，我们发现，黑格尔使用过"肯定的自由"的概念，但却提出了"否定的自由"的概念。在写于1801年的《费希特与谢林哲学体系的差别》一书中，黑格尔在叙述费希特哲学体系时，这样写道："由此可知自由在这个体系中具有什么样的特征，即自由不是对立物的扬弃，而是与对立物对立，并在这样的对立中被固定为否定的自由。"②在该书中的另一处，黑格尔强调，在费希特的哲学体系中，自由作为理性的特征是最高的东西，但个人在与他人结成集体时，必须放弃自己的自由，才能确保集体中所有理性存在的自由。质言之，为了成为自由，自由必须扬弃自身，"显而易见，这里的自由是一种纯粹否定的东西（Freiheit ein bloss Negatives），亦即绝对的无规定性，或者像上面的自我设定的情况所表明的那样，是一种纯粹的观念因素，即从反思的观点考察的自由"③。在黑格尔看来，费希特从"自我＝自我"的公式出发，设定非我，再推演出全部哲学体系，在这

---

① A. Schopenhauer, *Sämtliche Werke*, *Band* Ⅲ, Berlin: Suhrkamp Verlag, 1986, S. 521.

② G. W. F. Hegel, *Jenaer Schriften*, Berlin: Suhrkamp Verlag, 1986, S. 69.

③ Ibid. , S. 82.

一反思过程中体现出来的自由还只是一种纯粹观念上的、否定的自由，还不具有现实的意义。在1817年出版的《哲学全书》第三卷《精神哲学》中，黑格尔在"自我意识"的部分谈到费希特从"自我＝自我"的纯粹同一性推出自己的哲学体系时，也把这种自我意识的自由称作"抽象的自由"（abstrakte Freiheit）。①

在出版于1821年的《黑格尔法哲学原理》一书中，黑格尔对否定的自由的概念进行了更详尽的论述。他指出：人在思维中赋予自己以普遍性，即消除自己一切特殊性的规定性，"这种否定的自由或理智的自由（Diese negative Freiheit oder diese Freiheit des Verstandes）是片面的，但在这种片面性本身中始终包含着一个本质性的规定，因此不应该把它抛弃，而理智的缺点是把这种片面性上升为唯一的、最高的规定"②。在黑格尔看来，这种否定的自由，也就是单纯地体现在观念或理智上的否定的意志，只在破坏某种东西的时候，才感觉到自己的存在，并误认为自己是在追求一种肯定的状态。法国革命中的恐怖时期正是这样的否定的自由造成的。在《精神现象学》中，黑格尔也把这样的自由称作"绝对的自由"（die absolute Freiheit）。③ 黑格尔认为，自由不能停留在这种抽象的、普遍的否定性中，它必须契入第二个环节，即有限性或规定性，从而过渡到第三个环节——"自由的具体概念"（der konkrete Begriff der Freiheit）。④ 这里说的"自由的具体概念"也就是我们上面已经引证的、黑格尔在同一部著作中说的"具体的自由"。

从上面所做的引证可以看出，黑格尔所说的"否定的自由""理智的

① G. W. F. Hegel, *Enzyklopaedie der Philosophischen Wissenschaften*（iii），Berlin：Suhrkamp Verlag，1986，S. 213.

② G. W. F. Hegel, *Grundlinien der Philosophie des Rechts*，Berlin：Akademie-Verlag.，1956，S. 51.

③ G. W. F. Hegel, *Phänomenologie des Geistes*，Berlin：Suhrkamp Verlag，1986，S. 432f.

④ G. W. F. Hegel，*Grundlinien der Philosophie des Rechts*，Berlin：Akademie-Verlag.，1956，S. 57.

自由""抽象的自由""绝对的自由"等概念，虽然在论述的角度上存在着差异，但就其本质含义而言，却是十分接近的。在黑格尔的辩证法结构中，这种否定的自由并不是偶然的或无用的，而是具体的自由的一个本质性的构成环节。在这里，我们可以清楚地看到黑格尔的自由概念与格林、伯林的自由概念之间存在的差异，但我们更应注意到黑格尔对自由理论的重大贡献，即他虽然没有使用"肯定的自由"的概念，但他的"具体的自由"概念（强调个体对国家事务的积极参与）实际上也包含着"肯定的自由"的含义。总之，黑格尔通过自己的辩证法，把"抽象的自由"与"具体的自由""否定的自由"与"肯定的自由"都统一在自己的自由理论中了。

然而，黑格尔是否就是第一个使用"否定的自由"概念的哲学家呢？我们的回答仍然是否定的。康德在 1785 年出版的《道德形而上学原理》一书的第三部分中论意志问题时指出，人们通常认为，意志是有理性的、有生命的存在物的一种因果性，自由作为这种因果性所固有的属性，是不受外来原因的制约而独立地起作用的。正如自然必然性是一切无理性存在物的因果性所固有的属性，而这些存在物的活动则是在外来原因的影响下被规定的。"上面对自由（die Freiheit）的阐述是否定性（negative）的，因而不可能很有成效地深入自由的本质中去，然而从中却能引申出更富于成效的、自由的肯定的概念（ein positiver Begriff derselben）。"①从上面的论述可以看出，康德是从意志出发来探讨自由问题的。在他看来，人作为理性存在物，其意志应当是自由的，但如果仅仅局限在这一点去理解自由，这样的自由概念还是否定性；当人们认识到这一点，并自觉地为意志即实践理性立法时，这样的自由概念才是肯

---

① I. Kant, *Werkausgabe*（Ⅶ）, Berlin: Suhrkamp Verlag, 1989, S. 81. H. J. 帕通于 1948 年出版了康德《道德形而上学原理》一书的英译本，他在其中的"论证分析"中以十分明确的语言概述了康德的上述思想："理性自身在它既是消极自由又是积极自由的前提下，必然地起着作用，它的前提必定是，一则不为外在的影响所规定，二则是其自身原则的源泉。"[德]康德：《道德形而上学原理》，苗力田译，上海人民出版社 1986 年版，第 152 页。

定性的。

在 1878 年出版的《实践理性批判》一书中，康德在谈到意志的独立性时，以更明确的方式提出了"两种自由"的概念："前一种独立性是否定意义上的自由（Freiheit im negativen Verstande），而纯粹的、实践理性自身的立法则是肯定意义上的自由（Freiheit im positiven Verstande）。"①尽管康德对两种自由的理解和区分与黑格尔、叔本华、格林、柏林等人都存在着明显的差异，但至少从目前我们所能看到的材料来说，康德是最先提出两种自由概念的哲学家。深入地、系统地开掘这方面的思想资源，必将进一步凸显康德和黑格尔的自由理论在西方自由概念发展史中的重要地位。

二、自由是对必然的认识吗

学术界在讨论自由问题时流行的一个见解是：自由是对必然的认识。而且，人们还普遍地认为，这一见解发端于黑格尔。这一见解究竟是不是正确呢？它是不是发端于黑格尔呢？黑格尔在自由理论上的本意又是什么呢？有没有本体论意义上的自由和认识论意义上的自由的区别呢？这些问题都值得深入地加以思考。

按照我们的观点，本体论意义上的自由与认识论意义上的自由之间存在着重大差别。②诚然，在黑格尔那里，绝对精神的自我运动同时是它的自我认识的过程，因而他并没有把本体论与认识论割裂开来，并对立起来。但我们必须牢牢地记住，黑格尔继承了康德哲学的传统，他始终是站在本体论和实践理性（道德、法律、政治、宗教、历史等领域）的地平线上来论述自由问题的。把黑格尔的自由观理解并解释为一种单纯

---

① I. Kant, *Werkausgabe*（Ⅶ），Berlin: Suhrkamp Verlag, 1989, S. 144.
② 俞吾金：《论两种不同的自由观》，《光明日报》1988 年 5 月 2 日。

的认识理论，蕴含着人们对西方自由理念的根本性误解。事实上，不排除这种误解，根本就触及不到西方自由理论的真谛。

在恩格斯的《反杜林论》一书的"哲学篇"中，我们可以找到下面这段重要的论述："黑格尔第一个正确地叙述了自由和必然之间的关系。在他看来，自由是对必然的认识(ist die Freiheit die Einsicht in die Notwendigkeit)。'必然只是在它没有被了解的时候才是盲目的。'自由不在于幻想中摆脱自然规律而独立，而在于认识这些规律，从而能够有计划地使自然规律为一定的目的服务。这无论对外部自然界的规律，或对支配人本身的肉体存在和精神存在的规律来说，都是一样的。这两类规律，我们最多只能在观念中而不能在现实中把它们互相分开。因此，意志自由只是借助于对事物的认识来作出决定的那种能力……因此，自由是在于根据对自然界的必然性的认识来支配我们自己和外部自然界；因此它必然是历史发展的产物。最初的、从动物界分离出来的人，在一切本质方面是和动物本身一样不自由的；但是文化上的每一个进步，都是迈向自由的一步。"①

在上面这段话中，我们至少可以引申出四点结论。第一，黑格尔是第一个正确地叙述了自由和必然的关系的哲学家。第二，黑格尔认为，自由是对必然的认识；必然在未被认识前是盲目的；必然就是支配外部自然界或支配人的肉体存在和精神存在的规律；从而自由本质上也就是借助对规律的认识而做出判断和决定的能力。第三，人们的判断越自由，这些判断所具有的必然性就越大；犹豫不决的基础是无知。第四，在人类的历史上，文化上的每一个进步都是迈向自由的一步。

这些结论蕴含着三个没有言明的、但实际上存在着的前提：

（1）自由本质上是一个人对外部世界的认识问题，而不是本体论意义上的实践问题；

---

① 恩格斯：《反杜林论》，中共中央马克思恩格斯列宁斯大林著作编译局译，人民出版社1970年版，第111—112页。Marx and Engels, *Ausgewählte Werke*, Band V, Berlin: Dietz Verlag, 1989, S. 127-128.

（2）外部自然界的规律与人的社会存在的规律之间并不存在根本性的差异；

（3）人类文化越发展，人类就越自由。

这三个蕴含着的前提在现实生活中必定会受到严峻的挑战。第一，如果自由可以还原为单纯的认识问题，那么拥有丰富专业知识的自然科学家、工程师、社会学家、医生、心理学家等必定是世界上最自由的人。第二，如果作为必然性的自然界的发展规律与社会存在的发展规律之间不存在根本性的差异，那么自然与社会的根本区别又从什么地方表现出来呢？为什么康德要把自然与自由、理论理性与实践理性严格地区分开来呢？第三，如果人类文化越发展人类就越自由的话，那么又如何理解当代人在科学技术高度发展的情况下所陷入的异化困境呢？这些挑战表明，把本体论意义上的自由理解为单纯认识论意义上的自由①，不但会与自由的本义失之交臂，而且完全不符合黑格尔自由观的本意。当然，我们在这里主要关心的是后面一点。

在《小逻辑》第 147 节中，黑格尔确实认为，未被了解的必然性是盲目的，他这样写道："人们习惯于说必然性是盲目的，如果这个意思只是：在必然性的过程中目的性（der Zweck）还没有自觉地出现，这个说法就是正确的。"②由此可见，黑格尔在这里只涉及必然性与目的性的关系，并没有作出"自由是对必然的认识"这样的结论来。那么，黑格尔是否论述过必然与自由之间的关系？我们的回答是肯定的，而且可以断言，黑格尔在不少场合下论述过这两者的关系。在《历史哲学讲演录》中，他关于这个问题的论述可以说是十分明确的。他强调，只有在国家中，自由才获得自己的客观性，"因为法律是精神的客观性，是精神真理性的意志；而只有服从法律的意志才是自由的，因为它所服从的正是

---

① 《俞吾金集》，黑龙江教育出版社 1995 年版，第 124—129 页。拙文详尽地探讨了我们通常讲的认识论意义上的自由与本体论意义上的自由的本质差异。

② G. W. F. Hegel, *Enyzklopädie der philosophischen Wissenschaften(i)*, Berlin: Suhrkamp Verlag, 1986, S. 289.

它自己，它是独立的，也是自由的。当国家或祖国构成一种共同存在的时候，当人类的主观意志服从法律的时候，自由与必然之间的对立（der Gegensatz von Freiheit und Notwendigkeit）便消失了"①。这就告诉我们，黑格尔从来不在单纯认识论范围内谈论自由问题，他总是把自由问题置于以本体论为基础的实践理性，特别是法哲学的范围内来加以讨论。换言之，本体论意义上的自由与属于现象界的、作为自然规律的必然性之间并没有直接的联系，它与之相关的只是实践理性范围内的，即政治、法律、道德、历史、宗教、艺术等领域中的必然性。而这类必然性作为人类自己制定、自己遵守的法则与自然界的必然性之间存在着根本差异。

正是康德，在阐述他的自由理论的时候，反复重申了上述差异。在《实践理性批判》一书中，他这样写道："作为自然必然性的因果性概念与作为自由的因果性概念是有差异的，前者只关系到物的实存，就这一实存是在时间中被规定而言，它是作为现象而与物自体的因果性相对立的。"②在康德看来，自然必然性关涉到物，而物是属于在时间中发生的现象领域的。反之，自由的因果性关涉到人这一理性存在物的行为，它超越了现象世界，属于物自体或本体的领域。所以，绝不能把作为物自体或本体的自由与作为现象的自然必然性不加分析地拉扯在一起。也正是在这个意义上，康德指出："如果人们还想拯救自由，就只有一条途径，把只有在时间中才可规定的事物，从而也把遵照自然性法则的因果性只赋予现象，把自由赋予作为物自体的同一个存在者。"③这就明确地告诉我们，自然必然性只属于纯粹认识的范围，但人的自由与这类必然性无关，它涉及的是道德、法律等实践理性领域中的必然性（即法则）。所以，康德认为，如果把实践理性与理论理性、本体与现象混淆起来，

---

① G. W. F. Hegel, *Vorlesungen Über der Philosophie des geschichte*, Berlin: Suhrkamp Verlag, 1986, S. 57.

② I. Kant, *Werkausgabe*（Ⅶ）, Berlin: Suhrkamp Verlag, 1989, S. 219.

③ Ibid., S. 220.

从而把自由建筑在对自然必然性的认识和把握上，"人就会成为一个由最高匠师制作的、上紧了发条的木偶或一架伏加松式的自动机"①。

从康德的这些论述可以看出，黑格尔的自由观正是沿着康德的本体论和实践理性的大思路来展开的。尽管黑格尔在自由理论上对康德有所批判，也有所超越，但他从来也没有把自由理解为一种单纯的认识理论。这一点是我们在这里不得不加以辨明的。事实上，长期以来，我们的哲学教科书和学术界出版的大量论著都是从纯粹认识论意义上去理解马克思、黑格尔、康德乃至整个德国古典哲学的自由理论的。由于没有跳出这种纯粹认识论的思维框架，自由的本质始终没有进入我们的视野。在某种意义上可以说，只有正确地理解自由理论，才能真正地把握黑格尔哲学乃至整个德国古典哲学的伟大遗产。

---

① I. Kant, *Werkausgabe*（Ⅶ），Berlin：Suhrkamp Verlag，1989，S. 182.

《自由主义批判与自由理论的重建
——黑格尔政治哲学及其影响》
推荐序[①]

人们之所以常常回过头去瞻仰伟大的思想家，并不是为了发思古之幽情，而是因为伟大的思想家对现实和人生做出了深刻的洞察，这些洞察为以后的世代走出自己面临的生存上和理论上的困惑提供了重要的思想资源。郁建兴的博士论文《自由主义批判与自由理论的重建——黑格尔政治哲学及其影响》正是通过对黑格尔政治哲学，特别是自由理论的回顾性的考察，试图为当前方兴未艾的"自由主义讨论热"提供一些有价值的启示。

在黑格尔哲学中，也许没有其他的理论比他的政治哲学的理论引起更多的误解和争论了。之所以会发生这样的现象，不仅因为黑格尔文本的解读者各自有着不同的文化传承和意识形态的背景，而且黑格尔本人为了躲避当时普鲁士政府的文化专制主义政策的迫害，不得不采取隐晦曲折的方式来表述这方面的见解。法国哲学家雅克·

---

① 郁建兴：《自由主义批判与自由理论的重建——黑格尔政治哲学及其影响》，学林出版社 2000 年版。——编者注

敦德（Jacques D'Hondt）在谈到黑格尔面临的这一困境时写道："黑格尔无法摆脱这种束缚。后人有责任根据黑格尔私下的言论、亲朋的证词和所有能够找到的线索，在那些棘手的问题上恢复黑格尔的真实思想。所有在压抑的制度下生活和讲过话的人都寄希望于后人的这种忠诚和敏锐。"①探讨黑格尔的政治哲学思想之所以异常艰辛，这是一个重要的原因。但唯其艰辛，这方面的探讨也就显得更有价值，更难能可贵。

在对黑格尔政治哲学的论述中，郁建兴的博士论文追求的并不是外观上的面面俱到，而是始终把自己的注意力集中在其皇冠上的宝石——自由理论上。

首先，它追溯了古典自由主义思潮的起源和发展。当然，这一追溯并不是漫无边际的，而是沿着其观念对黑格尔的影响这一特殊的视角展示出来的。从洛克的《政府论》到卢梭的《社会契约论》，从威廉·洪堡的《论国家作用范围之界定》到康德的《法的形而上学原理》，一环扣一环，娓娓道来，要言不烦地为读者进入黑格尔自由理论的视野提供了清晰的思想背景。

其次，它论述了黑格尔对古典自由主义思潮基本理论的批判。在德国舒康出版社出版的 20 卷《黑格尔著作》（1986）中，黑格尔只有三次提到"自由主义"（Liberalismus）的概念，而且这三次都是在他的《历史哲学讲演录》里，且集中在该书的第四部"日耳曼世界"中的第三篇"现代"中的第三章"启蒙运动和革命运动"中。尽管黑格尔很少提到自由主义的概念，但这既不表明他不重视对这一理论的批判，也不表明这一批判不是他的自由理论的一个重要侧面。恰恰相反，黑格尔注重的不是问题的表面，而是它的实质。他不但高度重视对古典自由主义基本理论的反思和批判，而且在这样做的时候，又把它与它实践上的结果——法国大革命紧密地结合起来加以考察，从而既增强了这一批判性考察的现实感，也

---

① ［法］雅克·敦德：《黑格尔和黑格尔主义》，栾栋译，商务印书馆 1995 年版，第46—47 页。

丰富了它的理论内涵。事实上，许多思想家都看到了古典自由主义，尤其是卢梭的自由主义理论与法国大革命之间的密切关系。海涅就这样说过："马克西米安·罗伯斯比尔不过是卢梭的手而已，一只从时代的母胎中取出一个躯体的血手，但这个躯体的灵魂却是卢梭创造的。"①也正是基于类似的考虑，黑格尔对古典自由主义思潮的批判既涉及其理论层面——自然权利论和社会契约论，又涉及其实践层面——法国大革命中出现的、被他称为"绝对自由和恐怖"的极端状态，从而体现出其鲜明的时代特征和巨大的理论力度。

再次，它把黑格尔哲学理解为以互主体性为基础的实践哲学，并在实践哲学的框架内强调了自由的本质特征。按照古典自由主义理论，自由的本质特征就是原子化的个人所拥有的自由权利。而在黑格尔看来，这种自由理论是抽象的、不现实的。伦理实体是先于个人而存在的，因此，自由的本质特征恰恰表现在伦理实体与个人的关系中。只有在实践的、一定的伦理实体的范围内讨论个人的自由权利，这样的自由才是具体的、现实的。当然，黑格尔强调的并不是古代社会的、以原始伦理精神为指导的伦理实体，而是现代意义上的、以市民社会和现代国家为基本架构的伦理实体。他这样写道："国家是具体自由（der konkreten Freiheit）的现实；而具体自由则在于：个人的单一性及其特殊利益不但获得它们的完全发展，以及它们的权利获得明白承认（如在家庭和市民社会的制度中），而且部分地通过自身过渡到普遍物的利益，部分地由于他们自己认识和追求普遍物，甚至承认普遍物作为它们自己实体性的精神，并把普遍物作为它们的最终目的而进行活动。"②这段话的意思无非是：在现代国家中，个人的全部权利都得到了国家的承认和保护；与此同时，个人也自觉地遵守国家的法律制度，维护国家的根本利益，弘扬国家的理念和精神。一言以蔽之，黑格尔把个人、家庭、市民社会和

---

① 《海涅选集》，张玉书编选，人民文学出版社 1983 年版，第 291 页。

② G. W. F. Hegel, *Grundlinien der Philosophie des Rechts*, Berlin: Suhrkamp Verlag, 1955, S. 406.

国家在现代法的基础上达成的这种和谐理解为真正的、具体的自由；也正是在这一基础上，他进一步指出，国家是"具体自由的现实"。毋庸讳言，黑格尔对自由的具体性的界定和论述是他全部政治哲学理论中最有价值的思想遗产之一。

最后，它叙述了黑格尔的自由理论（包括他对自由主义的批判）对以后思想家的影响，不管这些思想家对他的自由理论是取赞成的态度还是取批判的态度，也不管他们是新自由主义的代表还是社群主义的代表。这些思想家的名字是：格林、布拉德雷、鲍桑葵、霍布豪斯、波普尔、伯林、哈耶克、罗尔斯、诺齐克、德沃金、查尔斯·泰勒、哈贝马斯、桑德尔等。虽然郁建兴的博士论文在论述这个部分时着墨不多，但却言简意赅地再现了新自由主义复兴后提出的主要问题意识、它与古典自由主义的联系与差别、它在发展中面临的困难及不断做出的新修正；并强调在当前的"自由主义热"中，特别是在自由主义与社群主义的论战中，忽视黑格尔关于自由理论方面的思想资源有多么错误！

特别值得指出的是，郁建兴的博士论文以考察马克思对黑格尔政治哲学的继承和批判为落脚点，从而既考察了黑格尔政治哲学产生影响的一条重要线索，又巧妙地对其做出了一个总的评价，具体指出了它的限度。论文中说："对黑格尔政治哲学的批判，不仅是马克思的政治思想发展而且是他的全部思想发展的转折点。""从政治解放到人类解放，是马克思政治思想的主题。""马克思的政治思想既克服了个人主义，又克服了国家主义。"这些见解是富有创造性的。它们不仅重新展开了马克思与黑格尔的关系，而且凸显了当前开展马克思政治思想研究的必要性、重要性和迫切性。

郁建兴的博士论文取材宏富，但又没有在浩如烟海的思想资料中迷失方向，而是从马克思的历史唯物主义的基本观点出发，自出机杼，对这些思想资料进行了批判性的考察，并以自己的方式把它们贯通起来，从而拂去了长期以来笼罩在黑格尔的政治哲学，尤其是自由理论上的种种迷雾，使其在历史的传承和接续上重新获得定位，也使今人在批判地考察自由主义思潮时获得了一个重要的理论参照系。我想当时的答辩委员会之所以对他的论文做了高度的评价，也正是上述原因使然。

正如我们在前面已经指出的那样，郁建兴的博士论文正确地把握了黑格尔的自由理论与自由主义（不管是古典自由主义还是新自由主义）的自由理论对立的实质。易言之，黑格尔的自由理论是具体的，它主张从人置身于其中的、现实的社会共同体出发来探讨人的本质、权利、义务和相互关系。反之，自由主义的自由理论是抽象的，它总是撇开具体的社会关系与历史条件，幻想出以原子式的个人为基础的所谓"自然状态"或"原初状态"，并在这种虚幻的或理想化的状态中来探讨人的自由问题。黑格尔对自由主义的批判可谓一语中的："自由主义是以原子论的原则（Prinzip der Atome）为基础的，这一原则坚持以个别人的意志为归依，强调所有的政府都应该从它们明确界定的权力出发并获得各个人的明确的认可。这种自由的形式——这种抽象性（Abstraktion）——不允许任何政治组织牢固地建立起来。政府的种种措施都被拥护自由的人视作特殊意志和独断权力的表现而加以剧烈的反对。"①在这段重要的论述中，黑格尔批判了古典自由主义的自由理论的抽象性。在他看来，这种完全以个人意志为归依的自由理论如果彻底地加以贯彻的话，只能导致任何政治组织的瓦解。

众所周知，马克思从历史唯物主义的角度出发，对这种自由主义的观点进行了更彻底的批判。马克思认为，被亚当·斯密和大卫·李嘉图当作出发点的单个的、孤立的猎人和渔夫，或被卢梭用以建立社会契约的天生独立的主体之间的关系，都属于 18 世纪缺乏想象力的虚构。"我们越往前追溯历史，个人（Individuum），从而也是进行生产的个人，就越表现为不独立，从属于一个较大的整体：最初还是十分自然地在家庭和扩大成为氏族的家庭中；后来是在由氏族间的冲突和融合而产生的各

---

① G. W. F. Hegel，*Vorlerungen Über Die Philosophie Der Geschichte*，Berlin：Suhrkamp Verlag，1986，S. 534.

种形式的公社中。只有到了 18 世纪，在'市民社会'中，社会联系的各种形式，对个人说来，才只是表现为达到他私人目的的手段，才表现为外在的必然性。但是，产生这种孤立个人观点的时代，正是具有迄今为止最发达的社会关系（从这种观点看来是一般关系）的时代。"①实际上，无论是古典自由主义者洛克、卢梭谈论的"自然状态"，还是当今的新自由主义者罗尔斯作为其《正义论》的出发点的"原初状态"，都是从这些作者置身于其中的社会状态出发，虚构出人类在历史上或逻辑上的初始状态。在马克思看来，孤立地在社会外生活或生产的原子式的个人是抽象的、虚假的，实际上根本是不存在的，"人的本质并不是单个人所固有的抽象物。在其现实性上，它是一切社会关系的总和"②。在《雇佣劳动与资本》一书中，马克思进一步明确地指出："黑人就是黑人。只有在一定的关系下，他才成为奴隶。纺纱机是纺棉花的机器。只有在一定的关系下，它才成为资本。脱离了这种关系，它也就不是资本了，就像黄金本身并不是货币，砂糖并不是砂糖的价格一样。"③按照马克思的观点，只有从社会关系的角度出发来考察人、物、人与物的关系，人与人的关系，才可能对与人相关的一切问题，包括人的自由做出具体的、合理的说明。

通过马克思的媒介，我们更深刻地认识到黑格尔自由理论的实质，而意识到黑格尔的自由理论与自由主义的自由理论的这种根本性的对立，实际上也就阐发了黑格尔自由理论的当代意义，即必须把我们关于自由问题的任何考察置于一定的、具体的社会关系中来展开。基于这样的认识，当人们置身于当代西方社会的语境中来思考自由问题的时候，由于西方社会的个体本位自 17 世纪以来已有牢固的基础，也制定了相

---

① K. Marx, *Grundrisse der Kritik der Politischen Ökomomie*, Berlin: Dietz Verlag, 1974, S. 6.

② Marx and Engels, *Werke*, *Band* 3, Berlin: Dietz Verlag, 1969, S. 6.

③ Marx and Engels, *Ausgewählte Werke*, *Band* 1, Berlin: Dietz Verlag, 1989, S. 574.

应的民法来维护个人的权利，甚至个人主义已经成为主导性的意识形态理念，所以在这样的语境下来思考自由问题时，不应该像新自由主义者那样，把重点继续放在对个人权利的张扬上，而应该更多地考虑个人对他人的责任和个人对社群的义务。换言之，应该更多地考虑个人的行为规范和一个社群应该倡导的美德。近年来，以查尔斯·泰勒、桑德尔和麦金太尔等人为代表的社群主义者的著作之所以引起人们的广泛兴趣，其原因盖出于此。

与此不同的是，当人们置身于当代中国社会的语境中来思考自由问题的时候，由于中国传统社会长期以来以家族和宗法等级伦理为本位，商品经济和市民社会的发展起步很晚，至今仍无一部民法来界定和维护个人的权利，真正的法权人格和道德实践主体没有确立起来，所以当代中国人在这样的语境中来思考自由问题时，其重点恰恰应该落在对传统伦理观念的批判和对个人权利的张扬上。换言之，在当代中国社会中，启蒙的使命不但没有完成，而且还可以说是刚刚开始。因此，当代中国学者必须领悟在自由问题上与西方学者的追求存在的巨大差异。如果说，德国学者弗洛姆写过《逃避自由》（*Escape From Freedom*，1941）、美国学者桑德尔写过《民主的不满》（*Democracy's Discontent*，1996）这样的著作，那么当代中国学者似乎还没有资格写这样的著作，因为他们还未完成追求自由和民主的历史任务。"五四"不是一个已完成的历史事件，而是一道刚被拉开的启蒙的序幕。不少学者由于无批判地追随西方学者，从不思考自由问题在当代中国社会的特殊性，所以他们对社会现象的批判常常走到自己愿望的反面。比如，有的学者主张，当前中国哲学界谈论主体性太多太滥了，而当今最紧迫的任务是"消解主体性"。殊不知，在当代中国社会中，道德实践主体与法权人格还远远没有普遍地建立起来，怎么能不加分析地跟在西方学者后面，大谈特谈"消解主体性"呢？也有的学者认为，当代中国人已经太"孤独"了，需要的是"返回精神的家园"。殊不知，孤独与自由是相反相成的，没有孤独，又何来自由？何况，如果"精神的家园"指的是传统伦理精神的话，那么当代中国人的使命绝不是"返回精神家园",而应该是走出精神家园!凡此种种,无一不表明黑格尔和马克思的自由理论的具体性。事实上,也只有当我们从马克思的历史唯物主义的立场出发,自觉地运用这种具体的自由理论时,我们才能对各种社会文化现象做出理性的说明。

现在,让我们再返回到西方自由理论,特别是黑格尔的自由理论的发展和演化上去,因为在这一理论的研究上,不但存在着许多空白,而且还充斥着种种误解,亟须我们继续深入地发掘前人和同时代人在他们的研究中没有受到重视,甚至在根本上还视而未见的思想资源,并对在理论界广有影响的某些误解进行必要的澄清。在这里,我们亟须加以辨析和探讨的是以下两个问题。

一是关于"肯定的自由"(positive freedom)与"否定的自由"(negative freedom)概念的来龙去脉问题。① 学术界普遍认为,这两个概念是伯林(Isaiah Berlin)于1958年10月31日在牛津大学的一次题为《自由的两个概念》的演讲中率先提出来的。在这篇演讲中,伯林明确表示,他赋予freedom 和 liberty 这两个词以同样的含义,他以 negative freedom 表示否定的自由,而以 positive freedom 表示肯定的自由,并指出:"否定的自由涉及对下面这一问题的回答,即在什么样的限度内,某个主体(一个人或由人组成的一个团体)可以或者应该被允许做他所能做的事或成为他所希望成为的角色,而不受到其他人的干涉;而肯定的自由则涉及对下面这个问题的解答,即什么东西或什么人有权进行控制或干预,从而决定某人应该去做这件事,成为这种人,而不应该去做另一件事,成为另一个人。"②我们这里无意对伯林的"两种自由"的理论进行评论,只限于陈述这一事实。

---

① 在英语中,positive 这个词既可译为"积极的",也可译为"肯定的",本文取后面的译法;同样,negative 这个词既可译为"消极的",也可译为"否定的",本文也取后面的译法。本文之所以取这样的译法,是因为在黑格尔哲学的语境中,这样的译法更契合黑格尔的本意。

② Isaiah Berlin, *Four Essays on Liberty*, Oxford:Oxford University Press, 1969, pp. 121-122.

有的学者对学术界流行的这一见解提出了挑战，认为在伯林之前，格林实际上已在 19 世纪下半叶提出了"肯定的自由"的概念。① 但格林究竟是不是提出"肯定的自由"概念的第一人呢？众所周知，格林是英国著名的新黑格尔主义者，他的思想，包括他的自由理论自然会受到黑格尔的影响。那么这一概念是不是黑格尔最先提出来的呢？我们且慢下结论。

在考察黑格尔之前，我们有必要先对意志自由问题有着特别关注的叔本华进行一番考察。我们发现，叔本华在写于 1839 年的有奖征文《论意志自由》一书中已经涉及这个问题。在该书中，他开宗明义地提出了"什么是自由？"的问题，并做了下面的回答："假如认真加以考察的话，自由这一概念乃是一个否定的（negative）概念。通过它，我们想到的只是一切障碍的消除，而与此相反，当一切障碍表现为力量的时候，它们必定是一种肯定的（positive）东西。"② 对应于一切障碍可能具有的性质，叔本华把自由区分为三种不同的类型：一是"自然的自由"（physische Freiheit），表明各种物质的障碍不存在，如人们说"自由的空气""自由的田野"等；二是"理智的自由"（intellektuelle Freiheit），当一个人的思维处在健康的、非强制状态下时，他的理智就是自由的；三是"道德的自由"（moralishe Freiheit），他实际上指的是自由意志所做的决定。叔本华虽然没有明确提出"肯定的自由"或"否定的自由"的概念，但已从"肯定的"或"否定的"角度来思考自由问题，这一点是无可怀疑的。

当我们撇开叔本华和格林，进一步向前追溯的时候，我们发现，黑格尔没有使用过"肯定的自由"的概念，但却提出了"否定的自由"的概念。在写于 1801 年的《费希特与谢林哲学体系的差别》一书中，黑格尔在叙述费希特哲学体系时，这样写道："由此可知自由在这个体系中具

---

① 李强在《自由主义》一书（中国社会科学出版社 1998 年版）第 107—108 页上引证了格林下面这段论述："我们言及自由指的是一种积极的（positive）权力或能力，从而可以做或享受某种值得做或享受的事，而这些事也是我们和其他人共同做或享受的事。"

② A. Schopenhaurer, *Sämtliche Werke*, *Band* 3, Berlin: Suhrkamp Verlag, 1986, S. 521.

有什么样的特征，即自由不是对立物的扬弃，而是与对立物对立，并在这样的对立中被固定为否定的自由（negative Freiheit）。"①在该书的另一处，黑格尔强调，在费希特的哲学体系中，自由作为理性的特征是最高的东西，但个人在与他人结成集体时，必须放弃自己的自由，才能确保集体中所有理性存在的自由。质言之，为了成为自由，自由必须扬弃自身，"显而易见，这里的自由是一种纯粹否定的东西（Freiheit hier ein bloss Negatives），亦即绝对的无规定性，或者像上面的自我设定的情况所表明的那样，是一种纯粹的观念因素，即从反思的观点考察的自由"②。在黑格尔看来，费希特从"自我＝自我"的公式出发，设定非我，再推演出全部哲学体系，在这一反思过程中体现出来的自由还只是一种纯粹观念上的、否定的自由，还不具有现实的意义。在1817年出版的《哲学全书》第三卷《精神哲学》中，黑格尔在"自我意识"的部分谈到费希特从"自我＝自我"的纯粹同一性推演出自己的哲学体系时，把这种自我意识的自由称作"抽象的自由"（abstrakte Freiheit）。③

在出版于1821年的《法哲学原理》一书中，黑格尔对否定的自由的概念进行了更详尽的论述。他指出：人在思维中赋予自己以普遍性，即消除自己一切特殊性和规定性，"这种否定的自由或理智的自由（Diese negative Freiheit oder diese Freiheit des Verstandes）是片面的，但在这个片面性本身中始终包含着一个本质性的规定，因此不应该把它抛弃，而理智的缺点是把这种片面性上升为唯一的、最高的规定"④。在黑格尔看来，这种否定的自由，也就是单纯地体现在观念或理智上的否定的意志，只有在破坏某种东西的时候，才感觉到自己的存在，并误认为自己

---

① G. W. F. Hegel, *Jenaer Schriften* 1801-1807, Berlin：Suhrkamp Verlag, 1986, S. 69.

② Ibid. , S. 82.

③ G. W. F. Hegel, *Enyzklopädie der philosophischen Wissenschaftenn（iii）*, Berlin：Suhrkamp Verlag, 1986, S. 213.

④ G. W. F. Hegel, Grundlinien Der Philosophie Des Rechts, Berlin：Suhrkamp Verlag, 1955, S. 51.

是在追求一种肯定的状态。法国革命中的恐怖时期正是这样的否定的自由造成的。在《精神现象学》中，黑格尔也把这样的自由称作"绝对的自由"（die absolute Freiheit）。① 黑格尔认为，自由不能停留在这种抽象的、普遍的否定性中，它必须契入第二个环节，即有限性或规定性，从而过渡到第三个环节——"自由的具体概念"（der konkrete Begriff der Freiheit）。② 这里说的"自由的具体概念"也就是我们上面已经引证的、黑格尔在同一部著作中说的"具体的自由"。

从上面所做的引证可以看出，黑格尔所说的"否定的自由""理智的自由""抽象的自由""绝对的自由"等概念，虽然在论述的角度上存在着差异，但就其本质的含义而言，却是十分接近的。在黑格尔的辩证法结构中，这种否定的自由并不是偶然的或无用的，而是具体的自由的一个本质性的构成环节。在这里，我们可以清楚地看到黑格尔的自由概念与格林和伯林的自由概念之间存在的差异，但我们更应注意到黑格尔对自由理论的重大贡献，即他虽然没有使用"肯定的自由"的概念，但他的"具体的自由"概念（强调个体对国家事务的积极参与）实际上也包含着"肯定的自由"的含义。总之，黑格尔通过自己的辩证法，把"抽象的自由"与"具体的自由""否定的自由"与"肯定的自由"都统一在自己的自由理论中了。

然而，黑格尔是否就是第一个使用"否定的自由"概念的哲学家呢？我们的回答仍然是否定的。康德在出版于 1785 年的《道德形而上学原理》一书的第三部分中论述意志问题时指出，人们通常认为，意志是有理性的、有生命的存在物的一种因果性，自由作为这种因果性所固有的属性，是不受外来原因的制约而独立地起作用的。正如自然必然性是一切无理性的存在物的因果性所固有的属性，而这些存在物的活动则是在

---

① G. W. F. Hegel, *Phänomenologie des Geistes*, Berlin: Suhrkamp Verlag, 1986, S. 432f.

② G. W. F. Hegel, Grundlinien Der Philosophie Des Rechts, Berlin: Suhrkamp Verlag, 1955, S. 57.

外来原因的影响下被规定的。"上面对自由(der Freiheit)的阐述是否定性(negativ)的，因而不可能很有成效地深入到自由的本质中去，然而从中却能引申出更富于成效的、自由的肯定的概念(ein positiver Begriff derselben)。"①

从上面的论述可以看出，康德是从意志出发来探讨自由问题的。在他看来，人作为理性存在物，其意志应当是自由的，但如果仅仅局限在这一点上去理解自由，这样的自由概念还是否定性的；当人们认识到这一点，并自觉地为意志，即实践理性立法时，这样的自由概念才是肯定性的。在1878年出版的《实践理性批判》一书中，康德在谈到意志的独立性时，以更明确的方式提出了"两种自由"的概念："前一种独立性是否定意义上的自由(Freiheit im Verstande)，而纯粹的、实践理性自身的立法则是肯定意义上的自由(Freiheit im positiven Verstande)。"②尽管康德对两种自由的理解和区分与黑格尔、叔本华、格林、柏林等人都存在着明显的差异，但至少从目前我们所能看到的材料来说，康德是最早提出两种自由概念的哲学家。深入地、系统地开掘这方面的思想资源，必将进一步凸显康德和黑格尔的自由理论在西方自由概念发展史中的重要地位。

二是把黑格尔在本体论和实践理性意义上提出的自由概念认识论化的问题。目前在学术界广为流行的黑格尔的自由观是：自由是对必然的认识。诚然，在黑格尔那里，绝对精神的自我运动同时也是它的自我认识的过程，因而他并没有把本体论和认识论割裂开来并对立起来。但我们必须记住，黑格尔继承了康德哲学的传统，他始终是站在本体论和实践理性(道德、法律、政治、宗教、历史等领域)的地平线上来论述自由

---

① I. Kant, *Werkausgabe*（Ⅶ），Berlin：Suhrkamp Verlag，1989，S. 81. H. J. 帕通于1948年出版了康德《道德形而上学原理》一书的英译本，他在其中的"论证分析"中以十分明确的语言概述了康德的上述思想："理性自身在它既是消极自由又是积极自由的前提下，必然地起着作用。它的前提必定是，一则不为外在的影响所规定，二则是其自身原则的泉源。"[德]康德：《道德形而上学原理》，苗力田译，上海人民出版社1986年版，第152页。

② [德]康德：《道德形而上学原理》，苗力田译，上海人民出版社1986年版，第144页。

问题的。把黑格尔的自由观理解并解释为一种单纯的认识理论，蕴含着人们对西方自由理念的误解。事实上，不去除这种误解，根本就不会触及西方自由理论的真谛。

在恩格斯的《反杜林论》一书的"哲学篇"中，我们可以找到下面这段重要的论述："黑格尔第一个正确地叙述了自由和必然之间的关系。在他看来，自由是对必然的认识。'必然只是在它没有被了解的时候才是盲目的。'自由不在于幻想中摆脱自然规律而独立，而在于认识这些规律，从而能够有计划地使自然规律为一定的目的服务。这无论对外部自然界的规律，或对支配人本身的肉体存在和精神存在的规律来说，都是一样的。这两类规律，我们最多只能在观念中而不能在现实中把它们互相分开。因此，意志自由只是借助于对事物的认识来作出决定的那种能力。因此，人对一定问题的判断愈是自由，这个判断的内容所具有的必然性就愈大；而犹豫不决是以不知为基础的，它看来好象是在许多不同的和相互矛盾的可能的决定中任意进行选择，但恰好由此证明它的不自由，证明它被正好应该由它支配的对象所支配。因此，自由是在于根据对自然界的必然性的认识来支配我们自己和外部自然界；因此它必然是历史发展的产物。最初的、从动物界分离出来的人，在一切本质方面是和动物本身一样不自由的；但是文化上的每一个进步，都是迈向自由的一步。"①在上面这段话中，我们至少可以引申出四点结论。第一，黑格尔是第一个正确地叙述了自由和必然的关系的哲学家。第二，黑格尔认为，自由是对必然的认识；必然在未被认识前是盲目的；必然就是支配外部自然界或支配人的肉体存在和精神存在的规律；从而自由本质上也就是借助于对规律的认识而做出判断和决定的能力。第三，人们的判断越自由，这些判断所具有的必然性就越大；犹豫不决的基础是无知。第四，在人类的历史上，文化上的每一个进步都是迈向自由的一步。

---

① 《马克思恩格斯全集》第 20 卷，人民出版社 1971 年版，第 125—126 页。另见 Marx and Engels, *Ausgewählte Werke*, *Band* 5, Berlin: Dietz Verlag, 1989, S. 127-128.

在这些结论中蕴含着三个没有言明但实际上存在着的前提：(1)自由本质上是一个人对外部世界的认识问题，而不是本体论意义上的实践问题；(2)外部自然界的规律与人的社会存在的规律之间并不存在根本性的差异；(3)人类文化越发展，人类就越自由。这三个蕴含着的前提在现实生活中必定会受到严峻的挑战。第一，如果自由可以还原为单纯的认识问题，那么拥有丰富专业知识的自然科学家、工程师、社会学家、医生、心理学家等必定是世界上最自由的人。第二，如果作为必然性的自然界发展的规律与社会存在发展的规律之间不存在根本性的差异，那么自然与社会的根本区别又从什么地方表现出来呢？为什么康德要把自然与自由、理论理性与实践理性严格地区分开来呢？第三，如果人类文化越发展人类就越自由的话，那么又如何理解当代人在科学技术高度发展的情况下所陷入的异化困境呢？这些挑战表明，把本体论意义上的自由理解为单纯认识论意义上的自由，① 不但会与自由的本义失之交臂，而且也完全不符合黑格尔自由观的本意。当然，我们在这里主要关心的是后面一点。

在《小逻辑》第 147 节中，黑格尔确实认为，未被了解的必然性是盲目的，他这样写道："人们习惯于说必然性是盲目的，如果这个意思只是：在必然性的过程中目的性(der Zweck)还没有自觉地出现，这个说法就是正确的。"②由此可见，黑格尔在这里只涉及必然性与目的性的关系，并没有做出"自由是对必然的认识"这样的结论来。那么，黑格尔是否论述过必然与自由之间的关系呢？我们的回答是肯定的，而且可以断言，黑格尔在不少场合下论述过这两者的关系。在《历史哲学讲演录》中，他关于这个问题的论述可以说是十分明确的。他强调，只有在国家

---

① 请参阅拙文《论两种不同的自由观》，见《俞吾金集》，黑龙江教育出版社 1995 年版，第 124—129 页。拙文详尽地探讨了我们通常讲的认识论意义上的自由与本体论意义上的自由的本质差异。

② G. W. F. Hegel, *Enyzklopädie der philosophischen Wissenschaften* (I), Berlin: Suhrkamp Verlag, 1986, S. 289.

中，自由才获得自己的客观性，"因为法律是精神的客观性，是精神真理性的意志；而只有服从法律的意志才是自由的，因为它所服从的正是它自己，它是独立的，也是自由的。当国家或祖国构成一种共同存在的时候，当人类的主观意志服从法律的时候，自由与必然之间的对立（der Gegensatz von Freiheit und Notwendigkeit）便消失了"①。这就告诉我们，黑格尔从来不在单纯认识论范围内谈论自由问题，他总是把自由问题置于以本体论为基础的实践理性，特别是法哲学的范围内来加以讨论。换言之，本体论意义上的自由与属于现象界的、作为自然规律的必然性之间并没有直接的联系，它与之相关的只是实践理性范围内的，即政治、法律、道德、历史、宗教、艺术等领域中的必然性。而这类必然性作为人类自己制定、自己遵守的法则与自然界的必然性之间存在着根本差异。

正是康德，在阐述他的自由理论的时候，反复重申了上述差异。在《实践理性批判》一书中，他这样写道："作为自然必然性的因果性概念与作为自由的因果性概念是有差异的，前者只关系到物的实存，就这一实存是在时间中被规定而言，它是作为现象而与物自体的因果性相对立的。"②在康德看来，自然必然性关涉到物，而物是属于在时间中发生的现象领域的。反之，自由的因果性则关涉到人这一理性存在物的行为，它超越了现象世界，属于物自体或本体的领域。所以，绝不能把作为物自体或本体的自由与作为现象的自然必然性不加分析地拉扯在一起。也正是在这个意义上，康德指出："如果人们还想拯救自由，就只有一条途径，把只有在时间中才可规定的事物，从而也把遵照自然必然性法则的因果性只赋予现象，把自由赋予作为物自体的同一个存在者。"③这就明确地告诉我们，自然必然性只属于纯粹认识的范围，但人的自由则与

---

① G. W. F. Hegel, *Vorlesungen über die Philosophie der Geschichte*, Berlin：Suhrkamp Verlag，1986，S. 57.

② I. Kant, *Werkausgabe*（Ⅶ），Berlin：Suhrkamp Verlag，1989，S. 219.

③ Ibid.，S. 220.

这类必然性无关，它涉及的是道德、法律等实践理性领域中的必然性（即法则）。所以，康德认为，如果把实践理性与理论理性、本体与现象混淆起来，从而把自由建筑在对自然必然性的认识和把握上，"人就会成为一个由最高匠师制作的、上紧了发条的木偶或一架伏加松式的自动机"①。

从康德的这些论述可以看出，黑格尔的自由观正是沿着康德的本体论和实践理性的大思路来展开的。尽管黑格尔在自由理论上对康德有所批判，也有所超越，但他从来没有把自由理解为一种单纯的认识理论。这一点是我们在这里不得不加以辨明的。事实上，长期以来，我们的哲学教科书和学术界出版的大量论著都是从纯粹认识论意义上去理解马克思、黑格尔、康德乃至整个德国古典哲学的自由理论的。由于没有跳出这种纯粹认识论的思维框架，自由的本质始终没有进入我们的视野。在某种意义上可以说，只有正确地理解自由理论，才能真正地把握黑格尔哲学乃至整个德国古典哲学的伟大遗产。

是为序。

① I. Kant, *Werkausgabe*（Ⅶ）, Berlin: Suhrkamp Verlag, 1989, S. 182.

2001年

论近代西方哲学与现代、当代西方哲学的关系①
——兼谈近代西方哲学史的分期问题

关于近代以来西方哲学的研究已经扩展到许多细节上去了。很少有人意识到,这种细节上的、实证性的研究方式已经阻碍了研究者对更为重要的、前提性问题的反思。近代西方哲学与现代、当代西方哲学的历史分期和相互关系就是这些前提性问题中的一个,因为人们不得不在哲学史分期的话语框架中来思考各种具体的哲学问题。很难想象,一个研究者对哲学史的分期一点都不了解,却能对具体的哲学问题做出准确的判断和说明。我们发现,不少研究者随意使用"近代西方哲学""现代西方哲学"或"当代西方哲学"这样的概念,并从一种不可靠的、主观主义式的价值选择出发,任意地对它们之间的关系做出论断,但很少有人在开始自己的研究活动之前,冷静地对这些概念的含义和关系做出深入的反思和明晰的界定。由于这种随意性到处泛滥,人们对近代西方哲学与现、当代西方哲学的历史分期和

① 原载《学术月刊》2001年第1期。收录于俞吾金:《实践诠释学——重新解读马克思哲学与一般哲学理论》,云南人民出版社2001年版,第203—221页,第三章第二部分,格式内容稍有改动。——编者注

相互关系的理解完全被笼罩在一片雾霭之中，这种局面亟须加以改变。事实上，厘清"近代西方哲学""现代西方哲学"和"当代西方哲学"这些概念的基本含义和相互关系，不但会使我们对西方哲学史，甚至一般哲学史的分期问题获得新的识见，而且也为重新理解西方哲学精神的实质及其演化，乃至对各种具体问题进行实证性的研究和说明提供了重要前提。

一、关于近代西方哲学史分期的反思

西方史学家和哲学家最先提出了"古代—中古—近代"的历史分期方法。在这一历史大框架下谈论问题时，"古代"和"中古"的概念常常是固定的、静止的，"近代"概念则不断地膨胀着，一直延伸到今天。有些西方学者为了遏制"近代"概念向今天的无限延伸，曾经提出了"最新的时代"的概念，以便给"近代"概念划定一个下限。但正如德国历史哲学家斯宾格勒所说的："'最新的时代'（neueste Zeit）的表述使我们认识到这种情形是多么绝望和可笑。"①斯宾格勒看到了上述历史分期方法的局限性，但却苦于找不到另一种方法来取代它。在斯宾格勒之后，"当代"概念渐渐风行，其实，这一概念在含义上与"最新的时代"一样含糊不清。

汉语中的"近代""现代"和"当代"概念虽然来自西方，但在含义上是有差别的。

西文中的 contemporary 在汉语中一般译为"当代的"，这一点在中国学者中似乎无多大分歧，但西文 modern 在汉语中既可译为"近代的"，也可译为"现代的"。有趣的是，中国学者在使用"近代的"或"现代的"这样的汉语表达方式时，常常赋予它们以不同的含义。按照中国学者的理

---

① Oswald Spengler, *Der Untergang des Abendlandes*, München: Deutscher Taschenbuch Verlag, 1923, S. 26.

解，一般说来"近代"概念指称的时段要长于"现代"概念，而"现代"概念指称的时段又要长于"当代"概念。在不严格的情况下使用这些概念时，"近代"概念常常蕴含"现代"和"当代"概念，而"现代"概念则常常蕴含"当代"概念。在日常生活中，这些概念的不清晰并不会引发什么问题，但一旦人们把这些概念无批判地引入哲学史研究的领域中，问题便产生了。

在西方哲学史研究中，西方学者们对"古代哲学"和"中世纪哲学"所指称的历史时期虽然也有不同的看法，但并不存在根本性的分歧。同样，他们在对西方近代哲学开端的确定上，意见基本上也是一致的，即把笛卡尔视为西方近代哲学的开端。罗素就说过："若内·笛卡尔（René Descartes，1596-1650），通常都把他看成是近代哲学的始祖，我认为这是对的。"①但在如何确定近代西方哲学的下限，亦即近代西方哲学与当代西方哲学的关系时，他们的见解就见仁见智，迥然各异了。

在《哲学史讲演录》中，黑格尔还没有使用"当代哲学"的概念，他只是在"近代哲学"的最后一篇中，列入了以耶可比、康德、费希特和谢林为代表的"最近德国哲学"部分。由于黑格尔逝世于 1831 年，他以这样的方式论述近代西方哲学的下限完全是可以理解的。梯利在其 1925 年出版的《西方哲学史》中，进一步把黑格尔及黑格尔以后的 19 世纪哲学和 20 世纪初的西方哲学统统纳入"近代哲学"的大框架中。尽管梯利对西方哲学史上的哲学家们的思想的论述比较客观，但遗憾的是，他在他生活和工作的时代仍未能确立"当代哲学"的概念，并把它引入对西方哲学史的研究中。罗素在其 1945 年出版的《西方哲学史》中虽然叙述了"当代"（the present day，即他所理解的 20 世纪上半叶）的重要哲学家如柏格森、詹姆士和杜威等人的思想，但他与梯利一样，也把这些 20 世纪的哲学家统统纳入"近代哲学"的大框架之中。这充分表明，他从未对西方哲学史的历史分期做过认真的思考。此外，the present day 这一从日

---

① ［英］罗素：《西方哲学史》下卷，马元德译，商务印书馆 1981 年版，第 79 页。

常生活中借用过来的、非规范性的概念也不适宜于表达哲学史上的某个阶段。

在西方哲学史的研究中，谁最先引入 contemporary（当代的）这一规范性的概念，从而对 modern（近代的或现代的）这一概念的下限进行确定，对此还需要做大量细致的研究工作才能下结论。不管如何，我们发现，contemporary 这个词在第二次世界大战后的西方哲学史研究中已逐步上升为一个基本性的概念。波亨斯基（I. M. Bochenski）在 1947 年出版的 *Europäische Philosophieder Gegenwart*[①] 一书中，主要叙述了 20 世纪的西方哲学家罗素、克罗齐、柏格森、胡塞尔、舍勒、海德格尔、雅斯贝尔斯、萨特、哈特曼、怀特海等人的思想。他把"当代哲学"（contemporary philosophy）的概念与"近代哲学"（modern philosophy）的概念明确地区分开来。他指出，近代哲学"就是 1600—1900 年的哲学思想"[②]。他也坦然承认，当代哲学是不容易下定义的，他的基本思路是把那些在第一次世界大战后出版重要哲学著作的思想家列入当代哲学的范围之内，所以他这样写道："我在这里涉及的当代哲学的阶段，是从第一次世界大战延伸到现在。"[③]他所谓的"现在"（the present），也就是他自己写这本书的时代。

波亨斯基这部著作的贡献有三点。第一，明确地引入了当代哲学的概念。第二，把当代哲学与近代哲学的概念区分开来，也就是说，阻止了"近代哲学"概念的无限膨胀，明确地把这一概念的下限确定为 1900年。第三，引入了两种不同性质的哲学史分期方法：一种是根据纪年法进行划分，比如，他把近代哲学的历史阶段确定为 1600—1900 年；另一种是根据重大政治事件进行划分，比如，他把当代哲学的开端确定为

[①] 此书英译为 *Contemporary European Philosophy*，出版于 1956 年，这里的德语名词 Gegenwart 作为第二格，相当于英语中的形容词 contemporary，其汉译应为《当代欧洲哲学》。

[②] I. M. Bochenski, *Contemporary European Philosophy*, Berkeley：University of California Press，1957，p. 1.

[③] Ibid. , pp. 29-30.

第一次世界大战之后。当然，这两种分期方法都不是波亨斯基创造的，如文德尔班 1892 年出版的《哲学史教程》一书的第四篇"文艺复兴时期的哲学"和第五篇"启蒙运动时期的哲学"，就直接以当时的政治运动来命名哲学史发展的不同阶段；而其第七篇"19 世纪哲学"，则开了以世纪为单位来命名哲学史发展的某个阶段的先河。这里暂不评论这两种分期方法的得失，但得承认，这两种分期方法对哲学史研究的影响是巨大的。波亨斯基的这部著作先后被译为英文、西班牙文、法文、荷兰文、日文等，从而他关于当代哲学的理念也产生了重大影响。稍后，格洛克纳（Hermann Glockner）在 1958 年出版的《欧洲哲学：从开端到当代》一书中也明确地使用了 Die Philosophie der Gegenwart 亦即"当代哲学"的概念。他虽然没有从理论上明确地论述当代哲学的时限，但把 20 世纪初以来狄尔泰、齐美尔、詹姆士、柏格森、斯宾格勒、雅斯贝尔斯、海德格尔、萨特等人的思想都列入了当代哲学的范畴之中。这种分期方法在潜意识中认同了这样一种见解，即把 20 世纪初以来的哲学思想称作当代哲学。

随后，赫希伯格（Johannes Hirschberger）在 1961 年出版的《哲学简史》（截至 1983 年已出了 18 个版本）中，也把"近代哲学"（Die Philosophie der Neuzeit）与"19 世纪和 20 世纪哲学"（Die Philosophie im 19. und 20. Jahrhundert）区分开来。他把叔本华的哲学归入近代哲学，而把费尔巴哈、马克思等人的哲学归入 19 世纪和 20 世纪哲学的范围之内。1970 年，林托纳（Fritz-Joachin von Rintelen）出版了 *Contemporary German Philosophy*（《当代德国哲学》）一书。1983 年，兰克（J. Rehmke）和施纳德（F. Schneider）合著的《哲学史》一书，又进一步把西方哲学史明确地划分为三个部分，即"古代哲学"（Die alte Philosophie）、"近代哲学"（Die neue Philosophie）和"当代哲学"（Die gegenwärtige Philosophie）。这些例子表明，从第二次世界大战结束以来，当代哲学的概念已在西方学者的心目中牢固地确立起来了。一般说来，波亨斯基的观点是比较有代表性的，即把 1900 年作为近代西方哲学的下限，把 20 世纪初，作为当代西方哲学的开端。这一观点也可在 M. K. 穆尼茨那里得到印证。他写道："既然人们实际上把 19 世纪末作为'近代哲学'（modern philosophy）的尾声，那么他们当然也可以用'当代哲学'（contemporary philosophy）这一术语涵盖整个 20 世纪的哲学。"①

与西方学者不同，中国学者按照自己对时代跨度的理解，赋予"近代西方哲学""现代西方哲学"和"当代西方哲学"这三个概念以相应的含义。一般说来，他们把从笛卡尔到费尔巴哈的阶段理解为"近代西方哲学"，把以叔本华和孔德为肇始的意志主义和实证主义哲学的兴起到 20 世纪第二次世界大战结束前的哲学理解为"现代西方哲学"，把第二次世界大战后至今的哲学理解为"当代西方哲学"。

与西方学者比较，中国学者的分期方法自有长处。第一，在近代西方哲学与当代西方哲学之间引入现代西方哲学作为中介阶段，既遏制了近代西方哲学范围的无限膨胀，又为进入当代西方哲学的阶段做了铺垫，不使人产生突然的感觉。第二，力图把哲学史自身发展逻辑线索作为历史分期的依据。众所周知，叔本华的成名作《作为意志和表象的世界》出版于 1819 年，因而赫希伯格在《哲学简史》中把他的思想划归到近代哲学的范围内。如果单纯从编年史的眼光出发来看问题，这并没有什么不妥的地方，但问题的实质在于，叔本华的哲学在整个思想倾向上已与近代哲学，特别是德国古典哲学大异旨趣，况且他的思想尤其是《作为意志和表象的世界》真正开始发生影响的时代是 19 世纪四五十年代。而孔德的代表作《实证哲学教程》(1830—1842)，也与近代哲学的传统观念之间存在着重大裂痕，亦属同一个时代。所以中国学者的判分是比较正确的，即叔本华、孔德的哲学属于现代西方哲学，而不是近代西方哲学。

然而，这样的分期方法也暴露出不足的方面。

---

① M. K. Munitz, *Contemporary Analytic Philosophy*，New York：Pearson College Div，1981，p. 3.

第一，不应该引入一个与哲学自身发展逻辑无关的外在政治事件——20世纪的第二次世界大战——作为判分现代西方哲学与当代西方哲学的标志。按照笔者的看法，既不应该像波亨斯基那样，把从编年史上借用过来的1900年作为判分近代西方哲学与当代西方哲学的标准，也不应该像中国哲学界流行的那样，把外部的政治事件作为判分的标准。这一判分的标准应当从哲学自身发展的逻辑中去寻找。在这个意义上，我认为，当代西方哲学的起点应根据霍克海默和阿多诺合著的《启蒙辩证法》(1947)、蒯因的《经验主义的两个教条》(1951)、福柯的《词与物》(1966)等为代表的哲学著作出版的时代来确定，因为这些著作不仅与现代西方哲学的主导倾向存在着重大差别，而且几乎整个地规定了当代西方哲学演化的轨迹。

第二，不应把费尔巴哈划归到近代西方哲学，特别是德国古典哲学的范围内，也不应把马克思哲学单独地从西方哲学史上割裂出来，使之与近代西方哲学和现代西方哲学尖锐地对立起来。在我们看来，费尔巴哈和马克思的哲学都属于现代西方哲学。费尔巴哈在1841年出版的《基督教的本质》所蕴含的人本学思想，马克思在1844年的《巴黎手稿》、1845年的《关于费尔巴哈的提纲》和1845—1846年的《德意志意识形态》中提出的实践唯物主义理论，都超越了近代哲学的视野。

综上所述，我们对近代以来西方哲学史的分期提出如下的看法：

第一，西方哲学史的历史分期依据应当是哲学史自身发展的逻辑，不应当引入外在的因素，如以世纪为单位的纪年法、以重大政治事件等充当西方哲学史乃至一般哲学史分期的依据。

第二，在探讨西方哲学史的历史分期问题时，如果需要对某些哲学家或哲学家的著作(这里主要指哲学家的有代表性的、在哲学史上产生重大影响的著作)应该属于哪个历史时期进行明确的判分，那么其主导性的标准不应当是这些哲学家的自然的出生年月或这些哲学著作的出版时间，而应该是这些哲学家或哲学著作在哲学思想传播史上实际上发生影响的时间。如同我们在上面已经论述过的，叔本华的代表作《作为意志和表象的世界》虽然出版于 1819 年，但这部著作实际上发生影响的时间是 19 世纪四五十年代，所以叔本华及其代表作不应划入近代西方哲学的范围，而应划入现代西方哲学的范围。

第三，近代西方哲学指称的大致上是从笛卡尔到黑格尔的发展阶段；现代西方哲学指称的大致上是从叔本华、孔德、马克思的成名时期到怀特海、维特根斯坦和杜威去世的时期；当代西方哲学则指称始于霍克海默、蒯因、福柯等人的重要著作直至今天的发展阶段。如果用时间来表示，19 世纪 30—40 年代是近代西方哲学与现代西方哲学交接的时段，20 世纪 40—60 年代则是现代西方哲学与当代西方哲学交接的时段。我们认为，在西方哲学史乃至一般哲学史的发展中，不同历史阶段的交接点是呈弥散状的，即呈现出"我中有你，你中有我"的状态，这种状态只能用有一定长度的时段来表示，而不能用纪年法中的"1900 年"这样简单化的方式来表示。

第四，在西方哲学史乃至一般哲学史的历史分期中，"当代"是一个最活跃的、最不确定的概念，正如 M. K. 穆尼茨所说，"'当代'一词所指的范围是随时间的推移而不断变化的"[①]；"现代"是一个比较活跃的、比较不确定的概念；"近代"是一个相对确定的概念；而"中古"和"古代"则是基本确定的概念。这充分表明，哲学史的历史分期离我们越远则越确定，越近则越不确定。尽管哲学史的分期只具有相对的意义，但弄清这个问题对于我们理解哲学精神自身的发展及在不同历史时期的特征，仍然具有不可低估的意义。

二、两种对立的理解模式

在大致厘清近代西方哲学、现代西方哲学和当代西方哲学的历史分

---

① M. K. Munitz, *Contemporary Analytic Philosophy*, New York: Pearson College Div, 1981, p. 2.

期之后，现在我们有条件来探讨近代西方哲学与现、当代西方哲学之间的关系了。在中国哲学界，学者们对这种关系的理解表现为两种不同的历史形式。

第一种历史形式流行于20世纪50年代初到70年代末，其主要特征是肯定近代西方哲学所提供的重要理论资源，全盘否定现、当代西方哲学的主导性价值。这种历史形式主要是在苏联哲学教科书模式的影响下形成起来的，而苏联哲学教科书又深受恩格斯、列宁的有关论著的影响：一是恩格斯于1888年出版的著作《路德维希·费尔巴哈和德国古典哲学的终结》（以下简称《终结》）和列宁于1913年发表的论文《马克思主义的三个来源和三个组成部分》，都强调德国工人运动和马克思主义哲学是德国古典哲学的继承者，这就赋予近代哲学，特别是德国古典哲学以极高的历史地位；二是列宁在1917年出版的《帝国主义是资本主义的最高阶段》中，把始于19世纪末20世纪初的帝国主义的整个意识形态诊断为腐朽的、没落的意识形态，这就从根本上确定了评价现、当代西方哲学的基调；三是恩格斯的《终结》和列宁的《唯物主义和经验批判主义》（1909）都把思维与存在的关系理解为哲学基本问题，并以此把哲学家划分为唯物主义和唯心主义两大阵营。正是从这样的基本观点出发，这种历史形式确立了理解近代西方哲学与现当代西方哲学关系的基本准则：（1）马克思主义哲学既不从属于近代西方哲学，也不从属于现当代西方哲学，它被割裂出西方哲学史，并被与之对立起来；（2）以黑格尔和费尔巴哈为代表的德国古典哲学是整个西方哲学史，特别是近代西方哲学的最高成果；（3）与马克思同时崛起或在马克思以后形成和发展起来的现当代西方哲学在总体上只具有负价值。

把这些准则进一步具体化，就会对当时流行的这第一种历史形式获得更清晰的认识：

首先，近代西方哲学得到了如下肯定的评价：（1）意识到了思维与存在的对立，而黑格尔则把这一对立及对立的和解，理解为整个近代哲学，尤其是德国古典哲学的核心问题，这就为恩格斯提出哲学基本问题奠定了重要的思想基础；而近代哲学中的唯物主义哲学家尤其是费尔巴哈，也为马克思的唯物主义的形成和发展提供了重要的思想资源；（2）坚持理性主义的伟大传统，并通过对基督教的批判（特别是费尔巴哈的批判），高扬了理性的作用，遏制了神秘主义的发展；（3）强调主体在认识和实践活动中的能动作用，从而以前所未有的方式肯定了主体性的地位；（4）德国古典哲学的集大成者黑格尔的辩证法思想构成了近代哲学的瑰宝，马克思主义的经典作家正是通过把黑格尔的这一合理的内核与费尔巴哈的唯物主义的基本内核结合起来，才创立了辩证唯物主义。在这种历史形式中，近代西方哲学的消极因素如唯心主义、二元论和机械唯物论等，则被一笔带过了。

其次，现当代西方哲学获得了如下否定性的评价：（1）回避乃至抹杀哲学基本问题，以掩盖其总体上的唯心主义倾向；（2）非理性主义和神秘主义在现当代西方哲学的演化中起着主导性的作用，从而对近代哲学的理性主义传统构成严重的冲击；（3）在认识论领域中倡导怀疑主义、相对主义和不可知主义。比如，恩格斯就以这样的方式批判新康德主义："从古典哲学的残余中保留下来的只有一种新康德主义，这种新康德主义的最高成就是那永远不可知的自在之物，即康德哲学中最不值得保存的那一部分。最终的结果是现在盛行的理论思维的纷扰和混乱。"① 恩格斯对新康德主义的评价对于现代西方哲学的其他流派来说，具有某种普适性。在这样一种总的评价氛围中，现当代西方哲学的积极因素完全被掩蔽起来了。

最后，近代西方哲学与现当代西方哲学的关系被理解为：前者具有重大进步意义和学术价值，而后者则是腐朽没落，一无是处，只具有负价值。西方哲学史的发展似乎到黑格尔就终止了，黑格尔以后新出现的哲学，除了费尔巴哈和以马克思为代表的哲学思想外，其余都是无价值的，都应当被否定。按照这种理解方式，现当代西方哲学与近代西方哲

---

① 《马克思恩格斯全集》第20卷，人民出版社1971年版，第384页。

学被尖锐地对立起来了。

从 20 世纪 80 年代起，随着对现当代西方哲学思潮的深入研究和对当代资本主义发展态势的努力探索，人们对近代西方哲学与现当代西方哲学关系的理解很快地超越了第一种历史形式，转变为第二种历史形式。与第一种历史形式相反，第二种历史形式的主要特征是：全面肯定现当代西方哲学的理论贡献，全盘否定近代西方哲学的理论价值。第二种历史形式的形成并不是偶然的。一方面，通过对苏联哲学教科书模式的反思，人们认识到，抬高近代哲学，贬低现当代哲学的做法是错误的。西方哲学史的发展有其自身的逻辑，现当代西方哲学正是在反思近代哲学留下的诸多问题的基础上形成并发展起来的，绝不能停留在近代西方哲学的研究成果上迈步不前。另一方面，通过对现当代西方社会和哲学思潮的深入研究，人们意识到现当代西方哲学确实具有重大理论价值和实践价值，那种把它视为帝国主义时代的没落意识形态的见解是偏颇的。事实上，促使现当代西方哲学发展的一个重要动源是对现当代西方社会的批评性反思，这些反思也为重新认识西方社会提供了极有价值的思想资源。

稍加分析就会发现，第二种历史形式确立起来的基本准则如下：(1)马克思主义哲学从属于现当代西方哲学；(2)现当代西方哲学是近代西方哲学的重大转向，在这一转向中，近代西方哲学的基本观念被全面地抛弃了；(3)现当代西方哲学家如尼采、胡塞尔、维特根斯坦、海德格尔等，为我们批判性地思考一切哲学问题提供了可靠的出发点。如果我们把这些准则进一步具体化的话，就会对目前非常流行的第二种历史形式获得清晰的认识。

首先，近代西方哲学的负价值开始得到全面的反省：(1)在近代哲学传统中占主导地位的笛卡尔主义的特点是心物两分、主客两分，这种二元论恰恰是哲学思考不深入的表现；(2)作为近代哲学殿军的黑格尔的"泛理性主义"(pan-rationalism)使整个理性主义传统变成了神话，从而引发了普遍的叛逆情绪。正如怀特所说，"几乎 20 世纪每一种重要的哲学运动都是以攻击那位思想庞杂而声名赫赫的 19 世纪的德国教授的观点开始的,这实际上就是对他加以特别显著的颂扬。我心里指的是黑格尔"①;(3)近代哲学注重对认识论和方法论的研究,却忽视了对哲学根基即本体论问题的深入反思;(4)近代科学和哲学对主体性的过度张扬激起了人控制他人、控制自然的无限欲望。

其次,现当代西方哲学的正面价值开始全面地呈现出来:(1)现当代哲学家普遍抛弃了笛卡尔主义的二元论,追求一元论的思想境界,如马克思的"实践"概念、实用主义的"经验"概念、现象学的"现象"概念等;(2)现当代哲学家普遍强调的是一种非理性主义(irrationalism)的立场,并使之与黑格尔的泛理性主义对立起来。非理性主义并不等于反理性主义(anti-rationalism),它强调的是,不能用理性去取代所有的一切,在理性之外,意志、情感、本能和欲望起着更为重要的、基础性的作用;(3)现当代哲学家超越了近代哲学家单纯的认识论视野,从新的本体论学说出发,对哲学基础理论重新进行了反思;(4)现当代哲学家特别是实证主义哲学家和分析派哲学家,把传统哲学包括近代哲学探讨的许多问题理解为假问题,而弃置一旁。

最后,在第二种历史形式的视野中,近代西方哲学与现当代西方哲学的关系也作为被超越者和超越者之间的关系尖锐地对立起来了。与第一种历史形式相反,思想的钟摆摆向另一个极端,即人们对现当代西方哲学的研究成果做了高度的评价,甚至认为其思想上的任何一个创新都是对近代哲学的否弃和超越。

我们认为,在对近代西方哲学与现当代西方哲学关系的理解上,无论是第一种历史形式还是第二种历史形式,都是偏颇的,乃至错误的。

---

① [美]M. 怀特:《分析的时代——二十世纪的哲学家》,杜任之主译,商务印书馆 1981 年版,第 7 页。

海德格尔的"世界"概念[①]

　　世界概念是任何哲学研究都绕不过去的基本概念之一，但除了康德、维特根斯坦、海德格尔等少数大思想家以外，在大部分哲学研究者那里，这个概念并没有成为反思的对象，而是停留在自然思维的状态之内。由于这个根本性的问题没有得到深入的研究，它经常被不经意的研究者"跳"过去了。就我们的哲学教科书（据说已达数百种）而言，它们几乎众口一词地把世界理解为"自然、社会和思维的总和"，这样的理解具有正当性吗？如果不打破这样的世界概念，这些教科书能取得实质上的进步吗？

　　在海德格尔的哲学中，"世界"（die Welt）概念乃是一个基础性的、十分重要的概念。在海德格尔哲学思想的演化（即理查森所谓从"海德格尔Ⅰ"向"海德格尔Ⅱ"的转变过程）中，"世界"概念同样起着不可或缺的作用。然而，我们不无遗憾地发现，在有关海德格尔研究的出版物中，很少有论著对这一概念进行专门的探讨。有些论著即使论述到这一概念，一般也局限在对海德格尔的

---

　　① 原载《复旦学报（社会科学版）》2001 年第 1 期。收录于俞吾金：《实践诠释学——重新解读马克思哲学与一般哲学理论》，云南人民出版社 2001 年版，第 278—295 页，第四章第三部分，内容稍有改动。——编者注

早期著作《存在与时间》的分析中，因为在这部著作中，海德格尔本人对这个概念也有大量的论述，对这些论述视而不见是不可能的。但这些论著往往给读者造成这样的印象，即只有海德格尔的早期著作才关注世界概念，他中期和后期的著作仿佛突然对这个问题失去了任何兴趣。这种理解方式当然包含着对海德格尔的真实思想及其演化轨迹的误读和误解，而这样的误读和误解恰恰也暴露出研究者对世界概念采取了何等轻慢的态度。在某种意义上，正是由于这种对海德格尔的"世界"概念研究的缺位或忽视，海德格尔哲学及其前后期哲学之间的关系被蒙上了一层神秘的色彩。[①]

海德格尔关于"世界"概念的论述不仅出现在《存在与时间》(1927)一书中，而且也出现在《论根据的本质》(1928)、《艺术作品的本源》(1935/1936)、《世界图像的时代》(1938)、《诗人何为》(1946)、《物》(1950)、《语言》(1950)、《筑、居、思》(1951)、《泰然任之》(1955)、《语言的本质》(1955/1957)等作品中。深入考察海德格尔的"世界"概念在内涵和关注的侧重点上的变化，为我们把握海德格尔哲学思想的实质及其演化的轨迹提供了一把重要的钥匙。

一、海德格尔 20 年代论著中的"世界"概念

在 20 世纪 20 年代的论著中，海德格尔关于"世界"概念的论述主要见诸于《存在与时间》和《论根据的本质》。我们不妨称这个时期为海德格尔"世界"概念发展的第一个阶段。在这个阶段中，海德格尔的主要见解如下。

1. 传统哲学与"世界"现象失之交臂

按海德格尔的看法，在传统哲学或流俗观念中，世界总是被理解为存在者的总体，它现成地摆在那里，有待于人们去认识或思考。由于以

---

① 《俞吾金集》，学林出版社 1998 年版，第 43—51 页。

这种自然思维的态度去对待世界，认识者从一开始就与世界失之交臂。海德格尔这样写道："对世界之内的存在者，无论从存在者层次上加以描写也好，还是从本体论上加以阐释也好，这样的做法中无论哪一种都不着'世界'现象的边际。这两种欲达到'客观存在'的入手方式都已经'预先设定''世界'了，尽管以不同的方式。"①即使在本体论研究的传统内，比如，在这一研究方式的开创者巴门尼德那里，"世界现象就被跳过去了"②。

作为近代西方哲学的肇始人，笛卡尔试图以自己的方式解决"我与世界"的关系问题，然而，由于他的眼光未超出传统的本体论的视野，所以他并没有正确地解决这个问题。在他那里，虽然世界是从"我思故我在"的第一原理出发展示出来的，但既然存在着一个先于世界而又与世界绝缘的"我思"（心理实体），所以世界并不具有现象学意义上的始源的重要性。事实上，如果去掉笛卡尔那种矫揉造作的怀疑态度，他的"我思"和"世界"都是作为可以分离的、现成的存在而存在在那里的。正如海德格尔所批评的："对笛卡尔所作的考察应能使我们洞见到：貌似独立地从世界的物出发，依循着对存在者的臆想为最严格的知识来制订方向，这些都不能保证我们能获得一种地基，借以从现象上同世界、此在及世内存在者的切近的本体论建构相遇。"③

在康德那里，世界概念主要有两种含义：一是作为形而上学基本学科之一的理性宇宙学中的世界概念，这一概念在《纯粹理性批判》一书中激化为先验辩证论中的"二律背反"，其表述形式完全从属于存在者状态上的形而上学传统；二是他的《实用人类学》中的世界概念。虽然这一概

---

① ［德］马丁·海德格尔：《存在与时间》，陈嘉映、王庆节译，生活·读书·新知三联书店 1999 年版，第 75 页。其中的 ontologische 一词，笔者不主张译为"存在论（的）"，而是主张译成"本体论（的）"。参见 M. Heidegger, *Sein und Zeit*, Tübingen: Max Niemeyer Verlag, 1986, S. 64。以下凡涉及 ontologie 或 ontologisch 均译为"本体论"或"本体论的"。

② 同上书，第 117 页。

③ 同上书，第 118 页。

念涉及人的生存状态，但在海德格尔看来，由于康德耽搁了此在的本体论，只是从经验人类学的角度去看待世界，所以从总体上看，他的世界概念也未超出传统哲学的眼界。

传统哲学观念，包括传统本体论学说之所以与始源性的世界现象失之交臂，是与它们未从现象学的"面向事物本身"的观念出发清理出此在的在世结构有关的。在海德格尔看来，"虽然人们对'在世界之中'有前现象学的经验和熟悉，但由于本体论上不恰当的解释，在世却变得晦暗不明了"①。在他看来，只有立足于生存论的本体论立场，运用现象学方法去直观世界，世界才能作为始源的现象被给予，而当人们这样做的时候，也就超越了传统哲学的眼界。

2. 世界归属于人之此在

在《存在与时间》一书中，海德格尔强调，"此在本质上就包括：存在在世界之中"。② 在这个意义上，他也把此在称作"在世界之中存在"（in-der-Welt-sein）。在这里，"在世界之中存在"并不意味着此在作为现成的东西被放入现成的世界中，而是一种先天的、统一的现象。他之所以用连字符号把这些字连起来，目的正是强调世界与此在的不可分离性，即既不存在无世界的单纯主体性，也不存在与此在绝缘的所谓"世界"。

在《论根据的本质》一书中，海德格尔以更明确的口吻指出："一、世界所指的与其说是存在者本身，还不如说是存在者之存在的一种如何（Wie）。二、这种如何规定着存在者整体。它根本上乃是作为界限和尺度的任何一种一般如何（Wie überhaupt）的可能性。三、这一如何整体在一定程度上是先行的。四、这一先行的如何整体本身相关于人之此在。因此，世界恰恰归属于人之此在，虽然世界涵括一切存在者，也一并整个地涵括着此在。"③在这里，海德格尔进一步强调，世界和此在作

---

① ［德］马丁·海德格尔：《存在与时间》，陈嘉映、王庆节译，生活·读书·新知三联书店 1999 年版，第 69 页。

② 同上书，第 16 页。

③ 孙周兴：《海德格尔选集》上卷，上海三联书店 1996 年版，第 174—175 页。

为生存结构整体中的不可或缺的环节，都是始源性的，既不能把孤立的世界放在此在之先，也不能把孤立的此在摆在世界之前，它们共处于始源性的现象中。

海德格尔还把"在世界之中存在"理解为"超越"（Transzendenz）："我们把此在本身所进行超越的何所往称为世界，现在并且把超越规定为'在世界之中存在'。世界乃是超越的统一结构，作为超越所包含的东西，世界概念被叫作一个先验的概念。"①在海德格尔看来，超越不但不是此在摆脱世界而卓然独立，而是把此在理解为"在世界之中存在"，在这种存在方式中，世界成了一个超越性的、先验的整体结构。

事实上，也正是通过"在世界之中存在"这一重要的概念，海德格尔不仅与传统哲学，如与世界绝缘的笛卡尔的"我思"和康德的"自我意识"划清了界限，也与他的老师胡塞尔的、仍然与世界绝缘的"先验自我"划清了界限。正如约瑟夫·科克尔曼斯所说的："海德格尔不能追随胡塞尔的更为重要的原因在于，胡塞尔的先验还原的思想及其一切意义的最终来源都存在于先验的主体性中，而这个先验的主体性原初是没有世界的。这就解释了为什么海德格尔力图把人的存在设想为在世界中存在。"②在这个意义上可以说，只有把握住胡塞尔和海德格尔在世界概念上的根本差异，才能充分理解这两位大思想家在哲学上的根本差异。

3. 日常此在最切近的世界是周围世界（Umwelt）

海德格尔认为，在传统哲学的本体论和认识论的视野中，"世界失落了特有的周围的性质，周围世界变成了自然世界"③。毋庸讳言，在人们的眼中，贴近的周围世界之所以会蜕变成疏远的自然世界，正是因为人们把此在与世界彼此绝缘而引起的，唯有借助于生存论的本体论眼

---

① 孙周兴：《海德格尔选集》上卷，上海三联书店 1996 年版，第 170—171 页。

② ［美］约瑟夫·科克尔曼斯：《海德格尔的〈存在与时间〉》，陈小文等译，商务印书馆 1996 年版，第 38 页。

③ ［德］马丁·海德格尔：《存在与时间》，陈嘉映、王庆节译，生活·读书·新知三联书店 1999 年版，第 130 页。

光，周围世界才会从自然世界中重新凸显出来。正是从这样的眼光出发，海德格尔区分了"上手状态"（Zuhandenheit）和"现成在手状态"（Vorhandenheit），强调周围世界所具有的"上手状态"的特征，以及周围世界中的存在者如何在此在的生存活动中照面，而人们一旦失去这种眼光，周围世界的"上手状态"就会蜕变为自然世界的"现成在手状态"，世界也就离我们而远去了。事实上，在纯粹理论态度中，世界就远化为与此在的生存活动无关的、单纯的认识对象。在海德格尔看来，只有把世界理解为此在的最切近的周围世界，此在才不会与世界现象失之交臂。

二、海德格尔三四十年代作品中的世界概念

我们不妨把这个时期（20 世纪三四十年代）理解为海德格尔世界概念发展的第二个阶段。在这个阶段中，正是通过《艺术作品的本源》《世界图像的时代》《诗人何为》等作品，世界概念获得了新的内涵。

1. 艺术作品的真理体现在世界与"大地"（Erde）的争执中

海德格尔在《艺术作品的本源》中着重论述了这方面的思想。在他看来，建立一个世界和制造大地是艺术作品的两个基本特征。他这样写道："世界是在一个历史性民族的命运中单朴而本质性的决断的宽阔道路的自行公开的敞开状态（Offenheit）。大地是那永远自行闭锁者和如此这般的庇护者的无所促迫的涌现。世界和大地本质上彼此有别，但却相依为命。世界建基于大地，大地穿过世界而涌现出来。但是世界与大地的关系绝不会萎缩成互不相干的对立之物的空洞的统一体。世界立身于大地；在这种立身中，世界力图超升于大地。世界不能容忍任何闭锁，因为它是自行公开的东西。但大地是庇护者，它总是倾向于把世界摄入它自身并扣留在它自身之中。"①

---

① 孙周兴：《海德格尔选集》上卷，上海三联书店 1996 年版，第 269 页。

在海德格尔看来，一块石头是无世界的，植物和动物也是无世界的，但一个农妇却有自己的世界。因为她通过自己的居留和器具，建造了她的周围世界。对于她来说，世界既不是单纯的物的聚合，也不是静观默想的对象，世界就是她的全部生存活动，就是她的诞生和死亡、她的喜悦和痛苦、她的罪孽和解脱、她的决断和命运。同样，对于一个民族来说，它的生存和发展也通过它的一系列历史性的决断而敞开为一个世界。海德格尔这里所说的大地既不是外在于我们的物质的宇宙，也不是触目可见的一个个质料体，而是他所说的世界的立身之地、世界的拘禁者或庇护者。如一座希腊神庙，它的兴盛与衰败，以及那些连接着它的通道开启出一个世界，而世界又建基于、受制于大地。世界与大地的对立体现为一种"争执"（Streit），艺术作品的目的并不是消除这种争执，或把它平息为一种空洞的统一性，而是要使争执保持为一种争执。正是在这种争执中，艺术作品的真理或美才会显现出来。

2."世界图像"作为现代之本质

海德格尔在《世界图像的时代》一文中集中论述了这方面的思想。什么是世界图像呢？海德格尔写道："从本质上看来，世界图像并非意指一幅关于世界的图像，而是指世界被把握为图像了。这时，存在者整体便以下述方式被看待，即：唯就存在者被具有表象和制造作用的人摆置而言，存在者才是存在的。在出现世界图像的地方，实现着一种关于存在者整体的本质性决断。存在者的存在是在存在者之被表象状态（Vorgestelltheit）中被寻求和发现的。"①显而易见，在海德格尔那里，世界图像的实际含义是：世界已经被除魅（即它的神秘性以及与此相关的、人们对世界的崇拜已经完全消失了），世界作为存在者的整体，仅仅成了人的表象和有用物。

这种情况并不是古已有之的。在古希腊，巴门尼德说思维与存在是同一的，表明存在者的觉知归属于存在。存在者只是作为自行开启者，

---

① 孙周兴：《海德格尔选集》下卷，上海三联书店 1996 年版，第 898 页。

向存在的真理敞开自己。但在柏拉图那里，由存在者的共相组成的理念世界已预先呈报了世界作为图像的必然性。在中世纪，存在者以与古代世界不同的方式归属于造物系列的某个特定的等级，因而作为存在者整体的世界也没有成为图像。只有在现代社会中，世界才能成为图像，而这一过程与人成为主体是同时发生的。海德格尔进而写道："对于现代之本质具有决定意义的两大进程——亦即世界成为图像和人成为主体——的相互交叉，同时也照亮了初看起来近乎荒谬的现代历史的基本进程。这也就是说，对世界作为被征服的世界的支配越是广泛和深入，客体之显现越是客观，则主体也就越主观地，亦即越迫切地突显出来，世界观和世界学说也就越无保留地变成一种关于人的学说，变成人类学。毫不奇怪，唯有在世界成为图像之际才出现了人道主义。"①

在这段极为重要的论述中，海德格尔告诉我们：第一，世界图像化是在现代社会中完成的；第二，一旦世界成为图像，人们关于世界的观念才被称为世界观；第三，世界图像化也就是人类中心化；第四，人道主义乃是人类中心主义的产物。通过世界图像的理论，海德格尔对现代社会的异化做出了深刻的批判。这种批判在他关于技术问题的反思中以更明确的方式表现出来。

3. 技术使世界成为"世界黑夜"（Weltnacht）

在《诗人何为》一文中，海德格尔从现代社会技术发展的视角出发，进一步思索了世界概念的变形。人在自己的多种多样的制造活动中，把世界转变为自己表象和加工的对象，而当人这样做的时候，"技术之本质只是缓慢地进入白昼。这个白昼就是变成了单纯技术的白昼的世界黑夜。这个白昼是最短的白昼。一个唯一的无尽头的冬天就用这个白昼来进行威胁。现在不仅人失却了保护，而且整个存在着的未受伤害的东西也仍在黑暗之中。美妙事情隐匿自己。世界变得不美妙了"②。这种世

① 孙周兴：《海德格尔选集》下卷，上海三联书店 1996 年版，第 902—903 页。
② 孙周兴：《海德格尔选集》上卷，上海三联书店 1996 年版，第 435 页。

界黑夜同时也是技术之白昼。这正应了黑格尔的名言，"纯粹的光明就是纯粹的黑暗"①。在这种世界黑夜中，人的生存面临着巨大的危险和深渊。真正的诗人应当自觉地进入、承受并道出这种危险，以便把人类和文明从危险中拯救出来。

三、海德格尔五六十年代作品中的世界概念

20世纪五六十年代是海德格尔世界概念发展的第三个也是最重要的阶段。在这个阶段形成的作品，如《物》《语言》《筑·居·思》《泰然任之》《语言的本质》《只还有一个上帝可以救渡我们》中，海德格尔向我们展示出他的新的世界概念。

1. 世界是天、地、神和终有一死者的四重整体

海德格尔认为，"天、地、神、人之纯一性的居有着的映射游戏，我们称之为世界。世界通过世界化而成其本质。这就是说：世界之世界化（das Welten von Welt）既不能通过某个它者来说明，也不能根据它者来论证"②。这里所谓"天"（der Himmel）是指日月运行，群星闪烁，季节更替，天弯白云；"地"（die Erde）是指承受筑造，滋养果实，蕴藏着水流和岩石，庇护着植物和动物；"神"（die Göttlichen）是指通过对神性的隐而不显的运作，神显现而成其本质；"终有一死者"（die Sterblichen）指的是人类，人类之所以被叫作"终有一死者"，是因为他们能赴死，能承担死亡的结果，而动物只是消亡。这一四重整体的统一性乃是"四化"（Vierung），这种"四化"作为世界之世界化，是不能认识，不能论证，也不能说明的。一旦人类的认识在这里要求一种说明，或把统一的四方仅仅表象为个别的现实之物，世界之世界化的本质就被扼杀了，人类就会

---

① ［德］黑格尔：《小逻辑》，贺麟译，商务印书馆1980年版，第108页。
② 孙周兴：《海德格尔选集》下卷，上海三联书店1996年版，第180页。

退回到单纯的计算理性中，把世界仅仅理解为待加工的原料或消费品。

2."终有一死者"在栖居中保护着"四重整体"

"终有一死者"通过栖居而存在在"四重整体"中，而栖居的基本特征乃是保护。在拯救大地、接受天空、期待诸神和护送"终有一死者"的过程中，栖居显现为对"四重整体"的四重保护。"作为保护的栖居把四重整体保藏在终有一死者所逗留的东西中，即物(Dingen)中。"①也就是说，不要单纯地用现代技术的计算理性去对待物，而要让物泰然处之，保持在其自身的本质之中。

3.上帝是世界的最终的拯救者

在《只还有一个上帝能够救渡我们》中，海德格尔强调，由于现代技术和计算理性的快速发展，人已经被连根拔起，甚至连哲学也变成了控制论，世界的世界化不但被遗忘，而且被彻底地破坏了。在这种情况下，人已经失去救渡自己的力量，而只还有一个上帝能够把我们从深渊中拯救出来。

四、考察海德格尔世界概念演化的意义

上面，我们对海德格尔世界概念演化的三个阶段做了一个简要的考察。这一考察表明，第二阶段实际上是第一阶段和第三阶段之间的过渡阶段。但这一过渡阶段却十分重要②，正是有赖于它，海德格尔才没有停留在早期的世界概念上，而是毅然决然地在晚年提出了新的世界概念。虽然我们很难划定早期海德格尔与晚期海德格尔思想转变的明确的

---

① 孙周兴：《海德格尔选集》下卷，上海三联书店1996年版，第1194页。

② 这一阶段的重要性并不仅仅表现在观念上，还表现在现实中。法西斯现象的兴衰和第二次世界大战的发生都暗示当代世界和文明所面临的危机。在一个更确切的意义上可以说，正是通过对这一阶段的历史现实的深入反思，海德格尔才从早年的"海德格尔 I"走向晚年的"海德格尔 II"。

时间界限，但海德格尔思想的转变却是一个不争的事实。正如他在给理查森的信中所承认的："您对'海德格尔Ⅰ'和'海德格尔Ⅱ'之间所作的区分只有在下述条件下才可成立，即应该始终注意到：只有从在海德格尔Ⅰ那里思出的东西出发才能最切近地通达在海德格尔Ⅱ那里有待思的东西。但海德格尔Ⅰ又只有包含在海德格尔Ⅱ中，才能成为可能。"①事实上，正是海德格尔的世界概念的演化为我们提供了一把认识他前后期思想转变的重要钥匙。

1. 从哲学探讨到面向思的事情

早期海德格尔是从哲学上探索存在问题，包括世界概念的。在《存在与时间》一书中，他力图用"生存论的本体论"为传统的本体论提供一个全新的基础，但他对传统的这种抗衡仍然是在传统的内部展开的，犹如婴儿之抗衡母腹，麦子之抗衡镰。通过20世纪三四十年代对艺术作品，特别是诗的认真解读和对技术问题的深入思索，晚年海德格尔清醒地认识到，在无所不在的现代技术的重压下，哲学的探索已经变形为计算理性的运作，而哲学本身也已经蜕变为控制论了："海德格尔：今天各种科学已经接管了迄今为止哲学的任务。……哲学消散在几种特殊科学中了：心理学、逻辑学、政治学。

《明镜》记者：谁现在占据了哲学的地位呢？

海德格尔：控制论。"②这样一来，传统意义上的哲学实际上已经终结了，而"思"（Denken）或作为思的诗则开始了。这种思之所思不是传统哲学意义上的世界概念，也不是早期海德格尔的世界概念，而是作为世界世界化的"四重整体"。在海德格尔看来，只有进入这种超越于计算理性和控制论的"思"的境界时，存在的意义才会向我们显现出来。正如海德格尔在《从思想的经验而来》的组诗中所写的：

---

① 孙周兴：《海德格尔选集》下卷，上海三联书店1996年版，第1278页。
② 同上书，第1308页。

一旦吾人愈来愈通晓运思之源起，

吾人将冒险一试退出于哲学之范围

而返回到在之运思中。①

2. 从此在的世界到作为"四重整体"的世界

早期海德格尔是从对此在的生存结构的考察开始提出其世界概念的。也就是说，世界归属于人之此在，世界是此在在世的一个环节。当时，海德格尔虽然对人类学有所批评，且用此在这个词来代替人之在，但他既然把世界理解为此在的世界，表明他还没有对人类中心主义的倾向引起足够的警惕。通过20世纪三四十年代对艺术作品本源的追溯和对"世界图像"的反思，晚年海德格尔把世界理解为由天、地、神和"终有一死者"所组成的"四重整体"，这就把作为人之在的"终有一死者"非中心化，即边缘化了，人从世界的唯一的组建者下降为世界的四个维度中的一个，下降为一个单纯的守护者。天、地、神，特别是神的作用重新获得了肯定和高扬。也正是在这个意义上，海德格尔强调，只还有一个上帝可以救渡我们。这些论述充分表明，晚年海德格尔已经把反对人类中心主义的意向融入他的世界概念之中。

3. 从世界的周围化到周围世界的世界化

早期海德格尔批评传统认识论和本体论所蕴含的那种静观的理论态度，强调在这种态度中，"世界失落了特有的周围的性质"，成了与此在十分疏远的自然世界。当时他从生存论的本体论的立场出发，通过引入"工具""上手状态"等概念，力图把世界还原为周围世界，并进而把周围世界看作此在自行组建起来的王国。当时的海德格尔虽然批评日常此在沉沦在世界中，但其批判的矛头主要是针对此在的，由于对现代技术的本质的反思当时还没有触及，所以他对由日常此在所组建起来的周围世界还未进行深入的、系统的反思和批判。

---

① 孙周兴：《海德格尔选集》下卷，上海三联书店1996年版，第1160页。

经过对现代技术的研究和对世界图像化的思索，晚年海德格尔意识到正是现代技术把世界周围化了，而这种世界的周围化同时蕴含着世界的异化。海德格尔写道："技术统治之对象事物愈来愈快、愈来愈无所顾忌、愈来愈圆满地推行于全球，取代了昔日可见的世事所约定俗成的一切。技术的统治不仅把一切存在者设立为生产过程中可制造的东西，而且通过市场把生产的产品提供出来。人之人性和物之物性，都在贯彻意图的制造范围内分化为一个在市场上可计算出来的市场价值。"[①]这就告诉我们，日常此在通过工具和"上手状态"组建起来的周围世界，既是一个最贴近的世界，也是一个与人的本质最疏远的、异化的世界。在这个异化的世界中，现代技术的本质，即"座架"（Gestell）支配着一切。

如何使周围世界世界化呢？在海德格尔看来，使周围世界世界化并不意味着返回到传统哲学的静观的理论态度上去。实际上，在现代社会中，随着世界的图像化，人们是无法退回到这种静观的理论态度上去的。只有当人们对技术对象同时说"是"与"不"的时候，我们对技术世界的关系才会改变："我们让技术对象进入我们的日常世界，同时又让它出去，就是说，让它们作为物而栖息于自身之中……我想用一个古老的词语来命名这种对技术世界既说'是'也说'不'的态度：对于物的泰然任之（die Gelassenheit zu den Dingen）。"[②]显然，在这种对物的泰然任之的态度中，有着一种使周围世界世界化的倾向。

在这里体现出来的是世界的辩证运动：当我们通过计算的理性和技术的手段使世界变为周围世界，一切物都贴近于我们的时候，我们反而与世界疏远了。换言之，世界作为异在的东西与我们相对立；反之，当我们对物采取泰然任之的态度时，物似乎因为回到自己的本质而与我们

---

① 孙周兴：《海德格尔选集》上卷，上海三联书店 1996 年版，第 423 页。这使我们很容易地联想起马克思的一段论述："只有在资本主义制度下自然界才不过是人的对象，不过是有用物；它不再被认为是自为的力量；而对自然界的独立规律的理论认识本身不过表现为狡猾，其目的是使自然界（不管是作为消费品，还是作为生产资料）服从于人的需要。"见《马克思恩格斯全集》第 46 卷上，人民出版社 1979 年版，第 393 页。

② 孙周兴：《海德格尔选集》下卷，上海三联书店 1996 年版，第 1239 页。

疏远了，而我们仿佛也已退回到静观式的理论态度。但实际情况并不如此，由于我们对物之本性的尊重，我们反倒更贴近世界了。

当然，海德格尔还强调，这种对物的泰然任之与对神秘东西的敞开态度是共属一体的，"它们允诺给我们以一种可能性，让我们以一种完全不同的方式逗留于世界上。它们允诺我们一个全新的基础和根基，让我们赖以在技术世界的范围内——并且不受技术世界的危害——立身和持存"①。这种对物的泰然任之的态度和对世界的神秘性认同的态度（即拒绝把世界完全理性化）②既使作为世界的"四重整体"得到保护，也使此在在技术世界中保持"出淤泥而不染"的独立性。

综上所述，通过对海德格尔的世界概念演化的解析，我们发现在海德格尔的哲学思想中，贯穿着他对生存、世界和存在意义的关注。早期海德格尔的思想基础是生存论的本体论，晚年海德格尔虽然不再使用这样的概念，但他对人类生存问题的关注则是始终如一的。事实上，他通过对哲学之终结和思之开始的宣布，达到了一种更宏大的生存论观念。在这种观念中，传统的主体形而上学被彻底地抛弃了，此在被边缘化了，世界被理解为"四重整体"，人类的生存图景以与传统哲学，甚至以与他早期思想不同的形式表达出来了。这就告诉我们，海德格尔的思想不仅存在着转变，而且这一转变是巨大的。这体现出他作为大思想家一生所做的艰苦的理论探索。

---

① 孙周兴：《海德格尔选集》下卷，上海三联书店 1996 年版，第 1249 页。
② 正如维特根斯坦所说："神秘的不是世界是怎样的，而是它是这样的。"［奥］维特根斯坦：《逻辑哲学论》，郭英译，商务印书馆 1985 年版，第 96 页。

也谈 Der Wille zur Macht 的汉译[①]

众所周知，在如何翻译尼采的 der Wille zur Macht 这个重要词组的问题上，学术界存在着不同的看法。人们通常把这个词组译为"权力意志"，但"权力"这个词的政治含义太强，容易引起误解。所以，也有人主张把这个词组译为"强力意志"，但"强力"这个生僻的、内容模糊的概念也没有被学术界所普遍接受。笔者也一直在思考这个问题。不久前，看到赖乔先生在《哲学译丛》2001 年第 1 期上发表的短文《关于 Wille zur Macht 的汉译》，终于忍不住了，也想谈点自己的看法，以求教于学界同仁。

赖先生主张，不能在 zur(zu der 的简写方式)中抹去德语介词 zu 的含义，而只考虑 der 的含义。我们知道，在德语中，阴性定冠词 die 的第二格和第三格均为 der。作为第二格的 der 常常充当"的格"的作用，即相当于英语中的 of，而介词 zu 后面则跟第三格，所以这里写成 zu der Macht，简写则为 zur Macht。赖先生主张，我们应当把 der Wille zur Macht 这个词组中的介词 zu

① 　原载《哲学译丛》2001 年第 3 期。收录于俞吾金：《从康德到马克思——千年之交的哲学沉思》，广西师范大学出版社 2004 年版，第 481—484 页；《哲学随想录》，北京师范大学出版社 2016 年版，第 86—89 页。——编者注

的含义翻译出来，这可以说和笔者的见解正好不谋而合。笔者在数年前撰写的评价卢卡奇晚期哲学的一篇论文中也曾提出要重视对德语介词 zu 的翻译。众所周知，卢卡奇晚年的一部巨著的名称是 *Zur Ontologie des Gesellschaftlichen Seins*，人们通常把它译为《社会存在本体论》，但这一译法同样没有反映出 zu 的含义，为了反映出这方面的含义，笔者曾主张把卢卡奇的这本书译为《向着社会存在本体论》。①

与赖先生一样，笔者虽然也主张重视对 der Wille zur Macht 中的 zu 的含义的翻译，但不同意他把这个词组译为"向往力量的意志"或"追求力量的意志"，甚至简化为所谓"求力意志"，理由如下。

第一，"向往""追求"或"求"都属于理性的自觉行为，而 Wille 作为意志，属于无意识的范围，它是以非理性的、自发的方式起作用的。所以，不应该把 zu 译为"向往""追求"或"求"，而应该译为"趋于"或"趋向"。之所以这样译，目的是表明意志总体上是以自发的或自然而然的方式起作用的。

第二，赖先生不主张把 Macht 译为"权力"，而主张译为"力量"，显然没有考虑到德语中的两个词——Macht 和 Kraft 之间的差别。前者通常有 Herrschaft(统治权、支配权)或 Gewalt(权力、权势)的含义，后者通常有 Stärke(力气、力量)、Fähigheit(能力、才智)的含义。② 在笔者看来，这两个字的差别在于：Macht 表示不同意志之间的关系，而 Kraft 则表示某一意志本身的属性或能力。在德语的日常使用中，尽管 Macht 和 Kraft 之间并不存在严格的区分，但一般说来，Macht 大致相当于英语中的 power，法语中的 pouvoir 和汉语中的"权力"；而 Kraft 则大致相当于英语中的 force，法语中的 force 和汉语中的"力量"。由此看来，把尼采所用的 Macht 译为"力量"显然是不妥的，因为这里实际上包含着一种危险，即把 der Wille zur Macht 曲解为 der Wille zur Kraft，仿

---

① 《俞吾金集》，学林出版社 1998 年版，第 225 页。

② ［德］G. 瓦利希：《德语词典》，1986/1987 年德文版，第 853、786 页。(Wahrig, *Dertsches Wörterbuch*, München: Mosaik Verlag, 1986, 1987, S. 853, S. 786.——编者注)

佛尼采重视的是一个意志自身的属性，而不是不同意志之间的关系。

鉴于上面的分析，笔者不主张把 der Wille zur Macht 译为"向往力量的意志"或"追求力量的意志"，更不能简化为"求力意志"。人所共知，在唯意志主义者的学说中，Kraft，即力或力量本身就是意志的另一种称呼方式。比如，叔本华在《作为意志和表象的世界》一书中指出："迄今为止，人们总是把意志这一概念归属到力（Kraft）的概念下。与此相反，我则把这种关系颠倒过来，把自然界中的每一种力都设想为意志。"①既然力本身就是意志，那么，"向往力量的意志""追求力量的意志"或"求力意志"这样的说法便都失去了意义，甚至使 der Wille zur Macht 成了一个自相矛盾的词组。关键在于，我们必须意识到，尼采通过这个词组所要告诉我们的，不是一个意志自身是什么，而是一个意志对其他意志的关系。

这样说来，是不是笔者仍然主张把 der Wille zur Macht 译为"权力意志"呢？并不。在笔者看来，"权力意志"这一译法虽然抓住了 Macht 这个词的本质性内容，但在表述上仍然有模糊之处，亟须进行改写。我们不妨综合上面思考的成果，分下面两步对"权力意志"这一译法进行改写：

第一步：重视 zu 的含义在这个词组中的作用，从而把"权力意志"这一译法改写为"趋向权力的意志"。

第二步：重视 Macht 这个词的引申含义，从而对 der Wille zur Macht 这个词组的意义做出新的解释。从语言学上看，一般说来，名词都有两方面含义：一方面是基本的含义；另一方面是引申的含义。如果说，Macht 的基本含义是 Herrschaft 和 Gewalt，即"权力"的话，那么，它的引申义则是 Kontrolle（相当于英语中的 control 或法语中的 controle），在汉语中的含义则是"控制"或"支配"。比较起来，"控制"这个

---

① ［德］A. 叔本华：《全集》，1986 年德文版，第 172 页。（A. Schopenhauer, *Sämtliche Werke*, Band 1, Berlin: Suhrkamp Verlag, 1986, S. 172.——编者注）

词更接近于自觉地进行谋划的理性，而"支配"这个词则更多地表明，一方统治另一方的过程是在不知不觉中完成的。所以，我们更倾向于用"支配"这个词，以显示自发的 Wille（意志）与自觉的理性（Vernunft）之间的差别。

仔细地推敲起来，如果我们把 Macht 按其基本含义译为"权力"，不但极易与政治上使用的"权力"一词混淆起来，而且也把 Macht 的内涵窄化了。为了避免这样的误解，笔者建议，不要固守 Macht 的基本含义来译介 der Wille zur Macht，而应从其引申含义上来译这个词组，即把 der Wille zur Macht 内蕴的真正的、哲学上的意义传达出来。基于这样的考虑，我们主张把"趋向权力的意志"进一步改写为"趋向支配的意志"。

"趋向支配的意志"的意义是：一个意志总是自发地或自然而然地趋向于对其他意志的支配。事实上，也正是基于意志的这一本质性的特征，不同的意志之间才会发生冲突。笔者认为，这一译法既不会把尼采通过 der Wille zur Macht 这个词组所要传达的不同意志之间的关系的维度遮蔽起来，也不会把一个意志的最本质特征——自然而然地趋向对其他意志的支配的维度遮蔽起来。

差异性、偶然性和个体性[①]
——未来哲学的新的聚焦点

　　由于以"后现代主义"为代表的当代哲学观念和以"耗散结构理论"为代表的新自然科学研究成果对传统哲学的主导性观念的颠覆，近年来大家都在关心和讨论一个问题：未来哲学的发展趋向是什么？毋庸讳言，替未来哲学画像，就像替未来社会画像一样，是一项风险很大的工作。在某种意义上可以说，画得越具体，被证伪的可能性就越大。所以，以比较抽象的方式来谈论未来哲学的发展趋向也许是不明智的。本文无意对未来哲学的总体走向做出全面的预断，只是就未来哲学可能关注的问题，提出一些不成熟的想法，以求正于方家。

　　本文认为，在传统哲学的研究中，同一性、必然性和总体性一直是主导性的原则。这些原则在未来哲学的发展中可能被边缘化，而在传统哲学的研究中本来处于边缘化地位的一些原则，特别是差异性、偶然性和个体性，却可能在未来哲学的发展中再度上升为受宠的主题。之所以说是"再度"，因为这些主题在哲学史上早已得到某些

[①]　原载《求是学刊》2001年第5期。收录于俞吾金：《散沙集》，人民出版社2004年版，第80—93页。——编者注

哲学家的关注。然而，由于时代条件、理论视域等各方面条件的制约，这些主题并没有引起人们的普遍重视。或许可以说，直到今天，这些主题引起普遍重视的机会才真正来临了。下面，我们将逐一探讨这些主题，并说明它们之间的内在联系。

一、差异性

在古希腊哲学的发展中，智者派起着思想启蒙的作用。他们强调的是差异性、多样性和感觉的可靠性。苏格拉底起来驳斥智者派，他的学生柏拉图则从哲学上总结了他的老师与智者派之间的争论。在柏拉图的晚期著作中，特别探讨了"一"与"多"之间的辩证关系。这里的"多"也就是差异性、多样性。黑格尔指出："这种相异者、'有'与'非有'、'一'与'多'等等的结合，因而并不仅仅是由'一'过渡到对方，——这乃是柏拉图哲学最内在的实质。"①

在智者派和柏拉图之后，莱布尼茨也是一个十分重视差异性和多样性的学者。据说他在宫廷中提出了著名的相异律，即没有两片树叶是完全相同的见解时，宫廷中的卫士和宫女们纷纷走入御花园中，试图找出两片完全没有差异的树叶，以驳斥他的相异律。黑格尔嘲笑了卫士和宫女们的浅薄，在他看来，相异律是无法加以否认的，甚至人们在强调事物的同一性时，也蕴含着对相异律的认可。

黑格尔这样写道："当知性对于同一加以考察时，事实上它已经超出了同一，而它所看见的，只不过是在单纯差异或多样性形式下的差别。假如我们依照同一律来说，海是海、风是风、月是月等等，那么，这些对象在我们看来，只是彼此毫不相干的，因此我们看到的，不是同

---

① ［德］黑格尔：《哲学史讲演录》第 2 卷，贺麟、王太庆译，商务印书馆 1983 年版，第 214 页。

一，而是差别。"①为什么这么说呢？因为当人们说"海是海、风是风、月是月"时，也就等于说，海不是风，风不是月，月不是海。换言之，海、风、月三者是有差异的。在这个意义上可以说，强调同一性也就是强调差异性。当然，黑格尔注重的，不仅是不同事物之间的外在差异，更是同一事物之中的内在差异，即矛盾。所以他指出："我们所要求的，是要能看出异中之同和同中之异。"②黑格尔还辛辣地嘲讽了以谢林为代表的、排斥差异性的"同一哲学"，认为在这种哲学中，就像黑夜看牛一样，什么也看不见。

尽管黑格尔高度重视差异性，强调"同中有异"，但在他的哲学思想中，起主导作用的始终是同一性。这种同一性在其"绝对精神"的概念上得到了充分的体现。比如，在哲学史研究中，黑格尔坚决反对哲学史家们只看到历史上不同的哲学流派和人物之间的相互对立、相互冲突和相互推翻的现象，他指出："这样的哲学史家有点像某些动物，它们听见了音乐中一切的音调，但这些音调的一致性与谐和性，却没有透进它们的头脑。"③诚然，黑格尔也主张要看到不同的哲学流派和哲学家思想之间的差异性，但他更注重的是这些有差异的思想的"一致性和谐和性"。所以，归根到底，黑格尔哲学仍然属于"同一哲学"的范围，他和谢林的区别是：谢林不承认同一包含着差异，而他则强调同一蕴含着差异，但他们的共同点都是对同一性的倚重。

从柏拉图到黑格尔的传统西方哲学对同一性的倚重在当代世界中受到了严重的挑战。德国哲学家海德格尔从其"此在本体论"的立场出发，揭示出传统哲学崇拜同一性的起因："从其基本音调来听，同一律所说出的东西正是整个西方—欧洲思想所思的东西，这就是：同一性的统一性构成了存在者之存在中的一个基本特征。无论我们在何处和如何对待

---

① ［德］黑格尔：《小逻辑》，贺麟译，商务印书馆1980年版，第252页。
② 同上书，第253页。
③ ［德］黑格尔：《哲学史讲演录》第1卷，贺麟、王太庆译，商务印书馆1983年版，第5页。

哪一类型的存在者，我们都感到自己已被同一性所呼求（angesprochen）。倘若这一呼求（Anspruch）不说话，那么存在者就决不能在其存在中显现。"①海德格尔敏锐地发现，传统哲学向同一性的呼求，实际上就是向存在的呼求。但在他看来，传统哲学的一个根本性弊病却是对"本体论差异"的遗忘。所谓"本体论差异"也就是"存在者"与"存在"之间的差异。由于传统哲学看不到这两者之间的差异，把"存在者"误认为是"存在"，从而导致了对"存在的意义"的遮蔽和遗忘。在某种意义上可以说，海德格尔正是通过对差异性的强调，走出了传统哲学的樊篱，建立了自己的哲学体系。

法国哲学家德里达也高度重视对差异性问题的研究。众所周知，在法文中，名词 différence 解释"差异"，为了赋予这个词以更多的含义并使之与黑格尔所强调的差异区分开来，德里达把这个词改写为 différance（中文通常译为"延异"，以示与 différence 之区别），并解释道："我将力图区别延异（différance 中'a'表示它的生产性和冲突性的特征）和黑格尔的差异，因为黑格尔在《大逻辑》中将差异规定为矛盾，其目的仅仅是要解决它、内化它并将它上升（按照思维辩证法的三段论过程）到本体—神学，或本体—目的论的综合的自身在场，所以在这一点上我们可以确切地加以区分。延异（在绝对接近黑格尔的某点上，像我在讲演中的其他地方所强调的那样：在此，最关键的东西在胡塞尔称为'细微差异'或马克思的'显微学'中变得毫无用处）必须表示出与'扬弃'系统和思辨辩证法决裂的那一点。"②在德里达看来，他和黑格尔虽然都强调差异性，但两者之间存在着重大差别。在黑格尔那里，差异乃是矛盾的一种别称，黑格尔总是通过其思辨辩证法，尤其是"扬弃"的方式，消解掉差异性，使它回归到绝对精神这一包罗万象的总体性中去。而德里达则反对这种同一性和目的性，认为延异就是一切存在者的原初的存在方

---

① 孙周兴：《海德格尔选集》上卷，上海三联书店 1996 年版，第 648 页。

② 包亚明：《一种疯狂守护着思想——德里达访谈录》，何佩群译，上海人民出版社 1997 年版，第 90—91 页。

式，它是既不能被消解，也不能被扬弃的。德里达也把自己的"延异"与海德格尔的"本体论差异"区分开来。他写道："延异不是本体论的差异的一个'种类'。"①

德里达的"延异"概念主要有如下三层含义：第一，差异；第二，时空上的延缓或间隔；第三，"'différance'（延异）中的'a'所包含的积极性或生产性在差异游戏中指涉生成运动"②。这就是说，延异使事物不会停留在一个封闭的结构或系统中，它本身蕴含着一种解构系统的破坏力量和生成能力。

法国哲学家列维纳斯十分强调"他者"（the other）的作用，而对于"自我"（self）来说，"他者"也就是一个异在，即一个异己的存在者。所以，"他者"这个词本身就是差异性的一种体现，它表明自己就是一种原初的存在物，不可能被"自我"吸纳和同化。这个"他者"概念在政治文化上的含义是：如果把西方文化理解为"自我"的话，犹太文化、伊斯兰文化等就是"他者"，"他者"有自己存在的权利，不可能被还原和同化到西方文化中。也正是基于这样的观念，西方出现了"差异政治学"（politics of difference），强调不同政治制度和文化的国家之间应该相互容忍。所有这一切都表明，传统哲学的同一性原则将为未来哲学的差异性原则所取代。当然，同一性仍然有它的地位和作用，事实上，没有同一性，差异性也无法存在，但它的作用和意义必定会被边缘化。

二、偶然性

关于偶然性问题的思考同样可以追溯到古代哲学家那里。第欧根尼·拉尔修在《著名哲学家的生平、学说和格言》一书中介绍古希腊原子

---

① 汪民安、陈永国、马海良：《后现代性的哲学话语：从福柯到赛义德》，浙江人民出版社 2000 年版，第 93 页。

② 同上书，第 77 页。

主义哲学家德谟克利特的思想时，这样写道："一切都由必然而产生，涡旋运动既然是一切事物形成的原因，这在他就被称为必然性。"①不用说，德谟克利特的这种观点必定会导致宿命论或决定论。他的学生伊壁鸠鲁敏锐地意识到了这一点，因而写道："被某些人当作万物的主宰的必然性，是不存在的，宁肯说有些事物是偶然的，另一些事物则取决于我们的任意性。"又说："在必然性中生活，是不幸的事，但是在必然性中生活，并不是一个必然性。通向自由的道路到处都开放着，这种道路很多，它们是短而易走的。因此谢天谢地，在生活中谁也不会被束缚住，而对必然性本身加以制约倒是许可的。"②伊壁鸠鲁坚决驳斥了他的老师所主张的必然性的理论，他通过对原子偏斜运动的强调，阐明了偶然性的重要地位，从而在古代必然性理论的铁笼上打开了第一个缺口。

伊壁鸠鲁的研究成果引起了青年马克思的高度重视。他在《博士论文》中力排众议，明确地指出："德谟克利特注重必然性，伊壁鸠鲁注重偶然性。"③在青年马克思看来，偶然性构成伊壁鸠鲁哲学的主导性原则，这一原则之所以重要，因为它肯定了自我意识和自由的重要性。然而，青年马克思的这一重要思想却没有引起传统的马克思主义哲学教科书的编写者们的充分重视。下面这段话就是一个明证："必然性和偶然性这两个对立面，在事物发展中的地位和作用不是等同的。必然性是事物发展过程中占支配地位的、一定要贯彻下去的趋势，它决定着事物的前途和方向。偶然性则相反，它不是事物发展过程中居支配地位的趋势，一般说来，它对整个事物的发展只起着加速或延缓以及使之带有这样或那样特点的影响作用。"④按照这样的说法，在任何事物的发展过程中，必然性始终起着主导性的作用，偶然性的作用则始终是边缘性的。

---

① 北京大学哲学系外国哲学史教研室：《古希腊罗马哲学》，生活·读书·新知三联书店 1957 年版，第 97 页。
② 转引自《马克思恩格斯全集》第 40 卷，人民出版社 1982 年版，第 204 页。
③ 同上书，第 205 页。
④ 肖前、李秀林、汪永祥：《辩证唯物主义原理》，人民出版社 1981 年版，第 261 页。

我们发现，在这里有一种向德谟克利特式的必然性理论返回的趋势。这或许可以说是传统的哲学思维方式的最经典的表现。法国生物学家雅克·莫诺就说过："一切宗教，差不多一切哲学，甚至一部分科学，都是人类孜孜不倦地作出努力以坚决否认自身出现的偶然性的明证。"[①]莫诺通过分子遗传学的研究得出了如下结论："只有偶然性才是生物界中每一次革新和所有创造的源泉。进化这一座宏伟大厦的根基是绝对自由的、但又是盲目的纯粹偶然性。"[②]莫诺还举了下面的例子来说明生活中偶然性的作用：假定勃朗医生到一位危急的病人那里出诊去了。与此同时，承包工琼斯已出发去紧急修理附近一座大楼的屋顶。当勃朗医生走过大楼的时候，琼斯正好一个不小心把他的榔头掉了下来。榔头落下的"弹道"正好同医生走的路线相交，于是医生的脑袋就被砸碎而死于非命。"我们说，他是偶然性的牺牲品。难道还能有别的说法适用于这种无法预见的事件吗？在这里，偶然性显然是本质的东西，是完全独立的两条事物因果链所固有的，而在它们的交叉点上造成了意外事故。"[③]在莫诺看来，偶然性不仅常常在自然界和人们的日常生活中起着实质性的、决定性的作用，而且这个概念从根本上摧毁了人类中心论，尤其是人类在目的论方面所做的种种设定。在某种意义上，莫诺的研究成果复兴了伊壁鸠鲁和青年马克思提出的哲学主题，值得引起我们的高度重视。

实际上，无论是休谟还是莱布尼茨都早已对感觉经验知识的或然性做出了论证。众所周知，莱布尼茨就说过："感觉对于我们的一切现实认识虽然是必要的，但是不足以向我们提供全部认识，因为感觉永远只能给我们提供一些例子，也就是特殊的或个别的真理。然而印证一个一般真理的全部例子，不管数目怎样多，也不足以建立这个真理的普遍必

---

① ［法］雅克·莫诺：《偶然性和必然性——略论现代生物学的自然哲学》，上海外国自然科学哲学著作编译组译，上海人民出版社 1977 年版，第 33 页。

② 同上书，第 84 页。

③ 同上书，第 85 页。

然性，因为不能得出结论说，过去发生过的事情，将来也永远会同样发生。"①比如，许多民族的人都认为昼和夜是在24小时内相互更替的，并认为这条规律适应于所有的地方，但在北极圈内这个规律就完全不能适用，因为它在夏天是有昼无夜，在冬天则是有夜无昼。莱布尼茨由此而发挥道："诚然理性也告诉我们，凡是与过去长时期的经验相符的事，通常可以期望在未来发生；但是这并不因此就是一条必然的、万无一失的真理，当支持它的那些理由改变了的时候，即令我们对它作最小的期望，也可能不再成功。"②事实上，莱布尼茨明确地告诉我们，与经验有关的任何知识都缺乏必然性。而休谟则从归纳的局限性上阐明了同样的道理，因为任何经验知识都是在归纳的基础上产生出来的，而归纳的实例不管如何多，也不可能使经验性的知识具有普遍必然性。

正如当代哲学家波普尔告诉我们的："从逻辑的观点看，我们从单称陈述（无论它们有多少）中推论出全称陈述来，显然是不能得到证明的，因为用这种方法得到的任何结论，结果可能总是假的。不管我们已经看到多少白天鹅，也不能证明这样的结论：所有天鹅都是白的。"③在波普尔看来，不管经验中的实例如何增加，都不能使经验命题成为全称命题，即成为必然性的陈述或真理。在这个意义上可以说，除了演绎逻辑和数学外，人们根本就不能在经验生活中使用"必然性"这一概念。如果他们一定要保留使用"必然性"这个提法的话，那么这个提法所表示的不过是"高概率的偶然性"，即出现频度较高的偶然性而已。这就启示我们，取代传统哲学教科书的新观念应该是：在经验生活中根本不存在必然性，存在的只是偶然性，或至多不过是"高概率的偶然性"而已。谁能向我们证明，1968年法国爆发的"五月风暴"是必然的呢？正如莫诺告诫

---

① ［德］莱布尼茨：《人类理智新论》上册，陈修斋译，商务印书馆1982年版，第3—4页。

② 同上书，第5页。

③ 纪树立：《科学知识进化论——波普尔科学哲学选集》，生活·读书·新知三联书店1987年版，第15—16页。

我们的：“人类至少知道他在宇宙的冷冰冰的无限空间中是孤独的，他的出现是偶然的。任何地方都没有规定出人类的命运和义务。王国在上，地狱在下，人类必然作出自己的选择。”①

总之，只有走出以德谟克利特为代表的“必然性”理论的铁笼，返回到伊壁鸠鲁、莱布尼茨、休谟、青年马克思、波普尔和莫诺等思想家那里，重视对偶然性的思考和研究，生活世界的真理才会向我们涌现出来。② 我们确信，未来哲学将会把偶然性的问题放到自己的王座上。

三、个体性

人所共知，个体性问题是和经验生活中的人的存在方式联系在一起的。从外观上，即从身体上看，每个人是以个别的方式存在在世界上的，但真正的个体性指的并不是人在身体上的独立性和个别性，而是指人在政治法律上的权利和精神世界的、普遍的独立性。每一个熟悉人类发展史的人都知道，直到近代西方社会，真正意义上的个体性才产生，并在莱布尼茨的单子论中得到了初步的表现。莱布尼茨在《单子论》中写道：“如果我们愿意把一切具有刚才所说明的一般意义下的知觉和欲望的东西都通统称为灵魂的话，那么，一切单纯的实体和被创造出来的单子就都可以称为灵魂。”③莱布尼茨关于一切单子都是有灵魂的这一思想，一方面暴露出他的泛神论的倾向，另一方面也表明了他的看法始终

---

① ［法］雅克·莫诺：《偶然性和必然性——略论现代生物学的自然哲学》，上海外国自然科学哲学著作编译组译，上海人民出版社 1977 年版，第 135 页。

② 或许可以说，当代科学家普利高津也在对非确定的研究中感受到了伊壁鸠鲁的魅力。他写道：“有趣的是，伊壁鸠鲁的倾向在本世纪的科学中反复出现。”［比］伊利亚·普利高津：《确定性的终结——时间、混沌与新自然法则》，湛敏译，上海科技教育出版社 1998 年版，第 8 页。

③ 北京大学哲学系外国哲学史教研室：《十六——十八世纪西欧各国哲学》，商务印书馆 1975 年版，第 86 页。

是以近代社会中的、真正个体化了的人作为范本的。所以黑格尔指出："莱布尼茨的基本原则却是个体。他所重视的与斯宾诺莎相反，是个体性，是自为的存在，是单子。"①

在莱布尼茨之后，对个体性的原则大力加以弘扬的是克尔凯郭尔和马克思。克尔凯郭尔对群众抱着天然的敌意，他认为真理不仅是主观的，而且唯有孤独的个人才能加以体悟，他甚至在生前给自己写下了墓志铭"这个个人"（the individual），所以宾克莱评论道："尤其重要的是，克尔凯郭尔强调个人，强调每一个人对自己的存在的关注，强调以狂热的献身精神使自己委身于一种生活道路，这一切都是他对那些生活在我们这个时代而寻求指导的人所作的伟大贡献。"②事实上，马克思作为克尔凯郭尔的同时代人，也对个人和个体性予以高度的重视。众所周知，马克思在《1857—1858年经济学手稿》中阐述三大社会形态的理论时曾经这样写道："人的依赖关系（起初完全是自然发生的），是最初的社会形态，在这种形态下，人的生产能力只是在狭窄的范围内和孤立的地点上发展着。以物的依赖性为基础的人的独立性，是第二大形态，在这种形态下，才形成普遍的社会物质变换，全面的关系，多方面的需求以及全面的能力的体系。建立在个人全面发展（die universelle Entwicklung der Individuen）和他们共同的社会生产能力成为他们的社会财富这一基础上的自由个性（freie Individualität），是第三个阶段。"③马克思这里使用的Individuen（个人）和Individualität（个性或个体性）表明，他始终把独立的个人和个体性理解为未来共产主义社会的本质特征。

然而，在传统的哲学教科书那里，马克思对个人和个体性的重视却被掩蔽起来了。这些教科书通常在历史唯物主义部分设立一章——"人

---

① ［德］黑格尔：《哲学史讲演录》第4卷，贺麟、王太庆译，商务印书馆1983年版，第164页。

② ［美］L. J. 宾克莱：《理想的冲突——西方社会中变化着的价值观念》，马元德等译，商务印书馆1983年版，第185页。

③ 《马克思恩格斯全集》第46卷上册，人民出版社1979年版，第104页。Karl Marx: *Grundrisse der Kritik der Politischen Ökomomie*, Berlin: Dietz Verlag, 1974, S. 75。

民群众与历史人物"来讨论个人问题。正如有的教科书所说的："在个人中，按其对历史影响的大小，可以分为普通个人和历史人物。"①在这里，"普通个人"是从属于"人民群众"的，他不过是"人民群众"的一个片段、一个因素，仅此而已，而"历史人物"作为伟大的个体，则是与整个"人民群众"相对峙的。换言之，唯有"历史人物"才是真正受重视的个人，而"普通个人"则是微不足道的，他只是通过"人民群众"这个集合性的概念获得了抽象的、似是而非的意义。说得刻薄一点，人们通常以为自己在谈论历史唯物主义的观点，实际上他们从来也没有离开过历史唯心主义的立场。

所以，当代法国哲学家萨特强调，在庸俗化的马克思主义那里，已经出现了人学的空场，他试图用存在主义的观点来补充马克思主义，以恢复"普通个人"应有的尊严和权利。当代自由主义的代表人物哈耶克、罗尔斯、诺齐克等都充分肯定了个人权利的优先性和不可取代性。比如，诺齐克在《无政府、国家与乌托邦》一书中开宗明义地指出："个人拥有权利。有些事情是任何他人或团体都不能对他们做的，做了就要侵犯到他们的权利。这些权利如此强有力和广泛，以致引出了国家及其官员能做些什么事情的问题（如果能做些事情的话）。"②正是基于个人权利的神圣不可侵犯性，诺齐克提出了"最弱意义上的政府"（a minimal state）的新概念，主张政府的权力仅限于防止暴力、偷窃、欺骗和强制履行契约等有限的功能。在当代哲学中，不仅个人的政治、法律的权利得到了充分的肯定，甚至连知识的个人化也得到了普遍的认同。迈克尔·波兰尼的《个人知识》一书所引起的强烈反响就是一个明证。总之，按照笔者的看法，未来哲学对个人和个体性的重视是不言而喻的，而与这种个体性相对峙的、在传统哲学中备受崇敬的总体性原则将退出舞台

---

① 肖前、李秀林、汪永祥：《历史唯物主义原理》，人民出版社 1981 年版，第363 页。

② ［美］罗伯特·诺齐克：《无政府、国家与乌托邦》，何怀宏等译，中国社会科学出版社 1991 年版，第 1 页。

的中心。

　　综上所述，随着耗散结构理论、非线性科学、混沌学、大爆炸宇宙学等新的自然科学研究成果的出现和后现代主义、新实用主义、解构主义等哲学思潮的发展，未来哲学将进一步脱离传统哲学同一性、必然性和总体性的思维轨迹，过渡到对差异性、偶然性和个体性的倚重上。事实上，正如同一性、必然性和总体性相互支持、相互贯通一样，差异性、偶然性和个体性也是相互支持、相互贯通的。无数事实表明，能以宽大的胸怀容纳差异性的人，一般说来，其思想也不会屈从必然性的铁笼，心甘情愿地在这一铁笼中枯萎下去；与此同时，他们也不会俯首听命于总体性的专横的话语，而会以盖着生命和鲜血的印章的个体性冲决总体性撒下来的罗网。在笔者看来，这些原则一旦成为未来哲学的主导性原则，整个未来哲学将会改弦易辙。

反思环境伦理学的一般理论前提[①]

众所周知，环境伦理学是应用伦理学的一个分支，而应用伦理学又以一般伦理学（或理论伦理学）作为自己的理论前提。之前所以把探讨的重点放在环境伦理学的"一般理论前提"上，这是因为环境伦理学所蕴含的理论内涵不仅涉及一般伦理学，而且也涉及作为一般伦理学基础的哲学。事实上，在单纯伦理学的范围之内，我们难以对基础理论问题做出更深入的思考。

目前学术界流行的一种趋势是：对学科的分类越来越细。这当然有其积极的方面，比如，把伦理学划分为一般伦理学与应用伦理学，在应用伦理学的范围内又进一步划分出更具体的分支学科，自然有利于人们做分门别类的、细致的研究。然而，这种趋势也包含着一种潜在的危险，即在对应用伦理学的各个分支学科的研究中，拘执于各种实证性材料的积累而忽略了对它们的理论前提的反思。这就像我们只观察一幅图画的某个细部，而无法从整体上对图画本身做出确切的评价一样。比如，作为环境伦理学的核心概念的"环境"一词，其德语的表达形式比英语和法语具

---

① 原载《社会科学论坛》2001 年第 5 期。收录于俞吾金：《散沙集》，人民出版社 2004 年版，第 136—144 页。——编者注

有更多的哲学内涵。在德语中，Umwelt 这个名词由前缀 um-(相当于英语中的介词 round)和名词 Welt(相当于英文中的 world)构成。Umwelt 在汉语中可以解释为"周围世界"或"环境"，这个词直接蕴含着这样的意思：一方面，世界并不是辽远的，世界的周围化就构成我们的环境；另一方面，环境这个词不是一个普通的词，它具有重要的哲学含义，它向我们指示出一条通向世界概念的道路。①

　　本文力图通过对环境伦理学的一般理论前提的反思，揭示出在这一领域的研究中必须面对而又从未认真地得到思考的那些基础性的理论问题，并提出自己的一些初步的想法，以就正于方家。

一、生存主导取向，还是审美主导取向

　　几乎所有探讨环境问题的学者都自觉地或不自觉地把人类的生存和发展作为思考环境问题的理论前提。事实上，在对环境的研究中，无论是问题意识、现象分析，还是环保措施、未来展望，都是围绕着人类生存和发展这一基点而展开的。人们从这个基点出发去考察一切问题，而恰恰忽视了对这个基点的正当性及其限度的反思。

　　比如，当前环保主义者提出的一个重要口号是："只有一个地球。"初看起来，这个口号强调了环境保护的紧迫性，显示出提口号者的强烈的环境保护意识。但细细地推敲下去，就会发现，这个口号乃是人类中

---

　　① 这使我们很容易联想起海德格尔在题为《黑格尔的经验概念》的讲座(1942—1943)中对"意识"，即 Bewusstsein 这个词的分析。这个词是由形容词 bewusst(相当于英文中的形容词 conscious，解释为"有意识的""自觉的")和后缀 sein(相当于英文中的动名词 Being，解释为"存在")构成的。因此，在海德格尔看来，Bewusstsein 不是一个普通的词，它是有深意的，它为作为存在者的"此在"(即人之在)的意识和思考指出了一个根本性的方向，即在意识和思考一切其他东西之前，必须先行地意识和思考存在(Sein)。海德格尔在这里做的并不是无聊的语言游戏，而是本体论上的深入思考。由于黑格尔的思考始终囿于传统形而上学的框架之内，他并没有从这个维度出发去思考 Bewusstsein 这个词，所以他和那些受他影响的后人都没有把《精神现象学》理解为西方本体论发展史上的一部重要的著作。

心主义的典型表现。实际上，保护环境并不是人类的本意，只是因为环境的破坏已经严重地威胁到人类的生存，人类才不得不去保护环境。简言之，人类保护环境是假，保护自己的生存是真。事实上，人们完全可以从"只有一个地球"的口号中解读出另一层含义，即如果存在着若干个地球，如果环境的破坏还没有威胁到人类的生存，那么人类就可以继续污染下去。所以，与其说这个口号体现出环境保护主义者的思想高度，不如说暴露出他们思想水平的低下。在我们看来，真正体现人类思想境界的口号应该是："即使还有十个地球，人类也不应该再污染了。"人所共知，环境保护主义者提出的另一个重要的观念是"可持续性发展"。不用说，这个观念也是从人类的生存和繁衍出发去思考人类与环境的关系问题的。换言之，在这里起作用的仍然是人类中心主义的意识。

无疑地，从这样的主导性价值取向出发来探讨环境问题，会面临许多困难。首先，如果只是出于人类生存的需要才去保护环境，那么人们也完全能以人类生存的需要作为借口去破坏性地利用环境；其次，生存是一个内涵模糊的概念，模糊到几乎能把奢侈型的生活方式也包含在内，而这种生活方式正蕴含着一部分人为了自己生活的奢侈而对环境资源进行无节制的榨取。再次，一旦环境的发展绝对地依附于人类的生存，那么环境的自主性和神秘性也就完全消失了，它仅仅成了人类手中玩弄的魔方。最后，"可持续性发展"也完全是一个模糊的观念，谁能告诉我们，究竟考虑以后多少个世代的发展余地才算真正地体现出这个观念的本真精神了呢？

我们认为，在对待环境的态度上，重要的是从以生存为主导价值取向转向以审美为主导价值取向。我们这里说的审美主导取向与生存主导取向并不是截然对立的。一方面，审美主导取向认可人类的生存活动，但把生存理解为真正简朴的生活方式，而把着重点转向人类的精神生活与环境之间的互动关系；另一方面，审美主导取向的核心价值源自人类在生存活动中对自由观念的追求，但蕴含在审美主导取向中的自由理念却远远地高于单纯生存取向中的自由观念。

在对待环境的态度上，审美主导取向具有如下特征。第一，不使环境成为人类生活的附庸。在单纯生存的取向中，正如马克思所说的："忧心忡忡的穷人甚至对最美丽的景色都没有什么感觉；贩卖矿物的商人只看到矿物的商业价值，而看不到矿物的美和特性；他没有矿物学的感觉。"①与此不同的是，在审美取向中，环境作为人类审美观照的对象，在某种意义上，它与人类之间的关系是平等的。它是欣赏的对象，而不是索取的对象。第二，当人类从审美创造的视角出发，对环境进行改造的时候，这种改造也完全不同于功利性的开采，不可能以环境的污染作为代价，因为环境的退化和荒芜与人类的审美取向是直接冲突的。当然，审美主导取向还未完全摆脱人类中心主义的影响，但却在这个方向上迈出了重要的一步。

二、计算理性，还是价值理性

毋庸讳言，蕴含在生存主导取向中的理性乃是计算理性；而在计算理性中，又蕴含着人类对环境的单纯的计算、取用和征服的态度。虽然中国古代哲学家荀子有过"制天命而用之"的说法，这个说法蕴含着人类认识自然、应顺自然从而征服自然的意念，但一般说来，这里的"征服"的意念还是不强烈的，古代人不过是凭借自然力本身对自然做出改造而已，何况，在古代人的意识中，占主导地位的乃是对自然的崇拜。正如马克思所说："自然界起初是作为一种完全异己的、有无限威力的和不可制服的力量与人们对立的，人们同它的关系完全像动物同它的关系一样，人们就像牲畜一样服从它的权力，因而，这是对自然界的一种纯粹动物式的意识（自然宗教）。"②但当人类社会发展到资本主义社会阶段

---

① 《马克思恩格斯全集》第 42 卷，人民出版社 1979 年版，第 126 页。
② 《马克思恩格斯全集》第 3 卷，人民出版社 1960 年版，第 35 页。

时，人类对自然的崇拜已经消失殆尽，自然不再被看作一种自为的力量，而仅仅被视为资源、有用物、工具或取用的对象。

随着现代技术的诞生和发展，计算理性进一步肆虐，环境不仅沦为单纯的取用对象，而且遭到人的生存欲望的无情的破坏。正如海德格尔在《技术的追问》(1950)一书中所分析的：古代风车的翼子确实在风中转动，它们听任风的吹拂，并没有为了贮藏能量而对气流进行破坏性的开发，"但现在，就连田地的耕作也已经沦于完全不同的摆置着自然的订造(Bestellen)的漩涡中了。它在促逼意义上摆置自然。于是，耕作农业成了机械化的食物工业。空气为着氮料的出产而被摆置，土地为着矿石而被摆置，矿石为着铀之类的材料而被摆置，铀为着原子能而被摆置，而原子能则可以为毁灭或和平利用的目的而被释放出来"①。在海德格尔看来，内蕴在现代技术中的计算理性不断地算计着环境，并通过摆置和制造对环境彻底地加以分解和支配，以满足人类的各种需要。总之，在生存态度和计算理性的指引下，与当前人类社会相对待的环境已经陷入空前的危机之中。

应该加以唤醒的是始终在人类的意识中处于遮蔽状态的价值理性。如果说，计算理性的目标是追求奢侈的物质生活的话，那么，价值理性的目标则是追求崇高的精神境界。冯友兰先生把人生的境界分为四个不同的层面，即自然境界、功利境界、道德境界和天地境界。假如前两个境界属于计算理性的范围的话，那么后两个境界则属于价值理性的范围。一般说来，道德境界倡导简朴的物质生活方式，反对奢侈和浪费，自然而然地蕴含着一种爱护环境的意向，即不赞成为了生活的舒适和奢侈而肆无忌惮地对环境进行开发，一味向环境进行索取。比较起来，天地境界则以更高的精神素养对待环境。庄子强调，"不以心捐道，不以人助天"(《庄子·大宗师》)，并倡言："天地与我并生，而万物与我为一。"(《庄子·齐物论》)这样的精神境界对那些一味在计算理性的支配下

---

① 孙周兴：《海德格尔选集》下卷，上海三联书店 1996 年版，第 933 页。

对环境进行无休止的算计和索取的人来说，难道没有震撼作用吗？

三、人类中心主义，还是人类边缘主义

如前所述，以人类生存为主导的生活态度自觉地或不自觉地包含着人类中心主义这一思想基点。记得古希腊哲学家克塞诺芬尼最早识破人类思想的这一秘密，他不无调侃地写道："假如牛、[马]和狮子有手，并且能够像人一样用手作画和塑像的话，它们就会各自照着自己的模样，马画出和塑出马形的神像，狮子画出和塑出狮形的神像了。"①显然，如果我们不从根本上对人类思想的这一基点进行反思，而只满足于在操作层面上讨论具体的环境保护的法律和措施的话，环境保护意识是不可能普遍地上升为人类的自觉意识的。

正如叔本华早就告诉我们的，人类的生存意志和欲望是无限的，而环境所能向人类提供的资源和满足总是有限的。所以人类必须从根本上改变自己关于 Welt 和 Umwelt 的观念，而这一改变包含两个侧面：一是遏制自己的生存意志和欲望的无限膨胀，做到"知足常乐"；二是对环境、自然和世界有拯救之心。正如海德格尔所说："拯救不仅是使某物摆脱危险；拯救的真正意思是把某物释放到它的本己的本质中。拯救大地远非利用大地，甚或耗尽大地。对大地的拯救并不控制大地，并不征服大地——这还只是无限制的掠夺的一个步骤而已。"②在这个意义上，拯救就是尽可能地让环境按照自己的存在方式去存在。这两个侧面都蕴含着对人类自我中心主义的挑战。人类能够接受这个伟大的挑战，自觉地把自己边缘化吗？

海德格尔在其晚期哲学中曾致力于这方面的思考。在早期哲学中，

---

① 北京大学哲学系外国哲学史教研室：《古希腊罗马哲学》，生活·读书·新知三联书店 1957 年版，第 46 页。

② 孙周兴：《海德格尔选集》下卷，上海三联书店 1996 年版，第 1193 页。

他把"此在"(Dasein，即人之存在)理解为世界为之展开的中心点，他甚至干脆把"此在"理解为"在世之在"(das In-der-Welt-sein)。在其晚期著作，如《物》(1950)中，他改变了对"此在"和世界关系的看法。他写道："天、地、神、人之纯一性的居有着的映射游戏，我们称之为世界(Welt)。"①在这里，"此在"或"人"不再居于世界的中心，而在整个世界的结构中边缘化了。海德格尔也把这一四重整体称为"四化"(Vierung)，并希望这一关于世界的新的理念会淡化人类中心主义，使人类与环境和睦相处。但在《只还有一个上帝能救渡我们》一文中，海德格尔却告诉："哲学将不能引起世界现状的任何直接变化。不仅哲学不能，而且所有一切只要是人的思索和图谋都不能做到。只还有一个上帝能救渡我们。"②在这里，引人注目的是，海德格尔把以前所说的"四化"中的"诸神"(die Göttlichen)改变为"一个上帝"(einer Gott)。也就是说，海德格尔最后确信，只有通过上帝的力量，唤醒人类对环境和自然的真正的敬畏之心，才可能从根本上遏制当代人利用当代技术可能给环境带来的毁灭性的破坏。

事实上，要普遍地遏制人类中心主义的倾向和人类欲望的无限膨胀，要普遍地唤起人类对环境的爱护之心，也只有诉诸宗教的力量。但这种宗教不是原始意义上的、粗野的自然崇拜，而是当代意义上的、真正的宗教意识。这样一来，我们似乎又重新返回到康德的伟大教诲之前，而这一伟大的教诲应该作为环境伦理学研究的真正的座右铭：

Ich musste also das Wissen aufheben，um zum Glauben Platz zu bekommen. ③(我必须扬弃知识，以便为信仰开拓地盘。)

---

① 孙周兴：《海德格尔选集》下卷，上海三联书店 1996 年版，第 1180 页。
② 同上书，第 1306 页。
③ I. Kant, *Kritik der Reinen Vernunft*, Suhrkamp Verlag, 1988, S. BXXX.

作为哲学史纲要和
最终归宿的《小逻辑》^①

——黑格尔哲学史观新探

在西方哲学家中，黑格尔是第一个以系统的方式阐述哲学史的人。他逝世后由他的学生整理出版的《哲学史讲演录》堪称哲学史研究的开山之作。正如文德尔班所指出的：

> 只有通过黑格尔，哲学史才第一次成为独立的科学，因为他发现了这个本质的问题：哲学史既不能阐述各位博学君子的庞杂的见解，也不能阐述对同一对象的不断扩大、不断完善的精心杰作，它只能阐述理性"范畴"连续不断地获得明确的意识并进而达到概念形式的那种有限发展过程。^②

毋庸讳言，充分肯定黑格尔在哲学史研究中所做的开拓性贡献是无可厚非的，然而，人们在研究黑格尔的哲学史思想时常常陷入的一个误区

---

① 原载《哲学研究》2001 年第 11 期。收录于俞吾金：《从康德到马克思——千年之交的哲学沉思》，广西师范大学出版社 2004 年版，第 146—163 页；《从康德到马克思——千年之交的哲学沉思》，北京师范大学出版社 2017 年版，第 224—244 页。——编者注

② ［德］文德尔班：《哲学史教程》上卷，罗达仁译，商务印书馆 1997 年版，第 20 页。

是：只在《哲学史讲演录》和《精神现象学》中探寻他的哲学史思想。这一点，甚至连文德尔班这样杰出的哲学史家也不能幸免。[①] 事实上，在这方面长期遭到忽视的逻辑学才以更深刻、更简要的方式表述了黑格尔的哲学史观念。众所周知，成熟时期的黑格尔的逻辑学包括两部著作。一是初版于1812—1816年的《逻辑学》（研究者称其为《大逻辑》），1831年准备出第二版，但黑格尔刚写就"第二版序言"就去世了。二是初版于1817年的《哲学体系第一部·逻辑学》（研究者称其为《小逻辑》，贺麟先生的中译本直接把它译为《小逻辑》）；1827年出第二版，内容比初版增加了一倍；1830年出第三版。与《大逻辑》比较起来，《小逻辑》作为黑格尔哲学体系的第一部分和奠基之作，集中了黑格尔哲学，尤其是逻辑学思想的精粹。

长期以来为人们所忽视的一个事实是：《小逻辑》不仅是黑格尔哲学史研究的经典性的、纲要性的著作，也是他为哲学史发展所提供的最终归宿。正如亚里士多德的《形而上学》既是哲学理论著作，又是关于古希腊哲学发展史的经典著作一样，黑格尔的《小逻辑》也既是哲学理论著作，又是哲学史研究方面的纲要性的著作。本文以历史的、批判的态度重新审视了黑格尔在《小逻辑》一书中叙述的哲学史观，既肯定了他在这个领域做出的卓越贡献，又阐明了他的哲学史观必然被超越的命运。

一、作为哲学史纲要的《小逻辑》

从结构上看，除了三版序言和柏林大学开讲词以外，黑格尔的《小逻辑》主要是由以下三个部分组成的：

---

① 必须承认，笔者过去由于受到传统的哲学史教科书的影响，在研究黑格尔的哲学史思想时，也未引起对《逻辑学》中关于哲学史研究方面的思想资源的充分重视。参见拙文：《黑格尔哲学史思想——系统方法探要》，《学术月刊》1981年第11期。

第一部分：导言(第 1—18 节)。简要论述自己的哲学观。

第二部分：逻辑学概念的初步规定(第 19—83 节)。一是对逻辑学性质的一般论述(第 19—25 节)；二是通过思想对客观性的三种态度的剖析，简要地回顾并考察了哲学史(第 26—78 节)；三是对逻辑学概念的进一步规定和部门的划分，实际上论述了新逻辑学的核心观念和基本架构(第 79—83 节)

第三部分：新逻辑学的主要内容(第 84—244 节)，论述存在论、本质论和概念论。

从上面的结构可以看出，在第二部分的第 26—78 节中，黑格尔简要地回顾并考察了哲学史。我们发现，第 26—78 节约占全书篇幅的五分之一，在内容上不能说不重要。我们的研究表明，这一部分完全可以视为黑格尔撰写的哲学史纲要，而且这一纲要是以新的哲学观念写成的。在考察黑格尔的哲学史观前，我们有必要先来了解一下他的哲学观，因为任何哲学史观都是以一定的哲学观作为前提的。

在《小逻辑》的导言中，黑格尔这样写道："概括讲来，哲学可以定义为对于事物的思维着的考察(denkende Betrachtung)。如果说'人之所以异于禽兽在于他能思维'这话是对的(这话当然是对的)，则人之所以为人，全凭他的思维在起作用。不过哲学乃是一种特殊的思维方式，——在这种思维方式中，思维成为认识，成为把握对象的概念式的认识。"①从黑格尔给哲学所下的定义中可以看出，他把哲学理解为纯粹的理性思维或概念认识。黑格尔对哲学史的理解正是在这一哲学观的基础上展现出来的。他写道："几千年来，这哲学工程的建筑师，即那唯一的活生生的精神，它的本性就是思维，即在于使它自己思维着的本性得到意识。"②正是从这样的思路出发，黑格尔形成了自己独特的哲学史

---

① ［德］黑格尔：《小逻辑》，贺麟译，商务印书馆 1980 年版，第 89 页。
② 同上书，第 54 页。

观。他以"思想对客观性的态度"为标尺，把整个哲学史划分为三种不同的态度或三个不同的阶段。

第一种态度是旧形而上学①的态度。黑格尔认为，英国经验主义以前的西方传统哲学思想基本上都从属于这种态度。他写道："思想对于客观性的第一态度是一种朴素的态度，它还没有意识到思想自身所包含的矛盾和思想自身与信仰的对立，却相信，只靠反思作用即可认识真理，即可使客体的真实性质呈现在意识前面。……一切初期的哲学，一切科学，甚至一切日常生活和意识活动，都可说全凭此种信仰生活下去。"②这种朴素的态度具有如下特征。一是确信"思想可以把握事物的本身，且认为事物的真实性质就是思想所认识的那样"③。也就是说，这种态度还未意识到事物本身与事物向我们呈现出来的现象之间有什么区别。二是具有独断论的倾向。正如黑格尔所指出的："独断论坚持着非此即彼的思维方式。比如说，世界不是有限的，则必是无限的，两者之中，只有一种说法是真的。"④这种思维方式与对立面统一的思维方式是格格不入的。三是脱离现实生活，停留在概念来概念去的抽象论证中。旧形而上学正是以这样的方式去认识它的对象的，因此，在本体论、理性心理学、宇宙学和理性神学的研究中，都不可能获得真正的知识。在哲学史的进展中，这种朴素的态度必定会被超越。

第二种态度包含两个部分：一是经验主义，二是批判哲学。前者以洛克、休谟等人为代表，后者以康德为代表。我们先来看经验主义。黑格尔指出："经验主义力求从经验中，从外在和内心的当前经验中去把握真理，以代替纯从思想本身去寻求真理。"⑤也就是说，经验主义不满

---

① 这里说的"形而上学"不同于我们在马克思主义哲学的方法论语境中谈论的、与辩证法相对立的形而上学，即机械的、非此即彼的思维方法。这里说的"形而上学"乃是传统哲学最基础的、核心的部分，它包括本体论、理性心理学、宇宙学和理性神学四个部分。

② ［德］黑格尔：《小逻辑》，贺麟译，商务印书馆 1980 年版，第 94 页。

③ 同上书，第 96 页。

④ 同上书，第 101 页。

⑤ 同上书，第 110 页。

意旧形而上学停留在抽象的概念中而缺乏具体的内容，它力图为旧形而上学提供一个坚实的基础和出发点——感觉经验。经验主义的一个基本的原则是：凡是真的东西必定会被我们的感官所感知，感觉和知觉是把握一切客观性的基本形式，因而真正可靠的哲学是以彻底摆脱形而上学范畴的感性经验为基础的，然而，经验主义者并不知道，"经验主义中即已包含并运用形而上学的原则了。不过他只是完全在无批判的、不自觉的状态中运用形而上学的范畴的联系罢了"①。在黑格尔看来，从来就不存在游离于任何范畴之外的、赤裸裸的感觉经验，即使是在一个纯粹感觉的命题"这片树叶是绿的"中，就已经掺杂有存在和个体性的范畴在其中了。所以，尽管经验主义以为自己从此时、此地，从现实的经验世界出发去取代旧形而上学的空洞的幻影，实际上它从来就没有真正摆脱过旧形而上学的阴影。它不知不觉地生活在这个阴影中，却认为自己已经走出了这个阴影。经验主义的逻辑结果就是休谟的怀疑论。与古代怀疑论相反，休谟的怀疑论只假定感觉经验为真，而对普遍的原则和规律采取怀疑的态度。一方面，这种怀疑论在一定程度上冲击了旧形而上学的基础；另一方面，它并没有向人们指示出一条超越旧形而上学的真正道路。这一历史任务也就落到了随后以康德为代表的批判哲学的身上。

下面我们再来看批判哲学。正如黑格尔所指出的："批判哲学与经验主义相同，把经验当作知识的唯一基础，不过不以基于经验的知识为真理，而仅把它看成对于现象的知识。"②这正是批判哲学比经验主义高明的地方。以康德为代表的批判哲学具有如下的特点。一是把现象和自在之物严格地区分开来。现象属于经验的范围，而自在之物则属于超验的范围，这两者之间存在着不可跨越的鸿沟。把感觉经验的知识仅仅理解为现象性的知识，既超越了旧形而上学坚持的思想可以直接认识事物

---

① ［德］黑格尔：《小逻辑》，贺麟译，商务印书馆 1980 年版，第 112 页。
② 同上书，第 116 页。

本身的独断论，又超越了经验主义对感觉经验的确定性的无限夸大。二是把先验的东西与经验的东西严格地区分开来。在康德看来，任何知识都是由两个方面组成的：一方面是先天的感性形式（时间和空间）和知性形式（十二个知性范畴）；另一方面是后天的感觉材料。而知识的普遍必然性则是从先天的感性形式和知性形式得到确保的。这样一来，批判哲学又超越了休谟的怀疑论，因为这种怀疑论只能推翻与经验有关的一切形而上学见解的普遍必然性，却无法否认先于经验的先验领域所具有的普遍必然性。三是把知性和理性严格地区分开来。按照康德的看法，知性的对象在现象或知识的范围内，而理性的对象则是理念（上帝、灵魂不朽和自由），理念属于超验的领域，是不可知的。旧形而上学的失足之处就是理性试图把知性范畴运用到超验的领域中去认识理念，由于混淆了经验和超验这两个不同的领域，理性必然会陷入各种矛盾之中。黑格尔认为，发现理性矛盾的必然性"乃是近代哲学界一个最重要的和最深刻的一种进步"，但他又批评康德"似乎认为世界的本质是不应具有矛盾的污点的，只好把矛盾归于思维着的理性，或心灵的本质"①。由于康德自谦理性不能认识自在之物或理念，所以在黑格尔看来，他的哲学本质上仍然停留在主观主义的语境中。费希特试图通过否定自在之物和从自我出发推演范畴的方式来超越康德，"但是，这种尝试的主观态度，使它不得完成"②。尽管批判哲学以其巨大的创发性超越了旧形而上学和经验主义，但它助长了主观主义和怀疑主义的流行，因而也面临着被超越的命运。

第三种态度就是以雅可比为代表的直接知识或直观知识的态度。这种态度试图超越康德的主观主义和怀疑主义，但由此走向另一个极端，即认为无须经过复杂的认识过程，普通人的理智就可以直观到超验的自在之物的真理。黑格尔写道："雅可比这里所谓信仰或直接知识，其实

① ［德］黑格尔：《小逻辑》，贺麟译，商务印书馆 1980 年版，第 131 页。
② ［德］黑格尔：《逻辑学》上卷，杨一之译，商务印书馆 1981 年版，第 28 页。

也就与别处叫做灵感，内心的启示，天赋予人的真理，特别更与所谓人们的健康理智、常识、普通意见是同样的东西。所有这些形式，都同样以一个直接呈现于意识内的内容或事实作为基本原则。"①然而，这种态度必定会导致的结果是，把主观的随意性视作真理的标准，并进而把一切迷信和偶像崇拜都宣布为真理。其实，早在《精神现象学》中，黑格尔就已经对谢林的类似的直接知识论进行了批评，强调"哲学必须竭力避免想成为有启示性的东西"②。这就告诉我们，直接知识论也面临被超越的命运。

综上所述，黑格尔通过思想对客观性的三种不同态度的划分，对他以前的整个哲学史做出了批判性的考察。在这个意义上完全可以说，《小逻辑》是一部哲学史纲要。通过对这一纲要的研究，我们发现：第一，黑格尔不是以外在的方式对迥然各异的哲学流派进行罗列，他注重的是哲学史自身发展的内在理路；第二，黑格尔的哲学史研究并不崇拜客观主义，相反，他从自己的哲学观出发，引入"思想对客观性的态度"作为透视点，从而对整个哲学史重新进行了解读。这种透视主义的方法也为我们拒绝哲学史研究中客观主义的诱惑提供了重要启发。

二、作为哲学史最终归宿的《小逻辑》

如前所述，既然旧形而上学、经验主义和批判哲学都不能把握超验的真理，那么，哲学史将沿着哪个方向向前发展呢？换言之，究竟哪一种哲学理论能够成为哲学史发展的新出路呢？在黑格尔看来，唯有把传统的形而上学理解为逻辑学，并对传统的逻辑学进行彻底的改造，哲学史的发展才能获得新的出路。他在谈到康德哲学时指出："批判哲学诚

---

① ［德］黑格尔：《小逻辑》，贺麟译，商务印书馆 1980 年版，第 156 页。
② ［德］黑格尔：《精神现象学》上卷，贺麟、王玖兴译，商务印书馆 1983 年版，第6 页。

然已经使形而上学成为逻辑，但是，正如前面已经提到的，它和后来的唯心论一样，由于害怕客体，便给予逻辑规定以一种本质上是主观的意义；这样一来，逻辑规定就仍然还是被它们所逃避的客体纠缠住了，而一个自在之物，一个无穷的冲突，对于它们，却仍然是一个留下来的彼岸。"①康德的知性范畴论实际上已经把旧形而上学改造为先验逻辑，但在他那里，由于先天的逻辑规定无法把握超验的自在之物，所以仍然只具有主观的意义。康德的改造工作之所以是不彻底的，这是因为他的逻辑学观念是不彻底的，他称赞亚里士多德的形式逻辑已经达到完善的程度。但在黑格尔看来，既然亚氏以来的逻辑学没有发生过任何真正的变化，那么"从这里所应得的结论，不如说是逻辑更需要一番全盘改造"②。而这一改造传统逻辑，为哲学史发展提供最后归宿的工作也就历史地落到了黑格尔的身上。在我们前面提到的《小逻辑》第二部分的逻辑学概念的进一步规定和部门划分（第 79—83 节）及整个第三部分（第 84—244 节）中，黑格尔论述了自己的新的逻辑学理论。

在我们看来，黑格尔的新的逻辑学主要打通了三个环节。第一个环节是肯定与否定的关系。传统哲学常常把否定与肯定绝对地对立起来。黑格尔则认为，要进入他的逻辑学视野，"唯一的事就是要认识以下的逻辑命题，即：否定的东西也同样是肯定的；或说，自相矛盾的东西并不消解为零，消解为抽象的无，而是基本上仅仅消解为它的特殊内容的否定；或说，这样一个否定并非全盘否定，而是自行消解的被规定的事情的否定，因而是规定了的否定。"③由于打通了肯定与否定之间的关系，逻辑范畴之间的联系和推演也就变得可能了。于是，哲学史在扬弃了种种偶然性以后就变成了黑格尔意义上的逻辑学，即相互关联的思想范畴的自我运动。第二个环节是有限与无限的关系。在传统哲学的视野中，有限与无限，尤其是有限的知性概念与无限的超验真理之间存在着

---

① ［德］黑格尔：《逻辑学》上卷，杨一之译，商务印书馆 1981 年版，第 33 页。

② 同上书，第 33 页。

③ 同上书，第 37 页。

不可跨越的鸿沟。但按照黑格尔的看法，这样的鸿沟是不存在的："认为概念永不能把握无限的说法之所以被人们重述了千百遍，直至成为一个深入人心的成见，就是由于人们只知道狭义的概念，而不知道思辨意义的概念。"①在黑格尔的思辨逻辑规定中，有限与无限是相互贯通的：有限蕴含着无限，而无限也可以通过有限而加以通达。这样一来，由批判哲学树立起来的知性与理性、经验与超验、现象与自在之物之间的藩篱便被拆除了。第三个环节是直接性和间接性的关系。传统哲学的知识论也把直接性和间接性尖锐地对立起来。或者主张思想只能是直接的，只注重自身内的联系，没有他物的中介；或者主张思想只能是间接的，即通过他物的中介来进展的，忘记了当思想以他物为中介时，它又能扬弃这一中介，从而返回到某种直接性中。所以黑格尔指出："直接性与间接性两环节表面上虽有区别，但两者实际上不可缺一，而且有不可分离的联系。"②也就是说，黑格尔通过自己的逻辑学把直接性和间接性统一起来了，从而既扬弃了以雅可比、谢林为代表的直接知识论，又扬弃了旧形而上学，尤其是在中世纪经院哲学的烦琐论证中走向极端的间接知识论。

黑格尔创立的新形而上学或新逻辑就是"思辨逻辑"（die spekulative Logik）。黑格尔这里说的"思辨"究竟是什么意思呢？他是这样解释的："思辨的东西（das Spekulative），在于这里所了解的辩证的东西，因而在于从对立面的统一中把握对立面，或者说，在否定的东西中把握肯定的东西。"③也就是说，思辨逻辑与以往的逻辑不同的地方"在于从对立面的统一中把握对立面"。上面论述的肯定与否定、有限与无限、直接性和间接性的对立统一关系正是思辨逻辑的最基本的特征。黑格尔的思辨逻辑虽然充满了独创性，但它却是批判地综合前人思想的一个结果。他写道："逻辑思想就形式而论有三方面：(a)抽象的或知性［理智］的方

---

① ［德］黑格尔：《小逻辑》，贺麟译，商务印书馆 1980 年版，第 49 页。
② 同上书，第 52 页。
③ ［德］黑格尔：《逻辑学》上卷，杨一之译，商务印书馆 1981 年版，第 39 页。

面，(b)辩证的或否定的理性的方面，(c)思辨的或肯定理性的方面。"①在他看来，这三个方面并不构成逻辑学的三个部分，而是每一个逻辑规定的各个环节。第一个环节"知性"实际上就是整个旧形而上学和直接知识论的思维方法的一个缩影，它们坚持的是固定的规定性和各规定性之间彼此的差别。按照黑格尔的看法，知性在思辨逻辑中是一个不可或缺的起点，没有这个起点，任何思维都无法展开。但知性思维的弱点是其非此即彼的僵硬性：不是有限，就是无限；不是肯定，就是否定；不是直接性，就是间接性。这种抽象的思维方法是无法把握事物本身的真理的。第二个环节"辩证的或否定的理性"实际上就是指以休谟为代表的经验主义的怀疑主义和以康德为代表的批判哲学的怀疑主义。在黑格尔看来，真正的怀疑主义乃是对知性所坚持的坚定不移的东西加以怀疑，换言之，是对知性的僵硬性和坚执性的一种消解，因而它同样是思辨逻辑或真正的哲学中的一个不可或缺的环节。"但是，假如只是停留在辩证法的抽象—否定方面，那么，结果便只是大家所熟知的东西，即：理性不能认识无限的东西；——一个奇怪的结果，既然无限的东西就是理性的东西，那就等于说理性不能认识理性的东西了。"②也就是说，思辨逻辑或哲学既包括怀疑主义，但又不能归结为怀疑主义，从而停留在单纯否定的阴影里，它必定为新的环节所超越。第三个环节"思辨的或肯定的理性"实际上就是黑格尔的思辨逻辑。它是"知性"和"辩证的、否定的理性"的对立的统一。它既肯定了"知性"所蕴含的确定性，又扬弃了其僵硬的、非此即彼的趋向；既肯定了"辩证的、否定的理性"所蕴含的怀疑主义，又扬弃了其可能导致的虚无主义的倾向。

在黑格尔看来，他的思辨逻辑并不是他以外在的方式强加给哲学史的一个结论，而是按照哲学史发展的内在理路，即在扬弃了旧形而上学、经验主义、批判哲学和直接知识论后必然导致的一个结果。在这个

---

① ［德］黑格尔：《小逻辑》，贺麟译，商务印书馆 1980 年版，第 172 页。
② ［德］黑格尔：《逻辑学》上卷，杨一之译，商务印书馆 1981 年版，第 39 页。

意义上，他也把自己的思辨逻辑理解为整个哲学史发展的最终归宿：
"在哲学历史上所表述的思维进展的过程，也同样是在哲学本身里所表
述的思维进程的过程，不过在哲学本身里，它是摆脱了那历史的外在性
或偶然性，而纯粹从思维的本质去发挥思维进展的逻辑过程罢了。"①然
而，黑格尔所创立的思辨逻辑有没有像他自己所认为的那样，终结了整
个哲学史的发展呢？这正是我们在下面所要解答的问题。

三、黑格尔哲学史观的历史命运

从上面的论述可以看出，黑格尔的哲学史观具有五个特征。第一，
哲学和哲学史都是研究人的纯粹理性思维或概念认识的。第二，哲学史
的研究应当注重哲学思想发展的内在理路。第三，哲学史的进程与哲学
自身范畴的展示是一致的，这也就是我们通常所说的历史（这里指哲学
史）与逻辑的一致性。第四，哲学史的发展具体表现为三大阶段：第一
阶段是旧形而上学，即前面提到的、思想对客观性的第一种态度，它相
当于黑格尔思辨逻辑中的第一个环节"知性"；第二个阶段是经验主义和
批判哲学，即前面提到的、思想对客观性的第二种态度，它相当于黑格
尔思辨逻辑中的第二个环节"辩证的或否定的理性"；第三个阶段是直接
知识和思辨知识，由于直接知识在某种意义上是对旧形而上学的复
归②，所以它可以被视为第一个阶段的变式或附庸，因而真正能代表第
三个阶段的则是思辨知识，它相当于逻辑学中的第三个环节"思辨的、
肯定的理性"。第五，思辨逻辑是哲学史发展的最终归宿。

作为探索哲学史发展规律的第一人，黑格尔的哲学史观自然有其不

---

① ［德］黑格尔：《小逻辑》，贺麟译，商务印书馆 1980 年版，第 55 页。

② 当然，我们还是要注意到以雅可比和谢林为代表的直接知识论与旧形而上学之间
存在的差别。前者注重的是理智直观，后者注重的是感性直观，两者的共同性表现在下面
这一点上，即认识者都以通过直接感知或深思的方式把握超验的真理。

可磨灭的贡献，但也包含着重大失误。它一经诞生就面临着严重的挑战。这一挑战，首先来自唯意志主义哲学家叔本华。叔本华不同意黑格尔把哲学和哲学史理解为纯粹的（即排除一切情感、欲望和意志等因素的）理性思维和概念认识。众所周知，黑格尔在《小逻辑》中曾经指出："我们所意识到的情绪、直观、欲望、意志等规定，一般被称为表象。所以大体上我们可以说，哲学是以思想、范畴，或更确切地说，是以概念去代替表象。"①在叔本华看来，黑格尔的做法完全是本末倒置。按照他的看法，对于哲学说来，始源性的因素并不是理性思维或概念认识，而是生存意志。他这样写道："意志是第一性的，最原始的；认识只是后来附加的，是作为意志现象的工具而隶属于意志现象的。"②也就是说，不是人的理性或认识决定人的意志如何去欲求，而是人的意志和欲求决定人如何去思维、去认识。这一见解整个地颠倒了全部传统哲学的基本观念，从而也抽掉了黑格尔哲学史观的基础。既然黑格尔倚重的理性思维或概念认识只是第二性的、附加性的东西，完全没有触及人的生存中的始源性的东西，那么他的哲学史观也就自然而然地失去了它的重量，变得轻飘飘的了。稍晚于黑格尔的克尔凯郭尔也向黑格尔的哲学史观提出了挑战。如前所述，黑格尔视为全部哲学史发展的最终成果的思辨逻辑是以"知性"（正题）、"辩证的、否定的理性"（反题）和"思辨的、肯定的理性"（合题）为核心结构的，但克尔凯郭尔却揭示了人的生存活动中蕴含着的另一种非理性的可能性——不是正题，就是反题，并不存在合题，这也就是他所说的"非此即彼"。这里的"非此即彼"不是黑格尔所批评的旧形而上学的思维态度，而是孤独的个体在生存活动中不得不做出的选择，在这样的选择中，合题通常是不存在的。这一挑战揭示了全部思辨逻辑的局限性，思辨逻辑只是与人的生存活动分离的、抽象思维的产物，它能成为哲学史的最终归宿吗？按照克尔凯郭尔的看法，答

① ［德］黑格尔：《小逻辑》，贺麟译，商务印书馆1980年版，第40页。

② ［德］叔本华：《作为意志和表象的世界》，石冲白译，商务印书馆1982年版，第401页。

案显然是否定的，因为在他看来，存在既不能还原为知识体系，也不能归结为逻辑范畴。叔本华和克尔凯郭尔的共同点是通过对意志、情绪等非理性因素的重要性的强调，对黑格尔的泛理性主义的哲学史观的前提进行了深刻的批判。

其次，对黑格尔的哲学史观的挑战也来自人本主义哲学家费尔巴哈。费尔巴哈没有采取非理性主义的立场，但他却深切地感受到，在黑格尔的哲学和哲学史观中，只有逻辑范畴的演绎，没有人和生命的跃动。他在致威廉·博林的信中写道："我在黑格尔的逻辑学的哲学面前发抖，正如生命在死亡面前发抖一样。……这是彩蝶在蛹虫面前的战栗。"[1]费尔巴哈拒绝了黑格尔对哲学史的诊断，表明哲学史不可能在黑格尔的思辨逻辑中终结，哲学史的真正出路应该是人本主义："新哲学将人连同作为人的基础的自然当作哲学唯一的，普遍的，最高的对象——因而也将人本学连同自然学当作普遍的科学。"[2]尽管费尔巴哈的"人"因缺乏社会联系而仍然是抽象的，但他毕竟像叔本华和克尔凯郭尔一样，揭示出了哲学史演化的不同路向。这一哲学人本学的发展路向已为当代哲学所证实。

最后，对黑格尔哲学史观的挑战也来自以实践唯物主义者自况的马克思。马克思对黑格尔的哲学史观的批判主要表现在两个方面。一方面，马克思批判了黑格尔把哲学史理解为独立的思想发展史的观点。他这样写道："黑格尔完成了实证唯心主义，他不仅把整个物质世界变成了思想世界，而且把整个历史也变成了思想的历史。"[3]由于黑格尔只考察历史上哲学家思想之间的内在联系，从而完全撇开了不同历史时期的哲学家与现实生活之间的联系。在马克思看来，人们的思想观念归根到底是其现实生活的升华物，"因此，道德、宗教、形而上学和其他意识形态，以及与它们相适应的意识形式便失去独立性的外观。它们没有历史，没有发展；那些发展着自己的物质生产和物质交往的人们，在改变

---

① 苗力田：《黑格尔通信百封》，上海人民出版社 1981 年版，第 305 页。
② 《费尔巴哈哲学著作选集》上卷，荣震华等译，商务印书馆 1984 年版，第 184 页。
③ 《马克思恩格斯全集》第 3 卷，人民出版社 1960 年版，第 16 页。

自己的这个现实的同时也改变着自己的思维和思维的产物。"①必须指出的是，马克思并没有否认，道德、宗教和哲学也有自己的历史，他否认的只是那种黑格尔式的，认为道德、宗教和哲学拥有自己独立历史的错误观点。事实上，马克思提醒哲学史研究者注意，哲学史的发展有两个内驱力：一个是"源"，即现实生活对哲学的推动；另一个是"流"，即以前的哲学思想对后人的影响。一般说来，"源"比"流"更重要。另一方面，马克思批判了黑格尔哲学史理论中的核心观念，即逻辑和历史（这里指哲学史）一致的观念。黑格尔的这一观念在《小逻辑》一书中得到了经典性的表述："在哲学史上，逻辑理念的不同阶段是以前后相继的不同的哲学体系的姿态出现，其中每一体系皆基于对绝对的一个特殊的界说。正如逻辑理念的开展是由抽象进展到具体，同样在哲学史上，那最早的体系每每是最抽象的，因而也是最贫乏的。"②黑格尔甚至认为，哲学史研究的责任就是撇开种种偶然的因素，去说明逻辑与哲学史的一致性。在马克思看来，黑格尔把逻辑与哲学史的一致作为一个普适性的规律到处加以搬用是成问题的。马克思自己在研究经济范畴发展史的时候就曾指出："把经济范畴按它们在历史上起决定作用的先后次序来排列是不行的，错误的。它们的次序倒是由它们在现代资产阶级社会中的相互关系决定的，这种关系同表现出来的它们的自然次序或者符合历史发展的次序恰好相反。"③在马克思看来，重要的不是从外在形式上去寻找逻辑范畴与经济史的一致性的例证，而是从现代社会的经济结构出发对经济范畴的次序做出合理的排列。文德尔班也批评黑格尔关于逻辑与历史一致的观念是基于一种想象的必然性，"事实上，哲学的历史发展是一幅与此完全不同的图案"④。

综上所述，黑格尔的《小逻辑》既是哲学史纲要，也是他所理解的哲

---

① 《马克思恩格斯全集》第 3 卷，人民出版社 1960 年版，第 30 页。
② ［德］黑格尔：《小逻辑》，贺麟译，商务印书馆 1980 年版，第 190 页。
③ 《马克思恩格斯全集》第 46 卷上册，人民出版社 1979 年版，第 45 页。
④ ［德］文德尔班：《哲学史教程》上卷，罗达仁译，商务印书馆 1987 年版，第 20 页。

学史的最终归宿。就他注重哲学史发展的内在理路、注重哲学思想范畴的辩证发展、注重逻辑与哲学史的关系等观点来看，自有其合理的、可供借鉴的因素，但他的泛理性主义（即把个性、感性和生命意志边缘化）和唯心主义（即把哲学史理解为与现实生活之"源"相分离的、完全独立的发展史）的立场最终窒息了其哲学史观中所包含的合理因素。不管如何，《小逻辑》仍然不失为哲学史研究方面的经典之作。

生存与诠释①

　　毋庸讳言，伽达默尔的《真理与方法》是 20 世纪最伟大的哲学著作之一。在这部著作中，作者一方面回顾并总结了传统诠释学研究的丰硕成果，另一方面又在海德格尔做出的、所谓"诠释学的本体论转折"的基础上，系统地构建了哲学诠释学，从而使诠释学成为哲学研究中的一门显学。在今天的哲学研究中，理解、解释、成见、传统、历史性、时间间距、效果历史、视界融合、对话逻辑、诠释学循环、诠释学经验等概念已经成了常用词。一言以蔽之，当代诠释学为我们考察一切问题，包括重新理解和解释马克思哲学提供了一个重要视角。

　　平心而论，诠释学达到当前这样的研究成果并不是一蹴而就的，而是经历了一个漫长而坎坷的发展过程。早在苏格拉底、柏拉图和亚里士多德的时代，一种注定在以后的西方哲学发展史上将占据主导地位的哲学类型——知识论哲学已经形成了，知识论哲学具有三个基本的特征。一是理性主义的倾向。这种倾向强调人是理性的动物，理性是第一性的，非理性的因素，如人的本

---

① 收录于俞吾金：《实践诠释学——重新解读马克思哲学与一般哲学理论》，云南人民出版社 2001 年版，第 1—12 页。——编者注

能、意志、欲望、情感等则是第二性的，理性永远指导和主宰着非理性的因素。二是静观求知的倾向。这种倾向强调"求知是人类的本性"①，而人类在求知时采取的根本途径则是静观，虽然偶尔也会提到实践活动，但基本的求知态度却是观察的而非实践的。三是抽象思维的倾向。这里的"抽象"并不是指对经验材料进行必要的概括、提升和总结，而是指思维与思维者生存在世的处境相脱离，只是出于抽象的求知目的而从事哲学思维。亚里士多德说："古往今来人们开始哲理探索，都应起于对自然万物的惊异；……他们探索哲理只是为想脱出愚蠢，显然，他们为求知而从事学术，并无任何实用的目的。"②在这段话中，亚氏一方面强调哲学思维导源于"对自然万物的惊异"，另一方面又强调思维者"无任何实用的目的"，这就把哲学思维与人的生存问题完全剥离开来了。哲学的功用虽然不同于实证科学的功用，但它要思索并解决的正是人类生存境遇中的重大问题。一旦哲学满足于单纯求知的抽象思维，它便成了一只在海中漂流的、无桨、无橹、无罗盘的游艇。

在知识论哲学的大背景下形成起来的古典诠释学，经过被称作"诠释学中的康德"的德国哲学家施莱尔马赫等人的努力，虽然超越了传统的注释学、文献学和单纯的神学诠释学的视界，但其基本理论，特别是认识论和方法论仍未突破知识论哲学的传统框架。一般说来，古典诠释学家倾向于强调理解的客观性，从而把理解者的理解和解释活动看作一种追求客观性的、单纯的技巧，忽略了理解者的历史性，忽略了理解者的生存论状态与他的理解、解释活动之间的内在联系。稍后，被称为"诠释学之父"的狄尔泰，在康德哲学的影响下，对"自然科学"（Naturwissenschaft）与"精神科学"（Geisteswissenschaft）、"说明（Erklären）与"理解"（Verstehen）做出了严格的区分。正如鲁道夫·马克瑞尔所指出的：在狄尔泰那里，"精神科学的认识论必须恢复我们与生命之间的源

---

① ［古希腊］亚里士多德：《形而上学》，吴寿彭译，商务印书馆1983年版，980a。
② 同上书，982b。

始的亲缘关系，因而不可能仅仅是自然科学认识论的延伸"①。然而，狄尔泰在这方面的思考还是初步的，他对诠释学的主要关切点仍然是在认识论和方法论上，他还不能担当起在本体论上重建诠释学的重任。

人们通常认为，诠释学的本体论转折是在德国哲学家海德格尔那里完成的。在严格意义的诠释学发展史上，这一点是无可厚非的，但如果我们把背景更为广阔的思想史作为反思的对象，就会发现，早在海德格尔以前，已有一些重要的思想家，如叔本华、克尔凯郭尔、马克思、尼采等，已经为这一转折奠定了理论基础。

我们先来看德国哲学家叔本华。早在 1819 年出版的《作为意志和表象的世界》一书中，叔本华已经颠覆了传统的知识论哲学关于认识（理性）第一性、意志第二性的基本观念。他斩钉截铁地写道："意志是第一性的，最原始的；认识只是后来附加的，是作为意志现象的工具而隶属于意志现象的。因此，每一个人都是由于他的意志而是他，而他的性格也是最原始的，因为欲求是他的本质的基地。由于后加的认识，他才在经验的过程中体会到他是什么，即是说他才认识到自己的性格。所以他是随着，按着意志的本性而认识自己的；不是如旧说那样以为他是随着，按着他的认识而有所欲求的。……因此，人不能作出决定要做这样一个人，要做那样一个人，也不能再变为另一个人；而是他既已是他，便永无改易，然后逐次认识自己是什么。在旧说，人是要他所认识的东西；依我说，人是认识他所要的东西。"②在叔本华看来，康德的所谓"物自体"也就是生存意志，这种意志乃是本体，乃是世界之本质。这种意志不但不受理性和认识的主宰，相反它倒是理性和认识的真正的主宰。人类不是按照认识或思维去欲求，而是按照意志和欲求去思维。这就启示我们，理解和诠释不仅仅是认识论和方法论的问题，归根到底是

---

① ［英］安东尼·弗卢等：《西方哲学讲演录》，李超杰译，商务印书馆 2000 年版，第 60—61 页。

② ［德］叔本华：《作为意志和表象的世界》，石冲白译，商务印书馆 1982 年版，第 401—402 页。

本体论的问题。理解者只有深刻地领悟文本作者和他自己的生存论境遇，才可能真正地把握文本的意义，并把自己的全部诠释活动建筑在一个牢靠的基础上。

我们接着看丹麦哲学家、神学家克尔凯郭尔。克氏对黑格尔的逻辑学进行了严厉的批判。他这样写道："一个逻辑的体系是可能的，一个存在的体系却是不可能的。"①在他看来，一个存在的体系之所以是不可能的，因为存在是不能被理性化、逻辑化的。克氏的出发点是人的存在，即人的生存境遇，如悖论、孤独、痛苦、恐惧、绝望等等。正如法国哲学家萨特所指出的，"克尔凯郭尔是正确的：人类的悲伤、需要、情欲、痛苦是一些原初的实在，是既不能用知识克服，也不能用知识改变的"②。克氏对"孤独的个人"(isolated individual)的生存境遇的强调为人们的理解和诠释活动指出了一个崭新的方向，也为我们前面提到的狄尔泰关于精神科学与自然科学的区分提供了极为重要的思想资源。

我们再来看马克思。在写于 1845 年的《关于费尔巴哈的提纲》一文中，马克思指出："从前的一切唯物主义——包括费尔巴哈的唯物主义——的主要缺点是：对事物、现实、感性，只是从客体的或者直观的形式去理解，而不是把它们当作人的感性活动，当作实践去理解，不是从主观方面去理解。"③在这里，完全可以说，马克思在理解和诠释活动中发动了一场"哥白尼式的革命"。如果说，康德的"哥白尼式的革命"主要是在认识论领域中发生的，而这一革命的主旨是确立静观的认识主体的轴心作用，那么，马克思的"哥白尼式的革命"则主要是在本体论领域里发生的，而这一革命的主旨则是确立实践在人的全部理解和解释活动中的轴心作用。在这个意义上，我们不妨把马克思的诠释学理论称为

① ［英］沃尔特·劳里：《克尔凯郭尔》，1938 年英文版，第 235 页。（W. Lowrie, *Kierkegaard*, London: Oxford University Press, 1938, p. 235. ——编者注）

② ［法］萨特：《对方法的探索》，1963 年英文版，第 12 页。（J. P. Sartre, *Search for a Method*, New York: Vintage Books, 1963, p. 12. ——编者注）

③ 《马克思恩格斯全集》第 3 卷，人民出版社 1960 年版，第 3 页。

"实践诠释学"。事实上，当人们"不是从观念出发来解释实践，而是从物质实践出发来解释观念的东西"①时，他们的理解和诠释活动已经完成了一个本体论意义上的转折，只是马克思没有像海德格尔一样，用诠释学的规范术语来叙述这个转折而已。

最后，我们来看尼采。尼采从根本上批判并否定了以苏格拉底为肇始人的知识论哲学及在这一哲学背景下成长起来的基督教道德。他写道："苏格拉底是一个误会；整个劝善的道德，包括基督教道德，都是一个误会……耀眼的白昼，绝对理性、清醒、冷静、审慎、自觉、排斥本能、反对本能的生活，本身仅是一种疾病，另一种疾病——全然不是通往'德行'、'健康'、'幸福'的复归之路……必须克服本能——这是颓废的公式。只要生命在上升，幸福便与本能相等。"②尼采之所以要恢复酒神狄奥尼索斯的精神，就是为了恢复生命、本能和意志，以对抗知识论哲学传统所弘扬的理性、逻辑、概念、抽象的思维和空洞的道德说教，特别是尼采在权力意志的基础上提出的"打倒偶像""重估一切价值"的口号，从根本上冲击了古典诠释学关于理解和诠释的理论，为海德格尔从本体论基础上重新改造诠释学奠定了思想基础。

正是在《存在与时间》(1927)这部划时代的著作中，海德格尔指出："哲学是普遍的现象学本体论，它从作为生存的分析的此在的诠释学(der Hermeneutik des Daseins)出发，把所有哲学问题的主导线索的端点固定在这些问题产生和复归的地方。"③在这里，海氏已经以十分明确的口吻指出，从根本上说，诠释学是现象学本体论，其任务是对此在在世的生存论结构进行分析。海氏之所以把诠释学称为"此在的诠释学"，因为他把理解和诠释活动看作此在本身的存在方式。海氏还以其固有的深刻性对古典诠释学已经觉察到的"诠释学循环"(der hermeneutische Zir-

---

① 《马克思恩格斯全集》第 3 卷，人民出版社 1960 年版，第 43 页。

② ［德］尼采：《偶像的黄昏》，周国平译，湖南人民出版社 1987 年版，第 20 页。

③ ［德］海德格尔：《存在与时间》，1986 年德文版，第 38 页。(M. Heidegger, *Sein Und Zeit*, Tübingen：Max Niemeyer Verlag, 1986, S. 38. ——编者注)

kel)做出了本体论上的解答："具有决定性意义的事情不是从这个循环中脱身，而是以正确的方式进入这个循环。这个理解的循环不是一个由任意的认识活动于其中的圆圈，而是此在本身的生存论上的前结构（Vorstruktur）。不能把这个循环降低为一个即使是可容忍的恶性的循环。在这一循环中包含着最原始的认识的积极的可能性。"①这就告诉我们，应当立足于生存论的本体论（亦即现象学本体论）来把握人的求知、理解和诠释活动，应当正确地领悟"前结构"在人的整个理解活动中的前提性作用。正如伽达默尔所说的："海德格尔的诠释学反思的根本目的与其说是证明这里存在循环，毋宁说是指明这种循环具有一种本体论的积极意义。"②正如我们在前面已经指出过的那样，伽达默尔的哲学诠释学正是在海德格尔的本体论转折的基础上提出来的；发人深省的是，伽达默尔不仅系统地阐述了哲学诠释学的理论，而且在有关"诠释学基本问题的重新发现"的章节中，对亚里士多德的诠释学思想，特别是对他关于与道德行为有关的"实践知识"（Phronesis）做了高度的评价。伽达默尔这样写道："如果我们把亚里士多德关于道德现象的描述，特别是他关于道德知识的描述与我们自己的探究联系起来，那么亚里士多德的分析事实上表现为一种属于诠释学任务的问题模式。"③随着人们对亚氏提出的"实践知识"的重视，对马克思的诠释学思想的研究也必然会逐渐升温。

诠释学的本体论转折，尤其是海德格尔所倡导的生存论的本体论，向我们显示出生存与诠释之间的内在联系。归根到底，诠释不是闲来无事的诗词，而是此在在世的一种方式。换言之，任何诠释活动，都是自觉地或不自觉地建基于生存论的境遇之上的。认识到这一点，可以说是把握了一切诠释活动的本质，但并不意味着我们已经完全领悟了生存与

　　① ［德］海德格尔：《存在与时间》，1986 年德文版，第 153 页。（M. Heidegger, *Sein Und Zeit*, Tübingen：Max Niemeyer Verlag, 1986, S. 153. ——编者注）
　　② ［德］汉斯-格奥尔格·加达默尔：《真理与方法——哲学诠释学的基本特征》上卷，洪汉鼎译，上海译文出版社 1992 年版，第 344 页。
　　③ 同上书，第 416 页。

诠释之间的内在关系。事实上，这一关系是无限复杂的，在《存在与时间》一书中，海氏提出了"共在"（Mitsein）这一重要的概念，他写道："作为共在，此在本质上是为他人'存在'。这一点必须作为生存论的本质命题来理解。即使事实上有个别此在以为不需要或干脆不要他人而不趋就之，它仍然是以共在的方式存在。"①虽然海氏强调此在本质上就是共在，但他关于"此在诠释学"的观念并未沿着"共在"的思路详细地加以展开。毋庸讳言，当我们真正以此在与其他此在的"共在"作为出发点来进行思考时，潜伏在生存论深处的三个问题便开始浮现出来了。

第一个问题是自我与他人之间的关系。海氏认为，"他人就是自我的一个复本（Der Andere ist eine Dublette des Selbst）"②。这就是说，在此在和他人之间并不存在实质性的差异，此在就是他人，他人就是此在。在海氏先天的生存论语境中，此在或他人只存在着两种不同状态的区别：一种是"本真状态"（Eigentlichkeit），另一种是"非本真状态"（Uneigentlichkeit）。然而，在经验世界里，这两种不同的状态却转化为作为"自我"的种族和作为"他人"的种族之间的根本性差异。法国哲学家利奥塔在《海德格尔和"犹太人"》（1987）一文中清楚地表达了这样的见解："我们必须承认海德格尔和被他称为'伟大运动'（甚至到 1953 年他还在维护其'内在的真理和伟大性'）的妥协的严重性，我们也必须承认他对种族灭绝坚持的沉默不是记忆的错误或小小的缺失的结果。"③利奥塔通过对经验生活的分析，断定在海氏那里，"自我"与"他人"的关系在经验世界中是不平等的，而在真正的生存论视野中，"自我"与"他者"完全应该是平权的。

第二个问题是主体与客体之间的关系。在《技术的追问》中，海氏指

---

① ［德］海德格尔：《存在与时间》，1986 年德文版，第 123 页。（M. Heidegger, Sein Und Zeit, Tübingen: Max Niemeyer Verlag, 1986, S. 123.——编者注）

② 同上书，第 124 页。

③ 包亚明：《后现代性与公正游戏——利奥塔访谈、书信录》，谈瀛洲译，上海人民出版社 1997 年版，第 200 页。

出："对于现代之本质具有决定性意义的两大进程——亦即世界成为图像和人成为主体——的相互交叉，同时也照亮了初看起来近乎荒谬的现代历史的基本进程。这也就是说，对世界作为被征服的世界的支配越是广泛和深入，客体之显现越是客观，则主体也就越客观地，亦即越迫切地突显出来，世界观和世界学说也就越无保留地变成一种关于人的学说，变成人类学。毫不奇怪，唯有在世界成为图像之际，才出现了人道主义。"①如果从经验世界的实在关系中进行理解，主体与客体之间的关系也就是人类与自然界之间的关系。按照海氏的看法，在现代社会中，主体与客体的关系本质上就是征服者与被征服的对象之间的关系。与这种人类中心主义的倾向相适应的则是人类学和人道主义学说的勃兴。后来，在与《明镜》杂志的记者的谈话中，他强调，哲学已被控制论所取代，从而人已经被连根拔起了。海氏希望对主体的作用及人类中心主义的倾向进行限制和批判，从而把主体与客体之间的征服与被征服、控制与被控制的关系转化为伴侣式的、守护与被守护的关系。事实上，也只有在主体与客体之间实行和解，人类生存的大环境才可能维系下去。

第三个问题是世界的周围世界化与周围世界的世界化之间的关系。在德语中，Umwelt（中文译为"周围世界"或"环境"）和 Welt（中文译为"世界"）之间的差别就是前缀 um-（中文解释"环绕""在周围"）。海氏说："日常此在的最贴近的世界就是周围世界。"②由于古代哲学家不是从生存论的眼光，而是从知识论的眼光出发去看待世界的，因而他们看不到周围世界与世界之间的差异，或者说，他们把周围世界"远化"为世界，远化为一个现成地存在在那里的、冷冰冰的、有待于认识的世界。这种理解方式由于看不到世界与人的生存活动的一致性，因而无法认识世界的本质。但其好处是，世界的自在的独立性得到了确保。与此相反，近

---

① 孙周兴：《海德格尔选集》下卷，上海三联书店 1996 年版，第 902—903 页。
② ［德］海德格尔：《存在与时间》，1986 年德文版，第 166 页。（M. Heidegger, *Sein Und Zeit*, Tübingen：Max Niemeyer Verlag, 1986，S. 166. ——编者注）

代哲学家则走向另一个极端，他们直接取消了周围世界与世界之间的差异，把世界"近化"为周围世界，即把世界仅仅理解为在此在的生存活动中展现出来的取用对象。在这种理解方式中，世界的本质虽然被把握了，但它的独立自在性却被否定了，世界下降为人的生存结构中的一个环节，下降为一种工具性的存在物。

重要的是在当今哲学研究中超越这两种不同的理解方式，在世界的周围世界化（生存）与周围世界的世界化（不是静观式的认识，而是静观中的审美和宗教意义上的虔敬）之间保持必要的张力。只要这种张力保持着，世界就不会失去自己的独立自在性和神秘性，哲学也就不会蜕变为控制论，人类的中心主义倾向也就在某种程度上得到了限制。记得黑格尔在柏林大学所做的逻辑学的开讲词中曾经说过："那隐蔽着的宇宙本质自身并没有力量足以抗拒求知的勇气。对于勇毅的求知者，它只能揭开它的秘密，将它的财富和奥妙公开给他，让他享受。"① 今天我们所要予以批判的正是这种黑格尔式的态度，不要把世界"近化"为自己的周围世界，而要倒过来承认人类求知的限度，从而把周围世界"远化"为独立自在的、神秘的世界。这样，我们便从黑格尔走向康德，走向哥尼斯堡的老人给我们留下的重要教诲：

Ich musste also das Wissen aufheben，um zum Glauben Platz zu bekommen。我必须扬弃知识，为信仰开拓地盘。②

---

① ［德］黑格尔：《小逻辑》，贺麟译，商务印书馆 1980 年版，第 36 页。

② ［德］康德：《纯粹理性批判》(1)，1988 年德文版，第 33 页。(Kant，*Kritik der Reinen Vernunft* 1，Frankfurt am Main：Suhrkamp Verlag，1988，S. 33.——编者注)

附 录

1986年

"选择你自己"[①]

——一个孤独者的生活道路

　　1855 年 11 月 11 日，哥本哈根的一家大教堂，正在为一个早逝的中年男子举行葬礼。死者静静地躺在灵床上，虽然他的脸上留着疲倦的痕迹，但此刻却只有平和与安宁了。死者的哥哥发表了葬礼演说。接着，教长正打算讲话，死者的侄子突然打断了他，以激昂的语调抨击了死者生前对基督教的亵渎和不敬。前来参加葬礼的人们用敬畏的目光默默地注视着死者的瘦小身躯。然而，死者已经无需为自己辩护了。这不仅因为在送葬的人群中他有许多追随者，而且他留下了大量的著作，光是未发表的日记和论文就有十八卷之多。它们是死者最好的见证人和辩护士。

　　这个多产而早夭的人就是丹麦著名的神学家、哲学家兼文学家索伦·克尔凯郭尔。他在世时掀起的波澜曾使古老的哥本哈根城墙为之震颤，然而对于整个欧洲说来，却无异于小小的涟漪。发现伟人是需要时间的。时间像流水一样静静地淌着，一个多世纪就这样不知不觉地过去

　　① 原载《书林》1986 年第 6 期，系俞吾金先生以笔名"于文"编译。收录于俞吾金：《寻找新的价值坐标——世纪之交的哲学文化反思》，复旦大学出版社 1995 年版，第 456—464 页；《生活与思考》，复旦大学出版社 2011 年版，第 64—70 页。——编者注

了。克尔凯郭尔的墓地早已荒芜，但他却突然获得了巨大的哀荣。仿佛用魔法变幻出来似的，他的著作被译成各种文字，他的照片被刊登在一流的国际性学术刊物上。再也不能拖延了，19世纪的思想史必须重新改写。当H. D. 阿金在《思想体系的时代》一书中把克尔凯郭尔和黑格尔一起并称为19世纪两位伟大的思想家时，存在主义哲学家早已把他尊为鼻祖，并在他汗牛充栋的著作中发掘灵感了。

一、"半是儿童游戏，半是心中的上帝"

在1839年9月9日的日记中，克尔凯郭尔无限感慨地写道："我认为，作为我童年生活的座右铭，没有比歌德《浮士德》中的这句话——'半是儿童游戏，半是心中的上帝'——更合适了。"

1813年5月5日，当克尔凯郭尔呱呱坠地时，他的父亲已56岁，是一个已退休的富裕的羊毛商。母亲原是家里的女佣人。他父亲的第一个妻子没有留下一个小孩就去世了。就在为第一个妻子居丧的那一年，他的父亲和女佣人，即现在的母亲结了婚。婚礼举行后才九个月，第一个孩子就出生了。他的父亲不能原谅自己的这一过失，更不能使他忘怀的是，他在小时候牧羊时，由于又冻又饿，曾诅咒过上帝。这些过失使这位非常虔诚的基督教徒内心充满了痛苦和忧郁。

克尔凯郭尔懂事后，父亲常常单独地和他进行谈话，他的忧郁情绪越来越多地传染给自己的儿子。有一次，他叹息着对儿子说："可怜的孩子，你生活在一种静静的绝望中。"父亲的悲哀和恐惧似乎并不是空穴来风。在克尔凯郭尔的六个哥哥和姐姐中，有两个夭折于童年。在1832年到1834这两年中，他的两个姐姐、一个哥哥和他母亲相继死亡。克尔凯郭尔的父亲把这一切都理解为上帝对他的过失和罪孽的一种报复。于是，他的家中罩上了一层更神秘更忧郁的虔诚的宗教气氛。克尔凯郭尔就在这样的气氛里成长。他不无伤感地写道："我刚生下来时就是一个老人了，我完全跳过了儿童期和青春期"；又无奈地表示："我变得这样害怕基督教，但我又感到非常强烈地受到它的吸引。"

克尔凯郭尔 8 岁那年，进入了一所被称为"公民美德学校"的中等学校。校长米歇尔·尼尔森在一份报告中曾这样描写他："他有很好的智慧，他的不寻常的兴趣使他的思想向每一样可能的东西敞开。但是在很长的时间里，在很大的程度上他有一种孩子气，缺少严肃性。"尽管克尔凯郭尔的身体很瘦弱，却常常戏弄别人，特别是那些个头比他大的人；他也十分喜欢争论，以至于有的同学称他为"一只名副其实的小野猫"。克尔凯郭尔不仅淘气，而且有急智。德语老师马西森是一个软弱的人，同学们都不怕他，以至于有一次当他讲课时，那些同学玩游戏玩得实在太过分了，他们竟然拿出随身带来的面包、三明治和啤酒，在课堂里干起杯来。马西森实在看不过，准备去报告校长，同学们祈求他别去，他没答应。正在这时，克尔凯郭尔轻轻地对他说："您要去报告校长，但这件事是在您上课时发生的呀。"只一句话，马西森就跌坐在椅子上，放弃了报告校长的念头。克尔凯郭尔童年生活中的这一面似乎是他以后生活道路上的许多戏剧性事件的一个预演。

问题是，在克尔凯郭尔心中，这两个"一半"（即"儿童游戏"和"心中的上帝"）是彼此分裂的。正是这种分裂使他从小就成了一个被厚厚的忧郁压抑着的不幸的孤独者。他的父亲替他整个悲剧的一生拉开了序幕。

二、"她选择了哭泣，我选择了痛苦"

克尔凯郭尔 17 岁那年进入了哥本哈根大学。他父亲希望他在大学里钻研神学，但这时的他，却对神学充满了厌恶，或许是对从小就烙在他心里的宗教印痕的一种叛逆吧。在大学里，他是完全自由的，他很少读神学著作，却把自己的大量时间花在美学、历史、文学和哲学等学科上。

在大学里，有些思想活跃的青年人组成了小圈子，克尔凯郭尔很少厕身其间。他始终是一个孤独的人，他把自己说成是一个玩世不恭的"观察者"。他和周围的人保持很冷淡的关系，既不向别人倾吐自己内心的秘密，也不希望别人信赖自己，向自己倾诉什么东西。

不管克尔凯郭尔如何以冷峭的态度看待周围的世界，不管他如何把自己的心灵封闭起来，但他无法压抑正在他身上成熟起来的性欲的冲动和爱的热情。在一次晚会上，他遇见了注定要对他的一生产生重大影响的里贾娜·奥尔逊。里贾娜的父亲是丹麦的国会议员，她长得很美丽，当时还只有 14 岁，而他已经 24 岁了。在这之前，他从未恋爱过，但这一次，却不由自主地跌入了情网之中。他在日记中写道："爱情使我同等程度地处于幸福和不幸之中。"

克尔凯郭尔的恋爱方式是很古怪的，甚至带有幼时游戏的味道。里贾娜每周一次到附近一个老师的家里去上唱歌课。他为了偷偷地观察他心爱的人，经常躲在她必经的一条街上的一家咖啡店里，假装喝咖啡。其实，他怀着激动不安的心情等待着她的到来。瞧她一眼，他就会获得一种新的爱的体验。为了不被她看见，他不敢坐在靠近马路的地方，总是坐在店堂的深处，仿佛在爱情上，他也力图成为一个观察者。

1838 年 8 月 8 日，已届 82 岁高龄的父亲溘然去世。在他谢世之前的一长段时间内，他和儿子之间有着一种感情上的裂痕。这从克尔凯郭尔进大学后对神学的疏远中可以明显地窥视出来。父亲死前 3 个多月，即 5 月 5 日，正是儿子 25 岁的生日。按丹麦的法律，25 岁起便是成年男子了。在庆贺生日的时候，父子之间做了一次开诚布公的深谈。据说父亲为了挽救儿子，把他拉回到上帝的神座前来，向他公开了一生的重大秘密。这次谈话耗尽了他的生命。克尔凯郭尔后来在日记中也承认，父亲是为他而牺牲的。

父亲死后，有人对克尔凯郭尔说，现在你可以完全摆脱那场折磨人的神学考试了。他的回答是出人意料的："不，你看，我的朋友，现在我再也不能以胡说八道来违背他老人家了。"父亲的死是这样强烈地震撼着克尔凯郭尔，他陷入了更深沉的孤独和忧郁中，以至于成了一个真正的哈姆雷特。

父亲逝世这一冲击波也给他的爱情蒙上了一层阴影。他的内心半是爱欲，半是宗教的恐惧和虔诚。但在当时的情况下，他心灵的天平还是倾向于爱欲一端的。两年后，他和里贾娜正式订婚了。然而，这一悲剧性的婚约仅仅持续了11个月零1天，就被克尔凯郭尔取消了。他突然退回了里贾娜的订婚戒指。她以为他的忧郁症和孤独症又发了，急忙赶去安慰他，他不在家，她留了一张条子，以基督和克尔凯郭尔刚谢世的父亲的名义，恳求他不要离开她。当时，他正忙于硕士论文《讽刺概念》的定稿和付印的工作，这一不幸的事件被暂时延缓下来了。但克尔凯郭尔的选择已成定局，一切都难以挽回了。里贾娜的悲伤和眼泪至多只能使这种痛苦的破裂稍稍得到延缓而已。

一个多月后的一天，克尔凯郭尔在她家门口碰见了她。她说家中没有人，祈求他进去谈谈，他同意了。进了她家，他不肯坐下来，只是站在起居室中。他要求她像往常一样为他演奏些什么，她顺从地坐下来，在钢琴上演奏起来。他突然烦躁起来，粗暴地合上她的乐谱，把它扔到钢琴上，并声称：他并不是为此而来的。里贾娜陷入了悲哀的沉默中，突然，她愤怒地指了指门口。他明白了她的意思，起身走了。不久，他找了她的父亲，他们的婚约无可挽回地破裂了。

这一破裂，对双方的打击都是非常大的。正如克尔凯郭尔说的："她选择了哭泣，我选择了痛苦。"里贾娜一度陷入绝望之中，并生了病。哥本哈根的大部分人都把克尔凯郭尔视为卑鄙无耻的小人和不负责任的浪荡子。克尔凯郭尔确实选择了痛苦，因为他终生都爱恋着里贾娜。他写道："作为一个作家，我的全部存在都凝聚在她的生命上。"《非此即彼》一书实际上就是为她而写的。他珍藏了他和里贾娜之间的信件，并在遗嘱中写明要把自己留下的菲薄的遗产留给里贾娜。

人们也许会感到奇怪，克尔凯郭尔既然如此深地爱恋着里贾娜，为什么又要亲手毁掉这一婚约？克尔凯郭尔在日记中曾写道："她既不爱我长得很好的鼻子，也不爱我长得很好的眼睛，既不爱我小小的脚，也不爱我高度的智慧，她只是爱我，但并不理解我。"克尔凯郭尔还担忧地看到，如果他们结婚的话，过不了一年半载，她就会厌倦的。这恐怕正是克尔凯郭尔选择破裂的真正原因。在这里，归根结底起作用的是克尔凯郭尔心中的无法克服的忧郁感和孤独感，这种孤独感和忧郁感，如同一个深渊，吞没了克尔凯郭尔的生命和欲望，使他只能把自己的热情倾注在他的著作和日记中。

三、向"海盗"挑战

1845 年，克尔凯郭尔已经是一个颇负盛名的专业作家了。这个孤独者突然公开地向《海盗》报掷出了挑战书。

《海盗》报是当时哥本哈根出名的一张滑稽幽默型的报纸。这家报纸专门披露社会名流的隐私和风流韵事。哥本哈根的许多知名人士都对这家报纸怀着戒惧的心理，没有一个人敢公开地站出来与它发生争端。不过平心而论，《海盗》报对克尔凯郭尔一直是比较尊重的。《海盗》报在 5 月 14 日刊登了一篇文学评论。这篇评论幽默地说，莱曼（一家自由杂志的编辑，克尔凯郭尔在大学期间曾与之发生过争论）将会死去并被遗忘，但《非此即彼》一书的作者永远不会死去。这原是赞扬克尔凯郭尔的话，但这个古怪的孤独者期待的是批评，他讨厌赞扬，特别讨厌这种方式的赞扬。他立即向编辑部写了一封信，表示抗议。同年 12 月，他在《祖国》报上撰文揭露了《海盗》报的实际编辑人 P. L. 缪勒。

《海盗》终于按捺不住了，马上刊登了第一篇抨击克尔凯郭尔的文章，拉开了激烈争论的序幕。此后，它又刊登了大量的文章和漫画，揭露并讽刺克尔凯郭尔的隐私。克尔凯郭尔在漫画中的主要特征是瘦瘦的腿和长短不一的裤脚管。这个孤独者像儿童时期一样爱好争论，他也撰文进行反驳。光在他的日记中，就留下了当时未发表的许多讽刺文章。

当这场持续一年多的争论平息下去时，《海盗》报已经失去了先前的那种威慑力量了，而克尔凯郭尔这个孤独者则陷入了更深的孤独之中。

四、最后一次出击

自从父亲死后，克尔凯郭尔的生活道路就愈来愈趋向于神学。然而，在神学上，这个孤独者和愤世嫉俗者也有自己独特的选择和见解。这颗即将熄灭的忧郁的火种，将再度在神学上燃烧一次。尽管它的光芒是短暂的，但它的强度足以刺伤许多人的眼睛。

1854 年 1 月，在公众心目中德高望重的主教明斯特谢世。克尔凯郭尔的父亲在世时，明斯特主教是他家的常客。克尔凯郭尔也多次听过他的布道。但这种私人的恩怨并不能弥合他和主教在神学观点上的重大分歧。克尔凯郭尔又一次勇敢地选择了生活。同年 12 月，他在《祖国》报上，以信的方式撰文反对马顿森教授对明斯特主教的赞扬，质问教授是否在宣传真理。

克尔凯郭尔反对的是丹麦的国家教会。他的格言是"与教会保持距离"。他坚持认为，教会作为一种团体，非但不能把个人与上帝联系起来，反而使他们相互疏远。换言之，人们越接近教会，就越远离上帝。孤独的个人与上帝之间的交流，无须凭借教会这一媒介。克尔凯郭尔甚至断言说："公开的神圣的礼拜是对上帝的一种嘲弄，参加它就是犯罪。"他认为，像明斯特主教这样的人根本不可能成为上帝的真正的追随者和真理的见证人。

虽然这是生者对死者的抨击，但其意义是广泛而深远的。克尔凯郭尔再度成了丹麦的新闻人物。但与此同时，死神也迈着轻快的步伐向这个孤独者走来了。

五、通向彼岸世界的道路

　　1855 年 10 月 2 日，克尔凯郭尔从银行里取出了他从父亲那里继承过来的最后一笔钱。他走到街上，突然失去了知觉，跌倒在地上。他被送进了附近的一家医院里。他的腰部以下全瘫痪了，那很可能是脊椎骨的畸变引起的。他确信，如果回到家里去，他可能会复原过来。但他并没有提出这样的要求，他自愿地选择了医院，也就是说，选择了死亡。因为普通的丹麦人常常是在医院里去世的。护士长对他照料得很仔细，医生们试图按常规的方法来治疗他。但他认为，这一切都是无济于事的，他真正的病根是心理上的。在生活的道路上，在人世间，他已经感受到一种沉重的、无法摆脱的疲劳的折磨。从他被抬进医院的一刹那起，他已经属于另一个世界了，一个虚无缥缈的世界了。

　　前往医院看望他的人非常之少。他六个哥哥姐姐中的唯一的幸存者彼得与他也是不和的。较多地去看望他的，是他青年时期的唯一密友——帕斯特·贝泽。克尔凯郭尔生活中的许多秘密都曾向贝泽公开过。贝泽留下了与临终前的克尔凯郭尔交谈的记录。这个孤独者一生都淹没在忧郁中，死亡反而拯救了他。他平静地说："我愿意死，我相信我已经完成了任务。"当贝泽问他，他最后还有什么话要对公众说的时候，他迟疑了一下，回答道："我问候所有的人；我一直对大家非常关心；告诉他们，我的生活是一个巨大的痛苦。对此，许多人不知道，并有种种误解；……我并不比其他人更好。"

　　遗憾的是，他唯一的密友贝泽既不赞成他的观点，也并不真正地理解他。克尔凯郭尔去世后，他的哥哥彼得建议贝泽出面编辑他的书籍和日记，贝泽拒绝了。在这个世界上，克尔凯郭尔是一个真正的孤独者。写到这里，我们不禁想起了他的墓碑上刻着的铭文："这个个人。"（The Individual）

2000多年前，西方世界的先知苏格拉底提出了"认识你自己"的伟大口号，现在又有另一位先知，一个旷古未见的孤独者提出了另一个口号"选择你自己"。这就是说，你不仅要在理论上认识世界，而且更要在行动中选择世界，选择生活，选择你自己。这句伟大的格言在西方开辟了整整一个新时代。遗憾的是，人们在很久以后才感受到它的力量和价值。

1992年

黑格尔为《精神现象学》所写的一则广告[①]

格奥尔格·威廉·弗里德里希·黑格尔的科学体系，第一卷，《精神现象学》（大八开本，1807年，价格：6个古尔盾）已由班堡和符茨堡的 J. A. 格布哈尔德书店出版，并已送到所有的上等书店里。

该书论述知识的形成。《精神现象学》应该取代对知识基础的心理学解释和更为抽象的探讨。从使它成为一门新的、有趣的、初始的哲学科学的观点看来，《精神现象学》可以被看作科学的准备。它包括精神的各种形式；这些形式乃是精神现象变成纯粹知识或绝对精神道路上的不同阶段。在这门科学的主要部分，即在意识，自我意识，观察的理性和行动的理性，作为伦理的、受教养的和道德的精神，最后作为具有不同形式的宗教精神本身中，还可以依次做进一步的划分。那粗看起来似乎显得杂乱的精神现象的财富被放进一个科学的次序中，这是精神现象出现的必然次序：不完善的精神现象消解于，并过渡到更高的，构成它们之后的真理的精神现象上去。它们首先在宗教中，然后在作为整个结果的科学中发

① 原作者为黑格尔，俞吾金译，《复旦学报》1992 年第 6 期，第 40 页，笔名"于文"。——编者注

现了最终的真理。

在序言中，作者阐述了他对当今哲学所需要的东西的看法，阐述了他对正在堕落的哲学的哲学信仰①的妄自尊大及其危害的看法，也阐述了他对现象学与现象学研究中的特别关键的东西的看法。

第二卷将包括作为思辨哲学的逻辑学体系和哲学的其他两部分—自然科学和精神科学。

①　俞吾金教授译文原为"哲学信的"，疑似漏了"仰"字，编者补上。——编者注

2002年

超越善与恶①

  宗教的残忍就像一把有着许多横档的巨大梯子，其中有三档最为重要。曾经有过一段时间，人们把人献祭给上帝，而很可能这些被献祭者是他们最爱戴的人——这种现象存在于所有的原始宗教中，最早的祭品都属于这种类型，其中罗马时期最恐怖的时代悲剧也属于这种类型，当时人们在凯扑利岛上的密塞拉洞穴中，将皇帝提贝里斯当作祭品。接下来是人类的道德时代。在这个时代中，人们把自己所拥有的最强烈的本能，即"本性"献祭给上帝，祭奠的快乐在禁欲者、"违反本性"的狂热者的残忍里可见一斑。最后，还剩下什么东西值得牺牲的呢？归根结底，对于人们说来，牺牲每一样令人安慰的、神圣的、使人身心健康的东西，牺牲所有对和谐、未来的幸福与公正的希望和信念，难道这样做不是必然的吗？将自己献给上帝、苦待自己，去崇拜石头、愚昧、重力、命运和虚无，难道这样做不是必然的吗？为了虚无而牺牲上帝——这种最终的残忍形式所体现的悖谬奥义，如今已经为青年一代准备好了，我们对此已经有所察觉。

---

① 原作者为弗里德里希·尼采，俞吾金译，收录于胡景钟、张庆熊：《西方宗教哲学文选》，尹大贻等译，上海人民出版社 2002 年版，第 454—462 页。——编者注

所有的人，正如我自己，都被某种谜一样的欲望推动着，都早已经在努力地探寻悲观主义问题的基础，并试图从半基督教式的、半德国式的褊狭和愚昧中摆脱出来，这种褊狭和愚昧在 20 世纪已经以叔本华哲学的形式显现。凡是带有亚洲的或超于亚洲的眼光的人，实际上都已看到、并深入所有可能的最拒世的思想模式中去——超越善与恶，不再像佛陀和叔本华一样，处在道德的支配和幻想之中——因此，凡是已经这样做的人，都可能已经看清了与佛陀和叔本华相对立的另一个观念（也许并不是真正愿意的）：属于最入世、精力旺盛、生气勃勃的人的观念；这些人不仅已经学会与那些过去曾经存在过的东西和现在存在着的东西和解，而且愿意像它们过去曾经存在过的和现在存在着的样子再度享有它们；为了所有永恒的东西，他唤醒所有沉睡之人（de capo），不仅为了自己，而且为全部艺术作品和戏剧；也不仅单为戏剧，而是他自己需要戏剧——从而使戏剧成为必要；因为他总是需要更新自己——使自己成为必要。——不是吗？这可不是像信上帝一样的恶性循环。

距离，仿佛是围绕着人的空间，它的成长伴随着智慧的想象力和洞见之力的增长而增长：人之世界变得越发深邃，新的星辰、新的困惑、新的观念总是不断地进入视野。也许智慧的目光已经把它的敏锐性和深刻性倾注到每一样东西上，而这些东西也恰好成了它练习的场合（比如某种游戏，某种适合于儿童和幼稚心灵的活动）。也许，像"上帝"和"罪恶"这样带来最剧烈的争斗和痛苦的、最严肃的概念，有一天对我们丧失意义，我们对它的态度就像老年人眼中孩子的玩具或儿童的疼痛；——也许其他玩具和痛苦成为"这个老年人"的必需品——只要他一直具有孩子气，是个老顽童！

人们已经观察到，真正的宗教生活必须要有某种程度上的闲散或半闲散状态（比如，宗教生活中受人喜爱的自我反省的细致工作和安详宁静，人们称为"祈祷"，并把这种状态看作对"上帝再来"的永久期待）我的意思是，这种带着善意的闲散，这种旧时代和旧血统里的闲散，难道与那种卑劣地作用着的贵族式的多愁善感——只会使肉体和灵魂粗俗化——有什么根本的不同吗？因此，由现代那种喧嚣的、引人入胜的、狂妄的、荒唐的自得状态下的勤勉孕育和教导出来的"无信仰"，难道不比任何其他东西更出色？举例说来，德国的芸芸众生中，是谁目前正在脱离宗教呢？我发现，首先是各种不同渊源的"自由思想家"，那种世代相传的勤勉已经消解了宗教的本能，以致他们不再知道宗教是服务于怎样的目的，他们仅仅带着孩子般迟钝的惊异，注意到自己在这个世界中的生存。这些善良的人们，他们只是觉得自己完全被工作和娱乐填满了，根本无暇想起"祖国"报纸和他们的"家庭责任"，他们似乎也没有什么时间可以留给宗教；最重要的是，他们显然不关心新的工作或娱乐是否成问题——因为他们认为是不可能有问题的，他们对自己说，人们去做礼拜只会损害自己的情绪。无论如何，他们不是宗教习俗的敌人；如果某种形势，或者国家的事务需要他们参与这样的习俗，他们也会像做其他事情一样去做这必须要做的事——带着耐心、谦逊和严肃，没有一丝的诧异和不自在；——他们的生活实在是太疏离、太外围了，甚至不觉得有必要去赞同或反对这些宗教事务。如今，这些对宗教淡漠的人，大多数是来自中产阶级的新教徒（特别是来自贸易和商业这个大行业）；大多数勤勉的学者和所有大学的教职人员（神学家们除外，他们的存在和可能性常给心理学家带来新的、复杂的有待解决的问题）也是宗教淡漠者。那些虔诚的或仅仅参加礼拜的人群中，很少有人知道善良意志是什么，也许有人会说那只是任意的意志，所以对于德国学者来说，如今有必要认真对待宗教的问题。一个人的职业（正如我已经说过的，现代的良知总是迫使一个人完全成为技术熟练、勤勉的人）会使他对宗教产生一种高贵的、几乎是仁慈的宁静的态度，这种态度不时地与一种对"不洁"精神的轻微蔑视交织在一起；不论在哪里，一个人如果声称自己信奉宗教、属于教会的话，他总会想当然地藐视这种精神上的"不洁"。只有依靠历史的帮助（因此，并不是通过他自己个人的经验），学者们才能成功地造就自己对宗教可敬的严肃和谨慎的辩护态度，然而，即使他的情感已经进入了对宗教感恩戴德的程度，他个人仍然未能向称作教会或虔诚的东西靠近一步，甚至很可能是离得更远了。在对宗教事务实践的冷漠中，一个人出生、成长起来；通过升华，他身上的冷漠转变成谨慎和洁净，它们总是使他避免接触宗教的人和物；而那或许正是他的宽容和人性的深度，宽容常会与某些麻烦相伴，而人性帮助他回避那种细小的麻烦。——每个时代都有自己天真的、神圣的信仰形态，另一个时代的人也许会嫉妒这些形态：这些是多么可爱、幼稚、愚蠢无比的天真啊！——这许多天真的信念，关系到学者的优越感、他的良善的宽容感、毋庸置疑的简单的确定性，正是凭借这种确定性，他本能地将那些宗教人士看作低级的、缺乏价值的一类人，自己优越于这些人，超过这些人，高于这些人，他不断发展自己，不是成为一个狂妄的矮子和乌合之众，而是成为具有"观念""现代观念"的、充满着坚韧和机警的心口如一的劳作者。

毫无疑问，凡是对这个世界有深刻洞察的人，都已经推测出，凡是存在智慧的地方，人们实际上都是肤浅的，正是他们的起保护作用的本能教导他们要变得痴呆、轻浮和虚伪。无论何处，人们总能在哲学家和艺术家那里，发现一种对"纯粹形式"的富于激情的、夸张的崇拜；毫无疑问，任何范围内，凡是需要对肤浅的东西进行崇拜的人，其背后都或多或少表现出了一种不幸的低级情调。也许，那些被烧伤的儿童也有一种等级秩序，而那些天生的艺术家只有在曲解生活意象（仿佛把疲惫的仇恨赐予生活似的）的时候，才会发现生命的乐趣。人们也许要问，他们厌恶的是什么层次上的生命，他们在什么样的程度上愿意看到被曲解的、弱化的、极端憎恶化的和被神化了的生活意象；——人们很可能把艺术家中间的宗教人士看作最高层次的人。这是一种对不可救药的悲观主义的深刻、充满疑虑的担忧，这种悲观主义迫使整个世纪把注意力牢牢地集中在对生存的宗教解释上；这种本能的担忧认为，在人们变得足够强壮、足够坚强和艺术化之前，真理可能会过早地到来……在这样的情形下，虔敬、"在上帝里面生活"将成为人们对真理恐慌的一种最精致和最终的产物；在对所有谬误进行的最合乎逻辑的表现面前，它们表现出一种艺术家似的崇敬和陶醉；它们是一种不惜一切代价颠覆真理、达到非真理的意志。迄今为止，很可能还未存在过比虔敬更有效的美化人类的方式，正是依靠虔敬这种方式，人能够变得如此地精致、如此地浅薄、如此地色彩斑斓、如此地良善，以致人的出现不再会引起不愉快。

为了上帝的缘故而爱人类——这是迄今为止人类所能够达到的最高贵、最远古的情怀。这种对人类的爱，撇开其背后的救赎意图，有的只是附加上去的愚蠢和野蛮，因此，人们身上这种爱的倾向，只是体现了更高倾向的一部分、一粟沧海、一股氤氲而已。无论如何——任何初次感受和"体验"到了这种情形的人，当他试图表达这样精细的感受，都会笨嘴拙舌，那就让他永远圣洁、受人尊敬下去吧，让他在这个最美好的时尚中飞得高高的、迷失得远远的！

哲学家，用我们自由的精神来理解——就是最具有责任心、对人类的普遍发展具有良知的人，正如他愿意利用当代政治和经济条件一样，他也愿意为训练和教育工作而利用宗教。这种选择和训练的影响——无论是破坏性的，还是创造性、构成性的——都可以通过宗教的方式来实施，它是丰富多彩、变化多端的，它按照人们的类型，把选择和训练置于宗教的符咒和保护之下。对于那些强壮独立的人来说，他们注定要被训练来指挥别人，他们身上汇集了统治者的判断和技能；宗教成了一种当权者克服抵抗的附加工具——是联系统治者和被统治者的共同纽带，不管后者从良知出发是背叛还是投降前者，但从内心深处来看，他们总是乐意逃避服从的。那些具有高贵血统、独特气质的人，按照他们那高贵的灵性，他们愿意过的是一种更加悠闲、沉思的生活，（通过被拣选的门徒和团体的成员）他们仅仅对那些更精练的政府表示尊重。宗教本身可能被当作一种工具，用来管理比较麻烦的事务，让人在嘈杂烦恼中摆脱出来，获得安宁；或者让人从难免的政治煽动的污毒中摆脱出来，达到安全的境界。例如，婆罗门就比较精通此道，借助于宗教组织的帮助，他们把为人民任命国王的权力牢牢地掌握在自己手中，当人肩负更高的、优越于王室的使命时，他的情感就会让他们与王室生活离开得远远的。同时，宗教也诱惑着一些人，让这些人获得机会，使他们努力获得将来进行统治和指挥的资格；通过幸福的联姻习俗，慢慢攀升到一定的社会等级和阶层中去，让自制的意志力和快感不断增长。对这些人来讲，宗教提供了足够的诱惑和刺激，激发他们追求更高的理智，体验一种有力的自我控制、宁静和孤独的情感。禁欲主义和清教主义几乎是一种绝对必要的方式，可以教化，并使一个种族变得高尚，帮助这个种族提高它的世袭传统，在将来成为最高的统帅。最后，对于普通人、民众中的大多数而言，他们大多从事一般的公用服务事业，只具备生存的资格，宗教用某种理想化和装饰化的成分，为一切平庸、卑贱、灵魂的兽性和贫困辩护，让人们满足于自己的命运和环境，给予他们心灵的平安、顺服的高贵、特别的社会幸福感和同情心。宗教、生命的宗教意义，为那些永远受折磨的人们投射阳光，使他们能够忍受自己的状况；它们和伊壁鸠鲁的哲学一样，以一种更新了的精细的方式，利用痛苦，并最终把痛苦神圣化和正当化，让苦难者上升到一定的高度。没有什么比基督教和佛教的教义所体现的艺术更让人敬佩的了，那些教义依靠虔敬的力量，将自己提升到看上去较高的境界，从而使人们满足于现实世界，原本，他们发现在这样的世界里连生存都是危机重重的——如今，这种困难对于宗教来说是正中下怀。

确实——对这样的宗教作负面的反对性的省察，揭示它们隐藏着的危险——当宗教不再作为哲学家掌握的教育和训练的媒介，而是作为人们自觉服从的权威性的统治者时；或者当人们希望它们寿终正寝，不再是任何一种其他的工具的时候；人们要付出的代价总是昂贵和可怕的。人和其他动物物种一样，患病的、堕落的、软弱的、遭受痛苦的人很多，成功的情形总是屈指可数；按照这样的事实，人类是还没有适应环境的动物，极少有例外的。但是还有更坏的事情。一个人愈是代表更高的类型，他不会成功的可能性就会大；一般人类制度中的次要方面和不合理的律法，总是在对高等人类毁灭性的破坏中、那些命运多舛的人所处的不易判断的情景中体现自己的暴虐。那么，上面提到过的这两种最伟大的宗教又是以什么样的态度来对待生活中那些失败的幸存者呢？它们会努力保存那些可以存活下来的东西，并让他们生存下去；事实上，作为苦难者的宗教，它们总会坚持这一原则；它们总是支持那些在生活和疾病中遭难的人，总是乐意地把每一种不同的生活经历当作错误的和不可能的东西来对待。尽管我们非常敬重这些善意的和保护性的关心（鉴于对其他人的应用，这样的关心也被应用到最高的、通常也是遭苦难最多的那类人的身上），如果对迄今仍拥有最高权力的宗教作一个估计的话，我们发现它们正是把这类"人"保持在低水平上的主要原因——它们已经保留了太多的本来应该灭绝的人。人们不得不感谢它们所做的无价的服务；但是，已经厌倦于感恩戴德的人，在沉思基督教的"圣人"迄今为止已在欧洲所做的那一切时，绝不会有任何的怯意！然而，在基督教把安慰给予受难者、把勇气给予受压迫者和绝望者、把生活资料和支持给予无助者、把那些心碎的和精神错乱的人从社会上吸引进修道院和精神教养所时：他们把社会系统维持在那个时尚中，以善意的良心保存了所有的病人和苦难者，这实际上不正是意味着为欧洲种族的退化而工作，除了这个，他们还做了什么呢？颠倒一切价值之评估——这就是他们不得不做的事情！粉碎强壮的人，损害伟大的希望，把疑虑扔到审美快感上，破坏一切自主的、雄性的、征服的、骄横的东西——天性要成为最高等、最成功之"人"的一切本能——都被分裂为不确定的、良心的忧伤和自我毁灭；千真万确，把所有世俗之爱和超越世俗的最高的爱，颠倒为对尘世和世俗之物的仇恨——这正是基督教会赋予自己的使命，也是它不得不进行欺骗的东西，按照它的价值标准，"脱离尘世""摆脱感情"和"更高尚的人"融合成一种多愁善感。如果一个人以令人嘲笑、不偏不倚的眼光去看待伊壁鸠鲁的神明，他就可以看到怪异的、痛苦的、既粗糙又精致的欧洲基督教的喜剧，那么，我想，这个人会不由自主地感到惊异并迸发嘲笑；难道实际上已经支配欧洲 18 个世纪的某种意志，目的就不是使人类极端弱化吗？然而，如果有人愿意带着相反的要求（不再是伊壁鸠鲁主义者），手里握住神圣的大锤，来到这群心甘情愿于退化和发育的人面前，比如欧洲的基督徒（如巴斯噶）面前，难道他能不带着愤怒、怜悯和厌恶地高喊："哦，你们这些笨蛋，顾影自怜的笨蛋！你们到底在做什么！难道那就是你们着手的事情吗？居然砍碎和弄坏了我最精致的宝石！你擅自做了什么！"——我必须说，基督教是迄今为止最傲慢的自命不凡者。那些既不伟大、也不坚定的人，被认为是艺术家，加入时髦的"人"的行列；那些既不强壮也没有远见、只有崇高的自我压抑的人，造就了那种注定带来失败和灭亡的法律；那些并不高尚的人，用极端的等级序列和等级差异，把人与人分离开来：——这些人，自诩"在上帝面前人人平等"的人，迄今为止支配着欧洲的命运；终于，造就了一个侏儒、一个荒唐可笑的种族、一种群居的动物，某种温文尔雅的、病态的、平庸的物种，这就是今天的欧洲人。

狱中书信[①]

　　10 年是人生的一段漫长的时间。时间是我
们所有物中最有价值的东西，因为它一去不回，
无论何时，当我们追溯过去，光阴虚度的念头总
是会困扰着我们。虚度的时间是我们未能充分地
生活、未能获得经验，没有学习、创造、享受和
受苦的时间；虚掷的时间没有填满任何内容，一
片空虚。当然，最近 10 年已经不是这样的了。
我们的损失之巨固然是不可估量的，但时间并没
有虚度；确实，那些已经获得的和最近刚刚获得
的知识和经验，仅仅是现实的抽象，是人们真实
生活的抽象。"正如忘却是上帝赐予人类的礼物
一样，记忆，就是对我们曾学过的功课的回忆，
也是有责任心的生活的一部分。"下面，我愿意尝
试着就我们在这 10 年中共同的经验和学习过的
东西做一些说明，它们并不是个人的经验，也不
是某种系统整理过的东西，更不是论证或理论；
我的记录或多或少涉及了一些意气相投的人们的
共同体验，这些逐一记录下来的东西关系到人类
生活的事务，它们之间的唯一联系是具体的经
验。这些经验并不是什么新奇之物，人们早已知

---

　　① 原作者为朋霍费尔，俞吾金译，收录于胡景钟、张庆熊：《西方宗教哲学文选》，
尹大贻等译，上海人民出版社 2002 年版，第 508—522 页。——编者注

道它们了，然而我们通过亲身经验才重新体会它们。每当动笔的时候，我的内心充满感激之情，这些年来，若没有相关的保护支持，一个人是不可能写出这些东西来的。

一、无立足之地

人们可能会问，在人类历史上是否曾经有过这样的人，他们脚下没有立足之地——每一种可能的选择对他们都是难以忍受、互相矛盾和毫无效果的；他们从这些现成的选择之外、在过去或将来中坚定地寻找着力量的源泉；他们不陶醉在梦想里，能够安静、自信地期待着自己理想的成功。或许人们会这样发问：任何世代的这些站在历史转折点上、富有责任感的、有思想的人们，是否仅仅因为某些新生事物正在产生，但还无法在现有的各种选择中看到痕迹，因此他们无法具有和我们一样的感受呢？

二、谁屹立不动

罪恶正举行巨大的化装舞会，侵扰着我们所有的伦理观念。罪恶以光明、博爱、历史的必然性或社会正义作伪装，迷惑那些在传统伦理观念中成长的人们，它们对于把《圣经》当作生活指南的基督教徒来说，只不过进一步表明了罪的邪恶本质。

理性主义者的失败是理所当然的。他们怀着最好的动机，然而却幼稚地匮乏现实性；他们认为凭少许的理性就可以纠正那早已错位的社会结构；他们只有浅陋的见解，却想使社会各方都得到公正，因此，在各种力量冲突中，他们一事无成。出于对世界上非理性的失望，他们在更强有力的党派面前退缩了，或者干脆崩溃了。

道德狂热者的彻底破产更值得同情。狂热者们以为，凭着自己忠诚的道德原则就足以与各种邪恶力量做斗争，但是像一头公牛冲向红布，而不是冲向拿着红布的人，最终他们消耗了自己，败下阵来，他们纠缠于非本质的东西中，掉入了更聪明的人设计的陷阱里。

接下来的是有良知的人，在需要做抉择的时候，他们单枪匹马地与强大的恶势力做斗争，但是在他卷入的这种规模的冲突里——除了良知，他既无指导又无后援——他被这些冲突撕成了碎片。罪恶以各种高贵和诱惑人的面孔接近他，使他心旌摇荡、犹豫不决，最终他放弃了自己清白的良心，找到了安慰，对自己的良知撒谎，以避免失望。一个仅仅以自己的良心为支撑的人绝不会承认，一个坏的良心可能比一个受迷惑的良心要健康、强壮得多呢。

面对大量复杂可能的决定，选择责任似乎是一条可靠的出路。在这时，被命令的东西是可以接受的最确定的东西，责任来自命令者，而不是接受者。但是把自己限制在责任范围内的人，是不会去远征冒险的，他会坚守自己的责任，仅仅按照可以直接打击并击败罪恶的可能方式去行动。但是，有责任的人终究也会为罪恶尽责任的。

那些声称要用全部自由去支持这个世界的人又如何呢？他们认为必要的行为比一个纯正的良心或名誉更有价值，他们宁可牺牲无生命的原则，以换得有效的和解，或是为了有效的激进主义而牺牲中庸、无效的智慧——至少他得当心，他的自由会把自己击倒。他会赞同坏的东西，以便拒斥某种更坏的东西，而当他这样做的时候，他将不再能认识到，他试图避免的更坏的东西，反倒可能是更好的。我们如今有这种悲剧性的原始材料。

不论在哪里，人们都力图摆脱公众的舆论而进入私人美德的圣地。但是任何想这样做的人都必须对他周围不公正的事情闭起嘴巴和眼睛；只有以自我欺骗为代价，他才能使自己完全摆脱有责任的行为带来的毒害。尽管他做了所有这一切，但那些未竟之事将会褫夺他思绪中的宁静；这种不安宁，若没有使他精神崩溃，就会使他成为最假冒伪善的法利塞人。

谁屹立不动？只有其最终标准不是理性、原则、良心、自由或美德的人，当他牺牲所有这些最终标准，因着信心和对上帝绝对的忠贞，以顺服和有责任的行动来顺从上帝的呼召——如此有责任的人，试图以其全部生命来回应上帝的提问和呼召的人，他们究竟在哪里？

三、市民的勇气

当抱怨缺乏市民勇气时，人们心里在想什么呢？这些年来，我们已经看到了大量勇敢的自我牺牲的行为，但市民的勇气却不易见到，甚至在我们这些人中间也是如此。把这种现象简单地归咎于个人的胆怯，这种心理学太简单了，事实上，它的背景是完全不同的。在很长一段时期中，我们德国人已经不得已而学会了顺从的必要性和顺服的力量。在服从被呼召的任务中，我们放弃了所有个人的愿望和观念，并在其中发现自己生命的意义和伟大。我们举头仰望，心里没有奴隶般的恐怖，而只有自由的信赖，在仰望中，我们从自己的任务中看到了一个召唤，在召唤中看到了一个使命；我们乐意追随来自"上面"的命令，而不是我们自己个人的见解和愿望，这正是自我不信任的一个信号。谁会否认，正是在顺从中，在任务和召唤中，德国人已经一再显示出最高的勇敢和自我牺牲精神？但是，德国人已经得到了自由——从路德到唯心主义的哲学家们，又有哪一个民族比德国人更富于激情地谈论自由呢？——从为社会服务的方式中寻求到解脱自我意志的途径。对于德国人来说，召唤和自由是同一件事情的两个方面；但是在这样的理解中，他已经错误地判断了世界；他并没有认识到，他的服从和自我牺牲也可能被罪恶的目的所利用。当这样的事情发生，发出召唤者出了问题，德国人的所有道德原则都动摇了。德国人仍然缺乏某种基础性的东西，这一事实是不能回避的；他无法了解自由和有责任行为，有时甚至比他所接受的任务和召唤更重要；于是，他一方面表现出一种不负责任的犹疑，另一方面他又表现出一种自我折磨式的刻板，永远不会产生行动。事实上，市民的勇气只能从自由人的自由责任中成长起来，也只是到了现在，德国人才开始发现自由责任的意义。一切都取决于上帝，正是上帝，要求人们用有责任的行为体现出信仰的勇敢冒险，也正是上帝，给那些在冒险中成为罪人之人以赦免和安慰的应许。

四、成功

虽然这一说法是错误的，即成功可以为恶行和阴暗的手段辩护，但是，成功也不能被看作是某种伦理上中性的东西。事实是，历史上的成功是生命延续的基础，像唐·吉诃德那样走上反对新时代到来的阵营，抑或是承认失败，接受新时代并为之服务，两者之间哪个在伦理上是更有责任的行为，至今仍是一个争论未决的问题。归根结底，成功创造历史；而历史的统治者不断地将历史创造者头脑中的恶变为善。简单地忽视成功的伦理意义，这是非历史的和不负责任的教条主义者们的思维陋见；有时，被迫去认真思考成功的伦理问题，对于我们而言不是一件坏事。每当善行成功的时候，我们能够承担成功是无道德意义这种观念的昂贵代价；但当人们用罪恶的手段达到成功时，问题接踵而至。在这样的情况下，我们发现，无论是产生于安乐椅上的批评家们的理论教条（拒绝面对现实），还是机会主义（放弃斗争、向成功投降），它们都不能妥善处理现实问题。我们不能、也不必成为愤怒的批判家或机会主义者，但是，在任何情形、任何时刻，我们必须共同担负起对塑造历史的责任，不管我们是胜利者还是完全的失败者。一个不愿意被任何事件剥夺其历史责任的人——因为他意识到上帝赋予其使命——从此会将自己积极投身于历史事件，比贫乏的批判主义和机会主义更富有成效。面对某种失败，却高谈要像英雄一样去战斗，这完全不是真正的英雄所为，不过是拒绝面对将来而已。对于一个有责任的人来说，所要问的最后的问题，不是他自己如何像英雄一样地从这种事务中脱身，而是后代应该怎么生活。只要对历史负责，从这个问题才会产生有效果的解决方案，即便现在看来，这些解决方案有些令人羞辱。一言以概之，从抽象原则的观点看问题，要比从具体的责任观点看问题更容易。年轻的一代一直在本能注视着我们，看我们选择哪一个做行为的基础，因为这维系着他们未来的安危。

五、愚蠢

相对恶者而言，愚蠢对善者的危害更大。一个人能够抗拒恶，如果需要的话，也能够用暴力来揭露并避免恶。恶至少使人们感到不舒服，它总是带着自己的破坏性的种子。我们对愚蠢防不胜防。抗议和暴力都不可能触及它，理性对它毫无作用，人们只简单地对那些与个人的偏见不一致的事实予以怀疑——确实，白痴能够以批判的方式来反对事实，即便事实是无法否认的话，他们也会把它们当作是小小的例外，置若罔闻。不用说，白痴和罪恶之徒不同，他们完全是自我满足的；事实上，白痴很容易变得危险，不要花很多气力就能使他具有侵犯性。因此，人们必须用比对待一个罪恶之徒更谨慎的方法来对待白痴；我们不应当试图对白痴说理，因为那既无用又危险。

如果要恰当地对待愚蠢，我们必须理解它的本性。可以肯定地说，愚蠢是一种道德的而不是智力上的缺陷。有些人智力敏捷但愚不可及，有些人思维迟缓但却非常聪明——这些特例的发现，令我们吃惊，由此，我们可以得到这样的印象，愚蠢不是先天的缺陷，而是在某种情势下获得的，在人们甘于愚昧或是允许别人把自己变成白痴的情况下实现的缺陷。我们还进一步看到，这种缺陷很少在那些离群索居的人那里看到，但是在那些倾向于或被认为是好交际的个体和团体那里，却非常常见；愚蠢似乎是一个社会学而不是心理的问题，它是历史环境作用于人们的一种特殊形式，是由一定的外部因素促成的心理问题。如果更贴近地看，我们就会发现，权力的任何暴力展示，不管是政治性的还是宗教性的，都会造成大众愚蠢的迸发；无疑，这实际上体现了一条心理学的和社会学的法则：某些权力需要使其他的人变得愚蠢。这并不是因为某些人的能力（如理智的能力）遭到削弱或破坏造成的，而毋宁是权力的膨胀让人们惊慌，失去了他们的独立判断力——或多或少是无意识的——放弃了为自己判断新形势的各种努力。白痴经常固执己见，但这却不应误导我们，以为白痴是独立的；当人们与白痴谈话的时候，他们会切实地感觉到，自己不是与这个人在打交道，而是与那些掌握了他的口号、时髦字眼和类似的东西在交谈；他置身于一种符咒之下，他是盲目的，他的本性正被剥夺并误用。因此，这个白痴成了一个被动的工具，他能够做任何恶事，但又没有能力发现它们是丑恶的。在这里存在着邪恶势力对人性的利用，其中产生的危险能够对人类造成不可弥补的破坏。

但是有一点同样非常明确：人们能够克服愚蠢，不是通过各种指导，而仅仅是通过一种解放的行动才能克服愚蠢。因此，我们不得不承认这个事实，即在大多数情况下，内在的解放必须由外在的解放引导；在外在的解放发生之前，我们最好还是放弃一切说服白痴的企图。在这样的情形下，我们不由地意识到：试图发现出"人们"真正所思，为什么会是毫无用处的；对有责任心地思考和行动着的人而言，为什么这个问题是多余的——人们必须要考虑具体特殊的处境。《圣经》说"敬畏耶和华是智慧的开端"（《诗篇》110：10），这句话告诉我们，一个人在上帝面前过一种有责任的生活，这种内在的解放是治疗愚蠢的唯一良方。

可是，在这些关于愚蠢的思想中，有一点可以让人聊以安慰：它们绝对不是要向我们证明说，在所有的情况下，大众都是白痴。事情的真相是：那些掌权的人，是否期待从人们的愚蠢中获得更多的资本，远甚于期待从人们的智慧和思想独立中受益呢？

六、对人性的蔑视

当我们陷入一种蔑视人性的态度时，真正的危险方才出现。我们清楚地知道自己是无权这样做的，因为那会使我们与同伴的关系沦为枯燥乏味的状态。下面的想法可能会使我们免于这样的错误，这种错误意味着我们立即会掉入敌人所犯的最大的错误中。蔑视他人的人从来不可能为自己成就什么。同时，我们自己身上的弱点并不比遭我们蔑视的人少多少，我们经常期待某些出现在他人身上的东西，连我们自己都不愿那样做，为什么至今我们还是那样激进地待人、盯牢他们的弱点和易受诱惑的地方呢？我们应该少用他人的功败得失去看人，而应该更多地看到他们的苦难。与他人唯一有建树的关系——特别是对我们软弱的弟兄——是爱的关系，即与他们做朋友的意愿。上帝本身并没有蔑视人性，正是为了人类的缘故，他道成肉身，成为人。

七、内在的正义

有一个最令人惊奇、也是最无可争辩的经验，那就是罪恶——常常会在一个惊人的短暂时间里——显露自己的愚蠢，使自己的目标破产。这并不是说，报应总是会像影之随形一般，跟随在每一个恶行的后面，而是说，故意冒犯神圣的律法，为了某些所谓的世俗利益而保全自己者，终必作恶自毙。我们从自己的经历中认识了这条规律，并能用各种方法说明它。其中至少可以作一个引申，在社会生活中，律法比任何东西都强大，律法支配着一切，藐视律法的行为不仅是错误的、也是不明智的；从这里我们可以理解，为什么亚里士多德主义——托马斯主义的伦理要把智慧当作是最根本的美德。正如新教徒的动机伦理学通常主张的那样，智慧和愚蠢在伦理上并不是中立的。聪明人不仅充分地了解人类社会生活的永恒法则适用的各种具体情况及可能，还认识到它对所有行为所设定的不可逾越的界限；拥有这种知识，智者行得正，善者行得有智慧。

确实，凡是历史上重要的行为总是逾越了律法所设定的界限。但是，对已设定的界限的这种超越，是否就意味着在原则上这种律法可以被取代，需要一种特殊律法；还是意味着这种超越可以任意地被解释成为是一种失误，可能是不可避免的，只有在这个律法和界限被尽快重新设立并获得尊严后，才能证明这种逾越是正确的——这两种情况是有差别的。如果说政治行动的公开目的是恢复律法，而不仅仅是自我保存的话，这种说法并非是虚伪的。事实上，这个世界是如此有秩序，人们对最高的律法和人的生命有起码的尊重，这就是自我保存的最好方式，而人们也只是在很偶然的场合、在短暂的必要的时候，才会逾越这些律法；但是假如有人将这种必要性看作是一种原则，由此而建立一种与其他律法并列的自己的律法，那么，他迟早会遭到报应的。历史的内在的正义仅仅褒惩人们的行为，而上帝永恒的正义则试练和裁判人们的心灵。

八、历史中上帝的主权

我相信，上帝能够并愿意从恶中，甚至从最大的恶里彰显出善。出于这样的目的，他需要那些很好地利用了每一件东西的人们。我相信，上帝必赐予我们所有的力量，帮助我们抵御一切困难；但是，他从来不会预先交给我们这些恩典，以防我们不靠自己而单纯地依赖他。如此的信仰应当能够平息我们所有对未来的恐惧。我相信，即使过失和短处也会对我们有益处，对于上帝来说，处理我们的过错和处理我们的善行一样容易；我相信，上帝是永恒的命运，他期待并回应着所有虔诚的祷告和负责任的行为。

九、信任

有谁会不知道被人出卖的滋味呢。过去我们可能很难理解犹大的形象，但如今他的形象对于我们而言是再熟悉不过的了；不信任污染着我们所呼吸的空气，它几乎令我们窒息，但是，只要我们穿透这层不信任的云霭，就能发现一片人们魂系梦牵的信任的蓝天。有信任的地方，我们懂得将自己的生命放入他人的手中；当我们的生命和行为面对各种评价的时候，我们懂得无保留的信任。如今我们明白，只有这样的信任才能让我们真实地活着、工作着，尽管这种信任是一个冒险，但它是一种愉快而积极的冒险。如今我们明白，散播和鼓励不信任是最不可饶恕的行为，我们的责任就是尽可能地培育和促进信任。信任是我们社会生活中最伟大、最罕见和最幸福的恩赐之一，虽然它只出现在弥漫着不信任的黑暗背景前。我们懂得对一个恶棍不能给予哪怕是丁点儿的信任，却愿意把自己完全交托给那值得信任的人。

十、品质的意义

除非我们敢于为恢复人与人之间健康的节制状态而斗争，否则我们就会在人性价值的无政府状态中灭绝。对这种节制的藐视是乌合之众的标志，同样，内心骑墙不定、对权贵之人趋炎附势、把自己降低到乌合之众的层次，这些都是成为乌合之众的途径。当我们忘记自己和他人的自尊，当我们失落了对人类品质的感受，不再具有节制力的时候，混乱开始了。当贪图物质享受而容忍厚颜无耻的时候，我们也就抛弃自尊，洪水的闸门一经打开，混乱就会冲破我们用来防范的堤坝。我们自己要为这一切后果负责。在别的时代，基督教的事业也许是为人类平等而奋斗，如今，基督教的事业将是充满激情地维护人的尊严和节制。对于那些以为我们是为自己谋利的曲解、那些以为我们的态度是反社会的轻率的指责，我们照单全收，因为那只不过是乌合之众藐视尊严和秩序的一贯做法；在这类事情上，屈服和犹疑都是没有认识到危机，反使对手的指责有了依据。我们正目睹着社会各个阶层的瓦解，同时也目睹着新的高贵品质的诞生，它们正将原先的社会阶层的人士重新凝聚在一起。高贵的品质与牺牲、勇气、对个人和社会责任感的明确体认相伴相生；同样，高贵的品质也与参与社会事务的自我期盼值相关；高贵的品质不仅自尊，而且也同样尊重他人，不管他们是否高低贵贱。我们需要所有的人沿着这样的线索来恢复品质的已失去的意义，建立基于如此品质上的社会秩序。品质是所有大众心理的最大的敌人。从社会角度看，品质意味着停止追逐地位、脱离"明星"崇拜，睁大双眼，仔细辨别，尤其是在选择密友、个人生活的快感和进入公众生活的勇气时。从文化角度看，品质意味着从报纸和无线电回到书本，从激烈的行动回到从容的悠闲，从分散回到集中，从感觉主义回到反思，从技巧回到艺术，从势利回到谦逊，从铺张回到适度。数量无疑具有竞争性，品质则具有相辅相成的作用。

十一、同情

我们必须承认这个事实，大部分人的智慧是从个人经历中来的。这个事实首先可以说明，为什么只有少数人能够预先提防危险——在为时已晚之前，大多数人总是抱着侥幸心理；其次也可以解释人们对他人苦难的冷漠现象，同情总是随着对正在逼迫的灾难的恐惧而成长起来的。人们用许多伦理上合理的理由来解释这些态度。没有一个人愿意迎面去遭遇命运；只有在实际的紧急状况下，人们才需要内在的召唤和行动的力量。人们无法承担起世界上所有的不义和苦难的责任，不愿让自己成为这个世界的法官。从心理学上看，我们缺乏想象力、感性和精神警觉的心灵，恰与稳定镇静、继续工作和忍受痛苦的巨大能力相平衡。但是，从一个基督徒的观点来看，这些借口没有一个可以否定这一事实，即这里缺少最重要的因素：同情心。基督直到生命的最后一刻，还在承受着苦难；当痛苦来临的时候，他是作为一个自由人去面对它们的，他遭遇它并控制了它。《圣经》告诉我们，基督在自己的身体内忍受了所有人类的苦难，似乎这些痛苦都是他自己的——我们无法理喻——基督以自身的自由意志接受了它们。当然，我们并不是基督，没有人号召我们以自己的行为和痛苦来拯救这个世界，我们不必试着承担这个不可能承受的重负。我们不是君王，而只是历史的君王手中的工具而已；我们只能在非常有限的范围内分担他人的痛苦。我们并不是基督，但如果我们要成为一个基督徒的话，我们必须在危险来临的时刻，享有基督那种博大的同情心，肩负起责任和自由去行动，从那源头（不是恐惧，而是基督给予所有的受苦之人的解放和救赎式之爱）获得力量，显示真正的同情心。单纯的等待和观望不应是基督徒的所为，基督徒要有同情和行动，他们不是因为自己遭受了苦难才如此，而是自己弟兄（也就是基督为之而受死的这些人）的苦难感染着他们去行动。

十二、苦难

与一个自由、有责任感的人所受的苦难相比，一个顺服长官的人所遭受的苦难是微不足道的。与一个孤独的人遭受的苦难相比，同他人一起遭受的苦难是微不足道的。与单独、耻辱地遭受的苦难相比，在公开的、受人敬重的情况下遭受的苦难是微不足道的。与精神上遭受苦难相比，通过生命冒险所遭受的苦难也是微不足道的。基督是作为一个孤独的自由人，非常耻辱地遭受肉体和精神的苦难；从那时起，许多基督徒也同他一起承担了苦难。

十三、现在和将来

我们一向认为，计划自己的事业和个人的生活是一个人不可剥夺的权利，这已经成为过去的事情了。环境迫使我们进入这样一种境地，我们不得已而"不要为明天忧虑"（《马太福音》6：34）。但应当区别下面这两种情形：即我们接受这种情形，是出于自愿的信心（如登山宝训的意义），还是迫于持续的暴力。对于大部分人来说，被迫放弃谋划将来，意味着他们得回到只为眼前的利益、轻浮而不负责任、得过且过的生活中去；少部分人则梦想着美丽的将来，试图忘记现在。我们认为，这两条道路都是不可行的；留给我们的只有一条很难发现的、狭窄异常的道路，我们把生命的每一天都当作是最后的日子，同时又以责任和信心生活，仿佛前途一片光明。正如在圣城被毁之前，耶利米那悲哀的预言中充满的悖谬对比一样："将来在这地，必有人再买房屋、田地和葡萄园。"（《耶利米书》32：15）当所有的一切似乎都是漆黑一团的时候，这句话正是上帝应许的一个记号，是新的开端和光明未来的保证。为年轻一代着想和行动吧，准备在任何时候都毫无惧怕地向前走——这，就是现实迫使我们要具有的精神。勇敢而生机勃勃地保持这种精神并不容易，但是绝对必要。

十四、乐观主义

悲观主义者常常比较明智，悲观是避免失望和嘲笑的一种办法，因此，聪明的人会谴责乐观主义。乐观主义的本质并不在于它关于时局的见解，而是一种生命的灵感，是当他人绝望时你仍保留的希望；在凡事不能再糟的时候，它能够使人昂首生活；它给人继续生存下去的力量，让人争取自己的未来，而不将未来拱手让给敌人。的确也存在着一种我们必须谴责的、愚蠢胆怯的乐观主义。但是，作为面向将来的一种愿望，乐观主义决不应当被忽视，即使它一千次地被证明是错误的；它是健康、充满活力的，不健康的人无权指责它。有些人认为乐观主义是轻浮的；一些基督徒认为，乐观主义者期待的是现世美好的未来，这是一种不虔敬的宗教态度。他们认为，现在的世界是一片混乱、无秩序和灾难，在退隐或宗教遁世的思想中，他们放弃了改造社会、为下一代奋斗的责任。末日审判的日子可能就在明天的黎明；只有在那时，而不是在那之前，我们方能欣然地放弃为美好的明天所做的工作。

十五、不安全与死亡

近年来我们已经愈来愈熟悉关于死亡的思想。我们也很惊奇，为什么当听说一个同辈人死亡时，我们会那么平静。我们不像过去那样憎恨死亡，因为我们已经在它中间发现了某种美好的东西，并几乎已经适应它了。骨子里我们感觉到自己已经属于死亡，新的一天的到来简直是一个奇迹。如果说我们欢迎死亡，那可能是不对的（虽然我们都知道我们应该像逃避瘟疫一样地逃避厌倦）；对于死亡，我们是太好奇了——或者更认真地说，我们愿意在自己破碎支离的生命残片中，找到更多的意义。我们并不想把死亡浪漫化，因为生命太伟大、太宝贵了。更何况我们不愿意将危险看作是生命的意义——我们还不至于那么悲观，我们深知生命所带来的诸多美善，虽然我们也熟悉生命的各种焦虑，也太熟悉长久的不安全给人带来的毁灭性的后果。我们仍然热爱生命，但是我认为，死亡现在并不能让我们惊奇。经过战争带来的一切之后，我们几乎不敢承认，若是生命的完美状态和所有一切都濒临危险（而不是出于某些偶然、突然降临的小变故）的时候，我们愿意死亡降临到自己的身上。

正是我们自己，而不是外部的环境，使人死得其所，使人甘愿接受死亡。

十六、我们还有什么用处

我们是恶行静静的见证者；我们被暴风雨摧残；我们已经学会了模棱两可和伪装自己；经验使我们彼此怀疑，妨碍我们真诚坦率相待；不可忍受的冲突击垮了我们，把我们变得玩世不恭。我们还有什么用处？将来需要的不是天才、玩世不恭者、仇恨人类者、聪明的战略家，而是坦白、忠诚和正直之人。我们内在的抵抗力量是否足够强大？我们的忠诚是否足够坚定？我们还能找回通向简单和政治精神的道路吗？

编者说明

（一）本卷收录了俞吾金先生 1980 年至 2001 年发表的外国哲学研究相关论文 53 篇，按首次发表时间排序。本卷另收入俞先生在这一时期发表的 3 篇译文和 1 篇编译文章作为本卷附录。

（二）各篇文章的版本选择，以完整性和修改时间为标准。即：如不同版本差别较大，则收录内容最完整的版本；如各版本主体内容大致一致，不过有小的差别，则收录时间上靠后的修订版本；如各版本基本相同，则收录最初发表的版本。

（三）各篇文章的格式按照《俞吾金全集》的统一体例进行了相应调整。

（四）各篇文章的版本信息以及注释等方面的调整，都以编者注的形式予以标注。编者对原文文字进行了校订。

（五）本卷由李昕桐、马迎辉、梁卫霞编校。

《俞吾金全集》编委会

2022 年 2 月

图书在版编目（CIP）数据

外国哲学研究文集：上下/俞吾金著 . —北京：北京师范大学
出版社，2024.9

　（俞吾金全集）

ISBN 978-7-303-29586-9

Ⅰ.①外… Ⅱ.①俞… Ⅲ.①哲学－世界－文集 Ⅳ.①B1-53

中国国家版本馆 CIP 数据核字（2023）第 225611 号

营 销 中 心 电 话　010-58805385
北 京 师 范 大 学 出 版 社
主题出版与重大项目策划部

WAIGUO ZHEXUE YANJIU WENJI

出版发行：北京师范大学出版社　www.bnupg.com
　　　　　北京市西城区新街口外大街 12-3 号
　　　　　邮政编码：100088
印　　刷：北京盛通印刷股份有限公司
经　　销：全国新华书店
开　　本：730 mm×980 mm　1/16
印　　张：93.75
字　　数：1365 千字
版　　次：2024 年 9 月第 1 版
印　　次：2024 年 9 月第 1 次印刷
定　　价：398.00 元（全二册）

策划编辑：祁传华　　　　　　责任编辑：张　爽
美术编辑：王齐云　　　　　　装帧设计：王齐云
责任校对：段立超　陶　涛　　责任印制：马　洁　赵　龙

The
Complete Works
of
Yu Wujin

俞 吾 金 全 集

第 10 卷

外国哲学研究文集

（下）

俞吾金 著

北京师范大学出版集团
BEIJING NORMAL UNIVERSITY PUBLISHING GROUP
北京师范大学出版社

俞吾金教授简介

———————

俞吾金教授是我国著名哲学家，1948 年 6 月 21 日出生于浙江萧山，2014 年 10 月 31 日因病去世。生前任复旦大学文科资深教授、哲学学院教授，兼任复旦大学学术委员会副主任暨人文学术委员会主任、复旦大学学位委员会副主席暨人文社科学部主席、复旦大学国外马克思主义与国外思潮研究中心（985 国家级基地）主任、复旦大学当代国外马克思主义研究中心（教育部重点研究基地）主任、复旦大学现代哲学研究所所长；担任教育部社会科学委员会委员、教育部哲学教学指导委员会副主任、国务院哲学学科评议组成员、全国外国哲学史学会常务理事、全国现代外国哲学学会副理事长等职；曾任德国法兰克福大学和美国哈佛大学访问教授、美国 Fulbright 高级讲座教授。俞吾金教授是全国哲学界首位长江学者特聘教授、全国优秀教师和国家级教学名师。俞吾金教授是我国八十年代以来在哲学领域最具影响力的学者之一，生前和身后出版了包括《意识形态论》《从康德到马克思》《重新理解马克思》《问题域的转换》《实践与自由》《被遮蔽的马克思》等在内的 30 部著作（包括合著），发表了 400 余篇学术论文，在哲学基础理论、马克思主义哲学、外国哲学、国外马克思主义、当代中国哲学文化和美学等诸多领域都有精深研究，取得了令人瞩目的成就，为深入推进当代中国哲学研究做出了杰出和重要的贡献。

本卷编校组

张艳芬　奚颖瑞　蒋小杰

序　言

　　俞吾金教授是我国哲学界的著名学者，是我们这一代学人中的出类拔萃者。对我来说，他既是同学和同事，又是朋友和兄长。我们是恢复高考后首届考入复旦大学哲学系的，我们住同一个宿舍。在所有的同学中，俞吾金是一个好学深思的榜样，或者毋宁说，他在班上总是处在学与思的"先锋"位置上。他要求自己每天读 150 页的书，睡前一定要完成。一开始他还专注于向往已久的文学，一来是"文艺青年"的夙愿，一来是因为终于有机会沉浸到先前只是在梦中才能邂逅的书海中去了。每当他从图书馆背着书包最后回到宿舍时，大抵便是熄灯的前后，于是那摸黑夜谈的时光就几乎被文学占领了。先是莎士比亚和歌德，后来大多是巴尔扎克和狄更斯，最后便是托尔斯泰和陀斯妥耶夫斯基了。好在一屋子的室友都保留着不少的文学情怀，这情怀有了一个共鸣之地，以至于我们后来每天都很期待去分享这美好的时刻了。

　　但是不久以后，俞吾金便开始从文学转到哲学。我们的班主任老师，很欣赏俞吾金的才华，便找他谈了一次话，希望他在哲学上一展才华。不出所料，这个转向很快到来了。我们似乎突然发现他的言谈口吻开始颇有些智者派的风格了——这一步转得很合适也很顺畅，正如黑格尔所说，智者们就是教人熟悉思维，以代替"诗篇的知识"。还是在本科三年级，俞吾金就在《国内哲学动态》上发表了他的哲学论文《"蜡块说"小考》，这在班里乃至于系里都引起了不小的震动。不久以后，他便在同学中得了个"苏老师"（苏格拉底）的雅号。看来并非偶然，他在后来的研究中曾对智者派（特别是普罗泰戈拉）专门下过功夫，而且他的哲学作品中也长久地保持着敏锐的辩才与文学的冲动；同样并非偶然，后来复旦大学将"狮城舌战"（在新加坡举行的首届国际华语大专辩论赛）的总教练和领队的重任托付给他，结果是整个团队所向披靡并夺得了冠军奖杯。

本科毕业后我们一起考上了研究生，1984 年底又一起留校任教，成了同事。过了两年，又一起考上了在职博士生，师从胡曲园先生，于是成为同学兼同事，后来又坐同一架飞机去哈佛访学。总之，自 1978 年进入复旦大学哲学系以来，我们是过从甚密的，这不仅是因为相处日久，更多的是由于志趣相投。这种相投并不是说在哲学上或文学上的意见完全一致，而是意味着时常有着共同的问题域，并能使有差别的观点在其中形成积极的和有意义的探索性对话。总的说来，他在学术思想上始终是一个生气勃勃地冲在前面的追问者和探索者；他又是一个犀利而有幽默感的人，所以同他的对话常能紧张而又愉悦地进行。

作为哲学学者，俞吾金主要在三个方面展开他长达 30 多年的研究工作，而他的学术贡献也集中地体现在这三个方面，即当代国外马克思主义、马克思哲学、西方哲学史。对他来说，这三个方面并不是彼此分离的三个领域，毋宁说倒是本质相关地联系起来的一个整体，并且共同服务于思想理论上的持续探索和不断深化。在我们刚进复旦时，还不知"西方马克思主义"为何物；而当我们攻读博士学位时，卢卡奇的《历史与阶级意识》已经是我们必须面对并有待消化的关键文本了。如果说，这部开端性的文本及其理论后承在很大程度上构成了与"梅林—普列汉诺夫正统"的对立，那么，系统地研究和探讨国外马克思主义的立场、观点和方法，就成为哲学研究（特别是马克思主义哲学研究）的一项重大任务了。俞吾金在这方面是走在前列的，他不仅系统地研究了卢卡奇、科尔施、葛兰西等人的重要哲学文献，而且很快又进入到法兰克福学派、存在主义的马克思主义、弗洛伊德主义的马克思主义、结构主义的马克思主义，等等。不久，哲学系组建了以俞吾金为首的当代国外马克思主义教研室，他和陈学明教授又共同主编了在国内哲学界影响深远的教材和文献系列，并有大量的论文、论著和译著问世，从而使复旦大学在这方面成为国内研究的重镇并处于领先地位。2000年，教育部在复旦建立国内唯一的"当代国外马克思主义研究中心"（人文社会科学重点研究基地），俞吾金自此一直担任该基地的主任，直到2014年去世。他组织并领导了内容广泛的理论引进、不断深入的学术研究，以及愈益扩大和加深的国内外交流。如果说，40年前人们对当代国外马克思主义还几乎一无所知，而今天中国的学术界已经能够非常切近地追踪到其前沿了，那么，这固然取决于学术界同仁的共同努力，但俞吾金却当之无愧地属于其中的居功至伟者之一。

当俞吾金负责组建当代国外马克思主义学科时，他曾很热情地邀请我加入团队，我也非常愿意进入到这个当时颇受震撼而又所知不多的新领域。但我所在的马克思主义哲学史教研室却执意不让我离开。于是他便对我说：这样也好，"副本"和"原本"都需要研究，你我各在一处，时常可以探讨，岂不相得益彰？看来他对于"原本"——马克思哲学本身——是情有独钟的。他完全不能满足于仅仅对当代国外马克思主义的各种文本、观点和内容的引进介绍，而是试图在哲学理论的根基上去深入地理解它们，并对之开展出卓有成效的批判性发挥和对话。为了使这样的发挥和对话成为可能，他需要在马克思哲学基础理论的研究方面获得持续不断的推进与深化。因此，俞吾金对当代国外马克思主义的探索总是伴随着他对马克思哲学本身的研究，前者在广度上的拓展与后者在深度上的推进是步调一致、相辅相成的。

在马克思哲学基础理论的研究领域，俞吾金的研究成果突出地体现在以下几个方面。第一，他明确主张马克思哲学的本质特征必须从其本体论的基础上去加以深入的把握。以往的理解方案往往是从近代认识论的角度提出问题，而真正的关键恰恰在于从本体论的层面去理解、阐述和重建马克思哲学的理论体系。我是很赞同他的这一基本观点的。因为马克思对近代哲学立足点的批判，乃是对"意识"之存在特性的批判，因而是一种真正的本体论批判："意识在任何时候都只能是被意识到了的存在，而人们的存在就是他们的现实生活过程。"这非常确切地意味着马克思哲学立足于"存在"——人们的现实生活过程——的基础之上，而把意识、认识等等理解为这一存在过程在观念形态上的表现。

因此，第二，就这样一种本体论立场来说，马克思哲学乃是一种"广义的历史唯物主义"。俞吾金认为，在这样的意义上，马克思哲学的本体论基础应当被把握为"实践—社会关系本体论"。它不仅批判地超越了以往的本体论（包括旧唯物主义的本体论）立场，而且恰恰构成马克思全部学说的决定性根基。因此，只有将马克思哲学理解为广义的历史唯物主义，才能真正把握马克思哲学变革的实质。

第三，马克思"实践"概念的意义不可能局限在认识论的范围内得到充分的把握，毋宁说，它在广义的历史唯物主义中首先是作为本体论原则来起作用的。在俞吾金看来，将实践理解为马克思认识论的基础与核心，相对于近代西方认识论无疑是一大进步；但如果将实践概念限制在认识论层面，就会忽视其根本而首要的本体论意义。对于马克思来说，至为关键的是，只有在实践的本体论层面上，人们的现实生活才会作为决定性的存在进入到哲学的把握中，从而，人们的劳动和交往，乃至于人们的全部社会生活和整个历史性行程，才会从根本上进入到哲学理论的视域中。

因此，第四，如果说广义的历史唯物主义构成马克思哲学的实质，那么这一哲学同时就意味着"意识形态批判"。因为在一般意识形态把思想、意识、观念等等看作是决定性原则的地方，唯物史观恰恰相反，要求将思想、意识、观念等等的本质性导回到人们的现实生活过程之中。

在此意义上，俞吾金把意识形态批判称为"元批判"，并因而将立足于实践的历史唯物主义叫做"实践诠释学"。所谓"元批判"，就是对规约人们的思考方式和范围的意识形态本身进行前提批判，而作为"实践诠释学"的历史唯物主义，则是在"元批判"的导向下去除意识形态之蔽，从而揭示真正的现实生活过程。我认为，上述这些重要观点不仅在当时是先进的和极具启发性的，而且直到今天，对于马克思哲学之实质的理解来说，依然是关乎根本的和意义深远的。

俞吾金的博士论文以《意识形态论》为题，我则提交了《历史唯物主义的主体概念》和他一起参加答辩。答辩主席是华东师范大学的冯契先生。冯先生不仅高度肯定了俞吾金对马克思意识形态批判理论的出色研究，而且用"长袖善舞"一词来评价这篇论文的特点。学术上要做到长袖善舞，是非常不易的：不仅要求涉猎广泛，而且要能把握其枢机。俞吾金之所以能够臻此境地，是得益于他对哲学史的潜心研究；而在哲学史方面的长期探索，不仅极大地支持并深化了他的马克思哲学研究，而且使他成为著名的西方哲学史研究专家。

就与马哲相关的西哲研究而言，他专注于德国古典哲学，特别是康德、黑格尔哲学的研究。他很明确地主张：对马克思哲学的深入理解，一刻也离不开对德国观念论传统的积极把握；要完整地说明马克思的哲学革命及其重大意义，不仅要先行领会康德的"哥白尼式革命"，而且要深入把握由此而来并在黑格尔那里得到充分发展的历史性辩证法。他认为，作为康德哲学核心问题的因果性与自由的关系问题，在"按照自然律的因果性"和"由自由而来的因果性"的分析中，得到了积极的推进。黑格尔关于自由的理论可被视为对康德自由因果性概念的一种回应：为了使自由和自由因果性概念获得现实性，黑格尔试图引入辩证法以使自由因果性和自然因果性统一起来。在俞吾金看来，这里的关键在于"历史因果性"维度的引入——历史因果性是必然性的一个方面，也是必然性与自由相统一的关节点。因此，正是通过对黑格尔的精神现象学、法哲学和历史哲学等思想内容的批判性借鉴，马克思将目光转向人类社会发展中的历史因果性；但马克思又否定了黑格尔仅仅停留于单纯精神层面谈论自然因果性和历史因果性的哲学立场，要求将这两种因果性结合进现实的历史运动中，尤其是使之进入到对市民社会的解剖中。这个例子可以表明，对马克思哲学之不断深化的理解，需要在多大程度上深入到哲学史的领域之中。正如列宁曾经说过的那样：不读黑格尔的《逻辑学》，便无法真正理解马克思的《资本论》。

就西方哲学的整体研究而言，俞吾金的探讨可谓"细大不捐"，涉猎之广在当代中国学者中是罕见的。他不仅研究过古希腊哲学（特别是柏拉图和亚里士多德哲学），而且专题研究过智者派哲学、斯宾诺莎哲学和叔本华哲学等。除开非常集中地钻研德国古典哲学之外，他还更为宏观地考察了西方哲学在当代实现的"范式转换"。他将这一转换概括为"从传统知识论到实践生存论"的发展，并将其理解为西方哲学发展中的一条根本线索。为此他对海德格尔的哲学下了很大的功夫，不仅精详地考察了海德格尔的"存在论差异"和"世界"概念，而且深入地探讨了海德格尔的现代性批判及其意义。如果说，马克思的哲学变革乃是西方哲学范式转换中划时代的里程碑，那么，海德格尔的基础存在论便为说明这一转换提供了重要的思想材料。在这里，西方哲学史的研究再度与马克思哲学的研究贯通起来：俞吾金不仅以哲学的当代转向为基本视野考察整个西方哲学史，并在这一思想转向的框架中理解马克思的哲学变革，而且站在这一变革的立场上重新审视西方哲学，特别是德国古典哲学和当代西方哲学。就此而言，俞吾金在马哲和西哲的研究上可以说是齐头并进的，并且因此在这两个学术圈子中同时享有极高的声誉和地位。这样的一种研究方式固然可以看作是他本人的学术取向，但这种取向无疑深深地浸染着并且也成就着复旦大学哲学学术的独特氛围。在这样的氛围中，当代国外马克思主义的研究要立足于对马克思哲学本身的深入理解之上，而对马克思哲学理解的深化又有必要进入到哲学史研究的广大区域之中。

今年10月31日，是俞吾金离开我们10周年的纪念日。十年前我曾撰写的一则挽联是："哲人其萎乎，梁木倾颓；桃李方盛也，枝叶滋荣。"我们既痛惜一位学术大家的离去，更瞩望新一代学术星丛的冉冉升起。十年之后，《俞吾金全集》由北京师范大学出版社出版了——这是哲学学术界的一件大事，许多同仁和朋友付出了积极的努力和辛勤的劳动，我们对此怀着深深的感激之情。这样的感激之情不仅是因为这部全集的告竣，而且因为它还记录了我们这一代学者共同经历的学术探索道路。一代人有一代人的使命，俞吾金勤勉而又卓越地完成了他的使命：他将自己从事哲学的探索方式和研究风格贡献给了复旦哲学的学术共同体，使之成为这个共同体悠长传统的组成部分；他更将自己取得的学术成果作为思想、观点和理论播洒到广阔的研究领域，并因而成为进一步推进我国哲学学术的重要支点和不可能匆匆越过的必要环节。如果我们的读者不仅能够从中掌握理论观点和方法，而且能够在哲学与时代的关联中学到思想探索的勇气和路径，那么，这部全集的意义就更其深远了。

吴晓明

2024 年 6 月

主编的话

一

2014 年 7 月 16 日，俞吾金教授结束了一个学期的繁忙教学工作，暂时放下手头的著述，携夫人赴加拿大温哥华参加在弗雷泽大学举办的"法兰克福学派对资本主义的批判"的国际学术讨论会，并计划会议结束后自费在加拿大作短期旅游，放松心情。但在会议期间俞吾金教授突感不适，虽然他带病作完大会报告，但不幸的是，到医院检查后被告知脑部患了恶性肿瘤。于是，他不得不匆忙地结束行程，回国接受治疗。接下来三个月，虽然复旦大学华山医院组织了最强医疗团队精心救治，但病魔无情，回天无力。2014 年 10 月 31 日，在那个风雨交加的夜晚，俞吾金教授永远地离开了我们。

俞吾金教授的去世是复旦大学的巨大损失，也是中国哲学界的巨大损失。十年过去了，俞吾金教授从未被淡忘，他的著作和文章仍然被广泛阅读，他的谦谦君子之风、与人为善之举被亲朋好友广为谈论。但是，在今天这个急剧变化和危机重重的世界中，我们还是能够感到他的去世留下的思想空场。有时，面对社会的种种不合理现象和纷纭复杂的现实时，我们还是不禁会想：如果俞老师在世，他会做如何感想，又会做出什么样的批判和分析！

俞吾金教授的生命是短暂的，也是精彩的。与期颐天年的名家硕儒相比，他的学术生涯只有三十多年。但是，在这短短的三十多年中，他通过自己的勤奋和努力取得了耀眼的成就。

1983 年 6 月，俞吾金与复旦大学哲学系的六个硕士、博士生同学一起参加在广西桂林举行的"现代科学技术和认识论"全国学术讨论会，他们在会上所做的"关于认识论的几点意见"（后简称"十条提纲"）的报告，勇敢地对苏联哲学教科书体系做了反思和批判，为乍暖还寒的思想解放和新莺初啼的马克思主义哲学新的探索做出了贡献。1993 年，俞吾金教授作为教练和领队，带领复旦大学辩论队参加在新加坡举办的首届国际大专辩论赛并一举夺冠，在华人世界第一次展现了新时代中国大学生的风采。辩论赛的电视转播和他与王沪宁主编的《狮城舌战》《狮城舌战启示录》大大地推动了全国高校的辩论热，也让万千学子对复旦大学翘首以盼。1997 年，俞吾金教授又受复旦大学校长之托，带领复旦大学学生参加在瑞士圣加仑举办的第 27 届国际经济管理研讨会，在该次会议中，复旦大学的学生也有优异的表现。会后，俞吾金又主编了《跨越边界》一书，嘉惠以后参加的学子。

俞吾金教授 1995 年开始担任复旦大学哲学系主任，当时是国内最年轻的哲学系主任，其间，复旦大学哲学系大胆地进行教学和课程体系改革，取得了重要的成果，荣获第五届全国高等学校优秀教学成果一等奖，由他领衔的"西方哲学史"课程被评为全国精品课程。在复旦大学，俞吾金教授是最受欢迎的老师之一，他的课一座难求。他多次被评为最受欢迎的老师和研究生导师。由于教书育人的杰出贡献，2009 年他被评为上海市教学名师和全国优秀教师，2011 年被评为全国教学名师。

俞吾金教授一生最为突出的贡献无疑是其学术研究成果及其影响。他在研究生毕业后不久就出版的《思考与超越——哲学对话录》已显示了卓越的才华。在该书中，他旁征博引，运用文学故事或名言警句，以对话体的形式生动活泼地阐发思想。该书妙趣横生，清新脱俗，甫一面世就广受欢迎，成为沪上第一理论畅销书，并在当年的全国图书评比中获"金钥匙奖"。俞吾金教授的博士论文《意识形态论》一脱当时国内博士论文的谨小慎微的匠气，气度恢宏，新见迭出，展现了长袖善舞、擅长宏大主题的才华。论文出版后，先后获得上海市哲学社会科学优秀成果一等奖和国家教委首届人文社会科学优秀成果一等奖，成为青年学子做博士论文的楷模。

俞吾金教授天生具有领军才能，在他的领导下，复旦大学当代国外马克思主义研究中心 2000 年被评为教育部人文社会科学重点研究基地，他本人也长期担任基地主任，主编《当代国外马克思主义评论》《国外马克思主义研究报告》《国外马克思主义与国外思潮译丛》等，为马克思主义的国际交流建立了重要的平台。他长期担任复旦大学哲学学院的外国哲学学科学术带头人，参与主编《西方哲学通史》和《杜威全集》等重大项目，为复旦大学成为外国哲学研究重镇做出了突出贡献。

俞吾金教授的学术研究不囿一隅，他把西方哲学和马克思哲学结合起来，提出了许多重要的概念和命题，如"马克思是我们同时代人""马克思哲学是广义的历史唯物主义""马克思哲学的认识论是意识形态批判""从康德到马克思""西方哲学史的三次转向""实践诠释学""被遮蔽的马克思""问题域的转换"等，出版了一系列有影响的著作和文集。由于俞吾金教授在学术上的杰出贡献和影响力，他获得各种奖励和荣誉称号，他是全国哲学界首位"长江学者奖励计划"特聘教授，在钱伟长主编的"20 世纪中国知名科学家"哲学卷中，他是改革开放以来培养的哲学家中的唯一人选者。俞吾金教授在学界还留下许多传奇，其中之一是，虽然他去世已经十年了，但至今仍保持着《中国社会科学》发文最多的记录。

显然，俞吾金教授是改革开放后新一代学人中最有才华、成果最为丰硕、影响最大的学者之一。他之所以取得令人瞩目的成就，不仅得益于他的卓越才华和几十年如一日的勤奋努力，更重要的是缘于他的独立思考的批判精神和"为天地立心、为生民立命"的济世情怀。塞涅卡说："我们不应该像羊一样跟随我们前面的羊群——不是去我们应该去的地方，而是去它去的地方。"俞吾金教授就是本着这样的精神从事学术的。在他的第一本著作即《思考与超越》的开篇中，他就把帕斯卡的名言作为题记："人显然是为了思想而生的；这就是他全部的尊严和他全部的优异；并且他全部的义务就是要像他所应该的那样去思想。"俞吾金教授的学术思考无愧于此。俞吾金教授以高度的社会责任感从事学术研究。复旦大学的一位教授在哀悼他去世的博文中曾写道："曾有几次较深之谈话，感到他是一位勤奋的读书人，温和的学者，善于思考社会与人生，关注现在，更虑及未来。记得 15 年前曾听他说，在大变动的社会，理论要为长远建立秩序，有些论著要立即发表，有些则可以暂存书箧，留给未来。"这段话很好地刻画了俞吾金教授的人文和道德情怀。

正是出于这一强烈担当的济世情怀，俞吾金教授出版和发表了许多有时代穿透力的针砭时弊的文章，对改革开放以来的思想解放和文化启蒙起到了推动作用，为新时期中国哲学的发展做出了重要贡献。但是，也正因为如此，他的生命中也留下了很多遗憾。去世前两年，俞吾金教授在"耳顺之年话人生"一文中说："从我踏进哲学殿堂至今，30 多个年头已经过去了。虽然我尽自己的努力做了一些力所能及的事情，但人生匆匆，转眼已过耳顺之年，还有许多筹划中的事情没有完成。比如对康德提出的许多哲学问题的系统研究，对贝克莱、叔本华在外国哲学史上的地位的重新反思，对中国哲学的中道精神的重新阐释和对新启蒙的张扬，对马克思哲学体系的重构等。此外，我还有一系列的教案有待整理和出版。"想不到这些未完成的计划两年后尽成了永远的遗憾！

二

俞吾金教授去世后，学界同行在不同场合都表达了希望我们编辑和出版他的全集的殷切希望。其实，俞吾金教授去世后，应出版社之邀，我们再版了他的一些著作和出版了他的一些遗著。2016 年北京师范大学出版社出版了他的《哲学遐思录》《哲学随感录》《哲学随想录》三部随笔集，2017 年北京师范大学出版社出版了《从康德到马克思——千年之交的哲学沉思》新版，2018 年商务印书馆出版了他的遗作《新十批判书》未完成稿。但相对俞吾金教授发表和未发表的文献，这些只是挂一漏万，远不能满足人们的期望。我们之所以在俞吾金教授去世十年才出版他的全集，主要有两个方面的原因。一是俞吾金教授从没有完全离开我们，学界仍然像他健在时一样阅读他的文章和著作，吸收和借鉴他的观点，思考他提出的问题，因而无须赶着出版他的全集让他重新回到我们中间；二是想找个有纪念意义的时间出版他的全集。俞吾金教授去世后，我们一直在为出版他的全集做准备。我们一边收集资料，一边考虑体例框架。时间到了 2020 年，是时候正式开启这项工作了。我们于 2020 年 10 月成立了《俞吾金全集》编委会，组织了由他的学生组成的编辑和校对团队。经过数年努力，现已完成了《俞吾金全集》二十卷的编纂，即将在俞吾金教授逝世十周年之际出版。

俞吾金教授一生辛勤耕耘，留下 650 余万字的中文作品和十余万字的外文作品。《俞吾金全集》将俞吾金教授的全部作品分为三个部分：(1)生前出版的著作；(2)生前发表的中文文章；(3)外文文章和遗作。

俞吾金教授生前和身后出版的著作(包含合著)共三十部，大部分为文集。《俞吾金全集》保留了这些著作中体系较为完整的 7 本，包括《思考与超越——哲学对话录》《问题域外的问题——现代西方哲学方法论探要》《生存的困惑——西方哲学文化精神探要》《意识形态论》《毛泽东智慧》《邓小平：在历史的天平上》《问题域的转换——对马克思和黑格尔关系的当代解读》。其余著作则基于材料的属性全部还原为单篇文章，收入《俞吾金全集》的《马克思主义哲学研究文集(上、下)》《外国哲学研究文集(上、下)》以及《国外马克思主义研究文集(上、下)》等各卷中。这样的处理方式难免会留下许多遗憾，特别是俞吾金教授的一些被视为当代学术名著的文集(如《重新理解马克思》《从康德到马克思》《被遮蔽的马克思》《实践诠释学》《实践与自由》等)未能按原书形式收入到《俞吾金全集》之中。为了解决全集编纂上的逻辑自洽性以及避免不同卷次的文献交叠问题(这些交叠往往是由于原作根据的不同主题选择和组织材料而导致的)，我们不得不忍痛割爱，将这些著作打散处理。

俞吾金教授生前发表了各类学术文章 400 余篇，我们根据主题将这些文章分别收入《马克思主义哲学研究文集(上、下)》《国外马克思主义哲学研究文集》《外国哲学研究文集(上、下)》《马克思主义中国化研究文集》《中国思想与文化研究》《哲学观与哲学教育论集》《散论集》(包括《读书治学》《社会时评》和《生活哲思》三卷)。在这些卷次的编纂过程中，我们除了使用知网、俞吾金教授生前结集出版的作品和在他的电脑中保存的材料外，还利用了图书馆和网络等渠道，查找那些散见于他人著作中的序言、论文集、刊物、报纸以及网页中的文章，尽量做到应收尽收。对于收集到的文献，如果内容基本重合，收入最早发表的文本；如主要内容和表达形式略有差异，则收入内容和形式上最完备者。在文集和散论集中，对发表的论文和文章，我们则按照时间顺序进行编排，以便更好地了解俞吾金教授的思想发展和心路历程。

除了已发表的中文著作和论文之外，俞吾金教授还留下了多篇已发表或未发表的外文文章，以及一系列未发表的讲课稿(有完整的目录，已完成的部分很成熟，完全是为未来出版准备的，可惜没有写完)。我们将这些外文论文收集在《外文文集》卷中，把未发表的讲稿收集在《遗作集》卷中。

三

《俞吾金全集》的编纂和出版受到了多方面的支持。俞吾金教授去世后不久，北京师范大学出版社就表达了想出版《俞吾金全集》的愿望，饶涛副总编辑专门来上海洽谈此事，承诺以最优惠的条件和最强的编辑团队完成这一工作，这一慷慨之举和拳拳之心让人感佩。为了高质量地完成全集的出版，出版社与我们多次沟通，付出了很多努力。对北京师范大学出版社饶涛副总编辑、祁传华主任和诸分卷的责编为《俞吾金全集》的辛勤付出，我们深表谢意。《俞吾金全集》的顺利出版，我们也要感谢俞吾金教授的学生赵青云，他多年前曾捐赠了一笔经费，用于支持俞吾金教授所在机构的学术活动。经同意，俞吾金教授去世后，这笔经费被转用于全集的材料收集和日常办公支出。《俞吾金全集》的出版也受到复旦大学和哲学学院的支持。俞吾金教授的同学和同事吴晓明教授一直关心全集的出版，并为全集写了充满感情和睿智的序言。复旦大学哲学学院原院长孙向晨也为全集的出版提供了支持。在此我们表示深深的感谢。

《俞吾金全集》的具体编辑工作是由俞吾金教授的许多学生承担的。编辑团队的成员都是在不同时期受教于俞吾金教授的学者，他们分散于全国各地高校，其中许多已是所在单位的教学和科研骨干，有自己的繁重任务要完成。但他们都自告奋勇地参与这项工作，把它视为自己的责任和荣誉，不计得失，任劳任怨，为这项工作的顺利完成付出自己的心血。

作为《俞吾金全集》的主编，我们深感责任重大，因而始终抱着敬畏之心和感恩之情来做这项工作。但限于水平和能力，《俞吾金全集》一定有许多不完善之处，在此敬请学界同仁批评指正。

汪行福 吴 猛

2024 年 6 月

目　录

2002年

当代哲学关于人的问题的新思考①

　　毋庸讳言，人的问题是哲学关注和探讨的基本问题之一，然而，直到当代哲学，这一问题才引起人们的普遍重视和深入研究。当代哲学家们从不同的角度出发论述了人的问题，虽然引申出来的结论互有差异，但却构成了一幅整体性的画面，从而为我们在新时代条件下反思这一问题提供了极有价值的启发。

一、人的问题的凸现

　　在近代哲学向现、当代哲学发展的过程中，为什么人的问题会逐渐凸现出来，成为当代哲学探索的中心问题？从哲学演化的内在理路来看，主要是由以下原因造成的。

　　一是神学的衰微和人类学的兴起。随着自然科学的发展和人的自我意识的觉醒，西方的宗教和神学的传统都受到了严重挑战。这种挑战从文艺复兴和宗教改革时代就已经开始了，在法国启蒙学者那里，达到了新的深度。霍尔巴赫在 1768

---

　　①　原载《人文杂志》2002 年第 1 期。收录于俞吾金：《从康德到马克思——千年之交的哲学沉思》，广西师范大学出版社 2004 年版，第 390—406 页。——编者注

年出版的《神圣的瘟疫》中开宗明义地写道:"人之所以迷信,只是由于恐惧,人之所以恐惧,只是由于无知。"①这段话既揭示出迷信、宗教和神学的心理学起源,又为启蒙的必要性进行了辩解。到 19 世纪 40 年代,宗教和神学的本质在哲学家的笔端已经显露无遗。费尔巴哈在《关于哲学改造的临时纲要》(1842)中明确地指出:"神学(Theologie)的秘密是人类学(Anthropologie),而思辨哲学的秘密则是神学,即思辨神学。"②这里不仅揭露了神学的秘密,而且揭露了黑格尔思辨哲学的秘密。按照费尔巴哈的人类学观点,上帝乃是人的本质的异化,人把自己身上所有的优点和能力集中到一个对象身上,并把它独立化、客观化,它就是上帝,因此,上帝就是人,神学就是人类学。当然,费尔巴哈所说的人类学乃是哲学人类学,而在当代语境中,人类学本身就包含着许多分支,特别是实证科学意义上的学科分支,但不管如何,人类学的兴起使当代人的思考聚焦在人的问题上。

二是传统社会的身份制度、等级关系的衰微和人道主义、自由主义的兴起。随着人类社会的演化和传统的等级制社会的瓦解,人道主义和自由主义都取得了长足发展。海德格尔认为:"第一个人道主义,即罗马的人道主义,以及自罗马以来直到现代成长起来的一切种类的人道主义,都把人的最一般的'本质'认为当然的以作前提。"③在他看来,马克思主义也是从属于这一人道主义的传统的。在比较严格的意义上说,欧洲自由主义的先驱是霍布斯、洛克、斯宾诺莎和卢梭。卢梭在《社会契约论》中开宗明义地写道:"人生来自由,却到处披枷锁。"④这句名言曾经震撼了许多人的心灵,激励他们为自由而奋斗。西方的自由主义传统

---

① 北京大学哲学系外国哲学史教研室:《十八世纪法国哲学》,商务印书馆 1979 年版,第 558 页。

② L. Feuerbach, *Anthropologischer Materialismus* Ⅰ, Berlin: Verlag Ullstein GmbH, 1985, S. 82.

③ 孙周兴:《海德格尔选集》上,上海三联书店 1996 年版,第 366 页。

④ 北京大学哲学系外国哲学史教研室:《十八世纪法国哲学》,商务印书馆 1979 年版,第 162 页。

逐渐成了西方社会哲学文化的主流。

三是理性主义的衰微和非理性主义的兴起。与自然科学的发展和科学主义的蔓延相伴随的是，理性主义在黑格尔哲学中达到了顶点，理性成了世界的本质和主宰者，因而人们把他的学说称为"泛理性主义"（pan-rationalism）。在黑格尔逝世后，理性主义遭遇到前所未有的困境。首先，哲学家们发现，在人身上发挥作用的不仅有理性，还有种种非理性的因素，如本能、情绪、欲望、意志等，而且这些因素在人的行为和思维中起着更为根本性的作用。比如，叔本华指出："意志是第一性的，最原始的；认识只是后来附加的，是作为意志现象的工具而隶属于意志现象的。"①在他看来，推动人进行思维或行动的最初动因不是理性，而是人的生存意志，理性不过是第二性的东西，是替生存意志进行筹划的工具。在叔本华之后，经过尼采、克尔凯郭尔、弗洛伊德、柏格森等哲学家的努力，非理性主义在当代西方哲学中汇成一股强劲的潮流，从而对人的问题的思考产生了重大影响。其次，哲学家们发现，理性本身在运用中也是有界限的，一旦超出这个界限，理性本身就会犯错误。这一见解在康德那里已见端倪。最后，哲学家们也发现，与技术的应用和发展相伴随的是人在劳动和社会生活中普遍的异化和物化，也就是说，理性的逻辑被贯彻到底的时候，会导致非理性结果的产生。所有这些因素都促成了非理性主义的兴起。

四是笛卡尔主义的衰微与当代一元论哲学的兴起。笛卡尔主义的本质是心与身、主体与客体、精神与物质对立的二元论。这种二元论妨碍哲学家们对人的问题进行综合性的思考，因而必然遭受到被超越的命运。当代哲学家们各自力图通过生命、现象、经验、实践、存在、人格、语言等不同的概念来营造不同的哲学体系，从而对人的问题做出新的解释。在这方面，马克思的实践哲学起着极为重要的作用，因为它扬

---

① ［德］叔本华：《作为意志和表象的世界》，石冲白译，商务印书馆1982年版，第401页。

弃了物质与精神的两分,把人的实践活动,尤其是生产劳动理解为人类社会史和自然发展史的前提,从而促使人们对人的主体性、人与自然的关系、人与社会的关系、人与类的关系、人的自由和解放等问题做出新的反思。

总之,人的问题在当代哲学中成为中心问题并不是偶然的,它是人类历史发展的一个必然结果。随着人的生存境况和生存方式的变化,人的问题也必然会以新的方式呈现出来。事实上,人对外部世界的认识、改造和利用越深入,人对人自身的反思也就越深入。

二、人的问题探索的不同进路

当代哲学家对人的问题的思索也是沿着不同的思路展开的。

一是马克思主义者的思路。众所周知,人的解放或解放全人类是马克思学说的最高目标。或许可以说,所有的马克思主义者都是认同这一点的,但在检视他们探索人的问题的思路时,我们应该看到以苏联、东欧和中国为代表的马克思主义者同以卢卡奇为代表的西方马克思主义者之间存在着差异。在苏联、东欧和中国的语境下进行思考的那些马克思主义者,把人的解放理解为远景中的东西。在现实生活中,他们把哲学仅仅理解为工具。一方面,他们把马克思主义与资产阶级的人道主义传统尖锐地对立起来,反对讨论人、人性、人格、人文关怀、人文主义、人道主义这样的概念,从而也不重视对以"人道主义和异化"问题为重要课题的马克思的早期著作,特别是《1844年经济学哲学手稿》(以下简称《手稿》)的研究;另一方面,出于认识阶级斗争规律、掌握阶级斗争策略(方法)的需要,他们又片面地把马克思主义哲学的核心问题理解为认识论、辩证法和逻辑学的一致性问题。直到20世纪80年代,人的问题才在这些地区和国家受到普遍的、理论上的重视。与此不同的是,以卢卡奇为代表的西方马克思主义者却对《手稿》予以高度的重视。他们甚至认为，《手稿》是马克思的第二次降生，因为它表明了马克思对整个西方人道主义传统的继承关系，表明了人道主义是马克思主义哲学的基本主题。在某种意义上可以说，西方马克思主义的整个思潮就是沿着《手稿》的方向向前发展的。

二是以胡塞尔、海德格尔、雅斯贝尔斯、萨特等现象学家、存在主义者为代表的思路。胡塞尔通过对心理主义的批判，创立了先验现象学之后，害怕陷入以先验自我为核心的唯我论，因而提出了"主体际性"（inter-subjektivität）的学说，用以表达多个先验自我之间的交往方式。然而，胡塞尔在先验意识的范围内提出的这种"主体际性"，马克思早已在实践经验的范围内加以论述了。马克思不但十分重视对人与人之间的交往关系的研究，并且在1845年撰写的《关于费尔巴哈的提纲》中已经指出："人的本质并不是单个人所固有的抽象物，实际上，它是一切社会关系的总和。"①马克思的这一论述，已经暗含着对主体际性的肯定，因为在他看来，任何主体性本质上就是主体际性。所以，在这个问题上，夸大胡塞尔见解的原创性是没有意义的。海德格尔不仅声称，唯有通过"此在"，即"人之在"这一特殊的角度，才可能询问并阐释存在的意义，而且"此在"本质上就是"共在"（Mitsein）。海德格尔写道："即使他人实际上不现成摆在那里，不被感知，共在也在生存论上规定着此在。此在之独在也是在世界中共在。他人只能在一种共在中而且只能为一种共在而不在。独在是共在的一种残缺的样式，独在的可能性就是共在的证明。"②这就启示我们，即使是克尔凯郭尔强调的"孤独的个人"也不过是共在的一种特殊的、残缺的样式。换言之，作为社会存在物，人是无法摆脱共在这种存在方式的。海德格尔还强调，在现代技术的笼罩下，"我们根本不需要原子弹，现在人已经被连根拔起"③。雅斯贝尔斯

① 《马克思恩格斯全集》第3卷，人民出版社1960年版，第7页。
② ［德］马丁·海德格尔：《存在与时间》，陈嘉映、王庆节译，生活·读书·新知三联书店1987年版，第148页。
③ 孙周兴：《海德格尔选集》下，上海三联书店1996年版，第1305页。

虽然也是一个存在主义哲学家，但他试图从另一个角度去接近人的问题。他提出了著名的"界限状况"（Grenzsituationen）的学说，即人在生存中必然会遭遇到死亡、苦难、斗争和罪过这样的界限状态，一触碰到这样的界限，人的内心就会升起一种超越的渴求。与海德格尔一样，雅斯贝尔斯希望借助于宗教的力量来慰藉生存中的苦难。至于萨特，在存在主义的学说中又融入了法国式的激情。他认为，人是被宣判为自由的，人的本质是通过自己的行为来确定的，在普遍异化的当今社会中，他人就是地狱。总之，现象学和存在主义的学说虽然高扬了人的能动性，却没有从经验的层面上对人置身于其中的社会结构和制度做深入的剖析和批判。

三是以弗洛伊德、荣格、弗洛姆、马尔库塞等心理分析家为代表的思路。众所周知，弗洛伊德在创立自己的无意识理论时，也提出了自己的新的人格理论，即人格是由本我（id）、自我（ego）和超我（superego）组成的。如果说，本我意味着人的本能和欲望，超我意味着内化在个体中的宗教、道德、法律等意识的话，那么，自我则是理智的化身，它协调着本我与超我之间的关系。在晚年的著作中，弗洛伊德进一步指出，人具有两种本能：一种是生之本能（life instinct），另一种是死之本能（death instinct）。人类历史就是这两种本能冲突的结果。这种见解不仅深刻地揭示出人的行为和人类历史演化的深层心理学动因，而且把人格和自我都立体化了。这是弗洛伊德对人的问题的探索的巨大贡献。在他的心理分析学说，特别是无意识理论的启发下，荣格提出了著名的"集体无意识"（Collective Unconsciousness）的理论。所谓集体无意识，也就是人类大家庭全体成员继承下来的，并使当代人与原始祖先相联系的种族记忆，它通过种种原始的意象在人类的精神和文化中不断地显现出来。它不但具有创造的功能，而且还具有补偿的功能，"只要每次意识生活中之某部分失去其重要性与价值的话，在潜意识中马上产生补偿"①。荣格的集体无意识理论为我们理解人的行为、人的艺术创造、人类的精神和文化的发展提供了重要启示。弗洛姆进一步提出了"社会无意识"(social unconsciousness)的理论，强调弗洛伊德仅止于对个体无意识的分析，荣格虽然探索了人类的集体无意识，但他没有结合具体的历史阶段和社会结构，特别是没有结合资本主义社会的结构对这种无意识进行深入的解析。而在解剖资本主义社会中人的生存和异化的方面，马克思的贡献是巨大的，但他的学说又缺乏心理学的维度。正是基于这样的考虑，弗洛姆主张把马克思与弗洛伊德综合起来，通过对社会无意识领域的考察，揭示现代社会中人的生存深度的社会历史原因和心理原因，从而通过对社会制度的调整，逐步减少社会压抑，实现人性的复归。马尔库塞也综合了弗洛伊德和马克思的眼光来探索人和社会问题。在《单向度的人》(1964)一书中，他强调，在西方发达工业社会的"一体化"的趋势下，不仅社会、生活方式和文化艺术成了单向度的，而且人也成了"单向度的人"(one dimensional man)，即人只剩下了肯定现状、随大流和认同一体化这样一个维度，丧失了批判、抵制和反抗现状的另一个更重要的维度。他主张通过"大拒绝"(great refusal)方式来对抗这种一体化的趋势，以维护人应有的尊严、价值和自由。总而言之，这些注重心理分析的学者开辟出人的问题探讨的崭新领域。

四是以舍勒、格伦、普列斯纳和兰德曼等为代表的哲学人类学的思路。舍勒在《人在宇宙中的地位》(1927)一书中这样写道："哲学人类学的任务就是要精确地说明，人类一切特有的品性、成就和作品——比如语言、良心、工具、武器、正义及非正义的观念、国家、管理、艺术表现功能、神话、宗教、科学、历史性和社会性等等是如何产生于人类存在的基本结构的。"②舍勒多角度地探讨了人的问题，而他更注重的方向则是宗教人类学的方向，即强调人性与神性之间的沟通。格伦沿着生物

---

① ［瑞士］荣格：《现代灵魂的自我拯救》，黄奇铭译，工人出版社 1987 年版，第 313 页。
② ［德］马克斯·舍勒：《人在宇宙中的地位》，陈泽环、沈国庆译，上海文化出版社 1989 年版，第 74 页。

哲学的方向来发挥人类学的思想。他强调，研究人的问题不能忽略人的生物学特征，人是一种有生命的存在物，但他又与其他动物不同，在与环境的关系中具有自己的创造性和开放性，必须从这样的前提出发来理解人的整个文化、历史和精神状态。普列斯纳则从心理哲学的角度出发来推进人类学的发展。在他看来，虽然格伦的生物哲学人类学开辟出人类学研究的一个新领域，但格伦夸大了人的生物学因素而忽视了人的心理因素和精神因素。普列斯纳通过对人的心理状态，尤其是"笑"和"哭"的分析，强调了心理状态在人与环境关系中的极端重要性，从而为哲学人类学的研究开辟出新的方向。兰德曼则偏重于从文化哲学的角度来深化人类学的研究。在他看来，人与其他动物的根本区别不在于生命或心理状态方面，而在于人所创造的文化。"文化没有人去实现它就不会存在。但是人没有文化也将是虚无。每一方都对另一方有不可分离的作用。"[1]正是在这个意义上，他指出："文化人类学是未来的人类学。所有以往的人类学都只是它的前奏。……文化人类学是第一种将完整的人包容进去的人类学。"[2]从上面的考察可以看出，20世纪哲学人类学的发展越来越倾向于从人的社会历史和文化的角度来揭示人的本质特征。

五是鲍恩、马利坦、蒂利希的宗教哲学的思路。美国哲学家 B. P. 鲍恩通过其代表作《人格主义》(1908)确立了一种新的宗教哲学理论。这种新的理论之所以以"人格"(personality)为基础，因为人格既具有自我同一性，又具有主动性和活动性，所以它是一切存在中最真实的、基本的存在，存在的其他形式只能在人格的基础上展示出来。鲍恩进一步区分出两种人格：一是有限的人格，它表现为自我或他人；二是无限的人格，它表现为上帝。由于人是上帝创造的，所以无限的人格是有限的人格的源泉。通过人格主义这种新的理论，鲍恩强调了如下事实，即宗教信仰植根于人性之中，人只有自觉地信仰宗教，才能确保自己的人性的

---

① ［德］米夏埃尔·兰德曼：《哲学人类学》，张乐天译，上海译文出版社1988年版，第219页。

② 同上书，第201页。

完整性。法国哲学家马利坦，作为新托马斯主义的代表人物，有感于当代社会中世俗世界与神圣世界的分裂，特别是人忘记了上帝的存在，满足于追逐私利，引发了人与人之间的尖锐的冲突和深沉的苦难。而这一切都表明了普遍流行的"以人为中心的人道主义"的局限性，马利坦决心以"以神为中心的人道主义"来取代"以人为中心的人道主义"。这种"以神为中心的人道主义"把人的存在理解为有信仰的、面向上帝的存在，促使人通过建立自己的真诚信仰的方式来约束自己的行为，从而重建世俗世界与神圣世界之间的和谐。美国哲学家蒂利希，作为系统神学的奠基人，感到尼采的那句名言"上帝死了"说出了当代人在信仰意识上的普遍淡漠的现状，所以他提出了"终极关怀"（ultimate concern）的理论，试图填补后尼采时期宗教信仰的空白。终极关怀涉及人的存在及其意义的最核心的部分，即生与死的问题，它必须通过象征表达出来，而宗教就是这样的象征体系。"宗教就是一种被终极关怀紧紧把握住的状态，这种关怀和其他关怀对比起来，所有其他各种关怀都只能算是次要的，而这种关怀本身就包含着对人生意义这个问题的解答。"①蒂利希不光把对人的问题的研究归结到终极关怀上，而且也借此改造了神学，强调凡是不关心终极关怀问题的神学思想都是无意义的。总之，20世纪的宗教哲学力图在人与上帝的关系中为人的问题的思考开辟一个新的路向。

六是以冯友兰、梁漱溟为代表的中国哲学家的思路。冯友兰认为，哲学主要是探究人生的意义的。在《新原人》（1943）中，他开宗明义地指出："我们常听见有些人问：人生究竟有没有意义？如其有之，其意义是什么？有些人觉得这是一个很严重底问题。如果这个问题不能得到确切底答案，他们即觉得人生是不值得生底。"②他从传统哲学的根基——心性论入手，提出了著名的"四境界"（自然境界、功利境界、道德境界

---

① 转引自［美］L. J. 宾克莱：《理想的冲突——西方社会中变化着的价值观念》，马元德等译，商务印书馆1983年版，第296—297页。

② 冯友兰：《贞元六书——新原人 新原道 新知言》下，华东师范大学出版社1996年版，第517页。

和天地境界)说，在天地境界这一最高的境界中，人与"大全"合而为一，达到了物我两忘的"浑沌"状态，也达到了对人生的最高的"觉解"。由于"大全"是不可知的，所以这种冯友兰说的"觉解"实际上是一种神秘主义的直觉。梁漱溟在《人心与人生》(1984)中写道："吾书将从人生(人类生活)以言人心；复将从人心以谈论乎人生(人生问题)。前者应属心理学之研究；后者则世云人生哲学，或伦理学，或道德论之类。"①与冯友兰一样，梁漱溟注重的也是人生哲学，但他已经认识到，探讨人生和人心的问题都离不开社会，"即人生以求人心，若只留意在个体生活上而忽于其社会生活间，则失之矣"②。这就告诉我们，当代中国哲学家在反思人的问题时，渐渐脱出重视人的自然血缘关系的传统眼界，越来越多地把人理解为社会存在物。

上面的考察表明，人的问题无疑是当代哲学探讨的一个主题。

三、主题的聚焦

当代哲学关于人的理论的探讨包含着极为丰富的内涵，它主要聚焦在以下问题上。

一是马克思主义(Marxism)与人道主义(humanism)的关系问题。传统马克思主义哲学教科书的一些见解完全曲解了马克思主义的本真精神，把马克思主义与西方人文主义传统的关系完全掩蔽起来了。③ 这种把马克思主义与人道主义截然对立起来的倾向在当代西方学者中也有体现。比如，阿尔都塞就把马克思主义的本质理解为是反人道主义的，他把马克思青年时期撰写的《手稿》说成是受费尔巴哈的"人道主义和异化"

---

① 忻剑飞、方松华：《中国现代哲学原著选》，复旦大学出版社 1989 年版，第 127 页。

② 同上书，第 126 页。

③ 俞吾金：《人文关怀：马克思哲学的另一个维度》，《光明日报》2001 年 2 月 6 日。

的问题框架影响的、不成熟的著作，并断言："马克思同一切哲学人本学和哲学人道主义的决裂不是一项次要的细节，它和马克思的科学发现浑成一体。"①阿尔都塞的见解的合理之处是：指出了在青年马克思和中年、老年马克思之间存在着一个"认识论的断裂"，但他的局限性是把中年、老年的马克思和青年马克思尖锐地对立起来了。与这种见解不同，几乎大部分研究者都肯定马克思是西方人文主义传统的伟大继承者。但也有人走向另一个极端，即只肯定青年马克思关于异化和人道主义问题的论述是有价值的，而对中年、老年的马克思的思想则采取全部否定的态度。这就在另一种意义上造成了"两个马克思"的对立。比如，弗洛姆虽然肯定马克思思想的发展具有连贯性，但又强调："人们可能还是宁愿要青年马克思，而不愿要老年马克思，还是希望把社会主义跟前者联系起来，而不是跟后者联系起来。"②总之，在马克思主义与人道主义的关系上，既要看到两者之间的联系，又要看到两者之间存在的差异。

二是人性（human nature）和人的本质（human essence）的关系问题。人们通常认为，人性是人的自然属性和社会属性的统一，其依据是马克思曾经说过："首先要研究人的一般本性，然后要研究在每个时代历史地发生了变化的人的本性。"③这里说的"人的一般本性"即人的自然属性，"在每个时代历史地发生了变化的人的本性"即人的社会属性。众所周知，马克思在另外的场合下也说过："人的本质不是单个人所固有的抽象物，在其现实性上，它是一切社会关系的总和。"④如果把马克思的这两个说法综合起来，那么人的本质也就是"在每个时代历史地发生了变化的人的本性"。这就是说，"人性"是个大概念，"人的本质"则是一个隶属于"人性"的子概念。但也有不少学者不赞同这样的见解。他们认

---

① ［法］路易·阿尔都塞：《保卫马克思》，顾良译，商务印书馆1984年版，第197页。
② 复旦大学哲学系现代西方哲学研究室：《西方学者论〈1844年经济学—哲学手稿〉》，复旦大学出版社1983年版，第78页。
③ 马克思：《资本论》第1卷，人民出版社1975年版，第669页注(63)。
④ 《马克思恩格斯选集》第1卷，人民出版社1995年版，第56页。

为，人性只指称人的自然属性，即人在饮食男女方面的天然的本性，而人的本质才指称人的社会属性，它在现实性上是一切社会关系的总和。按照这种见解，"人性"和"人的本质"是两个并列的概念，并不存在某种隶属的关系。实际上，这里的讨论焦点是如何理解人的自然属性与社会属性之间的关系。

三是个人（individual）与类（genus）的关系。人们通常认为，一个人作为个体虽然要与他人发生联系，但在现代社会中，个体的独立、权利和自由乃是最基本的因素，因而需要强调的正是这种个体性。克尔凯郭尔、萨特和当代的自由主义者就是这种见解的强有力的支持者。比如，诺齐克认为："我坚决认为，对我们可以做些什么的道德边际约束，反映了我们的个别存在的事实，说明了没有任何合乎道德的拉平行为可以在我们中间发生。……存在着不同的个人，他们分别享有不同的生命，因此没有任何人可以因为他人而被牺牲——这正是道德边际约束存在的根据，但我相信，它也导向一种禁止侵犯另一个人的自由主义边际约束。"① 为了充分确保个人的权利不受任何侵犯，诺齐克甚至提出了"最弱意义上的国家"的概念，主张政府的职能仅限于防止暴乱、偷窃、欺骗和强制履行契约等有限的功能。在现代社会中，这种对个人的权利的肯定和张扬自有其积极的意义，但也可能会导致另一个极端，即个人与个人之间的关系的冷淡和个人对共同体事务的参与热情的下降。麦金泰尔的《追寻美德》就旨在通过对亚里士多德所倡导的城邦美德的肯定，来消解自由主义的个人主义观念可能导致的极端结果。与上述自由主义者的见解不同，马克思则强调，人们越往前追溯就越会发现，在原始共同体中，独立的个人是不存在的。个人是在近代、现代社会的发展中形成起来的，个人的独立、权利和自由当然是重要的，但他本质上是一种"类存在物"，他具有"类意识"，而他的自由自觉的劳动正是他的这一本

---

① ［美］罗伯特·诺齐克：《无政府、国家与乌托邦》，何怀宏等译，中国社会科学出版社 1991 年版，第 42 页。

质属性的表现。个人在行为方式上只有自觉地从类意识出发，才能遏制其欲望的无限膨胀，个人与个人之间才能和谐相处。① 就其实质而言，个人与类的关系，实际上也就是个人与共同体（community）的关系问题。当今环境保护主义者提出来的"可持续性发展"的口号也涉及同样的问题。当然，问题的核心还是在政治哲学上，即制约着个人与类的关系的，归根到底是政治制度。

四是人（man）与自然（nature）的关系问题。传统的见解认为，人应当通过征服自然，让自然交出自己的贡品，但人对自然的征服带来了生态环境的破坏，也给人自身的生存带来了灾难。当代人意识到了环境的界限和自己生存的界限，特别是认识到，现代技术正在把人类引向深渊。海德格尔说："技术越来越把人从地球上脱离开来而且连根拔起。……当我而今看过从月球向地球的照片之后，我是惊惶失措了。我们根本不需要原子弹，现在人已经被连根拔起。我们现在只还有纯粹的技术关系。这已经不再是人今天生活于其上的地球了。"②在海德格尔看来，民主制度并不能为这个技术时代安排好一个出路，所以他转而诉诸宗教，认为只还有一个上帝能够救渡人类。人应当守护自然，与自然和谐相处。中国传统哲学强调的"天人合一"的境界，也包含着人与自然和谐相处的丰富的思想资源，有待当代人批判地加以继承。

五是科学精神与人文精神的关系问题，这涉及人的综合素质的问题。人们一般认为，在中国这样的发展中国家，科学技术的发展、科学精神的弘扬乃是现代化建设的关键。诚然，在当代中国的语境下，科学技术要发展，科学精神要弘扬，这是无可厚非的，但必须清醒地认识到，现代化建设的关键是人的素质的现代化；也必须清醒地意识到，伴

---

① 近年来，高清海教授倡导的"类哲学"在国内学术界产生了广泛的影响。然而，按照笔者的看法，在中国的特殊国情下，肯定和张扬个人、个性和个体性仍然是我们在建构新文化时所应重点考虑的话题。这实际上是"五四"以来未竟的事业。从理论的完整性着眼，我们应该在个人与类之间建立必要的张力；而从当代中国社会的历史性出发，重点则应该在个人、个性和个体性方面。

② 孙周兴：《海德格尔选集》下，上海三联书店 1996 年版，第 1305 页。

随着科学技术的发展，科学主义也会蔓延开来，把科学技术的观念、方法和思维方式简单地泛化到人文社会科学和日常生活中，从而导致理论理性和工具理性的扩张与实践理性和价值理性的衰微。在这种情况下，亟须处理好自然科学和人的科学、理论理性和实践理性、科学精神与人文精神的关系，有效地遏制科学主义的蔓延，恢复人文精神的地位，从而使当代人的精神世界获得全面的发展。① 当然，"人文精神"也是一个内涵十分丰富的概念，它有各种各样的表现形态，需要我们从现代性的立场和后现代性的眼光出发去加以限定。总之，从文化生态学的观点来看，唯有科学精神和人文精神协调发展，个人的素质才能得到全面的提高。

---

① 俞吾金：《现代化：一个批评性的反思》，《人文杂志》2000 年第 5 期；《当代中国文化的内在矛盾与出路》，《浙江学刊》2000 年第 5 期；《科学精神与人文精神必须协调发展》，《探索与争鸣》1996 年第 1 期。

本体论研究的复兴和趋势①

　　众所周知，存在问题是哲学研究中的根本问题。在西方哲学传统的演化中，直到 17 世纪才出现了 ontology 这个术语。按照当时德国哲学家沃尔夫的观点，逻辑学是哲学的入门，而哲学则可以分为两个部分：一是理论哲学，包括本体论、宇宙学、心理学和神学；二是实践哲学，包括伦理学、政治学和经济学。② 由此可见，本体论作为理论哲学的基础部分，起着十分重要的作用。也正是在这个意义上，海德格尔指出："一切形而上学的思想都是本体论（Ontologie），或者，它压根儿什么都不是。"③需要进一步加以说明的是：究竟什么是本体论？众所周知，ontology 这个词中的"on"在古希腊文中写作"ον"，在英文中则写作 being。按照通常的使用方式，在英文中，to be 是系词，在不同的语境中，它可以做各种不同的解释。从哲学上看，它的最基本的用法有以下两种：一是"是"，如 He is a student（他是一个学生）；二是"存在"，如 He

　　① 原载《浙江学刊》2002 年第 1 期。收录于俞吾金：《从康德到马克思——千年之交的哲学沉思》，广西师范大学出版社 2004 年版，第 373—389 页。——编者注
　　② ［美］梯利：《西方哲学史》下册，葛力译，商务印书馆 1979 年版，第 146 页。
　　③ 孙周兴：《海德格尔选集》下，上海三联书店 1996 年版，第 764 页。书中把 Ontologie 译为"存在论"，我们仍然把它译为"本体论"。

is(他存在)。to be 的动名词 being 解释为"存在者"，指以个别的方式存在着的人和事物；而 being 的第一个字母大写，即以 Being 的方式出现时，则解释为"存在"。按照传统的哲学见解，存在是一切存在者的总和，作为最高的种概念，它在逻辑上是无法定义的。

关于存在问题的探索一直可以追溯到古希腊，但对这个问题引起普遍重视的却是近代西方哲学。黑格尔在回顾哲学的发展时，曾经这样写道："这种最高的分裂，就是思维与存在的对立，一种最抽象的对立；要掌握的就是思维与存在的和解。从这时起，一切哲学都对这个统一发生兴趣。"①黑格尔在这里说的"这时"就是指近代。在另一处，他以更明确的口吻指出："近代哲学并不是淳朴的，也就是说，它意识到了思维与存在的对立。必须通过思维去克服这一对立，这就意味着把握住统一。"②黑格尔从绝对唯心主义的立场出发来理解存在问题。在他看来，既然存在是一个抽象的范畴，那么它本身就是思维的形式，质言之，就是思维，因而存在与思维的统一是不言而喻的。与黑格尔不同，恩格斯则从唯物主义的立场出发肯定了存在与思维关系的重要性。他写道："全部哲学，特别是近代哲学的重大的基本问题，是思维和存在的关系问题。"③在他看来，思维也就是精神，存在也就是自然界或物质世界。按照这种见解，存在就是存在者的总体，就是整个物质世界。

在对存在、本体论及对近代西方哲学关于存在问题的见解做了一个简要的说明之后，现在我们有条件来探讨当代话语框架中的存在问题了。

一、本体论研究复兴的原因

既然近代哲学已对存在问题获得一定的认识，那么，从 20 世纪初

---

① ［德］黑格尔：《哲学史讲演录》第 4 卷，贺麟、王太庆译，商务印书馆 1978 年版，第 6 页。

② 同上书，第 7 页。

③ 《马克思恩格斯全集》第 21 卷，人民出版社 1965 年版，第 315 页。

以来，存在问题为什么会再度成为困扰当代哲学家的核心问题呢？或者换一种说法，本体论的研究为什么会出现复兴呢？我们认为，主要是由以下原因引起的。

其一，传统形而上学陷入了危机之中。传统形而上学常常陷入这样的错觉之中，即认为自己在思索"存在"，实际上思索的却是"存在者"。亚里士多德强调，哲学的任务就是"考察存在者之为存在者"(to examine being qua being)①，但"存在者之为存在者"并不就是存在，这种考察仍然在存在者中兜圈子。它拘执于现成在手的存在者，却遗忘了存在本身。正如海德格尔所批评的："自其发端乃至其完成阶段，形而上学的陈述都以某种奇怪的方式活动于一种对存在者与存在的普遍混淆之中。"②在海德格尔看来，尼采在他的著作中所表达的那种"无家可归的"状态正是柏拉图以来的西方传统哲学忘记存在的真理的一个根本性的标志，而尼采所说的"上帝死了"则是传统形而上学终结的一个重要信号。然而，传统形而上学的终结并不等于一切形而上学的终结。在海德格尔看来，既然人是形而上学的动物，所以人一定会继续形而上学的思考，但这种新的思考却必须以存在和存在者之间的差异作为起点。事实上，他所倡导的"基础存在论"也正是沿着这个方向进行思考的。

其二，与传统形而上学密切相关的、传统自然科学在描述存在者世界时提出的一系列重要的观念，如存在、实体、确定性、因果决定论等，都面临着新的挑战。达尔文在1859年出版的《物种起源》把演化的观念带入一切其他的实证科学对存在者世界的重新审视中。19世纪下半叶的克劳修斯提出的熵增原理揭示了存在者世界在演化中的不可逆性。创立于20世纪初的爱因斯坦的相对论和普朗克的量子力学理论大

---

① R. Mckeon ed., *The Basic Works of Aristotle*, New York: Random House, 1941, p. 1005a.

② ［德］海德格尔：《路标》，孙周兴译，商务印书馆2000年版，第436页。在《面向存在问题》(1955)一文中，海德格尔以风趣的笔触写道："人们对'存在的被遗忘性'也有多种想象，形象地说，存在被想象为一把由于哲学教授的健忘性而丢在某处的伞。"孙周兴：《海德格尔选集》上，上海三联书店1996年版，第635—636页。

大改变了以牛顿为代表的经典力学的传统观念。在经典力学的视野里，存在先于演化，但当物理学对存在者世界的考察深入基本粒子的层面时，科学家们发现，一切都颠倒过来了，演化先于存在，因为时间是一个矢量。这一新的观念在 20 世纪后半叶的大爆炸宇宙学和耗散结构理论中得到了进一步的证实。由于演化构成了存在的本质，在传统物理学中作为不变的对象加以考察的实体也被现代物理学中的关系和功能所取代了，犹如印象派把古代绘画中的实体解构为光点一样。如果说相对论和量子力学的理论还传承了经典力学对确定性观念的信赖的话，那么在后来科学的发展中，连这种确定性的观念也完全被超越了。无论是海森堡的"测不准原理"，还是玻尔的"互补原理"；无论是哥德尔的"不完备定理"，还是扎德的模糊数学；无论是莫诺的生物学理论，还是曼德勃罗的"非线性科学"，都在不同的程度上冲击了传统的、确定性的观念。正如普利高津所说："人类正处于一个转折点上，正处于一种新理性的开端。在这种新理性中，科学不再等同于确定性，概率不再等同于无知。"①数学和自然科学观念上的变化对哲学产生了深刻的影响，也促使当代哲学家们从新的眼光出发，重新审视存在者世界，特别是以本体论为切入点，对存在问题做出新的说明。从孔德、马赫的实证论到逻辑实证主义思潮，从狄尔泰、齐美尔到柏格森的生命哲学，从摩尔、亚历山大到怀特海的实在主义思潮，从罗素、维特根斯坦到蒯因的分析哲学理论，从波普尔、科恩到费耶阿本德的科学哲学理论等，无不贯穿着当代哲学家对存在问题的新思索。

其三，从近代社会向现代、当代社会的转型过程中，生活世界的巨大变化也引发了人们对存在问题的重新思索。

首先，欧洲爆发的第一次世界大战显示出，生活世界的巨大裂口使西方学者对自己的生活现状和文化传承产生了疑虑。德国历史学家斯宾

---

① ［比利时］伊利亚·普利高津：《确定性的终结——时间、混沌与新自然法则》，湛敏译，上海科技教育出版社 1998 年版，第 5 页。

格勒在名噪一时的著作《西方的没落》(1918—1922)中这样写道："西方的没落，乍看起来，好像跟相应的古典文化的没落一样，是一种在时间方面和空间方面都有限度的现象；但是现在我们认为它是一个哲学问题，从它的全部重大意义来理解，它本身就包含了有关存在（Being）的每一个重大问题。"①在斯宾格勒看来，西方世界所面临的深刻危机并不是外在的、偶然的，而是内在于精神世界的，是西方人的生存观念和生存方式所导致的必然结果。只有以尼采式的眼光重新审察并理解这个世界，西方文化才有可能走出自己的困境。第一次世界大战以后，欧洲人，特别是德国人并未从精神和文化的危机中超拔出来。雅斯贝尔斯在《时代的精神状况》(1931)中写道："今天的人失去了家园，因为他们已经知道，他们生存在一个只不过是由历史决定的、变化着的状况之中。存在的基础仿佛已被打碎。"②胡塞尔在《欧洲科学危机和超验现象学》(1936)中也显露出同样的忧虑。后来发生的第二次世界大战和纳粹主义的兴衰进一步加剧了西方文化精神的危机和哲学家们对存在问题的反思。

其次，在 20 世纪的发展中，现代技术被广泛地应用到生活中，引起了物的主体化和人的物化与异化。卢卡奇在 1923 年出版的《历史与阶级意识》中探索了"物化"和"物化意识"的问题，而马克思的《1844 年经济学哲学手稿》在 1932 年的首次面世给西方思想界造成了巨大的冲击，"异化劳动"成了最富前沿性的理论研究课题之一。海德格尔在《技术的追问》(1950)中指出，现代技术已经不再是中性的东西，它作为"座架"(Gestell)控制和支配着现代人的整个生活。马尔库塞则在《单向度的人》(1964)中强调，技术的合理性已经转化为政治的合理性，"技术拜物教"已经到处蔓延，"技术的解放力量——使事物工具化——转而成为解

---

① ［德］奥斯瓦尔德·斯宾格勒：《西方的没落——世界历史的透视》上册，齐世荣等译，商务印书馆 1963 年版，第 14 页。

② ［德］卡尔·雅斯贝尔斯：《时代的精神状况》，王德峰译，上海译文出版社 1997 年版，第 1 页。

放的桎梏，即使人也工具化了"①。面对日益更新着的现代技术，人如何找回自己的尊严和价值，如何阐述存在的意义，成了哲学家们最关心的课题。

最后，弗洛伊德关于无意识的理论被普遍接受后，也对当代人的生活世界产生了重大的影响。正如宾克莱所说："他（指弗洛伊德——引者）提出的关于精神生活的无意识各方面左右人的力量的学说，对改变人是以理性为主的动物这个旧观念起了重大作用。"②弗洛伊德的心理分析学说不仅影响了心理学、哲学、艺术、宗教、政治学、社会学、伦理学、经济学、历史学等诸多学科的发展，而且推动了现实生活中的"性政治""性革命"和"性解放"运动，以至于有人惊呼：人类文明只有两种类型，一种是前弗洛伊德式的，另一种是弗洛伊德式的。

综上所述，在当代人的生活世界，包括精神世界中发生的重大事件促使哲学家们重新去反思传统哲学，特别是反思作为传统哲学的基础和核心部分的本体论，于是，以"追问存在"为标志的本体论研究的复兴，就成了当代哲学中的一种时尚。

二、本体论研究复兴的各种表现形式

当代哲学中本体论研究的复兴呈现出多元化的发展趋向。在当代哲学的发展中，由于不同的哲学家和哲学流派面对着不同的问题群落，所以他们（它们）对本体论问题的探索也是见仁见智，迥然各异的。

第一种趋向表现为以胡塞尔、海德格尔和萨特为代表的现象学本体论。胡塞尔在 1913 年出版的《纯粹现象学和现象学哲学的观念》第一

---

① ［德］赫伯特·马尔库塞：《单向度的人——发达工业社会意识形态研究》，刘继译，上海译文出版社 1989 年版，第 143 页。
② ［美］L. J. 宾克莱：《理想的冲突——西方社会中变化着的价值观念》，马元德等译，商务印书馆 1983 年版，第 111 页。

卷(又译为《纯粹现象学通论》)第11节的一个注释中回忆以前撰写的《逻辑研究》(1900—1901)时写道:"当时我尚未敢采用由于历史的原因而令人厌恶的表述:本体论,我将这项研究称为一门'对象本身的先天理论'的一部分,A. V. 迈农后来把它压缩为一个词'对象论'。对此,我认为,与已经改变了的时代状况相适应,重新使用本体论这个旧概念更为正确些。"①胡塞尔接受了传统哲学对本体论的使命的规定,即把它理解为对存在问题的研究,但他又从先验现象学的视角出发,把存在理解为经现象学还原后留下的先验意识,并进而把对蕴含在先验现象中的意识活动和通过这种活动被构造出来的意识对象的考察命名为"形式本体论"(die formale Ontologie)和"质料本体论"(die materiale Ontologie)。也正是在这个意义上,晚年胡塞尔有时候也把先验现象学直接称为本体论。

作为胡塞尔的学生,海德格尔在《存在与时间》一书中把对"存在的意义"(der Sinn von Sein)的追问理解为哲学,尤其是本体论的根本任务。他认为,传统本体论的一个重大失误是忽略了"存在"(Sein)与"存在者"(Seiendes)之间的差异,而唯有从特殊的"存在者",即作为"人之存在"的"此在"(Dasein)的"生存"(Existenz)结构出发,才能真正地走上追问存在的意义的道路。基于这样的思考,他把自己的本体论称作为"基础本体论"(Fundamentaleontologie)。他还进一步强调:"无论什么东西成为本体论的课题,现象学总是通达这种东西的方式,总是以指示方式来规定这种东西的方式。本体论只有作为现象学才是可能的。"②这充分表明海德格尔十分重视现象学"面向事物本身"和"显现"的观点的重要性,也正是在这个意义上,他把哲学理解为"普遍的现象学本体论"(universale phänomenologische Ontologie)。③ 在萨特看来,现象是自身显露的东西,而存在则以某种方式通过所有的事物而表现出来,因此必定有

---

① 倪梁康:《胡塞尔选集》上,上海三联书店 1997 年版,第 467 页。
② [德]马丁·海德格尔:《存在与时间》,陈嘉映、王庆节译,生活·读书·新知三联书店 1987 年版,第 45 页。
③ 同上书,第 47 页。

一种存在的现象，"存在将以某种直接爆发的方式，即无聊、恶心等方式向我们显示出来，而且本体论将把这种存在的现象描述成无中介的、自身的显露"①。萨特的许多文学作品及在这些作品中对存在心理的描述都贯穿着现象学本体论的思想。

第二种趋向表现为以哈特曼为代表的自然本体论。正如施太格缪勒所说的："对哈特曼的本体论，只能从它是古代、中世纪形而上学和现代批判哲学的中介者这个作用方面去理解。"②也就是说，哈特曼的本体论综合了前人的研究成果，又融入了康德以来的批判哲学的眼光，这使他站在一个较高的起点上。一方面，他超出了新康德主义和新实证主义的单纯认识论的视野；另一方面，也超出了现象学的主观主义的视野，他力图使哲学和存在问题返回到日常生活赖以为基础的自然存在上去，从而实现了本体论研究中的重要转折。在这个意义上，他的本体论本质上是"一种自然本体论"（eine Naturontologie），他在自然界中划分出各种不同的存在级次，并深入地探索了这些级次之间的差异及相互关系。正如卢卡奇所评价的："比较有趣的和重要的是，他在建立一种自然本体论上所作的严肃的尝试。"③哈特曼的自然本体论曾对卢卡奇产生了重要影响。

第三种趋向表现为以维特根斯坦、卡尔纳普和蒯因为代表的分析哲学家对本体论问题的新思索。维特根斯坦并没有使用过"本体论"这样的术语，但许多研究者认为，他早期的《逻辑哲学论》（1921）就蕴含着一种本体论的基础。众所周知，这部著作是由七个命题构成的，按照施太格缪勒的说法，"开始的两个命题是讲他的哲学的本体论基础的（世界、事态、事实）；第三个命题是从本体论向认识论过渡（世界与关于世界的思

---

① J. P. Sartre, *Being and Nothingness*, New York: A Washington Square Press, 1956, p. 7.

② ［联邦德国］施太格缪勒：《当代哲学主流》上卷，王炳文等译，商务印书馆 1986 年版，第 282 页。

③ G. Lukács, *Zur Ontologie des Gesellschaften Seins*, 1 *Halbband*, Darmstaadt: Hermann Luchterhand Verlag, 1984, S. 439.

想之间的关系）……"①这种本体论实际上是以原子事实为基础的本体论。与维特根斯坦不同，卡尔纳普在 1950 年发表的《经验主义、语义学与本体论》一文中，直接发表了自己对存在问题和本体论的看法。他认为应当区分两种不同类型的存在问题：一是对象在语言构架内部的存在问题，可简称为内部问题；二是对象的系统作为一个整体的存在问题，可称为外部问题。卡尔纳普指出："我们必须把外部问题，即关于新对象整个系统的存在或实在性的哲学问题与内部问题清楚地区别开来。许多哲学家把这类问题看作必须在引入新的语言形式以前提出和解答的一个本体论问题。他们相信，仅当本体论的洞察力给实在性问题提供肯定的回答、并能够为新语言形式的引入作辩护时，它才是合理的。与这种观点相反，我们的主张是：新的说话方式的引入不需要任何理论上的辩护，因为它并不蕴含任何实在论的断定。"②众所周知，卡尔纳普对整个形而上学的传统都采取拒斥的态度，因而他不承认本体论的意义是不言而喻的。但他既然主张在语言形式的使用上要有宽容的态度，这就为一种语言约定意义上的本体论的提出创造了条件。

在蒯因看来，任何一个陈述都蕴含着"本体论的承诺"（the ontological commitments）。如"有些狗是白的"这一陈述，可以改写为：至少存在着一些对象 X，X 是狗，并且是白的。在这里，"是狗"和"是白的"均为谓词，它们和存在量词"有些"一起指示出一个明确的值域，约束变项 X 只能在这个范围内取值，而所取之值也就是这个陈述所约定的存在物。正是在这个意义上，蒯因强调："存在就是作为一个变项的值。"③蒯因进一步指出："在本体论方面，我们注意约束变项不是为了知道什么东西存在，而是为了知道我们的或别人的某个陈述或学说说什么东西

①　［联邦德国］施太格勒缪勒：《当代哲学主流》上卷，王炳文等译，商务印书馆 1986 年版，第 520 页。

②　洪谦：《逻辑经验主义》上卷，商务印书馆 1982 年版，第 92 页。

③　［美］威拉德·蒯因：《从逻辑的观点看》，江天骥等译，上海译文出版社 1987 年版，第 15 页。

存在；这几乎完全是同语言有关的问题。而关于什么东西存在的问题则是另一个问题。"①也就是说，蒯因把本体论仅仅理解为语言使用中的一种约定论。这一见解深刻地反映出 20 世纪哲学演化中的语言学转折。

第四种趋向表现为以卢卡奇、古尔德为代表的社会存在本体论。卢卡奇在晚年出版的《社会存在本体论》(1971)中，把存在分为三大类型：一是无机自然，二是有机自然，三是社会。无机自然和有机自然合称为自然存在，以自然存在为研究对象的则是"自然存在本体论"；而以社会存在为研究对象的则是"社会存在本体论"(Ontologie des Gesellschaftlichen Seins)；社会存在本体论以自然存在本体论为基础。在卢卡奇看来，马克思哲学也就是社会存在本体论，其根本特征是实践性和批判性："马克思所作的批判乃是一种本体论的批判。这种批判的出发点是：社会存在作为人类对其周围环境的积极适应，主要地和无法扬弃地以实践为基础。"②卢卡奇把本体论研究的视野贯穿到马克思哲学研究中，从而对这一研究领域的发展产生了重要影响。美国学者古尔德于 1978 年出版的《马克思的社会本体论》一书中，把马克思哲学理解为"社会本体论"(the social ontology)，并从这一理解出发，对"社会""劳动""时间""因果关系""自由""正义"等概念的含义做出了新的阐述。

第五种趋向表现为中国哲学家金岳霖、熊十力对本体论问题的新思索。西方通过追问存在而探索的东西，在中国称为"道"或"本体"。在这个意义上可以说，"道论""元学"或"本体论"，也就是本体论。金岳霖先生在《论道》(1940)中区分了知识论和元学，强调："知识论的裁判者是理智，而元学的裁判者是整个的人。"③在他看来，在近代科学高度发展、科学主义严重泛滥的情况下，研究元学，探索人类生存的底蕴，弘

---

① ［美］威拉德·蒯因：《从逻辑的观点看》，江天骥等译，上海译文出版社 1987 年版，第 15 页。

② G. Lukács, *Zur Ontologie des Gesellschaftlichen Seins*, 1 *Halbband*, Darmstaadt：Hermann Luchterhand Verlag, 1984, S. 37.

③ 金岳霖：《论道》，商务印书馆 1985 年版，第 16 页。

扬人文精神，具有重要的意义。熊十力先生在《新唯识论》（1932 年出版文言本，1944 年出版语体文本）中批判了那种只肯定知识论、否定本体论的观点，指出："这种主张，可谓脱离了哲学的立场。因为哲学所以站脚得住者，只以本体论是科学所夺不去的。"①在他看来，"本体"不可用理智（即概念、判断和推理）去求，只能证会或体认（即当下直悟），这里体现出柏格森的直觉主义的影响。

从上可知，20 世纪初以来本体论的复兴虽然呈现出迥然各异的态势，但其共同点则是对人类生存问题的关注和对人文精神的呼唤。

三、本体论问题探索的焦点和前景

存在和本体论问题成为当代哲学研究的一种时尚后，引发了一系列的争论。

首先，在 Ontologie 这个词的中文译法上存在着不同的看法。

"存在论"是一种比较流行的译法。它的优点是直接言明了 Ontologie 所要研究的对象，但在使用中也会造成一定的困难，尤其是当"存在"的概念与"存在论"的概念混合在一起时是如此。如黑格尔《小逻辑》的第一篇篇名是 Die Lehre vom Sein，中译为"存在论"，但这里的"存在论"的含义是"关于存在的学说"，与 Ontologie 意义上的"存在论"并不相同；又如，卢卡奇晚年的著作 Zur Ontologie des Gesellschaftlichen Seins，人们通常译为《社会存在本体论》，但如果把德文书名中的 Ontologie 译为"存在论"，这本书的书名岂不成了《社会存在存在论》了？

有的学者主张把 Ontologie 译为"是论"。一般认为，"是论"的优点是能够说明本体论在逻辑上的起源，也就是说，研究"是"的问题乃是研究本体论的、绕不过去的进路，但深入问题的好的进路并不等于问题本

---

① 熊十力：《新唯识论》，中华书局 1985 年版，第 250 页。

身，何况"是"这个字在通常的使用中总是与表语联系在一起，所以用来指谓与表语相分离的存在问题是不可能的，用"是论"来取代本体论也难以得到学术界的认同。比如，人们可以把 I am a student 这个句子中的 am 译为"是"，但却不能把笛卡尔的名言——I think, therefore I am 中的 am 译为"是"，否则，这句名言就成了"我思故我是"，所以这里的 am 必须译为"存在"或"在"，从而把这个句子译为"我思故我在"。也就是说，当 I am 这个句子中没有相应的表语出现的时候，只能译为"我存在"或"我在"。

众所周知，我国港台的学者倾向于把 Ontologie 译为"存有论"，但这种译法也会引起误解，因为在"存有论"的译法中，既有"存在"（Sein）的含义在内，又有"占有"（Haben）的含义在内，而 Haben 和 Sein 这两个词在德语中的含义是有重大区别的。比如，德国学者弗洛姆的一部著作的名称是 *Haben oder Sein*，人们把它译为《占有还是存在》。事实上，这本书是专门探讨"占有"与"存在"之间的差异的。所以，在某种意义上可以说，"存有论"这种译法反而把简单的问题复杂化了。

也有的学者主张把 Ontologie 译为"万有论"，这种译法所造成的困难是：一方面，正如我们在前面已经指出过的那样，"有"的含义是比较复杂的，在德语 es gibt 的句型中，"有"与"存在"的含义相近，但在使用 haben 这个词的句型中，"有"与"存在"之间的含义出现了实质性的差异；另一方面，在通常的情况下，"万有"指的是一切存在者，而 Ontologie 则是研究"存在"问题的，所以，"万有论"的译法容易把"存在"与"一切存在者"混淆起来。

至于"本体论"的译法，其优点是肯定存在问题在哲学研究中的基础地位，但其缺点是容易给人留下"还原论"或"本根论"的印象。考虑到各方面的因素，目前我们仍然倾向于以"本体论"来译 Ontologie。

其次，有些学者对整个本体论的研究取置疑的态度。比如，阿多诺从"否定的辩证法"的角度，特别是概念和对象的非同一性出发，对现象学本体论，尤其是海德格尔的本体论提出了尖锐的批评，并指出："本体论的批判既不打算建立另一种本体论，也不打算建立一种虚无的本体论（Nichtontologischen）。"①长期以来，国内理论界也一直用"世界观"的概念取代本体论，甚至认为本体论只是传统哲学使用的概念，应予否认。但事实上，按照蒯因的"本体论承诺"的思想，本体论是无法抹去的，只要我们一用语言进行陈述，就会有本体论意义上的承诺。

最后，本体论和认识论的关系受到了新的质询。新实在主义者认为，我们所谈论的一切都无法离开语言、思维和意识，因此，一切关系都可以还原为认识关系，认识论是本体论的基础。这种观点实际上是近代以来注重认识论和方法论研究的观念在新的历史条件下的表现。海德格尔主义者则认为，任何认识都是在存在的基础上展开的，认识不过是此在在世的样式。换言之，本体论是基础性的，而认识论只能在本体论的基础上加以探讨。这一见解事实上延续了叔本华以来的思维传统。双方的共识只是下面这一点，即认识论和本体论实际上是不能割裂开来进行讨论的。

近年来，在存在和本体论问题的探索中出现两种新趋向。一方面，对海德格尔基础本体论的评论引起了学术界的广泛兴趣。甚至晚年海德格尔自己也对早年提出的基础本体论取否定的态度。他在《〈形而上学是什么?〉导言》（1949）中写道："这个名称马上就表明自身是糟糕的，就像任何此种情形中的名称一样。从形而上学角度来看，这个名称固然道出了某些正确的东西；但它恰恰因此而令人误入歧途；因为，重要的事情是要赢获从形而上学转渡到对存在之真理的思想的通道。"②在海德格尔看来，重要的是进入思存在之真理的通道，而基础本体论作为本体论却担负不起这样的重任，所以晚年海德格尔热衷于谈论哲学的终结和真正的思的开始。为什么海德格尔的思想会发生这一重要的转变呢？如何评价他的基础本体论与传统本体论之间的关系呢？这些问题都有待思考。另一

---

① T. W. Adorno, *Negative Dialectik*, Frankfurt: Suhrkamp Verlag, 1984, S. 140.
② [德]海德格尔：《路标》，孙周兴译，商务印书馆2000年版，第449页。

方面，在卢卡奇的激发下，从本体论的角度重新探讨马克思哲学引起了越来越多的学者的重视。人们普遍地认为，马克思的历史唯物主义不是社会学理论，而是本体论；马克思在哲学领域里完成的划时代的革命不是单纯认识论意义上的革命，而首先是本体论意义上的革命。

西方哲学史研究中的三个神话①

近年来，在人文社会科学的研究中，"重写学术史"已经成为一种时尚。这种时尚显露出人们对以往的学术叙事体系的普遍不满，也表明人们的观念正在发生重大嬗变，但在浏览了一些自诩为重写学术史的"典范之作"后，我们又感到沮丧和失望。通常见到的情形是：人们或者引入西方新的学术思潮或术语来重写学术史，从而把"重写"曲解为单纯的术语上和形式上的翻新；或者自以为在"重写"，但仍然站在传统的叙事方式上。于是，我们意识到了两种不同类型的"重写"：一种是单纯外观上的、形式主义的重写，重写者只是以自己的口号振动了空气，但实际上没有改变任何东西；另一种是实质性的重写，也就是说，重写者已经真正地超越了传统的叙事方式。②

---

① 原载《复旦学报(社会科学版)》2002年第2期；《中国社会科学文摘》2003年第2期全文重点推荐。收录于俞吾金：《从康德到马克思——千年之交的哲学沉思》，广西师范大学出版社2004年版，第94—127页，题目为《黑格尔哲学史叙事中的三个神话》；《实践与自由》，武汉大学出版社2010年版，第424—452页；《从康德到马克思——千年之交的哲学沉思》，北京师范大学出版社2017年版，第169—209页，题目为《黑格尔哲学史叙事中的三个神话》。——编者注

② 写到这里，我们自然而然地联想起马克思在《巴黎手稿》中对费尔巴哈的评论："费尔巴哈越不喧嚷，他的著作的影响就越扎实、深刻、广泛而持久；费尔巴哈著作是继黑格尔的《现象学》和《逻辑学》以后包含着真正理论革命的唯一著作。"《马克思恩格斯全集》第42卷，人民出版社1979年版，第46页。然而，在当代中国理论界，我们见得更多的不是实质性的理论推进，而是空洞的革命口号。仿佛光凭一些抽象的口号就能告别传统的叙事方式！

也许可以这样说，任何学术史研究中的重写者，在对传统的叙事方式做出批判性的反思前，对学术史进行实质性的改写都是不可能的，在注重思想前提的哲学史研究中尤其如此。然而，人们并不总是这么看问题的。据说，冯友兰先生对中国哲学的研究状况做过一个俏皮而广有影响的评论，即当代中国没有哲学家，只有哲学史家。我们姑且不去探究这个评论是否准确，至少在这个评论中暗含着这样一个思想，即成为一个哲学家是十分困难的，因为哲学家的思想是原创性的，而成为一个哲学史家则是比较容易的，因为哲学史家似乎只是做一些收集、整理、叙述哲学史材料的工作。显然，这一评论助长了某些人的狂妄态度，以为做哲学史家或"重写"哲学史都是轻而易举的事情。① 事实上，在真正的哲学家不存在的地方，真正的哲学史家也不可能存在，因为道理很简单：如果一个哲学史家没有原创性的哲学思想，也就不可能撰写出真正具有独创性的哲学史著作来，也不可能合法地、切实地担负起"重写"哲学史的任务。

按照我们的看法，重写哲学史要成为一项真正有效的工作，就必须先行地对传统的哲学史叙事方式，尤其是黑格尔的哲学史叙事方式做出深刻的反省。众所周知，在传统的哲学史叙事方式中，影响最大的是以下三个神话——单线性神话、客观性神话和内在逻辑神话，而这些神话可以说是无例外地来自黑格尔，就中也可见出黑格尔哲学史思想所拥有的广泛而深远的影响。事实上，只有当我们从观念上摆脱这些神话对我们思想的束缚的时候，"重写"哲学史才不仅仅是一个口号，同时也是一种现实。

---

① 正如黑格尔所批评的："我们可以举出许多哲学史的著述，在那里面我们什么东西都可以找得到，就是找不到我们所了解的哲学。"［德］黑格尔：《哲学史讲演录》第 1 卷，贺麟、王太庆译，商务印书馆 1981 年版，第 4 页。

一、单线性神话

在哲学史研究，特别是西方哲学史研究中，人们总是自觉地或不自觉地使用"哲学史发展的线索"这样的提法来暗示不同历史时期的哲学家思想之间的内在联系。在大多数情况下，由于汉语名词本身没有单复数的差别，所以在脱离上下文的情况下，我们很难判断这一提法中所出现的"线索"这个词究竟是单数还是复数。但至少可以说，在我们阅读过的不少中外文的哲学史著作的上下文中，"线索"(clue)这个词常常是以单数的方式出现的。尽管这个词只起着类比的作用，即把哲学史发展进程比喻为"一条线"或"一根绳索"，但它或多或少地暴露出运用这一类比的哲学史研究者在潜意识中对"单线性神话"的认同。所谓"单线性神话"，也就是研究者认定，在哲学史，尤其是西方哲学史中，存在着一条唯一的、一以贯之的发展线索。迄今为止，在我国的西方哲学史研究者中，这种"单线性神话"仍然拥有广阔的市场，要真正地超越传统哲学史研究的理论框架，就必须把这一神话放到意识的层面上来加以批判性的检视。

如果我们认同文德尔班的下述见解，即"只有通过黑格尔，哲学史才第一次成为独立的科学"[①]的话，我们就会确定无疑地发现，这种"单线性神话"正是滥觞于黑格尔的哲学史观念。在《哲学史讲演录》的"导言"中，黑格尔在谈到哲学史发展的传统时，这样写道："特别在哲学里，我们必须感谢过去的传统，这传统有如赫尔德所说，通过一切变化的因而过去了的东西，结成一条神圣的链子(eine heilige Kette)，把前代的创获给我们保存下来，并传给我们。……这种传统并不是一尊不动的石像，而是生命洋溢的，犹如一道洪流(ein mächtiger Strom)，离开它

---

① ［德］文德尔班：《哲学史教程》上卷，罗达仁译，商务印书馆 1997 年版，第 20 页。

的源头愈远，它就膨胀得愈大。"①在这段重要的论述中，黑格尔所使用的"一条神圣的链子"和"一道洪流"，与"一条线"或"一根绳索"都是含义类似的表达式。事实上，在德语中，Kette 这个名词既可解释为"链子"，也可解释为"经线"，这充分表明，黑格尔正是西方哲学史研究中的"单线性神话"的始作俑者。②众所周知，黑格尔从其客观唯心主义的立场出发，把哲学史理解为单一的精神或思维的运动史。他在《小逻辑》中写道："几千年来，这哲学工程的建筑师，即那唯一的活生生的精神（eine lebendige Geist），它的本性就是思维，即在于使自己思维着的本性得到意识。"③这段话中出现的 eine 可以译为"唯一的"，也可以译为"单一的"，表明了他对哲学史单线性发展模式的倡导和认同。当然，黑格尔强调精神或思维构成哲学史发展的根本线索，并不表明他排斥哲学史研究中出现的其他范畴或概念，而只是表明他把精神或思维理解为单线性发展模式中的核心因素。

在论述近代西方哲学时，黑格尔指出："这种最高的分裂，就是思维与存在的对立，一种最抽象的对立；要掌握的就是思维与存在的和解。从这时起，一切哲学都对这个统一发生兴趣。"④我们发现，在面对内涵无限丰富的近代西方哲学史时，黑格尔仍然没有背弃单线性发展模式这一理论预设。他一如既往地视思维为核心，并把思维与存在的关系

① ［德］黑格尔：《哲学史讲演录》第 1 卷，贺麟、王太庆译，商务印书馆 1981 年版，第 8 页。

② 也许有人会为黑格尔进行辩解：黑格尔在《小逻辑》中把哲学和哲学史比喻为一连串的"圆圈"，而"圆圈"和"线索"是不同的。但辩解者显然忘记了，"圆圈"正是由自身弯曲的、封闭的"线"构成的。深受黑格尔"圆圈"说影响的列宁在《谈谈辩证法》一文中写道："人的认识不是或不应该被描写为一条直线（eine grade Lienie），而是无限地近似于一串圆圈或螺旋的一条曲线（eine Kurve）。"W. I. Lenin, *Über Hegelsche Dialektik*, Leipzig: Reclam Verlag, 1986, S. 46. 值得注意的是，列宁不赞成把人的认识理解为"一条直线"，而是主张把它理解为"一条曲线"，但从他使用的两个 eine（解释"一"或"单一"）可以看出，他并没有反对"单线性神话"。

③ ［德］黑格尔：《小逻辑》，贺麟译，商务印书馆 1980 年版，第 54 页。

④ ［德］黑格尔：《哲学史讲演录》第 4 卷，贺麟、王太庆译，商务印书馆 1981 年版，第 6 页。

理解为近代一切哲学都无法回避的根本性问题。正是这种哲学史观念对恩格斯产生了重大影响，在《路德维希·费尔巴哈和德国古典哲学的终结》一书中，恩格斯以与黑格尔相类似的笔调写道："全部哲学，特别是近代哲学的重大的基本问题，是思维和存在的关系问题。"①恩格斯在三点上进一步推进了黑格尔的哲学史观念。第一，肯定思维和存在的关系是理解全部哲学史的唯一的或单一的线索。恩格斯不仅在近代西方哲学的话语框架中谈论思维和存在的关系问题，而且强调，这个问题作为"全部哲学的最高问题，像一切宗教一样，其根源在于蒙昧时代的愚昧无知的观念"②。这就使黑格尔所倡导的"单线性神话"获得了经典性的表述。第二，在对思维和存在关系的解答上，全部西方哲学家分裂为两大阵营：凡是断定思维或精神是本原的，就是唯心主义哲学家；凡是断定存在或自然界是本原的，则是唯物主义哲学家。众所周知，"唯心主义哲学家"和"唯物主义哲学家"这样的概念又常常与政治意识形态牵涉在一起，从而使"单线性神话"获得了更广泛的影响。第三，恩格斯把自己作为唯物主义哲学家与作为唯心主义哲学家的黑格尔明确地对立起来，表明自己虽然接受了黑格尔的哲学史观，但却对这一观念做了实质性的颠倒。但恩格斯显然忘记了，即使他把黑格尔的"单线性神话"颠倒过来，这个神话仍然是"单线性神话"，而不可能转化为"非单线性神话"。

由黑格尔倡导、恩格斯加以完善化的"单线性神话"在苏联学者日丹诺夫那里获得了强烈的认同，他竟给哲学史下了这样的定义："哲学史是科学唯物主义世界观孕育、产生和发展的历史，是唯物主义和唯心主义斗争的历史。"③从此以后，这种"单线性神话"不仅成了西方哲学史必须遵循的理论预设，而且通过对唯物主义与进步、唯心主义与反动的简

---

① 《马克思恩格斯全集》第21卷，人民出版社1965年版，第315页。
② 《马克思恩格斯选集》第4卷，人民出版社1995年版，第224页。
③ ［苏］罗森塔尔、尤金：《简明哲学辞典》，中共中央马克思恩格斯列宁斯大林著作编译局译，生活·读书·新知三联书店1973年版，第62页。

单等同，在意识形态中获得了巨大的支援意识，从而成了判断一切哲学史研究是否合格的根本标准。毋庸讳言，这种"单线性神话"在我国哲学界也得到了普遍的认同。由于毛泽东提出了所谓"两个对子"（唯物主义和唯心主义、辩证法和形而上学①）的观点，中国的哲学史研究者进一步"加粗"了思维和存在关系的"线索"，以便把这两个平行的"对子"综合在"单线性神话"中。乍看起来，这种变动似乎超越了"单线性神话"，但实际上却进一步完善了这一神话。②

正是这种"单线性神话"对西方哲学史的研究产生了灾难性的影响。五彩缤纷的思想资料被黑白两分的单调画面所取代，认真深入的研究被简单化的贴标签行为所取代。乍看起来，西方哲学史的研究出现了前所未有的繁荣局面，许多新作应运而生，虽然在局部和细节上互有差异，但就其实质而言，都在"单线性神话"的基地上跳舞。当人们庆幸自己获得可喜成绩的时候，西方哲学史已经成了政治思想史的附庸，成了一片精神的废墟。更不可思议的是，人们还把这一"单线性神话"推广到现代西方哲学研究的领域中去，把凡是没有涉及思维和存在关系的一切哲学学说都简单地斥为"回避哲学基本问题"或"抹杀哲学基本问题"，从而在"单线性神话"的基础上建立了一种普遍的话语霸权，即任何西方哲学理论，只要它没有触及思维和存在的关系问题，它就是谬误的。其实，把思维和存在的关系作为哲学发展的单一线索和基本问题，乃是从苏格拉底、柏拉图、亚里士多德到黑格尔的西方知识论哲学传统使然，而这一

---

① 必须指出，恩格斯、列宁、毛泽东使用的"形而上学"概念指的是与辩证法相对立的、非此即彼的思维方法，与西方哲学传统中的"形而上学"概念完全不同。按照德国哲学家沃尔夫的观点，传统意义上的形而上学包括四个研究领域——本体论、理性宇宙学、理性心理学、理性神学。参见拙文《马克思本体论研究中的一些基本概念》，《哲学动态》2001年第10期。

② 下面引证的这段话或许可以看作"单线性神话"在我国哲学界的经典性表现："一般说来，进步的、革命的阶级和集团，都主张唯物主义或辩证法；守旧的、反动的阶级和集团则鼓吹唯心主义和形而上学。全部哲学史就是唯物主义和唯心主义、同时交织着辩证法和形而上学斗争的历史，是唯物主义战胜唯心主义、辩证法战胜形而上学的历史。"北京大学《欧洲哲学史》编写组：《欧洲哲学史》，商务印书馆1977年版，第9—10页。

传统又植根于西方理性中心主义或逻各斯中心主义的沃土。一旦人们超越了这一传统的理论预设，他们就不会再把思维与存在的关系理解为贯穿全部西方哲学史的单一线索和基本问题。换言之，一旦他们改变了自己的哲学观，西方哲学史就将以全新的面貌出现在他们的面前。①

还需指出的是，人们竟然忘记了，马克思主义的经典作家从不愿意使自己的思想受到这类偏狭的神话的束缚。在《关于费尔巴哈的提纲》中，马克思指出："从前的一切唯物主义（包括费尔巴哈的唯物主义）的主要缺点是：对事物、现实、感性，只是从客体的或者直观的形式去理解，而不是把它们当作感性的人的活动，当作实践去理解，不是从主观方面去理解。所以，和唯物主义相反，能动的方面却被唯心主义抽象地发展了，当然，唯心主义是不知道真正现实的、感性的活动的。"②在这段话中，虽然马克思批评唯心主义对现实的、感性的活动缺乏了解，但却肯定它以抽象的方式发展了人类思想的能动的方面。与此相反，唯物主义却由于其直观性而不能从实践的角度去理解全部社会生活，甚至像费尔巴哈这样的唯物主义者也只是从"卑污的犹太人的表现形式"的角度去理解人类的实践活动。看得出来，在《关于费尔巴哈的提纲》中，马克思更多地把自己批判的矛头指向旧唯物主义。在《神圣家族，或对批判的批判所做的批判》（简称为《神圣家族》）中，当马克思论述以霍布斯为代表的机械唯物主义的观点时，进一步指出："唯物主义变得敌视人了。"③事实上，马克思还把这种敌视人的唯物主义与费尔巴哈式的"和人道主义相吻合的唯物主义"④严格地区分开来。这些论述表明，马克思在考察西方哲学史时，从来不屈从于这种"单线性神话"，从来不把唯

---

① 参见拙文《超越知识论》，见《寻找新的价值坐标——世纪之交的哲学文化反思》，复旦大学出版社 1995 年版，第 220—241 页；也请参见拙文《知识论哲学的谱系及其对马克思主义哲学研究的影响》，见《俞吾金集》，学林出版社 1998 年版，第 258—280 页。

② 《马克思恩格斯全集》第 3 卷，人民出版社 1960 年版，第 6 页。

③ 《马克思恩格斯全集》第 2 卷，人民出版社 1957 年版，第 164 页。

④ 同上书，第 160 页。

物主义和唯心主义之间的分歧简单化，而总是从现实生活本身的无限丰富性出发，对这种分歧做出实事求是的、适度的评价。列宁虽然在总体性的理论框架上未能超越这种"单线性神话"，但偶尔也会以不屑一顾的态度去对待这种神话。在读黑格尔的《哲学史讲演录》时，他写下了这样的感受："聪明的唯心主义比愚蠢的唯物主义更接近于聪明的唯物主义。"①这句富有调侃意义的话实际上解构了唯物主义和唯心主义之间的抽象的、简单化的对立。

那么，我们究竟如何告别这种"单线性神话"呢？通常有两种办法。一是用其他的"单线性神话"来取代这种"单线性神话"。比如，人们可以用相对主义和绝对主义的互动②、理性主义和非理性主义的冲突、科学观念与神秘主义观念的对立、现象世界和本体世界的两分、哲学与常识的相互更替等各种不同的发展线索来取代思维和存在关系的发展线索。这种取代虽然可以拓宽人们研究哲学史的思路，但就其实质而言，不过是用一种新的"单线性神话"取代旧的"单线性神话"。二是用"多线性发展模式"来取代这种"单线性神话"。这里可能会出现两种不同的情况。第一种情况是：在诸多发展线索中寻找和设定不变的"主线"或"中心线索"，这样做，实际上是以羞答答的方式重新返回"单线性神话"中去。众所周知，笛卡尔曾经把哲学比喻为一棵树。虽然树可以长出许多枝丫，但它们有着共同的主干和根。所以，一旦人们把"树状的"(arborescent)发展模式运用到对西方哲学史的叙述中，其最终归宿仍然会是"单线性神话"。第二种情况是：肯定每一条发展线索都是"平权的"，在不同的历史时期，它们各自都有可能充当"第一小提琴手"。乍看起来，这种情况似乎完全超越了"单线性神话"，其实并不。一方面，它不过是把不变的、贯穿整个西方哲学史的"单线性神话"改造成可变的、在每个历

---

① 列宁：《哲学笔记》，中共中央马克思恩格斯列宁斯大林著作编译局译，人民出版社 1960 年版，第 305 页。
② 参见拙文《哲学史：绝对主义与相对主义互动的历史》，见《俞吾金集》，学林出版社 1998 年版，第 97—108 页。

史时期具有不同表现形式的"单线性神话"；另一方面，"多线性发展模式"依然没有跳出"线性"的意象，它容易使内涵丰富的西方哲学史变成一些简单的条条。

既然上述两种通行的方法都无法使我们走出"单线性神话"，那应该怎么办呢？或许我们可以从当代法国哲学家德勒兹关于"块茎"（rhizome）的隐喻中得到启发。按照德勒兹的看法，块茎与植物的主根不同，它们的生长具有一种任意性，可以不受拘束地向前发展。正如道格拉斯·凯尔纳和斯蒂文·贝斯特所指出的："与树状思维不同，块茎状思维试图将哲学之树及其第一原则连根拔起，以此来解构二元逻辑。它试图铲除根和基础，反对统一并打破二分法，伸展根与枝叶，使之多元化和撒播，从而产生出差异与多样性，制造出新的连接。块茎学肯定了那些被西方思想所排斥的原则，将现实重新解释为动态的、异质性的、非二元对立的。"①但这种对"单线性神话"的解构和对多元性、差异性的强调是否会使整个西方哲学史研究退回到黑格尔所批评的那种肤浅的状态去呢？这个问题我们是无法回避的。

黑格尔这样写道："对于哲学努力之为无用的证明，可以直接从这种对于哲学史通常的肤浅的看法引伸出来：即认为哲学史的结果所昭示的，不过只是纷歧的思想、多样的哲学的发生过程，这些思想和哲学彼此互相反对、互相矛盾、互相推翻。"②尽管黑格尔并不否认哲学史发展中存在的分歧性和差异性，但他强调，"个别部分之所以有其优良的价值，即由于它们对全体的关系"③。也就是说，对于他来说，分歧性不过是总体性的附庸，差异性不过是单一性的附庸。它们之所以存在仅仅是为了论证单一的总体性的存在。我们必须清醒地意识到，黑格尔仍然

---

① ［美］道格拉斯·凯尔纳、斯蒂文·贝斯特：《后现代理论——批判性的质疑》，张志斌译，中央编译出版社 2001 年版，第 128—129 页。

② ［德］黑格尔：《哲学史讲演录》第 1 卷，贺麟、王太庆译，商务印书馆 1981 年版，第 21 页。

③ 同上书，第 11 页。

是在"单线性神话"的基础上，来谈论分歧性和差异性的。

所以，要真正地超越"单线性神话"，就必须深入地反思并批判黑格尔的哲学史观念，批判作为黑格尔的哲学史观念的支援意识的知识论哲学的传统和逻各斯中心主义的传统，不是把哲学思想的单一性和总体性理解为全部哲学史的基础，而是把其分歧性、差异性或多样性理解为哲学史研究中的始源性的、不可被还原的、不可被吞并的基础。只有自觉地达到这种意识，才能真正走出"单线性神话"。

二、客观性神话

正如沃勒斯坦等人所指出的："从一开始，客观性的问题对于社会科学的方法论讨论就具有极其重要的意义。"①虽然他们并未在客观性问题的探索上提供出真正有实质性意义的见解，但肯定客观性问题的重要性毕竟是卓有见地的。毋庸讳言，在西方哲学史研究中，客观性问题也是一个无法回避的根本性问题。事实上，人们常常以"客观的"（objective）、"客观性"（objectivity）这样的概念作为核心价值去评价前人和同时代人的哲学史著作。

何谓"客观性"？要解答这个问题，去翻阅二流、三流作家编写的哲学辞典，显然是毫无意义的，恐怕我们还是要回到对这个问题有过深入思考的黑格尔那里。事实上，我们发现，黑格尔即使不是"客观性神话"的首创者，至少也是这一神话的真诚的崇拜者。在《小逻辑》第 41 节中，黑格尔在论述康德的哲学思想时，对客观性问题进行了细致的讨论，然后总结道："根据上面的讨论，便知客观性一词实具有三个意义。第一为外在事物的意义，以示有别于只是主观的、意谓的、或梦想的东西。

---

① ［美］沃勒斯坦等：《开放社会科学——重建社会科学报告书》，刘锋译，生活·读书·新知三联书店 1997 年版，第 96 页。

第二为康德所确认的意义，指普遍性与必然性，以示有别于属于我们感觉的偶然、特殊和主观的东西。第三为刚才所提出的意义，客观性是指思想所把握的事物自身，以示有别于只是我们的思想，与事物的实质或事物的自身有区别的主观思想。"①在黑格尔看来，客观性的第一个意义经常为日常生活中的普通人所认同。普通人把自己的感觉、思想看作主观的，把外部存在的事物看作客观的。客观性的第二个意义是由康德所阐明的。康德正好把普通人对客观性的理解颠倒过来了。在康德看来，我们感觉到的或作为思考对象的外部事物反倒是主观的，而我们用以思考外部事物的思维范畴，由于具有普遍性和必然性，才真正是客观的。康德对客观性的意义的颠倒引起了人们的责备，但黑格尔认为，这种责备是站不住脚的："真正讲来，只有感官可以觉察之物才是真正附属的，无独立存在的，而思想倒是原始的，真正独立自存的。因此康德把符合思想规律的东西（有普遍性和必然性的东西）叫做客观的，在这个意义下，他完全是对的。"②然而，黑格尔又补充道，康德所谓的思维范畴的客观性归根到底依然是主观的，因为他的思想范畴只能把握现象范围内的对象，不能把握物自体。客观性的第三个意义正是黑格尔自己所坚持的。在他看来，真正的、彻底的客观性应该是：思想和思想范畴不仅是我们的，同时又是一切对象（包括物自体）的本质。

显而易见，黑格尔真正加以肯定的是客观性的第三种意义。正是从这种意义出发，黑格尔分析了西方哲学史上思想对客观性的三种态度。第一种态度大致上是康德以前的、传统的形而上学的态度。这是一种朴素的、独断的态度，认为思想完全具有客观性，即可以把握对象，既看不到思想本身的内在矛盾，也看不到对象中现象与本质之间的差异。第二种态度是近代西方的经验主义和以康德为代表的批判主义的态度。这是一种具有否定倾向和怀疑主义倾向的态度，认为思想只在现象的范围

---

① ［德］黑格尔：《小逻辑》，贺麟译，商务印书馆1980年版，第120页。

② 同上书，第119页。

内具有客观性，即只可以把握现象或经验，却无法把握物自体。第三种是以雅可比为代表的、直观式的态度，这是一种反对任何媒介、追求直接知识的态度，认为思想的客观性通过内心的启示、灵感等方式直接地呈现出来。黑格尔对上述三种态度逐一加以批判，从而引申出自己对待客观性的态度，即当思想范畴摆脱主观方面的情感、意志、欲望和情绪等表象的束缚后，其辩证的自身运动也就最终获得了真理性，而"真理即是客观性与概念相符合"①。

不用说，黑格尔对客观性的理解，已经蕴含着他对哲学史研究中的客观性问题的理解。一方面，他认为，在哲学和哲学史研究中存在着客观性："哲学是关于真理的客观科学，是对于真理之必然性的科学，是概念式的认识；它不是意见，也不是意见的产物。"②也就是说，只要这种研究排除主观的意见，自觉地建基于对理性和真理的追求，其客观性和合理性就可以得到确保。也正是在这个意义上，黑格尔表示："哲学史只有作为以理性为基础的现象的连续，本身以理性为内容，并且揭示出这内容，才能表明它是一个理性的历史，并表明它所记载的事实是合理性的。"③这就启示我们，黑格尔从来不怀疑哲学史研究中可能达到的那种客观性，并把这种客观性理解为理性和真理的同名词。另一方面，他强调，哲学史研究不同于政治史的研究。在政治史的研究中，必须对历史人物的性格、才能、情感等特点做深入的分析，并阐明这些特点与历史事件之间的内在联系，但在哲学史研究中，历史上的哲学家的特点对他们的哲学学说的影响却是微乎其微的："在哲学史里，它归给特殊个人的优点和功绩愈少，而归功于自由的思想或人之所以为人的普遍性格愈多，这种没有特异性的思想本身愈是创造的主体，则哲学史就写得

---

① ［德］黑格尔：《小逻辑》，贺麟译，商务印书馆 1980 年版，第 397 页。
② ［德］黑格尔：《哲学史讲演录》第 1 卷，贺麟、王太庆译，商务印书馆 1981 年版，第 17—18 页。
③ 同上书，第 35 页。

愈好。"①显而易见，黑格尔对哲学史研究中的客观性问题的态度，显露出某种康德以前的独断论形而上学的倾向。无怪乎马克思会做出评论："被法国启蒙运动特别是 18 世纪的法国唯物主义所击败的 17 世纪的形而上学，在德国哲学中，特别是在 19 世纪的德国思辨哲学中，曾有过胜利的和富有内容的复辟。"②这里的"复辟"一词便道出了黑格尔哲学中某种旧东西的回潮。

然而，有趣的是，黑格尔义无反顾地加以维护的这种"客观性神话"，在马克思的某些追随者那里却得到了有力的响应，"客观的""客观性""客观实在""客观规律"和"客观真理"等概念成了苏联、东欧和中国哲学界喜欢谈论的话题之一。此外，由于这些追随者普遍地信奉洛克式的、以镜式反映为特征的认识论，从而使"客观性神话"获得了更大的确信度。在这些追随者中，有哪一位西方哲学史的研究者不侈谈"西方哲学史发展的客观规律"呢？又有哪一位研究者不把唯物主义与唯心主义的斗争、思维与存在的关系、历史与逻辑的一致等规律视为铁一般的"客观规律"呢？然而，遗憾的是，这种"客观性神话"的泛滥并没有使东方学术界产生真正具有世界性影响的、原创性的西方哲学史研究著作，无数事实表明，这些马克思的追随者对客观性的理解并没有超出黑格尔在《小逻辑》第 41 节中写下的那三种意义。

我们发现，真正对"客观性神话"进行质疑和挑战的是德国哲学家尼采。尼采以如下的方式提出了客观性的问题："人们甚至这样以为，过去的时刻与谁毫无关系，这个人才适合来描述这个时刻。语言学者与希腊人彼此间常常就是这样情形：两者毫无关系——人们把这也许叫做'客观'！"③这就是说，人们把客观性理解为对研究者的任何主观因素的清除，但在尼采看来，这是做不到的，也是不可能的。尼采一针见血地

① ［德］黑格尔：《哲学史讲演录》第 1 卷，贺麟、王太庆译，商务印书馆 1981 年版，第 7 页。

② 《马克思恩格斯全集》第 2 卷，人民出版社 1957 年版，第 159 页。

③ ［德］尼采：《历史对于人生的利弊》，姚可昆译，商务印书馆 1998 年版，第 41 页。

指出了客观性的本质："那些浅陋的历史学家把用目前举世一致的意见去衡量过去的意见与事业称作'客观'，他们在这里得到一切真理的规范；他们的工作是把过去适应于合乎时宜的琐屑。反之，他们把每个不把那些通俗意见奉为规范的历史著述称作'主观的'。客观这个名词，就是给它一个最高的解释时，恐怕也不免潜伏着一个幻觉罢？人们用这个名词了解历史学家的一个状况，对一个事件在它所有的动机与结果中完全纯洁地观看，做到对他的主观毫无影响。人们想象那个美学的现象，那个脱离个人关系的情况，画家在狂风暴雨、雷电交加之际，或是在波浪汹涌的海面上，看到他内在的图像，同时忘却他的个人。所以人们也要求历史学家有艺术家的静观与完全沉潜于物中的境地。"①在这里，尼采虽然是在一般的历史研究的层面上评论客观性问题，但这种评论对于西方哲学史的研究同样是有效的。黑格尔认为，客观性的本质也就是思想能否把握现实世界的问题，但黑格尔所谈论的"思想"是无主体的、抽象的。一旦人们把"思想"转化为任何一个具体的西方哲学史研究者的思想，就会发现，研究者总是从一定的先入之见、从一定的视角出发去探讨西方哲学史的。也就是说，任何研究者都无法像黑格尔所说的那样，完全摆脱自己主观方面的情感、意志、欲望和情绪的影响，摆脱自己已然接受的信念的影响，从而进入一种康德式的、完全不动心的静观的审美状态。在尼采看来，这种状态实际上也是不可能的，因为审美作为创造性的活动，恰恰需要激起审美者内心的情感。至于在历史研究中，崇拜这种抽象的客观性的研究者是可怕的。他以辛辣的笔调嘲讽道："这是一个宦官的时代；对于宦官，一个女人和另一个女人一样，只是一个女人，女人本身，永久是不能接近的——所以你们研究什么都是无关轻重的，只要历史本身被完整地'客观'保存下来，就是说被一些决不能自己作出历史事件的人们保存着，因为永久的女性绝不会引导你们向上，而是你将其引下到你们这里，而且接受下来，充作中性，也把历史当

---

① ［德］尼采：《历史对于人生的利弊》，姚可昆译，商务印书馆1998年版，第38页。

作一个中性。……只是对于那些绝对'受过历史教育'的人们，必定是相当不关轻重的，不管它是这一个或是另一个，其实他们本来既不是男人也不是女人，也不是阴阳人，却永久只是中性，或者说得文雅一些，只是永久客观者。"①尼采自己绝不愿意成为这种"客观性神话"的崇拜者。在他看来，只有有感觉、有情感、有强烈的主观创造性的、坚强的人，才能成为真正的历史研究者和叙述者。

按照尼采的看法，这种抽象的、不以任何研究者的视角为基础的客观性只能是一种神话，而追求这样的客观性也不过是捕捉幻影。事实上，从来就不存在超越每个研究者的特殊视角的所谓客观性。正如有的学者所指出的："按照尼采的理解，视角主义（perspectivism）否认有事实存在，坚持存在的只是对世界的解释。既然世界没有单一的意义，而是有无数的意义，因而，视角主义便追求对现象的多元解释，并坚持认为'解释世界的方法是不受任何限制的'。"②在尼采之后，进一步参与对"客观性神话"的解构的，还有胡塞尔。在《欧洲科学危机和超验现象学》一书中，胡塞尔这样写道："科学要求具有严格地建立起来的真理，但是这种真理并非总是在那种客观性的意义上被理解的。那种客观性在方法论方面支配了我们的实证科学，并且它的影响远远超出了科学本身的范围，成为支持和广泛传播一种哲学的和世界观的实证主义的基础。"③在胡塞尔看来，由于这种对客观性的追求成了一切实证科学的基础，所以实证科学完全舍弃了对人、人的命运和意义的思索："可以说，实证主义在扼杀哲学。"④这并不是耸人听闻的见解，而是对哲学现状，特别是实证主义所蕴含的思想危机的一个极为深刻的评论。事实上，当人们把这种片面地追求客观性的态度引入哲学史研究领域时，哲学史上关于

① ［德］尼采：《历史对于人生的利弊》，姚可昆译，商务印书馆1998年版，第34页。
② ［美］道格拉斯·凯尔纳、斯蒂文·贝斯特：《后现代理论》，张志斌译，中央编译出版社2001年版，第51页。
③ 倪梁康：《胡塞尔选集》下，上海三联书店1997年版，第983页。
④ 同上书，第985页。

人、人的命运和意义的探索也都成了无意义的事件。

在对"客观性神话"的解构中，以海德格尔、伽达默尔为代表的德国诠释学（Hermeneutik）也发挥了十分重要的作用。众所周知，19世纪的诠释学家已经意识到理解活动中存在着循环现象：一方面，理解者试图客观地理解并解释对象；另一方面，理解者在开始自己的理解活动之前已有先入之见。为了实现他们内心所认同的"客观性神话"，他们主张，理解者在开始自己的理解活动之前，必须先清除掉自己的先入之见。与19世纪的诠释学家不同，海德格尔从其生存论的本体论的立场出发，指出：这种理解活动中存在的循环现象，不但不是我们应该加以克服的现象，反而是贯穿于一切理解活动中的、积极的、本体论的结构要素。事实上，理解者的"理解的前结构"（Vorstruktur）是无法加以清除的，至多只能通过批判的反思的方式对这一结构进行可能范围内的调整，要把它完全加以清除是根本不可能的。在海德格尔看来，"理解的前结构"不但不是理解活动的障碍，反而是全部理解活动的前提。事实上，只有从通过批判加以调整的"理解的前结构"出发，真正意义上的客观理解活动才成为可能。

在海德格尔所倡导的"诠释学的本体论转折"的基础上，伽达默尔进一步提出了"效果历史"（Wirkungsgeschichte）的概念，强调理解者绝不可能以抽象的、纯客观的态度去对待历史，他实际上是自觉地或不自觉地以"效果历史"作为自己的支援意识而进入理解过程中的。伽达默尔写道："历史客观主义由于依据于其批判方法，因而把历史意识本身就包容在效果历史之中这一点掩盖掉了。历史客观主义虽然通过其批判方法从根本上消除了与过去实际接触的任意性和随意性，但是它却以此安然自得地否认了那些支配它自身理解的并非任意的根本性前提，因而就未能达到真理，实际上尽管我们的理解有限，这种真理仍然是可达到的。在这一点上，历史客观主义倒像那种统计学，因为统计学正是通过让事实说话、看上去像有客观性而成为最佳的宣传工具，不过，它的这种客观性实际上是依赖于对它的探究的正当性。"①显然，"效果历史"概念的提出，进一步解构了历史研究（包括西方哲学史研究）中的"客观性神话"。当代的诠释学运动启示我们，黑格尔式的、超越一切"理解的前结构"和"效果历史"的理解的客观性是根本不存在的。如果一定要保留客观性这一概念的话，必须重新界定它的含义，把它理解为在"理解的前结构"和"效果历史"的基础上才真正有效的概念。

实际上，我们也完全可以从语词的共生性结构的角度出发，解构这一"客观性神话"。众所周知，形容词"客观的"（objective）和"主观的"（subjective）、名词"客观性"（objectivity）和"主观性"（subjectivity）都是相反相成的，缺了前者就没有后者，同样，缺了后者也就没有前者。这些共生性结构表明，我们越强调西方哲学史研究中存在着客观性，也就越肯定这种客观性是以主观性的存在作为预设的，一旦抽去了主观性，连客观性这个词都无法存在，更遑论这个词所指称的对象。所以，在西方哲学史的研究中，试图通过完全消除主观性的方式来追逐客观性，无异于夸父追日，无异于拔着自己的头发离开地球！事实上，这种做法不过是在重复 19 世纪的诠释学家的错误。如上所述，当代诠释学和视角主义的研究成果已经启示我们，在西方哲学史的研究中，绝不可能存在与黑格尔式的普遍理性相吻合的那种客观性，因为这种普遍理性是与任何研究者的视角、理解的前结构、效果历史的意识相分离的，因而实际上是不存在的。

问题还没有被完全解决，我们必须进一步追问下去：为什么"客观性神话"和与这一神话有着共谋关系的"普遍理性"长期以来一直得到西方哲学史的研究者们的认同呢？黑格尔下面这段话或许为我们解答这个问题提供了线索。黑格尔强调，我们应该"将哲学史认作一个有机的进展的全体，一个理性的联系，唯有这样，哲学史才会达到科学的尊

---

① ［德］汉斯-格奥尔格·加达默尔：《真理与方法——哲学诠释学的基本特征》上卷，洪汉鼎译，上海译文出版社 1992 年版，第 386 页。

严(Würde einer Wissenschaft)"①。在这里，我们发现，"客观性神话"和"普遍理性"的支援意识是"科学"或"科学的尊严"。黑格尔这里用的"科学"(Wissenschaft)这个词虽然指的是哲学②，但其含义毕竟是从自然科学中引申过来的。17世纪以来，自然科学取得了长足的发展，"科学"这个词也作为严格性、合理性、普遍性和客观性的代名词迅速地扩展到所有的人文社会科学领域中。黑格尔这里说的"科学的尊严"也就是强调哲学应当像自然科学一样具有自己的严格性、合理性、普遍性和客观性。因为在自然科学的研究中，尽管研究课题的确定及对研究成果的解释与研究者或解释者的主观情感因素有着密切的联系，但在具体的研究过程中，研究者必须撇开自己的主观情感因素，才有可能发现自然现象的规律。另外，自然科学方面的真理一旦被发现，总是可以在经验或实验中得到证实。正是因为自然科学具有这样的特点，所以才赢得了严格性、合理性、普遍性和客观性的美名。我们发现，"客观性神话"和"普遍理性"都奠基于自然科学发展中滋长起来的科学主义的理论预设。这种科学主义的理论预设所默认的原则就是：在人文社会科学，包括西方哲学史的研究中，也必须无例外地追求这种严格性、合理性、普遍性和客观性。事实上，我们前面引证的胡塞尔的论述已经触及自然科学、实证主义与"客观性神话"之间的共谋关系。

在探讨这个问题的时候，我们顺便也想对西方哲学史的开端的设定提出自己的疑问。从黑格尔以来的西方哲学史家几乎无例外地把古希腊爱奥尼亚的泰勒斯作为西方哲学史的开端。文德尔班这样写道："如果我们把科学理解为理智为其自身而系统地追求的那种独立的、自觉的认识活动，那么就在希腊人中，就在纪元前六世纪的希腊人中，我们第一

---

① ［德］黑格尔：《哲学史讲演录》第1卷，贺麟、王太庆译，商务印书馆1981年版，第12页。

② 比如，他的《精神现象学》于1807年初版时就写着"科学的体系，第一部分，精神现象学"等字样。事实上，黑格尔经常把哲学称为"科学"。

次找到了这样的科学。"①文德尔班之所以无异议地认同爱奥尼亚的泰勒斯为西方哲学史的开端，因为在他看来，泰勒斯开始"对自然界作客观的思考"，而正是这种思考"才使思维初步升华到科学的概念结构的水平"②。这就是说，文德尔班实际上把滥觞于近代自然科学的科学主义理论预设作为他确认西方哲学史起点的出发点。同样，梯利也认为："希腊哲学从探究客观世界的本质开始。它最初主要是对外在的自然感兴趣（自然哲学），只是渐渐地转向内部，转向人类本身而带有人文主义的性质。"③毋庸讳言，梯利对西方哲学史的开端的认同同样显露出他的科学主义的情结。罗素更明确地指出，泰勒斯提出的水是万物的本原的观点虽然会使初学哲学的人感到泄气，"然而我们却有足够的理由要推崇泰勒斯，尽管也许是把他当成一位科学家而不是当成一位近代意义上的哲学家来推崇"④。在他看来，与其把泰勒斯看作哲学家，不如看作古代社会的自然科学家。

上面引证的这些重要的哲学史家的论述表明，迄今为止，几乎所有的西方哲学史研究者都是在近代科学主义的理论预设的基础上来探讨西方哲学史，特别是它的开端问题的。有人也许会提出如下的异议：亚里士多德在《形而上学》中叙述希腊哲学史的时候，不是已经把爱奥尼亚的泰勒斯作为哲学史的起点了吗？近代哲学史家不过是认同他的结论而已，有什么可以大惊小怪的！诚然，我们并不否认，近代哲学史家受到了亚里士多德对哲学史起点的看法的影响，但为什么他们不对亚氏的观点提出质疑呢？事实上，这里暴露出来的是一个更深层的秘密，即"客观性神话"和"普遍理性"的观念导源于近代的科学主义理论预设，而这种理论预设又深深地植根于苏格拉底、柏拉图和亚里士多德以来的知识论哲学和逻各斯中心主义的传统之中。

---

① ［德］文德尔班：《哲学史教程》上卷，罗达仁译，商务印书馆1997年版，第38页。
② 同上书，第40页。
③ ［美］梯利：《西方哲学史》上册，葛力译，商务印书馆1975年版，第20页。
④ ［英］罗素：《西方哲学史》下卷，马元德译，商务印书馆1981年版，第49页。

这就再一次印证了我们前面提出的观点，即任何一个西方哲学史的研究者，如果他在哲学观上没有重大的突破，那么他是不可能写出真正具有原创性意义的西方哲学史著作来的，换言之，他对西方哲学史的所谓"改写"必定是无效的。我们试着改变我们的理论预设，比如，把知识论哲学和科学主义的理论预设转换成生存论的本体论和人文主义的理论预设，我们立即发现，西方哲学史的开端以不同的方式呈现在我们的面前。

我们认为，西方哲学史的真正起点乃是希腊神话。在希腊神话中，有三个西方人耳熟能详的故事表明了西方人对生存问题的最早的思索。第一个故事是：当普罗米修斯偷出天上的火种带给人类后，受到了宙斯的惩罚。宙斯命令火神赫菲斯托斯创造了一个美丽的少女的形象——潘多拉。潘多拉把各种各样的灾祸都藏在一个盒子里，作为赠礼带到了人间。于是，从打开的潘多拉盒子里飞出来的各种灾祸立即布满了人间大地。从此以后，疾病、痛苦、灾难、死亡像影子一样追逐着人类。我们发现，在这个故事中，"潘多拉盒子"不过是一个隐喻。因为生存的苦难其实并不是神祇的赠礼，而是人类生活的题中应有之义。第二个故事如下。坦塔罗斯由于其欺诈的行为而受到了众神如下的惩罚：在地狱中，他站在大湖中间，湖水没到他的下颔，他却焦渴得不能有滴水沾唇。每当他试图俯身饮水时，水顷刻之间全部退去，脚下只剩一片焦土；他还得忍受饥饿的痛苦，湖边的果树上长着各种熟透了的果实，每当他伸手去摘取时，大风就把树枝吹到云中去；最后，他的最可怕的苦难来自死神的威胁，一块巨大的石头悬在他的头上，随时可能会掉下来把他砸死。其实，明眼人一看就知道，坦塔罗斯所受的三种苦刑——渴、饥和死亡，不正是每一个普通人在其生存中必定要遭受的苦难吗？第三个故事如下。西绪福斯作为人类中最狡猾的人也受到了众神如下的惩罚：在地府里，他必须用手脚把一块巨大的岩石推到山顶，但每当他即将到达山顶时，岩石就会滑落下来，他只好退回到山脚下重新开始自己的劳作。他永远弓着身子，汗流如雨地工作着，这就是他的全部生活。不用说，西绪福斯的劳作也是一个深刻的隐喻，它暗示了每天都在重复着同样劳作的人类生活的单调性和荒谬性。①

上面的论述表明，西方哲学史的开端并不是一个已经一劳永逸地解决了的问题，只要我们超出了逻各斯中心主义、知识论哲学、科学主义、"客观性神话"和"普遍理性"的理论框架，西方哲学史的开端就将被改写，而其他问题，如西方哲学史的分期、演化、结尾等也将被改写。无数事实表明，我们永远无法完全撇除主观性的背景来探讨客观性的问题，换言之，研究者的心灵是不可能成为洛克笔下的"白板"的。相反，研究者的理解的前结构、视角、效果历史意识和先入之见却是使任何现实的研究活动（当然也包括哲学史的研究在内）得以可能的前提。如果人们要谈论客观性的话，就必须在这样的前提下谈论，否则，他们就是继续在追逐抽象的、虚无缥缈的"客观性神话"！

有人也许会提出如下的疑问：如果客观性必须在研究者的理解的前结构、视角、效果历史意识和先入之见的基础上来讨论，而不同的研究者又有着不同的理解的前结构、视角、效果历史意识和先入之见，这岂不是把西方哲学史的研究推入相对主义的窘境中去了吗？我们的回答是否定的。我们认为，只有在上述基础上探讨客观性，客观性和主观性的关系才没有被割裂开来，这两者的共生性结构才没有遭到破坏。相反，只有自觉地在上述基础上研究西方哲学史，各种原创性的见解才会源源不断地涌现出来，而各种有差异的见解的存在，既不会使人们陷入相对主义，也不会妨碍人们去追逐真实的客观性，而这种客观性正是以研究者对自己置身于其中的时代本质的深入把握为出发点的。当然，要获得这种坚实的出发点，研究者必须具备厚实的批判意识，从而对自己的理解的前结构、视角、效果历史意识和先入之见保持清醒的反思意识。

总之，需要驱除的是以黑格尔式的、抽象的普遍理性为依托的"客

---

① 我们知道，当代法国哲学家加缪的《西绪福斯神话》一书对这个神话故事做了存在主义式的诠释，而这一诠释在当代哲学中具有广泛的影响。

观性神话"，而需要追求的则是以合理的理解的前结构、视角、效果历史意识和先入之见为基础的新的客观性。

三、内在逻辑神话

一般哲学史，尤其是西方哲学史的发展有其自身的内在逻辑。这一见解是传统的哲学史研究创造的最有影响的神话之一。如果我们追溯这个神话的起源的话，也会发现，它的始作俑者是黑格尔。这不禁使我们联想起西方人的一句谚语："伟大和贻害是孪生子。"

在《精神现象学》的序言中，黑格尔开宗明义地指出："在一本哲学著作的序言里，如果也像在普通的书序里惯常所做的那样先作一个声明，以说明作者所怀抱的著述目的和动机以及作者所认为他的著作与这同一问题上早期和同时的其他论著的关系，那么这样的一种声明似乎不仅是多余的，而且就一部哲学著作的性质来说是不适宜的、不合目的的。"[①]黑格尔为什么这么说呢？因为在他看来，《精神现象学》不能以外在的方式来描述哲学的历史，说明一个哲学家的观念与以前的或同时代的哲学家的观念之间的联系和区别，而是要使哲学史把自身发展的内在逻辑展示出来。同样地，他自己也不能以主观的方式来说明撰写《精神现象学》的目的和动机，以及这部著作和其他著作之间的关联，而是要使自己的著作成为哲学史内在逻辑展示中的一个不可或缺的环节。总之，按照黑格尔的看法，我们关于西方哲学史的研究和叙述应该"避免打乱概念的内在节奏"[②]，从而使西方哲学史的演化按照其固有的内在逻辑向读者展示出来。

在《小逻辑》第 14 节中，黑格尔以更明确的语言阐述了关于哲学史

---

① ［德］黑格尔：《精神现象学》上卷，贺麟、王玖兴译，商务印书馆 1981 年版，第 1 页。

② 同上书，第 40 页。

发展的内在逻辑的观点："在哲学历史上所表述的思维进展的过程，也同样是在哲学本身里所表述的思维进展的过程，不过在哲学本身里，它是摆脱了那历史的外在性或偶然性，而纯粹从思维的本质去发挥思维进展的逻辑过程罢了。"①在这里，黑格尔实际上提出了逻辑与哲学史发展的一致性的观点。按照这一观点，去掉哲学史发展中的偶然性或外在性的因素，哲学史就应该是一部逻辑学，应该是一系列逻辑范畴依据其内在必然性的一种排列。那么，这里说的内在必然性又是什么呢？在《小逻辑》第 86 节的"附释二"中，黑格尔进一步指出："在哲学史上，逻辑理念的不同阶段是以前后相继的不同的哲学体系的姿态而出现，其中每一体系皆基于对绝对的一个特殊的界说。正如逻辑理念的开展是由抽象进展到具体，同样在哲学史上，那最早的体系每每是最抽象的，因而也是最贫乏的。故早期的哲学体系与后来的哲学体系之间的关系，大体上相当于前阶段的逻辑理念与后阶段的逻辑理念的关系，这就是说，早期的体系被后来的体系所扬弃，并被包括在自身之内。"②这里所说的"由抽象进展到具体"（ein Fortgang vom Abstracten zum Konkreten）也就是哲学史发展的内在必然性或内在逻辑的表现形式。

黑格尔关于哲学史研究的上述见解实际上已经创造出一个哲学史发展的"内在逻辑神话"。这个神话具有极为广泛的影响。文德尔班非常熟悉黑格尔这方面的观点，并表示了自己的认同。他在《哲学史教程》的绪论中写道："哲学史的发展，在某一些时期内，只能完全由内在联系去理解，也就是说，只能通过思想的内在的必然性和'事物的逻辑'去理解。"③文德尔班的这段论述似乎还是有某种保留的，因为他只承认"在某一些时期内"，哲学史发展的内在逻辑是非常清晰的。言下之意，在西方哲学史上，似乎还存在着一些其内在发展逻辑不明了的历史阶段。但在这部著作的第一版序言中，文德尔班却坚定地认为，在哲学史研究

---

① ［德］黑格尔：《小逻辑》，贺麟译，商务印书馆 1980 年版，第 55 页。
② 同上书，第 190 页。
③ ［德］文德尔班：《哲学史教程》上卷，罗达仁译，商务印书馆 1997 年版，第 21 页。

中，"着重点就放在从哲学的观点看最有分量的东西的发展上，即放在问题和概念的历史上。我的主要目的就是将这发展理解为连贯的，相互关联的整体"①。由此可见，黑格尔的哲学史观对文德尔班的影响是决定性的，虽然文德尔班在某些方面有保留（我们在后面还要提到他对黑格尔的批评），但在整体上他仍然采纳了黑格尔的"内在逻辑神话"。另一位德国哲学史家、新黑格主义者克罗纳在其《从康德到黑格尔》的名著中分析了哲学史研究的三种方法——"文化史的方法""传记式的方法"和"系统的叙述方法"，他的所谓"系统的叙述方法"就深受黑格尔的影响。为此，他主张："从康德到黑格尔的德国唯心论应该当做一个发展的整体来把握：应当看成一条线，这条线符合于一种内在于其中的、却只能在其中显示出来的规律，它盘旋上升而成为一条辉煌的曲线。"②毋庸讳言，这种"内在逻辑神话"在我国的哲学史界也有广泛的影响。但人们却忘记了，马克思在批判黑格尔的唯心主义的哲学体系时，也曾以直接的或间接的方式对黑格尔制造的这一神话进行了透彻的批判。

首先，马克思通过对"生活决定意识"的历史唯物主义原理的强调，从根本上否定了"内在逻辑神话"。人们通常认为，哲学史的发展有两个动力：一个是"流"，即以前的哲学家留下的思想资源和问题成了后来的哲学家思考的动力和起点；另一个是"源"，即不同历史时期的现实生活为哲学家们的思考提供了直接的动力。然而，黑格尔所制造的"内在逻辑神话"却无限地夸大了"流"的作用，忽视了"源"的意义。与黑格尔相反，马克思认为，在考察哲学史的发展时，"源"比"流"远为重要。他这样写道："我们的出发点是从事实际活动的人，而且从他们的现实生活过程中我们还可以揭示出这一生活过程在意识形态上的反射和回声的发展。……因此，道德、宗教、形而上学和其他意识形态，以及与它们相

---

① ［德］文德尔班：《哲学史教程》上卷，罗达仁译，商务印书馆1997年版，第3—4页。

② 张世英：《新黑格尔主义论著选辑》上卷，商务印书馆1997年版，第541页。

适应的意识形式便失去独立性的外观。它们没有历史，没有发展；那些发展着自己的物质生产和物质交往的人们，在改变自己的这个现实的同时也改变着自己的思维和思维的产物。不是意识决定生活，而是生活决定意识。"①遗憾的是，马克思的这一重要论述从来没有引起我国哲学史界的充分重视。正是从物质生活这个"源"出发，马克思解构了各种意识形式，当然也包括哲学和哲学史在内的"独立性外观"，甚至强调"它们没有历史，没有发展"，只能随物质生活的改变而改变。根据马克思的观点，"内在逻辑神话"也就自行解体了，因为按照这一神话，哲学史完全可以脱离现实的物质生活自行向前发展。然而，这种前后哲学家之间的文本与文本之间、观念与观念之间、问题与问题之间的关系，即我们上面所说的"流"是否足以构成哲学史独立发展的动力呢？显然，马克思的回答是否定的。在马克思看来，这种"内在逻辑神话"所制造的哲学史独立发展的外观完全是虚幻的。归根到底，现实生活决定着哲学家们的思维和哲学史的演化。所以马克思批评道："按照黑格尔体系，观念、思想、概念产生、规定和支配人们的现实生活、他们的物质世界、他们的现实关系。他的叛逆的门徒从他那里承受了这一点。"②也就是说，黑格尔的不少后继者虽然打着批判他们的老师的旗号，但却并没有真正地摆脱黑格尔哲学观念的影响。

其次，马克思深入地批判了蕴含在"内在逻辑神话"中的逻辑与思想史一致的观念。马克思在深入研究经济史的基础上指出："把经济范畴按它们在历史上起决定作用的先后次序来排列是不行的，错误的。它们的次序倒是由它们在现代资产阶级社会中的相互关系决定的，这种关系同表现出来的它们的自然次序或者符合历史发展的次序恰好相反。问题不在于各种经济关系在不同社会形式的相继更替的序列中在历史上占有什么地位，更不在于它们在'观念上'（蒲鲁东）（在历史运动的一个模糊

---

① 《马克思恩格斯全集》第 3 卷，人民出版社 1960 年版，第 30 页。
② 同上书，第 16 页注 1。

表象中)的次序。而在于它们在现代资产阶级社会内部的结构。"①马克思在这里谈论的虽然是经济史和经济范畴的问题，却对我们思考哲学史与逻辑范畴的关系有着直接的启发作用。在马克思看来，经济范畴与经济史的关系不但不是一致的，而且"恰好相反"。马克思不但不追随黑格尔去侈谈逻辑与思想史的一致性，相反指出，范畴的次序主要取决于它们在当代社会中的结构关系。事实上，以黑格尔的方式侈谈这种虚幻的一致性，必然会形成一种逻辑对历史的暴力，必然会把超出黑格尔这样的哲学家的理论预设的哲学史思想资源作为偶然性的因素加以排斥。事实上，黑格尔自己就说过："全部哲学史是一有必然性的、有次序的进程。这进程本身是合理性的，为理念所规定的。偶然性必须于进入哲学领域时立即排除掉。概念的发展在哲学里面是必然的，同样概念发展的历史也是必然的。"②显然，在这里，对于不同的哲学史家来说，确定哲学史上的哪些思想资源是可以加以排除的"偶然性"，具有明显的任意性。比如，众所周知，叔本华的唯意志主义学说在西方哲学史的发展进程中起过极为重要的作用，他的代表作《作为意志和表象的世界》发表于1819 年，他也曾和黑格尔一起在柏林大学开课，但黑格尔按照自己的理性主义的思维习惯，完全忽略了叔本华的历史作用。这充分表明，按照他对西方哲学史发展的内在逻辑的理解，叔本华的思想完全可以作为偶然性的东西加以排除。

同样，马克思在批判黑格尔关于逻辑与思想史一致的观点时，也委婉地批评这一观点可能造成的逻辑对历史的暴力，即对历史上一些无法纳入逻辑框架中的重要的例外因素的忽略。马克思在指出经济范畴的发展大致上从简单到复杂的演化方式的情况下，马上指出了例外的情况："可以说，有一些十分发展的、但在历史上还不成熟的社会形式，其中

---

① 《马克思恩格斯全集》第 46 卷上册，人民出版社 1979 年版，第 45 页。

② [德]黑格尔：《哲学史讲演录》第 1 卷，贺麟、王太庆译，商务印书馆 1981 年版，第 40 页；也请参见拙文《作为哲学史纲要和最终归宿的〈小逻辑〉》，《哲学研究》2001 年第 11 期。

有最高级的经济形式，如协作、发达的分工等等，却不存在任何货币，秘鲁就是一个例子。"①这充分表明，马克思不赞成以抽象的方式谈论历史与思想史的一致、逻辑范畴从简单到复杂的发展等，因为这种谈论方式在忽略重要思想资源的同时，也会造成一种武断的研究态度。我们知道，在这一点上，文德尔班也持类似的态度。他在肯定黑格尔的哲学史观包含着真知灼见的基础上，也批评道："因为他(这里指黑格尔——引者)相信，上述'范畴'出现在历史上的哲学体系中的年代次序，必然地要与这些同一范畴作为'真理因素'出现在最后的哲学体系(即按照黑格尔的意见，是他自己的体系)的逻辑结构中的逻辑体系次序相适应。这样，本来是正确的基本思想，在某种哲学体系的控制下，导致了哲学史的结构错误，从而经常违背历史事实。……事实上，哲学的历史发展是一幅与此完全不同的图案。它不是单独依靠'人类'或者甚至'宇宙精神'(Weltgeist)的思维，而同样也依靠从事哲学思维的个人的思考、理智和感情的需要、未来先知的灵感，以及倏忽的机智的闪光。"②文德尔班的担忧并不是空穴来风。

然而，我国的哲学史研究者却普遍地信奉逻辑与思想史一致的观念，并在这一观念的基础上，提供出不少哲学史研究的所谓"成果"。这些"成果"从主观任意性出发，先给部分逻辑范畴排出次序，然后又用逻辑的暴力随意肢解哲学史。事实上，这种武断的、缺乏理据的所谓"哲学史论著"正是"内在逻辑神话"的必然产物。

最后，马克思也深刻地批判了蕴含在"内在逻辑神话"中的、黑格尔对"由抽象进展到具体"的思维方法的误解。马克思指出："黑格尔陷入幻觉，把实在理解为自我综合、自我深化和自我运动的思维的结果，其实，从抽象上升到具体的方法，只是思维用来掌握具体并把它当作一个

---

① 《马克思恩格斯全集》第46卷上册，人民出版社1979年版，第40页。

② [德]文德尔班：《哲学史教程》上卷，罗达仁译，商务印书馆1997年版，第20页。

精神上的具体再现出来的方式。但决不是具体本身的产生过程。"①显然，黑格尔对"由抽象进展到具体"的思维方法的误解是与他的基本的哲学立场分不开的。

今天，当我们平心静气地对"内在逻辑神话"及其影响进行反思的时候，可以清晰地发现隐藏在这一神话背后的种种支援意识。其一，仍然是理性中心主义或逻各斯中心主义的传统。众所周知，"逻辑"(logic)这个词源于 logos，而 logos 的含义即理性、语言等。与此相应的是，理性(reason)这个词作为动词时可以解释为"(逻辑)推论"，与 inference(推论)的用法是一样的。或许正是在这个意义上，黑格尔说过："理性学，即逻辑。"②由此可见，"内在逻辑神话"正是理性中心主义或逻各斯中心主义的产物。其二，仍然是在近代自然科学的基础上滋长出来的、崇尚普遍性和客观性的科学主义传统。我们知道，自然科学关注的是普遍性的东西，即自然规律，因而总是倾向于把个别性的、感性的现象作为偶然性的、外在的因素加以排除。相反，历史则正是由个别性的、感性的和一次性的现象构成的，所以决不能把自然科学所崇尚的普遍性不加保留地推广到历史的领域中。正如 H. 李凯尔特所指出的："当我们从普遍性的观点来观察现实时，现实就是自然；当我们从个别性和特殊性的观点来观察现实时，现实就是历史。"③诚然，在西方哲学史的研究中，我们也不能完全撇开普遍性和必然性的因素，但我们应充分重视偶然性和个别性的因素。其实，偶然和必然、个别和普遍都是不可分离地联系在一起的。如前所述，按照黑格尔的"内在逻辑神话"，哲学史上哲学家个人的气质、情绪等主观因素都必须作为偶然的东西加以排除，但美国哲学家詹姆士却认为："哲学史在极大程度上是人类几种气质冲突的历

---

① 《马克思恩格斯全集》第 46 卷上册，人民出版社 1979 年版，第 38 页。
② [德]黑格尔：《法哲学原理》，范扬、张企泰译，商务印书馆 1979 年版，第 9 页。
③ [德]H. 李凯尔特：《文化科学和自然科学》，涂纪亮译，商务印书馆 1986 年版，第 51 页。

史."①他甚至从心理结构上把西方哲学史上的哲学家分为"柔性的"和"刚性的",并考察这两种不同的心理结构在哲学观念上的具体表现。因此,我们必须清醒地意识到人文社会科学与自然科学在思维方法和研究方法上存在的差异,决不能屈从"内在逻辑神话",从自然科学及其科学主义那里借贷方法。其三,仍然是单一性和总体性的传统。事实上,黑格尔自己已经说明了"内在逻辑神话"与这一传统的关系。他在《小逻辑》第13节中写道:"哲学史上所表现的种种不同的体系,一方面我们可以说,只是一个哲学体系(eine Philosophie),在发展过程中的不同阶段罢了。另一方面我们也可以说,那些作为各个哲学体系的基础的特殊原则,只不过是同一思想整体(eines und desselben Ganzen)的一些分支罢了。"②这段论述中先后出现的 eine 和 eines 都意味着"单一性",而 Ganzen 则意味着整体性或总体性。这种单一性和总体性正是现代性价值的集中体现。事实上,正如文德尔班上面所批评的,黑格尔力图使自己的哲学来充当这个单一性和总体性的综合体,从而通过逻辑范畴的暴力,把全部西方哲学史的丰富内涵都吸纳到自己的哲学体系中。但这是不可能的。在黑格尔之后,特别是通过对现代性的批判,当代西方哲学完全超越了他制造的"内在逻辑神话",并获得了丰硕的成果。实际上,无论是后期维特根斯坦的"反本质主义",还是阿多诺的"否定的辩证法";无论是福柯的"知识考古学",还是利奥塔对"宏大叙事"的消解;无论是德里达的"解构主义",还是尼采和福柯的"系谱学";无论是罗蒂的"新实用主义",还是阿尔都塞的"反历史主义",都是对黑格尔的"内在逻辑神话"的解构。

综上所述,历史、现实和实践一再启示我们,一旦我们摆脱了"单线性神话""客观性神话"和"内在逻辑神话"这三大神话,并进而摆脱了作为这三大神话的支援意识的逻各斯中心主义的、知识论哲学的、科学

---

① [美]威廉·詹姆士:《实用主义》,陈羽纶、孙瑞禾译,商务印书馆1979年版,第7页。

② [德]黑格尔:《小逻辑》,贺麟译,商务印书馆1980年版,第54—55页。

主义的传统给予我们的理论预设，西方哲学史的无限丰富性就会展现在我们的面前，而我们在理论研究上的原创性也会以前所未有的方式被激励起来！

康德批判哲学的研究起点
和形成过程①

在西方哲学史上，康德的重要地位是无与伦
比的。我国哲学界历来重视对康德哲学的研究，
并已出版了数量可观的研究论著，这是十分可喜
的现象。但我们也应该清醒地意识到，我国的康
德研究并没有提供出真正的批判性的或原创性的
见解。换言之，人们并没有对康德研究中的一些
常识性的问题进行认真的反思，他们只是习惯于
让自己的思维漂浮在这种常识性的河道上。比
如，他们认为，康德批判哲学的研究起点是经验
和经验主义问题，康德批判哲学也就是"三批判"
等。本文试图对这些常识性的见解提出质疑，并
阐明自己的新观点，以求教于学界同人。

一、康德批判哲学的研究起点

如何理解康德哲学？包尔生认为，康德哲学
的发展经历了如下三个阶段：一是理性论的独断

---

① 原载《东南学术》2002 年第 2 期。收录于俞吾金：《从康德到马克思——千年之交
的哲学沉思》，广西师范大学出版社 2004 年版，第 3—26 页；《从康德到马克思——千年
之交的哲学沉思》，北京师范大学出版社 2017 年版，第 41—68 页。——编者注

论阶段，二是经验论的怀疑论阶段，三是批判论的理性论阶段。① 费舍尔则认为，康德哲学经历了以下三个阶段：一是受沃尔夫的形而上学和牛顿的自然哲学影响的时期，二是受洛克的经验论及夏夫兹博里的道德哲学影响的时期，三是受休谟的经验论及卢梭的自然主义影响的时期。② 但更多的学者主张把康德哲学划分为"前批判时期"（die vorkritische Periode）和"批判时期"（die kritische Periode）③，而这两个时期的分界线则是康德于 1770 年撰写的学位论文《论感觉界和理智界的形式和原则》。也就是说，学者们把 1770 年开始的康德思想理解为"批判时期"。我们这里说的"康德批判哲学"的含义实际上也就是指康德在"批判时期"表述出来的哲学思想。

质言之，我们这里不是抽象地讨论康德哲学，而是具体地讨论康德的批判哲学。那么，什么是康德的批判哲学呢？霍华德·凯吉尔的回答是："批判哲学是康德在实施其三批判，即纯粹理性批判、实践理性批判和判断力批判的哲学计划中给出的名字。"④我们这里姑且不对凯吉尔的回答的准确性做出评论，我们只肯定一点，即凯吉尔说出了学者们通常对康德的批判哲学的理解方式。

现在我们进一步追问：康德批判哲学的研究起点究竟是什么呢？学者们通常把英国哲学家休谟的经验主义学说⑤看作康德批判哲学的研究起点，因为康德在《任何一种能够作为科学出现的未来形而上学导论》

---

① ［日］桑木严翼：《康德与现代哲学》，余又荪译，商务印书馆 1935 年版，第 14 页。

② 同上书，第 15 页。

③ Hans Joachim Stoerig, *Kleine Weltgeschichte der Philosophie*, Fischer Taschenbuch Verlag, 1989, S. 387. 李泽厚先生指出："根据康德自己的看法，一般都把康德思想的发展分为'前批判时期'和'批判时期'两大段落，以开始形成康德的主要哲学著作（三大《批判》特别是《纯粹理性批判》）中基本观点为分界线。"李泽厚：《批判哲学的批判》，见《李泽厚十年集》第 2 卷，安徽文艺出版社 1994 年版，第 33 页。

④ Howard Caygill, *A Kant Dictionary*, Blackwell Publishers, 1997, p. 138.

⑤ 具体地说，就是康德所说的"休谟问题"，即休谟否定了因果关系的普遍必然性，认为它不过是主观心理上的联想。Immanuel Kant, *Schriften zur Metaphysik und Logik 1*, Frankfurt: Suhrkamp Verlag, 1988, S. 115-120.

（后文简称为《未来形而上学导论》）一书中曾经写下了这段著名的话："我坦率地承认，正是大卫·休谟的提示在多年前首先打破了我的独断论的迷梦（den dogmatischen Schlummer），并且在思辨哲学的研究上给我指出了一个完全不同的方向。"①

那么，这里说的"独断论"究竟指什么呢？学者们一般把它理解为莱布尼茨—沃尔夫的理性主义学说，但文德尔班不同意这一看法，他强调："关于康德自己经常提到的这个'自白'，大多数人忽视了他所谓的'独断的'指的不仅是'理性主义'，而且主要是指早期认识论的经验主义；而且还忽视了：他用此词语的典型段落中并没有将休谟和沃尔夫对立起来，而是只将休谟和洛克、里德、柏阿蒂对立起来。因此，康德宣称休谟把他从独断主义中解放出来，此独断主义指的是经验主义的独断主义，而理性主义的独断主义他早已在当时所出的文献的气氛中克服了。"②不管文德尔班说得有没有道理，有一点是可以肯定的，即学者们大多把休谟的经验论理解为康德批判哲学的起点，而文德尔班的观点实际上强化了这方面的见解。

事实上，在文德尔班以前，黑格尔在《小逻辑》一书中已经系统地表述了这样的见解。黑格尔在谈论思想对客观性的三种不同的态度时，把"批判哲学"和"经验主义"放在一起，作为思想对客观性的第二种态度。黑格尔这样写道："批判哲学与经验主义相同，把经验当做知识的唯一基础，不过不以基于经验的知识为真理，而仅把它看成对于现象的知识。批判哲学首先把从经验分析中所得来的要素即感觉的材料和感觉的普遍联系两者的区别作为出发点。"③在这里，黑格尔强调，康德的批判哲学"把经验当做知识的唯一基础"，实际上等于认定康德批判哲学的研

---

① Immanuel Kant, *Schriften zur Metaphysik und Logik* 1, Frankfurt：Suhrkamp Verlag，1988，S. 118.

② ［德］文德尔班：《哲学史教程》下卷，罗达仁译，商务印书馆 1997 年版，第739 页。

③ ［德］黑格尔：《小逻辑》，贺麟译，商务印书馆 1980 年版，第 116 页。

究起点是经验。乍看起来，黑格尔的这一说法也不是空穴来风，因为康德在《纯粹理性批判》的导言中开宗明义地写道："毫无疑问的是，我们所有的知识都始于经验。"①但接着又指出："尽管我们所有的知识都始于经验，但却不能由此而得出结论说，所有的知识都是从经验中产生出来的。"②

也就是说，在《纯粹理性批判》中，康德和经验主义者相同的地方是：承认我们的一切知识都始于经验。不同的地方是：康德认为，我们的知识还包含着某种先天的成分，即作为先天直观的纯粹形式的时空和十二个知性范畴。正是在这个意义上，康德强调，不是所有的知识都是从经验中产生出来的。我们上面引证的黑格尔的话则揭示了康德和经验主义者的另一个差别，即经验主义者认为，我们获得的知识是关于物自体的知识，而康德则认为，我们所获得的知识是物自体向我们显现出来的现象的知识，物自体可思，但不可知。黑格尔揭示的这一差别也是符合康德在《纯粹理性批判》一书中所表述的基本思想的。

既然康德自己的论述也好，"自白"也好，都承认自己的思想源于对经验主义者，特别是对休谟问题的思考和研究，那么，黑格尔、文德尔班和其他学者认定康德哲学的研究起点是经验或经验主义，又有什么错误呢？我们认为，这里的错误是显而易见的：

其一，虽然《纯粹理性批判》是康德批判哲学的一个组成部分，但《纯粹理性批判》并不等于康德批判哲学的全部内容。也就是说，《纯粹理性批判》的研究起点并不等于康德批判哲学的研究起点。

众所周知，在康德创建批判哲学，甚至在其第一批判，即《纯粹理性批判》(1781)出版的时候，虽然已经考虑到第二批判，即《实践理性批判》(1788)的轮廓，但第三批判，即《判断力批判》(1790)在当时还没有进入他的视野。那么，在康德批判哲学的最初的架构——《纯粹理性批

---

① Immanuel Kant, *Critique of Pure Reason*, trans. Norman Kemp Smith, New York: The Humanities Press, 1950, p. 41, B1A1.

② Ibid., p. 41, B1A1.

判》和《实践理性批判》中，哪个显得更为重要呢？康德自己的回答是："在纯粹思辨理性与纯粹实践理性联结成一个认识时，假定这种联结不是偶然的和任意的，而是先天地以理性自身为基础的，从而是必然的，实践理性就占据了优先的地位。……我们根本不能向纯粹实践理性提出这样的过分要求：隶属于思辨理性，因而颠倒次序，因为一切关切归根到底都是实践的，甚至思辨理性的关切也仅仅是有条件的，只有在实践的应用中才是完整的。"①也就是说，在最初的康德批判哲学的架构中，实践理性批判具有优先的地位。既然如此，人们从《纯粹理性批判》着眼来探讨康德批判哲学的研究起点岂不是一开始就进入了理解的误区了吗？

须知，不但康德在《纯粹理性批判》的导言中关于知识与经验的关系问题的论述从属于纯粹理性批判的范围，而且康德在其"自白"中提到的、关于休谟"在思辨哲学的研究上给我指出了一个完全不同的方向"中的"思辨哲学"也属于纯粹理性批判研究的范围。由此可见，决不能用纯粹理性研究中的起点取代批判哲学研究的起点。

其二，应该看到，在康德的批判哲学中，研究的起点和叙述的起点是不同的。遗憾的是，学者们在以往的思考中却不适当地忽略了这一点。记得马克思在《资本论》第二版跋中曾经这样写道："当然，在形式上，叙述方法必须与研究方法不同。研究必须充分地占有材料，分析它的各种发展形式，探寻这些形式的内在联系。只有这项工作完成以后，现实的运动才能适当地叙述出来。这点一旦做到，材料的生命一旦观念地反映出来，呈现在我们面前的就好像是一个先验的结构了。"②显然，研究方法与叙述方法之间的一个重要的分歧正在于：研究的起点表现为

---

① ［德］康德：《实践理性批判》，韩水法译，商务印书馆1999年版，第133页。也正是在这个意义上，苏联学者瓦·费·阿斯穆斯正确地指出："按照康德的意见，《纯粹理性批判》所作的全部工作，都应该是为实践哲学或伦理学准备基础。"［苏联］瓦·费·阿斯穆斯：《康德》，孙鼎国译，北京大学出版社1987年版，第45页。

② 马克思：《资本论》第1卷，人民出版社1975年版，第23页。

一切有待解决的问题的症结或焦点之所在，而叙述的起点则是使读者易于理解有待叙述的全部内容。

一旦我们把这两种方法区别开来，就会进一步发现，康德在《纯粹理性批判》的导言中提出的、关于一切知识始于经验的观点，既不是他的《纯粹理性批判》的研究起点，也不是他的整个批判哲学的研究起点，而只是他的《纯粹理性批判》乃至整个批判哲学的叙述起点。我们知道，作为康德批判哲学的序曲的《纯粹理性批判》乃是康德沉默 12 年的产物。为什么康德要沉默那么多的时间？这里既有康德所研究的问题的复杂性方面的原因，又有康德为叙述方法所困扰方面的原因。比如，康德在 1777 年 8 月 20 日致马库斯·赫茨的信中提到关于《纯粹理性批判》一书的构思和写作一事时，曾经写道："目前困扰着我的问题是，如何以总体上的清晰性把这些观念表达出来。我知道，有些东西对作者本人来说似乎是非常清楚的，但却可能遭到有见解的读者的误解，只要这些读者完全从他们自己熟悉的思维习惯出发的话。"① 康德在这里提到的实际上正是叙述方法上的困难，即如何把自己已经透彻地思考清楚的东西用读者最易接受的方式叙述出来。后来的事实表明，康德对自己的叙述方法的担忧并不是无端之举。《纯粹理性批判》出版后，康德曾把它寄给当时声望很高的哲学家门德尔松，但门德尔松只翻阅了几页，就把它扔到一边去了。这表明，人们对康德的叙述方法乃至整个文体都感到无法适应。事实上，康德已经在叙述方法上绞尽了脑汁。为了便于读者理解，他先从知识和经验的关系入手，提出先天综合判断的问题；接着叙述先验感性论、先验逻辑中的先验分析论和先验辩证论；然后叙述先验方法论。平心而论，这样的叙述次序应当是有利于读者的理解的。然而，正如康德本人在其书信中所屡屡指出的那样，由于他的批判哲学采用了新的思路，因此读者在理解中仍然会碰到很多困难。毋庸讳言，按照这样

---

① Immanuel Kant，*Philosophical Correspondence* (1759—1799)，Chicago：The University of Chicago Press，1970，p. 89.

的叙述方法，知识和经验问题就成了叙述的起点。

但这个叙述的起点是否同时也是研究的起点呢？我们的回答是否定的。那么，康德批判哲学的研究起点究竟是什么呢？解铃还须系铃人。康德在 1798 年 9 月 21 日致克里斯蒂安·伽尔韦的信中，曾经批评克里斯蒂安·伽尔韦曲解了他的研究的出发点，他为自己辩解说："我的出发点不是对上帝存在、灵魂不朽等等的研究，而是对纯粹理性的二律背反——'世界有一个开端，世界没有一个开端等等'的研究，直到第四个二律背反：'人是有自由的，与此相对应的是，人是不自由的，唯一存在着的是自然的必然性。'——正是这个二律背反把我从独断论的迷梦中唤醒过来，驱使我转向对理性本身的批判，以便解决理性与它自身之间的诡异的矛盾这件怪事。"①这样，康德实际上以十分明确的口吻告诉我们，他的批判哲学的真正的研究起点并不是经验主义的问题或休谟问题，而是理性在运用知性范畴认识世界整体时必然会陷入的二律背反，特别是关于自由和自然的必然性之间的背反关系。康德的另一封信也印

---

① Immanuel Kant, *Philosophical Correspondence* (1759-1799)，Chicago：The University of Chicago Press，1970，p. 252. 康德这里说到的第四个二律背反，即自由与因果性的关系，实际上指的是《纯粹理性批判》中的第三个二律背反。苏联康德研究专家 A. B. 古雷加在引证了康德上述书信后，发挥道："在《纯粹理性批判》的基本问题——先天综合判断是怎么可能的——背后，回响着另一个对康德来说意义更重要的问题——人的自由是怎么可能的。自由是有的，但它在哪里？我们不能在现象界中发现它，人只有在物自体世界中才是自由的。"[俄]A. B. 古雷加：《德国古典哲学新论》，沈真、侯鸿勋译，中国社会科学出版社 1993 年版，第 72 页。同样，美国学者亨利·E. 阿利森也引证了康德的上述书信，并强调："第三个二律背反不仅是《纯粹理性批判》讨论自由问题的重点，而且也是康德后来在其道德哲学著作中探究自由问题的基础。"[美]亨利·E. 阿利森：《康德的自由理论》，陈虎平译，辽宁教育出版社 2001 年版，第 3 页。这充分表明，许多研究者都意识到康德在这封信中所表述的观点的重要性，但他们并没有从康德批判哲学的研究起点这一特殊视角出发，去阐释这种重要性。有趣的是，海德格尔却以某种方式退回到受过康德批评的克里斯蒂安·伽尔韦的立场上。在《康德的存在论题》(1961)一文中，海德格尔写道："然而，这里对康德来说成为问题并且始终保持为问题的是：'上帝存在'这个命题是否、如何以及在何种界限中才可能作为绝对的断定？这个问题乃是一种隐蔽的刺激，它驱使着《纯粹理性批判》的全部思想，并且推动着康德此后的主要著作。"[德]海德格尔：《路标》，孙周兴译，商务印书馆 2000 年版，第 534 页。如果康德活到今天的话，他一定会反驳海德格尔说："不，亲爱的先生，我的研究的起点和动力始终是第三个二律背反，即自由和自然的必然性之间的背反关系。"

证了他的批判哲学的真正的研究起点是二律背反。在大约写于 1781 年 5 月 11 日的致马库斯·赫茨的信中，康德对《纯粹理性批判》一书在叙述上的某些不当表示遗憾，并指出："否则，我总是会从我称之为'理性的二律背反'的东西开始，它总是能在吸引人的篇章中被表述出来，并使读者萌生出这样的愿望，即去探寻这一争论的根源。"①

也就是说，康德已经意识到，如果他的批判哲学的叙述的起点是二律背反，可能会激发起读者阅读《纯粹理性批判》的兴趣，但他不愿意为了引起读者的阅读兴趣而牺牲自己的叙述方法的科学性和严格性。

上面的论述表明，二律背反，特别是关于自由和自然的必然性之间的背反关系才是康德整个批判哲学的研究起点。因为这里的"自由"关涉到批判哲学中的实践理性，而"自然的必然性"则关涉到批判哲学中的理论理性。所以，只有这个同时关涉到两大理性的问题才能担当起康德批判哲学的研究起点的重任，而康德自己的回忆也非常清楚地证实了这一点。至于经验主义或休谟的问题，由于只关涉到思辨理性或理论理性，所以至多只能成为《纯粹理性批判》的研究起点，事实上，我们上面已经证明，它甚至连这一点也算不上，它不过是《纯粹理性批判》的叙述起点而已。

在搞清楚康德批判哲学的研究起点以后，我们还要进一步追问：为什么学者们会把康德批判哲学的研究起点误解为是《纯粹理性批判》的研究起点？为什么在《纯粹理性批判》的范围内，研究起点和叙述起点又会被混淆？我们认为，一个根本性的原因是学者们所持有的知识论哲学的立场。这种立场习惯于把哲学理解为知识论或认识论，从而把康德的批判哲学曲解为单纯的认识论批判，完全忽略了它在实践理性和其他方面的贡献。比如，梯利认为："康德的基本问题是知识问题：什么是知识？知识如何可能？什么是人类理性的界限？要回答这些问题，必须审查人

---

① Immanuel Kant，*Philosophical Correspondence*（1759—1799），Chicago：The University of Chicago Press，1970，p. 196.

类理性或对它加以评判。"①又如，文德尔班在叙述康德的哲学思想时，也强调："他从所有这些基本前提出发而达到独具特色的地方是有关认识问题的错综复杂。"②

同样，中国学者也习惯于从认识论和认识论批判的角度出发来理解康德批判哲学研究的起点和本质。如余文伟先生在《康德哲学的批评》一文中认定："他（指康德——引者）的哲学可以说就是认识论。什么是知识？它的可能，它的渊源，和它的对象，就成了他的中心问题了。"③另一位中国学者姚璋在其《康德哲学浅说》一文中强调："康德的哲学，是继休谟的哲学而起的。"④

实际上也等于把康德批判哲学的研究起点限制在单纯知识论或认识论的范围之内。

无数事实表明，只要学者们囿于知识论哲学的立场，他们也就只能从知识论哲学的框架中去探寻康德批判哲学的研究起点，这就必定会夸大经验主义和休谟问题在康德全部研究活动中的重要性，从而低估了批判哲学在实践理性批判和其他方面的重要意义。事实上，康德是一个具有博大胸怀的哲学家，无论是经验主义的代表人物贝克莱、休谟，还是理性主义的代表人物笛卡尔、莱布尼茨；无论是自然科学家牛顿，还是人文学者卢梭，都是康德研究的对象。特别是卢梭，在康德批判哲学的形成过程中起着极为重要的作用。众所周知，康德书房里挂着的唯一画像就是卢梭的画像；康德在散步中唯一的一次不准时是因为他读卢梭的《爱弥儿》入了迷。康德自己也告诉我们："我生性是一个探求者，我渴望知识，不断地要前进，有所发明才快乐。曾有过一个时期，我相信这

①　[美]梯利：《西方哲学史》下册，葛力译，商务印书馆1979年版，第163页。
②　[德]文德尔班：《哲学史教程》下卷，罗达仁译，商务印书馆1997年版，第730页。
③　中国科学院哲学研究所资料室：《资产阶级学术思想批判参考资料》第8集，商务印书馆1960年版，第36页。
④　同上书，第43页。这使我们很容易联想起黑格尔所说的话："康德从休谟出发。"[德]黑格尔：《哲学史讲演录》第4卷，贺麟、王太庆译，商务印书馆1981年版，第260页。

就是使人的生命有其真正尊严的，我就轻视无知的群众。卢梭纠正了我。我意想的优点消失了。我学会了来尊重人，认为自己远不如寻常的劳动者之有用，除非我相信我的哲学能替一切人恢复其为人的共同权利。"①后来康德在道德、法律、政治和宗教领域里出版的大量论著也表明，康德绝不是一个单纯的认识主义者。这就表明，只有当学者们超越单纯的知识论或认识论的视野的时候，他们才可能对康德批判哲学的研究起点做出准确的判断。

二、康德批判哲学的形成过程

如前所述，人们通常从"三批判"的角度出发去理解并把握康德批判哲学的全部内容，而康德本人在《判断力批判》的导言中对知（纯粹理性）、情（审美意识）、意（实践理性）三者关系的论述，似乎也印证了这样的观点。于是，这样的观点便成了哲学史界的定论，似乎康德的批判哲学就等于"三批判"。我们之所以对这一常识性的观念表示质疑，是基于以下三种理由。第一，这种见解忽略了下述重要因素，即康德批判哲学的构思、形成和发展贯穿其整个"批判时期"，即从 1770 年的学位论文到 1804 年康德逝世为止，而"三批判"则出版于 1781—1790 年。诚然，我们也承认，"三批判"代表了康德批判哲学的基本精神，但却并不等同于其全部内容。事实上，在整个"批判时期"中，康德还出版过其他许多著作，而这些著作的内容并不能完全纳入"三批判"的架构之中。第二，这种见解遮蔽了康德的批判哲学在整个"批判时期"的不同阶段上的差异，亦即没有把其批判哲学理解为一个历史地发展着的过程。第三，

---

① ［英］诺曼·康蒲·斯密：《康德〈纯粹理性批判〉解义》，绰然译，商务印书馆 1961 年版，第 39 页。在这一点上，罗素看得比较清楚，他写道："在康德说，休谟是个必须予以驳斥的敌手，然而卢梭对他的影响却比较深。"［英］罗素：《西方哲学史》下卷，马元德译，商务印书馆 1981 年版，第 247 页。

这种见解忽略了 1790 年后康德对自己的批判哲学的新发展，特别是康德在《逻辑学讲义》(1800)中提出的"四个问题"，蕴含着他对批判哲学的架构的重新思考。要认识康德批判哲学的全部内容，就应该深入地考察康德的哲学思想在整个"批判时期"的历史发展，并把其批判哲学演化的重要关节点一一揭示出来。下面我们就来做这一考察工作。

康德批判哲学诞生和发展的第一个关节点是他于 1770 年完成的学位论文《论感觉界和理智界的形式和原则》。在 1781 年 11 月 16 日致约翰·贝尔诺利的信中，康德回忆道："1770 年，我已经能够通过确立准确的界限的方式，清楚地把人类知识中的感性(the sensibility)从理智的部分(the intellectual part)中区分出来。"[①]

当时的康德已经达到了如下认识。其一，感性的普遍法则在传统形而上学的见解中不适宜地扮演了一个重要角色，而形而上学的关键却在于它是纯粹理性的概念和原理，因而有必要建立一门专门探讨感性问题的"一般现象学"，并把现象学与形而上学分离开来，从而避免种种虚假的哲学问题的产生。[②] 其二，时空不是某种自在的存在物，它们不过是人类心灵本来就具有的、用来协调外来的感觉材料的主观条件而已。在事物本身中，时空是不存在的。[③] 然而，在理智或知性的起源问题上，康德仍然感到不甚了了。

康德批判哲学发展的第二个关节点是 1772 年。在 1772 年 2 月 21 日致马库斯·赫茨的信中，康德达到的新认识如下。其一，理智或纯粹知性概念源于心灵的本性。康德写道："纯粹知性概念(the pure concept of the understanding)必定不能从感官的知觉中抽象出来，也不可能通过感官来表示对表象的接受；然而，它们必定在心灵的本性(the nature of

---

① Immanuel Kant, *Philosophical Correspondence* (1759—1799), Chicago: The University of Chicago Press, 1970, p. 97.

② Ibid., p. 59.

③ ［俄］A. B. 古雷加：《德国古典哲学新论》，沈真、侯鸿勋译，中国社会科学出版社 1993 年版，第 45 页。

the soul)中有自己的根源，它们既不是对象造成的，也没有创造对象。"①也就是说，在区分感觉界和理智界的基础上，康德进一步意识到，感觉是通过外来物对我们感官的刺激而产生的；而并不借助于感觉经验的理智或纯粹知性概念则源于心灵自身。在康德看来，一旦澄清了这一点，在纯粹知性概念的基础上推演出来的形而上学的本性和界限也就获得了清晰的理解。其二，首次提出了"纯粹理性批判"的新概念。在同一封信中，康德还写道："现在，我正在撰写一部'纯粹理性批判'，它将涉及理论知识和实践知识（theoretical as well as practical knowledge）的本性，而实践知识是纯粹的理智的知识。就这部著作而言，我想先写出第一部分，它将涉及形而上学的起源、方法和界限。然后再写出道德的纯粹原理。就第一部分而言，我将在三个月里面出版它。"②虽然康德在三个月里面并没有出版这部著作，因为它所涉及的问题的复杂性和叙述上的困难，远远超出了康德的意料。事实上，《纯粹理性批判》是在 9 年后才出版的，但在这里，重要的是，康德已经提出了"纯粹理性批判"的新概念③，并替自己的批判哲学制定了一个初步的框架，即把它区分为"理论知识"和"实践知识"两个部分，"纯粹理性批判"是属于第一部分的。

应当指出，把"理论知识"和"实践知识"区分开来的观念并不是康德首创的。事实上，在古希腊哲学家亚里士多德那里，已经出现了这样的区分。在康德十分熟悉的莱布尼茨—沃尔夫传统中，这样的区分也得到了高度的重视。梯利写道："沃尔夫根据灵魂的两种机能，即认识和嗜欲，把科学分成为理论的和应用的两种。前者包括本体论、宇宙论、心理学和神学，这都属于形而上学；后者包括伦理学、政治学和经济

---

① Immanuel Kant, *Philosophical Correspondence* (1759—1799), Chicago: The University of Chicago Press, 1970, p. 72.

② Ibid., p. 73.

③ 正如 A. B. 古雷加所指出的："一般都把这封信的日期（1772 年 2 月 21 日）看成是康德主要哲学著作诞生（或说孕育更为确切些）的日期。"[苏联]阿尔森·古留加：《康德传》，贾泽林等译，商务印书馆 1981 年版，第 84 页。古雷加，又译为古留加。

学。……逻辑是一切科学的导论。"①

实际上，沃尔夫这里讲的"科学"也就是哲学，应用科学也就是实践哲学。康德显然继承了沃尔夫的思路，但他的独创性在于，他把理论理性无法把握的物自体或理念转换为实践理性的范导性原则。

康德批判哲学发展的第三个关节点是在 1772—1780 年(开始撰写《纯粹理性批判》一书)，具体时间无法确定。在 1783 年 8 月 7 日康德致克里斯蒂安·伽尔韦的信中，康德在回忆自己的批判哲学的形成过程时，在一个脚注中做了如下的说明："解决问题的关键终于被找到了，尽管在最初的使用中是生疏的，因而也是困难的。这一关键在于，所有给予我们的对象(all objects)能够按照两种方式得到说明；一方面是现象(appearances)；另一方面是物自体(things in themselves)。如果人们把现象看作物自体，并要求在现象中，从条件的序列去推知绝对无条件的东西，人们就会陷入矛盾之中。然而，只有当人们明白，在现象之中，不可能存在任何完全无条件的东西，无条件的东西仅仅是物自体时，这些矛盾才会被消除。此外，如果人们把物自体(能够包括世界上某些东西的条件)看作一种现象，也会造成没有任何东西是必要的这样的矛盾，举例来说，自由问题就是如此；一旦人们注意到对象可能具有不同的意义，这种矛盾也就自行消除了。"②也就是说，在康德的批判哲学的形成过程中，把"对象"区分为"现象"和"物自体"是一个关键性的突破点。众所周知，"现象"是与自然的必然性关联在一起的，而物自体则是与自由关联在一起的。所以，这一关节点仍然与作为康德批判哲学的研究起点的第三个二律背反——自然必然性与自由的关系有着深刻的内在联系。

由于"对象"概念被区分为"现象"和"物自体"，建构批判哲学的最后障碍被消除了。1781 年，康德出版了作为其批判哲学的第一部分的《纯粹理性批判》，为了使人们更易于理解这部著作中的基本思想，他于

---

① [美]梯利：《西方哲学史》下册，葛力译，商务印书馆 1979 年版，第 146 页。

② Immanuel Kant, *Philosophical Correspondence* (1759—1799), Chicago：The University of Chicago Press，1970，p. 103.

1783 年出版了《未来形而上学导论》，于 1786 年出版了《自然科学的形而上学基础》，并针对哲学界的评论，于 1787 年出版了《纯粹理性批判》第二版。与此同时，康德也开始撰写其批判哲学的第二部分。1785 年，康德出版了《道德形而上学原理》一书；1788 年，出版了《实践理性批判》一书。这充分表明，康德最初理解的批判哲学的架构已经确立起来了。

康德批判哲学发展的第四个关节点是在 1787 年年底。当时康德已经完成《实践理性批判》一书的写作。他面临的一个紧迫任务是如何把理论理性和实践理性这两大领域沟通起来。正如文德尔班所说的："由于康德将自然与自由、必然性与目的性明显地对立起来，在他那里，理论理性与实践理性之间的鸿沟如此之深，以致理性的统一受到严重的威胁。因此，批判哲学，为预示其体系秩序井然的发展，需要一种最后的起桥梁作用的第三原则，以此实现上述对立的综合。"①众所周知，在 1787 年 12 月 28 日与 31 日致卡尔·莱昂哈德·莱因霍尔德的信中，康德写下了一段十分重要的话："我现在正忙于鉴赏力的批判。在这里，将揭示一种新的先天原则，它与过去所揭示的不同。因为心灵具有三种能力：认识能力，快乐与不快的感觉，欲望能力。我在纯粹（理论）理性的批判里发现了第一种能力的先天原则。现在，我试图发现第二种能力的先天原则，虽然过去我曾认为，这种原则是不能发现的。对上述考察的各种能力的解析，使我在人的心灵中发现了这个体系。赞赏这个体系，尽可能地论证这个体系，为我的余生提供了充足的素材。这个体系把我引上了这样一条道路，它使我认识到哲学有三个部分，每个部分都有它自己的先天原则。人们可以一一列举它们，可以确切地规定以这种方式可知的知识的范围——理论哲学、目的论、实践哲学。其中，目的论被认为最缺乏先天规定根据。"②这段话告诉我们，在康德最初关于批判哲学的构思中并没有鉴赏力批判方面的内容，因为在以前的康德看

---

① ［德］文德尔班：《哲学史教程》下卷，罗达仁译，商务印书馆 1997 年版，第 768 页。

② 李秋零：《康德书信百封》，上海人民出版社 1992 年版，第 110 页。

来，"这种原则是不能发现的"。

众所周知，在《纯粹理性批判》第一版问世的时候，在"先验感性论"开端处的一个注里，康德曾以十分明确的口吻写道："唯有德国人经常使用'aesthetic'来表示别国人称为趣味判断的东西。这种用法起源于鲍姆加登这位卓越的思想家的不成功的尝试。他试图把对美的东西的批判性研究归属到理性的原理之下，以便把其规则提高到科学的地位上。然而，这样的努力是徒劳无功的。所说的规则或标准，就其主要的来源而言，仅仅是经验性的，因此它们不可能作为指导我们的趣味判断的、先天性的、决定性的法则。相反，我们的判断才是这些规则的正确性的严格标准。出于这样的原因，合适的做法是：或者放弃在趣味判断的意义上使用这个词，或者把它作为真正科学的感性的学说保留下来。"①当时的康德把鉴赏仅仅理解为经验范围内的活动，所以只在"先验感性论"的意义上保留了"aesthetic"这个词。但在1790年出版的《判断力批判》一书中，他通过对"规定的判断力"（die bestimmende Urteilskraft）和"反思的判断力"（reflektierende Urteilskraft）的区分，把审美或鉴赏作为"反思的判断力"加以肯定，从而把这种判断力作为沟通理论理性和实践理性的桥梁。这样一来，康德的批判哲学获得了新的发展，由相互对立的两大部分扩展为相互关联的三大部分，而这三大部分又建基于心灵的三大能力，即知、情、意。到这里为止，康德的批判哲学的体系似乎已经尘埃落定，可以画上一个圆满的句号了。事实上，许多康德的研究者也都是这么认为的。然而，我们提出的新观点是，康德的批判哲学并没有在"三批判"中终结，它还在继续向前发展。

康德批判哲学发展的第五个关节点是提出"四个问题"，从而把批判哲学从对心灵的能力的思考进一步深化到对人本身的思考。众所周知，在1800年出版的《逻辑学讲义》中，康德论述到一般哲学的概念时，这

---

① Immanuel Kant, *Critique of Pure Reason*, trans. Norman Kemp Smith, New York: The Humanities Press, 1950, p. 66, A21/B36.

样写道："在这种世界公民的意义上，哲学领域提出了下列问题：1. 我能知道什么？2. 我应当做什么？3. 我可以期待什么？4. 人是什么？形而上学回答第一个问题，伦理学回答第二个问题，宗教回答第三个问题，人类学回答第四个问题。但是从根本说来，可以把这一切都归结为人类学，因为前三个问题都与最后一个问题有关系。"①虽然《逻辑学讲义》是在 1800 年出版的，但这并不意味着这四个问题是在 1800 年才提出来的。据说康德一生讲过 54 次逻辑学，那么他到底是在什么时期的讲义中提出"四个问题"的呢？专家们一般认为，是康德在 18 世纪 90 年代提出来的。② 我们认为，这个见解大致上是正确的。因为这四个问题中的前三个问题，康德在 1781 年出版的《纯粹理性批判》的"先验方法论"中已经提出来了。当时的康德认为，第一个问题关涉到理论理性，第二个问题关涉到实践理性，第三个问题则既关涉到理论理性，又关涉到实践理性。③

从 18 世纪 80 年代初《纯粹理性批判》中的"三个问题"扩展到 90 年代《逻辑学讲义》中开始出现的"四个问题"，在康德批判哲学的发展中究竟有什么意义呢？我们的看法如下：

其一，"人是什么？"作为第四个问题的出现表明，康德由 18 世纪 90 年代前对人的心灵能力的批判性思考发展到对人本身的思考，而且康德还赋予第四个问题以特别的重要性，甚至认为前面的三个问题都可归结为第四个问题。在 1798 年出版的《实用人类学》一书中，康德集中地解答了第四个问题，这无异于把人类学理解为他的整个批判哲学的基础和核心。应当说，这是康德对自己的批判哲学的重大推进。

其二，当《纯粹理性批判》提出第三个问题——"我可以期待什

① ［德］康德：《逻辑学讲义》，许景行译，商务印书馆 1991 年版，第 15 页。

② ［苏联］阿尔森·古留加：《康德传》，贾泽林等译，商务印书馆 1981 年版，第 243—244 页。

③ Immanuel Kant，*Critique of Pure Reason*，trans. Norman Kemp Smith，New York：The Humanities Press，1950，pp. 635-636，A805/B833.

么?"——时,康德还没有把它直接地与宗教关联起来。实际上,在这部著作中涉及的宗教或上帝也只具有否定的意义,即它作为物自体对于理论理性来说是不可知的。然而在《逻辑学讲义》一书中,康德明确地告诉我们,"宗教回答第三个问题",从而把宗教的重要性提升到前所未有的高度上。与这种重要性相一致的是,康德在1793年出版了《单纯理性限度内的宗教》一书,全面地阐述了自己的宗教观念。毋庸讳言,这也体现了他的批判哲学的重大发展。

其三,就《纯粹理性批判》和《逻辑学讲义》中分别提出的第二个问题"我应当做什么?"来看,似乎没有什么变化,但实际上却存在着一种深刻的变化。一方面,康德在《道德形而上学原理》和《实践理性批判》两书中阐述的伦理观念在1797年出版的《道德形而上学》一书中获得了更为系统的阐述;另一方面,《道德形而上学》并没有把自己的论域限制在单纯伦理学的范围内,它的上册《法的形而上学原理》和康德于1795年出版的《论永久和平》一起,体现了批判哲学的触角向政治、法律领域里的伸展和其自身的发展。比如,康德在《法的形而上学原理》中这样写道:"有别于自然法则的自由法则,是道德的法则。就这些自由法则仅仅涉及外在的行为和这些行为的合法性而论,它们被称为法律的法则。可是,如果它们作为法则,还要求它们本身成为决定我们行为的原则,那么,它们又称为伦理的法则。如果一种行为与法律的法则一致就是它的合法性;如果一种行为与伦理的法则一致就是它的道德性。"①这段话集中地反映出康德批判理论的核心概念——自由的含义在18世纪90年代的新的重大发展。如果说,在90年代以前,康德主要是在实践理性,即道德或伦理的范围内来探讨自由问题的话,那么,在90年代中,他已经把自由问题置于更广阔的背景,即道德、政治和法律的范围内来加以考察。在某种意义上可以说,他把遵守法律理解为外在的自由,而把

---

① [德]康德:《法的形而上学原理——权利的科学》,沈叔平译,商务印书馆1991年版,第14页。

服从善良意志的命令则理解为内在的自由。晚年康德对自由问题的高度重视进一步印证了我们前面论述的观点，即自由和自然的必然性之间的关系，既是康德批判哲学研究的起点，也是推动其批判哲学发展的重要动力。康德还对个人的权利、公共的权利、国家之间的关系进行了批判性的考察，从而极大地丰富了批判哲学的内涵。

综上所述，我国理论界在探讨康德的批判哲学时，只重视对1781—1790年的康德思想的考察是远远不够的。事实上，只有深入地考察1770—1804年这整个"批判时期"，才能把握康德批判哲学的全部内容。

三、海德格尔评论康德批判哲学的启示

众所周知，海德格尔在许多论著中都对康德的批判哲学做出了评论，而他出版于1929年的《康德与形而上学疑难》则可以视为他评论康德批判哲学的代表作。这部代表作为我们在当今的历史条件下重新理解康德的批判哲学提供了宝贵的启示。

首先，海德格尔主张摆脱传统的知识论或认识论的视野来重新评价康德的批判哲学，特别是其批判哲学的奠基之作——《纯粹理性批判》。他这样写道："如果《纯粹理性批判》这部著作被解释为'经验的理论'或可能被解释为实证科学的理论的时候，它的意图也就完全被误解了。《纯粹理性批判》与'知识论'没有任何关系。如果人们对此加以认可，即把这部著作解释为知识理论的话，那就必须说，《纯粹理性批判》不是关于存在性的知识（ontic knowledge）的理论，而是关于本体论知识（onto-logical）的理论。"[①]海德格尔的这段话实际上有两层意思。第一层意思是：不应该从认识论或知识论的立场出发去理解康德的批判哲学。实际

———————————

① Martin Heidegger, *Kant and the Problem of Metaphysics*, Bloomington: Indiana University Press, 1962, p. 21.

上，这样的立场必定会因真正的本体论背景的匮乏而显得肤浅。所以，海德格尔在这部著作的一开头就写道："基础本体论(fundamental ontology)意谓对人的有限的本质做本体论的分析，它应该为'属于人的本性'的形而上学准备基础。"①

正因为海德格尔的批评奠基于他自己独创的"基础本体论"，所以他对康德批判哲学的评论比同时代的任何哲学家都来得深刻。第二层意思是：决不能把康德的批判哲学理解为一种单纯的现象理论、经验理论或实证科学的理论，从而完全忽略了他在超验领域，即在实践理性领域中的重大思考和贡献。正如我们在前面早已指出过的那样，人们之所以对康德批判哲学的起点不能做出正确的判断，正与这样的理解方式有关。

其次，海德格尔抓住康德晚年提出的"四个问题"作为评论康德批判哲学的总纲，并把康德提出的第四个问题"人是什么?"看作他为形而上学奠基的明确表述。正如我们在前面已经指出的那样，在康德那里，"人是什么?"的问题是依靠其人类学的著作来进行解答的。于是，人类学，确切地说，哲学人类学就成了康德为形而上学奠基的基础性学科。这样的奠基是否具有其正当性呢? 海德格尔的回答是否定的。他指出："对哲学人类学观念的批判表明，仅仅简单地提出'人是什么?'这第四个问题是不够的。相反，这个问题的不确定性表明，甚至在今天，我们也还不拥有康德为形而上学奠基的决定性成果。"②

为什么康德的批判哲学所蕴含的哲学人类学难以为形而上学奠基? 海德格尔对这个问题的解答是非常明晰的。在他看来，哲学人类学是一门内容庞杂、缺乏任何理论上的确定性的学科，不但人的本性、人的本质、人的灵魂和肉体、人的种族、人的心理、人的性格和性别属于哲学人类学研究的范围，而且与人有关的一切事物和外在环境都可以纳入哲学人类学研究的范围之内。所以，在海德格尔看来，康德把其批判哲

---

① Martin Heidegger, *Kant and the Problem of Metaphysics*, Bloomington: Indiana University Press, 1962, pp. 3-4.

② Ibid., pp. 220-221.

学的最终基础奠定在哲学人类学之上，实际上是一种失败。

最后，海德格尔指出，康德的批判哲学在为形而上学奠基时，虽然没有取得决定性的成果，但他启示我们看到了"人的有限性"(the finitude in man)问题。海德格尔认为，不是因为人类理性通过康德之口，提出了这三个问题(即：1. 我能知道什么？2. 我应当做什么？3. 我可以期待什么？)，所以，我们才肯定人类理性是有限的。恰恰相反，正因为人类理性是有限的，它才可能提出这三个问题。按照康德的看法，这三个问题又都与第四个问题"人是什么？"有关，所以，归根到底，康德向我们暗示了"人的有限性"。然而，在海德格尔看来，对"人的有限性"的认识只能借助于他的以"此在"的生存结构为切入点的"基础本体论"，而不能像康德那样借助于哲学人类学，因为"此在"比"人"更原始。换言之，哲学人类学不但不是形而上学和基础本体论的前提，相反，基础本体论才是形而上学和哲学人类学的前提："假如人只是基于人的此在才是人，那么对于什么东西可能比人更原始的问题的探索，在原则上就不可能是人类学的问题。一切人类学，甚至包括哲学人类学在内，都总是预先把人假定为是人了。为形而上学奠基这个难题，在对人的此在的询问中，亦即在对人的最终的根据、对作为本质的生存的有限性的存在的领悟中找到了自己的根子。"① 在海德格尔看来，他的"基础本体论"也就是为整个形而上学奠定基础的"此在形而上学"(a metaphysics of Dasein)，而康德的批判哲学为我们走向"此在形而上学"提供了重要启发。

① Martin Heidegger, *Kant and the Problem of Metaphysics*, Bloomington: Indiana University Press, 1962, pp. 237-238.

走出"主奴关系"的哲学神话^①

众所周知，德国哲学家黑格尔是哲学史上最有争议的人物之一。崇拜他的人把他誉为历史上最伟大的思想家之一，甚至推崇他为"奥林匹斯山上的宙斯"；贬斥他的人说他的哲学几乎全部是错误的，甚至有人嘲笑他的著作四分之三是陈词滥调，四分之一是胡说八道。真可谓见仁见智，迥然各异。如果我们不主张感情用事的话，也许会选择西方人常用的那句谚语来评价黑格尔，即"伟大和贻害是孪生子"。这句谚语启示我们：一方面，我们应该看到黑格尔思想的伟大和深刻之处；另一方面，我们也不应该沉湎于黑格尔所制造的那些似是而非的哲学神话中。黑格尔关于"主奴关系"的理论就是一个至今仍然在理论界拥有广泛影响的哲学神话，亟须加以清理。

凡是稍稍熟悉黑格尔哲学的人都知道，黑格尔关于"主奴关系"的理论是在其早期著作《精神现象学》中提出来的。在黑格尔看来，"主奴关系"不过是自我意识发展中的一个阶段而已。在

---

① 原载《东南学术》2002 年第 2 期。收录于俞吾金：《从康德到马克思——千年之交的哲学沉思》，广西师范大学出版社 2004 年版，第 89—93 页，题目为"飞出'主奴关系'的'捕蝇瓶'"；《哲学随想录》，北京师范大学出版社 2016 年版，第 82—85 页；《从康德到马克思——千年之交的哲学沉思》，北京师范大学出版社 2017 年版，第 564—569 页，题目为"飞出'主奴关系'的'捕蝇瓶'"。——编者注

主人的面前，奴隶对自己的整个存在都怀着恐惧。在恐惧的驱动下，奴隶全身心地投入了陶冶事物的劳动之中。结果，他们从依赖主人的意识渐渐地发展为独立的意识，而主人只是满足和陶醉于奴隶的劳动所提供的种种享受之中，其本来独立的意识却渐渐地转化为对奴隶的依赖意识。这样一来，主人和奴隶的关系就奇迹般地颠倒过来了：主人成了奴隶，而奴隶则成了主人。

黑格尔关于"主奴关系"的理论曾经得到他的同时代人和后人的广泛推崇，几乎可以说，任何评论黑格尔《精神现象学》的人都对这一理论赞不绝口，人们甚至把它看作黑格尔青年时期的最深刻的思想之一。但在我们看来，这完全是黑格尔制造出来的、浅薄的、似是而非的哲学神话之一。为什么这么说呢？

其一，诚然，我们也承认，当奴隶在主人的驱迫下全身心地投入劳动的时候，其体能、技能和性格都会发生相应的变化，但这种变化却不可能自发地导致奴隶的独立意识的确立。事实上，无数历史事实表明，整个奴隶阶级的觉醒和独立意识的获得乃是外在的或从内部成长起来的先知先觉对广大奴隶自觉地进行教育的结果。单纯的劳动绝不可能导致奴隶独立意识的产生和成熟。

其二，黑格尔没有深入地分析奴隶劳动的性质。实际上，主人安排奴隶从事的都是最粗重、最低级、最损害生命和身体健康的劳动。如仆役式的服务性的劳动、繁重的开矿或搬运重物的劳动、开荒或种田等等。一来，这些劳动都是强制性的、"西绪福斯式的"劳动，不但不可能引起奴隶的兴趣，奴隶还常常通过逃亡、破坏生产工具等方式与主人进行抗争。毋庸讳言，在奴隶缺乏任何兴趣、避之如鼠疫的种种劳动形式中，陶冶事物也好，陶冶奴隶的性格也好，都是不切实际的浪漫主义的幻想。二来，繁重的、惩罚性的、屈辱性的劳动对奴隶的身心健康构成了严重威胁。奴隶们常常在饥寒交迫的情况下早夭，又如何向主人的地位或独立的意识转化？马克思在《1844 年经济学哲学手稿》中评论黑格尔的《精神现象学》时，虽然写下了"自我意识的独立性和非独立性，主人和奴隶"的字样，但并没有对他的"主奴关系"的理论表示赞赏和引申，相反，马克思花了相当的篇幅来探讨"异化劳动"的问题，并对黑格尔的唯心主义和浪漫主义的劳动观进行了透彻的批判。马克思指出："黑格尔唯一知道并承认的劳动是抽象的精神的劳动。"①也就是说，黑格尔对现实生活中的真正的劳动缺乏深刻的认识。尽管黑格尔对"主奴关系"这样的问题的分析似乎具有某种批判的意向，但正如马克思所指出的："在《现象学》中，尽管已有一个完全否定的和批判的外表，尽管实际上已包含着那种往往早在后来发展之前就有的批判，黑格尔晚期著作的那种非批判的实证主义和同样非批判的唯心主义——现有经验在哲学上的分解和恢复——已经以一种潜在的方式，作为萌芽、潜能和秘密存在着了。"②质言之，与其说黑格尔笔下的"主奴关系"是其批判精神的一个佐证，不如说是其想入非非的浪漫主义的一个标记！

其三，黑格尔在"主奴关系"中对主人的论述也充满了不切实际的浪漫主义情调。黑格尔这样写道："主人把奴隶放在物与他自己之间，这样一来，他就只把他自己与物的非独立性相结合，而予以尽情享受；但是他把对物的独立性一面让给奴隶，让奴隶对物予以加工改造。"③这段话的意思无非是：主人故意把加工物，即对付物的独立性（如做蛋糕）的劳动交给奴隶，而让自己去面对已经失去独立性的物（如吃蛋糕），亦即进行尽情的享受。在这里，黑格尔的偏颇之处是把主人仅仅理解为奴隶劳动结果的享受者。实际上，主人的现实生活远比一个单纯的享受者丰富得多。首先，并不是所有的主人都会掉进单纯享受的陷阱中去。我们这里不妨做一个类比。记得马克思在分析资本家的活动时，曾经说过：在资本家的胸腔里，跳动着两颗相反方向的心。一颗心要追求消费或享受，另一颗心则要维持再生产或扩大再生产。其次，主人把繁重的体力

---

① 《马克思恩格斯全集》第 42 卷，人民出版社 1979 年版，第 163 页。
② 同上书，第 161—162 页。
③ ［德］黑格尔：《精神现象学》上卷，贺麟、王玖兴译，商务印书馆 1981 年版，第 128 页。

劳动让渡给奴隶后，并不是为了像普希金笔下的叶甫盖尼·奥涅金一样，把"无所事事"作为自己的座右铭，而会用从奴隶那里掠夺过来的时间去创制适合于主人利益的意识形态，以麻痹并消解可能会在奴隶中间慢慢地形成并发展起来的反抗意识和独立意识。换言之，主人绝不会等在那里让奴隶来推翻自己。最后，主人也会用掠夺过来的时间去学习政治、艺术和其他方面的知识来丰富自己，陶冶自己，使自己得到全面的、自由的发展。而这样的学习方式和发展方式是终身都被纠缠在繁重的体力劳动中的奴隶做梦也不敢想的。这里也不妨在资本家和主人之间做一个类比。马克思在谈到资本家的财富时，一针见血地指出："现今财富的基础是盗窃他人的劳动时间。"①又说："节约劳动时间等于增加自由时间，即增加使个人得到充分发展的时间。"②我们实在没有任何理由像黑格尔一样，把主人仅仅设想为纯粹的享受主义者和消费主义者！

综上所述，在黑格尔的"主奴关系"的神话中，主人成了真正的白痴，似乎除了享受以外一无所能，即使得到了充分的自由时间，也不会去学习任何新的、更有价值的东西。同样，奴隶则成了真正的智者。他们不仅兴高采烈地参与着种种繁重的、强制性的劳动，而且其独立意识也会像热带植物一样自发地成长起来。这不是哲学的神话又是什么呢？某些可怜的学者，被黑格尔的思维方式和似是而非的哲学神话禁锢得实在太深了。必须摘去黑格尔头上的灵光圈，必须义无反顾地告别黑格尔制造的种种神话，这些学者才能真正地用脚站在地上，并用自己的大脑进行独立的思考！

---

① 《马克思恩格斯全集》第 46 卷下册，人民出版社 1980 年版，第 218 页。
② 同上书，第 225 页。

"主体间性"是一个似是而非的概念[①]

  主要是因为胡塞尔、哈贝马斯等西方哲学家的倡导，近年来，"主体间性"（有人也译为"主体际性"，其英文对应词为 inter-subjectivity）已经成为国际哲学界最时髦的、使用频率最高的概念之一。人们仿佛相互约定好似的，突然在一夜之间抛弃了曾经长时期使用的"主体"概念，开始义无反顾地接受并使用"主体间性"的概念。仿佛这样一来，他们就实现了从近代哲学向当代哲学的跨越，就抛弃了错误而进入了真理的殿堂。其实，除了使用"主体间性"这一概念的人们所持有的天真的幻觉之外，任何实质性的变化也没有发生。按照我的看法，"主体间性"是一个似是而非的概念，完全没有必要增设这个概念。也就是说，我们应该用"奥卡姆剃刀"清除这个概念。我的具体理由如下。

  其一，有没有必要把 inter- 这一前缀词译为"间性"？众所周知，人们通常把 inter- 译为"相互""在……中间"或"在……之间"。比如，人们把 interdisciplinary 译为"学科间的""跨学科的"，

  ① 原载《华东师范大学学报（哲学社会科学版）》2002 年第 4 期。收录于俞吾金：《从康德到马克思——千年之交的哲学沉思》，广西师范大学出版社 2004 年版，第 476—480 页；《哲学遐思录》，北京师范大学出版社 2016 年版，第 226—230 页。——编者注

当然是无可厚非的。然而，一旦把 inter-这一前缀译为"间性"，尤其是增加了"性"这个内涵十分丰富的词，问题便变得复杂起来。给人的印象是，仿佛在主体之间，还存在着一种独立的、神秘主义的东西或属性。事实上，在 inter-这一前缀中，并不包含中文词"性"所具有的含义。当然，人们常常把 subjectivity 这个英文名词译为"主体性"，但却不应当把这里的"性"词嫁接到 inter-这一前缀的汉译上，从而形成"间性"这一汉语中的怪词。其实，完全没有必要把 inter-subjectivity 这个英语的复合词译为具有神秘主义色彩的"主体间性"，而按其初始的含义译为"在主体性之间"或意译为"主体性之间的关系"也就可以了。当然，这样的译法不如"主体间性"的译法来得简洁，但绝不应该盲目地追求简洁，尤其是在它可能增损英文对应词的初始含义的情况下。

其二，所谓"主体间性"的实质也就是"主体性之间的关系"。实际上，"关系"(relation)这个词在含义上比"间性"要清晰得多，且哲学家们对"关系"这个词的使用由来已久，完全可以谈论"主体性之间的关系"，有必要再增设"主体间性"这个具有神秘主义色彩的词吗？而就主体性之间的关系而言，从近代哲学史上看，早就有哲学家在探索这个问题了。众所周知，莱布尼茨试图在各自封闭的单子之间建立"先定和谐"，这里实际上涉及的也就是单子之间的关系问题。同样，贝克莱为了逃避"唯我论"的立场，用"我们的感知"来置换"我的感知"，这也就等于承认，孤立的"我"是不存在的，"我"在本质上也就是"我们"。与此类似的是，后来的胡塞尔也是因为考虑到"先验自我"的困境，才诉诸 Inter-subjektivität 这一概念的。事实上，马克思早已指出："凡是有某种关系存在的地方，这种关系都是为我而存在的；动物不对什么东西发生'关系'，而且根本没有'关系'；对于动物说来，它对他物的关系不是作为关系存在的。"[①]也正是基于对关系的这种见解，马克思在先于《德意志意识形态》的《关于费尔巴哈的提纲》一文中已经指出："人的本质并不是

---

① 《马克思恩格斯全集》第 3 卷，人民出版社 1960 年版，第 34 页。

单个人所固有的抽象物，实际上，它是一切社会关系的总和。"①也许有人会辩解说："主体间性"强调的是主体之间的内在关系，而"主体性之间的关系"关注的只是主体之间的外在关系。这种说法显然也是站不住脚的。众所周知，19世纪末的英国的新黑格尔主义者已经深入地探讨过"内在关系"和"外在关系"问题。况且退一万步说，为了追求表达上的精确，我们也完全可以用"主体之间的内在关系"这样的概念，有什么必要非得引入"主体间性"这种含糊不清的提法呢？

其三，"主体间性"这一概念的提出是以曲解"主体性"为前提的。也就是说，倡导并热衷于使用"主体间性"概念的人先把"主体性"曲解为一种完全孤立的，即割裂一切关系的存在物，从而引申出强调共同存在和普遍联系的所谓"主体间性"。事实上，在通常的情况下，胡塞尔和哈贝马斯以前的哲学家在讨论"主体性"问题的时候，并没有把它理解为彼此割裂的、相互之间没有任何关系的存在物，而是看到了不同的"主体性"之间的关系。这就告诉我们，传统哲学家在谈论"主体性"的时候，这里的"主体性"并不是各自孤立的，而是处在普遍关系之中。也就是说，"主体性"概念，已经蕴含着后来胡塞尔和哈贝马斯等人所使用的"主体间性"的含义。所以，只要人们准确地理解"主体性"概念，即肯定这一概念所指称的对象处在普遍的关系之中，也就没有必要再去创制并使用"主体间性"这个词。无论如何，通过把"主体性"概念的含义残缺化的方式来提出"主体间性"这个概念，是不可取的。

其四，如果"主体间性"这样的概念的存在是合法的，那么，这种合法性就应该得到彻底的贯彻。为什么这么说呢？因为单纯的"主体间性"的提法是不彻底的。事实上，人们无法否认，任何一个客体都不是以孤立的方式存在的，一个客体总是和其他的客体处在普遍的联系之中。这样一来，人们也就不得不相应地创制并使用"客体间性"的概念。由于主体和客体之间也处在普遍的联系中，所以人们不得不创制并使用"主——

---

① 《马克思恩格斯全集》第3卷，人民出版社1960年版，第5页。

客体间性"这样的概念。① 而既然世界上的一切存在物都处于普遍联系之中，那么也就等于说，我们可以把"间性"这个词加到任何对象上面去，于是，"文本间性""问题间性""答案间性""思想间性""观念间性""知识间性"等新概念也就会应运而生。只要高兴，人们尽可以在每个名词后面都加上"间性"这个词。然而，问题的性质并不会因为增加了这个词就有所改变。事实上，一旦"间性"这个词可以加到任何对象上去，它也就失去了实质性的意义。在这个意义上可以说，这完全是一个多余的词！

其五，人所共知，存在着两种不同类型的"主体性"。一种是"认识论意义上的主体性"，另一种是"道德、法律行为上的主体性"。如果存在着所谓"主体间性"，也必定会有两种不同类型的"主体间性"。一种是"认识论意义上的主体间性"，另一种是"道德、法律行为上的主体间性"。无论是在哪一种意义上，"间性"的概念都无法真正地加以使用。就认识论意义而言，假如一个科学家，如牛顿，做出了伟大的发现，人们只能把这种荣誉归于他这个认识主体，却不能含糊地归于当时的自然科学家的所谓"主体间性"。同样，在道德、法律行为的意义上，如果人们用"主体间性"去取代"主体性"的话，那么，人们制定的任何行为规范都将丧失其意义。因为一旦出现了违法事件，应该由某一个或几个现实的主体来承担法律责任，还是让所谓"主体间性"来承担法律责任呢？与此相似的是，当人们需要追究某一事件的道德责任的时候，是让一个或几个主体来承担这一事件的道德责任，还是让所谓"主体间性"来承担道德责任呢？显然，答案是不言而喻的。

综上所述，"主体间性"是一个似是而非的概念。它既没有为当代哲学增加任何新的知识，也没有超越任何传统的知识；它不但没有使复杂

① 写到这里，我们会很自然地联想起海德格尔所创制并使用的概念"在世界之中存在"（Das In-der-Welt-sein），这个概念当然不是在传统的、主客体关系的意义上使用的。相反，海氏试图加以避免的正是这种传统的思维方式，但无论如何，他通过这一概念，揭示了"此在"（Dasein）与世界的不可分离性。

的问题简单化，反倒使简单的问题复杂化了。如果我们理解并赞同"奥卡姆剃刀"的原则的话，也许我们应该清除掉这个带有神秘主义色彩的、含义极为模糊的词。众所周知，哲学研究既有"建设"的含义在内，也有"清理"的含义在内。事实上，后一个含义更为重要。因为我们的思维之路已经为许多无意义的概念、陈述和观念所遮蔽。不去掉这些遮蔽，真理之光就无法透显出来。在这个意义上也许可以说，成为理论上的"清道夫"并不是哲学的耻辱，而是哲学的骄傲！

Aufheben 的翻译及其启示①

众所周知，aufheben 这个德语动词是由动词 heben 和前缀 auf-构成的。heben 具有两方面的含义：一是"举起"或"提高"；二是"除去"或"排除"。auf-的含义主要是"在……之上""向……之上"。而 aufheben 则综合了前缀 auf-和动词 heben 的含义，在德汉词典中常被表达为以下三种意思：一是"捡起"；二是"废除"；三是"保存"。有的德汉词典明确地指出，aufheben 在哲学上应译为"扬弃"。② 确实，"扬弃"这个汉语动词是 aufheben 的一个很适宜的对应词，因为它同样包含着"保存"和"去除"的双重含义。显而易见，人们在哲学上把 aufheben 这个德语动词译为"扬弃"是受了康德以来的德国古典哲学家的影响，尤其是受了黑格尔的影响。

在《纯粹理性批判》第二版序言中，康德留下了这样一句名言：

Ich mußte also das Wissen aufheben, um zum Glauben Platz zu bekommen. ③

---

① 原载《世界哲学》2002 年增刊。收录于俞吾金：《从康德到马克思——千年之交的哲学沉思》，广西师范大学出版社 2004 年版，第 60—78 页。——编者注

② 《德汉词典》，上海译文出版社 1983 年版，第 94 页。

③ I. Kant，*Kritik der Reinen Vernunft* 1，Frankfurt：Suhrkamp Verlag, 1988, S. BXXX.

显然，这句名言应该译为：我必须扬弃知识，使信仰获得地盘。然而，这句名言的翻译却存在着很多问题，我们将放在下面进行论述。在这里，我们只限于指出，虽然康德是在消极的，即应该加以排除的意义上理解辩证法的，他也没有专门去解析蕴含在 aufheben 这个词中的复杂含义，但通过对这句话的上下文和整个康德哲学思想的解读，有一点似乎是可以肯定的，即"扬弃知识"（das Wissen aufheben）这个说法包含着双重意思：一方面，康德承认知识在现象范围内的合法性，也就是说，他绝不会否弃或去除一切知识；另一方面，康德也强调，人类的知识是有自己的界限的，必须限制知识向超验的领域里扩张，从而为超验的、实践的信仰留下地盘。所以，不管康德自己是否自觉地意识到，他所使用的 aufheben 这个词客观上具有辩证的、双重的含义。

与康德不同，在辩证法大师黑格尔那里，aufheben 这个词的辩证的、双重的含义受到了特别的关注。在《精神现象学》中，当青年黑格尔论述到知觉问题时，专门提到了 aufheben 这个概念。他写道："Aufheben 这个词体现出真正的双重含义，我们已经在否定物（dem Negativen）里发现了这种双重的含义，它既是一个否弃（ein Negieren），同时又是一个保存（ein Aufbewahren）。"①也就是说，在黑格尔的思想中，否定从来不会导致一个虚无的结果，否定作为发展的环节，总是有所抛弃，同时也有所保存，而这一辩证的特征在 aufheben 这个德语动词中得到了充分体现。

无独有偶，在《逻辑学》第一章中，黑格尔又专门设了一个"注"（Anmerknng）来论述 aufheben 这个词。他这样写道："在语言中，aufheben 具有双重含义，它既可以意谓保存（aufbewahren）、保持（erhalten）；也意谓中止（aufhören）、终结（ein Ende machen）。"②在黑格尔看来，扬弃

① G. W. F. Hegel, *Phaenomenologie des Geists*, Frankfurt：Suhrkamp Verlag, 1989, S. 94.

② G. W. F. Hegel, *Wissenschaft der Logik 1*, Frankfurt：Suhrkamp Verlag, 1986, S. 114.

的结果既不是全部保存，也不是把一切都虚无化，而是在保存中有否定，在终结中有继承。也正是在这个意义上，他又强调，"扬弃自身的东西并不因这一扬弃而成为无（Was sich aufhebt，wird dadurch nicht zu Nichts）"①。由于 aufheben 这个词兼有两方面的对立的含义，黑格尔把它称为"哲学的最重要的概念之一"（einer der wichtigsten Begriffe der Philosophie）②。

值得注意的是，在《小逻辑》第 96 节中，黑格尔再次提到 aufheben 这个词，他指出："有时候，我们把 aufheben 理解为去除（hinwegräumen）或否弃（negieren）……但它有时候又可以被理解为保存（aufbewahren），在这个意义上，我们说某些东西很好地被 aufheben 了。"③在黑格尔看来，这个词所蕴含的两种不同的用法，使得它具有积极的和消极的两方面的含义。人们不应该把这种情况理解为语言上的混乱或偶然出现的差错，而应该把它理解为德语超越非此即彼的理智而富有辩证法精神的一个标志。显然，aufheben 这个词在黑格尔著作中的出现并不是偶然的，作为辩证法大师，黑格尔非常重视这个概念，并把它作为构筑自己哲学体系的一个重要概念。

从上面的论述可以看出，在哲学著作，尤其是德国哲学著作的翻译中，把 aufheben 译为"扬弃"应该是不言而喻的，然而，实际情况并没有像我们设想的那样简单，下面我们就来讨论 aufheben 这个词在翻译中遭遇到的问题。

我们发现，在康德《纯粹理性批判》的英译过程中，aufheben 这个词的含义已经受到了曲解。我们试分析《纯粹理性批判》的几个影响较大的英译本。

---

① G. W. F. Hegel，*Wissenschaft der Logik* 1，Frankfurt：Suhrkamp Verlag，1986，S. 113.

② Ibid.，S. 113.

③ G. W. F. Hegel，*Enzyklopaedie der Philosophischen Wissenschaften*（1），Frankfurt：Suhrkamp Verlag，1986，S. 204.

第一个著名的英译本是由 J. M. D. Meiklejohn 翻译的，它出版于 1855 年，是《纯粹理性批判》的第一个英译本。Meiklejohn 翻译的是《纯粹理性批判》的第二版，但他把该书的第一版序言（1781）和第二版序言（1787）都译出来了。他对康德的那句名言做了如下翻译：

> I must, therefore, abolish knowledge, to make room for belief. ①

值得注意的是，Meiklejohn 把 aufheben 译为英文中的 abolish。我们知道，abolish 通常可以解释为"废除"或"取消"，也就是说，用 abolish 这个词来译 aufheben，只译出了 aufheben 的一方面的含义，而把另一方面的含义，即"保存"或"保持"的含义给疏略掉了。

第二个著名的英译本是由 F. M. Müller 翻译的，它出版于 1881 年。由于这个译本只译出了《纯粹理性批判》的第一版及第一版序言，而第二版的某些段落只在附录中被涉及。与此同时，Mueller 也未译出第二版序言，所以，他实际上没有涉及对 aufheben 这个词的翻译。

第三个著名的英译本是由 N. K. Smith 翻译的，它出版于 1929 年。Smith 把《纯粹理性批判》的第一版（A 版）和第二版（B 版）编排在一起。同时，他也译出了第一版序言和第二版序言。他把康德的上述名言译为：

> I have therefore found it necessary to deny knowledge, in order to make room for faith. ②

乍看起来，Smith 和 Meiklejohn 的译句在用词上存在着一定的差别，但 Smith 把 aufheben 译为 deny 与 Meiklejohn 把 aufheben 译为 abolish 却没

---

① R. M. Hutchins edited, *Kant*, Encyclopaedia Britannica INC., 1952, p. 10.

② Immanuel Kant, *Critique of Pure Reason*, trans. Norman Kemp Smith, New York: The Humanities Press, 1950, p. 29.

有实质性的差别。在英语中，动词 deny 也是一个单义词，它解释为"否定"或"否认"。显然，用这个词译 aufheben，也必定会抹掉 aufheben 所蕴含的"保存"或"保持"的含义。不用说，在我国学者比较信赖的 Smith 的英译本中，或者说，至少在对康德上述名言的翻译中，Smith 的译法也是有缺陷的。

第四个著名的英译本作为最新的英译本是由 P. Guyer 和 A. W. Wood 一起翻译的，它出版于 1997 年，也是一个迄今为止最完整的译本，它参考了以前未出版过的一些材料，但在翻译康德的上述名言时，却基本上沿用了 Smith 的译法。Guyer 和 Wood 的译句是：

> Thus I had to deny knowledge in order to make room for faith. ①

从上面的论述可以看出，aufheben 这个词在英译的过程中，其辩证的、双重的含义被误译为否定性意义上的单义词，从而导致了其另一重意义，即"保存""保持"的含义处于被遮蔽的状态下。从纯学理的角度来分析，至少从一个侧面反映出这些英译者对德国古典哲学中的辩证法思想缺乏深入的领悟和认同。当然，论述到这里，问题并没有结束。我们还得看看，《纯粹理性批判》的汉译本又是如何翻译康德的上述名言的。

先来看胡仁源先生的译本（商务印书馆 1935 年版）。胡先生把康德的名言译为："所以我必须废除知识，替信仰留出地位。"②由于这个译本未附译者的片言只语，而版权页上注明的又是《纯粹理性批判》的德文书名，所以人们一般认为它是从德文直接译出来的，也有人猜测它是从 F. M. Mueller 的英译本转译过来的。然而，如前所述，Müller 没有译出第二版序言，而胡先生以"废除"译康德的 aufheben，似乎和 Meiklejohn

① Immanuel Kant, *Critique of Pure Reason*, trans. P. Guyer and A. W. Wood, London：Cambridge University Press，1997，p. 117.

② ［德］康德：《纯粹理性的批判》，胡仁源译，商务印书馆 1935 年版，第 26 页。

以 abolish 译 aufheben 有意义相近之处。这里不但包含着对 aufheben 这个词的误译，而且包含着对康德哲学的误解。事实上，如果康德打算"废除知识"的话，他又何必去设定并解答"先天综合判断何以可能"的问题呢？

接着是蓝公武先生的译本。这个译本是据 1929 年出版的 Smith 的英译本翻译的，1957 年由生活·读书·新知三联书店初版，1960 年起改由商务印书馆出版。蓝先生对康德的名言做了倒置式的翻译，即："故我发见其为信仰留余地，则必须否定知识。"①显然，蓝先生译 aufheben 为"否定"是受了 Smith 所使用的 deny 的影响。

再来看牟宗三先生的译本（台北学生书局 1983 年版）。牟先生的译本主要参考的也是 Smith 的英译本，但也旁及 Meiklejohn 和 Müller 的英译本，而某些重要的段落也参考了康德的德文原著。他对这段名言的翻译是："因此，我已见到：要想为信仰（faith, Glauben）留余地，'去否决知识'这乃是必要的。[以康德原文直译：'因此，要想为信仰留余地，我必须扬弃知识。']"②从这段译文可以看出，牟先生并不赞成 Smith 以 deny（对应于汉语的"否决"）来译 aufheben，而主张以"扬弃"来译 aufheben，显然，这与他的哲学家的眼光是分不开的。

最后，我们来看韦卓民先生的译本（华中师范大学出版社 1991 年初版）。韦先生对康德的名言是这样翻译的："我因此就得扬弃知识，以便替信念留有余地。"③中译者还专门为"扬弃"这个词做了一个注："'扬弃'是原德文 aufheben 之译，英译为 deny（否定）失去了康德的原意。aufheben 有提高改变之后加以保留其实质的意思，不是否定，更不是取消。这词以后在黑格尔的辩证法中是非常重要的。"④不用说，以这样的

① ［德］康德：《纯粹理性批判》，蓝公武译，商务印书馆 1982 年版，第 19 页。
② ［德］康德：《康德纯粹理性之批判》上册，牟宗三译注，台湾学生书局 1983 年版，第 45 页。
③ ［德］伊·康德：《纯粹理性批判》，韦卓民译，华中师范大学出版社 1991 年版，第 25 页。
④ 同上书，第 25 页。

方式解释 Aufheben 这个词的含义是令人怀疑的：其一，不能笼统地说 aufheben"不是否定"，如黑格尔在《精神现象学》中所说，当否定不导致虚无的结果，而是作为发展的环节出现时，它就是 aufheben。简言之，aufheben 也就是辩证的否定，所以，aufheben 通常是在"否定之否定"规律的语境中得到阐释的。其二，当扬弃体现为质变时，所谓"保留其实质"这样的提法显然是不妥的；其三，把所谓"保留其实质"放在"提高改变"之后，给人一个印象，似乎扬弃的两个不同的用法在时间上是有先后的，实际上，"去除"和"保留"应该被理解为同一个扬弃过程中的两个相互交织的方面。

我们且不去讨论这方面的问题，也不去讨论把康德名言中的 Glauben 译为"信念"①是否得当，无论如何，韦先生已经意识到，aufheben 这个词在他以前的英译者和大陆的中译者那里遭到了误解，应当恢复这个词的完整的哲学含义。韦先生的这种理解在今天已经成为大家的共识。举例来说，杨祖陶先生和邓晓芒先生编译的《康德三大批判精粹》(人民出版社 2001 年版)也已经将康德的上述名言译为："因此我不得不扬弃知识，以便为信仰留下位置。"②当然，不应忽略的是，韦卓民遗著整理小组的曹方久先生曾经提到：

"aufheben"在各国文字中均无恰当的词来译。抗战时期，我国曾直译为"奥伏赫变"。当时我还在读中学，不解此词的含义，误以为是"辩证法"之意，但总还没有误为"否定抛弃"之意。前苏联学者古留加在《康德传》一书中说，俄文有的译为"消灭"，有的译为"限

---

① 笔者认为，在日常用语中，把 Glauben 译为"信念"是无可厚非的；但在康德的语境中，把 Glauben 译为"信念"是不妥的，因为在康德的这句名言中，Glauben 是与"知识"(Wissen)相对待的。这两者的差别在于：知识是经验范围内的，而信仰则是超验的。而人们的"信念"与"信仰"不同，它完全可能是一种知识或经验范围内的东西。在这个意义上可以说，把 Glauben 译为"信念"显然是不妥的，因为这一译法忽略了康德用语的严格性。

② [德]康德：《康德三大批判精粹》，杨祖陶、邓晓芒编译，人民出版社 2001 年版，第 59 页。

制"，他本人则译为"抬高"。实在有点混乱了。①

曹先生在这里提到了苏联学者古留加的《康德传》，其实，这部著作对 aufheben 的翻译显示出另一种不同的倾向，也在一定程度上反映出俄国学者在翻译这个词中的甘苦。

古留加在《康德传》中写道：

> "我不得不抬高知识，以便给信仰腾出地盘"——思想家在《纯粹理性批判》(这本书曾经对知识提出很高的要求)第二版序言中果敢地声称。在原文中，这种果敢精神是含而不露的，它含有双重意思。而且整个康德都具有这种双重意思的特点。他使用"aufheben"这个动词，这个动词字面上的意思是"抬高"，但它的意思首先是"排除"，以及"逮捕""保存"。康德把知识从不属于它的领域中排除出去，抬高它，把它逮捕起来，关在自己的批判的铁栏里，从而保存了它的纯洁和力量。②

有趣的是，古氏把 aufheben 译为"抬高"，显然坚持了一条与英译者不同的思路。如果说，英译者更注重 aufheben 这个词的消极方面的含义，那么，古氏则更注重其积极方面的含义。然而，我们同样也不能说古氏的译法是准确的，因为他也以不同的方式把 aufheben 的辩证的、双重的含义单义化了。尽管他已经意识到了 aufheben 这个词的复杂性，但他既已做出了一维的选择，也就在一定程度上误译了这个词。

在某种意义上，与其说古留加的译法是针对英译者的，不如说是针对其他俄译者的。他在为上面这段话所做的注释中这样写道：

---

① [德]伊·康德：《纯粹理性批判》，韦卓民译，出版说明，华中师范大学出版社 2000 年版，第 5 页。

② [苏联]阿尔森·古留加：《康德传》，贾泽林等译，商务印书馆 1981 年版，第 132 页。

俄译本中没能把这种文字游戏表达出来。"我应该消灭知识，以便给信仰以地盘。"这是 H. 索科洛夫的译法，他显然是步黑格尔的后尘，而黑格尔则把康德几乎描绘成知识的掘墓人，尽管他也大量使用过康德的文字游戏。H. 洛斯基（他的译本在苏联再版了）改进了译文："我不得不限制知识，以便给信仰腾出地盘。"严格地说，这不是翻译，而是一种解释，这种解释并没有表达出康德思想的全部奥妙。①

至于这里提到的 H. 索科洛夫和 H. 洛斯基是否受到英译者的影响，我们就不得而知了。其实，古留加对其他俄译者的批评同样也适用于他自己。

毋庸讳言，把康德这句名言中的 aufheben 译为"扬弃"，主要还是受惠于黑格尔对 aufheben 这个词的解释，这种解释对黑格尔著作的英译者和中译者都产生了决定性的影响，而这种影响又波及对康德这句名言中的 aufheben 的翻译。我们注意到，W. Wallace 在黑格尔的《小逻辑》的英译本中是以下述方式翻译该书第 96 节中的一段话的：

> … we should note the double meaning of the German word *aufheben* (to put by, or set aside). ②

在这里，Wallace 已经明确地意识到黑格尔所强调的 aufheben 的双重含义，所以，他在自己的译文中不但保留了 aufheben 这个德文词，而且在后面的括号中列出了这个词的两种不同的含义。③ 深受 Wallace 英译本

---

① ［苏联］阿尔森·古留加：《康德传》，贾泽林等译，商务印书馆 1981 年版，第 132 页。

② G. W. F. Hegel, *The Logic of Hegel*, translated by W. Wallace, Beijing: China Social Sciences Publishing House, 1999, p. 180.

③ 但令人感到不解的是，A. V. Miller 却在黑格尔的《精神现象学》的英译本中把 aufheben 译为 supersession。众所周知，supersession 这个词也只有"取代"和"接替"这样的单维的含义，并不见得比 abolish 或 deny 这样的译法有更多的创意。A. V. Miller trans., *Hegel's Phenomenology of Spirit*, Oxford: Oxford University Press, 1977, p. 68.

影响的中国译者，如贺麟先生、王玖兴先生等，自然也就较早地开始以"扬弃"这个绝妙的汉词来译 aufheben 了。

在论述了康德名言中的 aufheben 的翻译之后，我们的故事还没有结束。现在我们要转到一个新的主题上，即马克思著作中所使用的 aufheben 又是如何翻译的。众所周知，在《黑格尔法哲学批判导言》(1840)中，青年马克思对提出"哲学的否定"(die Nagation der Philosophie)这一要求的政治实践派进行了批评。在青年马克思看来，这个要求本身并没有错，问题在于究竟如何才能实现"哲学的否定"。由于爱好思辨的德国人甚至把现实生活也理解为是从他们的脑子里生长出来的，所以，马克思写道：

> Mit einem Worte：Ihr könnt die Philosophie nicht aufheben, ohne sie zu verwirklichen. ①

由于这句话以字母 M 带头，我们不妨称它为"M 句"。《马克思恩格斯全集》中文版第 1 卷把"M 句"译为：

> 一句话，你们不在现实中实现哲学，就不能消灭哲学。②

在写下这句话以后，马克思继续批评该派未把现存的德国哲学理解为这个世界的一个组成部分，因而进一步指责它：

> Sie glaubte，die Philosophie verwirklichen zu können，ohne sie aufzuheben. ③

由于这句话以字母 S 带头，我们不妨称它为"S 句"。《马克思恩格斯全

---

① K. Marx，F. Engels，*Werke*，*Band* 1，Berlin：Dietz Verlag，1970，S. 384.
② 《马克思恩格斯全集》第 1 卷，人民出版社 1956 年版，第 459 页。
③ K. Marx，F. Engels，*Werke*，*Band* 1，Berlin：Dietz Verlag，1970，S. 384.

集》中文版第 1 卷把"S 句"译为：

> 它以为，不消灭哲学本身，就可以使哲学变成现实。①

我们发现，这两个句子中的 aufheben 都被译为"消灭"（请注意，"S
句"中的 *aufzuheben* 不过是 aufheben 的不定式，在这里，插入 aufheben
中的 zu，像英文中的 to，可以表示动词不定式，不过英文中的 to 在表
示动词不定式时是置于动词之前的）。如前所述，把 aufheben 译为"消
灭"，不但不符合这个词的本真含义，而且在逻辑上也是说不通的，因
为在《黑格尔法哲学批判导言》的结尾处，马克思还写下了另一句名言：

> Wie die Philosophie im Proletariat *materiellen*，so findet das Pro-
> letariat in der Philosophie seine *geistigen* Waffen. ②

《马克思恩格斯全集》中文版第 1 卷把这句话译为：

> 哲学把无产阶级当做自己的物质武器，同样地，无产阶级也把
> 哲学当做自己的精神武器。③

显而易见，如果马克思的目的是要"消灭哲学"，为什么在这里又把哲学
当做无产阶级的"精神武器"呢？所以，把 aufheben 译为"消灭"，也就等
于默认，马克思的文本本身在逻辑上是不融贯的。

也许有人会出来申辩说：马克思既然同意"哲学的否定"这种提法，
那岂不等于赞同"消灭哲学"吗？我们认为，"否定"和"消灭"存在着重大
差异。正如我们在前面已经指出的，在黑格尔辩证法的语境中，否定从

---

① 《马克思恩格斯全集》第 1 卷，人民出版社 1956 年版，第 459 页。
② K. Marx，F. Engels，*Werke*，*Band* 1，Berlin：Dietz Verlag，1970，S. 391.
③ 《马克思恩格斯全集》第 1 卷，人民出版社 1956 年版，第 467 页。

来就是辩证的否定，就是发展的环节，它不可能导致虚无的结果。所以，熟知黑格尔辩证法的马克思在谈论"哲学的否定"时，实际上也就在谈论"对哲学的扬弃"。鉴此，根据我们的看法，应该把"M 句"译为：

> 一句话，你们不在现实中实现哲学，就不能扬弃哲学。

把"S 句"译为：

> 它认为，不扬弃哲学本身，就可以使哲学变成现实。

然而，遗憾的是，《马克思恩格斯选集》中文新版（人民出版社 1995 年版）仍然重复了旧版的错误，把"M 句"译为：

> 一句话：你们不使哲学成为现实，就不能够消灭哲学。①

把"S 句"译为：

> 它以为，不消灭哲学，就能够使哲学成为现实。②

虽然句子的表达方式略有改变，但 aufheben 依然被译为"消灭"。这是不是因为中译者不熟悉哲学，以致竟不知道，在哲学中以"扬弃"译 aufheben 差不多已成定译，似乎也不尽然。我们知道，在《反杜林论》中，恩格斯至少有两段重要的论述使用了 aufheben 这个词。第一段是：

> Die philosophie ist hier also "aufgehben", das heißt "sowohl

---

① 《马克思恩格斯选集》第 1 卷，人民出版社 1995 年版，第 8 页。
② 同上书，第 8 页。

überwunden als aufbewahrt"; ueberwunden ihrer Form, aufbewahrt ihrem wirklichen Inhalt nach. ①

《马克思恩格斯全集》第 20 卷把这段话译为：

因此，哲学在这里被"扬弃"了，就是说，"既被克服又被保存"；按其形式来说是被克服了，按其现实的内容来说是被保存了。②

恩格斯的第二段话是：

Ich soll nicht nur negierer, sondern auch die Negation wieder aufheben. ③

《马克思恩格斯全集》第 20 卷把这段话译为：

我不仅应当否定，而且还应当重新扬弃这个否定。④

有趣的是，恩格斯这两段话中的 aufheben 并没有被译为"消灭"，而是被译为"扬弃"。这样，我们至少可以得出这样的结论：第一，中译者在如何翻译 aufheben 这个词上是不统一的，或至少是相互之间不通气的；第二，中译者并不重视对 aufheben 这个重要的哲学概念的翻译，尤其是在

---

① K. Marx, F. Engels, *Ausgewaehlte Werke*, Band V, Berlin: Dietz Verlag, 1989, S. 154.

② 《马克思恩格斯全集》第 20 卷，人民出版社 1971 年版，第 151 页。

③ K. Marx, F. Engels, *Ausgewaehlte Werke*, Band V, Berlin: Dietz Verlag, 1989, S. 158. 在这里，我们似乎不应该忽略，恩格斯这两段话的英译者也引入了一个新词 sublate 来译 aufheben。在英语中，sublate 来自拉丁词 sublatus，既有"升起"的含义，又有"消除"的含义。F. Engels, *Anti-Duehring*, Foreign language Publishing House, Moscow, 1954, p. 192, p. 196.

④ 《马克思恩格斯全集》第 20 卷，人民出版社 1971 年版，第 155 页。

翻译马克思早期著作时，对如何准确地翻译 aufheben 这个词没有给予足够的重视；第三，中译者也没有注意到，早在 20 世纪 80 年代出版的黑格尔中译本中，aufheben 这个词已经被译为"扬弃"了。

在当今中国学术界，尽管 aufheben 这个词在哲学上的翻译几乎已成共识，但半个多世纪来，这个词在汉译过程中出现的种种问题，以及至今在马克思著作的新中译本中依然存在的问题，都启示我们，似乎不应该把这个重要的哲学术语的翻译仅仅理解为语言学上的问题或翻译上的技巧问题，而应该把它作为一种文化现象来解读。当然，解读这种文化现象目的并不是追究任何个人的责任，而是为了弄清那些在冥冥之中规约着人们思想的文化因素。

一是，我们发现，在现代中国学术界，尤其是从 20 世纪 50 年代初到 70 年代末，普遍地存在着一种"极化的阅读方法"。所谓"极化的阅读方法"，也就是阅读者预先确立正价值一极和负价值一极，从而在阅读、理解、翻译、解释的过程中，不是把阅读的对象归化到正价值一极，就是归化到负价值一极。在这里，理解实际上只起着边缘化的作用，重要的是划界和极化。当然，关键是确立正价值一极，而在现代中国的语境中，这一极表现为意识形态化的马克思主义，凡是与这一极有差异或对立的其他任何思想都可以被归约到负价值一极。事实上，人们对康德和青年马克思所使用的 aufheben 这个词的翻译正是在这种普遍存在的"极化的阅读方法"中展开的。

曹方久先生曾在韦译《纯粹理性批判》一书的"出版说明"中写道：

> 50、60 年代，学术界有一种观点，说康德是个反对科学知识的信仰主义者，说他在《纯粹理性批判》中说过："我否定知识，以便给信仰扫清地盘。"[1]

---

[1] ［德］伊·康德：《纯粹理性批判》，韦卓民译，出版说明，华中师范大学出版社 2000 年版，第 4 页。

在这里，存在着一种互动关系：一方面，不准确的译文把康德推向单纯的信仰主义者的阵营；另一方面，"极化的阅读方法"又使这一不准确的译文成为定译。事实上，在当时的政治氛围中，没有人敢对这样的译文提出异议。当时的权威读本《欧洲哲学史》也把康德的那句名言译为："为了给信仰留地盘，就有必要拒绝知识。"①甚至在 20 世纪 80 年代初，这一基本的翻译倾向也没有被纠正过来。人们仍然把康德的名言译为："因此，我曾不得不抛弃认识，以便让信仰有个地盘。"②在某种意义上，正是这种"极化的阅读方法"把康德改铸为一个单纯的信仰主义者。然而，事实并非如此。众所周知，海涅就曾把《纯粹理性批判》比喻为"砍掉了自然神头颅的大刀"③。当然，在这里，限于篇幅，我们不讨论康德的宗教思想，只限于指出一点，即不应该把康德归约为一个单纯的信仰主义者。那么，人们为什么又把青年马克思所使用的 aufheben 译为"消灭"，甚至在 1995 年出版的《马克思恩格斯选集》新译本中也没有纠正这一译法呢？我们认为，这也是"极化的阅读方法"使然。在这里，存在着两个层面的"极化"。第一个层面是，把青年马克思同时代的和以前时代的一切哲学观念"极化"为马克思欲加以"消灭"的对象，而把青年马克思的思想"极化"为与之对立的正确思想；第二个层面是，在青年马克思和意识形态化的马克思主义的特定的、对立的语境中，把意识形态化的马克思主义"极化"为绝对正确的，而把青年马克思的思想"极化"为激进主义乃至唯心主义的。于是，"消灭哲学"的译法就给读者留下了这样一个印象，似乎青年马克思对西方哲学传统采取了全盘否定的态度，然而，实际情况并非如此。或许我们只要举出一个例子就可以了。在《1844 年经济学哲学手稿》中，青年马克思在谈到费尔巴哈时这样写道："费尔巴哈成就的伟大以及他把这种成就贡献给世界时所表现的那种谦

---

① 北京大学《欧洲哲学史》编写组：《欧洲哲学史》，商务印书馆 1977 年版，第 569 页。
② 北京大学哲学系外国哲学史教研室：《西方哲学原著选读》下卷，商务印书馆 1982 年版，第 248 页。
③ 张玉书：《海涅选集》，人民文学出版社 1983 年版，第 292 页。

虚的纯朴，同批判所持的相反的态度恰成惊人的对照。"①虽然马克思在后来的著作中也批判了费尔巴哈，但马克思从来没有否定他在哲学史上的伟大功绩。在某种意义上可以说，"极化的阅读方法"一度像一只看不见的手一样支配着现代中国的学术界。在 20 世纪 70 年代过后，这种阅读方法的支援意识正在弱化，但是，在相当长的时期中，我们还会继续遭遇到它。

二是，我们发现，在现代中国学术界，存在着一种普遍的思想倾向，即"非连续性崇拜"。所谓"非连续性崇拜"，也就是片面地夸大事物发展过程中断裂、脱节和质变的重要性，忽略事物发展过程中的承上启下的关系。在对历史进行解读时，这种思想倾向常常表现为对布罗代尔所说的"短时段"，即革命时期的关注，而对中时段，特别是长时段则采取漠视的态度。这一思想倾向根深蒂固地影响着现代中国学者对任何文本的阅读、理解、翻译和解释的过程。众所周知，在黑格尔、马克思和恩格斯的著作中，aufheben 通常出现在"否定之否定"规律的阐释语境中，否定也就是扬弃，也就是"去除"和"保存"之间的辩证统一。就 aufheben 的"去除"含义来说，它体现的是非连续性或中断性；而就其"保存"含义来说，它体现的又是连续性或承上启下性。但是，在相当长的一段时间里，我们的哲学教科书在讨论辩证法的规律时，不注重"否定之否定"的规律，实际上也就是不注重我们和历史传统之间的承上启下的关系。在某种意义上，一些中国学者把康德和马克思著作中的 aufheben 译为"废除""否定""消灭""拒绝""抛弃"，而不是译为"扬弃"，虽然在一定程度上受到英译者的影响，但也或多或少地反映出这种"非连续性崇拜"的思想倾向的作用。

综上所述，对康德和马克思的著作中 aufheben 这个词的翻译引发了我们的一些思考。在我们看来，无论是"极化的阅读方法"，还是"非连续性崇拜"，其实质和支援意识都是文化虚无主义，即只相信意识形态

① 《马克思恩格斯全集》第 42 卷，人民出版社 1979 年版，第 158 页。

化的马克思主义，并使之与其他一切思想成果对立起来，把这些思想成果负价值化或虚无化。其实，马克思主义的经典作家一再告诫我们，只有批判地汲取人类文化传统中一切有价值的东西，我们的思想和事业才会获得坚实的基础和无限的希望。

2003年

一个被遮蔽了的"康德问题"①

——康德对"两种实践"的区分及其当代意义

什么是"康德问题?"这似乎没有一个明确的定论。按照通常的看法,"康德问题"可以分为两类:一类是就整个批判哲学体系提出的问题。如在1800年出版的《逻辑学讲义》中,康德提出了以下四个问题:"(1)我能知道什么?(2)我应当做什么?(3)我可以期待什么?(4)人是什么?"②另一类是就某一部著作研究的对象提出的问题,如在1781年出版的《纯粹理性批判》中,康德提出了以下四个问题:1.纯粹数学何以可能?2.纯粹自然科学何以可能?3.作为自然倾向的形而上学何以可能?4.作为科学的形而上学何以可能?③

按照我们的看法,上述问题都是康德本人提出来的,把这些问题称为"康德问题"当然无可厚非,然而,当人们这样做的时候,他们并没有提

---

① 原载《复旦学报(社会科学版)》2003年第1期。收录于俞吾金:《从康德到马克思——千年之交的哲学沉思》,广西师范大学出版社2004年版,第27—45页;《实践与自由》,武汉大学出版社2010年版,第46—61页;《从康德到马克思——千年之交的哲学沉思》,北京师范大学出版社2017年版,第69—89页。——编者注

② [德]康德:《逻辑学讲义》,许景行译,商务印书馆1991年版,第15页。

③ I. Kant, *Critique of Pure Reason*, trans. N. K. Smith, New York: The Humanuties Press, 1933, B20-B22.

供具有实质性意义的新见解，因为这些问题作为"显性的康德问题"早已明明白白地摆在那里。实际上，我们更关注的是那些"隐性的康德问题"，虽然它们作为重要的哲学问题出现在康德的著作中，但康德本人并未对它们设问，它们也没有引起后来的研究者的充分重视。我们认为，康德对"两种实践"（即"技术地实践的"活动和"道德地实践的"活动）的区分就是一个十分重要的，但长久以来一直被遮蔽着的"隐性的康德问题"。尽管康德没有以上面的方式明确地提出"什么是实践？"的问题，但他对实践问题的解答却构成了极为重要的思想资源。开启这一思想资源，不仅可以更深入地把握康德整个批判哲学的本质，也可以更准确地理解实践概念发展史，并从当代哲学对实践概念的普遍误解和误用中摆脱出来。

一、"两种实践"的由来和含义

众所周知，古希腊哲学家亚里士多德在《尼各马可伦理学》中已经初步区分出三个不同的概念：一是"知识"（Episteme），即推论性的、普遍适用的理论知识；二是"技术"（Techne），即制作和生产上的实用性的技艺；三是"实践智慧"（Phronesis），即涉及处理人与人之间关系的道德知识。① 按照伽达默尔的看法，亚里士多德的主要想法是把"知识"和"实践智慧"区分开来。至于"技术"的情形则比较复杂。就其基本含义而言，涉及制作和生产上的实用性的技艺。按照这一含义，"技术"从属"知识"，但它与"知识"的差异在于：前者是实用性的、个别性的经验，后者是抽象化的、普遍化的理论。此外，人们还必须注意到，"技术"概念还有其引申含义，即人们也可以把它理解为人造就自己的道德知识和品

---

① See Aristotle, *The Nicomachean Ethics of Aristotle*, trans. D. P. Chase, E. P. Duton & Co., 1934, Book Ⅵ.

质的一种技艺。事实上，苏格拉底和柏拉图就在这一引申含义上使用过"技术"概念。这两种含义的存在，使"技术"既渗透到理论"知识"中，也渗透到"实践智慧"中。① 显然，如果人们撇开"技术"概念的引申含义，主要着眼于其基本含义来考察它的话，大致可以把它理解为"知识"在实际生活中的应用。事实上，康德关于实践问题的见解正是在这样的大背景下提出来的。

要准确地理解康德的实践概念，就必须先行地把握这一概念置身于其中的整个理论语境。众所周知，在康德批判哲学理论语境的形成过程中，把对象区分为现象和自在之物这一新见解的提出具有决定性的意义。在 1783 年 8 月 7 日康德至克里斯蒂安·伽尔韦的信中，康德在回忆自己的批判哲学的形成过程时，在一个脚注中做了如下的说明："解决问题的关键终于被找到了，尽管在最初的使用中是生疏的，因而也是困难的。这一关键在于，所有给予我们的对象（all objects）能够按照两种方式得到说明：一方面是现象（appearances）；另一方面是物自体（things in themselves）。如果人们把现象看作物自体，并要求在现象中，从条件的序列去推知绝对无条件的东西，人们就会陷入矛盾之中。然而，只有当人们明白，在现象之中，不可能存在任何完全无条件的东西，无条件的东西仅仅是物自体时，这些矛盾才会被消除。此外，如果人们把物自体（能够包括世界上某些东西的条件）看作一种现象，也会造成没有任何东西是必要的这样的矛盾，举例来说，自由问题就是如此；一旦人们注意到对象可能具有不同的意义，这种矛盾也就自行消除了。"② 在康德看来，现象关涉到自然的必然性，属于思辨理性、理论哲学或自然哲学的范围，在这个范围内起立法作用的是知性；而自在之物关涉到人的意志

---

① H. G. Gadamer, *Gesammelte Werke*, *Band* 1, Tübingen：Mohr Siebeck, 1986, S. 319-320.

② Immanuel Kant, *Philosophical Correspondence*（1759—1799）, Chicago：The University of Chicago Press, 1970, p. 103. 正如叔本华所说："康德的最大贡献是对**现象**和**物自体**的区分。"sehen A. Schopenhauer, *Die Welt als Wille und Vorstellung*, Frankfurt：Suhrkamp Verlag, 1986, S. 564.

和自由，属于实践理性、实践哲学或道德哲学的范围，在这个范围内起立法作用的是理性。要言之，现象领域关系到自然概念，由知性立法，是认识论问题；而自在之物的领域则关系到自由概念，由理性立法，是本体论问题。也就是说，在康德的理论语境中，理论哲学相当于亚里士多德所说的"知识"；而实践哲学则相当于亚里士多德所说的"实践智慧"。

在《判断力批判》的导论中，康德这样写道："于是，哲学有理由被划分为原则上完全不同的两个部分，即作为自然哲学的理论部分和作为道德哲学的实践部分（因为理性按照自由概念所进行的实践立法就是这样被命名的）。然而，迄今为止，在不同原理和哲学的分类上应用这些术语时，流行着一种引人注目的误用，即人们把遵循自然概念的实践（das Praktische nach Naturbegriffen）和遵循自由概念的实践（dem Praktische nach dem Freiheitsbegriffe）认作是同一个东西，于是，在同一个理论哲学和实践哲学的名义下做了分类，通过这样的分类，事实上什么事情也没有发生（因为这两部分有着同样的原理）。"①在这里，康德提出了一个极为重要的问题，即人们对实践概念的普遍误解和误用。这种误解和误用的特征是：人们把现象领域内的活动和自在之物领域内的活动通通理解为实践活动。就康德本人的见解而言，他只把后一种活动理解为真正的实践活动。然而，考虑到人们对实践概念的误用由来已久且已经根深蒂固，他不得不退一步接受这样的现实，即按照流俗的见解，把现象领域内的活动也称作实践，但他同时也进了一步，为了维护真正意义上的实践概念，他提出了"两种实践"的学说，主张把"遵循自然概念的实践"与"遵循自由概念的实践"严格地区分开来，因为这两种实践形式存在着根本性的差异，前者属于现象领域和认识论，是人们认识和改造自然的实践活动，后者属于自在之物领域和本体论，是人们运用道德法则处理相互之间关系的实践活动。

---

① I. Kant，*Kritik der Urteilskraft*，Frankfurt：Suhrkamp Verlag，1989，S. 78.

正是在这种意义上，康德进一步指出："假如规定因果性的概念是一个自然概念，那么这些原理就是技术地实践的（technisch-praktisch）；但是如果它是一个自由的概念，那么这些原理就是道德地实践的（moralisch-praktisch）。"①显而易见，康德在这里所说的"技术地实践的"原理适用于上面所说的"遵循自然概念的实践"，而"道德地实践的"原理则适用于"遵循自由概念的实践"。也就是说，如果回到亚里士多德关于"知识""技术"和"实践智慧"的三分法的话，就会发现，康德大致上使"技术"从属于"知识"。正是在这个意义上，他写道："一切技术地实践的规则（也就是艺术和一般技巧的规则，或者也有明智的规则，这种规则是一种对人们和他们的意志施加影响的熟练的技巧），就它们的原理奠基于概念而言，它们只能算作是对理论哲学的引申。"②与此相对峙的是，"道德地实践的各种规范（Vorschriften）完全建立在自由的概念上，完全排除来自自然方面的意志的规定，则构成了各种规范中的一种完全特殊的样式：它们也像自然所服从的规则（Regeln）一样，可以直接称为规律（Gesetze），但不是像后者那样基于感性的条件，而是基于超感性的原理，在哲学的理论部分的近旁，为自己单独地要求着另一个部分，这个部分可以命名为实践哲学"③。值得注意的是，康德坚持的是先验的道德论，是与经验生活中的幸福论相对立的。所以在他那里，道德行为具有严格的限定，即这种行为必须服从理性立法，服从以善良意志为基础的道德法则。也就是说，康德语境中的"自由"并不是受意志的自然倾向所左右的，而是以先验的道德法则为基础的。也就是说，对于他来说，只有奠基于先验的道德法则的行为才真正是"道德地实践的"。如果人们出于自然本能或世俗的愿望去追求幸福，那么在康德看来，这种行为仍然属于"技术地实践的"范围。由此可见，在康德的理论语境中，真正的实践概念乃是"道德地实践的"，是"遵循自由概念的实践"。

① I. Kant, *Kritik der Urteilskraft*, Frankfurt：Suhrkamp Verlag, 1989，S. 79.
② Ibid. , S. 79.
③ Ibid. , S. 80.

二、被遮蔽了的"道德地实践的"维度

如前所述，康德对"技术地实践的"活动或"遵循自然概念的实践"，以及"道德地实践的"活动或"遵循自由概念的实践"的明确的划分，乃是西方实践概念发展史上的重大理论事件之一，也是当代人亟须加以探索的隐性的"康德问题"之一。然而，在相当长的一段时间内，这个重要的问题被遗忘了，甚至被严严实实地遮蔽起来了。之所以发生这样的现象，主要是由下述原因引起的。

1."物自体"概念的消解

正如我们在前面已经指出过的那样，康德的"两种实践"的学说是以现象和物自体的两分为基础的。在康德那里，物自体概念有三个含义：第一，感性刺激的来源；第二，认识的界限；第三，道德地实践的范导性假设。如果说，物自体的前两个含义是属于认识论的，是与自然必然性相关的；那么，第三个含义则是属于本体论的，是与自由相关的。康德以后的不少哲学家，深受注重认识论的笛卡尔主义的影响，对物自体概念的理解仅限于第一含义和第二含义，并主张从思维和存在一致的"同一哲学"的立场出发，取消物自体概念，从而表明人的认识是没有任何界限的。

在《小逻辑》第 44 节中，黑格尔这样写道："物自体（精神、上帝也包含在这里的'物'中）表示这样一种对象，它已被抽去了对意识、情感规定性和特定的思想的一切关系，因而是抽象的。很容易发现，这里所剩余的是一个完全抽象的、空虚的东西，只可以看作否定了表象、情感、特定的思想的彼岸世界。同样也容易发现，这个废物只不过是思维的产物，是空虚的自我的不断趋于抽象的思维的产物，这个空虚的自我把本身的空虚的同一性当作对象。"①在黑格尔看来，康德意义上的物自体乃是思维抽象化的一个产物，实际上并不存在。也就是说，并不存在意识和认识所无法把握的对象。在这里，康德物自体概念的第三个含义被遮蔽起来了，物自体被改造为一个单纯认识论的概念，而且在认识论的研究范围内它也只具有否定的意义，既然认识是无界限的，作为认识界限的物自体也就自行瓦解了。深受黑格尔思想影响的恩格斯在《路德维希·费尔巴哈和德国古典哲学的终结》中指出："对这些以及其他所有的哲学怪论的最令人信服的驳斥是实践（Praxis），即实验和工业（das Experiment und die Industrie）。既然我们自己能够制造出某一自然过程，按照它的条件把它生产出来，并使它为我们的目的服务，因而能够证明我们对这一过程的理解是正确的，那么，康德的不可把握的'物自体'也就终结了。"②恩格斯还举了茜素的例子来说明这个问题，即一旦人们能够从煤焦油中提炼出茜素，它也就从"物自体"（Ding an sich）转化为"为我们之物"（ein Ding für uns）了。从上面的论述中，我们可以引申出如下的结论：第一，在康德哲学的语境中，物自体指的是上帝、世界和灵魂不朽，不是指某个具体的对象，如茜素；第二，一旦人们认识了某个自然过程，物自体也就终结了，这一见解表明，恩格斯是从单纯认识论的角度去理解康德的物自体概念的，也就是说，物自体的第三个含义，即道德地实践的范导性假设并没有进入他的视野之中；第三，恩格斯把实践理解为"实验和工业"，也表明他主要是从"技术地实践的"角度来看待并使用实践概念的。这就启示我们，当物自体概念被消解时，"道德地实践的"或"遵循自由概念的实践"的整个领域也就被遗忘或被遮蔽起来了。

2. 实证主义的蔓延

随着自然科学的发展，实证主义的思潮应运而生。这一思潮的始作

---

① G. W. F. Hegel, *Die Wissenschaft der Logik*, Frankfurt: Suhrkamp Verlag, 1986，S. 120-121.

② K. Marx and F. Engels, *Ausgewaehlte Werke*, *Band* 6, Berlin: Dietz Verlag, 1990，S. 277-278.

倡者孔德把人类思想的发展划分为三个阶段——神学的阶段、形而上学的阶段和实证科学的阶段。孔德认为，现代人已经置身于实证科学的阶段。他写道："我们的实证研究基本上应该归结为在一切方面对存在物做系统评价，并放弃探求其最早来源和终极目的，不仅如此，而且还应该领会到，这种对现象的研究，不能成为任何绝对的东西，而应该始终与我们的身体结构、我们的状况息息相关。"①按照孔德的看法，一方面，实证哲学只研究我们的身体能够感受到的种种经验现象，不研究任何超验的对象，如"最早来源""终极目的"等，实际上也就一笔勾销了康德所设定的物自体的领域；另一方面，"真正的实证精神主要在于为了预测而观察，根据自然规律不变的普遍信条、研究现状以便推断未来"②。他甚至根据自然规律来研究社会学乃至整个人文社会科学。也就是说，孔德关心的仅仅是人类"技术地实践的"活动，而不关心"道德地实践的"活动，尽管他也谈论道德行为问题，但在他那里，人类的一切活动都是以自然科学导向的"技术地实践的"方式得到规定的。

这种实证主义的思潮和实证精神也对恩格斯产生了重大影响。在《路德维希·费尔巴哈和德国古典哲学的终结》中，恩格斯在谈到黑格尔式的思辨哲学已经终结时，这样写道："人们把任何单个人沿着这条道路都无法达到的'绝对真理'撇在一边，而沿着实证科学（der positiven Wissenschaften）和运用辩证思维（des dialektischen Denkens）对这些科学的成果进行概括的方式去追求可以达到的相对真理。"③在这里，恩格斯和孔德一样认为，探讨最早来源和终极目的的传统形而上学已经失去了它的意义和存在理由，而实证科学和辩证思维则成了德国古典哲学的出路。也正是在这个意义上，他进一步指出："于是，对于已经从自然界和历史中被驱逐出去的哲学来说，要是还留下什么的话，那就只是一个

---

① ［法］奥古斯特·孔德：《论实证精神》，黄建华译，商务印书馆1996年版，第10页。
② 同上书，第12页。
③ K. Marx and F. Engels, *Ausgewaehlte Werke*, Band 6, Berlin：Dietz Verlag, 1990，S. 271.

纯粹思想的领域：关于思维过程本身规律的学说，即逻辑和辩证法（die Logik und Dialektik）。"①显而易见，无论是实证科学也好，还是作为纯粹思想领域的逻辑和辩证法也好，都与"道德地实践的"活动或"遵循自由概念的实践"失去了本质上的联系。事实上，当恩格斯把实践理解为"实验和工业"时，他已经使"技术地实践的"活动或"遵循自然概念的实践"蕴含了人类的全部实践活动。"康德问题"在他那里已经隐而不显了。

3. 统一的实践概念的形成

虽然康德力图运用反思判断力和目的论来统一感性与超感性、自然与自由、理论哲学与实践哲学、"技术地实践的"活动与"道德地实践的"活动、"遵循自然概念的实践"和"遵循自由概念的实践"，然而，在他那里，现象与物自体之间的鸿沟是如此之深，以致这个统一工作收效甚微。在马克思看来，"康德只谈'善良意志'，哪怕这个善良意志毫无效果他也心安理得，他把这个善良意志的实现以及它与个人的需要和欲望之间的协调都推到彼岸世界"②。马克思不赞成康德把此岸世界（现象界）与彼岸世界（物自体界）割裂开来，从而也把两种不同的实践活动割裂开来。他写道："全部社会生活在本质上是实践的。凡是把理论引到神秘主义方面去的神秘东西，都能在人的实践中以及对这个实践的理解中得到合理的解决。"③在他看来，生活世界的统一奠基于人的实践活动的统一。

在批判费尔巴哈的直观唯物主义时，马克思进一步指出："这种活动、这种连续不断的感性劳动和创造、这种生产，是整个现存感性世界的非常深刻的基础，只要它哪怕只停顿一年，费尔巴哈就会看到，不仅在自然界将发生巨大的变化，而且整个人类世界以及他（费尔巴哈）的直

---

① K. Marx and F. Engels, *Ausgewaehlte Werke*, Band 6, Berlin: Dietz Verlag, 1990, S. 313.

② 《马克思恩格斯全集》第3卷，人民出版社1960年版，第211—212页。

③ 同上书，第8页。

观能力，甚至他本身的存在也就没有了。"①这就告诉我们，马克思是从生存论的本体论的基础上来统一全部实践活动的。

那么，马克思是不是把康德的"两种实践"混淆起来了呢？我们的回答是否定的，因为马克思的生产劳动概念同时蕴含着"技术地实践的"和"道德地实践的"这两个不同的维度。当人们从人与自然界的关系的角度，即人改造、控制自然的认识论角度去考察问题时，生产劳动就成了"技术地实践的"活动；而当人们从生产关系乃至整个社会关系的角度，即从人运用革命手段改造社会、追求自由的本体论的角度去考察问题时，生产劳动又成了"道德地实践的"活动。现在的关键是，在马克思的实践概念中，究竟认识论维度是根本性的，还是本体论维度是根本性的？马克思下面这段话为我们解答这个问题提供了重要的启示："实际上和对实践的唯物主义者，即共产主义者说来，全部问题都在于使现存世界革命化，实际地反对和改变事物的现状。"②这段话告诉我们，马克思始终是在生存论的本体论的意义上，即"道德地实践的"角度来看待实践概念的。即使这一概念蕴含着认识论的维度，这一维度也始终是植根于并统一于本体论的。要言之，在他那里，"道德地实践的"活动③乃是全部实践活动的基础和核心。

然而，由于以认识论为中心的笛卡尔主义的影响和实证主义的泛滥，马克思的统一的实践概念的基础和核心在他的后继者的理解中发生了根本性的变化。如前所述，恩格斯关于"物自体"在认识中向"为我们

---

① 《马克思恩格斯全集》第3卷，人民出版社1960年版，第50页。
② 同上书，第48页。
③ 虽然在康德那里，"道德地实践的"蕴含着政治、法律、宗教和狭义的道德方面的活动，但比较起来，康德论述得更多的是宗教和狭义的道德活动；而在马克思那里，"道德地实践的"则主要涉及与社会革命直接相关的政治和法律方面的实践活动，而对严格意义上的道德的、宗教的实践活动则论述较少。正是出于这样的原因，在革命获得胜利后的社会主义历史时期，道德实践和宗教实践的问题仍然是极富挑战性的问题。事实上，在当代中国社会中，我们已经深切地感受到这些问题的巨大冲击力。

之物"转化的观念产生了广泛的影响。① 列宁也是从认识论的角度来理解实践概念的。他写道："理论观念（认识）和实践的统一——要注意这点——这个统一正是在认识论中。"②于是，认识论、辩证法和逻辑的一致性逐渐成了马克思主义教科书中的核心问题，实践概念被牢牢地囚禁在认识论中。换言之，"技术地实践的"活动或"遵循自然概念的实践"成了人类全部实践活动的代名词，康德关于"道德地实践的"活动或"遵循自由的实践概念"在人们的视野中消失了。

三、"康德问题"的当代复兴

马克斯·韦伯关于工具合理性和价值合理性的两分、关于新教伦理的历史作用的论述对哈贝马斯产生了重大影响。在《作为"意识形态"的技术与科学》(1968)中，哈贝马斯明确指出："我是从劳动（Arbeit）和相互作用（Interaction）之间的根本差别出发的。"③哈贝马斯这里说的"劳动"究竟是什么意思呢？他把劳动理解为"工具性的行动"（instrumentales Handeln）并强调，"工具性的活动是按照技术规则（technischen Regeln）来进行的，而技术规则又奠基于经验知识"④。那么，他所说的"相互作用"又是什么意思？他写道："我把以符号为媒介的相互作用理解为交往行动（kommunikativem Handeln），相互作用是按照必须遵守的规范

---

① 李泽厚先生在引证了恩格斯关于实践问题的上述看法后，这样写道："现代工业和科学日益展示出社会实践的本性，通过用客观世界本身的力量对客观世界（如原子、中子）的主动的'干扰'，来指引观察，不断深入对客观世界的认识，从而日益展示出'物自体'变成'为我之物'的这个认识论的真理。"李泽厚：《批判哲学的批判——康德述评》，人民出版社 1984 年版，第 257 页。

② 列宁：《哲学笔记》，中共中央马克思恩格斯列宁斯大林著作编译局译，人民出版社 1974 年版，第 236 页。

③ J. Habermas, *Technik und Wissenschaft als Ideologie*, Frankfurt: Suhrkamp Verlag, 1970, S. 62.

④ Ibid., S. 63.

（Normen）来进行的，而至少两个以上的行动主体的理解和承认规定着交互性的行为的期待。"①事实上，哈贝马斯这里说的"劳动"相当于康德意义上的"技术地实践的"活动或"遵循自然概念的实践"，因为这种实践形式正是按照"技术规则"来进行的；同样，哈贝马斯说的"相互作用"也相当于康德意义上的"道德地实践的"活动或"遵循自由概念的实践"，因为这种实践形式正是按照"规范"，尤其是道德的规范来进行的。在他看来，马克思的实践理论主要停留在"劳动"的层面上。也就是说，马克思并没有对"相互作用"或"交往行动"给予足够的重视。

哈贝马斯敏锐地发现，从 19 世纪末以来，科学技术不但成了第一生产力，而且成了为资本主义政治的合法性辩护的意识形态，从而造成了劳动对相互作用或交往行动、技术对道德或伦理的拒斥。他指出，"在技术的统治意识中显现出来的不是伦理联系的颠倒，而是对作为一般的生活联系的范畴的'伦理'的排除。"②按照哈贝马斯的看法，在当代资本主义社会中，由于科学技术本身成了意识形态，因此，以合理性为基础的"技术规则"排斥以行动主体之间的相互理解和承认为基础的"规范"，"技术地实践的"活动排斥"道德地实践的"活动。

正如我们在前面已经指出过的那样，在康德那里，严格的、狭义的实践概念只指"道德地实践的"活动或"遵循自由概念的实践"，但由于当时的学者对实践概念的滥用，康德不得不后退一步，使用了"技术地实践的"活动和"遵循自然概念的实践"这样的概念。而在哈贝马斯的话语体系中，实践概念主要是指严格的、狭义的实践，即相互作用或交往行动，它相当于康德的"道德地实践的"活动或"遵循自由概念的实践"。正是在这种狭义使用的基础上，哈贝马斯常常直接地把"技术"与"实践"这两个概念对立起来。他指出："技术统治意识的意识形态的核心是对实

---

① J. Habermas，*Technik und Wissenschaft als Ideologie*，Frankfurt：Suhrkamp Verlag，1970，S. 63.

② Ibid. ，S. 90.

践(Praxis)和技术(Technik)的差别的取消。"①又说："技术统治会让这种实践的兴趣(dieses praktische Interesse)消失在扩大我们的技术支配力量的兴趣后面。"②哈贝马斯关于人的活动的两分，即劳动和相互作用的两分实际上以一种新的方式提出了长期以来被遗忘和被遮蔽的"康德问题"，然而，他对劳动概念的理解蕴含着对马克思的实践概念的误解。正如我们在前面已经指出过的那样，在马克思的理论话语中，生产劳动包含着两个不同的维度：一是"技术地实践的"维度，它关涉到作为劳动者的人和劳动对象，即自然界之间的关系，这一关系是按照合乎自然规律的方式来展开的；二是"道德地实践的"维度，它关涉到作为劳动者的人与人之间的关系，这一关系则是按照人们都理解并承认的各种规范来展开的。如前所述，在马克思那里，后一个维度是根本性的。马克思之所以诉诸社会革命，也正是为了使维系人与人之间关系的各种规范合理化。

四、康德实践概念的启示

长期以来，在对康德哲学的研究中，研究者们只是泛泛地谈论康德对"理论理性"和"实践理性"的区别，并没有对其实践概念，尤其是对康德在《判断力批判》导论中关于实践问题重要论述做过深入的研究。由于没有认真地对待康德这方面的思想资源，当今的研究者关于实践问题的探讨仍然显得缺乏穿透力，仿佛康德从来就没有存在过似的。按照我们的看法，在康德的实践学说中，至少包含着下面这些重要的启示。

首先，康德告诉我们，虽然他更愿意在狭义的范围内，即在"道德地实践的"范围内来使用实践概念，但实际生活一旦迫使他接受一个更

---

① J. Habermas, *Technik und Wissenschaft als Ideologie*, Frankfurt: Suhrkamp Verlag, 1970, S. 91.

② Ibid., S. 91.

宽泛的实践概念，他就立即肯定了"技术地实践的"活动的重要性。如前所述，亚里士多德已经区分出"知识"（Episteme）、"技术"（Techne）和"实践智慧"（Phronesis）这三个不同的概念，初步认识到技术活动和知识在人们的日常生活中的不可或缺的作用。但在当时的历史条件下，技术还主要是指手工制作方面的活动和知识。到康德时代，虽然技术的发展已经进入工场手工业阶段，从而它在人们的日常生活中的地位进一步凸现出来，然而要充分地觉察到这一点，并把"技术地实践的"活动作为人类的重要的实践活动的方式提出来，并与"道德地实践的"活动对峙起来，仍然需要敏锐的理论洞察力。康德逝世后，现代技术的长足发展表明，它不仅在当代人的日常生活中起着举足轻重的作用，而且它已经整个地改变了当代人的日常生活和观念。

特别是通过韦伯、胡塞尔、海德格尔、马尔库塞、哈贝马斯等当代哲学家的批判性思考，人们发觉，技术统治已经成了当代政治统治的代名词。技术知识不仅在所有的知识类型中获得了支配性的地位，而且"技术地实践的"活动也成了支配人类其他活动的统治性的实践形式。这就启示我们，在当代生活中，如果要对实践问题做出创造性的研究，就必须认真地对待亚里士多德，尤其是康德关于"技术地实践的"活动的重要论述，并对这种实践活动的本质、规律及在当代人类全部实践活动中的地位和作用做出深入的反思。只有基于这样的反思，才可能有效地认识并遏制"技术地实践的"活动在当代人生活中的消极因素。

其次，康德关于"技术地实践的"活动和"道德地实践的"活动的两分、关于"遵循自然概念的实践概念"和"遵循自由概念的实践概念"的两分，乃是他对实践概念发展史的伟大贡献。在康德看来，前者涉及人与自然之间的关系和自然规律，后者则涉及人与人之间的关系和行为规范。这两种实践形式之间存在着本质上的差异，只有认清这种差异，才可能以"后康德的"方式来谈论实践概念。然而，遗憾的是，除了像韦伯、海德格尔、汉娜·阿伦特、哈贝马斯等哲学家以外，大多数当代人在谈论实践概念时，并没有意识到康德早就划定的这种差异。所以，在某种意义上，他们谈得越多，离开真理就越远，因为他们的全部谈论都停留在"前康德的"水平上。仿佛康德从来就没有存在过，仿佛人类思想史是从他们学会思考的那一天起才开始的。

当然，必须指出，由于康德坚持的是先验主义的道德观念和自由观念，所以，一方面，他对"技术地实践的"活动的范围的理解过于宽泛；另一方面，他对"道德地实践的"活动的范围的理解又过于狭窄。在他看来，如果人们出于自然本能或世俗的愿望去追求幸福，那么这种行为仍然属于"技术地实践的"范围，他甚至区分出"道德的实践理性"（die moralisch-praktische Vernunft）和"技术的实践理性"（die technisch-praktische Vernunft）的概念①，从而加深了理解上的困难。如前所述，哈贝马斯关于"劳动"和"相互作用"的区分也给人以不清晰的感觉，因为人们在劳动中也要通过符号进行交往。在我们看来，比较合理的做法是把实践概念区分为以下两种形式：一是"认识论（或技术主义）解释框架内的实践概念"，它主要涉及人的行动和自然必然性（即自然规律）的关系问题；二是"本体论（或人文主义）解释框架内的实践概念"，它主要涉及人的行动和社会规范（如道德规范、政治规范、法律规范等）的关系问题。这样一来，康德的"两种实践"在当代哲学中就获得了新的形式。

最后，康德虽然提出了"两种实践"，但他本人一直在追求着一个广义的、统一的实践概念。在某种意义上，这种追求贯穿了整个哲学史。在《尼各马可伦理学》中，亚里士多德试图以灵魂的不同机能来解释人的各种不同的活动，康德也试图从"心"（Gemüt）的三种机能，即知、情、意的统一出发来形成广义的、统一的实践概念。然而，康德的真正贡献并不在这里，而是在他对"技术地实践的"活动和"道德地实践的"活动的统一性的独特的理解中。如前所述，在康德看来，"技术地实践的"活动涉及现象界和自然的必然性，而"道德地实践的"活动则涉及物自体界和自由，因此，决不能以第一种活动作为基础去统摄第二种活动，而只可

---

① I. Kant, *Kritik der Urteilskraft*, Frankfurt: Suhrkamp Verlag, 1989, S. 419.

能以第二种活动作为基础去统摄第一种活动。正是基于这样的思考，康德写道："人们完全不应该提出使纯粹实践理性隶属于思辨理性这样过分的要求，从而颠倒了两者之间的次序，因为所有的旨趣归根到底都是实践的(alles Interesse zuletzt praktisch ist)，甚至思辨理性的旨趣也是有条件的，唯有在实践的应用中才是完满的。"①在康德看来，应该以"道德地实践的"活动为基础来统一"技术地实践的"活动。用我们当代的语言来表达，也就是说，应该以"本体论(或人文主义)解释框架内的实践概念"为基础来统一"认识论(或技术主义)解释框架内的实践概念"。

总之，康德关于"两种实践概念"的学说包含着极为丰富的思想资源，它的当代意义有待我们在研究中进一步加以认识。

① I. Kant, *Kritik der Praktischen Vernunft*, Frankfurt：Suhrkamp Verlag，1989，S. 252.

现代性现象学[①]

　　近年来，关于现代性研究的论著像雨后春笋般地涌现出来。在西方马克思主义研究的领域中，情形也是如此。如果我们不满足于对这些已有的研究成果进行介绍性的、评论性的考察的话，就必须另辟蹊径。这里的道理很简单，因为即使我们对这些研究论著中提出的见解采取了批判性的，甚至否定性的态度，也无法否认这样一个理论上的事实，即我们曾经进入过被研究的对象所开启的问题域，并按照它们的思路进行过思考。假如我们承认这一点，那么实际上我们已经被自己的研究对象牵着鼻子走了。不管我们的批判性的、否定性的见解具有多大的独立性，这种独立性始终只具有相对的意义，因为它毕竟是在对象已经开启的问题域中的一种后续性的、回应性的思考。

　　我们的被动处境可能比自己想象的还要严重得多。众所周知，在现代性问题的研究中，任何

---

　　① 原载《江海学刊》2003 年第 1 期。收录于俞吾金等：《现代性现象学——与西方马克思主义者的对话》，上海社会科学院出版社 2002 年版，第 1—17 页，导论第一节、第二节，内容稍有改动；《从康德到马克思——千年之交的哲学沉思》，广西师范大学出版社 2004 年版，第 418—434 页。——编者注

一种见解总是从一定的视角出发的①，而当一定的视角成为任何一个研究文本的出发点时，其他可能的视角就会处在被掩蔽的状态下。因而，当我们进入对这些文本的研究过程的时候，潜伏在文本深处的特定的视角也会对我们的思想起规约作用。一旦这种规约作用支配了我们的整个思维，其他可能存在的视角对于我们来说也就等于不存在了，或者换一种说法，我们对它们也就视而不见了。

或许我们可以对基于各种不同视角的、关于现代性问题研究的论著进行系统的解读，从而摆脱任何特定的视角对我们思维的约束，但只要我们没有经过深入的反思，从而获得一个具有普遍的解释性与批判性的视角，那么我们就仍然处于折中主义的思维状态下，至多只能做到把我们认为有价值的、关于现代性问题的各种见解或概念综合起来。虽然这里所说的"综合"已经融入了理论思维，但这样的理论思维依然停留在问题的表面。正如黑格尔在批评仅仅停留在哲学见解的分歧性中而止步不前的哲学史家时所说的："这样的哲学史家有点像某些动物，它们听见了音乐中一切的音调，但这些音调的一致性与谐和性，却没有透进它们的头脑。"②为了从这样的研究困境中超拔出来，我们必须自觉地获得一种始源性的视角，以便揭示现代性问题所蕴含的最基本的内涵，并对迄今为止已经发表的关于现代性问题研究的各种见解获得批判的识见。

---

① 正如 B. 费伊在 1996 年出版的《当代社会科学的哲学》一书中所指出的："视角主义是当代理智生活的占统治地位的认识论方式。视角主义是这样一种观点，它认为一切知识本质上都是带有视角性的，也就是说，知识的要求和知识的评价总是发生在一种框架之内，这种框架提供概念手段，在这些概念手段中、并通过这些概念手段，世界得到了描述和解释。按照视角主义的观点，任何人都不会直接观察到作为实在本身的实在，而是以他们自己的倾向性来接近实在，其中含有他们自己的假定和先入之见。"转引自[美]约翰·塞尔：《心灵、语言和社会——实在世界中的哲学》，李步楼译，上海译文出版社 2001 年版，第 21 页。这种视角主义的观点在诠释学关于传统、先入之见、理解的前结构和诠释学循环等学说中也得到了充分的展现。视角主义启示我们，任何客观性都是奠基于一定的视角之上的，试图寻找一种不以任何视角为理论前设的客观性，无异于拉着自己的头发离开地球。显然，在对现代性问题的认识上，我们同样不能超越视角主义的认识方式。

② [德]黑格尔：《哲学史讲演录》第 1 卷，贺麟、王太庆译，商务印书馆 1981 年版，第 5 页。

一、问题的凸现

在 1990 年出版的《现代性的后果》(*The Consequences of Modernity*)一书中，第四部分第七节的标题是"一个现代性的现象学"(A Phenomenology of Modernity)。在这一节中，吉登斯有两处提到了这一概念。在第一处，吉登斯这样写道："在现代社会学的三个主要奠基者中，韦伯最清楚地看到了专门知识在现代社会发展中的重要性，并且用它概括出一个现代性的现象学的大纲。按照韦伯的看法，只有在官僚主义式的合理性的'钢铁一般硬'的笼子的周边，日常经验才能保留自己的色彩和自发性。"①在第二处，当吉登斯论述到现代性内部充满矛盾和张力时，这样写道：

> 我将按照四个辩证地相互关联的经验的架构，简要地勾勒出一个现代性的现象学。这些经验的架构中的每一个都以一种整合的方式关联到这一研究在前面已经展开的论述：
>
> 非地域化与再嵌入：疏远和直接的交叉。
>
> 亲密与非个性：个人信任和非个人联系的交叉。
>
> 专门知识与对知识的再占有：抽象体系和日常知识能力的交叉。
>
> 隐私与卷入：实用主义的接受和行动主义的交叉。②

通过对这两段论述的上下文和《现代性的后果》整本书及吉登斯已出版的其他论述现代性问题的论著的解读，我们对他所使用的"一个现代性的

---

① A. Giddens, *The Consequences of Modernity*, London：Polity Press，1990, pp. 137-138.

② Ibid.，p. 140.

现象学"这一概念的含义可以做出如下的判断。

首先，在其他专论现代性问题或涉及现代性问题的论著中，吉登斯并没有使用过"一个现代性的现象学"这样的术语。这充分表明，在他关于现代性问题的大量论述中，这一术语只具有边缘化的意义，换言之，在吉登斯的理论体系中，它并不是一个基础性的、核心的理论。

其次，《现代性的后果》这部著作共由六个部分三十四节组成，吉登斯只是在第四部分的第七节中使用了这一术语。除此之外，在全书的其他部分，包括第一部分中的"导言"和第六部分中的"结语"，均未提及这一术语。这也启示我们，在这部著作的理论架构中，这一术语并不具有全局性的功能，它的出现具有某种任意性。也许可以说，吉登斯在撰写该书的第四部分时，心血来潮地创制出这一术语并加以使用。

最后，即使是在《现代性的后果》一书的第四部分第七节中，吉登斯也不是在实质性的意义上，而只是在象征性的意义上使用这一术语的。在第一段论述中，吉登斯强调，韦伯是从现代社会发展中的"专门知识"出发，去"概括出一个现代性的现象学的大纲"的。也就是说，在韦伯的现代性理论中，"一个现代性的现象学"并不是奠基性的，真正奠基性的倒是现代社会发展中的"专门知识"。同样，在第二段论述中，吉登斯主张，"我将按照四个辩证地相互关联的经验的架构，简要地勾勒出一个现代性的现象学"。显然，在吉登斯的现代性理论中，具有奠基性意义的是与韦伯的"专门知识"不同的"经验的架构"，而"一个现代性的现象学"依然处在被奠基的状态中。这就充分表明，在吉登斯那里发挥作用的绝不是"一个现代性的现象学"，而是他所继承的英国经验主义的传统，至多不过是在这一传统中掺入了当代哲学和社会学的某些观念的调料罢了。

归根到底，我们发现，在吉登斯那里，"现象学"这个大字眼不过是人们通常谈论的、最平常不过的"现象"（phenomenon）一词的另一种富有象征意义的、夸张的表达方式。事实上，在吉登斯的理论语境中，这一术语的存在理由、确切含义和基本的功能从来没有得到过任何论证和说明。所有这一切都表明，吉登斯只是突发奇想地提出了"一个现代性的现象学"这一术语，既未阐明它的实质性的含义，也未把它视为自己理论中的基础性的、核心的概念。

然而，这一新概念的提出毕竟为我们的思考提供了某种启发。不用说，要在现代性问题的研究上另辟蹊径，非借助于现象学这一彻底的思考方式不可。正是基于这样的考虑，我们提出了"现代性现象学"（Modernity Phenomenology）的概念。虽然这一概念是在吉登斯的启发下提出来的，但在内涵和功能上却与他的"一个现代性的现象学"（A Phenomenology of Modernity）的概念存在着重大的差别。

在吉登斯那里，modernity 处于 of 格（即"的格"）的状态中，这种状态显示出 modernity 和 phenomenology 这两个概念之间的离散状态，即它们仅仅是通过 of 这个介词才连接在一起的，而在我们这里，modernity 这个名词直接以形容词的方式修饰名词 phenomenology，从而显示出这两个词之间的内在的、密切的联系；在吉登斯那里，"一个现代性的现象学"这一术语的出现具有某种偶然性、象征性和任意性，而在我们这里，"现代性现象学"概念的提出却具有自觉性、实质性和全局性；在吉登斯关于现代性问题的理论叙事中，"一个现代性的现象学"只发挥着边缘性的解释功能，而在我们关于现代性问题的理论叙事中，"现代性现象学"将承担基础性的、核心的解释功能。我们试图通过这一术语，对蕴含在现代性问题中的全幅内容重新进行考察。

二、现象学的视域

从胡塞尔创立现象学至今，一个多世纪已经过去了。在他的学生和众多的追随者那里，对现象学的理解可以说是仁者见仁，智者见智。事实上，即使是胡塞尔本人，当他在世的时候，他关于现象学的观念也处于不断地变化和发展的状态中。在这个意义上可以说，撇开现象学运动中存在着的不同的分支和派别，抽象地谈论一般的现象学观念是有困难的。好在我们这里的意图不是专门就现象学的研究来探索现象学的要旨，而是就现代性问题的研究来探索现象学的要旨，因此，我们没有必要深入现象学的各个不同的派别中去，详细地考察它们之间存在着的重大差别。我们似乎只要考察一下不同的现象学派别都认可的一些基本原则就行了。

当然，仅仅停留在这样的考察方式中还是不行的，因为我们有可能陷入理论上的折中主义。为了避免这种可能的结果，必须预先说明，我们对现象学要旨的考察主要是沿着胡塞尔和海德格尔的基本思路来展开的。尽管海德格尔在对现象学的理解上与胡塞尔存在着明显的分歧，但海德格尔确实代表了现象学发展中的一个最重要的方向。事实上，在20世纪20年代初，胡塞尔自己也常常说："现象学，那就是我和海德格尔，再没有其他人。"①虽然胡塞尔后来对海德格尔哲学中蕴含的非理性主义的倾向表示不满，但他的后期思想也在一定的程度上受到海德格尔的影响。总之，沿着胡塞尔和海德格尔的思路来探讨现象学的要旨是比较切实可行的。

我们首先要询问，胡塞尔创立现象学的动因究竟是什么？在《先验现象学引论》一文（1929）中，他指出："每一个认真地想成为哲学家的人，都必须在一生中有一次回溯到自己本身，并且在自身中尝试一下，将所有现有的科学都加以颠覆并予以重建。哲学是哲思者的完全私人的事情。哲学关系到他的普全智性（sapientia universals），即关系到他的迈向普全的知识——但却是关系到一种真正科学的知识，一种他从一开始并且在每一步上都可以出于他的绝对明晰性的理由而绝对地负责的知识。只有当我自由地决断要向着这个目标生活，我才能成为哲学家。"②众所周知，胡塞尔是研究数学出身的。显然，他把数学中的明晰性作为一

---

① ［德］汉斯-格奥尔格·加达默尔：《哲学解释学》，夏镇平、宋建平译，上海译文出版社1994年版，第142页。

② 倪梁康：《面对实事本身——现象学经典文选》，东方出版社2000年版，第107页。

个根本性的要求引入哲学研究中。他希望，哲学能够达到数学和自然科学意义上的科学性，哲学不但能够获得一个坚实的阿基米德点，不但它的每一步的论证都应该是明晰的，而且它将为其他一切科学澄明思想前提。

在他看来，要使哲学成为一门真正意义上的严格的科学，就必须建立并诉诸现象学。在《现象学》(1927)一文中，胡塞尔写道："'现象学'标志着一种在19世纪末、20世纪初在哲学中得以突破的新型描述方法以及从这种方法产生的先天科学，这种方法和这门科学的职能在于，为一门严格的科学的哲学提供原则性的工具并且通过它们始终一贯的影响使所有科学都有可能进行一次方法上的变革。"①这一论述表明，现象学既是胡塞尔追求的一种新的哲学理念，也是他所建立的一种新的哲学方法。那么，作为现象学核心概念的"现象"一词在胡塞尔那里究竟是什么意思呢？在弗赖堡的就职讲座《纯粹现象学及其研究领域和方法》(1917)一文中，胡塞尔指出，虽然"现象"这一概念在18世纪就已经产生了，但人们对它的含义的理解和解释一直是模糊不清的。在胡塞尔看来，现象乃是事物在意识中的显现。他写道："如果对象不对认识者'显现'出来，如果他没有关于这事物的'现象'，那么，这些事物对于认识者来说完全就是无。"②这就告诉我们，显现乃是现象的根本特征。

当然，在这段话中，胡塞尔涉及的还只是现象的基础性内容。实际上，现象包含着远为丰富的内容和层次："现象的第一个的和最古老的概念与感性物体的被给予性的有限范围有关，自然随着这种被给予性在感知中显示出来。这个概念隐秘地扩展到各种感性的被想象物本身。然后，它还扩展到在关联和联结着的意识综合中被意识到的综合对象，如同这些对象在其中被意识到那样；同时它还延伸到意识的被给予方式上，并且最后还包括一般意识的整个王国，即：这个王国中所有的意识种类和在其中能够内在地表现出来的内容。我说所有的意识种类，是指

---

① 倪梁康：《面对实事本身——现象学经典文选》，东方出版社2000年版，第83页。
② 倪梁康：《胡塞尔选集》上，上海三联书店1997年版，第153页。

它们也包括任何一种情感、欲望、意愿以及它们的内在'内容'。"①按照这一见解，现象主要包含如下的内容和层次：第一，外部实在事物在意识中的显现；第二，在想象中被综合起来的、虚构的对象在意识中的显现；第三，在反思或范畴直观中，观念对象在意识中的显现；第四，情感、欲望和意愿在意识中的显现等。事实上，在胡塞尔看来，现象也就是意识，现象的王国也就是意识的王国。正是从这样的观念出发，他提出了一般现象学的概念。他写道："阐明了现象概念，我们就得到了一般现象学的最初的观念：据此，它可以说是一种关于各种对象的现象的科学，是关于各种对象的科学，这些对象纯粹就是在意识本身中确定地显示出来的那些对象，就是以变化着的方式所显示的对象。"②也就是说，现象学研究的乃是在意识中呈现出来的对象，即现象；而非现象学的研究态度，尤其是自然思维的态度认为意识直接可以把握超越于自身的、外在世界的对象。正是这一点构成了两种不同的思维态度之间的根本差别。

所以，要把现象学的思维态度真正地贯彻下去，就必须对非现象学的思维态度，尤其是自然思维的态度进行认真的批判。所谓自然思维的态度，也就是人们通常采用的自然而然的思维态度。胡塞尔写道："所有自然的认识，前科学的，特别是科学的认识，都是超越的、客观化的认识；它将客体设定为存在着的，它要求在认识上切中事态，而这种事态在认识之中并不是'真正意义上'被给予的，并不'内在'于认识。"③也就是说，自然思维态度认为，人们的意识具有超越性，可以把握外在于我们的意识的实在事物，从而做出关于外部世界的实在事物的种种判断。胡塞尔认为，自然思维的态度混淆了两类不同的对象：一类对象是在外部世界中存在着的实在的事物，它们是一种超越的存在物，即外在于我们意识的存在物；另一类对象是内在于意识中的对象，在所有这类

① 倪梁康：《胡塞尔选集》上，上海三联书店 1997 年版，第 155 页。
② 同上书，第 155 页。
③ ［德］埃德蒙德·胡塞尔：《现象学的观念》，倪梁康译，上海译文出版社 1986 年版，第 33 页。

对象中，基础性的对象乃是超越性的实在事物在我们意识中的显现。这种内在的存在物也就是现象。

在胡塞尔看来，要与自然思维的态度划清界限，就必须严格地区分上面提到的两种不同的对象，换言之，要通过对第一类对象，即超越于意识的实在对象的排除，而退回到意识之内，即退回到第二类对象——现象中。胡塞尔确信，只有在意识中显现出来的东西或在意识中被给予的对象才是真正合法的研究对象。胡塞尔把这种由外在事物这样的对象向意识内部的对象即现象的回归称为"现象学还原"。

现象学还原的第一个步骤是把上面提到的第一类对象，即超越于意识的外在事物乃至整个世界及我们关于外在世界存在的信念"悬搁"起来。胡塞尔写道："对意识到的世界的普遍悬搁（对它的'加括号'）将对相应主体而言始终存在着的世界从现象学的领域中排除出去，但取代这个世界的位置的是这样或那样被意识到的（被感知、被回忆、被评判、被思考、被评价等等）世界'本身'，'括号中的世界'，或者，取代这个世界或个别的世界事物的位置的是各种类型意识的意义（感知意义、回忆意义等等）。"[①]这种普遍悬搁的态度是不是意味着现象学对外部实在世界的否定呢？胡塞尔的回答是否定的。

毋庸讳言，在日常生活中，无论是胡塞尔，还是其他现象学家，都要与这个超越于自己意识之外的实在世界打交道，怀疑这一点，甚至对此进行非难，都是没有意义的。[②] 现象学的悬搁乃是一种从根基上重新

---

① 倪梁康：《面对实事本身——现象学经典文选》，东方出版社 2000 年版，第 88 页。

② 这使我们不由得联想起试图从"自我"推导出整个世界的费希特哲学所遭到的误解。海涅在《论德国宗教和哲学的历史》一书中写道："费希特哲学受到越来越多的讽刺，这是一种特殊的情形。我看见过一张漫画，画着一只费希特式鹅。这只鹅有一个肥大的肝，肝大到使这只鹅自己都不知道它究竟是一只鹅还是一个肝。在它的肚子上写着：我＝我。……大多数人误以为费希特主义的自我就是约翰·哥特利勃·费希特的自我，这个体的自我则又否定一切其他存在。'多么无耻！'善良的人们喊着说，'这个人不相信我们存在着。我们，我们要比他肥胖得多，而且作为市长和官厅秘书，我们还是他的上司呢！'那些贵妇人们问道：'难道他连他太太的存在也不相信吗？'怎么，难道费希特太太竟会允许这种事吗？"张玉书：《海涅选集》，人民文学出版社 1983 年版，第 308 页。

思考哲学问题的尝试。正是在这个意义上，胡塞尔强调："所有的东西都还保留着，就像它们曾经所是的那样，只是我中止所有对存在和显象的执态。我也中止我的其他那些与世界有关的意见、判断、评价执态，将它们看做是预设了世界的存在的。即使对它们来说，我的中止判断也不意味着它们的消失，而是意味着，它们只是单纯的现象。"①在现象学看来，真正的世界乃是在意识中显现出来的世界，事实上，世界的意义及其他的存在的有效性都是从意识中获得的。

现象学还原的第二个步骤是在意识或现象中排除掉种种心理主义的因素，从而达到纯粹先验的意识或现象。胡塞尔把这一步骤称为"先验的还原"。在他看来，通过普遍悬搁，排除掉超越于意识的外在实在对象，还原到意识内的对象，即现象时，这种还原本质上还是一种"心理学还原"，其中还杂有种种心理主义的因素。所以，必须诉诸"先验的还原"，清除掉心理主义所蕴含的种种模糊性、偶然性和不确定性。胡塞尔写道："我们在这里将引入'先验的还原'，它是比心理学还原高一层次的还原，心理学的还原是随时都可以进行的，并且同样借助于悬搁来进行的纯化，先验还原则是在此纯化之后进一步的纯化。先验还原完全是普遍悬搁的一个结果，而普遍悬搁则包含在先验问题的意义中。如果每个可能世界的先验相对性都要求对这些世界进行普遍的'加括号'，那么，它也要求对纯粹心灵和与心灵有关的纯粹现象学的心理学加括号。……心理学家是在把对他来说自然有效的世界之内将出现的主体性还原为纯粹心灵的主体性——世界之中的主体性，——而先验现象学家则通过他的绝对普遍的悬搁把心理学纯粹的主体性还原成为先验纯粹的主体性，还原为这样一种主体性，这种主体性进行世界统觉并且在其中进行对动物实体的心灵的客观化统觉，并且它使这些统觉在他自身中有效。"②显而易见，胡塞尔在这里所说的主体性也就是先验的主体性或先

---

① 倪梁康：《面对实事本身——现象学经典文选》，东方出版社 2000 年版，第111 页。

② 同上书，第 98 页。

验的自我，它也就是先验意识的全部内容。当还原达到这一全部意识或现象的阿基米德点后，是否意味着它已经成为一种"唯我论"了呢？胡塞尔的回答是否定的。在他看来，任何一个先验的主体或先验的自我都会通过"统觉"和"同感"意识到先验的他我的存在，"先验主体性正是随此而扩展为交互主体性，扩展为交互主体-先验的社会性，它是整个交互主体的自然和世界的先验基地，而且同样也是所有观念对象性的交互主体存在的先验基地"①。这就告诉我们，先验主体性本质上是一种交互的主体性，犹如莱布尼茨的单子处在先定和谐中一样。

当先验意识的基地通过现象学的二阶还原而显露出来的时候，现象学的任务是否已经完成了呢？胡塞尔的回答是否定的。为了揭示意识的根本特征，他从他老师布伦塔诺那里借用了"意识的意向性"概念。

布伦塔诺在《心理现象与物理现象的区别》（1874）一文中这样写道："每一心理现象的特征在于具有中世纪经院哲学家所说的对象的意向性的（亦即心理的）内存在（Inexistenz）和我们可以略为含糊的语词称之为对一内容的指称，对一对象（不一定指实在的对象）的指向，或内在的客体性（an immanent objectivity）的东西。每一心理现象都把某物当做对象而包容于自身之中，尽管方式可能不同。在表象中总有某物被表象，在判断中总有某物被肯定或否定，在爱中总有某物被爱，在恨中总有某物被恨，在欲望中总有某物被欲求，如此等等。这种意向性的内存在是为心理现象所专有的。没有任何物理现象能表示出类似的性质。所以，我们完全能够为心理现象下这样一个定义，即它们都意向性地把对象包含于自身之中。"②正是这一重要的见解使胡塞尔认识到，意识不管是处在表象、判断的状态下，还是处在爱、恨或欲望的状态下，它都不是空洞的，它总是意向性地指向某物。胡塞尔写道："我作为自我生活于其中的意识方式的基本特征就是所谓的意向性，就是对某物的各种意识

---

① 倪梁康：《面对实事本身——现象学经典文选》，东方出版社 2000 年版，第 138 页。
② 同上书，第 49—50 页。

到。"①然而，胡塞尔的意向性理论和布伦塔诺存在着重要的区别。其一，在布伦塔诺那里，意向的对象，即意向的相关项可以是超越于意识的外在的实在对象，也可以是意识内的对象；而在胡塞尔那里，由于已经把超越于意识的外在的实在对象悬搁起来，所以唯一合法的对象只能是意识内的对象。其二，在布伦塔诺那里，只是泛泛地把意向性理解为一切心理现象的特征；而在胡塞尔那里，由于存在着心理学还原和先验的还原这两个不同的层次，因而意向性也存在两个不同的层次。其三，布伦塔诺只是从个别意识行为的角度来论述意向性；而胡塞尔则强调了意向性所具有的视域的特征。

这里涉及的每一个差别点，对于胡塞尔来说，都具有实质性的意义。由于前面的论述已经触及前两个差别点，所以我们在这里着重考察最后一个差别点。胡塞尔指出："视域意向性——客体没有它便不成为客体——的情况又是如何？它指明着世界联系，就像意向性分析所指明的那样，没有一个客体可以离开这个联系而被想象，如此等等。这个情况对任何一个可能从属于世界的特殊客体类型都有效。"②那么，胡塞尔这里说的"视域"又是什么意思呢？克劳斯·黑尔德对这一概念做了详尽的分析：当一个人感知一张桌子时，他无法看清桌子所有的方面和部分，他看到的只是桌子的一个方面或一些部分，其他方面或部分对于他来说处在隐蔽的状态下。尽管如此，这个人在感知这张桌子时，仍然把它作为一个整体来感知。换言之，当这张桌子在这个人的意识中显现出来的时候，那些隐蔽的部分或方面也会映射并共现出来。也就是说，在感知中，感知者的意识具有一种权能性，即能感知到那些未直观到的、隐蔽着的方面或部分。黑尔德写道："权能性的关系为我所展示的可感知之物的游戏场被胡塞尔称为'视域'（Horizont）。"③在感知过程中，被

---

① 倪梁康：《面对实事本身——现象学经典文选》，东方出版社 2000 年版，第 116 页。
② 同上书，第 124—125 页。
③ ［德］埃德蒙德·胡塞尔：《生活世界现象学》，倪梁康、张廷国译，上海译文出版社 2002 年版，第 10 页。

课题化的始终是对象，即意向的相关物，而权能性则处在非课题化的状态下。然而，任何感知，任何意向，实质上都是在权能性的游戏场，亦即视域中展开的。"对于意识来说，在共现中已经包含着更广泛经验的权能性。所以，共现开辟了权能性的游戏场，亦即视域。由于共现属于统觉，所以统觉为意识创造了视界。因而，统觉对一个对象的构造不仅为意识将有关对象变成被给予性，而且统觉使得一个视域得以产生。构造就是视域的构成。"①在这里，我们发现了由莱布尼茨、康德最先使用的"统觉"概念的极端重要性。事实上，现代的格式塔心理学也通过实验的方法证实了这种把感知的对象整体化的统觉作用。当然，胡塞尔由于引入了视域的概念而使人们对统觉这一概念的认识达到了新的高度。正如兰德格雷贝在《胡塞尔告别笛卡尔主义》(1962)一文中所指出的："意识不只是有关这个和那个在世存在者的意识而已，根据它的现实性视域，意识还总是同时作为世界意识。事实上，无论意识是指行动意识或情景意识，每一个别意识内皆蕴涵着整全视域，而这种有关视域的学说使我们本质地迈前一步去超越近代意识理论的整个传统，而这一步使我们能够在此学说的提问界限中及在随之产生的困局中了解此传统。"②在胡塞尔看来，正是由于这种视域意向性的存在，先验主体性的意向体验才不是一片混乱的，而是一个多层次的综合的统一。在先验意识的范围内，这种统一形成了普遍的形式本体论，而这一本体论则为与事实科学或经验科学相应的区域本体论奠定了基础。然而，当先验主体通过统觉所开辟的视域意向性来完成其综合统一工作时，另一个根本性的因素绝对不能被忽略，那就是时间性的问题，正如黑尔德所指出的："意识是一条体验流，即一种流动的多样性。但是，许多不同的体验都是作为'我的体验'被我意识到的。这些体验都包含在这种属于'我'的属性中，

---

① [德]埃德蒙德·胡塞尔：《生活世界现象学》，倪梁康、张廷国译，上海译文出版社2002年版，第13页。

② 倪梁康：《面对实事本身——现象学经典文选》，东方出版社2000年版，第540—541页。

它们构成统一。体验流的这种多样性的综合统一在胡塞尔看来便是时间性。它构成时间意识存在的形式，并且这种构成十分奇特，以致意识内部地'知道'它自己的这种形式。这便是内时间意识。"①在胡塞尔看来，这种时间性或内时间意识的实质乃是当下意识，然而，当下意识并不是介于过去与未来之间的一个抽象的、无延续性的点，而是像一段音乐，具有延续性。而在这一延续性中，作为当下意识的高潮的乃是"原印象"（Urimpression），而在这个高潮的周围有一圈"晕"（Hof），在这个"晕"中，过去以"滞留"（Retention）的方式、将来以"前摄"（Protention）的方式表现出来。实际上，自然思维中的同质的、均匀流逝的"客观时间"正是在内时间意识，尤其是当下意识变异的基础上发生的，而它又倒过来掩蔽了始源性的内时间意识的存在和作用。②

综上所述，胡塞尔创立的先验现象学，以前所未有的彻底态度不断地向意识内部发掘，直至达到全部意识或现象的始源性基础——先验自我，从而为从认识论的角度建立严格科学的哲学澄明了前提。不用说，胡塞尔关于现象学还原的方法和视域意向性的学说对我们重新理解现代性问题具有重要的启发。然而，我们也必须看到，胡塞尔的全部工作都是在静态的认识论的框架内展开的，他的全部努力都是探索先验主体在认识起点上的明晰性。他的这种一以贯之的风格可以用他在《先验现象学引论》（1929）的结尾处所引证的奥古斯丁的那句名言——"Noli foras ire，in te redi，in interiore homine habitat veritas"（不要向外行，回到你自身；真理寓于人心之中）③——来说明。这种向先验自我的返回加剧了胡塞尔的学生和追随者的离心倾向，海德格尔自然也不能例外。

---

① ［德］埃德蒙德·胡塞尔：《生活世界现象学》，倪梁康、张廷国译，上海译文出版社 2002 年版，第 18—19 页。

② 正是通过类似的、对自然思维中已然存在的各种观念，如时间、空间、客体、客观主义、世界等的研究，晚年胡塞尔开辟了现象学研究的一个新领域，即发生现象学的领域。

③ 倪梁康：《面对实事本身——现象学经典文选》，东方出版社 2000 年版，第 142 页。

现代性现象学(续)[①]

一、面向事物本身

正如萨弗兰斯基所指出的："同胡塞尔密切合作的第一年，海德格尔已经开始把胡塞尔的现象学观念从意识的内在联系之中提取出来，放置到世界中去。"[②]也就是说，海德格尔扭转了现象学发展的方向，从而把现象学的研究领出了死胡同。

在海德格尔看来，"现象"一词的含义就是让事物按其本身的方式显现出来，而现象学也就是按照事物自身显现的方式去看待并描述事物，而这也就是现象学家所说的"面向事物本身"。海德格尔写道："'现象学'这个名称表达出一个原理，这个原理能够被表述为：'面向事物本身！'——它反对一切无根据的构造与偶发之见，反对采纳

---

① 原载《江海学刊》2003 年第 2 期。收录于俞吾金等：《现代性现象学——与西方马克思主义者的对话》，上海社会科学院出版社 2002 年版，第 17—42 页，导论第三节、第四节，内容稍有改动；《从康德到马克思——千年之交的哲学沉思》，广西师范大学出版社 2004 年版，第 434—460 页。——编者注

② ［德］吕迪格尔·萨弗兰斯基：《海德格尔传——来自德国的大师》，靳希平译，商务印书馆 1999 年版，第 118 页。

只是从外表上看来经过证明的概念，反对各种假问题——尽管它们常常被扩展为'问题'并代代相传。"①那么，海德格尔所说的"事物本身"又是什么意思呢？是不是在现象背后还有什么东西呢？他的回答是否定的。在他看来，现象背后不再存在任何其他东西，但现象却可能处在被遮蔽的状态下。事实上，正因为现象处在这样的状态下，所以现象学才是必要的。这就表明，虽然海德格尔和胡塞尔一样，也把现象理解为在意识中显现出来的东西，但他对现象的理解却与胡塞尔存在着重大区别。他把"现象"（Phänomenon）与"现像"（Erscheinung）、"假象"（Schein）区分开来，强调现象学所要面向的"事物本身"不是"现像"或"假象"，而是"现象"。这里的"现象"到底指的是什么呢？海德格尔写道："本体论只有作为现象学才是可能的。现象学的现象概念（Der phänomenologische Begriff von Phänomen）意指这样的显现者，即存在者的存在和它的意义，它的变化及其衍化物。"②在另一处，他以更明确的方式指出："只有存在和存在结构才能作为现象学意义上的唯一的现象。"③这就明确地告诉我们，海德格尔所关注的现象或事物本身乃是存在的意义，而在传统哲学，尤其是传统形而上学中，这种根本性的现象始终处在被遮蔽的状态下。

　　海德格尔认为，在所有的"存在者"（Seiende）中，唯有作为人之存在的"此在"（Dasein）能够询问存在的意义。海德格尔关于"此在"的论述反映出他和胡塞尔在对现象学理解上存在着重大差异。

　　第一，此在现象学本质上是意志（Wille）或意欲（Wollen）现象学。正是在这一点上，显示出胡塞尔的现象学认识论思路与海德格尔的现象学本体论思路之间的重大区别。如前所述，胡塞尔虽然也把情感、欲望和意志纳入现象或意识行为的范围内，但他从认识论的考察思路出发，把现象学分析的重点始终放在与认识相关的"表象"（Vorstellung）上，从而

---

① M. Heidegger, *Sein und Zeit*, Tübingen: Max Niemeyer Verlag, 1986, S. 27-28.
② Ibid., S. 35.
③ Ibid., S. 147.

把情感、欲望和意志理解为在表象的基础上被奠基的意识行为。虽然海德格尔没有像普凡德尔那样，把自己的此在的现象学称作意欲或意志现象学，但既然他的着眼点是生存论的本体论，所以，他始终把此在的意欲或意志理解为此在在世的始源性的现象。事实上，他对"情绪"（Stimmung）、"两可"（Zweideutig）、"烦"（Sorge）、"畏"（Angst）、"死"（Tod）等现象的分析都与人的意欲、意志或选择有关。在他看来，认识是此在在世的样式，也就是说，不是意欲或意志奠基于认识和表象，而是认识和表象奠基于意欲或意志。

海德格尔这方面的思想曾对法国哲学家利科产生重大的影响。利科甚至认为，仅仅从认识和表象的意义上来理解现象学乃是胡塞尔的现象学必须抛弃的偏见之一。他在《意志现象学的方法与任务》（1952）一文中阐述意志现象的始源性时指出："如果我迟疑，我的犹豫不决就表现成不作选择、不能作选择、想去作选择、推迟作选择、惧怕作选择；但即使选择出缺，我仍是在选择的范畴之内，正如我的沉默乃是在话语的范畴之内。一个尴尬和缓慢的意欲、一个退让的意欲仍是一个意欲；对于我来说，世界乃是我投入进去以便作出选择的大海；意志的完全缺席将是人之存在的缺席。"[1]这段论述表明，利科已经认识到海德格尔与胡塞尔在对现象学理解上存在着根本差异。

第二，此在现象学具有诠释的性质。海德格尔说："就诠释学这个词的始源性含义而言，此在现象学就是诠释学，诠释学标志着这一诠释事业。"[2]在有的地方，他干脆称此在现象学为"此在诠释学"，并进而指出，此在进行任何诠释活动，都会陷入"诠释学循环"之中，即：一方面，此在试图客观地进行诠释；另一方面，此在的任何诠释活动都只能在其理解的前结构的基础上进行。在他看来，这一循环并不是在认识活动中应该加以排除的恶性循环，事实上，理解的前结构也是无法排除

① 倪梁康：《面对实事本身——现象学经典文选》，东方出版社 2000 年版，第 850 页。
② M. Heidegger, *Sein und Zeit*, Tübingen：Max Niemeyer Verlag, 1986，S. 37.

的，"决定性的事情不是脱离这一循环，而是按照正确的方式进入这一循环"①。这实际上对胡塞尔所主张的"悬搁"进行了批评，即任何认识者都不可能把他自己的理解的前结构"悬搁"起来。事实上，胡塞尔强调的这种普遍的悬搁和他所主张的视域意向性也是相矛盾的，因为视域的存在已经暗示了可能进行的悬搁的界限。

第三，此在的"生存"（Existenz）结构也就是"在世之存在"（das in-der-Welt-sein），而存在的意义正是在"此在"在世中显现出来的。如果胡塞尔从静观的认识论上向先验自我的确定性回归，从而把获取先验自我这个阿基米德点作为现象学阐释的根本任务，那么，海德格尔则从生存论的本体论的角度出发，把对"在世之在"的结构的分析视为现象学阐释的基本使命。正如萨弗兰斯基在谈到胡塞尔的自我概念时所指出的："海德格尔将来要对这个难以捉摸的现象加以规定，并重新将它掷回到它（在胡塞尔处）偷偷溜出来的那个世界中去。胡塞尔的先验自我的脑袋里有一个世界，但是，这个脑袋却并不真正在世界之中。"②

第四，"此在本质上是共在（Mitsein）"③。在海德格尔看来，这个现象学的命题具有生存论的本体论意义。也就是说，即使他人不是现成地摆在那里，不被感知，共在也从生存论上规定着此在。换言之，此在之独在仍然是在世界中的共在，独在不过是共在的一种残缺的样式。此外，此在之独在不可能通过在它旁边出现的第二个人或更多的人来加以消除，"因此，共在和相互共在的事实性并不奠基于许多'主体'的一起出现"④。在海德格尔看来，即使独在夹杂在许多人中，也不等于说这许多人都是现成地摆在那里的，独在与这许多人的关系本质上仍然是共在的关系，不过，这种共存是以冷漠和陌生的方式来照面的。

---

① M. Heidegger, *Sein und Zeit*, Tübingen: Max Niemeyer Verlag, 1986, S. 153.
② ［德］吕迪格尔·萨弗兰斯基：《海德格尔传——来自德国的大师》，靳希平译，商务印书馆 1999 年版，第 115 页。
③ M. Heidegger, *Sein und Zeit*, Tübingen: Max Niemeyer Verlag, 1986, S. 120.
④ Ibid., S. 120-121.

这些论述清晰地显露出海德格尔与胡塞尔之间的分歧。一方面，海德格尔不同意胡塞尔使用"主体"的概念，因为这一概念带有太多的近代哲学所崇尚的主客体两分的痕迹；另一方面，海德格尔也不同意胡塞尔从先验主体性走向先验交互主体性的思路，因为这一思路蕴含着这样一个前提，即先验主体性比先验交互主体性更具有始源性。在海德格尔看来，此在、共在和世界作为原初现象具有同样的始源性。不是此在先存在，然后再通过他人、陌生经验或同感，发现所谓"先验交互主体性"，而是此在的存在方式就是共在，即使此在没有领悟到这一点，它的存在也始终是共在。而此在认识到自己的本质是共在，也不是靠外在的感知或推论，不是靠外在的许多人的存在，而是它在骨子里就是共在的，共在就是它生存在世的无法逃避的方式。

第四，此在的空间性的本质乃是"去远"（Entfernung）和"定位"（Aus-richtung）。海德格尔认为，此在本质上不是现成的存在，它的空间性并不意味着它被摆在空间的某个位置上，也不能通过它与某物之间存在的距离来测量它的方位，而是在生存活动的"去远"和"定位"中展现出来的。所谓"去远"也就是"求近"："在此在中存在着一种本质性的求近的倾向。我们今天被迫或多或少地随之而提高速度，而一切提高速度的方式的目的是克服远离。"①也就是说，此在在世有一种先天的倾向，即把世界周围世界化。从一个角度看，此在把世界拉近到自己的身边；从另一个角度看，此在参与到一个更广大的世界中去。同时，我们必须注意到，此在的"去远"绝不是漫无方向的，这种"去远"总是在"定向"中的"去远"："定位"和"去远"一样，它们作为在世之存在的存在样式都是先行地通过烦忙所从出的环顾来加以引导的。②

在海德格尔看来，日常生活中的可均匀分割或测量的空间正是在此在的这种始源的空间性的基础上建构起来的。在这一点上，他和胡塞尔

---

① M. Heidegger, *Sein und Zeit*, Tübingen: Max Niemeyer Verlag, 1986, S. 105.
② Ibid., S. 108.

之间的差异也是显而易见的。胡塞尔对空间问题并没有很多论述，他只是强调："在现象学被给予之物的领域中包含着空间意识，即'空间直观'作为感知和想象而进行于其中的那种体验。"①在海德格尔看来，胡塞尔所谈论的这种空间意识或空间直观并不是始源性的，真正始源性的现象乃是此在在世，即此在在烦忙中的环顾，它的去远和定位。事实上，此在的任何空间直观都是在这样的基础上展开的。

此在在世的根据是"时间性"（Zeitlichkeit）和"历史性"（Geschichtlichkeit）。此在作为向可能性进行筹划的存在者，它对存在意义的领悟总是在始源性的时间现象，即时间性的基础上展开的。海德格尔写道："从将来返回到自身，决心就以当前化的方式把自己带到处境中。曾在来自将来，其情形是：曾在的（更好的说法是曾在着的）将来从自身释放出当前。我们把这种作为曾在着的-当前化的将来（gewesend-gegenwärtigende Zukunft）的统一现象称作时间性。"②如果说，在胡塞尔关于内时间意识的论述中，"当下"构成时间性的核心的话，那么，在海德格尔那里，此在作为向可能性进行筹划的存在者，其时间性的核心始终是在将来，由将来返回到曾在再进入当下的选择。

从这里可以看出，胡塞尔的时间观仍然与奥古斯丁一样，是以静态认识论的反思或直观为基础的，在这种反思或直观中，显现出来的自然是"当下"的重要性；而海德格尔对时间性的理解是以生存论的本体论为出发点的，此在在向将来的筹划中领悟到时间性的真谛，所以将来构成他所理解的时间性的基础和核心。

海德格尔还进一步指出："时间性显露为此在的历史性。"③在他看来，历史性非但不能用流俗的历史观念来说明，相反，流俗的历史观念只有借助于历史性才能得到合理的说明，而此在必须从自己在世的"烦"

---

① ［德］埃德蒙德·胡塞尔：《生活世界现象学》，倪梁康、张廷国译，上海译文出版社 2002 年版，第 72—73 页。

② M. Heidegger, *Sein und Zeit*, Tübingen：Max Niemeyer Verlag, 1986，S. 326.

③ Ibid., S. 332.

中，从死、罪责、良知和自由中去领悟自己的历史性。众所周知，胡塞尔的先验现象学的宗旨是向超时间—空间的先验自我的返回，尽管他也讨论内时间意识或时间性的问题，但由于他对历史主义和历史问题的排拒，他在讨论时间性问题时并没有关联到历史性问题。然而，晚年胡塞尔却对历史哲学和历史解释中的目的论发生了浓厚的兴趣。利科在《胡塞尔与历史的意义》(1949)一文中指出了胡塞尔思想的这一转向所蕴含的困难："胡塞尔创立历史哲学的尝试所提出的一切问题最终都完全走向困难。如果历史从包含在它之中的使命中获得意义，那么这一使命的基础在哪里呢?"①事实上，胡塞尔始终是在传统的理性主义的立场上来谈论历史发展的目的和使命的，然而，他对传统的理性主义本身却缺乏批判性的反思。

综上所述，海德格尔此在现象学中的意欲或意志现象学的倾向、此在诠释学的意蕴，尤其是他关于面向事物本身、在世之存在、共在、空间性、时间性和历史性的论述，为我们深入地领悟现代性的真谛提供了极为重要的思想资源。

二、新理论平台的建构

现代性现象学也就是运用现象学的理念和方法，尤其是海德格尔的此在现象学的理念和方法，对现代性现象进行全面的考察。在某种意义上可以说，现代性现象学的建立也就是一个新的理论平台的开启。在本节中，我们将着重阐述现代性现象学的基本立场、观念和方法，并从现代性现象的总体视域出发，对现代性的含义及与现代性一起共现出来的其他现象的含义做出明确的界定。

① 倪梁康：《面对实事本身——现象学经典文选》，东方出版社 2000 年版，第838 页。

1. 有限悬搁

什么是"有限悬搁"呢？这一概念是相对于胡塞尔所倡导的"普遍悬搁"来说的。他试图通过现象学还原，把外部实在世界以及人们关于这一世界存在的信念通通悬搁起来，或存入括号之中。在我们看来，这种"普遍悬搁"只是一种理想状态，是永远不可能达到的，因为人们关于外部世界存在的信念已经渗透到最常见的符号——日常语言之中，除非胡塞尔把这种语言也"悬搁"起来，否则他就无法彻底地排除人们自然而然地拥有的那些顽强的信念。即使胡塞尔在现象学研究中创制了不少专门的术语，但无论如何，他叙述现象学观念的用语却远远地大于这些术语，借用芬克的话来说，他从日常语言中引入了大量未加认真审定的操作概念。正是这些概念的涌入，使胡塞尔所主张的"普遍悬搁"乃至彻底的现象学的还原受到严重的损害。

正如芬克在《胡塞尔现象学的操作概念》(1957)一文中所指出的："虽然胡塞尔在其方法学中，探问了我们所谓'论题'与'操作的理解媒介'之区别，并且无可否认地，在某种程度上亦在'现象学还原'的理论中，论题化了此一区分。然而尽管如此，此一区分以及胡塞尔思想中的诸多核心概念仍处于模糊中。'现象'、'悬搁'、'构造'、'产制'与'先验逻辑'等概念皆较之其论题的解释更为操作地使用着，这些概念皆仍然是开放的问题。洞见这些问题的尚未解决，表示了对胡塞尔的一个中肯的批判，但是并不意味着对胡塞尔的超越。处于阴影中，乃有限哲学思索的本质。勇于追寻光明的力量愈根源，其根本思想中的阴影就愈深刻。只有上帝的认识才是无阴影的。"①芬克的批评表明了"普遍悬搁"或"加括号"之不可能性。实际上，"悬搁"这个词本身并没有被悬搁起来，"加括号"这个词组本身也没有被放入括号之中。在我们看来，所有的悬搁本质上都是"有限悬搁"，在探讨现代性现象时，我们必须清醒地意识

---

① 倪梁康：《面对实事本身——现象学经典文选》，东方出版社 2000 年版，第 603—604 页。

到这一点。

在对现代性现象的探讨中，存在着形形色色、迥然各异的观点。从本书的研究范围来看，至少可以把这些观点分为"西方马克思主义者的观点"和"非西方马克思主义者的观点"，而就"西方马克思主义者的观点"来说，也是仁者见仁，智者见智的。事实上，要达到对一切现代性观点的"普遍悬搁"也是不可能的，但现象学的研究方法毕竟给予我们重大的启发，我们至少可以达到对这些先入之见的"有限悬搁"，即至少可以把在这里成为我们探讨对象的西方马克思主义者——本雅明、阿多诺、哈贝马斯、韦默尔、列斐伏尔、梅洛-庞蒂、布尔迪厄、鲍德里亚、詹姆逊和吉登斯探讨现代性现象的整体思路悬搁起来。

正如我们在前面已经指出过的那样，我们关于"现代性现象学"的想法虽然受到吉登斯的"一个现代性的现象学"的提法的启发，但由于"一个现代性的现象学"的提法在吉登斯那里并不具有实质性的含义和作用，所以运用"现代性现象学"这一概念并不表明我们对吉登斯关于现代性的系统见解采取了非批判的态度。我们之所以要对这些西方马克思主义者的观点实行"有限悬搁"，目的是按照自己的思路，以更彻底、更系统的方式对现代性现象做出全面的、深入的反思。同样，尽管"现代性现象学"的提法表明了我们在理论上同以胡塞尔、海德格尔为代表的现象学思潮之间的关系，但一方面，把现象学的理念和方法运用到对现代性现象的研究上，在一定程度上拓宽了现象学研究的思路；另一方面，我们对胡塞尔和海德格尔的现象学的观念也并不是完全认同的，而是采取了实事求是的、批判性的态度。

2. 现代性现象的总体视域

当我们把现代性现象课题化时，我们的视域中呈现出来的是一组现象："现代化"(modernization)、"前现代"(pre-modernity)、"现代"(modern)、"后现代"(post-modernity)、"前现代性"(pre-modernity)、"现代性"(modernity)、"后现代性"(post-modernity)、"现代主义"(modernism)、"后现代主义"(post-modernism)。事实上，当我们对这九个现象

中的任何一个进行考察时，其他八个现象都会以共现的方式呈现在我们的视域中。① 那么，这九个现象究竟是以什么样的方式呈现在意识中的呢？

首先，以话语框架的方式在我们的意识中呈现出来的是"前现代""现代"和"后现代"这三个现象。毋庸讳言，它们实际上是用来指称人类社会发展的不同的历史时期的。"前现代"对应于"前现代社会"或我们通常说的"传统社会"；"现代"对应于"现代社会"；"后现代"对应于"后现代社会"。在这三个术语中，"现代"起着核心作用。② 一旦我们把"现代"这一术语所蕴含的时间框架确定下来，"前现代"与"后现代"的时间框架也就相应地确定下来了。然而，困难恰恰在于如何来确定"现代"的时间框架。

德国历史学家斯宾格勒很早就意识到了这种历史分期上的困难。他在《西方的没落》中这样写道："由于把历史分成了'古代史''中古史'和'近代史'——这是一种令人难以置信的空洞无物且又毫无意义的体系，可是它却完全主宰了我们的历史思维——……这种体系是简单地直线进展的，分配比例是无意义的，而且随着每一世纪愈来愈不合理，我们所不断知道的新的历史领域它也无法包括进去；尽管如此，它的正确性却从未被人全力地攻击过，这在未来的诸文化看来，真是难以置信

---

① 我们发现，这九个对象共有的词根是"现代"（modern），而"现代"是指一个历史时期，它显然属于胡塞尔所说的"客观时间"或海德格尔所说的"流俗时间"的范围。所以，无论是"客观时间"，还是"流俗时间"，都不可能是始源性的时间意识，而真正始源性的时间意识，在胡塞尔那里称为"内时间意识"或"时间性"，在海德格尔那里则称为"时间性"。关于始源性的"时间性"与"现代"这一概念之间的关系的探讨我们不在这里展开，但我们在这里只限于指出一点，即对这一关系的考察和领悟具有非同寻常的意义。它将澄明我们作为当代中国的研究者的独特的历史性和历史处境，从而为我们探讨现代性现象确定一个合理的前设。

② 据说，尤金·沃尔夫在 1888 年发表的一篇《现代》的论文中第一次阐明了"现代"概念，并把它比喻为"一位经验丰富而又纯洁的女性"。参见［英］马·布雷德伯里、詹·麦克法兰：《现代主义》，胡家峦等译，上海外语教育出版社 1992 年版，第 27 页。

的。"①斯宾格勒所使用的"近代"概念也就是我们这里说的"现代"概念，这里的差异完全是中文的翻译所造成的。

就宽泛的含义来说，大概可以把文艺复兴时代迄今的漫长的历史时期都称作"现代"，但这样称呼的困难是："古代"和"中古"都是确定的，但"近代"或"现代"却是不确定的，它不断地向将来延伸，不断地使自己膨胀，永远也没有一个尽头。就我们这里讨论的严格的含义来说，"现代"大致上指的是从十七八世纪的启蒙运动到20世纪40年代第二次世界大战结束这个历史时期。

与此相应的是，我们可以把启蒙时期以前的历史阶段统称为"前现代"，而与"前现代"对应的则是"前现代社会"或"传统社会"。而从20世纪50年代至今，大致可以被称为"后现代"②。正如利奥塔所指出的："我们的工作假设是：随着社会进入被称为后工业的年代以及文化进入被称为后现代的年代。知识改变了地位。这种过渡最晚从50年代末就开始了。它对欧洲来说标志着重建的结束。"③如果说，从前现代社会或传统社会到现代社会的主要转变是从共同体到社会、从身份到契约、从农业社会到工业社会、从特殊主义到普遍主义的话④；那么，从现代社会到后现代社会的主要转变则是从工业社会到信息社会、从生产型经济

---

① ［德］奥斯瓦尔德·斯宾格勒：《西方的没落》上册，齐世荣等译，商务印书馆1963年版，第31—32页。

② 凯尔纳和贝斯特在《后现代理论》一书中详尽地叙述了"后现代"概念的发生史。按照他们的考证，这个概念在1870年前后已经出现，直到20世纪六七十年代，才被西方广泛地加以使用，但他们对这个概念的含义缺乏明确的论述；也没有系统地探讨我们前面提到的九个概念及它们相互之间的关系。事实上，不厘清这些概念之间的差异和关系，就很难对其中的任何一个概念做出合理的说明。利奥塔则不是从历史时期的视角，而是从叙事的视角来看待现代与后现代的关系。他写道："什么是后现代呢？如果它在对主宰意象和叙事的规则提出疑问的令人眩晕的工作中占有位置，那么是什么位置？它无疑是现代的一部分。"包亚明：《后现代性与公正游戏》，谈瀛洲译，上海人民出版社1997年版，第138页。

③ ［法］让-弗朗索瓦·利奥塔尔：《后现代状态——关于知识的报告》，车槿山译，生活·读书·新知三联书店1997年版，第1页。

④ 金耀基：《从传统到现代》，中国人民大学出版社1999年版，第64—65页。

到消费型经济、从物的匮乏到物的绝对的丰盛。① 比较起来，人们更容易认识前现代（社会）和现代（社会）之间的断裂关系，但对现代（社会）与后现代（社会）之间的断裂关系就不太容易认识了，因为这一断裂至今仍然在进行，并没有完成。无论如何，当我们对"前现代""现代"和"后现代"这些话语框架的范围做出大致的界定后，我们下面的探讨就获得了一个坚实的基础。

其次，作为直接感知的相关项，在我们的意识中呈现出来的是"现代化"这一现象。也就是说，我们可以通过对现代化的要素的感知，来判断一个社会是否已经实现现代化。在理论界，人们一般认为，现代化的概念是在 20 世纪第二次世界大战之后由西方学者率先提出来的。后来这个概念才在中国思想界风行起来。然而，事实并非如此。正如罗荣渠先生所指出的："实际上中国现代化运动从自己的实践中提出现代化的概念和观点，早于西方的现代化理论约 20 年。"②根据目前掌握的资料，在 20 世纪 20 年代，有的中国学者已开始使用"现代化"这个术语，而这一术语在报刊上的普遍使用则是在 30 年代。当时，人们的思考不约而同地集中在下面这个问题上，即什么是现代化？有的学者认为："就国家社会言，现代化即是工业化（industrialization）。凡一个现代化的国家，即是一个工业化的国家。……工业化为其他一切的现代化的基础，如果中国工业化了，则教育，学术，和其他社会制度，自然会跟着现代化。"③按照这种见解，现代化的本质也就是工业化，只要工业化实现了，当代中国社会的其他方面也会自然而然地现代化。也有的学者认

---

① ［法］波德里亚：《消费社会》，刘成富、全志钢译，南京大学出版社 2000 年版，第 3—4、65—66、73—74、134—135 页。

② 罗荣渠：《从"西化"到现代化——五四以来有关中国的文化趋向和发展道路论争文选》，北京大学出版社 1997 年版，第 22 页。这一见解也可以从当代西方马克思主义者詹姆逊那里得到印证。他指出："现代性概念无法逾越的一个方面就是现代化的概念，而现代化概念本身的出现要晚得多，是第二次世界大战之后的产物。"［美］詹姆逊：《现代性的幽灵》，《文汇报》2002 年 8 月 10 日。

③ 同上书，第 229—230 页。

为："现代化，最主要的意义，当然是着重于经济之改造与生产力之提高。换言之，即使中国经过一次彻底的产业革命。因为无论中国之前途为资本主义或社会主义，但中国经济之应改造与生产力之应提高，则为毫无可疑。"①这种见解与上面的见解实际上是大同小异的，都把经济发展视为现代化的主要含义。

如果我们把 20 世纪二三十年代的中国人对现代化概念的理解和后来的西方人的理解综合在一起，那么现代化的可感知的要素如下：第一，工业化；第二，民主政治；第三，市场经济；第四，先进的科学技术；第五，合理化、世俗化和都市化。事实上，通过对这些要素的感知，我们也深化了对"现代"这个术语的内涵的理解，从而也深化了对它和"前现代""后现代"这两个术语之间的差异的领悟。

再次，作为直接感知和初步反思的相关项，在我们的意识中呈现出来的是"现代主义"和"后现代主义"这两个现象。在通常的情况下，人们总是在文化艺术乃至意识形态研究的语境中来感知并反思这两个现象。正如凯尔纳和贝斯特所指出的："在这里，争论围绕着艺术中的现代主义和后现代主义之间的差别而展开。在这些话语中，'现代主义'被用来描述现代时期的艺术运动（如印象主义、为艺术而艺术、表现主义、超现实主义及其他前卫运动），'后现代主义'则被用来描述那些出现于现代主义之后并与之决裂的各种美学实践。这些形式包括罗伯特·温图瑞（Robert Venturi）和菲力浦·约翰逊（Philip Johnson）的建筑、约翰·凯奇（John Cage）的音乐体验、瓦侯（Warhol）和劳申伯（Rauschenberg）的艺术、品钦（Pychon）和巴拉德（Ballard）的小说以及诸如《快刀手》（*Blade Runner*）和《蓝丝绒》（*Blue Velvet*）之类的电影。争论的核心是：现代主义和后现代主义之间是否存在尖锐的实质性的区别，以及

---

① 罗荣渠：《从"西化"到现代化——五四以来有关中国的文化趋向和发展道路论争文选》，北京大学出版社 1997 年版，第 246 页。

这些运动的相应的成就和局限是什么。"①这段论述表明，在文化艺术的研究中，存在着"现代主义"和"后现代主义"的思潮是无可怀疑的，难以决断的是如何确定这两个现象的含义以及它们相互之间的关系和差别。

就"现代主义"的主要含义而言，布雷德伯里和麦克法兰做过更明确的说明："朝着深奥微妙和独特风格发展的倾向，朝着内向性、技巧表现、内心自我怀疑发展的倾向，往往被看作是给现代主义下定义的共同基础。"②要言之，"现代主义"主要意味着现代艺术在发展中风格上出现的急剧转变。那么，它究竟反映的是哪个历史时期的文化艺术作品呢？詹姆逊告诉我们："现代主义的时代大约应为 1880—1930 年，文学运动中首先是象征主义运动开了现代主义的先河，马拉美（Stéphane Mallarmé）的诗是最有影响的；然后随着机器的出现，产生了未来主义，在苏俄和意大利都有发展。但所有现代主义都是从 1857 年波德莱尔（Charles Baudelaire）出版的《恶之花》（*Les Fleurs du Mal*）和与此同时产生的福楼拜（Gustave Flaubert）的小说开始的。德国纳粹分子上台之后（1930 年前后），现代主义便告结束了，给后来诗人留下的只是 epigone，

---

① ［美］道格拉斯·凯尔纳、斯蒂文·贝斯特：《后现代理论》，张志斌译，中央编译出版社 2001 年版，第 4—5 页。比如，利奥塔对现代主义与后现代主义的关系就有自己独特的理解。他写道："后现代主义是现代主义的一部分，它在表现里面召唤那不可表现的事物，它拒绝正确的形式的安慰，拒绝有关品位的共识，这种共识允许产生对不可能事物的怀旧感的共同体验，并且探索新的表现方式——不是为了从它们那里得到快感，而是显示更好地产生存在着某种不可表现的事物的感觉。"（包亚明：《后现代性与公正游戏》，谈瀛洲译，上海人民出版社 1997 年版，第 140 页。）又如哈桑认为："现代主义和后现代主义之间并没有一层铁幕或一道中国的万里长城隔开；因为历史是一张可以被多次刮去字迹的羊皮纸，而文化则渗透在过去、现在、未来的时间之中。"［法］让-弗·利奥塔等：《后现代主义》，赵一凡等译，社会科学文献出版社 1999 年版，第 118 页。

② ［英］马·布雷德伯里、詹·麦克法兰：《现代主义》，胡家峦等译，上海外语教育出版社 1992 年版，第 10 页。

意即出生太晚，无法找到新材料的痛苦。"①就"后现代主义"的主要含义而言，也涉及文化风格。特里·伊格尔顿认为："后现代主义是一种文化风格，它以一种无深度的、无中心的、无根据的、自我反思的、游戏的、模拟的、折中主义的、多元主义的艺术反映这个时代性变化的某些方面，这种艺术模糊了'高雅'和'大众'文化之间，以及艺术和日常经验之间的界限。"②詹姆逊则把文化艺术的大众化、商品化和消费化视为"后现代主义"的主要特征。同时，他还告诉我们："'后现代主义'一词正式启用大约是在 60 年代中期，它出现在一个很特定的领域，那就是建筑。建筑师是第一批有系统地使用'后现代主义'一词的人。他们的意思是，建筑里的现代主义已经过时了，已经死亡了，现在已进入了后现代主义阶段。"③当然，詹姆逊在这里说的是"后现代主义"这个术语最早是在什么时候出现的，至于"后现代主义"思潮的出现显然要早于这一术语的正式启用。他认为，在 20 世纪 40—60 年代，随着印度、加纳、阿尔及利亚的独立，中国的解放和万隆会议的举行，出现了与第一世界、第二世界相抗衡的第三世界；也出现了新的殖民主义和资本主义发展的新阶段，人们称之为"晚期资本主义""媒介资本主义""后工业社会资本主义""跨国资本主义"等。"后现代主义就是在这一阶段中出现的，正如

---

① ［美］杰姆逊：《后现代主义与文化理论》，唐小兵译，北京大学出版社 1997 年版，第 4 页。杰姆逊又译为詹姆逊。在这部讲演稿的另一处，詹姆逊有一个补充的说法："我所称的现代主义，虽然可以说是开始于 1857 年，即波德莱尔的《恶之花》和福楼拜的《包法利夫人》出版的那一年，但总的说来，应该说是开始于市场资本主义向垄断资本主义转变的同时出现的象征主义运动，即 19 世纪 80 年代。而且 80 年代出现的工业化、现代化正是资本主义社会前所未有的。"［美］杰姆逊：《后现代主义与文化理论》，唐小兵译，北京大学出版社 1997 年版，第 158 页。

② ［英］特里·伊格尔顿：《后现代主义的幻象》，华明译，商务印书馆 2000 年版，第 1 页。

③ ［美］杰姆逊：《后现代主义与文化理论》，唐小兵译，北京大学出版社 1997 年版，第 163—164 页。

垄断资本主义曾经带来了现代主义一样。"①

　　基于上面的论述，我们大致可以了解"现代主义"和"后现代主义"的含义及它所对应的历史时期。如果说，"后现代主义"大致对应于后现代（社会）的话，那么，"现代主义"对应的则是 19 世纪 50 年代至 20 世纪 40 年代的现代（社会）。当然，它们各自显现出来的可感知的要素却不是上面这些简要的论述所能够涵盖的。② 我们必须把很多学者阐释"现代主义"和"后现代主义"的见解综合起来，才能把捉住这些要素。"现代主义"的可感知的要素如下：第一，高雅文化与通俗文化的并存；第二，风格上的内在化和情绪上的焦虑、迷惘、孤独；第三，真理、象征和乌托邦；第四，时间和发生学。"后现代主义"的可感知的要素如下：第一，大众文化和文化工业；第二，解构、碎片、拼贴和游戏；第三，仿真、类象和能指的暴政；第四，空间和拓扑学。③

　　最后，作为深度反思或本质直观的相关项，在我们的意识中呈现出

---

　　① ［美］杰姆逊：《后现代主义与文化理论》，唐小兵译，北京大学出版社 1997 年版，第 160—161 页。我们在这里引证詹姆逊的这段论述并不表明我们无批判地接受了他关于资本主义发展的三个时期和晚期资本主义文化逻辑的理论架构。在我们看来，把现实主义、现代主义和后现代主义与资本主义发展的自由竞争阶段、垄断阶段与晚期资本主义阶段一一对应起来，未免把整个文化研究简单化了。马克思早就说过："关于艺术，大家知道，它的一定的繁盛时期决不是同社会的一般发展成比例的，因而也决不是同仿佛是社会组织的骨骼的物质基础的一般发展成比例的。"（《马克思恩格斯全集》第 46 卷上册，人民出版社 1979 年版，第 48 页。）在我们看来，文化艺术的发展具有自己的相对独立性，它的发展态势是呈弥散状的。事实上，我们无法按照编年史的纪年方式，把不同的文化艺术作品硬装进一个固定的时间框架中去，就像把刀叉和盘子放到每一个食客的面前去一样。乍看起来，詹姆逊的文化理论借用了许多后现代主义的术语，但其思想架构仍然是从属于近代思维模式的。他的资本主义文化发展的三阶段论很容易使我们联想起黑格尔的三段论或孔德关于人类社会发展的三阶段论。当然，如果把詹姆逊的整个文化理论的架构打散，他的许多局部的、具体的论述仍不乏真知灼见。

　　② 比如，詹姆逊也从另一个角度对现代主义做出了说明："总体说来，现代主义与维多利亚时期的繁文缛礼、道德禁忌或上流社会的习俗格格不入。这就是说，不论伟大的高级现代主义的公开的政治内容是什么，它总是以最隐蔽的方式，在既有秩序中起危险的、爆炸性的颠覆作用。"［美］弗雷德里克·詹姆逊：《文化转向》，胡亚敏等译，中国社会科学出版社 2000 年版，第 18 页。

　　③ 哈桑曾列出了一张长长的表来区分现代主义和后现代主义。［法］让-弗·利奥塔等：《后现代主义》，赵一凡等译，社会科学文献出版社 1999 年版，第 123—125 页。

来的是"前现代性""现代性"和"后现代性"这三个最为抽象的现象。不用说，在这三个现象中，核心的现象乃是"现代性"。"现代性"的含义一旦被定位了，"前现代性"和"后现代性"的含义也就随之确定了。然而，正是在如何把握"现代性"现象的问题上，存在着很多不同的观点。下面我们分析几种有代表性的观点。

第一种观点把"现代性"理解为一个特定的历史时期。比如，凯尔纳和贝斯特认为："现代性一词指涉各种经济的、政治的、社会的以及文化的转型。正如马克思、韦伯及其他思想家所谙阐释的那样，现代性是一个历史断代术语，指涉紧随'中世纪'或封建主义时代而来的那个时代。"①显然，这种理解方式把"现代性"与真正指称历史时期的"现代"概念混淆起来了。

第二种观点把"现代性"理解为一种独特的社会生活和制度模式。比如，吉登斯认为，"在其最简单的形式中，现代性是现代社会或工业文明的缩略语。比较详细地描述，它涉及：（1）对世界的一系列态度、关于实现世界向人类干预所造成的转变开放的想法；（2）复杂的经济制度，特别是工业生产和市场经济；（3）一系列政治制度，包括民族国家和民主。基本上，由于这些特性，现代性同任何社会秩序类型相比，其活力都大得多"②。不用说，这种理解方式在相当程度上把"现代性"与"现代化"所显现出来的可感知的要素混淆起来了。

第三种观点把"现代性"理解为一种特殊的叙事方式。比如，利奥塔在 1984 年写给塞缪尔·卡辛的一封信中说："在《后现代状况》中我关心的'元叙事'（meta-narratives），是现代性的标志，理性和自由的进一步解放，劳动力的进步性或灾难性的自由（资本主义中异化的价值的来源），通过资本主义技术科学的进步整个人类的富有……黑格尔的哲学

---

① ［美］道格拉斯·凯尔纳、斯蒂文·贝斯特：《后现代理论》，张志斌译，中央编译出版社 2001 年版，第 2—3 页。

② ［英］吉登斯、皮尔森：《现代性——吉登斯访谈录》，尹宏毅译，新华出版社 2001年版，第 69 页。

把所有这些叙事一体化了，在这意义上，它本身就是思辨的现代性的凝聚。"①细心的读者一定会发现，在利奥塔那里，"现代""后现代""现代性""后现代性"和"后现代主义"这些现象都是从叙事的性质和范围的角度得到理解和诠释的。换言之，利奥塔并没有揭示这些现象之间的差异，特别是他磨平了"现代性"和作为一种文化风格的"现代主义"之间的差别。

第四种观点把"现代性"理解为自启蒙以来尚未完成的方案。哈贝马斯认为："由 18 世纪启蒙哲学家所开创的现代性事业，就在于根据各自的内在逻辑来努力发展客观科学、普遍道德与法律以及自主艺术。与此同时，这一事业还意图将这些领域中的认知潜能从各自的秘传神授（esoteric）形式中解放出来。启蒙哲学家希望用不断积累起来的各门专业文化来丰富我们的日常生活，也就是说，理性地组织我们的日常社会生活。"②尽管哈贝马斯强调蕴含在现代性中的解放潜能——以"客观科学、普遍道德与法律以及自主艺术"为主旋律的启蒙精神的重要性，但由于他把"现代性"理解为一项包罗万象的、未竟的事业，因而用单一的"现代性"的概念把另外三个概念——"现代""现代化""现代主义"的含义都包容进去了。换言之，他仍然没有意识到这四个概念之间的重大差异。

事实上，我们在本书中研究的西方马克思主义者，除了上面已经提到的哈贝马斯和吉登斯之外，其余的人——本雅明、阿多诺、列斐伏尔、梅洛-庞蒂、布尔迪厄、鲍德里亚、韦默尔和詹姆逊对"现代性"概念的理解也或多或少地从属于这四种观点。毋庸讳言，我们对这四种代表性的观点都持批评性的态度。在我们看来，"现代性"关涉到的应当是现代社会生活中的一个最抽象、最深刻的层面，那就是价值观念的层

---

① 包亚明：《后现代性与公正游戏》，谈瀛洲译，上海人民出版社 1997 年版，第167 页。

② 转引自［美］道格拉斯·凯尔纳、斯蒂文·贝斯特：《后现代理论》，张志斌译，中央编译出版社 2001 年版，第 301—302 页。

面。作为现代社会的价值体系，"现代性"体现为以下主导性价值：独立、自由、民主、平等、正义、个人本位、主体意识、总体性、认同感、中心主义、崇尚理性、追求真理、征服自然等。与之相应的是，作为前现代社会，即传统社会的价值体系，"前现代性"体现为以下的主导性价值：身份、血缘、服从、依附、家族至上、等级观念、人情关系、特权意识、神权崇拜等。同样，作为后现代社会的价值体系，"后现代性"则体现为以下的主导性价值：差异性、偶然性、不确定性、碎片性、无序性、游戏性、精神分裂、结构解体、文本互涉、修辞和反讽、躯体和欲望、无中心主义等。

综上所述，按照现代性现象学的阐释，"前现代""现代"和"后现代"这三个现象主要涉及对人类社会不同的历史时期的时间框架的确定；"现代化"这一现象主要涉及现代社会整个生活模式的实际变化；"现代主义"和"后现代主义"这两个现象主要涉及文化艺术的风格；"前现代性""现代性"和"后现代性"则主要涉及三个不同历史时期的主导性价值观念。随着这些现象之间的差异被澄清，现代性现象学也就获得了明确的定位，从而也就为对蕴含在现代性中的具体现象的分析指明了方向。

3. 现代性现象学的历史性的澄明

我们作为此在，作为现代性现象的阐释者，生活在 21 世纪初的中国社会中。我们有着特殊的生存结构和历史性，而正是这一既定的生存结构和历史性决定着我们所面临的复杂的历史处境。19 世纪下半叶，当中国这只睡狮从鸦片战争的创伤中惊醒过来，试图紧随西方，走上资本主义式的工业化道路，即现代化道路时，西方又产生了反对资本主义式道路的强大的社会主义思潮。随着俄国"十月革命"的炮响，中国很快引进了马克思主义。20 世纪七八十年代，中国试图追求现代化时，发达的西方社会却声称自己已进入"后工业社会"或"后现代社会"，并开始对现代性的基本价值进行全面的反思和批评。在这种情况下，我们还有必要追求现代化和现代性吗？我们究竟如何从这种困局中走出来呢？

一方面，前现代的价值观念还牢牢地禁锢着我们的大脑，但我们已开始追求现代性了；另一方面，我们刚开始走上现代性的道路，西方人已在批判现代性，倡导后现代性了。当前现代性、现代性、后现代性这三套价值观念在我们大脑中相互冲突的时候，我们究竟应该做出怎样的选择？这是一个我们无法回避的问题，也是我们后发国家的此在的独特的历史性在经验世界中的显现。

应该说，大部分中国人对自己的生存结构和历史处境的领会是清醒的，所以下面这样的见解也就成了当代中国人的共识："中国现代化的目的，简单地说，有二，一是使中国能跻身于世界之林，使古典的中国能够成功地参与到现代世界社会中去；二是使中国古典文化彻底更新，使中国古典文化能在未来世界中扮演一重要的角色。……中国的出路……就是中国的现代化。现代化是世界的潮流，中国不能违逆这个潮流，而一厢情愿地回归到'传统的孤立'中去；在这一点上说，我们没有选择，我们只有顺着潮流走。"[①]当然，金耀基先生的这段话说得过于典雅，其实，说白了，也就是：中华民族为了能够在当今世界上生存和发展下去，必须追求现代化和现代性。事实上，当代中国社会的改革开放及从计划经济模式向市场经济模式的转型，表明中国人已经义无反顾地选择了这一条道路。作为当代中国人，我们在探索现代性现象之前，必须深刻地领会自己的生存结构和历史处境。基于这样的领会，我们的阐释立场也就被确定下来了：

第一，由于当代西方人和我们的生存结构、历史性及历史处境不同，所以在他们那里被课题化的主要是"现代性"与"后现代性"之间的关系；而在我们这里被课题化的则主要是"前现代性"与"现代性"之间的关系。为什么从 20 世纪 80 年代以来，"中国传统文化与现代化（或现代性）"的问题一直是中国学术界的主导性话题？道理很简单，因为中国传

---

① 金耀基：《从传统到现代》，中国人民大学出版社 1999 年版，第 154 页。

统文化关涉到前现代性的问题，所以这个话题的实质也就是前现代性与现代性之间的关系问题。不是当代中国人出于偶然的原因喜欢这个话题，而是因为这个话题植根于中国人的生存结构之中。

第二，"前现代"和"现代性"这两套价值体系是相互冲突的，当代中国人不应该站在"前现代性"的立场上来指责"现代性"。这种复古主义的思想倾向不仅是错误的，而且也是可笑的。正如马克思在谈论古代人的发展看起来比现代人更全面的现象时所指出的："留恋那种原始的丰富，是可笑的，相信必须停留在那种完全空虚之中，也是可笑的。"①与此相反，我们必须站在"现代性"的立场上，对"前现代性"的价值体系做出批判性的考察和创造性的转化。实际上，在中国这样的后发国家中，现代性的全套价值体系还没有获得一个充分展现的机会。在这个意义上，我们也可以像哈贝马斯那样，把"现代性"作为当代中国人未竟的事业。当代中国的有些学者之所以倡导"新启蒙"，是因为近代中国人在外族入侵和民族危亡的威胁下，从来就没有经历过完整的启蒙思想的熏陶，也从来没有完整地接受过现代性的价值的洗礼，所以，在一个相当长的阶段上，认识、认同并维护"现代性"的全部内涵，对于当代中国人来说，仍然是必要的。

第三，"现代性"和"后现代性"这两套价值体系也是冲突的。在坚持和维护"现代性"的主导价值时，我们必须清醒地意识到，现代性也蕴含着自己的负面因素。在西方马克思主义者的阵营中，如果说哈贝马斯和韦默尔更多地思索"现代性"的潜在的积极因素的话，那么，本雅明、阿多诺、列斐伏尔、梅洛-庞蒂、布尔迪厄、鲍德里亚、吉登斯和詹姆逊则更多地探索了"现代性"的负面因素。应该看到，在相当程度上，西方马克思主义者和其他西方学者，如韦伯、席美尔、海德格尔等，对"现代性"的负面价值的批判是深刻的，也是合理的。

但是，当代中国人却不能轻易地把自己的立场漂移到这些"现代

---

① 《马克思恩格斯全集》第 46 卷上册，人民出版社 1979 年版，第 109 页。

性"的批判者那里去，从而对"现代性"采取全盘否定的态度。从当代中国人的生存结构、历史性和历史处境出发，我们必须在一个相当长的时期里，继续追求现代化和现代性。这是我们的基本立场，是绝对不能动摇的。然而，对我们已经目睹的西方国家在追求现代化和现代性的过程中暴露出来的种种问题，以及我们在追求现代化和现代性过程中正在出现的问题，必须获得清醒的认识。也就是说，我们必须批判地汲取西方的"现代性"批判者的合理思想，从而对我们正在进行的现代化事业和正在追求的现代性价值体系做出必要的、合理的修正。

一言以蔽之，我们应该正确地处理好"现代性"和"后现代性"这两套价值体系之间的关系：一方面，我们必须坚持追求现代化和现代性的基本立场；另一方面，我们必须具有这些"现代性"的批判者的眼光，以便有力地遏制"现代性"中的负面因素的蔓延。我们之所以必须借助于这些批判者的眼光，正如海德格尔的此在现象学向我们揭示的，始源性的时间性是以将来为核心的。一个民族只有善于借取将来的眼光来审视历史的经验和当下的现象，这个民族才是富于创造性的，才不会重复其他民族已经走过的老路。

4. 作为奠基性现象的生存意欲或意志

正如我们在前面已经指出过的那样，胡塞尔的先验现象学由于把表象作为第一性的、奠基性的现象，把生存意志、欲望和情绪作为第二性的、被奠基的现象，这使他对意向性乃至整个现象学的理解停留在抽象认识论的视野中。与胡塞尔不同，海德格尔的此在现象学则把生存意志、欲望和情绪当作与此在同样始源性的、奠基性的现象，所以在他的思想中实际上蕴含着意欲或意志现象学的本质性的维度。

利科独具慧眼地指明了意欲或意志现象的始源性："意欲不再是'悬空'地意指，它在当下作业。我操作一些好象由我做出来的当前存在，而整个世界——连同它的道路和它的障碍、它的死结和它已经解决的课题——就是我的行动的质料和脉络。那'由我做出来的'，即我们所称的

'践行对象'，它与计划的分别在于：它是在世界里面而不再以世界为背景，它是在世界里而不在我的身体里。……作业是我对在事物之中(in medias res)遇上的困难的实践的回应，这回应是刻铸在世界的组织之中的。"①同样，在对现代性现象学的研究中，在对现代性现象的发生、结构和本质的领悟中，我们实际上也是从生存意欲或意志现象出发的。在我们看来，现代性现象不是通过静观认识论的意向行为所能够把握的，由于它是通过人的生存意欲或意志支配下的实践活动所造成的，所以，只有通过这些媒介才能真正把握现代性的现象。

事实上，马克思主义的经典作家也为我们探索现代性的真谛指明了方向。马克思说过："我们的出发点是从事实际活动的人，而且从他们的现实生活过程中我们还可以揭示出这一生活过程在意识形态上的反射和回声的发展。"②马克思这里说的"从事实际活动"也就是人在其意志的支配下所从事的活动。恩格斯在致约·布洛赫的信中也阐明了类似的道理："历史是这样创造的：最终的结果总是从许多单个的意志的相互冲突中产生出来的，而其中每一个意志，又是由于许多特殊的生活条件，才成为它所成为的那样。……各个人的意志……虽然都达不到自己的愿望，而是融合为一个总的平均数，一个总的合力，然而从这一事实中决不应作出结论说，这些意志等于零。相反地，每个意志都对合力有所贡献，因而是包括在这个合力里面的。"③在这里，我们发现，马克思的实践哲学与意欲或意志现象学之间存在着某种共契关系。

毋庸讳言，把生存意欲或意志视为始源性的现象，并以此作为入口来探索现代性现象，构成现代性现象学的本质特征。这一本质特征也为我们的具体阐释工作奠定了基础。事实上，此在与共在、此在与世界、生存与生产、时间与空间、认同与异化、个体性与总体性、合

---

① 倪梁康：《面对实事本身——现象学经典文选》，东方出版社 2000 年版，第 848 页。
② 《马克思恩格斯全集》第 3 卷，人民出版社 1960 年版，第 30 页。
③ 《马克思恩格斯全集》第 37 卷，人民出版社 1971 年版，第 461—462 页。

理性与合法性、科学与技术、全球化与瞬时化关系的展开，都是与生存意欲或意志这种始源性的现象分不开的。事实上，现代性的全部价值体系必须借助于生存意欲或意志这种始源性的冲动，才能得到合理的说明。

2004年

康德哲学的当代意义 ①

　　2004 年 2 月 12 日是伟大的德国哲学家康德逝世 200 周年纪念日。世界各国都以不同的方式纪念这位大师，据我所知，国内学术界就有好几家单位正在筹备康德哲学的研讨会。事实上，我们这个有着悠久思想文化传统的东方国家对这位哲学大师的敬意一点也不逊于西方国家。有趣的是，有一天，当我对 Immanuel Kant 的名字进行搜索时，网上显示出来的可供查询的资料竟达 170000 条；而当我对美国前总统 Bill Cliton 的大名进行搜索时，网上显示出来的资料却只有 1050 条！虽然这个曾叱咤风云的政治人物早已成为历史上的不朽者，然而与康德这样的人类思想巨匠比较起来，却渺小得多了。

　　诗人海涅就以生动的笔触叙述过伟大的思想家和政治上的行动者之间的关系："记住吧，你们这些骄傲的运动者！你们不过是思想家们不自觉的助手而已。这些思想家们往往在最谦逊的宁静之中向你们极其明确地预示了你们的一切行动。马克西米安·罗伯斯庇尔不过是卢梭的手而

　　① 原载《文景》2004 年第 1 期。收录于俞吾金：《从康德到马克思——千年之交的哲学沉思》，广西师范大学出版社 2004 年版，第 79—86 页，题为"探寻康德哲学的当代意义"；《哲学随想录》，北京师范大学出版社 2016 年版，第 69—75 页，题为"探寻康德哲学的当代意义"。——编者注

已，一只从时代的母腹中取出一个躯体的血手，但这个躯体的灵魂却是卢梭创造的。使让-雅克·卢梭潦倒终生的那种焦虑，也许正是由于卢梭在精神里早已预料到他的思想需要怎样一个助产士才能降生到这个世界上来，而产生的吧？"①

康德哲学的历史地位是无与伦比的。梁启超在 1903 年发表于《新民丛刊》的文章《近世第一大哲康德之学说》中有言："康德者，非德国人，而世界之人也；非 18 世纪之人，而百世之人也。"又说："以康德比诸东方古哲，则其言空理也似释迦，言实行也似孔子，以空理贯诸实行也似王阳明。以康德比诸希腊古哲，则其立身似苏格拉底，其说理似柏拉图，其博学似亚里士多德。"②这番评论实际上已经把康德置于西方历史上第一位大思想家的位置上。确实，康德哲学的博大精深和原创性完全无愧于这样的评论！

中国著名的康德研究专家郑昕在《康德学述》中也说过："超过康德，可能有新哲学，掠过康德，只能有坏哲学。"③这无非是说，在康德之后，试图马马虎虎对待康德，甚至绕过康德的人，绝不能在哲学上有什么大的成就。或许为了强调这一层意思，据说苏联的一位学者曾经说过：唯有通过康德这座桥梁才能抵达哲学(大意如此)。这个"桥梁"的比喻很生动，含义也很清楚，但在逻辑上却有瑕疵。因为除非假定整个西方思想史发端于康德，上面这种说法才具有它的合法性。然而，既然西方思想史发端于康德前 20 多个世纪的古希腊，所以人们恐怕至多也只能以下述方式表达对康德的仰慕，即在后康德时期，唯有通过康德这座桥梁才能抵达哲学。不管怎么说，康德在西方哲学史，乃至整个人类思想史上的地位是无可置疑的。

然而，在纪念康德逝世 200 周年的今天，我们关注的重点并不是如

---

① 张玉书：《海涅选集》，人民文学出版社 1983 年版，第 291 页。

② 中国科学院哲学研究所资料室：《资产阶级学术思想批判参考资料》第 8 集，商务印书馆 1960 年版，第 3 页。

③ 郑昕：《康德学述》，商务印书馆 1984 年版，第 1 页。

何准确地评价康德的历史地位，事实上，关于这一点，历史上甚至没有出现过真正实质性的争议，因为只有头脑十足愚蠢的人，才可能看不到康德的伟大贡献。我们在这里想要强调的是，我们关注的真正的重心是康德哲学思想的当代意义，或者换一种说法，在当代人的心目中，康德应以何种理论形象出现？我们认为，康德哲学思想中的以下三个维度仍然是照亮当代人思维道路的灯塔。

其一，正是康德的先验哲学所蕴含的"哥白尼革命"从根本上改变了人类的思维方式。众所周知，按照黑格尔在《小逻辑》中的见解，康德以前的哲学乃是朴素的哲学，这种哲学蕴含着以下三个理论预设：一是整个世界都是无条件地可以被认识的；二是人类的认识能力是没有任何界限的；三是作为认识者和认识对象之间的媒介物——语言也是不成问题的，它并没有给人类的认识活动造成任何障碍性的因素。从历史上看，在康德之前，只有个别学者，尤其是休谟，以其深刻的怀疑精神把康德从传统的形而上学的迷梦中惊醒过来。休谟思考问题的切入点是因果性，他从经验主义的立场出发，把传统形而上学所认定的、具有客观必然性的因果性阐释为主观必然性，即人们在心理上形成的习惯，这就从根本上摧毁了奠基于因果性基础之上的传统形而上学大厦。事实上，休谟的怀疑主义危及上面提到的第一、第二个理论预设。

康德十分敏锐地意识到，如果自己不能解决这个著名的休谟问题，那么，从任何角度看，都不可能对哲学研究进行实质性的推进。通过12年的沉默和思考，康德终于独立地形成了自己的先验哲学。康德在提到自己创立的这一新的哲学思想的时候，曾经写道："关于这门科学，以前任何人甚至连想都没有想过，就连它的概念都是前所未闻的，而至今除了休谟的怀疑所能给的启发以外，没有什么现成的东西能够对它有用；即使休谟也没有料到可能有这样的一种正规的科学，而为了安全起见，他是把他的船弄到岸上（弄到怀疑论上）来，让它躺在那里腐朽下去的。至于我，却不采取这样的做法……这个驾驶员根据从地球的知识里得来的航海术的可靠原理，并且备有一张详细的航海图和一个罗盘针，就可以安全地驾驶这只船随心所欲地到什么地方去。"①康德的先验哲学所包含的巨大创意在于：把对象区分为现象和物自体，提出先验、经验、超验三个不同的概念，并进而阐明，作为对象，物自体是超验的、不可知的，人们能够认识的，不过是物自体向人们的感官显现出来的现象；人的心灵不是像洛克所描述的那样，是一块白板，而是由先验感性（时空）和先验知性（十二个范畴）组成的；知识是先验的东西和经验的东西相结合的产物，即现象；人的认识能力是有限度的，理性的自然倾向是运用知性范畴去认识超验的物自体，结果就会陷入先验辩证法，传统的形而上学就在先验辩证法中兜圈子。康德提出了知性为自然立法、理性为实践立法的口号，强调理性的真正用武之地是实践领域，是实现先验的自由。康德的伟大贡献是开拓出整个先验领域，证明先天综合判断是何以可能的，因果性作为先天知性范畴具有普遍必然性，从而从根本上解决了休谟问题。

在这个意义上，康德的"哥白尼革命"的实质是揭示出整个先验领域，并证明全部哲学研究都是围绕着这个领域而展开的。只要哲学还向往严格的思考，那么先验哲学就始终是它的基础和核心的部分。正如胡塞尔所指出的："康德所开创的是一种新的先验主观主义，它转变为德国唯心主义系统中的新形式。"②在当今西方学术界具有巨大影响的现象学也正是在康德的先验唯心论的基础上发展起来的。实际上，当今任何一个真正的哲学学派都无法回避先验论问题，而当代中国哲学之所以对哲学理论的研究缺乏实质性的推进，因为它始终停留在经验主义和心理主义的范围内，把全部哲学的严格性得以奠基的先验领域拒之门外。因此，我们完全可以说，康德的先验哲学改变了整个人类的思维方式。

其二，正是康德哲学所蕴含的批判精神完全改变了哲学运思的方式。康德在《纯粹理性批判》的第一版序言中就曾以十分坚定的口吻说

---

① ［德］康德：《任何一种能够作为科学出现的未来形而上学导论》，庞景仁译，商务印书馆1982年版，第12页。

② 倪梁康：《胡塞尔选集》下，上海三联书店1997年版，第1072页。

过："我们的时代在特别程度上是一个批判的时代，一切都必须受到批判。宗教想借口它的神圣立法、想借口它的尊严，企图避免批判，可是，这样一来，它们恰恰就引起别人对它们的正当的怀疑，而不能要求人家真诚的尊敬了，因为只有受得起自由和公开的考查与考验的东西，理性才给以真诚的尊敬。"①事实上，康德所处的时代正是一个以理性作为法庭重新去看待和判断世界万物的时代，然而，康德的眼光比其他启蒙学者来得更为深刻，因为他要对理性本身进行批判性的考察。也就是说，在康德那里，批判精神主要表现为理性的自我反省，即理性对自己的含义和本质、对自己的活动范围和界限、对自己的不同维度（思辨理性、实践理性和判断力）的解析。事实上，在一个以理性引导一切的时代中，如果人们对理性本身的限度也缺乏充分的认识，又何以引导其他东西呢？

在这个意义上可以说，康德哲学之所以拥有如此深远的影响，就在于它所倡导的批判精神。正如海涅十分敏锐地指出过的那样："康德引起这次巨大的精神运动，与其说是通过他的著作的内容，倒不如说是通过在他著作中的那种批判精神，那种现在已经渗入于一切科学之中的批判精神。所有学科都受到了它的侵袭。"②在康德之后，"批判"这个词成了日常生活和人文社会科学中最频繁地出现的语词之一。就以马克思而言，他的主要著作和手稿的正标题或副标题几乎都有"批判"这个词。比如，马克思驳斥青年黑格尔主义者鲍威尔的著作的名称是《神圣家族，或对批判的批判所做的批判》，马克思的《资本论》的副标题则是"政治经济学批判"，而当今仍然活跃在国际学术舞台上的法兰克福学派就以"社会批判理论"著称。在某种意义上，哲学思维成了批判性思维的同名词。

遗憾的是，虽然康德所倡导的批判精神仍然活跃在哲学研究的领域里，然而，在人们的日常生活中，这种精神正在日益衰退。马尔库塞出版于1964年的《单向度的人》要阐明的正是这样的主题。他认为，在现

---

① ［德］伊·康德：《纯粹理性批判》，韦卓民译，华中师范大学出版社2000年版，第5页。

② 张玉书：《海涅选集》，人民文学出版社1983年版，第304—305页。

代工业社会中，人们的思维理应拥有两个不同的维度：一个是对现实生活的认同，另一个则是对现实生活的批判。可是在日益意识形态化的科学技术所蕴含的合理性观念的支配下，人们的思维失去了第二个维度，即批判地考察现实生活的维度，人已经退化为单向度的人。与马尔库塞所批判的现代西方社会类似，当代中国社会正在蜕变为一个缺乏批判思维的社会。虽然"批判"这个用语成了人们的口头禅，但真正有分量的批判性的著作和批判精神却再也见不到了。在这种情况下，缅怀康德，正是为了重新激活这种久违了的批判精神。

其三，正是康德哲学所蕴含的伟大的人文精神和道德境界，为当代人，尤其是当代哲学研究者确立了难以超越的范本。康德的批判哲学常常遭到后人的误解，以为它的全部哲学都是消极的，只是限制人们不要试图去思考并把握超验的对象，即物自体。康德本人似乎已经预感到这种误解的可能性，所以他在《纯粹理性批判》的第二版序言中这样写道："就我们的批判之划清思辨理性的界限来说，它固然是消极的，可是由于这样，它却清除了危及其存在的一种障碍，实际上它是具有一种积极而且十分重要的作用的。"①

康德这里强调的、他的哲学的积极作用主要是指：通过对知识的扬弃，为信仰和道德实践开拓了地盘。简言之，在康德看来，在思辨理性或理论理性的范围之内去证明或反驳上帝这一物自体是否存在都是无意义的，甚至根本上就是谬误的，但在实践领域里，保留对上帝的信仰却是十分必要的，它可以转化为人们的积极的道德行为。这就告诉我们，康德哲学的最高境界不是在理论理性的范围内，不是为了证明纯粹自然科学何以可能，而主要是在道德、宗教的领域里，如何使人具有自己的尊严。在这个意义上可以说，康德哲学的最伟大的贡献是高扬了人文精神，只要我们一想起他的"人是目的"的伟大口号，就感到振奋不已！

---

① ［德］伊·康德：《纯粹理性批判》，韦卓民译，华中师范大学出版社 2000 年版，第 22 页。

康德曾经说过一段含义隽永的话："丰特奈尔曾说，我对贵人鞠躬，但我心灵并不鞠躬。我可以补充说，对于一个我亲见其品节端正而使我自觉不如的素微平民，我的心灵鞠躬，不论我愿意与否，也不论我如何眼高于顶，使他不忽视我的优越性地位。"①这段话表明，在康德的心目中，实践理性和人的崇高的道德品德具有至高无上的地位。就康德本人来说，他是这么倡导的，也是这么践行的。众所周知，晚年康德出版了《单纯理性限度内的宗教》一书后，曾经引起当时德国皇帝的不满，他下手谕要康德中止这方面的研究，放弃其批判基督教的观点。康德立即做了答复：作为一个臣民，他不得不遵守国王的命令，但作为一位学者，他绝不可能放弃自己的观点。在一张随手写下的小纸片上，他留下了这样的话："放弃自己内心的信念是卑鄙的。"②事实上，德国皇帝死后，他立即出版了题为《学科间的纷争》的论著，进一步对自己的观点进行申辩。康德启示我们，一个学者的言论和行为应该是一致的。他怎么说，也就应该怎么做。对于我们这个浮躁和人格分裂到处蔓延的时代来说，重新阅读康德，维护自我和他人的尊严，无疑具有特别重要的意义。

毋庸讳言，在康德生活的时代里，我们前面提到过的、传统形而上学的第三个理论预设——作为认识者和认识对象之间的媒介物的语言问题还没有引起哲学家们(包括康德在内)的深入思考。事实上，哲学的所谓"语言学转向"是在 20 世纪中完成的。当然，我们不能以此而苛求康德，因为他毕竟是哲学发展史上的最伟大的革命者。

最后，我们不妨引证桑木严翼在其著作《康德与现代哲学》中的一句话来结束本文："哲学者之必须研究康德哲学，虽在今日仍无变更。"③

---

① ［德］康德：《实践理性批判》，韩水法译，商务印书馆 1999 年版，第 83 页。
② ［苏联］阿尔森·古留加：《康德传》，贾泽林等译，商务印书馆 1981 年版，第 241 页。
③ ［日］桑木严翼：《康德与现代哲学》，余又荪译，商务印书馆 1935 年版，第 2 页。

从传统知识论到生存实践论^①

如果我们把从古希腊哲学家泰勒斯到德国哲学家黑格尔的学说称为"传统知识论",那么,也可以把以叔本华为代表的唯意志主义、以马克思为代表的历史唯物主义、以詹姆士为代表的实用主义和以海德格尔为代表的存在主义等相关的思潮统称为"生存实践论"。当然,就我们对这两个概念的使用而言,在相当程度上撇开了种种偶然的因素,而着眼于哲学家或哲学流派的主要思想倾向和特征。在我们看来,从传统知识论到生存实践论的发展,乃是西方哲学史发展中的一条根本性的线索。厘清这条发展线索,不但能加深我们对西方哲学史发展的内在规律的认识,而且能使我们对传统哲学的反思和批判获得新的维度。

众所周知,传统知识论有三个基本特征:一是直截了当地把求知理解为人类的本性,未深入地反思人类求知的动因究竟是什么;二是把求知理解为人类对外部世界的静观,未深入地探究人类求知的实际过程;三是把真理性的知识理解为主观认识与客观对象相符合的结果,未深入地追问知识的本质及其何以可能的真实的前提。

——————————

① 原载《文史哲》2004 年第 2 期。收录于俞吾金:《哲学随想录》,北京师范大学出版社 2016 年版,第 90—94 页。——编者注

亚里士多德在《形而上学》一书中开宗明义地指出："求知是人类的本性（All men by nature desire to know）。"①然而，有趣的是，亚氏并未对自己的上述断言做出任何具体的论证，仿佛它是一个自明的真理。其实，这里成问题的正是：为什么求知会成为人类的本性？难道人类是为知识而生，为知识而在这个世界上存在和发展的吗？事情的本身是否正好颠倒过来，即人类的本性是在这个世界上求生存，而为了更好地生存下去，他们才去求知的。不管如何，只要亚氏对人类求知的动因未加深究，他的上述断言的真理性就是可疑的。

紧接着上面的断言，亚氏又指出："我们乐于使用自己的感官就是一个明证；即使没有实用意义，我们也爱使用它们，而在诸感觉中，视觉（the sense of sight）最为重要。无论是我们在按观点行事时，还是在无所事事时，与其他感觉比较起来，我们更喜欢观看（seeing），这是因为，能使我们认识事物并洞见它们之间的差异的绝大部分感觉来自视觉。"②在这段人们很少注意的重要论述中，亚氏告诉我们：第一，人们经常以非实用或超实用的方式来使用他们的感官；第二，在人类的所有感觉中，视觉最为重要，而视觉则是以观看的方式，亦即在很大的程度上是以静观的方式加以使用的。也就是说，亚氏非但没有深入地探究人类的生存实践活动与他们对外部世界的感知之间的内在联系，反而通过对人类的非实用意义的感觉现象的强调，力图掩蔽这两者之间的内在联系。

在下面这段人所共知的论述中，亚氏进一步把求知与生存实践活动必然蕴含的实用性目的分离开来："无论是古代还是今天，人们的哲学思索都起源于他们的惊奇；……所以他们从事哲学思索是为了摆脱无知，显然，他们并不是为了任何实用的目的，而是为了求知而追求科

---

① *The Basic Works of Aristotle*, edited by R. McKeon, New York: Random House, 1941, 980a.

② Ibid., 980a.

学。"①作为古代知识论观念的集大成者，亚氏的思想对后人产生了深刻的影响，它提供了这样的定见，即真正的知识是与人们的生存实践活动和实用目的相分离的。

在亚氏之后，无论是笛卡尔在火炉边上的沉思，还是康德或黑格尔在书房里的遐想，都不自觉地奠基于亚氏的知识论传统，把知识与知识的基础——人类的生存实践活动分离开来。正如海德格尔所批评的："通过对笛卡尔的本体论立场的继承，康德耽搁了一件实质性的事情，即一个此在的本体论(das einer Ontologie des Daseins)。"②我们知道，在海氏的话语系统中，此在的本质在于它的生存，所以他对康德哲学批判的实质在于，康德从根本上忽视了知识与此在的生存活动之间的内在联系。事实上，直到晚年的《逻辑学讲义》中，康德才提出了"人是什么？"的问题，并试图通过其实用人类学加以解答。而在海氏看来，在未澄明人的生存结构之前去讨论知识问题，这一问题必然处于无根的状态下，因为认识或知识并不是其他的东西，它乃是此在在世的一种样式。

应该指出，从传统知识论转向生存实践论的第一位哲学家是叔本华。人所共知，在康德那里，物自体既是感性刺激的来源，即感觉知识的来源，又是知性认识无法逾越的界限。换言之，物自体不是知识的对象，而是信仰的对象。正是叔本华揭示了物自体的属人的本质，他写道："什么是物自体？它就是意志(der Wille)。"③尽管叔本华对意志概念有着十分宽泛的理解，但人的生存意志无论如何是他全部哲学思考的中心。这样一来，叔本华通过自己的理解方式，就把传统知识论所讨论的知识问题重新带回到生存意志的根基上。正是这种具有重大历史意义的"带回"从根本上扭转了传统知识论发展的方向，打开了生存实践论的

① *The Basic Works of Aristotle*, edited by R. McKeon, New York: Random House, 1941, 982b.

② M. Heidegger, *Sein und Zeit*, Tuebingen: Max Niemeyer Verlag, 1986, S. 24.

③ A. Schopenhauer, *Die Welt als Wille und Vorstellung*, Berlin: Suhrkamp Verlag, 1986, S. 182-183.

新路径。

　　显然，马克思哲学在这一转向的过程中也起到了关键性的作用。在《关于费尔巴哈的提纲》一文中，马克思这样写道："一切社会生活本质上是实践的。所有把理论导向神秘主义方向去的神秘东西，都能在人的实践中以及对这一实践的理解中得到合理的解决。"①这一重要的论述第一次阐明了知识、理论与人类的生存实践活动之间的内在联系。在马克思看来，社会生活，包括人们的求知活动，并不是以静观的方式表现出来的，它本质上是实践的。知识也好，理论也好，它们并不是闲来无事的诗词，并不是没有任何实用目的的精神形式，即使是神秘主义性质的知识或理论，归根到底也是奠基于人类的生存实践活动，并可以从这一活动中找到其来源的。换言之，生存实践活动也就是人类一切知识为之而旋转的轴心。

　　在马克思之后，肇始于美国的实用主义思潮也是促成这一根本转向的重要哲学流派。詹姆士指出："你所需要的哲学是这样一种哲学：它不但要能运用你的智慧的抽象能力，还要能与这有限人生的实际世界有某种肯定的联系。"②虽然詹姆士强调哲学"烤不出面包"，但哲学知识却不能与"这有限人生的实际世界"完全分离。事实上，人类是在与这一实际世界打交道的过程中才产生出求知的需要来的。人类绝不可能以无所事事的方式去求知，他们总是带着与自己的生存有关的、抽象的或具体的目的去求知的。求知不是生存的前提，相反，生存才是求知的基础。美国当代的新实用主义者罗蒂进一步指出："在我看来，实用主义的出发点是由贝恩和皮尔斯提出的反表象主义主张：信念是行为的习惯而不是表象实在的努力。根据这种信念观，一个信念之真，是其使持此信念的人能够应付环境的功用问题，而不是其摹写实在本身的存在方式的问

---

　　① K. Marx and F. Engels, *Werke*, *Band* 3, Berlin: Dietz Verlag, 1969, S. 7.

　　② ［美］威廉·詹姆士：《实用主义》，陈羽纶、孙瑞禾译，商务印书馆 1979 年版，第 13 页。

题。"①这一重要的见解从根本上动摇了传统的、以抽象的方式求知的知识论，特别是其以主客观的符合为前提的真理论，主张知识或信念之为真，其根本的判断标准不是静观中的表象是否与实在相符合，而是"人应付环境的功用问题"。在这里，我们可以发现一个有趣的对照：如果说，亚里士多德竭力把真正的知识与任何实用的目的分离开来的话，那么，罗蒂则把实用的目的理解为真正知识的必要前提。

在当代西方哲学中，无论是强调"语言游戏"嵌入"生活形式"的维特根斯坦，还是倡导"以言行事"的奥斯汀；无论是提出"生活世界"概念的晚年胡塞尔，还是为了交往行动的有效性而创立"普遍语用学"的哈贝马斯；无论是创建知识社会学的舍勒、曼海姆，还是倡导"当下上手"的海德格尔式的存在主义，其共同的理论旨趣都是把知识奠基于人类的生存实践活动之上。毋庸讳言，充分地认识西方哲学史上这一由传统知识论向生存实践论的根本性的转向，将会大大深化我们对西方哲学史发展规律的认识。

---

① ［美］理查德·罗蒂：《后哲学文化》，黄勇编译，上海译文出版社 1992 年版，第 1 页。

西方哲学发展中的三大转向①

  在西方哲学史研究中，人们常常热衷于谈论"西方哲学史发展的内在逻辑"。其实，这里所谓的"内在逻辑"的提法并不是在严格的意义上被使用的，它常常是研究者把自己的主观研究心得"硬化"的结果，而这种"硬化"往往又是不成功的。诚然，在实际的研究活动中，任何研究者都无法完全摆脱自己的视角来观察和分析哲学史，但下面这种可能性仍然是存在的，即研究者通过对自己的理解前结构的深入反省和对哲学史史料的批判性考察，使自己的主观研究心得更契合西方哲学史演化的真实过程。本文正是这方面尝试的一个结晶。

  本文认为，西方哲学史乃是不同历史时期的西方哲学家连续性地思考共同关注的哲学问题的结果。不管哲学家们对哲学问题的理解如何引申出迥然各异的结论，他们思考的对象却是共同的。这一对象包含着三个不同的侧面：第一个侧面是个人面对的外部世界以及外部世界中事物与事物之间的关系；第二个侧面是作为个人反思对象的自我以及自我与他者之间的关系；第三个侧面是沟通个体与外部世界之间、个体与个体之间

---

① 原载《河北学刊》2004 年第 3 期。——编者注

关系的媒介物，其中特别重要的是语言以及蕴含在语言中的语法、语义、语用和逻辑问题。

当我们紧紧地围绕着任何哲学探讨都无法回避的这三个侧面来反思西方哲学史的时候，就会发现，西方哲学史发展的内在逻辑正以客观的方式显现出来。我们不妨把这一内在逻辑理解为三大转向。

一、第一个大转向：从独断论哲学到批判哲学

从西方哲学发展史上看，第一个大转向，即从独断论哲学到批判哲学，是经过从古希腊哲学到康德哲学这一漫长的过程才完成的。从总体上看，康德以前的哲学都可以划归到独断论哲学的范围内。

什么是独断论？黑格尔这样写道："独断论的对立面是怀疑论。古代的怀疑论者，对于只要持有特定学说的任何哲学，都概称为独断论。"①确实，古代学者塞克斯都·恩披里柯也在《皮浪主义纲要》中指出："那些认为他们发现了真理的人，……被恰当地称为独断论者。"②也就是说，凡是古代哲学家，只要在自己的研究中引申出肯定性的结论的，都可以被称为"独断论者"。

如果用通俗易懂的语言来表达，独断论哲学也就是对哲学思考的对象采取素朴的态度。正如黑格尔在谈到这种态度时所说的："它还没有意识到思想自身所包含的矛盾和思想自身与信仰的对立，却相信，只靠反思作用即可认识真理，即可使客体的真实性质呈现在意识前面。有了这种信仰，思想进而直接去把握对象，再造感觉和直观的内容，把它当作思想自身的内容，这样自以为得到真理，而引以为满意了。一切初期的哲学，一切科学，甚至一切日常生活和意识活动，都可说是全凭此种

---

① ［德］黑格尔：《小逻辑》，贺麟译，商务印书馆 1980 年版，第 101 页。
② ［英］尼古拉斯·布宁、余纪元：《西方哲学英汉对照辞典》，王柯平等译，人民出版社 2001 年版，第 273 页。

信仰而生活下去。"①在黑格尔看来，独断论哲学所引申出来的结论与其说是思考的结果，不如说是信仰的结果。独断论哲学的素朴态度主要表现为对以下三个理论预设的信仰：第一，外部世界的事物本身是可以被认识的；第二，人的感觉、认识是可靠的，人可以通过自己的感官和理性去认识已有的对象；第三，人的意识的载体——语言是可靠的，人们能够运用语言准确地表达自己的思想，并和他人进行无障碍的交流。实际上，在对这三个理论预设的信仰中，主要涉及的是前面两个理论预设，至于第三个理论预设，在康德和康德以前的哲学家那里，基本上还处于边缘化的、沉睡的状态中。虽然在某些古代哲学家那里，语言问题也被提及了，但并没有被主题化。

有趣的是，这种差不多可以等同于信仰的、素朴的独断论哲学在古代已经受到一些怀疑主义者的质疑。比如，智者普罗泰戈拉说过："至于神，我既不知道他们是否存在，也不知道他们像什么东西。有许多东西是我们认识不了的；问题是晦涩的，人生是短促的。"②另一个智者高尔吉亚得出了如下三个结论：一是"无物存在"；二是"如果有某物存在，这个东西也是人无法认识的"；三是"即令这个东西可以被认识，也无法把它说出来告诉别人"③。尤其是第三点，涉及的正是对语言这一媒介物的怀疑。高尔吉亚进一步论证说："因为我们告诉别人时用的信号是语言，而语言本身并不是给予的东西和存在的东西；所以我们告诉别人的并不是存在的东西，而是语言，语言是异于给予的东西的。……由此可见，语言不能传达给别人。"④

显然，智者哲学家的怀疑构成了对独断论哲学的理论预设的挑战。苏格拉底试图通过对概念知识的肯定来回应智者哲学家的挑战，而柏拉

---

① ［德］黑格尔：《小逻辑》，贺麟译，商务印书馆 1980 年版，第 94—95 页。
② 北京大学哲学系外国哲学史教研室：《古希腊罗马哲学》，生活·读书·新知三联书店 1957 年版，第 138 页。
③ 同上书，第 138 页。
④ 同上书，第 142—143 页。

图则把感性的、可见的世界让渡给怀疑论者，只是牢牢地守卫着在苏格拉底的启示下构筑起来的、静止的理念世界，而亚里士多德则为这个理念世界提供了形式逻辑的法则。从此以后，古代独断论哲学的地位似乎得到了巩固。在漫长的中世纪，由于哲学成了神学的婢女，神学的信仰进一步强化了哲学的信仰。独断论哲学在莱布尼茨—沃尔夫、洛克等哲学家那里达到了辉煌的顶点。然而，独断论哲学的敌手——怀疑论的思想仍然不绝如缕地发展着，膨胀着，终于在休谟那里形成了掀翻独断论哲学统治的滔天巨浪。

休谟的怀疑主义之所以蕴含着如此强大的力量，不仅因为他本人见解深刻，而且因为他从近代哲学鼻祖笛卡尔以来的哲学思考中获得了巨大的助力。众所周知，笛卡尔提出了"我思故我在"的著名命题，从而把哲学的眼光转向对自我的反思。正如黑格尔所说的："从笛卡尔起，哲学一下转入了一个完全不同的范围，一个完全不同的观点，也就是转入主观性的领域，转入确定的东西。"①换言之，从笛卡尔开始，自我觉醒了，从此，哲学家对自我及自我与他者关系的反思就上升为哲学思考的基础和主题。这里的道理是十分简单的，既然哲学乃是思维，而思维发自自我，那么在自我本身被澄清之前，哲学对具体问题的研究难道能获得其确定性吗？休谟的怀疑主义正是借助于这种对自我的反思而获得其深度和力量的。在他看来，自我无非是"一束知觉"，而人类已经获得的、主要建基于因果性之上的所谓"客观的知识"无非是主观心理上的习惯性的、不确定的联想。这样一来，传统的独断论哲学的大厦就被休谟的无坚不摧的怀疑主义之角拱塌了。

所以，康德坦承，正是休谟的怀疑主义把他从独断论哲学的迷梦中惊醒过来，并给他指出了一个完全不同的思考方向。② 然而，在如何对

①　［德］黑格尔：《哲学史讲演录》第 4 卷，贺麟、王太庆译，商务印书馆 1981 年版，第 69 页。
②　［德］康德：《任何一种能够作为科学出现的未来形而上学导论》，庞景仁译，商务印书馆 1982 年版，第 9 页。

待受独断论主宰的传统形而上学之船的问题上，他们有着完全不同的见解："为了安全起见，他(指休谟——笔者注)是把他的船弄到岸上(弄到怀疑论上)来，让它躺在那里腐朽下去的。至于我，却不采取这样的做法；我是给它一个驾驶员，这个驾驶员根据从地球的知识里得来的航海术的可靠原理，并且备有一张详细的航海图和一个罗盘针，就可以安全地驾驶这只船随心所欲地到什么地方去。"①为了超越传统的独断论哲学的视野，也为了使自我不被休谟的怀疑主义所摧毁，康德以数学这一先天领域为榜样，建立了批判哲学。批判哲学做出了以下三个重大的区别。

一是在哲学研究的对象中把现象与物自体区别开来。现象属于经验的范围，而物自体则属于超验的范围，这两者之间存在着不可跨越的鸿沟。把感觉经验的知识仅仅理解为现象性的知识，这就从根本上摧毁并超越了传统的独断论哲学，因为独断论哲学的一个幻觉就是感觉经验的知识可以把握物自体，而康德则证明，物自体是不可知的，唯有物自体向我们显现出来的感性现象才是可认识的。这一区别同样也超越了作为经验主义和怀疑主义者的休谟对感觉经验重要性的无限夸大。

二是在知识中把先验的形式和经验的内容区别开来。在康德看来，任何知识都是由两个方面构成的：一方面是先天的感性形式(时间和空间)和十二个先天的知性范畴，它们是先于(指逻辑上的"先于"——笔者注)经验而存在的形式；另一方面则是后天的感觉经验材料，而知识的普遍必然性则是从先验的形式得到确保的。这样一来，先验论又从根本上超越了休谟的怀疑主义，因为这种怀疑主义只能推翻一切与经验有关的形而上学见解，却无法推翻先于经验而又与经验相分离的整个先验领域的合理性。

三是把知性和理性区别开来。按照康德的看法，知性的对象在现象的范围内，而理性的对象则是理念(世界、灵魂和上帝)，理念属于超验

① ［德］康德：《任何一种能够作为科学出现的未来形而上学导论》，庞景仁译，商务印书馆 1982 年版，第 12 页。

的领域，因而是不可知的。这就从根本上杜绝了独断论思维方式的可能性，因为这种思维方式的本质特征就是理性试图把只适合于经验范围的知性范畴运用到超经验的领域中去，从而形成了无穷无尽的谬误。

总之，一旦康德的批判哲学被确立起来，独断论哲学就从根本上被抛弃了。虽然在康德之后，独断论哲学还有局部的复辟，虽然在康德以后不读康德的人仍然会停留在独断论思维方式内，但在真正严格的哲学思考中，独断论哲学已经一蹶不振了。

二、第二个大转向：从批判哲学到生存论哲学

在西方哲学发展史上，第二个大转向大致指从康德的批判哲学到海德格尔的生存论哲学发展的阶段。人所共知，康德的批判哲学从诞生之日起就产生了巨大的影响。然而，他的学说遗留下来的问题同样是严重的。说得极端一点，康德的批判哲学从诞生之日起已经蕴含着被超越的命运。文德尔班在评论康德哲学时指出：“认识能力摇摆于主体的难以理解的 X 与客体的同样难以理解的 X 之间。感性在自身之后什么也没有，知性在自己之前什么也没有。”①这里的所谓“主体的难以理解的 X”是指自我或“心”（Gemüt），虽然康德详尽地讨论了由“心”发出的知、情、意三种能力，却把“心”作为“X”置于不可认识的对象中。在《纯粹理性批判》中，康德提出了三个问题，即“我能知道什么”“我应该做什么”和“我能够希望什么”；后来，在《逻辑学讲义》中他又提出了第四个问题，即“人是什么”。然而，他晚年的《实用人类学》仍然对自我或“心”的研究保持沉默。后来，海德格尔在《存在与时间》和《康德与形而上学问题》中一再地批判康德耽搁了在对此在的本体论基础的反思，因为在海氏看来，正是此在的本体论构成了人们反思自我或“心”的哲学基础。当

---

① ［德］文德尔班：《哲学史教程》下卷，罗达仁译，商务印书馆 1997 年版，第 792 页。

然，这已经是后话了。

此外，这里所谓的"客体的同样难以理解的 X"指的是超验的物自体。在康德看来，物自体可以被思考，但无法被知道。这在一些哲学家看来是矛盾的。比如，黑格尔认为，什么是思考？思考就是规定，物自体既可以被思考，也就可以被规定，既可以被规定，也就可以被知道，因而他在《小逻辑》中做出了物自体可知的大胆的结论。① 而叔本华更进一步，他并没有停留在单纯认识论的范围内来对康德的物自体概念提出疑问，而是从本体论角度，解读出物自体的秘密："自在之物是什么呢？就是——意志。"②在叔本华看来，意志就是物自体，就是世界的本质。这样一来，在康德那里处于超验境域中的物自体被诠释为与人的生存活动密切相关的意志。也就是说，物自体不在远处，它就在所有的生命体的身上。正是从这种崭新的生存论的立场出发，他推翻了哲学史上数千年来关于"理性和认识第一性，生命和意志第二性"的公案，把整个哲学引向新的思考方向："意志是第一性的，最原始的；认识只是后来附加的，是作为意志现象的工具而隶属于意志现象的。因此，每一个人都是由于他的意志而是他，而他的性格也是最原始的，因为欲求是他的本质的基地。"③这样，认识论领域中的批判哲学就被翻转为本体论意义上的生存哲学。

在叔本华之后，马克思结合经济学的研究，进一步推进了生存论哲学的发展。在《德意志意识形态》中，马克思这样写道："我们首先应当确定一切人类生存的第一个前提也就是一切历史的第一个前提，这个前提就是：人们为了能够'创造历史'，必须能够生活。但是为了生活，首先就需要衣、食、住以及其他东西。因此第一个历史活动就是生产满足

---

① 黑格尔这样写道："其实，再也没有比物自体更容易知道的东西。"[德]黑格尔：《小逻辑》，贺麟译，商务印书馆 1980 年版，第 126 页。

② [德]叔本华：《作为意志和表象的世界》，石冲白译，商务印书馆 1982 年版，第 177 页。

③ 同上书，第 401 页。

这些需要的资料，即生产物质生活本身。"①恩格斯甚至进一步把人类历史理解为生存意志冲突的合力。与此相应的是，达尔文于 1859 年出版的《物种起源》一书也对生存论的思考提供了重要的推动力。事实上，随后兴起的实用主义思潮也倾向于从生存活动出发来说明人的经验和知识。或许可以说，在海德格尔那里，生存论哲学的探索达到了前所未有的深度。海氏在评论康德提出的"人是什么？"的问题时指出："如果人只是基于人的此在才是人，那么对于什么是比人更原始的东西的探讨就根本不可能是任何人类学的探讨。一切人类学，哪怕是哲学人类学，都已经把人假定为人了。"②而在海氏看来，"比人更原始的是人的此在的有限性"③。他把此在的有限性的学说作为基础本体论来理解，从而使生存论牢固地确立起在哲学史上的地位。

深入地考察从康德的批判哲学到海德格尔的生存论本体论哲学的发展历程是极有启发的。虽然康德的批判哲学超越了传统的独断论哲学，然而，由于批判哲学本身缺乏对自我或"心"的深入的反省，所以，在某种意义上，它成了一种没有基础的哲学。因此，海氏的生存论哲学为批判哲学提供了本体论的前提。正是在这个意义上，海氏说，认识就是此在在世的样式。这样一来，哲学作为生存论的本体论而被安顿下来了。如果说生存论哲学与批判哲学有什么内在联系的话，那么，我们可以说它继承了批判哲学对先验领域的开拓。为此，海氏毫不犹豫地断言："只要哲学是科学地领会着自身的哲学，'先天论'就是它的方法。"④因为唯有与感觉经验分离的先天的境域才能确保前提的普遍有效性，而这正是康德的批判哲学留下的伟大遗产之一。

---

① 《马克思恩格斯全集》第 3 卷，人民出版社 1960 年版，第 31 页。
② 孙周兴：《海德格尔选集》上，上海三联书店 1996 年版，第 119 页。
③ 同上书，第 118 页。
④ ［德］马丁·海德格尔：《存在与时间》，陈嘉映、王庆节译，生活·读书·新知三联书店 1987 年版，第 62—63 页注①。

三、第三个大转向：从生存论哲学到当代语言哲学

在西方哲学发展史上，第三个大转向，即从叔本华肇始的生存论哲学转向以维特根斯坦、海德格尔和哈贝马斯为代表的当代语言哲学。

生存论哲学似乎为一切其他的哲学思考澄明了前提，然而，只要我们深入地反思下去，就会发现，问题比我们设想的远为复杂得多。就从生存论哲学强调的"共在"说起。"共在"表明，任何个人的生存本质上都是与他人共处。换言之，在这个世界上，根本就没有非"共在"的生存方式。即使在一个人感到十分孤独时，他仍然没有离开"共在"的生存方式，而实际上，他的孤独感正是他的始源性的"共在"形式的一种确证。显而易见，任何"共在"都是通过语言的交流才得以实现的。在这个意义上可以说，根本就没有与语言活动分离的赤裸裸的生存活动，生存总是置身于语言之中，并通过语言才得以展开。在 20 世纪哲学的发展进程中，出现了罗蒂所说的"语言学转向"，语言问题得到了前所未有的重视，甚至它不再单纯地被理解为研究者和研究对象之间的媒介物，而是被理解为基础性的存在物。

我们知道，语言学的研究有两个侧面：一是语义学；二是语用学。我们先来看语义学。在这个方面，维特根斯坦的作用是无与伦比的。在其早期著作《逻辑哲学论》中，他告诉我们：

4.003 哲学家们的大多数问题和命题根源于这一事实，即我们不理解语言的逻辑。

4.0031 全部哲学就是"语言批判"（Sprachkritik）（当然不是毛特

纳意义上的）。①

5.6 我的语言的界限意味着我的世界的界限。②

在这些言简意赅的论述中，语言已经被放到哲学思索的核心位置上，维特根斯坦甚至已经把哲学理解为"语言批判"。虽然后期维特根斯坦的思想发生了重大的变化，但他对问题的倚重却一如既往，他在《哲学研究》中写道：

203 语言是由许多路构成的一座迷宫。当你从一边进来时，你知道该怎么走；而当你从另一边来到同一个地方时，就不知道该怎么走了。③

124 哲学不可能干预语言的实际运用，它最终只能描述它的实际运用。④

如果说，早期维特根斯坦还试图按照图像理论来建立一种严密的理想语言，并把哲学理解为"语言批判"的话，那么，晚期维特根斯坦已经放弃了这样的奢望，强调哲学既不可能创造一种理想语言，也不可能为日常语言提供基础，甚至也不可能去干涉日常语言的实际运用，而至多只能对它的实际运用进行描述。哲学家们常常因为误解或误用了语言的性质而陷入哲学研究的困境，就像苍蝇陷入捕蝇瓶一样。维特根斯坦觉得，自己的任务就是把这些哲学家们从捕蝇瓶中拯救出来。维特根斯坦的研究不但影响了维也纳学派、牛津日常语言学派，甚至影响了整个当代哲学。

---

① L. Wittgenstein, *Tractatus Logico-Philosophicus*, trans. C. K. Ogden, London: Routledge & Kegan Paul LTD, 1971, p. 63.

② Ibid., p. 149.

③ L. Wittgenstein, *Philosophical Investigations*, trans. G. E. M. Anscombe, Oxford: Basil Blackwell, 1963, p. 82.

④ Ibid., p. 49.

我们再来看语用学。为了使人们能够在"共在"的语境中有效地进行交流，哈贝马斯提出了普遍语用学的问题。在《交往与社会进化》一书中，他开宗明义地指出："普遍语用学的任务是确定并重建可能理解（Verständigung）的普遍条件。在其他的场合下，人们也称之为'交往的一般假设前提'，而我比较喜欢用'交往行动的一般假设前提'这一说法，因为我把以达到理解为目的的这类行动看作最根本的行动。"①毋庸讳言，哈贝马斯提出的重建普遍语用学的观点，极大地突出了语言在人们的有效交往活动中的作用和意义。

有趣的是，与维特根斯坦同时代的海德格尔也高度重视语言问题。在与日本东京大学冢富雄教授的一次谈话中，海德格尔表示："早些时候我曾经十分笨拙地把语言称为存在之家（das Haus des Seins）。如若人是通过他的语言才栖居在存在之要求（Anspruch）中，那么，我们欧洲人也许就栖居在与东亚人完全不同的一个家中。"②把语言理解为"存在之家"，强调人之言说要服从于语言本身的言说，即"人只是由于他应合于语言才说"③，构成海德格尔思想中的一个重要维度。

此外，奥斯汀的"以言行事"理论也在语用研究上开拓出新的方向。我们知道，以新实用主义者自居的罗蒂，追随戴维森的思路，甚至干脆否认了语言的媒介作用，强调语言完全是偶然的，从而进一步给语言问题披上了神秘主义的面纱，这就为哲学的探索提供了新的动力。总之，通过西方哲学史上的第三个大转折，当代人的哲学思考已经置身于全新的视野中。

① J. Habermas, *Communication and the Evolution of Society*, Boston: Beacon Press, 1979, p.1.

② 孙周兴：《海德格尔选集》下，上海三联书店1996年版，第1008—1009页。

③ ［德］海德格尔：《在通向语言的途中》，孙周兴译，商务印书馆2004年版，第222页。

从熟知到真知①

　　无论是在现实生活中，还是在精神生活中，人们常常陷入这样的幻觉中，即自己熟悉的东西也就是自己真正地了解的东西。比如，人们在不同的场合下都喜欢使用"了如指掌"这个成语。确实，还有谁比人们更了解他们自己的"指掌"呢？因为他们天天都在使用自己的"指掌"。然而，他们真的完全了解自己的"指掌"吗？也许人们对自己的"指掌"的外形、手指的长短，甚至手掌上的纹路会有一定的了解，但他们对"指掌"的内在生理结构、神经系统的分布以及自己身体的病理状况在它上面的反映也非常了解吗？恐怕这就不好说了。如果人们缺乏人体解剖方面的知识的话，他们对自己的"指掌"的内在情况将是非常陌生的，甚至完全不了解的。这就启示我们，人们自以为非常熟悉的东西并不一定就是他们真正了解或知道的东西。

一、熟知非真知

　　凡是学习过中国哲学史的人都知道，知行关

---

　　① 原载《当代国外马克思主义评论》第 4 辑，人民出版社 2004 年版。收录于俞吾金：《哲学随想录》，北京师范大学出版社 2016 年版，第 1—13 页，前言。——编者注

系是中国哲学家关注的热点问题之一。在这个问题上，孙中山先生发前人之所未发，提出了"行之非艰，知之惟艰"的"知难行易"的学说。这一学说明显地蕴含着这样的思想，即人们非常熟悉的东西并不一定就是他们真正知道的东西。比如，人人都会使用电器，但又有多少人真正地懂得电的知识呢？又如，人人爱吃豆腐，但又有多少人能写出豆腐的化学分子式来呢？孙中山先生这样写道："中国之有化学制造事业，已数千年于兹，然行之而不知其道，并不知其名，比比皆是也。"①在他看来，"行"是容易的，在"行"的过程中熟悉一个对象也是容易的，但要真正地"知"或了解一个对象却不是容易的。

其实，这个道理早在德国哲学家黑格尔的早期著作《精神现象学》(1807)的"序言"中已经得到了经典性的说明。黑格尔指出："一般说来，熟知的东西所以不是真正知道了的东西，正因为它是熟知的。有一种最习以为常的自欺欺人的事情，就是在认识的时候先假定某种东西是已经熟知了的，因而就这样地不去管它了。这样的知识，既不知道它是怎么来的，因而无论怎样说来说去，都不能离开原地而前进一步。主体与客体、上帝与自然，以及知性与感性等等都被不加考察地认为是熟悉的和有效率的东西，既构成固定的出发点又构成固定的归宿点。这些据点停滞不动，而认识运动往来进行于其间，因而就只是在它们的表面上运动而已。"②从黑格尔的这段经典性的论述中，我们至少可以引申出以下三个结论：第一，认为熟知的东西也就是真正知道的东西，乃是一种自欺欺人的观念；第二，不应该把任何熟悉的东西作为假定或前提引入对哲学问题，特别是基础性的哲学问题的探讨中来；第三，严肃的哲学研究看重的并不是熟悉的东西，而是经过思维的批判性的考察，被证明是合理的和有效的东西。

---

① 中国科学院哲学研究所中国哲学史组：《中国哲学史资料选辑》(近代之部)，中华书局 1959 年版，第 631 页。
② [德]黑格尔：《精神现象学》上卷，贺麟、王玖兴译，商务印书馆 1981 年版，第 20 页。

二、常识与自然主义思维态度

在现实生活中，人们最熟悉的是什么呢？人们赖以为自己全部思考和行为的出发点是什么呢？很显然，那就是常识。那么，什么是常识呢？常识也就是普通人信以为真并在自己的思考和行动中作为出发点的那些观念的总和。显而易见，普通人是通过接受教育的方式获得这些观念的。在某种意义上可以说，常识如同一家精神的百货店，里面存放着各种东西，如日常生活中的直接经验和间接经验、科学知识、宗教信仰、风俗习惯、迷信和信以为真的流言等等。或许可以说，这些观念之间充满了矛盾，但在一般的情况下，普通人不会去关心并反思自己所信奉的常识中的内在矛盾。比如，一个普通人具有如下的科学意识，即一个不会游泳的人掉进深水里可能会被淹死；但这并不妨碍他同时相信以下的迷信观念，即把中药渣倒在马路上让行人踩一下，喝中药汤的病人就容易恢复健康，尽管病人喝中药汤和行人踩中药渣之间并不存在任何逻辑联系。有趣的是，常识中的各个部分虽然相互冲突，但他们却和谐地共处于普通人的大脑之中。

只有当普通人依照常识进行思考或行动，遭遇到意想不到的结局时，他才可能倒过来怀疑并反思自己所信奉的常识。比如，佛教宣扬"善有善报，恶有恶报"这样的观念，但若当某个普通人发现自己周围生活圈子里经常出现"善人得恶报，恶人得善终"的现象时，他就会对"善有善报，恶有恶报"的佛教观念产生怀疑。又如常识告诉我们，"大难不死，必有后福"，但若当某个普通人发现，在他自己周围的生活圈子中已经演绎了好几起"大难不死，没有后福"的戏剧时，他也会对"大难不死，必有后福"这一常识发生怀疑。

由此可见，普通人的常识可以划分为两个部分：一部分是健康的常识，指的是那些科学的、合理的、有效的观念；另一部分是病态的常识，指的是那些荒谬的、不合情理的、无效的观念。应该指出，在现实生活中，健康的常识，不但对于普通人来说，而且对于那些伟大人物来说，都是绝对必要的。歌德曾经说过："我自己对哲学一向敬而远之，健康人的常识观点就是我的观点。"①黑格尔在批判老是停留在主观想象中、停留在主观的东西与客观的东西的区别中的康德哲学时，曾经以嘲讽的口吻写道："健康常识所走的方向却正与此相反：每一个普通常识都超出了这种看法，每一个行为都要扬弃一个观念（主观的东西）而把它转变成为客观的东西。没有人会愚蠢到像康德哲学那样。当他感到饥饿时，他不会去想象食物，而是去使自己吃饱。一切行动都是一个还没有存在的观念，但是这个观念的主观性正在被扬弃中。"②承认健康的常识对人们的日常生活是有益的，并不等于说，人们对那些自己十分熟悉的、常识性的观念已经获得了真正的知识，也并不等于说，他们依靠这些观念就能达到真正的哲学思维的高度。恩格斯曾经说过："常识在它自己的日常活动范围内虽然是极可尊敬的东西，但它一跨入广阔的研究领域，就会遇到最惊人的变故。"③为什么常识一进入研究领域就会遭遇变故呢？因为与常识相适应的乃是一种未经哲学陶冶的、自然主义的思维态度。比如，在天气晴朗的时候，人们总是观察到，太阳早晨从东方升起，傍晚向西方落下。于是，人们很容易形成这样一个常识性的观念，即太阳是围绕地球旋转的。但人们如此熟悉的"地心说"是不是一种真知，即真理性的知识呢？哥白尼、伽利略和布鲁诺提出的"日心说"表明，真正的知识恰恰是对熟知的东西的一种颠倒。黑格尔在谈到逻辑学的时候，指出："因为它的内容不是别的，即是我们自己的思维，和思维的熟习的规定，而这些规定同时又是最简单、最初步的，而且也是人

---

① ［德］爱克曼：《歌德谈话录(1823—1832)》，朱光潜译，人民文学出版社 1982 年版，第 179 页。

② ［德］黑格尔：《哲学史讲演录》第 4 卷，贺麟、王太庆译，商务印书馆 1981 年版，第 284 页。

③ 《马克思恩格斯全集》第 20 卷，人民出版社 1971 年版，第 24 页。

人最熟知的，例如：有与无，质与量，自在存在与自为存在，一与多等等。但是，这种熟知反而加重了逻辑研究的困难。因为，一方面我们总以为不值得费力气去研究这样熟习的东西。另一方面，对于这些观念，逻辑学去研究、去理解所采取的方式，却又与普通人所业已熟习的方式不相同，甚至正相反。"①

如前所述，在现实生活中，熟知的东西并不就是真知的东西，那么，在精神生活，特别是哲学、形而上学的研究中，熟知的东西是否就是真知的东西呢？我们的答案也是否定的。黑格尔认为，康德哲学在思维上的一个重大贡献是，颠倒了常识关于主观性和客观性的见解："通常意义总以为那与自己对立、感官可以觉察的（如这个动物、这个星宿等），是本身存在，独立不依的，反过来又以为思想是依赖他物，没有独立存在的。但真正讲来，只有感官可以觉察之物才是真正附属的，无独立存在的，而思想倒是原始的，真正独立自存的。因此康德把符合思想规律的东西（有普遍性和必然性的东西）叫做客观的，在这个意义上，他完全是对的。"②同样，黑格尔也高度评价了康德对常识所持有的对象观念的颠倒："常识（即感觉与理智相混的意识）总认为人们所知道的对象都是各个独立自存的。……与此相反，康德确认，我们直接认知的对象只是现象，这就是说，这些对象存在的根据不在自己本身内，而在别的事物里。"③也就是说，在常识看来，感觉经验直接面对的就是物自体。而在康德看来，感觉经验直接面对的只是现象，而超验的物自体则是不可感知、不可认识的。由此可见，在精神生活中，熟知的东西并不

---

① ［德］黑格尔：《小逻辑》，贺麟译，商务印书馆 1980 年版，第 63—64 页。
② 同上书，第 119 页。
我们这里引证的黑格尔的这段话，似乎是与我们前面引证的、黑格尔批判康德仍然停留在主观主义的思维方式中的那段话是矛盾的。其实并不。黑格尔认为，康德颠倒了常识关于主观、客观的观念的做法是完全正确的，不过，他随即指出："但进一步来看，康德所谓思维的客观性，在某意义下，仍然只是主观的。因为，按照康德的说法，思想虽说有普遍性和必然性的范畴，但只是我们的思想，而与物自体间却有一个无法逾越的鸿沟隔开着。"［德］黑格尔：《小逻辑》，贺麟译，商务印书馆 1980 年版，第 120 页。
③ ［德］黑格尔：《小逻辑》，贺麟译，商务印书馆 1980 年版，第 127 页。

就是真知的东西。事实上，如果熟知的东西也就是真知的东西，科学和哲学的存在也就是多余的了。

三、熟知与真知的本质差异

为了加深对熟知的东西与真知的东西之间的差异的认识，我们不妨从日常生活中找出一些例子来说明。比如，当某某人说"张三衣服的颜色不容易脏"时，他的说法显然是符合常识的。但从哲学上看，这个说法是有语病的，因而也是难以成立的，因为问题的实质并不在于张三的衣服的颜色是不是容易脏，而是在于：张三的衣服即使脏了，别人也不容易感觉到。所以，问题的症结并不在张三的衣服上，而是在别人对张三衣服的感觉上。所以，准确的表述方式应该是："别人不容易感觉到张三的衣服脏不脏。"又如，当某某人正在经历一件愉快的事情时，说"时间过得真快"，显然，他的说法也是符合常识的。但从哲学上看，这个说法也是不能成立的，因为问题的实质并不涉及时间本身，而只涉及某某人对时间的感觉。我们假定同时有另一个人正在经历一件不愉快的事情，他也许会说："时间过得真慢。"乍看起来，他的这一说法也是对时间本身进行评论，实际上，他说出来的只是他自己对时间的一种感觉。所以，上面提到的话应该以如下的方式来表述："我感到时间过得真快"或"我感到时间过得真慢"。再如，当某某人说"我身体很好"时，他的说法也是符合常识的，但从哲学上看来，同样是有语病的。准确的说法应该是"我感觉到我身体很好"，因为说出来的仅仅是说话者对自己身体状况的一种感觉，至于说话者的身体实际上究竟好不好，不是说话者自己说了就可以算了，而需要医院的检查。

那么，熟知的东西和真知的东西之间存在的差异的本质究竟是什么呢？黑格尔写道："至于在真正的哲学方面，我们看到，神的直接启示和既没通过别的知识也没通过真正哲学思维而得到锻炼和陶冶的那种普通人的常识，认为它们自己简直就完全等于或至少可以很好地代替漫长的文化陶冶道路以及精神借以求得知识的那种既丰富又深刻的发展运动，这就如同苦艾之自誉为可以代替咖啡一样。"①在黑格尔看来，人们熟知的东西，即常识是以普通人的自然主义的感觉和思维作为前提的，而真知的东西则是以批判性的哲学思维为前提的，因而如同"苦艾"之于"咖啡"，两者之间存在着重大差异。如果说，受过严格的哲学思维训练的人能正确地看待常识的地位、作用和局限性的话，那么，坚执于常识的人却常常不能正确地看待哲学，正如黑格尔所说的："诡辩乃是常识反对有训练的理性所用的一个口号，不懂哲学的人直捷了当地认为哲学就是诡辩，就是想入非非。"②所以，当有些人在哲学和诡辩之间轻易地画上等号的时候，他们也就等于变相地宣布，他们是不懂哲学的。

四、真知和严格的哲学思维

上面，在探讨熟知的含义的同时，我们也兼及了真知的含义，但只是初步假定它为真理性的知识，而未展开进行论述。现在，我们必须对真知做一个深入的解析了。在康德那里，知识只限于现象和经验的范围，超经验的物自体是不可知的，因而也不可能成为理论理性范围内的知识，而只能在实践理性的范围内对人们的行为起范导性的作用。黑格尔批判了康德的"自谦理性不能认识物自体"③的主观主义倾向，强调人们通过概念性的思维，完全可以把握超经验的对象，但黑格尔没有把这种对象称为"物自体"，而是称为"绝对"或"绝对知识"。他认为，只有这种超经验的"绝对知识"才是真知，才是哲学所追求的真理。所以黑格尔

---

① ［德］黑格尔：《精神现象学》上卷，贺麟、王玖兴译，商务印书馆1981年版，第46页。

② 同上书，第47页。

③ ［德］黑格尔：《小逻辑》，贺麟译，商务印书馆1980年版，第2页。

写道："真正的思想和科学的洞见，只有通过概念所作的劳动才能获得。只有概念才能产生知识的普遍性，而所产生出来的这种知识的普遍性，一方面，既不带有普通常识所有的那种常见的不确定性和贫乏性，而是形成了的和完满的知识，另方面，又不是因天才的懒惰和自负而趋于败坏的理性天赋所具有的那种不常见的普遍性，而是已经发展到本来形式的真理，这种真理能够成为一切自觉的理性的财产。"①

黑格尔强调，真知只有通过概念才能获得，这里不但包含着对依赖熟知的东西的常识的批判，也蕴含着对谢林所主张的直观的批判。谢林认为通过天才的直观就可以把握绝对②，黑格尔则认为，唯有概念思维才能获得真知。那么，真知或真理性的知识究竟具有哪些特点呢？黑格尔在《精神现象学》中对这个问题做了透彻的论述。

首先，真理乃是一个过程。黑格尔指出："真理在本质上乃是主体；作为主体，真理只不过是辩证运动，只不过是这个产生其自身的、发展其自身并返回于其自身的过程。"③如果说，在常识的眼光中，真理不过是一个命题或结论的话，那么，在哲学的眼光中，真理则是概念自身的辩证运动的过程。黑格尔的全部著作几乎都体现了他所追求的真理的这种过程性和历史性。强调真理的过程性，既是为了避免真理本身被简单化或庸俗化，也是为了把哲学思维重新视为一个严肃的任务，即真理不是通过天才或懒汉式的直观一下子就可以达到的："哲学里现在流行的这种天才作风，大家都知道，从前在诗里也曾盛极一时过；但假如说这种天才的创作活动还具有一种创作意义的话，那么应该说，创作出来的

---

① ［德］黑格尔：《精神现象学》上卷，贺麟、王玖兴译，商务印书馆 1981 年版，第 48 页。

② 谢林对概念思维的怀疑和对直观（即理智的直观）的依赖，在法国哲学家柏格森那里得到了某种呼应。虽然康德强调，直观只能是感性的，而理智的直观只能是上帝才有的功能，但实际上，在康德以后，哲学家们在碰到困难的时候，总喜欢求助于"理智的直观"，宗教学家就更不用说了。

③ ［德］黑格尔：《精神现象学》上卷，贺麟、王玖兴译，商务印书馆 1981 年版，第 44 页。

并不是诗，而是淡而无味的散文，或者如果说不是散文，那就是一些狂言呓语。"①

其次，真理乃是全体。黑格尔写道："真理就是所有的参加者都为之酩酊大醉的一席豪饮，而因为每个参加豪饮者离开酒席就立即陷于瓦解，所以整个的这场豪饮也就同样是一种透明的和单纯的静止。"②如果说，在常识的眼光中，真理只是一些相互无关的命题或原则的堆积，那么，在哲学的眼光中，真理则具有一种全体性或整体性。比如，从常识出发，哲学史不过是一个个哲学家思想的罗列，这些哲学家相互批判、相互否定："全部哲学史这样就成了一个战场，堆满着死人的骨骼。它是一个死人的王国，这王国不仅充满着肉体死亡了的个人，而且充满着已经推翻了的和精神上死亡了的系统，在这里面，每一个杀死了另一个，并且埋葬了另一个。"③也就是说，常识看不到整个哲学史的内在联系，虽然它听到了音乐中所有的音调，但却听不见音乐中的和声。

最后，真理乃是活生生的智慧。黑格尔强调："真理不是一种铸成了的硬币，可以现成地拿过来就用。"④如果说，在常识的眼光中，真理具有一种非此即彼的特征的话，那么，在哲学的眼光中，真理则是一种活生生的智慧。也就是说，真理不是可以现成地拿过来并到处加以套用的东西，真理乃是一种因时、因地而异的东西。比如，常识为每个人制定了这样的道德律令："不能说谎。"但在生活中，能不能不分情由地、现成地使用这个律令呢？显然不能。当一个人的家属得了一种致命的病症的时候，他要不要把真实的情况告诉家属本人呢？当军队里的一个侦察员被敌方俘虏的时候，他能不能把我方的情报原原本本地告诉敌方

① 〔德〕黑格尔：《精神现象学》上卷，贺麟、王玖兴译，商务印书馆1981年版，第46—47页。

② 同上书，第30页。

③ 〔德〕黑格尔：《哲学史讲演录》第1卷，贺麟、王太庆译，商务印书馆1981年版，第21—22页。

④ 〔德〕黑格尔：《精神现象学》上卷，贺麟、王玖兴译，商务印书馆1981年版，第25页。

呢？显然不能。于是，我们发现，人有时候不得不说谎。① 至于什么时候不得不说谎，要视具体情景而定。实际上，西方兴起的所谓"情景伦理学"（ethics of situation）也就是研究这类问题的。又如，常识也为每个人制定了这样的行为规范："不要杀人。"但从哲学上看，"杀人"与"说谎"一样，也有一个情景的问题。一个战士在战场上应该不应该杀死敌方的战士呢？一个市民在遭遇到谋财害命的歹徒的时候，他要不要"正当防卫"，把歹徒杀死呢？答案是不言而喻的。那么，这样一来，我们是不是干脆放弃"不能说谎"和"不要杀人"的律令和规范呢？当然也不行。按照中国的哲学智慧，任何一个人在社会上安身立命，应该讲究两个东西：一个是"经"，即他所信奉的基本的道德、法律等观念；另一个是"权"，即他应该根据具体的情景对自己的行为做出灵活的调整或权变。所以，像"不能说谎""不要杀人"这样的"经"仍然要大讲特讲。事实上，如果一个人撇开任何"经"来生活，他就是一个典型的机会主义者。反之，如果一个人只讲"经"，不讲"权"，不知道如何在生活中进行权变，他就是一个典型的教条主义者。总之，真理是一种活生生的智慧，是具体问题具体分析，而不是到处搬用僵死的教条。

五、从熟知走向真知

在对真知获得了比较深入的了解以后，我们还需要探讨最后一个问

---

① 有趣的是，季羡林先生在 1999 年 1 月 31 日的《新民晚报》上发表了一篇题为《我们为什么有时候应当说谎？》的短文，以为自己发现了什么真理。但又批评道，只有哲学家才固执地坚持人在一切场合下都不能说谎。季先生这样写道："我不懂哲学，不喜欢哲学；但是从我的日常经验来说，我总觉得这是哲学家之论，书生之论，秀才之论。"对季先生的这段话，笔者有两点不敢苟同。其一，既然"不懂哲学"，为什么又有理由对哲学家进行批评呢？其二，季先生须知，人有时候不得不说谎这个道理，在古希腊哲学家柏拉图的对话中早已提出来了。这表明，季先生对古希腊的典籍读得实在太少。可见，哲学家所持之论并不都是"书生之论"或"秀才之论"，特别是在说谎的问题上是如此。自称"不懂哲学"而又对哲学横加批评，这难道不是批评的一种悲哀吗？

题，即如何从熟知走向真知。其实，正如我们在前面已经指出过的那样，从熟知走向真知，也就是从常识走向哲学，从自然主义的思维态度走向严格的哲学思维。这样的努力要获得成功，关键在于确立一种为哲学所独有的、刨根究底的思维方式。

在这种思维方式的形成上，美国哲学家约翰·塞尔关于"默认点"的理论为我们提供了重要的启发。在《心灵、语言和社会》(1998)一书中，塞尔提出了如下的见解：

> 在大多数重大哲学问题上都存在着一些观点，这些观点，我们可以用计算机语言中的一个比喻来称之为默认点(default positions)。所谓默认点就是那些不假思索就持有的观点，因而任何对这些观点的偏离都要求有意识的努力和令人信服的论证。下面就是在某些重大问题上的默认点。
>
> - 有一个实在世界，它不依赖于我们，不依赖于我们的经验、我们的思想和我们的语言而独立存在。
> - 我们通过感官，特别是通过触觉和视觉，获得了直接进入那个实在世界的感知途径。
> - 我们的语言中的语词，如兔子、树之类的语词，一般都具有可被理解的清楚意义。由于它们具有这些意义，我们才能够使用它们来指称和谈论实在世界中的真实对象。
> - 我们的陈述为真或为假一般地取决于它们是否与事物本来的样子相符合，也就是取决于是否与世界上的事实相符合。
> - 因果性是世界上的对象之间、事件之间的真实关系。由于这种关系，一种现象成为原因，它引起另一种现象，即结果。①

---

① ［美］约翰·塞尔：《心灵、语言和社会——实在世界中的哲学》，李步楼译，上海译文出版社 2001 年版，第 9—10 页。

在塞尔看来，这些默认点在普通人的生活中是以不言自明的方式发生作用的。因而人们或许会把它们理解为常识。但在塞尔看来，默认点和常识是不同的："虽然不存在截然分明的界线，但我所称之为默认点的东西乃是比常识更为根本得多的观点。我想，如果你想让人们对你有礼貌，你最好是对他们有礼貌。这就是一个常识的问题。这样的一种常识对于诸如外部世界的存在或因果性的实在性等基本的形而上学问题并无任何见解。"①也就是说，塞尔不是从日常生活的自然主义思维出发，而是从严格的哲学思维出发来提出其默认点的理论的。所以，这对人们从熟知走向真知具有重大的启发意义。

按照塞尔的看法，普通人安于自然主义思维的习惯，从来不可能对这些默认点提出诘难。由于这样的诘问的缺席，普通人的思维总是停留并满足于自己所熟知的东西，从不对这些东西提出质疑。与此不同的是，哲学家们的使命就是前仆后继地以自己的脑袋去撞击这些默认点。在这个意义上可以说，哲学史的相当一部分内容就是由哲学家对这些默认点的非难所构成的。这不禁使我想起英国哲学家罗素的一句名言："要想作一个哲学家就必须锻炼得不怕荒谬。"②

从上面的论述不难引申出如下的结论，即从熟知通向真知的唯一的桥梁就是哲学。对于普通人来说，哲学似乎是一门玄虚高妙的学问，因而对它抱着一种敬而远之的态度。但近年来滋长起来的另一种态度是，无端地对哲学加以羞辱或蔑视，仿佛哲学只是一种空虚的知识，谁都有资格高谈哲理。面对这些傲慢的无知者，我们大概也只能像帕斯卡尔一样耸耸肩，发出下面的疑问："对于既看不起最渺小的事物而又不相信最伟大事物的人，应该怎么办呢？"③确实，我们是无法使一个全身瘫痪的人站起来的，而且做这样的尝试也是毫无意义的。然而，这样的无知

---

① ［美］约翰·塞尔：《心灵、语言和社会——实在世界中的哲学》，李步楼译，上海译文出版社 2001 年版，第 11—12 页。

② ［英］罗素：《哲学问题》，何兆武译，商务印书馆 1999 年版，第 14 页。

③ ［法］帕斯卡尔：《思想录》，何兆武译，商务印书馆 1985 年版，第 89 页。

者毕竟是少数，更多的人对哲学抱着敬畏之心，其中也有一部分人愿意聆听哲学的教诲，追随哲学前进的步伐。对于这样的人，我们愿意提出下面的忠告：不要让琐碎的事务缠住你的思想，不要让市场经济的喧嚣夺去你的注意力，应当像司芬克斯一样抬起你的高傲的头颅，为的是追求正在被遗弃的真理！

2006年

喜剧美学宣言①

　　在哲学研究中，问题意识具有极为重要的意义。我们甚至可以说，没有问题意识，也就不会有真正的哲学探索。然而，在我们看来，比问题意识更为根本的乃是提问者在提问之前已经拥有的信念。如果说，一个人的信念决定着他的思想方式，那么，思想方式则划定了他可能发现的问题域，并规定了他可能提问的方向和方式。在这个意义上可以说，对于一个从未对自己的信念和思想方式进行过认真反思的人来说，是不可能发现并提出新问题的。因此，重要的不是泛泛地谈论问题和问题意识，而是要深入地反省问题所从出的思想方式及作为思想方式基础的信念。正如维特根斯坦所指出的："一旦新的思想方式被建立起来，各种老的问题也就自行消失了。"②也许可以说，再也没有比维特根斯坦的这一见解更适合于我们用来分析作为哲学分支学科的美学领域了。

　　乍看起来，当前中国的美学界呈现出一片繁

　　① 原载《中国社会科学》2006 年第 5 期。收录于俞吾金：《生活与思考》，复旦大学出版社 2011 年版，第 253—259 页；《哲学遐思录》，北京师范大学出版社 2016 年版，第 268—276 页。——编者注

　　② L. Wittgenstein，*Culture and Value*，Chicago：The University of Chicago Press，1984，p. 48.

荣的景象。各种不同的美学观点纷然杂陈，相互之间争论不休，人们仿佛正在孜孜不倦地探索一系列重大的美学问题。其实，细心的研究者很容易发现，除了沿用旧的美学观念和玩弄外来的新名词以外，当今的美学研究并没有获得任何实质性的进展。有趣的是，在当代中国人的审美视野中，戏剧（drama），尤其是喜剧（comedy），始终处于艺术领域的边缘。本文试图从当代人的自觉的生存意识出发，从新的视角提出美学问题，尤其是通过对蕴含在喜剧艺术中的某些普遍性的、实质性的思想酵素的揭示，展示出美学研究的新的方向。按照我们的看法，这些思想酵素既是弥漫于当代中国美学研究领域中的虚骄、空泛之气的解毒剂，又是激发人们在审美过程中的原始想象力和创造力的动力剂。简言之，本文以新的方式提出了美学问题，并把喜剧美学理解为当今美学发展的主导性的新方向。

一

在中国当前的美学研究中，不管人们把自己所持的观点理解为"什么派"或"什么学"，也不管人们如何夸大不同见解之间的差异和对立，他们都无法改变这样一个事实，即实际上并不存在不同的美学派别或不同的美学学说，因为人们关于美学的主导性言说几乎无例外地源于知识论哲学这一基础。

知识论哲学关注的核心问题是事物的本质，因此，它从日常生活中抽绎出如下的提问方式：What is this（这是什么）？这种提问方式在哲学的自我反省中转化为 What is philosophy（哲学是什么），而在美学研究中则转化为 What is beauty（什么是美）。其实，当当代中国的美学研究者们众口一词地把"什么是美？"理解为美学所要解答的根本问题时，他们已自觉地或不自觉地选择了同一个哲学立场，即知识论哲学的立场。由于知识论哲学的这种提问方式逐渐脱离了对提问者置身于其中的生存状态的先行询问，终于蜕变为无根基的、单纯求知式的提问方式，尽管这样的提问方式在美学对自己的基础获得合理的认识之后仍然是有意义的，但如果仅仅停留在这种无根基的、空泛的提问方式中，美学一定会失去自己的生存论基础和历史性语境，退化为一堆苍白的、媚俗的文字。

任何有识之士都不会否认，美学之所以在人类历史上诞生并逐步发展为一门相对独立的学科，是因为它对人类的生存活动具有某种不可替代的意义。因而，对于美学研究来说，更为始源性的问题不是询问 What is beauty（什么是美），而是询问 Why does human being need beauty（为什么人类需要美）。事实上，只有先行领悟了后面那个问题的意义，人们对前面这个问题的解答才可能获得其生存论的基础并进入历史性的语境中。[①]

近年来，生存论的研究视角在一定程度上引起了美学研究者们的重视，但从他们对悲剧（tragedy）这一艺术形式的盲目倚重可以看出，他们在思想深处依然没有摆脱知识论哲学的羁绊。因为在悲剧艺术中，英雄人物心目中有待实现的理想乃是至高无上的，而这样的理想通常被知识论哲学视为最高价值。其实，只要人们把悲剧中的理想看作与人的生存活动和历史性相分离的抽象目标加以肯定、追求或夸大，即使他们口口声声地谈论着"生存"，仍然无法脱离知识论哲学的窠臼。[②]

深入的研究启示我们，悲剧的核心乃是某种理想，英雄人物出于强

[①] 在汉语中，"美"字由"羊"和"大"构成。中国古人以羊作为主要食品，羊大为美，这里反映出来的正是人的生存状态与审美观念之间的内在联系。康德的美学理论由于未涉及审美者对自己的生存状态的领悟并把自觉的生存意识带入审美活动中，因而既体现不出审美主体的生命活力和价值取向，也体现不出不同的历史时期打在人类审美活动上的历史烙印。

[②] 当今中国学术界（包括美学界）普遍存在的景观之一是，人们沉湎于对西方的存在主义，尤其是海德格尔的存在论的研究，慷慨激昂地谈论着"生命的价值"和"生存的意义"。然而，他们对现实生活中存在的种种漠视生命的现象，如接连不断的煤矿矿难、大规模的交通事故、假冒伪劣商品导致的生命的流失和身体的残疾、虐杀动物等，采取了冷漠的、视而不见的态度。仿佛他们在形而上学的领域里大谈"生命""生存"和"价值"，只有一个目的，就是彻底遗忘现实生活中这类现象的存在！

烈的使命感，试图实现这种理想，但由于性格的缺陷或偶然因素的干扰，不幸夭折了。正如亚里士多德在《诗学》中所强调的，悲剧试图通过恐惧而引起观众的怜悯，从而净化他们的心灵，提升他们的精神境界。然而，我们在研究中发现，实际上存在着两种不同类型的悲剧：一种可以称为"健康的悲剧"，即英雄人物心目中的理想是有可能被实现的，如莎士比亚笔下的哈姆雷特，他的理想是杀死篡位的叔叔，替自己的父亲报仇，而他的优柔寡断的性格又使他难以实现这一理想，因而酿成了悲剧；另一种可以称为"不健康的悲剧"，这种悲剧设定了一个过高的理想，不管英雄人物怎么努力，这样的理想根本上都是无法实现的，如某些样板戏，脱离现实生活的语境，把绝对地排除任何私心杂念作为英雄人物的理想，这不但不能使观众感受到这种理想的现实性和亲和性，反而体验到英雄人物的矫揉造作和苍白无力。这种不健康的悲剧看起来是严肃的，骨子里却是可笑的，实质上不过是闹剧而已。

众所周知，人类是有目的的存在物，合理的理想对于人类说来始终是不可或缺的。在这个意义上可以说，在人类今后的发展中，悲剧这种艺术形式也将长久地存在下去。但从总体上看，当前人类的主导性审美视角亟须转换到喜剧美学上来。在我们看来，这是人类生命和审美艺术获得新生的一个重要契机。① 事实上，人们只有自觉地把自己的审美态度转换到喜剧美学上来，才能从根本上超越知识论哲学的传统，真正把美学奠基在生存论哲学的基础上，因为喜剧所要消解的正是被不健康的悲剧无限地加以夸大的理想。一旦这类压抑生命和激情的虚幻的理想被解构，轻松、幽默和笑就会重新回到人们的生活和审美活动中，而蕴含在当代人生存状态中的最本己的可能性也就得到了合理的显现。

---

① 尼采重新发现了悲剧这种艺术形式，但当他把这种艺术形式与他心目中的"超人"联系起来，并无限地拔高这种艺术形式的重要作用时，实际上他自己的做法也是不合时宜的，因为他重新以某种方式倒向他历来所批判的知识论哲学的怀抱。其实，这个时代的无数事实已经表明，需要消解的正是这种不健康的悲剧，而需要扶植的却是喜剧艺术。

二

我们首先要加以解答的是：为什么说在生存论的视野中，当代人应该把自己的审美态度自觉地转换到喜剧美学的立场上来呢？道理很简单，因为正是喜剧这种特殊的艺术形式和它所蕴含的精神倾向为当代人改善自己的生存状态提供了极为重要的启示。其实，黑格尔早已告诉我们："喜剧用作基础的起点正是悲剧的终点：这就是说，它的起点是一种绝对达到和解的爽朗心情，这种心情纵使通过自己的手段，挫败了自己的意志，出现了和自己的原来目的正相反的事情，对自己有所损害，却并不因此灰心丧气，仍旧很愉快。"①按照黑格尔的观点，喜剧乃是晚于悲剧而形成起来的艺术形式，它是对悲剧的超越。正是在这个意义上，他才肯定，"喜剧用作基础的起点正是悲剧的终点"。

那么，喜剧又是如何通过对悲剧的超越而获得"一种绝对达到和解的爽朗心情"的呢？黑格尔回答道："主体之所以能保持这种安然无事的心情，是因为他所追求的目的本来就没有什么实体性，或是纵然也有一点实体性，而在实质上却是和他的性格相对立的，因此作为他的目的，也就丧失了实体性；所以现时遭到毁灭的只是空虚的无足轻重的东西，主体本身并没有遭受什么损害，所以他仍安然站住脚。"②如前所述，悲剧的出发点乃是英雄人物有待实现的理想，而喜剧的出发点则是解构这种理想，把它视为非实体性的、无足轻重的东西。一旦引导英雄人物行为的理想失去了自己的实体性，英雄人物的精神状态就从严肃转化为轻松。正是在这个意义上，黑格尔告诉我们："对于喜剧人物自己来说，

---

① ［德］黑格尔：《美学》第 3 册下，朱光潜译，商务印书馆 1981 年版，第 315 页。
② 同上书，第 315—316 页。

他的严肃就意味着他的毁灭。"①毋庸讳言，一旦紧张的气氛和由此而引起的冲突被解除了，随之出现的自然是爽朗的心情了。

必须指出，与悲剧一样，喜剧也有两种不同的类型：一种可以称为"健康的喜剧"，它并不纠缠于、满足于生活中的无聊的细节，而是蕴含着深刻的思想含量，如莫里哀笔下的喜剧《达尔杜弗或者骗子》（又译为《伪君子》）就蕴含着对伪信士乃至整个宗教教会的深刻批判；另一种可以称为"不健康的喜剧"，它们主题庸俗，台词粗糙，矫揉造作，卖弄噱头，缺乏真正意义上的思想闪光，如某些内容低俗的闹剧，某些曲艺、相声、二人转等节目对喜剧性的误解和低劣的演绎。显而易见，我们在这里探讨的喜剧美学乃是以健康的喜剧或对喜剧的健康理解为前提的。②

人们也许会提出如下的问题：为什么通过对喜剧美学的认同和倡导，当代人可以改善他们的生存状态呢？因为在当代人的生活环境中，随着资本的全球扩张和技术的巨大发展，人与人、人与物、人与环境的关系越来越显示出异化的特征，即人自己创造的种种产物和关系倒过来成为压抑人自己全面发展的障碍。不堪重负、紧张和冲突构成了当代人独有的生存状态和心理状态。面对如此严峻的生存状态，假如人们依然追随尼采，倡导超人和悲剧精神，拔高英雄人物的权力意志，夸耀他们所追求的理想和价值，其逻辑结果只能是异化、紧张和冲突状态的不断加剧。

与此相反，能够治疗这个时代的应该是喜剧精神所蕴含的轻松、滑

---

① ［德］黑格尔：《美学》第 3 册下，朱光潜译，商务印书馆 1981 年版，第 316 页。有趣的是，马克思在《评普鲁士最近的书报检查令》中也曾引证过特利斯屈兰·善第关于"严肃"所下的定义——"严肃是掩盖灵魂缺陷的一种伪装"。《马克思恩格斯全集》第 1 卷，人民出版社 1956 年版，第 8 页。

② 有趣的是，法国哲学家卢梭并没有对喜剧的不同类型做出区分，而是不分青红皂白地对喜剧（包括莫里哀的喜剧）加以否定："既然喜剧的娱乐作用是建立在人心的缺陷上，因而可以得出结论，一个喜剧愈成功和愈能引人入胜，它对道德风尚就愈起败坏的作用。"［法］卢梭：《论戏剧》，王子野译，生活·读书·新知三联书店 1991 年版，第 43 页。

稽、幽默和爽朗。事实上，20 世纪 50 年代冷战结束后，西方曾一度出现"意识形态终结"的口号。随后，与这一口号相呼应的则是"哲学的终结""艺术的终结""科学的终结""历史的终结""宏大叙事的终结"等口号。与此同时，美国科学哲学家费耶阿本德的名言——Anything goes（什么都行）不仅道出了科学哲学研究的真相，也道出了整个人类思想文化的真相，即被人们如此严肃地加以夸大的思想意识形态和其他观念方面的对立或对峙实际上并不具有实质性的意义。20 世纪 80 年代以来，王朔的"痞子文学"的流行、《围城》热的兴起、《编辑部的故事》的走俏、对历史的"戏说""搞笑"和"水煮"等现象的泛滥，也从不同的角度暗示我们，传统的悲剧美学赖以为基础的、作为"宏大叙事"的那些不切实际的理想已经普遍地被解构了。既然这些不切实际的理想已经失去了自己的实体性，从而悲剧性和悲剧艺术已经被放逐到边缘的地带，也就是说，以喜剧美学为主导性审美原则的时代已经悄然来临了。我们或许可以把这个时代称为"后美学时代"或"喜剧美学时代"。在某种意义上可以说，只有深刻地理解时代精神发展中的这一转折的人，才算真正地领悟并把握了审美意识的历史性。

三

在澄明了喜剧美学兴起的历史语境之后，我们还必须对喜剧美学这一新概念做进一步的说明。

首先，正如我们在前面已经论述过的，按照黑格尔的观点，喜剧乃是对悲剧的超越。然而，必须指出，这里说的"超越"只是一种艺术形式对另一种艺术形式的扬弃，并不包含如下的意思，即人类已不再需要悲剧性和悲剧这种艺术形式了。事实上，只要人类存在着，悲剧性和悲剧艺术就永远不会消失，因为人不可能没有自己的理想。然而，全部问题在于，不应该无限地夸大并拔高这种理想，以至于使它成为压抑乃至扼杀生命的可怕力量。正如米兰·昆德拉所说的："请好好理解我所说的话：崇敬悲剧比孩子气的废话危险得多。你知道悲剧的永恒不变的前提么？就是所谓比人的生命还要宝贵的理想。为什么会有战争？也是因为这个，它逼你去死，因为存在比生命更重要的东西。战争只在悲剧世界中存在；有史以来人就只认识这个悲剧世界，一步也跨不出这个世界。要结束这个悲剧时代，唯有与轻浮决裂。……悲剧将会像年老色衰的优伶，心惊胆战，声音嘶哑，最终被赶下世界舞台。轻松愉快才是减轻体重的最佳食谱。事物将失去它们百分之九十的意义，变得轻飘飘的。在这种没有重荷的环境里，盲从狂热将会消失，战争将不可能发生。"[①]尽管我们并不赞成米兰·昆德拉对悲剧艺术所采取的全盘否定的态度，也不同意他关于战争的简单化的见解，但他确实从某个角度深刻地洞察到蕴含在悲剧艺术中的某种消极的思想酵素。一旦这种思想酵素被无限地拔高并被简单地推广到日常生活中，就有可能酿成实际生活中的一系列悲惨的事实。一部人类史，在相当程度上就是这种可能性的展现史。

其次，我们这里使用的"喜剧美学"这一术语中的"喜剧"，狭义上指称的是健康的喜剧，广义上指称的则是以"喜剧性"为主导原则的一切文学艺术作品。显然，就我们所倡导的"喜剧美学"而言，它关注的正是以"喜剧性"为核心的文学艺术作品和审美理论。其实，长期以来，无论是蕴含在狭义的、健康的喜剧中的"喜剧性"，还是蕴含在广义的文学艺术作品中的"喜剧性"，都没有受到应有的重视。毫无疑问，当代人应该从自己的历史性出发，通过对中外文学艺术作品的深入研究，认真发掘这份弥足珍贵的思想资源，从而使自己的审美态度和审美意识重新返回到生存论哲学的轨道上来。我们确信，喜剧性和喜剧美学这一主导性的研究视角一旦被确立起来，迄今为止的全部美学研究都将改弦易辙。

最后，喜剧美学的核心内容是通过喜剧性本身来化解主体与客体、

---

① ［捷］米兰·昆德拉：《不朽》，宁敏译，作家出版社 1993 年版，第 119 页。

理想与现实、自我与他者、个人与社会之间的紧张状态。如果，当代社会普遍存在的异化现象加剧了这种紧张状态，从而导致了各种冲突，那么，喜剧美学的目的正是通过对所谓"伟大理想"和"宏大叙事"的调侃与解构，使人、事物和理想恢复到初始的意义状态中去，让其按照自己本来的面目泰然处之。那么，究竟什么是"喜剧性"呢？黑格尔指出："喜剧性一般是主体本身使自己的动作发生矛盾，自己又把这矛盾解决掉，从而感到安慰，建立了自信心。"①假如我们用容易理解的语言把黑格尔的意思表达出来，喜剧性无非是蕴含在丑、荒谬、滑稽、夸张、做作、俏皮、幽默和调侃等诸多矛盾现象中的普遍的思想酵素。这一思想酵素通过被期待的目标和意义的突然消解与跌落，通过虚构的人物的自相矛盾的行为举止，使观众意识到人、事物和理想的真实形象，从而引发出会心的笑。正是通过一连串会心的笑，观众感受到前所未有的轻松和愉悦。如果，悲剧使人感受到沉重、挫折和死亡的力量，那么，喜剧则使人感受到轻松、爽朗和生命的不屈不挠，因为它冲破了某些虚幻的理想和观念的樊篱，恢复了人、事物和理想的原初的、寻常的含义，恢复了它们的多样性和差异性；如果，悲剧试图把普通人的观念提升为"伟大精神"，那么，喜剧则试图通过对"伟大精神"的降温，将其恢复为普通人的观念。谁都不会怀疑，一杯水就只有一杯水的价值，一棵草就只有一棵草的价值，何必加以夸大呢？如果所有轻飘飘的东西都被夸大为沉甸甸的东西，那么只能导致这样的结果，即本来沉甸甸的东西也变得轻飘飘的了。要言之，一切事物都失去了自己的重量，进入了"太空状态"或"泡沫状态"。其实，喜剧之所以必定会取代悲剧，上升为当代美学的主导性形式，其原因正在于悲剧自身的发展逻辑所致。过分的严肃就是滑稽，普遍的沉重就是轻松，偏执的认真就是俏皮，不当的夸张就是幽默。难道这不正是生活世界每日每时都在向我们显示的真理吗？

综上所述，我们认为，喜剧美学代表了当今时代美学发展的重要方

---

① ［德］黑格尔：《美学》第 3 册下，朱光潜译，商务印书馆 1981 年版，第 315 页。

向。我们应该对以"喜剧性"为基调的一切文学艺术作品进行深入的研究，也应该对从阿里斯托芬以来的西方喜剧艺术的资源和中国唐宋以来的喜剧艺术的资源加以认真的总结，以便在美学研究中开拓出新的方向和新的问题域。

究竟如何理解尼采的话
"上帝死了"①

　　谁都知道，"上帝死了"是尼采著作中出现的一句重要的话。但如果我们继续追问下去：这句话最早出现在尼采的哪卷著作中？究竟是什么原因导致尼采说出"上帝死了"这句话？这句话的意义究竟何在？就会发现，人们对这些问题仍然不甚了了。这种现象很容易使我们联想起黑格尔的一句箴言："一般说来，熟悉的东西之所以不是真正知道的东西，正因为它是熟悉的。"②尽管海德格尔从西方历史，尤其是形而上学史和虚无主义的高度上对"上帝死了"这句话的深远意义做出了新的阐释，但是由于他受到自己的阐释视角的限制，因而导致尼采说出这句话的真正原因及这句话的真正意义仍然处于蔽而不明的状态下。由此可见，即使是在海德格尔之后，深入地解析这个命题得以产生的深层原因，充分地阐发它的潜在意义，依然不失为一项必要的工作。

---

　　①　原载《哲学研究》2006 年第 9 期，第 66—73、128—129 页，《中国社会科学文摘》2007 年第 2 期转载。收录于俞吾金：《实践与自由》，武汉大学出版社 2010 年版，第 461—475 页。——编者注

　　②　G. W. F. Hegel, *Werke* 3, Frankfurt Am Maim: Suhrkamp Verlag, 1989, S. 35.

一、尼采关于"上帝死了"这句话的论述

每一个熟悉哲学史的人都知道，早在尼采之前，黑格尔已有这方面的思想。在写于1802年的《信仰与知识》的结尾处，青年黑格尔断言："新时代的宗教赖以为基础的情感是：上帝本身死了（Gott selbst ist tot）。"①在《精神现象学》(1807)中，他进一步论述了自己的观点。在谈到苦恼意识时，他写道："它是痛苦，而这种痛苦能够用下面这句冷酷的话来表示：上帝已经死了（Gott gestorben ist）。"②在另一处，当黑格尔谈到神圣本质的外在化，即它转变为肉身和死亡时，又指出："这样的死正是感受到上帝本身已经死了（Gott selbst gestorben ist）的苦恼意识的痛苦情感。"③

尼采是在黑格尔之后说出类似想法的哲学家。按照他在自传《瞧，这个人》中的说法，当他还是儿童时，已经从本能上倾向于无神论的立场："——我一点也不注意'上帝'、'灵魂不朽'、'救赎'、'彼岸'这些概念，也从来没有在这些概念上浪费过我的时间，甚至在儿童时期也没有——我可能从来也没有过这种儿童式的天真——我完全不知道那种作为答案的无神论，也很少了解那种作为事件的无神论；对我来说，无神论式的醒悟源自我的本能。"④尼采在自传中的这段说明很有意思，它为我们深入地探索他关于"上帝死了"的观念提供了引导。按照海德格尔的研究，尼采在青年时期已确立起上帝和诸神必定会死亡的念头。在写于1870年的、关于《悲剧的诞生》的一个笔记中，尼采留下了这样一段话："我信奉原始日耳曼人的话：一切神必定会死亡（alle Götter muessen

---

① 转引自 M. Heidegger, *Holzwege*, Frankfurt Am Main: Vittorio Klostermann, 1980, S. 210。

② G. W. F. Hegel, *Werke* 3, Frankfurt Am Maim: Suhrkamp Verlag, 1989, S. 547.

③ Ibid., S. 572.

④ F. Nietzsche, *Sämtliche Werke* 6, Berlin: deutscher Taschenbuch Verlag, 1988, S. 278.

sterben)。"①在黑格尔和尼采的上述见解中，有以下两点值得引起我们的注意。其一，青年黑格尔和青年尼采是从不同的切入点说出"上帝死了"这句话的。青年黑格尔在论述自我意识时指出，自我意识经过了欲望、主奴关系、斯多葛主义和怀疑主义的阶段后，进入了苦恼意识的阶段。在这个阶段中，自我意识试图通过对上帝的虔敬来安顿自己，结果发现上帝本身已经死亡，除了痛苦的情感，其他一无所获。自我意识唯有超越这个阶段而达到理性，才能安顿自己并继续向前进展。由此可见，在青年黑格尔那里，"上帝本身死了"意味着以概念思维为特征的哲学对以人格形象为标志的宗教的超越。② 与青年黑格尔不同，青年尼采只是从原始日耳曼人的传说中汲取自己的灵感。其二，青年黑格尔所说的"上帝"是单数，是唯一的，而青年尼采所说的"一切神"则是复数，并不专指"上帝"。尽管存在着上述差别，海德格尔依然认定，青年尼采和青年黑格尔的见解之间有着一种形而上学本质探索中的根本性联系。

尼采第一次明确地说出"上帝死了"这句话是在 1882 年出版的《快乐的科学》第三卷第 108 节中。他这样写道："上帝死了（Gott ist todt），但是，人们同样也会提供千年之久的洞穴来展示它的幻影。"③显然，在这

---

① 转引自 M. Heidegger, *Holzwege*, Frankfurt Am Main：Vittorio Klostermann, 1980, S. 210。

② 当然，晚年的黑格尔不但不再提"上帝死了"的命题，而且赋予宗教和上帝以至高无上的地位："上帝（神）是一切之始和一切之终。一切源出于此，一切复归于此。上帝（神）是核心（Mittelpunkt），它赋予一切以生命，使一切生命形体具有精神和灵魂，并维系其存在。在宗教中，人将自身置于同此核心的既定关系中，而这一关系则将其他一切关系淹没。"[德]乔·威·弗·黑格尔：《宗教哲学》上，魏庆征译，中国社会出版社 1999 年版，第 4 页。

③ F. Nietzsche, *Sämtliche Werke* 3，Berlin：Deutscher Taschenbuch Verlag, 1988, S. 467. 令人困惑的是，尼采在这里和其他场合下多次使用了 todt 这个词。然而，在德语词典上却检索不到这个词。疑是印刷上出现的问题。由于我们拥有的《快乐的科学》和《查拉图斯特拉如是说》各自只有一个德文版，所以无法在不同的版本之间进行互校。但我们注意到一个现象，即尼采在《快乐的科学》第三卷第 125 节和后来增补的第五卷第 343 节中谈到"上帝死了"时，凡是使用 todt 这个词的地方，海德格尔在其 1943 年的讲座《尼采的话"上帝死了"》中都改成了 tot。参见 M. Heidegger, *Holzwege*, Frankfurt Am Main：Vittorio Klostermann, 1980, S. 211-212. 所以，我们把"Gott ist tot"和"Gott ist todt"视为完全相同的两个句子。事实上，当尼采在某些场合下提到"上帝死了"时，使用的是"Gott ist tot"这样的表达式。参见 F. Nietzsche, *Also Sprach Zarathustra*, Stuttgart：Reclam Verlag, 1958, S. 6。

一节中，他还没有充分阐明"上帝死了"这句话的含义。在该书同一卷第125节中，这句话的含义得到了详尽的论述。这一节讲到：一个疯子大白天打着灯笼，在市场上不停地叫喊"我找上帝"（Ich suche Gott），正好那里聚集着许多不信上帝的人。于是，这个疯子闯入了人群中："上帝去哪儿了？他大声喊道，我要对你们说！我们已经杀死了他（Wir haben ihn getödtet）——你们和我！我们都是谋杀犯（Wir Alle sind seine Mörder）！但我们是如何做到这一点的呢？我们如何能将海水（das Meer）吸干？谁给了我们海绵去擦拭整个地平线（den ganzen Horizont）？我们究竟做了什么才使大地（diese Erde）脱离了它的太阳（ihrer Sonne）？……一切神都腐烂了（auch Götter verwesen）！上帝死了（Gott ist todt）！上帝殉难了（Gott bleibt todt）！我们已经杀死了他（Wir haben ihn getödtet）！作为最大的谋杀犯，我们将如何宽慰自己？迄今为止最神圣、最万能的它已经倒在我们的刀下，——谁能清洗我们身上的血迹？用什么样的水才能清洗我们自身？"[①]这个疯子把谋杀上帝的行为看作历史上最伟大的行为，面对周围寂然无声的听众，他把灯笼扔在地上，责怪自己来得太早，太不是时候了。尽管人们实际上已经谋杀了上帝，但他们居然没有意识到。这个疯子还跑到各个教堂里，唱起了安魂弥撒曲，当人们问他为什么这样做时，他回答道："如果这些教堂不是上帝的墓穴和墓碑，它们还能是什么呢？"[②]

细心的读者一定会注意到，在《快乐的科学》中，尼采关于"上帝死了"的言说与他早期的思想有着密切的联系。他早期曾经提到的"一切神必定会死亡"的见解在这里被表达为"一切神都腐烂了"。然而，在注意到这种联系的同时，也必须看到尼采思想的跳跃性发展，即在青年尼采那里，上帝似乎是自然死亡的，而在《快乐的科学》中，尼采通过疯子之口说出了事情的真相，即上帝不是自然死亡的，而是被"我们"，即"你

---

① F. Nietzsche, *Sämtliche Werke* 3, Berlin: Deutscher Taschenbuch Verlag, 1988, S. 481.

② Ibid., S. 482.

们和我"共同谋杀的！

值得我们注意的是，在 Wir haben ihn getoedtet 这个句子中，getoedtet 乃是及物动词 toeten(杀死)的过去分词，它与 haben 一起构成了现在完成时态，即"我们已经杀死了他"。而青年黑格尔所说的"上帝本身死了(Gott selbst ist tot)"中的 ist 乃是不及物动词 sein(是)的现在时第三人称形式，它与形容词 tot(死亡的)连用，表示"死了"。显然，这里的"死了"不是指上帝被谋杀了，而是指他在没有外在力量强制的情况下的自然死亡。同样，青年尼采所说的"一切神必定会死亡"(alle Goetter muessen sterben)中的动词 sterben 也是不及物动词。它表明，一切神也不是被谋杀的，而是自然死亡的。于是，我们发现，当尼采叙述"上帝死了"这一事件的时候，他采取了两种不同的叙述形式：一种形式肯定上帝是自然死亡的；另一种形式则肯定上帝是被谋杀的。

在写于 1883—1885 年的《查拉图斯特拉如是说》中，尼采进一步论述了这一主题。在序言第 2 节中，刚下山的查拉图斯特拉在森林里遇到了圣者，但当他独自一人的时候，他心里说："这是可能的么，这个森林里的老圣人还没有听说过：上帝死了(Gott tot ist)！"[①]在序言第 3 节中，尼采又写道："从前，对上帝的亵渎乃是最大的亵渎，但是上帝已死(Gott starb)，因而这些渎神者也死了。"[②]此外，尼采还在《查拉图斯特拉如是说》第一卷第 3、17、22 节，第二卷第 24、25 节，第四卷第 63、65、66、73 节等部分中谈到了上帝、上帝之死及相关的内容。值得注意的是，尼采在《查拉图斯特拉如是说》中提到"上帝死了"的命题时，使用的大多是不及物动词。众所周知，starb 也不过是不及物动词 sterben 的过去时形式。

有趣的是，当尼采于 1886 年为原来只有四卷的《快乐的科学》增补第五卷时，在该卷第 343 节中又写道："上帝死了(Gott todt ist)。对基

---

① F. Nietzsche, *Also Sprach Zarathustra*, Stuttgart: Reclam Verlag, 1958, S. 6.
② Ibid., S. 7.

督教上帝的信仰变得不可信了，这一新近发生的最大事件已经开始把它最初的阴影投射到欧洲的上空。"①显然，这里的"Gott todt ist"也是指上帝的自然死亡。我们发现，仅在《快乐的科学》中，尼采关于上帝之死就有两种不同的叙述形式。即使尼采在该书第三卷第 125 节中借疯子之口，揭示人类谋杀上帝的真相时，也有"Gott ist todt"这样的话，仿佛上帝不是被外在的强力所谋杀，而是自然死亡的。同样，在《查拉图斯特拉如是说》中，尽管大部分叙述给人的印象是上帝是自然死亡的，但也有些地方谈到了人类对上帝的谋杀。这些关于谋杀的段落，我们将在下面部分中详尽地进行讨论。

总之，在尼采的文本和语境中，"上帝死了"只是一个重大事件的结果。但这个结果却可能在两种不同的形式中被实现：一种形式是上帝的自然死亡，另一种形式是上帝被人类所谋杀。更令人困惑不解的是，尼采在自己的文本中常常把这两种截然不同的叙述形式交织在一起，从而使"上帝死了"成了一个扑朔迷离的谜语。

二、尼采对"上帝死了"的原因的阐释

当我们把尼采所说的"上帝死了"作为一个结果来接受时，自然而然产生了一个相关的问题，即为什么"上帝死了"？或者换一种说法，究竟是什么原因导致了上帝的死亡？如前所述，既然在尼采的著作中，"上帝死了"表现为两种不同的叙述形式，那么我们不妨看看，在每一种叙述形式中，尼采又是如何说明上帝死亡的具体原因的。

我们先来考察关于上帝自然死亡的叙述形式。按照这种叙述形式，假如"上帝死了"是自然死亡，那么究竟是什么原因导致了上帝的自然死

---

① F. Nietzsche, *Sämtliche Werke* 3, Berlin: Deutscher Taschenbuch Verlag, 1988, S. 573.

亡呢？尼采告诉我们的原因是：上帝死于对人类的同情。在《查拉图斯特拉如是说》第二卷第 25 节中，尼采这样写道："从前魔鬼这样对我说过：'连上帝也有它的地狱，那就是他对人类的爱。'最近我又听到这样的话：'上帝死了；上帝死于他对人类的同情'（Gott ist tot；an seinem Mitleiden mit den Menschen ist Gott gestorben）。"①

如前所述，尼采在这里说到"上帝死了"时，所用动词的原形 sein 和 sterben 均为不及物动词。也就是说，上帝的自然死亡源于"他对人类的同情"（an seinem Mitleiden mit den Menschen）。在《查拉图斯特拉如是说》第四卷第 66 节中，尼采写到，查拉图斯特拉在路旁遇到了退职的老神父，那位老神父曾经供奉上帝到最后一刻：

> "你供奉他直到最后么？"查拉图斯特拉在长久的沉默后沉思着问，"你知道他是怎么死的（du weißt，wie er starb）？人们说同情窒息了他，这是真的吗？"
>
> "他看着人类如何被钉死在十字架上，再也忍受不了，以致他对人类的爱成了他的地狱，并最后导致了他的死亡（und zuletzt sein Tod wurde）？"②

人们也许会问：为什么对人类的同情会导致上帝的自然死亡呢？尽管尼采没有明说，但暗含着如下的意思，即上帝死于自己的多愁善感。这层意思也可以从尼采在《查拉图斯特拉如是说》第二卷第 25 节中写下的另一句话"可是，一切创造者都是铁石心肠"（Alle Schaffenden aber sind hart）③得到相反的印证。既然上帝没有这样的铁石心肠，他太多愁善感了，所以，正是这种情感上的折磨导致了上帝的自然死亡。

我们再来考察关于上帝死于谋杀的叙述形式。按照这种叙述形式，

---

① F. Nietzsche，*Also Sprach Zarathustra*，Stuttgart：Reclam Verlag，1958，S. 88.

② Ibid.，S. 271.

③ Ibid.，S. 88.

假如"上帝死了"乃是上帝被人类谋杀的结果，那么，需要追问的是，为什么人类要谋杀上帝呢？细心的读者会发现，在《查拉图斯特拉如是说》中，尼采对人类谋杀上帝的动因也做过相应的分析。在该书第四卷第67节中，尼采写到，查拉图斯特拉在经过死蛇之谷时遇到了"最丑陋的人"。这个最丑陋的人说出了这样一个谜语："什么是对见证人的复仇？"并不等查拉图斯特拉回答，就承认自己是这个谜语的谜底。于是，善解谜语的查拉图斯特拉立即惊叫起来："你就是上帝的谋杀者(du bist der Mörder Gottes)！"①这个最丑陋的人非但不否认自己的谋杀行为，而且振振有词地说明了自己之所以这么做的原因："上帝洞察一切，也洞察人类，这个上帝必须死去(dieser Gott mußte sterben)！人类是无法忍受这样一个见证人的。"②显然，这个最丑陋的人的申辩表明，上帝是因为见证了人类的一切丑恶行为才遭到人类谋杀的。令人困惑不解的是，尼采在这里说出"这个上帝必须死去"时，又使用了不及物动词 sterben，而没有使用及物动词 töten 的被动语态形式。

当然，细心的读者一定会发现，在《查拉图斯特拉如是说》第五卷第65节中，人类谋杀上帝的理由得到了更为充分的阐述。这一节讲到：查拉图斯特拉绕过山崖，遇到了一个魔术师。这个魔术师把不相识的上帝视为"最残酷的猎人"(grausamster Jaeger)、"嫉妒者"(Eifersüchtiger)、"(偷偷地潜入人心中的)贼"(Dieb)、"刑讯者"(Folterer)、"刽子手"(Henker)、"隐藏在云后的强盗"(Räuber hinter Wolken)等。按照魔术师的说法，既然上帝扮演了上面这些可怕的角色，也就难免要被人类谋杀了。

不用说，尼采关于上帝成了人类丑恶行为的见证人，从而遭到人类谋杀的说法，乃是关于上帝死于谋杀的最温和的表述。从尼采对 sterben 和 töten 这两个动词的交替使用可以看出，他实际上把上帝的自然

---

① F. Nietzsche, *Also Sprach Zarathustra*, Stuttgart: Reclam Verlag, 1958，S. 275.
② Ibid., S. 278.

死亡和上帝被谋杀理解为同一个事件的两个不同的侧面。也就是说，同情是上帝死亡的内在原因，而谋杀则是上帝死亡的外在原因。那么，在这两类不同的原因中，究竟哪类原因具有主导性的、根本性的作用呢？我们注意到，海德格尔并没有回避这个问题。正如我们在前面已经提到过的，他在 1943 年所做的那个讲座的标题是："尼采的话'上帝死了'"（"Nietzsches Wort'Gott ist tot'"）。这个标题本身表明，海德格尔比较认同尼采关于上帝自然死亡的叙述形式。事实上，海德格尔的见解最清楚不过地体现在这一讲座的下面这段论述中："我们更愿意在这个意义上理解'上帝死了'这句话，即上帝本人由于自己的原因已经远离他的活生生的在场了。但是，要说上帝是被其他存在物，甚至是被人谋杀的，那是不可思议的。"①如前所述，尼采关于上帝死于谋杀的观点在《快乐的科学》中是借"疯子"说出来的，在《查拉图斯特拉如是说》中则是借"最丑陋的人"说出来的，而且他对这种谋杀行为的动机也做过详尽的说明。在这样的情况下，为什么海德格尔还要认定尼采关于上帝死于谋杀的叙述形式是"不可思议"的呢？

根据我们的研究，这与海德格尔和尼采对人和人类的不同评价有着实质性的联系。在《关于人道主义的信》(1946)和其他论著中，尽管海德格尔对人道主义及其基础——传统形而上学做过透彻的批判，但他始终对能够理解存在之真理的人做出了高度的评价："人不是存在者的主人（Der Mensch ist nicht der Herr des Seienden）。人是存在的看护者（Der Mensch ist der Hirt des Seins）。……人是存在的邻居（Der Mensch ist der Nachbar des Seins）。"②而尼采的著作，处处透显出他对人和整个人类的蔑视。在《查拉图斯特拉如是说》序言第 3 节中，尼采通过查拉图斯特拉

---

① M. Heidegger，*Holzwege*，Frankfurt Am Main：Vittorio Klostermann，1980，S. 256.

② M. Heidegger，*Ueber Den Humanismus*，Frankfurt Am Main：Vittorio Klostermann，1975，S. 29.

之口，对人类做出了如下的评价："真的，人类是一条污浊的河流。"①在《查拉图斯特拉如是说》第一卷第 6 节中，尼采又写道："这种人是什么？是各种疾病的聚合体，他们经过精神而扩展到世界上，以便获得劫掠品。这种人是什么？是扭作一团的野蛇，彼此无一刻安宁，它们向前爬行着，以便在世界上为自己获得劫掠品。"②

显然，在尼采的心目中，人和人类根本上是无可救药的。毋庸讳言，这种对人和人类的极度蔑视，既源自尼采本人对生活的感受，也源自西方基督教文化对人性的界定，即人性本恶和原罪说。尽管尼采作为一个非道德主义者对人性中某些恶的方面抱着赞赏的态度，但他赞赏的只是那些匿名的恶的行为，而对人和人类始终采取了极度蔑视的立场。既然如此，在他那里把上帝之死归咎于人类的谋杀就不是什么"不可思议"的事情了。

事实上，我们在研究中发现，海德格尔认为"不可思议"的那种叙述形式，即认定人类谋杀上帝的叙述形式，在尼采的著作中不但没有处于边缘化的状态下，而且是导致上帝死亡的根本性的、主导性的原因。如前所述，在尼采的叙事中，人类不能容忍上帝这个见证人的存在是他们谋杀上帝的一个根本性的原因。其实，在我们看来，还有更深层的原因导致了人类的谋杀行为，那就是上帝之无能和救赎之无望。虽然尼采没有明确地说出这方面的原因，但在他的著作中，我们却能感受到这些原因的存在。

我们知道，基督教的上帝肩负的第一个伟大使命是创造世界和人类。不用说，上帝已经完成了这一使命。然而，由于人类从伊甸园里堕落，上帝不得不肩负起第二个伟大使命——救赎人类。但是，既然"人类是一条污浊的河流"，人性根本上就是恶的，那就等于说，上帝的任何救赎行为必定归于失败。正如尼采在写于 1876—1879 年的《人性的，

---

① F. Nietzsche, *Also Sprach Zarathustra*, Stuttgart: Reclam Verlag, 1958, S. 7.

② Ibid., S. 35.

太人性的》第 2 卷第 98 节中所指出的："如果你们愿意从这种关于基督教认识的不足中摆脱出来，认真地考虑一下 2000 年来的经验，用简洁的问题形式表达出来，就是——假如基督真的有意要拯救世界，那么不应该说他已经失败了吗？"①

既然人性是恶的，那么不断繁衍出来的、不同时代的人类总是恶的。也就是说，任何救赎行为都是无效的，甚至是无意义的。正是这种无效性和无意义性透显出上帝的无能、多余和荒谬。不言而喻，既然上帝目前承担的唯一使命是救赎人类，而任何救赎必定归于失败，那么上帝也就成了一个多余的存在物。正如尼采在《人性的，太人性的》第二卷第 407 节谈到伟人时所指出的："——使自己变得多余，这就是所有伟人的荣誉。"②从人类方面看问题，既然上帝没有能力救赎人类，于是人类对上帝、对自己的命运都变得绝望了。人们也许会问：既然上帝是无能的、多余的、荒谬的，为什么人类还要谋杀他呢？因为人类希望把一个被杀死的、无力再为自己申辩的上帝作为自己丑恶行为的替罪羊和避雷针。这就是人类在绝望中的希望之举。

从上面的分析可以看出，尼采在自己的著作中不自觉地泄露了导致上帝死亡的真正原因，即上帝之无能、救赎之无效和人类之绝望。确实，一方面，基督教教义反复强调上帝的全能；而另一方面，生活世界中不断重现的丑恶又一再证明上帝是无能干预生活世界的。汉斯·约纳斯在《奥斯维辛之后的上帝观念》(1984)的报告中曾经痛切陈词："这不是一个全能的上帝！事实上为了我们的上帝形象，为了我们与神性的事物的整个关联，我们认为，我们不能维护具有绝对、无限的神圣权力的传统(中世纪)教义。"③尽管约纳斯没有像尼采那样喊出"上帝死了"的口

① F. Nietzsche, *Menschliches, Allzumenschliches*, Frankfurt Am Main: Insel Taschenbuch, 1982, S. 351.

② Ibid., S. 444.

③ [德]汉斯·约纳斯：《奥斯维辛之后的上帝观念——一个犹太人的声音》，张荣译，华夏出版社 2002 年版，第 24 页。

号，他希望塑造一个奥斯维辛之后的新的上帝的形象，但他毕竟认可了上帝不是全能的这一事实。

让我们重新回到尼采的语境中来。既然导致上帝死亡的隐秘原因乃是上帝之无能和救赎之无望，那么，尼采将用什么东西来取代上帝呢？像费尔巴哈那样，用感性的人来取代上帝吗？尼采的回答是否定的。在他看来，人不是目的，而是手段，是从动物通向超人去的一根绳索。也就是说，上帝的真正的取代品乃是超人。在《查拉图斯特拉如是说》的第4卷第73节中，尼采满怀激情地写道："上帝已死！现在我们希望的是，——超人降生（Gott starb：nun wollen wir，—dass der Übermensch lebe）。①"毋庸讳言，尼采所说的"超人"正是他所倡导的权力意志的化身，而超人活动的地基已经被清理过了。这里没有上帝，没有灵魂的不朽，没有来世，没有救赎，没有同情，有的只是权力意志。

三、尼采的"上帝死了"这句话的意义

对于后尼采的研究者来说，最有兴趣的问题莫过于探索蕴含在尼采的"上帝死了"这句话中的深层意义了。流俗的见解通常是在基督教乃至形而上学的范围内来思考"上帝死了"这一命题的意义。比如，A. 彼珀认定："在严格的意义上'上帝死了'这个句子是指古代形而上学和基督教哲学介绍给我们的有关上帝的看法是错误的。"②不能说这种 A. 彼珀式的思维方式是荒谬的，因为确实应该先从基督教乃至形而上学的角度来阐释尼采赋予"上帝死了"这句话的含义，但同时必须指出，仅仅停留

---

① F. Nietzsche, *Also Sprach Zarathustra*, Stuttgart：Reclam Verlag，1958，S. 301.

② ［德］A. 彼珀：《动物与超人之间的绳索——〈查拉图斯特拉如是说第一卷义疏〉》，李洁译，华夏出版社 2006 年版，第 44 页。陈鼓应先生在《悲剧哲学家尼采》一书中也持类似的见解。他这样写道："'上帝死了'，乃意指基督教最高理想的幻影在人们心中已经幻灭或应予破灭。"陈鼓应：《悲剧哲学家尼采》，生活·读书·新知三联书店 1996 年版，第54 页。

在这个阐释范围内是不够的。显然，要对这句话的意义做出充分的阐释，重温海德格尔在这个问题上的见解仍然是必要的。海德格尔主要是沿着以下两个不同的侧面来阐释尼采的"上帝死了"这句话的意义的。

一方面，海德格尔认为，尼采文本中的"上帝"概念并不是基督教领域的专利品："上帝这个名称表示的是理念和理想的领域。从柏拉图以降，更确切地说，自晚期希腊和基督教对柏拉图哲学的阐释以降，这一超感性的领域(dieser Bereich des Übersinnlichen)就被当作是真实的和真正现实的世界了。"①而与这一超感性的领域相对峙的则是变动不居的、表面的、非现实的感性世界。假如人们把这一感性世界理解为物质世界的话，那么超感性世界也就是形而上学的世界了。于是，海德格尔引申出如下的结论："'上帝死了'这句话意味着，超感性世界已经失去了作用力。它不再有生命力了。形而上学，即被尼采理解为柏拉图主义的西方哲学已经终结了。尼采把自己的哲学理解为形而上学即对于他说来的柏拉图主义的对立物。"②在海德格尔看来，尼采的"上帝死了"这句话的真正深意在于，它颠覆了以柏拉图主义为代表的传统形而上学，从而导致了传统形而上学的终结。

另一方面，假如 2000 年来人们在超感性的精神领域里赖以安身立命的整个传统的形而上学大厦倒塌了，作为这一大厦的根据和标志的上帝死了，那么，人们的思想和行为也就失去了任何有效的约束力。正是在这个意义上，海德格尔写道："'上帝死了'这句话蕴含着如下的规定，即这种虚无(dieses Nichts)展现出来了。在这里，虚无意味着一个超感性的、约束性的世界已经不在场了。虚无主义(der Nihilismus)，这个所有客人中最可怕的客人，已经站在门前了。"③

有待追问的是，海德格尔在这里提到的这个最可怕的客人——虚无

---

① M. Heidegger, *Holzwege*, Frankfurt Am Main: Vittorio Klostermann, 1980, S. 212.

② Ibid., S. 213.

③ Ibid., S. 213.

主义究竟和尼采的哲学有什么联系呢？这种虚无主义的本质是什么呢？海德格尔本人为我们提供的解释如下："尼采认定自己的思想是以虚无主义为标志的。'虚无主义'这个名称表示的是为尼采所认识的、贯穿于前几个世纪并且规定着现在这个世纪的历史性运动。尼采在'上帝死了'这个短句中概括了自己对虚无主义的说明。"①

在海德格尔看来，"上帝死了"这个命题的最本质的含义是：虚无主义降临了。作为历史性的运动，虚无主义并不是哪个民族或哪个人的产物，而是西方文化发展的内在逻辑和普遍命运。与其他哲学家不同，尼采非但不逃避虚无主义，而且还自觉地把它理解为自己思想的标志。在他那里，虚无主义具有积极意义，这种积极意义集中体现在他提出的"重估一切价值"的口号中，而价值设定和重估的根据则是权力意志。所以，海德格尔写道："唯有从权力意志的本质出发，尼采的虚无主义概念和'上帝死了'这句话才能得到充分的思考。"②

我们上面叙述的是海德格尔对尼采的"上帝死了"这句话的阐释。与流俗的见解不同，海德格尔没有停留在单纯宗教领域中去解读这个命题，而是把它理解为一种积极的虚无主义，理解为颠覆传统形而上学的历史性运动，从而深化了这个命题的内涵。

然而，在我们看来，海德格尔的阐释依然没有触及尼采在"上帝死了"这句话中所感受到的、内蕴于西方基督教文化中的根本性悖论，即人性本恶与上帝救赎人类的行为之间的悖论。正如我们在前面已经指出过的那样，假如人性本恶，那么人和人类根本上就是不可救赎的。沿着这一思路探索下去，必定会发现，上帝是无能的和多余的，从而谋杀上帝，把他作为整个人类恶行的替罪羊和避雷针；假如上帝救赎人类的行为是明智的，也是有效的，那么人性本恶的理论和原罪说就必须被抛弃。这样一来，整个基督教文化赖以安身的基础就被抽掉了。无论人们

---

① M. Heidegger，*Holzwege*，Frankfurt Am Main：Vittorio Klostermann，1980，S. 208.

② Ibid.，S. 228.

在这个悖论中选择哪一条思路探索下去，其结果都只能是整个西方基督教文化大厦的倾覆。或许可以说，面对这个致命的悖论，尼采最终失去了理智。尽管在意识的层面上，尼采虚构出"超人"来取代上帝，然而，在无意识的层面上，他仍然像他所指责的康德那样，归根到底是一个隐蔽的基督徒。在 1889 年 1 月 4 日发自意大利都灵的、致丹麦文学家乔治·勃兰兑斯的信中，尼采在自己名字的落款处写的是："被钉在十字架上的人（the crossed man）。"①这个所谓"被钉在十字架上的人"难道不正是被尼采宣布为已经死亡的上帝吗？同样，海德格尔也没能走出这个悖论。他之所以把 1966 年 9 月 23 日自己与《明镜》周刊记者的谈话标题确定为"只还有一个上帝可以救渡我们"，不正表明他晚期的全部哲学运思仍然是在基督教文化的背景下展开的吗？因此，在这里依然有待于思索的是，不从根本上化解基督教文化内蕴的这一悖论，西方文化能够脱离自己所处的危急状态吗？

---

① 乔治·勃兰兑斯：《尼采》，安延明译，工人出版社 1985 年版，第 193 页。原文译为"钉在十字架上的人"似不妥，应译出包含在 crossed 这个词中的被动含义。

2007年

康德两种因果性概念探析[①]

　　众所周知，因果性与自由的关系问题乃是康德哲学中的核心问题，甚至可以说，康德一生的哲学探索都是围绕着这一核心问题展开的。同时，这个问题也是康德哲学中最难索解的问题，因为在不同的著作中，康德常常从不同的角度、用不同的术语来叙述这个问题，而在任何场合下都没有对这个问题做出集中的、系统的论述。这样一来，这个问题就成了康德研究中聚讼纷纭、莫衷一是的难题。

　　康德逝世以后，无论是黑格尔、叔本华、新康德主义者，还是当代康德研究专家中的莱易斯·怀特·贝克（Lewis White Beck）、艾伦·伍德（Allen W. Wood）或亨利·阿利森（Henry E. Allison）等人，都试图从不同的角度去破解康德遗留下来的这个难题。我们也注意到，国内已有学者致力于这一问题的探索。[②] 然而，由于种种原因，上述研究均未获得新的、突破性的进展。

─────────

　　① 　原载《中国社会科学》2007 年第 6 期。收录于俞吾金：《从康德到马克思——千年之交的哲学沉思》，北京师范大学出版社 2017 年版，第 106—132 页，题为"康德的两种因果性概念"；《实践与自由》，武汉大学出版社 2010 年版，第 62—82 页，题为"康德的两种因果性概念"。——编者注

　　② 　陈嘉明：《建构与范导——康德哲学的方法论》，社会科学文献出版社 1992 年版，第 9 章第 3、4 节；邓晓芒：《康德哲学诸问题》，生活·读书·新知三联书店 2006 年版，第 1 章第 4 节和第 3 章第 4 节等。

其中，有些研究者忽略了一个重要的事实，即在康德哲学中存在着两种不同的因果性概念——自然因果性和自由因果性，即使有的研究者注意到了这一点，也没有对"自由因果性"这个康德独创的概念进行深入的探究，而是习惯于把康德著作中有关"自由"的论述与"因果性"的论述分离开来，作为不同的问题进行探讨；还有一些研究者拘泥于对康德文本、句子、概念的细致分析，却忽略了康德在不同的著作中叙述这个问题时在语境上存在的重要差异；尤其是研究者们都没有认真地对待黑格尔、叔本华，特别是马克思对康德因果性概念的批判性解读。我们尝试就这一问题提出自己的见解，以求教于海内外方家。

一、康德对"休谟的提示"的回应

在《未来形而上学导论》中，康德坦然承认，正是"休谟的提示"在多年前打破了他的教条主义的迷梦，并在思辨哲学研究上给他指出了一个完全不同的方向。那么，康德这里提到的"休谟的提示"究竟指什么？

康德这样写道："休谟主要是从形而上学的一个单一的然而是很重要的概念，即因果连结概念（以及由之而来的力、作用等等派生概念）出发的。他向理性提出质问，因为理性自以为这个概念是从它内部产生的。他要理性回答他：理性有什么权利把事物想成是如果一个什么事物定立了，另外一个什么事物也必然随之而定立；因为因果概念的意思就是指这个说的。休谟无可辩驳地论证说：理性决不可能先天地并且假借概念来思维这样一种含有必然性的结合。……他因而断言：理性在这一概念上完全弄错了，错把这一概念看成是自己的孩子，而实际上这个孩子不过是想象力的私生子，想象力由经验而受孕之后，把某些表象放在联想律下边，并且把由之而产生的主观的必然性，即习惯性，算做是来自观察的一种客观的必然性。因而他又断言：理性并没有能力即使一般地去思维这样的连结，否则它的诸概念就会纯粹是一些虚构，而它的一切所谓先天知识就都不过是一些打上错误烙印的普通经验了，这就等于说没有，也不可能有形而上学这样的东西。"①从这段论述可以看出，对于康德来说，"休谟的提示"也就是休谟对传统的因果性概念的颠覆性质疑。这一质疑之所以是"颠覆性的"，因为全部传统的形而上学都奠基于因果性概念，并把这一概念理解为"客观的必然性"。假定真如休谟所提示的，这一概念不过是"主观的必然性，即习惯性"，那么结果是可想而知的：整个形而上学的大厦将随之而倾覆！

问题的严重性是不言而喻的。然而，与休谟同时代的不少学者却误解了这一"提示"，仿佛休谟不是在认真地探索一个深奥的哲学问题，而是在对生活常识和自然科学知识吹毛求疵。对于这种无知和曲解，康德痛心疾首、据理力争："问题不在于因果概念是否正确、有用，以及对整个自然知识说来是否必不可少（因为在这方面休谟从来没有怀疑过），而是在于这个概念是否能先天地被理性所思维，是否具有一种独立于一切经验的内在真理，从而是否具有一种更为广泛的、不为经验的对象所局限的使用价值：这才是休谟所期待要解决的问题。这仅仅是概念的根源问题，而不是它的必不可少的使用问题。根源问题一旦确定，概念的使用条件问题以及适用的范围问题就会迎刃而解。"②康德敏锐地发现，"休谟的提示"的症结在于因果性概念"是否能先天地被理性所思维，是否具有独立于一切经验的内在真理"。事实上，康德经过10余年的沉思撰写出来的《纯粹理性批判》，其主要宗旨就是全面回应蕴含在"休谟的提示"中的这一难题。

在康德通过缜密思索建立的先验哲学语境中，他对休谟的质疑做出了明确的回答，指出因果性概念的根源不是经验，而是理性。换言之，因果性是先天地内在于理性之中的。康德提出了"（广义的）纯粹理性"的新概念。所谓"纯粹"是指完全没有任何经验的因素在内；所谓"广义的"

---

① ［德］康德：《任何一种能够作为科学出现的未来形而上学导论》，庞景仁译，商务印书馆1982年版，第6—7页。

② 同上书，第8页。

是指它包含着以下三个不同的层面。一是"感性"。感性是直观的，它运用先天直观的纯粹形式——时间和空间，梳理通过感官而获得的混沌的感觉经验，从而做成纯粹数学方面的知识。二是"知性"。知性的功能是思维，它运用十二个知性范畴（单一性、多数性、总体性；实在性、否定性、限制性；实体与属性、因果性、相互作用；可能性、存在性、必然性），进一步梳理并建立感觉经验与材料之间的内在联系，从而做成纯粹自然科学方面的知识。值得注意的是，休谟提到的因果性概念正是十二个知性范畴之一。实际上，康德一开始就把因果性概念理解为完全可以与感觉经验相分离的、纯粹理性的概念，并通过知性范畴的先验演绎①，表明了它们以客观必然性的形式建立感觉经验材料之间的内在联系的合法性。三是"理性"，即（狭义的）纯粹理性，它的自然倾向是运用十二个知性范畴去认识超验的理念，即自在之物——灵魂、世界和上帝，结果陷入了误谬推理、二律背反和理想。

从上面的论述可以看出，康德已经在先验哲学的语境中成功地回应了休谟对因果性概念的质疑。但在这一回应中，康德也退了一步，即区分出认识的两类不同的对象：一是现象，即时间、空间和知性范畴（包括因果性）运用的对象；二是自在之物，属于超验的领域，是时间、空间和知性范畴无法加以运用的对象。康德认为，自在之物是不可知的，可知的只是自在之物向我们显现出来的现象。这个退步既保留了康德对休谟怀疑主义的有限认同，也蕴含着他对休谟思想的深刻批评，即休谟不应该谈论自然中一物与另一物之间的因果关系，事实上，能够谈论的只是自在之物向人们显现出来的不同现象之间的因果关系。也就是说，因果关系只适用于现象或经验的领域，决不能指涉超验的自在之物的领域。

---

① 正如安东尼·肯尼（A. Kenny）所指出的："先验演绎的核心就在于：如果没有范畴的概念，包括实体和原因的概念，那么即便是最零星、最混乱的经验，我们也不可能理解，不可能将其概念化。"［英］安东尼·肯尼：《牛津西方哲学史》，韩东晖译，中国人民大学出版社 2006 年版，第 162 页。

论述到这里，休谟提出来的因果性难题似乎已得到完满的解决。但实际上，蕴含在这一难题中的、更具根本性的问题还没有被触及。人所共知，在《人类理解研究》这部著作的第八章"自由和必然"中，休谟进一步提出了因果性和自由之间的关系问题。他认为，人们普遍地把"因"与"果"之间的关系理解为必然关系，因而自由与因果性的关系实质上就是自由与必然的关系。休谟认定，这是一个更加令人费解的难题：如果世界上的一切事件都是"因"与"果"之间的必然关系，那么人是没有任何自由可言的；反之，如果人是自由的，那么又如何理解"因"与"果"之间的必然关系呢？这个难题后来也成了康德哲学运思的真正出发点。在1798年9月21日致斯蒂安·伽尔韦的信中，康德写道："我的出发点不是对上帝存在、灵魂不朽等等的研究，而是纯粹理性的二律背反：'世界有一个开端'，等等。直到第四个二律背反：'人有自由；以及相反地：没有任何自由，在人那里，一切都是自然的必然性'。正是这个二律背反，把我从教条主义的迷梦中唤醒，使我转到对理性本身的批判上来，以便消除理性似乎与它自身矛盾这种怪事。"①我们注意到，康德在这里也使用了在《未来形而上学导论》中曾经使用过的"教条主义的迷梦"这样的说法。这似乎暗示我们，"休谟的提示"中最难回应的部分还不是因果性概念的起源问题，而是因果性与自由的关系问题。事实上，在前面提到的"（狭义的）纯粹理性"中，康德已经指出，当理性试图运用知性范畴去认识超验的自在之物——世界时，自然而然地会陷入四个二律背反之中，

---

　　① 李秋零：《康德书信百封》，上海人民出版社1992年版，第244页。康德在这里说的"第四个二律背反"实际上指涉的是《纯粹理性批判》中的第三个二律背反。在李秋零先生的译文中，dogmatic slumber被译为"独断论的迷梦"，为与我们在前面提到的、康德在《任何一种能够作为科学出现的未来形而上学导论》中的说法保持翻译上的一致性，我们把dogmatic slumber译为"教条主义的迷梦"。众所周知，dogmatic这个形容词既可译为"独断论的"，也可译为"教条主义的"。A. Zweig edited and translated, *Philosophical Correspondence* (1759-1799), Chicago: The Press of Chicago University, 1970, p. 252. 正如亨利·阿利森（Henry E. Allison）所说的："第三个二律背反不仅是《纯粹理性批判》讨论自由问题的重点，而且也是康德后来在其道德哲学著作中探究自由问题的基础。"［美］亨利·E. 阿利森：《康德的自由理论》，陈虎平译，辽宁教育出版社2001年版，第3页。

而其中第三个二律背反正与理性对因果性范畴的不正当的（即超验的）运用有关。康德这样叙述其宇宙论中的第三个二律背反：

正题：按照自然律的因果性并不是世界的全部现象都可以由之导出的惟一因果性。为了解释这些现象，还有必要假定一种由自由而来的因果性。

反题：没有什么自由，相反，世界上一切东西都只是按照自然律而发生的。①

在这里，我们只要记住因果性（必然性）与自由之间存在着冲突就可以了，无须过多地关注康德对正题和反题的循环式论证。② 重要的是，康德在这里明确地提出了两种不同的因果性概念：一是"按照自然律的因果性"（die Kausalität nach Gesetzen der Natur，以下简称自然因果性）；二是"由自由而来的因果性"（eine Kausalität durch Freiheit，以下简称自由因果性）。③ 显然，康德之所以提出两种因果性概念，目的是全面解决休谟关于因果性与自由关系的难题。那么，康德的两种因果性概念能否有效地解决这一难题呢？这正是我们在下面的论述中试图加以回答的。

---

① ［德］康德：《纯粹理性批判》，邓晓芒译，人民出版社 2004 年版，A445/B473，第 374 页。

② 正如 H. J. 帕通所指出的："自由的概念是一个理性理念，没有它道德判断也就无法存在了，正如自然的必然性，或自然的因果性，是一个知性范畴，没有它也就不能有自然的知识。然而这两个概念很显然是互不相容的。从第一个概念看来，我们的行为必定是自由的。从第二个概念看来，我们的行为，作为已知自然世界的事件，必定为因果规律所制约。"［德］康德：《道德形而上学原理》，苗力田译，上海人民出版社 1986 年版，第 156—157 页。

③ I. Kant, *Kritik der Reinen Vernunft* 2, Frankfurt am Main: Suhrkamp Verlag, 1988, B472/A444.

二、康德两种因果性概念的含义

如前所述，在康德先验哲学的语境中，因果性作为先天的知性范畴只能用于现象或经验的范围之内，但理性的自然倾向是对知性范畴做超验的运用，试图认识理念或自在之物，结果陷入种种谬误或冲突之中。尤其是在认识"世界"这个自在之物时，理性试图引入因果性范畴去规定世界，结果导致第三个二律背反的产生。在《实践理性批判》中，康德进一步阐述了自己的观点："作为自然必然性的因果性概念，与作为自由的因果性概念不同，仅仅涉及物的实存，只要这个实存是可以在时间中被规定的，从而作为现象与它的作为自在之物的因果性相对照。如果人们把时间之中物的实存的规定认作自在之物的规定（这是人们最为习惯的表象方式），那么因果关系中的必然性根本就无法与自由结合起来；而且它们是彼此矛盾地对立的。因为从第一种因果性得出的结论是，在某一特定时间发生的每一个事件，从而每一个行为，都必然是以在前一时间之中发生的事件为条件的。既然过去的时间不再受我的支配，每一个我所实施的行为由于那些不受我支配的起决定作用的根据就是必然的，亦即我在我发生行为的那一个时间点上决不是自由的。"①在这段话中，康德告诉我们，在思辨理性的语境中，自然因果性概念只能用于现象的范围内，"在现象里面，任何东西都不能由自由概念来解释，而在这里自然的机械作用必须始终构成向导"②。与此不同的是，在思辨理性的语境中，自由因果性只可能在超验的自在之物的领域中被提起，而与之构成二律背反的则是被理性不合法地引入超验领域里的自然因果性。在康德看来，无论是思辨理性现象领域里的自然因果性，还是思辨

---

① 康德：《实践理性批判》，韩水法译，商务印书馆1999年版，第102—103页。译文略有更动。

② 同上书，第30页。

理性超验领域里的自由因果性，实际上都无法触及真正的自由。

那么，这是否意味着自由问题已经被取消了呢？康德的回答是否定的。在《实践理性批判》中，他强调，人既是现象领域的存在者，又是自在之物领域的存在者。"倘若人们还想拯救自由的话，那么只余下一种方法：将只有在时间中才能决定的事物，从而也把依照自然必然性法则的因果性单单赋予现象，却把自由赋予作为自在之物的同一个存在者。如果人们希望同时保存这两个互不相容的概念，那么这样做便是绝对不可避免的。不过在运用时，如果人们把它们诠释为结合在同一个行为里面，并这样来诠释这个结合本身，巨大的困难就会冒出来，这个困难看起来使得这种结合不可行。"①按照康德的看法，在思辨理性的现象领域里，人应该运用自然因果性，而在思辨理性的自在之物领域里，人应该考虑到自由因果性存在的可能性。贝克在评论康德把人的现象维度与人的自在之物（或本体论）维度割裂开来并对立起来的倾向时，不无幽默地写道："我们担负着本体的人的自由，但我们却绞死了现象的人。"②也许有人会反驳道：既然康德已经指明，在思辨理性的现象领域和自在之物领域里，自由都是无法存身的，为什么在这里又要"把自由赋予作为自在之物的同一个存在者"呢？显然，这个反驳之所以被提出来，是因为反驳者并没有注意到康德的自在之物概念在不同语境中的不同含义。在思辨理性的语境中，自在之物既是感性刺激的来源，又是知性认识的界限。但在实践理性的语境中，自在之物却成了人们道德行为的范导性原则。康德关于"拯救自由"这段话正是在实践理性的语境中表述出来

---

① 康德：《实践理性批判》，韩水法译，商务印书馆1999年版，第103—104页。译文略有更动。在《任何一种能够作为科学出现的未来形而上学导论》中，康德也有类似的陈述："如果自然界的必然性仅仅指现象的自然界的必然性，自由仅仅指自在之物的自由，那么如果我们同时承认或容许两种因果性，也不会产生任何矛盾，尽管后一种因果性是很难理解，或不可理解的。"[德]康德：《任何一种能够作为科学出现的未来形而上学导论》，庞景仁译，商务印书馆1982年版，第128页。

② 转引自[美]亨利·E. 阿利森：《康德的自由理论》，陈虎平译，辽宁教育出版社2001年版，第99页。

的。显然，在康德看来，自由既不能在思辨理性的现象领域里存身，也不能在其超验领域里存身，要探讨真正的自由问题，就一定要超越思辨理性的语境，进入实践理性的语境。正是在这个意义上，康德指出："自由概念对于一切经验主义者都是一块绊脚石，但对于批判的道德学家却是打开最崇高的实践原理的钥匙。"①

在《道德形而上学原理》中，康德阐述了两种因果性概念之间的差别。他写道："意志是有生命东西的一种因果性，如若这些东西是有理性的，那么，自由就是这种因果性所固有的性质，它不受外来原因的限制，而独立地起作用；正如自然必然性是一切无理性东西的因果性所固有的性质，它们的活动在外来原因影响下被规定。"②在康德看来，自然因果性与自由因果性之间存在着如下的差别：其一，自然因果性也就是自然必然性，它关系到的是"一切无理性东西"，而自由因果性则只关系到人这一理性存在物；其二，自然因果性是受外来的原因影响的，因而是他律的，而自由因果性则是由理性独立地起作用的，因而是自律的。

在《实践理性批判》中，康德进一步阐述了两种因果性之间的差别。其一，自然因果性关涉到经验，因而可以在经验直观中得到证实，而自由因果性源于纯粹理性，它的客观实在性只能在纯粹理性的先天法则中得到证明。③ 其二，自然因果性注重现象或经验世界中的"原因"所导致的"结果"，而自由因果性注重的则是作为"原因"的自由意志。正如康德所指出的："实践法则单单关涉意志，而并不顾及通过意志的因果性成就了什么，并且人们可以不顾后者（因为属于感性世界）而保持法则的纯粹。"④

在对康德的两种因果性概念的联系和差别做了深入的考察之后，我

---

① ［德］康德：《实践理性批判》，韩水法译，商务印书馆 1999 年版，第 6 页。

② ［德］康德：《道德形而上学原理》，苗力田译，上海人民出版社 1986 年版，第 100 页。

③ ［德］康德：《实践理性批判》，韩水法译，商务印书馆 1999 年版，第 59—60 页。

④ 同上书，第 19 页。

们还要追问：在实践理性的语境中，康德为什么不使用自由概念，而要创制出自由因果性这一新概念？在《道德形而上学原理》中，康德解释道："作为一个有理性的、属于理智世界的东西，人只能从自由的观念来思想他的自己意志的因果性。"①也就是说，自由应该成为人的一切行为的原因。自由因果性这一新概念旨在暗示我们，人的行为导致的任何结果都是由自由引起的，因而人必须对自己行为的后果负责。

这样一来，我们不得不把追问的方向转到下面这个问题上，即在康德的实践理性的语境中，自由的含义究竟是什么？我们注意到，康德区分出两种不同的自由概念：一种是"心理学的自由"（die psychologische Freiheit），即与感觉世界的原因相关的自由，持有这种自由观的人在其行为中夹杂着感觉经验方面的目的或动机；另一种是"先验的自由"（die transzendentale Freiheit），持有这种自由观的人则完全不考虑来自感觉世界的原因，而只按照纯粹理性颁发的道德法则去行动。而康德的自由因果性概念涉及的正是先验的自由，所以他明确地指出："自由即是理性在任何时候都不为感觉世界的原因所决定。"②在同一部著作的另一处，他又指出："源于自由的因果性必定总是在感觉世界之外的理智世界里面找到的。"③由此可见，这种先验的自由观认定，只有当一个人完全按照纯粹理性颁布的道德法则去行动时，他才真正是自由的。

正是基于这样的思考，康德进一步指出："通过道德法则确立的作为自由的因果性和通过自然法则确立的作为自然机械作用的因果性，除非将与前者相关的人表象为纯粹意识中存在者本身，而将后者表象为经验意识中的现象，就不可能统一于同一个主体，即人之内。否则，理性

---

① ［德］康德：《道德形而上学原理》，苗力田译，上海人民出版社 1986 年版，第107 页。

② 同上书，第 107 页。康德对自由概念的一个类似的表述是："自由这一理念仅仅发生在理智的东西（作为原因）对现象（作为结果）之间的关系上。"［德］康德：《任何一种能够作为科学出现的未来形而上学导论》，庞景仁译，商务印书馆 1982 年版，第 129 页。

③ ［德］康德：《实践理性批判》，韩水法译，商务印书馆 1999 年版，第 114 页。

的自我矛盾是不可避免的。"①这段话明确地告诉我们，当人这个存在者与自然现象打交道时，他应该诉诸自然因果性；而当他与其他人打交道时，他应该诉诸自由因果性。一方面，这种自由因果性概念居于"纯粹意识"之中，因而只能是先验的；另一方面，它又是通过道德法则确立起来的，它把自由理解为无条件地服从道德法则。

　　也许有人会提出这样的疑问：康德在这里把道德法则理解为自由的基础，而在别处又把自由理解为道德法则的条件，这是不是自相矛盾呢？康德认为并不矛盾。在《实践理性批判》"序言"的一个注中，他这样写道："当我现在把自由称为道德法则的条件，而在随后的著作里又声称道德法则是我们能够最初意识到自由所凭借的条件时，为了使人们不误以为在这里遇到了前后不一贯，我只想提醒一点：自由诚然是道德法则的存在理由（ratio essendi），道德法则却是自由的认识理由（ratio cognoscendi）。因为如果道德法则不是预先在我们的理性中被明白地思想到，那么我们就决不会认为我们有正当理由去认定某种像自由一样的东西（尽管这并不矛盾）。但是，假使没有自由，那么道德法则就不会在我们内心找到。"②在这段话中，康德对自由和道德法则之间的关系做了十分明确的规定：一方面，自由是道德法则，甚至整个实践理性得以成立的前提；另一方面，道德法则又是自由的真正引导者。两者缺一不可。在有的场合下，康德干脆把道德法则与自由的因果性理解为同一个东西，他写道："道德法则事实上就是出于自由的因果性法则，因而也就是一个超感性自然的可能性的法则，一如感觉世界之中种种事件的形而上学法则就是感性自然的因果性法则；于是，道德法则就决定了思辨哲学必须留而不决的东西，也就是说，决定了用于某种在思辨哲学那里只有其否定性概念的因果性的法则，并因而也第一次给这个概念谋得了客观实在性。"③在康德看来，在思辨理性的语境中，自由因果性是一个否

---

　　①　［德］康德：《实践理性批判》，韩水法译，商务印书馆 1999 年版，第 4 页注①。
　　②　同上书，第 2 页注①。
　　③　同上书，第 50—51 页。

定性的、无法加以贯彻的概念，而在实践理性的语境中，它的肯定性和客观实在性才第一次得到了证实。

从上面的论述可以看出，康德的两种因果性概念通过把自然因果性和自由因果性分置于思辨理性语境和实践理性语境的方式，既划定了自然因果性的使用范围——知性（包括因果性范畴）为自然（现象）立法，也划定了自由因果性的使用范围——理性为自由立法，自由就是对理性颁布的道德法则的遵从，甚至可以说，道德法则本质上就是自由因果性。乍看起来，通过这种分置的方式，康德似乎已经解决了休谟关于因果性与自由关系的难题，其实，这个难题中的根本之点仍然处于悬而未决的状态下。正如休谟在《人类理解研究》中早已指出过的那样："一切人类一向都同意于自由学说，一如其同意于必然性学说一样，而且在这方面一向的争论都只是口头上的。"①尽管与休谟相比，康德通过自己的先验哲学，在解决因果性概念的根源问题上向前迈进了一步，但在思辨理性的超验的自在之物的语境中，自由因果性和被不正当地加以使用（即超验地加以使用）的自然因果性之间只能处于二律背反式的冲突中。只有在实践理性的语境中，自由因果性才获得了自己的客观实在性。然而，就是在这一语境中，康德通过对"先验的自由"（与自由因果性相适应）和"心理学的自由"（与思辨理性语境中的自然因果性相适应）这两种自由观的区分，不但肯定自然因果性与自由因果性之间的"结合不可行"，而且强调自由因果性是"很难理解，或不可理解的"。

所有这些论述都表明，康德对休谟因果性理论的回应和推进是不彻底的。这一研究结论同时也启示我们，只有超越康德先验哲学的语境，才能对"休谟的提示"做出积极的、有成效的回应。

---

① ［英］休谟：《人类理解研究》，关文运译，商务印书馆 1981 年版，第 85 页。

三、黑格尔和叔本华对康德两种因果性概念的解读

黑格尔高度重视康德的自由概念，认为它体现出自我意识的觉醒和人类精神的进步，同时，他又批评康德的自由概念流于空泛："这种自由首先是空的，它是一切别的东西的否定；没有约束力，自我没有承受一切别的东西的义务。所以它是不确定的；它是意志和它自身的同一性，即意志在它自身中。但什么是这个道德律的内容呢？这里我们所看见的又是空无内容。因为所谓道德律除了只是同一性、自我一致性、普遍性之外不是任何别的东西。形式的立法原则在这种孤立的境地里不能获得任何内容、任何规定。这个原则所具有的唯一的形式就是自己与自己的同一。这种普遍原则、这种自身不矛盾性乃是一种空的东西，这种空的原则不论在实践方面或理论方面都不能达到实在性。"①也就是说，康德所高扬的自由实际上是空无内容的，因为他是从"纯粹理性"或"纯粹意识"出发，以与感觉世界无涉的先验的方式来谈论自由的，所以他的自由和自由因果性概念都只是与现实生活相分离的抽象的东西。

那么，如何使康德的自由和自由因果性概念获得现实性呢？黑格尔认为，这里的关键在于，不应该把自由与因果性（即必然性）割裂开来并对立起来。在《小逻辑》中，黑格尔指出："这种不包含必然性的自由，或者一种没有自由的单纯必然性，只是一些抽象而不真实的观点。自由本质上是具体的，它永远自己决定自己，因此同时又是必然的。"②在同一部著作的另一处，黑格尔更加明确地指出："必然性的真理就是自由。"③显然，黑格尔试图引入辩证法来弥合自由与因果性之间的抽象对

---

① ［德］黑格尔：《哲学史讲演录》第 4 卷，贺麟、王太庆译，商务印书馆 1981 年版，第 290 页。

② ［德］黑格尔：《小逻辑》，贺麟译，商务印书馆 1980 年版，第 105 页。

③ 同上书，第 322 页。

立。我们注意到，黑格尔在这里提及的"必然性"在内涵上远比康德所说的"必然性"要丰富，它不仅包含康德所说的自然必然性（即自然因果性），也包含黑格尔自己特别加以重视的历史必然性（即历史因果性）。比较起来，黑格尔更为关注的是自由与历史必然性之间的辩证关系。在《历史哲学》的"绪论"中，黑格尔写道："在我们目前的程序中，自由的主要本性，——其中包含绝对的必然性，——将显得渐渐意识到它自己（因为依照它的概念，它就是自我意识），并且因此实现它的存在。自由本身便是它自己追求的目的和'精神'的唯一的目的。这个最后目的便是世界历史。"①这就启示我们，要消除康德的自由概念的空洞性，使其获得自身的现实性，就必须自觉地把"自由"奠基于对自然因果性，尤其是对历史因果性的理解之上。

在黑格尔看来，康德的"先验的自由"绝不是真正的自由，真正的自由不是去服从抽象的道德法则，而是自觉地去认识和领悟世界历史的因果性，并努力使自己的行为遵循这种因果性。显然，在对康德两种因果性概念的解读中，黑格尔的贡献在于，把自由和自然因果性结合起来，把康德的自由概念从纯粹理性中剥离出来，使之奠基于历史理性之上，并在《历史哲学》等论著中探索了自由与历史因果性之间的辩证关系。然而，囿于其历史唯心主义的立场，黑格尔并没有使自由概念获得真正的现实性。

差不多与黑格尔同时代的叔本华，从两种不同的语境出发去解读康德的两种因果性概念。在认识论的语境中，叔本华主张，世界作为表象呈现在人们的意识中，而在人们对世界的认识中，因果性概念起着根本性的作用。事实上，康德在他的著作中所举的例子之所以大部分是因果性方面的例子，"因为因果律是悟性（亦即知性——引者）真正的形式，

---

① ［德］黑格尔：《历史哲学》，王造时译，生活·读书·新知三联书店 1956 年版，第 58 页。

不过也是悟性唯一的形式，而其余的十一个范畴都只是些死胡同"①。在另一处，叔本华说得更直白："悟性只有一个功能，即是直接认识因果关系这一功能。"②他甚至认为，康德关于知性有十二个范畴的说法也是没有意义的，因为在所有的知性范畴中，真正起作用的是因果性范畴。在本体论语境中，叔本华主张，不仅康德所说的实践理性是意志、自在之物是意志，而且世界的本质就是意志。叔本华写道："意志，它是自由的，全能的。……世界只是反映这一[意志的]欲求的镜子。世界所包含的一切有限性，一切痛苦，一切烦恼都属于它所欲求的那东西的表现；其所以是如此这般的痛苦烦恼，也是因为意志，它要这样。"③按照他的看法，意志不但是自由的，而且是万能的，没有什么做不到的事情。意志是怎样的，世界就显现为怎样的。叔本华坚决反对康德关于理性要为意志立法、要让意志服从道德法则的见解："这显然是伸手便可碰到的矛盾，既说意志是自由的又要为意志立法，说意志应该按法则而欲求：'应该欲求呀！'这就[等于]木头的铁！"④

有趣的是，在认识论研究中，叔本华从康德退回到贝克莱，主张把世界理解为表象，而把因果性范畴理解为把握这一表象的根本工具；在本体论研究中，他以自己的方式解读了实践理性和自在之物，肯定意志是世界的本质。对于他来说，意志是绝对自由的，根本无须听从道德法则的支配。把自在之物破译为意志，并把意志从康德的纯粹理性的樊篱中解放出来，恢复其自由的本性，这是叔本华在解读康德两种因果性概念时做出的重要贡献。

众所周知，在康德那里，自在之物（上帝存在、灵魂不朽、人在世界中的自由）既是理论理性（或思辨理性）认识的界限，又是实践理性的

---

① ［德］叔本华：《作为意志和表象的世界》，石冲白译，商务印书馆1982年版，第608页。

② 同上书，第73页。

③ 同上书，第482页。

④ 同上书，第373页。在叔本华看来，"意志本身根本就是自由的，完全是自决的；对于它是没有什么法度的"。见该书第391页。

范导性原则。康德之所以要用"实践理性"取代"意志",是希望把"意志"置于纯粹理性所蕴含的"善良意志"的范导之下。至于康德这样做的社会原因,马克思已经做出了深刻的分析:"18 世纪末德国的状况完全反映在康德的'实践理性批判'中。当时,法国资产阶级经过历史上最大的一次革命跃居统治地位,并且夺得了欧洲大陆;当时,政治上已经获得解放的英国资产阶级使工业发生了革命并在政治上控制了印度,在商业上控制了世界上所有其他地方;但软弱无力的德国市民只有'善良意志'。康德只谈'善良意志',哪怕这个善良意志毫无效果他也心安理得,他把这个善良意志的实现以及它与个人的需要和欲望之间的协调都推到彼岸世界。康德的这个善良意志完全符合于德国市民的软弱、受压迫和贫乏的情况,他们的小眼小孔的利益始终不能发展成为一个阶级的共同的民族的利益,因此他们经常遭到所有其他民族的资产阶级的剥削。"①叔本华的功绩在于两点。一方面,他强调,意志不仅是人生存在世的方式,而且是世界的基础和本质。这种直截了当的叙述方式表明,叔本华已经通过对康德因果性概念的解读超越了康德的小资产阶级式的狭隘眼光。另一方面,他进一步肯定,康德的所谓"自在之物"并不在遥远的、不可企及的彼岸,而是在此岸:"自在之物是什么呢?就是意志。"②不但实践理性就是意志,而且自在之物也是意志。叔本华不无得意地写道:"我已成功地传达了一个明显而的确的真理,就是说我们生活存在于其中的世界,按其全部本质说,彻头彻尾是意志,同时又彻头彻尾是表象。"③由于他把意志理解为整个世界的原始基础和内在本质,而表象只

---

① 《马克思恩格斯全集》第 3 卷,人民出版社 1960 年版,第 211—212 页。

② [德]叔本华:《作为意志和表象的世界》,石冲白译,商务印书馆 1982 年版,第 177 页。古留加在谈到康德的自在之物的概念时,这样写道:"叔本华也嘲笑了这一点。他把康德比作一个在化妆舞会上为了找对象而去向素不相识的美女献殷勤的人。在舞会结束时这位舞伴摘下假面具,原来就是他的妻子。"见[苏联]阿尔森·古留加:《康德传》,贾泽林等译,商务印书馆 1981 年版,第 168 页。

③ [德]叔本华:《作为意志和表象的世界》,石冲白译,商务印书馆 1982 年版,第 233 页。

是人对客体化意志的认识，于是，叔本华不但超越了康德以现象和自在之物的分离为标志的二元论，而且开辟了一个理解康德先验哲学的全新的维度，对以后很多哲学家产生了深远的影响。

然而，由于叔本华肯定意志的自由是无条件的、绝对的，甚至强调意志是万能的，因此，他实际上把意志自由与任意等同起来了。这使他不可能像黑格尔那样，去关注并探讨自由与自然因果性、历史因果性之间的关系，从而去探索并认识自由得以实现的条件。大山分娩，生出来的却是老鼠。叔本华的创造性研究所引申出来的结论却是微不足道的，即人生是悲观的，唯有遏制甚至否认生存意志，人的灵魂才能获得安宁。记得尼采曾经把康德看作一个隐蔽的基督徒，那么，我们也许可以把叔本华看作一个自觉的基督徒。

四、马克思对康德两种因果性概念的破译

使康德研究专家们始料不及的是，在康德之后的哲学发展进程中，正是马克思批判性地综合了黑格尔和叔本华的思想，从根本上破译了康德的两种因果性概念。

一方面，通过对黑格尔的精神现象学、法哲学和历史哲学等论著的批判性借鉴，马克思的目光从康德注重的自然因果性转向人类社会发展进程中的历史因果性(亦即历史必然性或历史规律)。在其一生理论探索的最重要结晶——《资本论》中，马克思明确地告诉我们："本书的最终目的就是揭示现代社会的经济运动规律。"[1]在马克思看来，尽管黑格尔把世界历史理解为人类对自由这一最高目标的追求，并努力把自由奠基于对历史因果性的理解之上，但在其历史唯心主义的语境中，包括世界历史在内的一切现实都不过是单纯的精神活动，都不过是他戴着睡帽的

---

① 马克思：《资本论》第 1 卷，人民出版社 1975 年版，第 11 页。

头脑里酝酿着的思想风暴。在《德意志意识形态》的"费尔巴哈"章中，马克思曾以讽刺的口吻写道："有一个好汉一天忽然想到，人们所以溺死，是因为他们被关于重力的思想迷住了。如果他们从头脑中抛掉这个观念，比方说，宣称它是宗教迷信的观念，那末他们就会避免任何溺死的危险。"①这段话无疑是对黑格尔及其门徒的历史唯心主义观念的深刻批判。在马克思看来，超越黑格尔的语境意味着：不是停留在单纯的精神运动上来谈论自然因果性和历史因果性，而要把这两种因果性综合进对现实的社会历史，特别是对市民社会发展史的解剖中。那么，这一解剖活动的具体出发点是什么呢？细心的读者会发现，马克思的答案包含在下面这段重要的论述中："一切人类生存的第一个前提也就是一切历史的第一个前提，这个前提就是：人们为了能够'创造历史'，必须能够生活。但是为了生活，首先就需要衣、食、住以及其他东西。因此第一个历史活动就是生产满足这些需要的资料，即生产物质生活本身。"②正是在这里，马克思为我们破译康德的两种因果性概念指出了明确的方向，那就是通过对生产劳动这一基本的生存活动的考察，来揭示康德两种因果性概念的秘密。

另一方面，通过对叔本华的意志哲学的批判性反思，马克思对康德的自由概念做出了透彻的解析："在康德那里，我们又发现了以现实的阶级利益为基础的法国自由主义在德国所采取的特有形式。不管是康德或德国市民（康德是他们的利益的粉饰者），都没有觉察到资产阶级的这些理论思想是以物质利益和由物质生产关系所决定的意志为基础的。因此，康德把这种理论的表达与它所表达的利益割裂开来，并把法国资产阶级意志的有物质动机的规定变为'自由意志'、自在和自为的意志、人类意志的纯粹自我规定，从而就把这种意志变成纯粹思想上的概念规定

---

① 《马克思恩格斯全集》第 3 卷，人民出版社 1960 年版，第 16 页。
② 同上书，第 31 页。

和道德假设。"①在这段极为精辟的论述中，马克思不仅揭示出康德自由观念的来源，而且启示我们，康德的这一观念，也像其他观念一样，是"以物质利益和由物质生产关系所决定的意志为基础的"。

在这里，一个具有决定性意义的新见解被阐发出来了，即意志是"由物质生产关系所决定的"。事实上，这正是马克思与叔本华在意志问题上的根本分歧之所在。在叔本华看来，既然意志是绝对自由和万能的，它就可以为所欲为，不受任何因果性的约束。而在马克思那里，答案是完全不同的。正是通过对国民经济学的深入研究，马克思意识到：当人们脱离康德的"实践理性"语境，从现实生活出发去探索意志问题时，就会发现，意志自由绝不是无条件的，而是有条件的。意志源于人这种有生命的存在物，而人要维持自己的生命（活下去），就得先生产出供自己消费的、必需的物质生活资料。正如马克思在批评费尔巴哈的哲学思想时所指出的："这种活动、这种连续不断的感性劳动和创造、这种生产，是整个现存感性世界的非常深刻的基础，只要它哪怕只停顿一年，费尔巴哈就会看到，不仅在自然界将发生巨大的变化，而且整个人类世界以及他（费尔巴哈）的直观能力，甚至他本身的存在也就没有了。"②在马克思看来，只要对人类社会的历史进行深入的考察，就会发现，人们对其意志的投放绝不是任意的。事实上，无论人们愿意与否，他们都不得不先把自己的意志投放并消耗在得以谋生的生产劳动中。越往前追溯历史，越处于不发展的生产关系中，人们就越是被迫地把自己的大部分意志投放到这样的生产劳动中。正是沿着这样的思路，马克思

---

① 《马克思恩格斯全集》第 3 卷，人民出版社 1960 年版，第 213 页。这种从意志角度出发来解释人类历史发展趋向的做法在晚年恩格斯那里获得了典型的表现形式。在 1890 年 9 月 21—22 日致约瑟夫·布洛赫的信中，恩格斯这样写道："历史是这样创造的：最终的结果总是从许多单个的意志的相互冲突中产生出来的，而其中每一个意志，又是由于许多特殊的生活条件，才成为它所成为的那样。这样就有无数互相交错的力量，有无数个力的平行四边形，而由此就产生出一个总的结果，即历史事变，这个结果又可以看作一个作为整体的、不自觉地和不自主地起着作用的力量的产物。"《马克思恩格斯全集》第 37 卷，人民出版社 1971 年版，第 461—462 页。

② 同上书，第 50 页。

发现了意志与生产劳动、生产关系之间的内在、必然的关系，从而引申出物质生产关系决定意志这一划时代的重要结论。

上述两方面的批判性考察，为马克思彻底揭开康德两种因果性概念的秘密奠定了基础。事实上，康德两种因果性概念的秘密就是马克思所说的生产劳动。一方面，生产劳动蕴含着目的性和自由因果性的维度。正如马克思所说的：“人的类特性恰恰就是自由的自觉的活动。”①尽管资本主义的生产劳动表现为异化劳动，但人们希望在未来理想社会中加以实现的正是“自由的劳动”。②另一方面，生产劳动要获得预期的效果，就必须遵循因果律。正如卢卡奇所说的：“劳动过程本身则不外乎意味着通过对于具体的因果关系的这种影响而切实地实现目的。”③然而，卢卡奇在这里注意到的只是自然因果性。事实上，任何生产劳动都是以下面两种因果性的同时展开为前提的。一是自然因果性。康德已对这种因果性做了详尽的论述。但是康德与马克思的根本区别在于，他没有以人的生产劳动为基础来考察这种贯通于自然现象中的因果性。二是历史因果性。正如马克思告诉我们的：“人们在生产中不仅仅影响自然界，而且也互相影响。他们只有以一定的方式共同活动和互相交换其活动，才能进行生产。为了进行生产，人们相互之间便发生一定的联系和关系；只有在这些社会联系和社会关系的范围内，才会有他们对自然界的影响，才会有生产。”④实际上，历史因果性就是由以生产关系为基础的无数个人意志交织而成、不以任何个人意志为转移的历史必然性。

由此可见，正是在物质生产劳动这一生存实践活动中，康德的两种因果性——自然因果性和自由因果性被综合在一起。当然，需要指出的是，康德忽略了后来由黑格尔和马克思加以补充的历史因果性。在某种

---

① 《马克思恩格斯全集》第 42 卷，人民出版社 1979 年版，第 96 页。

② 同上书，第 86 页。

③ ［匈］卢卡奇：《关于社会存在的本体论——若干最重要的综合问题》下卷，白锡堃等译，重庆出版社 1993 年版，第 70 页。

④ 《马克思恩格斯选集》第 1 卷，人民出版社 1995 年版，第 334 页。

意义上，历史因果性也可以被理解为自然因果性的一种衍生形式。无论如何，康德两种因果性概念的真正谜底被揭开了，它就是马克思语境中的物质生产劳动。在《资本论》中，马克思告诉我们："事实上，自由王国只是在必要性和外在目的规定要做的劳动终止的地方才开始；因而按照事物的本性来说，它存在于真正物质生产领域的彼岸。……但是，这个自由王国只有建立在必然王国的基础上，才能繁荣起来。"①在马克思看来，生产劳动构成人类生存的必然（因果性）王国，也构成人类所追求的自由王国的基础。事实上，也只有把关于自由和因果性概念的叙事安顿在历史唯物主义的语境中，它才真正是现实的。现在我们才发现，马克思已经在多大程度上把康德抛在后面了。同时，我们也发现，把德国古典哲学与叔本华哲学、马克思哲学的研究分离开来是一个多么大的理论失误，因为正是叔本华和马克思揭示出德国古典哲学的核心概念——自在之物的本质，尤其是，马克思通过物质生产劳动概念的引入，为历史上的因果性和自由关系问题的讨论提供了一种迄今为止最为合理的解释模式。

---

① 马克思：《资本论》第 3 卷，人民出版社 1975 年版，第 926—927 页。

2008年

海德格尔的现代性批判及其启示①

乍看起来，在现代性问题的探讨中，海德格尔并不是一个引人注目的人物。我们发现，在他留下的浩如烟海的著作和手稿中，很少出现"现代性"这样的概念。② 但我们绝不能就此得出结论说，完全可以撇开海德格尔来讨论现代性问题。事实上，海德格尔是绕不过去的，因为他通过对形而上学发展史，尤其是现代形而上学及其表现形式的反省，比其他任何人都更深刻地揭示了现代性的本质。③ 充分地借鉴海德格尔这方面的思想资源，将使我们在对现代性问题的反思中始终站在思想的制高点上。

一、海德格尔对现代社会的诊断

尽管海德格尔在其论著和手稿中很少使用

---

① 原载《江海学刊》2008 年第 5 期。——编者注

② 当然也有例外。在《现象学之基本问题》一书中，他告诉我们："只有自负虚荣、陷于野蛮的现代性才想使人相信，柏拉图已是'被了结掉了'，就像人们相当雅驯地所宣称的那样。"[德]马丁·海德格尔：《现象学之基本问题》，丁耘译，上海译文出版社 2008 年版，第 147 页。

③ 正如萨弗兰斯基所说的："海德格尔对魏玛时期的现代性的描述之所以给人如此深刻的印象，与其当时所处的环境直接有关。"[德]吕迪格尔·萨弗兰斯基：《海德格尔传——来自德国的大师》，靳希平译，商务印书馆 1999 年版，第 221 页。

"现代性"(Modernity)的概念，但是，诸如"现代"（Modern times）、"现代人"（Modern）这样的概念却十分频繁地出现在他的论著和手稿中。1938年，海德格尔在弗赖堡做了题为《形而上学对现代世界图像的奠基》的学术报告。正是在这个报告中，他列举出现代社会最值得注意的五个基本现象：科学；机械技术；艺术进入了美学的视界内；人类活动被当作文化来理解和贯彻；弃神。① 并对这些现象逐一进行了阐释。

（1）海德格尔指出，他在这里谈论的"科学"并不是一般意义上的科学，而是指"现代科学"。他这样写道："筹划（Entwurf）与严格性(Strenge)，方法（Verfahren）与企业活动（Betrieb），它们相互需要，构成了现代科学的本质，使现代科学成为研究。"②那么，海德格尔这里所说的"研究"（Forschung）又是什么意思呢？在他看来，"研究"是一个还远远没有得到人们理解的现象，其实，它"标志着现代科学开始进入它的历史的决定性阶段。现在，现代科学才开始获得它自己的完满本质"③。在海德格尔看来，"研究"意味着研究者对研究对象的支配。实际上，当研究者能够预先计算出作为研究对象的存在者的未来过程，或者能够事后计算过去的存在者时，研究就支配着存在者。在这里，关键在于，在预先的计算中，作为存在者整体的自然成了被算计、被摆置的对象；而在历史学的事后回顾和总结中，人类历史也成了被摆置、被重构的对象。这就启示我们，现代科学作为"研究"，其本质是对对象的筹划、支配和摆置。

（2）海德格尔强调，他谈论的机械技术也不是一般意义上的技术，而是作为"现代技术之本质的迄今为止最为显眼的后代余孽"④的机械技术。在他看来，不应该像人们通常所做的那样，把机械技术曲解为现代数学和现代自然科学的纯粹的实践应用，而应该把它理解为一种独立的

---

① 孙周兴：《海德格尔选集》下，上海三联书店1996年版，第885—886页。
② 同上书，第895页。
③ 同上书，第894页。
④ 同上书，第885页。

实践变换。而且，正是这种变换才使现代数学和现代自然科学的实践应用成为可能。海德格尔告诉我们："在现代技术中起支配作用的解蔽乃是一种促逼（Herausfordern），此种促逼向自然提出蛮横要求，要求自然提供能够被开采和贮藏的能量。"①他还进一步把这种"促逼"称为"座架"（Gestell），而"座架意味着那种解蔽方式，此种解蔽方式在现代技术之本质中起着支配作用，而其本身不是什么技术因素"②。海德格尔不无担忧地指出，在座架占统治地位之处，存在着最高意义上的危险，因为"在以技术方式组织起来的人的全球性帝国主义中，人的主观主义达到了它的登峰造极的地步，人由此降落到被组织的千篇一律状态的层面上，并在那里设立自身。这种千篇一律状态成为对地球的完全的（亦即技术的）统治的最可靠的工具。现代的主体性之自由完全消溶于与主体性相应的客体性之中了"③。乍看起来，机械技术体现出现代人对自然的控制，其实，现代人本身也受到蕴含在这种现代技术的本质中的座架的控制，从而完全沦为工具性的存在物。④

（3）海德格尔断言："艺术进入了美学的视界内。"这句话究竟是什么意思呢？在《形而上学对现代世界图像的奠基》一文中，海德格尔只是按下面的方式进行了解答："这就是说，艺术成了体验（Erleben）的对象，艺术因此被视为人类生命的表达。"⑤在这一过于简洁的解答中，海德格尔试图表达什么观点呢？我们无法加以猜度，只能从他的著作《尼采》的第一章"作为艺术的强力意志"中追寻他的思路。

众所周知，"美学"这一概念是由德国哲学家鲍姆加登于 18 世纪中

---

① 孙周兴：《海德格尔选集》下，上海三联书店 1996 年版，第 932 页。
② 同上书，第 938 页。
③ 同上书，第 921—922 页。
④ 海德格尔在《形而上学之克服》一文（1953）中曾经预言："因为人是最重要的原料，所以就可以预期，基于今天的化学研究，人们终有一天将建造用于人力资源的人工繁殖的工厂。"［德］马丁·海德格尔：《演讲与论文集》，孙周兴译，生活·读书·新知三联书店 2005 年版，第 98 页。不幸的是，这一预言在当代生活中已经被证实了。
⑤ 孙周兴：《海德格尔选集》下，上海三联书店 1996 年版，第 885—886 页。

叶提出来的，由此可以断定，海德格尔在这里说的"艺术"指的也是现代艺术。他告诉我们："现在，对艺术之美的沉思明显地、甚至唯一地被置入与人类感情状态即 αισθγησις 的关联之中。毫不奇怪，在近代几个世纪当中，美学本身已经得到了奠基和有意识的推动。这也可以说明，为何到这个时候才出现'美学'这个名称，以表示一种早就已经被铺平了道路的考察方式。感性和感情领域里的'美学'，被认为就如同思维领域里的逻辑学；所以，'美学'也被叫作'感性逻辑学'。"①在海德格尔看来，伟大的艺术作品之所以伟大，因为存在者整体的真理，即无条件者或绝对者，正是通过它们而开启出来的。然而，与美学的支配地位的形成以及对艺术的美学关系的形成同步的，是伟大艺术在现代的沉沦。这种沉沦并不是风格上的卑微化或质量上的降低，而是指艺术丧失了它的本质，即不再把开启并显现绝对者作为自己的基本任务，以致尼采干脆把美学称为"一门应用生理学"。这样一来，"艺术被移交给自然科学的说明，被逐入一个事实科学领域之中了。实际上，对艺术及其最后效果的美学追问在这里得到了彻底的思考。感情状态被归结为神经系统的激动，被归结为身体状态"②。海德格尔认为，正是在美学的这种"应用生理学"式的审美观照中，现代艺术失去了自己的本质，沦落为事实科学的研究对象。

（4）海德格尔所说的"人类活动被当作文化来理解和贯彻"这句话也是富有深意的。在这里，关键是要弄明白他所说的"文化"究竟是什么意思。在《尼采》一书的第五章"欧洲虚无主义"中，海德格尔在批判历史学家们谈论的所谓中世纪的"文化价值"和古代的"精神价值"时指出："但是，在中世纪是没有过诸如'文化'这样的东西的，在古代也没有过诸如'精神'和'文化'这样的东西。作为人类行为的蓄意被经验的基本方式，精神和文化只是在现代以来才出现的；而只是在最新时代，'价值'才被

---

① ［德］马丁·海德格尔：《尼采》上卷，孙周兴译，商务印书馆2002年版，第90页。
② 同上书，第99页。

设定为人类行为的标尺。"①当然，海德格尔申辩说，他的意思并不是说早先的时代都是没文化的，都处于野蛮状态中，而是要表明，用"文化""精神"和"价值"这类概念并不能道出早先时代的历史本质。那么，在现代社会中，文化究竟具有正面价值还是负面价值呢？海德格尔的回答是后者。他认为，在现代社会中，"文化本身被抬举为'目标'，或者——这本质上是同一个意思——，文化可能被设置为人类对于地球的统治地位的手段和价值"②。他特别叙述了现代社会中基督教和文化之间的亲缘关系："现代文化都是基督教的，即使在它变得无信仰的时候亦然。另一方面，基督教则想方设法努力保持其文化能力，力求成为一种文化基督教，而且恰恰就在信仰的基督教已经远离于原始基督教的地方。"③在海德格尔看来，宗教领域是这样，政治领域也是这样。在政治领域里，现代文化同样维护着现代社会的基本价值，正如海德格尔告诉我们的："文化本质上必然作为这种维护来照料自身，并因此成为文化政治。"④

（5）海德格尔通过"弃神"（Entgötterung）这个颇具特异性的表达式，概括了现代社会中普遍存在的精神现象。那么，在海德格尔的语境中，"弃神"究竟是什么意思呢？按照海德格尔的解释，"弃神"并不等于把神消除掉，并不等于主张粗暴的无神论。"弃神乃是一个双重的过程。一方面，世界图像基督教化了，因为世界根据被设定为无限、无条件、绝对的东西；另一方面，基督教把它的教义重新解释为一种世界观（基督教的世界观），从而使之符合于现代。弃神乃是上帝和诸神的无决断状态。基督教对这种无决断状态的引发起了最大的作用。但弃神并没有消除宗教虔信，毋宁说，唯通过弃神，与诸神的关系才转化为宗教的体验。一旦达到了这个地步，则诸神也就逃遁了。由此而产生的空虚被历

---

① ［德］马丁·海德格尔：《尼采》下卷，孙周兴译，商务印书馆 2002 年版，第687页。

② 同上书，第1061页。

③ 同上书，第1064页。

④ 孙周兴：《海德格尔选集》下，上海三联书店 1996 年版，第886页。

史学的和心理学的神话研究所填补了。"①

　　在这里，海德格尔把"弃神"理解为"上帝和诸神的无决断状态"。所谓"无决断状态"，意指上帝和诸神失去了自己的发言权和裁决权，这在尼采所说的"上帝死了"的名言中得到了充分的展示。海德格尔所说的"弃神"与韦伯所说的"去魅"(Entzauberung)实际上也有着类似的含义。在《尼采的话"上帝死了"》一文中，虽然海德格尔没有使用"弃神"的概念，却对这一概念所指称的内容做了具体的说明："上帝和教会圣职的权威消失了，代之而起的是良知的权威，突兀而起的是理性的权威。反抗这种权威而兴起社会的本能。向着超感性领域的遁世为历史的进步所取代。一种永恒的幸福的彼岸目标转变为多数人的尘世幸福。对宗教文化的维护被那种对于文化的创造或对于文明的扩张的热情所代替。创造在以前是圣经的上帝的事情，而现在则成了人类行为的特性。人类行为的创造最终转变为交易。"②一言以蔽之，在海德格尔那里，"弃神"表示超感性的、神秘的理想世界的幻灭，而取而代之的则是世俗生活及人们对幸福的普遍追求。

　　有趣的是，海德格尔并没有直截了当地论述现代社会中这五种基本现象之间的内在联系，而只是简要地把它们列举出来。那么，他这样做的目的究竟是什么呢？是让读者自己去探索这些现象之间的内在联系，还是以某种不同寻常的方式来引导读者做深层思考？我们很快就会发现，海德格尔的意图是尽量给读者留下思索的空间。他先让读者面对这些似乎是漫不经心地罗列出来的现象，然后再把读者的思绪引向对蕴含在这些现象中的本质——现代性的探索。

二、海德格尔对现代性的批判

　　在《形而上学对现代世界图像的奠基》一文中，海德格尔这样写道：

---

① 孙周兴：《海德格尔选集》下，上海三联书店 1996 年版，第 886 页。
② 同上书，第 774 页。

"对于现代之本质具有决定性意义的两大进程——亦即世界成为图像和人成为主体——的相互交叉，同时也照亮了初看起来近乎荒谬的现代历史的基本进程。这也就是说，对世界作为被征服的世界的支配越是广泛和深入，客体之显现越是客观，则主体也就越主观地，亦即越迫切地凸现出来，世界观和世界学说也就越无保留地变成一种关于人的学说，变成人类学。毫不奇怪，唯有在世界成为图像之际才出现了人道主义。"[①]在这段极为重要的论述中，虽然海德格尔提到的只是现代社会思想发展中的"两大进程"，但从发展的实际后果来看，显现出来的却是以下三种主要倾向：(1)人成为主体；(2)世界成为图像；(3)哲学成为人类学。

毋庸讳言，正是这三种主要倾向构成了现代思想的本质，也构成了现代性的核心理念，它们之间绝不像乍看上去那样漠不相关，而是相互渗透，相互促进，不可分离地贯通在一起的。我们甚至可以把它们称为现代性的"三棱镜"，即现代性在其展开过程中显露出来的三个不同的侧面。下面，我们尝试对现代性所蕴含的这三种主要的思想倾向逐一做出分析。

首先，我们要探究的是，在现代性语境中，"人成为主体"究竟是什么意思？海德格尔告诉我们："决定性的事情并非人摆脱以往的束缚而成为自己，而是在人成为主体(Subjekt)之际人的本质发生了根本变化。但我们必须把'一般主体'(Subjectum)这个词理解为希腊词语'根据'(υποκειμενον)的翻译。这个希腊词语指的是眼前现成的东西，它作为基础把一切聚集到自身那里。主体概念的这一形而上学含义最初并没有任何突出的与人的关系，尤其是，没有任何与自我的关系。但如果人成了第一性的和真正的一般主体，那就意味着：人成为那种存在者，一切存在者以其存在方式和真理方式把自身建立在这种存在者之上。人成为存在者本身的关系中心。"[②]按照海德格尔的说法，"主体"这个词语源自希

---

① 孙周兴：《海德格尔选集》下，上海三联书店 1996 年版，第 902—903 页。
② 同上书，第 897 页。

腊文中的"根据"，而根据作为基础把一切都聚集到自己那里。在古代哲学中，"主体"和"人"之间并没有必然的联系，人这种存在者与其他存在者一样，常常是被一视同仁的。直到现代，这种局面才被彻底改变。

在现代性的语境中，人不再是一个与其他存在者一样的存在者，而是成了其他存在者的尺度和基础，并把其他存在者聚集到自己这里。正如海德格尔在《尼采》一书的第五章"欧洲虚无主义"中所指出的："西方历史现在已经进入我们所谓现代这个时代的完成过程中。这个时代是由下面这样一个事实来规定的：人成为存在者的尺度和中心。人是一切存在者的基础，以现代说法，就是一切对象化和可表象性的基础，即 Subjectum[一般主体]。无论尼采多么鲜明地一再反对为现代形而上学奠定基础的笛卡尔哲学，他之所以反对，也只是因为笛卡尔还没有完全地、足够坚定地把人设定为 Subjectum[一般主体]。"①这段话非常明确地告诉我们：第一，笛卡尔是现代形而上学，从而也是现代性语境的奠基人；第二，正是在现代性语境中，人这个存在者才从其他存在者中脱颖而出，成了一般主体，而其他存在者只能奠基于人这种特殊的存在者；第三，笛卡尔主要是从"理性"和"我思"的角度出发去领悟"人成为主体"这一历史现象的，而作为现代形而上学的终结者的尼采则是从"理性"和"我思"赖以展开的基础——"强力意志"出发去理解这一历史现象的，因而尼采认为笛卡尔是肤浅的，只有自己才真正揭示出"人成为主体"的全部内涵。

正是在这个意义上，海德格尔指出："对于形而上学的现代历史来说，只有当存在的表象特征不仅仅、甚至不是优先地得到思考，而倒是相反地，作为存在的基本特征的 appetitus[欲望]及其展开过程已经昭然若揭了，这时候，主体性这个名称才表达出存在的全部本质。自从现代形而上学的完全开端以来，存在就是意志，即 exigentia essentiae[本质

---

① [德]马丁·海德格尔：《尼采》下卷，孙周兴译，商务印书馆 2002 年版，第699 页。

之强求]。'意志'蕴含着多重本质。它是理性的意志或者精神的意志，它是爱的意志或者强力意志。"①这段话深刻地启示我们，"人成为主体"这一蕴含在现代性语境中的最引人注目的思想倾向，在尼采的哲学，尤其是他关于"强力意志"的学说中得到了充分的展现。

其次，我们要探究的是，在现代性语境中，"世界成为图像"究竟是什么意思？海德格尔认为，"世界之成为图像，与人在存在者范围内成为主体是同一个过程"②。那么，海德格尔所说的"世界成为图像"究竟意味着什么呢？说到"图像"（Bild），人们自然而然地会联想到某物的画像，从而猜度，世界成为图像，也就是把存在者整体变成一幅图画了。海德格尔认为，他所说的"世界成为图像"包含着极为丰富的内涵："我们用世界图像一词意指世界本身，即存在者整体，恰如它对我们来说是决定性的和约束性的那样。图像在这里并不是指某个摹本，而是指我们在'我们对某物了如指掌'这个习语中可以听出的东西。这个习语要说的是：事情本身就像它为我们所了解的情形那样站立在我们面前。"③在海德格尔看来，"世界成为图像"不仅意味着作为存在者整体的世界已经作为我们非常熟悉的对象摆放到我们面前，而且意味着，我们已经做好准备去做什么。"从本质上看，世界图像并非意指一幅关于世界的图像，而是指世界被把握为图像了。这时，存在者整体便以下述方式被看待，即：唯就存在者被具有表象和制造作用的人摆置而言，存在者才是存在着的。在出现世界图像的地方，实现着一种关于存在者整体的本质性的决断。存在者的存在是在存在者之被表象状态（Vorgestelltheit）中被寻求和发现的。"④按照海德格尔的看法，在现代性语境中，作为存在者整体的世界失去了自己的自在性和神秘性，它们只是以人的意识的表象和有

---

① ［德］马丁·海德格尔：《尼采》下卷，孙周兴译，商务印书馆 2002 年版，第 1096 页。

② 孙周兴：《海德格尔选集》下，上海三联书店 1996 年版，第 902 页。

③ 同上书，第 898 页。

④ 同上书，第 899 页。

待于加工制作的对象的方式而存在着。

假如我们做一个比较就会发现，在中世纪，存在者还被理解为上帝的创造物，而存在者的存在则被归结为造物系列的某个特定的等级，而在现代社会和现代性语境中，存在者只是一个被支配、被摆弄的对象。正如马克思所说的："只有在资本主义制度下自然界才不过是人的对象，不过是有用物；它不再被认为是自为的力量；而对自然界的独立规律的理论认识本身不过表现为狡猾，其目的是使自然界（不管是作为消费品，还是作为生产资料）服从于人的需要。"①海德格尔还认为，从 18 世纪末起，哲学界出现了"世界观"（Weltanschauung）的概念，并很快成了人们最频繁地加以使用的概念。事实上，这一概念的出现正是"世界成为图像"的一个结果，然而，"一旦世界成为图像，人的地位就被把捉为一种世界观"②。由此可见，世界观概念的出现不过是"世界成为图像"的一个普遍性标志。

最后，我们要探究的是，在现代性语境中，"哲学成为人类学"究竟是什么意思。在《尼采》一书的第五章"欧洲虚无主义"中，海德格尔写道："在今天，有一种思想是人人都熟悉的，那就是'人类学的'思想。这种思想要求：世界要根据人的形象来解释，形而上学要由'人类学'来取代。在这样一个要求中，人们已经对人与存在者的关系作出了一个特殊的决断。"③那么，海德格尔所说的"人类学"究竟是什么意思呢？海德格尔不是从人们通常理解的角度出发去理解人类学的，他写道："在这里，'人类学'（Anthoropologie）这个名称并不是指某种关于人的自然科学研究。它也不是指在基督教神学中被确定下来的关于受造的、堕落的和被拯救的人的学说。它标志着那种对人的哲学解释，这种哲学解释从

① 《马克思恩格斯全集》第 46 卷上册，人民出版社 1979 年版，第 393 页。
② 孙周兴：《海德格尔选集》下，上海三联书店 1996 年版，第 903 页。
③ ［德］马丁·海德格尔：《尼采》下卷，孙周兴译，商务印书馆 2002 年版，第 762 页。

人出发并且以人为归趋来说明和评估存在者整体。"①显然，当世界解释越来越植根于人类学的时候，哲学也在悄悄地蜕变为人类学或卢卡奇所说的"拟人化"。在海德格尔看来，人道主义不过是一种伦理学—美学意义上的人类学。他甚至认为："任何民族主义从形而上学的意义看来都是一种人类主义，而作为人类主义就都是主观主义。民族主义不是被单纯的国际主义克服了，而只是扩充了并被提高为体系了。……集体主义就是在整体状态中的人的主观性。集体主义完成了人的主观性的无条件的自己主张。……到处都是脱出了存在的真理的人作为理性的生物围绕着自己本身转圈子。"②按照海德格尔的看法，在现代性语境中，无论是人类学或人道主义，无论是民族主义、国际主义或集体主义，都维护着人类主义或人类中心主义。但这种维护却是以"脱出了存在的真理的人"为前提的。

从海德格尔上面的论述可以看出，"人成为主体""世界成为图像"和"哲学成为人类学"这三种思想倾向，实际上是同一个现代性的三副不同的面孔或三个不同的侧面。它们既贯穿于现代社会的五大基本现象中，成为现代之本质，也构成了现代性的灵魂。同时，我们也可以看出，尼采对现代性的反思对海德格尔产生了决定性的影响。正如查尔斯·巴姆巴赫所说的："海德格尔解读尼采的现代性批判，被证明是决定性的。"③

三、海德格尔现代性批判的启示

正如我们在前面已经指出的那样，虽然海德格尔在其论著中很少使

① 孙周兴：《海德格尔选集》下，上海三联书店 1996 年版，第903 页。
② 孙周兴：《海德格尔选集》上，上海三联书店 1996 年版，第 384—385 页。
③ [美]查尔斯·巴姆巴赫：《海德格尔的根——尼采，国家社会主义和希腊人》，上海书店出版社 2007 年版，第 144 页。

用"现代性"的概念，但他却是现代性反思中最具思想深度的哲学家之一。海德格尔的现代性批判为我们提供了如下的启发。

一方面，海德格尔启示我们，任何一个时代的本质特征都是植根于相应的形而上学的土壤之中的。正如他在《形而上学对现代世界图像的奠基》一文中开宗明义地指出的："形而上学建立了一个时代，因为形而上学通过某种存在者阐释和某种真理观点赋予这个时代以其本质形态的基础。这个基础完全支配着构成这个时代特色的所有现象。反过来，一种对这些现象的充分的沉思，可以在这些现象中认识形而上学的基础。"①同样，现代社会的基本现象和作为现代之本质的现代性的主要思想倾向也是植根于现代形而上学的土壤之中的。在这个意义上可以说，不了解形而上学发展史，尤其是不了解现代形而上学的人，是不可能真正破解现代性之谜的。有鉴于此，阿兰·布托指出："海德格尔远非对现时的种种威胁，对当代的道德或精神状况，或者说对西方的'衰落'夸夸其谈，而是致力于揭示现代性的形而上学基础。"②真可谓一语中的！

在《尼采》一书的第五章"欧洲虚无主义"中，海德格尔告诉我们："对于现代形而上学的奠基工作来说，笛卡尔的形而上学乃是决定性的开端。它的使命是：为人的解放——使人进入新自由（作为自身确信的自身立法）之中的解放——奠定形而上学的基础。笛卡尔在一种真正的哲学意义上预先思考了这个基础。"③也就是说，现代形而上学把"人"这个存在者置于一切其他存在者的基础和核心地位上。现代性的本质特征和倾向——"人成为主体""世界成为图像"和"哲学成为人类学"正是奠基于笛卡尔以来的现代形而上学的基础之上的。

另一方面，海德格尔也启示我们，只要我们现在仍然无批判地使用如下概念，如"主体""主体际性""世界观""人类学""文化""美学""现代科学和技术""人道主义""集体主义""民族主义""国际主义"等，也就是

---

① 孙周兴：《海德格尔选集》下，上海三联书店 1996 年版，第 885 页。
② ［法］阿兰·布托：《海德格尔》，吕一民译，商务印书馆 1996 年版，第 92—93 页。
③ ［德］马丁·海德格尔：《尼采》下卷，孙周兴译，商务印书馆 2002 年版，第 778 页。

说，对这些概念与现代形而上学之间的内在联系不甚了了的话，我们对现代性的反思就仅仅是外观上的，就像卡夫卡笔下的土地测量员，只是围着城堡转圈，而从来没有真正地进入城堡的内部。

总之，我们应该充分借鉴海德格尔现代性批判中留下的思想遗产，以便把现代性批判引向深入。

海德格尔的"本体论差异"理论及其启示(发言提纲)①

对于海德格尔的"本体论差异"(der ontologische Unterschied)②理论,国外学术界和国内学术界均已有一定数量的论著涉及。在 1927 年于马堡大学(今称马尔堡大学,全称马尔堡—菲利普大学)开设的"现象学之基本问题"的课程中,海德格尔最早使用了"本体论差异"这一术语。当他谈到存在与存在者之间的差异以前本体论的方式隐藏于此在之生存中时,这样写道:"因为,在把对存在与存在者之差异加以明确化[的过程]中,被区分开的这两者彼此呈鲜明对照,于是存在才成了概念化把握(Logos)的可能主题。因而我们把被明确实行的'存在与存在者之差异'称为本体论差异。既然这差异植根于此在之生存,对本体论差异的明确实行与培养也不是什么任意随便的东西,而是本体论(亦即作为科学哲学)在其

① 《全国"当代西方哲学的新进展"学术研讨会论文汇编》,2008 年 11 月。——编者注

② 也有人把 der ontologische Unterschied 译为"本体论区分""存在论差异"或"存在论区分",为行文一致和便于理解起见,我们在这里一律把 der ontologische Unterschied 译为"本体论差异"。

中构成自己的'此在之基本施为'。"①由于《现象学之基本问题》当时没有出版，所以，"本体论差异"这一术语通过出版物公之于世是在 1929 年发表的《论根据的本质》一文中。海德格尔写道："无乃是对存在者的不（das Nichts），因而是从存在者方面被经验的存在。本体论差异则是存在者与存在之间的不。可是，作为对于存在者的不，存在并非在 nihil negativum[否定之无]意义上的一种无，同样地，作为存在者与存在之间的不，本体论差异亦非仅仅是一种高贵理智的构成物（[理智存在者]）。"②另外，在同年出版的《康德与形而上学疑难》中，海德格尔也提到了"本体论差异"这一术语，而这一术语也常常被表述为"存在与存在者的差异"（der Unterschied von Sein und Seiendem）。③

有趣的是，在 1927 年出版的《存在与时间》中，尽管海德格尔并没有明确地使用"本体论差异"这一术语④，但这一术语所蕴含的基本思想已经体现在这部重要的著作中。按照海德格尔本人的论述，"本体论差异"也就是"存在与存在者的差异"。在《现象学之基本问题》中，他反复提醒我们，哲学研究始终面临着两种危险：或者像黑格尔那样，把存在者状态上的一切都理解为本体论上的东西，或者像实证主义者那样，把本体论上的东西统统归结为存在者状态上的东西。无疑，海德格尔这方面的论述为我们重新认识哲学史，尤其是传统的形而上学，提供了极其重要的启发。

---

① [德]马丁·海德格尔：《现象学之基本问题》，丁耘译，上海译文出版社 2008 年版，第 437 页。

② 孙周兴：《海德格尔选集》上，上海三联书店 1996 年版，第 154 页。

③ [美]约瑟夫·科克尔曼斯：《海德格尔的〈存在与时间〉》，陈小文等译，商务印书馆 1996 年版，第 367 页。

④ 可是，海德格尔在《存在与时间》中讨论"在……之中"和"在……之内"时，曾使用了 der ontologische Unterschied 这样的术语，但它是在特殊的讨论语境中被使用的，海德格尔并没有把它作为普遍性的理论加以论述。然而，当海德格尔把 ontisch（存在者状态上的）与 ontologisch（本体论上的）区分开来时，实际上已经把"本体论差异"作为理论预设加以认可了。[美]约瑟夫·科克尔曼斯：《海德格尔的〈存在与时间〉》，陈小文等译，商务印书馆 1996 年版，第 362 页。

毋庸讳言，当海德格尔把"存在与存在者的差异"理解为"本体论差异"的本质内涵时，他确实牢牢地抓住了这一理论的根本内容，然而，我们认为，这一理论所蕴含的丰富内容似乎远远地超出了海德格尔所言说的。事实上，从海德格尔的诸多文本中，我们都能领悟到这一理论的丰富而深刻的内容。按照我们的看法，海德格尔的"本体论差异"的理论可以归结为以下四个方面的差异：

第一，存在与存在者（整体）的差异。这正是海德格尔本人所反复强调的、最根本的差异。

第二，作为存在者的此在与其他存在者的差异。海德格尔首先肯定，此在（人之在）是一个存在者。他写道："人本身是作为一个存在者而在其他存在者之中出现的。"①但人这个存在者又不同于人以外的其他存在者。传统哲学磨平了人这个存在者与其他存在者之间的差异，当传统的哲学教科书说"世界统一于物质"的时候，人这个存在者早已消失在物质中了。海德格尔强调，唯有此在才能询问存在的意义，而存在的意义也只有在此在的生存论建制中才能解读出来。

第三，非本真的此在与本真的此在的差异。前者屈从于"常人"的引导，沉沦在日常生活中；后者则把自己理解为"向死之存在"，从而唤起自己的"良知"和"决断"。

第四，在人之外的其他存在者中，器具性存在物与非器具性存在物的差异。前者是"当下上手"（Zuhandenheit）的，后者则是"现存在手"（Vorhandenheit）的。在考古学或人类学的博士馆里，我们见到的几乎都是器具性存在物，它们嵌入人的生存活动，处处显示出生命的痕迹。

海德格尔的"本体论差异"理论为我们提供了重要的启示：

其一，重新认识哲学史和哲学史上的一些重要的观点。

其二，重新认识生存实践活动和器具性存在物的重要性。

其三，重新认识差异性和异质性。

---

① 孙周兴：《海德格尔选集》上，上海三联书店1996年版，第124页。

2009年

向主观世界回归[①]
——克尔凯郭尔哲学思想述要

　　一般说来，哲学研究大致上有以下三条不同的进路：一是侧重于对人的主观世界的研究，二是侧重于对人所面对的客观世界的研究，三是侧重于对主观世界和客观世界之间的媒介物(实践、经验、语言或现象等)的研究。假如说，奥古斯丁、帕斯卡尔、笛卡尔、贝克莱、康德和费希特是第一条进路的代表人物，亚里士多德、斯宾诺莎、霍尔巴赫和谢林是第二条进路的代表人物，那么，马克思(实践)、杜威(经验)、维特根斯坦(语言)、胡塞尔(现象)恐怕就是第三条研究进路的代表人物了。事实上，在第一条研究进路上，还有一个代表人物是无论如何都不应该被遗忘的，他就是我们这里正要加以讨论的丹麦的神学家和哲学家——克尔凯郭尔。记得西方人的谚语是"本乡无先知"。当波洛(Roger Poole)在其论文中喋喋不休地抱怨"丹麦哲学从未认真地对待

---

　　① 原载《上海财经大学学报》2009 年第 1 期。收录于俞吾金：《哲学遐思录》，北京师范大学出版社 2016 年版，第 247—254 页。书中标注此文由为梁卫霞博士论文《克尔凯郭尔的间接交流理论探要》所写的序言删节和修改而成。——编者注

过克尔凯郭尔"①时，克尔凯郭尔早已获得了世界性的声誉，并被尊为 19 世纪最伟大的思想家之一。

克尔凯郭尔生活、学习和写作的时期，正是德国哲学家黑格尔和谢林的思想在丹麦产生重大影响的时期。凡是读过克尔凯郭尔著作并留意过这些著作的注释的人，都会发现，他阅读并引证过黑格尔的许多著作。众所周知，在黑格尔去世后 10 年，即 1841 年，曾在德国哲学界被黑格尔的巨大身影遮蔽得几乎无处存身的谢林，又重返柏林大学讲台，开始对黑格尔哲学进行系统的清算，而克尔凯郭尔正是这些讲座的热心听讲人之一。② 虽然谢林对他青年时期的同学黑格尔后来在德国哲学界独占鳌头始终抱着一种怨恨的情绪，但在 19 世纪初，当他们在耶拿一起共事的时候，还是很好的朋友。当时的谢林已在德国哲学界崭露头角，而年龄比他大的黑格尔则仍然处于默默无闻的状态中。然而，正是黑格尔，在其第一部哲学著作《费希特与谢林哲学体系的差别》中准确地阐述了谢林哲学在德国古典哲学发展史上的历史地位。德国古典哲学表现为从康德到黑格尔的思想运动，而在这一运动中，康德和费希特侧重于从主观世界的角度来探究哲学，而谢林则在斯宾诺莎哲学的冲击下，摆脱了费希特的影响，侧重于从客观世界的角度来探索哲学。黑格尔敏锐地发现了蕴含在谢林哲学中的这种新的思想倾向，从而为谢林哲学做出了准确的历史定位，而谢林自己则"当局者迷"，对自己思想的历史处境处于懵懂无知的状态下。③ 其实，谢林要感谢黑格尔的地方并不一定

---

① Roger Poole, "The Unknown Kierkegaard: Twentieth-century receptions," from A. Hannay and G. D. Marino edited, *The Cambridge Companion to Kirkegaard*, Cambridge: Cambridge University Press, 1998, p. 49.

② 与克尔凯郭尔同时听讲的还有恩格斯。恩格斯还撰写了一些论文来批判谢林，捍卫他心目中的哲学界的"宙斯"——黑格尔的理性主义学说和辩证法思想。

③ 人们常常把黑格尔的思想称为"客观唯心主义"，尽管黑格尔哲学也侧重于对客观世界的探索，但他更愿意把自己的思想理解为"绝对唯心主义"，而"绝对唯心主义"不但超越了"主观唯心主义"和"客观唯心主义"，而且正是这两者的扬弃了的统一，它既体现为唯心主义发展的最高阶段，也体现为德国古典哲学发展的最高阶段。也正是在这个意义上，我们没有把黑格尔作为第二条研究进路的代表人物。

逊于他要谴责黑格尔的地方。这样，我们就明白了，黑格尔和谢林思想的流行，意味着第二条研究进路——侧重于对客观世界的探讨——的思想倾向在当时德国和丹麦的思想界都占据着主导性的位置。

正是克尔凯郭尔，通过对这一主导性思想倾向的反叛，重新把哲学引回到第一条研究进路，即侧重于从主观世界的角度来探索哲学的进路上。当然，必须指出的是，即使是在同一条研究进路上，克尔凯郭尔的思想倾向也不同于笛卡尔、贝克莱、康德、费希特这些哲学家。人所共知，这些哲学家都从属于理性主义的传统，在对主观世界的探索中，他们注重的无非是"理性""自我""感知"和"我思"这样的环节。或许可以说，克尔凯郭尔的思想倾向与奥古斯丁、帕斯卡尔更接近一些。说他的思想与奥古斯丁接近，因为他们都从属于基督教思想家这个大的范围之内，都把献身于基督教及其上帝作为自己思想的最高目标；而说他的思想与帕斯卡尔接近，因为他们都把某些非理性的因素，如"欲望""激情""无聊"和"有罪感"等理解为主观世界的基础性部分。然而，即使存在着某些共同点，我们仍然能够发现，作为旷古未有的奇才，克尔凯郭尔在对主观世界的开掘中，走出了自己的新路。

首先，克尔凯郭尔所要返回的主观世界，不是由群体（the masses）的生活和精神构成的，而是由个体（individual）的生活和精神构成的。克尔凯郭尔认为，在群体中，精神总是趋向于对客观世界和客观性的追求，从而完全把个体的主观精神世界淹没了，因而他不喜欢群体，他喜欢的是孤独的个体，或者换一种说法，他希望个体永远处于孤独的状态下，他甚至把自己的墓志铭也写成了"这个个体"（the individual）。因为在他看来，个体只有处于孤独的状态下，主观精神世界的丰富性才会充分地展示出来，而这种丰富性不但是坚持第二条研究进路的哲学家们所看不到的，也是坚持第一条进路中的理性主义传统的哲学家们所看不到的。与传统的哲学家不同，克尔凯郭尔所理解的"个体"不是单纯理性和思维的载体①，而是一个有血有肉的存在物。在他看来，事物存在着(is)，唯有人生存着(exists)，而作为个体的人的生存并不是现成的，事先被决定的，而是自由的，充满着各种可能性与意外性，而这些特征正是以个体的主观性的无限丰富性为基础的。而这种主观性主要体现为个体在其生存活动中敞开的非理性的精神世界，如欲望、激情、焦虑、孤独、有罪、绝望、信仰等。事实上，正是通过对个体在其生存活动中必定会遭遇到的这个神秘的、非理性的内在世界的披露，克尔凯郭尔为我们揭开了主观世界中最底层的一个领域，即非理性因素的领域，从而充分展现出他的哲学思维的原创性和另类性。

其次，克尔凯郭尔对个体的主观世界的返回和对群体的拒斥，并不表明他所倡导的个体与德国哲学家莱布尼茨所说的"单子"(monad)一样是没有窗户的、自我封闭的。实际上，在莱布尼茨那里，单子只能在上帝创造的所谓"先定和谐"(the pre-established harmony)中才能相互沟通，而在克尔凯郭尔这里，个体与个体之间、个体与上帝之间都存在着巨大的沟通的空间。说到"沟通"(communication)，尤其是"直接沟通"(direct communication)和"间接沟通"(indirect communication)，我们必须把基督教思想史上使用的这些概念与克尔凯郭尔赋予这些概念的特殊含义严格地区分开来。

众所周知，在16世纪，欧洲发生了著名的"宗教改革"运动，而在这一运动之前，欧洲的基督教信徒(作为个体)与上帝的沟通总是通过教会来进行的，也就是说，每个个体与上帝之间的沟通本质上都是间接沟

---

① 有趣的是，在当代哲学家中，也有一些哲学家坚持从单纯理性和思维的角度来理解人，如美国哲学家普特南在他的著作中提出了一个著名的"缸中之脑"的假设。但这样的假设总是蕴含着一个自明的理性主义的前提，即把人的存在归结为他的大脑的存在，而完全忽视了他的躯体和四肢，仿佛人像水母一样，是用大脑在海水中行走的。我在另一处也谈到过对中国著名的小说《西游记》的看法。乍看起来，这部小说涉及四个个体，即唐僧、孙悟空、沙和尚和猪八戒。其实，这里只有一个个体，唐僧是这个个体的大脑，孙悟空和沙和尚是他的四肢，而猪八戒则是他的躯体。假如把猪八戒这个形象抽掉，《西游记》就失去了它的感染力，变得苍白和无法卒读了。

通。然而，教会的腐败表明，它不可能再充当个体与上帝之间的媒介，而宗教改革运动冲击的正是教会的权威，改革后的新教更倾向于个体与上帝之间的直接沟通。康德在《单纯理性限度内的宗教》一书中曾经使用过"不可见的教会"（invisible church）这样的概念，其目的无非是虚化教会，倡导个体与上帝之间的直接沟通。

与基督教思想发展史上的上述情况不同，克尔凯郭尔在不同的意义上使用了"直接沟通"和"间接沟通"的概念。在他的全部作品中，一部分署的是真名，另一部分署的则是假名（即笔名）。一般说来，署真名的作品是宗教方面的，署假名的作品则是美学或哲学方面的。这两种作品的差别不仅体现在它们各自的内涵上，也体现在它们各自的写作风格上，而沟通上的差异则主要体现在作品的写作风格上。一般说来，克尔凯郭尔把署真名的作品理解为与其他个体进行"直接沟通"的载体，而把署假名的作品理解为与其他个体进行"间接沟通"的载体。在前一类作品中，他以简洁明快的写作风格直接阐述自己认定是真理的东西；而在后一类作品中，他主要采取了与苏格拉底的"助产术"（midwifery）相类似的风格，即运用启发性的、诱导性的和暗示性的语言，以喜剧的、反讽的、寓言的、假设的等种种表现方式，与其他的个体进行沟通，以便"把人们骗入真理中"（to deceive men into the truth）。

那么，克尔凯郭尔通过"间接沟通"究竟要把人们"骗入"到什么样的"真理"中去呢？我们发现，他的思想的特异性正在于，他并不引导人们去追求自然科学家或传统的哲学家所主张的关于客观世界的真理，即如何使自己的主观认识去符合客观世界，相反，他告诉我们，"主观性就是真理"（Subjectivity is truth）。也就是说，真正的真理隐藏在主观性中，而"以最具激情的内在性去占有和把握一种客观上的不确定性，就是真理，就是一个生存着的个体所能达到的最高真理"①。在这里，克尔凯

---

① S. Kierkegaard, *Concluding Unscientific Postscript to Philosophical Fragment*, edited and trans. Howard V. Hong and Edna H. Hong. N. J, Princeton: Princeton University Press，1992，p. 203.

郭尔所说的"内在性"(inwardness)也就是主观性。在他看来，个体在生存中面对的是现实生活的不确定性，而真理就在于个体以主观的、冒险的方式，勇敢地投入这种不确定性中，做出自己的决定。

最后，克尔凯郭尔对主观世界的回归体现在他对个体在其生存活动中所做的主观选择行为的高度重视上。众所周知，黑格尔提出了"正题—反题—合题"这一著名的三段论，而克尔凯郭尔则把这一三段论理解为描述客观世界的概念辩证法。在理论层面上，这种辩证法可以被阐述得头头是道，似乎显现为永恒的真理，但在个体必须面对的生存活动中，这种辩证法是根本站不住脚的。在个体的生存活动中，能够把"正题"和"反题"统一起来的"合题"常常是不存在的。个体在生活中必须面对各种可能性，但他一经选择了某种可能性，其他的可能性也就长久地，甚至永远地对他封闭起来了。在生活或生存活动中，个体根本不可能期待在各种相互冲突的可能性之间出现什么"合题"，而只能在这些可能性中做出非此即彼的选择。这就像一个人走到三岔路口，他是不可能把方向不同的两条路一起走下去的，他必须做出非此即彼的选择：要么走这条路，要么走另一条路，这里不可能有任何"合题"。事实上，克尔凯郭尔以假名出版的著作《非此即彼》(Either/Or)正是对黑格尔的上述辩证法的解构，把"非此即彼"的意思发挥出来，也就是："正题—反题—没有合题"。在他看来，"非此即彼"才是生活或生存活动中的真正辩证法，他把这种辩证法称作"质的辩证法"(qualitative dialectic)。①

那么，这种"质的辩证法"的本质是什么呢？克尔凯郭尔认为，这是

---

① 众所周知，恩格斯在《反杜林论》一书中把辩证法与形而上学对立起来，并进一步把形而上学解释为非此即彼的思维方法。从此以后，在马克思主义哲学研究的语境中，"非此即彼"就成了一种错误的思维方式的代名词。其实，深受黑格尔思想影响的恩格斯没有区分开两种不同的辩证法：一种是黑格尔式的概念辩证法，这种辩证法有利于思辨，但对实际生活毫无用处；另一种是个体生存的辩证法，这种辩证法肯定，个体的生存活动正是由一系列非此即彼的选择活动构成的。人们在日常生活中所说的"有所不为，才能有所为"也正是这个意思。今天，我们应该为"非此即彼"正名，恢复它在生存的辩证法中的核心地位和作用。

个体在其生存活动中展现出来的主观辩证法。其实，任何个体的生存活动都是由一连串的非此即彼的选择活动构成的。事实上，作为一个孤独的个体，克尔凯郭尔短暂的一生就是由三次决定性的选择活动所构成的。

第一次决定性的选择是：在与雷吉娜订婚后数月，克尔凯郭尔突然单方面解除了与她之间的婚约。当时他刚从哥本哈根大学毕业，是与雷吉娜一起开始普通人的世俗生活，还是把自己的一生无保留地献给基督教神学事业？他心中充满了矛盾和痛苦。在犹豫了一段时间后，他毅然决然地做出了选择：中断与雷吉娜之间的关系，把自己的生命无保留地献给神学事业。

第二次决定性的选择是：主动向《海盗报》发起挑战。《海盗报》是当时哥本哈根的一家非常有影响的报纸，专门披露名人的隐私、轶事和丑闻。在通常的情况下，名人们要么竭力避开这家报纸，要么努力与它搞好关系，但克尔凯郭尔却反其道而行之，公开对这家报纸发表评论，进行挑战。《海盗报》终于按捺不住了，刊登了关于克尔凯郭尔的讽刺文章和漫画，由此而演绎成他和这家报纸之间的旷日持久的论战，从而产生了重大的社会影响。也许这正是克尔凯郭尔做如是选择所追求的结果。

第三次决定性的选择是：在他父亲生前的好友明斯特主教逝世后，公开发表文章对他的思想进行抨击，在当时的宗教界引起了轩然大波。其实，克尔凯郭尔之所以这样做，就是为了与明斯特所代表的正统的神学思想划清界限。在某种意义上可以说，克尔凯郭尔的一生忠实地实践了他自己所主张的这种"质的辩证法"。

谁都不会否认，不同的个体会在自己的生存活动中做出不同的选择，但这类主观上的选择活动是否有规律可循呢？克尔凯郭尔的回答是肯定的。他把个体能够做出自主选择的时段区分为青年时期、中年时期和老年时期。他认为，在一般的情况下，青年时期的个体本质上是审美的，即把感性的追求理解为生活中最重要的事情，唐璜就是这个时期的代表；中年时期的个体本质上是伦理的，即把理性地处理好人与人之间的关系理解为生活中最重要的事情，苏格拉底就是这个时期的代表，他蓬头赤足，整天在市场里走来走去，找人辩论，目的就是阐明每个个体必须遵守的伦理原则的重要性；老年时期的个体本质上是宗教的，即把自己与上帝之间的关系理解为生活中最重要的事情，亚伯拉罕就是这个时期的代表。上帝考验了他，而他经受住了这种考验，因为他信仰上帝。在克尔凯郭尔看来，个体在其生存活动中的选择活动大致上是按照审美的、伦理的、宗教的次序来展开的，而这一次序又是切合一般的个体的精神发展史的。

综上所述，克尔凯郭尔以自己的方式，把哲学重新领回到对主观世界的探究中，从而在奥古斯丁、康德、费希特等哲学之后，再次显示出主观世界的重要性。就像席勒笔下的卡尔所说的："我要忠实地停留在我自己的世界上，……我就是我的地狱和天堂。"①尽管他对主观世界的探索不无偏执之处，但他毕竟向我们展示了哲学研究的一条特殊的路径，而这条路径对于深入反思现代文明社会的人的本质来说，具有无可替代的意义。它使我们不由自主地想起奥古斯丁的一句名言："人真是一个无底的深渊！"②

---

① 卡尔是席勒撰写的剧本《强盗》中的一个人物。
② ［古罗马］奥古斯丁：《忏悔录》，周士良译，商务印书馆 1987 年版，第 65 页。

究竟如何理解并翻译贝克莱的命题 esse is percipi^①

究竟如何理解并翻译贝克莱的命题 esse is percipi^①

一、问题的提出

众所周知,在西方哲学史上,英国经验论哲学家贝克莱以其主观唯心主义哲学而著名。法国哲学家狄德罗在与达朗贝尔的谈话中提到贝克莱的时候,曾以十分形象的语言描绘了他的哲学思想:"在一个发疯的时刻有感觉的钢琴曾以为自己是世界上存在的唯一的钢琴,宇宙的全部和谐都发生在它的身上。"^②显然,这样的描绘显得过于刻薄。其实,在贝克莱哲学中蕴藏着许多有价值的思想资源,然而,人们对他的哲学思想的根深蒂固的误解却阻碍他们去探索并发现这些资源。

在传统的研究者的视野中,贝克莱哲学思想的核心命题是:esse is percipi。比如,在贝克莱

---

① 《哲学动态》2009 年第 5 期。收录于俞吾金:《实践与自由》,武汉大学出版社 2010 年版,第 453—460 页;《哲学随想录》,北京师范大学出版社 2016 年版,第 52—60 页,题目为《如何理解并翻译贝克莱的命题 esse is percipi》。——编者注

② 《狄德罗哲学选集》,陈修斋等译,生活·读书·新知三联书店 1956 年版,第 130 页。

著作的编辑者塔培纳(C. M. Turbayne)看来，贝克莱对哲学的原创性贡献正体现在这个命题以及他对物质概念所采取的否定性态度上，而迄今为止，他这方面的思想几乎仍然是哲学争论的中心问题。[①] 只要检索一下中国人撰写的西方哲学史著作或关于贝克莱的研究性论著和译著，就会发现，"esse is percipi"这个命题几乎无例外地被译为"存在就是被感知"。事实上，正是这个流行的译句表明，中国的翻译者和研究者们在很大程度上误解了贝克莱的哲学思想。

我们知道，在"esse is percipi"这个命题中，esse 和 percipi 是拉丁文，而 is 则是英文动词 to be 的单数第三人称表达式。假如把这个命题中的所有的词都转换为拉丁文，它就变成：esse est percipi。esse 在经院哲学的语境中解释"实际存在者"(actual being)，即"实存"(existence)，[②] 而 percipi 作为动词不定式 percipio 的被动态形式，则表示"被感知"。也就是说，在拉丁语的语境中，"esse is percipi"的含义是"实存就是被感知"。

然而，令人费解的是，讲英语的学者们几乎无例外地把"esse is percipi"这个命题译为如下的英文表达式：to be is to be perceived。[③] 显然，以 to be perceived 译 percipi 是无可厚非的，但以 to be 译 esse 却容易引起误解，因为在英文中，to be 通常被理解为"存在"。[④]

从哲学视角来看显而易见，这样的翻译是有问题的：因为"存在"是抽象的，是看不见、摸不着的，它怎么可能被人的感官所感知？如果贝克莱在这个命题中使用的拉丁文 esse 像人们所普遍认定的那样，指的是

[①] George Berkeley, *principles*, *Dialogues*, *and Philosophical Correspondence*, edited by C. M. Turbayne, Indianapolis: The Library of Liberal Arts, 1965, p. Ⅶ.

[②] Weber, *Third New International Dictionary*, Springfield: G. & C. Merriam Company, 1976, p. 776.

[③] S. Blackburn, *Oxford Dictionary of Philosophy*, Oxford: Oxford University Press, 1994, p. 125; also see S. E. Stumpf and J. Fieser, *A History of Philosophy*, New York: The Mcgraw-Hill Companies, Inc, 2003, p. 262.

[④] 在莎士比亚的悲剧《哈姆雷特》中，哈姆雷特的名言就是"to be or not to be"，这句话通常被译为"存在，还是不存在"。

"存在"，那么他确实有理由被视为世界上最大的神秘主义者和主观唯心主义者了，因为他的感官居然能够感知看不见、摸不着的"存在"。然而，事实并不是如此。所以，对我们来说，最重要的是要搞清楚，贝克莱究竟是在什么样的语境中说出这个命题的？他赋予这个命题的确切含义究竟是什么？

二、贝克莱究竟如何说

在贝克莱的重要著作《人类知识原理》第一部分的第三小节中，我们可以发现下面这段话：

> Their esse is percipi，nor is it possible they should have any existence out of the minds or thinking or thinking which perceive them. ①

通过对这段话的含义及其语境的认真检索，我们发现，以下三点值得引起我们的重视：

第一，在贝克莱那里，esse is percipi 竟然并不是一个完整命题的表达式，他提出的完整命题的表达式应该是：Their esse is percipi。匪夷所思的是，人们在引述他的思想时，竟然断章取义，把用来限制拉丁名词 esse 含义的英文修饰词 their 撇开了。事实上，人们对 esse 乃至对 esse is percipi 的误解和误译，都与他们撇开 their 这个英文修饰词有着莫大的关系。

第二，贝克莱所说的 their 和 Their esse 究竟是什么意思？众所周

① George Berkeley, *Principles*，*Dialogues*，*and Philosophical Correspondence*，edited By C. M Turbayne，Indianapolis：The Library of Liberal Arts，1965，p. 23.

知，在英文中，their 是 they 的所有格。也就是说，their 的使用必定蕴含着 they 的存在。那么，贝克莱通过 their 这个词所意指的 they 究竟是什么呢？我们发现，they 是他前面提到的"可感觉的事物"（sensible things）的代词。这样一来，我们就明白了，their esse 应该被译为"它们的实存"，而"它们的实存"意指的正是"可感觉的事物"的实存。于是，贝克莱的整个命题 Their esse is percipi 的含义顿时变得明晰起来，它应该被译为"它们的实存就是被感知"。假如我们用"可感觉的事物的"这个表达式来取代"它们的"这个表达式，上述命题的实际含义便获得了如下表达形式："可感觉事物的实存就是被感知。"①尽管这样的表达形式看起来显得冗长而重复，但它却准确地传达出贝克莱心中想表达的东西。实际上，在他看来，只有可感觉的"实存"（existence）是可以被感知的，而抽象的"存在"（to be）则是无法被感知的。

第三，为什么 esse 不应该被译为"存在"（to be），而应该被译为"实存"（existence）？我们在前面已经交代过了。Esse 在经院哲学的语境中解释为"实际存在者"（actual being），即"实存"（existence）。事实上，把 esse 译为 existence 也正是贝克莱自己的意思。在上面被我们引证的句子中，他自己使用的就是 existence 这个词。值得注意的是，贝克莱在早期撰写的《哲学评论》一书（写于 1707—1708 年，首次出版于 1871 年）中的第 429 条笔记中以另一种方式表达过同一个命题："Existence is Percipi or Percipere。"②该命题可以被译为"实存就是被知觉或知觉"。请注意，贝克莱在这里使用的是英语名词 existence，而不是后来在《人类知识原理》一书中使用的拉丁文名词 esse。由此可见，在他的心目中，esse 的确切含义是 existence 而不是 to be。然而，遗憾的是，也许是讲英语的

---

① 必须指出，也有的讲英语的学者意识到了这一点。比如，安东尼·卢弗（Antony Flew）在解释贝克莱的这个命题时指出："通常错误地被认为是对贝克莱形而上学的概括。事实上，贝克莱把它仅用于可感觉事物，即感觉材料（sense data）。"［英］安东尼·弗卢：《新哲学词典》，上海译文出版社 1992 年版，第 160 页。

② George Berkeley, *The Works of George Berkeley*, *Volume One*, London: Thomas Nelson and Sons Ltd, 1948, p. 53.

学者们把 esse 理解为 to be(存在)的倾向太根深蒂固了，以至于关琪桐先生仍然把我们前面引证过的贝克莱的这段话译为："所谓它们的存在（esse）就是被感知（percipi）之谓，因而它们离了能知觉它们的人心或能思的东西，便不能有任何的存在。"①

值得注意的是，在 Existence is percipi or percipere 这个命题中，Existence，is，or 这三个词是英文词，而 percipi 和 percipere 则分别是拉丁文原形动词 percipio 的被动态形式和主动态形式。这不仅启示我们，贝克莱所使用的 esse 这个词应该从 existence，即"实存"的含义上去加以理解，而且表明，existence 不仅包含着"可感觉的事物"，而且也包含着具有感觉能力的人。

三、新的结论及其相关的启示

通过上面的论述，我们可以引申出如下的结论：

第一，在哲学史上广泛流传的贝克莱的命题 esse is percipi 是不完整的。在《人类知识原理》这部代表性著作中，贝克莱关于这个命题的完整表述应该是：Their esse is percipi。这里的 Their 来自 they，而 they 作为复数形式，从当时的语境看，指称的是"可感觉的事物"。

第二，由于贝克莱不仅在 Their esse is percipi 这个命题出现的整个句子中使用了 existence 这个词，还在他更早的时候写下的《哲学评论》第429 条笔记中也写下了类似的命题 Existence is percipi or percipere。所以，贝克莱命题中的 esse 不应该被理解并翻译为"存在"（to be），而应该被理解并翻译为"实存"（existence）。同样，esse is percipi 也不应被理解并翻译为 to be is to be perceived 这样的英文表达式，更不应该被理解并翻译为"存在就是被感知"这样的中文表达式。如前所述，"存在"是抽象

---

① [英]贝克莱：《人类知识原理》，关琪桐译，商务印书馆 1936 年版，第22 页。

的，是不可能被感知的，只有理性和思维才能把握它。

第三，即使人们在评介贝克莱的哲学思想时，仍然使用 esse is percipi 这一不完整的命题形式，那么，为了不至于曲解贝克莱的原意，他们应该把它译为 Existence is to be perceived 这样的英语表达式，并进一步译为"实存就是被感知"这样的中文表达式。

从后贝克莱时期人们对 esse is percipi 这一命题的普遍误解和误译中可以进一步引申出如下的启示：

首先，在《人类知识原理》第 74 节中，贝克莱批评某些具有唯物主义思想倾向的人把"物质"（matter）理解为支撑各种偶性（accidents）的东西，认为这种见解完全是一种"偏见"（prejudice）。在第 80 节中，贝克莱明确地表示，当一个人使用"物质"这个词时，与其他人使用"虚无"（nothing）一词具有同样的意义。[1] 因而有些哲学史著作在介绍贝克莱哲学时，或者把他这方面的思想概括为 Matter is a fiction, a nonexistent entity（物质就是虚构，就是非存在物）[2]，或者概括为 Matter a meaningless term（物质是一个无意义的术语）[3]。总之，贝克莱把"物质"与"虚无"等同起来，从而形成了"物质就是虚无"（Matter is nothing）的观点，这一观点也遭到人们的普遍指责，然而，必须指出，这种指责也是以普遍的误解为基础的。

众所周知，具有唯物主义思想倾向的人常常把"存在"和"物质"这两个概念理解为同义词。实际上，无论是"存在"，还是"物质"都是人们的感觉器官所无法感知的，正是在这个意义上，它们都是抽象概念。如果用贝克莱的话来说，它们都是"虚无"。正如恩格斯所指出的："物质本身是纯粹的思想创造物和纯粹的抽象。当我们把各种有形地存在着的事

[1]　George Berkeley, *Principles, Dialogues, and Philosophical Correspondence*, edited By C. M. Turbayne, Indianapolis：The Library of Liberal Arts, 1965, p. 61.

[2]　W. S. Sahakian, *Outline-History of Philosophy*, New York：Barnes & Noble, INC. , 1968, p. 158.

[3]　S. E. Stumpf and J. Fieser, *A History of Philosophy（seventh edition）*, New York：The McGraw-Hill Companies, 2003, p. 264.

物概括在物质这一概念下的时候，我们是把它们的质的差异撇开了。因此，物质本身和各种特定的、实存的物质不同，它不是感性地存在着的东西。"①显然，当恩格斯说"物质本身是纯粹的思想创造物和纯粹的抽象"，并强调"它不是感性地存在着的东西"时，他像贝克莱一样，把物质理解为"虚无"。事实上，人们能够感觉到的只是"存在者"或物质的"样态"，却无法感受到抽象的、子虚乌有的"存在"或"物质"。

在深入的考察中我们发现，当人们把贝克莱的命题 esse is percipi 误译为"存在就是被感知"时，他们预设了一个错误的前提，即存在这个抽象的概念是可以被感知的。与此同时，他们又习惯于把"存在"与"物质"等同起来，因此，他们再度误解了贝克莱的另一个重要命题 Matter is nothing，误以为"物质"和"存在"都是可以被感知的。其实，无论是在 esse is percipi 的命题中，还是在 Matter is nothing 的命题中，贝克莱的思想始终是一致的，即他始终坚持只有"可感觉的事物""实存"或"存在者"是可以被我们的感官所感知的，而"存在"或"物质"作为抽象概念只是"虚无"，是我们所无法感觉的。

其次，人们对 esse is percipi 和 Matter is nothing 这两个命题的普遍误解启示我们，当代德国哲学家海德格尔提出的"存在论差异"的学说具有十分重要的意义。海德格尔在谈到这一差异的时候指出："这个差异涉及存在与存在者之间的区别。存在论差异说的是：存在者的特性总是通过某种存在建制被描述的。这个存在自身并非存在者。然而那属于存在者之存在的，则仍处晦暗之中。"②把存在（Sein）与存在者（Seiende）区分开来，也就是把"存在"这一抽象的、无法感知的概念与具体的、可感知的"存在者"区分开来。而人们也经常把"存在"称为"物质"，把"存在者"称为"实存"（Existenz）或"可感觉事物"。当然，海德格尔本人不会赞

---

① 恩格斯：《自然辩证法》，中共中央马克思恩格斯列宁斯大林著作编译局译，人民出版社 1971 年版，第 233 页。

② ［德］马丁·海德格尔：《现象学之基本问题》，丁耘译，上海译文出版社 2008 年版，第 95 页。

成在"存在"与"物质"之间画等号。在他看来，"存在"的意义不但不应该被归结为"物质"，而且必须通过作为特殊"存在者"的"此在"（Dasein）的生存结构显示出来。事实上，人们之所以普遍地误解贝克莱的上述两个重要的命题，正因为"存在论差异"未真正进入他们的意识。令人难以置信的是，即使在后海德格尔时期，这种局面也没有得到根本性的扭转。

最后，从对贝克莱命题 esse is percipi 的反思，我们进一步联想到"思维与存在的关系"（Relationship between Thinking and Being）问题。在西方哲学史上，古希腊哲学家巴门尼德最早论及这一关系，到了黑格尔那里，这一关系被理解为近代哲学的核心，而恩格斯则把进一步把它提升到哲学基本问题的高度上。然而，在人们对这一关系的通常理解和解释中，海德格尔所强调的存在论差异仍然未进入他们的眼帘。正如我们在前面已经指出过的那样，由于"存在"是一个不可能被感知、但可以被思维的抽象概念，所以"思维与存在的关系"中的"存在"只是思维的产物，而完全不能指涉外部的感性世界，从而这一关系实质上就转化为"思维与思维的关系"或"思维与自身的关系"。正如费尔巴哈在批判黑格尔哲学时所指出过的那样："思维与存在同一，只是表示思维与自身同一。"①这就启示我们，如果要让我们的思维真正有效地指向外部感性世界，就不应该谈论"思维与存在的关系"，而应该谈论"思维与存在者总体的关系"（Relationship between Thinking and totality of all beings），而"存在者总体"也就是一切"存在者"的总和。

综上所述，澄清人们对贝克莱命题 esse is percipi 的普遍误解具有极为重要的理论意义，它将促使我们对哲学史上至今仍然流行，但显然是错误的一些重要观念做出新的理解和阐释。

---

① 《费尔巴哈哲学著作选集》上卷，荣震华等译，商务印书馆 1984 年版，第 154 页。

形而上学发展史上的三次翻转①

——海德格尔形而上学之思的启迪

随着现代生活和科学技术的发展，作为哲学之核心的形而上学正趋于衰微，就像黑格尔在《逻辑学》第一版序言中所说的："科学和常识这样携手协作，导致了形而上学的崩溃，于是便出现了一个很奇特的景象，即：一个有文化的民族竟没有形而上学——就像一座庙，其他各方面都装饰得富丽堂皇，却没有至圣的神那样。"②在当今学术界，人们受实证主义思维方式的影响，关注更多的是具体哲学问题的研究，少有人提及"形而上学"，即使提到它，也多半是在批评、否定的意义上。而少数致力于探索形而上学问题的人，或者满足于以分析的方法列举这个研究领域内的主要问题，或者满足于以编年史的方式来叙述形而上学发展史。这些研究往往缺乏对形而上学的本质、意义和发展规律的深入探索，人们却

---

① 原载《中国社会科学》2009 年第 6 期；《哲学基础理论研究》转载，2010 年版，第145—168 页；论文提纲原载《全国外国哲学学术研讨会——纪念"芜湖会议"暨"两学会"成立 30 周年论文集》2008 年 4 月，第 18 页，题目为《形而上学发展史上的三次"翻转"(Verkehr)（论文提纲)》。——编者注

② ［德]黑格尔：《逻辑学》上，杨一之译，商务印书馆 1981 年版，第 2 页。

把这类缺乏真正形而上学之思的文字理解为形而上学研究方面的经典之作。①

然而，无论人们是出于克服现代性焦虑的目的而重建民族精神，还是为了站在思想的制高点上来重振哲学，都无法回避形而上学问题。正如康德所指出的："人类精神一劳永逸地放弃形而上学研究，这是一种因噎废食的办法，这种办法是不能采取的。"②而在我们看来，要对形而上学问题做出创造性的反思，海德格尔的思想不无启迪意义。海德格尔曾经指出："形而上学这个名称被用来称谓所有哲学的起规定作用的中心和内核。"③正是基于这一理解，海德格尔一生都致力于对形而上学的反思，并对其本质、意义和历史发展规律做出了别开生面的阐释。

在深入研究海德格尔形而上学理论的基础上，我们发现，西方形而上学发展史是由三次大的"翻转"或"颠倒"（Umkehr/reversal）构成的，而现代性的秘密则深藏在这些"翻转"之中。事实上，正是通过对这些"翻转"的理解和阐释，摆脱现代性焦虑的出路才向我们开启出来，而哲学之思也重新找回了自己的尊严和制高点，不至于在实证主义的琐碎的思维中埋葬了自己。

一、形而上学发展史上的第一次翻转

形而上学发展史上的第一次翻转表现为以柏拉图主义为代表的"在

---

① 比如，人们常常把麦克尔·路克斯（Michael Loux）的《当代形而上学导论》（*Metaphysics: A Contemporary Introduction*，1998，2002，2006）理解为一本经典性的教材（哈佛教学用书），但全书竟然没有提到黑格尔和海德格尔的名字及相关的著作，仿佛这两位对形而上学问题的研究有着巨大影响的哲学家从来就没有存在过似的！需要指出的是，尽管英美分析哲学家对形而上学有自己独特的、批判性的理解，但在叙述形而上学发展史的时候却没有理由撇开黑格尔、海德格尔这样的有影响的大陆哲学家。

② ［德］康德：《任何一种能够作为科学出现的未来形而上学导论》，庞景仁译，商务印书馆1982年版，第163页。

③ ［德］海德格尔：《形而上学导论》，熊伟等译，商务印书馆1996年版，第19页。

场形而上学"(metaphysics of presence)向以笛卡尔、康德和黑格尔为代表的"主体性形而上学"(metaphysics of subjectivity)的翻转。

众所周知，亚里士多德的一部著作名为《形而上学》。在希腊文中，"形而上学"写作 τὰ μετὰ τὰ φυσικά：其中 μετὰ 具有"超出"的含义。① 但 τὰ μετὰ τὰ φυσικά 这个词并不是亚里士多德创制的。实际上，亚里士多德把研究"存在者之为存在者"(being qua being)的学问称为"第一哲学"(the first philosophy)，沙哈肯(W. S. Sahakian)《在哲学史纲要》一书中指出：安德罗尼柯(Andronicus)把第一哲学描述为来自物理学之后或超越物理学的一组原理(在希腊文中写作 ta meta ta physika)，并把它们归属于亚里士多德文库中被放在物理学后面的那些著作。②

尽管 τὰ μετὰ τὰ φυσικά 这个词是安德罗尼柯创制出来，并用来指称亚里士多德放在物理学后面的那些著作的，但这并不等于说，形而上学的历史是从亚里士多德开始的。海德格尔在《尼采》一书中指出："形而上学发端于柏拉图的思想。柏拉图把存在者之为存在者，亦即存在者之存在，把握为理念。"③作为柏拉图的学生，亚里士多德在被他称为"第一哲学"的《形而上学》一书中探讨的主题正是"存在者之为存在者"。而在海德格尔看来，这个主题实际上是由柏拉图所奠定的。"因此，从形而上学的奠基者角度出发，我们也可以说：一切西方哲学都是柏拉图主义。形而上学、唯心主义、柏拉图主义本质上意指着同一个东西。即便在对立思潮和颠倒发挥作用的地方，它们也还是决定性的。在西方历史上，柏拉图成为哲学家的典范。尼采不光是把他自己的哲学称为柏拉图主义的颠倒。无论在哪里，尼采思想都曾经是、而且一直是一种与柏拉图

① M. Heidegger, *Die Grundbegriffe Der Metaphysik*, Frankfurt am Main：*Vittorio Klosteiman*，1983，S. 58. ［德］海德格尔：《路标》，孙周兴译，商务印书馆 2000 年版，第 137 页。

② W. S. Sahakian, *Outline-History of Philosophy*, New York：Barnes and Noble, INC.，1969，pp. 65-66. 其中的 ta meta ta physika 乃是 τὰ μετὰ τὰ φυσικά 的拉丁化表述。

③ ［德］海德格尔：《尼采》下卷，孙周兴译，商务印书馆 2002 年版，第 904 页。

的对话，一种独一无二的、常常分裂性的对话。"①

在海德格尔看来，柏拉图不仅是形而上学的奠基者，而且其哲学——柏拉图主义也是从柏拉图到尼采的形而上学的主导性形式。尽管像尼采这样的哲学家试图颠倒柏拉图主义，但即使在这样的颠倒发生作用的地方，柏拉图主义的影响仍然是决定性的。海德格尔甚至认为，"柏拉图主义在西方哲学中无可争辩的统治地位最后还表现在：甚至柏拉图之前的哲学（按我们的解释，它还不是形而上学，也就是说，还不是一种展开了的形而上学），人们也是从柏拉图出发给予解说的，并且把它称为前苏格拉底哲学"②。在这里海德格尔极其深刻地揭示了柏拉图主义的"日全食式的"影响，即不但人们对后柏拉图哲学的理解和阐释已被柏拉图主义所渗透，而且他们对前柏拉图哲学的理解和阐释也已被柏拉图主义所渗透了。

在这里，需要进一步追问的是：作为形而上学主导形式的柏拉图主义究竟是一种什么样的形而上学？在《哲学的终结和思的任务》一文中，海德格尔告诉我们："一切形而上学（包括它的反对者实证主义）都说着柏拉图的语言。形而上学思想的基本语词，也即形而上学对存在者之存在的表达的基本词语，就是 ειδος 即 ιδεα（相）：是存在者作为这样一个存在者在其中显示自身的那个外观（Aussehen）。而外观乃是一种在场方式。"③海德格尔这里说的 ειδος 也就是"形式"（form），ιδεα 或"相"也就是"理念"（idea），这是两个内涵相同的概念。显然，海德格尔把柏拉图的形而上学判定为在场形而上学。

那么，究竟什么是"在场形而上学"呢？海德格尔并没有给它下定义，我们只能从他相关的论述中来把握它的含义。海德格尔从其现象学的视角出发，把人的意识中显现出来的、现成存在着的东西或"外观"理解为在场（Anwesenheit/presence），并把以在场及在场形式作为自己研

---

① ［德］海德格尔：《尼采》下卷，孙周兴译，商务印书馆 2002 年版，第 852 页。
② 同上书，第 852—853 页。
③ 孙周兴：《海德格尔选集》下，上海三联书店 1996 年版，第 1254 页。

究对象的哲学理论视为在场形而上学。①

海德格尔认为，在柏拉图那里，"在场"具有两种不同的形式：一种形式是作为"存在者"在场，这里的"存在者"是指具体的事物，如一幢房子、一匹马、一块石头、一个人、一幅画等等，人们凭自己的感官就能感受到它们的在场；另一种形式是作为"存在"在场，而"存在"则是对"存在者"的概括，即抽掉"存在者"的一切特殊性，因而是最普遍之物。对这样的最普遍之物，人们只能通过自己的思维去理解并把握它们的在场。这种最普遍之物也就是柏拉图所说的"理念"。为此，海德格尔评论道："通过把存在解释为最普遍之物，并没有对存在本身说出什么，而只是言说了形而上学是如何思考存在概念的。形而上学对存在概念的思考是如此奇怪地漫不经心，也就是说，它是根据日常意见和普遍化的视界和方式来进行这种思考的。这一事实十分明显地证明了：形而上学是多么明确地远离于任何一种对存在与存在者之区分的沉思，尽管它处处都用到这个区分。"②在海德格尔看来，柏拉图对存在本身并没有说出什么实质性的意见，柏拉图主义作为在场形而上学，注意的只是"存在"和"存在者"在在场形式上的差异。

众所周知，柏拉图认为，"存在"，即理念作为最普遍之物，乃是始源性的、永恒的，它们是一切个别事物的原本，而作为个别事物的"存在者"只是理念的"摹本"，至于表现个别事物的艺术品则是"摹本的摹

---

① 必须指出，尽管海德格尔反复地论述了传统形而上学与"在场"的关系，在他那里，"在场形而上学"的概念几乎是呼之欲出了，但他并没有直接提出这个概念。这个概念是德里达通过对海德格尔著作的解读而提出来的。德里达认为，传统形而上学"也许就是将存在当作在场这个词的全部意义所作的那种规定"（［法］雅克·德里达：《书写与差异》下册，张宁译，生活·读书·新知三联书店2001年版，第504页）。在他看来，虽然海德格尔批判了在场形而上学，但也未最终摆脱这种形而上学，而"人们正是通过符号的概念才动摇了在场形而上学"（［法］雅克·德里达：《书写与差异》下册，张宁译，生活·读书·新知三联书店，第506页）。正如凯尔纳和贝斯特所指出的："德里达把这种对待语言和知识的基础主义方法称为'在场的形而上学'（metaphysics of presence）（Derrida, 1976），据说它能够保证主体可以无中介地接近现实。"［美］道格拉斯·凯尔纳、斯蒂文·贝斯特：《后现代理论——批判性的质疑》，张志斌译，中央编译出版社2001年版，第27页。

② ［德］海德格尔：《尼采》下卷，孙周兴译，商务印书馆2002年版，第843页。

本"。正如海德格尔所说的，柏拉图把在场性规定为相（ιδεα），① 即理念。也就是说，在柏拉图眼中，唯有理念，即"存在"的在场形式是始源性的、永恒的和真实的，② 而作为个别事物，即理念的"摹本"的"存在者"的在场形式则是不可靠的，因为它们是变动不居的，因而也是非始源性的，虚幻的。至于作为"摹本的摹本"的艺术作品，其在场形式则是从属于通常的"存在者"的，并比通常的"存在者"更虚幻，也更不可靠。因此，海德格尔指出："对柏拉图的形而上学来说，在存在者之在场状态的不同方式，因而也就是存在的不同方式的等级秩序中，艺术是远远低于真理的。"③在《理想国》中，艺术家，尤其是诗人甚至成了被驱逐的对象。

从海德格尔上面的论述中，我们可以引申出以下结论：

第一，柏拉图主义本质上是在场形而上学，这种形而上学的目光是向外的，它关注的是世界万物在人的意识中的显现或在场。在这种形而上学中，作为存在者的"人"的特异性还没有被主题化，人被视为与其他存在者，如房子、马、石头、艺术品同样的东西。

第二，乍看起来，这种以柏拉图主义为标志的在场形而上学似乎意识到了"存在"与"存在者"之间的差异，并把在场的始源性形式理解为"存在"，即"理念"，但由于它没有意识到，在所有的"存在者"中，唯有"人"这一特异的"存在者"才能担当起询问存在的意义的使命，所以，存在的意义无法通过这种在场的形而上学而彰显出来。在海德格尔看来，这种在场形而上学必定会被新的形而上学理论所取代。

如前所述，在以柏拉图主义为代表的在场形而上学中，既然理念是始源性的、最真实的在场形式，"那么，对柏拉图来说，理念之本质以

---

① 孙周兴：《海德格尔选集》下，上海三联书店1996年版，第1256页。
② 海德格尔说："在柏拉图主义看来，真实之物，即真实存在者，就是超感性之物，即理念。"［德］海德格尔：《尼采》上卷，孙周兴译，商务印书馆2002年版，第169页。
③ 同上书，第207页。

及存在之本质的最终根据在哪里呢？答曰：在一个创造者的安排中"①。在这里，海德格尔实际上指出了柏拉图主义的历史命运。果然，在漫长的中世纪社会中，它转化为以论证上帝的存在为主旨的理性神学，而上帝这一完美的"创造者"则成了最根本的在场形式。在以文艺复兴运动为开端的现代社会中，无论是原始的柏拉图主义的在场形而上学，还是被神学化的在场形而上学，都遭到了一种新的形而上学理论，即主体性形而上学理论的批判和冲击。

尽管主体性形而上学也是在柏拉图主义的传统中孕育并发展起来的，但它的运思方式却体现出对在场形而上学的颠覆。如果说，在场形而上学把"人"这一特异的存在者与其他存在者一视同仁，那么，主体性形而上学却意味着人的主体意识的觉醒，人把自己作为主体置于作为存在者整体的世界之中心。于是，世界万物在人的意识中的显现方式被翻转过来了。对于在场形而上学来说，人是整个世界图景中的一个普通的，甚至是微不足道的因素；而对于主体性形而上学来说，人是整个世界图景的基础和中心。正如海德格尔所指出的："西方历史现在已经进入我们所谓现代这个时代的完成过程中。这个时代是由下面这样一个事实来规定的：人成为存在者的尺度和中心。人是一切存在者的基础，以现代说法，就是一切对象化和可表象性的基础，即 subjectum（一般主体）。"②那么，究竟谁是这种主体性形而上学的始作俑者呢？在海德格尔看来，这个始作俑者就是法国哲学家笛卡尔。他这样写道："在现代哲学的开端处有笛卡尔的定律：ego cogito, ergo sum，我思故我在。关于事物和存在者整体的一切意识都被归结于人类主体的自身意识（作为不可动摇的全部确信的基础）。在后继时代里，现实的现实性被规定为

---

① ［德］海德格尔：《尼采》上卷，孙周兴译，商务印书馆 2002 年版，第 203 页。

② ［德］海德格尔：《尼采》下卷，孙周兴译，商务印书馆 2002 年版，第 699 页。在该书的另一处，海德格尔这样写道："与中世纪、基督教时代相比，现代这个新时代的新特征在于：人自发地靠自身的能力设法使自己对他在存在者整体中间的人之存在感到确信和可靠。"参见该书第 765 页。

客体性，即通过主体并且为了主体而被把握为被抛向它对面、与之对峙的东西。"①显然，海德格尔认为，笛卡尔提出的"我思故我在"这一著名的命题乃是主体性形而上学得以确立的标志。而在后笛卡尔时代中，德国哲学家康德、黑格尔则把这种主体性形而上学进一步推向高潮。康德关于"哥白尼革命"的比喻，关于"先验统觉"的观念，关于知性为自然立法、理性为自由立法的论述，黑格尔关于"一切问题的关键在于：真实的东西不仅应该被理解并表述为实体，而且应该被理解并表述为主体"②的见解，都是主体性形而上学核心观念的经典性表达。

主体性形而上学的本质是把"人"这一特异的存在者视为一切形而上学真理的规定者。正如海德格尔所说的："作为主体性形而上学，现代形而上学——我们的思想也处于它的魔力中……——不假思索地认为，真理的本质和存在解释是由作为真正主体的人来规定的。"③毋庸讳言，随着主体性形而上学的确立，形而上学实际上已经转化为人类学。所以，在今天，有一种思想是人人都熟悉的，那就是"人类学的"思想。这种思想要求：世界要根据人的形象来解释，形而上学要由"人类学"来取代。在这样一个要求中，人们已经对人与存在者之为存在者的关系做出了一个特殊的决断。④ 我们发现，以笛卡尔、康德、黑格尔为代表的现代形而上学，即主体性形而上学与以柏拉图主义为代表的在场形而上学的翻转关系主要表现在以下三个方面：

第一，在场形而上学主张外向型的思维方式，即思维向外探索作为存在或存在者整体的在场形式；而主体性形而上学则主张内向型的思维

---

① ［德］海德格尔：《尼采》下卷，孙周兴译，商务印书馆 2002 年版，第 761—762页。在该书的另一处，海德格尔说得更为明确："对于现代形而上学的奠基工作来说，笛卡尔的形而上学乃是决定性的开端。它的使命是：为人的解放——使人进入新自由（作为自身确信的自身立法）之中的解放——奠定形而上学的基础。笛卡尔在一种真正的哲学意义上预先思考了这个基础。"参见该书第 778 页。

② G. W. F. Hegel, *Werke 3*, Frankfurt am Main: Suhrkamp Verlag, 1986, S. 23.

③ ［德］海德格尔：《尼采》下卷，孙周兴译，商务印书馆 2002 年版，第 824 页。

④ 同上书，第 762 页。

方式，即思维向内把"自我"和"我思"凸现并提取出来，作为反思的对象。

第二，在场形而上学用一视同仁的目光考察并思索一切存在者，而主体性形而上学则把"人"这种特异的存在者（作为主体性）与其他存在者（作为客体性）区分开来，并把这种主体性理解和解释为一切形而上学真理的出发点和规定者。

第三，在场形而上学探索的焦点是作为最普遍之物的理念，而理念之最终的根据则是"创造者"，在中世纪的语境中这一创造者转化为上帝这一最根本的在场形式；而主体性形而上学探索的焦点则是作为主体的人在现代形而上学中的基础的、核心的地位和作用。诚如海德格尔所说的："在现代历史范围内并且作为现代人的历史，人往往总是尝试从自身而来把自身当作中心和尺度带入一种统治地位之中，也就是说，推动对这样一种统治地位的确保。"①也正是在这个意义上，海德格尔把主体性形而上学理解为人类学。

总之，从以柏拉图主义为代表的外向型的形而上学翻转为以笛卡尔、康德和黑格尔为代表的内向型的主体性形而上学，乃是形而上学发展史上的第一次翻转。这次翻转的一个决定性的结果是：在存在者范围内人成为主体，而世界则成了人的图像。② 现代形而上学和现代性的本质必须从这个基点出发才能获得理解。

二、形而上学发展史上的第二次翻转

如前所述，在海德格尔看来，现代形而上学也就是主体性形而上

---

① ［德］海德格尔：《尼采》下卷，孙周兴译，商务印书馆 2002 年版，第 777 页。

② 海德格尔在《技术之追问》一文中说："对于现代之本质具有决定性意义的两大进程——亦即世界成为图像和人成为主体——的相互交叉，同时也照亮了初看起来近乎荒谬的现代历史的基本进程。"参见孙周兴：《海德格尔选集》下，上海三联书店 1996 年版，第 902 页。

学，而形而上学发展史上的第二次翻转是在主体性形而上学的大框架内发生的，即从"理性形而上学"（metaphysics of reason）向"意志形而上学"（metaphysics of will）翻转。

在主体性形而上学中，"主体性"（Subjektivität/Subjectivity）作为人的特性乃是一个十分复杂的概念。从一方面看，十六七世纪的哲学家通常把人理解为灵魂（或心灵）/身体的共存体；从另一方面看，更多的现代哲学家和当代哲学家则倾向于把人理解为理性/非理性（本能、情感、意志和欲望）的共存体。这就启示我们，主体性形而上学仍然是一个抽象概念，光凭这个概念还无法判断它要突出主体性中的哪个或哪些要素。

海德格尔指出："西方形而上学并没有简单地在任何时代都一律把人规定为理性动物。现代的形而上学开端首先开启了那个角色的展开过程的历史，也就是那个使理性赢得其全部形而上学地位的角色的历史性展开过程。"①或者说，在现代形而上学得以确立并发展的早期，主体性形而上学的主导性表现形式是理性形而上学，而"理性的形而上学本质就在于：以表象性思维为指导线索，存在者整体得到了筹划，并且被解释为这样一个存在者"②。按照海德格尔的见解，理性形而上学作为"表象性思维"，首先是在认识论语境中出现的。

让我们先来考察一下作为现代形而上学，即主体性形而上学肇始人的笛卡尔。尽管笛卡尔本人没有使用过"理性形而上学"这一概念，但在其全部哲学理论中，理性（Vernunft/reason）始终处于基础和核心的位置上。第一，理性既是人区别于动物的根本特征，也是人的一切活动的出发点。在《谈谈方法》中，笛卡尔不仅肯定"禽兽并非只是理性不如人，而是根本没有理性"，③而且在谈到人类的思维活动时强调："总之，不

---

① ［德］海德格尔：《尼采》下卷，孙周兴译，商务印书馆 2002 年版，第 925 页。
② 同上书，第 924 页。
③ ［法］笛卡尔：《谈谈方法》，王太庆译，商务印书馆 2000 年版，第 46 页。

管醒时睡时，我们都只能听信自己理性提供的明证。"①第二，理性是获得一切真理性认识的前提。在《哲学原理》中，当笛卡尔谈到物质运动的某些规律时写道："我们是凭理性底光亮，把它们追求到的，并不是凭借感官底偏见。"②在《探求真理的指导原则》中，他表示，与经验科学比较起来，"只有算术和几何完完全全是理性演绎而得的结论"，③因而其结论是极为明晰，也是极易掌握的。显然，笛卡尔把数学知识理解为理性知识的典范。第三，"我思"之"我"实质上就是理性。在《第一哲学沉思录》中，当笛卡尔论述"我思故我在"这一基本命题时，对"我思"之"我"的含义做出了明确的界定："严格来说我只是一个在思维的东西，也就是说，一个精神，一个理智，或者一个理性。"④

按照笛卡尔的上述见解，主体性主要体现在理性上，因而主体性形而上学主要体现为理性形而上学。然而，理性本身的问题和界限还没有进入他的眼帘。在笛卡尔之后，康德对形而上学的探索实现了一个漂亮的转身，即不是从理性出发去思考一切，而是转过身来把理性作为自己考察的对象，"这个时代不能再被虚假的知识拖后腿了；它是对理性的一种敦请，要求它重新接过它的所有工作中最困难的工作，即自我认识的工作，并任命一个法庭，而这个法庭就是纯粹理性的批判本身"⑤。康德批判地总结了唯理论和经验论的哲学思想，对笛卡尔开创的理性形而上学做出了以下三方面的实质性的推进。

第一，形而上学本身就是理性的产物。在《纯粹理性批判》第一版序言中，康德提到形而上学这一研究领域时写道："人类理性在其知识的某一门类中有如下特殊的命运：它为种种问题所烦扰，却无法摆脱这些

---

① ［法］笛卡尔：《谈谈方法》，王太庆译，商务印书馆 2000 年版，第 33 页。
② ［法］笛卡尔：《哲学原理》，关文运译，商务印书馆 1958 年版，第 73 页。
③ ［法］笛卡尔：《探求真理的指导原则》，管震湖译，商务印书馆 1995 年版，第 6 页。
④ ［法］笛卡尔：《第一哲学沉思集》，庞景仁译，商务印书馆 1986 年版，第 26 页。
⑤ ［德］伊曼努尔·康德：《纯粹理性批判》，李秋零译，中国人民大学出版社 2004 年版，AⅪ。

问题，因为它们是由理性自身的本性向它提出的，但它也无法回答它们，因为它们超越了人类理性的一切能力。"①在康德看来，人类理性在其本性的驱使下，创造出了一个接一个形而上学体系，但这些体系之间又充满了矛盾和争吵，而"这些无休无止的争吵的战场，就叫做形而上学"②。要改变形而上学研究的这种现状，就不得不对其来源"理性"做一个批判性的考察。

第二，理性形而上学具有两种不同的类型：一是"作为自然禀赋的形而上学"，二是"作为科学的形而上学"。在康德看来，传统形而上学理论几乎无例外地从属于"作为自然禀赋的形而上学"。这种形而上学的本质特征是：理性在其本性的驱迫下，把仅仅适用于经验范围的知性范畴运用到超经验的对象——自在之物上，从而陷入了误谬推理、二律背反或理想的困境中。"形而上学就是如此，它像泡沫一样漂浮在表面上，一掬取出来就破灭了。但是在表面上立刻又出来一个新的泡沫。"③

康德认为，"作为自然禀赋的形而上学"乃是理性自发劳作的结果，充满了错误与混乱，必须加以摈弃。而应该加以倡导的则是作为科学的形而上学，"为了使作为科学的形而上学能够做出不是虚假的说教，而是真知灼见，是令人信服的东西起见，理性批判本身就必须把先天概念所包含的全部内容、这些概念按照不同源泉（感性、理智、理性）的类别、连同一张完整的概念表，以及对所有这些概念的分析和这些概念可能产生的一切结果，特别是通过先天概念的演绎而证明出来的先天综合知识的可能性、先天综合知识的使用原则以至使用的界线等，统统都摆

① ［德］伊曼努尔·康德：《纯粹理性批判》，李秋零译，中国人民大学出版社 2004 年版，AⅦ。在《任何一种能够作为科学出现的未来形而上学导论》中，康德说得更加明确："我们的理性，像生了自己珍爱的子女一样，生了形而上学。"［德］康德：《任何一种能够作为科学出现的未来形而上学导论》，庞景仁译，商务印书馆 1982 年版，第 142 页。

② ［德］伊曼努尔·康德：《纯粹理性批判》，李秋零译，中国人民大学出版社 2004 年版，AⅦ。

③ ［德］康德：《任何一种能够作为科学出现的未来形而上学导论》，庞景仁译，商务印书馆 1982 年版，第 29 页。

出来，把所有这些都容纳到一个完整的体系里才行。这样，批判，而且只有批判才含有能使形而上学成为科学的、经过充分研究和证实的整个方案，以至一切办法"。① 显然，康德所说的作为科学的形而上学实际上就是批判的形而上学，而其核心任务则是纯粹理性批判。也就是说，人们决不能以自发的态度看待并运用理性，而应该认真地探索并反思理性运用的界限。

第三，在作为科学的形而上学中进一步区分出两种不同的表现形式：一是"自然形而上学"，二是"道德形而上学"。② 康德认为，前者是为自然科学奠定基础的，而后者，即道德形而上学，被康德置于更高的位置上。在康德的道德形而上学中，意志是绝对地臣服于理性的："我们身受理性的节制，并且在我们的一切准则之中我们都必须记住屈从这种节制，不要从中掏掉什么，不要以私人妄想减损法则（尽管它是我们自己的理性所给予的）威望，以至于把我们意志的决定根据，虽然合乎法则，仍然置于别处，而不是置于法则本身和对这个法则的敬重之中。"③康德甚至把意志称为"实践理性"，并反复强调它高于"思辨理性"。实际上，道德形而上学是他为理性形而上学打造的一种更重要的存在形式。

在康德之后，黑格尔进一步发展了理性形而上学。在耶拿时期，其思想取得的一个突破性的进展就是超越了传统的哲学见解，把（理性）形而上学和逻辑理解为同一个东西。在《法哲学原理》一书中，黑格尔这样写道："理性学，即逻辑。"④他批评康德只是从消极的意义上去看待理性，主张理性完全可以认识自在之物，从而把理性形而上学发挥到极致。尽管黑格尔把理性形而上学提升到前所未有的高度，但"将要抬你

---

① ［德］康德：《任何一种能够作为科学出现的未来形而上学导论》，庞景仁译，商务印书馆 1982 年版，第 160—161 页。

② ［德］康德：《道德形而上学原理》，苗力田译，上海人民出版社 1986 年版，第 36 页。

③ ［德］康德：《实践理性批判》，韩水法译，商务印书馆 1999 年版，第 89 页。

④ G. W. F. Hegel, *Werke* 7, Frankfurt am Main：Suhrkamp Verlag, 1986, S. 23.

出去的人的脚，已经站在门口"。因为，理性虽然是作为主体的人的主要标志，但它并不能代表一个整全的人，正如头颅并不能代表全身一样。总之，这种以笛卡尔、康德和黑格尔为代表的理性形而上学必然遭到被颠覆、被翻转的命运。

虽然对身体和欲望的关注在古代哲学中就已见端倪，现代哲学家莱布尼茨、黑格尔也都论述到这类问题，但就理性形而上学的真正的颠覆者和翻转者来说，应首推叔本华和尼采。当然，这一翻转是在主体性形而上学的框架内进行的。正如叔本华所指出的："主体就是这世界的支柱，是一切现象，一切客体一贯的，经常作为前提的条件；原来凡是存在着的，就都是对于主体的存在。"①然而，在叔本华那里，无论是与主体相对应的"世界"概念，还是作为主体代名词的"人"的概念，都获得了在笛卡尔、康德、黑格尔的语境中所没有的崭新的意义。

叔本华认为，康德所说的自在之物就是意志，意志是世界的本质，而人的身体乃是客体化了的，已成为表象的意志："我首先把意志设定为自在之物，是完全原初之物；其次，我把躯体设定为它的纯粹的可见性，客体化；第三，我把认识设定为纯粹是这个躯体之一部分的功能。"②由此出发，叔本华颠覆了柏拉图主义所主张的关于认识（理性）第一性、意志（欲望）第二性的主导性观念，对"人"这一主体做出了颠覆性的阐释："对我来讲，人身上永恒的和不可摧毁的，因而也构成了人身上生命原则的，并不是灵魂，如果允许我使用一个化学术语的话，而是灵魂的基本因素，就是意志。所谓的灵魂是已经组成了的，它是意志和理智的结合。这个理智是第二位的，是有机体的后来部分，作为大脑的一种纯粹的功能，是由意志决定的。意志则相反是第一位的，是有机体

---

① ［德］叔本华：《作为意志和表象的世界》，石冲白译，商务印书馆1982年版，第28页。

② ［德］叔本华：《自然界中的意志》，任立、刘林译，商务印书馆1997年版，第35页。

的先前部分,有机体是由意志决定的。"①在这里,叔本华不但把人的认识活动和意志活动区分开来,而且肯定,在灵魂这个组合体中,意志始终是第一性的,而理智(其功能是从事认识活动)则始终是第二性的。"意志并不像人们无例外地认为的那样,是由认识决定的,倒是认识是由意志决定的。"②从这种意志与认识(涉及理智或理性)关系的倒置中,理性形而上学被翻转的命运已经被决定了。

然而,叔本华的翻转并不彻底,因为他的哲学的出发点是对生命意志的肯定,但其结论却是对生命意志的否定。叔本华最终拜倒在传统道德观念,尤其是基督教道德观念之下,正如他自己告诉我们的:"实际上原罪(意志的肯定)和解脱(意志的否定)之说就是构成基督教的内核的巨大真理,而其他的一切大半只是(这内核的)包皮和外壳或附件。"③在这里,叔本华强调,基督教的解脱说,即对生命意志的否定乃是"构成基督教的内核的巨大真理",而这一真理正是通过人的理性加以认识和实现的。于是,我们发现,这个理性形而上学的颠覆者,最终又诚惶诚恐地跪倒在理性和理性形而上学的神像前:"人的理性,也就是使人解脱人生中注定的痛苦和烦恼;并且使他得以最充分地享有人的尊严。这是人作为一个理性的生物,与动物有别而应有的尊严。"④

尼采在青年时期深受叔本华思想的影响,直到 1876 年,他才意识到自己与叔本华的根本差异。如果说,叔本华"耽于道德基督教的理想中",从而否定生命意志,那么,尼采则"要为生命辩护"⑤。什么是生命?尼采回答道:"生命就是权力意志。"⑥在叔本华看来,生命意志只能消极地维持自己,最后则注定要落入"死亡的掌心中",因而"人生是

---

① [德]叔本华:《自然界中的意志》,任立、刘林译,商务印书馆 1997 年版,第 34 页。

② 同上书,第 20 页。

③ [德]叔本华:《作为意志和表象的世界》,石冲白译,商务印书馆 1982 年版,第 556 页。

④ 同上书,第 141 页。

⑤ [德]尼采:《权力意志》上卷,孙周兴译,商务印书馆 2007 年版,第 405、434 页。

⑥ 同上书,第 190 页。

在痛苦和无聊之间像钟摆一样的来回摆动着"①；而在尼采那里，生命的本质是保存和提高自己，赢获支配其他意志的权力。

正是从权力意志这一基本理论出发，尼采超越了叔本华，彻底地翻转了以笛卡尔、康德和黑格尔为代表的理性形而上学。在谈到笛卡尔的时候，尼采以嘲讽的口吻写道："这位理性主义之父（因此革命之祖父），他承认单单理性才有权威；但理性只是一个工具，笛卡尔是肤浅的。"②为什么尼采判定笛卡尔是肤浅的？因为笛卡尔的理性形而上学把理性作为理解和阐释一切形而上学问题的基础和出发点，却忽略了在作为主体的"人"身上，理性和认识都不是始源性的，而只有意志和欲望才是始源性的。在尼采看来，"不仅我们的理性，而且我们的良心，都服从于我们最强大的欲望，都服从于在我们心中的这个专制君主"③。当然，尼采并没有满足于重复叔本华已经得出的结论。叔本华追随亚里士多德《论灵魂》中的见解，把"意志"归属于"灵魂"（或"心灵"），尼采则首先把权力意志归属于"身体"。

在谈到 19 世纪对 18 世纪的进步时，尼采写道："越来越确定地把身体健康问题置于'心灵'问题之前。"④尼采不光翻转了意志（欲望）和理性（认识）之间的关系，也翻转了心灵（灵魂）与身体（躯体）之间的关系。正如海德格尔所说的："'身体'这个名称表示的是权力意志的那样一个形态，正是在其中，权力意志才能直接为作为'主体'的人所通达，因为它始终是合乎状况的（Zustandlich）。所以，尼采说：'根本点：从身体出发并且用它作为指导线索。'"⑤

---

① ［德］叔本华：《作为意志和表象的世界》，石冲白译，商务印书馆 1982 年版，第 427 页。

② ［德］尼采：《善恶之彼岸——未来的一个哲学序曲》，程志民译，华夏出版社 2000 年版，第 97 页。

③ 同上书，第 84 页。

④ ［德］尼采：《权力意志》上卷，孙周兴译，商务印书馆 2007 年版，第 466 页。

⑤ ［德］海德格尔：《尼采》下卷，孙周兴译，商务印书馆 2002 年版，第 931 页。为求概念使用上的统一，der Wille zur Macht 统一译为"权力意志"，而不是"强力意志"，下文同。

由上可知，叔本华通过对意志（欲望）与理性（认识）关系的颠倒，把以笛卡尔、康德、黑格尔为代表的理性形而上学翻转为意志形而上学，而尼采则从权力意志的理论出发，进一步把心灵（灵魂）与身体（躯体）的关系颠倒过来，从而把理性形而上学翻转为权力意志的形而上学。① 尼采的贡献还不止于此。他深知，无论笛卡尔、康德、黑格尔，还是叔本华，都深受传统道德，尤其是基督教道德的影响。也就是说，理性形而上学在基督教道德中获得了最后的避难所。康德的道德形而上学就是理性形而上学与基督教道德结合的产物。尼采意识到，只有摧毁基督教道德，才能把理性形而上学彻底地翻转过来。然而，他也明白，这是一项多么艰巨的工作："撕破基督教道德的面具是一件非比寻常的事，是一个真正的大变动。认识这件事的人也是一个非常的人，是一个灾祸；他把人类历史剖分为二。人不是活在他之前，就是活在他之后。"②尼采对基督教道德的批判是振聋发聩的，他关于"上帝已死"（Gott ist tot）的口号最终颠覆了视基督教道德为最后避难所的理性形而上学，但尼采本人也付出了沉重的代价，即他自己变疯了。具有讽刺意义的是，他写给勃兰兑斯的信的落款竟是"钉在十字架上的人"（the crossed man）。③ 也就是说，尼采把自己理解为自己的敌人——上帝了。

有趣的是，尼采把自己的哲学理解为一种颠倒的柏拉图主义。这里的"颠倒"主要是指：柏拉图视理念世界为唯一真实的世界，感性世界则是虚幻的；而尼采则认为，唯有感性世界是真实的世界，理念世界才是虚幻的。事实上，尼采创立的权力意志的形而上学体现为"双重的颠倒"：一是沿着笛卡尔、康德的思路，把向外的在场形而上学翻转为主体性形而上学；二是在主体性形而上学内部进一步把以笛卡尔、康德为代表的理性形而上学翻转为权力意志的形而上学。海德格尔认为，"尼采的形而上学，以及与之相随的'古典虚无主义'的本质基础，现在就可

---

① ［德］海德格尔：《尼采》下卷，孙周兴译，商务印书馆 2002 年版，第 906 页。
② ［德］尼采：《瞧！这个人》，刘崎译，中国和平出版社 1986 年版，第 115 页。
③ ［丹麦］乔治·勃兰兑斯：《尼采》，安延明译，工人出版社 1985 年版，第 193 页。

以更清晰地被界定为权力意志的无条件主体性的形而上学……而对尼采来说，主体性之为无条件的，乃是作为身体的主体性，即本能和情绪的主体性，也就是权力意志的主体性"①。按照海德格尔的看法，在现代形而上学的发展中，只有当哲学家对"主体性"的理解不再停留在单纯理性的层面上，而是涉及作为存在的基本特征的意志和欲望时，主体性这个名称才表达出存在的全部本质。② 正是在这个意义上，海德格尔强调，尼采哲学作为主体性形而上学的最后形式，乃是现代形而上学的完成。

尼采在主体性形而上学的大框架内颠覆了以笛卡尔、康德和黑格尔为代表的理性形而上学，用权力意志的形而上学取而代之，从而完成了形而上学发展史上的第二次翻转。通过权力意志这个重要的概念，尼采把主体性形而上学的全部内涵发挥到了极致。

三、形而上学发展史上的第三次翻转

形而上学发展史上的第三次翻转是在海德格尔哲学发展的进程中出现的。我们不妨称之为从"此在形而上学"（metaphysics of being-there）向"世界之四重整体的形而上学"（metaphysics of world-fourfold）的翻转。在阐述这次翻转的具体情形前，先澄清以下两个问题。

其一，海德格尔曾在不同的论著中重申这样的观点："作为现代形而上学的完成，尼采的形而上学同时也是西方的一般形而上学的完成，因而——在一种得到正确理解的意义上——也就是形而上学本身的终

---

① ［德］海德格尔：《尼采》下卷，孙周兴译，商务印书馆 2002 年版，第 831 页。

② 同上书，第 1096 页。这样一来，我们便明白了尼采批判笛卡尔的性质，正如海德格尔所说："无论尼采多么鲜明地一再反对为现代形而上学奠基的笛卡尔哲学，他之所以反对，也只是因为笛卡尔还没有完全地、足够坚定地把人设定为 Subjectum（一般主体）。"参见该书第 699 页。

结。"①也许有人会提出来：既然海德格尔认为尼采已经"终结"了形而上学，怎么可以在后尼采的语境中来谈论"形而上学发展史上的第三次翻转"呢？何况，哈贝马斯于1988年出版了《后形而上学思想》，罗蒂于2003年出版了《后形而上学希望》，这不正是对形而上学终结的呼应吗？其实，这些呼应者似乎并没有深入领悟海德格尔这一见解的本质含义。在上面这段论述中，海德格尔提示我们，应该"在一种得到正确理解的意义上"去领悟形而上学的终结，并在另一处写道："这里要思考的形而上学之终结只是形而上学以变化了的形式'复活'的开始。"②这充分表明，海德格尔所要表达的真正意思是：尼采并没有终结整个形而上学，他终结的只是以柏拉图主义为标志的传统形而上学，而在尼采之后，形而上学将以一种新的变化了的形式得以复活。事实上，形而上学在当代的复活就充分体现在海德格尔的著作中。正是在这个意义上，我们在后尼采语境中探讨"形而上学发展史上的第三次翻转"。

其二，关于"形而上学发展史上的第三次翻转"并非海德格尔本人的观点，而是我们在研究形而上学发展史，尤其是海德格尔形而上学观念发展史中得出的新结论。海德格尔本人并没有对自己的形而上学之思进行总结性的反思，而我们经过这样的反思则认定，在其形而上学之思中确实存在着这一翻转，而且其意义十分深远。事实上，前面论述的"第一、二次翻转"也是我们提出的新见解，海德格尔唯一认可的是尼采对柏拉图主义的颠倒或翻转。他这样写道："尼采本人早就把他的哲学称为颠倒了的柏拉图主义。但尼采的这种颠倒并没有消除柏拉图主义的基本立场；相反地，恰恰因为它看起来仿佛消除了柏拉图主义的基本立场，它倒是把这种基本立场固定起来了。"③在海德格尔看来，尽管尼采颠倒或翻转了柏拉图主义，但并不等于他超越了柏拉图主义。实际上，尼采仍然是从柏拉图开启的"存在者是什么"这个主导性问题出发去理解

---

① ［德］海德格尔：《尼采》下卷，孙周兴译，商务印书馆2002年版，第824页。
② 同上书，第832页。
③ ［德］海德格尔：《尼采》上卷，孙周兴译，商务印书馆2002年版，第459页。

并阐释形而上学的，归根到底尼采没有脱离柏拉图主义的基本立场。海德格尔认为，只有超越"存在者是什么"的问题，以更始源性的方式发问时，才可能超越柏拉图主义，并在对形而上学的探究中站到新的立场和新的起点上。如果说，本文前面论述的第一、第二次翻转是对从柏拉图主义到尼采的传统形而上学发展史的更细致的描述，那么，第三次翻转则是对当代形而上学发展史的新的概括。由于这次翻转意味着形而上学之思已经被置于一个全新的基础上，因而我们的论述实际上也是契合海德格尔本人的想法的。

众所周知，海德格尔前期的形而上学之思是围绕着"此在形而上学"而展开的。在《康德与形而上学疑难》中，海德格尔这样写道："此在形而上学作为形而上学奠基有它自己的真理，这个真理迄今在其本质中还是完全遮蔽着的。"①"此在形而上学"这一概念在海德格尔前期思想中的出现并不是偶然的。众所周知，海德格尔的《康德与形而上学疑难》一书是由导论和四章组成的，其中第四章第二节的标题是 The Problem of the Finitude in Man and the Metaphysics of Dasein，译成中文就是"人的有限性问题和此在形而上学"；第三节的标题是 The Metaphysics of Dasein as Fundamental Ontology，译成中文就是"作为基础存在论的此在形而上学"。② 这两个标题表明，在海德格尔前期的形而上学之思中，"此在形而上学"不仅是一个重要的概念，而且它实质上就是海德格尔在《存在与时间》一书中提出的"基础存在论"。在此在形而上学中，"此在"（Dasein/Being-there）乃是一个基础性的核心概念。为什么海德格尔要引入这一概念作为其新形而上学理论的出发点？他以下两段重要的论述为我们提供了答案。

其一，"胡塞尔在其术语系统中紧随康德，也在现成存在的意义上使用 Dasein 这个概念。与之相反，对我们来说'Dasein'一词并不像对康

---

① 孙周兴：《海德格尔选集》上，上海三联书店 1996 年版，第 125 页。

② M. Heidegger, *Kant and the Problem of Metaphysics*, trans. James S. Churchill, Bloomington: Indiana University Press, 1962, p. vii.

德那样表明自然物的存在方式，它一般而言并不表明存在方式，而表明某一我们自身所是的存在者，人的此在。我们一向便是此在。此在这一存在者和一切存在者那样具有一种特殊的存在方式。我们在术语学上将此在的存在方式规定为生存（Existenz）……对于康德和经院派而言，生存是自然物的存在方式，对我们而言则相反是此在的存在方式。照此我们例如可以说，物体决不生存，而是现成存在。相反，此在，我们自身，决不现成存在，而是生存"①。这段论述可以引申出以下两点结论：第一，此在（Dasein）这个术语在康德、胡塞尔等哲学家那里已经被使用，其含义是指"自然物的存在方式"，海德格尔赋予它以新的含义，认为它所指的并不是存在方式，而是指"人"这类存在者；第二，在所有存在者中，只有此在的存在方式是"生存"（Existenz），而其他的存在者（当然包括所有的自然物）的存在方式则是"现成存在"（Vorhandensein）。

其二，"此在把握诸物，此在以'在-世界-之中-存在'（In-der-Welt-sein）的方式生存，这个此在之生存之基本规定乃是此在一般而言能够把握某物的前提。连字符的写法是为了指出，这个结构乃是统一的"②。这段论述进一步提示我们，此在在生存中不可能处于无世界的孤独状态中，作为此在之存在方式的生存显现为"在-世界-之中-存在"这样先天的结构。

这两段重要的论述言简意赅地阐明了海德格尔的此在形而上学在其出发点上与柏拉图主义、与从笛卡尔到尼采的主体性形而上学之间的重大差别。

如前所述，柏拉图主义本质上是在场形而上学，而"在场"（An-wesenheit）亦即"现成存在"（Vorhandensein）。也就是说，柏拉图对所有的存在者都一视同仁，没有把"人"这一特殊的存在者作为此在与其他存在者区别开来，而在所有的存在者中，唯有此在在其独具的生存（而不

---

① ［德］马丁·海德格尔：《现象学之基本问题》，丁耘译，上海译文出版社 2008 年版，第 32—33 页。

② 同上书，第 219 页。

是现成存在)这种存在形式中才有资格询问存在的意义。然而，在在场形而上学中，既然此在与其他存在者之间的差异被磨平了，存在的意义也就必定会被遗忘。正是在这个意义上，海德格尔指出："形而上学就是存在之被遗忘状态，也就是那个给出存在的东西的遮蔽和隐匿的历史。"①由此可见，海德格尔从所有的存在者中区分出此在，正是为了超越传统形而上学，即柏拉图主义。

同样，前面的论述已经表明，从笛卡尔到尼采的现代形而上学也就是主体性形而上学，而海德格尔对此在形而上学的讨论正是从摈弃"主体性"这一现代形而上学的基础性的、核心的概念出发的。正如他在1962 年 4 月初给 W. J. 理查森的回信中所说的："要是谁愿意看看这样一个简单的实事内容，即《存在与时间》中，问题是以摈除主体性的范围来立论的，任何人类学的提法都不沾染，倒是只从往常对存在问题的高瞻远瞩中由此在的经验来定调子，那他就同时可以看出，《存在与时间》中所问及的'存在'决不能由什么人的主体来设定。"②为什么海德格尔对现代形而上学作为基础和出发点的"主体性"激烈地加以排拒呢？因为按照他的看法，在形而上学的研究中，"人""生命""主体性"这类概念都不是始源性的，人们在谈论这些概念时，已经预设了与世界绝缘的（或无世界的）"人""生命""主体性"之存在，而这样孤零零的存在者完全是虚假的。

在海德格尔看来，作为人之存在的此在的存在方式只能是生存，而生存先天地就是"在-世界-之中-存在"。换言之，生存本质上是与他者、与世界的"共在"（Mitsein）。因而作为"在-世界-之中-存在"的此在才是探究一切形而上学问题的真正的始源性的出发点："此在之生存建制，亦即'在-世界-之中-存在'，乃是作为主体之特别的'送出'出现的；这个

---

① 孙周兴：《海德格尔选集》上，上海三联书店 1996 年版，第 706 页。
② 孙周兴：《海德格尔选集》下，上海三联书店 1996 年版，第 1276—1277 页。

'送出'构建了一个我们以确切的方式规定为此在之超越性的现象。"①也就是说，现代形而上学作为出发点的主体性乃是奠基于此在的生存建制的，正是这种建制中的此在之超越性才使主体性概念得以彰显出来。于是，我们发现，海德格尔的此在形而上学通过对此在的先天的生存建制的阐明，远远地超越了从笛卡尔到尼采的主体性形而上学的肤浅形式。

正是从对此在的生存建制的分析出发，海德格尔区分了此在生存中的本真状态与非本真状态，阐述了"烦""畏""死""良知""决断""时间性""历史性"等问题，从而构筑起此在形而上学体系。然而，海德格尔后期的形而上学之思表明，他不仅超越了前期的此在形而上学，而且将它向外翻转为"世界之四重整体的形而上学"。

海德格尔在给 W. J. 理查森的回信中承认 1937 年前后自己的思想发生转向，他说："您对'海德格尔 I'和'海德格尔 II'之间所作的区分只有在下述条件下才可成立，即应该始终注意到：只有从在海德格尔 I 那里思出来的东西出发才能最切近地通达在海德格尔 II 那里有待思的东西。但海德格尔 I 又只有包含在海德格尔 II 中，才能成为可能。"②这段话启示我们，海德格尔一生思考的焦点始终是存在的意义问题，但其后期思考的进路与其前期思考的进路比较起来，存在着一种翻转关系：前期是从此在之存在方式——生存出发探索存在的意义，后期是从存在出发来探索此在在生存中如何应合于存在。③需要进一步加以追问的是：为什么在海德格尔的形而上学之思中会出现这一思维进路上的"翻转"？我们认为，这是由以下两方面的原因引起的。

一方面，无论是在《存在与时间》中，还是在作为弗莱堡大学校长就

---

① ［德］马丁·海德格尔：《现象学之基本问题》，丁耘译，上海译文出版社 2008 年版，第 232 页。

② 孙周兴：《海德格尔选集》下，上海三联书店 1996 年版，第 1278 页。

③ 在《关于人道主义的通信》中，海德格尔强调："率直讲来，思就是存在的思。此处的'的'有双重意义。思是存在的，因为思由存在发生，是属于存在的。思同时是存在的思，因为思属于存在，是听从存在的。"（参见孙周兴：《海德格尔选集》上，上海三联书店 1996 年版，第 361 页）由此可见，说海德格尔一生都在思考存在问题，并非言过其实。

职演说的《德国大学的自我主张》中，前期海德格尔都寄希望于所谓"本真此在"（即他心目中的德国的精英人物）来改变德国从第一次世界大战以来的猥琐卑微的形象，但随着海德格尔于 1934 年 4 月辞去校长职务，他改造德国大学的计划受挫，与纳粹的关系也变得紧张起来。后期海德格尔深刻地领悟到"本真此在"作用的有限性，认识到其只有应合存在本身显示的真理，才能起到一定的作用。

另一方面，尽管前期海德格尔用此在的生存建制来取代主体性，但此在形而上学毕竟是以此在作为基础和出发点的。在《论根据的本质》中，海德格尔本人也提到有人指责他的《存在与时间》有一个"人类中心论的（Anthropozentrische）立场"。① 尽管他对这种指责持拒斥的态度，但他关于此在生存建制中的"烦""畏""死"和"向死之存在"的讨论，关于"器具""指引"和"因缘整体性"的讨论，关于此在在日常状态中的"闲谈""好奇""两可"和"沉沦"的讨论等，实际上都是围绕着人的此在而展开的。所以，在某种意义上，也可以把海德格尔前期的形而上学理解为"精致版的权力意志的形而上学"，而这种形而上学理论就其本质而言，仍然没有完全摆脱现代形而上学，即主体性形而上学的阴影。在《世界图像的时代》中，海德格尔意识到，现代性、世界成为图像和人成为主体乃是同一个现代社会发展进程中呈现出来的三个侧面，而这些侧面都与现代技术的发展有着密切的关系："在以技术方式组织起来的人的全球性帝国主义中，人的主观主义达到了它的登峰造极的地步，人由此降落到被组织的千篇一律状态的层面上，并在那里设立自身。"②那么，究竟是人的主体性促进了技术的发展，还是技术促进了人的主体性的发展？在《诗人何为？》中，海德格尔指出："甚至，人变成主体而世界变成客体这回事情也是自行设置着的技术之本质的结果，而不是倒过来的情形。"③在他看来，随着现代技术的发展，自然已蜕变为人类的单纯的取

---

① 孙周兴：《海德格尔选集》上，上海三联书店 1996 年版，第 196 页。
② 孙周兴：《海德格尔选集》下，上海三联书店 1996 年版，第 921 页。
③ 孙周兴：《海德格尔选集》上，上海三联书店 1996 年版，第 430 页。

用对象，人与世界的关系也已蜕变为控制与被控制的关系。

基于上述两方面的原因，海德格尔意识到，其前期的此在形而上学必须改弦易辙，即应该把对此在作用的限制提升为新时代的主题。于是，后期海德格尔翻转了前期形而上学之思的进路，提出了"世界之四重整体的形而上学"理论。海德格尔认为，"世界之四重整体"（Welt-Geviert/world-fourfold）指的是"天""地""诸神"和"终有一死者"。在《物》中，他对上述四个概念做了简要的解释："大地（die Erde）承受筑造，滋养果实，蕴藏着水流和岩石，庇护着植物和动物……天空（der Himmel）是日月运行，群星闪烁，是周而复始的季节，是昼之光明和隐晦，夜之暗沉和启明，是节日的温寒，是白云的飘忽和天穹的湛蓝深远……诸神（die Göttlichen）是神性之暗示着的使者。从对神性的隐而不显的动作中，神显现而成其本质。神由此与在场者同伍……终有一死者（die Sterblichen）乃是人类……大地和天空、诸神和终有一死者，这四方从自身而来统一起来，出于统一的四重整体的纯一性而共属一体。四方中的每一方都以它自己的方式映射着其余三方的现身本质。同时，每一方又都以它自己的方式映射自身，进入它在四方的纯一性之内的本己之中。"①从这段论述和其他相关的论述中可以引申出以下三点结论：

第一，在前期的此在形而上学中，此在（Dasein，单数形式）乃是世界的基础和核心，而在后期的世界之四重整体的形而上学中，终有一死者（Sterblichen，复数形式）下降为世界之四重整体中的一个要素。海德格尔说："天、地、神、人之纯一性的居有着的映射游戏，我们称之为世界（Welt）。"②这就启示我们，在世界整体结构中，人类的主体性受到了严格的限制。人类永远不能破坏这个四重整体，只有这样，才能把这一"居有着的映射游戏"无限地维持下去。

第二，在前期的此在形而上学中，此在负有重大的历史使命，它要

---

① 孙周兴：《海德格尔选集》下，上海三联书店 1996 年版，第 1178—1180 页。
② 同上书，第 1180 页。

唤起自己的"良知"，要下"决断"，要以自己的方式去改变和创造历史，而在后期的世界之四重整体的形而上学中，终有一死者的使命只是以质朴的方式栖居。在海德格尔看来，栖居乃是终有一死者的存在方式，而"保护四重整体——拯救大地，接受天空，期待诸神，伴送终有一死者——这四重保护乃是栖居的素朴本质"①。

第三，在前期的此在形而上学中，海德格尔注重从此在的言谈出发去理解语言现象。他认为："言谈即语言。……语言作为被说出的状态包含有此在之领悟的被解释状态于自身。"②而在后期的世界之四重整体的形而上学中，海德格尔主张，探讨语言，不是把语言拉扯到此在这里来，恰恰相反，应该把终有一死者带入语言的本质中去。"语言之本质属于那使四个世界地带'相互面对'的开辟道路的运动的最本己的东西(das Eigenste)。"③这就是说，语言的本质是守护天、地、诸神和终有一死者这一四重整体，使它们永远处于"相互面对"的亲近状态中，而终有一死者的任何言说都必须应和语言的本质，正如海德格尔所说的："人只是由于他应合于语言才说。"④

尽管海德格尔没有多谈其形而上学之思的"转向"或"翻转"问题，但这种"转向"或"翻转"确实存在着，而且正如他自己所承认的，"只有从在海德格尔 I 那里思出来的东西出发才能最切近地通达在海德格尔 II 那里有待于思的东西。但海德格尔 I 又只有包含在海德格尔 II 中，才能成为可能"。当然，后期海德格尔也在理论上留下了一个难题：一方面，在他的世界之四重整体的形而上学理论中，诸神(Göttlichen)是以复数的形式出现的；另一方面，在与《明镜周刊》记者的谈话中他又强调，"只有一个上帝能够救渡我们"(Nur noch ein Gott kann uns retten)，这里

---

① 孙周兴：《海德格尔选集》下，上海三联书店 1996 年版，第 1201 页。
② ［德]马丁·海德格尔：《存在与时间》，陈嘉映、王庆节译，生活·读书·新知三联书店 1987 年版，第 203—204 页。
③ 孙周兴：《海德格尔选集》下，上海三联书店 1996 年版，第 1118—1119 页。
④ ［德]海德格尔：《在通向语言的途中》，孙周兴译，商务印书馆 1997 年版，第 22 页。

的 ein Gott(一个上帝)则是单数，它与"诸神"（复数）之间究竟是什么关系呢？这个问题还有待于我们做进一步的探索。[①]

四、简短的结论

综上所述，我们是在海德格尔形而上学之思的启发下形成关于形而上学发展史上"三次翻转"的想法的。当然，海德格尔谈论的主要是尼采对柏拉图主义的翻转，而我们则通过研究提出了以下三次翻转。首先是以笛卡尔、康德、黑格尔为代表的现代形而上学（主体性形而上学）对柏拉图主义（在场形而上学）的翻转。由于主体性形而上学又可进一步区分为理性形而上学和意志形而上学，所以其次是以叔本华、尼采为代表的意志形而上学对以笛卡尔、康德、黑格尔为代表的理性形而上学的翻转，而这一次翻转是在主体性形而上学的内部进行的。最后是海德格尔后期的世界之四重整体的形而上学对其前期的此在形而上学的翻转。特别是第三次翻转的提出是我们对海德格尔形而上学观念发展史的新探索。总结这三次翻转，我们可以引申出以下四点结论：

其一，尽管第二次翻转是在主体性形而上学的大框架内发生的，但其意义并不逊于第一次翻转。因为第一次翻转仍然是在理性主义传统中发生的，而第二次翻转则通过对理性与意志的传统关系的颠覆，阐明了以非理性方式存在的意志的始源性，从而为我们破解现代性之谜提供了重要启发。

其二，虽然海德格尔再三声明，他前期提出的此在形而上学与现代形而上学（主体性形而上学）处于完全不同的出发点上，但在某种意

---

① 孙周兴先生十分慷慨地把他已经译就的《海德格尔全集》第 65 卷中的第七章"最后之上帝"(Der letzte Gott)的译稿发给我做参考。译稿表明，Der letzte Gott 是"对立于曾在的诸神尤其对立于基督教的上帝"的，但它与海德格尔在上述谈话中提到的 ein Gott 是不是同一个对象呢？在此我们不能轻易地下结论，希望在今后的研究中破解这些概念之间的关系。

上，正是此在形而上学通过对此在，即"在-世界-之中-存在"的生存建制的清理，为主体性形而上学提供了牢固的思想基础。在这个意义上，海德格尔的此在形而上学作为"精致版的权力意志形而上学"最终仍未摆脱主体性形而上学的阴影。

其三，海德格尔后期提出的世界之四重整体的形而上学似乎是以诗化的"思"超越形而上学。实际上，他超越的乃是从柏拉图到尼采的传统形而上学和他自己前期主张的此在形而上学。要言之，海德格尔后期的"思"仍然从属于形而上学，但它体现的是与传统形而上学不同的新的形而上学之思。乍看起来，世界之四重整体的形而上学仿佛是向柏拉图主义的在场形而上学的复归，其实并非如此。两者的根本差异在于，按照柏拉图主义，所有在场的东西，包括人在内，都是现成存在。由于人与其他存在者之间的差异还没有被主题化，而又唯有人才能询问存在的意义，所以在场形而上学拘执于存在者而遗忘了存在本身。而在后期海德格尔那里，在世界之四重整体中，终有一死者作为存在的近邻，已经意识到自己的有限性，并在栖居中自觉地承担起应合存在之道说、守护四重整体的任务。

其四，用"三次翻转"来概括迄今为止形而上学的发展史，并不意味着我们认同所谓"形而上学终结"论，认同哈贝马斯和罗蒂对"后形而上学"概念的轻率的使用。事实上，康德早已告诫我们，"世界上无论什么时候都要有形而上学"，① 而黑格尔甚至认为，"作为一个能思维的存在物，人是一个天生的形而上学家（ein geborner Metaphysiker）"②。因此，人既无法摆脱形而上学，也无法终止形而上学之思，而我们对形而上学发展史的研究正是为了更深入地理解形而上学的本质及其今后的发展趋向，从而使我们对人类命运的思考，尤其是对现代性问题的探索始终保持在哲学应有的高度上。

---

① ［德］康德：《任何一种能够作为科学出现的未来形而上学导论》，庞景仁译，商务印书馆 1982 年版，第 163 页。

② G. W. F. Hegel, *Werke* 8, Frankfurt am Main: Suhrkamp Verlag, 1986, S. 207.

关于德国古典哲学研究的新思考^①

从西方哲学史上看，德国古典哲学是一个承上启下的重要阶段。一方面，它对古希腊罗马哲学、中世纪文艺复兴时期哲学、17世纪形而上学和18世纪启蒙哲学进行了批判性的总结，吸纳了传统西方哲学的精华，从而形成了一系列思想深邃、结构严谨、内涵丰富的哲学理论体系。与此同时，一批思想大师也在德国哲学界应运而生，正如德国诗人海涅在《论德国宗教和哲学的历史》一书中所说的："德国被康德引入了哲学的道路，因此哲学变成了一件民族的事业。一群出色的大思想家突然出现在德国的国土上，就像用魔法呼唤出来的一样。"^②另一方面，德国古典哲学也为整个近代西方哲学向现代、当代西方哲学的发展提供了极为重要的思想资源。20世纪以来的重要哲学思潮，如实证主义、分析哲学、现象学、存在主义、诠释学、结构主义、解构主

---

① 原载《江淮论坛》2009年第6期。该文被用作《〈德国古典哲学〉（西方哲学通史丛书）分卷序》，并于文尾附分卷撰写分工的一段情况介绍文字：在本卷的写作中，具体的分工情况如下：俞吾金除撰写"分卷序"外，还撰写了"第一章：德国古典哲学产生和发展的历史文化背景""第五章：德国浪漫主义运动的'掌柜'——施莱格尔兄弟"；林晖负责撰写"第二章：德国古典哲学的奠基人——康德"；汪行福负责撰写"第三章：德国古典哲学的主观化——费希特"和"第四章：德国古典哲学的变数"；王凤才负责撰写"第六章：德国古典哲学的客观化——谢林"；徐英瑾负责撰写"第七章：德国古典哲学的集大成者——黑格尔"。——编者注

② 张玉书：《海涅选集》，人民文学出版社1983年版，第305页。

义、后现代主义、西方马克思主义等等，无不受到德国古典哲学所蕴含的问题意识的深刻影响。

然而，对西方哲学史上如此重要的一个发展阶段，我国哲学界却缺乏相应的重视和系统的研究。尽管国内学者已经出版了一些以整个德国古典哲学作为研究对象的论著，也译介了国外学者的一些相关的研究作品，但所有这些研究成果或是囿于传统的见解，无法对德国古典哲学发展的客观进程做出全面的、合理的说明，或是缺乏当代意识，未能对德国古典哲学的当代意义做出创造性的阐释。具体地说来，在德国古典哲学的研究上，存在着一些重要的问题。对这些问题，我们必须明确地表明自己的态度。

一、费尔巴哈与德国古典哲学的关系问题

在传统的哲学史教科书和研究性著作中，人们通常把德国古典哲学理解为从康德到费尔巴哈的哲学运动。比如，俄罗斯学者 A. B. 古雷加在《德国古典哲学新论》一书中认为："路德维希·安德烈亚斯·费尔巴哈(1804—1872)是德国古典哲学最后一位代表，它的光荣的完成，它的坚决的改革家——唯物主义者和无神论者。"①显然，把费尔巴哈视为

---

① ［俄］A. B. 古雷加：《德国古典哲学新论》，沈真、侯鸿勋译，中国社会科学出版社 1993 年版，第 294—295 页。冯契等主编的《外国哲学大辞典》(上海辞书出版社 2000 年版)认为："德国古典哲学分为德国古典唯心主义与德国古典唯物主义。从康德到黑格尔的哲学发展形成德国古典唯心主义的过程，费尔巴哈的人本学唯物主义形成了德国古典唯物主义的理论。"参见该书第 922 页。这一见解也可从《哲学小辞典(外国哲学史部分)》(上海人民出版社 1975 年版)得到印证。该辞典在第 22 页上这样解释"德国古典哲学"这个条目："18 世纪末至 19 世纪上半期的德国资产阶级哲学，从康德开始，中经费希特、谢林、黑格尔，到费尔巴哈告终。"汪子嵩先生等在《欧洲哲学史简编》(人民出版社 1972 年版)中认为："德国古典哲学最著名的代表，是黑格尔和费尔巴哈。"参见该书第 115 页。杨祖陶先生甚至在《德国古典哲学逻辑进程》(武汉大学出版社 1993 年版)中把德国古典哲学划分为两个阶段：第一个阶段是从康德到黑格尔的唯心主义哲学，第二个阶段则是费尔巴哈的唯物主义哲学。参见该书第 5—6 页。显然，杨先生的观点来自苏联学者敦尼克等主编的《哲学史》(生活·读书·新知三联书店 1972 年版)。

"德国古典哲学最后一位代表"并不是古雷加的观点，而是列宁的观点。众所周知，在《马克思主义的三个来源和三个组成部分》(1913)一文中叙述马克思哲学时，列宁曾经指出："他用德国古典哲学的成果，特别是用黑格尔体系(它又导致了费尔巴哈的唯物主义)的成果丰富了哲学。"①尽管列宁在这段话中没有列出属于"德国古典哲学"范围的全部哲学家，但他似乎倾向于肯定，黑格尔和费尔巴哈是德国古典哲学的杰出代表。显然，列宁的这一见解对苏联、东欧和中国的理论界产生了深远的影响。

那么，列宁的见解能否作为一个定论呢？我们的回答是否定的。人所共知，"德国古典哲学"这一概念是由恩格斯首先提出来的。诚然，恩格斯从来没有把德国古典哲学的范围作为一个专门的论题加以讨论，但他实际上已经以自己的方式做出了明确的解答。在《自然辩证法》中，恩格斯在谈到辩证法的三大形态时指出："辩证法的第二个形态恰好离德国的自然研究家最近，这就是从康德到黑格尔的德国古典哲学。"②在《路德维希·费尔巴哈和德国古典哲学的终结》中谈到黑格尔哲学时，恩格斯也明确地指出："我们在这里只限于考察这种作为从康德以来的整个运动的完成的哲学。"③也就是说，在他看来，德国古典哲学就是指从康德到黑格尔的哲学运动，而黑格尔则是这一运动的完成者。显然，按照恩格斯的见解，这一运动并没有把费尔巴哈包含在内。

人们也许会提出这样的疑问：既然恩格斯在《自然辩证法》中非常明确地叙述过自己对德国古典哲学范围的看法，为什么列宁仍然把费尔巴

---

① 《列宁选集》第 2 卷，人民出版社 1995 年版，第 310 页。
② 《马克思恩格斯选集》第 4 卷，人民出版社 1995 年版，第 287—288 页。
③ 《马克思恩格斯选集》第 4 卷，人民出版社 1995 年版，第 216 页。这实际上是恩格斯一贯的思想。在其早期论文《大陆上社会改革运动的进展》(1844)中，虽然恩格斯没有使用"德国古典哲学"的概念，但在提到德国的哲学革命时说："这个革命是由康德开始的。他推翻了前世纪末欧洲各大学所采用的陈旧的莱布尼茨的形而上学体系。费希特和谢林开始了哲学的改造工作，黑格尔完成了新的体系。……德国哲学从康德到黑格尔的发展是连贯的，合乎逻辑的，必然的，——如果可以这样说的话，以致除了上面提到的体系而外，其他任何体系都是站不住脚的。"《马克思恩格斯全集》第 1 卷，人民出版社 1956 年版，第 588—589 页。

哈也放进去呢？这里的原因很简单，因为《自然辩证法》作为手稿，于1925年才第一次全文刊登在《马克思恩格斯文库》上，列宁生前并没有读到这份手稿。当然，毫无疑问，列宁读过恩格斯的《路德维希·费尔巴哈和德国古典哲学的终结》，但由于该书并没有明确地界定德国古典哲学的范围，加上恩格斯又用不少篇幅论述了费尔巴哈的哲学思想，这就很容易产生下面这样的误解，即把费尔巴哈理解为德国古典哲学中的一名成员。

至于中国理论界，之所以迄今仍然处于这样的误解之中，或许还有书名翻译上的原因。众所周知，恩格斯原著的书名：Ludwig Feuerbach und der Ausgang der klassischen deutschen Philosophie。这里的关键是如何翻译 Ausgang 这个德文名词。其实，Ausgang 乃是动词 ausgehen 的过去分词的名词化，而 ausgehen 的最基本、最常用的含义是"外出"或"出门"。所以，Ausgang 的最基本的、最常用的含义也应该是"出口""出路"或"出门"，但也有"终结""终局"的含义在内，因而单从字面上分析，似乎人们把上述书名译为"路德维希·费尔巴哈和德国古典哲学的终结"也无可厚非。

然而，当我们超出单纯字面的含义，从恩格斯当时写作的特定语境中来考量 Ausgang 的含义时，就会发现，上述书名中的 Ausgang 只能译为"出路"，而不能译为"终结"。为什么？因为"路德维希·费尔巴哈和德国古典哲学的终结"这样的译法极易产生错觉，仿佛费尔巴哈成了德国古典哲学的终结者，而终结者自然是从属于德国古典哲学的范围之内的。事实上，恩格斯从来没有把费尔巴哈看作德国古典哲学的终结者，在他看来，终结者的角色只能由黑格尔来担任，所以他这样写道："总之，哲学在黑格尔那里完成了。"[①]假如我们打算撰写另一部著作——《黑格尔和德国古典哲学的终结》，这个书名倒是十分贴切的，因为黑格尔才是德国古典哲学的真正的终结者和集大成者。

因此，我们认为，恩格斯这部著作的书名应译为《路德维希·费尔

---

① 《马克思恩格斯选集》第4卷，人民出版社1995年版，第220页。

巴哈和德国古典哲学的出路》，因为费尔巴哈的人本主义哲学只是德国古典哲学在黑格尔那里被终结后出现的一条新出路或一个新出口。作为"出路"，费尔巴哈哲学已经置身于德国古典哲学的范围之外了。打个比方，如果德国古典哲学是一个"城堡"，那么费尔巴哈已经"走出了"城堡。有人也许会反驳道：既然是"走出了"城堡，不是正好说明费尔巴哈原来在城堡之内，即在德国古典哲学之内吗？我们的回答是肯定的。当费尔巴哈还是青年黑格尔主义者，还没有形成自己独立的思想时，他的哲学是从属于黑格尔的。在这个意义上，把他归入德国古典哲学的范围内，尤其是黑格尔哲学的范围内并没有什么不妥的地方。然而，一旦费尔巴哈形成了自己的独立思想，也就"走出了"城堡，不再属于德国古典哲学了。所以，无论如何，在恩格斯当时的语境中，作为独立思想家的费尔巴哈并不属于德国古典哲学家。这就启示我们，Ausgang 这个德文名词的翻译不仅涉及字面上的含义和翻译的技巧问题，而且也涉及对恩格斯思想的理解问题，因而具有实质性的意义。

一言以蔽之，我们在德国古典哲学与费尔巴哈关系上的新见解是：成熟时期的费尔巴哈哲学不属于德国古典哲学；青年时期的费尔巴哈（作为青年黑格尔主义者）哲学可以作为黑格尔哲学的附庸而归入德国古典哲学的范围之内。

二、德国古典哲学发展的复杂性问题

我们这里所说的"复杂性"是相对于"简单化"而言的。不少西方哲学史方面的教科书和研究专著把德国古典哲学的发展进程理解为"康德→费希特→谢林→黑格尔"这一单线的发展进程。显然，这样的理解方式把整个德国古典哲学的发展进程简单化、扭曲化了。按照这样的理解方式，人们无法解释：为什么十七八世纪的法国启蒙学者常常是无神论者，而德国古典哲学家的思想通常显现出深刻的宗教背景？为什么在德国古典哲学的发展进程中会形成著名的"同一哲学"(the philosophy of identity)？为什么在从费希特哲学向谢林哲学的发展过程中，德国古典哲学出现了从主观化倾向向客观化倾向的转变？为什么在谢林、黑格尔这样的德国古典哲学家的身上，体现出批判启蒙思潮的深刻的反省意识？为什么黑格尔在《历史哲学》中把历史的发展理解为理性(经线)和情欲(纬线)交织的结果？为什么在德国古典哲学发展的时间框架内会出现叔本华的唯意志主义学说及其代表作《作为意志和表象的世界》(1819)，而这一思潮在尼采和当代德国哲学的发展中产生了重大的影响？等等。所有这些问题，在对德国古典哲学发展进程的简单化理解中都是无法找到答案的。

有趣的是，人们喜欢把单数形式的"线索"(clue)这个词所指称的对象作为比喻引入哲学史研究中，热衷于谈论"哲学史发展的线索"。显然，这种谈论方式为一种抽象的、单线索的哲学史观奠定了思想基础。事实上，任何一种哲学史的发展都不是单线索的、简单化的，而是现实生活和各种思想酵素在复杂的互动中实现的结果。在这个意义上，我们更倾向于使用"地志学"(topology)这个比喻，即不是把哲学史理解为一条或多条线索的交叉运动，而是理解为思想板块的运动。这个思想板块不仅和外在的其他思想板块处于相互作用中，而且其内部的各种思想酵素也处于相互作用中。我们认为，只有把这种新的哲学史观念引入对德国古典哲学的理解和阐释中，才能再现其真实性和复杂性。我们采取的具体做法是：

第一，尽可能全面地展示出德国古典哲学得以形成的文化背景。我们不但考察了以卢梭为代表的法国启蒙运动和法国大革命对德国古典哲学核心理论形成的决定性影响，也考察了路德的宗教改革、牛顿的物理学和英国经验论、莱布尼茨和沃尔夫的哲学传统、莱辛和赫尔德的启蒙思潮、歌德和席勒的"狂飙突进"运动为德国古典哲学的形成所提供的极为丰富的思想资源。

第二，充分论述荷兰哲学家斯宾诺莎的宗教、哲学思想对德国古典哲学发展进程所起的重要作用。在这里，我们不展开对斯宾诺莎思想的具体论述，只限于论述其思想影响的普遍性和渗透性。海涅在《论德国宗教和哲学的历史》一书中曾经指出："歌德的全部诗作都充满了斯宾诺莎作品中那种鼓舞人心的精神。歌德终生效忠于斯宾诺莎是不容置疑的。至少他在他的整个生涯里研究着斯宾诺莎；这是他在他的回忆录的卷首和最近出版的回忆录的最后一卷里，一直坦率地承认的。我记不清在哪里念过这样一段话，对歌德这种始终不渝的斯宾诺莎研究，赫尔德曾经不快地喊道：'如果歌德能拿起一本斯宾诺莎以外的拉丁文书籍，那该有多好！'然而，这不仅适用于歌德，后来或多或少作为诗人而知名的他的一些朋友，也都早已热衷于泛神论，泛神论在它作为一种哲学学说在我国获得统治地位以前，实际上早已盛行于德国艺术界了。"①这段话充分反映出斯宾诺莎的泛神论思想对当时的德国艺术界的巨大影响。在海涅看来，这种影响不仅通过艺术界间接地波及德国哲学界，而且实际上也直接地影响了德国古典哲学家。海涅在《论浪漫派》一书中谈到谢林时曾经这样写道："谢林先生借用斯宾诺莎的东西要比黑格尔借用谢林先生自己的东西来得多。一旦有人把斯宾诺莎从他那呆板的、古老的笛卡尔主义的数学公式中拯救出来，使得广大读者更能理解他，那么我们也许会发现，斯宾诺莎比任何人都更该控告别人偷窃了他的思想。我们今天所有的哲学家，往往自己并不自觉，却都是透过巴鲁赫·斯宾诺莎磨制的眼镜在观看世界。"②这段话不仅表明了斯宾诺莎思想对谢林的影响，也表明了它对当时所有德国哲学家的直接影响。斯宾诺莎对德国古典哲学的重要影响也可以从黑格尔下面这段话中体现出来："斯宾诺莎是近代哲学的重点：要么是斯宾诺莎主义，要么不是哲学。"③这就启示我们，撇开对斯宾诺莎这一重要的思想资源的考察，德国古典哲学的发展进程就会变得难以索解。

---

① 张玉书：《海涅选集》，人民文学出版社 1983 年版，第 317—318 页。

② 同上书，第 103—104 页。

③ ［德］黑格尔：《哲学史讲演录》第 4 卷，贺麟、王太庆译，商务印书馆 1983 年版，第 100 页。

第三，认真对待德国浪漫派思潮与德国古典哲学之间的互动关系。从 18 世纪末到 19 世纪初，在德国文学艺术领域里掀起的浪漫主义思潮，曾对德国古典哲学的发展进程产生重要的影响。海涅在《论浪漫派》一书中曾对德国浪漫派做了过于狭隘的阐释，即把它理解为"中世纪文艺的复活"。① 其实，浪漫派，尤其是德国的浪漫派，作为对思想领域中的启蒙思潮和文艺领域中的古典主义的反拨，具有极为丰富的内涵。众所周知，施莱格尔兄弟是德国浪漫派理论家的最杰出的代表，他们不但创办了《雅典娜神殿》杂志，崇尚自然，提倡个性解放，主张文学艺术作品要注重对人的内心世界的发掘，而且译介莎士比亚及古代印度的文学作品，从而在德国人面前打开了一个新的精神世界。德国浪漫派诗人蒂克、诺瓦利斯的作品也体现出与启蒙精神相抗衡的新的思想倾向。毋庸讳言，德国浪漫派的创作理论和实践极大地拓宽了德国古典哲学的理论视野，影响了其发展方向。正如古雷加所指出的："在德国哲学返回自然的道路上，还有一个路标，那便是浪漫主义。"②当然，问题也有另一个方面，即费希特，尤其是谢林的哲学思想也对浪漫派思潮的形成和发展产生了不可忽视的影响。不用说，不对这种互动作用进行深入的探索，就无法展示出德国古典哲学的丰富内涵。

第四，细致地解析德国古典哲学发展中的变数，即洪堡兄弟和施莱尔马赫的思想。如果说，洪堡兄弟，尤其是威廉·洪堡重视对自然、科学、人、社会、国家和语言的探索，那么施莱尔马赫则倡导了一种以直观和情感为基础的自由主义的神学理论，并以实质性的方式推进了诠释学的发展。显而易见，这些思想酵素与同时代的德国古典哲学家们形成了互动关系，从而进一步拓宽了德国古典哲学的思想道路。

----

① 张玉书：《海涅选集》，人民文学出版社 1983 年版，第 11 页。据说，奥·威·施莱格尔于 1812 年曾写信给斯太尔夫人说："中世纪历史和古德文是我最大的兴趣所在。"［法］德·斯太尔夫人：《德国的文学与艺术》，丁世中译，人民文学出版社 1981 年版，第 290 页。施莱格尔，又译为施勒格尔。

② ［俄］A. B. 古雷加：《德国古典哲学新论》，沈真、侯鸿勋译，中国社会科学出版社 1993 年版，第 173 页。

显而易见，上述思想背景和酵素的引入，将促使人们认识到德国古典哲学形成的复杂性及其演化动力的多元性，也将促使他们从这些新引入的关系出发去超越关于德国古典哲学的传统的、简单化的叙述形式，并为那些悬而未决的理论问题找到明确的答案。

三、重估德国古典哲学的遗产问题

在苏联、东欧和中国理论界，人们在解答"究竟什么是德国古典哲学的遗产"时，总是习惯于"两个归结"的思维方式，即把德国古典哲学的遗产归结为其集大成者黑格尔哲学的遗产，再进一步把黑格尔哲学的遗产归结为其辩证法。在这种思维方式的引导下，德国古典哲学的遗产被稀释化、贫乏化了。它给人们的印象是：除了黑格尔的辩证法，德国古典哲学并没有留下其他有价值的思想资源。诚然，我们也承认，黑格尔的辩证法是德国古典哲学的重要思想遗产之一，但把德国古典哲学的全部思想遗产都归结为黑格尔的辩证法，这一见解显然是偏颇的，甚至是错误的。

在对德国古典哲学的研究中，我们力图纠正这个长期以来在理论界占支配地位的错误观点。其实，任何一个有识之士都会发现，德国古典哲学蕴含着极为丰富的思想遗产：康德的"哥白尼革命"、实践理性（亦即意志）及"人是目的"的伦理观念；费希特的"行动哲学"及对知识基础的深入探究；谢林的自然哲学、艺术哲学及对人类自由本质的思索；黑格尔的历史意识、市民社会理论及异化学说等。对所有这些思想遗产，我们都应该怀着海纳百川的心态，全面地、深入地加以发掘，从而重塑德国古典哲学的理论形象，充分阐发它在西方哲学史上承前启后的历史作用。

事实上，在马克思的理论视野中，德国古典哲学的遗产是十分丰富的，人、市民社会、实践、自在之物、历史意识和自由等要素都是德国古典哲学的重要遗产。诚然，马克思也十分重视蕴含在德国古典哲学，尤其是黑格尔哲学中的辩证法。但与马克思哲学的许多阐释者不同，马克思总是把辩证法融进历史唯物主义的视角中。也就是说，马克思谈论的是历史辩证法，而不是与社会历史相分离的纯粹辩证法；是人化自然辩证法，而不是与社会历史相分离的自然辩证法。①

在这个意义上可以说，传统的马克思主义哲学教科书传播的一个广有影响的结论："合理内核"（黑格尔的辩证法）＋"基本内核"（费尔巴哈的唯物主义）＝ 唯物辩证法或辩证唯物主义（马克思哲学），是不确切的，因为马克思从来没有返回到费尔巴哈的立场上去。事实上，马克思在《关于费尔巴哈的提纲》的第一条中就已阐明他的唯物主义与包括费尔巴哈在内的一切旧唯物主义之间的根本差别。马克思的历史唯物主义的创立乃是哲学基础理论研究中的一个划时代的、伟大的事件。在我们看来，马克思哲学的本质就是历史唯物主义，成熟时期的马克思并没有提出过历史唯物主义之外的任何其他的哲学学说。也就是说，历史唯物主义不是只适用于历史领域的某种实证性的理论，而是一个完整的世界观，它完全可以涵盖对人类社会、自然界（或物质）和人的思维活动等一切现象的哲学解释。

总之，只有通过对德国古典哲学的认真研究和对其思想遗产的认真重估，马克思哲学的本真精神才可望得到恢复，而我们对当代西方哲学的理解也将跃上一个新的台阶。

---

① 俞吾金：《论马克思对德国古典哲学遗产的解读》，《中国社会科学》2006 年第 2 期。

海德格尔的"存在论差异"理论及其启示①

在海德格尔的哲学研究中，"存在论差异"的发现和提出无疑是他为哲学研究做出的最具创发性的、最重要的贡献之一。然而，检索海德格尔的研究文献，我们发现，很少有论著把"存在论差异"作为一个专门的主题来加以研究。之所以出现这样的情况，可能与以下两个原因有关：一是海德格尔关于"存在论差异"的论述散见于许多不同的论著和讲稿中，而且往往只有只语片言。这种惜语如金的表达方式使读者很难对这个问题引发连贯性的关注和思索；二是海德格尔相对集中地阐述"存在论差异"的《现象学之基本问题》作为讲稿，讲授于1927年，初版于1975年。尽管这部讲稿的内容是对出版于1927年的《存在与时间》的重要补充，但由于在海德格尔研究中，舞台灯光集中在《存在与时间》上，《现象学之基本问题》常常处于边缘性的被阅读状态中。或许正是这些原因导致了海德格尔关于"存在论差异"的重要理论遭到了不应有的忽视。本文尝试对这一理论及其蕴含的重大意义进行批判性的解读，这里的"批判性的"(kritisch)的含义是：既尊重海德格尔本人的论述，又不拘泥于这些论述，而是努

---

① 原载《社会科学战线》2009年第12期。——编者注

力把这些论述中蕴含着的、海德格尔本人未做推论的内容阐释出来。尽管这样做有一定的风险，但在我们看来，却是创造性地理解必须付出的代价。

一、"存在论差异"的四重含义

海德格尔究竟是在哪个文本中首先提出"存在论差异"①这一理论的？它的主要含义是什么？这是我们首先要弄明白的。约瑟夫·科克尔曼斯的看法是："'存在论差异'，这一术语首次在海德格尔已出版的著作中出现是在《论根据的本质》(1929)中，在《康德与形而上学疑难》(1929)中也曾被提到，然而，在1927年题为'现象学之基本问题'的演讲课中，海德格尔已经明确使用了这一术语。"这就明确地告诉我们，海德格尔在1927年讲授《现象学之基本问题》时首次提出了"存在论差异"这一术语②，但由于这部讲稿当时并没有出版，所以在公开的出版物中，这一术语最早出现于1929年出版的《论根据的本质》中。

如前所述，在《现象学之基本问题》中，海德格尔比较集中地论述了"存在论差异"的问题。他告诉我们："存在论是关于存在的科学。但存在向来是一存在者之存在，存在合乎本质地与存在者区别开来……这一区别不是随意做出的，它毋宁是那样一种区别，藉之可以首先获得存在论乃至哲学自身的主题。它是一种首先构成了存在论的东西，我们称之

---

① 在德语中，海德格尔有时候把"存在论差异"表述为 die ontologische Differenz，有时候又表述为 der ontologische Unterschied；在英语中，上述两个德语表达式通常被译为 the ontological difference；在汉语中，则被译为"本体论区分""存在论差异"或"存在论区分"等。为求行文一致和便于理解，我们在这里统一译为"存在论差异"。

② ［美］约瑟夫·科克尔曼斯：《海德格尔的〈存在与时间〉》，陈小文等译，商务印书馆1996年版，第364页。原译文中把《论根据的本质》误译为《理性的本质》，特此更正。

为存在论差异，亦即存在与存在者之间的区分。"①从这段话中，我们可以引申出如下的结论：第一，存在论差异也就是存在与存在者之间的差异；第二，这一差异不是无足轻重的，而是存在论乃至哲学的主题；第三，尽管存在与存在者之间是有差异的，但存在总是存在者之存在。因此，完全脱离存在者，存在也就无法索解了。

正是上述结论中的第三点启发我们，应该把海德格尔的存在论差异理论的全部丰富的内涵阐发出来，而这意味着对上述结论中的第一点的突破。事实上，海德格尔本人也暗示我们："存在论差异的空洞形式会在问题内涵方面变得越来越丰富。"②也就是说，对存在论差异的理解不应该停留在对存在与存在者差异的简单认同上，而应该深入下去，理解并揭示其丰富的内涵。在我们看来，海德格尔的存在论差异实际上蕴含着以下四重含义：

一是把"存在"（Sein）与"存在者"（Seiende）区分开来。如前所述，海德格尔把存在论差异等同于"存在与存在者之间的区分"。在我们看来，一方面，这一见解道出了存在论差异的根本性的含义；另一方面，这一见解所隐含的封闭性又阻碍我们对存在论差异做更广泛、更深入的理解。我们的做法是，肯定"存在与存在者之间的区分"是存在论差异的最重要内容，但又不主张把存在论差异和"存在与存在者之间的区分"简单地等同起来。事实上，海德格尔自己也告诉我们："把存在一般与存在者之间的区别问题置于首位，这不是没有根据的。因为对于这个区别的探讨首先使我们可能以一种清晰明确的、在方法上可靠的方式把存在之类的东西放到与存在者的区别中来加以主题化的观看，并将之设立为研究。"③也就是说，海德格尔本人在比较严格的表述中也不主张把"存在与存在者之间的区分"理解为存在论差异的全部内容，而只是主张把这

① ［德］马丁·海德格尔：《现象学之基本问题》，丁耘译，上海译文出版社 2008 年版，第 19 页。
② 同上书，第 159 页。
③ 同上书，第 305 页。

一"区分"放在首位。

为什么海德格尔那么重视存在与存在者之间的差异呢？因为在他看来，只有理解并领悟了这一差异，才有可能真正进入哲学研究的领域。他这样写道："将存在者对象化，这是实证科学；把存在对象化，这是时态的亦即超越论的科学、存在论、哲学。"①在他看来，一切实证科学都以存在者作为自己的研究对象，而作为存在论的哲学则以存在作为自己的研究对象。因此，只有意识到存在与存在者之间的差异，人们才可能超越作为"存在者之域"的实证科学，"才能进入哲学的问题域"。②如果人们把存在与存在者等同起来，那么他们实际上始终停留在实证科学的领域里，而从来没有真正上升到哲学的高度上。因而，海德格尔认为，只有把存在与存在者区分开来，"为了获得存在，我们越过存在者"，③作为存在论的哲学的基础才先行地被奠定了。否则，人们还在实证科学的领域里挣扎。

二是在所有的存在者中，把作为人之存在的"此在"（Dasein）与其他存在者区分开来。在传统哲学家（包括康德）那里，Dasein 被理解并阐释为"现成存在"（Vorhandensein），如一棵树、一块石头、一幅画、一个人等。按照这样的理解方式，"人"这一特殊的存在者并没有从其他存在者中被区分开来。海德格尔指出，"对我们来说，'Dasein'一词并不像对康德那样表明自然物的存在方式，它一般而言并不表明存在方式，而表明我们自身所是的存在者，人的此在。我们一向便是此在……我们在术语学上将此在的存在方式规定为生存（Existenz）"④。显然，通过对"此在"这一概念内涵的限定，即它只能用来指称人之存在，海德格尔把"人"这一特殊的存在者与其他一切存在者区分开来。那么，此在与其他

---

① ［德］马丁·海德格尔：《现象学之基本问题》，丁耘译，上海译文出版社 2008 年版，第 448 页。

② 同上书，第 19 页。

③ 同上书，第 20 页。

④ 同上书，第 32 页。

存在者之间的差异究竟表现在什么地方呢？海德格尔告诉我们："物体绝不生存，而是现成存在。相反，此在，我们自身，决不现成存在，而是生存。"①也就是说，"人"作为有生命、有理性的存在者是生存在世的，而生存在世是有意识的、需要筹划的，也是充满了各种可能性的；相反，人以外的其他存在者则是现成在世的，而现成在世意味着物已然被摆放在那里。

在《存在与时间》中，海德格尔进一步论述道："此在是一种存在者，但并不仅仅是置于众存在者之中的一种存在者。从存在者状态上来看，这个存在者的与众不同之处在于：这个存在者为它的存在本身而存在。"②也就是说，在所有的存在者中，唯有此在这一存在者是通达存在本身的。换言之，唯有通过对此在这一有生命、有理性的存在者的生存过程的分析、解读和阐释，存在的意义才可能显示出来。有鉴于此，海德格尔才会指出："因而其他一切存在论所源出的基础存在论（Funda-mental-ontologie）必须在对此在的生存论分析中来寻找。"③

那么，如何从生存论分析的角度进一步揭示出此在与其他存在者之间的差异呢？海德格尔写道："此在把握诸物，此在以在-世界-之中-存在的方式生存，这个此在之生存之基本规定乃是此在一般而言能够把握某物的前提。连字符的写法是为了指出，这个结构乃是统一的。"④也就是说，此在的生存蕴含着"在-世界-之中-存在"（In-der-Welt-sein）的结构，而此在的超越性、意向性都奠基于这一先天的结构。然而，在人以外的其他存在者身上，我们无法发现这样的结构。

总之，在所有的存在者中，唯有作为人之存在的此在才能通达存在

---

① ［德］马丁·海德格尔：《现象学之基本问题》，丁耘译，上海译文出版社 2008 年版，第 33 页。

② ［德］马丁·海德格尔：《存在与时间》，陈嘉映、王庆节译，生活·读书·新知三联书店 1987 年版，第 15 页。

③ 同上书，第 17 页。

④ ［德］马丁·海德格尔：《现象学之基本问题》，丁耘译，上海译文出版社 2008 年版，第 219 页。

本身。这就启示我们，只有把此在与其他存在者区分开来，存在与存在者之间的差异才能被彰显出来。

三是在对此在在世的分析中，进一步区分出"本真状态"（Eigentlichkeit）与"非本真状态"（Uneigentlichkeit）。在海德格尔看来，此在在其生存活动中必定会遭遇到"烦"（Sorge）、"畏"（Angst）、"死"（Tod）诸现象，而在每一次遭际中或者自发地陷入"非本真状态"，或者自觉地选择"本真状态"。那么，究竟什么是此在所处的"非本真状态"呢？海德格尔告诉我们："非本真状态标识出了这样一种存在方式，此在可能错置自身于其中而且通常也已经错置自身于其中了，但此在并非必然地与始终地必须错置自身于其中。因为此在生存着，所以它向来就（是）从它自己所是的和所领会的某种可能性方面来把自己规定为如它所是的那样的存在者。"①显然，海德格尔认为，非本真状态只是此在通常所处的"错置自身"的状态。比如，此在在日常生活中满足于"闲谈"（das Gerede）、"好奇"（die Neugier）和"两可"（die Zweideutigkeit），海德格尔批评道："闲谈为此在开展出向它的世界，向他人以及向它本身进行领会的存在来；然而是这样：这种'向……'的存在所具有的是一种无根基的飘游无据的样式。好奇巨细无遗地开展出一切来；然而是这样：'在之中'到处都在又无一处在。两可对此在之领悟不隐藏什么，但只是为了在无根的'到处而又无一处'之中压制在世。"②显而易见，闲谈、好奇和两可的共同特征是此在之生存处于无根基状态中。这种无根基状态也就是非本真状态，"因为此在从本质上沉沦着，所以，依照此在的存在机制，此在在'不真'中"。③

与此相反，此在所处的"本真状态"则意味着，此在始终自觉地奠基于基础存在论而思或行动。"只要此在作为展开的此在开展着、揭示着，

---

① ［德］马丁·海德格尔：《存在与时间》，陈嘉映、王庆节译，生活·读书·新知三联书店 1987 年版，第 310—311 页。

② 同上书，第 310—311 页。

③ 同上书，第 267 页。

那么，它本质上就是'真的'。此在'在真理中'，这一命题具有存在论意义。"①这就启示我们，只有奠基于这种存在论的思或行动才是有根基的，才使此在之生存处于本真状态中。而这种本真状态中的思或行动被海德格尔称为"领会"(Verstehen)，唤起"良知"(Gewissen)和"决断"(Entschlossenheit)。

最后，海德格尔把"时间性"(Zeitlichkeit)视为区分此在所处的本真状态或非本真状态的判据。他写道："始源而本真的时间性是从本真的将来到时的，其情况是：始源的时间性曾在将来而最先唤醒当前。始源而本真的时间性的首要现象是将来。非本真时间性本身有其不同的到时样式；将来所拥有的优先地位将与此相应而有所改观，但这种优先地位也还会在衍生的'时间'中浮现出来。"②在他看来，我们在日常生活中感知到的"时间"观念奠基于始源性的"时间性"，但时间性又可以进而区分为"本真的时间性"(die eigentliche Zeitlichkeit)和"非本真的时间性"(die uneigentliche Zeitlichkeit)。对于前者来说，"将来"(die Zukunft)是"首要现象"，因为此在作为能在其生存就是向将来进行筹划；对于后者来说，即使偶尔也会重视将来，但并不具有确定性，事实上，当此在在日常生活中陷入"沉沦"(Verfallen)这一非本真状态时通常会如此。

总之，海德格尔在所有的场合下都把此在在世的"本真状态"与"非本真状态"区分开来是具有深意的。它启示我们，此在作为特殊的存在者并不会自然而然地通达存在的意义，此在必须把自己的思和行动自觉地奠基于基础存在论之上，存在的真理才会向他开启出来。

四是在此在以外的其他存在者的存在方式中进一步区分出"上手状态"(Zuhandenheit)与"现成状态"(Vorhandenheit)。海德格尔认为，要在

---

① ［德］马丁·海德格尔：《存在与时间》，陈嘉映、王庆节译，生活·读书·新知三联书店1987年版，第266页。也正是在这个意义上，海德格尔强调："这一本真的展开状态指出了本真存在状态模式中的最始源的真理现象。而最始源的亦即最本真的展开状态乃是生存的真理。"见［德］马丁·海德格尔：《存在与时间》，陈嘉映、王庆节译，生活·读书·新知三联书店1987年版，第267页。

② 同上书，第390—391页。

作为事物的存在者中间区分出这两种不同的状态，首先就要突破认识论意义上的单纯理论的眼光。他告诫我们："只是对物作'理论上的'观看的那种眼光缺乏对上手状态的领会。"①在他看来，只有奠基于此在的日常烦忙活动，才可能把事物所处的上述两种不同的状态区分开来。其实，最简单、最有说服力的方法是把我们的目光投向日常生活中的"用具"（das Zeug）。什么是用具呢？海德格尔指出："我们把这种在烦忙活动中照面的存在者称为用具。在打交道之际发现是书写用具、缝纫用具、工作用具、交通工具、测量用具。"②比如，当我置身于书房中时，书柜、桌子、纸张、钢笔、墨水、镇纸、垫板、灯、书本就会环绕着我，呈现为用具的整体性。在海德格尔看来，这些作为工具的事物就处于"上手状态"中。扩而言之，房舍、大街、小巷、桥梁、车辆等事物也都处于这种"上手状态"中，因为它们在此在的日常生活中是不可或缺的。

海德格尔甚至认为，连"自然"（Natur）也不是处于"现成状态"中，而是处于"上手状态"中。他这样写道："这里却不可把自然了解为只还现成在手的东西，也不可了解为自然威力。森林乃是一片林场，山是采石场，河流是水力，风是'扬帆'之风。随着被揭示的周围世界来照面的乃是这样被揭示的'自然'。人们尽可以无视自然作为上手者所具有的那种存在方式，而仅仅就它的现成状态来揭示它、规定它，然而在这种自然揭示面前，那个澎湃争涌的自然，那个向我们袭来，又作为场景摄获我们的自然，却始终深藏不露。"③这就启示我们，应该以此在的活动作为媒介去看待自然，这样一来，自然就作为"人化自然"，即处于"上手状态"中的自然而进入此在的眼帘。而人们通常把自然理解为处于"现成状态"中的事物，于是，在这种单纯理论眼光的审视中，处于"上手状态"中的自然便深藏不露了。

---

① ［德］马丁·海德格尔：《存在与时间》，陈嘉映、王庆节译，生活·读书·新知三联书店1987年版，第86页。

② 同上书，第85页。

③ 同上书，第87页。

海德格尔认为，只有尚未进入此在烦忙活动视野的事物，还处于"现成状态"中，因为它们还没有进入此在组建起来的空间中，"而在世之存在先要越过在烦忙活动中上手的东西才能推进到对仅只现成在手的东西的析明"。① 也就是说，世界上并不存在绝对处于"现成状态"中的事物，随着人们的烦忙活动的展开和深入，原来作为"现成状态"的事物也越来越多地转化为"上手状态"的事物。事实上，也只有在传统认识论的抽象的、单纯理论性的审视眼光中，事物才以僵硬的方式永久性地处于"现成状态"中。

综上所述，我们发现，存在论差异的上述四重含义是不可分割地关联在一起的。毫无疑问，在这四重含义中，第一重含义，即存在与存在者的区分是根本性的。事实上，海德格尔也主要是从这一重含义上来理解并阐释其存在论差异的。事实上，正是这一重含义的阐明，不但把哲学与实证科学区别开来了，也把海德格尔的存在论（即作为基础存在论）与一切传统的存在论区分开来。第二重含义，即此在与其他存在者的区分，也是海德格尔反复加以论述的，其重要性也是不言而喻的，因为唯有此在是通达存在的，因而第二重含义对第一重含义起着佐证和确保的作用。第三重含义，即对此在生存中的"本真状态"与"非本真状态"的区分，也是海德格尔反复强调的。不用说，这一重含义进一步具体化了第二重含义。它启示我们，此在并不是自然而然就能通达存在的，只有处于本真状态中的此在才能通达存在。第四重含义，即在此在以外的存在者中区分出"上手状态"与"现成状态"，这也是海德格尔反复加以申述的，它是对第一、第二重含义的重要补充。如果说，第一重含义论述的是存在与存在者之间的差别，那么，第四重含义论述的则是存在与存在者之间的联系，即存在必定是存在者之存在；同样地，如果第二重含义论述的是此在与其他存在者之间的差别，那么，第四重含义论述的则是

---

① ［德］马丁·海德格尔：《存在与时间》，陈嘉映、王庆节译，生活·读书·新知三联书店 1987 年版，第 89 页。

此在与其他存在者之间的联系。由此可见，上述四重含义构成了海德格尔的"存在论差异"理论的全部内容。

二、"存在论差异"的理论启示

海德格尔的存在论差异的理论无疑是存在论发展史上的一场划时代的革命。这一理论革命导致的结果是，我们不得不用全新的眼光去重新审视在存在论研究中至今人们仍然视为理论预设的那些基本的观念。

一是"思维与存在的关系"问题。从古希腊哲学家巴门尼德以降，这个问题一直是存在论探讨的基础性问题。黑格尔在谈到西方近代哲学时指出："这种最高的分裂，就是思维与存在的对立，一种最抽象的对立；要掌握的就是思维与存在的和解。从这时起，一切哲学都对这个统一发生兴趣。"①在黑格尔看来，中世纪的哲学家已经意识到思维与存在，即思想的东西与实存的宇宙之间的差异，而在近代哲学中，这种差异已经被发展为对立，而近代哲学把消除这一对立、寻求思维与存在之间的和解作为自己的核心任务。

沿着黑格尔的思路，恩格斯把思维与存在关系的重要性推向极致。他写道："全部哲学，特别是近代哲学的重大的基本问题，是思维和存在的关系问题。"②那么，按照恩格斯的理解，"存在"究竟是什么呢？他没有直接对存在概念的含义进行解释，但在行文中，他把思维对存在的关系问题等同于"精神对自然界的关系问题"（die Frage nach dem Verhältnis des Geistes zur Natur）。也就是说，他不仅把"思维"与"精神"视为类似的概念（关于这一点，本文限于题旨不进行讨论），而且把"存

---

① ［德］黑格尔：《哲学史讲演录》第 4 卷，贺麟、王太庆译，商务印书馆 1981 年版，第 6 页。

② 《马克思恩格斯选集》第 4 卷，人民出版社 1995 年版，第 223 页。Sehn K. Marx and F. Engels, *Ausgewaehlte Werke*, *Band* 6, Berlin: Dietz Verlag, 1990, S. 275.

在"(Sein)与"自然界"(Natur)也视为同样含义的概念。需要加以追问的是：究竟什么是"自然界"呢？在《存在与时间》中，海德格尔告诉我们："自然界本身是一个存在者(ein Seiendes)，这个存在者要在世界之内照面并通过各种不同的途径、在各个不同的阶段上得以揭示。"①在《论真理的本质》中，海德格尔把自然界称为"存在者之为存在者整体"(das Seiende als solches im Ganzen)。② 不管如何，在海德格尔的语境中，自然界是"存在者"，而不是"存在"。也就是说，思维与存在的关系在这里实际上成了"思维与作为存在者(整体)的自然界的关系"。如前所述，在海德格尔的语境中，存在者是实证科学研究的对象，存在才是哲学，尤其是存在论研究的对象。由此可见，由于恩格斯把存在理解为自然界，思维与存在之间的关系实际上已经转化为实证科学与其研究对象——存在者之间的关系。事实上，恩格斯自己也认可了这一点。在《反杜林论》的"引论"中，他在提到以马克思为代表的现代唯物主义取代黑格尔哲学的历史地位时说："于是，在以往的全部哲学中仍然独立存在的，就只有关于思维及其规律的学说——形式逻辑和辩证法。其他一切都归到关于自然和历史的实证科学中去了。"③也就是说，当存在被理解为自然界的时候，思维与存在关系问题的提出不但没有体现出存在论研究的深化，相反，是对存在论的告别。事实上，在传统的马克思主义哲学教科书中，存在论从来就是一个被遗忘的名字。

二是"世界统一于物质"问题。如前所述，传统的马克思主义哲学教科书拒斥存在论，试图用"世界观"的概念来取代存在论，并把世界理解为物质的统一体。按照海德格尔的观点，这样的见解也是成问题的。一方面，它完全没有意识到存在与存在者之间的差异。海德格尔写道：

---

① ［德］马丁·海德格尔：《存在与时间》，陈嘉映、王庆节译，生活·读书·新知三联书店 1987 年版，第 79 页。译文有更动。Sehn Martin Heidegger, *Sein Und Zeit*, Tuebingen: Max Niemeyer Verlag, 1986, S. 63.

② Martin Heidegger, *Wegmarken*, Frankfurt am Main: Vittorio Klostermann, 1975, S. 187.

③ 《马克思恩格斯选集》第 3 卷，人民出版社 1995 年版，第 364 页。

"哲学是对存在、对其结构及可能性的理论-概念的阐释。哲学是存在论的。与此相反，世界观则是关于存在者的设定性认识，是对存在者的设定性表态，它不是'存在论的'（ontologisch），而是'存在者的'（ontisch）。"①海德格尔甚至认为，"世界观哲学"这个概念就像"木制的铁"那样是荒谬的，因为"世界观和人生观设定了存在者，是实证性的"②。也就是说，世界观是以存在者整体作为研究对象的，因而它仍然是从属于实证科学的，而不是在哲学的范围之内。另一方面，它完全没有意识到作为人之存在的此在与其他存在者之间的差异。把"物质性"理解为存在者整体的统一性，也就把此在与其他存在者之间的差异磨平了。诚然，此在也有其物质性的躯体，但此在作为有生命的、有理性的存在物，同时也具有其精神性、超越性和意向性，这是单纯的物质性或质料性所无法取代的。正如海德格尔在《艺术作品的本源》中所说的："对田地上的农夫，锅炉前的火夫，课堂里的教师以物相称，也颇令我们踌躇。人可不是物。不错，我们把一位因过于年少，无力应付自己所面临的事务的小姑娘称为小东西。但这仅仅是因为，在这里，人的存在在某种意义上已经丧失，只好去寻求那构成物之因素的东西了。我们甚至不敢贸然把森林旷野里的鹿，草木丛中的甲虫和草叶称为物。我们宁可把一把锄头、一只鞋、一把斧子、一座钟称为物。但即使是这些东西也不是纯然的物。能纯然称得上物的只有石头、土块、木头、自然界中无生命的东西和用具。自然物和用具就是我们通常所说的物。"③显然，海德格尔并不主张从单纯物质的角度去理解存在者。在他看来，真正的物是指自然界中的无机物，而动植物是有生命的，不能贸然称它们为物。虽然用具本身没有生命，但它们既然成了人的生活中的不可或缺的组成部分，因而也超越了单纯的物的含义。至于人就更不能用物来加以度量了。在海

① ［德］马丁·海德格尔：《现象学之基本问题》，丁耘译，上海译文出版社 2008 年版，第 13 页。

② 同上书，第 10 页。

③ 孙周兴：《海德格尔选集》上，上海三联书店 1996 年版，第 241—242 页。

德格尔看来，只有把作为人的存在的此在与其他存在者严格地区分开来，换言之，只有把此在的与众不同的地位和作用凸显出来，哲学研究的核心领域，即存在论的领域才会向人们敞开。而"世界统一于物质"这样的见解并不能真正引导人们进入哲学，尤其是存在论的领域。

三是在讨论实践活动与之打交道的事物时，没有把事物所处的"上手状态"与"现成状态"区分开来。如前所述，处于"上手状态"中的事物通常是人们在实践活动中使用的"用具"，而处于"现成状态"中的事物或是作为人们实践活动的背景，或是作为间接的相关物而进入人们的眼帘的。其实，马克思本人对这一差异已有卓越的领悟。在《关于费尔巴哈的提纲》中，他告诫我们："从前的一切唯物主义——包括费尔巴哈的唯物主义——的主要缺点是：对事物、现实、感性，只是从客体的或者直观的形式去理解，而不是把它们当作人的感性活动，当作实践去理解，不是从主观方面去理解。"①显然，只要从人的实践活动出发去考察世界上的事物，事物所处的"上手状态"与"现成状态"就被区分开来了。当马克思把自己的学说宣布为"实践唯物主义"时，他坚持的正是这种区分。事实上，也正是这种区分彰显出马克思的实践唯物主义与一切旧唯物主义之间的重大差别。

尽管恩格斯有时候也肯定实践活动在人与世界关系中的基础性的地位和作用，但在大多数情况下，他仍然停留在旧唯物主义的立场上来理解并阐释马克思的唯物主义学说。比如，当恩格斯谈到费尔巴哈的唯物主义学说时写道："我们自己所属的物质的、可以感知的世界，是唯一现实的；而我们的意识和思维，不论它看起来是多么超感觉的，总是物质的、肉体的器官即人脑的产物。物质不是精神的产物，而精神却只是物质的最高产物。这自然是纯粹的唯物主义。但是费尔巴哈到这里就突然停止不前了。"②在这段话中，恩格斯赞扬费尔巴哈的唯物主义是"纯

① 《马克思恩格斯全集》第 3 卷，人民出版社 1960 年版，第 3 页。
② 《马克思恩格斯全集》第 21 卷，人民出版社 1965 年版，第 319 页。

粹的唯物主义",而其缺点则是"停止不前",即费尔巴哈只是运用自己的唯物主义学说去解释自然界,而没有把这一学说应用到社会历史的领域里。其实,恩格斯在前面一段论述中已经告诉我们:费尔巴哈的唯物主义是从属于旧唯物主义的,即使在考察自然界的时候,他也没有引入人的实践活动这一媒介去进行考察,所以,对于他来说,自然界仍然只是直观的对象,而不是通过实践活动加以改变的对象。也就是说,费尔巴哈的缺点不光是没有用唯物主义的眼光去考察社会历史,而且也没有用实践唯物主义的眼光去考察自然界。如果运用海德格尔的术语进行表述,那么费尔巴哈眼光中的自然界仍然处于"现成状态",而不是"上手状态"中。

显而易见,恩格斯的上述见解也影响了列宁。列宁写道:"这也就是唯物主义:物质作用于我们的感官而引起感觉。感觉依赖于大脑、神经、视网膜等等,也就是说,依赖于按一定方式组成的物质。物质的存在不依赖于感觉。物质是第一性的。感觉、思想、意识是按特殊方式组成的物质的高级产物。这就是一般唯物主义的观点,特别是马克思和恩格斯的观点。"①显然,列宁在这里也未引入实践活动这一媒介来叙述唯物主义学说。与恩格斯一样,虽然列宁有时也十分重视实践活动的作用,但他并没有把马克思的实践唯物主义与旧唯物主义严格地区分开来,而传统的马克思主义哲学教科书几乎无例外地接受了恩格斯和列宁的叙述路线。事实上,只要人们未进入马克思的实践唯物主义的视域,就不可能把事物所处的状态区分为"上手状态"与"现成状态",而只会满足于从"现成状态"上来理解和阐释周围的事物乃至整个自然界。

综上所述,海德格尔关于"存在论差异"的理论为我们重新认识一般哲学观念,尤其是马克思主义哲学的基本观念提供了重要的启发。

---

① 《列宁选集》第2卷,人民出版社1995年版,第51页。

三、"存在论差异"的历史诉求

海德格尔关于"存在论差异"的理论一旦被确立起来，它自然而然蕴含着自己的历史诉求，即从这种差异出发，重新回眸整个哲学史，尤其是形而上学史，从而对其做出批判性的阐释。

一方面，"存在论差异"蕴含着对整个形而上学史的批判。海德格尔在考察西方形而上学发展史时发现："在西方思想的历史中，尽管人们自始就着眼于存在而思考了存在者，但存在之真理始终还是未曾被思的，它作为可能的经验不仅向思想隐瞒起来了，而且，西方思想本身以形而上学的形态特别地、但却一无所知地掩盖了这一隐瞒事件。"①从这段话中可以引申出如下的结论：第一，虽然传统的西方哲学家已经意识到"存在"和"存在者"这两个概念是不同的，但他们从未深入地思索过存在问题，即海德格尔所说的"存在论差异"从未被他们主题化；第二，形而上学按其本义来说是研究存在问题的，但它始终拘执于存在者而遗忘了对存在本身的研究；第三，更为糟糕的是，形而上学还千方百计地掩盖事实的真相，阻碍人们走上探索存在真理的思想道路。所以，海德格尔说："哲学从存在者出发思到存在者身上去，在过道中看了存在一眼。其实在存在的光明中已摆着从存在者出来的任何出口与回到存在者的任何归路。"②作为存在问题的探索者的形而上学又是如此之远离存在问题，这在尼采的形而上学之思中充分体现出来了。

尼采关于形而上学的批判性思索有两点非常突出。一点是他说出了"无家可归"的感觉。这种感觉实际上是对整个形而上学发展史遗忘存在问题的强烈控诉。正如海德格尔所说的："须如此来思的无家可归的状

---

① 孙周兴：《海德格尔选集》下，上海三联书店1996年版，第766页。
② 孙周兴：《海德格尔选集》上，上海三联书店1996年版，第375页。

态实基于存在者之离弃存在。无家可归状态是忘在的标志。由于忘在，存在的真理总未被深思。忘在间接地表现为人总是只考察与处理存在者。"①这段重要的论述告诉我们，传统的形而上学家一直以为自己在研究存在问题，但由于他们从未深入地探索存在与存在者之间的差异，因而一再犯同样的错误，即把自己正在研究的存在者误解为存在。如前所述，存在者乃是实证科学研究的对象，因此，形而上学实际上早已离弃了自己，把自己下降到实证科学的水平上。而尼采说出来的"无家可归"的感觉，正是对整个形而上学历史的深入骨髓的批判。另一点是，他揭示了欧洲现代思想史上的一个惊世骇俗的现象，即"上帝已死"。众所周知，在尼采的思想中，"上帝"和"基督教上帝"这两个概念归根到底是被用来表示超感性世界的。所以，在海德格尔看来，"'上帝死了'这句话意味着：超感性世界没有作用力了。它没有任何生命力了。形而上学终结了，对尼采来说，就是被理解为柏拉图主义的西方哲学终结了。尼采把他自己的哲学看作对形而上学的反动，就他言，也就是对柏拉图主义的反动"②。假如说，"无家可归"暗示了形而上学自身的实证科学化，那么，"上帝死了"则直截了当地宣布了作为超感性世界的形而上学及其历史的终结。因为上帝乃是西方哲学文化的最高价值，随着这一最高价值的自我贬损，整个欧洲笼罩在虚无主义的阴影下，而所有这一切都是因为没有把存在与存在者区分开来，执着于存在者，却不追问存在本身的真理。

另一方面，"存在论差异"也蕴含着对整个马克思思想的阐释史的批判。在海德格尔看来，马克思本人是站在存在论的立场上来思索问题的。海德格尔写道："马克思在基本而重要的意义上从黑格尔那里作为人的异化来认识到的东西，和它的根子一起又复归为新时代的人的无家可归状态了。这种无家可归的状态是从存在的天命中在形而上学的形态

---

① 孙周兴：《海德格尔选集》上，上海三联书店 1996 年版，第 382 页。
② 孙周兴：《海德格尔选集》下，上海三联书店 1996 年版，第 771 页。

中产生，靠形而上学巩固起来，同时又被形而上学作为无家可归的状态掩盖起来。因为马克思在体会到异化的时候深入到历史的本质性的一度中了，所以马克思主义关于历史的观点比其余的历史学优越。"①在海德格尔看来，马克思通过对异化问题的探索而深入到历史性的维度中去了。在这一点上，甚至连胡塞尔和萨特也无法与马克思主义进行实质性的对话。海德格尔还认为，马克思创立的共产主义学说也是从属于存在意义的探索史的："人们可以以各种不同的方式来对待共产主义的学说及其论据，但从存在的历史的意义看来，确定不移的是，一种对有世界历史意义的东西的基本经验在共产主义中自行道出来了。"②海德格尔认为，如果人们只是从"政党"和"世界观"的角度去理解共产主义，那他们的思想就太肤浅了。

然而，遗憾的是，正是在马克思思想的阐释者那里，马克思的存在论视角被遗忘了。一方面，阐释者们常常是从近代西方哲学的视角出发来理解并阐释马克思思想的，而近代西方哲学的本质性特征是注重认识论和方法论，在存在论上则无批判地传承了古希腊以来的传统，完全没有意识到马克思的历史唯物主义和共产主义学说首先体现为存在论发展史上的划时代的革命。正是这种错误的阐释方式使马克思的思想失去了原有的高度，纠缠于近代西方哲学家所关注的那类学院化的、具体而微的问题上。另一方面，滥觞于法国哲学家孔德的实证主义思潮，对马克思思想的阐释者们产生了决定性的影响。在实证主义的"拒斥形而上学"口号的影响下，他们连"存在论"的名字也不敢使用，而力图引入"世界观""人生观"这样的名称取而代之。其实，就像我们在前面已经分析过的那样，正是通过这些术语，存在问题完全逸出了阐释者们的视野，实证科学式的研究取代了存在论的研究。

通过上述两个方面的"共谋"，存在论完全逸出了传统的马克思主义

---

① 孙周兴：《海德格尔选集》上，上海三联书店1996年版，第383页。

② 同上书，第384页。

哲学教科书的视野，甚至成了一个无法涉足的禁区。随着存在论被抹掉，存在论差异也被抹掉了。于是，阐释者们心安理得地开始探讨存在者，并自以为在探讨存在问题。现象取代了本质，纸币取代了黄金，喧嚣取代了沉思。显然，要恢复马克思思想的本真含义，就必须返回到存在论和存在论差异的理论上。

综上所述，海德格尔的"存在论差异"的理论蕴含着自己的历史诉求，也使我们对各种思想史的重新检视成为可能。其实，这种检视越深入，存在论差异理论的重要性就愈益显示出来。

黑格尔：一个再批判[①]

假如人们提出下面这个问题：除了马克思，究竟还有哪个西方思想家对中国理论界有重大的影响？他们可能会不约而同地说出黑格尔的名字。确实，黑格尔的影响是无与伦比的。我们认为，这主要是以下三个原因引起的。

一是马克思和恩格斯对黑格尔的高度评价。马克思在《资本论》第一卷第二版跋中提到当时德国理论界把黑格尔当作一条死狗来看待时，曾经写道："因此，我公开承认我是这位大思想家的学生，并且在关于价值理论的一章中，有些地方我甚至卖弄起黑格尔特有的表达方式。"[②]恩格斯在《路德维希·费尔巴哈和德国古典哲学的出路》(1888)[③]中谈到矛盾和发展的无限性时，毫不犹豫地指出，"就获得这种认识来说，归根到底没

---

① 原载《中国哲学年鉴2009》；被《中国社会科学文摘》2010年第1期转载。收录于俞吾金：《被遮蔽的马克思》，人民出版社2012年版，第69—98页，第三章《从黑格尔哲学城堡中撤离出来》；《从康德到马克思——千年之交的哲学沉思》，北京师范大学出版社2017年版，第357—397页。——编者注

② 《马克思恩格斯全集》第44卷，人民出版社2001年版，第22页。

③ 恩格斯这部著作书名中的 der Ausgang 一直被误译为"终结"，显然不妥。尽管 der Ausgang 也有"终结"方面的含义，但在恩格斯这部著作的语境中，只能译为"出路"。因为德国古典哲学的终结者是黑格尔，而费尔巴哈的人本主义哲学乃是德国古典哲学终结后的一条出路。参见拙文《论马克思对德国古典哲学遗产的解读》，《中国社会科学》2006年第5期。下面凡提到恩格斯的这部著作，均简称为《出路》。

有一个人比黑格尔本人对我们的帮助更大"①。

二是新黑格尔主义者和许多其他学者对黑格尔的推崇。比如，克罗纳在《从康德到黑格尔》(1921—1924)中谈到康德以来的哲学运动时指出："发展的冲动，到黑格尔已经穷尽，登极之举已经完成了。要逾越黑格尔已不再成为可能。"②在新黑格尔主义运动中，除了德国的克罗纳、格罗克纳，还有英国的格林、布拉德雷、鲍桑葵，美国的罗伊斯、布兰夏德，法国的伊波利特，意大利的克罗奇，等等。还须指出的是，按照伽达默尔的看法，德国的海德格尔和法国的科耶夫也促成了黑格尔研究的复兴。

三是中国学者在意识和无意识层面上与黑格尔的认同。在意识的层面上，黑格尔的名字如雷贯耳，自然引起了中国学者的关注。如君武在《唯心派巨子黑格尔学说》一文中说："黑格尔之大名，雷轰于哲学界，放大异彩，固自有其真价值在焉，非偶然也。"③在无意识的层面上，黑格尔的总体至上的思维方式正好迎合了未经过启蒙洗礼的中国人的传统文化心理。事实上，崇尚个体至上原则的哲学家，如克尔凯郭尔、罗素、萨特、诺齐克等对中国人思想的影响远逊于黑格尔。

在当前中国理论界，有谁没有听说过黑格尔的唯心主义体系与他的方法论之间的矛盾呢？有谁不把黑格尔式的思辨理解为哲学上的最高境界呢？又有谁不夸耀自己的研究方法是逻辑与历史一致的方法呢？④ 无论是在思维中，还是在沉默中；无论是在意识层面上，还是在无意识的层面上；黑格尔的阴影几乎无处不在，无时不在，笼罩着每一个从事理论思

---

① 《马克思恩格斯选集》第4卷，人民出版社1995年版，第219页。

② ［德］里夏德·克朗纳：《论康德与黑格尔》，关子尹编译，同济大学出版社2004年版，第7页。克朗纳又译为克罗纳。

③ 君武：《唯心派巨子黑格尔学说》，《新民丛报》1903年第27期。中国科学院哲学研究所资料室：《资产阶级学术思想批判参考资料》第9集，商务印书馆1961年版，第9页。

④ 有趣的是，在国内学术界，几乎所有的博士论文和硕士论文在提及自己的研究方法时都表示，自己采用了历史与逻辑相一致的研究方法。除了本人以外，还很少有人怀疑这种方法的合法性。

维和研究活动的人。仅仅阐明这一点，似乎还远没有说出当前中国理论研究者们的窘迫状态。因为他们几乎无例外地认为，他们已经以批判的方式清算并超越了黑格尔。事实上，他们所摈弃的黑格尔的观点远比他们自己想象得要少，反之，他们从黑格尔那里借贷的思想远比他们自己想象得要多。打着批判黑格尔的旗帜而原封不动地搬用黑格尔的哲学思想和思维方式，这就是中国理论界的现状。这种现状再也不能继续下去了！

正如阿尔都塞在《保卫马克思》（1965）中所指出的："今天，我们比任何时候都更应该看到，黑格尔的影子是最主要的幻影之一。必须进一步澄清马克思的思想，让黑格尔的影子回到茫茫黑夜中去。① 笔者之所以把这篇论文的标题确定为"黑格尔：一个再批判"是有深意的。所谓"再批判"，一方面表明，笔者将站在新的立场上重新反思、批判黑格尔的哲学思想；另一方面表明，笔者也将重新反思、批判以往黑格尔研究中的错误思路和结论。笔者的"再批判"将沿着以下三个问题展开。

一、一般唯心论，还是历史唯心论

在《出路》中，恩格斯告诉我们，在黑格尔学派解体的过程中，产生了一个问题，即他的保守的哲学体系与具有革命性质的方法论之间的关系问题。其实，在涉及这个问题时，还蕴含着一个更根本的问题，即如何判定黑格尔体系的本质特征。换言之，黑格尔体系的本质究竟是一般唯心主义，还是历史唯心主义。

恩格斯在肯定思维对存在、精神对自然界的关系是全部哲学，特别是近代哲学的重大的基本问题的基础上，指出："哲学家依照他们如何回答这个问题而分成了两大阵营。凡是断定精神对自然界说来是本原的，从而归根到底承认某种创世说的人（而创世说在哲学家那里，例如

---

① ［法］路易·阿尔都塞：《保卫马克思》，顾良译，商务印书馆1984年版，第94页。

在黑格尔那里，往往比在基督教那里还要繁杂和荒唐得多），组成唯心主义阵营。凡是认为自然界是本原的，则属于唯物主义的各种学派。除此之外，唯心主义和唯物主义这两个用语本来没有任何别的意思，它们在这里也不是在别的意义上使用的。"①从恩格斯的这段话中，可以引申出以下两点结论：

第一，在恩格斯看来，思维对存在的关系问题，也就是精神对自然界的关系问题。显然，在恩格斯那里，判定一种哲学思想是唯物主义，还是唯心主义的根本标准是：就自然界和精神的关系来说，哪者是第一性的。也就是说，恩格斯一开始就是撇开人类社会历史，单纯从自然界的角度出发来确定唯心主义和唯物主义的含义的。我们不妨把撇开人类社会历史来讨论的唯心主义和唯物主义分别称为"一般唯心主义"（也可简称为"唯心主义"）或"一般唯物主义"（也可简称为"唯物主义"）；把在人类社会历史的基础上来讨论的唯心主义和唯物主义分别称为"历史唯心主义"和"历史唯物主义"。讲清楚这一点对后面的讨论至关重要。

第二，在恩格斯看来，黑格尔体系从属于"唯心主义阵营"，也就是说，黑格尔体系的本质是一般唯心主义，亦即唯心主义。

或许有人对我们引申出来的第二点结论表示怀疑，我们不妨用恩格斯自己说过的话来消除这种疑惑。恩格斯这样写道："归根到底，黑格尔的体系只是一种就方法和内容来说唯心主义地倒置过来的唯物主义。"②在这里，恩格斯明确地断言黑格尔体系的本质是唯心主义，但恩格斯又把黑格尔的体系理解为"一种就方法和内容来说唯心主义地倒置过来的唯物主义"，这就暗示我们，应该从唯物主义的立场出发去解读黑格尔的体系③，而恩格斯的另一段话，即"同黑格尔哲学的分离在这

---

① 《马克思恩格斯选集》第4卷，人民出版社1995年版，第224—225页。

② 同上书，第226页。

③ 众所周知，恩格斯的这一见解曾对列宁产生重大影响，列宁说："我总是竭力用唯物主义观点来读黑格尔的著作：黑格尔学说是倒置过来的唯物主义（恩格斯的说法）——就是说，我大抵抛弃神、绝对、纯粹观念等等。"列宁：《哲学笔记》，马克思恩格斯列宁斯大林著作编译局译，人民出版社1974年版，第104页。

里也是由于返回到唯物主义观点而发生的"①也证实了这种暗示。那么，在批判、清算黑格尔的唯心主义时，恩格斯希望返回到什么样的唯物主义立场上去呢？

在叙述黑格尔学派的解体时，恩格斯写道："这时，费尔巴哈的《基督教的本质》出版了。它直截了当地使唯物主义重新登上王座，这就一下子消除了这个矛盾。自然界是不依赖任何哲学而存在的；它是我们人类(本身就是自然界的产物)赖以生长的基础；在自然界和人以外不存在任何东西，我们的宗教幻想所创造出来的那些最高存在物只是我们自己的本质的虚幻反映。魔法被破除了；'体系'被炸开并被抛在一旁了，矛盾既然仅仅是存在于想象之中，也就解决了。——这部书的解放作用，只有亲身体验过的人才能想象得到。那时大家都很兴奋：我们一时都成为费尔巴哈派了。"②从这段重要的论述中可以得出以下三点结论：

其一，正是费尔巴哈"使唯物主义重新登上王座"，这表明恩格斯试图"返回"的正是费尔巴哈式的唯物主义。

其二，费尔巴哈式的唯物主义也就是一般唯物主义，其核心观点是"自然界是不依赖于任何哲学而存在的"。这种唯物主义完全撇开了人类社会历史。

其三，"我们一时都成为费尔巴哈派了"这句话表明，尽管恩格斯对费尔巴哈的哲学思想有所保留，但可以肯定，他在一段时间里认同了费尔巴哈的一般唯物主义立场。

或许有人对我们上面得出的第三点结论提出质疑，其理由是恩格斯在许多场合下批判过费尔巴哈。我们对这种质疑的解答是：确实，恩格斯曾经多次批判过费尔巴哈，但他对费尔巴哈肯定自然界第一性的一般唯物主义立场却始终抱着认同的态度。

在《出路》中，恩格斯这样写道："费尔巴哈说得完全正确：纯粹自

---

① 《马克思恩格斯选集》第 4 卷，人民出版社 1995 年版，第 242 页。
② 同上书，第 222 页。

然科学的唯物主义虽然'是人类知识的大厦的基础，但不是大厦本身'。因为，我们不仅生活在自然界中，而且生活在人类社会中，人类社会同自然界一样也有自己的发展史和自己的科学。因此，问题在于使关于社会的科学，即所谓历史科学和哲学科学的总和，同唯物主义的基础协调起来，并在这个基础上加以改造。"①这段话表明，恩格斯认为，奠基于自然界的先在性的费尔巴哈式的唯物主义，或"纯粹自然科学的唯物主义"是完全正确的，其错误只在于，虽然他有唯物主义这一基础，但他无法把"关于社会的科学，即所谓历史科学和哲学科学的总和，同唯物主义的基础协调起来，并在这个基础上加以改造"。所以，恩格斯说："我们一接触到费尔巴哈的宗教哲学和伦理学，他的真正的唯心主义就显露出来了。"②然而，在撇开人类社会历史，单纯讨论自然界的本原地位时，恩格斯总是毫不犹豫地肯定并认同费尔巴哈的一般唯物主义立场。

恩格斯的思想深刻地影响了列宁，以至于列宁认为，"费尔巴哈的观点是彻底的唯物主义观点"③，而"马克思和恩格斯的学说是从费尔巴哈那里产生出来的，是在与庸才们的斗争中发展起来的，自然他们所特别注意的是修盖好唯物主义哲学的上层，也就是说，他们所特别注意的不是唯物主义认识论，而是唯物主义历史观"④。

列宁对恩格斯和费尔巴哈思想的论述表明，我们对恩格斯阐释黑格尔哲学的总体思路的理解是符合事实的。恩格斯的总体阐释思路可以概括如下：黑格尔体系的本质是一般唯心主义，把一般唯心主义颠倒过来，就是一般唯物主义，而费尔巴哈的唯物主义正是一般唯物主义。于是，马克思和恩格斯站在费尔巴哈式的一般唯物主义的立场上来批判、清算了黑格尔体系。他们与费尔巴哈的关系是：在单纯自然界的范围

---

① 《马克思恩格斯选集》第 4 卷，人民出版社 1995 年版，第 230 页。
② 同上书，第 233 页。
③ 《列宁选集》第 2 卷，人民出版社 1995 年版，第 116 页。
④ 同上书，第 225 页。

内，他们与费尔巴哈是完全一致的，但一进入人类社会历史的领域，他们成功地把这个领域与一般唯物主义的基础协调起来了，从而在一般唯物主义对人类社会历史领域的推广和应用中建立了历史唯物主义，而费尔巴哈则成了历史唯心主义者。

毋庸置疑，恩格斯上述的总体阐释思路至今仍然支配着人们的大脑，而人们对黑格尔哲学的批判正是以这样的总体阐释思路为依据的。在深入的研究过程中，我们发现，这一总体阐释思路反映的是恩格斯，而不是马克思思想的实际发展历程。归根到底，恩格斯是一个隐蔽的费尔巴哈主义者。当然，我们并不否认，黑格尔的哲学体系蕴含着一般唯心主义的内容，尤其是在《逻辑学》和《自然哲学》这两部著作中，这方面的内容暴露无遗。由于恩格斯反复阅读的正是这两部著作，同时又深受费尔巴哈的一般唯物主义的影响，所以他很容易把黑格尔哲学体系的本质归结为一般唯心主义。

然而，马克思在解读、批判黑格尔哲学体系的时候，他的总体阐释思路却与恩格斯存在着重要差别。如果说，恩格斯更关注黑格尔的《逻辑学》和《自然哲学》，那么，马克思更关注的则是黑格尔的《法哲学原理》和《精神现象学》。马克思的《黑格尔法哲学批判》(1843)及其导言和《1844年经济学哲学手稿》中的"对黑格尔的辩证法和整个哲学的批判"都是围绕着这两部著作而展开的。事实上，《法哲学原理》和《精神现象学》关注的都是人类社会历史，因而蕴含在这两部著作中的主导性思想是历史唯心主义，而马克思在解读、批判黑格尔哲学体系时，其焦点正集中在历史唯心主义上。也就是说，在马克思的语境中，黑格尔哲学体系的本质乃是历史唯心主义。如果，一般唯心主义和一般唯物主义关心的焦点是精神与自然界的关系问题，那么，历史唯心主义和历史唯物主义关心的焦点则是社会存在与意识、市民社会与国家之间的关系问题；如果，一般唯物主义的出发点是自然界，那么，历史唯物主义的出发点则是从事实践活动，尤其是从事生产劳动的人。让我们顺着马克思的总体阐释思路，看看他是如何批判黑格尔的历史唯心主义的。

在《黑格尔法哲学批判》中，马克思把自己的注意力集中在该书"伦理"部分关于"市民社会"和"国家"问题的论述上。马克思指出："实际上，家庭和市民社会是国家的前提，它们才是真正的活动者；而思辨的思维却把这一切头足倒置。"①在马克思看来，这种"头足倒置"表明，黑格尔的法哲学是以其唯心主义的历史观作为出发点的。在《〈黑格尔法哲学批判〉导言》中，马克思坚决反对撇开人类社会历史，孤立地考察人的唯心主义宗教观，指出："人并不是抽象的栖息在世界以外的东西。人就是人的世界，就是国家，社会。"②他呼吁人们从宗教批判转向法哲学和政治哲学批判，转向对现实社会和国家的批判。在《1844年经济学哲学手稿》中，首先，马克思肯定，黑格尔的《精神现象学》是"黑格尔哲学的真正诞生地和秘密"③，并指出，尽管黑格尔的《精神现象学》是在神秘化的、唯心主义的历史观的背景下叙述出来的，"但是，由于《现象学》紧紧抓住人的异化，——尽管人只是以精神的形式出现的——其中仍然隐藏着批判的一切要素，而且这些要素往往已经以远远超过黑格尔观点的方式准备好和加过工了。关于'苦恼的意识'、'诚实的意识'、'高尚的意识和卑鄙的意识'的斗争等等、等等这些章节，包含着对宗教、国家、市民生活等整个整个领域的批判的要素，但还是通过异化的形式。"④其次，马克思认为，"个人是社会存在物"⑤，并对"异化劳动"的各种表现形式进行了透彻的批判；最后，马克思并没有把一般唯物主义或一般唯心主义关注的自然界理解为人类社会之外的一个领域，而把它理解为社会的一个组成部分。正是在这个意义上，他告诉我们："社会是人同自然界的完成了的本质的统一。"⑥

在《神圣家族》中，马克思直接批判了黑格尔的唯心主义历史观：

① 《马克思恩格斯全集》第1卷，人民出版社1956年版，第250—251页。
② 同上书，第452页。
③ 《马克思恩格斯全集》第42卷，人民出版社1979年版，第159页。
④ 同上书，第162页。
⑤ 同上书，第162页。
⑥ 同上书，第122页。

"黑格尔历史观的前提是抽象的或绝对的精神，这种精神正在以下面这种方式发展着：人类仅仅是这种精神的有意识或无意识的承担者，即群众。因此，思辨的、奥秘的历史在经验的、明显的历史中的发生是黑格尔一手促成的。人类的历史变成了抽象的东西的历史，因而对现实的人说来，也就是变成了人类的彼岸精神的历史。"①马克思从唯物主义历史观的角度阐释了黑格尔的"绝对精神"，认为它实际上是指"现实的人和现实的人类"②。

在《德意志意识形态》的"费尔巴哈"章中，马克思初步表述了自己的唯物主义的历史观："这种历史观就在于：从直接生活的物质生产出发来考察现实的生产过程，并把与该生产方式相联系的、它所产生的交往方式，即各个不同阶段上的市民社会，理解为整个历史的基础；然后必须在国家生活的范围内描述市民社会的活动，同时从市民社会出发来阐明各种不同的理论产物和意识形式，如宗教、哲学、道德等等，并在这个基础上追溯它们产生的过程。"③在这段重要的论述中，马克思不但阐明了"直接生活的物质生产"在社会生活中的基础性的作用，而且把被黑格尔颠倒的市民社会与国家的关系又重新颠倒过来了。马克思还进一步阐述了自己所创立的历史唯物主义与以黑格尔为代表的历史唯心主义的根本差别："这种历史观和唯心主义历史观不同，它不是在每个时代中寻找某种范畴，而是始终站在现实历史的基础上，不是从观念出发来解释实践，而是从物质实践出发来解释观念的东西。"④

由上可知，恩格斯主要通过对《逻辑学》和《自然哲学》的解读，把黑格尔哲学体系的本质理解为以绝对精神作为载体的一般唯心主义，他又从费尔巴哈式的一般唯物主义的立场出发，把黑格尔的绝对精神翻转为与人类社会历史相分离的自然界或物质，因此，恩格斯撰写了《自然辩

---

① 《马克思恩格斯全集》第 2 卷，人民出版社 1957 年版，第 108 页。
② 同上书，第 177 页。
③ 《马克思恩格斯全集》第 3 卷，人民出版社 1960 年版，第 42—43 页。
④ 同上书，第 43 页。

证法》，而深受恩格斯影响的苏联、东欧和中国的马克思主义哲学教科书则把抽象的物质理解为马克思的唯物主义的载体。[①] 其实，抽象的物质与抽象的自然界是可以互换的概念。与恩格斯不同的是，马克思主要是通过对《法哲学原理》和《精神现象学》的解读，去理解黑格尔的，他把黑格尔哲学的本质理解为以绝对精神作为载体的历史唯心主义，而把历史唯心主义颠倒过来，则是以"现实的人和现实的人类"的"直接生活的物质生产"为载体的历史唯物主义。

综上所述，如果像恩格斯那样，判定黑格尔哲学体系的本质是一般唯心主义，全部批判就会沿着恩格斯的总体阐释思路展开，从而必定会把马克思主义哲学理解并阐释为"自然辩证法"或"辩证唯物主义"；如果像马克思那样，判定黑格尔哲学体系的本质是历史唯心主义，则全部批判就会沿着马克思的总体阐释思路展开，从而必定会把马克思主义哲学理解并阐释为历史唯物主义。成熟时期的马克思没有提出过历史唯物主义之外的任何其他的哲学理论。事实上，我们对黑格尔哲学的"再批判"正是在马克思的总体阐释思路上展开的。

二、辩证法，还是思辨

许多研究者都把"黑格尔的方法（论）"和"黑格尔的辩证法"理解为含义相同的两个概念。这种理解方式通常是由以下两方面的原因造成的。其一，恩格斯在《出路》中讨论黑格尔的"体系"和"方法"之间的矛盾关系时，常常用"辩证法"的概念来取代"方法"，并没有从总体上对黑格尔的方法（论）做出完整的描述和说明。其二，马克思在《资本论》第2版跋中说过："辩证法在黑格尔手中神秘化了，但这决没有妨碍他第一个全面地有意识地叙述了辩证法的一般运动形式。在他那里，辩证法是倒立着

---

① 参见拙文《马克思对物质本体论的扬弃》，《哲学研究》2008年第3期。

的。必须把它倒过来，以便发现神秘外壳中的合理内核。"①研究者们常常沿着恩格斯在《出路》中的总体阐释思路去解读马克思的这段话，他们把这段话中的"合理内核"理解为辩证法，把"神秘外壳"理解为黑格尔的（一般）唯心主义体系。如前所述，按照这样的思路，把在黑格尔那里"倒立着的"辩证法再颠倒过来，只能是以抽象的自然或物质为载体的辩证法，即自然辩证法或物质辩证法。

与此不同的是，如果按照马克思的总体阐释思路，把"神秘外壳"理解为黑格尔的历史唯心主义体系，那么，把在黑格尔那里"倒立着的"辩证法再颠倒过来，只能是以社会历史或生存实践活动为载体的辩证法，即社会历史辩证法或劳动辩证法。我们认为，在马克思的总体阐释思路中，"神秘外壳"除了历史唯心主义体系外，还有另一层含义，那就是"思辨"（Spekulation）。也就是说，思辨才是对黑格尔方法论的总体的称谓，而辩证法只是思辨的一个有机的组成部分。由此可见，绝不能在"黑格尔的方法（论）"和"黑格尔的辩证法"这两个概念之间画等号。认识到这一点至关重要。

那么，什么是"思辨"呢？人们通常认为，思辨是"一种抽象的、空洞的理论思维；这种思维是任意的构想，在经验和现实中缺乏基础"②。也就是说，思辨是一种超越经验的理论思维。研究康德哲学的人都知道，康德有一个影响深远的说法："我坦率地承认，就是休谟的提示在多年以前首先打破了我教条主义的迷梦，并且在我对思辨哲学的研究上给我指出来一个完全不同的方向。"③在康德的视野里，传统的形而上学的见解，特别是大陆唯理论的见解属于思辨哲学的范围，而他自己在前批判时期曾经深受莱布尼茨-沃尔夫思辨哲学的影响。在康德的批判哲

---

① 《马克思恩格斯全集》第 44 卷，人民出版社 2001 年版，第 22 页。

② A. Hügli und P. Lübcke Hg.，*Philosophie Lexikon*，Hamburg，FRG：Rowohlt Taschenbuch Verlag GmbH，1997，S. 585.

③ ［德］康德：《任何一种能够作为科学出现的未来形而上学导论》，庞景仁译，商务印书馆 1982 年版，第 9 页。

学中，"思辨的"与"纯粹的"（rein）是同样意义的形容词，而"纯粹的"则意谓先天的知识尚未杂有经验的材料。康德常常把"思辨理性"作为"纯粹理性"而与"实践理性"区分开来。在《实践理性批判》一书中，他这样写道："我们根本不能向纯粹实践理性提出这样的过分要求：隶属于思辨理性，因而颠倒次序，因为一切关切归根到底都是实践的，甚至思辨理性的关切也仅仅是有条件的，只有在实践的应用中才是完整的。"①在这段话中，康德既阐明了思辨理性与实践理性的区别，又阐明了它们之间的联系，并赋予实践理性以优先性。康德在研究中发现，思辨理性有一种内在的趋向，那就是把知性范畴运用到总体性的、超验的对象上去，从而自然而然地陷入谬误之中。因而批判哲学的一个基本任务就是"告诫我们绝不可以让思辨理性超越经验的限度"②。

黑格尔不赞成康德对思辨理性的限制。他写道："康德哲学的显豁的学说，认为知性不可超越经验，否则认识能力就将变成只不过产生脑中幻影的理论的理性；这种学说曾经从科学方面，为排斥思辨的思维作了论证。"③黑格尔从自己的历史唯心主义的立场出发，对思辨、思辨理性和思辨哲学提出了不同的看法。他认为："在日常生活里，'思辨'一词常用来表示揣测或悬想的意思，这个用法殊属空泛，而且同时只是使用这词的次要意义。"④也就是说，在对思辨这个词的通常理解中，它具有主观的、任意的特点，但在黑格尔看来，真正的哲学意义上的思辨与日常生活中的理解存在着重大差异，他指出："思辨的东西（das Speku-lative），在于这里所了解的辩证的东西，因而在于从对立面的统一中把握对立面，或者说，在否定的东西中把握肯定的东西。这是最重要的方面，但对于尚未经训练的、不自由的思维能力说来，也是最困难的方

①　[德]康德：《实践理性批判》，韩水法译，商务印书馆1999年版，第133页。
②　I. Kant, *Kritik der Reinen Vernunft I*, Frankfurt an Main: Suhrkamp Verlag, 1988, S. ⅩⅩⅣ-ⅩⅩⅤ.
③　[德]黑格尔：《逻辑学》上卷，杨一之译，商务印书馆1981年版，第1页。
④　[德]黑格尔：《小逻辑》，贺麟译，商务印书馆1980年版，第183页。

面。"①在黑格尔看来，思辨这个词在哲学方面的根本含义是"从对立面的统一中把握对立面，或者说，在否定的东西中把握肯定的东西"。这一含义似乎与我们通常理解的辩证法的含义相同，但我们却不能匆忙地下结论。

黑格尔关于思辨含义的最明确的表达是在其逻辑学中。在讨论逻辑学概念的进一步划分时写道："逻辑思想就形式而论有三个方面：(a)抽象的或知性[理智]的方面(die abstrakte oder verständige)，(b)辩证的或否定的理性的方面(die dialektische oder negative-vernünftige)，(c)思辨的或肯定理性的方面(die spekulative oder positiv-vernünftige)。"②黑格尔认为，这三个方面并不构成逻辑学的三个部分，而是包含在每一逻辑真实体内的不同环节中。其实，正是通过这段很少引起人们重视的论述，黑格尔展示了他的整个方法论。

这里所谓"抽象的或知性的方面"指的是传统的知性形而上学所采取的思维方法。在黑格尔的整个方法论中，知性是第一个基础性的环节。黑格尔说："就思维作为知性[理智]来说，它坚持着固定的规定性和各规定性之间彼此的差别。以与对方相对立。知性式的思维将每一有限的抽象概念当作本身自存或存在着的东西。"③也就是说，知性思维坚持的是规定的确定性和差异性，这在哲学思维中是不可或缺的。所以，黑格尔说："在哲学里，最紧要的，就是对每一思想都必须充分准确地把握，而决不允许有空泛和不确定之处。"④然而，哲学思维又不能停留在知性思维上，因为这种思维方法是抽象的、孤立的、片面的。

所谓"辩证的或否定的理性的方面"指的是具有怀疑主义倾向的思维方法。在黑格尔的整个方法论中，辩证法是第二个基础性的环节。黑格

---

① [德]黑格尔：《逻辑学》上卷，杨一之译，商务印书馆1981年版，第39页。
② [德]黑格尔：《小逻辑》，贺麟译，商务印书馆1980年版，第172页。注：括号内的德文为作者添加，中文译本没有标注。
③ 同上书，第172页。
④ 同上书，第175页。

尔区分了两种不同的怀疑主义：一种是"单纯的怀疑主义"，即以主观、武断的态度怀疑一切，否定一切；另一种是真正的怀疑主义，即怀疑知性的坚执性，确信一切有限事物的虚妄不实。正如黑格尔所说的："怀疑主义不应该被看成一种单纯怀疑的学说。怀疑主义者也有其绝对确信不疑的事情，即确信一切有限事物的虚妄不实。……真正的怀疑主义，乃是对于知性所坚持为坚固不移的东西，加以完全彻底的怀疑。"①正是在肯定真正的怀疑主义的基础上，黑格尔指出："哲学把怀疑主义作为一个环节包括在它自身内，——这就是哲学的辩证阶段。"②黑格尔认为，在哲学上，辩证法并不是什么新东西。古代哲学家苏格拉底就常常用辩证法去非难一切知性规定的有限性。在近代哲学家中，正是康德重新恢复了辩证法的重要地位。康德把辩证法理解为理性思维在其本性的驱迫下，冲破知性思维的有限性的结果。黑格尔认为："康德这种思想认为知性的范畴所引起的理性世界的矛盾，乃是本质的，并且是必然的，这必须认为是近代哲学界一个最重要的和最深刻的进步。但康德的见解是如此的深远，而他的解答又是如此的琐碎；它只出于对世界事物的一种温情主义。他似乎认为世界的本质是不应具有矛盾的污点的，只好把矛盾归于思维着的理性，或心灵的本质。"③在黑格尔看来，康德坚持的并不是真正的怀疑主义，而是完全处于否定的阴影中的单纯的怀疑主义，所以他"在这里仅停滞在物自体不可知性的消极结果里，而没有进一步达到对于理性矛盾有真正积极的意义的知识。理性矛盾的真正积极的意义，在于认识一切现实之物都包含有相反的规定于自身"④。总之，在黑格尔看来，康德哲学乃是这种"辩证的或否定的"思维方法的典型代表。这种思维方法的积极作用是消解和超越了知性思维，其消极作用则是停留在单纯否定的阴影中。在黑格尔看来，停留在康德式的"辩

---

① ［德］黑格尔：《小逻辑》，贺麟译，商务印书馆 1980 年版，第 180 页。
② 同上书，第 181 页。
③ 同上书，第 131 页。
④ 同上书，第 133 页。

证的或否定的"思维方法中是不行的，它使哲学思维产生不出任何积极的成果，而要获得这样的成果，就必须超越这种思维方法，上升到最高的思维方法上去。

所谓"思辨的或肯定理性的方面"则指黑格尔本人所倡导的思维方法。在黑格尔的整个方法论中，思辨是第三个基础性的环节，也是最高的环节。在这个意义上可以说，黑格尔的整个方法论就是思辨。黑格尔认为，思辨是"在对立的规定中认识到它们的统一，或在对立双方的分解和过渡中，认识到它们所包含的肯定"①。黑格尔这里所说的"对立"就是知性与辩证理性的对立，就是知性的肯定性与辩证理性的否定性之间的对立。然而，这些对立却在思辨理性中达到了"统一"。要言之，思辨理性在怀疑中有保留，在否定中有肯定，既扬弃了知性的有限性，又扬弃了辩证理性的单纯否定性，达到了对立面的真正统一。

从上面的论述可以发现，长期以来人们把辩证法当作黑格尔的方法论是错误的，实际上，辩证法只是黑格尔整个方法论中的一个环节。假如说，知性思维的特征是"肯定"，辩证理性的思维特征是"否定"，那么，思辨理性的思维特征则是"否定中有肯定"或"否定之否定"。由于辩证法，即辩证的理性只是黑格尔整个方法论中的第二个环节，不是最高的环节，所以辩证法不能用来命名黑格尔的整个方法论。把黑格尔的辩证法与他的整个方法论等同起来，是理论界长期以来误读黑格尔的表现形式之一，而黑格尔经常把辩证法从其整个方法论中抽取出来，单独地加以论述的做法也助长了这种误解和误读。在我们看来，作为思维方法中的最高环节的思辨才是黑格尔整个方法论的标志和象征。只有弄清楚这一点，我们才会明白，为什么青年时期的马克思会致力于批判黑格尔的思辨哲学。

在马克思之前，对黑格尔的思辨哲学进行猛烈批评的是费尔巴哈。费尔巴哈指出："神学的秘密是人本学，思辨哲学的秘密则是神学——

---

① ［德］黑格尔：《小逻辑》，贺麟译，商务印书馆1980年版，第181页。

思辨神学。思辨神学与普通神学的不同之点，就在于它将普通神学由于畏惧和无知而远远放到彼岸世界的神圣实体移置到此岸世界中来，就是说：将它现实化了，确定了，实在化了。"①毋庸讳言，这一批判路向对马克思产生了深远的影响。然而，由于马克思与费尔巴哈的学思历程不同，即费尔巴哈是从神学进入哲学，马克思则是从法学进入哲学；也由于他们对现实的关切不同，即费尔巴哈主要关注的是学术，而马克思主要关注的则是政治，所以尽管他们都在揭露黑格尔思辨哲学的唯心主义和神秘主义的特征，但他们的切入点却有很大的差异。费尔巴哈直接抨击黑格尔的《逻辑学》，而马克思的批判则从黑格尔的《法哲学原理》入手。

马克思写道："德国的国家哲学和法哲学在黑格尔的著作中得到了最系统、最丰富和最终的表述；对这种哲学的批判既是对现代国家以及同它相联系的现实所作的批判性分析，又是对迄今为止的德国政治意识和法意识的整个形式的坚决否定，而这种意识的最主要、最普遍、上升为科学的表现就是思辨的法哲学本身。"②在马克思看来，为了深入地揭露黑格尔思辨哲学的非批判性和神秘性，还需要把批判的矛头对准他的另一部著作——《精神现象学》。他在分析这部著作的时候指出："由于黑格尔根据否定的否定所包含的肯定方面把否定的否定看成真正的和唯一的肯定的东西，而根据它所包含的否定方面把它看成一切存在的唯一真正的活动和自我实现的活动，所以他只是为那种历史的运动找到抽象的、逻辑的、思辨的表达，这种历史还不是作为既定的主体的人的现实的历史，而只是人的产生的活动、人的发生的历史。"③这段话表明，马克思当时已经意识到，黑格尔真正关心的并不是现实生活，而是现实生活在哲学思维中的"抽象的、逻辑的、思辨的表达"。这样，我们就明白了，黑格尔的思辨是与其历史唯心主义的基本立场——社会意识支配和

---

① 《费尔巴哈哲学著作选集》上卷，荣震华等译，商务印书馆1984年版，第101页。
② 《马克思恩格斯文集》第1卷，人民出版社2009年版，第10页。
③ 《马克思恩格斯全集》第42卷，人民出版社1979年版，第159页。

统治着现实生活——紧紧地纠缠在一起的。按照这一基本的立场，"我的真正的宗教存在是我的宗教哲学的存在，我的真正的政治存在是我的法哲学的存在，我的真正的自然存在是我的自然哲学的存在，我的真正的艺术存在是我的艺术哲学的存在，我的真正的人的存在是我的哲学的存在。因此，宗教、国家、自然界、艺术的真正存在，就是宗教哲学、自然哲学、国家哲学、艺术哲学"①。所以，乍看起来，黑格尔通过其思辨的方法，批判和扬弃了现实生活中的一切，然而，实际上，"这种思想上的扬弃，在现实中没有触动自己的对象，却以为已经实际上克服了自己的对象"②。

为了彻底清算黑格尔的思辨哲学，在《神圣家族》中，马克思深刻地揭示出思辨结构的秘密。第一步：从现实的苹果、梨、草莓、扁桃中得出"果实"这个抽象的观念。第二步：把这一抽象的观念视为独立存在着的本质。这样一来，"果实"就成了苹果、梨、扁桃、草莓的实体。换言之，苹果、梨、扁桃、草莓就倒过来成了"果实"的简单的存在形式或样态。"思辨的理性在苹果和梨中看出了共同的东西，在梨和扁桃中看出共同的东西，这就是'果实'。具有不同特点的现实的果实从此就只是虚幻的果实，而它们的真正的本质则是'果实'这个'实体'。"③第三步：现在的问题是，"一般果实"怎么会忽而表现为苹果，忽而表现为草莓，忽而表现为梨或扁桃呢？思辨哲学家们的回答是，"因为'一般果实'并不是僵死的、无差别的、静止的本质，而是活生生的、自相区别的、能动的本质"④。也就是说，正是通过"果实"这一本质的自我活动、自相区别和自我规定，苹果、梨、草莓、扁桃等便被创造出来了，而"果实"的这种自我活动也就是绝对主体的自我活动。马克思为此总结道："这种办法，用思辨的话来说，就是把实体了解为主体，了解为内部的过程，

---

① 《马克思恩格斯全集》第 42 卷，人民出版社 1979 年版，第 173 页。
② 同上书，第 174 页。
③ 《马克思恩格斯全集》第 2 卷，人民出版社 1957 年版，第 72 页。
④ 同上书，第 73 页。

了解为绝对的人格。这种了解方式，就是黑格尔方法的基本特征。"①由此可见，在马克思看来，思辨才是黑格尔整个方法论的象征和标志。在揭示思辨结构秘密的基础上，马克思进一步批判了蕴含在黑格尔思辨哲学中的错误观念：

第一，黑格尔的思辨哲学具有浓厚的神秘主义倾向。马克思指出，"思辨哲学，特别是黑格尔哲学认为：一切问题，要能够给以回答，就必须把它们从正常的人类理智的形式变为思辨理性的形式，并把现实的问题变为思辨的问题"②。这就暗示我们，思辨哲学本质上是神秘主义哲学，用费尔巴哈的话来说，就是思辨神学。

第二，黑格尔的思辨哲学的基础是以目的论为特征的唯心主义历史观。这种历史观包含着"思辨的高见：人和历史所以存在，是为了使真理达到自我意识"③。

第三，黑格尔的思辨哲学在谈到"人"的时候，指涉的从来就不是具体的人，而是抽象的东西，如理念、精神、绝对精神等等。马克思批评道："思辨的思维把现实的人看得无限渺小。"④而费尔巴哈的功绩在于，把黑格尔的"绝对精神"重新颠倒过来，解读为"以自然为基础的现实的人"，"从而完成了对宗教的批判。同时也巧妙地拟定了对黑格尔的思辨以及一切形而上学的批判的基本要点"⑤。

第四，在黑格尔式的思辨哲学的框架内，辩证法是无用的，马克思称这样的辩证法为"思辨的辩证法"。马克思这样写道："在批判的批判作为认识的宁静'制服了'一切群众的'对立面'之后，在它用范畴的形式掌握了整个现实并把人的一切活动消融在思辨的辩证法中之后，我们将

---

① 《马克思恩格斯全集》第2卷，人民出版社1957年版，第75页。
② 同上书，第115页。
③ 同上书，第100—101页。
④ 同上书，第49页。
⑤ 同上书，第177页。

看到，它又在用思辨的辩证法重新创造世界。"①这就启示我们，包裹着"合理内核"的"神秘外壳"不仅指历史唯心主义，而且包括思辨。

第五，为了摆脱黑格尔的思辨哲学，就要沿着真实的人类关系来重新解读历史。马克思告诉我们，黑格尔的"现象学"尽管有其思辨的原罪，但还是在许多方面提供了真实地评述人类关系的因素。②毋庸讳言，为了沿着真实的人类关系来解读历史，就需要建立与黑格尔正相反的崭新的历史观。

正是在《德意志意识形态》的"费尔巴哈"章中，马克思最初叙述了自己创立的历史唯物主义观点，并把它与思辨尖锐地对立起来："思辨终止的地方，即在现实生活面前，正是描述人们的实践活动和实际发展过程的真正实证的科学开始的地方。关于意识的空话将销声匿迹，它们一定为真正的知识所代替。对现实的描绘会使独立的哲学失去生存环境，能够取而代之的充其量不过是从对人类历史发展的观察中抽象出来的最一般的结果的综合。"③甚至在观察、了解人类社会及其历史发展的方法论上，马克思也把自己与思辨尖锐地对立起来："经验的观察在任何情况下都应当根据经验来揭示社会结构和政治结构同生产的联系，而不应当带有任何神秘和思辨的色彩。"④马克思还深刻地揭露了青年黑格尔主义者施蒂纳如何把自己的哲学思辨奠基于历史唯心主义的基础上：第一步，把统治的个人与个人的思想分离开来，承认思想在历史上的统治；第二步，为了使思想的统治具有某种秩序，把这些思想看作"概念的自我规定"；第三步，为了消除这种"自我规定着的概念"的神秘外观，又把它变成可以代表不同概念的一连串的历史人物。"这样一来，就把一

①《马克思恩格斯全集》第2卷，人民出版社1957年版，第67页。Sehn K. Marx and F. Engels, *Werke*, Band 2, Berlin: Dietz Verlag, 1970, S. 56.

②《马克思恩格斯全集》第2卷，人民出版社1957年版，第246页。

③《马克思恩格斯全集》第3卷，人民出版社1960年版，第30—31页。此外仍然按照中央编译局的译文，参阅拙文《历史唯物主义是哲学而不是实证科学》，《学术月刊》2009年第10期，对这段文字重新翻译。

④《马克思恩格斯全集》第3卷，人民出版社1960年版，第29页。

切唯物主义的因素从历史上消除了，于是就可以放心地解开缰绳，让自己的思辨之马自由奔驰了。"①

从上面的一系列论述可以看出，马克思在创立自己的新历史观的路途上，不但无时无刻不在批判黑格尔的历史唯心主义理论，而且也无时无刻不在批判奠基于这一理论的基础之上的黑格尔的整个方法论——思辨或思辨哲学。如前所述，包裹着黑格尔的"合理内核"（辩证法）的"神秘外壳"有两层：一层是思辨，另一层是历史唯心主义哲学体系。这就深刻地启示我们，为了真正地拯救辩证法，不但要把它从黑格尔的整个方法论——思辨思维或思辨哲学中剥离出来，而且也要把它从黑格尔的历史唯心主义哲学体系中剥离出来，而出于《1844 年经济学哲学手稿》中的这段论述正是马克思从自己的哲学立场出发对黑格尔辩证法做出的阐释："黑格尔的《现象学》及其最后成果——作为推动原则和创造原则的否定性的辩证法——的伟大之处首先在于，黑格尔把人的自我产生看作一个过程，把对象化看作失去对象，看作外化和这种外化的扬弃；因而，他抓住了劳动的本质，把对象性的人、现实的因而是真正的人理解为他自己的劳动的结果。"②从马克思的上述阐释中可以引申出如下的结论：

第一，马克思并没有全盘接受黑格尔的整个方法论，而是对他的整个方法论的标志和象征——思辨进行了透彻的批判，马克思真正感兴趣的只是黑格尔方法论中的第二个环节——辩证法。

第二，辩证法的真正载体不是抽象的自然界或抽象的物质，而是人的自我产生的过程，即劳动。

第三，辩证法的真正意义和价值是"否定"，也正是在这个意义上，他称其为"否定的辩证法"。这一辩证法是围绕着异化劳动和对异化劳动的扬弃而展开的。人类社会发展的历史之谜应该通过这一辩证法而被

---

① 《马克思恩格斯全集》第 3 卷，人民出版社 1960 年版，第 56 页。
② 《马克思恩格斯全集》第 42 卷，人民出版社 1979 年版，第 163 页。

索解。

总之，只有从历史唯物主义的立场出发，深入地批判黑格尔的历史唯心主义哲学体系及其整个方法论——思辨，才能对其辩证法做出准确的阐释。

三、逻辑与历史一致，还是不一致

众所周知，关于"逻辑与历史一致"的观念源自黑格尔。但在黑格尔那里，这一观念中的"历史"主要是指"哲学史"。在《哲学史讲演录》的导言中，黑格尔告诉我们："历史上的那些哲学系统的次序，与理念里的那些概念规定的逻辑推演的次序是相同的。我认为：如果我们能够对哲学史里面出现的各个系统的基本概念，完全剥掉它们的外在形态和特殊应用，我们就可以得到理念自身发展的各个不同的阶段的逻辑概念了。反之，如果掌握了逻辑的进程，我们亦可从它里面的各主要环节得到历史现象的进程。不过我们当然必须善于从历史形态所包含的内容里去认识这些纯粹概念。[也许有人会以为，哲学在理念里发展的阶段与在时间里发展的阶段，其次序应该是不相同的；但大体上两者的次序是同一的。]此外一方面是历史里面的时间次序，另一方面是概念发展的次序，两者当然是有区别的。"①从黑格尔上面这段重要的论述中我们可以引申出如下的结论：第一，哲学史发展中不同的哲学系统出现的时间次序与逻辑学中理念展开的次序是有区别的；第二，哲学史中的时间次序与逻辑中的理念展开的次序"大体上"是一致的；第三，黑格尔主张，一方面要善于从哲学史上的不同的哲学系统去把握逻辑理念，另一方面在掌握了理念的逻辑进程后，又要善于从逻辑推演的次序出发，对哲学史重新

---

① ［德］黑格尔：《哲学史讲演录》第 1 卷，贺麟、王太庆译，商务印书馆 1981 年版，第 34 页。

加以理解、规划与叙述。对于黑格尔来说，后一方面更重要，因为其《哲学科学全书纲要》正是以逻辑学为起点的。

然而，肯定哲学史中的时间次序与逻辑中的理念展开的次序"大体上"是一致的，这究竟是什么意思呢？黑格尔在《哲学史讲演录》的导言中语焉不详，但他在《小逻辑》第86节中的一段话对这个问题做出了新的阐释："在哲学史上，逻辑理念的不同阶段是以前后相继的不同的哲学体系的姿态而出现，其中每一体系皆基于对绝对的一个特殊的界说。正如逻辑理念的开展是由抽象进展到具体，同样在哲学史上，那最早的体系每每是最抽象的，因而也是最贫乏的。故早期的哲学体系与后来的哲学体系的关系，大体上相当于前阶段的逻辑理念与后阶段的逻辑理念的关系，这就是说，早期的体系被后来的体系所扬弃，并被包括在自身之内。……所以哲学史总有责任去确切指出哲学内容的历史开展与纯逻辑理念的辩证开展一方面如何一致，另一方面又如何有出入。但这里须首先提出的，就是逻辑开始之处实即真正的哲学史开始之处。我们知道，哲学史开始于爱利亚学派，或确切点说，开始于巴曼尼得斯的哲学。因为巴曼尼得斯认'绝对'为'有'，他说，惟'有'在，'无'不在。这须看成是哲学的真正开始点，因为哲学一般是思维着的认识活动，而在这里第一次抓住了纯思维，并且以纯思维本身作为认识的对象。"①从这段论述中可以引申出如下的结论。第一，"逻辑开始之处实即真正的哲学史开始之处"。由于黑格尔的逻辑学是从"有"开始的，而古希腊哲学家巴门尼德第一个开始探讨"有"的问题，因此，在黑格尔看来，哲学史的真正开端不是泰勒斯，而是巴门尼德。第二，哲学史中的时间次序与逻辑中的理念展开的次序"大体上"的一致应该被理解为"由抽象进展到具体"。第三，在黑格尔看来，哲学史的研究有责任去说明这两个次序，即"一方面如何一致，另一方面又如何有出入"。

---

① ［德］黑格尔：《小逻辑》，贺麟译，商务印书馆1980年版，第190—191页。注：巴曼尼得斯即巴门尼得。

于是，我们明白了，在黑格尔那里，哲学史与逻辑的一致，只是"大体上"的一致，即哲学史上不同哲学体系出现的时间次序和逻辑学中逻辑理念开展的次序都服从"由抽象进展到具体"的原则。也就是说，从这两个不同的次序都遵守上述共同的原则的角度来看，它们大体上是一致的。但黑格尔又强调，它们之间也会有"出入"，这里的"出入"究竟指什么呢？在《小逻辑》第 14 节中，黑格尔告诉我们："在哲学历史上所表述的思维进展的过程，也同样是在哲学本身里所表述的思维进展的过程，不过在哲学本身里，它是摆脱了那历史的外在性或偶然性，而纯粹从思维的本质去发挥思维进展的逻辑过程罢了。"①这就启示我们，在实际发生的哲学史中，正是"外在性或偶然性"使上面提到的两个次序有可能出现"出入"。

然而，我们又注意到，黑格尔在《哲学史讲演录》中又说过："全部哲学史是一有必然性的、有次序的进程。这进程本身是合理性的，为理念所规定的。偶然性必须于进入哲学领域时立即排除掉。概念的发展在哲学里面是必然的，同样概念发展的历史也是必然的。"②显然，黑格尔在这里所说的"哲学史"，不是"实际上发生的哲学史"，而是按照黑格尔的逻辑进程进行取舍并被表述出来的哲学史，即"按黑格尔方式表述出来的哲学史"。

综上所述，在黑格尔那里，"实际上发生的哲学史"是具有偶然性的，因而它与黑格尔所说的"逻辑"的关系只能说是"大体上"一致的，这种一致性表现在：哲学史上不同哲学体系出现的时间次序和逻辑学中逻辑理念开展的次序都服从"由抽象进展到具体"的原则。至于"按黑格尔方式表述出来的哲学史"，因为已经过其逻辑进程的取舍和清洗，所以，它与黑格尔所说的"逻辑"是完全一致的。黑格尔之所以在表述这方面的思想时语言模糊不清，是因为他把"实际上发生的哲学史"与"按黑格尔

---

① ［德］黑格尔：《小逻辑》，贺麟译，商务印书馆 1980 年版，第 55 页。
② ［德］黑格尔：《哲学史讲演录》第 1 卷，贺麟、王太庆译，商务印书馆 1981 年版，第 40 页。

方式表述出来的哲学史"都称为"哲学史"，没有把它们严格地区分开来。我们还发现，乍看起来，黑格尔在谈论哲学史与逻辑之间的关系，其实，他的真正的意图是按照他自己的逻辑学中逻辑理念展开的次序重新安排"实际上发生的哲学史"，尤其是排除了种种"外在性或偶然性"，使之转化为"按黑格尔方式表述出来的哲学史"。

在这里，触目可见的是黑格尔式的逻辑暴力和绝对不允许偶然性存身的必然性的严酷专政。与其说黑格尔在讨论逻辑与历史的一致，不如说他在用逻辑"谋杀"历史。众所周知，历史的生命正在于其丰富的偶然性，在这个意义上，用逻辑去排除、清洗历史中的偶然性，无异于把历史抛进硫酸池中，让它化作一缕轻烟。由此可见，这里不但见不到作为逻辑学家的黑格尔与历史的亲善关系，反而处处见到：黑格尔试图把哲学史或其他历史开辟成逻辑的跑马场。比如，黑格尔《逻辑学》中的"有"对应于希腊哲学史上的巴门尼德（公元前540—前470），"无"对应于印度的释迦牟尼（公元前565—前486）创立的佛教，而"变"则对应于希腊哲学中的赫拉克利特（公元前544—前484），这完全是从其逻辑理念推演的需要出发而排列出来的次序，与哲学史上的时间的次序毫无关系。这种充满随意性和跳跃性的、神秘化的逻辑游戏不禁使我们联想起古希腊神话中的普罗克拉斯提斯之床。黑格尔试图用这张可怕的逻辑之床去度量哲学史和其他一切历史。马克思早在写于1843年的《黑格尔法哲学批判》中就已经指出："逻辑的泛神论的神秘主义在这里已经暴露无遗。"①费尔巴哈在1866年3月致威廉·博林的信中回顾自己当年对黑格尔的批判时，也心有余悸地写道："我在黑格尔逻辑学的哲学面前发抖，正如生命在死亡面前发抖一样。"②

在关于哲学史与逻辑的一致性问题上，黑格尔提到的"由抽象进展到具体"的原则有一定的意义，但黑格尔从其历史唯心主义的哲学体系

---

① 《马克思恩格斯全集》第1卷，人民出版社1956年版，第250页。
② 苗力田：《黑格尔通信百封》，上海人民出版社1981年版，第305页。

出发，自然而然地误解了这一原则，正如马克思所批评的："黑格尔陷入幻觉，把实在理解为自我综合、自我深化和自我运动的思维的结果，其实，从抽象上升到具体的方法，只是思维用来掌握具体并把它当作一个精神上的具体再现出来的方式。但决不是具体本身的产生过程。"①相反，马克思从历史唯物主义的立场出发，区分了两种"具体总体"：一种是"思想总体"（Gedankentotalität），它是思维综合的产物；另一种是"实在主体"（das Reale Subjekt），并指出："实在主体仍然是在头脑之外保持着它的独立性；只要这个头脑还仅仅是思辨地、理论地活动着。因此，就是在理论方法上，主体，即社会，也必须始终作为前提浮现在表象面前。"②马克思的历史唯物主义的思路是，斥破黑格尔的逻辑理念追求的虚假的具体性和总体性，返回到资产阶级社会这个实在主体上来。

实际上，马克思已经把黑格尔使用的"抽象"和"具体"的概念理解为实在主体中的结构关系。正是在这个意义上，马克思写道："因此，把经济范畴按它们在历史上起决定作用的先后次序来排列是不行的，错误的。它们的次序倒是由它们在现代资产阶级社会中的相互关系决定的，这种关系同表现出来的它们的自然次序或者符合历史发展的次序恰好相反。问题不在于各种经济关系在不同社会形式的相继更替的序列中在历史上占有什么地位，更不在于它们在'观念上'（蒲鲁东）（在历史运动的一个模糊表象中）的次序。而在于它们在现代资产阶级社会内部的结构。"③有趣的是，马克思不但对黑格尔的历史与逻辑一致的思想中蕴含的历史唯心主义观念持批判态度，而且以经济范畴史为例，表明在不少场合下，时间的次序与逻辑理念的次序是"恰好相反"的。也就是说，马克思启示我们，在历史与逻辑之间，根本就不存在什么一致性，这种所谓一致性正是黑格尔的"逻辑泛神论的神秘主义"的典型表现。重要的不是从逻辑理念的虚假的具体性出发思考问题，而是从资产阶级社会这一

---

① 《马克思恩格斯全集》第 46 卷上册，人民出版社 1979 年版，第 38 页。
② 同上书，第 39 页。
③ 同上书，第 45 页。

实在主体出发思考问题，就经济范畴的次序来说，完全取决于这一实在主体的内部结构。

然而，为什么马克思如此严厉地加以批判的所谓历史与逻辑一致的观念会在苏联、东欧和中国理论界产生如此大的影响呢？这是与恩格斯对黑格尔的认同式的解读分不开的。在写于 1859 年的《卡尔·马克思〈政治经济学批判·第一分册〉》中，恩格斯留下了这样一段论述："对经济学的批判，即使按照已经得到的方法，也可以采用两种方式：按照历史或者按照逻辑。既然在历史上也像在它的文献的反映上一样，大体说来，发展也是从最简单的关系进到比较复杂的关系，那么，政治经济学文献的历史发展就提供了批判所能遵循的自然线索，而且，大体说来，经济范畴出现的顺序同它们在逻辑发展中的顺序也是一样的。这种形式表面上看来有好处，就是比较明确，因为这正是跟随着现实的发展，但是实际上这种形式至多只是比较通俗而已。历史常常是跳跃式地和曲折地前进的，如果必须处处跟随着它，那就势必不仅会注意许多无关紧要的材料，而且也会常常打断思想进程；并且，写经济学史又不能撇开资产阶级社会的历史，这就会使工作漫无止境，因为一切准备工作都还没有做。因此，逻辑的方式是唯一适用的方式。但是，实际上这种方式无非是历史的方式，不过摆脱了历史的形式以及起扰乱作用的偶然性而已。历史从哪里开始，思想进程也应当从哪里开始，而思想进程的进一步发展不过是历史过程在抽象的、理论上前后一贯的形式上的反映；这种反映是经过修正的，然而是按照现实的历史过程本身的规律修正的，这时，每一个要素可以在它完全成熟而具有典型性的发展点上加以考察。"[①]从这段论述中可以引申出如下的结论：

第一，从整段论述可以看出，恩格斯关于历史起点与逻辑起点的一致、关于经济范畴在历史上出现的时间次序和在逻辑中发展的次序的大体一致、关于历史和逻辑各自在发展或展开中"从最简单的关系进到比

---

① 《马克思恩格斯选集》第 2 卷，人民出版社 1995 年版，第 43 页。

较复杂的关系"的大体一致等观点，与黑格尔几乎是完全相同的。所不同的是，黑格尔讨论的是哲学史与逻辑的一致，而恩格斯讨论的则是经济范畴史与逻辑的一致。

第二，尽管恩格斯提出，在经济范畴史研究中存在着两种不同的方法，历史方法或逻辑方法，但他像黑格尔一样，真正倚重的是逻辑方法，所以他认定，"逻辑的方式是唯一适用的方式"。他在肯定逻辑方法重要性的时候，没有像马克思那样深入地批判黑格尔的"逻辑泛神论的神秘主义"。

第三，虽然恩格斯强调，逻辑方式"无非是历史的方式"，但他实际上同黑格尔一样排斥历史方法。他认为，历史上存在着种种"起扰乱作用的偶然性"，"历史常常是跳跃式地和曲折地前进的，如果必须处处跟随着它，那就势必不仅会注意许多无关紧要的材料，而且也会常常打断思想进程"。从这些论述中可以看出，恩格斯更重视的是"思想进程"不被打断。也就是说，他同黑格尔一样，不喜欢"实际上发生的历史"，因为这样的历史是充满偶然性、曲折性和跳跃性的，他真正喜欢的是"被黑格尔式的逻辑范畴或思想进程整理过的、排除任何偶然性的历史"。当恩格斯进一步表示"逻辑的发展完全不必限于纯抽象的领域。相反，它需要历史的例证，需要不断接触现实"[①]时，他完全把历史理解为逻辑的插图集，每当逻辑推演或思想进程需要的时候，就向历史索取"例证"。显然，在这样的逻辑暴力的统治之下，历史这门学科完全失去了自己的独立性，它成了由一大堆"例证"组成的碎片。正如马克思在评论鲍威尔的类似的观点时所说的："历史所以存在，是为了给理论的充饥（即证明）这种消费行为服务。人为了历史而存在，而历史则为了证明真理而存在。"[②]

下面，我们尝试从马克思的历史唯物主义理论出发，对黑格尔关于

---

① 《马克思恩格斯选集》第 2 卷，人民出版社 1995 年版，第 45 页。
② 《马克思恩格斯全集》第 2 卷，人民出版社 1957 年版，第 100 页。

历史与逻辑一致的观念做出批评性的总结：

其一，黑格尔讨论历史与逻辑一致的基础和出发点是历史唯心主义和"逻辑泛神论的神秘主义"。按照这样的基础和出发点，唯一重要的是逻辑理念及其推演的过程。马克思把黑格尔的逻辑理念颠倒过来，置换成"实在主体"，即现代资产阶级社会，并用"历史与（社会）结构"的关系取代了黑格尔的"历史与逻辑"的关系。在讨论经济范畴的排列次序时，马克思认为，这种次序不取决于范畴在历史上出现的时间次序，而决定于"它们在现代资产阶级社会内部的结构"。总之，马克思摆脱了黑格尔的逻辑泛神论，他重视的是历史与结构的关系，而在这一关系中，结构处于优先地位。

其二，在马克思看来，抽象地谈论历史与逻辑的一致是没有任何意义的，事实上它们之间也根本不可能是一致的，因为历史充满了偶然性，而逻辑则体现为对必然性的崇拜和对偶然性的排除。马克思不但不同意黑格尔的观点——范畴在历史上出现的时间次序与它们在逻辑中的展开次序是大体一致的，而且在谈到经济范畴的次序时针锋相对地指出，"这种关系同表现出来的它们的自然次序或者符合历史发展的次序恰好相反"。

其三，那么，黑格尔关于逻辑和历史的发展都遵循由抽象到具体、由简单到复杂的原则是否有效呢？马克思认为，即使是这条原则也不能抽象地谈论。他考察了历史上出现过的许多现象后指出："可见，比较简单的范畴，虽然在历史上可以在比较具体的范畴之前存在，但是，它的充分深入而广泛的发展恰恰只能属于一个复杂的社会形式，而比较具体的范畴在一个比较不发展的社会形式中有过比较充分的发展。"①实际上，马克思不但不赞成沿着由简单到复杂这样的思路来研究经济关系，反而主张把这一思路颠倒过来，从复杂的关系出发去研究并理解过去的简单关系。他这样写道："资产阶级社会是历史上最发达的和最复杂的

---

① 《马克思恩格斯全集》第 46 卷上册，人民出版社 1979 年版，第 41 页。

生产组织。因此，那些表现它的各种关系的范畴以及对于它的结构的理解，同时也能使我们透视一切已经覆灭的社会形式的结构和生产关系。资产阶级社会借这些社会形式的残片和因素建立起来，其中一部分是还未克服的遗物，继续在这里存留着，一部分原来只是征兆的东西，发展到具有充分意义，等等。人体解剖对于猴体解剖是一把钥匙。"①事实上，马克思关于"人体解剖对于猴体解剖是一把钥匙"的方法正是对黑格尔关于历史与逻辑一致方法的"哥白尼式的倒转"，因为黑格尔把历史的开端和逻辑的开端，即最简单的范畴所在的地方视为研究的起点，而马克思则正好相反，他把现代资产阶级社会，这一最复杂的生产组织的结构视为自己研究的起点。

其四，黑格尔强调历史与逻辑一致的目的并不是出于对历史的尊重，更不是像恩格斯所想象的那样，体现出"他的思维方式有巨大的历史感作基础"②。恰恰相反，他的目的是使哲学史和其他一切学科的历史溶解在他的逻辑学中。换言之，他让逻辑学君临天下，成为奥林匹斯山上的宙斯。其实，马克思在《黑格尔法哲学批判》中早已指出："在这里，注意的中心不是法哲学，而是逻辑学。在这里，哲学的工作不是使思维体现在政治规定中，而是使现存的政治规定化为乌有，变成抽象的思想。在这里具有哲学意义的不是事物本身的逻辑，而是逻辑本身的事物。不是用逻辑来论证国家，而是用国家来论证逻辑。"③

如果说，黑格尔试图通过历史与逻辑的一致的观念，用逻辑来吞并历史，那么，马克思则从其历史唯物主义的理论出发，坚决反对逻辑对历史施加的任何暴力，肯定历史经验的始源性，并努力恢复历史的真相。谁都不会否认，《路易·波拿巴的雾月十八日》是马克思在历史研究中的典范之作。与黑格尔不同，马克思不是把历史作为逻辑的例证、插图或注释，而是突破黑格尔式的先验的逻辑架构，充分地占有历史资

---

① 《马克思恩格斯全集》第 46 卷上册，人民出版社 1979 年版，第 43 页。
② 《马克思恩格斯选集》第 2 卷，人民出版社 1995 年版，第 42 页。
③ 《马克思恩格斯全集》第 1 卷，人民出版社 1956 年版，第 263 页。

料，从而对路易·波拿巴的政变过程及其原因做出了令人信服的说明。与黑格尔对逻辑范畴之间的差异性的重视相反，马克思重视的则是实际上发生的历史中真实地存在着的差异。当米海洛夫斯基把马克思关于西欧资本主义起源的历史概述套用到其他民族中去的时候，马克思尖锐地批评道："他一定要把我关于西欧资本主义起源的历史概述彻底变成一般发展道路的历史哲学理论，一切民族，不管他们所处的历史环境如何，都注定要走这条道路，——以便最后都达到在保证社会劳动生产力极高度发展的同时又保证人类最全面的发展的这样一种经济形态。但是我要请他原谅。他这样做，会给我过多的荣誉，同时也会给我过多的侮辱。"①事实上，马克思在与查苏利奇的通信中提出的"跨过卡夫丁峡谷"的观点也奠基于他对东西方社会历史发展的差异的深入研究。

四、结语

综上所述，我们的宗旨是彻底偿还对黑格尔欠下的理论债务。在当前中国理论界，思想解放，首先就意味着，从我们自以为已经摆脱但实际上从未摆脱过的黑格尔的先验逻辑思维的框架中真正地摆脱出来。我们再也不能像黑格尔那样，用先验的逻辑图式去任意地裁剪和肢解活生生的现实和依然活在当代人心中的历史，必须从历史唯物主义的基本立场出发，恢复以人的实践活动为基础的历史和现实的始源性。其实，列宁早已告诉我们："人的实践活动必须亿万次地使人的意识去重复各种不同的逻辑的格，以便这些格能够获得公理的意义。"②这就启示我们，离开了实践、历史和现实，逻辑什么也不是。就像一棵草就只有一棵草的价值，一杯水就只有一杯水的价值一样，逻辑也应该退回到与它的实

---

① 《马克思恩格斯全集》第19卷，人民出版社1963年版，第130页。
② 列宁：《哲学笔记》，马克思恩格斯列宁斯大林著作编译局译，人民出版社1974年版，第203页。

际价值相符的地位上。

记得英国哲学家罗素、摩尔在脱离黑格尔的"逻辑监狱"后，重新感受到天空是蓝色的，草地是绿色的。今天，我们也应该坚定不移地从黑格尔的历史唯心主义、思辨思维和逻辑泛神论的阴影中走出来，我们的心灵将向实际上发生的历史和现实开放，将学会尊重并容纳一切新鲜经验和偶然性，我们也将在自己的思维方法的旗帜上写上《浮士德》中的箴言：

理论是灰色的，而生活之树是常青的。

德国古典哲学产生和发展的历史文化背景①

毋庸讳言，德国古典哲学乃是西方哲学史的一个有机的组成部分。作为断代史，德国古典哲学也和其他分卷一样，在写作上面临着如下的困难：作者不但应该阐明它的思想之"源"，即它与相应的历史时期的现实生活之间的内在联系，而且应该阐明它的思想之"流"，即它一方面如何传承了以前世代和同时代人的问题意识和思想资源，并把它们主题化；另一方面又如何开启了以后世代的思考方向，从而使整个哲学史发展的连续性得到真实的刻画。事实上，把开掘"源"和"流"这两方面的任务综合起来，也就是对德国古典哲学得以产生和发展的整个历史文化背景做出比较全面的考察。我们将通过以下七节的内容来完成这一考察工作。

一、路德与宗教改革的影响

在某种意义上，德国古典哲学，甚至自莱布

---

① 收录于俞吾金、汪行福、王凤才等：《德国古典哲学》，人民出版社 2009 年版，第 1—44 页。——编者注

尼茨以来的整个德国哲学都是由以马丁·路德为代表的宗教改革运动催生出来的，以至海涅干脆宣布德国哲学是"新教教会的女儿"①，并在叙述路德的新教思想时指出："凡是承认宗教改革的诸侯，都把这种思想自由合法化了，思想自由开出的一朵重要的具有世界意义的花朵便是德国哲学。"②那么，路德发动的宗教改革究竟对德国古典哲学的产生和发展产生了哪些重要的影响？

马丁·路德(Martin Luther)出生于德国东部的爱斯莱本，从小接受的是天主教会的正统教育。他先就读于爱尔福特大学，1505 年获得文学硕士学位后计划研习法学。但他攻读法律才两个月，就突然决定进入一家修道院。究竟是什么原因导致他做出了这样的决定？据说，1505 年春，爱尔福特曾经爆发黑死病，路德就是因为这样的原因而离开那里，返回自己家乡的。"不久之后，在路德探家后返回爱尔福特的途中，决定性的事件发生了。7 月 2 日，路德在距爱尔福特不远的施图特尔海姆遇到了一场强烈的雷暴。出于对这场风暴的恐惧，他向圣安娜起誓，愿意成为一名修道士。"③于是，路德在爱尔福特加入了奥古斯丁修道会。1507 年 2 月，他被任命为牧师，继续研究哲学和神学。1512 年 10 月，路德从维滕堡大学(今名为马丁路德·哈勒维腾贝格大学)获得神学博士学位，并开始在该校讲授《圣经》，还经常在社会上布道，对教会人士和世俗政权的弊端进行抨击。不久，路德卷入了关于赎罪券的论战。1517 年 10 月 31 日，他把抨击赎罪券交易的《九十五条论纲》张贴在维滕堡教堂(今名为诸圣堂、维滕贝格教堂)的大门上。其中两条是：

32. 那些持有赎罪票而自信得了救的人，将和他们的师傅永远一同被定罪。

---

① 张玉书：《海涅选集》，人民文学出版社 1983 年版，第 39 页。
② 同上书，第 236 页。
③ ［德］埃里希·卡勒尔：《德意志人》，黄正柏等译，商务印书馆 1999 年版，第 172 页。

36. 每一个真悔改的基督徒，即令没有赎罪票，也完全脱离了处罚和罪责。①

    如果说，上面列出的第 36 条论纲直截了当地点穿了赎罪券神话的荒谬性，那么，第 32 条论纲则把矛头直接指向那些从事赎罪券交易的人，尤其是那些推销赎罪券的教士们。路德当时并不打算策动一场对罗马教廷的反叛，但其 95 条论纲却在民众中迅速地传播开来，掀起了轩然大波。这一点甚至连他自己也是始料不及的。教皇下令奥古斯丁修道会会长和其他人去扑灭这场刚刚燃起的火焰。于是，从 1518 年起，先后举行了海德堡、奥格斯堡、阿尔滕堡、莱比锡和沃尔姆斯的辩论会，路德不但拒绝认错，而且镇定自若地阐述了自己的思想。1520 年 9 月底，由教皇发布的、谴责路德的教谕被公开宣布了。"允许路德公开认错的 60 天在 11 月底到期。然而，他非但不认错，还对他的敌人进行还击，发表了两篇反对教谕的宣言，然后将教谕和教规等一并公开焚毁。"②尽管后来路德对闵采尔掀起的宗教革命抱拒斥乃至敌视的态度，但他所倡导的新教改革取得了伟大的成功。路德的另一个重大的功绩是把《圣经》从拉丁语翻译成德语。借助于新发明的印刷术，路德的《圣经》译本立即普及整个德意志。正如海涅所说的："这种书面语言今天能通行于德国，并赋予这个政治上四分五裂的国家一种语言上的统一。……人们将到处谈论自由，而自由的语言则将是圣经的语言。"③而在路德所倡导的新教思想中，最值得重视的是以下三个观念：

    一是关于灵性与血气关系的观念。路德认为，"人有两个性：一个是属灵的，一个是属血气的。就人称为灵魂的灵性说，就叫做属灵的

----

    ① ［德］马丁·路德、［法］约翰·加尔文：《论政府》，吴玲玲编译，贵州人民出版社 2004 年版，第 48—49 页。

    ② ［德］埃里希·卡勒尔：《德意志人》，黄正柏等译，商务印书馆 1999 年版，第 207 页。

    ③ 张玉书：《海涅选集》，人民文学出版社 1983 年版，第 240—241 页。

人，里面的人，或说新人；就人称为血气的属肉体的性说，就叫做属血气的人，外表的人，或说旧人。……因有这个性的不同，所以《圣经》说到同一个人，却有两样矛盾的话，就是因为这两种人住在一个人之内，原来就两不相容，肉体与灵性相争，灵性与肉体相争"①。在路德看来，"灵性"指涉的是灵魂，而"血气"指涉的则是身体。对于人来说，灵魂和身体通常处于分裂的，甚至争执的状态下。假如一个人的身体无拘无束，吃喝拉撒都没有问题，甚至能得到很好的享受，但这并不意味着，他的灵魂也得到了什么益处，甚至完全可以出现相反的情形，即他的灵魂是非常险恶的。反之，如果一个人的身体被囚禁，处于饥寒交迫，甚至濒死的状态下，但身体的痛苦并不一定会伤害到他的灵魂，他的灵魂依然可以是十分善良的。

显然，在灵魂（灵性）与身体（血气）的关系中，路德崇尚的是前者，贬低的是后者。他认为，前者应该管束后者，而后者则应该服从前者。人"应该留心借着禁食、警醒、勤劳，以及别种合理的操练，操练他的身体，叫身体服在心灵之下，听从、顺服他里面的人与信"②。既然路德主张身体应该绝对地服从灵魂，那么在他的心目中，什么样的灵魂才是值得他的身体服从的呢？路德回答道："灵魂缺少别的都不要紧，但少不了上帝的道；没有上帝的道，灵魂就无处求助。但灵魂若有了道，他就是富足，不可缺少什么，因为这道就是生命的道，就是真理，光明，平安，公义，拯救，喜乐，自由，智慧，能力，恩典，荣耀，以及我所想象不到的诸般好处的道。"③在这里，路德又把问题引回到他的新教理论，尤其是对上帝的信仰中。

二是关于信与义关系的观念。所谓"信"，就是对基督教和上帝的信仰。路德认为，"每一个基督徒所应该留心的第一件事，是丢弃依靠行

① 马丁·路德著作翻译小组：《马丁·路德文选》，中国社会科学出版社 2003 年版，第 3 页。

② 同上书，第 16 页。

③ 同上书，第 4 页。

为的心，单单多求信的坚固，借着信不在行为的知识上生长，要在为他受死而且复活的基督耶稣的知识上成长，如同彼得在他的前书(指《罗马书》——引者)末章所说的；因为没有别事可使人成为基督徒"①。在路德看来，对于一个基督徒来说，他的虔诚的信仰远比他做善事的行为更重要。所谓"义"也就是好或善；"义人"也就是上帝面前的好人、善人；而"称义"也就是灵魂得到拯救，成为上帝面前的新人。把"信"与"义"综合起来，也就是路德常说的"因信称义"。但这个观念并不是路德创造出来的。实际上，保罗在《罗马书》中早已说过："心里相信，就可称义。"②在信与义的关系上，路德把信置于绝对优先的位置上。他甚至认为，"基督徒在信里就有了一切，再不需用什么行为使他称义"③。毋庸讳言，路德之所以如此尖锐地把"信"与"行为"对立起来，并对单纯的(即没有信仰背景的)行为(包括善行)取极端蔑视的态度，因为关于赎罪券的辩论给他的核心启示是：判断一个基督徒是不是"义人"的根本标准不是他的某个行为(如购买赎罪券)，而是在于他心里究竟信不信上帝。显然，重视"信"与重视"灵魂"、轻视"行为"与轻视"身体"完全是一回事。

三是关于自由与受捆关系的观念。路德这里所说的"自由"和"受捆"都是针对人的灵魂(或心灵)来说的。他写道："为使知识浅薄的人——因为我只是服事这等人——易于明了起见，我就先提出两个论心灵自由与受捆的主题，就是：一、基督徒是全然自由的万人之主，不受任何人管辖。二、基督徒是全然顺服的万人之仆，受一切人管辖。"④明眼人一看就知道，"万人之主"和"万人之仆"体现出两种截然不同的身份和地位，它们究竟是如何统一在同一个基督徒身上的呢？要找到这个问题的

①　马丁·路德著作翻译小组：《马丁·路德文选》，中国社会科学出版社 2003 年版，第 5—6 页。

②　同上书，第 6 页。

③　同上书，第 8 页。

④　同上书，第 2 页。

答案，就必须了解，在路德的语境中，"自由"与"受捆"的确切含义是什么。路德告诉我们："这就是基督徒的自由，也就是我们的信；这个自由并不是叫我们过懒惰、邪恶的生活，乃是不需以律法与行为称义来得救。"①显然，路德把"自由"与"信"看作同样含义的概念。也就是说，自由不在于一个人的身体可以为所欲为，而在于其灵魂对上帝的绝对信仰。这种信仰已经自觉到这样的程度，以致根本不需要律法的外在约束，也不需要通过行为体现出来。这种无条件的、绝对的"信"导致一个基督徒与上帝的合一，因而他和上帝一样成了"万人之主"。路德把这样的自由称作"一种属灵的真自由……这一个自由高出一切外表的自由，有如天高出地。但愿基督帮助我们明白并保守这自由"②。至于"受捆"，也就是一个基督徒心甘情愿地置身于由"信"所引起的"爱"中。而"爱的本性就是随时服事，并受所爱之人的管辖。基督正是这样，他虽是万有之主，却甘愿服在妇人之下，服在律法之下。所以他一面是自由的，一面是奴仆；一面有上帝的形象，一面又有奴仆的样式"③。不用说，在路德那里，如果"自由"只指涉灵魂的话，那么"受捆"则指涉身体，因为爱作为情感，主要是通过身体和行为来表现自己的。

从上面的论述可以看出，路德新教思想的基础和核心是灵魂与身体分离的二元论。正如卡勒尔所评论的："路德的所为，是要采用灵魂与肉体分离的中世纪概念，并使这一概念适应于一个新的时代，奠定德意志中产阶级的道德基础，同时将人分离为一种精神和灵魂完全是自由的，而肉体则完全服从国家和社会的要求的生物。"④这种二元论思想不仅对德国古典哲学的内容发生了深刻的影响，甚至也极大地影响了歌

---

① 马丁·路德著作翻译小组：《马丁·路德文选》，中国社会科学出版社 2003 年版，第 8 页。

② 同上书，第 28 页。

③ 同上书，第 2 页。

④ ［德］埃里希·卡勒尔：《德意志人》，黄正柏等译，商务印书馆 1999 年版，第 220 页。

德、康德和黑格尔等人的性格。①

下面，我们不妨以德国古典哲学的奠基者——康德为例来考察这种影响。与路德一样，康德对基督教及其教会的态度也是不彻底的。在理论上，他希望融入启蒙运动唤起的理性，对基督教进行根本性的改造；在实践上，他又倒过来论证基督存在的必要性。在《纯粹理性批判》中，康德对历史上流传下来的、关于上帝存在的证明一一予以驳斥，他用斩钉截铁的口吻向人们宣布，试图从理论上证明上帝的存在是根本不可能的。然而，在《实践理性批判》中，康德又表明，为了约束人的行为，使之向善，上帝对于实践理性来说，又是不可或缺的。海涅对康德的这种别具一格的宗教态度做出了如下的评价："他做得几乎像住在威斯特伐利亚的我的一位朋友那样聪明，这人打碎了哥廷根城格隆德街上所有的路灯，并站在黑暗里，向我们举行了一次有关路灯实际必要性的长篇演说，他说，他在理论上打碎这些路灯只是为了向我们指明，如果没有这些路灯，我们便什么也看不见。"②在海涅看来，康德是为了对付警察才采取这种奇特的宗教态度的，这显然是对康德的误解。其实，在《纯粹理性批判》的第二版序言中，康德关于扬弃知识、为信仰开拓地盘的见解已经表明，在理论理性中推翻关于上帝存在的证明和在实践理性中恢复上帝的权威，正是康德宗教理论的两个实质性的侧面。

在《单纯理性限度内的宗教》中，康德试图进一步实施把基督教理性化、道德化的改革方案，但他不久就受到了当时的国王——弗里德里希·威廉二世的训斥。国王批评他贬低了《圣经》，歪曲了基督教的基本理论。康德在给威廉二世的回信中，为自己做了六点申辩，最后不得不以恭顺的口吻写道："作为陛下您的忠实臣民，为了回避嫌疑我将绝对

---

① 恩格斯在《路德维希·费尔巴哈和德国古典哲学的终结》中曾经做过这样的评论："黑格尔是一个德国人，而且和他的同时代人歌德一样，拖着一根庸人的辫子。歌德和黑格尔在各自的领域中都是奥林波斯山上的宙斯，但是两人都没有完全摆脱德国庸人的习气。"《马克思恩格斯全集》第 28 卷，人民出版社 2018 年版，第 326 页。

② 张玉书：《海涅选集》，人民文学出版社 1983 年版，第 303—304 页。

保证完全放弃一切有关宗教题目的公开学术活动，无论是有关自然宗教，还是有关启示宗教，无论是在讲演中，还是在著作中都是一样。这是我的誓约。我永远是国王陛下您的最卑微最顺从的臣民。"①威廉二世死后，康德马上发表声明，表示自己不再受信中承担的义务的约束，并在《学科的纷争》(1798)中重申坚持自己的观点。正如路德同时扮演了以下两个角色——罗马教廷的反抗者和世俗政权的顺民及虔诚的教徒一样，康德也同时扮演了以下两个角色——基督教的改革者和恭顺的臣民及教义的辩护者。

其实，康德的宗教情绪是非常强烈的。据说，在他的住宅里，他每天黄昏都不点灯，以便欣赏近处的廖勃尼赫特教堂的塔，而当邻居花园里那些枝叶茂盛的白杨树遮住教堂的时候，他就失去了平衡。只有在邻居听了他的恳求，决定定期修剪树梢后，他才恢复平静。② 叔本华对康德在基督教问题上的矛盾态度做出了一个有趣的评论："他把康德比作一个在化装舞会上为了找对象而去向素不相识的美女献殷勤的人。在晚会结束时这位舞伴摘下假面具，原来就是他的妻子。据说康德曾经许诺建立没有上帝的道德，然而他的全部花言巧语只不过是一个假面具而已，在这个假面具后面隐藏着一副司空见惯的宗教道德的面孔。"③由此可见，也难怪尼采要把康德看成是一个隐蔽的基督徒了。对于 18 世纪的法国唯物主义者说来，他们总是在国外出版自己的无神论著作，而自己则准备进巴士底狱。与他们比较起来，德国的思想家显得何等谨小慎微！

总之，路德及其新教改革对德国古典哲学的影响是无与伦比的，但人们对自己受惠于路德这一点却缺乏明确的认识。正如歌德所说的："我们还没有认识到路德和一般宗教改革给我们带来的一切好处。我们从捆得紧紧的精神枷锁中解放出来，由于日益进展的文化教养，我们已

---

① 李秋零：《康德论上帝与宗教》，中国人民大学出版社 2004 年版，第 515 页。
② ［苏联］阿尔森·古留加：《康德传》，贾泽林等译，商务印书馆 1981 年版，第 174 页。
③ 同上书，第168 页。

经能够探本求源，从基督教原来的纯洁形式去理解基督教了，我们又有勇气以脚跟牢牢地站在上帝的大地上，感觉到自己拥有上帝赋予人的性格了。"①歌德提示我们，路德思想遗产的本质是促进德国民众思想的解放，并为这个民族确立起一种探本求原地追求真理的伟大精神。在阅读德国古典哲学家的著作时，我们处处遭遇到的难道不正是这种伟大的精神吗？

二、莱布尼茨—沃尔夫的哲学遗产

莱布尼茨(Gottfried Wilhelm von Leibniz)是康德以前最为著名的德国哲学家。在罗素看来，莱布尼茨是一个千古绝伦的大智者。他不仅精通希腊文、拉丁文、法文、德文和英文，而且在数学、物理学、法学、政治学、神学、哲学、文学、历史学、语言学诸学科中，几乎无所不知，无所不晓。然而他却缺乏斯宾诺莎身上的那种高尚的思想品德。罗素认为，存在着两个不同的莱布尼茨：一个莱布尼茨是人所共知的，他是《人类理解新论》(1703)、《神正论》(1710)和《单子论》的作者，他戴着假发，穿着时髦的服装，奔走于德国，乃至欧洲的不同的宫廷之间；另一个莱布尼茨是鲜为人知的，作为数理逻辑的探索者，他留下了大量札记、手稿和书信。罗素认为，"莱布尼茨坚信逻辑不仅在它本门范围内重要，当作形而上学的基础也是重要的。他对数理逻辑有研究，研究成绩他当初假使发表了，会重要之至；那么，他就会成为数理逻辑的始祖，而这门科学也就比实际上提早一个半世纪问世。他所以不发表的原因是，他不断发现证据，表明亚里士多德的三段论之说在某些点上是错误的；他对亚里士多德的尊崇使他难以相信这件事，于是他误认为错处

---

① ［德］爱克曼：《歌德谈话录(1823—1832)》，朱光潜译，人民文学出版社 1982 年版，第 254—255 页。

必定在自己"①。毋庸讳言，从传播学上看，罗素的见解是无可厚非的。因为莱布尼茨在数理逻辑探索方面的卓越贡献直到罗素的《对莱布尼茨哲学的批评性解释》于 1900 年出版后才广为人知。也就是说，后一个莱布尼茨的思想几乎没有对德国古典哲学产生过任何影响。

那么，前一个莱布尼茨究竟又有哪些观念影响了德国古典哲学？我们认为，至少下面这些观念是富有影响力的：一是《神正论》中关于自由与必然、善与恶的起源和可能世界等观念；二是《人类理解新论》中关于统觉、推理的真理与事实的真理关系和充足理由律等观念；三是《单子论》关于个体性②、差异性、能动性和前定和谐等观念。无疑地，这些观念都以直接的或间接的方式影响了以后的德国哲学家。平心而论，从哲学上看，莱布尼茨生前的影响是微乎其微的，然而他去世以后，在理论上却获得了巨大的哀荣。因为他生前出版的唯一专著是与宗教研究有关的《神正论》，而《单子论》初版于 1720 年，《人类理解新论》虽然完稿于 1703 年，但首次面世是 1765 年。

无疑地，莱布尼茨的遗著的影响是巨大的。海涅认为，正是莱布尼茨把德国人引上了哲学思维的道路。在《论德国宗教和哲学的历史》一书中，他这样写道："莱布尼茨在他的著作《人类理解新论》中驳斥了洛克。自从莱布尼茨以来，德国人中间掀起了一个巨大的研究哲学的热潮。他唤起了人们的精神，并且把它引向新的道路。"③文德尔班特别强调莱布尼茨的《人类理解新论》对康德的教授就职论文和赫尔德的《论人类心灵的认知和感知》及他的美学思想的重要影响。④ 在罗素看来，莱布尼茨

---

① [英]罗素：《西方哲学史》下卷，马元德译，商务印书馆 1981 年版，第 119 页。

② 在论述到个体性的时候，我们特别要提到卡西尔对莱布尼茨哲学的这一特征的高度评价："在莱布尼茨哲学中，个别第一次获得了不可转让的特权。个别不再只是特例和例子，而是表现为某种在自身中便包含着存在、由于自身便有充分根据的东西。因为在莱布尼茨的体系中，每一实体不仅是宇宙的一个片段，从某种特殊观点看，它就是宇宙本身。"[德]E. 卡西尔：《启蒙哲学》，顾伟铭等译，山东人民出版社 1996 年版，第 31 页。

③ 张玉书：《海涅选集》，人民文学出版社 1983 年版，第 253 页。

④ [德]文德尔班：《哲学史教程》下卷，罗达仁译，商务印书馆 1997 年版，第 643、644 页。

的影响是多方面的，甚至连他的文风也对以后的德国哲学造成了影响："莱布尼茨的文笔枯涩，他对德国哲学的影响是把它弄得迂腐而干燥无味。"①

其实，莱布尼茨哲学的大部分影响是靠他的学生沃尔夫（Christian Wolf）传播出去的。如果说，莱布尼茨主要用拉丁文和法文写作，那么，沃尔夫则主要用德语写作。黑格尔指出，"沃尔夫的哲学与莱布尼茨直接联接在一起：因为这种哲学真正说来乃是莱布尼茨哲学的一种系统化，因而也被称为莱布尼茨—沃尔夫哲学。……沃尔夫为德国人的理智教育作出了伟大的贡献，不朽的贡献。他不仅第一个在德国使哲学成为公共财产，而且第一个使思想以思想的形式成为公共财产，并且以思想替代了出于感情、出于表象中的感性知觉的言论"②。在黑格尔看来，沃尔夫的哲学从内容上看就是莱布尼茨的哲学，因为前者完全忠实于后者在《单子论》和《神正论》中叙述出来的主要思想，也继承了后者作为唯理论哲学家的基本思路，不过进一步把后者的思想系统化了。

沃尔夫认为，哲学由以下两个部分构成：第一部分是"理论哲学"，包括逻辑学和形而上学，而形而上学又包括以下四方面的内容，即本体论、理性心理学、理性宇宙学和理性神学；第二部分是"实践哲学"，包括自然法、道德学、国际法或政治学、经济学。③ 显然，沃尔夫哲学（包括他对整个哲学体系架构的这种理解方式）长期以来支配着德国哲学的思路。黑格尔甚至认为："沃尔夫哲学在康德以前一直占据统治地位。鲍姆加登、克卢秀斯、门德尔松是沃尔夫哲学的个别加工者。"④众所周知，康德的哲学和美学思想就受到鲍姆加登的影响。

---

① ［英］罗素：《西方哲学史》下卷，马元德译，商务印书馆 1981 年版，第 123 页。有趣的是，叔本华却夸奖了德国哲学家，尤其是康德的文风，把它称作"辉煌的枯燥性"。见［德］叔本华：《作为意志和表象的世界》，石冲白译，商务印书馆 1982 年版，第 583 页。

② ［德］黑格尔：《哲学史讲演录》第 4 卷，贺麟、王太庆译，商务印书馆 1981 年版，第 185 页。

③ 同上书，第 189 页。

④ 同上书，第 192 页。

从上面的论述可以看出，在康德创立自己的批判哲学以前，莱布尼茨—沃尔夫哲学一直以"通俗哲学"的形式支配着德国哲学界。沃尔夫也为此而获得殊荣。他先后被伦敦、巴黎、斯德哥尔摩的科学院聘为院士，沙皇彼得一世甚至委派他担任新建的彼得堡科学院（今俄罗斯科学院）副院长。巴伐利亚的选帝侯也封他为男爵。国王腓特烈二世于1740年加冕后也立即把沃尔夫召到柏林，聘他担任柏林大学副校长。总之，各种荣誉纷至沓来，但正如黑格尔所评论的："不过他名过其实，他的讲堂最后完全是空的。"①事实上，沃尔夫在把莱布尼茨的思想系统化的同时，也曲解了他的思想，尤其是牺牲了他思想中最具活力的、最有价值的那些内容，从而把他的学说变成了一种教条主义式的理智形而上学。事实上，作为德国古典哲学的奠基者，康德的批判哲学正是在反思、超越莱布尼茨—沃尔夫的教条主义的形而上学的基础上形成并发展起来的。

然而，天平总归是平的，尽管沃尔夫生前获得了超过他实际才能的巨大名声，但哲学史家们从来没有把他列入一流的思想家的范围之内。当然，我们也不能对他的哲学思想做出与历史事实不符的结论来。不管如何，莱布尼茨—沃尔夫哲学为德国古典哲学的起步提供了一个理论平台。正如梯利所说的："沃尔夫用德文和拉丁文写了各种教科书，这种教科书为德国大学所采用，经历了许多年。他虽然缺乏创造性，实际上削弱了莱布尼茨的哲学，但是他推动了德国哲学研究，对启蒙思潮作出了贡献。"②

三、莱辛、赫尔德与德国启蒙运动

在欧洲各国，启蒙运动并不是同时发生的。先是荷兰和英国，接着

---

① ［德］黑格尔：《哲学史讲演录》第4卷，贺麟、王太庆译，商务印书馆1981年版，第186页。

② ［美］梯利：《西方哲学史》下册，葛力译，商务印书馆1979年版，第146页。

是法国，而姗姗来迟的则是德国。由于当时的德国还不是一个统一的民族国家，它被各自为政的诸侯国分裂为许许多多的碎片。所以，当启蒙思潮于18世纪中期开始在这片土地上蔓延开来的时候，在呼吁人、人性、个性解放、自由、理性和知识这些普遍的启蒙母题的同时，也常常夹杂着民族统一这个经久不衰的话题。德国启蒙运动涉及许多人物，但我们在这里要着重介绍的是其代表人物——莱辛（Gotthold Ephraim Lessing）和赫尔德（Johann Gettfried Herder）。

先来看莱辛。莱辛出生于萨克森地区的一个小城卡门茨，父亲是牧师。他就读于莱比锡大学神学系，后来又转入医学系，但真正使他感兴趣的是文学艺术。他在大学期间就已开始创作，以评论家、诗人、记者和剧作家而知名。莱辛先后撰写了《萨拉·萨姆逊小姐》《明娜·封·巴尔赫姆》《爱米丽雅·迦洛蒂》和《智者纳旦》等剧本，揭露了封建统治者的残暴和腐败，反映了市民阶层的心声和民族统一的渴望。与此同时，莱辛还深入地探讨了文学艺术理论，分别于1766年和1769年出版了《拉奥孔》和《汉堡剧评》。不用说，这两部著作的影响是无与伦比的。歌德在其自传《诗与真》中曾经这样写道："卓越的思想家从幽暗的云间投射给我们的光辉是我们所最欢迎的。我们要设想自己是青年，才能想象莱辛的《拉奥孔》一书给予我们的影响是怎样，因为这本著作把我们从贫乏的直观的世界摄引到思想的开阔的原野了。……莱辛的这种卓越的思想的一切结果，像电光那样照亮了我们，从前所有的指导的和判断的批评，都可以弃如敝屣了，我们认为已从一切弊病解放出来，相信可以带着怜悯的心情来俯视从前视为那样辉煌的16世纪了。"[1]

在莱辛的剧作和文学艺术评论中，裹挟着一种睿智的、明快的启蒙之光，而这种启蒙之光同样也反映在他的神学论著中。但莱辛在这方面的锐利的、批判性的思索却为他在文学艺术领域里所取得的巨大成就所掩蔽。事实上，直到20世纪，他这方面的思想才引起研究者们的高度

---

[1] 《歌德自传——诗与真》上，刘思慕译，人民文学出版社1983年版，第323页。

重视。在哲学研究方面，他似乎没有留下什么著作，但正如俄罗斯思想家车尔尼雪夫斯基所说的，他"以自己的作品为整个德国近代哲学奠定了基础"①。其实，尽管莱辛没有出版过哲学著作，但他有自己的哲学思想。据说，莱辛在去世前半年曾经见过弗里德里希·雅可比（Friedrich Heinrich Jacobi），并告诉他，自己信奉的是斯宾诺莎哲学和他的泛神论。莱辛还补充道："除了斯宾诺莎哲学，再没有任何别的哲学。"②既然莱辛的哲学也就是斯宾诺莎的哲学，而他的神学思想在当时也没有引起足够的重视，所以我们在这里主要考察他作为一个启蒙学者在文学艺术批评方面的见解。

在文学艺术批评方面，特别值得一提的是莱辛的《拉奥孔》。正是在这部著作中，莱辛提出了与温克尔曼（Johann Joachim Winckelmann）不同的见解。后者作为希腊古典文艺研究的开拓者，强调希腊艺术的根本特征是"高贵的单纯和静穆的伟大"，并把拉奥孔雕像群作为造型艺术中的范例来说明自己的观点。在温克尔曼看来，当拉奥孔和他的两个儿子受到巨蟒的突然袭击时，之所以微微地张着嘴巴，发出低声的呻吟，正体现出理性对激情的抑制，从中可以见出希腊艺术的内在精神，即"高贵的单纯和静穆的伟大"。而在温克尔曼的这一见解中，又蕴含着已被许多艺术家视为定见的所谓"诗画一致论"（即"画是一种无声的诗，诗是一种有声的画"）。

莱辛激烈地批判了这种见解，他向我们提出了这样的问题：为什么在维吉尔的《伊尼特》史诗中写到了拉奥孔的哭泣和哀号，但在作为造型艺术的拉奥孔雕像群中，这种绝望和哀伤却被冲淡了？这表明诗、画和造型艺术在审美特征上是有差别的。莱辛通过自己的深入研究指出："我要建立的论点只是：在古希腊人来看，美是造型艺术的最高法律。这个论点既然建立了，必然的结论就是：凡是为造型艺术所能追求的其

---

① ［俄］A. B. 古雷加：《德国古典哲学新论》，沈真、侯鸿勋译，中国社会科学出版社 1993 年版，第 34 页。

② 同上书，第 45 页。

他东西，如果和美不相容，就须让路给美；如果和美相容，也至少服从美。"①尤其是在雕刻所反映的人物的表情上，如果脸部肌肉极度扭曲，处于异常激动的状态之下，就会失去原来在平静状态下所有的那些美丽的线条。"所以古代艺术家对于这种激情或是完全避免，或是冲淡到多少还可以现出一定程度的美。狂怒和绝望从来不曾在古代艺术家的作品里造成瑕疵。我敢说，他们从来不曾描绘过表现狂怒的复仇女神。他们把忿怒冲淡到严峻。对于诗人是一位发出雷电的忿怒的朱庇特；对于艺术家却只是一位严峻的朱庇特。"②不用说，正是通过对诗、画和造型艺术的差别的细致分析，莱辛不仅阐明了他与温克尔曼在审美观念上的差异，而且也间接地抨击了当时正在法国流行的新古典主义的艺术见解。

在我们看来，许多评论家都未注意到莱辛作为启蒙学者在《拉奥孔》中所倡导的那种"祛神化"的伟大的人文精神。谁都不会否认，温克尔曼对古希腊艺术的评价，蕴含着一种潜在的倾向，即对古希腊艺术的崇拜和神化。而莱辛则力图破除这种成见，努力从人和人性的角度去理解古代艺术。比如，在分析荷马的作品时，他告诉我们："尽管荷马在其他方面把他的英雄们描写得远远超出一般人性之上，但每逢涉及痛苦和屈辱的情感时，每逢要用号喊、哭泣或咒骂来表现这种感情时，荷马的英雄们却总是忠实于一般人性的。在行动上他们是超凡的人，在情感上他们是真正的人。"③这段极为重要的论述不但揭示出古代文学艺术与人性之间的内在联系，而且也体现出莱辛的充满启蒙精神的美学观，即艺术作品的真正的美一定会体现出健康的人性。在新的时代中，需要的不是一双崇拜神的眼睛，而是一双尊重人的眼睛。

即使在莱辛的几乎可以被称作唯美主义的艺术观中，仍然可以解读出一个大写的"人"字。在《拉奥孔》第五章的结尾处，莱辛写道："艺术的最高目的可以导致习俗的完全抛弃。美就是这种最高目的；衣服的发

---

① ［德］莱辛：《拉奥孔》，朱光潜译，人民文学出版社 1982 年版，第 14 页。
② 同上书，第 14—15 页。
③ 同上书，第 14 页。

明起于需要，艺术和需要有什么相干？我承认衣服也有一种美，但是比起人体美来，衣服美算得上什么呢？"①显然，在莱辛看来，世界上最美的艺术品乃是刻画人体美的艺术品。当然，遗憾的是，他没有沿着这个方向深入地思索下去，直到尼采宣布人体美是审美中的核心原则。但《拉奥孔》的问世已经表明，作为启蒙学者，莱辛已经开始以人和人性的眼光来审视文学艺术了。

在《汉堡剧评》中，莱辛的主要批评对象是热衷于描写宫廷生活和豪华排场的法国新古典主义及其在德国的追随者戈特舍德（Gottsched）。首先，莱辛批评新古典主义者拘泥于亚里士多德的"三一律"（即时间、地点、行动整一律）来创作戏剧，从而使剧情展开的真实性受到观众的质疑。在第46篇剧评中，他不无讽刺地指出："有的人听任规则摆布；有的人确实重视规则。前者是法国人干的；后者似乎只有古代人懂得。"②虽然古代人总结出"三一律"，但他们实际上主要遵守的是行动整一律。在莱辛看来，活动时间和地点的自由度要大得多的现代戏剧应该灵活地理解这一规则，不要成为它的奴隶。其次，莱辛谴责新古典主义的矫揉造作。在第59篇剧评中，他这样写道："没有什么比朴素的自然更正派和大方。粗鄙和混乱是跟它格格不入的，如同造作和浮夸跟崇高格格不入一样。"③莱辛把"朴素的自然"作为标准引入现代戏剧中，体现出来的正是新兴的市民精神和明快的启蒙格调。最后，莱辛还指责新古典主义把自己的创作视野聚焦于王公贵族和宫廷生活上，从而失去了对现实的人，特别是"我们周围人"的关注。在第14篇剧评中，莱辛指出："王公和英雄人物的名字可以为戏剧带来华丽和威严，却不能令人感动。我们周围人的不幸自然会深深侵入我们的灵魂，倘若我们对国王们产生同情，那是因为我们把他们当作人，并非当作国王之故。他们的地位常常

---

① ［德］莱辛：《拉奥孔》，朱光潜译，人民文学出版社1982年版，第40页。
② ［德］莱辛：《汉堡剧评》，张黎译，上海译文出版社1998年版，第241页。
③ 同上书，第309页。

使他们的不幸显得重要，却也因而使他们的不幸显得无聊。"①在这里，莱辛的语言虽然表达得很委婉，但实际上却为现代戏剧的创作提出了一个十分重大的问题，即戏剧的主人公如何从王公贵族转变为市民大众。

在莱辛看来，这种转变不光体现在主人公上，也体现在整个场景的变化上。在第59篇剧评中，他写道："我早就认为宫廷不是作家研究天性的地方。但是，如果说富贵荣华和宫廷礼仪把人变成机器，那么作家的任务，就在于把这种机器再变成人。"②显而易见，要完成这个把机器转变为人的过程，就不能再退回到宫廷生活的场景中去，而是要把我们的目光投向现实生活，投向我们周围的人。而在现代戏剧中要写好人，塑造好人物，关键在于刻画好剧中人物的性格。所以莱辛强调："一切与性格无关的东西，作家都可以置之不顾。对于作家来说，只有性格是神圣的，加强性格，鲜明地表现性格，是作家在表现人物特征的过程中最当着力用笔之处。"③

从莱辛的文学艺术批评论著中，处处可以见出他作为德国启蒙学者的睿智、渊博、明晰的思维和伟大的人格力量。正如歌德所叹息的："我们缺乏的是一个像莱辛似的人，莱辛之所以伟大，全凭他的人格和坚定性！那样聪明博学的人到处都是，但是哪里找得出这样的人格呢？"④

赫尔德出生于东普鲁士的一个小城市摩隆根，父亲是手艺人。他18岁时进入哥尼斯堡大学，起先学医，但在第一次做尸体解剖手术时就昏倒了，于是转向神学系。但他非常喜欢听哲学课，特别是康德的哲学课。两年后，他离开哥尼斯堡到里加去担任一所教会学校的校长助理。期间他撰写了《论德国近代文学片断》(1766—1767)和《批评之林》(1769)

---

① ［德］莱辛：《汉堡剧评》，张黎译，上海译文出版社1998年版，第74页。
② 同上书，第309页。
③ 同上书，第125页。
④ ［德］爱克曼：《歌德谈话录(1823—1832)》，朱光潜译，人民文学出版社1982年版，第92页。

两部著作。之后，他到巴黎旅行，在那里结识了狄德罗，回国后，又在汉堡拜访了莱辛。事实上，他早就是莱辛思想的追随者了。作为文学上的"狂飙突进"运动的发起者，他在文学批评界已经享有盛誉。1770 年他来到了斯特拉斯堡，完成了《论语言的起源》《雕塑论》等著作，并在那里遇到了歌德。1771—1776 年他在毕克堡担任宗教法庭顾问，完成了《没落的审美趣味在不同民族那里繁荣的原因》（1773）、《人类最古文献》（1774）等著作。1776 年起，他受邀担任魏玛新教教区长职务，出版了《关于人类历史哲学思想》（1784—1791）等著作。晚年赫尔德由于与康德、席勒和歌德等人交恶，1803 年在魏玛孤独地去世。[①] 像他的先驱者莱辛一样，赫尔德在德国启蒙运动中发挥了重要的作用。赫尔德的任何见解都以其历史主义的眼光为基础，这使他的论著气势恢宏、知识渊博。然而，更重要的是，这种历史主义的眼光蕴含着对一切传统的、神圣的定见（法国百科全书派学者称之为"偏见"）的冲击，体现出以理性为核心的启蒙精神所裹挟着的高屋建瓴的、无坚不摧的巨大力量。

一方面，在文学艺术批评方面，赫尔德推进了温克尔曼和莱辛的观念。如果说，在《拉奥孔》中莱辛论述了诗与画之间的差别，那么在《雕塑论》中，赫尔德进一步阐明了雕塑与绘画之间的差别："说到底，雕塑是真实，绘画是梦幻；前者是完整的表现，后者是叙述的魔术。一种怎样的差别啊，就好像它们很少处在一个基础上！"[②]赫尔德还认为，绘画中的人物需要服装，而雕塑则不需要："在最美的时代，雕像既不需要衣服，也不需要色彩，既不需要眼珠也不需要银制。艺术就像维纳斯赤裸裸地站在那里，而且这就是她的装饰和财富。"[③]与莱辛一样，赫尔德之所以特别关注作为造型艺术的雕塑作品，因为正是在古代雕塑作品中

① ［苏］阿·符·古留加：《赫尔德》，候鸿勋译，上海人民出版社 1985 年版，第 12—21 页。

② ［德］赫尔德：《赫尔德美学文献》，张玉能译，同济大学出版社 2007 年版，第 16 页。

③ 同上书，第 28 页。

大量出现的人体雕塑，涉及"人""人性"这个启蒙时期最重要的主题。赫尔德写道："人的美好身材不是来自云雾中的抽象概念，不是玄奥规则或者任意认可的结构；它可以被每个人所把握和感觉到，它是生命的形式、力量的表达存在于人性的容器之中，并在自己或别人心中感受到的那种东西。只有内在完善的意义才是美。"①人体雕塑作为有生命的人在艺术上的体现，应该努力表达出人体的动感。荷马就非常善于描绘行动着的肢体，使它们呈现出一种动感的美。赫尔德写道："大自然并不想把我们人类造成死海，造成一种永远无所作为的安静状态和毫无感情的神圣静穆，而是想把我们人类造成一条激荡的、永远充满力量和生命气息的永不停息的大河，所以我们看到，即使从外表上来看，她的造物也不是优美的始终无所作为的假面具和戴假面具者，而必须是能使形式灌注生气的生命之风。"②毋庸讳言，从这样的表述中很容易看出，赫尔德的审美观念不但超越了温克尔曼总结的古希腊人的审美理念——"高贵的单纯和静穆的伟大"，重新肯定了古代艺术，尤其是雕塑艺术对人体动感的高度重视，也通过"生命"概念的引入，深化了莱辛的美学思想。俄罗斯评论家车尔尼雪夫斯基认为："赫尔德受到莱辛的作品熏陶的那种程度，是几乎任何一本理论著作也无法使一个学生对于同一种类、同一题材的作品所能达到的。"③言下之意，赫尔德在其任何著作中都没有提出与莱辛不同的见解。此说显然是不确切的。

另一方面，在语言起源问题的研究上，赫尔德猛烈地抨击了"语言神授说"。1769 年，普鲁士科学院征求关于语言起源方面的学术论文。赫尔德的长篇论文《论语言的起源》脱颖而出，成了唯一的获奖作品。正是在这部论著中，赫尔德十分机智地反驳了当时作为科学院院士的苏斯米希(Johann Peter Suessmich)提出的"语言神授说"。在苏斯米希看来，

---

① ［德］赫尔德：《赫尔德美学文献》，张玉能译，同济大学出版社 2007 年版，第 57 页。
② 同上书，第59页。
③ ［苏］阿·符·古留加：《赫尔德》，候鸿勋译，上海人民出版社 1985 年版，第 8 页。

人类语言是异常复杂、异常精巧的，因而只有万能的上帝才能把它们发明出来。赫尔德采取归谬法进行驳斥，他举阿拉伯语为例。在阿拉伯语中，形容狮子的词有 50 个，形容蛇的词有 200 个，表示剑的词有近1000 个。这些词一度存在着，后来都消失了。为什么神要发明这些不必要的词汇呢？赫尔德写道："为描述石头，发明了 70 个词，同时却没有词来表达一切必要的概念、内在的感觉和抽象；一方面充斥着无用的冗余，另一方面又苦于极度的贫乏，不得不求助于大量的比喻和不合逻辑的语词，——语言被设计得这么糟糕，而有人却还以为这是神的安排！"①在赫尔德看来，既然你苏斯米希认定，语言是神创造的，而神又是万能的，那么，为什么神要创造出这样不完美的语言？你这不是在证明神的无能吗？

赫尔德提出的另一个质难是："假如语言是由天使或圣灵发明的，那么，语言的全部构造必定会是圣灵的思维方式的翻版。除了根据超凡脱俗的天使特征外，我们还有什么办法来认识天使所画的画像呢？可是在我们的语言里，哪里找得到天使的特征呢？不要说结构和框架，就连语言这座宫殿的第一块基石，也显露出人类性！"②所有这些驳斥都从根本上摧毁了"语言神授说"。与此同时，赫尔德也驳斥了法国启蒙学者孔狄亚克与卢梭在语言起源问题上的错误观点。赫尔德认为，"当人还是动物的时候，就已经有了语言"③。也就是说，当人类还像其他动物一样在森林中漫游的时候，他们肉体的感受、他们心灵的渴望，都会通过粗野而含混的声音表达出来。当然，这种动物式的自然语言过于粗糙，也过于贫乏，无法表达人类丰富的感情世界和内心世界。后来，它逐渐被人为的语言所排挤，在人为的语言发展的一定阶段上，甚至出现了高度抽象的形而上学语言。但只要往起源的方向追溯，就会发现，"语言

---

① ［德］J. G. 赫尔德：《论语言的起源》，姚小平译，商务印书馆 1998 年版，第 60 页。
② 同上书，第40 页。
③ 同上书，第2 页。

并非源出于神，恰恰相反，它源自动物"①。

在赫尔德看来，当我们涉及高于动物语言的人类语言时，"我们可以说，语言是人的本质所在，人之成其为人，就因为他有语言"②。通过对语言的历史发展、语言之间的差异、语词的结构、含义及其演化方式的深入考察，赫尔德坚定不移地指出："有 1000000 条根据，证明语言源出于人类心灵，证明语言是通过人的感官和知觉形成的！有无数的事实证明，在所有的民族、国度和环境里，语言都萌芽于理性之中并随着理性的成长而成熟起来！谁能对世界各民族的这一普遍的心声充耳不闻?!"③

综上所述，作为德国启蒙运动的杰出代表，莱辛和赫尔德高扬了人、人性和理性的原则，从而为德国古典哲学的产生和发展提供了重要的思想资源。

四、歌德和席勒：德国文学艺术的杰出代表

与英国文学、法国文学比较起来，德国文学也是后起的。按照斯达尔夫人的见解，"促使德国文学发展迟缓的那些原因，就某些方面来说，更加阻碍了它臻于完善。一个民族的文学在邻近许多民族的文学形成之后才形成，这确实是一个十分不利的条件，因为对已成文学的模仿时常代替了民族才智的发展"④。在斯达尔夫人看来，德国文学之所以起步维艰，既与德国当时所处的分裂状态有关，也与各诸侯政府漠视文学艺术有关。"由于德国文学家丝毫得不到政府的鼓励，他们长期以来孤军奋战、各行其是，很晚才达到文学真正鼎盛的阶段。"⑤斯达尔夫人这里

---

① ［德］J. G. 赫尔德：《论语言的起源》，姚小平译，商务印书馆 1998 年版，第8 页。
② 同上书，第21 页。
③ 同上书，第64 页。
④ ［法］斯达尔夫人：《论文学》，徐继曾译，人民文学出版社 1986 年版，第 198 页。
⑤ ［法］斯达尔夫人：《德国的文学与艺术》，丁世中译，人民文学出版社 1981 年版，第 9 页。

所说的德国文学"真正鼎盛的阶段"是以歌德和席勒的名字为标志的，而这个鼎盛阶段的形成，又是以前面提到的莱辛和赫尔德为代表的德国启蒙思潮发生积极影响的结果。

歌德(John Wolfgang Goethe)出生于美因河畔法兰克福一个市民家庭，从小受到良好的文化教育。他先后到莱比锡大学、斯特拉斯堡大学求学。正是在斯特拉斯堡，歌德结识了赫尔德。歌德在其自传中写道："给我带来极重大的结果、最有意义的事件就是与赫尔德之结识以及接着跟他的亲密交往。"[①]事实上，赫尔德对歌德的影响不仅在于他引导歌德去读莎士比亚，去学习和收集民歌，而且他把自己的思想(包括今后的研究打算)都告诉了歌德。正如歌德后来坦然承认的："以我跟赫尔德共同度过的几个星期的丰富的内容而论，我很可以说，他日后逐渐完成的一切作品，已萌芽于此时，并且我因而得到很荣幸的机会，将我一向所想的，所学的，所吸收的，加以完成、扩大和与较高级的东西相联系。"[②]

1771年，学业完成后，歌德回到法兰克福，从事律师工作，但其兴趣完全在文学创作上。事实上，由赫尔德启动的"狂飙突进"运动所蕴含的追求自由的反叛精神，在歌德18世纪70年代的文学作品——《铁手葛兹·冯·贝利欣根》(1771)、《少年维特之烦恼》(1773)中达到了经典性的表现。1775年，歌德应邀去魏玛担任公职，1786年因厌倦政务而秘密离开魏玛去意大利。在意大利，歌德的文学创作风格发生了重大的变化，即从富于激情、反叛和幻想的"狂飙突进"风格转向追求理性、宁静与和谐的古典主义。在此期间完成的历史剧《伊菲革涅亚在陶里斯岛》(1786)和《哀格蒙特》(1787)都体现出这种古典主义的精神。

1788年，歌德回到魏玛。完成了历史剧《托尔夸托·塔索》(1789)，从1794年起，歌德与席勒之间有长达10年的合作。在这段辉煌的时间

---

① 《歌德自传：诗与真》上，刘思慕译，人民文学出版社1983年版，第412页。
② 同上书，第420页。

里，魏玛成了德国文学艺术的中心。正如歌德所回忆的："那确实是个兴盛时期。……德国观众还没有被过分的激情教坏，莎士比亚正以他早晨的新鲜光辉在德国发生，莫扎特的歌剧刚出世，席勒的一些剧本一年接一年地创作出来，由他亲自指导，让这些剧本以旭日的光辉在魏玛剧院上演。试想一下这一切，你就可以想象到当时老老少少所享受的就是这种盛筵……"[①]在这段时间里，歌德自己也文思如涌，他的《威廉·麦斯特的学习时代》(1796)、《赫尔曼与窦绿苔》(1796)、《浮士德》(第一部，1806)差不多都是在这个时期完成的。席勒于1805年去世后，歌德基本上开始过隐居生活，先后完成了《威廉·麦斯特的漫游年代》(1829)、《浮士德》(第二部，1831)等重要作品。在这里，我们不可能对歌德浩如烟海的作品逐一做出分析，而是把自己的关注点放在他的文学理论上。

首先，歌德主张认真学习英国文学的创新精神。他指出："我们德国文学大部分就是从英国文学来的！我们从哪里得到了我们的小说和悲剧，还不是从哥尔斯密、菲尔丁和莎士比亚那些英国作家得来的？就目前来说，德国哪里去找出三个文坛泰斗可以和拜伦、穆尔和瓦尔特·司各特并驾齐驱呢？"[②]正是从这样的见解出发，歌德建议他的秘书爱克曼一定要学习英国文学，打下扎实基础。在英国文学中，歌德最为推崇的是莎士比亚。在《纪念莎士比亚命名日》(1771)一文中，歌德写道："他的著作我读了第一页，就被他终生折服；读完他的第一个剧本，我仿佛像一个天生的盲人，瞬息间，有一只神奇的手给我送来了光明。我认识到，并且最强烈地感觉到，我的生存向无限扩展；我感到一切都很新鲜，前所未闻，而那异乎寻常的光亮把我的眼睛刺得疼痛难忍。我渐渐地学会了观看，我要感谢给我智慧的神灵，至今我依然能清楚地感觉到

---

① ［德］爱克曼：《歌德谈话录(1823—1832)》，朱光潜译，人民文学出版社1982年版，第68页。

② 同上书，第48页。

我当时所获得的东西。"①正是英国文学家，特别是莎士比亚启发了歌德：戏剧创作不要拘泥于形式，尤其是亚里士多德总结出来的"三一律"，要让剧情自然地得到伸展，让人物自由地行动。换言之，正是英国文学启发歌德，要解放思想，抛弃文学创作上的任何枷锁。所以歌德说："我断然拒绝按固定规则去写戏剧。我觉得地点的统一犹如监狱一般可怕，情节和时间的统一是我们想象力难以忍受的枷锁，我跳向自由的空间，这时我才感到我有手和脚。"②

其次，歌德主张从现实生活中提炼出文学，尤其是诗歌的主题。歌德一向瞧不起空中楼阁式的诗，他强调自己所写的诗都源于现实生活："不要说现实生活没有诗意。诗人的本领，正在于他有足够的智慧，能从惯见的平凡事物中见出引人入胜的一个侧面。必须由现实生活提供做诗的动机，这就是表现的要点，也就是诗的真正核心。"③当然，歌德这里肯定文学作品的主题和题材要源于现实生活，并不等于说，文学家或诗人只要对现实生活采取单纯模仿的态度就可以了。歌德认为，文学家或诗人还必须调动自己的创造能力，把来自现实生活的题材熔铸成一个优美的、生气贯注的整体。事实上，歌德对现实生活的重视正构成了他的文学理论与浪漫派的文学理论的重大差别。

最后，歌德主张，在评论文学艺术作品时，一定要把它们和它们所从出的时代紧密地结合起来。在谈到莎士比亚的时候，歌德指出："如果有人不相信莎士比亚的伟大多半要归功于他那个伟大而雄强的时代，他最好只想一下这样一个问题：这样令人惊奇的现象在 1824 年今天的英国，在今天纷纷闹批评、闹分裂的这种坏日子里，能否出现呢?"④在歌德看来，目前的德国也缺乏产生这样伟大作家和作品的时代条件。今

---

① 《歌德文集》第 10 卷，范大灿等译，人民文学出版社 1999 年版，第 2 页。
② 同上书，第 2 页。
③ ［德］爱克曼：《歌德谈话录（1823—1832）》，朱光潜译，人民文学出版社 1982 年版，第 6 页。
④ 同上书，第 16 页。

天的作家都要面对群众，面对每天在 50 个不同的地方出现的评长论短和群众中流传的流言蜚语。歌德认为，"通过各种报刊的那种低劣的、大半是消极的挑剔性的美学评论，一种'半瓶醋'的文化渗透到广大群众之中。对于进行创作的人来说，这是一种妖氛，一种毒液，会把创造力这棵树从绿叶到树心的每条纤维都彻底毁灭掉。"①而这种恶劣的时代条件迫使文学家或诗人逃避到自己的内心世界中去，从自己的内心生活中去汲取创作的灵感。经过对文学艺术作品与时代关系的深入思索后，歌德引申出如下的结论："一切倒退和衰亡的时代都是主观的，与此相反，一切前进上升的时代都有一种客观的倾向。我们现在这个时代是一个倒退的时代，因为它是一个主观的时代。"②那么，一个作家是否应该对他置身于其中的时代采取积极的态度呢？歌德的回答是肯定的。如果时代是主观的、倒退的，作家是不是也应该退回到自己的内心世界中去呢？歌德认为，作家仍然应该坚定不移地走自己的客观化的道路。他对爱克曼说过："我只劝你坚持不懈，牢牢地抓住现实生活。每一种情况，乃至每一顷刻，都有无限的价值，都是整个永恒世界的代表。"③事实上，歌德自己正是与他生活的时代不断地进行抗争的典范。在某种意义上，歌德的一系列伟大的文学作品都是这样的抗争的结果。这也表明，在歌德的身上，有一种已经被启蒙运动唤醒的、锲而不舍的伟大精神。正如斯达尔夫人所说的："歌德可以代表整个德国文学，这倒并不是因为在某些方面没有比他更高明的作家。但他是唯一能把德意志精神的特点荟聚于一身的人。没有人能像他在这一类想象力上做到如此出类拔萃，而意大利人、英国人，甚至法国人，在这方面竟无涉足的余地。"④事实上，歌德的文学作品及其理论不仅影响了德国文学界，而且也影响了哲

---

① ［德］爱克曼：《歌德谈话录（1823—1832）》，朱光潜译，人民文学出版社 1982 年版，第 17 页。
② 同上书，第 97 页。
③ 同上书，第 12 页。
④ ［法］斯达尔夫人：《德国的文学与艺术》，丁世中译，人民文学出版社 1981 年版，第 28 页。

学界。歌德生前与谢林、黑格尔都有交往，对康德哲学，尤其是对他的《判断力批判》心仪已久。他的注重自然、注重情感、注重常识的思想倾向对德国哲学在理性与情感之间寻求均衡发展发挥了积极的引导作用。

席勒(Friedrich Schiller)出生于符腾堡公国马尔巴赫城一个医生的家庭里。13 岁被公爵送入军事学校。他很早就接受了"狂飙突进"运动的影响，如饥似渴地阅读莎士比亚、卢梭和歌德的作品，尤其是歌德的《少年维特之烦恼》对他产生了重大的影响，他开始学着写剧本。1780 年毕业后，他在斯图加特做军医，1787 年去魏玛，并在那里定居。先后创作了剧本《强盗》(1781)、《阴谋与爱情》(1782)和《堂·卡洛斯》(1787)。这些历史剧无一不贯穿着抵抗暴政、追求自由的主题。18 世纪 80 年代中期后，随着"狂飙突进"运动的衰落，席勒转向历史研究，撰写了《尼德兰独立史》(1788)、《三十年战争史》(1791—1793)，并被耶拿大学聘为历史学教授。1794 年，席勒开始与歌德进行全面的合作，他的创作热情重新被唤起了，出版了《美育书简》(1795)和历史剧《华伦斯坦》(1799)、《奥尔良的姑娘》(1801)、《威廉·退尔》。体现在这些历史剧中的仍然是反抗暴政、追求独立和自由的观念。正如歌德所评价的："贯穿席勒全部作品的是自由这个理想。随着席勒在文化教养上向前迈进，这个理想的面貌也改变了。在他的少年时期，影响他自己的形成而且流露在他作品里的是身体的自由；到了晚年，这就变成理想的自由了。"[1]我们下面论述的是席勒在美学和文学理论研究方面的主要观点。

其一，任何真正的审美活动都应该奠基于健康的、完整的人性之上。在《美育书简》(1795)中，席勒认为，从知性的水平上看，现代人显然要高于古代人，但从完整的人性角度来看，现代人则远远地逊于古代人。为什么会出现这种现象？席勒的回答是："正是教养本身给现代人性造成了这种创伤。只要一方面积累起来的经验和更明晰的思维使科学

---

[1]　［德］爱克曼：《歌德谈话录(1823—1832)》，朱光潜译，人民文学出版社 1982 年版，第 108—109 页。

更明确的划分成为必然，另一方面国家的越来越复杂的机构使等级和职业更严格的区别成为必然，那么人的本性的内在纽带也就断裂了，致命的冲突使人性的和谐力量分裂开来。"①在席勒看来，在希腊城邦，每个人都享受着一种独立的生活，每个人的发展都带有整体发展的特性；而对现代人来说，他过的只是一种机械的生活，国家与教会、法律与习俗的分裂，享受与劳动、手段与目的、努力和报酬的脱节，使生活成了一堆碎片，而"永远束缚在整体中一个孤零零的断片上，人也就把自己变成一个断片了。耳朵里听到的永远是由他推动的机器轮盘的那种单调乏味的嘈杂声，人就无法发展他生存的和谐，他不是把人性印刻到他的自然(本性)中去，而是把自己仅仅变成他的职业和科学知识的一种标志"②。席勒认为，在任何时代中，人们的审美趣味都是以人性为基础的。如果人性是完整的、和谐的，人们的审美趣味也就普遍地是高尚的、优雅的；反之，如果人性像现代人那样处于分裂的、碎片的情况下，人们的审美趣味也就会普遍地表现为低劣、肤浅，甚至矫揉造作。对于现代人来说，合理的审美教育的关键在于，使人们把关于美的理想与理想的、完整的人性结合得融洽起来。正如席勒所说的："只有当人们在思想上所具有的那种美和那种人性的形式相互融洽时，它们才变得合理。"③我们知道，席勒关于现代人人性的碎片化倾向的忧思，实际上触及的正是一个重大的理论问题，即现代人的异化问题。这个问题后来成了黑格尔、费尔巴哈和马克思哲学的主题。

其二，任何真正的审美活动的本质乃是对自由的追求。席勒认为，"在人的身上，理性的最初出现还不是他的人性的开始。通过人的自由人性才明显地表现出来，理性的真正开端是使他的感性依存性成为无限的"④。在席勒看来，自由不但是完整的人性的根本标志，也是一切审

---

① [德]席勒：《美育书简》，徐恒醇译，中国文联出版公司1984年版，第50页。
② 同上书，第51页。
③ 同上书，第94页。
④ 同上书，第124页。

美活动追求的真正的目标："高尚的精神并不满足于自身是自由的，他还要使他周围的一切事物、甚至无生命的东西都成为自由的。然而，美是现象中自由的唯一可能的表现。"①席勒坚持，现代人审美教育中的核心的原则就是唤起人们对自由的意识和追求："我们为了在经验中解决政治问题，就必须通过审美教育的途径，因为正是通过美，人们才可以达到自由。"②在某种意义上，这段重要的论述正是席勒对法国革命的意义的总结和引申。毫无疑问，他不喜欢法国革命中的自由所导致的恐怖专政，而是主张把自由引向审美的领域，引向艺术的创造。当然，我们不能把席勒在审美意义上谈论的自由与政治意义上的自由简单地等同起来。众所周知，席勒的美学理论深受康德的影响，他把审美活动中的自由理解为一种超功利的愉悦。也正是基于这样的观点，席勒充分肯定了游戏在审美中的重大意义。因为正是在超功利的游戏中，人的审美情趣得到了自然的流露，而蕴含在人性中的自由也得到了充分的展现。

其三，对"素朴的诗"与"感伤的诗"的差别和联系的探索。必须注意，席勒在这里使用的"诗"的概念相当于我们现在谈论的"文学艺术"的概念。1796年，席勒发表了《论素朴的诗与感伤的诗》的论文，这篇论文的重要性是不言而喻的，正如歌德所指出的："席勒在这篇论文里奠立了美学的全部新发展的基础；因为'希腊的'和'浪漫的'，以及所有其他可能发现的同义词，都是从这个讨论中派生出来的，原来讨论的主题是现实更重要还是理想更重要。"③在席勒看来，自然乃是一切诗作的母胎。正是在这个意义上，他指出："甚至现在，自然还是燃点和温暖诗的精神的唯一的火焰。诗的精神只是从自然才获得它的全部力量；在追求文明的人身上，它也只是对自然说话。"④正是在如何对待自然的态度

---

① ［德］席勒：《美育书简》，徐恒醇译，中国文联出版公司1984年版，第120页。
② 同上书，第39页。
③ 转引自朱光潜：《西方美学史》下卷，人民文学出版社1983年版，第459页。
④ 蒋孔阳：《十九世纪西方美学名著选（德国卷）》，复旦大学出版社1995年版，第165页。

上，人们可以区分出两种不同的诗人："诗人或者是自然，或者寻求自然。前者使他成为素朴的诗人，后者使他成为感伤的诗人。"①

席勒主张，"素朴的诗"大致对应于古代诗，而"感伤的诗"大致对应于现代诗："在自然的素朴状态中，由于人以自己的一切能力作为一个和谐的统一体发生作用，他的全部天性因而表现在外在生活中，所以诗人的作用就必然是尽可能完美地模仿现实；在文明的状态中，由于人的天性的和谐活动仅仅是一个观念，所以诗人的作用就必然是把现实提高到理想，或者换句话说，就是表现或显示理想。事实上，这是诗的天才借以表现自己的仅有的两个可能的方式。"②从这段重要的论述可以看出，"素朴的诗"的本质特征是"模仿现实"，而"感伤的诗"的本质特征则是"表现或显示理想"。前者在风格上具有古典主义和现实主义的倾向，后者在风格上则具有浪漫主义和理想主义的倾向。当然，席勒也强调，在"素朴的诗"与古代诗、"感伤的诗"与现代诗之间并不存在着一一对应的关系。在古代罗马诗人中，甚至在希腊诗人中，也出现过"感伤的诗"，而在现代，也出现过多种多样的"素朴的诗"。在有的诗人，如歌德的《少年维特之烦恼》中，"素朴的诗"与"感伤的诗"则被结合起来了，从而使这部作品获得了巨大的感染力。席勒实际上已经暗示我们，诗的真理就是把"素朴的诗"与"感伤的诗"结合起来。毋庸讳言，这种结合也正是席勒自己在文学艺术上追求的最高目的。正如朱光潜先生所指出的："这篇论文之所以重要，在于它在近代是第一篇论文，认真地企图确定古典主义文艺与浪漫主义文艺的特征和理想，给予它们以适当的评价，并且指出这两种创作方法统一的可能性。"③不用说，席勒的美学和文学理论对浪漫派的代表人物——施莱格尔兄弟，对谢林、黑格尔等人的美学和艺术思想都产生了不可低估的影响。

---

① 蒋孔阳：《十九世纪西方美学名著选（德国卷）》，复旦大学出版社1995年版，第165页。

② 同上书，第166页。

③ 朱光潜：《西方美学史》下卷，人民文学出版社1983年版，第459页。

在某种意义上可以说，歌德和席勒创造了德国的文学艺术和德意志精神。正如埃里希·卡勒尔所说的："如果说路德是德意志民族性和统一的第一位创造者，那么，歌德肯定就是第二个人。近代德意志的精神存在就源于他的作品。……当然，他对普通民众的吸引力一直是有限的。席勒对普通大众的影响更大，而这种影响证明是不幸的，因为它助长了一种浅俗的理想主义，这种理想主义经常被用来掩盖极端鄙俗的现实。席勒的理想主义扩大了德意志生活中精神与物质的鸿沟，正如康德的严格的理想主义为 19 世纪科学技术的副产品——唯物主义和实证主义——的出现开辟了道路一样。然而，对德意志和欧洲来说，歌德的作品仍然是一股有生力量，它远比席勒的廉价的理想主义具有更大的重要性。"① 与埃里希·卡勒尔的见解略有不同的是，我们并不认为席勒的作品体现为"廉价的理想主义"，相反，在读他的作品的时候，我们感受到的是那种奔泻而出的激情和高贵无比的精神力量。比较起来，歌德的作品更偏向于现实主义，而席勒的作品则更偏向于理想主义。事实上，正是这两种对立的偏向，才交融成灿烂辉煌的德国文学及其伟大的民族精神。

五、牛顿、休谟和英国文化的渗透

凡读过法国哲学家伏尔泰（Voltaire）的《哲学通信》的人，都能感受到近代英国的政治、宗教、哲学和文化思想对法国启蒙运动的巨大影响。其实，这种影响也波及德国启蒙运动，尤其赋予德国古典哲学以重大的影响。然而，在通常的研究中，这方面的影响被大大地低估了。这种低估付出的代价是，人们无法对德国古典哲学出现的一些重要现象做

---

① ［德］埃里希·卡勒尔：《德意志人》，黄正柏等译，商务印书馆 1999 年版，第 282 页。

出合理的说明。

众所周知，当康德还未形成自己的批判哲学理论，即当他的思想还处于前批判阶段时，他通过哥尼斯堡大学的教师马丁·纳努岑（Martin Knutzen），对牛顿（Newton）的物理学产生了浓厚的兴趣。虽然牛顿在物理学方面做出了许多伟大的发现，但当时的物理学乃至整个自然科学的理论仍然深深地禁锢在神学的偏见之中。一方面，康德大胆运用牛顿已经揭示的真理，引申出地球的自转速度由于受海洋潮汐的摩擦而减慢的科学结论；另一方面，康德又抵制了牛顿关于上帝对宇宙的所谓"第一次推动"的神学偏见，提出了地球是逐步形成起来的著名的"星云假设"。正如恩格斯所评价的："在这个僵化的自然观上打开第一个缺口的，不是一个自然科学家，而是一个哲学家。1755 年出现了康德的《自然通史和天体论》，关于第一次推动的问题被取消了；地球和整个太阳系表现为某种在时间的进程中逐渐生成的东西。"[①]与此同时，在哲学上对康德产生最大影响的英国哲学家是休谟。正如康德自己坦然承认的那样，正是休谟的怀疑主义把他从独断论的迷梦中惊醒过来。事实上，康德的《纯粹理性批判》的第一版还深受英国哲学家贝克莱思想的影响。当然，与对待休谟的态度不同，康德却力图在该书的第二版中淡化贝克莱思想的痕迹。有趣的是，这部著作（第二版）前面的题词也出自英国哲学家弗兰西斯·培根的著作《伟大的复兴》的序言。凡此种种，都表明了以牛顿为代表的英国物理学理论和以休谟为代表的英国哲学理论对康德的重大影响。

就"狂飙突进"运动的核心人物歌德来说，也深受英国文化的影响。歌德写下的、长达一千多页的《颜色论》，就是为了提出一种与牛顿不同的颜色理论。晚年歌德在回忆自己这方面的经历时，仍然对自己所做的工作的意义充满了信心。他说："要在世界上划出一个时代，要有两个

---

① 恩格斯：《自然辩证法》，中共中央马克思恩格斯列宁斯大林著作编译局译，人民出版社 1971 年版，第 12 页。

众所周知的条件：第一要有一付好头脑，其次要继承一份巨大的遗产。拿破仑继承了法国革命，弗里德里希大帝继承了西里西亚战争，路德继承了教皇的黑暗，而我分享到的遗产则是牛顿学说的错误。现在这一代人固然看不出我在这方面的贡献，将来人会承认落到我手里的并不是一份可怜的遗产。"①当然，作为一个诗人，歌德对英国的文学怀有更大的兴趣。他甚至对爱克曼说："我们德国文学大部分就是从英国文学来的！我们从哪里得到了我们的小说和悲剧，还不是从哥尔斯密、菲尔丁和莎士比亚那些英国作家得来的？就目前来说，德国哪里去找出三个文坛泰斗可以和拜伦、穆尔和瓦尔特·司各特并驾齐驱呢？"②在对英国文学艺术的评价中，歌德特别肯定了莎士比亚的伟大成就，并坦然承认自己一生受到他的作品的熏陶，像"《圣经》通"一样，也成了"莎翁通"。歌德甚至告诉我们："德国人对莎士比亚的赏识，不是其他国家所能比，恐怕连英国人也有所不及。我们德国人对待他，极尽公正和爱护的能事。连对本国人也没有那么慷慨。优秀的学者们以极其善意的态度探究、展示他的伟大的天才，我每读到他们的论评，无论是尊崇他也好，称赞他也好，以至为他护短也好，我都欣然同意。"③歌德之所以对英国文学，尤其是莎士比亚的戏剧做出了相当高的评价，并勉励爱克曼从事对英国文学的探索，一个重要的原因是，他认为，德国人重思辨，也容易耽于幻想，而"英国人照例写得很好，他们是天生的演说家和讲究实用的人，眼睛总是朝着现实的"④。

浪漫派的奠基人——施莱格尔兄弟对英国的文学艺术，尤其是对莎士比亚的作品情有独钟。哥哥奥古斯特·威廉·施莱格尔致力于把

① ［德］爱克曼：《歌德谈话录（1823—1832）》，朱光潜译，人民文学出版社 1982 年版，第 43 页。

② 同上书，第 48 页。

③ 《歌德自传：诗与真》下，刘思慕译，人民文学出版社 1983 年版，第 512—513 页。

④ ［德］爱克曼：《歌德谈话录（1823—1832）》，朱光潜译，人民文学出版社 1982 年版，第 39 页。

莎士比亚的戏剧译为典雅的德文，而弟弟弗里德里希·施莱格尔则把蕴含在莎士比亚作品中的总汇性视为"浪漫艺术的核心"①。他在谈到艺术创作中的"恰如其分"这个词时，解释道："恰如其分这个词的意思是，按照整体的精神有意使作品最内在与最细微之处得到纵向和横向的发展，此外还有艺术家实践的反思的意思。有鉴于此，在恰如其分这个词较高的、原本的意义上，现代诗人中没有人比莎士比亚更恰如其分。"②

我们知道，谢林和黑格尔在自然哲学的研究方面都深受牛顿的影响。比如，黑格尔在《自然哲学》一书中既批评了牛顿把时空与运动着的物质割裂开来的错误观念，也批评了康德时空观的先验主义倾向，肯定时空是规定对象的客观形式；黑格尔也批评了牛顿关于宇宙由上帝"第一次推动"的神学观念，并站在歌德的立场上批评了牛顿关于光学和颜色的理论。尽管黑格尔的某些批评并不是合理的，但他对自然科学的兴趣正是由牛顿这样的科学家激发起来的。从哲学上看，尽管黑格尔对英国经验主义的局限性做出了深刻的批判，但他也充分肯定并吸取了蕴含在经验主义学说中的合理因素。他写道："从经验主义发出这样的呼声：不要驰骛于空洞的抽象概念之中，而要注目当前，欣赏现在，把握住自然和人类的现实状况。无人可以否认这话包含有不少真理。"③更值得注意的是，在德国古典哲学家的阵营中，黑格尔与其他学者不同，他深入地钻研了英国的政治经济学，把需要、劳动、异化、权利、市民社会这样的概念融入哲学之中，从而使德国古典哲学对外部世界的思索达到了前所未有的深度，也为马克思创立历史唯物主义理论提供了重要的思想资源。

---

① 《浪漫派风格——施勒格尔批评文集》，李伯杰译，华夏出版社 2005 年版，第 83 页。
② 同上书，第84页。
③ ［德］黑格尔：《小逻辑》，贺麟译，商务印书馆1980年版，第112页。

六、斯宾诺莎主义的入侵

长期以来，人们在考察德国古典哲学的发展进程时，都不同程度地忽略了斯宾诺莎主义对这一发展进程的决定性影响，即斯宾诺莎主义正是德国古典哲学从以费希特为代表的主观化倾向转变成以谢林为代表的客观化倾向的具有决定性意义的精神因素。

众所周知，斯宾诺莎（Spinoza）是荷兰著名的哲学家，他和莱布尼茨是同时代人。在某种意义上，他们的思想是互补的。假如说，莱布尼茨的单子论强调的是个体性、特殊性原则的话，那么，在黑格尔看来，"斯宾诺莎的思想的伟大之处，在于能够舍弃一切确定的、特殊的东西，仅仅以唯一的实体为归依，仅仅崇尚唯一的实体；这是一种宏大的思想，但只能是一切真正的见解的基础。因为这是一种死板的、没有运动的看法，其唯一的活动只是把一切投入实体的深渊，一切都萎谢于实体之中，一切生命都凋零于自身之内"①。在黑格尔看来，斯宾诺莎是近代哲学的重点。要么是斯宾诺莎主义，要么不是哲学。他甚至认为："必须把思维放在斯宾诺莎主义的观点上；这是一切哲学研究的重要开端。要开始研究哲学，就必须首先作一个斯宾诺莎主义者。"②按照斯宾诺莎主义，上帝是唯一存在的实体，思维和广延是它的两个根本属性。然而，人们常常把斯宾诺莎主义误解为一种无神论，其实，它是一种泛神论。

在莱辛生活和写作的时期，斯宾诺莎主义在德意志各邦中已有广泛的传播和影响。然而，在宗教信仰的领域里，它却成了一个被禁止谈论的话题。因为不管它被准确地理解为泛神论，还是被曲解为无神论，都

---

① ［德］黑格尔：《哲学史讲演录》第 4 卷，贺麟、王太庆译，商务印书馆 1981 年版，第 103 页。

② 同上书，第 101 页。

与正统的、哪怕是新教的教义相冲突。据说，莱辛去世前半年曾经见过当时的哲学家雅可比（Friedrich Heinrich Jacobi），在叙述自己的哲学信念时表明，他信奉的是斯宾诺莎的哲学观点。莱辛逝世后，雅可比得知莱辛的好友门德尔松（Moses Mendelssohn）正准备给莱辛作传。于是，"耶可比问门德尔松是否知道'莱辛曾经是一个斯宾诺莎主义者'，门德尔松为这个问题所激怒，这样就引起两人通信辩论"①。1785 年，门德尔松出版了《晨时》一书，专门论述他对斯宾诺莎、莱辛哲学的见解。同年，雅可比出版了《论斯宾诺莎学说》一书，其中收入了他和门德尔松之间关于斯宾诺莎哲学讨论的信件。1786 年，门德尔松在《致莱辛的朋友们》一书中进一步与雅可比展开论战。同年，雅可比也以《反对门德尔松的责难》一书进行回应。当时的学术界把这场争论称作"关于泛神论的争论"。② 事实上，无论是雅可比，还是门德尔松，都不赞成斯宾诺莎主义，他们的差别是：前者把斯宾诺莎主义曲解为无神论，后者则热衷于在争论中捍卫莱布尼茨—沃尔夫的唯理论。

尽管这场"关于泛神论的争论"最后不了了之，但它在当时德国文艺界和理论界的影响却是巨大的。虽然莱辛的学生赫尔德不满意斯宾诺莎主义以静态的方式描述实体，但他始终把其哲学视为最高权威。歌德在其自传《诗与真》中坦然承认："这个给我以决定性的影响，对于我的整个思想有那么大的作用的伟人，就是斯宾诺莎。"③也许可以说，海涅最

---

① ［德］黑格尔：《哲学史讲演录》第 4 卷，贺麟、王太庆译，商务印书馆 1981 年版，第 242 页。注：耶可比即雅可比。

② ［俄］A. B. 古雷加：《德国古典哲学新论》，沈真、侯鸿勋译，中国社会科学出版社 1993 年版，第 45 页。荷尔德林在《评雅可比关于斯宾诺莎的信》中摘录了雅可比的一些观点："莱辛是一位斯宾诺莎主义者（第 2 页）。正统的神性概念不是为他而存在的。他不能享受它。一即万有！别无所知。如果他提到某人，那么，除了斯宾诺莎之外，他不知道其他人（第 12 页）。如果谁完了了解他，这个人就无可救药。人们应该宁可完全成为他的朋友。除了斯宾诺莎哲学，没有别的哲学。""此外，莱辛向他指出，莱布尼茨有一处是公然的斯宾诺莎主义。它这样谈到上帝：他处在持续的扩张和萎缩中。这也许是世界的创生和存在。而雅可比则认为，没有一个理论构架像莱布尼茨的那样，与斯宾诺莎主义如此协调。"《荷尔德林文集》，戴晖译，商务印书馆 1999 年版，第 184—185 页。

③ 《歌德自传——诗与真》，刘思慕译，人民文学出版社 1983 年版，第 667 页。

充分地评价了斯宾诺莎对歌德的影响："歌德是文学中的斯宾诺莎。歌德的全部诗作都充满了斯宾诺莎作品中那种鼓舞人心的精神。歌德终生效忠于斯宾诺莎是不容置疑的。我记不清在哪里念到过这样一段话，对歌德这种始终不渝的斯宾诺莎研究，赫尔德曾经不快地喊道：如果歌德拿起一本斯宾诺莎以外的拉丁文著作，那该有多好！然而，这不仅适用于歌德；后来或多或少作为诗人而知名的他的一些朋友，也都早已热衷于泛神论，泛神论在它作为一种哲学学说在我国获得统治地位以前，实际上早已盛行于德国艺术界了。"①

海涅这里说的诗人，至少包括浪漫派的代表人物施莱格尔兄弟、诺瓦利斯等。弗·施莱格尔甚至认为，"事实上，一个人如果不敬仰、热爱斯宾诺莎，彻底成为他的信徒，怎么可能成为诗人呢，我觉得这是不可思议的"②。传记作者恩斯特·贝勒（又译为恩斯特·贝勒尔）在谈到浪漫派主要人物思想演化的轨迹时，也曾经指出："在这些思想中，施莱格尔走出了费希特唯心主义的自我观照，转向'自然的实在论'。在施莱格尔和施莱尔马赫的斯宾诺莎研究中，转变就已初露端倪，接着又从同时代谢林的《自然哲学》及歌德的自然观那里得到最强烈的刺激。施莱格尔和诺瓦利斯给这种'自然观照的实在论'赋予了一个全然独特的、主要针对诗的想象力而言的内蕴。"③在这里，恩斯特·贝勒揭示出一个十分重要的现象，即在德国文艺思想，尤其是浪漫派思想演化的过程中，存在着一个从费希特式的主观唯心主义向谢林式的客观唯心主义的根本性转变，而这个转变既体现在施莱格尔和施莱尔马赫的斯宾诺莎研究中，也体现在谢林和歌德的自然观中。但他没有进一步阐明歌德、谢林与斯宾诺莎之间的关系，从而未对斯宾诺莎在这一转变过程中的决定性

---

① 张玉书：《海涅选集》，人民文学出版社 1983 年版，第 317—318 页。

② 《浪漫派风格——施勒格尔批评文集》，李伯杰译，华夏出版社 2005 年版，第192 页。

③ ［联邦德国］恩斯特·贝勒：《弗·施勒格尔》，李伯杰译，生活·读书·新知三联书店 1991 年版，第 94 页。

作用做出充分的论述。

其实，思想敏锐的海涅不仅对斯宾诺莎在德国文艺思想转变中的历史作用做出了充分的肯定，而且也对其在德国古典哲学中的历史作用进行了深入的考察。海涅在谈到思想所有权问题时，曾经以嘲讽的口气写道："谢林先生借用斯宾诺莎的东西要比黑格借用谢林先生自己的东西来得多。一旦有人把斯宾诺莎从他那呆板的、古老的笛卡尔主义的数学公式中拯救出来，使得广大读者更能理解他，那么我们也许将会发现，斯宾诺莎比任何人都更该控告别人偷窃了他的思想。我们今天所有的哲学家，往往自己并不自觉，却都是透过巴鲁赫·斯宾诺莎磨制的眼镜在观看世界。"①如果我们把这段话和我们在前面引证的黑格尔评价斯宾诺莎哲学的话对照起来，就会发现，德国古典哲学家普遍地受到斯宾诺莎哲学的影响，尤其是谢林，其思想深受斯宾诺莎的影响，而他本人却竭力掩饰这一点。在海涅看来，谢林所倡导的"这个同一哲学的本质和斯宾诺莎的学说根本没有什么不同。谢林先生虽然极力反对这种看法，并主张他的哲学同斯宾诺莎主义不一样；更进而认为他的哲学是'理想和现实之间的活泼的渗透'；认为他的哲学不同于斯宾诺莎的哲学，'犹如完善的希腊雕像之于呆板的埃及原作一样'。尽管如此，但我必须最为确切地说，谢林先生的早期，当他还是一个哲学家的时候，和斯宾诺莎没有丝毫不同。不过谢林是通过不同的道路到达了这同一的哲学的。关于这个问题我要在后面再做说明，那时我将谈到，康德如何开辟一条新道路，费希特如何继承康德，谢林又如何踏着费希特的足迹继续前进，并在自然哲学幽暗的森林中彷徨徘徊之后终于面对面地伫立在斯宾诺莎的巨像之前"②。在海涅看来，正是借助于斯宾诺莎主义，谢林才超越了费希特哲学，确立起以客观唯心主义为特征的同一哲学。

有趣的是，甚至连费希特本人也向人们展示了超越他自己的哲学途

---

① 张玉书：《海涅选集》，人民文学出版社 1983 年版，第 103—104 页。
② 同上书，第 260—261 页。

径，即接受斯宾诺莎主义。他在《全部知识学的基础》一书中这样写道："如果谁越过了'我是'，谁就必然要走到斯宾诺莎那里去！（莱布尼茨的体系，就其完整状态来说，只不过是斯宾诺莎主义，这一点可参看一篇很值得一读的文章：萨洛摩·梅蒙的《论哲学的进步及其他》。）而且，只有两个完全贯通一致的体系，即承认这个界限的批判体系和越过这个界限的斯宾诺莎体系。"①在费希特看来，他自己的哲学和斯宾诺莎的哲学实际上是哲学研究必定会面对的非此即彼的两个入口。不赞成从自我出发去探讨哲学的人，必定会同意斯宾诺莎，从唯一存在的实体出发去探讨哲学。

就这一点而论，文德尔班也看得十分清楚。他在谈到康德哲学时指出："正当这位'摧毁一切、锐不可挡的'柯尼斯堡人的理性批判开始披荆斩棘辟路前进的时候，所有形而上学体系中最坚韧不拔、有条不紊的体系，'独断主义'的典型，名闻德国：它就是斯宾诺莎主义。通过耶可比与门德尔松的斗争（此斗争与莱辛对斯宾诺莎的态度有关），后者的理论引起人们最浓烈的兴趣。这一来，尽管两者之间存在着深刻矛盾，但康德和斯宾诺莎却成为下一时代思想围绕着发展的两根支柱。"②我们注意到，文德尔班甚至把康德和斯宾诺莎的哲学体系相互对立起来，作为德国古典哲学向前发展的两大内在动力。事实上，在我们看来，正是斯宾诺莎主义的入侵和影响，对德国古典哲学的发展历程产生了决定性的校正作用，即正是在费希特哲学的主观唯心主义倾向充分展示出来的时候，谢林借用斯宾诺莎主义的力量纠正了这种倾向，并通过其《自然哲学》，把哲学发展的方向引向客观唯心主义。正如海涅所说的："斯宾诺莎的学说同谢林在较好时期中建立的自然哲学本质上是同一个东西。自从德国人轻视洛克的唯物主义并把莱布尼茨的唯心主义推到极端并发现这种唯心主义也同样不结果实之后，他们终于达到了笛卡尔的第三个弟

---

① ［德］费希特：《全部知识学的基础》，王玖兴译，商务印书馆 1986 年版，第 17 页。
② ［德］文德尔班：《哲学史教程》下卷，罗达仁译，商务印书馆 1997 年版，第 777—778 页。

子，斯宾诺莎。"①在某种意义上可以说，斯宾诺莎主义正是德国古典哲学发展进程中的解毒剂。这个结论也从另一个侧面向我们展示出一个颠扑不破的真理，即撇开斯宾诺莎主义，是不可能准确地把握德国古典哲学的发展历程的。

七、卢梭与法国革命的多棱镜

众所周知，作为启蒙学者，卢梭的思想，尤其是他的政治哲学著作——《论人类不平等的起源和基础》(1755)、《社会契约论》(1762)对法国革命产生了重大的影响。正如海涅在告诫法国革命的参与者时所指出的那样："记住吧，你们这些骄傲的行动者！你们不过是思想家们的不自觉的助手而已。这些思想家们往往在最谦逊的宁静之中向你们极其明确地预示了你们的一切行动。马克西米安·罗伯斯比尔不过是卢梭的手而已，一只从时代的母胎中取出一个躯体的血手，但这个躯体的灵魂却是卢梭创造的。使卢梭潦倒终生的那种不安的焦虑，也许正是由于卢梭在精神里早已预料到他的思想需要怎样一个助产士才能降生到这个世界上来，而产生的吧?"②假如我们以更完整的眼光去看待法国革命，就会发现，法国启蒙运动和法国革命是不可分离地关联在一起的。事实上，德国人在接受法国革命的影响时，总是连同其启蒙思想，尤其是卢梭的思想一起加以接受的。

我们还注意到，几乎所有的德国人对法国革命都抱着一种爱恨交织的情结。就"爱"而言，主要是认同法国大革命所倡导的种种价值，如自由、民主、平等、博爱等，就"恨"而言，主要是指法国大革命中出现的雅各宾专政和无政府主义状态。在爱恨之余，德国人所思索的，就是如

---

① 张玉书：《海涅选集》，人民文学出版社 1983 年版，第 330 页。
② 同上书，第 291 页。

何在德国的政治、社会、思想和文化的发展中既实现上述价值，又避免法国革命中出现的种种负面现象。正如德国浪漫派领袖弗·施莱格尔在其《断片集》中所指出的："人们可以把法国大革命看做各国历史上最伟大、最奇特的现象，看做一次几乎波及全球的地震，政治中一次不可预测的洪水；或视为所有革命的范型、革命本身。这是一般的看法。人们也可以把法国革命看做法兰西民族性格的核心和顶峰，法兰西民族性格的一切自相矛盾的东西都被压缩在这个国民性里。人们还可以把法国革命视为这个时代最可怕的、最荒唐的事。在这场革命中，时代最深刻的偏见、最暴烈的制裁被混合成了一个残酷的大杂烩，编织成了一部恐怖的悲喜剧，说有多奇怪就有多奇怪，不过人们只找到了一些旁枝末节来阐述这个历史观点。"①在某种意义上，法国革命可以看作一面多棱镜，它折射出各种不同的光芒，或者说得更准确一些，它的影响是复杂的，多方面的。

从德国文艺界来看，歌德对待法国革命的态度最为典型。在与爱克曼的谈话中，歌德表示："说我不能做法国革命的朋友，这倒是真话，因为它的恐怖行动离我太近，每日每时都引起我的震惊，而它的有益后果当时还看不出来。此外，当时德国人企图人为地把那些在法国出于必要而发生的场面搬到德国来，对此我也不能无动于衷。"②歌德在这段话中谈到的正是他不能认同法国革命的方面。接着，他话锋一转，又说："但是我也不是专制统治的朋友。我完全相信，任何一次大革命都不能归咎于人民，而只能归咎于政府。只要政府办事经常公正和保持警惕，及时采取改良措施来预防革命，不要苟且因循，拖延到非受制于下面来的压力不可。这样，革命就决不会发生。"③后一段话表明，歌德也是认

① 《浪漫派风格——施勒格尔批评文集》，李伯杰译，华夏出版社 2005 年版，第103 页。

② ［德］爱克曼：《歌德谈话录(1823—1832)》，朱光潜译，人民文学出版社 1982 年版，第 23 页。

③ 同上书，第 24 页。

同自由、民主这些现代社会的基本价值的，但他希望实现这些价值不是诉诸革命，而是求助于改革。

与歌德不同的是，席勒在法国大革命前发表的作品就具有反暴政、追求自由的强烈倾向。1789 年，法国革命爆发时，席勒表示热烈的欢迎，他的剧本《强盗》也在巴黎演出，而他本人则被推选为法兰西共和国的名誉公民。但是，雅各宾专政后，他被革命的暴力吓倒了，转变为革命的反对者，甚至表示要在路易十六受审时为他进行辩护。① 之后，席勒转向对康德美学思想的钻研，并在其《美育书简》中提出通过审美和游戏的方式来追求自由的见解。其实，席勒的见解同时也是他对法国革命观念的修正。

从德国哲学界来看，卢梭与法国革命的影响也是无与伦比的。我们知道，作为德国古典哲学的肇始人，康德的《纯粹理性批判》和《实践理性批判》都发表在法国革命爆发以前，但康德的哲学思想始终与法国的启蒙运动，尤其是卢梭的思想保持着某种默契。康德从 18 世纪 60 年代开始接触卢梭的著作，深受其思想的影响。康德自己说过："我生性是一个探求者，我渴望知识，不断地要前进，有所发明才快乐。曾有过一个时期，我相信这就是使人的生命有其真正尊严的，我就轻视无知的群众。卢梭纠正了我。我臆想的优点消失了。我学会了尊重人，认为自己远不如寻常的劳动者之有用，除非我相信我的哲学能使一切人恢复其为人的共同权利。"②事实上，康德把人的尊严和自由置于至高无上的地位，他正以理论的语言表达着法国革命的现实所诉求的东西。或许正是在这个意义上，马克思把康德哲学看作"法国革命的德国理论"。③

在康德之后，费希特更是法国革命的热情拥护者。正如古雷加所说

---

① 朱维之、赵澧主编：《外国文学史（欧美部分）》，南开大学出版社 1985 年版，第 256 页。

② ［英］诺曼·康蒲·斯密：《康德〈纯粹理性批判〉解义》，韦卓民译，商务印书馆 1961 年版，第 39 页。

③ 《马克思恩格斯全集》第 1 卷，人民出版社 1956 年版，第 100 页。

的：“使费希特产生新的向往的，是法国革命。他同情法国革命，直到波拿巴建立专制也依然如此。曾经有一度他想成为法国公民。”①但他的愿望未能得到实现，而他的演讲《向欧洲各国君主索回他们迄今压制的思想自由》(1793)和论文《纠正公众对于法国革命的评论》(1793—1794)却成了当时脍炙人口的名篇。费希特表示，“在我看来，法国革命对于全人类都是重要的”②。在他看来，法国革命的重要不在于它对本国和邻国的政治生活可能产生什么样的结果，而在于“法国革命正是一幅关于人的权利和人的价值这个伟大课题的瑰丽画卷”③。

至于谢林和黑格尔，更是深受法国革命的影响。1789 年，当法国革命爆发的时候，谢林和黑格尔都为之而欣喜若狂，他们种植了自由树，在青年黑格尔的纪念册上，甚至留下了这样的革命口号，如“反对暴君!”“自由万岁!”“卢梭万岁!”，还摘录了卢梭在《社会契约论》中的一段语录：“如果天使有个政府，那么这个政府也会实行民主管理的。”④在黑格尔看来，卢梭对德国哲学的影响是巨大的。他说过：“休谟和卢梭是德国哲学的两个出发点。”⑤

其实，如果我们看问题不停留在表面上的话，就会发现，卢梭和法国革命对德国哲学的最为重要的影响是“同一哲学”(philosophy of identity)在谢林和黑格尔那里的形成。如果说，谢林的同一哲学主要受到斯宾诺莎的缺乏内在动力的、无生命的实体理论的影响，那么，黑格尔的

---

① [俄]А. В. 古雷加：《德国古典哲学新论》，沈真、侯鸿勋译，中国社会科学出版社 1993 年版，第 136 页。

② 梁志学：《费希特著作选集》第 1 卷，商务印书馆 1990 年版，第 173 页。

③ 同上书，第 173 页。

④ [苏联]阿尔森·古留加：《黑格尔小传》，卞伊始等译，商务印书馆 1978 年版，第 10 页。

⑤ [德]黑格尔：《哲学史讲演录》第 4 卷，贺麟、王太庆译，商务印书馆 1981 年版，第 237 页。在叙述卢梭哲学思想的时候，黑格尔写道：“意志只有作为思维的意志才是自由的。现在自由的原则[在卢梭这里]出现了，它把这种无限的力量给予了把自己理解为无限者的人。——这个原则提供了向康德哲学的过渡，康德哲学在理论方面是以这个原则为基础的。”其实，谢林的著作《对人类自由的本质及与之相关联的对象的哲学探讨》(1809)进一步推进了卢梭、康德对自由问题的思索。

同一哲学，即对思维与存在、合理的东西与现实的东西之间的关系的辩证理解，不仅是对斯诺莎和谢林思想的批判继承，更重要的是对法国启蒙运动和法国革命的理论总结。如果说，在法国启蒙运动中形成的是合乎理性的思维、思想和观念，那么，这样的思维、思想和观念却在法国革命中转化为存在，即现实的东西。从法国启蒙运动到法国革命的历史进程表明，思维与存在、合理的东西与现实的东西的关系是一致的，前者可以转化为后者。事实上，黑格尔版的同一哲学的基本观点正是法国革命的德国理论。正如马尔库塞所指出的："根据黑格尔的观点，法国革命清楚地表明了理性是战胜现实的最终力量。黑格尔通过论述法国革命的规律，进而得出理性能够主宰现实这一论断。这个思想包含在构成黑格尔哲学核心的论断中。"①

　　综上所述，我们发现，卢梭和法国革命对德国哲学的影响不但是多方面的，而且是深刻的。我们甚至可以说，德国古典哲学乃是法国革命的理论总结。

---

　　① ［美］马尔库塞：《理性和革命——黑格尔和社会理论的兴起》，程志民等译，重庆出版社 1993 年版，第 6 页。

德国浪漫主义运动的"掌柜"

——施莱格尔兄弟①

在对德国古典哲学的探索中，德国浪漫主义运动常常处于边缘化的状态中，甚至完全溢出了探索者们的视野。其实，德国浪漫主义运动不仅对同时代及以后时代的德国哲学家的思想产生了重大的影响，而且它本身就构成了德国古典哲学发展中的一个内在环节。正如罗素所说的："孤独本能对社会束缚的反抗，不仅是了解一般所谓的浪漫主义运动的哲学、政治和情操的关键，也是了解一直到如今这运动的后裔的哲学、政治和情操的关键。在德国唯心主义的影响下，哲学成了一种唯我论的东西，把自我发展宣布为伦理学的根本原理。"②这段话表明，罗素把"孤独本能对社会束缚的反抗"理解为浪漫主义运动的一个基本特征，而这个特征已经对同时代和以后时代的德国哲学的发展产生了重大影响。

众所周知，浪漫主义并不是德国独有的现象，而是从18世纪末到19世纪初整个欧洲发生的一个重要的思想运动。毋庸讳言，卢梭是欧洲

---

① 收录于俞吾金、汪行福、王凤才等：《德国古典哲学》，人民出版社 2009 年版，第 343—388 页。——编者注

② ［英］罗素：《西方哲学史》下卷，马元德译，商务印书馆 1981 年版，第 222 页。

公认的浪漫主义运动之父。如果说，法国浪漫主义运动始于卢梭，并于王政复辟后，在维克多·雨果的文学作品中达到高潮的话，那么，德国和英国的浪漫主义运动也受惠于卢梭，它们分别发端于 18 世纪末和 19 世纪初，并各自在雪莱、施莱格尔兄弟的作品中获得了典型的表现形式。下面，我们着重探讨德国浪漫主义运动的概况及作为这一运动的核心人物——施莱格尔兄弟的主要思想。

一、德国浪漫主义运动概述

正如我们在第一章中已经指出过的那样，斯宾诺莎把实体理解为上帝，理解为自然。正是在他的思想启发下，作为诗人的歌德和作为哲学家的谢林都把自己的注意力转向自然。事实上，正是这个转向促成了德国古典哲学在其发展进程中从费希特的主观唯心主义转向谢林的客观唯心主义。古雷加还提醒我们："在德国哲学返回自然的路上，还有一个路标，那便是浪漫主义。浪漫主义的产生与所谓耶拿小组的活动相联系，弗里德利希·施莱格尔（1772—1829）（又译为弗里德里希·施莱格尔、弗·施勒格尔——引者注。）、他的哥哥奥古斯特·威廉·施莱格尔（1767—1845）、路德维希·蒂克（1773—1853）、弗里德里希·哈登贝克（曾化名诺瓦利斯，1772—1801）都是该小组的核心人物。……早期浪漫主义虽说主要是个文学—艺术流派，然而却对理论思想的命运发生过有力的影响。"[①]显然，在古雷加看来，德国浪漫主义运动也是促使德国古典哲学从注重"自我"的主观唯心主义转向注重"自然"的客观唯心主义的思想要素之一。

如果说，古雷加十分重视德国浪漫主义向自然返回的这一基本特征

---

① ［俄］A. B. 古雷加：《德国古典哲学新论》，沈真、侯鸿勋译，中国社会科学出版社 1993 年版，第 173 页。

的话，那么，海涅则更深刻地揭示了它的实质和历史渊源："德国的浪漫派究竟是什么东西呢？它不是别的，就是中世纪文艺的复活，这种文艺表现在中世纪的短歌、绘画和建筑物里，表现在艺术和生活中。这种文艺来自基督教，它是一朵从基督的鲜血里萌生出来的苦难之花。……这朵花绝不难看，只是鬼气森然，看它一眼甚至会在我们心灵深处引起一阵恐怖的快感，就像是从痛苦中滋生出来的那种痉挛性的甘美的感觉似的。在这点上，这朵花正是基督教最合适的象征，基督教最可怕的魅力正好是在痛苦的极乐之中。"①在宗教改革时代，天主教的文艺在欧洲变得越来越衰弱了，取而代之的则是文艺复兴运动以来重新被发现的希腊文艺，而希腊文艺的复兴又导致新古典文艺思潮的形成和发展。这种新古典主义的文艺思潮，在法国国王路易十四的时代达到了辉煌的成就，它也通过莱辛的媒介作用，对歌德、席勒等人产生了一定的影响。

海涅告诉我们，正当以歌德为代表的新古典主义的文学作品风靡德国的时候，"就是这种文学在上世纪末遭到了德国一个新兴流派的反对，这个流派我们称之为浪漫派。我们知道，这派的掌柜是奥古斯特·威廉·施莱格尔和弗里德利希·施莱格尔两位先生。这两兄弟和许多跟他们志同道合的文人雅士不时在耶拿盘桓。这是他们的中心，新的美学教条就从这里传播开去。我之所以说教条，因为这个流派一开始就是以评判过去的艺术作品并给未来的艺术作品开药方起家的。在这两个方面为美学批评都立下了巨大的功劳"②。从思想倾向来看，浪漫主义是对新古典主义和启蒙精神的反动。当时，人们都认为，这一思潮是从费希特的唯心主义和谢林的自然哲学中产生出来的，海涅不同意这种流行的见解。他认为，尽管费希特、谢林一度也在耶拿大学执教，曾对浪漫派某些成员的思想产生过一定的影响，但从总体上看，浪漫派的"掌柜"施莱格尔兄弟缺乏系统的哲学思想。他们对现代文艺大致上采取视而不见的

---

① 张玉书：《海涅选集》，人民文学出版社 1983 年版，第 11 页。
② 同上书，第 29 页。有改动。

鸵鸟政策，甚至对其进行激烈的抨击；他们对文艺未来发展方向的预言也显得苍白无力。然而，在对过去时代的文艺，尤其是中世纪文艺的复兴方面，他们是不遗余力的，而且对当时德国乃至欧洲的文艺界产生了相当的影响。

施莱格尔兄弟出生于萨克森地区一个历史悠久、声名卓著的新教家庭。他们的父亲是一位具有启蒙思想和文学修养的神学家。在七个兄弟姐妹中，施莱格尔兄弟是最年幼的。哥哥奥·威·施莱格尔从小就因自己的才华而成了整个家庭宠爱的对象，但弟弟弗·施莱格尔却生性孤独，性格内向，因而被托付给亲戚去抚养。奥·威·施莱格尔高中毕业后就读于哥廷根大学。他放弃神学而专攻语文学，显示出这方面的卓越才华。而弗·施莱格尔却在15岁的时候被父亲送到莱比锡的一家银行里当学徒。他对这个职业实在缺乏兴趣，于是跑回家里，通过自学补上了高中教育中耽误的课程，通过了大学入学的资格考试。1790年，他也进入哥廷根大学攻读法律，但博览群书，尤其是深入研究了斯宾诺莎、康德、赫尔德、赫姆斯特休斯、温克尔曼等人的著作。他在对古代文艺思想的探讨中已经显露出杰出的才华。1791年，奥·威·施莱格尔结束了学业，因不愿意在哥廷根人文高中当教师，前往阿姆斯特丹，在一位富商家中担任家庭教师。弗·施莱格尔因为社交而债台高筑，为了摆脱这样的局面，他于1794年前往德累斯顿，并在以后的两年半时间里潜心探索希腊文艺，完成了一系列重要的研究论文。正如他的传记作者恩斯特·贝勒所说的："在这两年半中，他并不仅仅完成了那些论述古典文学史的精湛的论文，除此以外，还创造了一套文学理论和历史哲学。对于他后来的整个创造，尤其对于他所提出的浪漫诗的理论，他的文学理论和历史哲学起着决定性的作用。"①

1795年12月，奥·威·施莱格尔，应席勒的邀请，赴耶拿担任《季

---

① ［联邦德国］恩斯特·贝勒：《弗·施勒格尔》，李伯杰译，生活·读书·新知三联书店1991年版，第34页。

节女神》杂志和《文学汇报》的编辑工作，并在那里定居下来。1796 年，弗·施莱格尔因莱夏特之邀，加入了《德意志》杂志编辑部，并于夏季也来到了耶拿。然而，弗·施莱格尔一到耶拿就陷入了与席勒的思想冲突之中。1796 年 5 月，席勒乘机解除了自己与奥·威·施莱格尔之间的文学联系，从而等于向文学界公布了自己与施莱格尔兄弟之间的紧张关系。歌德试图调解他们之间的紧张关系，他发现矛盾的焦点集中在弗·施莱格尔的身上，因而建议他离开耶拿。1797 年 6 月中旬，弗·施莱格尔离开耶拿，到了柏林，组成了一个浪漫派的文学圈子。除了他们兄弟俩，还有蒂克、诺瓦利斯等人。弗·施莱格尔也结识了施莱尔马赫，并与后者成了莫逆之交。施莱格尔在与许多文学杂志有了不愉快的关系以后，决定自己创办一家文学杂志。"于是，《雅典娜神殿》，这个可视为德国早期浪漫运动最重要的文学宣言的杂志，便从这些思考中出世了。"①1798 年 5 月，《雅典娜神殿》创刊号问世，到 1800 年 8 月，共出版了六册。其中最引人注目的是由 451 条断片组成的《雅典娜神殿断片集》，它主要出自弗·施莱格尔的手笔。弗·施莱格尔还于 1799 年出版了轰动一时的小说《路琴德》。同年秋，他再度离开柏林，迁居到耶拿，与哥哥会合。1800 年 10 月，弗·施莱格尔在耶拿大学哲学系获得了编外讲师的身份，但科班出身的谢林排挤了他。1801 年 4 月，他在郁郁不得志的情况下离开了耶拿。同年，由于奥·威·施莱格尔的妻子卡罗琳娜投入谢林的怀抱，奥·威·施莱格尔与卡罗琳娜的婚姻宣告破裂。他也与弟弟一样，愤而离开耶拿，前往柏林。

在耶拿期间，奥·威·施莱格尔潜心于莎士比亚剧本的翻译，至 1801 年已译出 16 个剧本，在德国文学界产生了重大影响。在 1801—1803 年，他接连三个冬天在柏林开设文学讲座。1803 年 12 月，他在巴黎遇见了斯达尔夫人。斯达尔夫人邀请他担任自己子女的家庭教师，他

---

① ［联邦德国］恩斯特·贝勒：《弗·施勒格尔》，李伯杰译，生活·读书·新知三联书店 1991 年版，第 83 页。

陪同夫人游历了欧洲许多国家，直到夫人于 1817 年逝世为止。从 1818 年起，他开始担任德国波恩大学的印度语言学教授。由于与上层人士交往甚密，他乘机恢复了他家的贵族称号。1827 年，他重返柏林，开设了美学讲座，但再也没有什么新思想了。正如海涅所嘲讽的："他在柏林待了四个礼拜，出尽了洋相，使全城为之捧腹。他已经变成一个虚荣心十足的老傻瓜，到处被人愚弄。"①

弗·施莱格尔于 1802 年 7 月抵达巴黎，在以后的两年时间里，他在巴黎开设了关于文学史的多个讲座。正如恩斯特·贝勒所指出的："在巴黎涌出来的这些新主题不论数量多么可观，这些论文万变不离其宗，总还是在《雅典娜神殿》的文化世界里运动，并使得浪漫派文学看起来是一个主要致力于重新解释文学和哲学的潮流。但是就在这几年中，用浪漫精神渗透'一切艺术和科学'的主张也日益受到认真对待。"②这似乎表明，浪漫派的影响还在继续扩张之中。1803 年，由施莱格尔兄弟策划、蒂克主编的《欧罗巴》杂志的创刊号问世，继续传播浪漫派的文艺观念，但这份杂志到 1805 年就停刊了。值得注意的是，弗·施莱格尔在巴黎期间开始学习梵文，从而在德国开创了对印度语言文学的研究。在他的影响下，奥·威·施莱格尔也致力于对印度语言文学的翻译和研究，并产生了很大的影响。当弗·施莱格尔在巴黎的求职活动失败后，因朋友的邀请，他于 1804 年返回到德国科隆，试图在正在筹备中的科隆大学中担任教职。后来，由于这所大学的筹建搁浅，为了维持生计，在以后的三年中，他不得不在科隆开设了关于文学史研究方面的公开讲座。1808 年，他出版了《论印度人的语言和智慧》一书。同年 4 月，他与妻子多罗苔娅一起改宗天主教。正如恩斯特·贝勒所指出的："从外表上看，这次浪漫主义首领的改换门庭引起人们的震惊，出乎人们的预料，这个事件也的确称得上那几年中文学界耸人听闻的大事件，与之相

---

① 张玉书：《海涅选集》，人民文学出版社 1983 年版，第 86 页。
② [联邦德国]恩斯特·贝勒：《弗·施勒格尔》，李伯杰译，生活·读书·新知联书店 1991 年版，第 113 页。

比，《路琴德》事件只是不足道的小事。然而从施勒格尔的精神变化过程来看，这次改宗不过是一个长期发展合乎逻辑的最终一幕。"①从 1809 年春起，由于哥哥的推荐，弗·施莱格尔开始在维也纳奥地利政府中担任宫廷秘书和其他职务，并在其开设的文学讲座的基础上，出版了巨著《古今文学史》(1814)。1818 年，他在被免除了所有的政治职务后，专心致志地从事研究和写作活动。在 1820—1823 年，他又创办了一份新的杂志《协调与一致》，体现出神秘主义的思想倾向。1827 年，由于奥·威·施莱格尔发表了一本小册子《澄清误解》，对弟弟改宗天主教极尽嘲讽之能事，兄弟俩终于彻底决裂。1829 年，弗·施莱格尔逝世于德累斯顿。

在德国浪漫主义运动中，除了施莱格尔兄弟，路德维希·蒂克也是一位重要的人物。蒂克出生于柏林，先后在哈勒、哥廷根等大学学习神学、历史学、文献学等课程。从 1794 年起开始创作并发表小说和戏曲。1797 年在柏林结识了施莱格尔兄弟，尽管他已经发表了不少作品，但缺乏文学理论，正如恩斯特·贝勒所指出的："作为诗人，尤其是小说家，他却给正在成长壮大的浪漫派注入了新鲜的元素。在他的诗作里可以听到一种闻所未闻的音调，弗里德利希·施莱格尔把这种新旋律的特征描述为'想象的、感伤的、刺激性的和音乐性的'，并把它们作为本质的组成部分收进浪漫理论。此外施勒格尔在发掘莎士比亚时，也离不开蒂克，而蒂克还以他的塞万提斯《堂·吉诃德》的典范译本丰富了浪漫主义的文学理论。"②蒂克很快就成了施莱格尔兄弟浪漫派圈子中的核心人物。他不但成了《雅典娜神殿》的主要撰稿人之一，而且甚至成了《欧罗巴》的主编。在 1803 年 12 月 16 日致弗·施莱格尔的信中，蒂克这样写道："要理解心灵，只有一个关键，而你至今还不愿承认这一点，这个关键就是基督教的天启……我感到有一种压力在驱使我把这个事实告诉

---

① ［联邦德国］恩斯特·贝勒：《弗·施勒格尔》，李伯杰译，生活·读书·新知三联书店 1991 年版，第 121 页。

② 同上书，第 72—73 页。

你，告诉一个在我的生活中开辟了一个新时代、我有如此之多的感谢话语要对他说的挚友，这就是你。我不知道你是否完全明白我的意思，但我知道你将会津津有味地品评我的话，我向你作了这番解释之后，我们将比以往更坦率、怀着更多的信赖敞开心扉。"①这段话既表明了德国浪漫主义运动的宗教特征，也显露出蒂克对弗·施莱格尔的近乎崇拜的心理。弗·施莱格尔去世后，蒂克曾写信给他的遗孀多罗苔娅，表示愿意整理、出版他的遗著，但多罗苔娅并没有满足蒂克的愿望，而把遗著整理的优先权给了死者晚年的好友——C. H. J. 温迪施曼。

按照海涅的看法，蒂克是以三种不同的风格从事写作的。在结识施莱格尔兄弟以前，他以第一种风格写作，他所创作的短篇小说和长篇小说都是缺乏诗意的。在结识施莱格尔兄弟以后，他主要创作讽刺喜剧，从而形成了他最具原创性和影响力的第二种写作风格。海涅这样写道："蒂克一经接触施莱格尔兄弟，他所有的幻想、心灵、机智的宝藏便纷纷显现。钻石熠熠生辉，明珠晶莹光润，那里面奇幻的红宝石尤其光彩夺目，关于这颗红宝石，浪漫派诗人当年曾经说个没完唱个不停。这个丰富的胸怀是施莱格尔兄弟进行文学征伐时提取战争费用的真正宝库。"②正是通过蒂克的讽刺喜剧，"反讽"构成了整个浪漫主义运动的重要特征之一。在施莱格尔兄弟垮台以后，蒂克沉默了很长一段时间，又公开露面了，但他形成了第三种写作风格。这种新的写作风格竟然来了个一百八十度的大转弯。如果说，在第二种写作风格中，蒂克狂热地站在天主教传统的立场上，猛烈地攻击新教教会和启蒙运动，那么，在第三种写作风格中，他完全站在反对浪漫主义式的狂热立场上，把塑造最新的市民生活和市民形象视为自己的最高任务。他在这方面的作品也引起了人们的广泛关注。海涅为此总结道："他的第一种风格表现出他还啥也不是；他的第二种风格表现出他是施莱格尔兄弟的忠实侍卫；他的

---

① ［联邦德国］恩斯特·贝勒：《弗·施勒格尔》，李伯杰译，生活·读书·新知三联书店 1991 年版，第 110 页。

② 张玉书：《海涅选集》，人民文学出版社 1983 年版，第 93—94 页。

第三种风格表现出他是歌德的模仿者。"①

在德国浪漫主义运动中，诺瓦利斯也是一个核心人物。他出生于曼斯菲尔德附近的上维德施泰德。18 岁时进入耶拿大学，后又转学于莱比锡大学和维滕贝格大学，攻读法学。1792 年结识了弗·施莱格尔。1794 年起在滕施泰特地方事务所当官员。同年 11 月，他认识了一位 13 岁的女孩索菲·冯·库恩，后来订了婚。1797 年 3 月 19 日，年仅 16 岁的未婚妻病逝，他受到沉重打击。同年，他转至魏森费尔斯盐厂工作，并在弗赖堡大学攻读矿物学。他渐渐地成了施莱格尔兄弟圈子中的核心人物。1800 年，他在《雅典娜神殿》上发表的《夜之赞歌》实际上就是对他的未婚妻的悼亡诗。1801 年 3 月 25 日，他因肺结核病逝于魏森费尔斯，年仅 29 岁。② 与蒂克一样，诺瓦利斯也十分崇拜弗·施莱格尔。在1800 年致弗·施莱格尔的信中，他曾经这样写道："如果有谁称得上我们这个时代的圣徒，有谁天生就是圣徒的话，那么这就是你。一个新的宗教，即虔敬——在现代这还是第一个——正在各地蓬勃兴起，而你就是这个新宗教的保罗。随着这个新宗教的诞生，世界历史翻开了新的一页。你深晓时代的隐秘。——革命对你产生了所能产生的一切影响，或者说，尘世间出现的神圣革命是由复数的救世主所组成，而你便是其中看不见的一员。一想到你是我的朋友，你对我吐露心曲，一种欣然的感觉就使我活力顿生。我知道，在许多事情中我们原是一体，因为我们的生命与死亡都为着同样的希望和同样的追求。"③从这段话中，可以看出诺瓦利斯对弗·施莱格尔的无限崇拜的心理，他与蒂克一样，从而也与弗·施莱格尔一样，有着一种深刻的宗教认同。事实上，从他作于 1799 年的长诗《圣歌》的一个段落中也可见出他内心的真实意向：

---

① 张玉书：《海涅选集》，人民文学出版社 1983 年版，第 97 页。
② 《德国浪漫主义诗人抒情诗选》，钱春绮译，江苏人民出版社 1984 年版，第 44—45 页。
③ [联邦德国]恩斯特·贝勒：《弗·施勒格尔》，李伯杰译，生活·读书·新知三联书店 1991 年版，第 187—188 页。

常使我们畏惧的神明，

现在已成为我们的，

不论在南方或是北方，

很快激发出天国的蓓蕾。

就让每朵花苞无限忠诚，

在天主的花园里迎候我们。①

　　显然，诺瓦利斯的诗作就像他本人一样是病态的、不健康的，他甚至把最富有感性含义的花苞也变成了天主的侍从。

　　海涅在《论浪漫派》一书中告诉我们："两位施莱格尔先生指望他们那派的诗人写出一批杰作。既然他们不可能为这批杰作提出一套切实的理论，便把古代最优秀的作品推崇为榜样，并使他们的门徒能接受这些作品，以此来弥补提不出理论的缺陷。受到推崇的主要是中世纪基督天主教艺术的作品。莎士比亚处于这种艺术的边缘，已经具有新教的明快，向着我们现代展颜微笑。"②显然，浪漫主义运动向中世纪天主教文艺的回归，必定与当时追求理性、进步和自由的主导精神——启蒙精神发生激烈的冲突。事实上，深受莱辛和赫尔德启蒙思想影响的歌德，也与施莱格尔兄弟及整个浪漫主义运动处于思想上的某种对立之中。

　　1817年，歌德在其主编的《艺术与古代》杂志的第2期上，发表了他的朋友海因里希·迈耶的论文《论基督教的爱国主义的新德意志艺术》，激烈地抨击了以施莱格尔兄弟为代表的德国浪漫主义的艺术方向。正如海涅所评论的："歌德仿佛用这篇文章在德国文坛上发动了他的雾月十八政变；他极为粗暴地把施莱格尔兄弟赶出庙堂，并且把他俩的很多最热心的弟子争取过来，那些早已不能容忍施莱格尔督政府的群众，向他欢呼喝彩，这样歌德便在德国文坛上奠定了他的寡头统治。从此以后，

---

　　① 《德国浪漫主义诗人抒情诗选》，钱春绮译，江苏人民出版社1984年版，第48页。
　　② 张玉书：《海涅选集》，人民文学出版社1983年版，第30—31页。

再也无人谈起这两位施莱格尔先生；只不过偶尔还有人提到他们，就像现在有时还有人说起巴拉斯和哥依埃一样。大家再也不谈浪漫主义和古典文艺，谈来谈去尽谈歌德。"①

我们上面简要考察的主要是德国浪漫主义运动的早期表现形式。实际上，作为文艺领域里的一股重要思潮，它在德国获得了长足的发展。在我们上面论述到的这些人物之后，还有一长串重要的人物，如布伦坦诺、阿尔尼姆、克莱斯特、富凯、沙米索、艾欣多夫（又译为艾兴多尔夫、艾辛多夫）、缪勒、乌兰德等等。更重要的是，尽管以施莱格尔兄弟为代表的德国早期的浪漫主义运动没有形成系统的哲学理论，但它的一些基本观点给发展中的德国哲学打上了深深的烙印。

二、奥·威·施莱格尔

由于奥·威·施莱格尔与法国的斯达尔夫人过从甚密，人们常常是通过斯达尔夫人的作品才认识他的。尽管人们在谈论到德国的浪漫主义运动时，常常以"施莱格尔兄弟"的方式来称呼他和他的弟弟弗·施莱格尔，但熟知内情的人们都知道，弗·施莱格尔才是德国浪漫主义运动的真正灵魂。比如，海涅在《论浪漫派》一书中就这样告诉我们："弗里德利希·施莱格尔比奥古斯特·威廉先生更为重要；事实上，后者也只是依靠他兄弟的思想为生，他的本事便是把他兄弟的思想书写成文。"②

当然，海涅上述刻薄的评论并不表明奥·威·施莱格尔在文学上一无造就。事实上，海涅也没有否认他在某些方面所取得的重大成就。他写道："要说奥·威·施莱格尔在文学上的功绩，我首先又得称赞他是一位卓越的翻译家。在这方面，他无疑地作出了无与伦比的贡献。尤其

---

① 张玉书：《海涅选集》，人民文学出版社 1983 年版，第 47—48 页。
② 同上书，第 70 页。

是他译的莎士比亚的剧本，更是出类拔萃，不可超越。也许除了格利斯先生和伯爵普拉滕先生之外，要数奥·威·施莱格尔先生是德国最伟大的韵律学家了。在其他方面他即使不是第三流的人物，最多也只是第二流的人物。在美学批评方面，我已经说过，他缺少一种哲学为基础，其他的同时代人，尤其是索尔格，远远在他之上。……施莱格尔先生倘若不是中途改弦更辙，改学梵文，他在古代德语的研究方面说不定会建树更大。可是古代德语已经不再时髦，搞搞梵文可以重新大出风头。就是在梵文方面，他也不过是半瓶醋，他的思想还是由他兄弟弗里德利希启发的。"①平心而论，海涅对他的评价基本上是公正的。事实上，在《诗人自咏》中，奥·威·施莱格尔也是这么评价自己的，不过在口气上显得有点妄自尊大罢了：

> 艺术和诗歌的世界主义者，
> 我以一切形式公布出来。
> 英国天才莎士比亚，通过我
> 在德国又找到一个祖国。
> 不列颠在印度居统治地位，
> 我在古印度寻古代智慧的神髓；
> 我把罗摩的事迹公诸同好，
> 当初跋弥曾捧得那样崇高。
> 因此我用英雄的印鉴戒指盖章，
> 接受奖励我的劳绩的奖赏。②

在我们看来，尽管奥·威·施莱格尔不如他的弟弟那么思想敏锐，我行我素，但他所做的工作，包括他最负盛名的翻译工作，仍然属于德

---

① 张玉书：《海涅选集》，人民文学出版社 1983 年版，第 75 页。
② 《德国浪漫主义诗人抒情诗选》，钱春绮译，江苏人民出版社 1984 年版，第 39 页。

国浪漫主义运动的一个重要侧面。此外，尽管他缺乏系统的哲学思想，他对法国新古典主义文艺的评论也有吹毛求疵之嫌，但当他批评当时的时髦思潮，如启蒙思潮时；当他赞扬古代文艺，特别是中世纪文艺时，可以说是思如泉涌，也不乏真知灼见。下面，我们对他的哲学、社会和文艺理论做一个简要的探索和解析。

1. 对启蒙运动的反思和批判

在《启蒙运动批判》一文中，奥·威·施莱格尔开宗明义地指出："我们这个时代在看法和观念上引以为自豪的所有一切，都可以归结在启蒙运动这个由时代本身构造出来的概念中，最终又可以还原为宽容、思想自由、出版自由、博爱，及诸如此类有过之而无不及的说法。然而我们还必须对这一切作一个非常简短的考察。"①作为一个批评家，奥·威·施莱格尔敏锐地觉察到，启蒙运动及其观念构成了这个时代的主题。因为启蒙运动不仅提出了自己的原则和观点，而且试图消除狂妄、偏见和谬误，以便传播正确的见解；启蒙运动不仅提出了自己的政治理论，力图对国家和政府进行改革，而且打算把全部科学置于自己的治下，以至于不但出现了启蒙数学、启蒙物理学、启蒙历史观，甚至还出现了启蒙神学；启蒙运动不仅形成了一种通俗的哲学，而且这种哲学还许诺，要把陷于迷信、迷茫和黑暗中的人们置于纯粹的光明之中。"启蒙"的含义也正是如此。然而，在奥·威·施莱格尔看来，启蒙运动所许诺的东西不但是难以实现的，而且其原则、观点和导向本身就存在着难以克服的问题。

（1）启蒙运动把"功利"和"有用"作为自己追求的目的。奥·威·施莱格尔指出："鉴于启蒙运动在任何领域都是行程及半便戛然而止，只能使真理自身沦为一种无条件的追求，所以它所要求于真理的，似乎必然是某种别的东西而非真理本身，简言之，是有用和适用。在这里，使真正的善（真仅是其中的一部分，一个方面）臣服于功利的这种本末倒置

---

① 孙凤城：《德国浪漫主义作品选》，人民文学出版社 1997 年版，第 374 页。

的思维方式昭然若揭。"①那么，奥·威·施莱格尔所批评的"功利"和"有用"究竟是什么意思呢？在他看来，指的是促进"身体的幸福"或"感官的享受"，而这种追求的结果不但是"使理性成为感官的奴婢"，而且也从根本上取消了诗与神话："这个唯功利是举的潮流，如果一贯到底贯彻下去的话，必将与诗彻底分道扬镳；启蒙状态对此的真实思虑又归结到这个数学家的问题上来了：通过诗可以证明什么？正当人们把神话打入迷信的层次时，一切虚构的源泉便枯竭了，象征也就从自然中消遁得无影无踪。"②奥·威·施莱格尔认为，诗、艺术和美不但不能归结到"有用"或"功利"的层面上，而且它们之间的关系本质上是对立的。一旦从单纯的"有用"或"功利"的层面出发去看待诗、艺术和美，实际上也就等于把它们取消了。此外，奥·威·施莱格尔还谴责道："启蒙运动自然也混入了道德之中，并在其中造成极大的破坏。凡不愿屈就尘世事务的有用性的德行，启蒙运动按照它经济的倾向一律斥为过度紧张和空想。"③总之，启蒙运动者们按照有用性的原则区分出两个世界：一个是有用的世界，另一个是无用的世界，而第二个世界则被他们视为完全无意义的世界而加以排斥。

（2）启蒙运动把思维的经济性或简单化视为自己的原则。奥·威·施莱格尔告诉我们："左右启蒙运动者的乃是经济的原则，所以这个原则也是精神的，只能解决尘世间事务的能力，即身陷于纯然的有限性图圈之中的理智，启蒙运动者们在其间把它也投入了使用并借此贸然直取理性最高的任务。"④奥·威·施莱格尔指责启蒙运动者们低估了外部世界乃至最高实在的复杂性，试图用像数学公式一样简单化的原理去解释一切，或试图对圣经中的《创世记》的语言进行可笑的拙劣的模仿：只要上帝说有光，于是大地上就有了光。在他们的眼中，一切都变得那么简

---

① 孙凤城：《德国浪漫主义作品选》，人民文学出版社 1997 年版，第 376 页。
② 同上书，第 390 页。
③ 同上书，第 381 页。
④ 同上书，第 376 页。

单。比如，他们把处处挡住他们去路的本真的非理性当作未启蒙状态大加鞭挞，完全没有考虑到"非理性"问题的复杂性。假如理性象征白天和光明，那么非理性则象征夜晚和黑暗。事实上，理性与非理性、白天与夜晚、光明与黑暗都是相反相成，不可分离地关联在一起的。而诗学(即文学艺术)正是要表现这样的冲突，如果把非理性、夜晚和黑暗都取消的话，不但人们无法理解理性、白天和光明，而且连诗学也只好被取消了。奥·威·施莱格尔写道："古老的宇宙起源说早已说过，夜是万物之母，现在，这个说法在每个人的生活中又东山再起：人们认为，世界脱胎于泰初的混沌，通过爱与恨、同情与反感的相互作用而成形。生活的魔力赖以存在的基础，正是一片黑暗，我们存在的根正是消失于其中以及无法解答的奥秘之中。这就是一切诗的魂。而启蒙运动缺乏对于黑暗的最起码的尊敬，于是也就成了诗最坚决的敌人，对诗造成了一切可能的伤害。"①从这段话可以看出，与启蒙运动者们的经济的、简单化的思维比较起来，奥·威·施莱格尔的思想显得更加现实，也更富于思辨性。

(3)启蒙运动只肯定感性印象，而完全否定了想象力的作用。众所周知，英国、法国和德国的启蒙学者们都深受洛克思想的影响，而这种思想"向所谓天赋理念宣战，力图揭示一切事物是怎样通过感性印象逐渐刻到精神的白板上，即精神空无一物的无之上，以作为哲学的铁丹；这门学问不理睬人心中的合规则性，靠着观察心境什么时候、在这种那种环境中发生，便以为探到了心境的自然的踪迹。仗着这种学问启过蒙的人们于是自信有权把所有越出他们感官的感受性的限界以外的现象，统统视为病相，并随时都慷慨地以狂热和荒谬的名字相与。他们完全没有看到想象的权利，只要有机会，就把人们从想象的病态中彻底治愈"②。比如，梦就是充满诗意的现象，在梦中，想象力会自由地驰骋，

---

① 孙凤城：《德国浪漫主义作品选》，人民文学出版社 1997 年版，第 378 页。
② 同上书，第 379—380 页。

做出各种游戏来。不同的民族对梦有着不同的解释。有的把它理解为对未来的预见，有的把它理解为与逝者的交谈，有的把它理解为灵感的爆发，有的把它理解为感情的释放等。奥·威·施莱格尔认为，人们的精神世界是极其丰富多彩的，绝不能用单纯的感性表象去解释它。事实上，精神世界的丰富多彩恰恰体现在超感性的思想领域里，而想象力在这个领域里发挥着极其重要的作用，但启蒙运动者们却普遍地忽略了这一点。

(4)启蒙运动试图把人们从恐惧与神秘中解放出来，但这个目标是不可能实现的。奥·威·施莱格尔认为，启蒙运动要把人们从对迷信的恐惧中解放出来，但他看不出恐惧有什么可怕。相反，他认为，每一种恐惧都有一种信心与之相对立，以便与恐惧保持平衡，而且信心也正是从恐惧那里获得自己的价值的。既然有对未来悲观的预感，也就有幸运的预兆；既然有险恶的妖术，也就有治疗这种妖术的符咒；既然有鬼怪，也就有祈祷和咒语来解救；既然有恶的精灵来侵扰，也就有天使来提供帮助。"解救人们于恐惧(我这里指的不是对某种被规定的东西的恐惧，有胆魄的人在与这种恐惧的抗争中会使自己坚强起来；我指的是对某种未知事物的想象的恐惧和害怕)，不论人怎样形容恐惧的对象，启蒙运动永远也做不到，因为这种恐惧也是我们存在的原始组成部分之一，证明这一点很容易。"①毋庸讳言，奥·威·施莱格尔肯定恐惧在人类生活中是无法消除的，因为它"也是我们存在的原始组成部分之一"。这一见解无疑是深刻的，但他把两种不同的"恐惧"混淆起来了。显然，作为存在的原始组成部分的恐惧是合理的，但对迷信的恐惧则是不合理的。在这个意义上，启蒙运动者们力图消除对迷信的恐惧并没有错，他们的不足在于没有全面地理解恐惧的含义及它在人类生存活动中的根基。同样地，启蒙神学也力图建立一种理性范围内的宗教，即摈弃宗教的一切神秘性，使它变得完全可以被理解。奥·威·施莱格尔认为，

---

① 孙凤城：《德国浪漫主义作品选》，人民文学出版社 1997 年版，第 381 页。

"用可理解性来解释一切事物，这些做法的不合理性在这里达到了登峰造极的地步，因为完全由矛盾织成的人，不跌进不解之谜的深渊，是不可能洞观无形和永恒事物的。此外，作为宗教的器官的想象，和给予无限事物以一个象征的、尽可能个性化的说明的必要性，在这个神学中被忽视了"[1]。也就是说，宗教作为宗教，它不同于其他科学与哲学的地方恰恰在于它具有某种神秘性，如果完全取消这种神秘性，把全部宗教学说变得可以理解，实际上宗教也就不复存在了。在我们看来，无论是启蒙运动者们也好，还是作为他们的批评者的奥·威·施莱格尔也好，在探讨神秘性问题时，都没有把两个不同的对象——宗教和宗教学——区分开来。也就是说，人们至多只能使宗教学变得完全可以理解，但却永远无法使宗教变得完全可以理解。

（5）启蒙运动把宽容视为自己的理想，实际上体现出来的却是傲慢，助长的则是普遍的淡漠主义。奥·威·施莱格尔指出，启蒙运动者们喜欢在宗教和政治的领域里谈论"宽容"，然而，"宽容一词，不管听起来如何朴素如何平和，其中却包含着极大的傲慢。还是让我们先问一问，其他人，与我们思想不同的人，会在多大程度上容忍和忍耐我们"[2]。比如，当有人试图以严肃的态度来对待基督教，或对宽容者们视为奇异的东西怀有宗教式的信仰的时候，"宽容马上就现了原形，暴露出那个它赖以生存的信条：除了宗教之外，一切都应受到宽容"[3]。在奥·威·施莱格尔看来，启蒙运动者们谈论的"宽容"实际上都是有条件的，尤其在宗教领域里是如此，而他们之所以那么喜欢谈论这个词，因为这个词体现出一种居高临下的气势，体现出自己站得比被宽容方更高。总之，体现出来的是主观方面的傲慢。另外，作为观念，宽容"恰恰相反产生了疑问，即宽容是不是改头换面的淡漠主义；因为，一个人对于他

---

① 孙凤城：《德国浪漫主义作品选》，人民文学出版社 1997 年版，第 382 页。
② 同上书，第 384 页。
③ 同上书，第 384 页。

所感兴趣的人在重大事情上是否与他意气相投，决不可能无动于衷"①。比如，对重大政治观点上的差异，如果完全以宽容对待之，则实际上助长的只能是淡漠主义。其实，在这里，无论是倡导宽容的启蒙运动家们，还是对宽容采取质疑态度的奥·威·施莱格尔也好，对宽容问题的内涵都缺乏深入细致的分析。对宗教信仰上的异端和异教、对政治见解上的持不同政见者如何实施宽容政策，是一个非常复杂的问题，很难笼统地加以叙述。但不管如何，启蒙运动者们对宽容的倡导从历史上看具有积极意义，而奥·威·施莱格尔在这里重点反省的则是宽容现象的负面效果，其中也确有值得我们重视的地方。

总之，尽管当时欧洲的启蒙运动具有历史的进步意义，奥·威·施莱格尔对启蒙精神的概括也存在不少偏颇之处，比如，启蒙精神的核心是"理性法庭"，而不是洛克式的"感性表象"；启蒙精神坚持的"有用"或"功利"，相对于传统的、经院式的烦琐争论来说，无疑是一个进步等，但总的看来，奥·威·施莱格尔对当时启蒙运动中出现的种种负面现象的反思和批评，对于我们全面地认识启蒙运动的历史作用来说，仍然具有不可磨灭的意义。事实上，整个浪漫主义思潮也就是对启蒙运动及其思潮的一种精神上的反拨和调整，而奥·威·施莱格尔对启蒙运动的批判，也为以后的德国思想家，如黑格尔、霍克海默、阿多诺等人提供了重要的思想资源。

2. 对中世纪社会与文化生活的缅怀

尽管奥·威·施莱格尔没有像他弟弟那样改宗天主教，但实际上，他的思想倾向也基本上是天主教的。他对天主教占绝对支配地位的欧洲中世纪的缅怀和赞赏，既反映出他的思想特征，也体现出整个德国浪漫主义运动的思想特征。公元 5 世纪，从北方入侵的日耳曼人推翻了西罗马帝国，长达千年之久的中世纪开始了。在近代启蒙学者的视野中，中世纪也许是黑暗和野蛮的代名词，但在奥·威·施莱格尔看来，中世纪

---

① 孙凤城：《德国浪漫主义作品选》，人民文学出版社 1997 年版，第 384 页。

的社会生活、思想观念和文化艺术却是无限美好的，甚至是近代社会所望尘莫及的。在《中世纪》一文中，奥·威·施莱格尔主要阐述了如下的观点。

（1）中世纪的平等观念。奥·威·施莱格尔写道："平等的感觉深深地嵌在自由的德意志人的头脑中，德意志人花在社会秩序上的精力和财力少到最低限度，所以任何一个普通的武装联盟的所有成员，享有在自然状态下行之有效的权利，在不间断的私人冲突产生时，自行洗刷自己所蒙受的侮辱。"①当德意志人与敌对的民族发生冲突时，也许他们会不择手段，但在同族的德意志人之间发生冲突时，他们不愿诉诸烦琐的民事诉讼的程序，而愿意以平等，并排除任何阴谋诡计的方式，追求或维护自己应有的权利。"所以，纠纷简化为决斗，决斗得到了法律的认可，在领主的主持下，按一定的仪式进行。"②奥·威·施莱格尔非常赞成这种用生命来冒险的做法，认为这种做法比起烦琐的法律程序来，能够以更有效的方式解决纠纷和冲突。何况，这种决斗的方式也体现出当时德意志人的高贵、正直和勇敢。

（2）中世纪的尚武精神。由于中世纪社会是在北方日耳曼人入侵的前提下形成起来的，而入侵、征服和掠夺都得诉诸暴力，从而形成了中世纪社会中普遍的尚武精神。奥·威·施莱格尔告诉我们："正因为稳固地占有掠夺来的土地，社会中的特权（权利与义务成比例增长这个原则是共和主义的，因为在专制国家恰恰相反，负担全部落在并不享受特权的那个阶级身上），甚至私人间的权利的保障，都有赖于武力，所以武艺便成了领主及其仆从们经常性的和唯一的活动，和平时期则靠打猎和操练武艺来打发日子。"③狩猎不仅充满了危险，从而培植了德意志人的勇敢精神，而且通过越来越流行的狩猎比赛，训练了骑术，也使体魄健全的骑士脱颖而出，从而使中世纪的生活富有传奇色彩和浪漫色彩。

---

① 孙凤城：《德国浪漫主义作品选》，人民文学出版社 1997 年版，第 363 页。
② 同上书，第 364 页。
③ 同上书，第 364 页。

正如奥·威·施莱格尔所说的："浪漫派诗人的笔下满是这种已从生活中消失了乐趣的美妙场景；如但丁和莎士比亚这些作家，还流露出一种对这种乐趣的特殊偏爱。"①同时，在经常性的练武、比武和表演的基础上，骑士比武大会也变得越来越隆重。"在比武大会中，骑士们大展其剽悍和灵活性，妇女们显露出她们的端庄仪态，而领主们则慷慨大度，场面蔚为壮观，各式人等一律身着他们所能置办得起的最华美的服装。在此我要重申一遍我多次说过的一句话：我们为现代的奢华而自鸣得意，但是现代的豪华极其小气，支离破碎，成了千万种各自为政的人的人为的舒适设备，大庭广众的宏伟气派已从生活中销声匿迹了。"②显然，在奥·威·施莱格尔的视野中，中世纪的骑士制度和骑士比武大会比现代社会中的奢华具有更为丰富的文化内涵。

(3)中世纪的徽章文化。由于武器是骑士最宝贵的财产，所以他们会尽力装饰自己的武器；同时，骑士们也需要对把自己的躯体遮蔽得严严实实的盔甲做出标记，以辨认敌友；此外，他们也需要在自己的盾牌上绘制图形，在头盔上装上盔缨一类的饰物。奥·威·施莱格尔指出："值得注意的是徽章学里蕴藏着的自然观，看它如何把狮和鹰寻本溯源归结为某些主要象征，而不是从动物的产生来找寻狮子和鹰的纹章起源，看它们如何像浪漫诗一样把最不相干的东西，如星辰和花朵，撮合在一块，如此等等，不一而足。"③这些徽章不仅千姿百态，迥然各异，而且色彩丰富，线条优美，显示出制作者的丰富的想象力，从而具有很高的艺术价值。起初，这些徽章和标记……想出来的，但逐渐地它们演变成不同族人的血统的化身，从而被长久地固定下来了。与此同时，一门特殊的学科——纹章学也由此而诞生。近代的许多学者不谈这门学问，而奥·威·施莱格尔则表示，他要为这门学问"打抱不平"，并充分肯定了这门学问的意义："如徽章向我们展示的那样，在骑士时代的欧

---

① 孙凤城：《德国浪漫主义作品选》，人民文学出版社 1997 年版，第 365 页。
② 同上书，第 365—366 页。
③ 同上书，第 367 页。

洲，各民族的性格是协调一致的，我确信，若进一步考察各民族的徽章，我们又将从中窥见各民族性格的独异色彩。"①

（4）中世纪的荣誉意识。在奥·威·施莱格尔看来，中世纪骑士精神的内在核心是荣誉："有关荣誉的某些法规乃是远古时代遗留下来的无价之宝，它左右和规定我们的程度，远远超过我们所愿意承认的。荣誉这个伟大的理念，在当时囊括了全部道德。"②无疑地，在荣誉意识的形成和发展中，基督教起了十分重要的作用，但这一意识也保持着某种宗教之外的独立性。荣誉不仅包括战争中的大无畏，遭受侮辱时不怕生命危险进行抗争，言论的真实和行动的忠诚，而且包括谦恭有礼、主持公道、打抱不平、保护妇女和儿童等。在中世纪骑士们的心目中，荣誉远比自己的生命更为重要，因而他们也随时愿意为了维护自己的荣誉而献出自己的生命。在奥·威·施莱格尔的眼中，这种高于一切的荣誉意识与近代人的委琐卑微比较起来，显得更为高尚。

（5）中世纪的艺术追求。奥·威·施莱格尔认为，在希腊人那里，戏剧诗生活在舞台上，抒情诗存于歌唱中，史诗活跃于吟诵诗人的口里。"中世纪时期，诗活跃于游吟诗人和 Conteous 的歌唱和吟诵中，到阿里奥斯托时，他最初还以这种方式把他的歌规定为朗诵。在南方诸国，人们阅读量较少的地方，口头的公开讲故事吟诵诗歌至今仍魅力不减。"③毋庸讳言，这种表达方式和接受方式所引起的关注感和紧张度，完全不同于近代人的独处一隅的阅读。奥·威·施莱格尔还指出："天主教一向是艺术温存的母亲；在音乐中，大概只有教堂唱诗还给我们保留下来希腊音乐仅有的一点真迹；绘画艺术的一切有赖于天主教，无论是题材、激情或巨大的竞争力；雕塑和建筑就不用提了。"④我们发现，当奥·威·施莱格尔兴致勃勃地谈论并炫耀着中世纪艺术时，他并没有

① 孙凤城：《德国浪漫主义作品选》，人民文学出版社 1997 年版，第 368 页。
② 同上书，第 369 页。
③ 同上书，第 388 页。
④ 同上书，第 386 页。

引入现代人所应有的批判精神。正如海涅所评论的："施莱格尔先生对过去的精神，特别是中世纪的精神，领会很深。因而他也能很容易地在往日的文艺巨著中指出这种精神并且从这种观点出发，揭示其优美之处。可是凡是现代的事物，他一概都不理解。他充其量只抓到一些皮毛，只看到现代的某些表面特征通常是些不甚优美的特点；他既然不理解那赋予现代以生命的精神，那么他所看见的我们整个现代生活只是一具枯燥无味的面具。"①实际上，海涅的批评揭示出整个浪漫主义思潮的厚古薄今的思想倾向。

当然，话得说回来，尽管奥·威·施莱格尔关于中世纪社会文化风貌的叙述充满了某种复古主义的热情，从而构成对文艺复兴、宗教改革和启蒙运动的某种反动，但我们也应该看到，他毕竟以生动的笔触向我们展示出中世纪社会生活和思想风貌的另一个重要的侧面，而这个重要的侧面在现代启蒙思潮中是普遍地受到忽视的。在这个意义上可以说，奥·威·施莱格尔向中世纪的返回，为我们更全面地理解传统文化，尤其是中世纪的文化提供了重要的思想路径。

3. 对艺术理论的探索

在《关于美文学和艺术的讲座》中，奥·威·施莱格尔提出了自己的艺术理论。

首先，他剖析了人们关于艺术理论的三种表述形式。第一种表述形式是：把艺术理论称为"美的科学"。他认为，这种表述形式是自相矛盾的，"因为科学是一个体系，或者是一个关于真理的经过整理的整体。任何真理都必然来源于先前的真理。一切科学就其本性来说都是严格的，而在一切美的东西那里本质上必定会发现的游戏和自由的显现，在科学中则是完全被排除在外的"②。第二种表述形式是：把艺术理论称为"美的艺术"。然而，在他看来，假如人们把艺术的宗旨和本质理解为

---

① 张玉书：《海涅选集》，人民文学出版社 1983 年版，第 77 页。
② 蒋孔阳：《十九世纪西方美学名著选（德国卷）》，复旦大学出版社 1990 年版，第302 页。

对美的追求，那么，"美的"这个修饰语就成了"艺术"的不必要的累赘；假如人们把"美"和"艺术"理解为两个不同的领域，那么，显然用"美的"来修饰"艺术"也是不妥的。一言以蔽之，"美的艺术"这一表述方式，要么是同义反复，要么是不合适的修饰词，会导致人们对艺术理论中的某些方面的忽视。第三种表述方式是：把艺术理论理解为"美学"，这是德国哲学家鲍姆加登创制的一个新词，而这个词在希腊文里的含义关涉到感觉和情感。奥·威·施莱格尔在谈到"美学"这个词时，指出，"如果它是关于感官的，那么这个词的意义就只限于心理学的领域，而倘若它用各种自然法则解释各种感觉现象，这个词的意义则当属物理学的范畴。的确有两门学科是关于视觉和听觉的：光学和声学。但鲍姆加登对此却有完全不同的理解：把对低级(感性)认识能力的分析作为高级的认识能力或逻辑的对立物"①。奥·威·施莱格尔认为，康德在《纯粹理性批判》中不把 aesthetics 这个词称为"美学"，而是称为"感性论"是合理的，因为他恢复了这个词的本意。然而，遗憾的是，在《判断力批判》中，这个词的形容词 aesthetical 又被康德理解为"审美的"，从而退回到鲍姆加登原来的立场上去了。

在康德以后，许多思想家仍然沿用鲍姆加登提出的"美学"这个词。"现在该是彻底废除它的时候了。勿庸置疑，它造成了巨大的后果；美感成了真正的 qualitas occulta(模糊的性质——引者注)，在这个令人费解的词语后面能够隐匿的只是一些毫无意义的论断，一些有待证明的循环论证，而在其他情况下其破绽非常显眼。"②当然，在奥·威·施莱格尔看来，鲍姆加登做出的努力依然是有意义的，因为他试图建立一种关于艺术的哲学理论。

其次，他阐述了艺术的技巧理论与哲学理论之间的联系和差别。奥·威·施莱格尔认为："艺术理论在技巧上应理解为方式方法，探讨

---

① 蒋孔阳：《十九世纪西方美学名著选(德国卷)》，复旦大学出版社 1990 年版，第303 页。

② 同上书，第304 页。

怎样才能在一个规则体系中完成某件作品。它把现实化的目的作为先决条件。艺术理论在哲学上的理解却是把现实化的目的作为观察的对象，认为它不可缺少。关于技巧的艺术理论说明怎样才能完成一件艺术品，而关于哲学的艺术理论要说明的是创作什么作品。"①康德的信徒花了大量时间试图建立关于艺术的种种哲学理论，但就像莫里哀喜剧《贵族迷》中谈论的所谓"剑术理论"一样，是似是而非的。按照奥·威·施莱格尔的观点，"一种卓越的技巧性理论毫无疑问比一种毫无用处的哲学性理论更受宠爱，从技巧性理论中人们学而有所得，而毫无用处的所谓哲理食而无味"②。当然，肯定艺术的技巧理论的有用性，并不等于完全否认艺术的哲学理论存在的必要性。奥·威·施莱格尔自己也体会到，技巧理论根本不可能对艺术的全部本质做出合理的说明，因而艺术的哲学理论是无法取消的。但既然用"美的科学""美的艺术"或"美学"来表述艺术的哲学理论都存在着不妥之处，那么，究竟用什么概念来表述才是合理的呢？他主张，用"艺术学说"或"诗学"来表述艺术的哲学理论。

再次，他强调了艺术学说或诗学的根本目的是坚持美的独立性和艺术的自主性。奥·威·施莱格尔写道："这样一种艺术学说或诗学的作用是什么？它将作为基本原理：必须创造出艺术，或美，如果我们愿意这样称呼同一事物的研究对象。它应将这一准则与哲学的最高原则联系起来，此外，它必须阐明美的独立性，本质上的多样性以及对道义上的善的非从属性：艺术学说将坚持艺术的自主性。如果自身具备的资质对此给它规定了法则，它就是自主性，而当它不得不从外来因素中借用法则，它便是不自主。因此艺术学说将衡量、诠释艺术范围，并且确定各种艺术、艺术的分支及门类的特定范围的必要界限，并通过不断综合进

---

① 蒋孔阳：《十九世纪西方美学名著选（德国卷）》，复旦大学出版社 1990 年版，第 304 页。

② 同上书，第 305 页。

而获得最明确的艺术法则。"①无疑，奥·威·施莱格尔对美的独立性和艺术的自主性的强调确实具有重要意义。我们知道，在康德那里，善，尤其是至善，居于至高无上的位置上，因而他的艺术学说常常成为其道德学说的附庸。与此不同的是，在鲍姆加登那里，关于美的理论从一开始就与认识论中的感性论部分混淆在一起，从而使其艺术学说论成了认识论的附庸。在这两种情况下，美和艺术都失去了自己的独立性和自主性。

最后，他肯定了艺术学说与艺术史之间的互动关系。一方面，奥·威·施莱格尔认为，"艺术史不可缺少艺术理论，这已为迄今为止的历史所充分说明。"②因为每一个别的艺术现象只有通过艺术思想的作用才能获得真正的地位。事实上，没有具有创新意识的艺术学说或诗学理论，艺术家的创造是不可能的，而艺术史也就变得索然无味了。另一方面，艺术学说或诗学理论也不应该与艺术史相分离，因为理论的东西总是源于艺术的实践活动和具体的艺术作品。在这个意义上可以说，不深入地研究艺术史，艺术学说或诗学理论就会失去其历史的和现实的基础，从而蜕化为脱离实际的教条。所以，奥·威·施莱格尔主张，把对艺术学说和艺术史的探索紧密地结合起来："历史对于理论来说是永恒的法典。理论始终致力于使这部法典日臻完善并公之于世。"③

尽管奥·威·施莱格尔没有形成自己系统的哲学和文艺理论，但他对古代艺术的评论、对启蒙运动的批判、对中世纪文化的另一个侧面的揭示、对艺术理论的阐发，仍然为我们留下了宝贵的思想遗产，值得我们认真地加以发掘。

---

① 蒋孔阳：《十九世纪西方美学名著选（德国卷）》，复旦大学出版社 1990 年版，第 308 页。

② 同上书，第 308 页。

③ 同上书，第 309 页。

三、弗·施莱格尔

  正如我们在前面已经指出过的那样，弗·施莱格尔是德国浪漫主义运动的先驱和灵魂。他在浪漫主义运动中所起的作用比起其兄奥·威·施莱格尔来说，更为重要。在《论浪漫派》一书中，海涅特别提到他的两部著作，即《论印度人的语言学和智慧》与《古今文学史》，并指出："通过上面提到的第一本书，他不仅开了我们梵文研究的先河，也为之奠定了基础。他之于德国，犹如威廉·琼斯之于英国。"①海涅认为，他的第二本书也站在一个很高的立足点上来纵览全部文学史。然而，遗憾的是，他的著作的背后，总是隐藏着"天主教的利益"："施莱格尔不论说什么，我们都能从中听到教堂的钟声缭绕不绝，有时甚至听见围绕着钟楼盘旋飞翔的乌鸦在咭呱鼓噪。"②尽管海涅正确地指出了弗·施莱格尔思想的本质，但在《论浪漫派》一书中，并未对他思想中的合理因素做出全面的分析和评价。

  与海涅不同，同是浪漫派阵营的约瑟夫·封·艾欣多夫，对弗·施莱格尔做出了更为全面的评论。他写道："任何一个流派都有自己卓越的领袖人物；对于浪漫派，弗里德里希·施莱格尔就是这样一个领袖人物。如同当年的莱辛，他勇敢地登上现代文明的高峰。站在这个高度上，人们可以高瞻远瞩，自由地放眼过去和未来，以惊人的多面性看透哲学和诗、历史和艺术、古典文化和中世纪以及东方。在另一方面他也可以与莱辛相比拟。如同莱辛一样，他毅然决然地拖着那个时代怀疑主义的潮流及浪漫派的精神迅跑，直奔向那个时机已成熟、形势不可逆转的目标；他追求宗教中信仰与知识的和解，或者如他自己更加明确地所

---

  ① 张玉书：《海涅选集》，人民文学出版社 1983 年版，第 72 页。
  ② 同上书，第 73 页。

说的，追求科学与爱的统一。他的这种追求是发自对于更高级真理的深切向往，而不是把它作为文学的艺术的作品以炫耀自己。正是在这一点上，他又与莱辛等量齐观。"①在艾欣多夫的评价中，我们或许应该去掉某些溢美之词。但从总体上看，他的评价还是比较合理的。在今天，深入探讨并发掘弗·施莱格尔思想中有价值的因素，正是我们在对德国浪漫主义运动的研究中应该自觉地承担起来的责任。在探讨弗里德里希·施莱格尔的思想之前，我们先要论述一下在他的思想过程中显露出来的两个独异之处。

一是他对时代精神的判断。在《断片集》第 216 条中，弗·施莱格尔告诉我们："法国大革命、费希特的《知识学》和歌德的《迈斯特》，是这个时代最伟大的倾向。谁对这个排列持有异议，谁认为只要不是急风暴雨般的和物质的革命就不是重要的，谁就还没有把自己提高到人类历史的广阔高度上。我们贫乏的文化史往往就像一部随时加了注解的作品集，而经典的正文却已丢失。甚至在我们这些文化中，喧嚣的大众未加留意的同时代的一本小书，却比其他一切事物起着更大的推动大众的作用。"②也就是说，在弗·施莱格尔看来，法国大革命、费希特的《知识学》和歌德的《迈斯特》构成当时时代精神的根本标志。为什么他要以这种方式来概括当时的时代精神呢？

首先，弗·施莱格尔认定，法国大革命是人类历史上最伟大、最奇特的现象之一，是一次几乎涉及全球的地震，政治中一次不可测量的洪水，它对现代的精神生活具有压倒一切的影响。在这场大革命中，整个法兰西民族的国民性也以压缩的、自相矛盾的方式得以充分的展现。在这个意义上，对法国大革命的解读，实际上也就是对人性的解读。而这正是浪漫主义思潮追求的目标之一。其次，弗·施莱格尔意识到，费希

---

① ［联邦德国］恩斯特·贝勒：《弗·施勒格尔》，李伯杰译，生活·读书·新知三联书店 1991 年版，第 191 页。其中，弗·施勒格尔即为弗·施莱格尔。

② 《浪漫派风格——施勒格尔批评文集》，李伯杰译，华夏出版社 2005 年版，第 78 页。

特的《知识学》的意义在于，费希特"在哲学中完全独立率先发现并创造出正确的方法，并把自由的自我思维组织成一门艺术。仅这一项丰功伟绩，就足以确立他的不朽地位"①。在他看来，费希特在阐述"自由的自我意识"的原初性的、奠基性的作用时，也以极其深刻的方式发掘了人性。事实上，费希特的《知识学》对以弗·施莱格尔为代表的浪漫主义的创作方法发生了重要的影响，众所周知，浪漫主义思潮的一个基本特征就是发掘自我深处的感受和想象力。无怪乎威廉·狄尔泰会引申出如下的结论来："弗里德里希·施莱格尔为研究精神现象而创立一个开创性理论的工作，始自《知识学》。"②最后，弗·施莱格尔在《批评断片集》中主张，"如果有谁恰如其分地对歌德的《迈斯特》进行了刻画，就等于说出了现在这个时代里诗的内容。在有关诗的批评的问题上，他尽可退下来休息了"③。这段话表明，弗·施莱格尔对现代诗具有非常高的鉴赏力，他敏锐地发现了歌德的诗作，特别是《迈斯特》的巨大的文学价值，甚至经常把歌德与莎士比亚、塞万提斯相提并论。事实上，歌德对现实生活的重视、对自然的依恋、对古典艺术的发掘，都对浪漫派的创作活动产生了重要影响。从上面的分析可以发现，弗·施莱格尔是从一个浪漫主义者的角度出发去提炼、概括时代精神的。尽管如此，第216条断片仍然产生了巨大的影响，被人们普遍地加以引用。这充分表明，弗·施莱格尔善于站在时代的制高点上来阐发自己的思想。

二是弗·施莱格尔在思想的表达中采取了特殊的形式，即断片的形式。他出版了三部不同的思想断片集，用格言的方式来表达自己的思想。在《断片集》第206条中，他写道："一条断片必须宛如一部小型的艺术作品，同周围的世界完全隔绝，而在自身中尽善尽美，就像一只刺

---

① 《浪漫派风格——施勒格尔批评文集》，李伯杰译，华夏出版社2005年版，第247页。

② ［联邦德国］恩斯特·贝勒：《弗·施勒格尔》，李伯杰译，生活·读书·新知三联书店1991年版，第192页。

③ 《浪漫派风格——施勒格尔批评文集》，李伯杰译，华夏出版社2005年版，第59页。

猬一样。"①这段话实际上阐明了断片的特征：一方面，每一个断片在思想上都是相对完整的，自我融洽的；另一方面，每一个断片都像刺猬一样，隐藏着思想上的锋芒。在他看来，理论表达中的一些其他体裁也是直接地或间接地奠基于断片之上的。《断片集》第 77 条指出："对话是断片组成的一条链，或者说一个断片的花环。通信是放大了比例的对话，回忆录是对话组成的体系。"②然而，与其他体裁比较，完全由断片构成的文集，在文体上似乎具有更大的自由度，因为在不同的断片之间，并不要求有同样的主题。弗·施莱格尔还认为，从思想史上看，真正能够留存下来的不过是一些思想的断片。《断片集》第 24 条告诉我们："许多古代人的作品已经成为断片。许多现代人的作品则刚刚开始成为断片。"③如果说，古代人的作品成为断片常常是由流传过程中的逸失和毁坏引起的，那么，现代人的作品成为断片则是因为这些作品自身缺乏相应的价值，人们至多只能记住其中的一些思想断片，仅此而已。无论如何，我们必须注意到，弗·施莱格尔是自觉地以断片方式表达自己思想的学者。事实上，后来尼采的文体就深受他的影响。

弗·施莱格尔的思想涉及面非常宽，我们在这里主要探讨他关于哲学、诗学、文艺批评和宗教方面的观点。在论述这些观点之前，我们先来看看他对他所置身于其中的那个时代的主导精神的领悟。

1. 哲学与诗的汇合

众所周知，虽然弗·施莱格尔没有形成自己系统的哲学理论，但他对哲学却有自己的理解。《断片集》第 98 条告诉我们："哲学就是一切有助于实现合乎逻辑的理想、具有科学的文化教养的东西。"④也就是说，他是偏重于从"逻辑"和"科学"的角度来理解哲学的。正是基于这样的考

---

① 《浪漫派风格——施勒格尔批评文集》，李伯杰译，华夏出版社 2005 年版，第 78 页。
② 同上书，第67页。
③ 同上书，第63页。
④ 同上书，第 69—70 页。

虑，他引申出如下两个结论。

一是哲学既然热衷于追求科学性，必定会缺乏艺术的素质。弗·施莱格尔写道："想要从哲学中学到有关艺术的东西，乃是不明智的非分之想。有些人已经开始行动了，仿佛他们希望在哲学中经验什么新东西似的。然而，哲学的本领就是把现存的艺术经验和现有的艺术概念变成科学，借助于一种渊博的艺术史来提高和拓宽艺术观点，并把那种逻辑的气氛灌注到那些由绝对的自由思想与严肃主义结合起来的对象之上。哲学除此之外一无所能，而且也不应有所能。"①因为哲学缺乏与现实生活的接触，也缺乏对新鲜经验，尤其是新鲜的艺术经验的感悟，它至多只能从科学的立场上来总结、归纳已有的艺术经验。《断片集》第 49 条说："哲学的发展过于笔直，还不够扑朔迷离。"②其含义与上面的见解也有异曲同工之妙。二是哲学既然重视逻辑，哲学家们通常都会转向对自己内心的发掘，从而缺乏相互之间的交流。《断片集》第 399 条说："只有当哲学转向内心，一种哲学自己批判自己的精神，在磨石上用论争的锉刀自己构建知识，才能导向逻辑的准确性"③。在弗·施莱格尔看来，虽然"转向内心"体现了哲学研究的深入，但缺乏相互交流的所谓"深入"是会大打折扣的。

对于哲学存在的第一个不足，弗·施莱格尔主张把诗学与哲学汇合起来。我们将在后面详加论述；对于哲学存在的第二个不足，他提出了"协作哲学"（Symphilosophie）的新观念。《断片集》第 112 条说："哲学家彼此间若不相互敌对，那么联结他们的往往只是同情，而不是协作哲学。"④在这里，他把哲学家之间的"同情"与"协作"严格地区分开来了。因此，我们不得不进一步追问：究竟什么是协作哲学？事实上，他并没

---

① 《浪漫派风格——施勒格尔批评文集》，李伯杰译，华夏出版社 2005 年版，第60 页。
② 同上书，第 65 页。
③ 同上书，第 98 页。
④ 同上书，第71 页。

有给这个概念做出明确的解释，《断片集》第 125 条写道："一旦协作哲学和协作诗（Sympoesie——引者注）成为普遍的、深入人心的，许多相互取长补短的人们共同创作的作品也已成为司空见惯的事情时，一个科学和艺术的崭新的时代可能就将开始。人们常常无法摆脱这样的想法，即两个精神应是相辅相成的，就像一个事物的分开的两半一样并且只能联结它们所能联结的东西。如果有一种艺术能把诸个体融为一体，或者说，如果我们正在希望的批评能够除希望之外还能有所作为，它处处都可以找到趋向这个目标的缘由，那么，我想看到让·保尔与彼得·雷伯莱希特二人得到结合。这一个所缺少的一切，另一个正好拥有。让·保尔的荒诞才能和彼得·雷伯莱希特富于想象力的文化教养若得以结合，将会产生一个高超的浪漫诗人。"①尽管这段话并没有给所谓"协作哲学"下什么定义，但其含义是明确的，即让精神上有共同追求的哲学研究者进行合作，取长补短。事实上，他出版的三个断片集并不是他一个人思想的结晶，而是他和奥·威·施莱格尔、蒂克、诺瓦利斯等人共同协作的产物，即协作哲学的产物。当然，他的思想是主导性的和根本性的。因此，尽管《雅典娜神殿》在发表这些断片时没有署名，但大家都认为，其基本思想是属于弗·施莱格尔的。

我们再来看弗·施莱格尔关于诗的观点。在《谈诗》一文中，他指出："有一种无形无影无知觉的诗，它现身于植物中，在阳光中闪耀，在孩童脸上微笑，在青年人的韶华中泛着微光，在女性散发着爱的乳房上燃烧。与这种诗相比，那些徒具诗的形式、号称是诗的东西又算什么？——这种诗才是原初的、真正的诗。若没有这种诗，肯定也就不会有言词组成的诗。"②在这里，他区分出两种不同的诗：第一种是原初的诗，即大地和生活，实际上，人们自己也是这种诗的一个组成部分；第二种是由言词组成的诗，即人们创造出来的各种文艺的体裁，如史诗、

① 《浪漫派风格——施勒格尔批评文集》，李伯杰译，华夏出版社 2005 年版，第 73 页。
② 同上书，第170 页。

神话、悲剧、喜剧、哀歌、抒情曲、合唱曲、小说等。

弗·施莱格尔认为，要了解诗，就要回归到古典文化中去，特别是回归到希腊诗的源泉头上去："希腊诗的这一大批作品，无论是古老的史诗，还是抑扬格诗、哀歌、欢快的歌曲，或是话剧，都是诗本身。时至我们今日，继之而来的一切，都不过是希腊诗的残羹剩饭，是希腊人歌咏的回声，对希腊诗的向往，是接近希腊人的诗的企望，以求回归到这座诗的奥林匹斯山巅。"①这段话非常明确地告诉我们，现代诗不过是古代诗的"残羹剩饭"，不过是对古代诗的模仿。为什么会产生这样的情形呢？弗·施莱格尔分析道："我们的诗，我断言，缺少一个犹如神话之于古人那样的中心，现代诗在许多本质的问题上都逊于古代诗，而这一切本质的东西都可以归结为一句话，这就是，因为我们没有神话。但是，我补充一句，我们几乎快要获得一个神话了，或者毋宁说，我们应当严肃地共同努力，以创造出一个神话来，这一时刻已经来临。"②也就是说，他寄希望于一个新的神话来提升并凝聚现代诗的思想境界。那么，他说的"新神话"究竟是指什么呢？

弗·施莱格尔启示我们，这个新神话也就是斯宾诺莎的思想："我觉得斯宾诺莎有着与传说中古老的农神萨图恩同样的命运。新的神祇们把这个高洁的人从科学高耸的王座上掀了下来，他于是退回到了想象力神圣的黑暗中，在那里居住，同其他泰坦们一同生活在令人敬畏的放逐中。就把他留在这里吧；愿他把对逝去的霸业的回忆随着缪斯们的咏唱化作淡淡的渴望，愿他卸下思想体系那好战的装饰，在新诗的殿堂里与荷马和但丁同居一室，并加入到每一个为神而激动的诗人中去，当他家的座上客去吧。事实上，一个人如果不敬仰、热爱斯宾诺莎，彻底成为他的信徒，怎么可能成为诗人呢，我觉得这是不可思议的。"③为什么弗·施莱格尔要选择斯宾诺莎作为新神话的化身呢？除了斯宾诺莎哲学

---

① 《浪漫派风格——施勒格尔批评文集》，李伯杰译，华夏出版社 2005 年版，第 177 页。
② 同上书，第 191 页。
③ 同上书，第193 页。

所体现出来的、东方式的精神上的整体性和总汇性外，还因为它隐含的神秘主义。正如弗·施莱格尔自己坦然承认的那样："如果说我极端重视斯宾诺莎的话，那么这并非出于一种主观上的偏爱（相反，我却极力疏远这种偏爱的对象），亦非为了把他捧为一个新的独裁统治的大师，而是因为借着这个例子，我得以最醒目和最清楚地展示我关于神秘主义的价值和尊严的思想，以及神秘主义同诗的关系。"①

在弗·施莱格尔看来，浪漫诗实际上起着与斯宾诺莎这一新神话同样的作用。什么是"浪漫"呢？他认为，"根据我的看法和我的语言习惯，凡是以一种想象的形式给我们描绘一个感伤的材料的，就是浪漫的"②。那么，是否那种眼泪汪汪的、矫揉造作的东西都属于"感伤"的范围呢？他的回答是否定的。他告诉我们："说到头来，这种所谓感伤到底是什么？感伤就是触动我们心灵的东西，就是精神君临一切的天地，而且不是一种感性的，而是精神的情感。所有这些冲动的源泉和魂灵就是爱。在浪漫诗里，爱的精神必须四处飘游，无处看得到，又无处见不到。"③他还强调，浪漫诗并不是在某个时代出现的一种诗的体裁，"而是一个时而君临一切、时而隐身不见、但不可或缺的诗元素"④。也就是说，作为"诗元素"，它蕴含在任何真正伟大的文艺作品中。

在《断片集》第116条中，弗·施莱格尔以明确的口吻论述了浪漫诗的含义。他写道："浪漫诗是渐进的总汇诗。它的使命是不仅要把诗的所有被割裂开的体裁重新统一起来，使诗同哲学和修辞学产生接触。它想要、并且也应当把诗和散文、天赋和批评、艺术诗和自然诗时而混合

---

① 《浪漫派风格——施勒格尔批评文集》，李伯杰译，华夏出版社2005年版，第195页。
② 同上书，第204页。
③ 同上书，第204页。
④ 同上书，第205—206页。弗·施莱格尔在谈到莱辛的剧本《爱米丽娅·迦洛蒂》不具有浪漫性而只具有现代性的时候，写道："我正是在早一些的现代人那里，在莎士比亚、在塞万提斯的作品中、在意大利的诗里、在那个骑士爱情和童话里，寻找并找到了浪漫性。浪漫性本身及浪漫一词也都发源于这个时代。"《浪漫派风格——施勒格尔批评文集》，李伯杰译，华夏出版社2005年版，第206页。

在一起，时而融合起来，使诗变得生气盎然、热爱交际，赋予生活和社会以诗意，把机智变成诗，用一切种类的纯正教育材料来充实和满足艺术的形式，通过幽默的震荡来赋予艺术以活力。它包括了凡是有诗意的一切，最大的大到把许多其他体系囊括于自身中的那个艺术体系，小到吟唱着歌谣的孩童哼进质朴的歌曲里的叹息和亲吻。"①

在谈到浪漫诗的总汇性特征时，弗·施莱格尔进而区分出两种不同的总汇性。一种是"错误的总汇性"。他写道："错误的总汇性，就是那种把所有个别的文化教养类型的棱角磨平，并立足于中庸之上的总汇性。"②这种总汇性实际上是一种折中主义，只满足于从外观上把不同的东西拼贴起来，完全忽视诗在内在精神上的融合。另一种是"真正的总汇性"。他主张，"借助于一种真正的总汇性，譬如较之艺术单独存在时，艺术将会变得更加艺术，诗将更具诗意，批评更有批评性，历史学将更加历史，如此等等。一旦宗教和道德单色的光芒照耀在充满聚合力的机智的混沌之上，使之结出硕果，就将产生这种总汇性。那时，最高的诗和哲学就将自己开出艳丽的花朵"③。在浪漫诗的这种真正的总汇性中，不仅诗的各种不同的元素结合在一起，而且宗教和道德，尤其是哲学和诗完全融合在一起。正如他在《断片集》第107条中所说的："总汇性就是所有的形式和所有的材料交替地得到满足。只有凭借诗与哲学的结合，总汇性才能达到和谐。"④总之，弗·施莱格尔所倡导的浪漫诗，不仅是传统诗学中各种合理元素的综合，更是诗和哲学本身的汇合。

2. 历史与未来的张力

无论是在哲学研究中，还是在诗学研究中，弗·施莱格尔都十分重

---

① 《浪漫派风格——施勒格尔批评文集》，李伯杰译，华夏出版社2005年版，第71页。
② 同上书，第119页。
③ 同上书，第119页。
④ 同上书，第107页。

视历史，主张研究的触角一定要返回到古代社会去，返回到思想所从出的源头上去。《断片集》第90条告诉我们："历史学的对象，就是一切实际中必要的东西怎样变成现实。"①这段话明确地启示我们，历史学的宗旨并不只是研究已经发生的事情，更重要的是预断未来。所谓"一切实际中必要的东西怎样变成现实"，也就是说，历史研究本质上是指向未来的，换言之，是为未来做筹划的。正是在这个意义上，《断片集》第80条的内容，即"历史学家是面向过去的先知"②遂成了那个时代最受青睐的名言之一。众所周知，先知总是面向未来的，然而，如果一个先知对历史没有深入的探索和领悟，他对未来的断言就会因缺乏历史的根据而显得不可靠。反之，虽然乍看起来，历史学家是只与历史的尘埃打交道的，但他真正的立足点却是未来，因为他是为了未来发展的某种需要而去研究历史的。比较起来，"面向过去的先知"显然比面向未来的先知更可靠，因为唯有优秀的历史学家才能真正把握历史与未来之间的张力，从而对未来做出更为合理的预断。

在弗·施莱格尔看来，正是历史与未来之间的这种思辨关系把历史导向哲学。事实上，没有哲学思想的引导，历史就会被琐碎的事实弄得迷失方向，甚至一筹莫展。反之，如果一个哲学家缺乏扎实丰厚的历史知识作为陪衬，他的思想就会显得空洞无物和游谈无根。正是基于这样的思考，《断片集》第325条直截了当地指出："正如西蒙尼德斯把诗称作说话的画，画是无言的诗，人们也可以说，历史是变化着的哲学，哲学是完成了的历史。"③这种历史与哲学之间的亲密关系在历史哲学中得到了充分的展现。犹如《断片集》第438条所说的："和谐的、包罗万象的、艺术的机智，就是文化教养。文化教养则是历史哲学的全部内容，

---

① 《浪漫派风格——施勒格尔批评文集》，李伯杰译，华夏出版社2005年版，第69页。
② 同上书，第68页。
③ 同上书，第90页。

是柏拉图的最高的音乐。古代语文学研究就是这种艺术和科学的体操。"①而在历史哲学所蕴含的这种文化教养中，最根本的一条是，通过对历史的深刻领悟，对未来做出正确的预断。

弗·施莱格尔发表的书评——"评孔多塞的《人类精神进步的历史画卷》"集中体现出他历史哲学理论中的这一核心观念。众所周知，孔多塞是法国的启蒙思想家。他于 1795 年出版了《人类精神进步的历史画卷》一书，把不断进步看作人类历史发展的普遍规律。这本书问世后，在德国理论界引起了强烈的反响。弗·施莱格尔认为，这本书给人的最深刻的印象是：作者探求真理的热忱、对伦理的纯洁的感情及对偏见、迷信、虚伪和压迫的憎恨。但这本书的问题也是严重的，主要体现在以下两个方面。

一方面，弗·施莱格尔批评孔多塞缺乏扎实的历史知识，他只是一味确信人类不断进步和完善的观点，并把这个观点带到对历史现象的解释之中。"把这个观点应用于历史，于是便从历史上证实人类的过去乃是一个不停顿的进步。这个证明在一部概略里当然只能是不完备的。然而这部概略却不仅仅是不完备的，而且整个研究步入了歧途。作者在叙述时择其一点、不及其余，孤立地叙述、随心所欲地组合并解释。由于作者的这种手法，整个研究方向的偏差就更加隐蔽：历史上那些有待解答的关键大难题便无法得以回答，而只有将它们否定或置之不理。历史真正的问题，是整个人类文明的各组成部分之间发展的不平衡，特别是智力和道德文明两者在发展程度上极大的不一致，以及人类文明的倒退和停滞，即使只是局部的，尤其是希腊人和罗马人的整个文明的整体倒退。……如果他对希腊罗马人一无所知，那么这个无知大概也不会于他有所裨益。有鉴于此，那么作者还会说出多少更多更大的、自相矛盾的

---

① 《浪漫派风格——施勒格尔批评文集》，李伯杰译，华夏出版社 2005 年版，第105—106 页。

话呢？"①

实际上，孔多塞只是从自己确信的关于进步的先验观念出发去解释历史，但他完全没有考虑到历史发展中存在的种种偶然性。其实，在历史上，不仅存在着人类文明局部倒退的现象，甚至也存在着人类文明（如希腊文明和罗马文明）整体倒退的现象，这用"进步"的观点又如何进行解释？另外，进步究竟以什么为判据？是人类的智力，还是人类的道德文明？弗·施莱格尔特别批评这部著作在道德文明论述方面的缺失，他评论道："有关道德教育（全书难度最大的一部分）的言论太弱，无足轻重，不堪卒读。他并不是把道德教育看作人类整个教育中一个独特的与众不同的组成部分，而是视为精神和政治教育的附属品。没有任何一个阶段的道德教育得到确切、审慎的说明。总体上看，书中似乎完全没有一个关于道德、道德的完善、道德教育的清楚而正确的概念。"②总之，孔多塞不但对自己用以裁剪历史的先验观念缺乏深入的反思，而且对历史事实，尤其是人类道德教育方面的历史事实了解得并不全面，也没有经过认真的探索，消化自己所掌握的历史材料，这样一来，历史就失去了它的真实性，成了孔多塞从先入之见和自己已有的知识结构出发任意加以取舍的、相互之间没有任何内在联系的材料。

另一方面，弗·施莱格尔批评孔多塞对未来的预言虽然充满激情，但因未奠基于扎实的历史经验和历史知识之上而缺乏可靠性。孔多塞在这部著作的结尾处曾经这样写道："这幅画卷中，人类摆脱了束缚自己的锁链，挣脱了偶然性的控制及阻碍其进步的所有敌手，迈着坚定、稳健的步伐，行进在真理、道德和幸福的道路上。"③弗·施莱格尔认为，孔多塞所描绘的未来社会的情景确实是令人神往的，但他从未认真地追问自己，这幅关于未来图画的观念基础——人类追求完善、社会永远进

---

① 《浪漫派风格——施勒格尔批评文集》，李伯杰译，华夏出版社 2005 年版，第127—128 页。

② 同上书，第 125—126 页。

③ 同上书，第129 页。

步是否可靠，而是竭力回避这个问题："倘若他不是竭力回避这个问题，而是致力于解答它，在他的著作中大概就会产生一些疑问：如无限的可臻完善性（这位讨论家对于它作为理念的有效性深信不疑），是否就是人类历史唯一的恰当的原则？这些疑问也许能够引导他成功地解决那个历史的问题。——总而言之，人类历史发展是有其科学性的，这样粗线条地描述、草率勾勒及制作人类历史的画卷，是一件极其危险的事情，至少就目前而言还为时过早。如果历史哲学还不能完全脱离历史本身，那么渊博的学识和锐利的批评、最完整和最缜密的细节，就是绝对必要的。"①弗·施莱格尔这里提到的历史哲学"完全脱离历史本身"，并不是指这种哲学完全与历史分离，而是指一种独立于任何历史经验的历史哲学理论的形成，而这种理论要求其观念的严格性和融贯性，绝不能像孔多塞那样，在未深入反省自己的历史理念的情形下，就把这种理念用于对历史事实的解释。

总之，按照弗·施莱格尔的观点，在历史与未来之间应该建立必要的张力。既要反对人们完全面对过去，为研究历史而研究历史，也要反对人们在缺乏扎实的历史知识的情况下去预断未来。这种隐蔽的张力也始终体现在浪漫派作家的作品中。在这个意义上可以说，只看到浪漫主义者们偏爱古代社会及其文艺精神是不够的，归根到底，他们是要借用古代精神在现代社会中演出新的剧目。换言之，他们真正关注的并不是过去，而是未来。对于他们来说，历史学家永远是面向过去的先知。

3. 宗教与神秘的互动

如前所述，德国浪漫主义运动具有宗教化和神秘主义化的特征。尤其是弗·施莱格尔于 1808 年 4 月皈依天主教，更是使上述特征得到了充分的展现。事实上，他在 1803 年时已经下决心要皈依天主教，当时，他的一系列学术活动也反映出他这方面的强烈意愿：其一，通过斯宾诺莎泛神论的媒介，深入地探索了自然宗教的问题；其二，通过对印度宗

---

① 《浪漫派风格——施勒格尔批评文集》，李伯杰译，华夏出版社 2005 年版，第 128 页。

教文化的研究，加深了对神性智慧的崇拜；其三，对基督教哲学和经院哲学的探讨及对哥特式建筑的兴趣等。在 1806 年的哲学笔记中他写道："成为天主教徒，并不意味着改变这个宗教，而只是承认它。"① 在弗·施莱格尔的精神活动中，我们看到的是宗教信仰和神秘主义思维方式之间的相互促进和强化。正是这种相互促进和强化，不仅使他从新教徒转向天主教徒，而且使他全部思想的深处隐藏着这种神性的背景。

什么是宗教？《断想集》第 4 条告诉我们："宗教乃是文化教养用以振奋一切的世界之魂，是哲学、道德和诗之外的第四个看不见的元素，就像火一样，不论被限制在什么地方，都静静地以其热力造福于周围，而且只有通过外来的暴力和刺激才会可怕地爆发，产生可怕的破坏力。"② 在弗·施莱格尔看来，宗教具有无限性，它足以安顿人的灵魂和思想。《断想集》第 30 条启示我们："宗教完全是不可穷究的。在宗教里，人们可以随处都愈来愈深地钻进无限当中去。"③ 这也正是与哲学、道德和诗比较起来，宗教所具有的巨大魅力之一。事实上，在任何文化和文化教养中，宗教的元素都是不可匮乏的。如果没有宗教，哲学就不可能从逻辑学中演变出来，道德也会失去其崇高性，而永远充满生命活力的诗也无从产生。所以，虽然宗教是文化教养中的第四个元素，但实际上却是其他三个元素的基础。正如《断想集》第 14 条所说的："宗教不只是文化教养的一个部分、人类的一个肢体，而是所有其他一切事物的中心，无论什么地方它都是首要的和最高的，最最本原的。"④ 作为"世界之魂"，宗教通过上帝的形象而得以展现："永恒的生命和不可见的世界只能在上帝那里寻找。一切精神都生活在上帝心中，他是包容一切个

---

① ［联邦德国］恩斯特·贝勒：《弗·施勒格尔》，李伯杰译，生活·读书·新知三联书店 1991 年版，第 124 页。

② 《浪漫派风格——施勒格尔批评文集》，李伯杰译，华夏出版社 2005 年版，第 108 页。

③ 同上书，第 110 页。

④ 同上书，第 109 页。

性的深渊，是唯一的无限充实。"①而神职人员则是生活在不可见世界中的人，对于他们来说，可见的事物只具有寓意的真实性。对于普通人来说，施莱尔马赫的《论宗教》则是通向对上帝的信仰的一座桥梁。正如《断想集》第125条所暗示的："谁若在内心深处预感到了一个最高者，而又不知道该怎样解释它，就读一读《论宗教》演说集吧，然后他所感觉到的，就会字字句句清清楚楚。"②假如从神性智慧的眼光出发去看历史，他甚至认为："实现上帝之国的革命愿望，是渐进发展的文化的核心及现代历史的起始。凡与上帝之国毫无关系的一切，在现代历史中都只是旁枝末节。"③从上面的论述可以看出，在弗·施莱格尔的心目中，宗教乃是一种原始的、不可抗拒的伟大精神力量，而这个根深蒂固的观念也是整个浪漫主义运动的指南。

什么是神秘？《断片集》第273条指出："所谓神秘，就是只有恋人在所爱的人身上才看得到的东西。每个人都会有自己的神秘事，只不过他肯定把它藏住秘而不宣罢了。"④正是通过这段话，弗·施莱格尔暗示我们，神秘的东西并不是遥远的东西，它存在于我们每个人的身上，至少爱会导致神秘现象的发生。

那么，什么是神秘主义？在谈到《雅典娜神殿》这个浪漫派的刊物时，弗·施莱格尔写道："在杂志的开头几期中，批评和总汇性是压倒一切的目的，而在最后的几期里，神秘主义的精神是最本质的内容。不要害怕这个词，它指的是揭示艺术和科学的奥秘，而要是没有这些奥秘，艺术和科学也就不配叫艺术和科学。不过这个词的所指，首先是全力捍卫象征的形式及其必然性，以抗拒世俗的思想。"⑤在这里，他所谓的"揭示艺术和科学的奥秘"和"抗拒世俗的思想"，说到底，就是要恢复

---

① 《浪漫派风格——施勒格尔批评文集》，李伯杰译，华夏出版社2005年版，第109页。
② 同上书，第119页。
③ 同上书，第80页。
④ 同上书，第85页。
⑤ 同上书，第250—251页。

宗教的神性智慧，并把这种智慧理解为其他一切文化现象的基础和根源。

总之，在弗·施莱格尔那里，对宗教的信仰与对神秘的向往，在频繁的互动关系中导向对神性智慧和宗教情感的肯定。在《论哲学》一文中，他告诉我们："倘若没有虔诚的宗教情感，许多哲人狂热的怀疑态度也同样不可能存在。——真正的抽象本身的所作所为，除了把概念周围的泥土清洗干净，使它们升华，并把它们置放到众神中去之外，还有什么其他作为呢？一切神祇都只有借抽象之手才得以从人们心中产生出来。"①归根到底，弗·施莱格尔展示的全部思想和智慧都打着神性的烙印。

4. 机智和反讽的会聚

作为一个著名的批评家，弗·施莱格尔在《论批评的本质》一文中对批评的含义做出了如下的说明："批评乃是介于历史和哲学之间的一个中间环节，它的使命是把二者统一起来，使这二者在批评中统一起来，成为一个新的第三者。没有哲学的精神，批评不会繁荣，这一点人人都承认；而没有历史的知识，批评也同样不会兴旺。对历史和流传下来的东西进行哲学式的澄清和考察，无可争议就是批评；而对哲学进行历史的观照，也同样无可争议的就是批评。"②在批评中，最困难的莫过于观察、刻画和重构历史上的另一个人的思想，把其最精妙的地方阐发出来。那么，怎样才能使批评获得成功呢？弗·施莱格尔在其著作中引入了两个重要概念——"机智"和"反讽"。

何谓"机智"？《批评断片集》第 90 条告诉我们："机智是被束缚的精神的爆炸。"③这段话显得过于简洁，以至于很难说出它的确切含义。或许它是指精神在平时受到约束，而在一个突然的场合下获得了解放。于

---

① 《浪漫派风格——施勒格尔批评文集》，李伯杰译，华夏出版社 2005 年版，第 161 页。

② 同上书，第 265 页。

③ 同上书，第 55 页。

是，原创性的思想在这个点上倾泻而出。《批评断片集》第 96 条对机智这一概念做了进一步的解释："一个好的谜语应当很机智，否则一旦谜底找到后，就不留有任何余味。当然，一个机智的灵感的确想要被人猜中，在这个意义上，它也算得上谜语，也不无刺激。谜语一旦被猜中，灵感的意义也必须随之大白。"①在这个断片中，机智似乎又成了一种言外之意，不会因为他人了解了它而失去自己的价值。有趣的是，《批评断片集》第 126 条又揭示出机智这个词在含义上的新的维度："罗马人知道，机智乃是一种预见力；他们称之为嗅觉。"②当然，弗·施莱格尔并没有告诉我们，罗马人对机智概念的这种理解方式是否具有普遍性，但无论如何，从正确的预见能力中也可以见出一个人的机智。《断想集》第 26 条又指出："机智是想象的显现和在外部的闪电。"③这里对机智概念的含义的解释似乎又偏向思想上的原创性。

不管弗·施莱格尔如何在不同的场合下展示机智概念的含义的不同维度，对于他来说，在浪漫主义的批评活动中，机智始终起着根本性的作用。正如《断想集》第 109 条所说的："对于你，想象和机智就是一切！——弄清楚这个表象，摆脱游戏，严肃起来，你就会抓住关键，在更高的光里重新找到受尊敬的艺术。"④那么，这种机智究竟来自何处呢？《断想集》第 59 条解答了这个问题："没有什么比古代的神话和基督教更机智、更怪诞了。之所以这样，是因为它们是这样的神秘。"⑤也就是说，归根到底，机智来自神性的智慧，来自上帝。

何谓"反讽"？《批评断片集》第 48 条这样写道："反讽就是悖论的形式。大凡一切既是好的同时又是伟大的，就是悖论的。"⑥众所周知，悖论通常蕴含着两个相互冲突的、对立的命题。这似乎暗示我们，反讽总

---

① 《浪漫派风格——施勒格尔批评文集》，李伯杰译，华夏出版社 2005 年版，第 55 页。
② 同上书，第 60 页。
③ 同上书，第 110 页。
④ 同上书，第 117—118 页。
⑤ 同上书，第 113 页。
⑥ 同上书，第 50 页。

是出现在思想陷于悖论的困窘状态中。我们发现，《批评断片集》的第108条对第48条阐述的内容做出了更为详尽的说明："苏格拉底的反讽是惟一绝对不任性的、但却绝对深思熟虑的伪装。要想故作反讽或流露出是反讽，是不可能的。谁要是没有反讽，那么即便对他做出最坦率的承认，反讽对于他仍然是个谜。……在反讽中，应当既有诙谐也有严肃，一切都襟怀坦白，一切又都伪装得很深。反讽出自生活的艺术感与科学的精神的结合，出自完善的自然科学与完善的艺术哲学的汇合。它包含并激励着一种有限与无限无法解决的冲突、一个完整的传达既必要又不可实现的感觉。它是所有许可证中最自由的一张，因为借助反讽，人们便自己超越自己；它还是最合法的一张，因为它是无论如何必不可少的。"①也就是说，反讽乃是对精神世界中的冲突，尤其是有限与无限之间的冲突的深刻领悟，它体现出领悟者自身的高度的文化素养。尽管反讽在某些场合下仿佛显现为"深思熟虑的伪装"，但它必须通过自然而然的方式流露出来。在这方面，苏格拉底的反讽乃是高不可攀的范本，而他正是哲学家中的佼佼者。所以《批评断片集》第42条也提醒我们："哲学是反讽的真正的故乡。"②

在《论不理解》一文中，弗·施莱格尔提醒我们，反讽具有各种不同的表现形式，如"粗犷的反讽""精巧的反讽""超级精巧的反讽""正派的反讽""反讽的反讽"等。这些形形色色的反讽常常导致了文艺作品的费解："我已经不得不间接地承认，说《雅典娜神殿》的确费解，而且因为这份杂志诞生在反讽的烈火之中，所以我也很难把它收回来，否则我将伤害反讽本身。"③在他看来，反讽必定会涉及的费解并非全无是处，人们甚至可以说，所有家庭和民族的福祉全都系于费解之上，"正如尽人

---

① 《浪漫派风格——施勒格尔批评文集》，李伯杰译，华夏出版社2005年版，第57页。正如《断片集》第69条用简洁的语言所表达的那样："反讽，就是清醒地意识到永恒的灵活性和无限充实的混沌。"同上书，第114页。
② 同上书，第49页。
③ 同上书，第226页。

皆知的那样，人所拥有的最珍贵的东西——内心的满足，最终总是要停留在某个不得不隐蔽在朦胧中的点上，但是它却负载并维系着整体，正当人们想要把某个时刻融化在理解当中时，内心的满足顷刻间便丧失负载和维系整体的力量。真的，如果整个世界有朝一日像你们要求的那样，而且是在严肃的意义上变得非常容易理解，你们会害怕。而且这个无限的世界本身，难道不正是由理解力从不理解或混沌中创造出来的吗？"①明眼人一看就明白，弗·施莱格尔所说的"混沌"和"不理解"，实际上指的正是神性的智慧，而反讽之所以得以可能，也正是借助于有限与无限、理解与不理解、清晰与混沌之间的冲突。终于，我们发现，弗·施莱格尔把一切，连同文艺批评一起，重新带回到上帝的神座之前。显而易见，这里才是他的思想的真正归宿。

综上所述，尽管弗里德里希·施莱格尔常常以断片的方式表达出来，而深入的探讨又使我们发现，这些断片之间也充满了矛盾。但从这些充满激情的断片中，从其论著中，我们仍然可以发现不少原创性的思想电光，而这些电光不但成了同时代和以后时代的德国哲学家的重要思想资源，甚至在当代生活中仍然散发着智慧的光芒。

---

① 《浪漫派风格——施勒格尔批评文集》，李伯杰译，华夏出版社 2005 年版，第 226—227 页。

《康德辩证法新释》推荐序

在我指导过的许多博士生中间，李欣和钟锦以其读书上的勤勉和探索上的执着在我脑中留下了深刻的印象。《康德辩证法新释》贯注着他们共同的心血，既体现出他们在复旦大学哲学系攻读博士学位期间对康德哲学，尤其是他的辩证法思想的深入研究，也体现出多年来他们对自己的学术观点所拥有的那份难得的执着。

本书(指《康德辩证法新释》)作者强调："正是康德恢复了辩证法问题的真正视野，并且通过区分思辨理性和实践理性直接切入了辩证法问题的核心，这也就是我们为什么选择康德作为辩证法研究的一个基点的原因所在。"(参见该书结论部分)而本书的书名之所以被确定为"康德辩证法新释"，一方面试图体现出"新释"与康德对自己的辩证法思想定位之间的差异。康德把辩证法定位为理性能力误用的产物，所以在他那里，辩证法只是一种"幻相"。另一方面也试图体现出"新释"与黑格尔对康德辩证法的阐释之间的差异。按照黑格尔在《小逻辑》第 48 节中对康德辩证法的阐释，康德的辩证法仅仅是"消极的辩证法"，

　收录于李欣、钟锦：《康德辩证法新释》，同济大学出版社 2009 年版。本文中的该书，指的就是《康德辩证法新释》。——编者注

而黑格尔自己的辩证法则是"积极的辩证法"。

显然，本书立论的出发点是以作者对辩证法含义的独特理解为前提的。作者认为："在康德哲学里，物自身是理性的超越用途的对象，与之相反，现象是理性的内指用途的对象；康德称理性在经验的界限之内的用途为内指的（immanent；immanent），越出这个界限的用途为超越的（transzendent；transcendent）。[①] 辩证法既是产生在有条件者和绝对的条件总体之间，也即现象和物自身之间的对立之中，那也就是产生在理性的内指用途和超越用途之间的对立之中。"（参见该书第一章第一节）

正是基于这样的理解，作者区分出辩证法的三种不同形态。一是"辩证法的本质形态"，即理性的两种不同的用途——思辨的和实践的。二是"辩证法的误用形态"，由于这种形态能够体现理性的两种不同用途，所以它和"辩证法的本质形态"一样属于辩证法研究中的核心内容。而这种形态又可以进一步细分为"理性能力矫作的误用"和"理性能力自然的误用"两种具体的表现形式。三是"辩证法的衍生形态"，即不体现理性两种不同用途的那些辩证法——"在衍生形态的辩证法之中：有一类涉及反思判断力，康德在第三批判中论述到了；另一类涉及经验现象，康德却根本未加注意。我们于是补上了赫拉克利特式的辩证法和唯物辩证法，这种补充康德未必会同意"。（参见该书第二章开头部分）

按照这样的思路，作者不但对康德的辩证法做出了新的阐释，也对康德前后辩证法发展史上的某些代表人物的思想重新进行了解读和梳理。作为导师，我对本书作者独立思考的能力和大胆创新的意识表示由衷的赞许，但我认为，对辩证法，尤其是康德的辩证法确立一种新的阐

---

① 作者还进一步论及康德所使用的"超越"一词的歧义——"我们看到，康德在这里使用的超越一词可以如此定义：理性的内指用途和超越用途的互相逾界。我们于是清楚了康德使用超越一词时的歧义：其一，理性超出经验界限的用途，这种用途并非都是否定意义上的，因为实践理性必然是理性这样的用途；其二，理性的内指用途和超越用途的互相逾界，要么是思辨理性的超越使用，要么是实践理性的内指使用，这些用途都是否定意义上的。所谓辩证法产生于理性的超越使用，这里的超越一词就是指绝对否定意义上的用法。"参见该书第一章第二节。

释理论，殊非易事。下面，我想就本书作者的基本见解，提出我自己的一些有差异的看法，既表明我自己在阅读康德时仍然保留着某些未消除的困惑，也表明我希望通过与作者之间的讨论，进一步深化对康德辩证法乃至整个辩证法理论的认识。

其一，如何理解康德的辩证法思想。人们常常单独地使用"辩证法"这一概念，其实，在不同的哲学家那里，辩证法总是通过相应的载体而被叙述出来的，弄清楚这一点非常重要。我们知道，在康德的批判哲学中，辩证法的载体是"理性"，而理性又是"纯粹理性"的缩略语，而纯粹理性按其使用机能的不同，又可区分为"理论理性（或思辨理性，其中包含感性、知性和理性）"、"实践理性"和"判断力"。① 显然，上面涉及的理性概念是广义的，而狭义的理性概念则专指理论理性范围内有别于"感性"和"知性"的"理性"。

首先，我认为，康德关于理性辩证法的讨论是从《纯粹理性批判》中的狭义理性入手的。换言之，其辩证法是以狭义理性为载体。他这样写道："理性只给自己保留了知性概念之应用中的绝对总体性，并试图把在范畴中所思维的综合统一延展至绝对无条件者。因此，人们可以把这种统一性称为理性的统一性，就像把范畴所表达的那种统一性称为知性的统一性一样。……因此，纯粹理性概念的客观应用在任何时候都是超验的，而纯粹知性概念的客观应用就其本性而言在任何时候都必须是内在的，因为它仅仅局限于可能的经验。"②在康德看来，知性的运用按其本性来说是内指的，而理性的运用按其本性来说则是超越的。为什

---

① 康德把判断力理解为介于知性和理性之间的中介环节，但又认为，对于纯粹理性，即对我们根据先天原则进行判断的能力所做的一个批判，如果不把判断力的批判（判断力作为认识能力自己也提出了这一要求）作为自己的一个特殊的部分来讨论的话，它就会是不完善的；尽管判断力的诸原则在一个纯粹哲学体系里并不能在理论哲学和实践哲学之间构成任何特殊的部分，而只能在必要时随机附加于双方的任何一方。［德］康德：《判断力批判》，邓晓芒译，人民出版社 2002 年版，第 2 页。按照康德的看法，我们也可把判断力批判纳入纯粹理性的整个视野。

② ［德］伊曼努尔·康德：《纯粹理性批判》，李秋零译，中国人民大学出版社 2004 年版，B383/A327。

么？因为感性的对象是直观，知性的对象是现象，而理性的对象则是理念，而理念"是通过理性本身的本性给出的，……它们是超验的，并且超越了一切经验的界限，因而在该界限内永远不可能出现一个与先验理念相符合的对象"。① 显然，以超验的理念(灵魂、世界和上帝，分别作为主体、客体和主客体的最高统一体)作为对象的狭义理性在其本性的驱使下永远只能向超验的领域运用，而不可能反向"内指"现象领域。在谈论广义的理论理性时，由于知性属于其范围，还能勉强谈论理性的内指功能，而康德之所以有时候也谈到理性的内指功能，正是基于对理论理性的这种广义的理解。

由于这种超越运用是在理性的本性的驱使下出现的，所以作者把"辩证法的本质形态"与"辩证法的误用形态"区分开来是没有意义的②，为什么？因为"误用形态"就是"本质形态"，但按照我的观点，这里的"本质形态"似应改为"本性形态"。在德语中，本质(Wesen)和本性(Natur)是两个不同的概念。Natur(形容词 natürlich)既可作"本性(的)"解，也可作"自然(的)"解。康德所使用的 die natürliche Dialektik 通常被译为"自然辩证法"，其实，译为"(理性)本性辩证法"更加合适。既然上述两个形态的区分是没有意义的，那么保留"辩证法的衍生形态"也就变得没有必要了，且与作者批判黑格尔使辩证法泛滥无归的旨趣相悖。

事实上，知性与(狭义)理性之间的根本差异在于：知性只能内指地加以运用，而(狭义)理性则只能超验地加以运用。由此可见，在谈论辩证法问题时，先行地明确其载体是十分重要的。事实上，上述根本差异乃是康德批判哲学得以确立的基石之一。正如黑格尔所说的："康德是最早明确地提出知性与理性的区别的人。他明确地指出：知性以有限的

---

① ［德］伊曼努尔·康德：《纯粹理性批判》，李秋零译，中国人民大学出版社 2004年版，B384。

② 当然，我们在这里涉及的"辩证法的误用形态"不是指其逻辑上的"误用"，而是指理性本性驱使下的"误用"。前一种"误用"是可以避免的，而后一种"误用"则是难以避免的。

和有条件的事物为对象，而理性则以无限的和无条件的事物为对象。他指出只是基于经验的知性知识的有限性，并称其内容为现象，这不能不说是康德哲学之一重大成果。"①尽管黑格尔并不赞同康德对理性概念的理解，但他仍然肯定："再就理念而论，康德诚然使人知道重新尊重理念，他确证理念是属于理性的，并竭力把理念与抽象的知性范畴或单纯感觉的表象区别开。"②由此可见，如果本书作者仍然希望在康德批判哲学的语境中探讨其辩证法思想，那么把（狭义的）理性与知性区分开来，使其任何时候只能向超验界（或物自身界，或理念界）应用，就成了一个必要条件。

其次，再来看实践理性领域中的情形。康德告诉我们："无论我们从其思辨的应用或从其实践的应用来考察纯粹理性，纯粹理性任何时候都有其辩证论；因为它对所与的有条件者要求绝对的条件总体，而后者从根本上说只能在物自身那里找到。"③在他看来，理性辩证法在实践领域的具体表现是，从实践上的有条件者，如自然需求、禀好出发，去追求无条件的总体——至善（或圆善，即德行与幸福的统一），而这种至善作为理想性的完美状态，只能在超验的物自身界才能找到。这就启示我们，作为实践理性，即纯粹理性的实践应用，也并不存在内指应用的可能，而只存在超越应用的可能。④

最后，再来看看判断力批判中的情形。康德反复强调："感性的感官判断（有关快适和不快适的）的不一致性并不是辩证论的。"⑤也就是

---

① ［德］黑格尔：《小逻辑》，贺麟译，商务印书馆1980年版，第126页。

② 同上书，第126—127页。

③ ［德］康德：《实践理性批判》，韩水法译，商务印书馆1999年版，第118页。

④ 在强调以实践理性为基础的道德形而上学的重要性的时候，一定要记住，康德并没有把道德形而上学理解为形而上学今后发展的唯一出路。事实上，康德也保留了自然形而上学的研究领域，他告诉我们："按照哲学被划分为理论哲学和实践哲学而纯粹哲学也被划分为同样两个部分，构成学理探究的将是自然的形而上学和道德的形而上学。"（［德］康德：《判断力批判》，邓晓芒译，人民出版社2002年版，第4页）而康德的《自然科学的形而上学初始根据》(1786)正是这方面的代表作品。

⑤ ［德］康德：《判断力批判》，邓晓芒译，人民出版社2002年版，第184页。

说，康德在探讨理性辩证法在鉴赏判断中的具体表现时，也不认可内指维度，而只涉及超越方面。众所周知，在康德批判哲学的语境中，鉴赏判断作为反思判断，有别于规定判断，是以主观原则为依据的，而"这条主观原则、也就是我们心中的超感官之物的不确定理念只能被作为解开这个甚至按照起源也对我们隐藏着的能力之谜的惟一钥匙而指出来，却没有任何办法得到进一步的理解"。①

总之，在康德批判哲学的语境中，以理性作为载体的辩证法，即理性辩证法，在任何时候都只能指向超越界，而不存在"理性的内指用途"。也就是说，只要作者还是在康德批判哲学的语境中对其辩证法思想做出"新释"，那么这种新释就应该避免与康德本人的基本见解发生冲突。

其二，如何理解黑格尔对康德辩证法的批判性阐释，如何理解黑格尔的辩证法思想。谁都不会否认，尽管康德在其三大批判中都论述了辩证法问题，但这一问题的最集中、最精细的论述主要出现在《纯粹理性批判》的"先验辩证论"中，而黑格尔对康德辩证法的批判性阐释也正是从这里入手的。事实上，他对康德的理性辩证法（或"理性矛盾说"）做出了高度的评价："康德这种思想认为知性的范畴所引起的理性世界的矛盾，乃是本质的，并且是必然的，这必须被认为是近代哲学界一个最重要和最深刻的一种进步。"②又说："就康德理性矛盾说在破除知性形而上学的僵硬独断，指引到思维的辩证运动的方向而论，必须看成是哲学知识上一个很重要的推进。"③

但黑格尔也批评康德把理性辩证法视为"先验幻相"的消极态度："康德的见解是如此的深远，而他的解答又是如此的琐碎；它只出于对

---

① ［德］康德：《判断力批判》，邓晓芒译，人民出版社 2002 年版，第 188 页。至于目的论判断力的辩证论，我们在这里就不再赘言了。因为在机械论和目的论的对垒中，尤其是关于"目的统一性""最后目的"的讨论实际上都涉及从属于广义理性的判断力的超越功能。

② ［德］黑格尔：《小逻辑》，贺麟译，商务印书馆 1980 年版，第 131 页。

③ 同上书，第 133 页。

世界事物的一种温情主义。他似乎认为世界的本质是不应具有矛盾的污点的,只好把矛盾归于思维着的理性,或心灵的本质。"①在黑格尔看来,人们可以在一切种类的对象、一切表象、概念和理念中发现作为辩证法本质的矛盾,而"认识矛盾并且认识对象的这种矛盾特性就是哲学思考的本质"。② 虽然黑格尔没有对康德其他两大批判中的辩证论进行具体的分析和阐释,但他上面的论述已经蕴含着对康德辩证法进行总体上的、批判性阐释的主要方向和原则。

黑格尔的辩证法思想正是在对以往的辩证法学说,尤其是康德的辩证法学说的批判性考察中叙述出来的。他告诉我们:"辩证法是现实世界中一切运动、一切生命、一切事业的推动原则。同样,辩证法又是知识范围内一切真正科学认识的灵魂。"③由于黑格尔坚持了绝对唯心主义的立场,"绝对精神"构成了其辩证法的载体。

在逻辑理念的范围内,绝对精神这一载体具体表现为"知性—否定的理性—肯定的理性"。黑格尔写道:"逻辑思想就形式而论有三方面:(a)抽象的或知性[理智]的方面,(b)辩证的或否定的理性的方面,(c)思辨的或肯定理性的方面。"④其实,正是这三个方面构成了黑格尔以"知性—否定的理性—肯定的理性"为载体的独特的辩证法思想。"知性"是确定性的标志,"辩证的或否定的理性"是对知性确定性的消解,而"思辨的或肯定的理性"则是前两个环节的统一。在黑格尔看来,这一辩证法同时代表了哲学史发展的三个阶段:"知性"代表了前康德的独断论哲学。"辩证的或否定的理性"代表了康德的批判哲学(康德发现了隐藏在理性本性中的辩证法,但他只是从否定的或消极的意义上来理解这种辩证法),所以黑格尔说:"哲学把怀疑主义作为一个环节包括在它自身

---

① [德]黑格尔:《小逻辑》,贺麟译,商务印书馆 1980 年版,第 131 页。
② 同上书,第 132 页。一方面,作者(俞吾金)批评黑格尔"把所有的哲学问题都归结于辩证法问题"(见《康德辩证法新释》第五章第四节);另一方面,他们实际上又接受了黑格尔的思路,通过对康德理性辩证法的"内指"维度的设定,把康德辩证法思想的范围扩大化了。
③ 同上书,第 177 页。
④ 同上书,第 172 页。

内，——这就是哲学的辩证阶段。"①在这个意义上可以说，黑格尔扬弃了康德的辩证法。而"思辨的或肯定理性"则代表了黑格尔自己的思辨哲学。黑格尔说："理性的思辨真理即在于把对立的双方包含在自身之内，作为两个观念性的环节。因此一切理性的真理均可以同时称为神秘的，但这只是说，这种真理是超出知性范围的，但这决不是说，理性真理完全非思维所能接近和掌握。"②于是，我们就明白了，虽然黑格尔自己经常谈论辩证法，人们也经常谈论黑格尔的辩证法，其实，黑格尔真正崇尚的方法是"思辨方法"，而辩证法只是其思辨方法中的一个否定性的环节。

在早期的精神现象学、成熟时期的精神哲学和晚期的法哲学、历史哲学中，绝对精神这一载体表现为贯通在现实生活过程中的历史理性，而历史理性又进一步被具体化为现实的人在劳动中的生成。在马克思看来，这才是黑格尔在康德之后对辩证法思想的重大推进："黑格尔的《现象学》及其最后成果——作为推动原则和创造原则的否定性的辩证法——的伟大之处首先在于，黑格尔把人的自我产生看作一个过程，把对象化看作失去对象，看作外化和这种外化的扬弃；因而，他抓住了劳动的本质，把对象性的人、现实的因而是真正的人理解为他自己的劳动的结果。"③

然而，黑格尔的辩证法思想也包含着致命的弱点。一方面，由于他把思想观念上的东西和现实生活中的东西视为同质的东西，所以他误以为扬弃了思想观念上的东西，也就等于扬弃了现实生活中的相应的东西。马克思把黑格尔辩证法蕴含的这一倾向称为"非批判的实证主义和同样非批判的唯心主义"④。而在马克思看来，要纠正这一思想倾向，必须深刻认识思想观念与现实生活的异质性。毋庸讳言，在对这种异质性的认识中，康德的辩证法提供了重要的启示，因为康德把现象与物自

---

① ［德］黑格尔：《小逻辑》，贺麟译，商务印书馆1980年版，第181页。
② 同上书，第184页。
③ 《马克思恩格斯全集》第42卷，人民出版社1979年版，第163页。
④ 同上书，第162页。

身、知性与理性区分开来，从而启示我们，知性能够认识的只是现象，而作为现象的客观根源的物自身则永远作为一种异质性的东西存在着，无法被我们的理性所破解。在这个意义上，我赞同本书作者的观点，返回康德有助于我们对辩证法认识的深化，也有助于我们纠正黑格尔辩证法中隐藏着的某些错误的思想倾向。① 另一方面，黑格尔的具有强烈思辨特征的辩证法本质上是概念辩证法，它注重的是两种对立观念的统一或和解。在黑格尔的思辨哲学的语境中，它可以被说得头头是道，但在现实生活中，它却是毫无用处的，因而克尔凯郭尔用"非此即彼"这一真正适合于现实生活的辩证法取代了黑格尔以"合题"（both）为特征的思辨哲学语境中的辩证法。克氏把自己的辩证法称为"质的辩证法"（qualitative dialectic），肯定了现实生活中选择的重要性。他的"选择你自己"（choose yourself）的口号对整个当代存在主义思潮，尤其是萨特产生了重大的影响。

其三，如何理解马克思的辩证法思想。首先，我们要追问，马克思辩证法的载体究竟是什么？如果从恩格斯的"唯物辩证法"或"自然辩证法"着眼，与人的目的活动相分离的、抽象的"物质"或"自然界"就成了辩证法的载体；而从马克思的历史唯物主义理论出发，（人类）社会才是辩证法的真正载体。在马克思那里，"社会"绝不是"自然界"之外的一个区域性的存在物。事实上，只有"推广论"者才是这么理解社会概念的。根据他们的观点，马克思哲学是辩证唯物主义（即恩格斯所说的"唯物辩证法"）和历史唯物主义。辩证唯物主义研究与社会相分离的抽象的自然界，再把研究成果"推广"到社会领域，从而产生了"历史唯物主义"。其实，马克思早已告诉我们："社会是人同自然界的完成了的本质的统一。"②这就启示我们，在马克思那里，"社会"是一个全局性的、总体性的概念，根本不存在与社会相分离的自然界，也根本不存在作为历史唯

<hr>

① 参见拙文《从思维与存在的同质性到思维与存在的异质性》，《哲学研究》2005 年第 12 期。

② 《马克思恩格斯全集》第 42 卷，人民出版社 1979 年版，第 122 页。

物主义基础的所谓辩证唯物主义或唯物辩证法。马克思哲学就是历史唯物主义，成熟时期的马克思没有提出过历史唯物主义之外的任何其他哲学理论。在以总体性的社会概念为载体的马克思辩证法中，包含着人化自然辩证法、（异化）劳动辩证法、社会发展形态辩证法等等。①

其次，我们要追问的是，马克思的辩证法是否像作者所认为的，完全排除了超越性的视野，因而"经验和超越的对立，就被转化为生产力和生产关系的对立。这样的辩证法其实只能用于经验的 Historie 之中，因此唯物史观的视域也应该保留在 Historie 之中"（参阅该书第五章第四节）。其实，在马克思的语境中，生产关系就是看不见、摸不着的，因而完全是超验的存在物。马克思在谈到经济形式时说："分析经济形式，既不能用显微镜，也不能用化学试剂。二者都必须用抽象力来代替。"②所谓"抽象力"也就是用理性思维去把握对象。事实上，马克思从来没有否定过超越领域的存在，但他与康德的区别是，康德认为这个领域是不可认识的，而马克思认为是可以认识的。晚年卢卡奇曾把马克思的历史唯物主义阐释为"社会存在本体论"，其实，社会存在也就是社会关系，而在所有的社会关系中，社会生产关系则是基础和核心。马克思告诉我们："在一切社会形式中都有一种一定的生产决定其他一切生产的地位和影响，因而它的关系也决定其他一切关系的地位和影响。这是一种普照的光，它掩盖了一切其他色彩，改变着它们的特点。这是一种特殊的以太，它决定着它里面显露出来的一切存在的比重。"③在这个意义上，我们也可以说，历史唯物主义就是社会生产关系本体论。④

---

① 参见拙文《论两种不同的历史唯物主义概念》，《中国社会科学》1995 年第 6 期；《自然辩证法，还是社会历史辩证法？》，《社会科学战线》2007 年第 4 期。

② 马克思：《资本论》第 1 卷，人民出版社 1975 年版，第 8 页。

③ 《马克思恩格斯全集》第 46 卷上册，人民出版社 1979 年版，第 44 页。中央编译局把德语名词 Daseins 译为"一切存在"是不妥的，因为 Daseins 作为 Dasein 的复数形式，不同于抽象名词 Sein（存在），应译为"一切定在"。

④ 参见拙文《马克思哲学是社会生产关系本体论》，《学术研究》2001 年第 10 期；《马克思对康德哲学革命的扬弃》，《复旦学报（社会科学版）》2005 年第 1 期。

最后，我们还要追问的是，马克思是否像本书作者所认为的那样，是"通过劳动自身的辩证法"而进入 Geschichte 视域的呢？在马克思那里，劳动辩证法确实起着重要的作用，但在叙述劳动辩证法时，不仅要阐明强制性的异化劳动与自由自觉的劳动之间的差别，更重要的是要阐明"劳动"和"劳动力"这两个概念之间的差别。如果说，英国古典经济学主张"劳动价值理论"的话，那么，马克思主张的则是"劳动力价值理论"，因为劳动只是一个过程，唯有劳动力才可以在市场上被出卖，从而使资本主义雇佣劳动和剩余价值的生产成为可能，而本书作者论述到的马克思辩证法所蕴含的"革命"理论的合法性正是奠基于剩余价值理论之上的。[①]

上面这些粗略的看法和建议，仅供作者参考。

是为序。

[①] ［法］路易·阿尔都塞、艾蒂安·巴里巴尔：《读〈资本论〉》，李其庆等译，中央编译出版社 2008 年版；参见拙文《差异分析：马克思文本中的后现代思想酵素之一》，《学术月刊》2008 年第 12 期。

2010年

"人一次也不能踏进同一条河流"吗^①

众所周知，古希腊哲学家赫拉克利特曾经说："人不能两次踏进同一条河流。"而他的学生克拉底鲁则干脆说："人一次也不能踏进同一条河流。"在他们看来，河中的水在不断地流动、更新，甚至当一个人的脚刚踏进河流时，原来的水就流过去了，因而他已经不是站在同一条河中了。尽管这两个命题在表达思想的语气和程度上有差别，但它们的基本思想，即关于万物流变、无物常驻的思想是完全一致的。几乎所有的外国哲学教材，只要论及这两个命题，都认为它们是伟大的，至少是非常睿智的命题，甚至认为它们是古代辩证法思想的卓越的表述。

其实，第二个命题是第一个命题必然导致的逻辑结果。如前所述，既然河中的水在不断地流动和更新，那么，一个人不但不可能两次踏进同一条河流，甚至连一次也不可能。在这个意义上可以说，只要驳斥了第二个命题，实际上也就蕴含着对第一个命题的驳斥了。下面，我们从语言分析的角度，着重分析"人一次也不能踏进同一条河流"这个命题。

我们首先要问：什么是河流？河流究竟是由

---

① 原载《中国社会科学报》2010 年 3 月 9 日。——编者注

两岸来决定的，还是由两岸中的流水来决定的？显然，按照赫拉克利特和克拉底鲁的观点，河流是由两岸中的流水来决定的。乍看起来，这个观点肯定万物流变，无物常驻，似乎无可非议，实际上却是站不住脚的。试想，假如河流是由两岸中的流水来决定的，而流水又在不断地更新，那么，我们马上就能做出如下的推论：世界上既不存在可以被同一个人踏进去的"同一条河流"，也不存在可以踏进同一条河流的"同一个人"。为什么？因为一方面，不断流动着、更新着的水使每一条河流在每个瞬间既是它自己，又不是它自己，由此可见，"同一条河流"这个术语所指称的对象根本不可能存在，甚至连"同一"这个词我们也根本无法使用；另一方面，人像河流一样，在新陈代谢的过程中，全身的细胞也在不断地死亡和更新。假如从这个角度去看人，那么，每个人都像流动着的河水一样，每个瞬间既是自己，又不是自己，因而世界上也根本不可能存在"同一个人"。

这就启示我们两点。一方面，万物流变这样的观念显得过于笼统，它没有区分出事物单纯量上的变化和由量变引起的质的变化。而语言中的名词则是以它们所指称的对象的质的相对稳定性为前提的。也就是说，如果只承认单纯的流变而完全不考虑事物在质上的相对稳定性，语言便没有理由存在，也无法加以使用。另一方面，万物流变包含着语义学上的困难，即说话者实际上默认万物流变这一观念是不变的。这一困难已经表明，只要人们使用语言来表达思想，他们实际上已经放弃了这种单纯流变的观念。直到当代逻辑学家塔斯基区分出"元语言"和"对象语言"，才为解决这类语义悖论找到了一条出路，但在古希腊时期，人们还完全没有意识到这种区分。

下面，再回到我们的主题上来。我们再一次询问自己：什么是河流？我们认为，河流不应该由两岸中的流水来决定，而应该由河岸来决定。也就是说，只要一条河流的两岸保持不变，我们就得承认，这是"同一条河"。当然，对"不变"这个用语的含义，我们也必须做出明确的限定。假如按照赫拉克利特和克拉底鲁的观点，从微观上来看河岸的话，河水在流动中也会不断地带走两岸的泥土。在这个意义上，河岸在每个瞬间既是自己，又不是自己。显然，我们这里说的"两岸保持不变"，不是从微观上来说的，而是从宏观上来说的。换言之，"从宏观上来说"的含义就是对于微观上的变化可以忽略不计。另外，如果一条河流拥有相当的长度的话，在不同的年份或同一年的不同季节，完全有可能因为河水的泛滥而导致这条河流的部分河床改道。在通常的情况下，部分河岸的改道并不会影响人们对这条河的称谓，正像张三因工伤而截去了一条腿，人们不会因为他少了一条腿就称他为李四一样。也就是说，"从宏观上来说"的含义也包含着对部分河岸改道的忽略不计。

综上所述，我们认为，赫拉克利特，尤其是克拉底鲁关于"人一次也不能踏进同一条河流"的命题貌似深刻，实际上是彻头彻尾的诡辩。这种诡辩的具体表现是：其一，混淆了事物流变中的单纯量的变化与量变引起的质的变化；其二，混淆了流水和河岸，在我们看来，河岸才是确定河流的决定性的要素；其三，混淆了语言与被语言指称的对象之间的差异。基于上面的分析，我们引申出来的结论是：人完全可以多次踏进同一条河流。

"我思故我在"存疑①

众所周知，法国哲学家笛卡尔曾经提出了"我思故我在"的著名命题。这个命题既是他的全部形而上学思想的基石，即所谓"第一真理"，也是他论证知识确定性的前提。毋庸讳言，在当时的历史背景下，这个命题在思想解放上起到了振聋发聩的作用。正如黑格尔所说："从笛卡尔起，哲学一下转入了一个完全不同的范围，一个完全不同的观点，也就是转入了主观性的领域。"由于这个命题在表达上的醒目和简洁，更增加了它的影响力。

然而，当我们单纯从语言上对它进行分析的时候，立即发现，它并不是笛卡尔认定的、其他的一切命题均在它的基础上才能推论出来的所谓"第一真理"。实际上，当笛卡尔对他人说出或写出"我思故我在"的命题时，他已经不自觉地认可并引入了这个命题得以成立的种种前提。与其说"我思故我在"是"第一真理"，不如说它是笛卡尔在一系列前提的基础上引申出来的某个结论。何以见得呢？我们不妨做一个具体的分析。

首先，"我思故我在"这个命题是笛卡尔在讨

---

① 原载《中国社会科学报》2010 年 3 月 16 日；《解放日报》2011 年 12 月 24 日第 6 版。——编者注

论中说出来供他人倾听，或在文本中写出来供他人阅读的。而这一言语行为的本身已经不自觉地默认了以下两个前提。一是笛卡尔能够运用自己熟悉的语言，表达自己的思想。显然，假如他不认可这个前提，就不可能把"我思故我在"这个命题说出来或书写出来。二是笛卡尔认定，当他用自己熟悉的语言来表达自己的思想时，熟悉同一种语言的他人有可能理解自己想表达的意思。同样明显的是，假如他不认可这一前提，他就没有必要把自己的思想说出来或书写出来，供他人倾听或阅读。这就表明，单是笛卡尔对他人说出或书写出这个命题，已经包含着两个前提：第一，他能够运用自己熟悉的语言来表达自己的思想；第二，熟悉同一种语言的他人有可能理解他想表达的意思。

其次，从这个命题本身来看，它也不是没有前提的。当笛卡尔使用"我"这个概念时，实际上是以承认"你""他""我们""你们"和"他们"的存在为前提的。正如当某人断言"这朵花是红的"时，是以对其他颜色的存在和比较为前提的。如果把其他颜色都取消了，"红"就成了一个无意义的术语。同样，如果把"你""他""我们""你们"和"他们"这些称谓的背景取消了，"我"这个术语也会失去它的有效意义。因此，单纯的、孤零零的"我"字并不具有原初性，"我"是与"你""他""我们""你们"和"他们"相辅相成的。这就表明，在笛卡尔有资格说出"我"字以前，"你""他""我们""你们"和"他们"都已经存在了。没有这样的称谓背景，"我"字就显得完全没有意义了。

此外，当笛卡尔使用"思"这个字时，也已经预设了作为"思"之载体的语言的存在，因为世界上并不存在无语言的思维。当然，这种语言并不是被使用者任意地加以确定的"私人语言"，而是同时供"你""他""我们""你们"和"他们"理解和使用的"公共语言"。这一点，我们在前面的分析中实际上已经触及了。我们在这里欲进一步加以强调的是，在笛卡尔的"思"得以启动之前，一定已经先行地存在着一种可供笛卡尔作为"思"之载体的公共语言，即社会语言。由此可见，就"我思故我在"这个命题本身来说，它也绝不可能成为没有前提的"第一真理"。

最后，用"我思"来确定"我在"也是缺乏合法性的。最容易构成对这种合法性的挑战的是处于特殊状态下的个人。比如，一个刚刚出生的婴儿，虽然他具有思维的潜质，但他还不能进行思维，而他已经确凿地存在在那里了。又如，一个植物人或因颅脑损伤而失去思维能力的人，他的存在却是确定无疑的。既然当一个人处于无"思"状态的时候，他仍然存在着，那么，"我思故我在"也就不攻自破了。倒不如说，"我在故我思"。尽管"我在"是"我思"的必要条件，但"我在"并不能必然地推论出"我思"，因为"我在"并不一定通过"我思"的状态而表现出来。

扩而言之，在后笛卡尔哲学的语境中，无论是费尔巴哈所说的"我欲故我在"，还是米兰·昆德拉所说的"我牙疼故我在"，或当代网友们所说的"我博客故我在"，都像笛卡尔所说的"我思故我在"一样，情感的成分多于理性思维的成分。在这个意义上可以说，人们对"我思故我在"命题的尊重，与其说是出于理性，不如说是出于情感。

"哥白尼革命"的真相①

在《纯粹理性批判》的第二版序言中，康德指出："迄今为止，人们假定，我们的一切知识都必须遵照对象；但是，关于对象先天地通过概念来澄清某种东西以扩展我们的知识的一切尝试，在这一预设下都归于失败了。因此，人们可以尝试一下，如果我们假定对象必须遵照我们的认识，我们在形而上学中的任务是否会有更好的进展。这种假定已经与对象的一种在对象被给予我们之前就应当有所断定的先天知识所要求的可能性有更大的一致性。这里的情况与哥白尼最初的思想是相同的。哥白尼在假定整个星群都围绕观察者旋转，对天体运动的解释就无法顺利进行之后，试一试让观察者旋转而星体静止，是否可以更为成功。如今在形而上学中，就对象的直观而言，人们也可以用类似的方式作出尝试。如果直观必须遵照对象的性状，那么，我就看不出人们怎样才能先天地对对象有所知晓；但如果对象（作为感官的客体）必须遵照我们的直观能力的性状，那么，我就可以清楚地想象这种可能性。"②

---

① 原载《中国社会科学报》2010 年 3 月 23 日。——编者注
② ［德］伊曼努尔·康德：《纯粹理性批判》，李秋零译，中国人民大学出版社 2004 年版，第 16 页。

康德的上述论断常被人们称作哲学思维上的"哥白尼式的革命"(Copernican revolution)。其实，令人难以置信的是，不但康德哲学的研究者们从未认真地思索过康德哲学的思维方式与哥白尼的思维方式之间的真实关系，甚至连康德本人也从未对这一关系做出过认真而深入的反思。在我们看来，康德对自己的思维方式与哥白尼的思维方式之间的类比只在下面这一点上，即把流行的思维方式加以颠倒的意义上是有效的。众所周知，按照亚里士多德—托勒密主张的"地心说"，地球是静止的，太阳是围绕地球而旋转的，而哥白尼倡导的"日心说"则颠覆了这种传统的思维方式，主张太阳是静止的，地球则是围绕太阳而旋转的。同样，在传统的哲学思维方式中，对象始终是中心，主体则是围绕对象而旋转的，而康德倡导的先验哲学则颠倒了这种传统的哲学思维方式，主张主体始终是中心，对象是被主体所设定并围绕主体而旋转的。也就是说，仅仅是在对传统的思维方式的颠倒上，康德与哥白尼在思维方式上引发的革命是一致的，但是，一旦超出单纯形式的、外观的范围，我们就可以说，他们两人的思维方式不但不是一致的，而且在实质上是完全对立的。

人所共知，在天文学史的语境中，"地心说"肯定的是观察者的中心地位和静止状态。由于观察者置身于地球之上，他视自己和地球为整个宇宙的中心，而把太阳视作围绕地球而旋转的行星。如果天气晴朗的话，太阳每天早晨从东方升起，晚上又向西方下坠，这似乎也在印证太阳围绕地球旋转的假设。我们不妨把这种传统的思维方式称为"观察者中心论"。正如法国哲学家狄德罗在批评英国哲学家贝克莱时所说的："在一个发疯的时刻，有感觉的钢琴曾以为自己是世界上唯一的钢琴，宇宙的全部和谐都发生在它身上。"[1]与此相反，哥白尼的"日心说"所要推翻的正是这种"观察者中心论"，在这个意义上可以说，哥白尼的思维

---

① 《狄德罗哲学选集》，陈修斋等译，生活·读书·新知三联书店 1956 年版，第130 页。

方式实际上是一种"对象中心论"，因为他取消了地球和地球上的观察者的中心地位和静止状态，主张让观察者观察的对象——太阳静止下来并成为宇宙的中心，而让地球作为行星围绕太阳而旋转。这种"对象中心论"，究其实质而言，就是"反观察者中心论"。

按照上面的视角去考察哲学史，我们就会发现，在哲学史的语境中，传统的哲学思维反倒是与哥白尼的"日心说"的思维方式是一致的，因为它们都主张"对象中心论"或"反观察者（主体）中心论"，即主张对象处于中心地位和静止状态中，观察者（主体）是围绕对象而旋转的。与此相反，康德的思维方式实质上是与亚里士多德—托勒密所主张的"地心说"的思维方式是一致的，因为它们都主张"观察者（主体）中心论"，即主张观察者处于中心地位和静止状态中，而对象是围绕观察者（主体）而旋转的。

于是，我们发现，康德的思维方式与哥白尼的思维方式只有在外观上、形式上是类似的，即它们都颠倒了各自语境中的传统的思维方式，但就其内容和实质来看，康德的思维方式与哥白尼的思维方式又是正相反对的。所以，假如我们要从内容上、实质上对这两种思维方式的关系做出比较的话，就不应该把康德在思维方式上的革命理解为"哥白尼的革命"，而应该理解为"反哥白尼的革命"（anti-Copernican revolution）。这样的结论恐怕是康德和他的许多研究者都始料未及的，但事实正是如此。

"轴心时代"别解[①]

  德国哲学家雅斯贝尔斯在其著作《历史的起源与目标》中提出了著名的"轴心时代"理论。按照这一理论，在公元前 8 世纪至公元前 2 世纪，希腊、印度和中国分别出现了苏格拉底与柏拉图、释迦牟尼、老子与孔子等伟大的思想家，他们各自为希腊文化、印度文化和中国文化制定了思想文化范式。正是在这个意义上，雅氏把公元前 8 世纪至公元前 2 世纪这一历史阶段称为"轴心时代"。所谓"轴心"，即其他历史阶段围绕其旋转的中心。正如雅氏指出的："直至今日，人类一直靠轴心期所产生、思考和创造的一切而生存。每一次新的飞跃都回顾这一时期，并被它重燃火焰。自那以后，情况就是这样。轴心期潜力的苏醒和对轴心期潜力的回忆，或曰复兴，总是提供了精神动力。对这一开端的复归是西方、印度和中国不断发生的事情。"雅氏的"轴心时代"理论在国际史学界拥有巨大的影响，在华语史学界也成为叙述中国传统思想文化史的权威性用语。人们还在雅氏所使用的"轴心时代""新轴心时代"概念的基础上，进一步演绎出"前轴心时代""后轴心时代""第二轴心时代"等概念。

[①] 原载《中国社会科学报》2010 年 4 月 13 日第 6 版。——编者注

然而，只要冷静下来思考，就会发现，"轴心时代"理论是一个漏洞百出的理论。首先，这一理论缺乏普遍性，它只是采用不完全归纳的方法概括了古代希腊、印度和中国文化中出现的现象，但世界上还有许多不同类型的文化，如古代埃及文化、古代巴比伦文化、玛雅文化、犹太文化、阿拉伯文化等。难道它们的思想范式也都是在公元前 8 世纪至公元前 2 世纪这个时段内形成起来的吗？其次，在不同类型的文化中，存在不同的纪年法。如中国人把每 60 年称作一个"甲子"，西方人把每 100 年称作一个"世纪"，印度人则倾向于把时间理解为一个首尾相衔接的"圆环"。而雅氏所说的公元前 8 世纪至公元前 2 世纪属于西方文化系统的纪年法，为什么这种纪年法里的时段会对不同类型的文化产生实质性的制约作用呢？最后，虽然不同类型的文化发展的进程充满了曲折，但总是沿着经济关系的中轴线向前发展的，而不是按照天文学中的"地心说"的模式来运行的，因而也不可能围绕公元前 8 世纪至公元前 2 世纪制定的思想范式来旋转。其实，雅氏的"轴心时代"理论，与季羡林先生的"河东/河西"理论一样，是一种无根漫谈，既缺乏理论上的严格性，又缺乏实践上的普遍性，不值得认真对待。

然而，如果对"轴心时代"概念做出不同于雅氏的阐释，这个概念在史学和哲学研究中仍然是有意义的。按照我的看法，真正的"轴心时代"乃是"当代"。所谓"当代"，也就是指从今天回溯到六七十年前这个时段，约略相当于一代人的平均生命周期。为什么真正的"轴心时代"应该是当代呢？假如把极少数以前时代出生的、长寿的老人撇开，完全可以说，历史上唯一活着的群体就是当代人。尽管当代人是在传统思想文化范式的熏陶下成长起来的，但其思考的出发点始终是自己面对的现实生活。正是当代中国人的生存状况决定着他们以何种态度（或无条件地认同，或有条件地保留，或批判性地反思，或彻底地抛弃等）去对待传统的思想文化范式，而不是像雅氏所说的，公元前 8 世纪至公元前 2 世纪形成的思想文化范式决定着当代中国人如何生存。既然历史的意义只有通过活着的当代人才能得到阐释，所以唯有当代才有资格成为真正的轴心时代。

事实上，人们对以前任何时代的阐释，都是围绕着当代人生存活动中面临的实际需要而展开的。在这个意义上，马克思说过，人体解剖是猴体解剖的钥匙，而意大利哲学家克罗奇的名言"一切历史都是当代史"也具有类似的含义。中国人所说的"六经注我"也有异曲同工之妙。显然，这里的"我"乃是当代人之别称，而"六经"则是古代中国思想文化范式的代名词。既然只有当代人是活着的，轴心自然永远是"我"，而不可能是"六经"。

当然，我们所说的"轴心时代"并不像雅氏所说的，是一个固定的、永不变化的时段，而是随着历史发展不断向前延伸的。假如说，目前我们置身于其中的这个时代作为当代，相对于历史上以前的其他时段来说，是轴心时代，那么，随着时间的推移，我们也会湮没在历史的黑洞中，而取代我们这个时代的新的时代又将成为新的轴心时代。总之，除了轴心时代永远是当代这一点不变外，轴心时代本身处于不断更新的过程中。

当我们从雅氏的"轴心时代"理论的阴影中走出来，站在新的起点上来重新认识历史时，我们发现，历史的意义不是由某些古代的人物或文本来决定的，而是由活着的当代人通过自己的生存实践活动来加以确定的。

走出"新教伦理"的神话[①]

  马克思逝世后，他的历史唯物主义理论在很大程度上被曲解为"经济决定论"。作为对这种假想的"经济决定论"的反拨，德国社会学家马克斯·韦伯撰写了两部著作：《儒教与道教》(1916)和《新教伦理与资本主义精神》(1920)。如果说，前一部著作阐述了观念的否定性力量，即认为儒家学说阻碍了中国资本主义的发展，那么，后一部著作则张扬了观念的肯定性力量，即提出新教伦理促进了西方资本主义繁荣的观点。尤其是后一部著作，在国际理论界(包括华语理论界)产生了巨大影响。无论是港台新儒家提出的"内圣外王"口号，还是改革开放以来学者掀起的一波波"精神文明热""传统文化热""以德治国热""经典阅读热"，在无意识的层面上都蕴含着对韦伯观念论的认同，即认为只要把新的伦理观念确立起来，社会现实生活就会按照这些已然确立起来的观念发生重大变化。我们不妨把韦伯心目中的"新教伦理"视为社会学理论中的神话，而现在已经到了对这一神话进行反思的时候了。

  肯定新教伦理在一定范围内对资本主义的发展具有促进作用是无可厚非的。问题在于，韦伯

---

① 原载《中国社会科学报》2010 年 4 月 20 日第 006 版。——编者注

只叙述了这个故事的后半部分，即以诚实、勤劳、谨慎、节俭、守时和责任心为主导性价值的新教伦理如何促进资本主义社会的发展，却回避了这个故事的前半部分，即避而不谈新教伦理是如何形成并发展起来的，为什么它对资本主义社会的发展具有促进作用。这么做的结果，难免会使读者对故事产生神秘的感觉：从天而降的新教伦理居然完全切合资本主义社会的实际需要，难道这不是神意吗？多么伟大的伦理观念！

其实，要消除这种神秘感，让读者从神话世界中走出来，无须做更多的事情，只要叙述故事的前半部分就可以了。打个比方，某个患有健忘症的顾客到一家服装店试穿一套服装，发现这套服装完全适合自己的体型。于是，他头脑中产生了一种幻觉，以为这套服装的设计真是神来之笔，不免对设计师顶礼膜拜。可是他忘记了，两周前他已经来过这家服装店，这套服装正是根据他的体型量身定制的。在韦伯所讨论的新教伦理的语境中，我们之所以坚持要让他叙述这个故事的前半部分，正是要"祛新教伦理神秘化"，以提醒读者，新教伦理并不是从天而降的，并不是在单纯的宗教改革的氛围中形成并发展起来的，它之所以能够适应并促进资本主义社会的发展，并不是因为它作为观念具有一种先天的、神秘的力量，而是因为它本身就是按照资本主义社会早期发展中的实际需要"量身定制"的。

众所周知，以路德、加尔文和英国清教徒为代表的新教，是在批判、改革正统的天主教，尤其是其教会制度的过程中形成并发展起来的。尽管宗教改革是新教形成的直接触媒，但深入的分析表明，无论是宗教改革，还是新教伦理的形成，都与当时西方国家的经济生活——自由贸易的发展、资本原始积累的起步和新兴市民阶层的壮大——息息相关。正是资本主义社会早期发展的现实生活，迫切需要确立起与此相应的伦理观念，而这一伦理观念正是以诚实、勤劳、谨慎、节俭、守时和责任心为主要特征的。由此可见，在宗教改革的过程中，当时现实生活的迫切需要进入宗教改革家的视野，从而在观念上被凝结为新教伦理。由于人们在看待新教伦理时，只是着眼于单纯的宗教改革的过程，所以很容易产生一种错觉，以为新教伦理是直接从对正统宗教观念的批判中产生的，从而忽略了新教伦理与当时资本主义发展初期的现实生活之间的密切联系，而韦伯片面的叙述方式又进一步遮蔽了两者间的联系，加剧了读者对这一层联系的忽视。

综上所述，新教伦理促进资本主义社会的发展其实是一个没有任何悬念的故事。如果这个故事被完整地叙述，它的神秘性也就自行消失了。正如马克思早已告诫我们的，意识在任何时候都不过是被意识到了的存在，而人们的存在就是他们的实际生活过程。只要不是仅仅停留在观念尤其是宗教观念的层面上，而是认真考察观念与实际生活之间的联系，就能完成"祛新教伦理神秘化"的任务，并且明白，新教伦理不是在单纯的宗教改革活动中诞生，而是从资本主义社会早期发展的现实需要中概括总结出来的，因此，它之适应并促进资本主义社会的发展乃题中应有之义。于是，我们又从韦伯返回到马克思。实际上，马克思并没有被超越，而被超越的只是韦伯以为自己已经超越了马克思的幻觉。

"宏大的叙事"会消失吗[①]

在《后现代状态：关于知识的报告》一书中，当代法国哲学家利奥塔从叙事学的观点出发，提出了一个著名的观点，即在后现代语境中，"宏大的叙事"将不再存在，取而代之的则是"细小的叙事"。

那么，在利奥塔的论著中，究竟什么是"宏大的叙事"，什么是"细小的叙事"呢？在利奥塔那里，"宏大的叙事"有时也被称作"元叙事"："所谓元叙事或宏大叙事，意谓具有合法化功能的叙事。""具有合法化功能的叙事"就像立法者颁布出来的法律条文一样，在社会生活中，包括在知识界，具有权威性的地位。还需进一步追问的是：在利奥塔的心目中，究竟哪些叙事可以被看作"元叙事"或"宏大的叙事"？利奥塔指出，在《后现代状态》中提及的元叙事乃是现代性的标志：关于理性和自由的进步性的解放，关于劳动（资本主义的异化价值的源头）的进步性的或灾难性的解放，关于通过资本主义的科学技术而达到的人性的丰富多彩，还包括现代性（与古代的古典主义相对立）中的基督教通过对灵魂的改变，即拯救受造物的方式而诉诸以受难的爱为特征的

[①] 原载《中国社会科学报》2010 年 4 月 27 日第 6 版。——编者注

基督教的叙事。黑格尔的哲学把所有这些叙事整体化了，在这个意义上，它本身就是思辨的现代性的蒸馏物。从这些论述可以看出，"元叙事"或"宏大的叙事"主要有两种表现形式：一种是解放的叙事，如基督教的叙事、启蒙运动的叙事、马克思主义的叙事等；另一种是思辨的叙事，如黑格尔哲学，而黑格尔哲学在一定程度上也蕴含着解放的叙事，这从它的辩证法思想对马克思主义叙事的巨大影响可以清楚地看出。利奥塔认为，这些"宏大的叙事"都依附于现代性的语境，或者换一种说法，现代性的标志就是这些"宏大的叙事"。

按照利奥塔的见解，"就现代性这个词的拉丁文起源来说，它不是指一个时代，而是指思想、言谈和感性中的一种模式"。基于此，利奥塔认为，现代性所认同的"宏大的叙事"模式在 19 世纪已经出现危机，这一危机在 20 世纪进一步加剧。正如他在《后现代状态》一书中所指出的："我们可以把叙事的这种没落看成是第二次世界大战以来科技飞跃的结果，这造成了从行为目的到行为方式的重心转移；或者我们可以把叙事的没落看成是激进的自由资本主义在 1930 年至 1960 年经历了凯恩斯主义掩护下的退却之后重新发展的结果，这种复兴不包括共产主义的抉择，以使个人在财产和服务方面得到更多的享受。"显然，在利奥塔看来，从"现代性"叙事模式向"后现代"叙事模式的转变主要是由科学技术的高度发展和自由资本主义的发展而导致的。

在"后现代"语境中，叙事模式究竟发生了什么重要变化？利奥塔认为，在这一语境中，与现代性的叙事模式相适应的"宏大的叙事"或"元叙事"不但没落了，而且变得完全不可信了，取而代之的则是"细小的叙事"。"细小的叙事"与"宏大的叙事"之间的差异主要表现在以下两个方面：一方面，"细小的叙事"关涉的是日常经验世界，而"宏大的叙事"关涉的则是超越性的层面，这在康德哲学的叙事方式（肯定超验领域中的"物自体"是不可知的）中表现得最为典型；另一方面，"细小的叙事"关注的是"行为方式"，即在日常经验生活中人的行为方式如何变得合情合理，"宏大的叙事"关注的则是"行为目的"，而行为目的常常是很抽象的，也是充满纷争的。比如，解放的叙事和思辨的叙事都把人的自由、人的全面的发展视为自己的最终目的。在利奥塔看来，这类虚幻的目的只对"现代性"的语境有效，而在"后现代"的语境中，就变得没有意义了。"后现代"蕴含的乃是无超越层面、无宏大目的、具体的、实用性的知识，因而"细小的叙事"将会取代"宏大的叙事"。

乍看起来，利奥塔的上述见解似乎十分深刻地揭示出现代和后现代两种不同语境中的知识的差异，但仔细分析就会发现，他的见解是站不住脚的。实际上，"大"与"小"是一对相辅相成的概念。如果世界上没有"大"，也不会再有"小"。同样，"宏大的叙事"和"细小的叙事"也是一对相辅相成的概念。在后现代的语境中，假如"宏大的叙事"不再存在，所有的叙事都表现为"细小的叙事"，那么，其逻辑结果将是"细小的叙事"也无法再存在下去，因为没有"大"又何来"小"呢？历史和实践一再启示我们，"大"和"小"、"宏大的叙事"和"细小的叙事"都是相比较而存在的。比如，在"后现代"语境中，无论是"保护生态环境"也好，还是"反对国际恐怖主义"也好，都有可能上升为新的"宏大的叙事"。按照我们的看法，无论是在"现代性"的语境中，还是在"后现代"的语境中，都存在着"宏大的叙事"和"细小的叙事"。在这个意义上可以说，利奥塔的叙事理论并没有使我们获得多少新的知识。

作为假问题的"哲学的终结"①

> "决不能给理智加上翅膀，而毋宁给它挂上重的东西，使它不会跳跃和飞翔。"

德国哲学家海德格尔在 1964 年发表的《哲学的终结和思的任务》一文中，曾经明确地提出了"哲学的终结"的口号。其实，在不同的历史时期，也经常有其他的哲学家提出"哲学的终结"。到了海德格尔生活的时代，由于后现代主义思潮的兴起和蔓延，这种"终结风"越刮越烈。早在 20 世纪 50 年代，美国社会学家丹尼尔·贝尔、李普塞特和法国社会学家雷蒙·阿隆等就提出了"意识形态的终结"的著名口号。以后又相继出现了"艺术的终结""科学的终结"等口号。但有趣的是，历史本身的发展却与这股甚嚣尘上的"终结风"形成了鲜明的对照，即无论是意识形态，还是科学；无论是艺术，还是哲学，实际上都没有被终结，而真正被终结的却是这类关于"终结"的口号。海德格尔的说法也不例外。

就像其他任何人关于"终结"的言说一样，海德格尔在言说"哲学的终结"时，也没有意识到，他的言说已经不知不觉地陷入语言哲学上的诡

① 原载《中国社会科学报》2010 年 5 月 4 日第 6 版。——编者注

辩。我把这种诡辩称为"能指大于所指"。打个比方,桌子上放着六杯茶。当我坐在这张桌子的周围,在这个特定的语境中使用"一杯茶"这个概念时,这个概念作为能指可以指称六杯茶中的任何一杯。然而,如果我在言说中实际上试图涉及(即指称)的是六杯茶中的"这一杯茶",但在言说中却没有使用"这一杯茶"这个确定性的能指,而是泛泛地使用了"一杯茶"这个不确定的能指,这时就会出现"能指大于所指"的诡辩,因为"一杯茶"这个能指可以指称六杯茶中的任何一杯,但"这一杯茶"这个能指却只能指称六杯茶中的某一杯茶。

同样,当海德格尔说"哲学的终结"时,他并没有意识到,就"哲学"这个能指来说,它包含着古今中外的一切哲学(理论),甚至包含目前还未产生,但今后一定会被提出的新的哲学(理论)。在这个意义上,"哲学的终结"意味着所有的(包括将来出现的)哲学(理论)的终结。但事实上,海德格尔用"哲学"这一能指所指称的实际对象却可能是某种具体的哲学(理论),如实证主义哲学、实用主义哲学、黑格尔哲学、传统哲学等。假定海德格尔实际上想表达的意思是"传统哲学的终结",但他说出来的却是"哲学的终结",那么,他已经不知不觉地陷入了"能指大于所指"的诡辩之中。实际上,这种"能指大于所指"的诡辩是人类思维和语言表达中自然而然地陷入的困境之一。举例来说,当人们只看到几只天鹅的羽毛是白色的,就急于断言"一切天鹅的羽毛都是白色的"时,"一切天鹅"这个能指远远地大于实际指称的对象"几只天鹅"。正是这种"能指溢出实际指称对象"的思维方式和表达方式导致了语言哲学中的诸多诡辩。

如我们在前面已经指出过的那样,如果一个人已经确定把六杯茶中的这一杯茶作为谈话中指称的实际对象,那么,他就不应该使用"一杯茶"这个含糊的、扩大化了的能指,而应该使用"这一杯茶"这个确定无疑的能指。显然,当人们使用的能指是"这一杯茶",而指称的对象也是"这一杯茶"时,能指和所指是同样大小的,因而说话者所要表达的含义是确定无疑的。

海德格尔提出的"哲学的终结"的口号，由于其能指的含糊性和漂浮性，成了一个虚假的口号或虚假的问题。事实上，在人类思想史上，永远也不可能出现"哲学的终结"，而只可能出现"某种哲学观点的终结""某个哲学流派的终结"或"某个哲学家理论的终结"等。在《哲学的终结和思的任务》中，海德格尔试图把自己的"思"与整个"哲学"区分开来并对立起来。但这样的区分和对立恐怕只有在他自己的语境和幻觉中才是有效的，事实上，人们在书写哲学史时，根本不可能把海德格尔置于哲学之外或哲学之上，而仍然把他看作置身于哲学史上的一位哲学家。而从这篇论文论述的内容，尤其是从"哲学"这一能指所指称的实际对象来看，《哲学的终结和思的任务》这个篇名也是虚假的、名不副实的，或许它应该被改成《传统哲学的终结和思的任务》，才真正切合海德格尔的本意。也就是说，海德格尔的"思"至多是对传统哲学的超越，却不可能是对哲学的超越。写到这里，我们不禁想起英国哲学家弗兰西斯·培根说过的名言："决不能给理智加上翅膀，而毋宁给它挂上重的东西，使它不会跳跃和飞翔。"

黑格尔精神认识论初探①
——重读《精神现象学》和《精神哲学》有感

众所周知，黑格尔是近代最著名的哲学家之一，研究他的哲学思想，尤其是他的认识理论的论著可谓汗牛充栋。然而，令人惊奇的是，黑格尔在论述自己的认识理论时反复强调的核心观念，即他倡导的认识论乃是精神认识论的观念，却从未进入过研究者们的眼帘。诚然，黑格尔本人从未使用过"精神认识论"（epistemology of spirit）这个术语，但我们却必须从这个术语所蕴含的独特的含义和视角去探索黑格尔的认识论。否则，在这个研究领域中，人们谈论得越多，可能离黑格尔的本意就越远。

一、精神认识论的思想渊源

黑格尔的精神认识论是在批判地反思前人的思想资源的基础上形成并发展起来的。

首先，黑格尔把批判的目光投向斯宾诺莎。他告诉我们——"斯宾诺莎是近代哲学的重点：

---

① 原载《北京大学学报（哲学社会科学版）》2010 年第 5 期。——编者注

要么是斯宾诺莎主义，要么不是哲学"①。斯宾诺莎的重要功绩是摒弃了笛卡尔的二元论，强调上帝是唯一的实体，思维和广延是它的两个根本属性。然而，"他的哲学讲的只是死板的实体，还不是精神；我们在其中并不感到自如"②。黑格尔甚至讥笑斯宾诺莎本人也死于肺痨，消失在这一实体的黑洞中。那么，究竟如何改造斯宾诺莎的哲学思想呢？黑格尔在《精神现象学》的序言《论科学认识》中指出："说真理只作为体系才是现实的，或者说实体在本质上即是主体，这乃是绝对即精神这句话所要表达的观念。"③也就是说，黑格尔已把斯宾诺莎的"唯一的实体"阐释为"精神的实体"，而这一实体同时就是主体，从而为其精神认识论的诞生奠定了思想基础。

其次，黑格尔把批判的目光投向以康德、费希特为代表的主观唯心论哲学。这种哲学的优点是把考察的重点放在主观性，即我思或自我意识方面。黑格尔批评道："主观唯心论足以引起人的自我夸大的心理。但假如他的世界只是一堆感觉印象的聚集体，那么他就没有理由以这种世界自豪。"④黑格尔甚至认为，"动物并不是老停留在这个观点上面，它通过实践达到两者的统一"⑤。尽管费希特推进了康德哲学，但正如黑格尔所批评的："费希特哲学与康德哲学有同样的观点。终极的东西永远是主观性，主观性被认作自在自为地存在着的东西。"⑥但在他那里，"自我只是作为意识和自我意识，而自我意识并没有超出意识，更

---

① [德]黑格尔：《哲学史讲演录》第 4 卷，贺麟、王太庆译，商务印书馆 1981 年版，第 100 页。
② 同上书，第 102 页。
③ [德]黑格尔：《精神现象学》上卷，贺麟、王玖兴译，商务印书馆 1981 年版，第 15 页。
④ [德]黑格尔：《小逻辑》，贺麟译，商务印书馆 1980 年版，第 124 页。
⑤ [德]黑格尔：《哲学史讲演录》第 4 卷，贺麟、王太庆译，商务印书馆 1981 年版，第 286 页。
⑥ 同上书，第 328 页。

没有达到精神"①。在黑格尔看来，认识活动必须摆脱这种单纯的主观性，充满自信地走向客观性，并努力把握它，从而把认识提升到精神的高度上。

最后，黑格尔把批判的目光投向以谢林为代表的客观唯心论哲学。在斯宾诺莎思想的影响下，谢林十分重视对自然的研究，并试图用主观、客观统一的"绝对"去取代斯宾诺莎的"实体"。然而，在谢林那里，不但绝对作为 A＝A 是无差别的，因而被黑格尔讥为"黑夜看牛"②，而且认识绝对无须经历漫长的思想道路，只要运用理智直观就可以了。黑格尔揶揄这种幼稚的想法"就像从手枪里发射出子弹一样"③。在黑格尔看来，绝对蕴含着差异，正是这种差异乃至矛盾构成了绝对自身运动的不息的动力。

从上面的论述可以看出，康德、费希特的哲学仍然停留在主观性层面上，尽管斯宾诺莎和谢林意识到了思维和广延统一（实体）、主观和客观统一（绝对）的必要性，并倾向于客观性，但在他们那里，不仅实体或绝对自身是无生命或无差别的，而且实体或绝对的统一性始终是以思维与广延、主观与客观的分离为前提的。黑格尔认为，这个唯一的实体或绝对其实就是精神，无须在绝对之外再去设定以绝对为认识对象的认识主体，绝对作为精神既是认识对象，又是认识主体。也就是说，黑格尔的认识论乃是精神认识论。这种认识论才真正扬弃了思维与广延、主观与客观的分离。

---

① ［德］黑格尔：《哲学史讲演录》第 4 卷，贺麟、王太庆译，商务印书馆 1981 年版，第 328 页。

② ［德］黑格尔：《精神现象学》上卷，贺麟、王玖兴译，商务印书馆 1981 年版，第 10 页。

③ ［德］黑格尔：《哲学史讲演录》第 4 卷，贺麟、王太庆译，商务印书馆 1981 年版，第 370 页；［德］黑格尔：《精神现象学》上卷，贺麟、王玖兴译，商务印书馆 1981 年版，第 17 页。

二、精神认识论的基本特征

在探讨黑格尔精神认识论的主要特征之前，有必要先考察一下黑格尔的"精神"（Geist）概念的主要含义。在《精神哲学》中，黑格尔区分了"主观精神"（人类学、精神现象学、心理学）、"客观精神"（法、道德、伦理）和"绝对精神"（艺术、宗教、哲学），绝对精神是主观精神和客观精神的统一。从《精神哲学》返观《精神现象学》，我们发现，《精神现象学》书名中的"精神"是指绝对①或绝对精神，而"精神"在其发展途中先后经历了意识、自我意识、理性、精神、宗教、绝对知识六个阶段。这六个阶段中的意识、自我意识、理性后来成了《精神哲学》第一部分——主观精神中的第二个阶段；精神则成了《精神哲学》第二部分——客观精神；宗教、绝对知识则成了《精神哲学》第三部分——绝对精神中的第二、第三个阶段。②

由上可知，当我们把黑格尔的认识论称作"精神认识论"时，这里的"精神"指的正是绝对精神，而主观精神和客观精神既可以理解为绝对精神的两个侧面，又可以理解为绝对精神运动中经历的两个阶段。我们认为，黑格尔的精神认识论主要具有以下三个特征。

首先，精神既是被认识的对象，又是进行认识的主体。在《精神现象学》中，黑格尔指出："实体本身就是主体，所以一切内容都是它自己对自己的反思。"③这里所说的"自己对自己的反思"启示我们，在精神自

---

① 黑格尔写道："绝对是精神：这是绝对的最高定义。"[德]黑格尔：《精神哲学——哲学全书·第三部分》，杨祖陶译，人民出版社 2006 年版，第 24 页。

② 请注意，黑格尔早期著作《精神现象学》是由意识、自我意识、理性、精神、宗教、绝对知识这六个阶段构成的，而《精神哲学》中使用的"精神现象学"概念只包含意识、自我意识、理性这三个阶段。

③ [德]黑格尔：《精神现象学》上卷，贺麟、王玖兴译，商务印书馆 1981 年版，第 36 页。

身运动的过程中，精神既是被认识的对象，又是进行认识的主体。在《精神哲学》中，黑格尔对此做了更为明确的论述："关于精神的知识是最具体的，因而是最高和最难的。认识你自己这个绝对诫命的含义无论从它本身来看，或就其在历史上被宣告出来时的情况来看，都不只是一种对于个人的特殊的能力、性格、倾向和弱点的自我知识，而是对于人的真实方面——自在自为的真实方面，即对于人作为精神的本质自身的知识。"[①]在这里，黑格尔从自己的哲学立场出发，对古希腊德尔斐神庙中的神谕"认识你自己"做出了富有新意的阐释，即神谕中的"你"并不是指作为认识主体的个人，而是指个人身上的精神，而"你自己"也不是指作为认识对象的自我，而是指自我身上显现出来的精神。要言之，"认识你自己"并不是某个人对自己的认识，而是精神对精神自身的认识。有鉴于此，黑格尔强调："认识自己的概念是属于精神的本性的。因此，德尔斐的阿波罗向希腊人发出的认识自己的要求，并没有某个异己力量从外面向人类精神提出的一个诫命的意义；相反地，那督促着认识自己的神无非是精神自身的绝对法则。所以精神的一切行动只是对于它自身的一种把握，而最真实的科学的目的只是：精神在一切天上和地上的事物中认识它自身。"[②]黑格尔认为，"精神的本性"就是"认识自己"，所以，关于精神既是被认识的对象，又是进行认识的主体的观点并不是无稽之谈，恰恰相反，它道出了精神的本性。也许有人会反驳说，黑格尔不是说"精神在一切天上和地上的事物中认识它自身"吗？而"一切天上和地上的事物"并不是精神。显然，反驳者并不了解，在黑格尔那里，"一切天上和地上的事物"都不过是精神自身的外化和客观化。所以，黑格尔在这句话中说出的仍然是同一个主题，即精神对自身的认识。

其次，精神认识自己的方式体现为规定性和否定性的统一。众所周知，黑格尔十分欣赏斯宾诺莎提出的关于"一切规定都是否定"的命题，

---

① ［德］黑格尔：《精神哲学——哲学全书·第三部分》，杨祖陶译，人民出版社2006年版，第1页。

② 同上书，第2页。

并在自己的著作中反复加以引用和阐释。① 在黑格尔看来，认识活动本身就是对被认识的对象做出规定，但按照斯宾诺莎的上述命题，规定性同时也就是否定性。也就是说，在通常的情况下，人们在认识，即规定某个对象时，人们看到的只是对这个对象的肯定，却没有意识到，这种规定同时也是对对象的限度或界限的认可。在这个意义上，规定性同时也就是有限性或否定性，对对象的认识同时也就是对它的否定或超越。

在《精神现象学》中，黑格尔这样写道："认识的活动是这样的一种诡计：它自己好象并不活动，却眼看着规定及规定的具体生命恰恰在其自以为是在进行自我保持和追求特殊兴趣的时候，适得其反，成了一种瓦解或消溶其自身的行动，成了一种把自己变为全体的环节的行动。"② 黑格尔认为，作为被认识的对象的精神在其展现自己的过程中，总是现身为一个接一个的阶段，如意识、自我意识、理性、精神、宗教、绝对知识，而每个阶段又由一些更具体的环节组成。比如，在自我意识中，精神依次展现为欲望、主奴关系、斯多葛主义、怀疑主义、苦恼的意识这五个环节。尽管每个阶段、每个环节都在寻求"自我保持"，但其结果却是"瓦解或消溶其自身"，从而过渡到新的阶段或新的环节。

对于黑格尔的精神认识论来说，重要的是展现出精神自身运动的整个过程，也展现出精神通过诸多环节认识自己的整个过程。正是在这个意义上，黑格尔告诫我们："要有耐心，一方面，这是说，必须忍耐这条道路的辽远，因为每个环节都是必要的；另一方面，这是说，必须在每个环节那里作逗留，因为每个环节自身就是一个完整的个体形态，而且只当它的规定性被当作完整的或具体的东西来考察时，或者说，只有当全体是在这种规定性的独特性下加以考察时，每个环节才算是得到

① ［德］黑格尔：《小逻辑》，贺麟译，商务印书馆 1980 年版，第 203 页。
② ［德］黑格尔：《精神现象学》上卷，贺麟、王玖兴译，商务印书馆 1981 年版，第37 页。

了充分的或绝对的考察。"①由此可见，在黑格尔那里，精神认识论也就是认识过程论。

最后，精神认识自身的目的是从自在过渡到自为。正如黑格尔所指出的："精神起初不过是自在地是精神；它成为自为的过程就是它实现的过程。"②在黑格尔的语境中，自在常常用来刻画处于自然而然状态中的存在物，自为常常用来刻画精神所处的自觉状态。黑格尔认为，精神并不无条件的是自为的，当它停留在主观性范围内时，作为单纯的主观精神，它就是自在的；当它自觉地外化自己，使自己成为客观精神时，它是自为的；而自为的最高形式则是精神自觉地把自己提升到绝对精神（艺术、宗教、哲学）的层面上。

那么，黑格尔通过精神认识论欲加以实现的"自为"究竟是什么呢？他告诉我们："精神的实体是自由，就是说，对于他物的不依赖性、自己与自己本身相联系。精神是自为存在着的、以自己本身为对象的实现了的概念。精神的真理和自由就在于这个在它里面存在着的概念和客观性的统一。"③这就启示我们，精神认识自己、追求自为的根本目的是追求自由。

从上面的论述可以看出，黑格尔的精神认识论是一种与任何传统的认识理论不同的全新的认识论。

三、精神认识论的启示

如何解读黑格尔精神认识论的意义？我们知道，马克思在《神圣家

---

① ［德］黑格尔：《精神现象学》上卷，贺麟、王玖兴译，商务印书馆 1981 年版，第 19 页。

② ［德］黑格尔：《精神哲学——哲学全书·第三部分》，杨祖陶译，人民出版社 2006 年版，第 28 页。

③ 同上书，第 20 页。

族》中留下了一段值得注意的话："在黑格尔的体系中有三个要素：斯宾诺莎的实体，费希特的自我意识以及前两个要素在黑格尔那里的必然充满矛盾的统一，即绝对精神。第一个要素是形而上学地改了装的、同人分离的自然。第二个要素是形而上学地改了装的、同自然分离的精神。第三个要素是形而上学地改了装的以上两个要素的统一，即现实的人和现实的人类。"①按照马克思的观点，既然黑格尔的绝对精神被归结为"现实的人和现实的人类"，那么，黑格尔的精神认识论也就自然而然地被归结为以"现实的人和现实的人类"为主体的普通认识论了。尽管马克思的上述论断有利于摒弃黑格尔精神认识论的神秘性，但我们也应该清醒地意识到，当马克思写下那段话的时候，他的思想仍然处于费尔巴哈人本学思想的影响下。因此，我们不应该据此而对黑格尔的精神认识论辄下断言，而应该退回到黑格尔的原初语境中，努力阐发其理论意义。

其实，黑格尔之所以要建立精神认识论，其动机正好与费尔巴哈式的人本学思想相反。黑格尔在谈到精神对自身的认识时写道："从今以后只有这样的认识才配称为哲学的考察。在通常流行的意义上研究个人特有的弱点和缺点的那种自我知识，只是对于个别人而不是对于哲学才是有兴趣的和重要的，甚至对个别人来说，这种知识越少，从事于认识人的普遍智性的和道德的本性越是忽视职责，即意志的真实内容而堕落成为一种个人在其珍爱的种种特性里沾沾自喜地反复咏味，其价值就越发微不足道。这些话也适用于那同样把注意力集中到个别人物的种种独特性的所谓人性知识。"②这就启示我们，黑格尔精神认识论的思路恰恰是拒绝退回到以个人为认识主体的普通认识论的道路上去。在我们看来，黑格尔精神认识论的意义至少可以归结为以下三点。

第一，正是黑格尔的精神认识论终结了以笛卡尔、康德为代表的二元论的认识论。比如，康德在认识主体与认识对象——超验的自在之物

① 《马克思恩格斯文集》第 1 卷，人民出版社 2009 年版，第 341—342 页。
② ［德］黑格尔：《精神哲学——哲学全书·第三部分》，杨祖陶译，人民出版社 2006 年版，第 2—3 页。

（也就是黑格尔所说的"绝对"）之间划出了一条不可逾越的鸿沟。康德认为，认识绝对的困难在于，认识过程会把某些东西附加到绝对上去，而要认识真正的绝对，又必须把附加到绝对上去的东西再进行扣除，而这种扣除实际上是不可能的，因而人们无法认识绝对。在《精神现象学》中，黑格尔批判了这种不切实际的认识理论："认识不是光线的折射作用，认识就是光线自身，光线自身才使我们接触到真理，而如果光线被抽除出去，那么，指点我们的岂不只还剩下一个纯粹的方向或空虚的地点了吗？"①在黑格尔看来，"认识就是光线自身"，认识中附加到对象上去的东西正是使认识成为可能的前提。如果要抽去这样的前提，认识活动也就无法进行了。为了彻底摆脱这种把认识主体和认识对象打成两截的认识论，黑格尔建立了精神认识论。按照这种认识论，在作为绝对的精神之外不再存在任何其他的认识主体，精神既是被认识的对象，又是进行认识的主体。于是，以笛卡尔、康德为代表的二元论的认识论就被终结了。

第二，正是黑格尔的精神认识论终结了以雅科比、谢林为代表的以直接知识或理智直观为基础的、手枪发射式的认识论。众所周知，认识论经常面临的一个挑战是：人们试图用天才的、随心所欲的理智直观来取代艰苦的认识过程。事实上，宗教学说中的所谓"顿悟"也正是把这种认识论移植到宗教领域的结果。黑格尔写道："按照这种说法，绝对不是应该用概念去把握，而是应该予以感受和直观；应该用语言表达和应该得到表述的不是绝对的概念，而是对绝对的感觉和直观。"②假如人们认同黑格尔的精神认识论，就会发现，真正能够使精神从自在状态过渡到自为状态、上升为绝对精神的乃是概念自身的运动。"通过这样的运动，纯粹的思想就变成概念，而纯粹思想这才真正是纯粹思想、自身运动、圆圈，这才是它们的实体，这才是精神本质性（Geistige

---

① ［德］黑格尔：《精神现象学》上卷，贺麟、王玖兴译，商务印书馆1981年版，第52页。

② 同上书，第4页。

Wesenheiten)。"①黑格尔再三强调,真正哲学意义上的认识必须告别直接知识、理智直观或来自天庭的启示,返回到精神自身的运动及对这种运动的自我认识上来。

第三,正是黑格尔的精神认识论开启了社会认识论和知识社会学的先河。在黑格尔那里,精神不仅仅蕴含着主观精神,而且通过外化,吸纳了自然界乃至人类社会及其历史发展的全部内容,从而发展为客观精神,并进而在与主观精神的统一中上升为绝对精神,而"精神的本质从形式上看就是自由,即概念的作为自身同一性的绝对否定性。依据这个形式的规定,精神能够从一切外在的东西和它自己的外在性、它的定在本身抽象出来;它能够忍受对其个体的直接性的否定,忍受无限的痛苦,就是说,能够在这个否定中肯定地保持自己,而且能够自为地是同一的。这种可能性是精神自身内抽象的、自为存在着的普遍性"②。由于精神认识论蕴含着社会历史的丰富性,并以自由之追求作为自己的目的,因而它不再是传统意义上的、与社会历史相分离的抽象认识论,实质上成了社会认识论。在这里,特别有意思的是,马克思在《1857—1858年经济学手稿》中批判了黑格尔的主体概念:"实在主体仍然是在头脑之外保持着它的独立性;只要这个头脑还仅仅是思辨地、理论地活动着。因此,就是在理论方法上,主体,即社会,也必须始终作为前提浮现在表象面前。"③马克思认为,在黑格尔这个思辨唯心论者的大脑里,存在着的只是精神,而精神不但是实体,更重要的是主体。而在马克思看来,只有社会才是"实在主体"。所以按照他的思路,精神认识论也就转化为社会认识论。事实上,以马克斯·舍勒、曼海姆等人为代表的知识社会学也是黑格尔的精神认识论在新的历史条件下的衍生形式。

---

① [德]黑格尔:《精神现象学》上卷,贺麟、王玖兴译,商务印书馆1981年版,第22页。

② [德]黑格尔:《精神哲学——哲学全书·第三部分》,杨祖陶译,人民出版社2006年版,第19—20页。

③ 《马克思恩格斯文集》第8卷,人民出版社2009年版,第25—26页。

综上所述，本文认为，应该返回到黑格尔哲学的原初语境中去把握其认识论。在这样的语境中，他的认识论不应该被理解为普通的认识论，而应该被理解为精神认识论，即精神在自身活动中认识自己的理论。这种认识论为社会认识论和知识社会学的诞生奠定了基础，是黑格尔哲学留下的最重要的思想遗产之一，值得引起我们的高度重视。

从康德的"理性恨"到黑格尔的 "理性的狡计"①

　　在从康德到黑格尔的德国古典哲学的发展历程中，"理性"始终是一个核心概念。然而，为什么康德会提出"理性恨"（Misologie）的观念？这一观念在康德的语境中究竟是什么意思？为什么黑格尔认为这一观念是"不必要的"？而与此同时，黑格尔提出的"理性的狡计"（die List der Vernunft）又是什么意思？它与康德的"理性恨"究竟是什么关系？所有这些问题，都是本文在下面的探索中试图加以澄清和解答的。

一、康德所说的"理性恨" 究竟是什么意思

　　在韦尔海姆·法艾宣特尔（Wilhelm Weisch-edel）编辑的《康德著作》最后一卷的索引中，我们可以查阅到 Misologie 这个词条。② 它在康德的著作中曾经出现过三次。第一次在《纯粹理性批

---

　　①　原载《哲学研究》2010 年第 8 期。——编者注

　　②　I. Kant，*Werkausgabe* XII，Herausgegeben von Wilhelm Weischedel，Frankfurt am Main，Berlin：Suhrkamp Verlag，1982，S. 880.

判》中，第二次在《道德形而上学原理》中，第三次在《逻辑学讲义》中。这个词显然是被康德创制出来的，因为在普通的德语词典中是查不到的。按照康德本人的解释，Misologie 的含义是 Hass der Vernunft，即"对理性的憎恨"。①

Misologie 在汉译中的差异性很大：试以《纯粹理性批判》中相关的句子为例，蓝公武先生译为"蔑视理论"②，韦卓民先生译为"对理性的蔑视"③，邓晓芒先生译为"厌恶理论"④，李秋零先生译为"厌恶学问"⑤，可以说是见仁见智，迥然各异。贺麟先生在黑格尔《小逻辑》中的汉译⑥和苗力田先生在《道德形而上学原理》中的汉译⑦，则是更接近康德本人的意思的。为了求汉译的一致起见，本文按上引康德本人的解释，把 Misologie 的含义理解为"对理性的憎恨"（Hass der Vernunft），并简译为"理性恨"。

那么，究竟什么是"理性恨"呢？有趣的是，无论是在鲁道夫·艾斯勒（Rudolf Eisler）主编的德文版的《康德辞典》中，还是在霍华特·卡齐尔（Howard Caygill）编写的英文版的《康德辞典》中，都找不到"理性恨"（Misologie或 misology）这个词条。⑧ 只能直接到康德自己的论述中去寻找答案。

在《纯粹理性批判》的第二部"先验方法论"中的第四篇"纯粹理性的

---

① I. Kant, *Werkausgabe* Ⅶ, Frankfurt an Main, Berlin: Suhrkamp Verlag, 1989, BA5-BA6.

② ［德］康德：《纯粹理性批判》，蓝公武译，商务印书馆 1960 年版，第 883、884 页。

③ ［德］伊·康德：《纯粹理性批判》，韦卓民译，华中师范大学出版社 2000 年版，第 883、884 页。

④ ［德］康德：《纯粹理性批判》，邓晓芒译，人民出版社 2004 年版，第 883、884 页。

⑤ ［德］伊曼努尔·康德：《纯粹理性批判》，李秋零译，中国人民大学出版社 2004 年版，第 883、884 页。

⑥ ［德］黑格尔：《小逻辑》，贺麟译，商务印书馆 1980 年版，第 51 页。

⑦ ［德］康德：《道德形而上学原理》，苗力田译，上海人民出版社 2002 年版，第 10—11 页。

⑧ Caygill Howard, *A Kant Dictionary*, Oxford: Blackwell Publishers, 1997.

历史"中，康德区分了"自然主义的方法"和"科学的方法"。按照前一种方法，只要凭借自己的"普通理性"（gemeine Vernunft），无须通过科学的途径就能对形而上学做出严格而有效的探索。为此，康德批评道："这是赤裸裸的理性恨（Es ist blosse Misologie），它被应用到各种原理中，而最为荒谬的是，它把忽视一切人为的手段誉为扩展知识的一种独特的方法。"①不难看出，康德这里所说的"理性恨"，是指以自然主义的方法探索形而上学的人们，对任何具有科学倾向的理性思维的憎恨。但显而易见的是，这些人并不憎恨理性的一切表现形式；事实上，在他们看来，普通理性就是思考形而上学问题的可靠的出发点。那么，在康德那里，与"科学的方法"相对应的"科学"（Wissenschaft）究竟是什么意思呢？有时候，康德用这个词来指称各门具体的科学；有时候，它来指称哲学。显然，从上面这段话的上下文来分析，他所说的"科学"是指哲学，从而，"科学的方法"是指以严格的反思作为基础的哲学的方法。毋庸讳言，康德推崇"科学的方法"而拒斥"自然主义的方法"，认为后一种方法蕴含着"理性恨"的情结。

在《道德形而上学原理》的第一章"从普通的道德理性知识过渡到哲学的道德理性知识"中，康德这样写道："事实上，我们也发现，一个受教化的理性越是致力于生活和幸福的享受的目标，这个人离真正的满意就越远。因此，在许多人那里，尤其是在那些尽最大的尝试来运用理性的人那里，假如他们足够坦诚，就会承认，他们会萌发出某种程度的理性恨（ein gewisser Grad von Misologie），即对理性的憎恨（die Hass der Vernunft），因为在估算了他们所得到的一切益处之后，且不说从普通的奢侈品的所有的技艺的发明中得到的益处，甚至包括从各门科学（对他们来说，它们似乎归根到底也是一种知性的奢侈品）中得到的益处，他们却发现，自己实际上招来的烦恼要多于已获得的幸福，因而他们最

---

① I. Kant, *Werkausgabe* Ⅳ, Frankfurt am Main, Berlin: Suhrkamp Verlag, 1988, S. 883-884.

终嫉妒那些宁肯接受单纯的自然本能的引导，而不允许理性过多地影响其行为的普通人，而不是蔑视他们。"①康德独具慧眼地指出，那些"宁肯接受单纯的自然本能的引导"的普通人尽管具有"理性恨"的倾向，但这并不表明他们对世界主宰的恩赐(即赋予每个人以理性)采取了忘恩负义的态度；毋宁说，在这种"理性恨"的背后蕴含着一个更有价值的思想，即理性真正伟大的使命是用来探索和实现理念(即灵魂、世界—自由、上帝这三大理念)的，而不是用来追求日常生活中的幸福的。

在《逻辑学讲义》的"导论"的第三部分"一般哲学的概念——遵循学派概念和世界概念的哲学——从事哲学探讨的本质要求和目的——这门科学的最普遍的、最高的使命"中，康德在强调科学只有作为智慧的工具才具有内在的真正的价值的观点时指出："人们把越是热爱智慧、反倒越是憎恨科学的人称之为理性恨者(Misologen)。这种理性恨(die Misologie)通常源于科学知识的空泛以及必定与此相关的某种虚浮。但也有些人起初以莫大的勤奋和幸福追求科学，最终发现全部知识并不能使自己得到满足，因而陷入这种理性恨的错误中(in der Fehler der Misologie)。哲学是使我们知道如何获得这种内在满足的唯一的科学，因为它仿佛结成了一个科学的圆圈，各门科学通过它而获得了次序和联系。"②乍看起来，康德的这段话是令人费解的，因为他既用"科学"的概念指称"各门科学"的"知识"，又用它指称以追求"智慧"而不是追求"知识"为目的的哲学，同时又肯定"哲学是使我们知道如何获得这种内在满足的唯一的科学"，那么，他说的"理性恨"究竟是指向各门具体的科学，还是指向哲学？我认为，康德在这段话中使用的"理性恨"把两方面的含义都包括进去了，即既包含着对各门具体科学知识的"理性恨"，也包含着对哲学思维的"理性恨"，而在康德看来，前一种"理性恨"是可以理解的，

---

① G. W. F. Hegel, *Werke* 3, Frankfurt am Main, Berlin: Suhrkamp Verlag, 1989, BA5-BA6.

② I. Kant, *Werkausgabe* Ⅵ, Frankfurt am Main, Berlin: Suhrkamp Verlag, 1982, A28-A29.

因为虽然科学知识可以帮助人们解决一些实际问题，但无法安顿他们的心灵；而后一种"理性恨"却是不可思议的，因为哲学的智慧恰恰可以满足人们心灵的追求。

从康德关于"理性恨"的三段论述中，可以发现，康德既在理论理性的范围内，也在实践理性的范围内，使用了"理性恨"的概念。然而，康德所说的"理性恨"并不是对理性的一切形式采取憎恨的态度。那么，"理性恨"所指向的对象究竟是何种形式的理性呢？

在理论理性的范围内，人们通常认为，普通理性和与之相应的自然主义的方法是十分可靠的。这里的所谓"普通理性"，就是人们在日常生活中运用的、未经批判性反思的理性；这里的所谓"自然主义的方法"，也是人们在日常生活中自然而然地加以运用的、未经批判性检验的思维方法。在康德看来，单是人们对普通理性和自然主义方法的信赖已经表明，他们对建立在严格反思基础上的、具有科学倾向的哲学理性怀着一种憎恨，他们甚至把智慧与作为严格科学的哲学尖锐地对立起来。无疑地，康德批判了理论理性范围内的这种理性恨的现象，明确地肯定了把普通理性提升为作为严格科学的哲学理性的必要性。

在实践理性范围内，人们常常在"普通的道德理性知识"的指引下追求自己的幸福。这种道德理性知识不但包括日常生活中的健全常识，也包括来自各门具体科学的有益观念。但当人们运用它来追求幸福时，发现自己会陷入更多的烦恼之中，而那些接受"单纯的自然本能的引导"的人，反倒觉得自己获得了更多的实在的幸福。在进行这样的比较以后，人们也会自然而然地产生某种程度上的"理性恨"。但这里的"理性恨"的对象是普通的道德理性知识；尽管这种道德理性知识也包含着来自各门具体科学的某些知识，但并不专指这些知识。

总之，一方面，康德批判了实践理性范围内的"理性恨"现象，因为它诱使人们退向"单纯的自然本能"，即退向非严格理性的生活态度和生活方式；另一方面，康德又揭示了这种"理性恨"的积极意义，因为它暗含着这样的思想，即普通的道德理性知识和幸福观念都不足以承担起准确地引导人们行为的重任，而准确的引导者乃是"哲学的道德理性知识"，即康德在《实践理性批判》中强调的(纯粹理性的)绝对命令和道德法则。

二、黑格尔如何评论"理性恨"的观念

正如研究者们忽视了康德所揭示的"理性恨"(Misologie)现象一样，他们也忽略了黑格尔对这一现象的思索和回应。事实上，无论是在格洛克纳(H. Glockner)主编的《黑格尔辞典》中，还是在海姆特·兰尼克(Helmut Reinicke)为《黑格尔著作集》所做的索引中，都查阅不到"理性恨"(Misologie)这个术语。所以，我们也只能直接对黑格尔本人的相关论述做出探索。在不完全的检索中，可以发现，在《小逻辑》中有一段黑格尔关于"理性恨"(Misologie)的重要论述。

在《小逻辑》第 11 节的"说明"中，黑格尔这样写道："认识到思维自身的本性即是辩证法，认识到思维作为理智必陷于矛盾、必自己否定其自身这一根本见解，构成逻辑学上的一个主要的课题。当思维对于依靠自身的能力以解除它自身所引起的矛盾表示失望时，每退而借助于精神的别的方式或形态(如情感、信仰、想象等)，以求得解决或满足。但思维的这种消极态度，每每会引起一种不必要的理性恨(die Misologie)，有如柏拉图早已陈述过的经验那样，对于思维自身的努力取一种仇视的态度，有如把所谓直接知识当作认识真理的唯一方式的人所取的态度那样。"①乍看起来，在谈到"理性恨"的时候，黑格尔并没有提到康德，而是往前一直追溯到柏拉图。其实，黑格尔上面这段评论性的话语主要是对康德哲学而发的。细心的读者一定会发现，在《纯粹理性批判》的第二部"先验方法论"的第四篇"纯粹理性的历史"中，康德在讨论理性概念

---

① ［德］黑格尔：《小逻辑》，贺麟译，商务印书馆 1980 年版，第 51 页。

时，也一直追溯到古希腊，并认定柏拉图是理性派的最大代表，而亚里士多德则是感性派的最大代表。康德还强调，在近代哲学中，莱布尼茨继承了柏拉图的理性派的传统，而洛克则继承了亚里士多德的感性派的理路。① 由此可见，在肯定柏拉图是理性派的最大代表这一点上，黑格尔与康德并没有什么分歧。区别在于，康德只是指出柏拉图是理性派的代表人物，但并没有肯定他已经意识到了"理性恨"这一现象；而在黑格尔看来，柏拉图既是理性派的最重要的代表，也是最早意识到这种"理性恨"现象的哲学家。此其一。

康德的批判哲学逐一考察了感性、知性和理性的作用，肯定感性的作用是直观，知性的作用是思维，即运用十二个知性范畴对从感性直观中获得的表象进行梳理。梳理的结果形成了知识，而知识只能是经验范围内的知识。至于理性，它与知性的不同之处在于，它不满足于知性获得的知识，而是试图运用十二个知性范畴去把握超验的、无限的、无条件的、总体性的对象。康德称这些超验的对象为"理念"或"自在之物"，它们就是灵魂、世界—自由和上帝。在康德看来，当理性在其本性的驱迫下，运用知性范畴去认识这些超验的对象时，必定会陷入误谬推论、二律背反（其核心是自由与必然的背反）这类理性本性的辩证法中而无法自拔。必须指出的是，与黑格尔不同，在康德那里，辩证法所起的作用完全是消极的，是应当在理性思维中努力加以避免的。

黑格尔在《哲学史讲演录》中评论康德在纯粹理性批判中使用的理性概念时曾经指出："理性的任务在于认识无条件者、无限者。这是什么意思呢？认识无条件者意味着规定无条件者，把无条件者的规定推出来。这叫做认识，或者也应该这样说。关于知识、认识等等写了不少、说了不少，但是没有给它下一个定义。但是哲学的任务在于将人们假定为熟知的东西加以真正认识，因此哲学在这里所要做的就是对无条件者

---

① ［德］伊曼努尔·康德：《纯粹理性批判》，李秋零译，中国人民大学出版社 2004 年版。

得到真知。现在理性有了认识无限者的要求，但理性又没有能力达到这点。"①也就是说，虽然康德在纯粹理性批判的语境中设定了理性这一概念，但在他那里，理性又是没有能力去认识超验的、无限的、总体性的对象，即理念或自在之物的。当康德肯定理念或自在之物不可知、肯定理性的超验运用必定会陷入理性本性造成的辩证法中时，也就等于宣布了理性本身的无能和无奈。也正是在这个意义上，黑格尔指出，康德哲学"完全是知性哲学，它否认了理性"②。在黑格尔看来，既然康德主张理性无法认识超验的对象，既然他的哲学本质上是"知性哲学"，那么他的思想实际上就蕴含着"理性恨"，即对理性的无能和无奈的憎恨；遗憾的是他本人并没有自觉地意识到这一点。

　　如前所述，康德在分析、批判"理性恨"现象时，并没有把自己理解为由"理性恨者"组成的群体中的一分子；恰恰相反，他认为自己的批判哲学所倡导的正是作为严格科学的哲学的理性，从而维护了理性的尊严。然而，按照黑格尔的看法，在纯粹理性批判的语境中，康德的理性只具有否定的、消极的含义，因而他认为，虽然康德批判了"理性恨"，但由于他自己也认可了理性在认识超验的对象时必定会陷入的无能和无奈，因而实际上也把自己放到由"理性恨者"组成的群体中去了。可是，在黑格尔看来，认识一个对象就是对对象做规定；尽管理念或自在之物是超验的，但仍然是可以被规定的，因而也是可以被认识的。他这样写道："当我们常常不断地听说自在之物不可知时，我们不禁感到惊讶。其实，再也没有比自在之物更容易知道的东西。"③在黑格尔看来，理性在其认识超验的对象时陷入的辩证法不是消极的，而是积极的。事实上，理性正是通过现象与本质、有限与无限、有条件与无条件、部分与总体的辩证关系来把握这些超验的、无限的、总体性的对象，即理念或

---

① ［德］黑格尔：《哲学史讲录》第 4 卷，贺麟、王太庆译，商务印书馆 1981 年版，第 275—276 页。

② 同上书，第 306 页。

③ ［德］黑格尔：《小逻辑》，贺麟译，商务印书馆 1980 年版，第 126 页。

自在之物的。既然理性完全有能力认识理念或自在之物，那么在黑格尔看来，康德式的"理性恨"就完全是"不必要的"。此其二。

尽管康德在纯粹理性批判的范围内承认理性没有能力去认识超验的理念或自在之物，但在《纯粹理性批判》中他还是留下了伏笔。他强调，人类只具有"感性直观"的能力，只有上帝才具有"理智直观"的能力。这里所说的"理智直观"实际上就是知性绕开理性、直接把握超验的对象的能力。前引黑格尔提到的"把所谓直接知识当作认识真理的唯一方式的人所取的态度"，实际上暗含着对康德倡导的理智直观的批判。凡是熟悉哲学史的人都知道，到费希特、谢林那里，理智直观已经被阐释为杰出的哲学家拥有的能力了。当然，黑格尔这里提到的"直接知识"主要涉及德国哲学家耶可比。在耶可比看来，一切真正的知识都是在感觉经验范围内的直接知识，甚至人们对超验的对象（如上帝）的信仰，也不是理性间接证明的结果，而是在感觉经验的基础上形成的直接知识。耶可比认为，我确知我的存在，我也可以以同样的方式确知上帝的存在。正如黑格尔所指出的："这里这种对上帝的直接知识就是耶可比的哲学所坚持之点；他也叫这种直接知识为信仰。康德的信仰和耶可比的信仰是有差别的。在康德那里，信仰是理性的一个公设，是试图解除世界和幸福的矛盾的一种要求；在耶可比那里，信仰本身是一种直接知识，并且也被了解为一种直接知识。"①尽管耶可比像康德那样，并没有承认并显露出自己身上的"理性恨"的情绪，但在黑格尔看来，诉诸这种直接知识，已经暗含着对理性的不信任的态度，因而至少不自觉地默认了这种"理性恨"的意向。

此外，康德试图借助于实践理性批判，即通过扬弃知识为信仰开拓地盘的方式，赋予实践理性以积极的、具有立法效力的作用。在康德看来，灵魂不朽、自由（内在于世界这个自在之物中）和上帝存在正是实践

---

① ［德］黑格尔：《哲学史讲演录》第 4 卷，贺麟、王太庆译，商务印书馆 1981 年版，第 248 页。

理性的范导性的原则。在这些原则的引导下，实践理性对人们的行为方式起着决定性的制约作用。正如黑格尔已经指出过的那样，"当思维对于依靠自身的能力以解除它自身所引起的矛盾表示失望时，每退而借助于精神的别的方式或形态（如情感、信仰、想象等），以求得解决或满足"①。对于康德来说，在纯粹理性批判即认识论的领域里，理性是无能的，也是无奈的，因而康德实际上被"理性恨"的情绪所笼罩。然而一转身，在实践理性批判即道德、宗教等实践的领域里，康德又赋予（实践）理性以巨大的、积极的力量和作用。当然，细心的读者一定会发现，即使在实践理性的领域里，真正处于显赫地位的并不是（实践）理性，而是对上帝的无条件的信仰。所以，在黑格尔的眼光中，康德哲学本质上仍然是"知性哲学"。此其三。

综上所述，通过对黑格尔在《小逻辑》中留下的这段重要论述的分析，可以发现，黑格尔不仅从柏拉图、康德的思路中接过了"理性恨"批判的传统，而且通过对康德批判哲学——这一具有隐蔽的"理性恨"倾向的哲学——的解析，及对理性本性之辩证法的肯定性的阐释，恢复了理论理性应有的地位和尊严。

三、黑格尔的"理性的狡计"的意义

如前所述，通过对理性主义哲学传统，特别是康德哲学传统中潜藏着的"理性恨"倾向的批判，黑格尔不但拒斥了康德关于理论理性无能和无奈的思想，全面地阐述了理性在认识过程和实践过程中的地位和作用，而且创造性地提出了"理性的狡计"的新观念，即理性是内在于宇宙万物和人的全部活动中的伟大的普遍力量，它总是借用特殊的存在者之间的磨损和消耗，在冥冥中贯彻自己的目的和意图。黑格尔有时也把

---

① ［德］黑格尔：《小逻辑》，贺麟译，商务印书馆 1980 年版，第 51 页。

"理性的狡计"称为"概念的狡计"（die List des Begriffes），或简称为"狡计"（die List）。借助于海姆特·兰尼克为《黑格尔著作集》所做的索引，我们大致上可以把黑格尔关于"理性的狡计"的论述分为以下四种不同的类型。

第一种类型：认识活动与每个规定之间的关系。在《精神现象学》的"序言"中，黑格尔这样写道："认识的活动是这样的一种狡计（die List），它自己好像并不活动，却眼看着规定及规定的具体生命恰恰在其自以为是在进行自我保持和追求特殊兴趣的时候，适得其反，成了一种瓦解或消溶其自身的行动，成了一种把自己变为全体的环节的行动。"①按照黑格尔的看法，在认识活动得以展开的过程中，每个规定似乎都"在进行自我保持和追求特殊兴趣"，但结果却是自身被瓦解和消溶，取而代之的则是认识过程中出现的更高环节，而这个更高的环节也会遭遇到同样的命运。正如斯宾诺莎的伟大命题"规定就是否定"所启示我们的，通过规定自身中蕴藏着的否定性的力量，认识活动能够以符合理性的方式展开。在黑格尔看来，这种认识活动的展开正是理性的狡计使然。

第二种类型：客观规律与具体事物之间的关系。在《逻辑学》上卷第一部"客观逻辑"的第一篇"有论"的第三部分"尺度"中，黑格尔在谈到量的变化会引起质的变化的现象时写道："从质好像不起作用的这一方面来把握实有，这乃是概念的狡计（die List des Begriffes）；以至于一个国家、一笔财富等等的增大，虽导致该国家和财主于不幸，而初看起来却好像是幸运。"②黑格尔这段论述究竟是什么意思呢？乍看起来，当具体事物发生量的变化时，似乎与它的质是风马牛不相及的，但量变达到一定的关节点后，具体事物的质就会发生相应的变化。同样，从表面上看，一个国家领土的扩大、一个财主的财富的增加，似乎都是值得庆贺

---

① G. W. F. Hegel, *Werke* 3, Frankfurt am Main, Berlin: Suhrkamp Verlag, 1989, S. 53-54.

② G. W. F. Hegel, *Werke* 5, Frankfurt am Main, Berlin: Suhrkamp Verlag, 1986, S. 398.

的好事，但麻烦和危险也蕴含在这一扩大或增加的过程中。乍看上去，客观规律似乎对具体事物采取漠不关心的态度，它放手让它们自己去发展或去折腾，但它们的发展或折腾却逃不出客观规律的掌心。而在黑格尔看来，客观规律不是别的，它正是具体事物在其一切活动中必须遵循的理性。因此，客观规律的无处不在正体现出理性的狡计的无处不在。

第三种类型：人的目的与外在客体之间的关系。《逻辑学》下卷第二部"主观逻辑"的第三篇"概念论"的第二部分"客观性"中，黑格尔谈到目的面对着一个客体时指出："目的既然把自身建立为与客体的直接关系，并在自身和那个客体之间插入另一客体，这就可以认为是理性的狡计（die List der Vernunft）。"①在黑格尔看来，目的不会直接与客体发生冲突，而会"在自身和那个客体之间插入另一客体"，把目的与客体之间的关系转化为一个客体与另一个客体之间的关系，而在这两个客体的相互磨损和消耗中，目的得以保存和实现自己。

在《小逻辑》第三篇"概念论"中，黑格尔也指出，主观目的在机械性和化学性的过程中"让客观事物彼此互相消耗，互相扬弃，而它却超脱其自身于它们之外，但同时又保存其自身于它们之内，这就是理性的狡计（die List der Vernunft）"②。在同一页的"附释"中，黑格尔又解释道："理性是富于计谋的（listig），同时也是有威力的。一般地说，这种狡计（Die List）表现在一种利用工具的活动里。这种理性的活动一方面让事物按照它们自己的本性，彼此互相影响，互相削弱，而它自己并不直接干预其过程，但同时却正好实现了它自己的目的。"③事实上，黑格尔在这段话中探讨的主观目的与机械性、化学性之间的关系，与前面一段话

① G. W. F. Hegel, *Werke* 6, Frankfurt am Main, Berlin: Suhrkamp Verlag, 1986, S. 398.

② G. W. F. Hegel, *Werke* 8, Frankfurt am Main, Berlin: Suhrkamp Verlag, 1986, S. 365.

③ Ibid., S. 365. 译文有更动。

所要表达的是同样的含义。

有趣的是，黑格尔也以同样的眼光看待人的目的与自然力量之间的关系。在《自然哲学》的"导论"中，当黑格尔谈到人从自然中获得手段用来对付自然本身时，写道："他的理性的狡计（die List seiner Vernunft）使他能用其他自然事物抵御自然力量，让这些事物去承受那些力量的磋磨，在这些事物背后维护和保存自己。"①

黑格尔认为，人的目的绝不会使人直接去面对自然力量，它会指使人利用其他自然物做成的工具来对付自然力量。于是，在自然力量与作为工具的自然物之间的相互磨损和消耗中，人的目的得以保存自己，并成功地使原来处于盲目状态中的自然力量为自己服务。众所周知，人的目的是以理性为基础的，因而在目的活动中显露出来的这种狡计，不是别的，正是理性的狡计。

第四种类型：普遍的理念与特殊的东西之间的关系。在《历史哲学讲演录》的"导论"中，黑格尔指出，特殊的东西之间常常处于相互的冲突中，从而大家都有损失，然而，"普遍的理念并不接着卷入对立和斗争中，卷入是有风险的；它始终留在背景里，不受骚扰，也不受侵犯。这可以称作理性的狡计（die List der Vernunft），它驱使热情为它自己而工作，通过这种方式，热情获得了自己的存在，也受了损失，遭受了祸殃"②。

当个人的目的面对外部客体时，理性的狡计常常会使外部客体受到磨损甚至毁弃，个人的目的得到保存和实现；然而，在人类历史的总体运动中，个人的目的下降为受磨损的，甚至受毁弃的特殊的东西，而普遍的理念则在特殊的东西的冲突中得到保存并实现自己的目的。

综上所述，从康德的"理性恨"到黑格尔的"理性的狡计"，理性的地

---

① G. W. F. Hegel, *Werke* 9, Frankfurt am Main, Berlin：Suhrkamp Verlag, 1986, S. 14.

② G. W. F. Hegel, *Werke* 12, Frankfurt am Main, Berlin：Suhrkamp Verlag, 1986, S. 49.

位和作用得到了全面的提升。在上面列举的"理性的狡计"的四种不同的类型中，第四种类型对历史理论的影响最大，正如查尔斯·泰勒(Charles Taylor)所指出的：这种理性的狡计"对于任何需要给无意识的意图一个规则的历史理论说来，都是必不可少的"①。事实上，"理性的狡计"启示我们，历史运动是服从客观规律的。当然，在批判"理性恨"的过程中，黑格尔又走向另一个极端，即对理性及理性主义的地位和作用做了过度的诠释，从而陷入了哲学史家们通常批评的"泛理性主义"(pan-rationalism)的泥潭之中。正如我们所了解的，作为对这种"泛理性主义"倾向的反拨，在当代西方哲学中又出现了一股强大的反理性主义的潮流：当我们阅读霍克海默的著作《理性的黯然失色》和卢卡奇的著作《理性的毁灭》时，不免感慨系之。

---

① Charles Taylor，*Hegel and Modern Society*，Cambridge：Cambridge University Press，1979，p. 100.

塞尔：一个批评性的考察①

作为牛津日常语言学派的传人，塞尔（John R. Searle）的哲学探索是在分析哲学的语境中展开的，他在语言哲学、心灵哲学方面均有突出的建树。从20世纪90年代起，他把语言哲学和心灵哲学研究中形成的一些重要观念，尤其是集体意向性的观念，引入对社会现象的阐释中，并在1995年出版的《社会实在的建构》一书中探索了制度性事实产生的基础、机制和意义，从而开辟了一条运用分析的方法阐释社会实在的新路径。无论是对社会实在的传统的、本体论意义上的反思来说，还是对分析哲学研究思路的转变来说，塞尔的见解都富有挑战性。然而，也许可以说，对塞尔这方面的探索工作的最好回应莫过于对他的工作及他引申出来的结论做一个批评性的考察。我们的考察主要围绕以下三个方面来展开。

① 原载《学术月刊》2010年第12期。原为为文学平博士的《集体意向性与制度性事实：约翰·塞尔的社会实在建构理论研究》所写的序言。——编者注

一、"自然实在"①在先，还是"社会实在"在先？

在《社会实在的建构》一书中，塞尔开宗明义地写道："我们完全生活在同一个世界，而不是生活在两个、三个或十几个世界之中。就我们目前所知道的，这个世界最基本的特征就是物理学、化学或其他自然科学所描述的那些特征。但是许多现象明显地不是物理的或化学的现象，这些现象的存在使人们产生了困惑。例如，物质世界的一些部分怎么能够以有意识的状态，或以有意义的语言行为存在？使我最感兴趣的哲学问题都必须处理这个世界的各个不同部分是怎样直接相联系的——所有这些部分是怎样首尾一致地联系起来的——我在哲学上所做的许多工作就是研究这些问题的。语言行为理论的部分意图就是要回答这样一个问题：我们是怎样使物理的话语声音变成说的人或写的人所实行的有意义的语言行为？我试图展示的心灵理论很大一部分就是要回答这样一个问题：心理实在、意识、意向性或其他心理现象的世界怎么会与一个完全由力场中的物质粒子组成的世界相适合呢？本书把这种研究扩展到社会实在：一个由货币、财产、婚姻、政府、选举、足球赛、鸡尾酒会和法庭等组成的客观世界——在这个世界中有一些粒子结合成像我们自己这样的有意识的生物系统——怎么可能在一个完全由力场中的物质粒子组成的世界中存在？"②在这段话中，尽管塞尔提到了"心理实在"和"社会实在"，而没有提到"自然实在"，但当他说到"这个世界最基本的特征就是物理学、化学或其他自然科学所描述的那些特征"时，显然已经认可

---

① 由于我手头没有塞尔的英文著作，经文学平博士核查，塞尔没有使用过"natural reality"这个词，但却使用过"physical reality"这个术语。其实，"physical reality"既可译为"物理实在"，也可译为"自然实在"。本文从哲学上考量，取后一种译法。至于塞尔文中出现的"social reality"译为"社会实在"，"mental reality"译为"心理实在"则没有什么异议。

② ［美］约翰·R. 塞尔：《社会实在的建构》，李步楼译，上海人民出版社 2008 年版，第1页。

了自然实在，并把它视为其他实在样态的基础。

现在我们要追问的是：就自然实在与社会实在的关系而言，究竟何者处于基础性的、在先的位置上。显而易见，按照塞尔的上述见解，具有物理学、化学或其他自然科学所描述的那些特征的自然实在处于基础性的、在先的位置上。不用说，塞尔坚持的乃是自然主义的立场，而他并不明白，这一立场至少在以下两点上面临着严峻的挑战。

一方面，塞尔没有把"时间上在先"与"逻辑上在先"这两个不同的视角严格地区分开来。当他把自然实在理解为基础性的、在先的实在样态时，这里的"在先"是指"时间上在先"。众所周知，自然科学早已证明，在人类诞生之前，地球已经存在了 45 亿年左右。从时间序列上看，显然是先有自然实在，再有心理实在和社会实在。然而，从逻辑上在先的角度看，就会发现，真正基础性的、在先的乃是社会实在。为什么？因为即使人类发现了上述真理，即从时间序列上看，地球的存在要早于人类的诞生，然而，这个真理的发现毕竟是以发现者——人类的先行存在为前提的。假如地球上还没有人类，那么不但这个真理无从发现，甚至连"真理""地球""人类"这样的语词也不可能出现。而只要人类生存着，总得先行地结成一定的社会关系，并在这种基础性的、逻辑上在先的关系中去观察、认识自然界。正如马克思在《雇佣劳动与资本》中所指出的："为了进行生产，人们相互之间便发生一定的社会联系和关系；只有在这些社会联系和社会关系的范围内，才会有他们对自然界的影响，才会有生产。"[1]由此可见，塞尔并不明白，从逻辑上在先的角度出发考察实在，真正居于基础性的、在先的位置上的是社会实在，而不是自然实在。而理论考察所注重的正是逻辑上在先，而不是时间上在先。

另一方面，社会实在绝不是把自然实在"扩展到"社会领域的结果。恰恰相反，人们对自然实在的观察和认识倒是以社会实在作为基础和出发点的。正是在这个意义上，马克思写道："黑人就是黑人。只有在一

---

① 《马克思恩格斯文集》第 1 卷，人民出版社 2009 年版，第 724 页。

定的关系下，他才成为奴隶。纺纱机是纺棉花的机器。只有在一定的关系下，它才成为资本。脱离了这种关系，它也就不是资本了，就像黄金本身并不是货币，砂糖并不是砂糖的价格一样。"①也就是说，确定人或事物的本质的，首先不是其自然实在，而是其社会实在。在《1844 年经济学哲学手稿》中，马克思又指出："甚至当我从事科学之类的活动，即从事一种我只在很少情况下才能同别人进行直接联系的活动的时候，我也是社会的，因为我是作为人活动的。不仅我的活动所需的材料——甚至思想家用来进行活动的语言——是作为社会的产品给予我的，而且我本身的存在就是社会的活动；因此，我从自身所做出的东西，是我从自身为社会做出的，并且意识到我自己是社会存在物。"②

从上面的分析可以发现，只要塞尔坚持自然主义的立场，他对社会实在的建构与传统哲学比较起来，就不可能有理论上的真正突破。其实，哈特曼的层次本体论、晚年卢卡奇以自然存在为基础的社会存在本体论，都已先于他而做出了这样的尝试，差别只在于，塞尔试图把同样性质的事情放在分析哲学的语境中去完成。事实上，以自然实在作为基础和出发点，根本不可能认识社会实在。真正有意义的尝试是，只有以社会实在作为基础和出发点，才能对自然实在以及为何这一实在样态在塞尔那里显得那么重要做出合理的说明。

二、现成的意向性，还是生存的意向性

塞尔以如下方式定义意向性："意向性是心灵借以内在地表现世界上的物体和事态的特征。"③显然，按照这个定义，"心灵"与"世界上的

---

① 《马克思恩格斯文集》第 1 卷，人民出版社 2009 年版，第 723 页。
② 同上书，第 188 页。
③ ［美］约翰·塞尔：《心灵、语言和社会——实在世界中的哲学》，李步楼译，上海译文出版社 2001 年版，第 100 页。

物体和事态"都以"现成的"(ready-made)①方式存在着的，而心灵突然对某个"物体和事态"产生了意向性。然而，一方面，这里的意向主体——心灵是抽象的，塞尔并没有告诉我们，究竟是哪个个体的心灵产生了意向性，而不同个体的意向对象是不同的；另一方面，这里的意向对象——物体或事态也是抽象的，塞尔也没有告诉我们，究竟是哪个对象？为什么是这个对象，而不是另一个对象成了某个心灵的意向对象。显而易见，塞尔的意向性概念源于他对某些现象的表面上的观察，完全缺乏理论上的深思，缺乏对意向性的根本特征的领悟。

塞尔的"集体意向性"概念奠基于前述的意向性概念。集体意向性改变的只是意向主体的数量，而并未改变意向性的含义。塞尔反复加以强调的只是集体意向性的不可还原性，即不能把它还原为个体意向性。所以，他说："只要把我头脑里的集体的意向性作为一种原初的意向性就行了。尽管它是在我这个个体的头脑之中，但它具有'我们意图'这种形式。如果我在事实上得以与你成功地合作，那么，在你头脑中的东西也将具有'我们意图'的形式。"②在这里，姑且不去讨论，在"我们意图"的基础上形成的"合作"是否可以取代合作各方的有差异的意图，重要的是，塞尔完全忽视了真正主宰着意向性的始源性的因素。换言之，塞尔根本没有把个人或集体置于确定的生存境遇中去探索其意向性。在他那里，意向性只是一种表面的形式，而不是个体之为个体、集体之为集体在生存境遇中必定会显露出来的根本特征。

众所周知，就对意向性的上述根本特征的领悟而言，没有哪位哲学家能与海德格尔比肩。海德格尔告诉我们："当我们将此在之存在方式简称为'生存'(Existenz)之时，这就意味着，此在生存决不像物那样现

---

① ［美］约翰·塞尔：《心灵、语言和社会——实在世界中的哲学》，李步楼译，上海译文出版社 2001 年版，第 100 页。经文学平博士核查，尽管塞尔在其英文著作中并未使用过"ready-made"这个术语，但他叙述"个人""集体""事实""事态"等对象时，实际上都把它们理解为以"现成的"方式存在着的东西。

② 同上书，第 114 页。

成存在。生存者与现成者之间的差异恰恰在于意向性。"①在海德格尔看来，物以现成的方式存在着，而作为人之存在的此在则生存在世，而生存在世的根本特征就是意向性。正是在这个意义上，海德格尔言简意赅地指出："意向性属于此在之生存。"②也就是说，无论是个人，还是集体，都不会任意地对某个对象产生意向性，或者换一种说法，意向性从来就不是盲目的，它是受个人或集体的生存境遇所指引的。如果不先行地澄清这种生存境遇，意向性的含义就始终处于晦暗不明的状态中。

为此，海德格尔强调："超越性乃是生存论上的（existenzialer）概念。可以表明，意向性植根于此在之超越性，且仅在此根基上才可能，不能反过来从意向性出发来阐明超越性。"③那么，在海德格尔那里，"超越性"的含义究竟是什么呢？为什么是它决定了意向性，而不是倒过来是意向性决定了它呢？海德格尔的回答是："此在并非首先以一种谜一般的方式生存，然后才为了超出自己自身到达他人或者现成者而实行那个'超过'；毋宁说，生存的意思一向已经是：'超过'，或说得更好一些，'已然超过'。此在是超越者。诸对象与诸物决非超越的。超越性之本源的本质自显于在—世界—之中—存在之基本建制中。"④海德格尔这段论述启示我们，生存就是超越，而意向性正是奠基于这种超越性之上的。

这样一来，我们就明白了，至少存在着两种不同的意向性：一种是以海德格尔为代表的生存论意义上的意向性，简称"生存的意向性"（existential intentionality），即意向源于生存自身的超越性；另一种是以塞尔为代表的、未区分人之生存与物之现成存在的意向性，简称"现成的意向性"（ready made intentionality）。显然，塞尔所主张的这种"现成的

---

① ［德］马丁·海德格尔：《现象学之基本问题》，丁耘译，上海译文出版社 2008 年版，第 79 页。
② 同上书，第 210 页。
③ 同上书，第 216 页。
④ 同上书，第 411 页。

意向性"乃是无根基的；同样，在这种意向性的基础上阐述出来的集体意向性也必定是无根基的，难以充当阐释社会实在，尤其是制度性事实的基础性概念。

三、无情性事实①在先，还是制度性事实在先

在《社会实在的建构》一书中，当塞尔论述"制度性事实"时，指出了它的六个特征。而在这六个特征中，第一、第二个特征是基础性的，也是最重要的，有必要加以认真的考察。塞尔这样写道："第一，集体的意向性将一种地位归于某些现象，在这里，与这种地位相伴随的功能不可能仅仅靠一些现象固有的物理性特征来实现。这种地位性功能的确定创造了一种新的事实，即制度性事实，这是一种由人们的一致同意所创造的新的事实。第二，归于这种新的地位性功能的形式可以通过'X 在 C 中算作 Y'这个公式来表示。这一公式为我们理解新的制度性事实的形式提供了有力的工具，因为这种集体意向性的形式就是对 X 项所表示的某种现象赋予 Y 项所表示的地位及其功能。"②这段话表明，制度性事实是集体意向性通过功能赋予的方式创造出来的社会事实中的一个分支。

在塞尔的语境中，存在着两种不同的事实：一种是他所提出的"制度性的事实"，另一种是非制度性的事实，他称为"无情性事实"。他这样写道："几年前我把某些依赖于人们一致同意的事实称为'制度性事实'，以别于非制度性的'无情性'事实。之所以把这种事实称为'制度性

---

① 在塞尔的著作中出现的短语"brute fact"，李步楼译为"无情性事实"，文学平在其博士学位论文中译为"原初事实"。比较起来，我赞同文学平的译法。但为求引文和译本保持一致，我在文中仍然使用李步楼的译法"无情性事实"。至于塞尔使用的另一个短语"institutional fact"，李步楼译为"制度性的事实"，并无异议。

② [美]约翰·R. 塞尔：《社会实在的建构》，李步楼译，上海人民出版社 2008 年版，第 41 页。

事实',是因为这些事实的存在需要人类的制度。例如，要使这张纸成为 5 美元的钞票，就必须有人类的货币制度。无情性事实则不需要有人类的制度来保证其存在。当然，为了陈述一个无情性事实，我们需要语言制度，但是应当把所陈述的事实同事实的陈述区别开来。"①那么，假如人们把这两种不同的事实加以比较的话，究竟哪种事实是逻辑上在先的呢？

塞尔非常明确地告诉我们："无情性事实在逻辑上先于制度性事实。"②为什么？塞尔认为，"在存在着赋予某种东西以地位性功能的地方，就必须有使这种功能得以赋予的某种东西。如果它被赋予另一种地位性功能，那么这样下来，就会达到某种最低限度的事物，这个事物本身不是任何形式的地位性功能。例如，如我前面说到的，各种东西都可以是货币，但必须有某种物质的体现，即某种无情性事实——即使是一张纸或电脑光盘上的一个信号——我们可以将我们关于地位性功能的制度形式赋予这种东西。因此，没有无情性事实就没有制度性事实。"③

在这里，塞尔又犯了我们在前面第一部分中已经批判过的自然主义的错误。塞尔再次把"逻辑上在先"误解为"时间上在先"。就一张纸币来说，当然先得有一张纸，然后才可能把这张纸印成纸币。也就是说，从时间上在先的角度看问题，无情性事实(一张纸)的存在确实先于制度性事实(一张纸币)的存在。但塞尔搞错了，当人们从逻辑上在先的角度看问题时，就会发现，制度性事实(一张纸币)的存在是先于无情性事实(一张纸)的存在的。道理很简单，一张纸始终只是一张纸，只有在制度性的语境中，它才可能成为一张纸币。正是在这个意义上，制度性事实在逻辑上先于无情性事实。

当塞尔提到"从无情性事实创造出制度性事实，这使人感到有一种

---

① ［美］约翰・R. 塞尔：《社会实在的建构》，李步楼译，上海人民出版社 2008 年版，第 3 页。

② 同上书，第 48 页。

③ 同上书，第 49 页。

变戏法似的不可思议的感觉"①时，这表明他已多么深地陷入了自然主义的泥潭。其实，马克思对商品拜物教的批判就是这种自然主义的最好的解毒剂。马克思写道："例如，用木头做桌子，木头的形状就改变了。可是桌子还是木头，还是一个普通的可以感觉的物。但是桌子一旦作为商品出现，就转化为一个可感觉而又超感觉的物。它不仅用它的脚站在地上，而且在对其他一切商品的关系上用头倒立着，从它的木脑袋里生出比它自动跳舞还奇怪得多的狂想。"②在马克思看来，引起桌子"狂想"的，并不是塞尔所说的"无情性事实"，即桌子是用木头制成的这一事实，而是社会化的"制度性事实"，即桌子在一定的经济制度中被商品化。正如马克思所说的："商品形式的奥秘不过在于：商品形式在人们面前把人们本身劳动的社会性质反映成劳动产品本身的物的性质，反映成这些物的天然的社会属性。"③由此可见，一个物品始终是一个物品，只有在商品经济制度的背景中它才可能成为商品。从逻辑上在先的角度看，前提性的、决定性的因素仍然是（社会）制度性事实。

由于塞尔始终是一个朴素的自然主义者，从未把自己的哲学立场真正转换到马克思的历史唯物主义、海德格尔的生存论本体论（即基础本体论）或卢卡奇的社会存在本体论的立场上来，所以他对社会实在的全部探讨都是无根基的。尽管如此，作为一个在分析哲学的传统内运思的学人，他又是一个大胆的、值得钦佩的探索者。

---

① ［美］约翰·R. 塞尔：《社会实在的建构》，李步楼译，上海人民出版社 2008 年版，第 40 页。

② 《马克思恩格斯文集》第 5 卷，人民出版社 2009 年版，第 88 页。

③ 同上书，第 89 页。

2011年

论尊严、公正观念产生的历史条件[①]

众所周知，尊严（dignity）和公正（justice as fairness）并不是两个孤零零的价值观念，它们从属于西方社会从文艺复兴、宗教改革和启蒙运动以来形成的价值体系。与这两个价值观念相洽的是平等、自由、民主、博爱、理性、科学等价值观念。所有这些价值观念以及它们在相互融洽的基础上形成起来的整个价值体系，既不可能由某种力量从外面赋予一个社会，也不可能从这个社会的少数天才的大脑中自然而然地产生出来，而是在这个社会自身的发展中、在一定的历史条件下形成并发展起来的。下面，我们对尊严和公正观念得以可能的历史条件做一个简要的论述。

一、尊严、公正观念的社会条件

在《精神现象学》中，黑格尔把人类社会的发展划分为两个阶段。第一个阶段是"原始伦理实体"，即以血缘关系和地域性关系为基础的原始伦理共同体。在这样的共同体中，伦理精神"就是一切个人的行动的不可动摇和不可消除的根据

---

① 原载《马克思主义与现实》2011 年第 2 期。——编者注

地和出发点，——而且是一切个人的目的和目标，因为它是一切自我意识所思维的自在物"①。也就是说，在原始伦理共同体中，个人只有肉体上是独立的，精神上则完全依附并从属于共同体。正如黑格尔所说："个体性在这个王国里，一方面只出现为普遍的意志，另一方面则出现为家庭的血缘；这样的个别的人，只算得是非现实的阴影。"②在原始伦理解体后，人类社会进入了第二个阶段，黑格尔称之为"法权状态"。在这个阶段中，"普遍物已经破裂成了无限众多的个体原子，这个死亡了的精神现在成了一个平等（原则），在这个平等中，所有的原子个体一律平等，都象每个个体一样，各算是一个个人（Person）"。③黑格尔所描述的这种"法权状态"或许可以以孟德斯鸠的《论法的精神》（1748 年）作为自己的标志。在黑格尔看来，处于法权状态下的个人，不仅在肉体上是独立的，而且在精神上也是独立的。作为公民，人与人之间的关系是平等的。

其实，黑格尔在《精神现象学》中所说的"法权状态"，在其晚年著作《法哲学原理》中则成了"市民社会"。黑格尔认为："在市民社会中，每个人都以自身为目的，其他一切在他看来都是虚无。但是，如果他不同别人发生关系，他就不能达到他的全部目的，因此，其他人便成为特殊的人达到目的的手段。但是特殊目的通过同他人的关系就取得了普遍性的形式，并且在满足他人福利的同时，满足自己。"④在这个基本含义上，也可以把市民社会理解为"需要的体系"。⑤从这些论述可以看出，英国古典经济学派尤其是亚当·斯密的思想对黑格尔的重要影响。然而，在晚年黑格尔的语境中，市民社会是家庭和国家之间的中间环节，

①　［德］黑格尔：《精神现象学》下卷，贺麟、王玖兴译，商务印书馆 1981 年版，第 2 页。

②　同上书，第 20 页。

③　同上书，第 33 页。

④　［德］黑格尔：《法哲学原理》，范扬、张企泰译，商务印书馆 1979 年版，第 197 页。

⑤　同上书，第 203 页。

它的形成比国家晚，"它必须以国家为前提，而为了巩固地存在，它也必须有一个国家作为独立的东西在它的面前"①。但与此同时，黑格尔又强调市民社会对个人权利的保护作用："市民社会必须保护它的成员，防卫他的权利；同样，个人也应尊重市民社会的权利，而受其约束。"②

马克思批评了黑格尔在市民社会问题上的观念主义和保守主义的倾向，肯定在现代生活中，市民社会是国家的基础，市民社会应该与国家分离开来，制衡国家的权力，并保护每个公民的尊严、自由、权利以及处理公民关系的公正性。在《论犹太人问题》一文中谈到"人权"问题时，马克思明确地指出："这种个人自由和对这种自由的享受构成了市民社会的基础。……此外还有两种人权：平等和安全。"③在马克思之后，葛兰西在《狱中札记》中进一步把市民社会与政治社会（国家）分离开来，并对市民社会的内涵做出新的阐释。

所有这些都表明，像尊严、公正这样的价值观念的形成是有其社会条件的，那就是现代市民社会的形成和壮大。事实上，在实际生活中有损于个人尊严和有损于个人与个人之间的公正关系的现象时有发生。这充分表明，在追求尊严、公正这样的价值观念的同时，人们也必须追求与这些价值观念相适应的社会条件。正如鱼只有生活在水中才能维持自己的生命一样，尊严和公正的价值观念也只有在充分发展的市民社会中才能获得充分的保障。

二、尊严、公正观念的精神条件

如前所述，尊严和公正的价值观念从属于一定的价值体系，而这一价值体系又是在近代西方社会的一系列精神运动的基础上形成并发展起

---

① ［德］黑格尔：《法哲学原理》，范扬、张企泰译，商务印书馆1979年版，第197页。
② 同上书，第241页。
③ 《马克思恩格斯全集》第1卷，人民出版社1956年版，第438页。

来的。在这些精神运动中，文艺复兴、宗教改革和启蒙运动起着至关重要的作用。事实上，也只有在这些精神运动的总体氛围中，在与其他价值观念（如平等、自由、民主、博爱、理性、科学等）相洽的关系中，尊严和公正才能获得自己的有效性和可操作性。试以"自由"这种价值观念为例。显然，在人人都失去了自由的极为可怕的精神氛围中，个人的尊严和个人与个人关系上的公正都无法维持。甚至可以说，尊严和公正这两种价值观念也互为前提。假如每个人的尊严都得不到保证，那么个人与个人关系上的公正只能是一句空话。反之，假如个人与个人关系上的公正得不到充分保障，那么至少有一部分人的尊严肯定会被损害，甚至被侵犯。

当某些先进的中国人把尊严、公正这些价值观念，甚至与之相洽的整个西方近代价值体系移植到中国来时，他们希望整个中国社会能够无保留地接受这个价值体系，但他们却忽略了一个重要的事实，即现代中国社会从未经历过文艺复兴、宗教改革和启蒙这样的精神运动，而精神实际上是无法以抽象的方式，即脱离相应的精神运动的方式被移植过来的。

比如，在宗教领域里，现代中国社会从未发生过类似于欧洲"宗教改革"这样声势浩大的精神运动，也从未涌现出像狄德罗、霍尔巴赫这样伟大的无神论者和相应的振聋发聩的无神论著作。

再如，在文化领域里，现代中国社会从未经历过 18 世纪欧洲式的启蒙运动。虽然新文化运动倡导民主、科学、理性和个性，但由于从1840 年鸦片战争以来，民族救亡成了中国社会最紧迫的主题，启蒙时断时续，始终处于边缘化的状态中。尽管有些知识分子提出"新启蒙"的口号，但在当前总的精神氛围中，"新启蒙"始终不可能升格为时代精神的焦点和主题。换言之，边缘化仍是它的命运。

总之，现代中国人不可能像冯友兰所提倡的那样运用所谓"抽象继承的方法"，只把近代西方社会的价值观念乃至整个价值体系移植过来，而不把相应的精神运动一起移植过来。一旦被移植过来的抽象价值观念缺乏相应的、社会性的精神运动的支撑和演绎，它们很快就会枯萎下去，丧失自己的影响力。在这个意义上可以说，没有相应的精神条件，尊严、公正这样的价值观念根本无法确立起来，即使靠某些人的扶植而勉强确立起来，也无法产生持久的作用和影响。

三、尊严、公正观念的主体条件

无论是个人的尊严，还是个人与个人之间关系上的公正，都是以现代市民社会中形成并发展起来的新的主体为基础的。黑格尔指出："在法中对象是人（Person），从道德的观点说是主体（Subjekt），在家庭中是家庭成员，在一般市民社会中是市民（即 bourgeois［有产者］），而这里，从需要的观点说是具体的观念，即所谓人（Mensch）。因此，这里初次、并且也只有在这里是从这一含义来谈人的。"[①]在这段重要的论述中，黑格尔谈到了现代人在法律、道德、市民社会、需要的观点上的不同表现形式，其中最重要的形式是法律上的 Person，即人格（合起来可以称为"法权人格"）和道德上的 Subjekt（合起来可以称为"道德实践主体"）。

就"法权人格"而言，这里涉及的"法"主要是指现代民法。"法权人格"这个概念表明，个人应该自觉地遵循法律、服从法律，不但按照法律维护自己的尊严和权利，也按照法律维护他人的尊严和权利，并公正地处理个人与个人的关系。马克思在谈到现代社会中个人的自由时曾经指出："这种自由使每个人不是把别人看做自己自由的实现，而是看做自己自由的限制。"[②]马克思这里提到的自由后来被以赛亚·伯林表达为"消极的自由"。其实，当马克思肯定这种自由时，不但为个人的尊严而且也为个人关系中的公正奠定了基础。

---

① ［德］黑格尔：《法哲学原理》，范扬、张企泰译，商务印书馆1979年版，第205—206页。

② 《马克思恩格斯全集》第1卷，人民出版社1956年版，第438页。

就"道德实践主体"而言，这里涉及的"道德"主要是与市民社会这个"需要的体系"相切合的、以边沁和穆勒为代表的功利主义道德观念。我们或许可以用"我为人人，人人为我"这样的日常用语来表达这种功利主义的道德观念。

如前所述，不但公正存在于主体之间，而且尊严也存在于主体之间。事实上，只要主体 A 羞辱主体 B 的尊严，他也就等于赋予主体 B 羞辱自己尊严的可能性。在无限制的相互羞辱中，每个主体的尊严都被剥夺了。也就是说，无论是公正或尊严，还是其他的价值观念，它们的存在方式都体现为主体际性的。这启示我们，只有当法权人格和道德实践主体在现代社会中被普遍地确立起来，即达到普遍的主体际性时，尊严、公正和其他价值观念才能得到充分的实现。

如何理解康德关于"人是目的"的观念①

长期以来，理论界形成了一种定见，即康德视"人"为"目的"，而不是"手段"。其实，这种流行的见解完全缺乏对康德著作的深入研究和细致领悟。本文试图通过对康德文本的认真解读，恢复其相关观念的本真含义，并做出合理的评价。

一

在 1785 年出版的 *Grundlegung zur Metaphysik der Sitten*（此书苗力田先生译为《道德形而上学原理》，李秋零先生译为《道德形而上学的奠基》）中，康德比较详尽地论述了这个主题。深入的研究表明，康德从人的行动出发来阐述其"人是目的"的观点，而人的行动通常包含着以下两个不同的侧面。

其一，人与物的关系。康德区分了两种不同的"存在者"（Wesen）：一种是无理性的存在者，即"事物"（Sachen），它们不是依据我们的意志，而是依据自然的意志而存在的，因而它们只具有相对的价值，只能作为"手段"（Mittel）；另一种

---

① 原载《哲学动态》2011 年第 5 期。——编者注

是理性的存在者，即"人"（Personen），他们具有绝对的价值，他们的本性凸显为"目的本身"（Zwecke an sich selbst）。康德随即写道：

> Dies sind also nicht bloß subjektive Zweck, deren Existenz, als Wirkung unserer Handlung, fuer uns einen Wert hat; sondern objective Zwecke, d. i. Dinge, deren Dasein an sich selbst Zweck ist, und zwar einen solchen, an dessen Statt kein anderer Zweck gesetzt warden kann, dem sie bloß als Mittel zu Diensten, weil ohne dieses überall gar nichts von absolutem Werte würde angetroffen werden. ①

李秋零先生把这段话译为："因此，这就不仅仅是其实存作为我们的行动的结果而对于我们来说具有一种价值的那些主观的目的，而是客观目的，亦即其存在自身就是目的的东西，而且是一种无法用任何其他目的来取代的目的，别的东西都应当仅仅作为手段来为它服务，因为若不然，就根本不能发现任何具有绝对价值的东西。"②

康德的这段重要的论述启示我们，在人与物的关系上，物只具有相对的价值，因而永远只能作为手段，而人作为绝对价值则不但是主观目的，而且也是客观目的，因为其存在自身就是目的。

其二，人与人的关系。由于每个人都是理性存在者，都作为目的自身而存在，因而康德强调，一个人的行为，无论是针对他自己的，还是针对别人的，他必须同时把自己和别人都尊为目的，而实践理性的命令式正是奠基在这样的基础之上的。康德随即指出：

> Der praktische Imperativ wird also folgender sein: Handle so,

---

① I. Kant, *Werkausgabe* Ⅶ, Herausgegeben von W. Weischedel, Frankfurt am Main, Berlin: Suhrkamp Verlag, 1989, BA65-66.
② 李秋零：《康德著作全集》第 4 卷，中国人民大学出版社 2005 年版，第 436 页。李秋零先生把德语名词 Handlung 译为"行为"显然不妥，这里改译为"行动"。

daß du die Menschheit，sowohl in deiner Person，als in der Person eines jeden andern，jederzeit zugleich als Zweck，niemals bloß als Mittel brauchest. ①

　　李秋零先生把这段话译为："因此，实践的命令式将是这样的：你要如此行动，即无论是你的人格中的人性，还是其他任何一个人的人格中的人性，你在任何时候都同时当做目的，绝不仅仅当做手段（niemals bloß als Mittel）来使用。"②我们必须注意康德这段话在表达上的一个细节，即他从未否认，人在实际生活中会成为"手段"，他强调的只是：人不应该仅仅被当做手段来看待和使用。也就是说，人是理想中的目的和实际生活中的手段的统一体，而在这个统一体中，康德注重的则是"人是目的"这一理想的维度。

　　那么，康德上面这段论述是否具有偶然性呢？我们的回答是否定的。我们发现，凡是康德谈到人与人之间的目的关系时，他的表达方式几乎完全是一致的。比如，他在另一处指出：

　　Nun sage ich，der Mensch，und überhaupt jedes vernünftige Wesen，existiert als Zweck an sich selbst，nicht bloß als Mittel zum beliebigen Gebrauche für diesen oder jenen Willen，sondern muß in allen seinen，sowohl auf sich selbst，als auch auf andere vernuenftige Wesen gerichteten Handlungen jederzeit zugleich als Zweck betrachtet werden. ③

---

　　① I. Kant，*Werkausgabe* Ⅶ，Herausgegeben von W. Weischedel，Frankfurt am Main，Berlin：Suhrkamp Verlag，1989，BA67.
　　② 李秋零：《康德著作全集》第 4 卷，中国人民大学出版社 2005 年版，第 437 页。李秋零先生把德语名词 Handlung 译为"行为"显然不妥，这里改译为"行动"。
　　③ I. Kant，*Werkausgabe* Ⅶ，Herausgegeben von W. Weischedel，Frankfurt am Main，Berlin：Suhrkamp Verlag，1989，BA64-65.

李秋零先生把这段话译为："现在我说：人以及一般而言每一个理性存在者，都作为目的自身而实存，不仅仅作为（nicht bloß als）这个或者那个意志随意使用的手段（Mittel）而实存，而是他的一切无论是针对自己还是针对别人的行动中，必须始终同时被视为目的。"①这段话进一步印证了康德如下的基本观点，即在实际生活中，人经常被视为"手段"，而康德则强调，从理想上看，人"不仅仅作为手段"（nicht bloß als Mittel）而实存，更应作为目的而实存。

总之，在人与物的关系上，康德认为，物是手段，人是目的；而在人与人的关系上，康德则认为，人在实际生活中常把自己或他人视为工具，而从理想状态上看，人应该把自己或他人，即每一个理性的存在者视为目的。

二

上面，我们探讨了康德关于"人是目的"的观念的双重含义。我们再来考察一下，究竟如何看待康德的这一论述。

我们认为，康德关于"人是目的"的观念是启蒙精神的集中体现。康德不但肯定了人作为理性存在者的"绝对价值"，也肯定了人作为自在的目的所拥有的尊严，即人不应该像物一样被用作工具或手段，而应该被视为目的。显然，在当时的历史情景下，康德关于"人是目的"的论述高扬了人的地位和价值，提升了人的境界和操守，因而具有不可磨灭的理论意义。然而，我们也必须清醒地意识到，康德的这一论述具有强烈的理想主义的倾向，而在实际生活中，人常常被视为工具。尽管康德在一定程度上也意识到了这一点，但他并未深入地反省这一点，从而全面地

---

① 李秋零：《康德著作全集》第 4 卷，中国人民大学出版社 2005 年版，第 437 页。李秋零先生把德语名词 Handlung 译为"行为"显然不妥，这里改译为"行动"。

论述目的与工具之间的辩证关系。由此可见，他在关于目的的问题上对人与物、人与人的关系的理解和阐释是有片面性的。

在人与物的关系上，康德把人视为绝对的目的，把物视为绝对的手段。其实，在目的与手段之间并不存在绝对的、不变的界限。当一个家庭的成员们为了财富的分割而进入诉讼过程时，财富作为物就成了家庭成员共同追求的目的，而家庭成员自身反倒蜕变为实现物的某种关系的手段。与理想状态比较起来，在现实中一切似乎都颠倒过来了。物成了主体和目的，人成了客体和手段。事实上，马克思在批判资本主义经济方式时，早已指出这种物主体化和人客体化的普遍的物化（Verdinglichung）现象的存在，而在《历史与阶级意识》中，卢卡奇更深入地反思了这种物化现象和相应的物化意识。在人与物的关系上，尽管康德主张人的价值的绝对优先性，从而维护了人的尊严，但他完全漠视实际生活中普遍存在的物的主体化和目的化、人的客体化和手段化的现象，这充分表明，他的抽象的理想主义缺乏对现实生活的深入反思，而这方面的工作后来是由青年黑格尔和马克思提出来并加以完成的。

在人与人的关系中，虽然康德注意到人在实际生活中常常被视为手段这种普遍的现象，但他只满足于从理性的"绝对命令"和"善良意志"出发，侈谈人"不仅仅是手段"，同时也应当被视为目的，并没有借此机会而对实际生活进行深入的探索。其实，英国经济学家亚当·斯密在《国民财富的性质和原因的研究》中早已告诉我们，在实际生活，尤其是经济生活中，人互为手段是不可避免的。例如，在狩猎或游牧民族中，有个善于制造弓矢的人，他往往以自己制成的弓矢，与他人交换家畜或兽肉，结果他发觉，与其亲自到野外捕猎，倒不如与猎人交换，因为交换所得比较多。为他自身的利益打算，他只好以制造弓矢为主要业务，于是他便成为一个武器制造者。另有一个人，因长于建造小茅屋或移动房屋的框架和屋顶，往往被人请去造屋，得家畜兽肉为酬，于是他终于发觉，完全献身于这一工作对自己有利，因而就成为一个房屋建筑者。同样，第三个人成为铁匠或铜匠，第四个人成为硝皮者或制革者，皮革是未开化人类的主要衣料。这样一来，人人都一定能够把自己消费不了的自己劳动生产物的剩余部分，换得自己所需要的别人劳动生产物的剩余部分。这就鼓励大家各自委身于一种特定的业务，使他们在各自的业务上，磨炼和发挥各自的天赋资质或才能。①

按照亚当·斯密的看法，在实际的经济生活中，每个人都是从"利己"的角度出发的，即他必须为自己和家庭成员的谋生考虑，精于某一项业务，但其社会结果却是"利他"的，因为每个人通过交换都获得了自己想要的东西。也就是说，每个人在从事自己的业务时，都不得不视自己为他人的"手段"，而在交换中，每个人又视他人为自己的"手段"。在某种意义上，市场经济乃至整个市民社会的运作机制就是对人同时把自己和他人视为手段的普遍观念的认可。有鉴于此，德国哲学家黑格尔干脆把市民社会称为"需要的体系"："我既从别人那里取得满足的手段，我就得接受别人的意见，而同时我也不得不生产满足别人的手段。"②这就启示我们，在实际生活中，根本不可能撇开手段去谈论目的。

由此看来，康德关于"人是目的"的观念在实际生活中永远是一个缺乏可操作性的幻念。法国哲学家萨特也以下面的故事驳斥了康德的这一观念。在第二次世界大战中，萨特的一个学生在家里照顾生命垂危的母亲，而那个学生又希望自己能够到前线去与德国入侵者作战。他去征求萨特的意见，他该怎么办？萨特认为：如果他继续在家里照顾母亲，那就等于把自己的母亲作为目的，而把抗击德国入侵者视为手段；反之，如果他撇开母亲而到前线去，那就等于把抗击德国入侵者视为目的，而把自己的母亲视为手段了。在萨特看来，这是一个两难问题，只能由这个学生自己去选择。

事实上，萨特所说的这种两难困境在实际生活中随处可见。比如，为什么美国电影《拯救大兵瑞恩》要牺牲其他人的生命（作为手段）去拯救

---

① ［英］亚当·斯密：《国民财富的性质和原因的研究》上卷，郭大力、王亚南译，商务印书馆 1994 年版，第 14—15 页。

② ［德］黑格尔：《法哲学原理》，范扬、张企泰译，商务印书馆 1979 年版，第207 页。

瑞恩的生命（作为目的）呢？难道不同人的生命之间存在着价值上的差别吗？按照康德的论述，假如每个人都应该同时把自己和他人都视为目的，这类拯救行为根本就不可能发生。由此可见，虽然康德关于"人是目的"的见解把人的尊严提升到前所未有的高度上，但在实际生活中却因缺乏可操作性而显得苍白无力。其实，在实际生活的人际关系中，手段和目的总是不可避免地交织在一起。假如手段在普遍的意义上被摒弃，那么单纯的目的自身也会随之而消失。正如善与恶是相比较而存在的一样，目的与手段也是相比较而存在的。

尽管康德关于"人是目的"的观念集中体现了启蒙精神追求的理想目标，但在后启蒙时代，特别是当今的全球化时代，这个观念本身已经暴露出它的致命缺陷，即"人类中心主义"的思维定式，而这种思维定式，正如海德格尔所指出的，其哲学基础是肇始于法国哲学家笛卡尔的主体性形而上学：在现代哲学的开端处有笛卡尔的定律：ego cogito, ergo sum，"我思故我在"。关于事物和存在者整体的一切意识都被归结于人类主体的自身意识（作为不可动摇的全部确信的基础）。①

在笛卡尔之后，康德进一步高扬了人的主体性。康德之所以把自己发动的哲学革命称作"哥白尼革命"，并强调人是目的、人的知性为自然立法、人的理性为自由立法等观念，正是从主体性形而上学的基本主张出发，而这种主体性形而上学的本质是把"人"这一特异的存在者视为一切形而上学真理的规定者。正如海德格尔所说的：作为主体性形而上学，现代形而上学——我们的思想也处于它的魔力中——不假思索地认为，真理的本质和存在解释是由作为真正主体的人来规定的。②

显然，每一个不存偏见的人都会发现，与康德的"人是目的"观念相

① ［德］海德格尔：《尼采》下卷，孙周兴译，商务印书馆 2002 年版，第 761—762 页。

② 同上书，第 824 页。在该书的另一处，海德格尔说得更为明确："对于现代形而上学的奠基工作来说，笛卡尔的形而上学乃是决定性的开端。它的使命是：为人的解放——使人进入新自由（作为自身确信的自身立法）之中的解放——奠定形而上学的基础。笛卡尔在一种真正的哲学意义上预先思考了这个基础。"参见该书第 778 页。

伴随的人类中心主义和主体性形而上学已经给人类生存和发展的整个环境造成了灾难性的影响。后启蒙时代的人们在痛苦的自我反省中发现，被康德视为自在目的的人同时也是生态环境的最大破坏者。① 认识到这一点，表明我们已经远远地超越了康德的思想，尤其是他的"人是目的"的观念，因为我们已经意识到两方面。一方面，作为理性的存在者，目的和手段永远交织在人的身上。至于什么是目的，什么是手段，是无法脱离具体的语境，抽象地加以谈论的。在语境 A 中，某个人成了目的，但在语境 B 中，他又成了手段，而在语境 C 中，他可能既是目的，也是手段。总之，关于目的和手段的一切言说只有在具体的、确定的语境中才是有效的。康德的理论失误在于他撇开具体的语境，抽象地谈论"人是目的"的观念，而他所主张的每个人同时要把自己和他人都视为目的的理想在实际生活中是完全缺乏可操作性的。另一方面，退一万步说，即使康德能够抽象地谈论"人是目的"的观念，它在理论上也是偏颇的，因为正如弗洛伊德在《文明及其不满》一书中所指出的，在人的身上，不仅有着"生之本能"，也有着"死之本能"或"侵略的本能"，而对后一种本能的放任，已经对人类自身的生存和发展、周围环境的存在和发展产生了灾难性的影响。所以，绝不能简单地像康德那样，把人尊崇为目的，而应该把人与人之间的和谐相处、人与环境之间的和谐相处尊崇为目的。

综上所述，在后启蒙时代，特别是在当今的全球化时代，再不能以单纯赞扬的口吻来谈论康德的"人是目的"的观念，到了对这一观念进行全面的、批判性反思的时候了。我们回顾康德，目的并不是要停留在康德那里，而是要超越他，站到思想的新的制高点上。

---

① 这里特别要提到霍克海默和阿多诺合著的《启蒙辩证法》(1947)和阿多诺的《否定的辩证法》(1966)，他们在著作中对启蒙精神进行了深刻的反思和批判。

2012年

现代性反思的思想酵素①
——从青年黑格尔的眼光看

哈贝马斯曾指出："黑格尔尽管不是现时代的第一位哲学家，却是把现代性视为问题的第一位哲学家。"②毋庸置疑，哈贝马斯的这一广为流传的评论点出了黑格尔在现代性理论探讨史上的不可或缺的地位和作用。但本文并不停留在对哈贝马斯的这一评论的单纯的认同上，而是进一步指出，对现代性的反思，并不是成熟时期的黑格尔的专利，实际上，青年黑格尔的思维触角早已以自己独特的方式伸展到现代性理论这块处女地上了。我们在研究中发现，青年黑格尔留下的手稿和发表的论著，已经潜藏着他反思现代性问题的一系列思想酵素。今天，随着理论界对现代性问题探索的深化，青年黑格尔的手稿和论著再度成为人们关注的焦点。我们认为，青年黑格尔对现代性的深刻反思主要体现在三个方面。

---

① 原载《世界哲学》2012 年第 6 期。收录于俞吾金：《从康德到马克思——千年之交的哲学沉思》，北京师范大学出版社 2017 年版，第 245—255 页。——编者注

② J. Habermas, *The Philosophical Discourse of Modernity*, London：Polity Press, 1987，p. 43.

一、对"实证的宗教"的反思

在分析青年黑格尔思想时，卢卡奇曾经写道："我们已经注意到，无论是从哲学上看，还是从历史上看，实证性（positivity）的概念都是黑格尔思想在这个发展阶段上的决定性概念。"[1]显然，卢卡奇的《青年黑格尔》一书在考察青年黑格尔的思想发展史时，十分敏锐地抓住了他当时频繁使用的"实证性"概念，而这个概念在青年黑格尔的手稿《基督教的实证性》中得到了十分详尽的论述。青年黑格尔研究专家诺克斯告诉我们，《基督教的实证性》包括三个部分，前两个部分写于1795—1796年，当时黑格尔才25岁，正在瑞士伯尔尼当家庭教师。[2]在这部重要的手稿中，青年黑格尔在探索基督教发展史的过程中，提出了一个振聋发聩的新观念，即现代基督教实际上已蜕变为实证性的宗教。换言之，实证性已成为现代基督教的根本特征。

在这里，首先需要加以追问的是：在青年黑格尔的语境中，究竟什么是实证的宗教或基督教的实证性？青年黑格尔写道："实证的宗教（A positive religion）是这样一种宗教，它奠基于权威（authority）之上。从道德上看，它完全地或至少是不完全地漠视人的价值。"[3]在这段重要的论述中，我们发现，青年黑格尔把外在的权威与普通人的价值（理性、尊严和自由）尖锐地对立起来了。按照他的见解，任何宗教，只要依靠外在的权威而漠视普通人的理性，必定是一种实证的宗教。然而，青年黑格尔认为，这种实证性并不是基督教自诞生之日起就有的。恰恰相反，在发展的初始阶段，基督教作为自然宗教、民间宗教或美德宗教，非但

---

[1]　George Lukács, *Young Hegel*, Cambridge: The MIT Press, 1976, p. 74.

[2]　G. W. F. Hegel, *Early Theological Writings*, trans. T. M. Knox, Chicago: The University of Chicago Press, 1948, p. 7.

[3]　Ibid., p. 71.

不具有外在权威的特征，反而经常强调人的理性、尊严和自由的不可或缺性，因为在青年黑格尔看来，耶稣"并不主张把美德置于权威的基础上。对于他来说，权威要么是无意义的，要么从术语上看就是一个直接的矛盾。他认为，自由的美德源于人自身的存在"①。青年黑格尔反复重申，在基督教的草创阶段，耶稣不过是一个从事道德教育的教师而已。

那么，接下去还要追问的问题是：在基督教的历史上，这种实证性或外在的权威是如何形成并发展起来的？青年黑格尔认为，从历史上看，基督教的外在权威或实证性的形成是多种因素发挥作用的结果。首先，青年黑格尔确信，在基督教教义中出现的"奇迹"（miracles）发挥了十分重要的作用："在使耶稣的宗教变成实证的宗教的过程中，没有任何其他的东西像这些奇迹那样发挥过如此大的作用，它们把整个基督教以及关于美德的教义置于权威的基础之上。"②众所周知，耶稣的诞生和复活本身就是奇迹。此外，他还创造了许多奇迹，如使瞎眼的人复明，使全身瘫痪的人站立起来，使大海风平浪静，使水变成酒等。一方面，这些奇迹把耶稣塑造成全知全能的伟大人物，另一方面，也使他蜕变为依赖奇迹的外在的权威。其次，青年黑格尔发现，自从耶稣在复活后确定 12 个门徒作为自己的信使和继承者，他就使他们获得了广泛的、无可争辩的权威性。在传播耶稣教义的过程中，他们进一步使基督教权威化了，并使它的教义体现为至高无上的权力和必须服从的真理。"这样做导致的结果是，理性不再是立法意义上的理性，而是成了一个单纯的接受器官。"③与此同时，"耶稣的宗教也成了关于美德的实证的教义"④。如果说，耶稣是通过自己创造的奇迹逐步蜕变为外在权威的，那么，他

---

① G. W. F. Hegel, *Early Theological Writings*, trans. T. M. Knox, Chicago: The University of Chicago Press, 1948, p. 71.

② Ibid., p. 78.

③ Ibid., p. 85.

④ Ibid., p. 86.

的 12 个门徒则在他的提携下直接成了外在的权威。最后，青年黑格尔强调，在基督教从原始宗教向实证宗教的发展过程中，另外两个重要的因素——"教派"（sects）和"国家"（state）的出现也发挥了不可低估的作用。如果说，不同的教派都拥有自己程度不同的扩张热情，并倾向于限制，甚至消灭异教和异端的教派，那么，国家则更倾向于把基督教作为自己长治久安和控制民众的重要工具。

显然，青年黑格尔是从现代理性，尤其是从他深受影响的康德的实践理性出发去反思基督教的实证性及其成因的。如前所述，他把耶稣描绘成一个道德教师便是一个明证。然而，当我们把目光从《基督教的实证性》的第一、第二部分转向第三部分文稿（写于 1800 年）时，就会发现，青年黑格尔对现代性的批判性反思远远地超越了上面涉及的单纯宗教的范围。他这样写道："由于任何东西都可能由于对自由的压制而处于被强制的状态下，因而任何教义、任何原则都可能变成实证的。"[①]这段重要的论述启示我们，实证性不仅是现代基督教的根本特征，也是整个现代社会和现代性的根本特征。联想到今天的现代性反思常常纠缠在一些细小问题上，就足以见出青年黑格尔的深邃的批判眼光。

二、对"劳动的机械性"的反思

在另一部重要手稿《伦理体系》（1803/1806）中，青年黑格尔通过对国民经济学的研究和对劳动问题的探索，进一步把对现代性的批判引向深入。正如卢卡奇在《青年黑格尔》一书中所说的："在对黑格尔的法兰克福时期的讨论中，我已经指出，他当时处于完全不同的语境中，他受到了亚当·斯密的决定性影响，而正是亚当·斯密把劳动观念作为政治

---

① G. W. F. Hegel，*Early Theological Writings*，trans. T. M. Knox，Chicago：The University of Chicago Press，1948，pp. 171-172.

经济学的核心范畴。"①在亚当·斯密思想的启发下，青年黑格尔提出了如下的新见解，即人类生活主要是由以下三个不同的方面——"需要"（need）、"劳动"（labor）和"享受"（enjoyment）构成的，而劳动则是需要与享受之间的中介环节，起着承上启下的重要作用。在人类改造自然、获取生活资料的劳动中，为了提高劳动的效率，他们发明了各种各样的工具，并把它们用于自己劳动的过程中。与此相应的是，劳动的分工也快速发展，从农业、手工业之间的分工一直发展到现代工业内部的分工。在青年黑格尔看来，上述因素相互激荡，最终导致了下面这样的结果。

首先，每个劳动者不再生产他自己所需要的产品，换言之，他并不需要他已经生产的东西。也就是说，他的劳动完全与他自己的需要相分离。在青年黑格尔看来，这个现象之所以重要，是因为劳动的性质已经发生根本变化。如果说，以前人们只是为了自己的需要而劳动，那么，现在他们只是为了他人的需要而劳动，商品交换已经成了现代劳动的根本目的。

其次，随着机械劳动逐步取代手工劳动，不但劳动本身变得越来越机械化了，而且劳动者本身也变得越来越迟钝了。正如青年黑格尔所指出的："劳动抽象化的同样的标志是，人的思想和感觉变得更机械、更迟钝。精神上的活力、充分的警觉在实际生活中蜕化为空洞的行为。"②本来，对于劳动者来说，劳动是一种自觉的、富有意义的活动；现在，劳动成了劳动者受难的过程，因为"劳动的机械性"（Mechanical-ness of Labor）已经使劳动本身蜕变为一系列重复的、空洞的、无意义的动作。

最后，现代劳动，尤其是资本主义经济关系中的雇佣劳动，是以攫取最大的利润作为自己的最高目的，它信奉的是路易十五式的格言：

---

① George Lukács, *Young Hegel*, Cambridge: The MIT Press, 1976, p. 321.
② G. W. F. Hegel, *Realphilosophie*, *vol 2*, Leipzig: Leipzig, 1931, p. 232.

"我死后哪怕洪水滔天。"这种性质的劳动势必扩大穷人与富人之间的差距，甚至不惜使现代文明以某种方式返回到野蛮状态中去。正如青年黑格尔所指出的："与巨大的财富相对照的是赤裸裸的贫困（在富人与穷人的分离中，劳动从两个方面看都是普遍的和客观的）。这一方面产生出理想的普遍性，另一方面又产生出机械性的、实在的普遍性。作为劳动的无机的方面，这种单纯的量的因素渗透进劳动的概念中，使它滑向日益严重的野蛮主义的端点。"①众所周知，劳动创造了美，而劳动者自己却变得丑陋不堪；劳动创造了财富，而劳动者自己却陷入了赤贫的境地；劳动创造了文明，而劳动者自己却被置于野蛮的状态中。

尽管马克思没有读过青年黑格尔在耶拿时期写下的手稿《伦理体系》和《实在哲学》，但他却通过对黑格尔生前公开出版的著作——《精神现象学》和《法哲学原理》的解读，在《1844 年经济学哲学手稿》和《资本论》第一卷中分别提出并批判了"异化劳动"和"商品拜物教"（其衍生物则是"货币拜物教"和"资本拜物教"）的现象与观念。这样一来，从黑格尔到马克思的现代性批判的主导性线索实际上已经被勾勒出来。正如哈里斯在他的长文《黑格尔的伦理生活体系》中所指出的，"黑格尔的上述分析以非常惊人的方式预示了马克思的思想"②。在这个意义上可以说，马克思对现代性的批判继承了黑格尔（包括青年黑格尔）的思路和未竟的事业。③

三、对"启蒙的另一面"的反思

毋庸置疑，青年黑格尔所坚持的立场乃是 18 世纪以来，尤其是康

---

① G. W. F. Hegel, *System of Ethical Life and First Philosophy of Spirit*, edited and trans. H. S. Harris and T. M. Knox, New York: State University of New York Press, 1979, p. 171.

② Ibid., p. 75.

③ 参见拙文《马克思对现代性的诊断及其启示》，《中国社会科学》2005 年第 1 期。

德以来的启蒙立场。尽管黑格尔在其一生的著述中认同并维护了启蒙的主导性价值，但他也敏锐地发现了启蒙自身所蕴含的负面价值，并对其进行了积极的、批评性的反思。我们这里所说的青年黑格尔对"启蒙的另一面"的反思，也包括他对现代性的负面因素和负面价值的认真探索和检讨。事实上，现代性理论正是在启蒙的语境中形成并发展起来的，两者之间的内在联系是不言而喻的。当然，尽管青年黑格尔对启蒙以及由此而形成并发展起来的现代性的某些方面持严厉的批评态度，但从总体上看，他的批评和反思仍然是以启蒙的主导精神作为基础和出发点的。

在《精神现象学》中，青年黑格尔告诉我们，作为"纯粹的识见"（pure insight），启蒙"乃是作为本质的精神的自我意识；因而它知道，本质并不是作为本质，而是作为绝对的自我。所以，除了自我意识，它试图废除其他任何种类的独立性，不管是被称作现实的独立性，还是拥有内在存在的独立性，都被它称作观念的形式。纯粹识见不仅是自我意识的理性的确定性，也是所有的真理：它知道自己是什么"①。显而易见，在青年黑格尔看来，启蒙作为纯粹的识见，始终居于自我意识的理性范围内，而理性则把自己视为绝对的确定性和最高的法庭，它不仅是外部世界的主宰，也是内部的自我意识的归宿。

一方面，如前所述，由于启蒙是从自我意识的理性出发的，因而它必定把功利性（utility）视为自己的真正目标。正如青年黑格尔所写的："纯粹识见是单纯的，那自在自为的自我意识处于直接的功利性中。"② 按照这个说法，启蒙不仅从功利性出发观察整个世界（包括事物之间的关系），也从功利性出发观察理性本身（包括人与人之间的关系），并确信理性是有用的工具。③ 事实上，正是在启蒙的过程中形成的这一功利

---

① G. W. F. Hegel, *Phenomenology of Spirit*, trans. A. V. Miller, Oxford: Oxford University Press, 1977, p. 326.

② Ibid., p. 353.

③ Ibid., p. 342.

性观念锻造了现代性的核心观念——工具理性。而在现代、当代社会中，功利性或工具理性已经成了人们日常思考和行动的根本出发点。①这种现象通过其代表性的思潮——实用主义已经深入人心，以至于在看起来离功利性最远的宗教信仰的领域里也是如此。比如，有趣的是，在德语中，形容词 fromm 与动词 frommen（有益于）属于同一个语词家族，因而 fromm 既可以解释为"虔诚的"，又可以解释为"有益的"。乍看起来，这两重含义似乎是相互矛盾的，其实，仔细地加以推敲，就会发现它们的含义是完全一致的。我们不妨做如下的具体说明：假设某人对上帝是"虔诚的"，那么这样做对他来说必定同时也是"有益的"。由此可见，功利性和工具理性早已渗透到宗教信仰之中，只有故意不想看见的人才会看不清这类现象。

另一方面，当启蒙作为绝对自我不断地扩展自己时，它开始确信自己不仅是纯粹的识见或理性的法庭，而且是追求绝对自由的普遍意志，而"这个绝对自由的不可分割的实体登上了世界的王座，没有任何力量能够阻止它"②。历史和事实一再证明，这种没有任何约束的普遍意志和绝对自由只能导致绝对恐怖和整个社会生活的破坏，正如青年黑格尔所指出的："因此，普遍自由的唯一作用和结果就是死亡，这是一种缺乏情感的内在意义的死亡，因而被否定的只是关于绝对自由本身的空洞的观点。这种最冷酷、最卑劣的死亡就像割下一棵白菜的头或吞下满嘴的水。"③因为自由永远是与秩序相辅相成的。如果一个社会没有自由而只有秩序，这个社会必定是专制的、残暴的；反之，如果一个社会只有自由而没有秩序，这个社会必定会陷入以绝对恐怖为特征的无政府主义状态。法国大革命中的"罗伯斯庇尔专政"就是一个经典性的例子。至今

---

① 这一点甚至连中国古代历史学家司马迁都看得清清楚楚的。所以他在《史记》中指出："天下熙熙，皆为利来；天下攘攘，皆为利往。"

② G. W. F. Hegel, *Phenomenology of Spirit*, trans. A. V. Miller, Oxford: Oxford University Press, 1977, p. 357.

③ Ibid., p. 360.

人们在巴黎的协和广场上仍然可以见到当时设立的断头台留下的历史痕迹，甚至连路易十六也成了这种绝对恐怖的牺牲品。事实上，青年黑格尔在《精神现象学》中批评的"绝对自由"正是法国大革命中的无政府状态的真实写照。这一深刻的批评暗示我们，启蒙作为纯粹的识见必定是通向普遍意志和绝对自由的桥梁。只要回顾一下近代哲学史，我们就会发现，以笛卡尔、康德为代表的理性形而上学是如何逐渐被以叔本华、尼采为代表的意志形而上学所取代的。也就是说，在启蒙运动中，理性索取的并不只是抽象思维的权利，还有意志行动的权利。在这个意义上，我们甚至可以说，20世纪出现的法西斯主义现象正是启蒙自身蕴含的普遍意志和绝对自由的诉求导致的必然结果。

从总体上看，青年黑格尔对现代性的反思是片面的、不系统的。之所以如此，从客观上看，在青年黑格尔时代，现代性刚刚揭开自己神秘的面纱，还没有作为问题进入同时代思想家们的视野中，因而它的许多特征还远未显示出来；从主观上看，青年黑格尔关注的根本问题是如何形成自己独特的哲学思想和包罗万象的哲学体系，他只是从体系构建的需要出发去关注历史和社会生活中的诸多问题。毋庸置疑，这样的想法必定会阻碍他对现代性问题做出全面的批判性的反思，而只是把自己的注意力集中在现代性的某些具体表现形式上。尽管如此，我们还是应该看到，青年黑格尔通过对宗教发展史、启蒙发展史和国民经济学的深入探索，敏锐地发现并抉出了宗教的实证性、劳动的机械性、启蒙的功利性和意志自由的绝对性这些现代性在其初始发展阶段显现出来的根本特征。正是通过对这些特征的深入反思和批判，青年黑格尔在现代性问题的探索史上替自己树立了一座高不可攀的丰碑。

康德"三种知识"理论探析[①]

    在西方知识论哲学的发展中，康德作出了伟大贡献。然而，在对康德的知识论进行探讨时，研究者们轻易地忽略了作为康德知识论代表著作的《纯粹理性批判》（1781，本文以下简称《纯批》）自身在表述上的非融贯性。这里所说的"非融贯性"是指康德在该书的不同段落中论述自己的知识论时，这些论述之间在逻辑上并不是完全一致的，[②] 由此而产生了如下的可能性，即片面地从康德的某些论述出发去理解并阐释他的整个知识论。

    事实上，在对康德知识论的研究中，迄今为止所有的文献都认定，康德提出了"两种知识"的理论，而这一认定正是以康德本人的某些论述为依据的。《纯批》导论第一节的标题就是"论纯粹知识与经验性知识的区别"[③]。也就是说，在康德看来，人类的一切知识都可以概括为以下两

---

    ① 原载《社会科学战线》2012 年第 7 期。——编者注

    ② 之所以产生这样的情形，因为《纯粹理性批判》乃是康德沉默并思索 12 年的结果，然而，为了尽快出版自己的成果，康德却只用了四五个月的时间来整理并形成自己的书稿，因而当这些在不同的年份中写下的论文、笔记或段落被拼接起来时，就出现了融贯性问题。遗憾的是，这个问题并没有引起康德本人的足够重视，却为后人对他的思想的理解和阐释留下了更广阔的空间。

    ③ ［德］伊曼努尔·康德：《纯粹理性批判》，李秋零译，中国人民大学出版社 2004 年版，A1/B1。

种：一种是"经验知识"，"仅仅后天地、即通过经验才可能的知识"①；另一种是"纯粹知识"，这种知识不应该被理解为"不依赖于这个或者那个经验而发生的知识，而是理解为绝对不依赖于一切经验而发生的知识……先天知识中根本不掺杂任何经验性因素的知识叫做纯粹的"②。

通过对康德知识论的全面而深入的研究，我们认为，尽管康德本人在《纯批》中的某些论述中提出了"两种知识"的理论，但通观《纯批》乃至其先验哲学的整个架构，不得不肯定并提出如下的见解，即康德实际上主张的是"三种知识"理论。在阐明这一见解的基础上，我们还将进一步探索"三种知识"的实质及结构关系，从而为重新理解康德的知识论展示出一条新的地平线。

一、外观：三种知识的展示

众所周知，休谟在《人类理解研究》(1742)中曾经提出了"两种知识"的理论。他写道："人类理性（或研究）的一切对象可以自然分为两种，就是观念的关系(relations of ideas)和实际的事实(matters of fact)。"③第一种知识是指几何、代数、三角等科学，这种知识奠基于直觉的确定性和论证的确定性，它们是不依赖于经验的，因而是普遍必然的、明晰的。第二种知识关系到人们周围的事实，它们是依赖于经验的，因而是偶然的不确定的。应该说，康德借鉴了休谟的"两种知识"的理论，但他的知识论又与休谟的知识论之间存在着重大分歧。综合康德对自己知识论的诸多论述，我们发现，康德实际上提出了"三种知识"的理论。

康德把第一种知识称作"经验(empirisch)知识"或"后天(a posteriori)

---

① ［德］伊曼努尔·康德：《纯粹理性批判》，李秋零译，中国人民大学出版社2004年版，B3。
② 同上书，B3。
③ ［英］休谟：《人类理解研究》，关文运译，商务印书馆1981年版，第26页。

知识"，意指仅仅后天地，即通过感觉经验才可能有的知识。康德明确地告诉我们："我们的一切知识都以经验开始，这是无可置疑的，因为认识能力受到激发而行动，如果这不是由于对象激动我们的感官，一方面由自己造成表象，另一方面使我们的知性行动运作起来，对这些表象加以比较，把它们联结起来或分离开来，并这样把感性印象的原始材料加工成叫做经验的对象的知识，那又是由于什么呢？因此在时间上，我们没有任何知识先行于经验，一切知识都从经验开始。"①显然，康德认为，从时间次序上看，经验知识是最早产生的。当某人观察到自然界中的一朵花，并做出"这朵花是红的"这样的判断时，他所获得的正是经验知识。虽然经验知识告诉我们，某物是如此这般的，但并没有告诉我们它不能是别的样子，因为"经验永远不赋予自己的判断以真正的或者严格的普遍性，而是只赋予它们假定的、相对的普遍性（通过归纳），以至于原本就必须说：就我们迄今为止所觉察到的而言，这个或者那个规则还没有发生例外。因此，如果一个判断在严格的普遍性上被思维，也就是说，将不可能发生任何例外，那么，它就不是由经验派生的"②。由此可见，康德既肯定了经验知识在时间次序上的优先性，又指出了这种知识的致命弱点，即缺乏必然性和严格的普遍性。

总之，经验知识或后天知识源于外部世界对人们感官的刺激，这种知识是偶然的、不确定的。③ 为方便起见，我们固定地称第一种知识为"经验知识"，它实际上就是休谟"两种知识"理论中提到的第二种知识，即"实际的事实"。

---

① ［德］伊曼努尔·康德：《纯粹理性批判》，李秋零译，中国人民大学出版社 2004 年版，A1/B1。

② 同上书，B3-B4。

③ 其实，休谟从其怀疑主义的立场出发，欲加以否认的正是这种知识。休谟写道："我们如果在手里拿起一本书来，例如神学书或经院哲学书，那我们就可以问，其中包含着数和量方面的任何抽象推论么？没有。其中包含着关于实在事实和存在的任何经验的推论么？没有。那么我们就可以把它投在烈火里，因为它所包含的没有别的，只有诡辩和幻想。"［英］休谟：《人类理解研究》，关文运译，商务印书馆 1981 年版，第 145 页。

康德把第二种知识称作"先天(a priori)知识""纯粹(rein)知识"或"先验(transzendental)知识"。尽管从知识上看，"先天的""纯粹的"和"先验的"这三个形容词属于同一种类型，但它们之间仍然存在着差别，我们将在论述过程中加以说明。康德认为，在所有的知识中，尽管其他知识都是从经验知识开始的，但这并不等于说，所有的知识都可以归结为经验知识，因为任何知识的形成都不可能撇开"心"（Gemüt）的作用。"因此，至少有一个还需要进一步研究、不能乍一看就马上打发掉的问题：是否有一种独立于经验、甚至独立于一切感官印象的知识。人们称这样的知识为先天的，并把它们与那些具有后天的来源、即在经验中具有其来源的经验性的知识区分开来。"①康德把与经验知识区分开来的知识称作"先天知识"，而先天知识的根本标志就是它的必然性和严格的普遍性，它源于心，是完全独立的，"绝对不依赖于一切经验而发生的知识"。

在康德看来，尽管先天知识是完全独立的，但它却可以作用于经验知识，并与后者结合起来，而当它处于未与任何经验知识结合起来的独立状态时，它就是"纯粹知识"。正是在这个意义上，康德指出，先天知识中根本不掺杂任何经验性因素的知识叫作纯粹知识。比如，当康德使用"纯粹知性""纯粹理性"这样的概念时，概念中的知性、理性都不涉及任何经验知识。

当康德试图从其独创的哲学——先验哲学的角度出发来审视这种知识时，他习惯于从总体上把未与任何经验知识结合的先天知识，即纯粹知识称为"先验知识"。有鉴于此，他这样写道："我把一切不研究对象、而是一般地研究我们关于对象的认识方式——就这种方式是先天地可能而言——的知识称为先验的。"②先验知识涉及的是与经验对象分离而又在逻辑上先于经验的知识，其家属词有"先验感性论""先验逻辑""先验

---

① ［德］伊曼努尔·康德：《纯粹理性批判》，李秋零译，中国人民大学出版社 2004 年版，B2。

② 同上书，B25/A12。

分析论""先验辩证论""先验方法论""先验哲学"等。

　　总之，先天知识、纯粹知识、先验知识作为第二种知识的不同表述形式，是存在差别的。其中先天知识是基础性的概念，它表明这里论及的知识与感官无涉，它直接源于心本身，因而与第一种知识迥然不同；纯粹知识表明先天知识尚未与任何经验知识结合起来；而先验知识则从总体上来称谓一切尚未与任何经验知识结合的先天知识，即纯粹知识。为方便起见，我们固定地称第二种知识为"先验知识"，它与休谟在"两种知识"理论中提到的第一种知识，即"观念的联系"相类似，但又有区别。休谟主要从数学上来理解这种知识，并把它的性质理解为分析判断，而康德则从数学、（演绎）逻辑和（先验）哲学这些更宽阔的领域去理解这种知识，并把它的性质理解为先天综合判断。

　　康德把第三种知识称作"理性（vernünftig）知识"或"超验（transzendent）知识"。康德指出："形而上学是一种完全孤立的、思辨的理性知识，它完全超越了经验的教导，而且凭借的仅仅是概念（不像数学凭借的是将概念运用于直观），因而在这里理性自己是自己的学生。"①在这段简要的话中，康德已经阐明了这种知识的两个基本特征：其一，它不涉及感性或知性，而是涉及理性；其二，它是超越一切可能的经验的。比较起来，这两个特征中更重要的是超验性，因而康德反复强调："想说得比前面的一切都远为更多的，是这样一点，即某些知识甚至离开了一切可能经验的领域，并通过任何地方都不能为其提供经验中的相应对象的概念，而具有把我们的判断的范围扩展到超出经验的一切界限的外观。"②康德认为，纯粹理性无法回避的课题就是上帝、自由和灵魂不朽，正是这些崇高的课题使第三种知识成为最重要的知识。事实上，在历史上，这种知识曾一度成为一切科学的女皇，然而，由于其超越了一切可能经验的界限，这种知识又因其无法用经验的手段进行验证而陷入

---

　　① ［德］伊曼努尔·康德：《纯粹理性批判》，李秋零译，中国人民大学出版社2004年版，Bxiv。
　　② 同上书，B6/A3。

黑暗和混乱之中。我们发现，是否认可第三种知识，正是康德与休谟在知识论上的根本分歧之所在。为方便起见，我们固定地称第三种知识为"超验知识"。

综上所述，康德的"三种知识"理论揭示了三种知识的三个不同的来源：经验知识起源于感官对外部刺激的回应，是偶然的、不确定的；先验知识起源于心本身，是必然的和严格普遍性的；超验知识起源于人们对上帝、自由和灵魂不朽的探索，是混乱的、矛盾的。

二、结构：三种知识要素的结合

如果我们不满足于康德表面上的提法，而是努力破解这些提法所蕴含的深层结构，就会发现，康德所谓"三种知识"的理论实际上是"三种知识要素"的理论。因为当人们以分析的眼光去看待人类知识整体时，可以从这一整体中分解出不同的要素，即经验的要素、先验的要素和超验的要素。在不严格的意义上，也可以把每种要素称作"知识"。实际上，经验知识、先验知识和超验知识正是在这种不严格的意义上被康德表述出来的。确切地说，所谓"三种知识"不过是"三种知识要素"而已。正是这些要素之间的不同的渗透和组合，构成了人类知识整体中的不同的知识分支。

首先，康德考察了先验要素与经验要素之间的互渗。他提醒人们："如今表现出来极为值得注意的是，甚至在我们的经验中间都掺杂着必然有其先天起源、也许仅仅效力于给我们的感官表象带来联系的知识。因为如果人们从我们的经验中去掉凡是属于感官的东西，则尽管如此还剩下某些始源的概念以及由这些概念产生的判断，它们必须是完全先天地、不依赖于经验产生的，因为它们使人们关于显现给感官的对象能够说、至少是相信能够说多于纯然的经验教导的东西，而且使种种主张包含着真正的普遍性和严格的必然性，诸如此类的东西是纯然经验性的知识所不能提供的。"①在康德看来，实际上并不存在单纯的经验知识。尽管这种知识源于感官表象，但当人们从经验知识中把属于感官表象的东西去掉后，发现还是有先天的东西（时间、空间、知性范畴等）留存在那里。尤其是那些包含着经验要素的、具有必然性和严格的普遍性的科学命题，假定只是由偶然的经验知识堆砌而成的，那是完全不可能的。这就启示我们，尽管先验的要素独立地源自心，但其现实性和存在的理由不是在独立性上，而是在与其他知识要素的结合上。

正是在这个意义上，康德进一步发挥道："人们甚至不需要诸如此类的实例来证明我们知识中纯粹的先天原理的现实性，也就可以阐明、从而是先天地阐明这些原理对于经验自身的可能性来说是不可或缺的。因为如果经验运行所遵循的所有规则都是经验性的，从而是偶然的，那么，经验又还想从哪里取得自己的确定性；因此，人们很难让这些规则来充当第一原理……即使你们从自己关于任何一个有形客体或者无形客体的经验性概念中去掉经验告诉你们的一切属性，你们也不能剥夺你们把它设想为实体或者依附一个实体所凭借的那种属性（虽然这个概念比一般客体的概念包含着更多的规定）。因此，为这一概念迫使你们接受它所凭借的必然性所引导，你们不得不承认，它在你们的先天认识能力中拥有自己的位置。"②在这里，康德甚至认为，只要偶然的、零星的经验欲上升为具有必然性和严格的普遍性的知识，就必须接受先验知识的引导。

康德还从另一个略有差异的角度论述了先验要素与经验要素之间的互渗。他写道："直观和概念构成了我们一切知识的要素，以至于无论是概念没有以某种方式与它们相应的直观、还是直观没有概念，都不能

---

① ［德］伊曼努尔·康德：《纯粹理性批判》，李秋零译，中国人民大学出版社 2004 年版，B7/A2。
② 同上书，B5-B6。

提供知识。"①众所周知，在康德语境中，直观是经验性的，而概念作为纯粹知性范畴则是先验的，因而直观与概念的互渗也就是经验要素与先验要素之间的互渗。毋庸置疑，康德对这两种要素之间互渗关系的肯定以经典的方式体现在他的名言"思想无内容则空，直观无概念则盲"②中。

具体说来，先验要素与经验要素的互渗，形成了两类知识：第一类是数学知识（在先验感性论的框架内）；第二类是自然科学知识（在先验逻辑的框架内）。

其次，康德考察了先验要素与超验要素之间的互渗。康德认为，先验要素的应用或渗透是沿着两个不同的方向展开的。上面我们考察的是其中一个方向，即先验要素与经验要素的互渗，现在我们要考察的则是另一个方向，即先验要素与超验要素的互渗。康德在提到先验要素时，明确指出："我们要把其应用完全限定在可能经验的限度之内的原理称为内在的原理，而把宣称超越这些界限的原理称为超验的原理。"③这就告诉我们，先验要素向经验要素的应用与渗透作为"内在的原理"是合法的，而先验要素向超验要素的应用与渗透作为"超验的原理"是不合法的，而后一种应用和渗透只能导致"先验幻相"。在康德看来，"先验幻相甚至违背批判的一切警告，引导我们完全超出范畴的经验性应用，并用纯粹知性的一种扩展的错觉来拖累我们"④。然而，在理性的本性驱迫下，这一切都是无法避免的。

具体地说，当人们试图用纯粹知性范畴去探索超验的对象——灵魂时，便陷入误谬推论；当人们试图用纯粹知性范畴去探索超验的对象——世界整体时（自由问题隐藏于此），便陷入二律背反；当人们试图

---

① ［德］伊曼努尔·康德：《纯粹理性批判》，李秋零译，中国人民大学出版社2004年版，A50/B74。
② 同上书，B75/A51。
③ 同上书，B352/A296。
④ 同上书，B352/A295。

用纯粹知性范畴去探索超验的对象——上帝时，便陷入理想，而所有这些成果都属于超验知识，即人们称为"形而上学"的知识。正如康德所说的："纯粹理性自身的这些不可回避的课题就是上帝、自由和不死。但是，其最终目的及其所有准备都本来只是为了解决这些课题的科学，就叫做形而上学。"①由于传统的形而上学的知识完全是由先验幻相构成的，因此，在《纯粹理性批判》中，康德专门在"先验逻辑"部分中设立了"先验辩证论"，目的就是要揭露这些先验幻相。

最后，超验要素与经验要素的互渗。康德在谈到先验要素之一，即"纯粹知性的国土"时，曾经指出："这片国土是一个岛屿，被自然本身包围在不可改变的疆界中。它是真理的国土（一个诱人的符号），周围是一片浩瀚无垠而又波涛汹涌的海洋，亦即幻想的驻地，其中一些雾堤和即将融化掉的冰山幻化出新的陆地，而且通过不断地以空幻的希望诱骗着四处追逐发现的航海家，而使他卷入永远不能放弃却也永远不能达成的冒险。"②在这里，康德以十分形象的语言告诉我们，先验要素就像一个岛屿，当它与经验要素结合，被用于对自然本身的考察时，它就成了"真理的国土"。而在自然的疆界周围，则是"一片浩瀚无垠而又波涛汹涌的海洋，亦即幻想的驻地"，即超验要素之所在地。这片"海洋"总是诱惑着居于自然疆界之内的航海家突破疆界，到这片海洋上去航行。而当某个航海家这样做时，也就自觉不自觉地打破了经验要素与超验要素之间的壁垒，使两者互渗起来。

其实，康德这里所说的航海家，也就是思辨哲学家们。当他们无差别地把先验要素同时与经验要素和超验要素结合起来时，作为"真理的国土"的经验知识与作为"幻想的驻地"的超验知识之间的分界线也就随之消失了。这样做必定会导致如下结果。一方面，把对超验知识的理解无差别地扩展到经验知识的范围内。众所周知，在超验知识中，知识的

---

① ［德］伊曼努尔·康德：《纯粹理性批判》，李秋零译，中国人民大学出版社 2004 年版，A3/B7。

② 同上书，B294/A236。

对象是"物自体"，由此而推论出经验知识中的对象也是物自体，从而忽视了经验知识的对象乃是物自体在刺激我们的感官时形成的现象。这种无差别扩展的结果是形成下面这样的错误观念，即以为经验知识就可以直接把握物自体。事实上，这种错误观念只能导致独断论。另一方面，把对经验知识的理解无差别地扩展到超验知识的范围内。人所共知，在经验知识中，知识的对象是"现象"，由此而推论出超验知识的对象也是现象。显然，这样推论的结果是，经验知识的疆界被无限扩展了，甚至连上帝、自由和灵魂不朽这些物自体都成了人们经验知识中完全可以认识的内容。这样一来，整个实践理性和信仰的领域就被取消掉了。

康德更为担忧的是后面这个结果，在《纯粹理性批判》的第二版序言中，他这样写道："如果不同时取消思辨理性越界洞察的僭妄，我就连为了我的理性必要的实践应用而假定上帝、自由和不死也不能，因为思辨理性为了达到这些洞识就必须利用这样一些原理，这些原理由于事实上只及于可能经验的对象，如果它尽管如此仍然被运用于不能是经验对象的东西，实际上就总是会把这东西转化为现象，这样就把纯粹理性的所有实践的扩展都宣布为不可能的。"①正是基于经验要素与超验要素在理性驱迫下的这种不可避免的互渗，尤其是经验要素向超验要素的无限制的扩展，康德发出了如下的呼吁：Ich mußte also das Wissen aufheben，um zum Glauben Plats zu bekommen（因此，我不得不扬弃知识，以便为信仰腾出地盘）②。在这里，关键是要弄清楚，康德欲加以扬弃的"知识"究竟是什么。在德语中，aufheben（扬弃）这个动词同时兼有两个方面的含义：一是保留，二是抛弃。我们认为，康德欲加以保留的是由先验要素与经验要素结合而产生的数学知识和自然科学知识；而康德欲加以抛弃的则是由先验要素与超验要素结合而产生的、传统的形而上学

---

①　[德]伊曼努尔·康德：《纯粹理性批判》，李秋零译，中国人民大学出版社 2004年版，第 29—30 页。

②　同上书，第 30 页。李秋零译本把句子中的 Glauben 译为"信念"显然不妥，窃以为在康德的语境中这个词必须译为"信仰"。

的知识。必须指出，康德并不是真的要抛弃形而上学的知识，他只是强调，在思辨理性或理论理性的范围内，理性运用知性范畴去认识超经验的物自体——上帝、自由和灵魂不朽是不合法的，也是注定不会有什么结果的。反之，假如理性听从康德批判哲学的劝告，来一个漂亮的转身，把上帝、自由和灵魂不朽视为实践理性的范导性原则，那么，原来思辨理性范围内的形而上学知识也就顺理成章地转化为实践理性范围内的信仰。这样一来，我们在前面提到的康德的"三种知识"理论中的第三种知识——超验知识，在实践理性的语境中便获得了一个新的称谓，即信仰。

三、目标：朝着先天综合知识

康德认为，构成人类知识的细胞是判断，而在所有主词与谓词关系的肯定判断中，存在着两种不同的判断："要么谓词 B 属于主词 A，作为(以隐蔽的方式)包含在概念 A 中的某种东西；要么 B 虽然与概念 A 有关联，但却完全在它之外。在第一种场合里，我把判断称为分析的，在第二种场合里我则把它称为综合的。"①在康德看来，分析判断是借助同一性来思维谓词与主词联结的判断，由于谓词未给主词的概念增添任何新的知识，因此，分析判断也被称为解释判断。综合判断是不借助于同一性来思维谓词与主词联结的判断，因为谓词中包含着主词概念中所没有的新知识，因此，综合判断也被称为扩展判断。

康德进而指出，分析判断是先天的。如前所述，先天的，就是绝对地不依赖于任何经验而发生的，因而先天的东西具有必然性和严格的普遍性。反之，综合判断则是经验的，而经验的，也就是后天的，即以人们的感官为媒介的，因而经验的东西是偶然的、不确定的。这样一来，

---

① ［德］伊曼努尔·康德：《纯粹理性批判》，李秋零译，中国人民大学出版社 2004 年版，A6/B10。

以判断为表现形式的人类知识便陷入了如下的困境：经验判断作为综合判断可以帮助人类扩展知识，但这种知识却是偶然的、不确定的，而对于人类来说，偶然的、不确定的知识是没有任何意义的；反之，先天判断作为分析判断是无法扩展人类知识的，但它却具有必然性和严格的普遍性。在这样的情况下，康德认为，只有把综合判断与先天的属性结合起来，形成"先天综合判断"（synthetische Urteil a Priori），才能达到人类对知识的真正期望，因为在先天综合判断中，先天性可以确保判断的必然性和严格的普遍性，而综合性则可以确保判断对知识的扩展。也就是说，只有这种新的、具有必然性和严格的普遍性的知识才是人类真正追求的知识。首先，康德指出，在纯粹数学中，除了几何学家作为前提条件的少数几条原理，如 a＝a、a＋b＞a 是分析命题外，绝大多数命题都是先天综合命题。康德举 7＋5＝12 这个例子，表明 12 这个结果无论是在 7 这个数字、5 这个数字或 7＋5 这个算式中都是分析不出来的，而必须超出这些数字和算式，借助于直观（如手指）综合而成。正如康德所指出的："无论我们把我们的概念翻转多少遍，如果不借助于直观而只是一个劲儿地把我们的概念分析来分析去，我们是一辈子也得不出和数的。"①而休谟的失误在于，他把纯粹数学的全部命题都理解为分析命题。"在这上面他就大错而特错了，而且对他的整个观点来说，这个错误有着决定性的不良结果。"②

其次，康德强调，"自然科学（physica 物理学）自身包含着作为原则的先天综合判断"③。他举了两个例子来说明这一点。一个是："在形体世界的一切变化中，物质的量保持不变"。另一个是："在运动的传递中，作用和反作用在任何时候都必然彼此相等"。在第一个例子中，人

① ［德］康德：《任何一种能够作为科学出现的未来形而上学导论》，庞景仁译，商务印书馆 1982 年版，第 22 页。
② 同上书，第 24 页。
③ ［德］伊曼努尔·康德：《纯粹理性批判》，李秋零译，中国人民大学出版社 2004 年版，B17。

们提到"物质"概念时，联想到的只是它如何在空间中在场，而不会去设想它在量上是否保持不变。在第二个例子中，人们提到"运动的传递"时，设想的也只是一物的运动如何对另一物产生影响，但并没有考虑到它们之间的作用力和反作用力在任何时候都是相等的。在康德看来，真正的自然科学的知识，包括伽利略和牛顿等人的发现，都无例外的是由先天综合判断构成的。

最后，康德断定，"形而上学至少就其目的而言是由先天综合命题组成的。"①也就是说，思辨哲学家们从事形而上学探索的动机就是追求既具必然性和严格的普遍性，又具扩展知识特征的先天综合命题。然而，在传统形而上学的探索中，思辨哲学家们或者停留在分析判断上，因而对这方面的知识缺乏实质性的推进；或者错误地把单纯经验性的综合判断理解为先天综合判断。如前所述，单纯经验性的综合判断是偶然的、不确定的，因而也完全不可能推进形而上学知识的发展。有鉴于此，康德十分严肃地指出："因此，一切形而上学家都要庄严地、依法地把他们的工作搁下来，一直搁到他们把'先天综合命题何以可能？'这一问题圆满地解答出来时为止。"②

从上面的论述可以看出，在康德那里，先天综合判断是人类一切知识的存在方式，以至于在《纯粹理性批判》中康德经常把先天综合判断直接称作"先天综合知识"（synthetischer Erkenntnis a priori）。③ 毋庸置疑，康德在知识论上的最重要的贡献是把"先天综合判断何以可能？"作为纯粹理性批判的总问题提了出来，这个总问题同时也是对一切形而上学学说的拷问，因为形而上学正是理性的产物。康德写道："形而上学站得住或站不住，从而它是否能够存在，就看这个问题怎么解决。尽管有人

---

① ［德］伊曼努尔·康德：《纯粹理性批判》，李秋零译，中国人民大学出版社 2004 年版，B18。

② ［德］伊曼努尔·康德：《任何一种能够作为科学出现的未来形而上学导论》，庞景仁译，商务印书馆 1982 年版，第 35 页。所引译文略有更动。

③ ［德］康德：《纯粹理性批判》，李秋零译，中国人民大学出版社 2004 年版，B49。

把他们的形而上学主张说得天花乱坠，尽管他们用一批批的结论压得我们喘不过气来，只要他们不能首先对这问题给以满意的答复，我就有权说：这一切都是徒劳无益毫无根据的哲学，都是虚假的智慧。"①

综上所述，康德的"三种知识"的理论实际上是"三种要素"的理论，正是通过这三种知识要素的互渗，形成了人类知识的不同的表现形式——数学、自然科学和形而上学，而所有知识的存在方式都是先天综合判断。在这个意义上，所有真正的知识都是先天综合知识。与休谟停留在怀疑主义中的做法截然不同，康德通过自己的先验哲学建造了一个牢固的知识论平台，从而为当代知识论的发展奠定了可靠的基础。

---

① [德]康德：《任何一种能够作为科学出现的未来形而上学导论》，庞景仁译，商务印书馆 1982 年版，第 33 页。

2013年

究竟是谁创制了 Ontologia 这个拉丁名词①

众所周知，在拉丁语中，ontologia（本体论②）这个名词是由 onto-和-logia 这两个部分构成的。在古希腊语中，onto-是动词不定式 εἰμί（相当于英语中的 to be）的现在分词；而-logia 则是 -λογία（相当于英语中的 science or theory）。在拉丁语中，与名词 ontologia 相对应的形容词则是 ontologicus（本体论的），而 ontologia 和 ontologicus 在现代西方语言中的具体表现形式分别是 ontology 和 ontological（英语）、ontologie 和 ontologique（法语）、Ontologie 和 ontologisch（德语），由此而形成了一个由 ontologia 衍生出来的语词大家族，而这个语词大家族在西方语言，尤其是哲学和哲学史语境中起着十分重要的作用。然而，不无遗憾的是，现当代哲学的研究者们，当然也包括中国的研究者们，却对这个语词大家族，尤其是其基础性的、核心的拉丁语词 ontologia 的来龙去脉缺乏明晰的了解。这方面研究的严重不足乃至缺

---

① 原载《哲学动态》2013 年第 1 期。——编者注
② 在当代中国哲学语境中，ontologia 这个拉丁语名词既可以被译为"本体论"，也可以被译为"存在论"，本文采用"本体论"的译法，但限于本文的题旨，在这里不论述做这样选择的理由。有兴趣的研究者或可参见拙文《存在、自然存在和社会存在——海德格尔、卢卡奇和马克思本体论思想的比较研究》（《中国社会科学》2001 年第 2 期）中所做的注。

位，导致了西方哲学史叙述上出现的某些明显的矛盾。显而易见，所有这些目前仍然存在的问题都亟须通过对 ontologia 这个拉丁名词来源的深入考察加以澄清和纠正。

一

我们首先必须明确地加以解答的问题是：究竟是谁创制了 ontologia 这个新的拉丁术语？如果人们有兴趣检索一下 2003 年前国外这方面研究的相关文献，就会发现，西方的哲学百科全书、哲学辞典和哲学史著作几乎都众口一词地认定，是德国学者鲁道夫·郭克兰纽（Rudolf Goclenius or Rudolf Göckel）在 17 世纪中期创制了 ontologia 这个术语。毋庸置疑，这一在国际上受到普遍认可的定见也影响了当代中国的哲学研究者们。

比如，俞宣孟研究员在《本体论研究》一书中这样写道："据说最先构成 ontology 的是 17 世纪时一位叫郭克兰纽（Goclenius，1547-1628）的德国人。"①尽管俞宣孟在这里只是搬用了西方学者中广泛流行的见解，但他的表述中仍然存在着一些可商榷的地方：其一，在 17 世纪时被创制出来的应该是拉丁语名词 ontologia，而不是这个词在现代英语中的表现形式 ontology；其二，郭克兰纽只是这位德国学者的姓氏，俞宣孟并没有指出他的名是"鲁道夫"。尽管他试图通过对郭克兰纽的生卒年的说明，对被指称的对象进行限定，但光说出他的姓氏显然是不够明确的，也极容易引起歧义；其三，"17 世纪"这样的表述方式显得过于笼统，以至于读者对郭克兰纽究竟是在 17 世纪中的哪一年、哪部著作中提出这个新概念仍然不甚了了。作为本体论研究的研究员，尽管俞宣孟没有提供明晰、详尽的信息，但他的见解在中国理论界仍然拥有不可忽视的

---

① 俞宣孟：《本体论研究》，上海人民出版社 1999 年版，第 14 页。

影响。

又如，杨学功教授在《从 Ontology 的译名之争看哲学术语的翻译原则》一文中指出："在西方哲学文献中，ontologia 最早见于德意志哲学家郭克兰纽用拉丁文编纂的《哲学辞典》(1613)中。"①从这段行文可以看出，杨学功提供了比较明确也比较详尽的信息。由于鲁道夫·郭克兰纽的名字在拉丁文中既可以写作 Rudolf Goclenius，也可以写作 Rudolphus Goclenius，所以杨学功和俞宣孟指称的显然是同一个人。当然，对于鲁道夫·郭克兰纽究竟是怎样一位学者、他是在什么样的背景下提出 ontologia 这个新术语的等诸多问题，杨学功也没有加以深究。事实上，俞宣孟、杨学功所提供的信息都很容易从现当代西方学者编写的哲学百科全书、哲学辞典或哲学史著作中查阅到。

二

然而，值得注意的是，西方和中国研究者们所共同认可的上述权威性的见解却受到了严峻的挑战。当代意大利学者劳尔·柯拉充(Raul Corazzon)在这个问题上发出了不同的声音。2003 年，当柯拉充对 ontologia 这个拉丁语名词的来源进行深入的考察时，突然发现创制这个新名词的并不是鲁道夫·郭克兰纽，而是另一位德国学者雅各布·路哈特(Jacob Lorhard，拉丁语写作 Jacobo Lorhardo or Jacobus Lorhardus，1561—1609)。如果只是从出生年月看，人们很容易发现，路哈特竟然比郭克兰纽晚出生 14 年，所以，他们心中自然而然会产生如下的疑问：路哈特有可能先于郭克兰纽创制出 ontologia 这个新术语吗？

根据柯拉充的考证，路哈特出生于慕尼黑，1603 年成为瑞士新教城市圣加仑文科中学的校长，1606 年他在圣加仑出版了拉丁文著作《经

---

① 宋继杰：《BEING 与西方哲学传统》上卷，河北大学出版社 2002 年版，第 303 页。

院哲学的八个要素》(*Ogdoas scholastia*①)。人们可以在这本书的书中和书的封面的图画中发现 ontologia 这个新创制出来的拉丁名词。从书中的相关论述可以看出,路哈特始终把 ontologia 当作 metaphysica(形而上学)的同义词加以使用。值得注意的是,这部著作出版后不久,路哈特受聘担任马堡大学的神学教授,而当时郭克兰纽正在该大学担任逻辑学、伦理学和数学教授。按照柯拉充的叙述,他们会见过几次。显而易见,一方面通过会谈,另一方面通过阅读《经院哲学的八个要素》,郭克兰纽在 1607 年就已经了解 ontologia 这个新词。然而,不知什么原因,路哈特受聘的时间还不满一年,又从马堡大学重返圣加仑原来的岗位,并于 1609 年逝世。

1613 年,路哈特的《经院哲学的八个要素》被印刷了第二版,原来的书名也被改为《哲学讲堂》(*Theatrum philosophicum*②)。读者很容易发现,ontologia 这个词在第二版封面上的图画中消失了,但在书中仍然按原来的叙述方式保留着。同年,郭克兰纽也出版了自己编纂的拉丁文的《哲学辞典》(*Lexicon philosophicum*)。在这本辞典中,他设立了 ontologia 这个词条,并对它的含义做出了非常简要的解释:ontologia, philosophia de ente,如果用英语加以表达的话,意即:ontology, the philosophy of being(本体论,关于存在的哲学)。

毋庸置疑,只要人们有兴趣查阅一下相关的哲学网页,就不难发现,2003 年意大利学者柯拉充对 ontologia 这个拉丁名词的来源和历史的考证已经得到国际哲学界的普遍认可。事实上,正是通过他的细致考证,ontologia 这个拉丁语名词的首次出现时间从 1613 年被提前到 1606 年,即提前了 7 年,而创制这个新术语的学者也由郭克兰纽变成了路哈特。至于路哈特究竟是他自己完全独立地创制出这个新术语,还是受到

---

① Ogdoas 这个拉丁语名词既有"神"的意思,也有"八个要素""八件套"的意思。此处译为"八个要素"。

② Theatrum 这个拉丁语名词既可译为"剧场",也可译为"讲堂"。斟酌下来,似乎译"讲堂"更合适一些。

了其他学者或其他著作的影响，他在《经院哲学的八个要素》中并没有明确地表明这一点，我们也就不得而知了。

总之，从目前已经掌握的材料来看，人们完全可以做出如下的明确断言：德国学者路哈特率先创制了 ontologia 这个拉丁语新名词，并于1606 年出版的《经院哲学的八个要素》中加以使用，而德国学者郭克兰纽则于 1613 年把 ontologia 作为新词收入自己编纂的《哲学辞典》中。必须指出的是，路哈特的著作《经院哲学的八个要素》的第二版《哲学讲堂》也出版于 1613 年。然而，这一事实显然没有引起研究者们的充分重视。

三

如上所述，自从柯拉充经过深入细致的考证引申出上述新结论后，关于 ontologia 这个术语的起源似乎已经变得非常清楚了。然而，假如要证明这个结论的话，我们还必须越过另一道绕不过去的障碍。凡是稍稍熟悉西方哲学史的人都知道，只要他们去阅读西方哲学史著作、哲学百科全书或哲学词典的话，就必定会遇到下面的情况，即所有这些论著几乎都众口一词地认定，在中世纪经院哲学中，"实在论"的著名代表人物之一安瑟伦（Anselm，1033-1109）早在 1077—1078 年用拉丁文撰写的《宣讲篇》（*Proslogium*）中就已经提出了著名的"上帝存在的本体论证明"。显然，如果这些论著提供的信息是真实的，那么，ontologia 这个拉丁名词或它的相应的形容词 ontologicus 就应该是由安瑟伦最先提出的；如果这些论著提供的信息是虚假的，那么，为什么这一虚假的信息会得到许多论著的认同呢？

众所周知，德国哲学史家文德尔班在《哲学史教程》（上卷）中写下了一段值得重视的论述："只有通过黑格尔，哲学史才第一次成为独立的科学，因为他发现了这个本质问题：哲学史既不能阐述各位博学君子的庞杂的见解，也不能阐述对同一对象的不断扩大、不断完善的精心杰作，它只能阐述理性'范畴'连续不断地获得明确的意识并进而达到概念形式的那种有限发展过程。"①我们不妨考察一下，在被文德尔班称赞为第一部科学的哲学史的黑格尔《哲学史讲演录》中，究竟是如何论述安瑟伦在这方面所进行的工作的。

事实上，在《哲学史讲演录》第 3 卷中，黑格尔在论述安瑟伦的专节中指出："他（指安瑟伦——引者注）是特别以他所提出的所谓对于上帝存在的本体论的证明（ontologischen Beweis vom Dasein Gottes）而出名的，为了寻求这个证明，他曾经长期间陷于苦恼和斗争。"②显然，黑格尔在这里使用的德语形容词 ontologischen 的原形是 ontologisch。不难发现，在黑格尔以后，西方研究者们都习惯于用"上帝存在的本体论证明"这样的表述方式来描述安瑟伦对西方哲学史做出的主要贡献。比如，当代德国学者希尔施伯格（Johannes Hirschberger）在他的《哲学简史》中也像黑格尔一样，把安瑟伦的贡献称为 ontologischen Gottesbeweis③，而在英语语境中，安瑟伦的贡献则被称为 the ontological argument for the existence of God（上帝存在的本体论证明）。④

如前所述，从现代西方语言的角度看，无论是英语中的 ontology/ontological、法语中的 ontologie/ontologique，还是德语中的 Ontologie/ontologisch，都是从拉丁语名词 ontologia 那里衍生出来的，而拉丁语形

---

① ［德］文德尔班：《哲学史教程》上卷，罗达仁译，商务印书馆 1997 年版，第 20 页。

② ［德］黑格尔：《哲学史讲演录》第 3 卷，贺麟、王太庆译，商务印书馆 1983 年版，第 290—291 页。G. W. F. Hegel, *Vorlesungen Ueber die Geschichte der Philosophie II*, Berlin: Suhrkamp Verlag, 1968, S. 555.

③ Johannes Hirschberger, *Kleine Philosophie Geschichte*, Freiburg: Herder Buecherei, 1983, S. 74.

④ 当代西方哲学家们编纂的哲学百科全书、哲学词典，或他们撰写的哲学史著作都是这么记载的。请参见下面列出的若干文献：Simon Blackburn, *Oxford Dictionary of Philosophy*, Oxford: Oxford University Press, 1994, p. 18, 269; S. E. Stumpf J. Fieser, *A History of Philosophy*, New York: The Megraw-Hill Companies, 2003, pp. 153-155; W. S. Sahakian, *Outline-Hi of Philosophy Story*, New York: Barnes & Noble, 1968。

容词 ontologicus 也是从 ontologia 那里衍生出来的。这样一来，自然而然就产生了如下的问题：既然 ontologia 这个新词是由路哈特于 1606 年才创制出来的，为什么会在 529 年之前，即 1077—1078 年安瑟伦的《宣讲篇》中出现与 ontologia 相应的形容词呢？究竟是安瑟伦率先使用了拉丁语形容词 ontologicus，从而影响了后来的路哈特，启发他创制出拉丁语名词 ontologia，还是现当代西方研究者们以语言暴力的方式，把路哈特于 17 世纪初才创制出来的 ontologia 所衍生的形容词 ontologicus 的现代表达方式 ontological（英语）/ontologisch（德语）/ontologique（法语）强加到 11 世纪的安瑟伦的《宣讲篇》上？

我们认为，全部问题的关键在于，在安瑟伦用拉丁文写就的《宣讲篇》中是否出现了与 ontologia 相应的拉丁语形容词 ontologicus。好在《宣讲篇》的篇幅不大，解决这个疑问也并不困难。事实上，我们找遍了全文，也没有发现 ontologicus 这个形容词。可见，正如我们在前面已经指出过的，ontologicus 是从 ontologia 那里衍生出来的，而 ontologia 则迟至 1606 年才首次出现在路哈特的著作中，因而安瑟伦根本不可能在 1077—1078 年率先使用 ontologicus 这个形容词。

这就深刻地启示我们，为了避免西方哲学史叙述上的逻辑矛盾，从黑格尔以来一直流行的所谓"安瑟伦提出了上帝存在的本体论证明"的见解是完全不符合历史事实的，它误导了一代又一代的哲学研究者，因而必须加以纠正。在我们看来，正确的表述方式应该是：安瑟伦以自己的方式提出了关于上帝存在的证明，而这种证明方式在路哈特于 1606 年创制出 ontologia 这个新术语后，人们又把它追认为上帝存在的本体论证明。

综上所述，ontologia 这个拉丁语新名词是由德国学者路哈特率先创制出来，并于 1606 年出版的《经院哲学的八个要素》中首次加以使用的；1609 年路哈特去世；1613 年《经院哲学的八个要素》印刷了第二版，书名改为《哲学讲堂》。同年，郭克兰纽也出版了自己编纂的《哲学辞典》，并把 ontologia 作为一个词条做了简要的说明，但他并未指明这个新词的

创制者是路哈特。记得维特根斯坦在《关于心理学哲学的最后著作》第
756 条中曾经写道："哲学家的任务在于把许多个结打开。"①然而，我们
不无遗憾地发现，哲学研究中的某些"结"正是哲学家们自己编织出
来的。

---

① 涂纪亮：《维特根斯坦全集》第 10 卷，涂纪亮等译，河北教育出版社 2003 年版，第 144 页。

决定论与自由意志关系新探^①

决定论与自由意志的关系是人类面对的根本性理论难题之一，它不仅贯穿整个哲学史，也贯穿整个科学史、史学史、伦理史、艺术史和宗教史等。几千年来，人们不断地探索这一理论难题，试图对它做出新的说明。然而，我们可以毫不夸张地说，它仍然停留在黑格尔放下它的地方。至于当代学者，试图借助于生物学、生理学、心理学、神经学这类实证科学及相应的实验手段来索解这一难题，但也未获得实质性的进展。

我们认为，要在这个难题的探讨上取得新见，首先必须把它重新理解为哲学问题，并从宏观上加以考察。尽管实证科学和实验手段也能提供局部的或细节上的帮助，但最终解决这个难题仍然需要诉诸哲学思维。此外，当代人之所以未能在这个难题的研究上形成突破性的见解，其主要原因是：他们既未对这一难题所蕴含的基本概念的含义和使用范围做出明确的界定，也未引入新的视角来重新考察哲学史上的相关资料。罗素曾经告诫我们："要想成为一个哲学家就必须锻

① 原载《复旦学报（社会科学版）》2013 年第 2 期。——编者注

炼得不怕荒谬。"①尽管罗素的告诫未必是合理的，但它却可以开启我们的思路。

一、两种对立的见解

一种见解是以"决定论"(determinism)解释宇宙中发生的所有现象。众所周知，决定论的核心概念是"因果性"(causality)，即有因必有果。换言之，任何结果无例外地是由相应的原因所决定的。由于决定论者把因果性看作普遍有效的，因而他们通常也把因果性理解并阐释为"必然性"(necessity)或"客观规律"(objective law)，并把这些概念作为含义相同的概念加以使用。

众所周知，古希腊哲学家德谟克利特是一个典型的决定论者。他曾经说过一句名言："只找到一个原因的解释，也比成为波斯人的王还好。"②足见他对因果观念的重视，而他又把因果性视为没有例外的必然性。据第欧根尼·拉尔修的记载，德谟克利特认为，宇宙是由原子和虚空构成的，而宇宙中的"一切都由必然性而产生，漩涡运动既然是一切事物形成的原因，这在他就被称为必然性"。③马克思在其博士论文《德谟克利特的自然哲学和伊壁鸠鲁的自然哲学的差别》中也引证过第欧根尼·拉尔修的这段话，并做了更广泛的引证和阐释："德谟克利特把必然性看作现实性的反思形式。关于他，亚里士多德说过，他把一切都归结为必然性。……《论诸哲学家的见解》的作者关于这点说得更为详细，'在德谟克利特看来，必然性是命运，是法律，是天意，是世界的创造者。物质的抗击、运动和撞击就是这个必然性的实体'。类似的说法也

---

① ［英］罗素：《哲学问题》，何兆武译，商务印书馆1999年版，第14页。
② 北京大学哲学系外国哲学史教研室：《古希腊罗马哲学》，生活·读书·新知三联书店1957年版，第103页。
③ 同上书，第97页。

出现在斯托贝的自然的牧歌里和欧塞比乌斯的《福音之准备》第六卷里。在斯托贝的伦理的牧歌里还保存着德谟克利特的如下一句话，在欧塞比乌斯的《福音之准备》第十四卷中这句话几乎被一字不差地重复了一遍，即：人们给自己虚构出偶然这个幻影，——这正是他们自己束手无策的明证，因为偶然和强有力的思维是敌对的。同样，西姆普利齐乌斯认为，亚里士多德在一个地方谈到一种取消偶然的古代学说时，也就是指德谟克利特而言的。"①马克思和马克思所提到的所有这些古代学者对德谟克利特思想的评论都表明，作为一个典型的决定论者，德谟克利特的思想是由以下两个侧面构成的：一方面，他把周围世界中存在的一切关系都理解为因果关系②，同时又把因果性理解为普遍有效的必然性；另一方面，他完全排除了偶然性的存在及其相应的作用。在他看来，用偶然性解释周围的现象正是思维本身无能为力的明证。我们不妨把这种不加分析地视因果性为必然性，并完全排除偶然性的决定论称作"强决定论"（the strong determinism）。

事实上，这种强决定论自其诞生之日起就受到了严峻的挑战和来自各方面的修正，而在修正的过程中产生了不把因果性与必然性等同起来，同时又承认偶然性及其相应作用的新的决定论，我们不妨称为"弱决定论"（the weak determinism）。在某种意义上，亚里士多德是这种弱决定论的杰出代表。在其《物理学》中，亚里士多德把事物的"属性"（attributes）区分为以下两种不同的类型：一是事物之为事物的"本性"（nature），它对事物来说是根本性的；二是与事物相伴随的，可能出现也可能不出现，可能以这种方式出现也可能以那种方式出现的"偶性"（a con-

①　《马克思恩格斯全集》第40卷，人民出版社1982年版，第203—204页。

②　这一点在叔本华的思想中得到了回应。叔本华在其题为《康德哲学批判》的长文中指出，根本没有必要像康德那样谈论十二个知性范畴，可以"把范畴中的十一个都抛出窗户外而单是留下因果性这一范畴"。［德］叔本华：《作为意志和表象的世界》，石冲白译，商务印书馆1982年版，第610页。

comitant attribute)。① 亚里士多德认为，因果性并不无条件地就是必然性，他区分了以下两种不同的情况。一是由事物的本性作为原因引起的结果。无疑地，这样的结果是具有必然性的。"显然，由于必然性而发生的或者说总是这样发生的事物和通常这样发生的事物，其中没有哪一种其发生的原因被说成是偶然的，也没有人说它们的发生是由于偶然性。"②二是由事物的偶性作为原因引发的结果。毋庸置疑，这样的结果只能是偶然性的。亚里士多德认为："偶然性和自发性也属于原因，许多事物的存在和产生被说成是由于偶然的或自发的结果。"③他举例说："一个人是为了别的理由到市场上去的；如果他知道在某处可以遇到欠债人，他本来也会到那里去的；这次他去了，但不是为了要债这件事，却是偶然地在那里取回了自己的债款。"④在亚里士多德看来，原先没有纳入这个人意图的事情意外地得到了实现，这当然是偶然的。

为了更细致地阐明偶然性的作用，亚里士多德引入了"自发性"（spontaneity）和"偶然性"（chance）⑤这两个概念，并强调它们的区别是：自发性的使用范围更宽，即偶然的一定是自发的，但自发的却未必是偶然的。"在自然产生的事物里自发和偶然区别得最清楚，因为，如果一个事物产生得违反自然，我们不说它是由于偶然而产生的，宁可说它是自发产生的。还有一个分别，即自发的原因是外在的，偶然性的原因是内在的。"⑥显然，亚里士多德试图把偶然性与人内在的动机或目的对应起来。但我们发现，这样的区别反而会使本来简单的问题复杂化。不如

---

① See *The Basic Works of Aristotle*，ed. Richard Mckeon，New York：Random House，1941，p. 192，b31-32.

② ［古希腊］亚里士多德：《物理学》，张竹明译，商务印书馆 1982 年版，第 195 页，b30-31。

③ 同上书，第 196 页，b11-13。

④ 同上书，第 195—197 页，b34-a1。

⑤ See *The Basic Works of Aristotle*，ed. Richard Mckeon，New York：Random House，1941，p. 197，a36-38.

⑥ ［古希腊］亚里士多德：《物理学》，张竹明译，商务印书馆 1982 年版，第 197 页，b34-37。

把源自事物(包括人)偶性的所有不确定的因素统称为偶然性,而在所有的偶然性中,最值得引起我们重视的则是人的自由意志活动的偶然性。①

从上面的论述可以看出,尽管亚里士多德通过对本性和偶性的区分、对偶然性和自发性概念的引入,弱化了以德谟克利特为代表的强决定论的理论见解和叙事方式,但他对源自事物本性的因果性同时也是必然性这一点并没有加以否弃。在这个意义上,把亚里士多德称作弱决定论者并不是不合适的。

下面,我们再来考察上面提到的与决定论相对立的另一种理论见解——"非决定论"(indeterminism),即从自然界或人的自由意志的偶然性出发来解释宇宙中的所有现象的哲学理论。人们通常也把非决定论称作"自由意志论"(Theory of free will)。显然,伊壁鸠鲁就是希腊化时期的非决定论者或自由意志论者。第欧根尼·拉尔修在提到伊壁鸠鲁的哲学思想时曾经写道:"至于被某些人作为最高主宰而引进来的那种必然性,他宣称它并不存在。但[在他看来],一些事物取决于偶然,另一些事物取决于我们自己。由于必然性是无责任的,而偶然性看来是不固定的,但我们的意志是自由的,所以随之而来的是责备及其对立物。"②在这里,伊壁鸠鲁向以德谟克利特为代表的强决定论提出了有力的挑战,他强调那种在德谟克利特那里作为"最高主宰"或"命运"的必然性根本不存在。事实上,如果宇宙中的一切都是必然的,那么人们就无须为自己的行为承担道德责任了。按照他的看法,宇宙中发生的一部分现象是由自然的偶然性引起的,另一部分现象则是由我们的自由意志引起的。由于自然的偶然性是不固定的,这就需要我们认真地去探索;由于自由意志是任意的,这就需要我们深入地加以反思。马克思在其博士论文中对

---

① 在亚里士多德以后,人们在探讨因果性、必然性和偶然性的关系时,很少有人再沿用"自发性"这个表达方式。事实上与亚里士多德的见解不同,"自发性"是相对于自觉性而言的,而这一对概念通常也是用来描述人的行为的。

② 转引自《马克思恩格斯全集》第40卷,人民出版社1979年版,第31页。

这一点看得非常清楚，他写道："从历史上看有一个事实是确实无疑的：德谟克利特注重必然性，伊壁鸠鲁注重偶然性，并且每个人都以激烈的论战方式驳斥相反的观点。"①正如艾修斯所说的："德谟克利特说[原子]有两种[属性]：大小和形状；而伊壁鸠鲁则加了第三种：重量。"②罗马时期的哲学家卢克莱修(Lucretius)敏锐地发现了伊壁鸠鲁原子重量说的意义，并在《物性论》中以如下的诗句描述了伊壁鸠鲁的原子论：

> 当原初物体自己的重量把它们
>
> 通过虚空垂直地向下拉的时候，
>
> 在极不确定的时刻和极不确定的地点，
>
> 它们会从它们的轨道略略偏斜——
>
> 但是可以向外略略改变方向。
>
> 因为若非它们惯于这样稍为偏斜，
>
> 它们就会像雨点一样地
>
> 经过无底的虚空各自往下落，
>
> 那时候，在原初的物体之间就永不能有冲突，也不会有撞击；
>
> 这样自然就永远不会创造出什么东西。③

毋庸置疑，在伊壁鸠鲁看来，如果人们忽略了原子本身的重量，原子就无法做下坠运动；如果他们忽略了原子在重量上的差异，部分原子就不可能在下坠过程中出现"偏斜"。当然，上述诗句还未完全展示出伊壁鸠鲁原子论的深层意图。卢克莱修继续写道：

---

① 《马克思恩格斯全集》第 40 卷，人民出版社 1979 年版，第 205 页。
② 北京大学哲学系外国哲学史教研室：《古希腊罗马哲学》，生活·读书·新知三联书店 1957 年版，第 99 页。
③ [古罗马]卢克莱修：《物性论》，方书春译，商务印书馆 1981 年版，第 74—75 页。

如果一切的运动

永远是互相联系着的，

并且新的运动总是从旧的运动中

按一定不变的秩序产生出来，

而始基也并不以它们的偏离

产生出某种运动的新的开端

来割断命运的约束，

以便使原因不致永远跟着原因而来，——

如果是这样，那么大地上的生物

将从何处得到这自由的意志，

如何能从命运手中把它夺过来，——

我们正是借着这个自由的意志

而向欲望所招引的地方迈进，

同样我们正是借这个意志

而在运动中略为偏离，

不是在一定的时刻和一定的空间，

而是在心灵自己所催促的地方。①

在这里，关键在于，卢克莱修点出了隐藏在伊壁鸠鲁原子论中的最重要的东西，即对命运和必然性的拒斥、对自由意志和偶然性的肯定。马克思在其博士论文中充分肯定了卢克莱修对伊壁鸠鲁原子论的阐释，同时也指出，尽管"伊壁鸠鲁的原子偏斜说就改变了原子王国的整个内部结构"②，但在德谟克利特原子论的大语境中，他不可能对原子的偏斜运动和人的自由意志做出充分的发挥："在这种情况下人们通过偶然

---

① ［古罗马］卢克莱修：《物性论》，方书春译，商务印书馆 1981 年版，第 76—77 页。
② 《马克思恩格斯全集》第 40 卷，人民出版社 1979 年版，第 217 页。

上升为必然性、任意性上升为规律那样的途径来回避决定论。"①也就是说，伊壁鸠鲁只能通过抬高偶然性、自由意志和原子偏斜运动的方式，试图摆脱德谟克利特的强决定论的铁笼。因此，当罗马哲学家西塞罗出来指责伊壁鸠鲁所倡导的原子偏斜运动时，马克思立即加以驳斥："西塞罗所要求的物理的原因会把原子的偏斜拖回到决定论的范围里去，而偏斜正是应该超出这种决定论的。"②

从上面的论述可以清楚地看出，伊壁鸠鲁是通过自由意志、偶然性和原子偏斜运动来对抗德谟克利特的强决定论的，但对抗的结果是，伊壁鸠鲁滑向另一个极端——非决定论，即试图用偶然性来取代必然性，用自由意志的任意性来取代事物运动的必然性或客观规律。不管如何，作为希腊时期最伟大的启蒙学者，伊壁鸠鲁为偶然性和自由意志的存在争得了空间。然而，由于受德谟克利特原子论大语境的约束，无论是伊壁鸠鲁，还是作为伊壁鸠鲁信徒的卢克莱修，都未能对偶然性和自由意志的问题做出深入的探索和系统的说明。

必须指出，教父哲学家奥古斯丁第一个对自由意志问题做出了系统的思考。在《论自由意志》(对话体)一文中，埃伏第乌斯向奥古斯丁提出了如下的问题："现在若能够，请向我说明为什么上帝将意志的自由选择赐予人，既然若没得到它，我们本不能犯罪。"③埃伏第乌斯的意思是，人的自由意志是由上帝赐予的，但人却可以用自由意志去作恶。既然如此，为什么上帝要把自由意志赐予人类呢？奥古斯丁对埃伏第乌斯的疑问做出了系统的解答："如果人是善的，且他只有有意愿才能行正当，那么他应当有自由意志，否则他不能行正当。当然，他也能利用自由意志犯罪，但我们不应该因此相信上帝给人自由意志是为了让人能犯罪。人不可能无自由意志而正当地生活，这是上帝之所以赐予它的充分

---

① 《马克思恩格斯全集》第 40 卷，人民出版社 1979 年版，第 120 页。
② 同上书，第 213 页。
③ [古罗马]奥古斯丁：《独语录》，成官泯译，上海社会科学院出版社 1997 年版，第 109 页。

理由。……假若人类没有意志的自由选择，我们如此渴慕的在上帝之正义中的善，即他之惩恶扬善，怎么可能存在呢？如果我们行事不靠意志，那就无所谓罪恶或善事了，而如果人类没有自由意志，奖惩就都会是不义的了。但是奖惩之中恰恰有正义，既然这是从上帝而来的善。因此上帝赐予人自由意志是正当的。"①

尽管奥古斯丁在这里主要探讨了自由意志与善行恶行之间的关系，并为上帝赐予人类自由意志的正当性进行了辩护，但他的见解实际上涉及偶然性与自由意志的关系。因为上帝把自由意志赐予人类之后，人并不必然地去行善，他也可能去作恶。也就是说，人身上的自由意志在其活动中具有任意性、不确定性或偶然性。它既可以这样行动，也可以那样行动；既可以以这样的方式发生作用，也可以以那样的方式发生作用。当然，在主张上帝赐予人类自由意志是正当的这一点上，奥古斯丁竭力维护自由意志的存在权利和作用空间。从这方面看，至少他没有忽视伊壁鸠鲁和卢克莱修的非决定论思想，即如果个人没有自由意志，不但无须承担道德责任，也会使奖惩措施变得毫无意义。

在奥古斯丁之后，托马斯·阿奎那也通过把因果性简单地等同于必然性的做法来论证上帝的存在，从而赋予决定论以新的形式，但非决定论或自由意志论并没有消失，尤其在休谟那里获得了新的经典性的表现形式。休谟把人类知识划分为两种不同的类型：一是"观念的关系"（relations of ideas），指数学知识，它们作为推理性的知识，具有普遍必然性；另一种是"实际的事实"（matters of fact），指来自感觉经验的知识②，这种知识是以因果性为基础的，而因果之间的关联是缺乏必然性的："人心由物象的这种前后连续，并不能得到什么感觉或内在的印象。

①　[古罗马]奥古斯丁：《独语录》，成官泯译，上海社会科学院出版社 1997 年版，第 109 页。如果说，奥古斯丁把自由意志理解为上帝赐予人类的赠品，那么，经过启蒙运动洗礼的黑格尔则直截了当地指出："自由是意志的根本规定，正如重量是物体的根本规定一样。"[德]黑格尔：《法哲学原理》，范扬、张企泰译，商务印书馆 1979 年版，第 11 页。

②　[英]休谟：《人类理解研究》，关文运译，商务印书馆 1981 年版，第 26 页。

因此，在任何一个特殊的因果例证中，并没有任何东西可以提示出能力观念或'必然联系'的观念来。"①也就是说，人心经常把主观心理上的联想习惯误认作客观上的因果联系，并进而把这样的联系阐释为普遍必然性的联系。与亚里士多德对事物的本性与偶性的区分不同，休谟试图从主观心理联想的视角出发，对"因果性＝必然性"这一简单公式提出挑战，从而从根本上摧毁奠基于因果性关系之上的传统形而上学大厦。

综上所述，我们发现，在康德以前的西方哲学发展史上，就决定论与自由意志的关系来说，主要存在着两种对立的观点：一种是决定论的观点，它又可进一步被区分为强决定论和弱决定论；另一种是非决定论的观点，也可称作自由意志论。在《纯粹理性批判》的"先验辩证论"中，康德曾以第三个二律背反的形式概括了上述两种观点之间的对立：

> 正题：按照自然律的因果性并不是世界的全部现象都可以由之导出的惟一因果性。
>
> 为了解释这些现象，还有必要假定一种由自由而来的因果性。
>
> 反题：没有什么自由，相反，世界上一切东西都只是按照自然规律发生的。②

值得注意的是，在前面提到的休谟哲学的语境中，因果性范畴源自感觉经验，因而他轻而易举地否认了它的普遍必然性，因为与感觉经验有关的知识是通过归纳逻辑做成的，而在通常的情况下，归纳是不完全的，所以它引申出来的结论不可能具有普遍必然性。与休谟不同，在康德先验哲学的语境中，因果性范畴并不来源于感觉经验，而是发自"心"(Gemüt)中的知性部分，因而康德也把它称作知性范畴。在康德看来，偶然性始终是与感觉经验结伴的，而因果性范畴既然发自先天(即

---

① ［英］休谟：《人类理解研究》，关文运译，商务印书馆1981年版，第58页。
② ［德］康德：《纯粹理性批判》，邓晓芒译，人民出版社2004年版，A445/B473。

与任何经验无涉)的知性,也就与偶然性无涉了。换言之,在康德先验哲学的语境中,因果性与必然性、客观规律是可以互换的概念,不过它们只在现象领域里有效。

在澄清了休谟因果性范畴与康德因果性范畴的不同来源之后,我们立即就会发现,在对决定论与自由意志关系的探索中,康德的新贡献是在前人研究成果的基础上提出了两种不同的因果性:一种是"按照自然律的因果性"(die Kausalität nach Gesetzen der Natur,以下简称自然因果性);另一种是"由自由而来的因果性"(eine Kausalität durch Freiheit,以下简称自由因果性)。① 在某种意义上,正是这两个新概念的提出,为决定论与自由意志关系问题上的新理论见解的产生提供了思想条件。

二、第三种见解及其阐释空间

如前所述,康德通过第三个二律背反的形式对历史上关于决定论与自由意志的关系做出了理论上的概括与总结。在这里,我们只需记住因果性(必然性)与自由之间存在着冲突就可以了,无须过多地关注康德对正题和反题的循环式论证。② 那么,康德提出的自然因果性和自由因果性究竟是什么意思呢? 为什么说它们为新理论见解的出现提供了思想条件?

康德曾经指出:"作为自然必然性的因果性概念,与作为自由的因

---

① I. Kant, *Kritik der Reinen Vernunft* 2, Frankfurt am Main: Suhrkamp Verlag, 1988, B472/A444.

② 正如 H. J. 帕通所指出的:"自由的概念是一个理性理念,没有它道德判断也就无法存在了,正如自然的必然性,或自然的因果性,是一个知性范畴,没有它也就不能有自然的知识。然而这两个概念很显然是互不相容的。从第一个概念看来,我们的行为必定是自由的。从第二个概念看来,我们的行为,作为已知自然世界的事件,必定为因果规律所制约。"[德]康德:《道德形而上学原理》,苗力田译,上海人民出版社 1986 年版,第 156—157 页。

果性概念不同，仅仅涉及物的实存，只要这个实存是可以在时间中被规定的，从而作为现象与它的作为自在之物的因果性相对照。如果人们把时间之中物的实存的规定认作自在之物的规定（这是人们最为习惯的表象方式），那么因果关系中的必然性根本就无法与自由结合起来；而且它们是彼此矛盾地对立的。因为从第一种因果性得出的结论是，在某一特定时间发生的每一个事件，从而每一个行为，都必然是以在前一时间之中发生的事件为条件的。既然过去的时间不再受我的支配，每一个我所实施的行为由于那些不受我支配的起决定作用的根据就是必然的，亦即我在我发生行为的那一个时间点上决不是自由的。"①在这段话中，康德明确表示，在思辨理性的语境中，自然因果性只能用于现象的范围，"在现象里面，任何东西都不能由自由概念来解释，而在这里自然的机械作用必须始终构成向导"②。与此不同的是，在思辨理性的语境中，自由因果性只可能在超验的自在之物的领域中被提起，而与之构成二律背反的则是被理性不合法地引入超验领域里的自然因果性。显然，这个二律背反暗示我们，以因果性或必然性为基础和出发点的决定论是不可能主宰整个宇宙的，自由意志有它自己存在的空间。按照康德的看法，在思辨理性的现象领域里，人始终只能遵循自然因果性，而在思辨理性的自在之物领域里，人又不得不承认自由因果性的存在。

在《道德形而上学原理》中，康德从不同的视角出发阐述了两种因果性概念的差别："意志是有生命东西的一种因果性，如若这些东西是有理性的，那么，自由就是这种因果性所固有的性质，它不受外来原因的限制，而独立地起作用；正如自然必然性是一切无理性东西的因果性所固有的性质，它们的活动在外来原因影响下被规定。"③在康德看来，自然

---

① ［德］康德：《实践理性批判》，韩水法译，商务印书馆 1999 年版，第 102—103页。译文略有改动。
② 同上书，第 30 页。
③ ［德］康德：《道德形而上学原理》，苗力田译，上海人民出版社 2005 年版，第100 页。

因果性与自由因果性之间存在着如下的差别：其一，自然因果性也就是自然必然性，它关涉到"一切无理性东西"，而自由因果性则关涉到人这一理性存在物；其二，自然因果性是受外来原因影响的，因而是他律的，而自由因果性则是由理性独立地起作用的，因而是自律的。

在《实践理性批判》中，康德进一步阐述了两种因果性的差别：其一，自然因果性关涉到经验，因而可以在经验直观中得到证实，而自由因果性则源于知性，它的客观实在性只能在知性的先天法则中得到证明；① 其二，自然因果性注重现象或经验世界中的"原因"所导致的"结果"，而自由因果性注重的则始终是作为同一"原因"的自由意志。正如康德所指出的："实践法则单单关涉意志，而并不顾及通过意志的因果性成就了什么，并且人们可以不顾后者（因为属于感性世界）而保持法则的纯粹。"②毋庸置疑，康德这里的论述反映出他的伦理观念具有强烈的义务论倾向。

在对康德的两种因果性概念的联系和差别做了深入的考察之后，我们还要追问：在实践理性的语境中，康德为什么不使用自由概念而要创制出自由因果性这一新概念？在《道德形而上学原理》中，康德解释道："作为一个有理性的、属于理智世界的东西，人只能从自由的观念来思想他自己意志的因果性。"③也就是说，自由意志应该成为人的一切行为的原因。自由因果性这一新概念旨在暗示我们，人的行为导致的任何结果都是由自由意志引起的，因而人必须对自己全部行为的后果负责。

这样一来，我们不得不把探询的方向转到下面的问题上，即在康德实践理性的语境中，自由的含义究竟是什么？我们注意到，康德区分出两种不同的自由概念：一种是"心理学的自由"（die psychologische Freiheit），即与感觉世界的原因相关的自由，持有这种自由观的人在其

---

① ［德］康德：《实践理性批判》，韩水法译，商务印书馆1999年版，第59—60页。
② 同上书，第19页。
③ ［德］康德：《道德形而上学原理》，苗力田译，上海人民出版社2005年版，第107页。

行为中夹杂着感觉经验方面的目的或动机；另一种是"先验的自由"（die transzendentale Freiheit），持有这种自由观的人完全不考虑来自感觉世界的原因，而只按照纯粹理性颁发的道德法则去行动。而康德的自由因果性概念涉及的正是先验的自由，所以他明确地指出："自由即是理性在任何时候都不为感觉世界的原因所决定。"①在同一部著作中，他又表示："源于自由的因果性必定总是在感觉世界之外的理智世界里面找到的。"②由此可见，这种先验的自由观认定，一个人只有完全按照纯粹理性颁布的道德法则去行动，他才真正是自由的。

正是基于这样的思考，康德进一步指出："通过道德法则确立的作为自由的因果性和通过自然法则确立的作为自然机械作用的因果性，除非将与前者相关的人表象为纯粹意识中的存在者本身，而将后者表象为经验意识中的现象，就不可能统一于同一个主体，即人之内。否则，理性的自我矛盾是不可避免的。"③也就是说，当人这个存在者与自然现象打交道时，应该诉诸自然因果性；而当他与其他人打交道时，则应该诉诸自由因果性。一方面，这种自由因果性概念居于"纯粹意识"之中，因而只能是先验的；另一方面，它又是通过道德法则确立起来的，它把意志的自由理解为意志对道德法则的无条件的服从。

也许有人会提出如下的疑问：康德在这里把道德法则理解为自由的基础，而在别处又把自由理解为道德法则的条件，是不是自相矛盾呢？康德在《实践理性批判》"序言"的一个注中回应道："当我现在把自由称为道德法则的条件，而在随后的著作里又声称道德法则是我们能够最初意识到自由所凭借的条件时，为了不使人们误以为在这里遇到了前后不一贯，我只想提醒一点：自由诚然是道德法则的存在理由（ratio essen-

---

① ［德］康德：《道德形而上学原理》，苗力田译，上海人民出版社 1986 年版，第 107 页。康德对自由概念的一个类似的表述是："自由这一理念仅仅发生在理智的东西（作为原因）对现象（作为结果）之间的关系上。"［德］康德：《任何一种能够作为科学出现的未来形而上学导论》，庞景仁译，商务印书馆 1982 年版，第 129 页。

② ［德］康德：《实践理性批判》，韩水法译，商务印书馆 1999 年版，第 114 页。

③ 同上书，第 4 页注①。

di），道德法则却是自由的认识理由（ratio cognoscendi）。因为如果道德法则不是预先在我们的理性中被明白地思想到，那么我们就决不会认为我们有正当理由去认定某种像自由一样的东西（尽管这并不矛盾）。但是，假使没有自由，那么道德法则就不会在我们内心找到。"①在这段话中，康德对自由意志和道德法则之间的关系做了十分明确的规定：一方面，自由意志是道德法则甚至整个实践理性得以成立的前提；另一方面，道德法则又是自由意志的引导者。两者缺一不可。在有的场合下，康德干脆把道德法则与自由因果性理解为同一个东西："道德法则事实上就是出于自由的因果性法则，因而也就是一个超感性自然的可能性的法则，一如感觉世界之中种种事件的形而上学法则就是感性自然的因果性法则；于是，道德法则就决定了思辨哲学必须留而不决的东西，也就是说，决定了用于某种在思辨哲学那里只有其否定性概念的因果性的法则，并因而也第一次给这个概念谋得了客观实在性。"②在康德看来，在思辨理性语境中，自由因果性是一个否定性的、无法加以贯彻的概念，而在实践理性语境中，它的肯定性和客观实在性才第一次得到了证实。

从上面的论述可以看出，康德的两种因果性概念通过把自然因果性和自由因果性分置于思辨理性语境和实践理性语境的方式，既划定了自然因果性的使用范围——知性为自然立法，也划定了自由因果性的使用范围——理性为自由立法，自由就是对理性颁布的道德法则的遵从，甚至可以说，道德法则本质上就是自由因果性。乍看起来，通过这种分置的方式，康德似乎解决了休谟关于因果性与自由关系的难题，其实，这个难题的根本点仍然处于悬而未决的状态下，因为康德通过对先验自由（与自由因果性相适应）与心理自由（与自然因果性相适应）的区分，强调自然因果性与自由因果性之间的结合是不可能的，这就使人这个存在物的现象维度与本体维度处于分裂的状态下。正如贝克在评论康德把人的

---

① ［德］康德：《实践理性批判》，韩水法译，商务印书馆1999年版，第2页注①。
② 同上书，第50—51页。

现象维度与人的自在之物（或本体论）维度割裂开来并对立起来的倾向时，不无幽默地指出过的那样："我们担负着本体的人的自由，但我们却绞死了现象的人。"①

然而，我们毕竟应该看到，康德已经站在某种新见解的大门口了。尽管他自己没有勇气跨进门去，却在以下两个方面为后人创造了条件：其一，自然因果性与自由因果性的分置，即前者适用于自然现象，后者适用于人的自由意志，这就为自由意志的存在奠定了理论基础；其二，按照自由因果性，自由意志是造成各种人为的结果的原因，而康德不是把自由理解为意志的任意性，而是理解为意志对道德法则的无条件服从。恰恰是这个道德法则，隐藏着可供进一步阐释的巨大的理论空间。

在康德放下对决定论与自由意志关系探索的地方，黑格尔又把它捡了起来，从而形成了迄今仍然处于其巨大影响下的第三种见解。虽然黑格尔非常重视康德的自由概念，但他又尖锐地批评了康德所倡导的先验自由的空泛性："这种自由首先是空的，它是一切别的东西的否定；没有约束力，自我没有承受一切别的东西的义务。所以它是不确定的；它是意志和它自身的同一性，即意志在它自身中。但什么是这个道德律的内容呢？这里我们所看见的又是空无内容。因为所谓道德律除了只是同一性、自我一致性、普遍性之外不是任何别的东西。形式的立法原则在这种孤立的境地里不能获得任何内容、任何规定。这个原则所具有的唯一形式就是自己与自己的同一。这种普遍原则、这种自身不矛盾性乃是一种空的东西，这种空的原则不论在实践方面还是在理论方面都不能达到实在性。"②那么，如何使康德的先验自由获得现实性呢？黑格尔认为，这里的关键在于，如何去破解康德的自由因果性之谜。

如前所述，康德认为，自由因果性就是在本体领域里，始终把自由

---

① 转引自〔美〕亨利·E. 阿利森：《康德的自由理论》，陈虎平译，辽宁教育出版社2001年版，第99页。

② 〔德〕黑格尔：《哲学史讲录》第4卷，贺麟、王太庆译，商务印书馆1981年版，第290页。

理解为一切结果的原因，但自由不是意志的任性，而是意志对理性所颁发的道德法则的无条件服从。尽管黑格尔把康德的先验自由和道德法则都斥为"空无内容"，但康德却启发他看到了，自由的意义正在于对与它相对峙的因果性或必然性的无条件服从上。也就是说，自由应该服从的不是空洞的道德法则，而恰恰是现实的因果性或必然性。在《小逻辑》中，黑格尔指出："这种不包含必然性的自由，或者一种没有自由的单纯必然性，只是一些抽象而不真实的观点。自由本质上是具体的，它永远自己决定自己，因此同时又是必然的。"①又说："必然性的真理就是自由。"②像康德一样，黑格尔也肯定自由不是意志的任性，但康德强调意志必须服从道德法则，而黑格尔则强调，意志必须服从因果性或必然性。这样一来，黑格尔就在决定论与自由意志关系的讨论中确立了第三种见解，即以因果性或必然性为基础的决定论与自由意志之间并不处于抽象的对立中。换言之，意志不应该到因果性之外去寻找自由，意志的自由正植根于因果性之中。一言以蔽之，这第三种见解就是：自由是对必然的认识。值得注意的是，黑格尔上面提到的"必然性"在内涵上远比康德所说的要丰富，它不仅包含康德所说的自然必然性（即自然因果性），也包含黑格尔自己特别加以重视的历史必然性（或历史因果性）。比较起来，黑格尔更为关注的是自由与历史必然性之间的辩证关系。显然，在对康德两种因果性概念的解读中，黑格尔的重要贡献在于，把自由概念从纯粹理性中剥离出来，使之奠基于历史理性之上。在《历史哲学》(1837)的"绪论"中，黑格尔写道："在我们目前的程序中，自由的主要本性——其中包含绝对的必然性——将显得渐渐意识到它自己（因为依照它的概念，它就是自我意识），并且因此实现它的存在。自由本身便是它自己追求的目的和'精神'的唯一的目的。这个最后目的便是世界

---

① ［德］黑格尔：《小逻辑》，贺麟译，商务印书馆1980年版，第105页。
② 同上书，第322页。

历史。"①这就启示我们，要消除康德的先验自由的抽象性，使其获得真正的现实性，就必须自觉地把"自由"奠基于对历史因果性的理解上。然而，囿于其历史唯心主义的立场，黑格尔追求的自由纯粹是精神上的自由，他与康德一样，没有使自由概念获得真正的现实性。

哲学史上关于决定论与自由意志关系的讨论，尤其是黑格尔在这个问题上提出的第三种见解，对马克思和恩格斯产生了重大影响。如果说，青年时期的马克思在黑格尔哲学史思想和鲍威尔"自我意识"理论的影响下，是一个自由意志论者，那么，成熟时期的马克思则是一个弱决定论者。② 如前所述，青年时期的马克思之所以选择伊壁鸠鲁与德谟克利特的原子论的差异作为博士论文的主题，其目的就是要打破德谟克利特的必然性铁笼，通过对伊壁鸠鲁原子偏斜运动和偶然性理论的肯定，以张扬独立精神和自由意志。青年马克思认定："除了精神的自由和精神的独立之外，无论是'快乐'，无论是感觉的可靠性，无论什么东西，伊壁鸠鲁一概都不感兴趣。"③其实，这段话同时说出了青年马克思在当时的历史条件下对精神独立的向往和对意志自由的追求。

成熟时期的马克思深受上面提到的第三种见解，即自由是对必然的认识的见解的影响，意识到真正的自由不只是康德和黑格尔强调的精神上的自由，而是个人在现实生活中的自由，而这种自由必须通过对人类历史运动规律(即历史必然性)的认识才能获得。在对以黑格尔为代表的历史哲学和以亚当·斯密为代表的政治经济学的批判性考察中，马克思发现，"一切人类生存的第一个前提也就是一切历史的第一个前提，这个前提就是：人们为了能够'创造历史'，必须能够生活。但是为了生

---

① [德]黑格尔：《历史哲学》，王造时译，生活·读书·新知三联书店1956年版，第58页。

② 比如，美国哲学家威廉姆·肖在谈到马克思的时候说："我坚定地主张对他的理论做一种'决定论'的解释。这种理论认为生产力在历史中起着决定性的作用，并且试图更确切地阐明生产力以及生产力在解释历史唯物主义中的首要性。"[美]威廉姆·肖：《马克思的历史理论》，阮仁慧等译，重庆出版社1989年版，"导论"第6页。

③ 《马克思恩格斯全集》第40卷，人民出版社1982年版，第80页。

活，首先就需要衣、食、住以及其他东西。因此第一个历史活动就是生产满足这些需要的资料，即生产物质生活本身"①。马克思认为，意志在可能设想自己的自由之前，先要服从的正是下面这种必然性，即物质生活资料生产的必然性。显然，马克思的这一发现已预示一种新哲学观——历史唯物主义——的诞生，它一开始就蕴含着两个新的理论端点：一是人类的生产劳动作为最基本的实践活动，本身就是因果性和目的性（自由意志）的统一②；二是历史因果性正蕴藏在这种基础性的生产劳动中。值得注意的是，马克思不但探索了人类历史运动的一般规律，而且重点探索了现代资本主义社会运动的客观规律。在《资本论》第一版序言中，马克思明确地指出："本书的最终目的就是揭示现代社会的经济运动规律。"③那么，现代社会的经济运动规律的本质特征是什么呢？马克思回答道："我的观点是：社会经济形态的发展是一种自然历史过程。不管个人在主观上怎样超脱各种关系，他在社会意义上总是这些关系的产物。同其他任何观点比起来，我的观点是更不能要个人对这些关系负责的。"④在马克思的语境中，所谓"自然历史过程"是指历史运动会像自然过程一样，以必然的、准确无误的方式发生作用。事实上，马克思本人也把现代资本主义社会的运动规律称作"自然规律"。⑤ 我们在后面还会论述到，马克思的这些表述方式受到青年恩格斯的《政治经济学批判大纲》的影响。现在我们要追问的是：如果历史运动的规律会像自然必然性一样发生作用，那么马克思早年肯定的偶然性和人的自由意志还有存身的空间吗？回答是肯定的。在 1871 年 4 月 17 日致库格曼的信中，马克思写道："如果'偶然性'不起任何作用的话，那么世界历史就

---

① 《马克思恩格斯全集》第 3 卷，人民出版社 1960 年版，第 31 页。
② 正如卢卡奇所说的："劳动过程本身则不外乎意味着通过对于具体的因果关系的这种影响而切实地实现目的。"[匈]卢卡奇：《关于社会存在的本体论——若干最重要的综合问题》下卷，白锡堃等译，重庆出版社 1993 年版，第 70 页。
③ 马克思：《资本论》第 1 卷，人民出版社 1975 年版，第 11 页。
④ 同上书，第 12 页。
⑤ 同上书，第 11 页。

会带有非常神秘的性质。这些偶然性本身自然纳入总的发展过程中，并且为其他偶然性所补偿。但是，发展的加速和延缓在很大程度上是取决于这些'偶然性'的，其中也包括一开始就站在运动最前面的那些人物的性格这样一种'偶然情况'。"①在这里，马克思把偶然性纳入总的历史发展过程中，从而使它的存在获得了理论上的合法性，但他同时又把偶然性的作用限定在对历史进程"发展的加速和延缓"上。同时，马克思也肯定了自由意志在历史运动中发挥作用的合法性："实际上和对实践的唯物主义者，即共产主义者说来，全部问题都在于使现存世界革命化，实际地反对和改变事物的现状。"②毋庸置疑，马克思之所以把自己的理论称作"实践的唯物主义"，是因为他充分肯定了自由意志的作用。当然，他同时也严格地限定了自由意志发挥作用的范围。

在《〈政治经济学批判〉序言》(1859)中，马克思写道："无论哪一个社会形态，在它所能容纳的全部生产力发挥出来以前，是决不会灭亡的；而新的更高的生产关系，在它的物质存在条件在旧社会的胎胞里成熟以前，是决不会出现的。所以人类始终只提出自己能够解决的任务，因为只要仔细考察就可以发现，任务本身，只有在解决它的物质条件已经存在或者至少是在生成过程中的时候，才会产生。"③这就深刻地启示我们，自由意志并不等于任性，历史并不是自由意志玩弄的魔方，自由意志始终只能在历史条件允许的范围内发挥自己的作用。正是在这个意义上，马克思在《1857—1858 年经济学手稿》中补充道："在以交换价值为基础的资产阶级社会内部，产生出一些交往关系和生产关系，它们同时又是炸毁这个社会的地雷。(有大量对立的社会统一形式，这些形式的对立性质决不是通过平静的形态变化就能炸毁的。另一方面，如果我们在现在这样的社会中没有发现隐蔽地存在着无阶级社会所必需的物质生产条件和与之相适应的交往关系，那么一切炸毁的尝试都是堂·吉诃

---

① 《马克思恩格斯文集》第 10 卷，人民出版社 2009 年版，第 354 页。
② 《马克思恩格斯全集》第 3 卷，人民出版社 1960 年版，第 48 页。
③ 《马克思恩格斯选集》第 2 卷，人民出版社 1995 年版，第 3 页。

德的荒唐行为)。"①人们也许会问：在历史运动的总过程中，自由意志到底能够发挥什么作用？在《资本论》第一卷第一版序言中，马克思明确地指出："一个社会即使探索到了本身运动的自然规律，……它还是既不能跳过也不能用法令取消自然的发展阶段。但是它能缩短和减轻分娩的痛苦。"②这里所说的"缩短和减轻分娩的痛苦"正是马克思揭示的自由意志在历史进程中所起作用的范围。

尽管成熟时期的马克思把自己绝大部分精力都放在对历史因果性（或历史必然性）的探索上，但他始终承认自由意志的存在，并把实现意志在现实生活中的真正自由作为自己追求的目标。在他和恩格斯合著的《共产党宣言》中，我们可以读到下面这样的段落："代替那存在着阶级和阶级对立的资产阶级旧社会的，将是这样一个联合体，在那里，每个人的自由发展是一切人的自由发展的条件。"③在《资本论》第三卷中，马克思从康德和黑格尔那里借取了"自由王国"的概念，并表示："事实上，自由王国只是在必要性和外在目的规定要做的劳动终止的地方才开始；因而按照事物的本性来说，它存在于真正物质生产领域的彼岸。……但是，这个自由王国只有建立在必然王国的基础上，才能繁荣起来。"④在马克思看来，生产劳动始终构成人类生存的必然（因果性）王国，也构成人类所追求的自由王国的基础。

如果说，马克思哲学的出发点是从事实际活动的人，那么，恩格斯哲学的出发点则是与人的实际活动相分离的自然。在这个意义上，恩格斯是一个隐蔽的费尔巴哈主义者。尽管恩格斯对费尔巴哈做过许多批评，但对他的一般唯物主义立场总是赞赏有加，而费尔巴哈唯物主义的

① 《马克思恩格斯全集》第46卷上册，人民出版社1979年版，第106页。
② 马克思：《资本论》第1卷，人民出版社1975年版，第11页。
③ 《马克思恩格斯选集》第1卷，人民出版社1995年版，第294页。
④ 马克思：《资本论》第3卷，人民出版社1975年版，第926—927页。

哲学基础正是与人的实际活动相分离的自然界。① 恩格斯不仅从哲学上退回到费尔巴哈的唯物主义上，而且与马克思比较起来，他更接近于强决定论者的思维方式。无论是青年时期的恩格斯，还是成熟时期的恩格斯，主要关注的都是自然必然性问题。其实，我们前面提到的"自然规律"这个术语并不是马克思首创的，马克思本人也坦然承认，这个术语来自青年恩格斯的著作《政治经济学批判大纲》。正是在这部马克思屡屡提及的著作中，青年恩格斯写道："我们应该怎样理解这个只有周期性的革命才能给它开辟道路的规律呢？这是一个以当事人的盲目活动为基础的自然规律。"②当时的恩格斯不仅把社会经济运动的规律理解为"自然规律"，也把市场经济中的供求规律称作"纯自然的规律"。③ 这方面的见解贯穿他的一生。众所周知，晚年恩格斯在为马克思的《路易·波拿的雾月十八日》撰写的第三版序言中提到马克思所发现的历史运动规律时，也以同样的口吻写道："这个规律对于历史，同能量转化定律对于自然科学具有同样的意义。"④甚至于《在马克思墓前的讲话》(1883)中，恩格斯也明确表示："正像达尔文发现有机界的规律一样，马克思发现了人类历史的发展规律。"⑤从这些论述可以看出，恩格斯始终是从抽象的自然界和自然规律（或自然必然性）出发去理解并阐释历史必然性的。也就是说，他始终没有意识到自然必然性与历史必然性之间存在着异质性，而热衷于把历史必然性还原为自然必然性。

有人或许会引证恩格斯在《路德维希·费尔巴哈和德国古典哲学的出路》（以"出路"代替"终结"更好，以下简称《出路》）中的下面这段话来驳斥我们："在自然界中（如果我们把人对自然界的反作用撇开不谈）全

---

① 在《关于哲学改造的临时纲要》一文中，费尔巴哈这样写道："观察自然，观察人吧！在这里你们可以看到哲学的秘密。"《费尔巴哈哲学著作选集》上卷，荣震华等译，商务印书馆 1984 年版，第 115 页。
② 《马克思恩格斯全集》第 1 卷，人民出版社 1956 年版，第 614 页。
③ 同上书，第 614 页。
④ 《马克思恩格斯选集》第 1 卷，人民出版社 1995 年版，第 583 页。
⑤ 《马克思恩格斯选集》第 3 卷，人民出版社 1995 年版，第 776 页。

是没有意识的、盲目的动力，这些动力彼此发生作用，而一般规律就表现在这些动力的相互作用中。……相反，在社会历史领域内进行活动的，是具有意识的、经过思虑或凭激情行动的、追求某种目的的人；任何事情的发生都不是没有自觉的意图，没有预期的目的的。"①这段话不是阐明了自然与社会历史的异质性了吗？其实，正是这段话集中反映出恩格斯的错误观点。一方面，他把自然与社会历史割裂开来了。事实上，自然作为"人化自然"从来就是社会历史的组成部分。马克思早就告诉我们："社会是人同自然界的完成了的本质的统一。"②可见，自然与社会历史的关系是部分与整体的关系。既不存在恩格斯所说的外在于社会历史的自然，也不存在他所说的外在于自然的社会历史。另一方面，当他主张应该"把人对自然界的反作用撇开不谈"时，他实际上已退回到费尔巴哈的抽象自然上去了，正如马克思所说的，"被抽象地、孤立地理解的、被固定为与人分离的自然界，对人说来也是无"。③ 可见，自然必然性与历史必然性的异质性并不像恩格斯所认为的那样，表现在自然活动是没有人的意识、目的参与的，而社会历史活动则是以人的意识、目的为基础的。事实上，人不仅是自然界的一部分，而且正是人的有目的、有意识的实践活动从根本上改变着自然界。因此，自然必然性与历史必然性的真正异质性在于：前者是不以任何人的自由意志为转移的，而后者则恰恰建基于人的自由意志。

在对黑格尔确立的自由与必然关系问题的探讨上，如果说，马克思把自由理解为对历史必然性的认识，那么，恩格斯则把自由理解为对自然必然性的认识。在《反杜林论》(1876—1878)中，他这样写道："黑格尔第一个正确地叙述了自由和必然之间的关系。在他看来，自由是对必然的认识。'必然只有在它没有被理解时才是盲目的。'自由不在于幻想中摆脱自然规律而独立，而在于认识这些规律，从而能够有计划地使自

---

① 《马克思恩格斯选集》第 4 卷，人民出版社 1995 年版，第 247 页。
② 《马克思恩格斯全集》第 42 卷，人民出版社 1979 年版，第 122 页。
③ 同上书，第 178 页。

然规律为一定的目的服务。……意志自由只是借助于对事物的认识来作出决定的能力。因此，人对一定问题的判断越是自由，这个判断的内容所具有的必然性就越大；而犹豫不决是以不知为基础的，它看来好像是在许多不同的和相互矛盾的可能的决定中任意进行选择，但恰好由此证明它的不自由，证明它被正好应该由它支配的对象所支配。因此，自由就在于根据对自然界的必然性的认识来支配我们自己和外部自然；因此它必然是历史发展的产物。"① 恩格斯接着指出，人刚从自然界分离出来时是不自由的，随着生产工具和生产力的巨大发展，"才有可能实现这样一种社会状态，在这里不再有任何阶级差别，不再有任何对个人生活资料的忧虑，并且第一次能够谈到真正的人的自由，谈到那种同已被认识的自然规律和谐一致的生活"。② 从恩格斯上面两段论述中至少可以引申出三点结论。

其一，恩格斯在阐发黑格尔关于"自由是对必然的认识"的见解时，只提到自然必然性，而完全撇开了历史必然性。即使恩格斯提到社会历史时，也是从科学技术和生产力发展的角度着眼的，并把"真正的人的自由"理解为人"同已被认识的自然规律和谐一致的生活"，完全撇开了对政治革命和实践活动的探讨，仿佛只要生产力发展到一定程度，"真正的人的自由"就会降临。

其二，恩格斯不是从本体论，而是从认识论视域出发去探索必然与自由的关系的。其实，康德早已指出，认识论（理论理性）只涉及自然必然性，只有本体论（实践理性）才涉及自由。试想，如果一个人只要认识自然必然性就能获得自由，那么世界上最自由的人岂不成了自然科学家？然而，即使一个自然科学家认识了自然必然性，他也绝不可能变得比以前更自由，因为人的自由并不取决于人与自然的关系，而是取决于人与人的社会关系。一个社会是否公正、实际生活是否安全、个人的宗

---

① 《马克思恩格斯选集》第 3 卷，人民出版社 1995 年版，第 455—456 页。
② 同上书，第 456 页。

教信仰是否得到尊重、妇女和儿童的基本权利是否得到维护等，所有这些关系才涉及本体论意义上的自由。

其三，恩格斯强调，"犹豫不决是以不知为基础的"，但犹豫不决可能与认识上的无知有关，更可能与本体意义上的生命、情感、性格有关。比如，歹徒 A 胁迫人质 B 去杀死无辜者 C，B 显得犹豫不决，但这种犹豫不决根本不可能像恩格斯所说的，是出于他的"不知"。即使 B 对一切都知道得清清楚楚，他仍然会犹豫不决，因为这里涉及如何对待 C 的生命问题。对"犹豫不决"现象的探索绝不能停留在单纯认知的范围内，而应该深入本体的层面上。

从上面的论述可以看出，由于恩格斯把自由理解为对自然必然性的认识，因而必定会把自由引向对自然的认识和改造。其实，正如马克思前面的论述所昭示的，自由根本上是对历史必然性的认识和对现存社会的改造。当然，作为一个在思想倾向上更接近于强决定论的学者来说，恩格斯并不否认社会历史也是受必然性支配的，而且当他谈到历史必然性时，也并不否认偶然性的存在。比如，他在《出路》中指出："行动的目的是预期的，但是行动实际产生的结果并不是预期的，或者这种结果起初似乎还和预期的目的相符合，而到了最后却完全不是预期的结果。这样，历史事件似乎总的说来同样是由偶然性支配着的。但是，在表面上是偶然性在起作用的地方，这种偶然性始终是受内部的隐蔽着的规律支配的，而问题只是在于发现这些规律。"①那么，在社会历史的发展进程中，偶然性与必然性各自又以什么方式显现出来呢？

在 1890 年 9 月 21 日致约·布洛赫的信中，恩格斯写道："根据唯物史观，历史过程中的决定性因素归根到底是现实生活的生产和再生产。无论马克思或我都从来没有肯定过比这更多的东西。如果有人在这里加以歪曲，说经济因素是唯一决定性的因素，那么他就是把这个命题变成毫无内容的、抽象的、荒诞无稽的空话。经济状况是基础，但是对

---

① 《马克思恩格斯选集》第 4 卷，人民出版社 1995 年版，第 247 页。

历史斗争的进程发生影响并且在许多情况下主要是决定着这一斗争的形式的，还有上层建筑的各种因素：阶级斗争的政治形式及其成果——由胜利了的阶级在获胜以后确立的宪法等等，各种法的形式以及所有这些实际斗争在参加者头脑中的反映，政治的、法律的和哲学的理论，宗教的观念以及它们向教义体系的进一步发展。这里表现出这一切因素间的相互作用，而在这种相互作用中归根到底是经济运动作为必然性的东西通过无穷无尽的偶然事件（即这样一些事物和事变，它们的内部联系是如此疏远或者是如此难于确定，以致我们可以认为这种联系并不存在，忘掉这种联系）向前发展。否则把理论应用于任何历史时期，就会比解一个最简单的一次方程式更容易了。"①这段论述表明，恩格斯不愿意人们把他和马克思的唯物史观理解为一种单纯的经济决定论，他使经济因素的决定性作用退居到"归根到底"的层面上，从而承认在其他所有的领域里都存在着"无穷无尽的偶然事件"。但这样一来，问题也就随之而产生了：其一，在经济领域里难道只有"必然的东西"，而没有任何偶然性吗？其二，难道在其他领域里只有"无穷无尽的偶然事件"，而没有必然性吗？如果真是这样，那么在一大堆偶然性的基础上，政治学、法学、哲学、史学这些学科怎么可能获得科学的美名？其三，如何阐明经济领域里的必然性与其他领域里的偶然性之间的关系？正如阿尔都塞所说的："于是，我们就不知道这种必然性是否就是这些偶然事件的必然性。假如是的，那又为什么是呢？这个问题依然悬而未决。"②

在1894年1月25日致瓦·博尔吉乌斯的信中，恩格斯进一步阐释了社会历史运动中偶然性与必然性的关系："在所有这样的社会里，都是那种以偶然性为其补充和表现形式的必然性占统治地位。在这里通过各种偶然性而得到实现的必然性，归根到底仍然是经济的必然性。这里我们就来谈谈所谓伟大人物问题。恰巧某个伟大人物在一定时间出现于

---

① 《马克思恩格斯选集》第4卷，人民出版社1995年版，第695—696页。
② ［法］路易·阿尔都塞：《保卫马克思》，顾良译，商务印书馆1984年版，第96页。

某一国家，这当然纯粹是一种偶然现象。但是，如果我们把这个人去掉，那里就会需要由另外一个人来代替他，并且这个代替者是会出现的，不论好一些或差一些，但是最终总是会出现的。恰巧拿破仑这个科西嘉人做了被本身的战争弄得精疲力竭的法兰西共和国所需要的军事独裁者，这是个偶然现象。但是，假如没有拿破仑这个人，他的角色就会由另一个人来扮演。这一点可以由下面的事实来证明：每当需要有这样一个人的时候，他就会出现，如凯撒、奥古斯都、克伦威尔等等。……历史上所有其他的偶然现象和表面的偶然现象都是如此。我们所研究的领域越是远离经济，越是接近于纯粹抽象的意识形态，我们就越是发现它在自己的发展中表现为偶然现象，它的曲线就越是曲折。如果您划出曲线的中轴线，您就会发现，所考察的时期越长，所考察的范围越广，这个轴线就越同经济发展的轴线接近于平行。"①从这段重要的论述中可以引申出如下的结论。第一，在所有的社会形式中，必然性都是占统治地位的，而偶然性则是必然性的"补充和表现形式"。第二，历史必然性归根到底是经济必然性。第三，偶然性有许多不同的形式，这里被提到的是两种形式：一是伟大人物出现的偶然性和必然性；二是经济运动的必然性与意识形态领域里偶然性的关系。上述第一点表明，恩格斯确定了历史必然性的绝对统治地位，并对偶然性作用的范围做了严格的限定。第二点重复了我们前面提到过的观点，但其困难在于，偶然性难道不进入经济运动吗？第三点涉及时势创造伟大人物，但归纳式的枚举并不足以证明这种现象具有普遍必然性。另外，尽管引入了"中轴线"的比喻，但仍未对经济必然性与意识形态偶然性的关系做出令人信服的阐释。

如果返回到前面提及的恩格斯致约·布洛赫的信，就会发现，恩格斯也把另一种阐释模式引入历史运动中。他写道："历史是这样创造的：最终的结果总是从许多单个的意志的相互冲突中产生出来的，而其中每

----

① 《马克思恩格斯选集》第 4 卷，人民出版社 1995 年版，第 733 页。

一个意志，又是由于许多特殊的生活条件，才成为它所成为的那样。这样就有无数互相交错的力量，有无数个力的平行四边形，由此就产生出一个合力，即历史结果，而这个结果又可以看作一个作为整体的、不自觉地和不自主地起着作用的力量的产物。因为任何一个人的愿望都会受到任何另一个人的妨碍，而最后出现的结果就是谁都没有希望过的事物。所以到目前为止的历史总是像一种自然过程一样地进行，而且实质上也是服从同一运动规律的。但是，各个人的意志——其中的每一个都希望得到他的体质和外部的、归根到底是经济的情况（或是他个人的，或是一般社会性的）使他向往的东西——虽然都达不到自己的愿望，而是融合为一个总的平均数，一个总的合力，然而从这一事实中决不应作出结论说，这些意志等于零。相反地，每个意志都对合力有所贡献，因而是包括在这个合力里面的。"①这段话看起来很全面，也很直白，但仔细推敲，立即就会发现它存在着如下的问题。其一，悬置了唯物史观关于生产力与生产关系、经济基础与上层建筑、社会分层与阶级斗争的阐释方案，退回到资产阶级学者常用的原子化的个人和个人意志上去了。阿尔都塞为此而批评道："确实，无论霍布斯关于共同努力的组成、洛克和卢梭关于普遍意志的推广、爱尔维修或霍尔巴赫关于普遍利益的产生、斯密或李嘉图关于原子说的表现（这类著作很多），传统的资产阶级意识形态的出发点恰巧正是所谓个人意志的冲突；这种说法的出发点不是现实，而是对现实的想象，是一种旨在使资产阶级的目标在自然界中确立其地位（永恒的地位）的神话。马克思曾经批判过这个明显的前提假设，说它是经济人的神话。"②其二，无论是关于"力的平行四边形"的物理学—数学比喻，还是关于"自然过程"的断言，都显露出恩格斯试图把历史运动还原为自然运动，从而完全否认历史必然性与自然必然性的异质性的思想倾向。其三，乍看起来，个人的自由意志是阐释的出发点，

---

① 《马克思恩格斯选集》第 4 卷，人民出版社 1995 年版，第 697 页。
② ［法］路易·阿尔都塞：《保卫马克思》，顾良译，商务印书馆 1984 年版，第102 页。

但由于他的意志又取决于"体质的""外部的""归根到底是经济的情况"。于是，这个出发点就被模糊化了，真正的出发点仍然只有一个，即经济的情况。

综上所述，恩格斯终其一生都是一个典型的决定论者。他始终肯定必然性在一切领域里是占统治地位的，尽管他也谈到了偶然性，但一方面，他把偶然性放逐到经济领域以外的其他领域中去了；另一方面，他比马克思更严格地限定了偶然性起作用的范围。尽管他也涉及由黑格尔所开启的、关于自由与必然关系的重要论题，但他与马克思的差异在于，马克思把自由理解为对历史必然性的认识，而恩格斯则把自由理解为对自然必然性的认识。虽然恩格斯没有否认历史必然性的存在，但他总是试图把它还原为自然必然性。在他那里，人的自由意志最终成了经济状况的分泌物。如果马克思作为弱决定论者，为偶然性、自由意志和实践活动留下了一定的空间，那么，恩格斯作为一个接近于强决定论的学者，却始终让偶然性、自由意志和实践活动处于边缘化的状态中。毋庸置疑，他的思想对第二国际的所谓"科学的马克思主义"的形成和发展产生了决定性的影响。在这个意义上，后来列宁、卢卡奇和葛兰西对实践概念的倚重，正是为了在恩格斯和第二国际右翼思想家所铸成的决定论铁笼上打开新的缺口。

三、当代视域与思维方式发展的新趋向

在当代哲学和科学的语境中，关于决定论与自由意志关系的争论非但没有衰弱下去，反而变得更加激烈了。尽管没有新的见解出现，但在这些争论中，一种新的思维方式萌发了，其影响也日益扩大。下面，我们按照历史上已经出现过的三种不同见解，逐一考察它们在当代视域中的演化轨迹。

坚持第一种见解，即决定论见解的仍然有不少学者，阿尔伯特·爱因斯坦就是这方面的杰出代表。事实上，大多数哲学家和科学家都认为，如果世界上只有偶然性，没有因果性和决定论，那么，任何科学都是不可能的。因为任何科学所要发现的规律性的东西正是现象世界中具有稳定性的本质联系，而这种本质联系正是奠基于因果性的普遍有效性之上的。在当代，很少有人再像德谟克利特、拉普拉斯(P. S. Laplace)、马丁·路德、霍尔巴赫(P-H. Holbach)那样坚持强决定论的立场，因为这一立场与"宿命论"(Fatalism)或"预定论"(Pre-determinism)几乎没有什么区别。按照这一立场，宇宙的发展甚至在细节上都已被决定，人们的自由意志完全无法改变这种命定的格局。宇宙像时钟那样准确无误地运行，某一时刻宇宙的完整信息能够决定它在未来和过去任意时刻的状态。试想，假如人们未来生活的任何一个细节都像计算机编程一样被确定了，甚至他们在哪天早晨几点必须打一个喷嚏都被精确地规定了，那么活着还有什么意义?[1] 由此可见，强决定论的立场是极其荒谬可笑的，也只有极少数人会坚持这样极端的立场。有鉴于此，当代不少哲学家和科学家坚持的是弱决定论，这种立场同时认可了偶然性和自由意志的存在及其相应的作用。

值得注意的是，当代法国哲学家阿尔都塞通过对因果性概念的深入研究，丰富了决定论理论。在《读〈资本论〉》一书中，阿尔都塞区分了三种不同的因果性：一是"线性因果性"(Lineal causality)[2]，即沿着由果至因的线索不断地向前追溯。斯宾诺莎在《知性改进论》中曾经举过类似的例子："要想打铁，就必须要铁锤，而铁锤也必须经过制造才有。但是制造铁锤又必须用别的铁锤或别的工具，而制造这种工具又必须用别

---

[1] 人总是想尽一切办法试图摆脱因果性牢笼对自己的束缚。为什么那么多人喜欢买彩票？尽管中彩概率非常低，但它却是弱者与自己的命运抗争的一个重要途径。确实，在极少数情况下，偶然性和概率也可能使弱者改变自己的人生道路。总之，没有一个人希望自己的生活像程序一样被编定，人总是期待着偶然性创造的奇迹。

[2] L. Althusseer, *Reading Capital*, tran. Ben Brewsler, New York：Pantheon Books，1970，p. 184.

的工具，如此递推，以至无穷。"①事实上，亚里士多德的"自身不动的推动者"（the unmoved mover）正是在这种线性因果性的基础上推论出来的。同样，这种线性因果性也成了神学家们，如托马斯·阿奎那论证上帝存在的工具。因为只要沿着这种线性因果性追问下去，任何解答者都会陷入困境，只得承认上帝作为终极原因安排了所有这一切。显然，与线性因果性对应的只能是终极因（或上帝）决定论。

二是"表现因果性"（expressive causality）②，这在黑格尔著作中获得了经典性的表达形式。在黑格尔看来，绝对精神是宇宙中一切现象的原因。换言之，世界万物都是由绝对精神决定的。显然，与这种表现因果性对应的是黑格尔式的绝对精神决定论。

三是"结构因果性"（structural causality）③，这正是深受结构主义思潮影响的阿尔都塞本人提出的新概念。阿尔都塞认为，当人们考察任何一个整体的活动时，很容易发现，整体的活动是由各个部分之间的结构关系决定的。显然，与这种结构因果性对应的是结构决定论。

在叙述结构决定论时，阿尔都塞又提出了"多元决定"（over-determined）的新概念，并表示："我并不坚持要用多元决定这个术语（它是从别的学科借用的），在找不到更恰当的术语的情况下，我只用它来指出一个事实和提出一个问题；它还可以使我们看到，我们这里所说的矛盾完全不是黑格尔的矛盾。"④阿尔都塞试图用多元决定这个新概念，把自己的结构决定论与黑格尔的绝对精神决定论和恩格斯的经济因素决定论区分开来。尽管阿尔都塞的理论细化了我们对决定论和因果性理论的认识，但在关于决定论、偶然性和自由意志关系的探讨上并未提供突破性的见解。

---

① ［荷兰］斯宾诺莎：《知性改进论》，贺麟译，商务印书馆 1986 年版，第 28 页。

② L. Althusseer, *Reading Capital*, tran. Ben Brewsler, New York：Pantheon Books，1970, pp. 186-187.

③ Ibid. , pp. 186-188.

④ ［法］路易·阿尔都塞：《保卫马克思》，顾良译，商务印书馆 1984 年版，第78页。

坚持第二种见解，即非决定论见解（肯定偶然性或自由意志在宇宙中起着主导性作用）的也大有人在。在当代，这种见解首先发轫于量子力学领域研究。在丹麦物理学家尼尔斯·玻尔（N. H. D. Bohr）的倡导和推动下，统计学（statistics）和概率（probability）理论被引入量子力学的研究中，而这两种理论对传统决定论所使用的基本概念——因果性、必然性、规律性等都起了弱化作用。德国物理学家海森堡（Werner Heisenberg）随后提出了著名的"测不准原理"（Uncertainty principle）：一方面，对微观粒子的研究要借助于特殊环境，如对高能加速器的运用，这就使认识主体与认识对象之间存在着某种不确定性；另一方面，由于微观粒子具有波粒二象性，其物理量（如位置与动量、方位角与动量矩、时间与能量等）不可能同时具有确定的数值。如果一个量被确定了，另一个量就会处于不确定中。毋庸置疑，"测不准原理"为当代非决定论的兴起及相应的新思维方式的流行奠定了理论基础。

卡尔·波普（Karl Popper，又译为卡尔·波普尔）在 1957 年出版了 *The Poverty of Historicism* 一书，这本书被译为《历史决定论的贫困》。其实，Historicism 按原义应被译为"历史主义"，而不是"历史决定论"。在该书的"导言"中，波普对 Historicism 这个术语的含义做出了明确的说明："所谓历史主义是探索社会科学的一种方法，它假定历史预测是社会科学的主要目的，并假定可以通过发现隐藏在历史演化中的节奏或模式、规律或趋向来达到这个目的。"[①]由于波普这部著作主要涉及对"历史预测"（historical predictions）问题的探讨，没有系统地讨论决定论与自由意志的关系，所以我们这里不加以论述。

我们的注意力转向他的另一篇论文《非决定论和人类自由》（1965）。在这篇论文中，波普用"云"（clouds）来比喻偶然性或随机性，用"钟"（cuckoos）来表示因果性或决定论，并指出："'所有的云都是钟'，这个

---

① K. Popper, *The Poverty of Historicism*, London: Routledge and Kegan Paul Limited, 1957, p. 3.

命题可以被看作是我将称之为'物理决定论'(physical determinism)观点的一个简洁的表达。"①在波普看来，这种物理决定论是一场梦魇，因为它把宇宙视作一个巨大的自动机，而人类只是这架机器上的一个小齿轮。美国哲学家皮尔士(C. S. Peirce)是向这种决定论提出挑战的第一个哲学家，按照他的看法，"这个世界不仅是由严格的牛顿定律统治着，也同时受着偶然性、随机性或无序性法则的支配，也即受着统计概率的支配。这就使得世界成为一个云和钟的连锁系统，以致即使是最好的钟，就其分子结构而言，也显示了某种程度的模糊云状"。② 在波普发表这篇论文时，形势已经发生了急剧的变化，正如波普所描述的："非决定论，直到 1927 年还被等同于蒙昧主义，今天却变成占据统治地位的时髦，而且一些伟大的科学家，例如马克斯·普朗克(Max Plancck)、埃尔温·薛定谔(E. Schroedinger)、阿尔伯特·爱因斯坦，虽然都曾经处在发展量子理论的前线，但因抛弃决定论犹豫不决，而被认为是老顽固。"③波普明确表示，他视决定论为白日梦，他追随皮尔士，坚持非决定论的立场，并对非决定论的含义做出了明确的规定："非决定论，或者更精确地说，物理的非决定论只是这样一种学说，不是物理世界中的所有事件，在所有它们的无限小的细节上，都可以绝对精确地预先确定。"④遗憾的是，在这篇论文中，波普并未就决定论与偶然性、人类的自由意志的关系展开深入的讨论。然而，确定不移的是，一种倚重偶然性、随机性、统计学和概率的新思维方式已经蔓延开来了。

有趣的是，法国生物学家雅克·莫诺(Jacques L. Monod)在其《偶然性和必然性：略论现代生物学的自然哲学》一书中表示："一切宗教，差不多一切哲学，甚至一部分科学，都是人类孜孜不倦地作出努力以坚决

---

① ［英］戴维·米勒：《开放的思想和社会——波普尔思想精粹》，张之沧译，江苏人民出版社 2000 年版，第 267 页。

② 同上书，第 270 页。

③ 同上书，第 270 页。有改动。

④ 同上书，第 274 页。

否认自身出现的偶然性的明证。"①显然，他对这种现状十分不满，因为他通过对生物遗传问题的研究，得出了如下结论："只有偶然性才是生物界中每一次革新和所有创造的源泉。进化这一座宏伟大厦的根基是绝对自由的、但又是盲目的纯粹偶然性。这一现代生物学的中心概念，已不再是可能的或甚至是可以想象的假设了；在今天，它已经成为唯一可能的假设，是同观察到的并检验过的事实相一致的唯一的假设。设想或希望我们会在这一点上改变立场，那是完全没有道理的。"②莫诺认为，掷骰子和轮盘赌这些博弈方式完全是以偶然性为基础的，他甚至认为，"我们人类是在蒙特卡洛赌窟里中签得奖的一个号码。"③为了表明偶然性在现实生活中所起的实质性作用，莫诺举了下面这个例子："假定勃朗医生到一位危急病人那里去出诊了。与此同时，承包工琼斯已出发去紧急修理附近一座大楼的屋顶。当勃朗医生走过大楼的时候，琼斯正好一个不小心把他的榔头掉了下来。榔头落下的(决定论的)'弹道'正好同医生走的路线相交，于是医生的脑袋就被砸碎而死于非命。我们说，他是偶然性的牺牲品。难道还能有别的说法适用于这种无法预见的事件吗？在这里偶然性显然是本质的东西，是完全独立的两条事物因果链所固有的，而在它们的交叉点上造成了意外事故。"④显然，莫诺关于偶然性的观点与前人不同，他把偶然性理解为"本质的东西"，这就完全颠覆了传统决定论的见解，也大大超越了恩格斯视偶然性为必然性的"补充和表现形式"的观点，极大地拓展了非决定论的视域，使偶然性成了包括生物学在内的当代科学的"中心概念"。

耗散结构理论的创立者伊利亚·普利高津(Ilya Prigogine)在其著作《确定性的终结》(1996)中也明确表示："正如怀特海(A. N. White-

---

① ［法］雅克·莫诺：《偶然性和必然性——略论现代生物学的自然哲学》，上海外国自然科学哲学著作编译组译，上海人民出版社 1977 年版，第 33 页。

② 同上书，第 84 页。

③ 同上书，第 108 页。

④ 同上书，第 85 页。

head)、柏格森(Henri Bergson)和波普所设想的那样，非决定论现在出现于物理学中了。这不再是某种先验形而上学选择的结果，而是不稳定动力学系统所需的统计描述。"①在普利高津看来，以牛顿、拉普拉斯和爱因斯坦为代表的传统决定论已经失去了存在的理由，"我们对我们的宇宙了解得越多，就越难相信决定论。我们生活在一个演化的宇宙之中。……机遇或概率不再是承认无知的一种方便途径，而是一种被扩展的新理性之组成部分"②。也就是说，在一个混沌的、充满偶然性和随机性的、时间表现为矢量的宇宙中，我们必须用全新的、非决定论的方式去进行思索了。

与这种以偶然性、随机性为基础的非决定论相对应的是，以自由意志为基础的非决定论也获得了新的、极端的表现形式。法国哲学家萨特在《存在主义是一种人道主义》(1946)一书中曾经写道：没有决定论，人是自由的，人就是自由(There is no determination——man is free, man is freedom)。③ 萨特把人的行为的选择性作为自由意志的表现形式推到了极端，甚至认为人在决定自杀后也可以自由地选择不同的自杀方式。然而，萨特并没有考虑到，如果宇宙中没有因果性，没有决定论，人的意志自由又通过何种方式才能得以显现呢？

坚持第三种见解，即自由是对必然的认识的，也不乏其人。深受恩格斯《反杜林论》影响的马克思主义哲学教科书一般都坚持"自由是对自然必然性的认识"的见解。尽管这种见解忽略了自由与历史必然性的关系，但它毕竟是沿着自由意志与必然性之间的亲和关系进行探索的。在当代语境中，这种见解被称作"相容主义"。当代美国哲学家约翰·塞尔(J. R. Searle)在《心灵导论》(2004)一书中指出："我相信今天的大多数哲

---

① ［比利时］伊利亚·普利高津：《确定性的终结——时间、混沌与新自然法则》，湛敏译，上海科技教育出版社 1998 年版，第 88 页。有改动。又译为伊利亚·普里高津。

② 同上书，第 88 页。

③ J. P. Sartre, *Existentialism Is a Humanism*, London：Eyre Methuen LTD, 1978, p. 34.

学家都接受了某种版本的如下观点，即我们能够发现关于自由意志的论题的确是相容于决定论的论题的，其前提是我们得正确地理解这些相关概念。决定论与自由意志其实都是正确的。并不出人意料的是，这种观点被称为'相容主义'（compatibilism）。这个名号原初也被威廉·詹姆斯（William James）命名为所谓的'温和决定论'，以对比于所谓'极端决定论'（此论主张自由意志与决定论彼此是不相容的，因此倘若决定论是对的话，自由意志就是错的）。根据相容主义的观点，说一个行动是自由的，并不就等于说它不具有在因果性方面导致它发生的先在充分条件；确切地说，这只是等于说该行动具有特定种类的特殊性原因而已。……但此论的要点则在于，这些行动是被我自己内部的信念确证、理性运作与反思活动所决定的。所以说，自由行动并非没有被决定的行动，它们就像在世界中发生的任何其他事件一样都是被决定的。"①

在塞尔看来，尽管这种相容主义的见解肯定自由意志在诉诸自己的行动时并没有处于被强制的状态下，但它拥有的信念却决定着它如何去行动。有鉴于此，塞尔认定，"相容论否定了自由意志的实质而只保留了它的语词外壳"。② 那么，如何实质性地肯定自由意志的存在及相应的作用呢？塞尔认为，深入地分析人类的经验，就会发现，自由意志体现在人类的意向中。人类既可以保留自己的意向而不加以实施，也可以在行动中实施自己的意向。"对自由的这种体验在任何带有一种意向的行为中都是一个基本的组成部分。"③正是基于这样的思考，塞尔提出了"意向因果性"（intentional causality）这一新概念作为自由意志的解释形式，并表示，"这种解释形式不是决定论的。对行为的意向性解释这一形式并不意味着行为必定发生，不意味着意向的原因足以决定行为必须

---

① ［美］约翰·塞尔：《心灵导论》，徐英瑾译，上海人民出版社 2008 年版，第 195 页。有改动。

② ［美］约翰·塞尔：《心、脑与科学》，杨音莱译，上海译文出版社 1991 年版，第 76 页。

③ 同上书，第 83 页。

实现"。① 然而，在我们看来，意向因果性这个概念并没有使塞尔的观点真正超越相容主义，因为只要人们对希望、恐惧、意愿等意向现象进行分析，就会立即发现，这些意向本身也是由他们生存状态中的一些更深层的原因所决定的。如果说，意识的最重要活动是做判断，行动的最重要的结果是做选择，那么，所有这些无不关系到决定或被决定。由此可见，不管人们如何去解释自由意志，在人类社会中，自由意志永远会与决定或被决定作伴，而自由意志自身的存在方式也是通过做决定或被决定而呈现出来的。综上所述，随着量子力学的兴起、统计学和概率理论的引入，传统决定论受到了前所未有的冲击。在这样的背景下形成起来的新的思维方式更注重的是对偶然性、随机性和自由意志作用的探索。尽管这些探索极大地丰富了人们对决定论与自由意志关系难题的理解，但它们并没有真正提供出解决这个难题的突破性见解。当然，这些可贵的探索毕竟为我们的思索提供了新的起点。

四、第四种见解：自由意志大于决定论

在全面反思决定论与自由意志关系讨论的历史经验及当代走向的基础上，我们提出第四种见解，即"自由意志大于决定论"。这里"大于"的意思是：自由意志所涵盖的问题域超出了决定论所涵盖的问题域。迄今为止，决定论与自由意志的关系之所以一直处于争论不休的状态中，除了基本概念含义的界定不够明晰外，根本的原因在于，这两个概念在内涵上是不相称的。我们认为，自由意志主要包含以下五项关系：

A. 自由与任性

---

① ［美］约翰·塞尔：《心灵、语言和社会——实在世界中的哲学》，李步楼译，上海译文出版社 2001 年版，第 102 页。

B. 自由与必然

C. 自由与做决定

D. 自由与道德责任

E. 自由与法权人格

在这五项关系中，其中 A、B、C 三项关系、D 关系中的一部分可以对应于决定论问题加以探讨，而 E 关系则完全超越了决定论的范围。由此可见，如果人们期望全面地把握决定论与自由意志的关系，那么，他们对这一关系的探索必须包含两个领域：一是自由意志与决定论内涵对应的领域；二是自由意志的内涵超越决定论内涵的领域。

我们先来考察第一个领域。就 A 关系来说，人们普遍地把自由意志理解为任性。正如黑格尔所说："对自由最普通的看法是任性的看法。"①所谓"任性"，也就是为所欲为，想做什么就做什么，想不做什么就不做什么。然而，只要把 A 关系与决定论对应起来，就会立即发现，对于自由意志来说，任性只是在非常有限的范围内才是可能的。比如，我站在地上，设想（按照塞尔的说法就是"意向"）自己不借助外力就能飞到空中去。显然，这个设想是无法实现的，因为重力本身决定了不借助外力我无法像鸟一样在空中飞行，但我想在地上任意地蹦跳几下却是可以的。显然，任性的边缘是由决定论的因果性划定的，它会不断地修正我们关于任性无界限的幻觉。所以，黑格尔干脆告诉我们："通常的人当他可以为所欲为时就信以为自己是自由的，但他的不自由恰好就在任性中。"②

就 B 关系来说，当自由被理解为对必然的认识时，由于必然性（因果性）是决定论的基础，所以，这里实际上已涉及自由意志与决定论的关系。黑格尔敏锐地发现，自由并不是对必然的逃避，恰恰相反，自由

---

① ［德］黑格尔：《法哲学原理》，范扬、张企泰译，商务印书馆 1979 年版，第25页。

② 同上书，第27页。

是对必然的认识，是把本来具有敌意的必然化为自己的"朋友"。如果用当代哲学家或科学家的话来表示，决定论与自由意志具有相容性。其实，黑格尔发现的这一真理体现在所有的实践活动中。众所周知，实践者总是带着自己的目的、动机或意向去从事实践活动，而实践活动要取得预期的效果，就必须遵循因果律。可见，任何实践活动都是目的性（自由意志的表现形式）与因果性（决定论的基础）的统一，换言之，是自由与必然的统一。我们认为，在对B关系的探讨中，人们的观念之所以变得模糊不清，是因为他们没有把以下两组关系严格地区分开来：

第一组关系是必然性与偶然性的关系。事实上，必然性概念具有以下两种不同的类型：一种是"硬的必然性"（hard necessity），它出现在数学、演绎逻辑和先验哲学中，即在确定的语境（如平面几何）中，任何定律（如"三角形三个内角之和等于180度"）绝不可能出现意外的情况；另一种是"软的必然性"（soft necessity），即它并不是绝对必然的，只是表示大多数情况下如此，这里涉及的是统计学和概率。它出现在与感觉经验有关的各种实证科学中，由于归纳是不完全的，因而这些领域总是出现意外的情况。就偶然性来说，也具有两种不同的类型：一种是"自然的偶然性"（chance of nature），如一只金龟子飞到一棵桃树上，滴下来的树脂正好把它淹没了，这里起作用的正是自然的偶然性；另一种是"自由意志的偶然性"（chance of free will），如某人平时足不出户，有一天有兴致外出散步，却在一场意外的车祸中丧生。我们在前面的A关系中提到的任性也可理解为自由意志的偶然性，有如黑格尔所说："任性是作为意志表现出来的偶然性。"①由于后一种偶然性是人的自由意志引发的，因而也可以称作"意向的偶然性"（Intentional chance）。

第二组关系是必然性与自由的关系。实际上，必然性也可区分为以下两种不同的类型：一种是"自然必然性"（natural necessity），即人在从事改造自然的活动中必须遵循的自然规律；另一种是"历史必然性"（his-

---

① ［德］黑格尔：《法哲学原理》，范扬、张企泰译，商务印书馆1979年版，第25页。

torical necessity），即人在从事社会活动中必须遵循的社会发展规律。显然，这两种必然性是异质的。尽管自然必然性是在人认识自然、改造自然的过程中被发现出来的，但它是不以人的意志为转移的，即人必须无条件地服从自然必然性。但是，我们却不能说，历史必然性是不以人的意志为转移的。恰恰相反，历史必然性正建基于人的意志活动，因而是以人的意志活动为转移的。与此相应的是，我们也必须区分出两种不同的意志：一种是"人的意志"（human will），即泛指所有人的意志；另一种是"个人的意志"（individual will），即指某个人的意志。而个人的意志又必须进一步被区分为"伟大人物的意志"（a great man's will）和"普通人的意志"（an ordinary man's will）。由于某个伟大人物的意志在历史发展的特殊情况下有可能发挥决定性作用，所以，我们至多只能说"历史必然性是不以某个普通人的意志为转移的"，却不能笼统地说"历史必然性是不以人的意志为转移的"。再分析下去，我们发现，自由也有两种不同的类型：一种是"认识论意义上的自由"（freedom in the epistemological meaning），这种自由对应于自然必然性，特别为恩格斯所倡导，实际上是一种虚假的自由，因为不管人对自然的认识和改造达到何种程度，都不会对人的自由产生实质性的影响；另一种是"本体论意义上的自由"（freedom in the ontological meaning），这种自由对应于历史必然性，为马克思所倡导。由于真正的自由不是体现在认识领域，而是体现在本体领域中，所以后一种自由才是我们应该加以追求的真正的自由。就 C 关系来说，涉及我们对决定论与自由意志关系的新的理解。在通常的情况下，人们总是倾向于把决定论蕴含的决定与自由意志蕴含的自由抽象地对立起来，以为自由就是不做决定。显然，这种理解方式完全曲解了自由意志的存在方式。恰恰相反，意志自由的实质不是停留在向多种可能性敞开的犹豫不决的状态中，而是做出明确的选择或决定。黑格尔早已告诉我们："不做什么决定的意志不是现实的意志；无性格的人从来不做出决定。……人惟有通过决断，才投入现实，不论做出决定对他说来是怎样的艰苦。"①如果人们把自由意志的存在方式理解为做决定，他们立即就会发现，决定论与自由意志不再是外在的对立关系，而成了内在的亲和性的关系了。说得确切一些，不再需要决定论与自由意志关系这样的表述方式，而只要说决定论就可以了，因为自由意志已作为做决定的特殊形式被涵盖在整个决定论中了。也就是说，现在我们所要面对的是两种做决定的不同形式：一种是"来自必然性的决定"（determination from necessity），它会通过自然规律显露出来；另一种是"来自自由意志的决定"（determination from free will），它只能通过人的选择或决断显现出来。毋庸置疑，这两种决定形式是异质的。前一种决定形式是自发地，甚至被动地起作用的，犹如黑格尔所说："规律不会行动，只有现实的人才会行动。"②而后一种决定形式则是拥有自由意志的人自觉地、主动地做出来的。当然，后一种决定形式要变得有效，就必须与前一种决定形式保持一致。随着当代科学技术的发展，来自自由意志的决定起作用的范围变得越来越大了，决定的后果也变得越来越严重了，以致对生态环境造成了越来越严重的破坏。在这样的背景下，决定论与自由意志关系问题的重心越来越移向自由意志这一面。我们甚至可以说，自由意志的界限问题已经取代了决定论与自由意志的关系问题。

就 D 关系来说，关于决定论与自由意志关系的任何讨论必定会涉及，因为假设世界上的一切都是被决定的，包括人的自由意志也只能被决定而不能做决定，那么任何人都无需为自己的行为承担道德责任。然而，在现实生活中，即使人的自由意志必须应和自然必然性或历史必然性来行动，他仍然会有选择的空间。比如，一个痛苦万分的人站在高楼上，是坠楼自杀，还是坚强地活下去，他的意志仍然可以做出选择或决定。既然如此，人就必须对自己的行为后果负相应的道德责任。从历史上看，许多学者，包括前面提到的奥古斯丁、康德，都对 D 关系做了深

---

① ［德］黑格尔：《法哲学原理》，范扬、张企泰译，商务印书馆1979年版，第24页。
② 同上书，第154页。

入的探索。然而，在决定论与自由意志关系的视域中，受关注的只是自由意志是否拥有一定的选择空间，至于自由意志应该遵循什么样的道德责任这一点并未受到关注。也就是说，D关系中已经蕴含着超越上述视域的因素。事实上，在讨论C关系时，我们已经指出，随着当代科学技术的发展和来自自由意志的决定成分的加重，对行为的道德责任的反思已经被推到最前沿的位置上。正如诺伯特·维纳所说的："时间已经很晚了，对善恶的选择已经在敲我们的门了。"①

我们再来考察第二个领域。就E关系来说，它完全超越了决定论与自由意志关系的视域。如前所述，决定论奠基于因果性（或必然性），因而它只关注自由意志与必然性（自然必然性和历史必然性）之间的关系。然而，拥有自由意志的个人总是生活在一定的共同体中，因而必须服从共同体制定的规范，尤其是这些规范的基础和核心部分——法律。我们知道，在英语中，law这个名词具有以下两种不同的含义：一是"规律"，如"自然规律"（natural law）；二是"法律"。显然，law的后一种含义完全逸出了决定论与自由意志关系的视域，但后一种含义的重要性丝毫不逊于前一种。在黑格尔看来："任何定在，只要是自由意志的定在，就叫做法。所以一般说来，法就是作为理念的自由。"②当意志按照自然冲动而行动时，表现为无教养的任性；而当意志自觉地接受法的引导时，它就达到了理念的高度，"因为法包含着自由的概念，即精神的最高规定，与此相反，任何其他东西都是缺乏实体的"。③ 也就是说，在共同体中，真正与自由意志休戚相关的是法律，因为与政治规则、宗教戒律、道德责任等其他要素比较起来，只有法律具有实体性。不管当事人愿意与否，法律做出的决定必须加以实施。此外，黑格尔强调，人格构

---

① ［美］诺伯特·维纳：《维纳著作选》，钟韧译，上海译文出版社1978年版，第175页。
② ［德］黑格尔：《法哲学原理》，范扬、张企泰译，商务印书馆1979年版，第36页。
③ 同上书，第38页。

成法律的基础，"所以，法的命令是：'成为一个人，并尊重他人为人。'"①黑格尔把停留在原始冲动中的自然人称作 Mensch，把具有独立人格（即具有强烈法律意识）的人称作 Person。他所说的"成为一个人"，就是自觉地从自然人转变为法权人；由于人格是以主体际性的方式存在的，所以只有相互尊重才能确保每个人的人格都不受损害。按照黑格尔的观点，真正的自由是与普遍的法权人格的确立密切相关的。

由此可见，D 关系中的一部分和 E 关系中的全部讨论都超越了决定论与自由意志关系的视域。事实上，在决定论与自由意志关系的视域中，人们所能达到的最高认识是：自由是对必然的认识，而这种见解在当代语境中则被称作相容主义。尽管像塞尔这样的学者试图形成与相容主义不同的新的理论，但他们的尝试并未取得成功。如果我们站在共同体的高度上考察 D、E 关系，就会发现，在对上述视域的探索中达到的最高识见——自由是对必然的认识——既给人类改造自然和社会带来了巨大的动力，也为人类未来的发展埋下了严重的隐患。因为在这个视域中言说的自由归根到底是抽象的、苍白无力的，因为它完全撇开了共同体背景，撇开了相应的法律、道德和其他规范对自由的约束。而在科学技术和人类的自由意志变得越来越强大的今天，迄今为止传统哲学讨论的决定论与自由意志的关系在很大程度上已被边缘化了，我们面对的真正的新问题是"自由意志的限度"。也就是说，已经到了这样的时候，人类必须为自己的自由意志起作用的范围划出明确的界限了。正如 E. 拉兹洛在《决定命运的选择》(1992)一书中所说的："在 20 世纪的最后几年里，我们所创造的这个世界已变得令人无法忍受。政治、种族和宗教冲突、社会和经济不公正以及环境恶化，使得地球上一切生命的未来成为问题。如果我们这一代人做出错误的选择，我们下一代人就将是历史的最后一代人。如果我们的下一代消失了，人类所能拥有的洞察力、创造力、爱和同情心的不可估量的潜能也将从宇宙的历史舞台上消失。摆在

---

① ［德］黑格尔：《法哲学原理》，范扬、张企泰译，商务印书馆 1979 年版，第46 页。

我们面前的选择是决定命运的选择：是进化和灭亡之间的选择。"①波普也在题为《20世纪的教训》(1992)的演讲录中告诫我们："未来是开放的，由我们所有人决定。它取决于你、我、其他人，今天、明天、后天做了些什么。但是，我们能做什么，又受限于我们的理念与希望、我们的期盼与恐惧。"②总之，人类必须对自己的自由意志及其整个文化背景做出全面的反思，必须对自己意志起作用的范围进行严格的限定。正如莫诺所警示的："王国在上，地狱在下，人类必须做出自己的选择。"③

---

① [美]E. 拉兹洛：《决定命运的选择——21世纪的生存抉择》，李吟波等译，生活·读书·新知三联书店1997年版，第158—159页。

② 《二十世纪的教训——波普尔访谈演讲录》，王凌霄译，广西师范大学出版社2004年版，第125页。

③ [法]雅克·莫诺：《偶然性和必然性——略论现代生物学的自然哲学》，上海外国自然科学哲学著作编译组译，上海人民出版社1977年版，第135页。

幸福三论[①]

随着当代中国社会的发展和国际交往的增加，人们的观念正在发生深刻的变化，而这尤其体现在近年来人们对幸福问题的普遍关注上。毋庸置疑，这个问题早已超出了单纯学理研究的范围，扩展到全社会不同的人群中。在网络上，只要人们输入"幸福"这个关键词，无数个讨论栏目、名言警句、采访记录、当事人的感受、不同见解的争论就会映入眼帘，令他们目不暇接。那些孜孜不倦地致力于调查当代中国人对目前生活的"满意度"或"幸福指数"的人，甚至在大街上把行人们一个个拦下来，劈头就问："您觉得自己幸福吗？"弄得这些人一头雾水。其实，幸福问题既不是实证科学和实证调查所能解答的，也不是伦理学家们引证历史上某些名人关于幸福的见解就能加以解决的问题。

自从语言诞生，人们之间的理解和沟通就取得了突飞猛进的发展，然而，也正是因为语言本身性质的缘故，人们在某些问题上的理解和沟通变得困难重重。比如，"沙子"这个概念可以涵盖宇宙中所有的沙子，甚至包括任何一幅画作中的沙子，这就把表达方式大大地简化了。假如人们

---

① 原载《上海师范大学学报（哲学社会科学版）》2013 年第 2 期。——编者注

必须给宇宙中的每粒沙子取一个不同的名称，他们肯定会累死。事实上，这样具体而微的语言没有任何人掌握得了。然而，当人们轻松自如地使用沙子这个抽象概念时，它指称的究竟是中国青岛海滩上的沙子、泰国柏塔雅海滩上的沙子，还是澳大利亚悉尼邦迪海滩上的沙子，或者是某幅画作中的沙子？这里就产生了瑞士语言学家索绪尔所说的"能指"（signifier，即人们说"沙子"这个概念时发出的声音）与"所指"（signified，即人们在说出"沙子"这个概念时实际上所指的对象）之间的分离。在许多场合下，人们漫不经心地使用着某个能指，但这个能指的所指究竟是什么，却并不总是明确的；反之，假定人们心中的所指是明确的，但假如他们在表达自己的思想时使用了不恰当的能指，同样会使自己的表述处于含混状态中。

长期以来，人们关于幸福问题的探讨之所以始终处于原地踏步的状态，在相当程度上要归咎于他们在使用语言表达自己思想时能指与所指之间的分离。本文试图通过对幸福、幸福感、幸福论和幸福观等概念的厘定，对这个问题做出新的探索。

一、何谓幸福

人们关于幸福（happiness）问题的见解之所以长期以来处于迥然各异、莫衷一是的状态，一个根本的原因是，这个概念本身就是含混的。古希腊哲学家亚里士多德就曾提出如下的疑问："究竟什么是幸福，人们对此的看法却不一致，而且一般民众和有智慧的人的意见迥然不同。一般大众所理解的幸福是某种抓得着、看得见的东西，例如快乐、财富或荣誉。但究竟是哪一个，这个人说是这个，那个人说是那个，甚至同一个人有时说它是这个，有时说它是那个。生病时，说健康就是幸福；贫穷时，说财富就是幸福。而在感觉到了自己的无知之后，又羡慕那些高谈阔论、说出一些超出他们理解力的东西的人。"①无独有偶，德国哲学家康德也表达过类似的看法："也有一些僭越的概念，例如幸福、命运，它们虽然凭借几乎普遍的宽容而流行，但毕竟有时需要回答 quid iuris[有何权利]的问题；此时，在这种情况下就陷入不小的麻烦，因为人们无论是从经验出发还是从理性出发都举不出清晰的合法根据来澄清使用这些概念的权限。"②值得庆幸的是，康德说的是"无论是从经验出发还是从理性出发"都很难厘定幸福概念的含义，而我们这里的切入点则是语言分析。或许从这个新的角度出发，可能对幸福问题做出别具一格的阐释。为便于理解，我们不妨从希罗多德讲述的那个关于幸福的故事开始。

吕底亚人的国王克洛伊索斯征服了许多地方，拥有大量财富。当雅典人梭伦去拜访他时，他让梭伦住在宫殿里，让仆人带着梭伦去参观他所拥有的一切华美贵重的东西，然后对梭伦说："我很想向您请教一下，到目前为止在您所遇到的所有的人中间，怎样的人是最幸福的?"③显然，克洛伊索斯希望梭伦说他是世界上最幸福的人，但梭伦并没有这么做。他先说雅典的泰洛斯是最幸福的人，因为他拥有繁荣的城邦和出色的孩子，他一生享尽了安乐却又死在战场上，雅典人给他举行了隆重的国葬。

克洛伊索斯勉强地听完了梭伦的话，又追问他，除了泰洛斯，世界上还有谁是最幸福的? 梭伦这次提到的是阿尔哥斯人克列欧毕斯和比顿兄弟，因为他们不但拥有充裕的财富，而且天生具有强健的体力。有一次，阿尔哥斯人在神殿为希拉女神举行盛大祭典，兄弟俩的母亲要乘牛车赶到那里去，但牛还在田里，为了赶上祭典，兄弟俩竟然把牛轭套到

① [古希腊]亚里士多德:《尼各马可伦理学》，邓安庆译，人民出版社 2010 年版，第 43—44 页。

② [德]伊曼努尔·康德:《纯粹理性批判》，李秋零译，人民出版社 2004 年版，PA84-5/B117。

③ 《希罗多德历史》上册，王以铸译，商务印书馆 1985 年版，第 14 页。

自己身上，飞奔着把母亲送到神殿那里。尽管他俩倒地而亡，但阿尔哥斯人给了他们最高的荣誉。听到这里，克洛伊索斯发火了："雅典的客人啊，为什么你把我的幸福这样不放在眼里，竟认为它还不如一个普通人？"①梭伦回答："只有在我听到你幸福地结束了你的一生的时候，才能够给你回答。毫无疑问，纵然是富豪，除非是他很幸福地把他的全部巨大财富一直享受到他临终的时候，他是不能说比仅能维持当日生活的普通人更幸福的……不管在什么事情上面，我们都必须好好地注意一下它的结尾。因为神往往不过是叫许多人看到幸福的一个影子，随后便把他们推上了毁灭的道路。"②

后来，波斯人的统帅居鲁士征服了吕底亚，当克洛伊索斯即将在火堆上被烧死时，他才意识到梭伦的话是对的，"即活着的人没有一个是幸福的"。③尽管克洛伊索斯认定梭伦关于幸福的见解是深刻的，但我们却没有理由去盲从梭伦的观点，因为按照他的观点，只要一个人还活着，他就不可能是幸福的。正如亚里士多德所批评的："假如我们接受这种观点，岂不是只有等人死后才能说他是否幸福？这难道不是完全荒谬的吗？"④

那么，亚里士多德本人又是如何看待幸福问题的呢？他把幸福理解为最高的善，并指出："众所周知，有一种对善的三分法，称作外在的善、身体的善和灵魂的善，而我们在这里是把灵魂的善称作真正的、最卓越意义上的善。"⑤显然，亚里士多德的这一"三分法"为我们深入分析幸福概念提供了重要的启发。如果用现代语言加以表述，对他的三分法可以作如下的阐释，即人们通常谈论的幸福是一个综合性的概念，它是由外在因素（客观因素）和自身因素（主观因素）构成的，而自身因素又可

---

① 《希罗多德历史》上册，王以铸译，商务印书馆1985年版，第15页。
② 同上书，第15—16页。
③ 同上书，第44页。
④ [古希腊]亚里士多德：《尼各马可伦理学》，邓安庆译，人民出版社2010年版，第65页。
⑤ 同上书，第59页。

进一步细分为身体因素和精神(或灵魂)因素。有鉴于此,也可以说幸福是由三大因素——外在因素、身体因素和精神因素构成的。下面,我们先对这三大因素的内容做一简要的展示。

(1)外在因素包括良好的环境、高贵的出身、聪慧的子女、朋友与社交、财产与地位、权力与荣誉等。把幸福中的外在因素直接等同于幸福本身,这种关于幸福的见解可以被称作"条件论",即只重视幸福中可能蕴含的外在条件,忽视或完全忽视幸福中的自身因素。

(2)身体因素包括健康的体质,漂亮的面容,健美的身材,身体的快感,高雅的情趣,特异的体能(如快速奔跑、游泳、跳远、跳高、骑马、赛车)等。把幸福中的身体因素直接等同于幸福本身,这种关于幸福的见解可以被称作"快感论"。由于快感论主要涉及人们的身体对幸福的即时感受,因而也可以被称作"幸福感"。

(3)精神因素包括健全的理智、独立的思想、丰富的内心、平和的心态、自由的闲暇、深刻的思辨等。把幸福中的精神因素直接等同于幸福本身,这种关于幸福的见解可以被称作"心态论"。由于心态论主要是从精神上、理论上去理解并阐释幸福的含义的,因而也可以被称作"幸福论"。

人们首先认定,在构成幸福的三大因素中,外在因素是最不重要的,因而"条件论"也是最不靠谱的。叔本华就曾说过:"凡夫俗子们以他们的身外之物当作生活幸福的根据,如财产,地位,妻室儿女,朋友,社交,以及诸如此类的一切;所以,一旦他失去了这些,或者一旦这些使他失望,那么,他的幸福的基础便全面崩溃了。换言之,他的重心并不在他自身。"[①]显然,在他看来,作为"身外之物"的外在因素,在幸福中是最不重要的因素。然而,在当代中国社会中,不少人在理解幸福概念的含义时,仍然自觉地或不自觉地认同条件论,把外在因素,尤其是财富、权力和荣誉认作幸福的最重要因素。

---

① 《叔本华论说文集》,范进等译,商务印书馆 1999 年版,第 30 页。

其次，大多数人谈论幸福时都赞成，比外在因素更重要的是自身因素，因而把"快感论"或"幸福感"置于更重要的地位上。比如，边沁作为功利主义的肇始人，在《道德与立法原理导论》中强调，快乐与痛苦主宰着人类的一切，因而主张把幸福与快乐、不幸与痛苦理解为含义相同的词。① 边沁甚至认为："人性可感觉的若干种简单快乐似有如下述：(1)感官之乐；(2)财富之乐；(3)技能之乐；(4)和睦之乐；(5)名誉之乐；(6)权势之乐；(7)虔诚之乐；(8)仁慈之乐；(9)作恶之乐；(10)回忆之乐；(11)想象之乐；(12)期望之乐；(13)基于联系之乐；(14)解脱之乐。"② 乍看起来，边沁这里列出的14种快乐涉及我们前面提到的三大因素中的许多内容，比如，"虔诚之乐"和"仁慈之乐"就关涉到自身因素中的精神因素，但实际上，边沁真正重视的是被他置于第一位的"感官之乐"，他还把这种快乐具体化为以下9种表现形式："味觉之乐""醉酒之乐""嗅觉之乐""触觉之乐""简单听觉之乐""简单视觉之乐""性感快乐""健康之乐""新奇之乐"。③ 这就表明，在探讨幸福问题时，边沁主要聚焦于感官之乐，显然是个快感论者。后来，约翰·穆勒在《功利主义》一书中试图修正边沁的理论，把快乐的主要内涵引申到精神领域中，但他既然认可了边沁把幸福等同于快乐的基本理论，也就很难从快感论中超拔出来了。

最后，哲学家或爱好沉思的人中间的大部分坚持的是"心态论"或"幸福论"，即把自身因素中的精神因素认作幸福中最重要的因素。比如，亚里士多德认为："对于人而言，这个最好的和最富于享受的东西就是按灵智生活，因为这种生活最多地属于人，因而这种生活也是最幸

---

① ［英］边沁：《道德与立法原理导论》，时殷弘译，商务印书馆2000年版，第58页。这种观点后来在叔本华那里也得到了响应。叔本华同样认为人类幸福和痛苦的形式无论怎样变幻，引导人们去追寻幸福和躲避痛苦的物质基础就在于肉体的快适痛苦。《叔本华论说文集》，范进等译，商务印书馆1999年版，第419页。

② 同上书，第90页。

③ 同上书，第91页。

福的。"①他这里所说的"灵智"指的是人的灵魂、理智，即人的精神因素。事实上，叔本华也有类似的见解："我们的结论是，自然赋予他以理智财富的人乃是最幸福的人。"②

从上面的论述可以看出，人们习惯于从幸福的三大因素中的某个因素出发，以以偏概全的方式思索幸福问题，从而造成了幸福概念自身的片面性和含糊性。如果说，条件论者总是把幸福的外在因素等同于幸福本身，快感论者总是把自身因素中的身体因素等同于幸福本身，那么，心态论者则总是把自身因素中的精神因素等同于幸福本身。比较起来，影响最大的是快感论者。快感论者经常陷入的迷误是：以为自己正在谈论"幸福"这个客观对象，实际上谈论的却是"幸福感"这个主观对象。如前所述，这种幸福感作为快感论，正是人们自己对幸福的主观感受。借用索绪尔的语言来表达，他们使用的能指是"幸福"，但其所指却是"幸福感"。打个比方，一群游览过庐山的人正在谈论庐山，他们也以为自己在谈论庐山，但实际上，他们谈论的只是庐山留在他们大脑中的主观印象。也就是说，他们不知不觉地用"庐山留在他们大脑中的主观印象"取代了"庐山"本身。同样，快感论者也偷偷地用"幸福感"取代了"幸福"。正是通过对这种以偏概全的思维方法，包括快感论者的偷梁换柱的表达方式的揭露，我们才会明白，为什么人们在幸福问题的讨论上难以达成共识。

其实，要全面地、整体地把握幸福概念的含义，就既不能停留在条件论上，也不能停留在快感论（幸福感）或心态论（幸福论）上，而应该确立一种综合性地考察幸福三大因素的幸福观。这种综合性的幸福观既反对人们以以偏概全的思维方式去理解并阐释幸福问题，也反对快感论者用自己的主观感受，即"幸福感"去偷换"幸福"这个主题。毋庸置疑，当人们能够撇开自己的私人感受，综合三大因素，全面地、客观地考察并

---

① [古希腊]亚里士多德：《尼各马可伦理学》，邓安庆译，人民出版社 2010 年版，第 345 页。

② 《叔本华论说文集》，范进等译，商务印书馆 1999 年版，第 31 页。

探索幸福问题时，他们才有可能在这个问题上达成相应的共识，从而实质性地推进对这个问题的探讨。

二、什么是幸福的本质

如前所述，幸福是由外在因素和自身因素这两个方面构成的，诚如叔本华所言，即使是外在因素，也只能通过自身的，即主观因素才能得到认可并发挥其作用。这就暗示我们，幸福的本质只能到人的自身因素或主观方面去探求。然而，普通人却习惯于从外在因素出发去看待并理解幸福的本质。假如他们发现，某人出身高贵，家庭富裕，他们就认定，这个人永远是幸福的，仿佛幸福成了他身上的某种不变的品质或属性。其实，他本人并不一定认为自己是幸福的，索福克勒斯笔下的俄狄浦斯、莎士比亚笔下的哈姆雷特和曹雪芹笔下的贾宝玉，就是这方面的典型例子。

亚里士多德早就告诫我们："幸福不是品质。否则的话，一个一生都在睡觉，过着植物般生活的人，或者那些遭遇最大不幸的人们，也都具有幸福了。当我们现在不能满足于这一说法时，我们反而更愿意像先前已经说过的那样，必然把它归入某种活动中；再说如果部分的活动是必然的而且作为手段，部分的活动本身就值得欲求，那么幸福显然就可阐释为本身就值得欲求的实现活动，而不单是作为手段才值得欲求的实现活动。它确实无需别的事物，而是自足的。所谓本身值得欲求的活动，就是人们无需追求别的东西而只追求活动本身的实现就够了。"①在亚里士多德看来，幸福本质上不是一种品质或属性，而是本身具有自足

---

① ［古希腊］亚里士多德：《尼各马可伦理学》，邓安庆译，人民出版社 2010 年版，第 340 页。

性也值得加以追求的一种活动。他把这种活动称作"灵魂合乎德性的活动"①。也就是说，幸福的本质是合乎德性的活动。

与亚里士多德不同，康德敏锐地观察到德性与幸福之间的外在性与排斥性："个人幸福原则，不论其中运用了多少知性和理性，对于意志而言除了那些适合于低级欲求能力的决定根据之外，仍然不包含其他的决定根据。"②也就是说，幸福的本质或根据只存在于人的低级的欲求能力中，而与人的德性无涉。那么，什么是幸福的本质呢？康德告诉我们：既然一个理性存在者有关贯穿他整个此在的人生愉悦的意识就是幸福，而使幸福成为意愿的最高决定根据的那个原则，正是自爱原则。③尽管康德同意亚里士多德把幸福的本质理解为一种活动，但他并不认为这是一种合乎德性的活动，而主张它是一种受自爱原则驱使的活动。在谈到基督教爱上帝甚于一切、爱邻人如爱自己等观念时，他曾经写道：某些人定想为德性最高原理的自我幸福原则与这个法则形成奇特的对比。这个自我幸福原则的内容是——爱你自己甚于一切，但爱神及汝邻人乃为汝自己的缘故。④ 这就明确地告诉我们，自爱就是爱自己甚于一切。康德认定，幸福本质上就是人们在自爱原则的支配下从事的活动。

康德进而指出："如果使个人的幸福原则成为意志的决定根据，那么这正是德性原则的对立面。"⑤既然德性与幸福是相互外在、相互对立的，那么康德的意图究竟是放弃幸福、追求德性，还是放弃德性、追求幸福呢？毋庸置疑，康德的意图是把德性作为幸福的配当，从而把它们统一在理想的目标——"至善"中："无上的善（作为至善的第一条件）是德性，反之，幸福虽然构成了至善的第二元素，却仍然是如此：它是前

---

① ［古希腊］亚里士多德：《尼各马可伦理学》，邓安庆译，人民出版社 2010 年版，第 64 页。
② ［德］康德：《实践理性批判》，韩水法译，商务印书馆 1999 年版，第 23 页。
③ 同上书，第 20—21 页。
④ 同上书，第 90 页注①。
⑤ 同上书，第 37 页。

者仅以道德为条件的、却依旧必然的后果。"①显然，在康德的心目中，德性是至善中的前提性因素。换言之，必须以德性来引导幸福。如果说，亚里士多德认定幸福本质上就是"灵魂合乎德性的活动"，那么，康德则认为，幸福本质上是人们在自己的活动中自觉地或不自觉地加以遵循的自爱原则，只有在理想状态下，幸福与德性才可能是一致的。"因此，道德学根本就不是关于我们如何谋得幸福的学说，而是关于我们应当如何配当幸福的学说。"②从表面上看，康德与亚里士多德对幸福本质的理解是相反的，但本质上却是一致的，差别只在于，亚里士多德把德性理解为幸福中的基础部分，康德则把德性理解为外在于幸福的前提性元素。

康德的自爱原则在叔本华那里转变为欲求得到满足的学说。叔本华认为，世界的本质是意志，而人的身体就是意志的客观化，意志的欲求是无限的，就像希腊神话中妲奈伊德（又译为达那伊德斯）的穿底水桶，永远是装不满的。因而"人，彻底是具体的欲求和需要，是千百种需要的凝聚体"③。然而，周围世界能够满足人的欲求的资源永远是有限的。正是这一基本格局决定了人生从总体上看是痛苦的："欲求和挣扎是人的全部本质，完全可以和不能解除的口渴相比拟……所以，人从来就是痛苦的，由于他的本质就是落在痛苦的手心里的。"④由此，叔本华认定，生命意志的主旋律是痛苦，痛苦对于人生来说，乃是一种积极的、肯定的因素。那么，什么是幸福的本质呢？叔本华认为，当个人的某个欲求得到实现时，他会产生一种满足感，这种满足感就是幸福。然而，与痛苦比较起来，幸福始终只是一种消极的因素："一切满足或人们一般所谓幸福，在原有意义上和本质上都只是消极的，无论如何绝不是积

---

① ［德］康德：《实践理性批判》，韩水法译，商务印书馆1999年版，第130—131页。

② 同上书，第142页。

③ ［德］叔本华：《作为意志和表象的世界》，石冲白译，商务印书馆2009年版，第425页。

④ 同上书，第425页。

极的。这种幸福并不是本来由于它自身就要降临到我们身上来的福泽，而永远必然是一个愿望的满足……但是随着满足的出现，愿望就完了，因而享受也就完了。因此，满足或获致幸福除了是从痛苦，从困窘获得解放以外，不能更是什么。"①然而，这种解放的结果是什么呢？叔本华为我们展示出两种可能性。一是从满足或幸福转变为无聊。所谓无聊，也就是新的欲求还没有在心中形成。事实上，当个人处于无欲求状态时，必定会感到无聊，就像普希金笔下的叶甫盖尼·奥涅金，把"无所事事"作为自己的座右铭。二是从满足或幸福转变为新的痛苦。只要新的欲求在心中形成了，他就被重新抛回到痛苦的状态中。有鉴于此，叔本华把人生比喻为在痛苦和无聊之间摆动着的钟摆。总之，叔本华强调"一切幸福都是虚妄不实的，唯有痛苦才是真实的"②。

　　叔本华认为，虽然康德揭示了幸福的本质——自爱原则，但他却试图追求至善的理想，从而使幸福成了慰劳德性的报酬。康德这样做的结果是毁掉了他的道德学说："一切美德如果是为了任何一种报酬而履行的，则都是基于一种机智的、有方法的、有远见的利己主义。"③显然，在叔本华那里，幸福作为个人欲求的满足，本质上始终是自爱的或利己主义的。叔本华认为，幸福具有以下两个基本特征：一是细节性，即对于人生来说，痛苦始终是总体性的，而幸福则是细节上的；二是短暂性，即对于人生来说，痛苦和无聊是持久的、压倒一切的，而幸福则永远是转瞬即逝的、短暂。幸福的一端关联着无聊，另一端则关联着痛苦，所谓"永恒的幸福"，不过是人心徒然地加以捕捉的幻念而已。

　　尽管尼采的早期思想深受叔本华的影响，但不久就与叔本华分道扬镳了，这尤其表现在他对幸福本质的不同理解上。在《权力意志》中，尼

---

① ［德］叔本华：《作为意志和表象的世界》，石冲白译，商务印书馆 2009 年版，第435 页。
② 《叔本华论说文集》，范进等译，商务印书馆 1999 年版，第 206 页。
③ ［德］叔本华：《作为意志和表象的世界》，石冲白译，商务印书馆 2009 年版，第709 页。

采直率地指出，"心理学家的大伪造：（1）人类追求幸福；（2）道德是通向幸福生活的唯一道路"①。尽管康德和叔本华敏锐地揭示出自爱或欲求的满足是幸福的本质，但在尼采看来，他们谈论的幸福不过是普通人，即"群氓"的幸福。尼采从权力意志的理论出发，提出了自己的幸福："什么是好的？——所有能提高人类身上的权力感、权力意志、权力本身的东西。什么是坏的？——所有来自虚弱的东西。什么是幸福？关于权力在增长的感觉——关于一种阻力被克服了的感觉。"②也就是说，幸福的本质乃是对权力的渴望和追求。

乍看起来，幸福与权力似乎没有什么直接的关系，但细加考察，立即就会发现，尼采的眼光是富有洞察力的。在前面分析幸福中的外在因素时，我们曾提到"权力和荣誉"。事实上，在所有的外在因素中，权力起着根本性的作用。而许多人，包括克洛伊索斯，之所以把自己拥有的权力理解为幸福的同名词，正因为通过权力这一万能的媒介，他可以获得他希望获得的一切。在这个意义上，克洛伊索斯原来信奉的幸福观并不是没有根据的。我们发现，尼采向叔本华以前（包含叔本华）的幸福论提出了尖锐的挑战。按照后者的看法，在幸福所涵盖的三大因素中，外在因素（包括权力在内）是最不重要的，而最重要的是自身因素，尤其是精神因素；而按照前者的看法，幸福的最重要的因素绝不是精神因素，而是外在因素中的权力。权力之所以无比重要，因为任何人一旦拥有了它，也就等于间接地实现了他心目中向往的幸福。正是尼采，以其非凡的洞察力表明了自己对幸福本质的不同理解：幸福就是对权力的渴望和追求。

由上可知，亚里士多德最早指明，幸福本质上是灵魂合乎德性的活动。然而，他如此强调幸福必须与德性相切合，实际上等于暗示我们，幸福必定包含着某种与德性分离的，甚至是背道而驰的东西。康德揭示

---

① ［德］尼采：《权力意志》上卷，孙周兴译，商务印书馆 2007 年版，第 398 页。
② ［德］尼采：《权力意志》下卷，孙周兴译，商务印书馆 2007 年版，第 903—904 页。

出幸福的本质是自爱，并把它与德性对立起来，但又试图通过至善来调和德性与幸福的关系。这充分表明，康德是一个隐蔽的亚里士多德主义者。尽管叔本华尖锐地批判了康德的至善学说，肯定幸福本质上不过是欲求的满足，但由于他强调痛苦是人生中的积极因素，最后陷入悲观主义的窠臼去了。尼采颠覆了这种悲观主义，直截了当地把幸福的本质理解为对权力的渴望和追求。从而赋予其积极的意义。我们发现，在所有这些对幸福本质的探讨中，叔本华的见解——幸福就是欲求的满足——是最接近真理的，但又极易导致悲观主义。

三、怎样追求幸福

在考察了幸福的含义和本质之后，现在有条件来探索怎样追求幸福的问题了。我们认为，在这个问题上，大致上存在着以下三种代表性的见解。

第一种见解以亚里士多德、康德为代表，主张通过肯定德性去追求幸福。亚里士多德认为："幸福是通过学习、习惯或通常通过某种别的训练而获得，还是某种神的恩赐或运气？如若诸神真的给人送过什么礼物的话，说幸福来自于神恩也是可以接受的，尽管我们还是宁可把幸福看作是人的善业当中的最佳者……但无论如何，即使幸福不是由诸神赐予我们，而是通过德行和某种学习和训练获得的，它也显得还是属于最神圣的东西。因为德行的报偿和结局必定是最好的，是某种神圣的东西和最高的福祉。其次，幸福对于许多人也是以相同的方式可以达到的，因为所有人，只要他们的德性没有残废，都能够经过教导和关怀而达到它。"①在这段论述中，亚里士多德向我们展示出具有普遍性意义的追求

---

① ［古希腊］亚里士多德：《尼各马可伦理学》，邓安庆译，人民出版社 2010 年版，第 63 页。

幸福之路：或者是诉诸对德性的学习和训练，或者是诉诸神的恩赐或运气。在可供选择的这两条不同的道路上，亚里士多德显然偏向前者，因为他明确地断言：我们还是宁可把幸福看作人的善业当中的最佳者。在他看来，所有的人，通过对德性的学习和训练，都能够达到幸福，"因为德行的报偿和结局必定是最好的，是某种神圣的东西和最高的福祉"。其实，当亚里士多德把"某种神圣的东西"和"最高的福祉"视为追求德性的"报偿和结局"时，这已经暗示我们，所谓"神的恩赐或运气"也就是人们追求德行的报偿或运气。我们发现，亚里士多德实际上并没有提供出追求幸福的两条不同道路，第二条道路蕴含在第一条道路中。也就是说，只要人们坚持不懈地走第一条道路，即诉诸对德性的学习和训练，那么其结局也必定会达到"某种神圣的东西"，即神的恩赐或运气。不难发现，康德后来提出的至善说在亚里士多德那里已见雏形。

当然，在怎样追求幸福这个问题上，康德远没有亚里士多德来得乐观。在《道德形而上学原理》中，康德表示："事实上，一个理性越是处心积虑地想得到生活上的舒适和幸福，那么这个人就越是得不到真正的满足。由此，很多人特别是那些最精明的人，如果他们肯坦白承认的话，在一定程度上产生了对理性的憎恨（Misologie）。因为经过了筹划不论他们得利多少，且不说从日常奢侈品技术的发明，以致从对他们最后仍不外是理智奢侈品的学问的受益，事实上所得到的终是无法摆脱的烦恼，而不是幸福。于是他们对此就以嫉妒多于轻视而告终。这是那些宁愿服从自然本能的指挥，不愿理性对自己的作为有更多干预的人的普遍心理。同时我们应该承认，不愿过高估计理性对生活幸福和满足的好处，甚至把它降低为零的人的意见，绝不是对世界主宰的恩赐的抱怨和忘恩，在这种意见背后实际上包含着这样一种思想，人们是为了另外的更高的理想而生存，理性所固有的使命就是实现这一理想，而不是幸福，它作为最高的条件，当然远在个人意图之上。"①在康德看来，人们在现实生活中运用自己的理性，千方百计去追求自己心目中的幸福，但得到的却始终是无法摆脱的烦恼。既然理性总是碰壁，也就产生了普遍的理性恨。其实，问题的症结并不在于理性，而在于如何理解并运用理性。康德认为，普通人是按照"自然本能"去理解并运用自己的理性的，以至于理性蜕变为替意志和自然欲望进行筹划的工具。既然自然本能的欲求是无限的，因而幸福作为欲求的满足是永远达不到的。不管理性如何进行筹划，都只能徒生烦恼而已。在康德看来，要告别这种理性恨的现象，就应该把理性理解为与任何经验生活（包括自爱原则）相分离的纯粹实践理性，这种理性的"理想"并不是追求世俗的幸福，而是只根据自己颁发的绝对命令来行动。所以康德在《实践理性批判》中又提出了至善说，试图在上帝存在和灵魂不朽的背景下把德性作为幸福的配当，即把幸福作为人们按照德性生活的酬劳。他这样做的结果只能是：取消了自己的义务论道德，退回到亚里士多德那里去了。

第二种见解以叔本华为代表，主张通过否定生命意志去追求幸福。叔本华在基督教的教义中找到了追求幸福的道路。他认为，基督教的"原罪说"是肯定生命意志的学说，而其"解脱说"则是否定生命意志的学说，正是这两个学说构成了基督教内核的巨大真理。既然生命意志所蕴含的欲求是无限的，因而欲求的满足，即幸福只具有短暂的、细节上的意义，所以任何个人要把幸福作为现实生活中的常态来追求，就不得不釜底抽薪，遏制乃至否定自己的生命意志："原来教会所谓自然人，是他们认为没有任何为善的能力的，这就正是生命意志。如果要解脱我们这样的人生，就必须否定这生命意志。"②叔本华认为，亚当就是这样的自然人，因为他正是肯定生命意志的象征，作为人类的祖先，他把原罪

---

① ［德］康德：《道德形而上学原理》，苗力田译，上海人民出版社1986年版，第44—45页。
② ［德］叔本华：《作为意志和表象的世界》，石冲白译，商务印书馆2009年版，第551页。

传给了所有的人。反之，人化的上帝——耶稣却是否定生命意志，即解脱的象征。"这人化的上帝不带任何罪尤，也就是没有任何生命意志，也不能像我们一样是从坚决肯定意志而产生的，不能像我们一样有一个身体，——身体彻底只是具体的意志，只是意志的显现——，而是由纯洁的童贞女所生，并且也只有一个幻体。"①显然，叔本华所展示的追求幸福的道路具有浓厚的悲观主义色彩，因为在宗教语境中，解脱说意味着依靠自己的精神力量，最大程度地遏制自己的生命意志和欲求。印度的苦行僧甚至视自己的身体为灵魂的监狱，试图通过用刀子割、滚钉板、放在冷水里浸等方式来毁坏自己的身体，以便消灭源自身体的种种欲求。然而，在非宗教语境中，人们又用何种方式去达到生命意志的否定，即灵魂的解脱呢？显然，最常见的形式是自杀。歌德笔下的维特在法官布扶家实习，爱上了他的女儿绿蒂，但她已与别人订婚。维特在强烈的爱欲的驱迫下，最后以自杀，即取消生命意志的方式中止了自己的欲求。事实上，以取消生命意志去寻求灵魂解脱的方式在叔本华对耶稣"幻体"的描述中已见端倪。从肯定生命意志开始到取消生命意志结束，表明叔本华仍然是一个隐蔽的基督教徒。

第三种见解以尼采为代表，主张通过获得权力的方式去追求幸福。尼采坚决反对叔本华的悲观主义，也完全不同意他向普通人昭示的追求幸福的道路。叔本华认为，只有凡夫俗子才会把外在的因素视为幸福的最重要因素。然而，尼采恰好站在他所谴责的凡夫俗子的立场上，把外在因素中的权力理解为全部幸福的基础和核心。他把追求权力理解并阐释为追求幸福的同名词。乍看起来，尼采的观点显得突兀而怪异，但细加揣摩，又不得不承认，他敏锐地揭示出人类社会，尤其是现代社会的一个巨大秘密，即人们通常是通过追求权力的迂回途径去追求幸福的。毋庸置疑，在中国社会中，我们对这一点的感受尤为深刻。事实上，中

---

① ［德］叔本华：《作为意志和表象的世界》，石冲白译，商务印书馆 2009 年版，第552 页。

国自隋、唐以来实行的科举制度的实质就是为普通家庭和普通人打开了一条通向政治权力的道路。传统意识形态颂扬的所谓"功名心""耕读世家""衣锦还乡""书中自有千钟粟，书中自有黄金屋，书中自有颜如玉"等，集中地展示出普通人心目中追求幸福的图景，即读书、考试、当官、致富、还乡。至于在科举考试中失败的普通人，自己无法掌握权力，只能寄希望于清官替自己做主。所以，他们通常把地方官员的清廉视作幸福生活中的外在因素。正如马克思在《路易·波拿巴的雾月十八日》中评论19世纪中叶法国小农时所阐述的："他们不能代表自己，一定要别人来代表他们。他们的代表一定要同时是他们的主宰，是高高站在他们上面的权威，是不受限制的政府权力，这种权力保护他们不受其他阶级侵犯，并从上面赐给他们雨水和阳光。所以，归根到底，小农的政治影响表现为行政权支配社会。"①

假如我们把上面三种见解加以比较，就会发现，第一种见解（通过肯定德性来追求幸福）虽然可以引导人们去恶向善，但人们很容易发现两方面问题。一方面，德行与幸福之间并不存在必然关系。换言之，德行并不是获得幸福的必要条件。在现实生活中，人们一再发现，循规蹈矩、追求德性和善行的人常常穷困潦倒；反之，胆大妄为的奸诈小人却过着骄奢淫逸的生活。法国小说家萨德在《贞洁的厄运》中塑造了截然相反的姐妹形象：姐姐淫荡邪恶，过着幸福奢侈的生活；妹妹心地善良，但其善行总是遭到恶报，最后竟然被雷电劈死。我们发现，正是通过这部小说，萨德解构了宗教意识形态关于"善有善报，恶有恶报"这一核心命题。另一方面，无法确保普通人能够正确地区分德性与狡诈、善与恶。无论是西方人谚语"通向地狱去的道路往往是由善良的愿望铺成的"，还是中国人谚语"好心做坏事"都印证了这一点。总之，在肯定德性与实现幸福之间并不存在着必然的逻辑联系。

---

① 《马克思恩格斯选集》，第1卷，人民出版社1995年版，第678页。当然，尼采所说的"权力意志"(der Wille zur Macht)与我们这里谈论的政治权力或行政权力是外延不同的概念。然而，毋庸置疑，政治权力或行政权力完全可以被涵盖在权力意志的"权力"概念中。

第二种见解(通过否定生命意志来追求幸福)确实抓住了幸福的本质,即对欲求的满足,但既然生命意志在欲求上是无限的,人生的常态便只能是痛苦,而不可能是幸福。要获得幸福,人们就必须舍弃自己的欲求,而生命意志正是欲求得以产生的土壤。这里的关键是如何理解"否定"这个词,如果采取极端的形式去否定生命意志,在现实生活中就表现为自杀,在宗教教义中则表现为禁欲主义。当然,如果用比较温和的形式去理解否定这个用语,把它阐释为对欲望的必要遏制,比如"知足常乐"这类观念就是值得加以倡导的,即不对生命意志和全部欲求加以否定,而是通过理性的自觉反思,尽可能用"奥卡姆剃刀"剃去那些夸张的、想入非非的、荒唐可笑的欲求。① 可见,这种见解的关键是保持"知足"的生活态度,而不是走向极端,甚至轻易地取消生命意志。

第三种见解(通过获得权力来追求幸福)是人们很少言说,但实际上行之有效的道路。然而,一方面,权力作为幸福的外在因素,在被强化、被崇拜的同时,也必定会弱化幸福中自身因素的作用,从而使幸福成为一个徒有其表的空壳;另一方面,人们追求权力的欲望是无限的,而这些欲望之间又处于尖锐的冲突中。扑朔迷离的权力游戏不但抽空了幸福的内涵,而且把从事这类游戏的人置于极度危险的境地中。传统文化中的某些观念,如"权高震主""鸟尽弓藏""功成身退""无官一身轻"等,从不同的角度展示出权力游戏的残酷性和危险性。虽然这种见解具有某种现实性,但却以出让幸福的内涵作为惨重的代价。所以,尼采干脆主张:"人追求的不是幸福! 而是权力!"②

综上所述,这三种见解各有自己的切入点,也各有自己存在的问题。有鉴于此,我们在这里提出追求幸福的第四种见解,即确立与条件论、快感论(幸福感)、心态论(幸福论)不同的新的、综合性的幸福观,

---

① 遗憾的是,在现实生活中"知足常乐"这个用语却被人们反其意而用之。君不见,几乎所有的洗脚店都把"知足常乐"作为自己的广告词,写在自己的橱窗上,但这里的"足"不再是人们通常谈论的满足的足,而是指人的脚。

② [德]尼采:《权力意志》下卷,孙周兴译,商务印书馆2007年版,第926页。

从而开辟出普遍性的、行之有效的追求幸福的新道路。这种新的幸福观的要点如下。

其一，幸福是由外在因素和自身因素（身体因素和精神因素）构成的综合性现象，它的真理存在于它的综合性中，因而必须以综合性的方式被反思。在这个意义上，条件论者片面地夸大外在因素的重要性、快感论者片面地夸大身体因素的重要性、心态论者片面地夸大精神因素的重要性，都是站不住脚的。

其二，快感论者试图以"幸福感"取代"幸福"问题，从而造成了幸福问题探讨上的根本性迷误，但幸福感的相对性又为我们以合理的方式追求幸福提供了重要的启发。既然不同的人对幸福的感受是不同的，即使是同一个人，在不同的情景下对幸福的感受也是不同的，那么，幸福感就永远是因人而异的，是相对的，是相比较而存在的。任何人对幸福与不幸（痛苦）之间的界限的感受都是相对的。也就是说，既不存在着绝对的幸福感，也不存在着绝对的不幸（痛苦）感。其实，亚里士多德早已意识到了幸福感的这种相对性，他告诉我们："生病时，说健康就是幸福；贫穷时，说财富就是幸福。而在感觉到了自己的无知之后，又羡慕那些高谈阔论、说出一些超出他们理解力的东西的人。"①假定某个青年人身体健康而容貌丑陋，他又喜欢把自己与那些身体健康、容貌英俊的青年人进行比较，结果是越比越感到自己不幸；反之，假如他改变自己的比较对象，找一个容貌丑陋、四肢残废的青年人比较，结果是越比就越感到自己是幸福的，因为自己毕竟四肢健全，还可以做许多自己乐意做的事情。再假定，某人拥有三居室的住房，但他喜欢把自己的住房与附近的一所豪宅比较，结果是越比越觉得自己不幸；反之，假如他把自己的住房与某个邻居所拥有的一居室比较，他就会感到自己还是很幸福的。既然幸福感完全是相对的，这就为人们追求幸福展示出一条新的、切实

---

① ［古希腊］亚里士多德：《尼各马可伦理学》，邓安庆译，人民出版社2010年版，第44页。

可行的道路。

其三，这种新的幸福观启示我们，人们想要撇开烦恼、嫉妒、怨恨、不幸或痛苦的感受，就必须在自己的生活中确立一套合理的比较理论。在现代世界，比较不再是一种边缘性的思维方法，而是无处不在的、本质性的思维方法。事实上，根本不存在有比较和无比较之间的差异，只存在显性比较和隐性比较之间的差异。这种合理的比较方法是由以下两个不同的方面组成的。一方面，就生活条件、家庭出身、处境、待遇、身体、容貌、遭遇到的灾祸等因素来说，人们应该找比自己条件更差、生活更不幸的人进行比较。这样一比较，他就会珍惜自己目前的处境，并油然而生相应的幸福感。另一方面，就素质、能力、才智、贡献等因素来说，人们应该找比自己更强、更优秀的人进行比较。显然，这种比较方法能够激发潜伏在他们身上的潜能，使他们做出更多的努力。必须指出的是，上述两方面的比较对象绝不能相互置换。许多人之所以整天生活在烦恼、嫉妒、怨恨和不幸之中，因为他们置换了比较的对象：在生活条件等方面，他们找比自己条件更好的人比较；在素质等方面，他们找比自己更差的人比较，结果是越比越紧张，越比越觉得自己不幸，从而完全丧失了自己的幸福感。

综上所述，我们发现，如果人们希望自己获得常驻的幸福感，那么，他们就应该确立新的幸福观，从而清醒地意识到，幸福既不来自外在因素，如权力、财富、名誉等，也不来自德性、神恩或运气，幸福源自自身因素。幸福恰恰隐藏在人们对自身的幸福感的相对性的领悟中，隐藏在合理的思维方式和比较方法中。在这个意义上，幸福并不在远处，无须我们处心积虑地加以追求，也无须我们到大街上去拷问行人："你觉得幸福吗？"只要我们返回自身，幸福就会在这种新的幸福观中呈现出来。

问题意识与哲学困境^①
——梅洛-庞蒂知觉现象学探要

在胡塞尔所开创的现象学发展史上，当代法国哲学家莫里斯·梅洛-庞蒂（Maurice Merleau-Ponty）无可争辩地拥有一席之地。梅洛-庞蒂的代表作《知觉现象学》（1945）既体现出他对现象学传统的认同和推进，又体现出他对胡塞尔现象学观念的批判和修正。当他这样做的时候，究竟是取得了成功，还是最终陷于失败？现在看来，这些似乎都显得不怎么重要了。重要的是回溯并把捉住他当时的问题意识，从而弄清楚，知觉现象学的思路是如何开启出来的？这一思路究竟能否使以胡塞尔为肇始人的现象学运动真正摆脱自己的困境？

一、探索的起点

正如梅洛-庞蒂的传记作家丹尼尔·托马斯·普里莫兹克（D. T. Primozic）所指出的："梅洛-庞蒂深深地得益于埃德蒙德·胡塞尔的现象

---

① 原载《学术月刊》2013 年第 4 期。——编者注

学方法。"①梅洛-庞蒂就读于巴黎高师，还在求学期间，他的思想就已被现象学吸引。1929 年，当胡塞尔(Edmund Husserl)受邀到巴黎大学做题为"先验现象学入门"(后来出版时改名为《笛卡尔式的沉思》)的讲座时，梅洛-庞蒂怀着朝圣般的热情前往听讲。1939 年 3 月 20 日，梅洛-庞蒂写信给比利时卢汶大学胡塞尔档案馆馆长范·布雷达(H. L. Van Breda)，表示自己正在从事知觉现象学的研究，希望到他那里查阅胡塞尔手稿，范·布雷达欣然同意，结果他成了访问胡塞尔档案馆的第一位外国学者。终其一生，梅洛-庞蒂都受惠于胡塞尔的思想，并为其遗稿的整理与出版奔走呼吁。正如美国教授维尔特(John Wild)所说的："像这个时代其他的欧洲哲学家一样，梅洛-庞蒂在现象学方面受到了系统的训练，他广泛而深入地阅读了这个领域里的重要文献。"②

在对胡塞尔晚期著作和胡塞尔的学生——马丁·海德格尔(Martin Heidegger)的《存在与时间》的阅读中，梅洛-庞蒂发现了胡塞尔现象学自身包含的矛盾。他这样写道："整部《存在与时间》没有越出胡塞尔的范围，归根结底，仅仅是对'natuerlichen Weltbegriff'(自然的世界概念)和'Lebenswelt'(生活世界)的一种解释，这些概念是胡塞尔于晚年给予现象学的第一主题，致使矛盾重新出现在胡塞尔自己的哲学中。"③在梅洛-庞蒂看来，早期胡塞尔把现象学理解为本质现象学、先验现象学，他思考的主题是，如何通过现象学还原，返回到先验自我那里去，而先验自我则与整个世界处于绝缘的状态中。晚期胡塞尔的观念发生了重大变化，他意识到，现象学还原的宗旨不是返回到先验自我，而是返回到个人置身于其中的前科学的原初的生活世界中去。正如梅洛-庞蒂所描绘的："世界不是我掌握其构成规律的客体，世界是自然环境，我的一切

---

① [美]丹尼尔·托马斯·普里莫兹克：《梅洛-庞蒂》，关群德译，中华书局 2003 年版，第 10 页。
② Maurice Merleau-Ponty, *The Structure of Behavior*, trans. A. L. Fisher, London: Bacon Press, 1963, Foreword p. 7.
③ [法]莫里斯·梅洛-庞蒂：《知觉现象学》，姜志辉译，商务印书馆 2001 年版，第 1—2 页。

想象和我的一切鲜明知觉的场。真理不仅仅'寓于内在的人'，更确切地说，没有内在的人，人在世界上存在，人只有在世界中才能认识自己。当我根据常识的独断论或科学的独断论重返自我时，我找到的不是内在真理的源头，而是投身于世界的一个主体。"①显然，在梅洛-庞蒂看来，早期胡塞尔主张的完全还原是不可能的，因为自我并不是绝对的精神，而只是在世界上的存在。于是，在海德格尔那里，作为"在世界中的存在"（In-der-Welt-Sein）的"此在"（Dasein）"出现在现象学还原的基础上"。②

这些论述表明，梅洛-庞蒂并不赞成早期胡塞尔的现象学思想，这不仅因为它试图返回到与世界分离的先验自我上去，而且因为先验自我始终处于本质性的层面上，而"从此在（Dasein）转到本质（Wesen），那么我们就不能对我们关于世界的知觉作哲学的考察"③了。显而易见，梅洛-庞蒂赞成的是晚期胡塞尔的现象学思想，因为它"重新发现现象，重新发现他人和物体得以首先向我们呈现的活生生的体验层，处于初始状态的'我—他人—物体'系统；唤起知觉，为了知觉呈现给我们的物体，为了作为知觉的基础的合理传统，挫败使知觉忘记自己是事实和知觉的诡计"④。

按照梅洛-庞蒂对晚期胡塞尔思想的解读，胡塞尔所要返回的生活世界或事实本身，就是"知觉"（la perception）这一原初的现象。在这里，他批判地吸收了格式塔心理学关于完形或结构的理论，把知觉理解并阐释为"知觉场"："我们最初有什么？……有某个在世界的背景中的知觉场。在这里，没有任何东西被主题化。客体和主体都没有被确定。在最

---

① ［法］莫里斯·梅洛-庞蒂：《知觉现象学》，姜志辉译，商务印书馆 2001 年版，第 5—6 页。

② 同上书，第 10 页。

③ 同上书，第 10 页。中译文把 Dasein 译为"存在"显然不妥，此处改译为"此在"。在另一处，梅洛-庞蒂指出："胡塞尔在晚年已充分意识重返现象的含义，已经不言明地与本质哲学决裂。"［法］莫里斯·梅洛-庞蒂：《知觉现象学》，姜志辉译，商务印书馆 2001 年版，第 79 页注①。

④ 同上书，第 87 页。

初的场中，我们没有一种性质的拼凑物，但有一种根据整体要求安排功能意义的完形。"①也就是说，知觉场蕴含着一个心理上的结构，它决定着人们的一切感知活动。我们必须意识到，梅洛-庞蒂的这一见解是他全部理论创新的基础和出发点。

一方面，知觉场的理论是对传统的感觉（包括直觉）理论的超越。正如梅洛-庞蒂反复提示我们的："知觉一旦被当作解释，作为出发点的感觉就最终被超越，一切知觉意识也已被超越。"②为什么？因为在梅洛-庞蒂之前的所有哲学家那里，感觉都是在格式塔心理学缺席的前提下得到理解和阐释的，因而感觉总是以碎片的方式呈现出来。然而，在梅洛-庞蒂看来，"感觉属于被构成东西的范围，而不属于有构成能力的精神"③。这就深刻地启示我们，传统哲学家们视为原初现象的感觉并不是原初现象，真正的原初现象是使这些碎片式的感觉得以构成的结构形式，"我们用格式塔理论证明，人们不能确定直接取决于感官的感觉材料层：微不足道的感觉材料只有被纳入一种形状和已经'成形'，才能显现出来"④。因此，引入格式塔理论，把知觉场而不是把碎片化的感觉视为现象学还原的归宿，体现出梅洛-庞蒂在理论上的原创性。正如鹫田清一所说的："他无疑是形成了现象学历史伟大转折点的一位思想家。"⑤

------

① ［法］莫里斯·梅洛-庞蒂：《知觉现象学》，姜志辉译，商务印书馆 2001 年版，第 308 页。在《行为的结构》一书中，梅洛-庞蒂以更清晰、完整的方式描述了知觉场："全部科学都被置于一个'完全'而实在的世界中，却没有意识到，就这一世界而言，知觉经验是其构成要素。我们因此而面对着一个实际经验的知觉场，它先于数字、尺度、空间、因果性，然而只能作为某些具有稳定属性的客体、某个客观世界和某个客观空间的一种透视视界（vue perspective）被提供出来。"［法］莫里斯·梅洛-庞蒂：《行为的结构》，杨大春、张尧均译，商务印书馆 2005 年版，第 318 页。

② 同上书，第 64 页。

③ 同上书，第 64 页。在另一处，梅洛-庞蒂更明确地指出："当我们在感觉时，我们没有意识到我们的感觉是在心理生理关系网上被构成的东西。我们没有感觉的真理。"［法］莫里斯·梅洛-庞蒂：《知觉现象学》，姜志辉译，商务印书馆 2001 年版，第 74 页。

④ 同上书，第 210 页。

⑤ ［日］鹫田清一：《梅洛-庞蒂：可逆性》，刘绩生译，河北教育出版社 2001 年版，第 9 页。

另一方面，知觉场的理论又是对康德以来的知性理论（包括统觉论）的超越。众所周知，康德在《纯粹理性批判》中区分了感性和知性，感性是被动的，知性是自发的。感性通过先天直观的纯粹形式——时间和空间梳理感官接受的表象，从而做成"显象"（Erscheinung），提供给知性。知性的功能是思维，即运用以因果性为代表的十二个范畴梳理显象，从而做成"现象"（Phänomen），而在知性思维中起综合作用的则是"统觉"（Apperzeption）。在某种意义上，知性理论是康德先验哲学的基础和核心。在梅洛-庞蒂看来，无论是康德感性理论中先天的时间和空间，还是他知性理论中先天的范畴及先验的统觉，所有这一切实际上都属于知觉场，由于康德停留在前格式塔心理学理论的视角中，所以他引申出上述理论，尤其是知性理论，并不令人惊奇。梅洛-庞蒂认为，即使就格式塔心理学来说，虽然它揭示出心理结构或完形的秘密，"但没有意识到，要确切地表达现象，必须重建知性；也没有意识到，为了做到这一点，必须重新检查传统逻辑学和哲学的客观思维，悬置关于世界的范畴"①。

　　如果说，康德的知性体现为冷冰冰的认识机能，那么，知觉则是生命对世界的体验："知觉首先不是在作为人们可以用因果关系范畴（比如说）来解释的世界中的一个事件，而是作为每时每刻世界的一种再创造和一种再构成。……这个知觉场不断地纠缠着和围绕着主体性，就像海浪围绕着在海滩上搁浅的船只的残骸。一切知识都通过知觉处在开放的界域中。"②梅洛-庞蒂进而表明，没有必要像康德那样，在知性中假设一个统觉来完成知识的综合，因为知觉自身就有这样的综合功能。"在我们看来，知觉综合是一种时间综合，在知觉方面的主体性不是别的，就

---

　　① ［法］莫里斯·梅洛-庞蒂：《知觉现象学》，姜志辉译，商务印书馆2001年版，第78页。

　　② 同上书，第266页。在1946年梅洛-庞蒂为法国哲学学会所做的讲演中，他以更简洁的语言阐明了知觉的地位和作用："被知觉的世界是所有理性、所有价值及所有存在总要预先设定的前提。这样的构想并非是对理性与绝对的破坏，而是使它们降至地面的尝试。"［法］莫里斯·梅洛-庞蒂：《知觉的首要地位及其哲学结论》，王东亮译，生活·读书·新知三联书店2002年版，第5页。

是时间性，就是能使我们把它的不透明性和历史性交给知觉的主体的东西。"①在时间综合的基础上，空间综合和物体综合得以展开。由此可见，人们也无须像康德那样，在感性中假定作为纯粹形式的时间和空间，因为时间和空间并不是知觉的主观条件，相反，它们都是在知觉中的身体基础上形成并发展起来的。

总之，梅洛-庞蒂通过对原初的知觉场的引入，把晚期胡塞尔的现象学思想转换到知觉现象学的视域中，正如他自己所指出的："真正的哲学在于重新学会看世界。"②

二、问题的回溯

为什么梅洛-庞蒂提出了知觉现象学理论？他只是为了修正晚期胡塞尔的现象学思想吗？其实，在单纯现象学历史的视野中是无法回答这些问题的，因为他思考的范围远远地超越了现象学界限。实际上，始终潜伏在他心中的一个基础性理论问题是：如何超越笛卡尔以来的"心灵和身体的二元论"。正是通过知觉理论，他以为自己获得了解决这个难题的钥匙。

在《行为的结构》（1942）中，梅洛-庞蒂对以笛卡尔、康德为代表的二元论进行了透彻的批判。他写道："为了表达心灵与身体的关系，我们因此不应该接受任何唯物论模式，但更不能接受各种唯灵论模式，比如笛卡尔关于工匠与工具的隐喻。我们不能把器官比作一件工具，仿佛它能够脱离整体机能而存在并且获得思考，也不能把精神比作使用这一工具的工匠：这将回到一种外在关系……精神并不利用身体，而是透过

---

① ［法］莫里斯·梅洛-庞蒂：《知觉现象学》，姜志辉译，商务印书馆 2001 年版，第 305 页。

② 同上书，第 18 页。

654 · 外国哲学研究文集（下）

身体，通过使身体超出于物理空间之外而实现自身。"①如果说，笛卡尔把心灵与身体的关系误解为机械的、外在的关系，那么，以康德为代表的批判哲学则通过对感性和知性的区别而分解了知觉问题，从而也遮蔽了知觉问题。此外，康德主义者通过对"心灵"（Gemüt）在认知中的前提性地位的奠基把"身体"（Körper）等同于事物，实际上取消了心灵和身体的关系问题，正如梅洛-庞蒂所说的："在我们抽象地把身体看作是物质的一部分时，心灵与身体的各种关系是晦暗不明的。"②梅洛-庞蒂还试图切入心理学和生理学的视角，重建心灵与身体的内在关系。一方面，他指出，无论是笛卡尔，还是康德，都热衷于谈论"我思"（Ich denke），而"我思"是与身体相分离的，至少是把身体作为认知的干扰因素而加以排除的。因此，只有从抽象的"我思"下降到具体的知觉体验上，身体的奠基性作用才会显露出来，对心灵与身体关系的理解才能获得一个正确的起点。另一方面，他强调，知觉不是脱离任何人的一般意识，而是个体意识，而个体是带着自己的身体进入意识状态的，"知觉产生于某一事物对身体、身体对心灵的作用"③。也就是说，唯有通过身体的媒介，知觉才能建立起事物与心灵的关系。病理学的分析也启示我们，身体上的疾病会影响心灵的运作；反之，精神上或心灵上的疾病也会对个体的行为即身体的动作发生影响。总之，没有身体支撑的心灵是不存在的；反之，没有心灵带动的身体是缺乏生命特征的。

在《知觉现象学》中，梅洛-庞蒂进一步批判了经验主义和理智主义所坚持的"心灵和身体的二元论"，指出："灵魂和身体的结合不是最终地和在一个遥远的世界中完成的，这种结合每时每刻在心理学家的思维中重新出现，不是作为重复的、每次都能发现心理现象的事件，而是作

---

① ［法］莫里斯·梅洛-庞蒂：《行为的结构》，杨大春、张尧均译，商务印书馆 2005年版，第 304—305 页。

② 同上书，第 209 页。

③ 同上书，第 280 页。

为心理学家认识到它的同时也在它的存在中了解到一种必然性。"①这就是梅洛-庞蒂坚持从心理学的视角出发来重新探索心灵与身体关系的原因，因为心理学的一切研究都奠基于心灵与身体的结合。

基于上述思考，梅洛-庞蒂指出："我不是在我的身体前面，我在我的身体中，更确切地说，我是我的身体。"②我拥有一个身体，也就意味着走向世界，加入一个确定的环境，"我的身体确实也是世界的枢纽：我知道物体有几个面，因为我能围绕物体转一圈，在这个意义上，我通过我的身体意识到世界"③。所有这些论述都表明，作为意识，心灵与身体是不可分离地关联在一起的。正如梅洛-庞蒂所说的："我们能肯定这一点，因为我们已经抛弃了意识的形式主义，把身体当作知觉的主体。"④梅洛-庞蒂之所以要建立知觉现象学，是因为知觉本身就是心灵与身体结合的产物。

梅洛-庞蒂认为，身体之所以能参与、融入周围环境，是"因为身体有一种'环境意向性'（Umweltintentionalität）"⑤，而这种意向性是以个体在环境中的生存状态和需求为导向的。也正是在这个意义上，他把意向性称作"与生存一起弯曲的意向性"⑥。个体在与环境打交道的过程中形成了独特的意向弧，正是在这种意向弧的引导下，个体的行为逐渐形成了身体图式。事实上，个体在日常生活中形成的习惯，就是身体图式的具体表现。当然，梅洛-庞蒂并没有从通常的意义出发去理解并阐释身体图式，而是从格式塔心理学理论出发，赋予它新的含义："身体图式不再是在体验过程中建立的联合的单纯结果，而是在感觉间的世界中

---

① ［法］莫里斯·梅洛-庞蒂：《知觉现象学》，姜志辉译，商务印书馆 2001 年版，第 133 页。
② 同上书，第 198 页。
③ 同上书，第 97 页。
④ 同上书，第 288 页。
⑤ 同上书，第 297 页注①。
⑥ 同上书，第 207 页。

对我的身体姿态的整体觉悟，是格式塔心理学意义上的一种'完形'。"①如前所述，在康德那里，认知中的综合作用是由知性中的统觉完成的，而在梅洛-庞蒂那里，"不是认识的主体进行综合，而是身体进行综合，在这个时候，身体摆脱其离散状态，聚集起来，尽一切手段朝向其运动的一个唯一的终结，而一种唯一的意向则通过协同作用的现象显现在身体中"②。这种通过身体图式完成的综合也就是知觉的综合。

梅洛-庞蒂还指出，身体是有性别差异的，而性欲与身体的反应及其变化保持着直接的关系。因此，精神分析的实质不是像弗洛伊德所认为的那样，用性欲这一底层结构来解释人，"而是在性欲中重新发现以前被当作意识的关系和态度的那些关系和态度，精神分析的意义不在于把心理学变成生物学，而是在于在被认为'纯身体的'功能中发现一种辩证的运动，把性欲纳入人的存在"③。正如梅洛-庞蒂把在康德那里从属于知性范围的统觉的综合作用归还给身体和知觉一样，精神分析把性欲从单纯意识的关系和态度中提取出来，归还给拥有性别差异的身体。在这个意义上，重返个体的生存，绝不是单纯地返回他的意识状态中，而是返回到他的身体和作为身体的活生生体验的知觉上。

梅洛-庞蒂试图通过"自我"把心灵与身体统一起来。在《眼与心》(1961)中，他这样写道："身体被赋予生命并不是由于它的各部分相互结合在一起；此外，也不是因为有一个外来的灵魂降临到木偶人身上，这还是要以身体本身若没有在其中也就没有'自我'为前提。"④也就是说，任何个体作为自我，都是心灵和身体的统一体，而当人们解析自我的知觉时，他们最容易意识到这种统一性。

---

① ［法］莫里斯·梅洛-庞蒂：《知觉现象学》，姜志辉译，商务印书馆2001年版，第137页。
② 同上书，第297页。
③ 同上书，第208页。
④ ［法］梅洛-庞蒂：《眼与心》，刘韵涵译，中国社会科学出版社1992年版，第131页。

三、表达的层次

当梅洛-庞蒂用"自我"来取代以心灵和身体的分裂为特征的"我思"（笛卡尔、康德的常用语）时，他似乎已经超越了心灵和身体的二元论。然而，他的思考并没有因此而停顿下来。从前面的论述可以看出，他已经从传统的意识理论中夺回了许多本该属于身体和知觉的东西；现在，他还要通过"表达"（expression）问题，从思想和语言中夺回本该属于身体和知觉的东西。要言之，他必须拓宽知觉现象学得以存身的领地。

什么是"表达"？在《哲学赞词》（1953）中，梅洛-庞蒂告诉我们："表达预设了要去表达的某一个人，他要表达的真理，他对之表达自己的其他人。表达和哲学的公设就是能够同时满足这三个条件。"[1]显而易见，这样的见解只是说出了表达的要素，但并没有阐明表达的含义。在其遗著《世界的散文》（1969）中，梅洛-庞蒂字斟句酌地写道："表达不外乎是以一个宣布、展现、简化某一知觉或某一观念的约定俗成的信号（signal）来代替这一知觉或这一观念。"[2]明眼人一看就知道，在这个关于表达的定义中，知觉被置于核心地位上，这就为知觉的主体——身体敞开了一个巨大的空间。

梅洛-庞蒂认为，表达具有不同的层次，而身体和知觉的表达则属于原初的表达层次："任何知觉，任何以知觉为前提的行动，简而言之，我们的身体的任何使用就已经是原初表达。"[3]所谓"原初表达"，就是基

---

[1] ［法］莫里斯·梅洛-庞蒂：《哲学赞词》，杨大春译，商务印书馆 2000 年版，第19页。

[2] ［法］莫里斯·梅洛-庞蒂：《世界的散文》，杨大春译，商务印书馆 2005 年版，第1页。

[3] 同上书，第88页。

础性的、直接的表达，而其他一切表达形式都是从这种原初的表达形式中派生出来的。然而，传统的表达理论常常把表达窄化为思想以语言的方式表达出来，从而完全忽视了蕴含在身体和知觉中的原初性的表达层面。事实上，正是这个层面使生命的欲望和生存的意向得到了直截了当的表达。

在梅洛-庞蒂看来，比原初表达高一个层次的是"言语"（parole）的表达。"十分明显的是，在日常生活中起作用的已形成的言语意味着表达的决定性一步已经完成。如果我们不追溯这个起源，如果我们在言语的声音下不能重新发现最初的沉默，如果我们不描述打破该沉默的动作，我们对人的看法将依然是表面的。言语是一种动作，言语的意义是一个世界。"①从一方面看，言语是从沉默的身体动作中派生出来的，"说话的意向像液体的沸腾从存在的深处涌现，形成的真空区域不断移向外面"②。尽管言语本身也可以被理解为动作，但从沉默到发声，毕竟是一个历史性的飞跃。何况，"言语是我们的生存超过自然存在的部分"③，它不仅拓展出一个公共的交流空间，而且还可以被记录下来，传递给以后的世代。从另一方面看，言语又不可能停留在粗糙的、碎片化的状态中。通过记录和传递，它逐渐上升为精致的、体系化的语言。

梅洛-庞蒂认为，语言是个体拥有的最高表达形式。"语言对于我们而言乃是一令人惊异的装置（appareil fabuleus）：它允许用有限数量的符号表达不确定数量的思想或事物——这些符号被选用来准确地重新组织我们打算说的一切新东西，被选用来向我们通报事物最初命名的证据。"④与言语比较起来，语言不但进一步扩展了言语所覆盖的领域，而且它与自己指称的对象之间的关系也显得越来越疏远、越来越抽象。那

---

① ［法］莫里斯·梅洛-庞蒂：《知觉现象学》，姜志辉译，商务印书馆 2001 年版，第 240 页。

② 同上书，第 254 页。

③ 同上书，第 255 页。

④ ［法］莫里斯·梅洛-庞蒂：《世界的散文》，杨大春译，商务印书馆 2005 年版，第 2 页。

么，语言究竟表达什么呢？梅洛-庞蒂认定，"它表达主体在意义世界中采取的立场。更确切些说，语言是这种立场本身"①。

从上面的论述可以看出，梅洛-庞蒂通过对"表达"概念的重新阐释，不仅阐明了传统的表达理论所未曾注意到的身体和知觉的层面，而且通过其言语、语言和符号理论，极大地拓展了表达的领域，以至于爱迪(James M. Edie)在为梅洛-庞蒂的英译著作《知觉的首要地位》撰写的"导论"中明确提出，在他的著作中蕴含着"一个宽泛的表达的现象学"(a vast phenomenology of expression)②。

四、哲学的困境

究竟如何看待梅洛-庞蒂的知觉现象学？我们不得不承认，它是现象学发展史上出现的一次新的转向性综合。在以考夫卡(Kurt Koffka)为代表的格式塔心理学的影响下，梅洛-庞蒂从晚期胡塞尔思想，尤其是其生活世界的理论出发，综合了以海德格尔的"此在"为基础和出发点的生存论本体论，批判地继承了以笛卡尔、柏格森为代表的法国哲学传统，从而形成了知觉现象学的新思路，即不是像早期胡塞尔那样，把寂寞的"先验自我"作为现象学家们必须面对的原初事实，而是把生活世界中的个人在其行为中形成的活生生的知觉场理解为原初事实。梅洛-庞蒂在批评理智主义时特别强调了这一点："理智主义的觉悟不能到达这个活生生的知觉天地，因为理智主义的觉悟寻找使知觉成为可能或缺少它知觉便成为不可能的条件，而不是揭示使知觉成为现实或知觉得以形成的条件。在实际的和处于初始状态的知觉中，在一切话语之前，感性

---

① [法]莫里斯·梅洛-庞蒂：《知觉现象学》，姜志辉译，商务印书馆2001年版，第251页。

② Merleasu-Ponty, *Primacy of Perception*, edited with an introduction by James M. Edie, Evanston: Northwestern University Press, 1964, p. 17.

的符号及其意义在观念上是不可分离的。"①比如，作为理智主义的代表，康德的先验哲学探索的重点就是使知觉经验得以可能的主观条件，而并没有深入探讨在话语（时空观念、概念和范畴）形成之前的知觉经验。这就使哲学停留在抽象的理智世界中，不能向充满体验的无限丰富性和偶然性的知觉世界敞开自己的胸怀。正是在这个意义上，我们可以说，梅洛-庞蒂为使高高在上的哲学下降到地面即真正的现实生活，做出了不懈的努力，这也正是他的知觉现象学做出的重大理论贡献。

作为知觉现象学的重要支撑意识的是以考夫卡为代表的格式塔心理学，而考夫卡本人也是胡塞尔的学生，他引入心理学研究中的反思理论也深受胡塞尔的影响。然而，他和他的同事们都没有意识到，格式塔理论的形成不光是心理学领域中的革命，也是哲学领域中的革命，"实际情况是，格式塔理论对自然主义和因果思维的抵制不是彻底的，也不是根本的，我们在其天真的实在论认识理论中，可以看到这一点"②。与考夫卡及其同事不同，梅洛-庞蒂试图把格式塔理论，即结构或完形的理论引入现象学研究中，从而既超越了以片断性的感觉印象为基础和出发点的经验主义，又超越了以先天的构成性理论为基础和出发点的理智主义。在某种意义上，梅洛-庞蒂力图把格式塔理论提升为康德以来的先验主义理论的取代方案，即意识中的综合不是像康德所认为的，是靠知性（尤其是知性中的统觉）来完成的，而是靠身体图式、知觉场来完成的，而这种身体综合、知觉综合完全奠基于心理学中的格式塔理论。显然，引入格式塔理论作为现象学探究中的新要素，不能不说是梅洛-庞蒂在哲学上做出的新探索。然而，基于以下三点理由，我们认为，梅洛-庞蒂建立知觉现象学的尝试并没有获得真正的成功。

其一，他没有阐明知觉现象学的本体论基础。如前所述，尽管梅

①　[法]莫里斯·梅洛-庞蒂：《知觉现象学》，姜志辉译，商务印书馆 2001 年版，第 66 页。在《知觉的首要地位及其哲学结论》一书中，梅洛-庞蒂也告诉我们："被知觉的事件永远不能被消解在事件发生时理性所构建的所有清晰关系中。"参见该书第 20 页。

②　同上书，第 80 页注①。

洛-庞蒂借鉴了海德格尔的生存论本体论，然而无论是在《行为的结构》，还是在《知觉现象学》中，他的注意力主要集中在从自然方面即从心理学、生理学角度出发来论述知觉场、意向性、身体图式等知觉现象学中的基本问题，却很少把作为知觉主体的人首先理解并阐释为社会(历史、文化)存在物。在其他场合下，他经常表示："每一种哲学自身也是一座符号建筑，它因此在与构成了历史和社会生活的其他交换样式的严格关系中被构成。哲学完全是历史的，它从来都没有独立于历史话语之外。"①然而，在对知觉现象学理论的叙述中，他缺乏的正是这个基础性的维度。虽然梅洛-庞蒂对马克思多有批评，但正是马克思对人类生存活动的社会历史性质做出了透彻的说明。众所周知，在批评青年黑格尔主义者时，马克思早已指出："我们遇到的是一些没有任何前提的德国人，所以我们首先应当确定一切人类生存的第一个前提也就是一切历史的第一个前提，这个前提就是：人们为了能够'创造历史'，必须能够生活。但是为了生活，首先就需要衣、食、住以及其他东西。因此第一个历史活动就是生产满足这些需要的资料，即生产物质生活本身。"②由此可见，梅洛-庞蒂谈到的知觉场、意向性、身体图式，乃至表达中的身体、言语和语言等现象，都无法用单纯心理学、生理学的理论进行解释，而必须在物质生活资料的生产中得到阐明。即使是在《行为的结构》中，梅洛-庞蒂也只是从心理学和生理学的角度出发，笼统地谈论"行为"(le comportement)，而并没有从社会历史的角度出发把它理解为生产劳动。③ 总之，梅洛-庞蒂从自然④到社会(包括历史、文化)的整个思

---

① ［法］莫里斯·梅洛-庞蒂：《哲学赞词》，杨大春译，商务印书馆 2000 年版，第 36 页。
② 《马克思恩格斯全集》第 3 卷，人民出版社 1960 年版，第 31 页。
③ 马克思指出："这种活动、这种连续不断的感性劳动和创造、这种生产，是整个现存感性世界的非常深刻的基础，只要它哪怕只停顿一年，费尔巴哈就会看到，不仅在自然界将发生巨大的变化，而且整个人类世界以及他(费尔巴哈)的直观能力，甚至他本身的存在也就没有了。"《马克思恩格斯全集》第 3 卷，人民出版社 1960 年版，第 50 页。
④ 梅洛-庞蒂说："如果我们用我们的身体感知，内核不是一个自然的我和知觉的我。"［法］莫里斯·梅洛-庞蒂：《知觉现象学》，姜志辉译，商务印书馆 2001 年版，第 265 页。

路就是令人怀疑的，因为历史的因素并不是后来才附加到自然上去的，相反，自然一开始就是历史的，因此，马克思把自然称作"历史的自然"①。由于梅洛-庞蒂在开端处就撇开社会历史来论述知觉现象学的基本概念，因而这些概念完全缺乏明晰的本体论基础。正如有的学者所指出的："假如我们接着参看伴随他编写《可见者与不可见者》的那些笔记，我们就应该同意：他对《知觉现象学》中所采纳的观点提出了一种根本的批评。从 1952 年到 1959 年，一种新的要求被提了出来，他的语言产生了变化。他发现了'意识哲学'（philosophie de la conscience）陷入的圈套，而他本人对古典形而上学的批判并没有使他摆脱这一圈套。他面临着为他以之为出发点的身体和知觉分析提供一种本体论基础的必要性。"②

其二，他没有阐明知觉概念的含义和范围。毋庸置疑，梅洛-庞蒂始终把知觉概念视为他的知觉现象学乃至全部哲学思想的基础和出发点："如果哲学探索就是发现存在的首要意义，人们就不能离开人的处境来研究，相反，必须深入这一处境。哲学家的绝对知识乃是知觉。"③他还试图引入格式塔理论来阐明知觉始终是以知觉场的方式存在的。首先，当他把知觉视为现象学研究必须面对的原初现象时，他实际上已经选择了从认识论上理解并阐释现象学的思路。麦林（S. B. Mallin）在《梅洛-庞蒂的哲学》（1973）中认为，他的现象学以知觉为基础和出发点，因而实际上是"认知现象学"（phenomenology of cognition）④。正如他自己所说："知觉，作为对于存在着的事物的认识，是一种个体意识而不是我们前面谈到的一般意识。"⑤显然，认识论视角必然导致对本体论基础

---

① 《马克思恩格斯全集》第 3 卷，人民出版社 1960 年版，第 31 页。

② ［法］莫里斯·梅洛-庞蒂：《世界的散文》，杨大春译，商务印书馆 2005 年版，"法文版'致读者'"，第 15 页。

③ ［法］莫里斯·梅洛-庞蒂：《哲学赞词》，杨大春译，商务印书馆 2000 年版，第 9 页。

④ S. B. Mallin, *Merleau-Ponty's Philosophy*, London：Yale University Press，1973，p. 108.

⑤ ［法］莫里斯·梅洛-庞蒂：《行为的结构》，杨大春、张尧均译，商务印书馆 2005 年版，第 309 页。

的忽视，所以，当他说"知觉是一切行为得以展开的基础，是行为的前提"①时，恰好把行为与知觉的关系颠倒过来了，因为人们不是为了知觉什么才去实施自己的行为，相反，他们是在自己行为（最基本的行为是从事生产劳动）的基础上才去知觉的。其次，尽管他不断地使用知觉概念，却从未对它的含义做过系统的阐释，也从未对前话语的原初知觉和后来被符号化的知觉之间的差异做出明确的阐释。最后，他使知觉膨胀为一个边界不明确的概念。众所周知，要严格地使用知觉概念，就必须从外延上把它与感觉、知性、理性严格地区分开来。大致说来，感觉、知觉主要与身体相关，知性、理性主要与大脑相关。如果身体概念是整体性的，那么大脑就是身体的一部分。事实上，尽管梅洛-庞蒂频繁地使用身体概念，但从未给它下过一个严格的定义。在讨论感觉与知觉的关系时，他主要强调了知觉的结构性和感觉的碎片性，而对感觉能够有效地起作用的范围没有任何明确的论定，因为他试图用知觉取代感觉。当他提出身体本身的"理解"（la compréhension）②问题时，尽管他扩大了理解概念的外延，但其目的是用知觉去取代知性和理性的功能，因为理解完全属于知性和理性的功能。总之，梅洛-庞蒂使用的是一个内涵和外延都不确定的知觉概念。如果这个概念说不清楚，怎么可能把知觉现象学说清楚！正如麦迪逊（G. B. Madison）所说："梅洛-庞蒂在去世前已经认识到《知觉现象学》在论证上的不充分性。"③

其三，他并没有真正解决笛卡尔以来的"心灵和身体的二元论"。如前所述，梅洛-庞蒂试图以自我，确切些说，自我的知觉来统一心灵和

---

① ［法］莫里斯·梅洛-庞蒂：《知觉现象学》，姜志辉译，商务印书馆 2001 年版，第5 页。

② 梅洛-庞蒂指出："在习惯的获得中，是身体在'理解'。如果理解是把一种直接感觉材料归入一个概念，如果身体是一个物体，那么这种说法将是荒谬的。然而，恰恰是习惯的现象要求我们修改我们的'理解'概念和我们的身体概念。理解，就是体验到我们指向的东西和呈现出的东西，意向和实现之间的一致，——身体则是我们在世界中的定位。"［法］莫里斯·梅洛-庞蒂：《知觉现象学》，姜志辉译，商务印书馆 2001 年版，第 191 页。

③ G. B. Madison，*The Phenomenology of Merleau-Ponty*，Columbus：Ohio University Press，1981，p. XVII.

身体：一方面，知觉不可能脱离心灵而存在，它本身就是心灵展现自己的方式之一；另一方面，知觉也不可能脱离身体而存在，因为身体永远是知觉的主体。然而，在梅洛-庞蒂那里，不但"心灵"和"身体"概念的含义缺乏明晰的界定，而且只要他继续谈论身体与心灵的关系，身体与心灵就始终是被割裂开来的、相互外在的两个东西，从而无法真正地超越这种从笛卡尔以来流传至今的二元论。要真正地超越这种二元论，正如维特根斯坦所主张的，就不得不深入地分析隐藏在语言深处的语法结构对我们思想表达的影响，努力创制出新的概念，在用语言描述这个问题的开端处就超越这种二元论。当然，这方面有待于当代人的努力。

综上所述，尽管梅洛-庞蒂做出了创造性的探索，但遗憾的是，他的知觉现象学并没有向我们提供一条走出现象学迷宫的阿里阿德涅之线。

2014年

教育是经验的传递[①]

——杜威教育哲学理论探要

在西方教育哲学的发展史上，柏拉图、卢梭、杜威都是里程碑式的伟大人物，而杜威对教育哲学的贡献尤其引人注目，这不仅因为杜威是历史上晚出的、集大成式的人物，而且因为他没有把教育与哲学理解为两个异质性的领域，而是直接做出了下面的断言："如果我们愿意把教育视为对自然和人类的基本理智和情感倾向的塑造过程，那么，甚至可以把哲学定义为教育的一般理论。"[②]也就是说，在杜威那里，哲学被理解为关于"教育的一般理论"。杜威的这一理解主要基于以下两个方面的理由：一方面，只要哲学不满足于成为符号性的、少数人抒情式的，甚至是武断的教条，它就应该清醒地意识到，自己具有指导人们行为的教育功能；另一方面，如果哲学对教育在当代社会生活中的地位和作用缺乏考察的愿望和兴趣，那么它就有可能蜕变为单纯的职业训练。

毋庸置疑，杜威的教育哲学思想不仅体现为

---

① 原载《天津社会科学》2014年第2期。——编者注

② 《杜威全集——中期著作(1899—1924)》第9卷，俞吾金、孔慧译，华东师范大学出版社2012年版，第261页。

教育领域的革命，也体现为哲学领域的革命。在这个意义上可以说，杜威是迄今为止最伟大的教育哲学家，他从其独特的实用主义和经验主义的立场出发，把令人耳目一新的观念引入了教育哲学领域，从而为当代教育哲学的发展和繁荣奠定了思想基础。在一本几乎很少涉及自己著作的自传体作品中，杜威这样写道："在一本被称作《民主与教育》的著作中，我的哲学得到了极为详尽的阐述。尽管这部著作已经出版多年，但我从未听说过，与教师们不同的哲学批评家们曾经参考过这本书。我一直想知道，这样的事实是不是意味着，尽管哲学家们本身通常也是教师，但他们并没有引起对教育的足够的重视。实际上，任何一个有理性的人都认为，作为人类的最高利益，教育与其他问题，如宇宙学的、道德的、逻辑的问题一样，都是至关重要的，都应该成为哲学探讨的焦点。"①下面，我们将围绕杜威自己认定的《民主与教育》这部代表性的著作，展开对他的教育哲学思想的探索。

一、对传统教育哲学观念的反思

众所周知，柏拉图是西方教育哲学史的开创者。在他的诸多著作，尤其是在《理想国》中，他系统地阐述了自己的教育哲学思想。在杜威看来，"柏拉图比任何人都更好地说明了这样一个事实，即只有当每个人通过对其他人有益的方式（或对他所从属的整体做出贡献的方式），做自己有禀赋（aptitude）做好的事情时，这个社会的组织才是巩固的。教育的职责正是发现这些禀赋，并出于社会功用的目的而循序渐进地训练它们"②。显然，柏拉图教育哲学的出发点是把教育理解并阐释为合理地治理一个国家的必要条件。按照他的设想，这个国家应该提供这样一种

---

① 《杜威全集——中期著作(1899—1924)》第 9 卷，俞吾金、孔慧译，华东师范大学出版社 2012 年版，"导言"第 1 页。
② 同上书，第 75 页。

教育，它对每个人进行考察，发现他们适宜做什么，并提供相应的训练方法，让每个人去做适合于他的禀赋的工作。只要每个人各司其职，互不越界，这个社会的秩序和统一就可以长久地保持下去。

杜威指出："在哲学思想中不可能找到其他方案，比柏拉图哲学更加认可社会安排在哲学上的重要性、也更加认可这些安排依赖于教育年轻人所使用的更合适的手段。同样地，教育能发现和发展个人能力，并且训练这些能力，使它们与其他人的活动联系起来。从这方面来说，也不可能找到其他方案比柏拉图的哲学对教育功能有更深层的理解了。"①然而，明眼人一看就明白，柏拉图的教育理想在当时希腊城邦的现实生活中是无法实现的。一方面，柏拉图把当时的城邦划分为三个阶层：一是统治阶层（代表理性），二是武士阶层（代表意志），三是劳动者阶层（代表欲望）。显然，他错误地假定，各个不同阶层所持有的禀赋能够按照血统关系延续下去。由此可见，在他那里，个人相对于阶层来说，始终处于从属的状态中。另一方面，他对个人禀赋的理解也是肤浅的、简单化的，他没有考虑到个人的原始能力的无限多样性和可塑性。正如杜威所批评的："尽管柏拉图的教育哲学是革命性的，但它只是局限在静止的理想上而已。"②

在柏拉图之后，对教育哲学理论做出原创性贡献的，首推18世纪法国哲学家卢梭。如果说，柏拉图把教育与社会秩序紧紧地捆绑在一起，那么，卢梭在他的著作，特别是《爱弥儿》中却滑向另一个极端，即教育应该以对自然的崇拜为前提。正如杜威所指出的："按照卢梭的说法，教育是一种符合自然的发展过程，即以'自然的'来对抗'社会的'。"③那么，在卢梭那里，"自然"的确切含义究竟是什么呢？

略加考察，就会发现，卢梭把"自然"定义为个人与生俱来的能力和

---

① 《杜威全集——中期著作（1899—1924）》第9卷，俞吾金、孔慧译，华东师范大学出版社2012年版，第76页。

② 同上书，第77页。

③ 同上书，第94页。

性情，从而主张："我们的教育来自三个源头——自然的、人为的以及事物的。我们的器官和才能的自然发育，构成了自然的教育。我们被教导如何去利用这种发育，这是人为地给予我们的教育。从周围对象中获得个人经验，则构成事物的教育。只有当这三种教育协调统一、趋向同一个目的时，一个人才能趋向他真正的目标……如果问我们这个目标是什么，答案就是：自然的目的。"①毋庸讳言，卢梭在教育哲学领域掀起了与柏拉图截然不同的另一场革命。他的教育理论的出发点是，维持社会秩序的稳定并不是教育的目标，恰恰相反，教育的目标是使每个人的器官和自然禀赋在不受外在因素制约的情况下获得自由的发展。显然，这种新的教育哲学理论的积极价值在于，它以强有力的方式促使人们去反思那些完全无视受教育者的自然天赋的各种传统教育观念的错误，它也促使人们去关注受教育者的身体健康及不同年龄的受教育者在自然禀赋上的差异，从而对传统的教育方式和课程设置做出相应的调整，使之更加适合受教育者的年龄特征和身体状况。

然而，与柏拉图一样，卢梭的教育哲学理论也包含着自己的谬误。杜威坚决反对卢梭把人的器官和自然禀赋的发展本身视为目标。在杜威看来，"认为这些活动（指器官的活动——引者）是自发的、常态的观点，却纯粹是神话。在一切教育中，自然的或天然的能力会提供启动性的力量和限制性的力量，却并不提供教育的目的或目标。如果不从不学而知的能力开始，就不会有学习，但学习也不是这种不学而知的能力的自发流溢"②。在这里，我们不得不承认，杜威对卢梭的批判是切中要害的。事实上，如果听凭个人的器官和自然禀赋完全不受约束地向前发展，根本无法培养出能够适应社会生活实际需要的人才来。

在卢梭之后，尤其是在德国，"教育哲学转变程度在出色地表达出

---

① 《杜威全集——中期著作（1899—1924）》第 9 卷，俞吾金、孔慧译，华东师范大学出版社 2012 年版，第 94 页。
② 同上书，第 95 页。

早期个体——世界主义理想的康德身上得到了集中的体现"①。事实上，在康德晚年撰写的教育学著作中，他已经把教育理解为从以本能和欲望为主导的自然人转向以理性为主导的社会人的过程，而费希特和黑格尔则追随康德，强调国家和社会的主要功能是从事教育，特别是黑格尔，充分肯定了社会制度与教育之间的亲缘关系。这样一来，柏拉图在《理想国》中表达出来的教育哲学观念在 19 世纪的德国又得到了复兴，但这种复兴并不是简单的重复，而是在消化并吸纳了卢梭的自然倾向的教育哲学观念的基础上的复兴。然而，这种以黑格尔为代表的制度唯心主义的教育理念也使教育在一定程度上失去了自己的独立性和自主性，诚如杜威所评论的："在欧洲，尤其是大陆国家，教育对人类福利和进步具有重要作用的新观念引起了国家利益的注意，从而使教育被用于其社会目的十分狭隘而排外的工作。教育的社会目的与其国家的目的被看作完全是一致的，其结果是社会目的的意义变得含糊了。"②杜威的这一卓越的批评意见实际上预示了后来在德国、意大利等国家中出现的法西斯主义教育模式出现的可能性。

从上面的论述可以看出，正是通过对以柏拉图、卢梭和黑格尔为代表的三种传统的教育哲学理论的批评性考察，杜威形成了自己独特的教育哲学理论，这也正是我们下面所要探讨的。

二、教育是群体生活经验的传递

在批判地综合前人教育哲学理论的基础上，杜威试图从其哲学的基础性的、核心的概念——经验出发，重建富有活力的教育哲学理论。杜威认为，在任何一个社会群体中，每个成员都有生有死。正是这一无法

---

① 《杜威全集——中期著作(1899—1924)》第 9 卷，俞吾金、孔慧译，华东师范大学出版社 2012 年版，第 80 页。

② 同上书，第 81 页。

回避的事实决定了教育的必要性。一方面，群体中成年的成员不得不把关于群体的知识与习俗传授给新生代的成员；另一方面，新生代成员不但要确保自己的数量，而且在思想上也一定要被引导到对成年成员的信息、技能、目的和兴趣的关注上，即逐渐弥合代际之间的鸿沟。否则，这个群体富有特色的生活就将被中止。正是在这个意义上，杜威指出："任何经验，通过社会生活的更新而得以延续，这是一个毫不夸张的事实。教育，在其最广义的层面上，就是这种生活的社会性延续的手段。"①

那么，作为杜威教育哲学理论的出发点的"经验"概念究竟是什么意思呢？在他看来，经验概念不能脱离具体的历史背景而加以考察。杜威大致区分了古希腊的经验概念、近代的经验概念和作为实验的经验概念。

在古希腊哲学的语境中，经验与真正的知识被尖锐地对立起来了。首先，真正的知识是与理性或科学相关的，而"与理性所把握的现实不同，经验始终游荡在假装、冒充、似是而非的边缘，飘浮在表象上面"②。其次，真正的知识意味着静止的理念世界，而"经验与变化、不可名状的转变以及千变万化的东西有着剪不断的关系，从本性上看，经验的质料是变化万端而不可靠的，是变动不居而杂乱无章的"③。再次，真正的知识与之打交道的对象是非质料性的、精神性的、理想性的东西，而经验则与肉体性、质料性相关，"正如淫荡的、肉欲的、肉体的、世俗的兴趣这些词所提示的，在经验中存在着道德上危险的某些东

---

① 《杜威全集——中期著作(1899—1924)》第 9 卷，俞吾金、孔慧译，华东师范大学出版社 2012 年版，第 5 页。在《儿童与课程》一文中，杜威也强调："发展是经验的发展，是真正需要的东西成为经验。"《杜威全集——中期著作(1899—1924)》第 2 卷，张留华译，华东师范大学出版社 2012 年版，第 218 页。

② 同上书，第 215 页。

③ 同上书，第 215 页。

西"①。最后，真正的知识关注的是永恒而普遍的真理或善，而"实践必定是归于经验范围的"②，它们充满了偶然性、多样性，永远无法触及普遍的真理。在杜威看来，这些在古希腊时期广为流行的观念使当时的人们偏重于教育中的智性科目，而忽视了实践科目。

在近代哲学，尤其是十七八世纪的经验主义哲学的语境中，古希腊哲学中理性与经验的关系被逆转过来了，正如杜威所论述的："理性、普遍原理、先天观念所表示的或是各种空洞的形式，必须由经验和感官的观察来填充，从而获得意义和有效性。"③然而，这种地位的逆转也导致了两个消极的结果。一方面，"经验丢失了它自柏拉图时代以来就有的实践的含义，它不再意指行动的方式和受行动影响的方式，而变为指称某种理智的、认知的东西的名称。它意味着对质料的理解，而质料应该使理性的运用得以稳定并受到检验。受近代哲学中经验主义及其反对者的影响，经验只被规定为认知的一种方式"④。结果出现了比古希腊哲学更激进的理智主义的倾向，即对脱离实践的、孤立的知识拥有强烈的、近乎排他的兴趣。另一方面，"这种对经验的兴趣，即把经验当作在对象、自然的基础上构建真理的手段的观念，使人们把心灵视为纯粹接受性的。心灵越是被动，对象就能越如实地在心灵上留下印象。因为可以设想，一旦心灵插手认知过程，就有可能污染真正的知识，从而妨碍自身的目标。心灵的理想状态是最大限度的接受性"⑤。由于对象在心灵中留下的印象通常被称作感觉，因此，这种倾向必然会导致感觉主义的流行，其中尤以洛克、爱尔维修为代表。尽管感觉主义是对抗基于传统和权威的各种陈腐见解的锐利武器，但正如杜威所指出的："这个理论不仅把教学引向机械孤立的方向，把它简化为对感觉器官的身体上

---

① 《杜威全集——中期著作（1899—1924）》第 9 卷，俞吾金、孔慧译，华东师范大学出版社 2012 年版，第 215 页。
② 同上书，第 215 页。
③ 同上书，第 216 页。
④ 同上书，第 216—217 页。
⑤ 同上书，第 217 页。

的操练(这与任何身体器官的操练类似，实际上也是如此)，而且完全忽略了思维。"①简言之，首先，这种理论是批判性的，但教育却是建设性的；其次，尽管这种理论所倚重的感觉印象是第一手的，但它在范围上是相当有限的，而且它把受教育者的智力束缚在低层次的物质象征物上；最后，这种理论把认识理解为静态的旁观，完全忽视了人的实践活动在认知过程中的基础性作用。由此，杜威做出了如下的结论："即使近代经验主义所蕴含的经验哲学在理论上受到的赞扬比实际上更多，它仍然无法提供一个令人满意的有关学习过程的哲学理论。"②

在"作为实验的经验"概念的语境中，经验概念的内涵发生了重大变化。杜威认为，只要人们花五分钟时间不带偏见地观察一个婴儿获得知识的方法，就会完全颠覆如下的观点，即婴儿是被动地接受外部事物的影响的。事实上，婴儿是通过自己的试探、触摸、抓握等方式，主动与外界发生联系的。由此，杜威发挥道："人们正是通过积极的试验，认识到哪些东西硬，哪些东西软，以及它们各自起作用的方式，可以用它们做什么，不能做什么等。同样，儿童认识其他人，也是通过发现这些人要求有什么回应活动，以及他们对儿童的活动应答的方式来实现的。一方面，事物改变着人们的行动，促进其中的某些行动而阻止另一些活动，对他们做了什么(不是在被动的心灵上烙上性质的印象)；另一方面，人们能对事物做什么，从而引起新的变化。这两者结合起来，就构成了经验。"③

在杜威的表达中，"试验"或"实验"概念不仅包含自然科学家在实验

---

① 《杜威全集——中期著作(1899—1924)》第 9 卷，俞吾金、孔慧译，华东师范大学出版社 2012 年版，第 218 页。

② 同上书，第 219 页。

③ 同上书，第 220 页。杜威在另一处表示："经验变成首先是做(doing)的事情。有机体决不徒然站着，一事不做，像米考伯(Micawber——狄更斯的小说中的人物)一样，等着什么事情发生。它并不墨守、弛懈、等候外界有什么东西逼到他身上去。他按照自己的机体构造的繁简向着环境动作。"[美]杜威：《哲学的改造》，许崇清译，商务印书馆 2009年版，第 50 页。

室里从事的研究性活动，而且也包含人们在日常生活中施行的各种尝试性的或试探性的实践活动。由此可见，"作为实验的经验"概念不但综合了古希腊和近代经验概念中的合理要素，而且摒弃了理性与经验之间的抽象对立。"由此产生的逻辑结果是一种新的经验和知识的哲学，即不再把经验放在理性知识和解释的对立面的哲学。经验不再是对过去的、多少出于偶然而完成的事情的总结，而是对所完成的事情的自觉的控制，使发生在人们身上的事情和人们对事物所做的一切尽可能清楚地被提示出来（对意义的提示）；同时，又是考验这些提示的有效性工具。当尝试或者实验不再受冲动或习俗的遮蔽而盲目不辨，而是受目的的引导、受措施和方法的指引时，它就成为合理的，即理性的。"①这样一来，理性不再是经验之外的某种东西，恰恰相反，理性就居于经验之内，它是经验的一个不可或缺的组成部分，而理性与经验的融合则奠基于试探性或实验性的实践活动。

当杜威强调教育是对群体经验的传递时，他希望传递下去的正是这种活生生的"作为实验的经验"。正如罗伯特·B.塔利斯所指出的，在杜威那里，"经验是活的，它主要是一种生命现象，而不是一种认识现象"②。然而，当人们的眼光超出某个群体的不同世代之间的关系时，他们就进入了对历史的考察之中。事实上，在受教育的过程中——人们不仅要接纳同时代人的宝贵经验，也要接纳已经逝去的先辈们留下的宝贵经验。这就自然而然地使历史在教育中具有不同寻常的价值和意义。在杜威看来，缅怀历史、学习历史的目的并不是去修复历史上的蜡像或给已经朽烂的木乃伊注入新的生命，"历史的真正出发点始终是某个包含其问题在内的当下处境"③。也就是说，了解并总结历史上先辈们的

---

①　《杜威全集——中期著作(1899—1924)》第9卷，俞吾金、孔慧译，华东师范大学出版社2012年版，第221页。

②　[美]罗伯特·B.塔利斯：《杜威》，彭国华译，中华书局2002年版，第54页。

③　《杜威全集——中期著作(1899—1924)》第9卷，俞吾金、孔慧译，华东师范大学出版社2012年版，第176页。

生存经验，正是为了更合理地去解决当代人在当代生存环境中所遭遇到的问题，而这也正是当代教育必须关切的首要问题。既然人们的经验中只有小部分是直接经验，而极大部分都是间接经验，而这些间接经验几乎都是先辈们在与环境打交道的过程中留存下来的，那么，历史在杜威教育哲学理论中的重要性就可想而知了。所以，杜威不厌其烦地告诫我们："历史可以使人们对自己所参与的当下各种社会情境获得更理智的、同情性的理解，而这正是建设性的、恒久不变的道德资源。"①当然，在杜威看来，教育并不是对经验（包括历史经验）的简单传递，这里传递的含义实际上是指批判性的重构。事实上，也正是在这个意义上，杜威认为："教育是一个对经验不断重组或重构的过程。"②而这种重组或重构既增进了经验的意义，也改进了指导后续经验过程的能力。

总之，在杜威教育哲学的语境中，经验与理性不再处于抽象对立的状态中，恰恰相反，它们不可分离地融合在"作为实验的经验"中，而教育就是对这种富有生命力的经验的传递，而经验的传递又体现为经验在当下情境中的批判性重组或重构。

三、自然主义和人文主义的统一

当杜威把教育理解并阐释为经验的传递时，他同时也深切地意识到，现有的人类经验处于二元分离的状态下，而这种分离的核心则体现为自然主义和人文主义的分离。为此，他深入细致地考察了这种分离的历史成因。

在古希腊哲学的语境中，尽管苏格拉底主张自然科学是无法研究的，因而偏重于人文学科，但他的学生柏拉图并不是这样看的。柏拉图

---

① 《杜威全集——中期著作(1899—1924)》第 9 卷，俞吾金、孔慧译，华东师范大学出版社 2012 年版，第 179 页。

② 同上书，第 65 页。

的《理想国》既是关于道德和社会组织的论著，也是关于形而上学和自然科学的论著。在他看来，试图撇开自然的本性和目的，而单独地去把握人的本性和目的是不可能的。作为柏拉图的学生，亚里士多德在对自然科学的研究上做了更多的工作，他的《物理学》《动物篇》等著作便是明证。从总体上看，正如杜威所指出的："古希腊人热衷于自由地探询自然的事实，享受对自然的审美乐趣；过于深刻地意识到社会在何种程度上是植根于自然、遵从自然法则的。因此，他们不会把人与自然对立起来。"①然而，杜威认为，虽然古希腊人的人文精神是天生的、热烈的，但其范围却是狭隘的，因为他们把自己文明圈外的人都认作野蛮人。正如杜威所批评的："尽管古希腊思想者的社会观察和思考十分犀利，但在他们的著述中，没有一个字不是表示古希腊文明的自闭和自足的。"②而希腊文明在走向衰弱的过程中，又有两个因素片面地提升了人文主义的重要性：一是当时文化中不断增长的怀旧的意向和热情；二是作为希腊文明后继者的罗马人对政治学、法学和修辞学的偏好。

到了近代，人们在精神上已显现出对基督教神学和经院哲学的厌倦，他们的兴趣更多地被引向对长久以来处于被弃置状态的自然的观察，并立即被无限丰富的自然所吸引。杜威指出，"欧洲在 15 世纪的一场运动被冠以很多不同的名称：学识的复兴、文艺复兴等等，它的特征是对当下生活具有新的兴趣，从而对人与自然的关系发生了新的兴趣。这场运动旨在反抗占据支配地位的、超自然主义的兴趣。在这个意义上，它是自然主义的"③。德国哲学史家文德尔班敏锐地发现了当时自然主义的勃兴与人文主义复兴背景之间的内在联系。他告诉我们："近代自然科学是人文主义的女儿。"又说："只要哲学越来越脱离神学，发展成为独立的、世俗的科学，那么人们就越来越认为哲学的特殊任务是

---

① 《杜威全集——中期著作(1899—1924)》第 9 卷，俞吾金、孔慧译，华东师范大学出版社 2012 年版，第 225 页。
② 同上书，第 232 页。
③ 同上书，第 227 页。

自然界。文艺复兴时期哲学的各条战线即在此结论中会合起来。哲学必须是自然科学——这是当时时代的口号。"①杜威完全赞同文德尔班得出的上述结论，并进而指出，在把人文主义与自然主义结合的努力中，英国哲学家培根几乎成了一个范例。然而，人文主义与自然主义之间仍然由于下述几个方面的原因而存在着断裂：一是旧有的重人文、轻自然的传统，通过体制而延续下来；二是随之而来的宗教改革运动引起了人们对神学讨论和争辩的兴趣，于是争辩双方都求助于人文典籍，并培养相关的人才；三是自然科学研究的成果并不像人们所想象的，一开始就是造福于全人类的，相反，它们起先是为资产阶级的利益服务的；四是在机械论思想的影响下，"近代科学的直接结果就是强化了物质和心灵的二元论，从而把自然学科和人文学科设立为两个相互分离的阵营"②。在杜威看来，自然主义与人文主义的分离造成的后果是十分严重的。一方面，人文主义如果脱离了自然主义，就会逐渐萎缩为对古代文献的研究，从而失去了自己的活力；另一方面，自然主义如果失去了人文主义的指导，其研究就有可能因为缺乏价值和意义上的正确定位而陷入迷途。

通过对古希腊和近代的精神状态的考察，杜威明确表示："对于人文学科和自然学科，教育应该从两者彼此依赖的紧密关系着手，它的目标不应该把探索自然的科学和记载人类兴趣的文学分离开来，而应该使自然科学与诸如历史、文学、经济学、政治学的各种人类科目相互汲取养料。从教学方面上看，上述方法比一方面把科学作为专业信息和技术性的物理学来教授、另一方面把人文学科当作独立的科目来教授的做法

---

① ［德］文德尔班：《哲学史教程》下卷，罗达仁译，商务印书馆1997年版，第473、476页。

② 《杜威全集——中期著作（1899—1924）》第9卷，俞吾金、孔慧译，华东师范大学出版社2012年版，第229页。在另一处，杜威不无悲观地表示："把人与经验同自然界截然分开，这个思想是这样地深入人心，有许多人认为把这两个词结合在一块儿用就似乎是在讲一个圆形的正方形一样。"［美］杜威：《经验与自然》，傅统先译，江苏教育出版社2005年版，第1页。

更为简单，因为后一种做法在学生的经验中制造了人为的分裂，而学生在校外遇到的是与人类行动相关的各种自然的事实和原则。"①杜威尖锐地批判了那种把语言和文学归属于人文、把科学归属于自然的错误做法，他反复强调，人类的生活并不发生在真空中，自然界也不是为了戏剧的演出而搭建的布景，人类生活与自然界的各种进程密切相关，而人的事业的成败也取决于自然界在他的事业中起作用的方式。"不论自然科学对专家而言可能是什么，就教育目的而言，自然科学就是关于人类行动的各种条件的知识。要了解社会交往发生在何种媒介环境中、社会交往向前发展的手段和障碍，就要掌握整个人文性质的知识。"②一言以蔽之，杜威认定，对于当代教育来说，人文主义与自然主义离则两伤，合则共赢。这充分体现出杜威教育哲学理论的一元论倾向。

四、民主与教育发展的内在关系

在《教育与民主》这部著作中，杜威自觉或不自觉地把民主视作教育发展中的引导性的概念。杜威认为，与其他任何社会共同体形式比较起来，民主共同体对教育拥有更多的热情和兴趣。杜威指出，"人们对以下这个事实并不陌生，即民主热衷于教育。对这种现象所作的表面上的解释是：对一个依靠民众投票选举的政府来说，如果选举人和服从治理者的人没有受过教育，它是无法成功的。因为民主社会既然否定外在权威的原则，它就必须在人们自发的倾向和兴趣中找到替代品，而这些东西只能由教育创造出来。然而，还有一种更深层的解释，民主不只是一种治理形式，它首先是一种联合生存的模式、一种共同沟通经验的模式。个体在参与某种利益时，他的行动不得不参考其他人的行动，不得

---

① 《杜威全集——中期著作(1899—1924)》第 9 卷，俞吾金、孔慧译，华东师范大学出版社 2012 年版，第 230 页。

② 同上书，第 187 页。

不考虑其他人的行动而使自己的行动有意义"①。

这段极其重要的论述启示我们，杜威并不只是把民主理解为政治社会的一种治理形式，而是首先理解并阐释为"一种联合生存的模式、一种共同沟通经验的模式"。如前所述，教育所要传递的正是历史上存在过的社会群体的生存经验，即他们如何建立一定的关系，并借助这些关系以应对环境，而民主不但是沟通并重组经验的最佳方式，也是人们联合生存的最佳模式，因而杜威把民主理解并阐释为教育发展的最重要的助推器也就变得容易理解了。那么，在杜威那里，民主的具体表现形式又是什么呢？他这样写道："我们标准中的两个要素都指向民主。第一个要素不仅表示分享的共同利益在数量和种类上更多，而且更加依赖对互惠利益是一种社会控制因素的承认，第二个要素不仅意指社会群体（就它们有意地彼此维持距离来说，它们一度是隔绝的）之间的互动更加自由，而且意指社会习惯发生了变化——通过应付由于交往而出现的各种新的情形，它不断进行再调整。这两个特征正是以民主的方式构成的社会的特点。"②在杜威看来，尽管大量个体在空间上不断地扩展，共同关注的领域也在不断地增加，从而突破了阶级、种族和国家的界限，这些都是民主得以发展的具体表现形式，但这里出现的民主并不是人们自觉努力的结果，而是工业和商业的发展及交往方式变化的结果。何况，人们也没有自觉地去思索教育与民主之间的内在关系。

如前所述，从历史上看，柏拉图试图把教育理解为实现其社会理想和秩序的手段，诚如杜威所评论的，"可是，柏拉图是在一个非民主的社会里提出其教育理论的，尽管他清楚地看到了这个问题涉及的种种关系，却无法解决这个问题"③。与柏拉图相反，以卢梭为代表的 18 世纪的启蒙学者的教育理念则滑向另一个极端，即试图让个人的器官和天性

---

① 《杜威全集——中期著作(1899—1924)》第 9 卷，俞吾金、孔慧译，华东师范大学出版社 2012 年版，第 74 页。
② 同上书，第 73 页。
③ 同上书，第 76 页。

自然发展，排除任何社会因素的影响，杜威则认为："让一切任其自然，实际上就等于取消教育。"①以黑格尔为代表的 19 世纪的教育哲学理念又开始向柏拉图回复，强调国家教育和社会教育的重要性和必要性，而"这一以民主理念为目的的运动，必然成为由公众指挥和执行的、针对学校的运动"②。然而，使教育的目的完全从属于国家发展的目的，同样潜伏着诸多危险的因素。所以，杜威指出，"除非民主的教育理想越来越多地主宰公众的教育体制，否则，它只能是一个既滑稽而又具有悲剧色彩的幻觉"③。

通过上述考察，杜威更加坚定了自己的信念，即只有民主社会才能为当代教育的发展提供最合理的制度安排。在谈到自己理想的教育观念时，他曾经毫不犹豫地表示，"现在，这样的观念要能够应用于一个社会的所有成员，那么，这个社会只能是这样的：人与人之间有相互的交往，因平等的利益分配而出现广泛的刺激，从而为重构社会习惯和社会制度做好了充分的准备。这就是民主社会"④。事实上，杜威一生在教育哲学中的理论诉求都是以民主的引导作为前提的。正如塔利斯所洞见的："杜威所提供的示范要求人们尽其一生的力量，将民主的智慧应用到人类联系的每一个环节中去。"⑤因而杜威也必定会把自己的教育哲学理论置于民主的烛光之下。在这个意义上，杜威不仅是伟大的教育哲学家，也是争取民主政治的卓越斗士。

---

① 《杜威全集——中期著作(1899—1924)》第 9 卷，俞吾金、孔慧译，华东师范大学出版社 2012 年版，第 78 页。
② 同上书，第 79 页。
③ 同上书，第 82 页。
④ 同上书，第 84 页。
⑤ [美]罗伯特·B. 塔利斯：《杜威》，彭国华译，中华书局 2002 年版，第 92 页。

《纯粹理性批判》翻译与研究中的
若干问题[①]

　　《纯粹理性批判》(本文简称《纯批》)不仅是康德最重要的著作，也是西方哲学史乃至整个人类思想史上最重要的著作之一。目前，《纯批》已有六个不同的中文译本：一是胡仁源译本，商务印书馆 1935 年版，也是最早的中译本；二是蓝公武译本，1957 年由生活·读书·新知三联书店出版，1960 年起改由商务印书馆出版；三是牟宗三译本(分上下册)，1983 年由台湾学生书局出版；四是韦卓民译本，华中师范大学出版社1991 年出版；五是邓晓芒译本，人民出版社2004 年出版；六是李秋零译本，中国人民大学出版社 2004 年出版。还有王玖兴译本。

　　这些不同的译本表明了中国哲学界对康德著作，尤其是《纯批》的高度重视。通观以上六个已出版的译本，我们发现，在对《纯批》的翻译和研究中，存在着一些值得注意的问题。在这些问题中，既有康德本人在表述上的含混和理论上的失误，也有译者在理解、翻译中存在的问题。我们从中选出以下六个问题，逐一加以讨论，以求正

---

① 原载《复旦学报(社会科学版)》2014 年第 4 期。——编者注

于海内外方家。

一、《纯批》目录的翻译

从目录上看，《纯批》正文的内容可以划分为以下两个部分：一个部分的标题是 Transzendentale Elementarlehre，另一个部分的标题是 Transzendentale Methodenlehre。显而易见，这里的关键是如何译 Transzendentale。在德语中，Transzendentale 的原形为 transzendental，我国学者一般把这个形容词译为"先验的"，以区别于《纯批》中经常出现的另一个重要的形容词 transzendent（超验的）。

然而，胡仁源把 transzendental 和 transzendent 都译为"超越的"；台湾学者牟宗三则有时把 transzendental 译为"超越的"，有时又译为"先验的"，同时把 transzendent 译为"超绝的"。此外，还须指出的是，Elementarlehre 是由 elementar（要素的、原理的）和 Lehre（理论、学说）构成的复合词，Methodenlehre 则是由 Methode（方法）和 Lehre 构成的复合词。

如果我们确定把 transzendental 译为"先验的"、把 transzendent 译为"超验的"，那么上述两个部分标题的译法也就大致上被确定了。先来看前面的标题 Transzendentale Elementarlehre。毋庸讳言，我们既不赞成胡仁源把它译为"元素的超越论"，也不同意牟宗三把它译为"超越的成素论"。由于 elementar 这个形容词既可译为"要素的"，又可转义译为"原理的"，因而 Transzendentale Elementarlehre 既可按其原意译为"先验要素论"（邓晓芒、李秋零），也可按其转义译为"先验原理论"（蓝公武、韦卓民）。比较起来，我更倾向于把它译为"先验原理论"，理由有二。其一，要素的着眼点是对纯粹理性各个部分或成分的列举，而原理的着眼点则是纯粹理性整体。正如康德所说的："实际上，纯粹理性也是一个如此完美的统一体，以至于只要它的原则对于通过它自己的本性所给出的所有问题中的一个是不充分的，人们就可能抛弃它，因为它已不可能以充分的可靠性来解答其余问题中的任何一个了。"①其二，先验原理论与另一个部分 Transzendentale Methodenlehre（先验方法论）正好是对应的，但"要素论"与"方法论"这样的译法则缺乏对应性。再来看后面的标题 Transzendentale Methodenlehre，它被译为"先验方法论"几乎没有什么歧义。

然而，在如何翻译先验原理论（Transzendentale Elementarlehre）下面的子标题时，问题就产生了。我们知道，康德进一步把先验原理论划分为以下两个部分：一个部分是 Transzendentale Ästhetik；另一个部分是 Transzendentale Logik。众所周知，Ästhetik 这个词是由德国学者鲍姆嘉通于 1750 年创制出来的，其含义是"审美学"，但康德在撰写《纯批》时并不同意鲍姆嘉通对这个词的含义的理解："眼下，德国人试图用 Ästhetik 这个词来表达别人称作鉴赏力批判的东西。在这里作为基础的是杰出的分析家鲍姆嘉通所坚持的一种非分的愿望，即把对美的批判性判断置于理性原则之下，并把这种规则提升为科学。所有这些努力都是徒劳的。"②在《纯批》中，康德主张按照 Ästhetik 在希腊文中的原意，把它理解为"感性论"。③ 于是，Transzendentale Ästhetik 也就顺理成章地被译为"先验感性论"了，而 Transzendentale Logik 则应该被译为"先验逻辑"。

但问题又发生了，胡仁源分别把这两个标题译为"超越审辨学"和"超越论理学"。尽管以"论理学"对译 Logik 并不错误，但以"审辨学"对译 Ästhetik 就显得含义不明了。有趣的是，牟宗三先生译前者为"超越

---

① I. Kant, *Werkausgabe Band Ⅲ*, *Herausgegeben von W. Weischedel*, Berlin：Suhrkamp Verlag，1988，B697/A669.

② Ibid.，A21/B35-36.

③ 黑格尔在谈到艺术时也发表过类似的见解："对于这种对象，'伊斯特惕克'（Ästhetik）这个名称实在是不完全恰当的，因为'伊斯特惕克'的比较精确的意义是研究感觉和情感的科学。"[德]黑格尔：《美学》第 1 卷，朱光潜译，商务印书馆 1982 年版，第 1 页。

的摄物学"，译后者为"超越的辨物学"。虽然"摄物学"和"辨物学"这两个字的差异是一目了然的，但以它们分别对译 Ästhetik 和 Logik 似乎不符合现代学科的表达方式。令人困惑的是，李秋零译 Transzendentale Logik 为"先验逻辑论"，这里的关键是多出了一个"论"字，但标题中既未出现 Lehre，也未出现 Theorie(理论)这样的术语，"论"从何出？如果他把这个标题译为"先验逻辑学"，似可商兑，因为 Logik 这个词既可译为"逻辑"，也可译为"逻辑学"。我赞成蓝公武、韦卓民和邓晓芒三位先生，把 Transzendentale Logik 译为"先验逻辑"，既准确又简洁。

在《纯批》中，康德进一步把先验逻辑细分为以下两个部分：一个是 Transzendentale Analytik，另一个是 Transzendentale Dialektik。胡仁源分别译为"超越分析"和"超越的辨论"。显然，以"分析"对译 Analytik 是准确的，但以"辨论"对译 Dialektik 就显得含义不明了。牟宗三则分别译为"超越的分解"和"超越的辩证"，如果说，以"分解"移译 Analytik 不够规范，那么，以"辩证"移译 Dialektik 在含义上也不够完整。有趣的是，蓝公武、韦卓民、邓晓芒和李秋零四位先生在这两个标题的翻译上是完全一致的。他们都译前者为"先验分析论"，译后者为"先验辩证论"。这里同样出现了"论"从何出的问题。事实上，在这两个标题中，并没有出现 Lehre 或 Theorie 这类词，为什么要增加"论"字？况且，"辩证论"这个译法在用语上也不够规范。在我看来，这两个标题应该分别译为"先验分析"和"先验辩证法"，没有理由把我们自己的想法附加到康德的文本上。

最后，康德又把先验分析细分为两个部分：一个是 Die Analytik der Begriffe，另一个是 Die Analytik der Grundsätze。胡仁源把它们分别译为"概念的分析"和"原则的分析"。显然，他以"概念"对译 Der Begriffe 是合理的，但以"原则"对译 Der Grundsätze 则不妥，因为在康德的用语中，这个词的含义更接近"原理"。牟宗三则分别译为"概念底分解"和"原则底分解"，情况颇有类似之处。无独有偶，蓝公武、韦卓民、邓晓芒和李秋零四位先生在这两个标题的翻译上也完全是一致的，他们译前者为"概念分析论",译后者为"原理分析论"。不用说,这里也存在着同样的问题,既然标题中未出现 Lehre 或 Theorie 这样的用语,"论"从何出?按照我的观点,这两个标题应该分别被译为"概念分析"和"原理分析"。

二、知识与信仰的关系

在《纯批》"第二版序言"中,康德写道:Ich mußte also das Wissen aufheben,um zum Glauben Plats zu bekommen。① 这句话是康德关于"知识"(Wissen)与"信仰"(Glaube)关系的名言,几乎被所有的康德研究者所引证。要准确地理解这句话,关键在于把握句子中的动词 aufheben 的含义。

我们先来考察一下这句话的英译。诺曼·康蒲·斯密(N. K. Smith)把它译为:I have therefore found it necessary to deny knowledge,in order to make room for faith。② 麦克林乔(J. M. D. Meiklejohn)把它译为:I must,therefore,abolish knowledge,to make room for belief。③ 保尔·格耶(Paul Guyer,又译为保罗·盖耶尔)和艾伦·伍德(Alien W. Wood)则把这段话译为:Thus I had to deny knowledge in order to make room for faith。④

从上面列举的三种不同的英语译文上可以看出,就把 Wissen 译为

---

① I. Kant, *Werkausgabe Band Ⅲ*, *Herausgegeben von W. Weischedel*, Berlin: Suhrkamp Verlag, 1988, S. 30-31.

② I. Kant, *Critique of Pure Reason*, trans. N. K. Smith, New York: The Humanities Press, 1950, p. 30.

③ I. Kant, *Critique of Pure Reason*, trans. J. M. D. Meiklejohn, The University of Chicago, 1952, p. 10.

④ I. Kant, *Critique of Pure Reason*, trans. Paul. Guyer and Allen W. Wood, Cambridge University Press, 1997, p. 30.

knowledge 来说，译者们的意见是一致的；而对 Glaube 的翻译却出现了分歧：有人主张译为 faith，也有人主张译为 belief。我个人倾向于译为 faith，并主张把 belief 译为"信念"。在我看来，faith 专门指涉宗教信仰，而 belief 则指涉个人信奉的、用以指导自己行为的观念体系；就 aufheben 的翻译来说，无论是译为 deny（否定），还是译为 abolish（废除），均不妥。我个人主张译为 sublate（扬弃）。奇怪的是，康德著作的英译者们几乎从来不用 sublate 对译 aufheben。由于对康德这句名言的中译是在参考英译的背景下展开的，因而在中译中也同样存在着英译中已经暴露出来的问题。

胡仁源把这句话译为："所以我必须废除知识，替信仰留出地位。"①这里的"废除"相当于麦克林乔使用的 abolish，显然违背了康德的本意，因为康德从未有过废除知识的意向。

蓝公武把这句话译为："故我发见其为信仰留余地，即必须否定知识。"②这里的"否定"，又相当于诺曼·康蒲·斯密、保尔·格耶和艾伦·伍德使用的 deny。事实上。康德也从未有过否定知识的意向。

牟宗三把这句话译为："因此，我已见到：要想为信仰（faith，Glaube）留余地，'去否决知识'这乃是必要的。[依康德原文直译：'因此，要想为信仰留余地，我必须扬弃知识。']"③平心而论，牟先生按康德原意的直译无疑是准确的，但他自己翻译中的"去否决知识"，显然受了英译本中的 deny 的影响，在我看来，反倒是不足取的。

韦卓民把这句话译为："我因此就得扬弃知识，以便替信仰留有余地。"④韦译相当于牟先生说的"依康德原文直译"，无疑是准确的。

邓晓芒把这句话译为："因此我不得不悬置知识，以便给信仰腾出

① ［德］康德：《纯粹理性的批判》，胡仁源译，商务印书馆 1935 年版，第 26 页。
② ［德］康德：《纯粹理性批判》，蓝公武译，商务印书馆 1982 年版，第 19 页。
③ ［德］康德：《纯粹理性批判》上册，牟宗三译，台湾学生书局 1983 年版，第 45 页。
④ ［德］伊·康德：《纯粹理性批判》，韦卓民译，华中师范大学出版社 2000 年版，第 25 页。

位置。"①显然，从语气上看，把 aufheben 译为"悬置"比译为"废除"或"否定"要温和一些，但也不符合康德的本意，康德一生热切地关注知识，尤其是科学知识的发展，并没有任何要把知识悬置起来的意向。尽管 aufheben 兼有"高举"的含义，却没有把对象悬置起来、存而不论的含义。

李秋零把这句话译为："因此，我不得不扬弃知识，以便为信念腾出地盘。"②在我看来，前半句是译得准确的，但后半句就成问题了。诚然，我们并不否认，在德语的日常用法中，Glaube 既可译为"信仰"，也可译为"信念"，但在康德的这句名言中，Glaube 的含义应该是十分明确的，作为知识之外而又能与知识抗衡的只能是宗教信仰（faith）。相反，信念（belief）作为指导个人行为的观念体系，总体上仍然属于知识的范围。假如像李秋零所做的那样，把 Glaube 译为信念，康德这句话在逻辑上就显得不自洽了，仿佛他扬弃知识只是为了替知识本身腾出地盘。事实上，只有信仰与知识才分别代表了两个截然不同的领域，这在经过千年基督教信仰统治的欧洲是很容易被理解的。

综上所述，我倾向于把康德的这句名言译为："因此，我不得不扬弃知识，为信仰留下地盘。"但为了维护这个译句的合法性，我必须回应下面两个可能被提出来的疑问。第一个疑问是：有人可能会提出，在辩证法大师黑格尔的语境中，把 aufheben 译为"扬弃"是没有异议的。事实上，黑格尔在《精神现象学》《逻辑学》等著作中多次论述过 aufheben 的辩证含义，即它既具有"抛弃"的含义，又具有"保留"的含义。然而，在康德批判哲学的语境中，aufheben 能够被译为"扬弃"吗？我的回答是肯定的。在我看来，尽管康德把辩证法理解为消极的、应当加以避免的现

---

① ［德］康德：《纯粹理性批判》，邓晓芒译，人民出版社 2004 年版，第 22 页。顺便指出，邓译本在"德汉术语索引"中有一个条目"Glauben"信念/信仰（见该书第 659 页）。其实，Glauben 并不是该名字的原形，原形应为 Glaube。

② ［德］伊曼努尔·康德：《纯粹理性批判》，李秋零译，中国人民大学出版社 2004 年版，第 23 页。

象，但归根到底，人类理性在其本性的驱迫下陷入先验辩证法的必然性正是由康德率先发现并揭示出来的，尤其是康德关于宇宙论中的二律背反的叙述，充分显示出他的思想的辩证性。在这个意义上，康德选择aufheben这个具有辩证法潜力的动词，用以表达知识与信仰的复杂关系，是有其深意的。事实上，只有把这个词直译为扬弃，才能充分展示出康德思想的丰富含义和内在张力。第二个疑问是：有人可能会提出，当康德对知识采取扬弃的态度时，究竟他要保留的是什么知识？他要抛弃的又是什么知识？我的回答是：他要保留的是数学知识、自然科学知识、作为未来科学的形而上学知识（主要由以下三个部分组成，即纯粹理性批判、自然科学的形而上学、道德形而上学）；他要抛弃的则是作为自然禀赋的形而上学知识。由此可见，无论把 aufheben 译为"否定""废除"，还是译为"悬置"，都不能准确地、完整地反映出康德本人的意向，只有把它译为"扬弃"，康德这句名言的全部内容才能充分地展示在读者的面前。

三、质疑"哥白尼革命"之喻

在《纯批》"第二版序言"中，康德还留下了另一段重要的论述："迄今为止，我们假定，我们所有的知识都必须以对象为准绳；但是，按照这个假定，试图通过概念先天地构成有关这些对象的东西以扩展我们知识的所有尝试，全都失败了。因此，我们不妨尝试一下，假定对象必须依照我们的知识来构成，我们在形而上学中的任务是否会有更好的进展。这一假定或许会更好地与所要求的可能性，即关于对象的先天知识的可能性相一致，这种知识应该在对象被给予我们之前就对它们有所断定。这里的情况与哥白尼的最初思想是相同的。当哥白尼假定全部星体围绕观察者旋转时，他对天体运动的解释就无法顺利地进行。于是，他试着让观察者旋转而星体静止，看看是否可以获得更多的成功。如今在形而上学中，就对象的直观而言，我们也能够用类似的方式做出尝试。如果直观必须依照对象的性状，那么我就看不出我们如何先天地对对象有所认识；但如果对象(作为感官的客体)必须依照我们的直观能力的性状，那么我倒完全可以想象这种可能性。"①

康德的上述论断常常被人们称作哲学思维上的"哥白尼革命"(die Kopernikanische Revolution)，事实上，康德也以此而自诩，以为自己在思维方式上发动的革命"与哥白尼的最初思想是相同的"。然而，匪夷所思的是，不仅康德哲学的研究者们从未认真地思索过康德的思维方式与哥白尼思维方式之间的真实关系，甚至连康德本人也从未对这一真实关系做出过认真的反思。我认为，康德对自己的思维方式与哥白尼思维方式之间的类比只在下面这一点上，即把流行的思维方式加以根本性的颠倒的意义上是有效的。众所周知，按照亚里士多德和托勒密倡导的"地心说"，地球是静止的，太阳是围绕地球而旋转的，而哥白尼所倡导的"日心说"则颠倒了这种传统的思维方式，主张让太阳静止下来，使地球(包括地球上的观察者)围绕着太阳而旋转。同样地，在传统的哲学思维方式中，对象始终是中心，而作为观察者的主体则是围绕对象而旋转的。康德的先验哲学颠倒了这种传统的哲学思维方式，主张作为观察者的主体始终是一个静止的中心，而对象则是被主体所设定并围绕主体而旋转的。也就是说，只是在对传统思维方式加以根本性颠倒的这个含义上，康德与哥白尼在思维方式上发动的革命是一致的。然而，一旦超出"颠倒"这一外观，我们立即就可以断定，他们两人的思维方式非但不是一致的，而且在性质上是完全对立的。

毋庸讳言，在天文学的语境中，亚里士多德和托勒密的地心说肯定的正是地球和地球上的观察者(作为主体的人)的中心地位。在天气晴朗时，人们观察到太阳早晨从地球的东边升起，傍晚又从地球的西边坠

---

① I. Kant, *Werkausgabe Band Ⅲ*, *Herausgegeben von W. Weischedel*, Berlin: Suhrkamp verlag, 1988, S. 16-17.

下，因而很容易形成地心说的观念，以为太阳是围绕地球而旋转的。我们不妨把地心说所代表的传统思维方式称为"观察者中心论"，因为居于地球上的观察者始终把自己认作宇宙的中心。正如法国哲学家狄德罗在批评英国主观唯心主义哲学家贝克莱时所说的："在一个发疯的时刻，有感觉的钢琴曾以为自己是世界上唯一的钢琴，宇宙的全部和谐都发生在它身上。"[①]平心而论，尽管观察者中心论充分肯定了主体的中心地位和能动作用，但确实有点类似于狄德罗所贬斥的那架"有感觉的钢琴"。

与此相反，哥白尼的日心说所要推翻的正是这种观察者中心论。在这个意义上可以说，哥白尼倡导的乃是"对象中心论"，因为他取消了地球和地球上的观察者的中心地位，主张让被观察的对象——太阳——静止下来，成为宇宙的中心，而让地球及地球上的观察者围绕太阳而旋转。由此可见，这种对象中心论与前面提到的观察者中心论在性质上是截然相反、根本对立的。

按照类似的视角去考察哲学史，立即就会发现，在哲学史的语境中，传统的思维方式反倒是与哥白尼的日心说相一致的，因为它们都主张对象中心论。与此相反，康德的思维方式从性质上看却是与亚里士多德和托勒密所倡导的地心说相一致的，因为它们都主张观察者中心论，即主体中心论。康德主张人的知性为自然立法、人的理性为自由立法，表明他试图加以维护的非但不是哥白尼的思维方式，而是竭力从哥白尼的思维方式退回到亚里士多德和托勒密的思维方式上去。

这就深刻地启示我们，康德所使用的哥白尼革命的比喻，只适用于思维方式根本颠倒这一外观。一旦超出这个外观，从性质上加以考察，立即就会发现，与其说康德倡导的是哥白尼革命，不如说他倡导的是反哥白尼革命。显然，这样的结论恐怕是康德和他的许多研究者们都始料未及的，但事实正是如此。

---

① 《狄德罗哲学选集》，陈修斋等译，生活·读书·新知三联书店 1956 年版，第130 页。

四、何谓"纯粹的先天判断"?

在《纯批》的"导言"中，康德这样写道："在下面我们将不把先天的知识理解为不依赖于这个或那个经验而发生的知识，而是理解为绝对不依赖于一切经验而发生的知识。与这些知识相反的是经验性的知识，或者只是后天的、即通过经验才可能的知识。但先天知识中完全不掺杂任何经验性因素的知识叫作纯粹的。于是，'每一变化皆有其原因'（eine jede Veränderung hat ihre Ursache）这个命题就是一个先天命题，但它不是纯粹的，因为变化是一个只能从经验中取得的概念。"①在这段论述中，康德明确地告诉我们，只有完全不掺杂任何经验性因素的知识才是纯粹的，由于"变化"（Veränderung）概念源自经验，因而尽管"每一变化皆有其原因"这一命题是先天判断，却不是"纯粹的先天判断"（reine Urteil a priori）。

然而，就在"导论"下一页的另一段论述中，康德又把包含着"变化"这个源自经验的概念的另一个命题视为"纯粹的先天判断"。康德的另一段论述是这样的："很容易发现，在人类知识中确实存在着这样一些必然的和在严格意义上普遍的，因而是纯粹的先天判断。如果想从科学中举出一个例子，那么人们只需要考察一下数学的所有命题；如果想从最普通的知性使用中举出一个例子，那么'一切变化都必定有其原因'（alle Veränderung eine Ursache haben müsse）这一命题就可胜任了。"②在这里，"一切变化都必定有其原因"成了纯粹的先天判断。奇怪的是，这个命题与前面的命题比较起来，只多了一个情态动词 müsse（其原形为 müssen，中文译为"必须""必定"）。按照康德前面定下的标准，只有"完

---

① I. Kant, *Werkausgabe Band Ⅲ*, *Herausgegeben von W. Weischedel*, Berlin：Suhrkamp Verlag, 1988，B3.
② Ibid., B4-5.

全不掺杂任何经验性因素的知识叫作纯粹的"，但在这个命题中仍然保留着"变化"这个源自经验的概念。

显而易见，康德上述两处论述在逻辑上是不自洽的。如果一个含有经验元素的先天命题因为加入了像 müssen 这样的情态动词就成了纯粹的先天判断，那么康德就必须放弃他前面的观点，即"完全不掺杂任何经验性因素的知识叫作纯粹的"，从而重新界定"纯粹的"这个词的含义。毋庸置疑，如果康德没有对自己在同一个文本中逻辑上不自洽的论述做出合理的说明，这只能表明他理论上的疏忽。人们都知道，《纯批》是康德沉默 12 年的思想结晶，但康德把它撰写出来，却只花了几个月的时间。也就是说，在撰写过程中，他充分利用了自己在不同时期写下的论文、手稿、笔记上的段落等，这就难免产生文本中不同段落或论述之间的逻辑自洽性问题。诺曼·康蒲·斯密就曾在《纯批》的译序中指出，康德在撰写《纯批》时十分匆忙，甚至把德语名词 Verhältniss(关系)的中性错写成阴性。①

五、时空究竟是纯直观，还是概念

在《纯批》的"先验感性论"中，康德重点探讨了时间、空间问题。可以说，康德对空间、时间在性质上究竟是"概念"(Begriff)，还是"纯直观"(reine Anschsuung)，充满了表达上的逻辑矛盾。

一方面，"先验感性论"中使用的相当一部分"节"的标题是把空间、时间称作概念的。比如，在讨论空间问题的第一章中，第二节的标题是"对这个概念的形而上学阐明"(Metaphysische Erörterung Dieses Be-

---

① I. Kant, *Critique of Pure Reason*, trans. N. K. Smith, New York：The Humanities Press, 1950, p. 7.

griffs)①，第三节的标题是"空间概念的先验阐明"（Transzendentale Erörterung Des Begriffs Vom Raume）。② 在第三节之后，又设了一个小标题"由上述概念得出的结论"（Schlüsse Aus Obigen Begriffen）。③ 再如，在讨论时间问题的第二章中，第四节的标题是"时间概念的形而上学阐明"（Metaphysische Erörterung Des Begriffs Der Zeit）④，第五节的标题是"时间概念的先验阐明"（Transzendentale Erörterung Des Begriffs Der Zeit）⑤，第六节的标题是"从这一概念得出的结论"（Schlüsse Aus Diesen Begriffen）。⑥ 这些标题表明，康德一直把空间、时间理解为"概念"。

然而，值得注意的另一方面是，在"先验感性论"的诸多论述中，康德又竭力否认空间和时间是概念。比如，他告诉我们："空间不是一个从外部经验抽象得来的经验性概念（empirischer Begriff）。"⑦他又表示："空间不是一个关于一般事物关系的推理性的，或如人们所说的普遍的概念（allgemeiner Begriff），而是一个纯直观（eine reine Anschsuung）。"⑧他甚至十分明确地宣布："因此，空间的始源表象是一个先天直观，而

---

① I. Kant, *Werkausgabe Band Ⅲ*, *Herausgegeben von W. Weischedel*, Berlin：Suhrkamp Verlag，1988，B37/A22-23.

② Ibid.，B341.

③ Ibid.，B42-43/A26-27.

④ Ibid.，B46-47/A31.

⑤ Ibid.，B48/A32.

⑥ Ibid.，B49/A33. 显然，这里的 Diesen 的原形代词为 diese，解释为"这一"，明确地指涉时间概念。胡仁源译第六节的标题为"上述概念的结论"（《纯粹理性的批判》胡译本，第 40 页），虽然准确地把 Diesen 把握为单数，但未译其为"这一"，而是译为"上述"，但在这个标题中，康德并没有使用"上述"（Obigen）这个形容词；蓝公武译此标题为"自此等概念所得之结论"（《纯粹理性批判》蓝译本，第 56 页）。显然，以"此等"对译 Diesen，难以判断单、复数，因而显得模棱两可；牟宗三译此标题为"从以上诸概念（诸义）而来的结论"（《纯粹理性批判》牟译本，第 138 页），把 Diesen 理解为复数，显然不合康德的本意；韦卓民译此标题为"从上述各概念所得的种种结论"（《纯粹理性批判》韦译本，第 74 页），邓晓芒和李秋零均译此标题为"从这些概念得出的结论"（《纯粹理性批判》邓译本，第 36 页；李译本，第 66 页），均重蹈了牟译本的错误，即把 Diesen 理解为复数。事实上，从上下文可以看出，康德用 Diesen 指涉的只是时间概念。

⑦ Ibid.，B38-39/A24.

⑧ Ibid.，B40/A25.

不是概念。"(Also ist die ursprüngliche Vorstellung vom Raume Anschauung a priori, und nicht Begriff.)①在谈论时间时，康德也明确地表示："时间不是以某种方式从经验抽象出来的经验性概念(empirischer Begriff)。"②他又说："时间不是推理的，或如人们所说的普遍的概念(allgemeiner Begriff)，而是感性直观的一种纯形式(eine reine Form der sinnlichen Anschauung)。"③

那么，在康德这些充满逻辑矛盾的论述中，空间和时间究竟是"纯直观"或"感性直观的纯形式"，还是"概念"？我认为，康德在讨论空间问题时的下述论断为我们最终解答这个问题提供了一把钥匙："空间被表象为一个被给予的无限的量，尽管每个概念能够被设想为一个被包含在无限多的不同的表象之中(作为这些表象的共同标志)、因而把这些可能的表象包含在自己之下的表象；但没有如此这般的、能够把无数表象包含在自己之中的概念。"④也就是说，空间和时间是把诸多表象包含在"自己之中"(in sich)，而概念则把它们包含在"自己之下"(unter sich)。正是这一点构成了"纯直观"与"概念"之间的分水岭。然而，必须指出的是，康德从来没有把这层意思清楚明白地告诉我们。

总之，康德应该用十分明确的语言表示，时间和空间不是概念，并不再在各节的标题中使用"空间概念""时间概念"这样自相矛盾的表达方式。在康德哲学的语境中，时间和空间只应该以"纯直观"或"感性直观的纯形式"的方式出现。使我感到困惑不解的是，康德在 1787 年出版《纯批》第二版时居然也没有改正这些明显的矛盾之处，或许是因为在当时的德国哲学界，并没有人就此问题向他提出疑问或批评。

① I. Kant, *Werkausgabe Band Ⅲ*, *Herausgegeben von W. Weischedel*, Berlin: Suhrkamp Verlag, 1988, B40/A25.

② Ibid., B46-47/A31.

③ Ibid., B48/A32.

④ Ibid., B40/A25.

六、如何翻译 natürliche Dialektik

只要见到 natürliche Dialektik 这个短语，人们都会无例外地把它译为"自然辩证法"，并联想起杜林和恩格斯的名字。事实上，杜林于 1865 年出版了《自然辩证法》(*Natuerliche Dialektik*)。马克思和恩格斯在通信中多次批评过杜林的这本书，认为杜林撰写这本书的动机是反对黑格尔辩证法。然而，恩格斯毕竟受到了杜林思路的影响，开始探索自然中的辩证法。他写于 1876 年的一则笔记是：Naturdialektik—references[Verweise]（自然辩证法——引据）。① 可以说是恩格斯首次使用自然辩证法概念，但它在德语的表述上与杜林存在着重大区别。在杜林那里，自然辩证法是 Natürliche Dialektik，其中 Natürliche 是名词 Natur（自然）的形容词；而在恩格斯的 Naturdialektik 中，Natur 则作为名词直接充当形容词来修饰另一个名词 Dialektik（辩证法），从而构成了一个复合词。在另一段不知确切写作时间的笔记中，恩格斯又写道："自然辩证法的一个很好的例子是……"（Hübsches Stück Naturdialektik…）②除了上述笔记，在 1882 年 11 月 23 日致马克思的信中，恩格斯又以十分明确的口气表示："现在必须尽快地结束自然辩证法。"③显然，他在这里提及的"自然辩证法"是指自己正在撰写的那些相关的手稿。实际上，恩格斯使用的始终是同一个复合词 Naturdialektik。毋庸置疑，他所以创制这个复合词，目的是把自己的自然辩证法与杜林的自然辩证法严格地区分开来。

---

① Friedrich Engels，*Dialektik Der Natur*（Dietz Verlag，1952）S. 325，并参见恩格斯：《自然辩证法》，中共中央马克思恩格斯列宁斯大林著作编译局译，人民出版社 1971 年版，第 278 页。

② Friedrich Engels，*Dialektik Der Natur*，Berlin：Dietz Verlag，1952，S. 511，参见恩格斯：《自然辩证法》，中共中央马克思恩格斯列宁斯大林著作编译局译，人民出版社 1971 年版，第 268 页。

③ 《马克思恩格斯全集》第 35 卷，人民出版社 1971 年版，第 115 页。

尽管恩格斯没有给自己的手稿冠以 Naturdialektik 的总书名，但他在写给马克思信中的提法至少表明，他有过以 Naturdialektik 来指称自己这方面手稿的意向。1925 年，当恩格斯的手稿在莫斯科以德俄对照本的形式出版时，梁赞诺夫却给手稿安上了另一个书名：*Dialektik der Natur*。尽管这个书名也被中央编译局的译者译为《自然辩证法》，但恩格斯使用的毕竟是另一个词 Naturdialektik。

从上面的讨论中很容易发现，Natürliche Dialektik 中的 Natürliche 指涉的是自然界，而下面我们要讨论的则是另一种 Natürliche Dialektik。对于这种辩证法来说，"Natürliche"指涉的并不是自然界，而是事物的"本性"，确切地说，是指人的理性本性。无论是德语中的 Natur，还是英语和法语中的 nature，都有两个含义：一个是指自然界，另一个是指本性。比如，英语短语 human nature 绝不能译为"人的自然"，而只能译为"人的本性"或"人性"。而在康德著作，尤其是"三大批判"中反复出现的 natürliche Dialektik 指涉的正是人类理性本性的辩证法。遗憾的是，长期以来，这个问题从未引起过《纯批》翻译者和研究者们的重视。

康德认为，当纯粹理性运用只适合于经验范围的知性范畴去认识超验的自在之物——灵魂、世界和上帝时，就会陷入种种困境之中。他把这种困境称作"先验辩证法"(die transzendentale Dialektik)，由于这种困境是在人类理性本性的引导下发生的，因而也被他称作 natürliche Dialektik。

在《纯批》的"先验辩证法"中，有一则附录的标题是：Von der Endabsicht der Natürlichen Dialektik der menschlichen Vernunft[1]。在这里，康德直接使用了 der Natürlichen Dialektik 的短语(此处为第二格)。在展开进一步的讨论前，我们先来看看，中译者们是如何翻译这个标题的。胡仁源把上述标题译为"论人类理性自然辨论的最终目的"[2]；蓝公武译

---

① I. Kant, *Werkausgabe Band Ⅲ*, *Herausgegeben von W. Weischedel*, Berlin：Suhrkamp Verlag，1988，B697/A669.

② ［德］康德：《纯粹理性的批判》，胡仁源译，商务印书馆 1935 年版，第 576 页。

为"人类理性所有自然的辩证性质之终极意向"①；牟宗三译为"人类理性底自然的辩证之终极目的"②；韦卓民译为"人类理性自然辩证性质的最终意图"③；邓晓芒译为"人类理性的自然辩证论的终极意图"④；李秋零译为"论人类理性的自然辩证法的终极意图"⑤。虽然上述六位中译者的译文互有差异，但有一点却是共同的，即他们都把康德原著中的Natürlichen 译为"自然（的）"，邓晓芒把 der Natürlichen Dialektik 译为"自然辩证论"，增益了一个"论"字；而李秋零则直接把它译为"自然辩证法"。

在我看来，六位中译者的共同失误在于，他们都把 der Natürlichen Dialektik 理解为一个完整的表达式，实际上，在康德上述句子中，完整的表达式应该是 der Natürlichen Dialektik der menschlichen Vernunft。也就是说，康德把这里谈论的辩证法限定在人类理性的范围之内，而在这个范围之内，绝不能把 der Natürlichen Dialektik 译为"自然辩证法"，而应该译为"本性（的）辩证法"。假如把整个表达式 der Natürlichen Dialektik der menschlichen Vernunft 翻译出来，就应该是"人类理性本性的辩证法"。正如我们不应该把英语中的 human nature 译为"人的自然"，而应该译为"人（的本）性"一样，我们也不应该把康德语境（包括《纯批》）中的 natürliche Dialektik 译为"自然辩证法"，而应该译为"本性辩证法"，而这里的"本性"则专指人类理性的本性。

我们的上述见解也可从康德在《纯批》中使用的另一个表达式 eine natürliche und unvermeidliche Dialektik der reinen Vernunft⑥ 中得到印

---

① ［德］康德：《纯粹理性批判》，蓝公武译，商务印书馆 1982 年版，第 472 页。

② ［德］康德：《纯粹理性批判》下册，牟宗三译，台湾学生书局 1983 年版，第 441 页。

③ ［德］伊·康德：《纯粹理性批判》，韦卓民译，华中师范大学出版社 2000 年版，第 581 页。

④ ［德］康德：《纯粹理性批判》，邓晓芒译，人民出版社 2004 年版，第 523 页。

⑤ ［德］伊曼努尔·康德：《纯粹理性批判》，李秋零译，中国人民大学出版社 2004 年版，第 512 页。

⑥ I. Kant, *Werkausgabe Band Ⅲ*, *Herausgegeben von W. Weischedel*, Berlin：Suhrkamp Verlag，1988，B354/A298。

证。毋庸讳言，上述六位中译者也都误译了这个表达式。胡仁源把它译为"一种天然的，而且不可避免的纯粹理性的辩论"①；蓝公武译为"一种纯粹理性之自然的不可避免的辩证法"②；牟宗三译为"一种纯粹理性底自然而不可免的辩证"③；韦卓民译为"一种属于纯粹理性的自然而不可避免的辩证"④；邓晓芒译为"纯粹理性有一种自然的和不可避免的辩证论"⑤；李秋零译为"一种纯粹理性的自然的和不可避免的辩证法"⑥。在六位译者中，除了胡仁源把 natürliche 译为"天然的"，其他五位译者均译为"自然（的）"。在我看来，上述表达式应该译为"纯粹理性的一种本性上的、不可避免的辩证法"或译为"纯粹理性的一种不可避免的、本性上的辩证法"。

由此可见，从西方哲学史上看，natürliche Dialektik 这个用语是由康德最先创制出来的，它被用来指涉人类理性的本性在思维中必定会陷入的困境。因此，在康德哲学（包括《纯批》）的语境中，它不应该被译为"自然辩证法"，而应该被译为"（人类理性或纯粹理性）本性的辩证法"。至于杜林的 natürliche Dialektik、恩格斯的 Naturdialektik 和梁赞诺夫的 Dialektik der Natur，均指涉自然界的辩证法。

我们上面探讨了康德《纯批》翻译和研究中出现的若干问题，这也是我在长期的教学工作中发现并思索过的一些问题。其实，类似的问题还有不少，范围也不限于《纯批》。显而易见，为了深化对康德哲学的研究，对这些问题加以澄清是必要的。文中有不当之处，欢迎同行专家不吝赐教。

---

① ［德］康德：《纯粹理性的批判》，胡仁源译，商务印书馆1935年版，第295页。
② ［德］康德：《纯粹理性批判》，蓝公武译，商务印书馆1982年版，第244页。
③ ［德］康德：《纯粹理性批判》下册，牟宗三译，台湾学生书局1983年版，第5页。
④ ［德］伊·康德：《纯粹理性批判》，韦卓民译，华中师范大学出版社2000年版，第318页。
⑤ ［德］康德：《纯粹理性批判》，邓晓芒译，人民出版社2004年版，第261页。
⑥ ［德］伊曼努尔·康德：《纯粹理性批判》，李秋零译，中国人民大学出版社2004年版，第274页。

如何理解并翻译德语形容词 pragmatisch[①]

假如查阅一下《瓦里希德语词典》(»Wahrig Deutsches Woerterbuch«)，就会发现 pragmatisch 这个德语形容词主要有以下两方面的含义：一是 im Sinne des Pragmatismus，即"在实用主义的意义上"，也就是"实用主义的"的意思；二是 sachlich，即"实际的"或"实用(性)的"。[②] 假如再查阅一下国内流行的《德汉词典》，也会发现 pragmatisch 这个词条有以下两方面的解释：一是"实用主义的"，二是"实际的"或"根据事实的"。[③] 可见，无论是在现代德语词典中，还是在德汉词典中，pragmatisch 均具有"实用主义的"的含义。但毋庸置疑，在翻译历史上的德语作品时，却不能不加分析地把 pragmatisch 译为"实用主义的"，这里有一个时间上的确定的限制，即在美国实用主义思潮形成并产生影响之前，pragmatisch 这个词似乎并不具有"实用主义的"的含义，也不应

---

① 原载《哲学动态》2014 年第 6 期，此文是扩写，原载《教学与研究》2004 年第 4 期。收录于俞吾金：《从康德到马克思——千年之交的哲学沉思》，广西师范大学出版社 2004 年版，第 281—283 页；《哲学随想录》，北京师范大学出版社 2016 年版，第 299—301 页。——编者注

② *Wahrig Deutsches Wörterbuch*，München：Mosaik Verlag，1986，S. 1008.

③ 《德汉词典》，上海译文出版社 1983 年版，第 952 页。

该译为"实用主义的"。

从目前掌握的哲学文献看，pragmatisch 这个德语形容词最早出现于康德晚年的著作»Anthropologie in pragmatischer Hinsicht«（1798）中。这个德语书名可以直译为《实用性视野中的人类学》，也可意译为《实用人类学》。那么，"实用主义"（pragmatism）作为哲学思潮又是什么时候出现的呢？众所周知，尽管美国哲学家皮尔士在发表于《通俗科学月刊》上的两篇论文《信念的确定》（1877）和《怎样使我们的观念变得清楚》（1878）中已经提出了实用主义的基本思想，但他当时还没有创制出 pragmatism 这个术语，并在其论文中加以运用。正如 M. K. 穆尼茨在谈到皮尔士时所指出的："事实上，直到 1902 年，在为《鲍德温词典》撰写'实用主义'这个条目时，他才使用了 pragmatism 一词。"①毋庸讳言，按照这一见解，在 19 世纪 70 年代，皮尔士只是初步地提出了实用主义的基本思想，但还没有创制出 pragmatism 这个术语，并运用它来指涉这些基本思想。另一位著名学者威廉·詹姆士的陈述则略有差异。他认为，pragmatism 这个术语源于希腊词 πραγμα，意思是行动。"它最初被皮尔士于 1878 年引入哲学中。"②它是皮尔士的原理，也是实用主义的原理："这个原理，20 年来完全没有引起任何人的注意，直到我在加利福尼亚大学郝维森教授的哲学协会上作演讲时，才重新提起它，并把它应用到宗教上去。直到那个时候（1898 年），接受这一原理的时代似乎已经成熟。于是，pragmatism 这个词就传播开来了，现在它在各种哲学杂志上占有相当多的篇幅。"③显然，按照詹姆士的看法，在 1878—1898 年这 20 年时间内，几乎没有任何人注意到皮尔士在这方面的思想及其相应的贡献。平心而论，詹姆士的陈述是有一定出入的。只要读一下《信念

---

① M. K. Munitz, *Contemporary Analytic Philosophy*, New York: Macmillan Publishing CO., INC., 1981, p. 400.

② W. James, *Pragmatism and Other Essays*, New York: Washington Square Press, 1963, p. 23.

③ Ibid., p. 24.

的确定》和《怎样使我们的观念变得清楚》这两篇论文就会发现，当时的皮尔士还未提出 pragmatism 这个新概念。

我们不妨再来考察一下皮尔士本人究竟是怎么说的。在发表于 1904 年的《什么是实用主义？》一文中，皮尔士在一个注中明确地表示："为了表明'实用主义'一词多晚才被广泛使用，据我所知，我在今天以前从来没有在出版物中使用此词。除了在鲍德温（Baldwin）的词典中应特殊要求使用过这个词以外。1890 年末，当《世纪词典》(Century Dictionary)的这一部分出版时，我并不认为这个词具有充分资格在那部著作中出现。不过，也许在 19 世纪 70 年代中期之后，我在哲学讨论中经常使用过这个词。"[1]按照这一说法，自 19 世纪 70 年代中期以降，皮尔士已开始在口头讨论中使用 pragmatism 这个新词了，但它并未被收录到 1890 年末出版的《世纪词典》中，直到 1902 年才第一次被收录进公开出版的《鲍德温词典》中。

从上面的考察可以引申出如下的结论：关于 pragmatism 的基本思想是在 19 世纪 70 年代后期由美国哲学家皮尔士率先提出来的，但 pragmatism 这个术语正式在学术界产生影响却是在 19 世纪 90 年代末到 20 世纪初。如果我们采纳詹姆士某些方面的观点，那么至少也要到 1898 年，pragmatism 这个术语才开始引起学术界的注意。这就明确地提示我们，如果人们想把德语作品中出现的形容词 pragmatisch 译为"实用主义的"，那么在通常的情况下，这个作品至少应该出版于 1898 年以后。

然而遗憾的是，我们发现有些出版于 1898 年前的德语作品中的 pragmatisch 却被错误地译为"实用主义的"，而学术界对这样的误译不置一词。事实上，某些德语译作中被误译的段落至今仍然影响着广大读者，并误导了他们的思想。为了维护学术上的严肃性和翻译上的科学

---

[1] 涂纪亮：《皮尔斯文选》，涂纪亮、周兆平译，社会科学文献出版社 2006 年版，第 7 页注②。

性，必须揭示这些现象以引起大家的共同关注。我们主要考察以下三部重要的译作。

第一部重要的译作是由贺麟先生翻译、商务印书馆出版的黑格尔的《小逻辑》。在该书第 140 节的附释中，我们可以读到这样一段译文："近代特别有所谓'实用主义的'写历史的办法，即由于错误地把内心和外表分离开，于论述伟大历史人物时常常陷于罪过，即由于抹煞了并歪曲了对于他们的真实认识。不满意于朴实地叙述世界史英雄所完成的伟大勋绩，并承认这些英雄人物的内心的内容也足以与其勋业相符合，这种实用主义的历史家幻想着他有理由并且有责任去追寻潜蕴在这些人物公开的显耀勋业后面的秘密动机。这种历史家便以为这样一来，他愈能揭穿那些前此被称颂尊敬的人物的假面具，把他们的本源和真正的意义贬抑成与凡庸的人同一水平，则他所写的历史便愈为深刻。为了达到这种实用主义的历史写法的目的，人们就常常鼓励对于心理学的研究，因为大家相信，心理学研究的结果，可以使我们看见支配人类行为的真实动机。但这里所说的心理学不过是对于人情的一些支节知识，它不求对于人性有普遍的和本质的理解，而主要地仅以特殊的、偶然的和个别化的本能、情欲等等为观察的对象。但这种实用主义的心理学方法，至少应让那寻求伟大行为背后的动机的历史家有一个选择：即一方面在实质性的兴趣如爱国心、正义感、宗教真理等，另一方面在主观的形式的兴趣，如虚荣心、权力欲、贪婪等之间有所选择。但实用主义的心理学家必会认后一类动机为真正的推动力量，因为不如此他们便无法坚持内（行为的动机）与外（行为的内容）之间的对立的假定了。"①在这段译文中，"实用主义的"这个中文形容词先后出现了五次，如果核对一下《小逻辑》的德文版原著，就会发现，在黑格尔原著的这个段落中，pragmatisch 这个德语形容词只出现过三次。显然，为了使译文变得通畅，贺麟先生在两处增益了"实用主义的"这个中文形容词。

---

① ［德］黑格尔；《小逻辑》，贺麟译，商务印书馆 1980 年版，第 293—294 页。

我们知道，黑格尔逝世于 1831 年。《小逻辑》是在他生前撰写并出版的。而在 1831 年之前，世界上还根本不存在实用主义思潮，黑格尔当然也不可能在"实用主义的"这个含义上来使用 pragmatisch。由此可见，贺麟先生用"实用主义的"对译 pragmatisch，显然犯了法国哲学家阿尔都塞所批评的"分析目的论"（analytic teleology）的错误①。

第二部重要的译作是由中央编译局翻译、人民出版社出版的恩格斯的《路德维希·费尔巴哈和德国古典哲学的出路②》（以下简称《出路》，本文将"终结"替换为"出路"）。在这部著作中，恩格斯谈到每个人都在社会生活中追求自己的目的，但在每个人动机的背后又隐藏着什么样的动力呢？他随之写道："旧唯物主义从来没有给自己提出过这样的问题。因此，它的历史观——如果它有某种历史观的话，——本质上也是实用主义的，它按照行动的动机来判断一切，把历史人物分为君子和小人，并且照例认为君子是受骗者，而小人是得胜者。"③只要核对一下，立即就会发现，这里的中文形容词"实用主义的"在德语原著中的对应词仍然是 pragmatisch。④ 明眼人一看就知道，恩格斯对旧唯物主义历史观的批判受到了我们在前面引证过的、黑格尔在《小逻辑》中提出的观点的影响。限于本文的题旨，我们这里不对黑格尔和恩格斯关于重视历史人物动机的这类历史观进行评述，我们只限于指出，恩格斯是于 1886 年初开始撰写《出路》一书的，《出路》先在 1886 年《新时代》杂志第 4、5 期上连载，后于 1888 年以单行本的形式在斯图加特出版。如前所述，实用主义（pragmatism）这一思潮在学术界产生影响至少是在 1898 年以后，也就是说，当恩格斯在 1886 年初撰写《出路》时，还不可能知道远隔重

---

① 俞吾金：《究竟是谁创制了 Ontologia 这个拉丁名词》，《哲学动态》2013 年第 1 期。

② 中央编译局把恩格斯德文原著标题中的德语名字 der Ausgang 译为"终结"，显然不妥。在笔者看来，应该译为"出路"。俞吾金：《论马克思对德国古典哲学遗产的解读》，《中国社会科学》2006 年第 2 期。

③ 《马克思恩格斯选集》第 4 卷，人民出版社 1995 年版，第 248 页。

④ K. Marx and F. Engels, *Ausgewaehlte Werke*, *Band* 6, Berlin: Dietz Verlag, 1990, S. 302-303.

洋的美国已经产生了实用主义思潮。事实上，这一思潮当时在美国学术界还是默默无闻的。也就是说，当时的恩格斯根本不可能在"实用主义的"含义上去使用 pragmatisch 这个德语形容词。因而中央编译局的译者把 pragmatisch 译为"实用主义的"，显然是缺乏理论上的依据的。

第三部译作是由中央编译局翻译、人民出版社出版的《马克思恩格斯全集》第 45 卷。在这一卷中，有四处译文中出现了"实用主义"的字样。我们先一一加以考察，再综合加以评论。在马克思写于 1880 年底至 1881 年 3 月初的《路易斯·亨·摩尔根〈古代社会〉一书摘要》中，有两处出现了"实用主义"这一术语。其一，当摩尔根叙述历史学家李维谈到他自己对罗慕洛时代罗马建立元老院的看法时，马克思写下了这样的评语："极端实用主义的废话。"①其二，当摩尔根论述希腊人在达到野蛮时代的高级阶段之前大概还没有产生专偶婚制时，马克思又写下了一段评语："从下面一段话可以看出，甚至巴霍芬这位真正德国的学究是如何实用主义地对待这个问题的。"②在马克思写于 1881 年 3—6 月的《约·拉伯克〈文明的起源和人的原始状态〉（1870 年伦敦版）一书摘要》中，也有两处出现了"实用主义"这一术语。其一，马克思激烈地抨击了拉伯克关于古代婚姻制度的错误观点："拉伯克的批判态度的典型例子就是，他承认麦克伦南的关于'外婚制'和'内婚制'的胡言乱语，而后又玩花招'搞实用主义'——把这种现象解释得合理。"③其二，马克思在批评拉伯克无法摆脱自己置身于其中的文明社会的框架去看待古代人的婚

---

① 《马克思恩格斯全集》第 45 卷，人民出版社 1985 年版，第 546 页。另可参见 L. Krader, *The Ethnological Notebooks of Karl Marx*, Assen: Van Gorcum & Comp. B. V., 1974，p. 227.

② 同上书，第 562 页。另可参见 L. Krader, *The Ethnological Notebooks of Karl Marx*, Assen: Van Gorcum & Comp. B. V., 1974，p. 236。

③ 同上书，第 661 页。另可参见 L. Krader, *The Ethnological Notebooks of Karl Marx*, Assen: Van Gorcum & Comp. B. V., 1974，p. 339。

姻关系时,又写下了这样的评语:"搞实用主义!"(Pragmatisierung!)①
如前所述,马克思是在 1880 年底到 1881 年 6 月这段时间中写下《路易斯·亨·摩尔根〈古代社会〉一书摘要》和《约·拉伯克〈文明的起源和人的原始状态〉(1870 年伦敦版)一书摘要》这两篇札记的,而这个时段甚至比前面提到的恩格斯撰写《出路》的时间还要早五到六年。一方面,当时美国的实用主义思潮还处于青涩的、悄无声息的酝酿期;另一方面,尽管马克思所阅读的摩尔根的《古代社会》和拉伯克的《文明的起源和人的原始状态》都是英语作品,但这也不能表明,他阅读过皮尔士等人在这个时期中撰写的论文。退一万步说,即使他阅读了这些论文,它们当中也没有出现过 pragmatisch 或 pragmatism 这样的术语。所以,完全没有理由说马克思从理论上接受了美国的实用主义思潮的影响。

有趣的是,在我们上面引证的马克思关于民族学研究笔记的四处评语中,分别出现了 Pragmatismus、pragmatisch、pragmatisiert、Pragmatisierung 这四个不同的用词。第二个用词 pragmatisch 前面已做了充分的考察,这里就不再论及了;第三个用词 pragmatisiert 显然是德语原形动词 pragmatisieren 的变化形式,而第四个用词 Pragmatisierung 显然又是动词 pragmatisieren 的名词化。尽管在收词甚广的《瓦里希德语词典》中找不到动词 pragmatisieren 和名词 Pragmatisierung 的相关词条,但按照德语在构词法上的规则,这两个用词均可理解为"实用化"或"实用主义化",所以,问题的关键在于如何翻译四处评语中出现的第一个用词 Pragmatismus。

众所周知,Pragmatismus 在中文中的对应词是"实用主义",由于笔者手头只有美国学者克拉德(L. Krader)编纂的《卡尔·马克思的民族学笔记》(*The Ethnological Notebooks of Karl Marx*),而该书第 227 页上马克思评语中出现的 Pragmatismus 如果无误,那么就可以说,马克思

---

① 《马克思恩格斯全集》第 45 卷,人民出版社 1985 年版,第 663 页。另可参见 L. Krader,*The Ethnological Notebooks of Karl Marx*,Assen:Van Gorcum & Comp. B. V.,1974,p. 340。

率先创制了德语中的"实用主义"概念。如前所述，由于没有依据表明马克思在这一术语的使用上受到了美国实用主义思潮的影响，因而只能这样理解，即马克思沿着康德的《实用人类学》的思路，独立创制了 Pragmatismus 这个新词，但由于马克思的民族学笔记直到 20 世纪才面世，因此他在 19 世纪 80 年代创制的这个新词在当时并没有产生任何影响。

必须指出的是，在马克思民族学笔记的上述四处出现"实用主义"字样的评语中，由于 Pragmatismus 在时间次序上是最先出现的，在这样的语境下，中央编译局的译者把后面三个用词 pragmatisch、pragmatisiert、Pragmatisierung 译为"实用主义"的家族词，就不能说是误译了。必须加以辨明的是，这里指涉的"实用主义"并不是美国人所说的实用主义，而是马克思专门使用的实用主义，即具有否定性的含义，是马克思用来批评某些历史学家和民族学家的错误思想倾向的一个重要用语。

综上所述，在上面三部译作中，把黑格尔的《小逻辑》和恩格斯的《出路》中出现的 pragmatisch 译为"实用主义的"显然是不妥的。如果说，在恩格斯撰写《出路》时，美国的实用主义已经开始萌发，有些问题还可做深入的探究，那么，在黑格尔于 1831 年前撰写并修改《小逻辑》时，世界上还根本没有实用主义思潮！

此外，该如何看待《马克思恩格斯全集》第 45 卷中出现的四处涉及"实用主义"的评语呢？笔者认为，既然在时间上最先写下的那条评语中出现了马克思自己创制的新词 Pragmatismus，那么把后三处评语中的 pragmatisch、pragmatisiert、Pragmatisierung 译为"实用主义"的家族词就不能算是误译了。但我们必须记住，在马克思文本中出现的"实用主义"与美国哲学家皮尔士创立的实用主义，无论在内涵上、性质上都是有差别的。

走出观念主义的怪圈①
——《施特劳斯的现代性批判理论研究》推荐序

　　记得中国古人有"文如其人"的说法。事实上，在文字与作者之间做比较，本身就富有诗意。当蒋小杰把他的厚实的、沉甸甸的博士论文《施特劳斯的现代性批判理论研究》放在我的桌子上时，我油然而生的，正是这样的感受。与某些思想上缺乏定力、观点上随波逐流的博士生不同，蒋小杰从一年级做开题报告起，就明确表示要把列奥·施特劳斯的哲学思想作为自己博士论文的选题。有趣的是，他一条道走到底，从未改变过自己的初衷，真有郑燮所说的"咬定青山不放松"的味道。

　　蒋小杰治学，不光有明确的意向，也有顽强的意志。众所周知，施特劳斯的研究资料浩如烟海，要从中理出头绪来已属不易，更遑论形成自己独立的、批判性的见解了。然而，蒋小杰并没有知难而退，他集中思想，心无旁骛，一本接一本地阅读着相关的资料，终于找到了"政治哲学"（political philosophy）这个重要的切入点。事实上，近年来哲学博士论文的主题越来越多地聚焦

---

① 蒋小杰：《施特劳斯的现代性批判理论研究》，人民出版社 2014 年版。——编者注

到实践哲学，尤其是政治哲学上，因为人们在探讨任何哲学问题时都无法回避以下双重关系：一是人与自然的关系，二是人与社会的关系，而第一重关系又是以第二重关系为基础和出发点的。因为人并不是赤裸裸地、直接地面对自然界的，而是通过人与人之间的社会关系的媒介才与自然界发生关系的。而在人与人之间的社会关系中，尽管经济关系起着基础性的作用，但真正体现人之为人的尊严和高度的却是政治关系。正如美国政治哲学家利普塞特所说的，人首先是作为政治人生活在这个世界上的。而蒋小杰之所以把自己的博士论文的主题聚焦在施特劳斯的政治哲学上，其目的正是要把握这个最重要的思想维度，并通过它，进一步探寻并守护人生的价值和意义。

那么，究竟从何处着手去探寻施特劳斯政治哲学的珍宝呢？经过深入的阅读和反复的思索，蒋小杰决定把施特劳斯的政治哲学置于现代性语境中加以考察，他这样做的主要理由有两方面。一方面，要对政治哲学获得整全式的理解和把握，就应该找到一个与之相匹配的观念，毋庸讳言，"现代性"（modernity）正是这样一个具有整全性的观念。事实上，施特劳斯正是把以进步观念为引导的观念整体理解并阐释为现代性的。另一方面，政治哲学的危机也深藏在现代性危机中。只有从价值的层面上复兴古典政治哲学中的合理元素，恢复启示与理性或哲学与政治的平衡，才能告别虚无主义，走出现代性的危机。

毋庸讳言，在"观念主义"（idealism）①的语境内，施特劳斯关于现代性和政治哲学的理论似乎是可以自圆其说的。或许正是出于这方面的原

① 在英语中，idealism这个名词通常拥有以下三个不同的含义。第一个含义是"唯心主义"，它主要关涉政治、宗教和意识形态方面的内容；第二个含义是"理想主义"，因为 ideal 可以解释为"理想"；第三个含义是我们在文中使用的"观念主义"，因为 idea 可以解释为"观念"，而观念主义就是试图完全撇开现实，只从观念（包括文本上的思想）的被接受、被批判或被抛弃来阐明现实生活的变化。马克思曾经辛辣地嘲讽过这种观念主义："有一个好汉忽然想到，人们之所以溺死，是因为他们被重力思想迷住了。如果他们从头脑中抛掉这个观念，比方说，宣称它是迷信观念，是宗教观念，他们就会避免任何溺死的危险。"《马克思恩格斯文集》第1卷，人民出版社2009年版，第510页。

因，施特劳斯的现代性和政治哲学理论，就像马克斯·韦伯倡导的"新教伦理"、雅斯贝尔斯推重的"轴心时代"理论一样，作为观念主义的代表作，获得了众多的追随者。然而，观念主义者正是以黑格尔所主张的"现实和观念的同质性"（homogeneity of actuality and idea）作为自己的理论基础和出发点的。换言之，他们把观念上的东西与现实生活中的东西直接地等同起来了，以为在观念上或书本中出现的东西，也必定会在现实中出现。事实上，要拨开观念主义的迷雾，看清楚现实生活中究竟发生了什么，并揭示出现代性的秘密，就应该从黑格尔所主张的现实和观念的同质性返回到康德所主张的"现实和观念的异质性"（heterogeneity of actuality and idea）上。其实，只有认可这种异质性，现实生活中真实发生的东西才会向我们敞开。遗憾的是，施特劳斯还没有自觉地意识到这种异质性，并视之为自己反思的出发点，因而在某种意义上，他仍然在观念主义的旧靴子里打转。

首先，像其他近代政治哲学家一样，施特劳斯也喜欢侈谈 natural right 这个含糊不清的观念①。事实上，在我看来，不管人们如何理解并翻译这个词组，只要他们把"自然"与"法""权利"或"人权"放在一起，逻辑上就是自相矛盾的，因为"法""权利"或"人权"这类观念永远不可能在"自然"中形成，因而也不可能在自然的语境中被使用，而只可能在"社会"的语境被构成并被使用。在这个意义上，说"自然法""自然权利"或"自然正当"，就像说"方的圆"或"木的铁"一样，本身在逻辑上就是不自洽的，因而也是无意义的。

其次，施特劳斯试图通过对以柏拉图为代表的古典政治哲学的回归来挽救现代性面临的危机，然而，这种回归也注定是不会成功的，就像柏拉图在叙拉古的遭遇一样。即使从政治哲学家的理念上来看，柏拉图关于"哲学王"和共和国（republic）的理想也是不切实际的，犹如马克思

---

① natural right 这个英语词组有各种不同的译法，如"自然法""自然权利""天赋人权"等，蒋小杰和另一些学者主张把它译为"自然正当"。毋庸讳言，right 确实蕴含着"正当"的含义。

所批评的："在柏拉图的理想国中，分工被说成是国家的构成原则，就这一点说，他的理想国只是埃及种姓制度在雅典的理想化。"①

由此可见，无论是施特劳斯对柏拉图政治哲学的回归，还是他对马克思所说的"原始的丰富性"或"埃及的肉锅"的留恋，都无法真正地破解现代性的困局和危机。

最后，我们发现，施特劳斯对现代性危机的分析还未深入人的本质性的维度中去。在我看来，要使这个维度向当代人的意识敞开，就必须先行地区分"人性"(human nature)和"人的本质"(human essence)这两个内涵殊异的概念。前者指人的自然属性，用中国哲学的术语来表达，就是"饮食男女"；后者则指人的社会属性，用马克思的话来表达，就是"一切社会关系的总和"。毋庸讳言，人性作为人与生俱来的自然属性，是不会变化的，但人性在不同历史时期的具体表现形式是会变化的；与此不同的是，人的本质是在后天的社会环境中形成的，因而是会变化的，也是可塑的，而这种可塑性正是借助于宗教、哲学、政治法律、伦理道德、艺术和审美观念等才得以实现的。于是，我们对现代性危机的反思，又通过对人的本质形成机制的反思而转化为对上述领域中流行的观念的批判。诚如康德所指出的："我们的时代在特别程度上是一个批判的时代，一切都必须受到批判。宗教想借口它的神圣立法、想借口它的尊严，试图避免批判，可是，这样一来，它们恰恰就引起别人对它们的正当的怀疑，而不能要求人家真诚的尊敬了，因为只有受得起自由和公开考查与考验的东西，理性才给以真诚的尊敬。"②尽管康德自觉地意识到了现实和观念的异质性，从而为破解现代性危机提供了新的思维进路，然而，我们发现，康德所倚重的始终只是单纯思想领域里的批判活动(critical activities)。也就是说，这个思想上的巨人归根到底仍然是观念主义的囚徒。正如莎士比亚在他的《十四行诗》中所写的：

① 马克思：《资本论》第1卷，人民出版社1975年版，第405—406页。
② ［德］伊·康德：《纯粹理性批判》，韦卓民译，华中师范大学出版社2000年版，第5页。

我是你的囚徒，

我和我的一切必然任你摆布。①

在我看来，要走出这个观念主义的怪圈，或许应该记住马克思下面的教诲："历史的动力以及宗教、哲学和任何其他理论的动力是革命，而不是批判。"②

我们应该学会把"武器的批判"（weapon's criticism）与"批判的武器"（critical weapon）严格地区分开来。归根到底，真理既不在柏拉图所创立的"理念论"（theory of idea）中，也不在亚里士多德所倡导的"实践智慧"（phronesis/practical wisdom）中，而是在马克思所开创的"实践唯物主义"（practical materialism）中。

是为序。

---

① 《莎士比亚全集》第11卷，朱生豪等译，人民文学出版社1978年版，第291页。
② 《马克思恩格斯全集》第3卷，人民出版社1960年版，第43页。

2016年

"信念是行为的习惯"吗[①]

——对罗蒂的一个基本观点的质疑

按照罗蒂的看法，以皮尔士为代表的古典实用主义和以他自己为代表的新实用主义的一个基本的观点是："信念是行为的习惯。"不用说，这一观点相对于传统的表象主义的观点来说，具有超越性的意义。它奠基于达尔文的演化理论，肯定人的知识和信念都是在人应付环境的过程中形成并发展起来的。这一新观点揭示出知识和信念的一个新的维度，即实用性维度。换言之，人们不应该脱离这一维度，抽象地谈论信念的真假问题。诚然，休谟早就告诉我们，习惯是人生的伟大指南，但却不应该把信念与行为的习惯简单地等同起来。我们的主要理由如下。

其一，对于具体的人来说，他一生中的大部分信念并不直接源自他自己的行为。从表现方式看，人们的信念可以分为两种：一种是直接的信念，即在人们的行为中直接形成并发展起来的；另一种是间接的信念，即不是这些人的直接的行为方式，而是他们间接地从其他人（包括前人）那里接受过来的。事实上，人们生活中的绝大部分

---

① 俞吾金：《哲学随想录》，北京师范大学出版社 2016 年版，第 95—97 页。——编者注

信念是间接的信念。比如，"蛇会咬人"这样的信念，并不需要每个人都被蛇咬一下才能获得。尽管从起点上和归根到底的层面上，实践和行为是人们获得信念的基础，然而，对于具体的人来说，其大部分信念是以间接知识的方式获得的。这就启示我们，把认识论奠基于康德式的表象主义是不妥的，但像罗蒂那样，在认识论中完全否认表象的地位和作用也是不妥的。

其二，信念是观念性的，而行为的习惯则是实践性的。尽管信念指导着人的行为，而人的行为也进一步检验着信念，但这两者却不能被简单地等同起来。正如康德早就告诉我们的那样，观念上的 100 元钱并不等于实际上拥有 100 元钱。何况，从存在方式看，信念也可以被划分为以下两种不同的类型：一是超验性的信念，如本体论观念、宗教信仰、道德理想等；二是经验性的信念，如上面提到的"蛇会咬人"。然而，行为的习惯却只能是经验性的、可观察的，即使人们在崇拜上帝时也是如此。

其三，从性质上看，信念也可以被区分为现实的和虚幻的。比如，"蛇会咬人"是一个现实的信念，它在日常生活中一再地被证实；而一个完美的乌托邦社会就是一个虚幻的信念，这个指向将来的、虚幻的信念又怎么与行为的习惯发生联系呢？

其四，所谓行为的习惯，必定蕴含着这样的意思，即同一类行为已经过多次的重复。也就是说，任何信念都是与复数的行为相关的。于是，就产生了如下的问题：一个人只有多次重复其行为时，才可能有相应的信念存在。那么，当他第一次诉诸自己的行为，亦即其行为处于单数状态时，难道他就不受任何信念的约束吗？

总之，"信念""行为"和"习惯"这样的概念在内容上都是无限丰富的，是罗蒂关于"信念是行为的习惯"这样简单的表述所无法包容的。由于休谟早已向我们证明，习惯是与心理倾向联系在一起的，而罗蒂又对以康德为代表的先验论进行了激烈的批判，这样，我们在罗蒂哲学中发现的唯一确定的东西就是：没有任何东西是确定不移的。事实上，按照罗蒂的理论，他就应该像维特根斯坦一样保持沉默，因为他的任何言说都是对他自己所主张的理论的否定。

杜威的问题意识及其当代意义①

　　在 1910 年，即距今差不多一个世纪前，杜威出版了一部重要著作 *How We Think*（《我们如何思维》），就人作为生物有机体，在与环境打交道的过程中，如何有效地、创造性地进行思维做出了深入的思考。在这部著作中，杜威通过对一些实例的分析，把人们在日常生活中的有效思考归结为以下五个逻辑上自明的步骤："1. 一个感受到的困难；2. 困难的症结所在及限定；3. 对可能的解决方式的设想；4. 运用推理对这一设想的结果进行推导；5. 导致接受或拒斥这一设想，即得出可信或不可信结论的进一步的观察和实验。"②众所周知，杜威提出的著名的"五步说"又进一步被他的中国学生胡适概括为"大胆假设，小心求证"的思维方式，并被成功地运用到对中国学术文化中的种种疑难问题的解答中。然而，长期以来，人们偏向于从政治上对杜威和胡适做出低调的，甚至否定性的评价，却忽略了对他们所倡导的这种积极的、有效的思维方式的认真探究。从今天看来，实在有遗珠之憾！

---

　　① 俞吾金：《哲学随想录》，北京师范大学出版社 2016 年版，第 98—101 页。——编者注

　　② John Dewey，*How We Think*，New York：Prometheus Books，p. 72.

按照笔者的看法，无论是杜威的"五步说"，还是胡适的"大胆假设，小心求证"，都暗示出他们思维方式中的一个基本点，即强烈的问题意识。其实，杜威思维方式中的第一步"一个感受到的困难"(a felt difficulty)和第二步"困难的症结所在及限定"(its location and definition)都涉及人们在与环境打交道的过程中是否有强烈的问题意识。也正是在这个意义上，杜威对人们在与环境打交道的过程中是否对各种事物具有强烈的"好奇心"(curiosity)这一点做出了极为重要的评价："毫无疑问，在提供设想可能由以产生的原初的质料方面，好奇心是最富有活力的、最重要的因素。"①乍看起来，胡适所提出的"大胆假设，小心求证"的思维方式似乎并不怎么看重杜威"五步说"中的第一、第二步，但实际上，无论是"假设"，还是"求证"，也都奠基于强烈的问题意识。在这里，问题意识以不在场的方式在场，因为离开了它，"假设"和"求证"都会蜕化为无意义的举动。从胡适在自己的日记中对王云五先生的治学方式的评论上可见出他对问题意识的重视。他这样写道："云五先生读书极博，他自己说他的好奇心竟是没有底的，但甚苦没有系统。我昨天劝他提出一个中心问题来做专门的研究（最好是历史的研究），自然会有一个系统出来。有一个研究问题作中心，则一切学问，一切材料都有所附丽。"②在胡适看来，大凡学者治学要做到有成效，必须把一切学问附丽到一个中心问题上。

从上面的论述可以看出，问题意识既是杜威的"五步说"的缘起，也是胡适的"大胆假设，小心求证"的基础。充分地意识到这一点，也就等于阐述了杜威所倡导的思维方式的当代意义，当然，这一阐述，也包含着我们对杜威视野的某种超越。

其一，处于日常生活和日常思维状态中的人们，大致上可以被分为两种类型。一是以自然思维的态度与环境打交道，所谓"自然思维的态

---

① John Dewey，*How We Think*，New York：Prometheus Books，p. 30.

② 中国社会科学院近代史研究所中华民国史研究室：《胡适的日记》上，中华书局1985年版，第158页。

度”，也就是把周围的一切都理解为想当然的，即使偶尔对外部世界的现象发生好奇，感到困惑，也不愿意深入地追问下去，甚至很快地把它们遗忘了。或许可以说，大部分人在与环境打交道的时候采用的都是这种自然思维的态度。我们知道，胡塞尔对这种思维态度进行了尖锐的批评。二是以创造性思维的态度与环境打交道，亦即从不放过已经感受到的困难、惊奇和问题，从不安于前人或同时代人的思维习惯。显而易见，这部分人在人类中总是少数，他们具有强烈的问题意识，正是问题把他们引入追问中，正是追问把他们引入原创性的假设或设想中，正是为了验证假设或设想的正确性，他们又被引入进一步的观察或实验中。这部分人实际上是人类社会生活和思想文化的真正的推进者。他们从不满足于现状，从不满足于没有得到深入解答的结论，他们体现的正是生命本身的源源不断的创造性热情。也就是说，杜威说出来的并不仅仅是一种新的思维方式，而是一种新的人生态度。这从胡适对他的下述赞扬中也可见一斑：“杜威先生这个人的人格真可做我们的模范！他生平不说一句不由衷的话，不说一句没有思索过的话。只此一端，我生平未见第二人可比也。”①

其二，虽然杜威认识到问题意识的重要性，却未能对这一意识做出进一步明确的思索。事实上，存在着三种不同的问题意识。一是个体的问题意识，是个人在与环境打交道的时候的问题意识，杜威主要是在这个意义上肯定人们的问题意识的。二是作为个体间性的我们或我们通常借用“时代”这个词来表达的问题意识，要言之，即时代的问题意识。众所周知，不同历史时期的时代意识蕴含在它们的社会心理、文化作品和哲学理论中。任何个体要把握它置身于其中的时代的问题意识，就需要深刻的批判力和洞察力。三是前人遗留下来的问题意识，这一问题意识常常通过前人的文本、言谈和行为表达出来。从某种意义上可以说，任

---

① 中国社会科学院近代史研究所中华民国史研究室：《胡适的日记》上，中华书局1985年版，第135页。

何历史时期的任何个人的问题意识的产生都不可能是前无古人的，即使是以原创性的方式提出问题，也一定有一个对前人的思路历程的反思、批判和借鉴的问题。也就是说，一个人应该像海德格尔所说的，充分地意识到自己的存在（包括思想上的存在）本质上只能是"共在"（Mitsein），从而使自己的个体性的问题意识与时代的和历史上遗留下来的问题意识自觉地沟通起来，从而使自己的问题意识和思想水平达到真正的时代和历史的高度。

当然，我们并不认为，杜威对自己时代所面临的问题或历史上遗留下来的问题是采取冷漠的态度的，我们在这里只限于指出，他没有把上面提到的三种不同的问题意识自觉地融贯起来。正是在对问题意识的自觉分类和反思这一点上，我们应该比杜威说出更多的东西！

编者说明

（一）本卷收录了俞吾金先生 2002 年至 2014 年发表的外国哲学研究相关论文 50 篇，以及在俞先生去世后面世的相关论文 2 篇，共计 52 篇，按首次发表时间排序。

（二）各篇文章的版本选择，以完整性和修改时间为标准。即：如不同版本差别较大，则收录内容最完整的版本；如各版本主体内容大致一致，不过有小的差别，则收录时间上靠后的修订版本；如各版本基本相同，则收录最初发表的版本。

（三）各篇文章的格式按照《俞吾金全集》的统一体例进行了相应调整。

（四）各篇文章的版本信息以及注释等方面的调整，都以编者注的形式予以标注。编者对原文文字进行了校订。

（五）本卷由张艳芬、奚颖瑞、蒋小杰编校。

《俞吾金全集》编委会
2022 年 2 月

图书在版编目（CIP）数据

外国哲学研究文集：上下/俞吾金著．—北京：北京师范大学
出版社，2024.9
（俞吾金全集）
ISBN 978-7-303-29586-9

Ⅰ.①外… Ⅱ.①俞… Ⅲ.①哲学—世界—文集 Ⅳ.①B1-53
中国国家版本馆 CIP 数据核字（2023）第 225611 号

营　销　中　心　电　话　010-58805385
北 京 师 范 大 学 出 版 社
主题出版与重大项目策划部

WAIGUO ZHEXUE YANJIU WENJI

出版发行：北京师范大学出版社　www.bnupg.com
　　　　　北京市西城区新街口外大街 12-3 号
　　　　　邮政编码：100088
印　　刷：北京盛通印刷股份有限公司
经　　销：全国新华书店
开　　本：730 mm×980 mm　1/16
印　　张：93.75
字　　数：1365 千字
版　　次：2024 年 9 月第 1 版
印　　次：2024 年 9 月第 1 次印刷
定　　价：398.00 元（全二册）

策划编辑：祁传华　　　　　　　责任编辑：张　爽
美术编辑：王齐云　　　　　　　装帧设计：王齐云
责任校对：段立超　陶　涛　　　责任印制：马　洁　赵　龙